谨以此书献给新中国成立六十周年！

THE SIXTY-YEAR HISTORY OF CRIMINAL
LAW RESEARCH OF P.R.C.

60 YEARS

新中国
刑法学研究60年

高铭暄　赵秉志　编著

中国人民大学出版社
· 北京 ·

高铭暄 男，1928年生，浙江玉环人。1951年北京大学法律系本科毕业，1953年中国人民大学法律系刑法研究生班毕业。1953年起在中国人民大学法律系（后改为法学院）任教，先后担任中国人民大学法律系主任、法学院院务委员会主任职务，曾兼任国务院学位委员会第二、三、四届学科评议组成员、法学组召集人，中国法学会副会长，中国法学会刑法学研究会会长等职务。现任北京师范大学刑事法律科学研究院名誉院长、特聘教授、博士生导师，中国人民大学荣誉一级教授、博士生导师，兼任中国法学会学术委员会副主任、中国法学会刑法学研究会名誉会长、国际刑法学协会副主席暨中国分会主席、最高人民法院特邀咨询员、最高人民检察院专家咨询委员会委员等社会职务。曾自始至终参加新中国第一部刑法典即1979年刑法典的起草工作，并且参加了国家立法机关主持的1997年刑法典的修订、研讨工作暨多年来的有关刑法立法工作，多次参与最高司法机关制定刑事司法解释的研讨、咨询工作。主要研究方向：中国刑法学、国际刑法学。代表性著作：《高铭暄自选集》（2007年），《刑法肆言》（2004年），《刑法问题研究》（1994年），《刑法学原理》（主编，3卷本，1993-1994年），《刑法总则讲义》（1986年），《中华人民共和国刑法的孕育和诞生》（1981年）等。

赵秉志　男，1956年6月生，河南南阳人。郑州大学法学学士（1981年），中国人民大学刑法专业法学硕士（1984年）和法学博士（1987年），美国杜克大学法学院访问学者(1990-1991年)。曾任中国人民大学法学院副院长（1997-2005年），教育部人文社会科学重点研究基地中国人民大学刑事法律科学研究中心主任（1999-2005年）。现任北京师范大学刑事法律科学研究院院长暨法学院院长、长江学者特聘教授、博士生导师。兼任中国法学会常务理事，中国法学会刑法学研究会会长，国际刑法学协会中国分会常务副主席，中国法学会审判理论研究会副会长，中国法学会法学教育研究会副会长，国务院学位委员会学科评议组法学组成员，国家社会科学基金项目学科评审组专家，最高人民法院特邀咨询员，最高人民检察院专家咨询委员会委员等社会职务。曾被国家授予"作出突出贡献的中国博士学位获得者"称号（1991年），被中国法学会评定为首届"全国十大杰出青年法学家"（1995年），被国家人事部评选纳入首批"百千万人才工程"（1997年），被教育部评选纳入"跨世纪优秀人才培养计划"（1999年），被北京市评选纳入"新世纪社科理论人才工程"（2001年），入选教育部"长江学者特聘教授"（2006年）。主要研究领域：中国刑法学、中国区际刑法、国际刑法学。代表性著作：《犯罪未遂形态研究》（2008年），《死刑改革探索》（2006年），《刑法基本理论专题研究》（2005年），《赵秉志刑法学文集》（4卷本，2004年），《刑法研究系列》（5卷本，1996-1997年），《犯罪主体论》（1989年）等。

前　言

　　刑法是关于犯罪、刑事责任和刑罚的法律，是国家的基本法律之一。在现代法治社会中，刑法发挥着保障人权与保卫社会的重要功能，扮演着事关社会稳定与文明发展的重要角色。刑法学是研究刑法及其所规定的犯罪、刑事责任和刑罚的立法、司法及发展规律的科学，是现代法学中的一个极其重要的基本部门法学。在新中国法学 60 年的发展进程中，刑法学的研究历来较受重视。尤其是自 1978 年年底中国共产党十一届三中全会开辟中国社会主义法制建设新阶段以后，在新中国 1979 年颁布第一部刑法典和 1997 年颁布经系统修改的现行刑法典而奠定了较为完备的刑法立法基础的背景下，在中共十五大提出和确立依法治国、建设社会主义法治国家的治国方略之新形势下，刑法学研究在我国法学研究的全面繁荣中迅猛发展、长足进步，在法学教育、人才培养、学术研究、完善立法、促进司法和对外交流诸方面均可谓成绩斐然、贡献卓著，从而成为我国法学领域中公认的较为发达的主要学科之一。但我们也应当清醒地看到，我国刑法学研究也面临着挑战与发展机遇并存的局面。当此之际，全面、客观地检阅、总览我国刑法学研究 60 年以来的发展历程和现状，准确地了解与把握既往刑法学研究中的热点、难点及争议问题，从而科学地分析与展望刑法学的发展方向和趋势，对于我国刑法学研究的继续开拓和深入，对于我国刑事法治的改革与完善，乃至对于我国整个法治建设和社会的进步，都将具有重要的作用和意义。

　　有鉴于此，我们在多年来一直注意分析和总结我国刑法学研究发展情况并且积累了较为系统的资料与著述的基础上，曾于十余年前编著了《新中国刑法学研究历程》（以下简称《研究历程》）一书，并由中国方正出版社于 1999 年 2 月出版。该书问世后，由于其脉络清晰、资料翔实、内容丰富、问题鲜明、重点突出等特点，受到理论界和实务界的广泛欢迎与好评，尤其是成为了学习、研究刑法者的重要参考书，市场多年前早已售罄。考虑到读者的需要，特别是考虑到《研究历程》面世后十余年来我国刑法学研究的进展情况需要增补，经过一段时间的筹备和编著工作，我们在《研究历程》的基础上，编著了《新中国刑法学研究 60 年》一书，并交由中国人民大学出版社出版。

　　《新中国刑法学研究 60 年》一书仍沿用《研究历程》一书的体系结构，内容上分为上、下两篇，总计60章：上篇"全国刑法学理论研究之演进"共计30章，第一章比较概括地反映了新中国成立后40年即1949—1989年刑法学研究的情况，从第二章起主要是逐年反映了自1986年以后刑法学研究的进展情况，其中也有几章阶段性或整体性地反映了中国刑法学研究的发展情况。简言之，上篇是新中国成立60年以来我国刑法学研究产生、发展和逐步完善历程的全面而系统的反映。下篇为"中国刑法学研究会学术研讨之进展"。中国法学会刑法学研究会是中国法学会领导下的全国性刑法学研究学术团体，成立于1984年10月。中国法学会刑法学研究会成立25年来，除1985年外，坚持每年召开一次全国性的学术研讨年会，并将每年的学术研讨年会论文经精选而编辑成书出版，在组织和推动全国刑法学研究方面发挥了至关重要的作用。可以说，中国法学会刑法学研究会历次全国刑法学术年会的研讨情况，从一个重要的方面较为集中地反映了当时我国刑法学研究的情况，尤其是刑法学研究的热点、难点和重点问题。下篇的30篇综述文章，大多是针对当年全国刑法学术年会研讨情况的综述，少部分是综合几年间刑法学研究会研讨情况的综述或研究会理事会关于学术研讨情况的报告，可以说较为全面地涵盖和反映了中国法学会刑法学研究会25年来学术研讨的历程及其热点、难点和重点问题。

应当说明的是，本书所包含的60篇综述文章，其中绝大多数原来已公开或内部发表过，为客观、真实地反映我国刑法学研究的发展轨迹，将其编入本书时只作文字性、技术性的编辑加工，而不作观点和内容的实质改动。已经发表的均在篇末注明原载之出处；少数原未发表而首次收入本书的也予注明。收入本书的一些综述文章系我们两位编著者与同事或我们指导的博士生合写的；还有少数综述文章系其他同仁的作品，经征得作者同意收入本书，我们均在篇末一一注明每篇的作者，并向这些作者或合作者深表谢意。

总而言之，本书是一部力图客观、全面、系统并较为翔实地介述和反映新中国成立60年来，尤其是改革开放和第一部刑法典颁行30年里我国刑法学研究逐步发展、完善之历程的学术研究资料书、参考书。我们希望并相信，本书的出版会对我国刑法学研究的回顾总结、反思检讨及继续开拓与繁荣发展，对广大法学理论工作者、司法实务工作者以及青年学子研究刑法学的理论与实务问题，提供参考并有所裨益。

最后，我们还要感谢中国人民大学出版社的有关领导对本书编著出版的重视和大力支持，责任编辑认真、高效的编辑工作为本书增色并保证了本书的及时面世；北京师范大学刑事法律科学研究院学术秘书彭新林博士和硕士研究生仇芳芳、林少波同学参与本书资料收集、整理、编务和校对等工作，付出了辛勤而卓有成效的劳动，在此一并衷心致谢。

本书中若有不当疏漏之处，敬祈读者批评指正。

高铭暄　赵秉志　谨识

2009年9月于北京

目 录

上篇　全国刑法学理论研究之演进

下篇　中国刑法学研究会学术研讨之进展

上篇

【全国刑法学理论研究之演进】

新中国刑法学研究 60 年

第一章
新中国刑法学研究四十年（1949—1989）

一、新中国刑法学的产生和发展

刑法是国家的基本法律之一，刑法学是研究刑法及其所规定的犯罪和刑罚的科学，是法学的一个十分重要的部门。

我国刑法学是在马克思列宁主义、毛泽东思想指导下，总结我国人民和司法机关长期同犯罪作斗争的丰富经验，并批判地借鉴其他国家刑法学中对我们有益的经验而逐步发展起来的。我国刑法学作为人民民主专政国家的法律科学，首先具有鲜明的阶级性，公开表明为维护人民民主专政和社会主义制度服务，阐明刑法规范和评定刑法制度的作用，始终从维护工人阶级和广大人民利益出发。其次，我国刑法学是马克思主义的刑法学，具有高度的科学性，它以辩证唯物主义和历史唯物主义的科学世界观与方法论为指导，深刻揭示刑法以及犯罪和刑罚的本质，坚持总结实践经验，并善于吸收前人创立的一切合理和有益的文化遗产，从而不断得到发展和完善。

新中国成立以来，我国刑法学的发展经历了一个曲折的过程，大体上可分为以下三个阶段：

（一）创建和初步发展时期（1949—1956）

从 1949 年到 1956 年，可以说是我国刑法学的创建和初步发展时期。新中国成立以后，在各政法院系第一批开设的课程中，刑法学即占有重要的位置。不过最初几年的刑法学课程，内容以学习苏联刑法学为主，结合讲授个别的中国刑法专题。在这个时期翻译出版的苏联 1948 年、1952 年版本的刑法学教科书①，对于学习马克思主义刑法理论，借鉴苏联社会主义刑法学的研究成果，颇有裨益。这个时期开展的镇压反革命运动和"三反"、"五反"运动，以及随之颁布的《中华人民共和国惩治反革命条例》、《中华人民共和国惩治贪污条例》和《妨害国家货币治罪暂行条例》等，使刑法学者对反革命罪和贪污、贿赂等犯罪的研究取得了一定的进展。特别需要指出的是，这个时期我国已开

---

① 《苏联刑法总论》，上海，大东书局，1950；《苏维埃刑法总则》，北京，法律出版社，1955；《苏维埃刑法分则》，北京，法律出版社，1956。

始刑法的起草准备工作。中央人民政府法制委员会组织一批刑法专家于 1950 年 7 月 25 日拟出了《中华人民共和国刑法大纲（草案）》。这个草案共 157 条，分"总则——罪刑指导原则"和"分则——具体犯罪与具体处罚"两部分。总则共 33 条，分通则、犯罪、刑罚 3 章："通则"章规定刑事立法的目的、法律的效力、法律的类推适用诸问题，"犯罪"章规定犯罪的定义、故意和过失、不构成犯罪的行为、未成年人的刑事责任、精神病人的刑事责任、预备犯/未遂犯/中止犯、共同犯罪诸问题，"刑罚"章规定刑罚的目的、种类、量刑、缓刑、假释、时效诸问题。分则共 124 条，分 9 章规定了 9 类犯罪：反革命罪，妨害国家统治秩序罪，侵犯国有或公有财产罪，职务上的犯罪，经济上的犯罪，妨害公共秩序与公共卫生罪，侵害生命健康与自由人格罪，侵害私有财产罪，妨害婚姻与家庭罪。从这个草案可以看出，当时我国一部分刑法学家对刑法基本问题所持的观点中不乏真知灼见，例如，草案指出，"中华人民共和国刑事立法的目的为保卫人民民主的国家，人民的人身和其他权利及人民民主主义的法律秩序，防止犯罪的侵害"；认为"凡反对人民政权及其所建立的人民民主主义的法律秩序的一切危害社会行为，均为犯罪"，"故意的犯罪行为，系指犯罪人明知自己行为之危害社会的结果，而希望或放任其发生者"，"过失的犯罪行为，系指犯罪人并无故意，但应预见自己行为之结果，而竟未预见或轻信可避免结果之发生者"；认为"法院于法定刑范围内，处罚各种犯罪时，除应审查犯罪及犯罪人社会危险性的程度外，并应注意……重的犯罪情节与轻的犯罪情节"；认为"以推翻、破坏或削弱人民民主政权及其政治的、经济的、文化的革命成果为目的之一切严重的危害国家人民利益的行为，为反革命罪"，等等。这些观点无论在当时或今天（指 20 世纪八九十年代）看来，基本上都是正确的。

1954 年 9 月 20 日，第一届全国人民代表大会第一次会议通过的《中华人民共和国宪法》公布实施。同月 30 日，中央人民政府法制委员会的刑法专家们，在上述《刑法大纲（草案）》的基础上，又拟出了一部《中华人民共和国刑法指导原则草案》（初稿），共 3 章、76 条。同前者相比，《刑法指导原则草案》（初稿）在一些基本问题的规定上更加鲜明、准确，例如，在第一章"犯罪"中，首先对什么是犯罪作了规定："一切背叛祖国、危害人民民主制度、侵犯公民的人身和权利、破坏过渡时期的法律秩序，对于社会有危险性的在法律上应当受到刑事惩罚的行为（行为包括作为和不作为），都认为是犯罪。情节显然轻微并且缺乏危害结果，因而不能认为对社会有危险性的行为，不认为犯罪。"同时规定了共同犯罪的刑事责任原则："二人以上共同故意犯罪，应当根据他们在共同犯罪中所起的作用和对社会的危害性，分别担负刑事责任。"在第二章"刑罚"中，指明"刑罚的目的，是惩罚和改造一切犯罪分子，使他们不再犯罪；同时通过对罪犯的惩罚和改造，教育公民，预防犯罪。禁止对于罪犯使用肉刑"，并对量刑作了原则的规定。第三章"几类犯罪量刑的规定"，分别就反革命罪、破坏公共财产的犯罪、破坏公共秩序的犯罪、侵犯人身权利的犯罪、经济上的犯罪、侵犯公民财产的犯罪、职务上的犯罪的各种具体罪及其量刑幅度作了规定。《刑法大纲（草案）》和《刑法指导原则草案》（初稿）所反映的一系列正确的刑法观点和主张，为后来的刑法起草工作，奠定了基础。

1954 年 10 月，《中华人民共和国刑法草案》的起草工作正式开始。当时由全国人民代表大会常务委员会办公厅法律室负责此项工作。本着立足于本国实际、调查研究、实事求是的原则，并适当借鉴古今中外一些对我们有益的经验，起草工作进展顺利，到 1957 年 6 月 28 日，写出第二十二稿。这项工作有力地促进了我国刑法学的研究。如果说，在 1954 年宪法公布前，我国的刑法学教学和研究是以学习苏联为主，那么在此以后，就开始逐步摸索以我国社会主义革命和社会主义建设的实践经验为主而进行教学和研究。这个时期刑法学的主要研究成果是出了一本教学大纲和四部教材。《中华人民共和国刑法教学大纲》是在司法部指导下，由中国人民大学法律系刑法教研室和北京政法学院刑法刑诉教研室于 1956 年合作撰写的。四部教材是：中国人民大学法律系刑法教研室 1957 年 2 月编印的《中华人民共和国刑法总则讲义（初稿）》（上、下册），东北人民大学（现吉林大学）1957 年 4 月编印的《中华人民共和国刑法》，中央政法干部学校刑法教研室编著、法律出版社 1957 年出版的《中华人民共和国刑法总则讲义》，西南政法学院刑法教研室 1957 年编印的《中华人民共和国刑法总则讲义（初稿）》。上述大纲和教材试图为中国刑法学，特别是刑法总论的体系和内容，勾画出一个大致的轮廓，并在某些问题上，特别是在刑法的任务、犯罪的概念、犯罪构成及其诸要件、共同犯罪、量刑等问题上，作了具有一定深度的论述。这个时期也发表了一些篇幅较大的学术论文，就刑法中的因果关系、未成年人犯罪、过失犯罪、犯罪动机、犯罪未遂、刑罚目的、刑罚种类、量刑、自首、数罪并罚、缓刑、减刑、假释、刑法分则的体系以及某些具体犯罪，展开了讨论和论述。

特别需要一提的是，最高人民法院研究室于 1956 年整理出《关于刑事案件的罪名、刑种和量刑幅度的参考资料》。这本资料从近两件刑事案卷中，选择出 366 个典型案例，反映了 1956 年 3 月以前全国法院在刑事案件的罪名、刑种和量刑幅度方面的基本情况，把当时的犯罪分为反革命罪、妨害公共安全的犯罪、妨害经济秩序的犯罪、侵犯人身的犯罪、侵犯公共财产的犯罪、妨害婚姻家庭的犯罪、妨害管理秩序的犯罪、职务上的犯罪等九类，对当时刑法起草工作具有很大参考价值，也为刑法学教学和科学研究工作提供了宝贵的资料。

（二）遭受挫折和基本上停滞的时期（1957—1976）

从 1957 年后期到 1976 年，可以说是我国刑法学的研究遭到严重挫折和基本上处于停滞状态的时期。由于轻视法制的"左"的思想的影响和干扰，在这个时期，基本上没有什么研究成果。刑法上的一些重要理论，如刑法的基本原则等，渐成"禁区"，学者不敢问津。各校编写的教材，大都配合当时的需要，强调政治性，而大大压缩专业内容。甚至有的学校把刑法课程的名称改为"刑事政策法律"，突出政策，而不敢多讲法律。当然，这里说的只是基本停滞，还不是完全停止。刑法起草工作在一度中断之后，从 1962 年 5 月开始又恢复进行，所以某些问题在客观上也还需要研究，不过主要是在内部研究，很少公开发表。此外，值得一提的是，中国人民大学出版社于 1958 年 7 月翻译出版了苏联科学院通讯院士、著名刑法学家特拉伊宁的名著《犯罪构成的一般学说》一书。这本书对犯罪构成的基本理论进行了系统、深入的研究，提出了一些有价值的见解。例如，明确指出犯罪构成是主、客观要件的有机统一，犯罪构成不能脱离犯罪的实质概念，犯罪构成是负刑事责任的唯一根据，确定犯罪的因果关系和罪过必须以辩证唯物主义的哲学为指导，犯罪构成意义的增长是社会主义法制巩固过程的表现之一，等等。这些见解对于我们进一步深入探讨犯罪构成的理论和实践，具有一定的借鉴意义。这个时期也发表了为数不多的刑法论文，一般都是侧重政治性较强的一些题目，如犯罪与两类矛盾、犯罪与阶级斗争、如何贯彻对敌斗争的政策等，仅有寥寥可数的几篇文章论述犯罪危害结果、因果关系、犯罪的动机和目的以及减刑、假释等问题。令人悲叹的是，就连这种不景气的状况，也没有维持多久。到了 1966 年"文化大革命"发动，在"十年动乱"的时间里，社会主义法制遭到全面破坏，刑法学的研究也就中断。

（三）复苏和全面发展时期（1977—1989）

从 1976 年 10 月至现在（指 20 世纪 80 年代末），可以说是刑法学研究的复苏和全面发展时期。粉碎"四人帮"后，社会主义法制逐渐恢复，刑法学的研究开始复苏。特别是 1978 年 12 月召开的中国共产党十一届三中全会，对社会主义法制建设有着历史性的重大意义。在中共十一届三中全会精神鼓舞下，1979 年 3 月全国人大常委会成立了法制委员会（六届全国人大以后改称法制工作委员会）。在彭真同志主持下，以刑法草案第三十三稿为基础，根据新经验、新情况，抓紧进行刑法的起草工作。1979 年 7 月 1 日五届全国人大二次会议庄严地通过了《中华人民共和国刑法》，并决定自 1980 年 1 月 1 日起施行。从此，我国刑法学的研究工作进入了崭新的历史时期。刑法学界围绕 1979 年刑法的公布实施，理论联系实际，开展一系列的研究，取得了丰硕的成果。

第一，在教科书方面。1980 年 8 月和 9 月，群众出版社先后出版了中央政法干部学校刑法刑事诉讼法教研室编著的《中华人民共和国刑法总则讲义》和《中华人民共和国刑法分则讲义》。这套讲义吸收 20 世纪 50 年代我国刑法学的研究成果，结合刑法实施后的具体情况进行论述，具有一定的学术水平。1981 年以来，在陆续出版的众多的刑法教科书中，有三本较有代表性：一是 1981 年 1 月北京大学出版社出版的由杨春洗教授等编著的《刑法总论》，在刑法理论的研究上有一定深度；二是 1982 年 3 月中国人民大学出版社出版的由王作富教授等编著的《刑法各论》，结合刑法实施以后的司法实践，对刑法分则中的问题进行了比较深入的研究和阐述，该书 1985 年的修订本曾获国家教委颁发的优秀教材一等奖；三是 1982 年 5 月法律出版社出版的由高铭暄教授任主编、马克昌教授和高格教授任副主编的高等学校法学教材《刑法学》，注意坚持"三基"

（基本理论、基本知识、基本资料）、"三性"（科学性、系统性、相对稳定性），并吸收了刑法学研究的新成果，在体例和内容上都有了新的突破，该书于 1988 年 1 月和 6 月分别获得全国高等学校优秀教材奖和司法部优秀教材奖。

第二，在专著方面，逐年增多。以公开出版的为例，1981 年以来，先后出版了《中华人民共和国刑法的孕育和诞生》、《论共犯》、《反间谍斗争与国家安全》、《中华人民共和国刑法论》、《经济领域严重犯罪问题研究》、《正当防卫与紧急避险》、《罪与罚》、《军人违反职责罪》、《刑法中的理论问题》、《新中国刑法学研究综述》、《刑法因果关系论》、《杀人罪》、《论教唆犯》、《刑法中的一罪与数罪问题》、《犯罪构成论》、《正当防卫论》、《犯罪未遂的理论与实践》、《论共同犯罪》、《共同犯罪理论与司法实践》、《刑罚目的论》、《新中国刑法的理论与实践》、《中国刑法研究》、《刑罚学》、《侵犯财产罪新论》、《我国刑法中的流氓罪》等专著三十余部。这些专著在概括立法和司法实践经验的基础上，对各自所研究的问题都作了比较深入和系统的论述，并对一些素有争论的问题提出了有益的见解。在外国刑法、比较刑法和国际刑法方面也发表了一些专著，如《外国刑法学》、《外国刑法简论》、《比较刑法》、《美国刑法》、《贝卡利亚及其刑法思想》、《国际刑法与国际犯罪》等。刑法学专著的不断撰写、出版，标志着我国刑法学的研究正在向广度和深度发展，是十分令人鼓舞的。

第三，在发表的刑法学论文方面，数量之多、涉及面之广是空前的。据统计，1979 年刑法颁布以前，主要是"文化大革命"之前 17 年，发表的刑法论文仅有 176 篇，而刑法颁布以后至 1987 年年底，发表的刑法论文就有 4 300 余篇，约相当于过去的 24 倍。论文涉及的面很广，几乎包括刑法领域的各个问题，其中有不少论文是精心之作，既有观点、有材料，又有新意、富于启发性。特别可喜的是，随着我国推行学位制度，已有相当一批刑法学硕士学位论文问世，截至 1988 年夏，这样的论文近 200 篇，第一批刑法学博士学位论文也开始诞生。这些学位论文，或者对他人未涉及或涉及不多的问题，进行新的探索，得出新的结论；或者对已有的研究课题，从新的角度或运用新的材料进行研究，提出新的看法；或者对前人已经提出的问题和见解，从某些方面作进一步论证、补充、发挥，使之更加深化和更有说服力。总的来说，这些学位论文是比较高层次的刑法学专题研究成果。

第四，出版了相当数量有关刑事案例分析的著作和案例汇集。以公开出版的为例，1983 年以来，先后出版了《刑法案例》、《刑事案例分析》、《疑案探究》、《疑案辨析》、《诈骗案例专集》、《刑事审判一百例》、《案例选编》、《疑难案例剖析》、《刑事答辩案例选评》、《经济犯罪疑难案件定性解说》、《析疑断狱——刑事疑案选编》、《疑难刑事案件分析一百例》等二十余种。这些编著从各自的角度出发，收集、整理和分析了各种刑事案例，对于加强理论联系实际，提高运用刑法理论和刑法条文分析和解决实际问题的能力，起到了良好的作用。

此外，这个时期还出版了大量有关刑法知识的小册子、普及读物和资料汇编，对于促进干部和群众学习、研究刑法，遵守、执行刑法，推进刑法学的教学和研究工作，都有积极的作用。

在刑法学的研究中，国家最高审判机关和最高检察机关所作的司法解释，起着强有力的指导作用。1979年刑法颁布以后，最高人民法院和最高人民检察院分别就审判工作和检察工作中具体应用刑事法律的问题作过不少解释。例如，最高人民法院《关于人民法院审判严重刑事犯罪案件中具体应用法律的若干问题的答复》、最高人民检察院《关于在严厉打击刑事犯罪斗争中具体应用法律的若干问题的答复》，都就刑法某些条款的实际应用作了解释。特别是最高人民法院和最高人民检察院还就当前某些犯罪案件如何具体应用法律问题多次联合作出解释。例如，关于拐卖人口案件，强奸案件、流氓案件、集团犯罪案件、盗窃案件、经济犯罪案件、盗伐和滥伐林木案件、道路交通肇事案件、盗窃、盗掘、非法经营和走私文物案件，非法出版活动、倒卖飞机票活动，以及如何适用刑法第153条等，都曾联合作过解释。这些解释不仅对于统一司法机关的认识，加强办案工作，提高检察和审判工作质量，起着直接的指导作用，而且本身就是司法实务部门的研究队伍，运用理论与实践相结合的方法，对司法实践中存在的问题进行深入研究所取得的成果，是对我国刑法学研究所作出的宝贵贡献。

刑法学的研究活动，主要依靠各政法院系、各法学科研机构和各政法实务工作部门的组织领导与规划实施。与此同时，中国法学会及其刑法学研究会和各地方法学会刑法学学术团体，也起到了一定的组织和推动作用。1984年10月，中国法学会召开了全国性的社会治安综合治理理论讨论会。中国法学会刑法学研究会从1984年10月成立以来，把主要精力放在开展学术活动上，它把广大从事刑法学的理论工作者和实务工作者团结起来，围绕刑法实施中出现的新情况、新问题，积极开展研究工作，从而总结了新鲜经验，为发展我国的刑法学作出了一定的贡献。自1984年至1989年，已召开了4次全国性的学术讨论会，先后讨论的主要问题有：刑法学的研究对象及其体系问题，强奸罪问题，流氓罪问题，经济体制改革与打击经济犯罪问题，犯罪原因问题，体制改革与刑法观的变革及刑事法律的协调问题，以及刑事立法的完善问题等。对这些问题，都本着理论密切结合实际的方式，进行了探讨和争鸣，因此气氛比较热烈，收获比较大。会议成果，一般都辑成论文集出版。中国法学会刑法学研究会还派员参加了一些国际性的学术活动，如1986年5月和1987年6月分别在美国圣迭戈大学和中国烟台大学举行的中美双边关于青少年犯罪问题学术讨论会，1987年5月在意大利锡拉库扎举行的国际死刑问题学术讨论会等。该研究会还有17名会员于1988年5月首批获准加入国际刑法学协会，并成立了国际刑法学协会中国分会，积极开展各项活动。

这一阶段是我国刑法学发展的黄金时期，广大刑法学工作者坚持"四项基本原则"和改革开放，坚持理论联系实际的方针，勇于探索，敢于创新，已基本上建立了我国刑法学的科学体系，并在各方面取得了丰硕的成果。统观这一阶段的研究工作，具有以下几个显著的特点：

　　第一，重视联系我国经济体制改革和商品经济发展的情况与需要来研究刑法。许多论著从宏观上论述了经济犯罪的概念和原因，我国刑法对于打击经济犯罪和保障经济体制改革顺利进行的作用与意义，探讨了当时经济犯罪危害改革和危害商品经济发展的表现与特点，以及正确运用刑法武器打击和防范经济犯罪，保障改革、开放、搞活的方针政策的贯彻执行等问题。更多的论著则对若干突出的具体经济犯罪问题进行了深入、细致的研讨。

　　第二，注意适应对外开放的需要来开展刑法学研究。这一阶段发表了相当数量的介绍、评述外国刑法问题的译文和文章，涉及的问题主要有：外国刑事立法和刑法理论的最新进展概况、刑事政策学的体系和内容、未成年人犯罪、法人犯罪、过失犯罪、共同犯罪、一罪与数罪、集团犯罪、刑罚目的、死刑、自由刑、罚金刑、累犯、缓刑、假释、保安处分、电脑犯罪立法、医疗事故定罪、故意杀人罪、抢劫罪、性犯罪、盗窃罪、刑法对消费者的保护，以及孟德斯鸠、贝卡里亚、边沁等人的刑法思想等。在对我国刑法问题的研究中，对中外比较研究的方法有所注意，一些论著在揭示刑法的阶级性的同时，较为客观地介绍了外国刑法中一些值得我国借鉴、参考的内容。初步展开了对国际刑法和国际犯罪的研究，出版了一些书籍，对空中劫持或跨国性的走私、贩毒、盗运珍贵文物等犯罪，发表了一些专论、译文和介述性文章。对世界新技术革命条件下的犯罪，如电子计算机犯罪、危害环境的犯罪等，开始注意和研究。对我国香港、澳门、台湾地区的刑法和刑法理论，也有所介绍。

　　第三，注意开展对我国刑事司法和刑事立法完善问题的探讨。在刑事司法方面，探讨了诸如类推适用、正当防卫、犯罪未遂、共同犯罪、自首、数罪并罚、刑罚裁量，以及若干犯罪尤其是经济犯罪和财产犯罪在定罪量刑方面的完善问题。例如，中国法学会刑法学研究会曾在 1986 年举行的学术讨论会上，对最高人民法院、最高人民检察院联合作出的关于贪污、挪用公款、贿赂等罪的司法解释，提出了有价值的意见，被最高人民法院、最高人民检察院采纳，后两者修改了原文件，重新作出解释，发布施行。在刑事立法方面，探讨的内容较为广泛，诸如刑法如何以宪法为根据的问题，刑法与单行刑事法律以及非刑事法律中的刑法规范如何协调发展的问题，现行刑法中若干规定的修改问题，刑法分则体系的进一步完善问题，以及建议增加若干新罪名的问题，等等，都程度不同地有所涉及。重视研究司法和立法的完善发展问题，是刑法理论积极为刑事立法和司法实践服务的一个重要标志。

　　第四，学术争鸣气氛浓厚，研究更加深入和富有探索精神。在刑法总论和具体犯罪的许多问题上，都发表了大量的论著，进行专题研讨，展开学术争鸣，一般都能摆事实、讲道理，各抒己见，互相启发，互相促进，共同为发展我国刑法学作出贡献。值得一提的是，对于一些过去基本未予以研究的专题，如刑事责任、刑事政策、刑事法律关系、定罪根据、罪刑关系、刑罚个别化、劫机犯罪、盗窃秘密技术资料行为的定性等问题，都已开始进行研究，并取得了初步的进展。这些专题的开拓，既反映了我国同犯罪行为进行有效斗争的实际需要，也充实和丰富了我国刑法科学。

总的说，1977—1989 年间，我国刑法学的研究无论在宏观上还是在微观上，都取得了明显的进展和丰硕的成果，并且表现出日益蓬勃和深入的繁荣景象。

二、刑法学研究中若干理论问题的研讨

近年来的刑法学研究讨论中，涉及的问题很多，因限于篇幅，仅举其要者作一简述。

（一）刑法的基本原则

刑法的基本原则问题，是刑法理论中一个重大的带有根本性的问题。早在 20 世纪 50 年代中期，刑法理论界对我国刑法的基本原则，就有不少论述。当时提出的刑法基本原则主要有：无罪不罚原则，罪刑相称原则，改造罪犯成为新人原则，社会主义、人道主义原则，法制原则，个人负责原则等。以后由于众所周知的原因，这些原则都销声匿迹。1979 年刑法颁布以后，对刑法的基本原则问题重新研究。大家比较一致地认为，确定刑法的基本原则应当遵循两个标准：一是这些原则必须是刑法所特有的，而不是各部门法所共有的；二是这些原则必须贯穿于全部刑法，而不是局部性的具体原则。多数同志提出我国刑法的基本原则应当是如下四个：罪刑法定原则，罪刑相适应原则，罪责自负、反对株连的原则，惩罚与教育相结合的原则。这个意见已为全国高等学校法学教材《刑法学》和《刑法学教学大纲》所吸收。但也有学者主张，除此之外，像主观与客观相一致的刑事责任原则，严格区分不同性质犯罪的原则，刑罚轻重必须依法、适时的原则，社会主义、人道主义原则等，也应列为刑法的基本原则。

（二）犯罪概念

新中国成立以来，我国刑法学界十分重视对犯罪本质的揭示和对犯罪概念的研究，特别是 1979 年刑法颁布以后，围绕刑法第 10 条的规定，对这个问题的研究不断趋于深入。当时对这个问题的讨论主要集中在以下两点：

一是犯罪的基本特征有几个。多数学者认为，犯罪的基本特征有三个，即一定的社会危害性、刑事违法性和应受惩罚性。只有这三个基本特征紧密结合，才组成完整的犯罪概念。但也有学者主张只提社会危害性和刑事违法性两个基本特征就可以了，不必提应受惩罚性，因为后者是前二者派生出来的法律后果；也有的学者主张社会危害性和依法应受惩罚性是犯罪的基本特征；还有的学者主张不仅社会危害性、刑事违法性、应受惩罚性，而且主观上具有罪过性（故意或过失），也是犯罪的基本特征。看来"三特征"说比较准确，也为全国统编教材所采纳。认为应受惩罚性只是前两个特征派生出来的法律后果，从司法的角度说是对的，但是，从立法过程来考察，行为的应受惩罚性对刑事

违法性也起着制约作用：某种危害社会的行为，只有立法者认为应当动用刑罚加以处罚，才会在刑事法律上作禁止性的规定，从而赋予该行为以刑事违法性的特征。同时，应受惩罚性这个特征正表明一事物（犯罪）与他事物（刑罚）之间的紧密联系，这是揭露犯罪这个事物的本质的一个不可缺少的方面。可见，行为的应受惩罚性这个特征并不是可有可无的，而是有其独立存在的意义的。至于罪过即故意或过失，乃是犯罪构成的一个必要条件，刑事违法性是由整个犯罪构成来体现的，提出刑事违法性作为犯罪的基本特征之一，就意味着包含罪过在内，用不着再单独划分出来。

二是哪个基本特征是犯罪最本质的特征。有的学者认为是应受惩罚性，因为应受惩罚性直接而全面地反映了犯罪的本质，能为人们的直觉所把握，是犯罪与非犯罪得以区别的科学标准。有的学者认为是具有相当严重程度的社会危害性和刑事违法性的有机统一或结合，因为根据这点才能严格地区分罪与非罪。但多数学者认为是一定的社会危害性，因为一定的社会危害性集中体现了犯罪的本质，也是区分不同阶级社会的犯罪的本质的根本标志；它作为区分罪与非罪的根本标准，是讲它在犯罪三特征共同作为整体性的区分标准时的地位，不意味着它与其余两特征相分裂而孤立存在。认为把应受惩罚性作为犯罪最本质的特征的观点，颠倒了犯罪三特征之间正确的层次关系，也有悖我国刑法的立法和司法实践。

（三）犯罪构成

关于犯罪构成的概念和意义，刑法学界基本上取得一致意见，争论主要表现在两个问题上：

一是犯罪构成有哪些要件。有三种主张：（1）两要件说。其中又有不同的提法：有的两要件是：1）行为要件，包括行为的主观要件、客观要件及行为侵害的客体或对象等；2）行为主体要件。有的两要件是：1）主观要件，包括犯罪的主观心理状态以及主体条件；2）客观要件，包括犯罪行为和犯罪客体。（2）三要件说。其中也有不同的提法：有的三要件是：1）行为主体；2）危害社会的心理状态；3）客观上危害社会的现实表现。有的三要件是：1）犯罪客体；2）犯罪客观方面；3）犯罪主观方面。（3）四要件说，认为任何犯罪构成都包括四个方面的要件，即犯罪客体、犯罪客观方面、犯罪主体、犯罪主观方面。这是刑法理论界通行的观点，也是司法实践中广为接受的。

二是犯罪构成是不是负刑事责任的基础。有的学者主张，犯罪构成不是负刑事责任的基础，只有犯罪行为才是负刑事责任的唯一基础。理由是：行为的社会危害性与行为符合犯罪构成要件，是犯罪行为的社会政治内容与必要的法律形式的统一，二者都是犯罪概念的统一不可分割的组成部分，把二者割裂开来，并把符合犯罪构成要件作为独立的负刑事责任的基础，不符合我国刑法的规定。刑事责任的根据不能是符合犯罪构成要件这个形式，而是犯罪行为这个内容。但是，更多的学者主张，犯罪构成是定罪的依据，是行为人负刑事责任的基础。因为犯罪行为所揭示的社会危害性这个犯罪最本质的特征还过于抽象和概括，不可能作为具体区分罪与非罪、此罪与彼罪的规格、标准，而只有具体体现在犯罪构成上，才能成为定罪的依据和行为人负刑事责任的基础。不能把犯罪构成单纯看成是法律的形式，犯罪构成本身体现了行为的一定的社会危害性和刑事违法性，犯罪构成与犯罪行为是统一的。说一个人的行为具有刑法所规定的犯罪构成，正好表明该人的行为是犯罪行为。把二者对立起来是没有根据的。

（四）法律类推

类推问题同犯罪的实质概念及犯罪构成有着密切的联系。早在20世纪50年代，就有不少人研究过类推制度。1979年刑法颁行以后，围绕着其第79条的规定，讨论更为广泛、深入，主要集中在三个问题上：

一是如何看待类推与罪刑法定的关系。有的人认为：类推与罪刑法定是互相排斥、不能并行的。既然我国刑法中规定了类推制度，就从立法上否定了罪刑法定。但多数人认为：我国刑法中的类推是罪刑法定原则的一种补充形式，类推本身是刑法规定的。刑法从程序制度到适用条件，严格控制了类推的适用，从而防止了审判人员的擅断。从司法实践看，经过最高人民法院核准的适用类推定罪判刑的案件只是极个别的，无碍于罪刑法定仍是我国刑法的基本原则。

二是如何理解刑法第79条规定的"最相类似"。许多学者认为，"最相类似"是指所实施的行为与将要援引作为定罪判刑依据的刑法分则某条文所规定的犯罪，在犯罪客体、犯罪主体、犯罪主观方面都属一致，仅在犯罪行为的表现方式上有所不同，前三者的一致，表明被类推的行为与刑法分则某条文规定的行为在犯罪性质上一致。也有的认为，"最相类似"还应包括刑罚轻重上的相近，而且类推只能适用于故意犯罪，因为刑法第12条第2款明确规定："过失犯罪，法律有规定的才负刑事责任。"但是，也有人主张，在某种情况下，即使犯罪主体、犯罪客体不同，也可以适用类推，不能把"最相类似"限制得过严。

三是适用类推的犯罪如何确定罪名。大体上有四种意见：第一种意见认为，应以刑法分则中已有的罪名定罪；第二种意见认为，应以刑法分则某条文所属的类的罪名定罪；第三种意见认为，应根据行为的实际情况，另定新罪名；第四种意见认为，应准用刑法分则有关条文的罪名，定为"准××罪"。从最高人民法院核准的类推案件来看，一般采用第三种意见。

（五）因果关系

刑法中的因果关系，也称犯罪因果关系，是指危害社会的行为与危害社会结果之间的因果关系。关于这个问题，早在1956年就曾在一些法学刊物上展开讨论，当时讨论的重点，是如何运用辩证唯物主义哲学关于因果关系的原理来研究刑法中的因果关系，并且提出了必然因果关系和偶然因果关系的问题。

1979 年 7 月以后，随着刑法的公布、实施，关于因果关系问题的讨论又在各法学刊物上展开，争论的重点主要集中在犯罪因果关系究竟是什么性质的联系。主要有两种意见：第一种意见认为犯罪因果关系只能是必然因果关系，否定偶然因果关系作为犯罪因果关系的可能性。所谓必然因果关系，就是事物内部具有本质联系的因果关系，指行为人实施的危害社会行为在一定条件下合乎规律地引起危害社会结果的发生，前者包含着产生后者的内在根据，后者是由前者的本质所决定的。第二种意见认为，犯罪因果关系不仅包括必然因果关系，而且包括偶然因果关系。偶然因果关系是两个必然因果关系环节的巧遇和交叉。当某人的行为造成了某种危害社会的结果，在事件的连续发展中，偶然地又有其他原因加入其中，以致发生了更严重的危害社会的结果，这时前行为与后结果之间就存在偶然因果关系。必然因果关系在犯罪现象中是大量存在的，是犯罪因果关系的主要的、基本的形式，但是不可否认，偶然因果关系也是客观存在的，是犯罪因果关系的次要的、补充的形式。如果只承认在刑法中存在必然因果关系，不承认偶然因果关系，实际上是把必然性与偶然性绝对地对立起来，把必然性与因果性等同起来，这样在司法实践中就有可能放纵利用偶然因果关系进行犯罪的犯罪分子。以上两种意见在讨论中旗鼓相当，相持不下、难解难分。笔者同意第二种意见。

（六）罪过

罪过包括犯罪故意和犯罪过失，是属于犯罪主观方面的范畴。我国 1979 年刑法规定的一百几十种犯罪，绝大多数是故意犯罪，仅有少数几种属于过失犯罪。

根据 1979 年刑法第 11 条的规定，犯罪故意可分直接故意和间接故意，这是刑法学界公认的。罪过是犯罪人认识因素和意志因素的统一。犯罪故意作为罪过形式之一，其认识因素是指行为人"明知自己的行为会发生危害社会的结果"，其意志因素是指行为人"希望或者放任这种结果发生"。问题是两种故意在认识因素上是否相同。有人认为，两种故意在认识因素上是不同的，即对危害结果的认识程度不同：直接故意是明知自己的行为必然发生或者可能发生某种危害结果，而间接故意则只能是明知自己的行为可能发生某种危害结果。另一些人持不同看法，认为直接故意和间接故意在认识因素上并无差异，都是明知危害结果的可能发生或者必然发生，两者的不同仅仅表现在意志因素上：直接故意是希望某种危害结果发生，间接故意是放任某种危害结果发生。

犯罪过失也是罪过形式之一。根据 1979 年刑法第 12 条的规定，犯罪过失可分为过于自信的过失和疏忽大意的过失，这也是大家公认的。争论较多的是在疏忽大意的过失上，如何判断行为人"能否预见"的问题。按照刑法规定，构成疏忽大意的过失必须具备两个条件：一是行为人没有预见自己的行为可能发生某种危害社会的结果；二是行为人应当预见自己的行为可能发生这种结果。所谓"应当预见"，就是说行为人有责任预见并且能够预见。如果危害结果的发生是行为人不能预见的，那就不构成过失犯罪，而是意外事件。可见，"能否预见"乃是区分过失犯罪与意外事件的一个关键。那么，怎样判断行为人对危害结果能否预见呢？大致上有四种观点：第一种观点认为，应以客观为标准，即以一般人的水平来衡量，一般人在当时的情况下能够预见的，就认为行为人也能预见。第二种观点认为，应以主观为标准，即以行为人本人的水平、能力为标准。具体来说也就是，在当时的客观环境条件下，根据行为人本人的年龄、健康状况、知识程度、工作经验和业务水平等综合情况，来判断其能否预见。第三种观点认为，应当把主观标准和客观标准结合起来，只有一般人在当时的情况下能够预见，而且本人在当时的情况下也能够预见的，才能认定行为人有疏忽大意的过失。第四种观点认为，原则上可以采取主观标准和客观标准的结合，但客观标准仅供初步判断使用，具有决定意义的是主观标准，因为能否预见属于人的认识因素，而各人的认识是不能脱离本人的具体情况的。看来第四种观点比较全面。

（七）正当防卫

正当防卫是 1979 年刑法公布、实施以后刑法理论研究和司法工作实践中经常讨论的一个重要问题，很多教材和论著，都谈了鼓励公民运用正当防卫的权利和法律武器同不法侵害行为作斗争，具有重大的现实意义；对正当防卫的构成条件，也作了比较深入的分析。根据刑法第 17 条的规定，大家比较一致地认为，正当防卫的构成条件之一是防卫行为不能超过必要的限度。但是，关于怎样理解正当防卫的必要限度，则见仁见智，说法各异，主要有两种观点：第一种观点认为，正当防卫的必要限度是指正当防卫和不法侵害基本相适应，也就是说，正当防卫是否超过必要限度要看正当防卫的强度与不法侵害的强度及所保卫权益的性质是否基本相适应。所谓"基本相适应"，当然不是指机械的相等，而是说不要过分地悬殊。如果防卫行为给不法侵害者造成的损害和侵害行为的强度、所保卫的权益的性质过分地悬殊，例如为保护苹果园中的苹果而将偷摘少量苹果的人打成重伤，那就是防卫过当。第二种观点认为，正当防卫的必要限度是指正当防卫的客观需要。为了制止住不法侵害，正当防卫必须具备足以有效制止侵害行为的应有强度；即使防卫的强度大于侵害的强度，只要是制止侵害所必需的，就不能认为超过了正当防卫的必要限度，也就是说，防卫的强度允许大于侵害的强度。只有当防卫的强度超过了应有的或必需的强度，才是防卫过当。上述两种观点实际上只是分析问题的角度不同，并不是互相对立、彼此排斥的。观察正当防卫行为是否超过必要限度，关键要看是否为有效制止不法侵害行为所必需，必要限度也就是指这种必需的限度。但是，如何认定必需、不必需，脱离不了对侵害行为的强度、所保卫权益的性质以及防卫行为的强度作综合的分析研究。因此，可以这样认为，只要防卫的强度是为制止不法侵害所必需，同侵害的强度相差不大，不是明显地超过侵害行为的强度和所保卫权益的性质，就不能认为是超过正当防卫的必要限度。这样就把上述两种观点统一起来了。

（八）共同犯罪

共同犯罪是刑法理论中一个既重要又复杂的问题。早在 20 世纪 50 年代，就对这个问题进行了一定程度的研究，法律出版社还在 1957 年出版了一本《论共犯》的专著。（1979 年）刑法颁行以后，对这个问题的研究更为充分，而且富有成果，除报刊上发表的有关论文近百篇外，先后还出版了 4 本专著。研究讨论涉及共同犯罪的各个方面，比较集中的有以下几个问题：

一是关于共同犯罪人的分类问题。1960 年前后，在刑法草案制定过程中，对共同犯罪人如何进行分类规定，曾有过激烈的争论。一种观点认为，应按犯罪分子在共同犯罪中的分工，把共同犯罪人分为实行犯、教唆犯、帮助犯和组织犯；另一种观点认为，应按犯罪分子在共同犯罪中所起的作用，把共同犯罪人分为主犯、从犯、胁从犯等。上述两种观点各有理由，也各有弱点。第一种分类方法，对于解决定罪问题比较好，弱点是不能体现出各犯罪分子所起作用的大小，对解决量刑问题不够圆满。相反，第二种分类方法，能体现在共同犯罪中各犯罪分子的作用大小，对解决量刑问题较为方便，但不能很好地解决定罪问题。分为主犯、从犯、胁从犯，把教唆犯放到哪里？教唆犯情况复杂，既不能一律列为主犯，更不能一律列入从犯。因此，两种意见在争论过程中就互相吸收，取长补短。到 1963 年刑法草案第三十三稿时，意见基本上统一，采取的分类原则是：按作用分类，但也适当照顾到分工。这样就把共同犯罪人分为主犯、从犯、胁从犯和教唆犯，也就是 1979 年刑法第 23 条至第 26 条的规定。1979 年刑法颁行以后，刑法学界对这个分类方法基本上都持肯定的意见，仅有个别学者表示异议，认为将两种分类标准糅合在一起，不伦不类，因为教唆犯与主犯或从犯有重叠关系，一个人教唆他人犯罪，他既是教唆犯，同时又是主犯或从犯，岂非不合分类逻辑？因此，他们认为，还是应按共同犯罪人在共同犯罪中所起的作用分类，而把教唆犯按具体情况分别归属于主犯或从犯。

二是如何看待"犯罪团伙"问题。20 世纪 70 年代以后，"犯罪团伙"一词使用得比较广泛，但它不是法律用语，而是政治用语，是公安机关侦查破案时的习惯用语。"犯罪团伙"属于什么样的共同犯罪？一度众说纷纭。有的认为是介于犯罪集团和一般共同犯罪之间的一种独立的共同犯罪形式；有的认为它就是犯罪集团；也有的认为犯罪团伙有团有伙，有的是犯罪集团，有的是犯罪结伙，后者属于一般共同犯罪，因此要具体分析，区别对待。1984 年 6 月 15 日最高人民法院、最高人民检察院、公安部在一个联合作出的法律解答中指出，办理团伙犯罪案件，凡其中符合刑事犯罪集团基本特征的，应按犯罪集团处理；不符合犯罪集团基本特征的，就按一般共同犯罪处理。① 这样，刑法学界对"犯罪团伙"就有了一致的理解。

---

① 转引自何秉松主编：《刑法教程》，130～131 页，北京，法律出版社，1987。

三是关于首要分子承担刑事责任的原则问题。有人认为，对犯罪集团也要贯彻罪责自负的原则，首要分子的刑事责任只限于本身的行为，而不能对犯罪集团中其他成员的行为负责。这种观点是从正确的前提出发，得出错误的结论。罪责自负是我国刑法中的一项基本原则，当然应该坚持，但问题是如何看待首要分子的罪责。许多人指出，首要分子既然是犯罪集团的组织者、领导者、指挥者，就不能把他的犯罪活动看成孤立的、单独个人的犯罪现象，而应当与犯罪集团其他成员的犯罪活动联系起来，换言之，他应当对犯罪集团预谋实施的全部罪行负责，因为这一切罪行都包括在首要分子参与制订的犯罪活动计划之内，并由首要分子组织、领导实施。当然，犯罪集团的某个成员，超出了预谋的活动计划，自己单独又实施了某种罪行的，自应由他个人负责，不能由首要分子负责，这是不成问题的。

（九）刑罚目的

对犯罪人适用刑罚的目的是什么？这历来是刑法学家重视的一个问题，我国刑法学界就此问题发表了一些论著，认识不完全一致，归纳起来，有以下几种观点：（1）惩罚说，认为适用刑罚的目的在于使犯罪分子的自由和权利受到限制、剥夺，使他们感到压力和痛苦，从而制止犯罪的发生。（2）改造说，认为适用刑罚不是追求报复的目的，也不是以惩罚为目的，而是通过惩罚这个手段，达到改造犯罪人，使其重新做人的目的。（3）预防说，认为适用刑罚的目的是预防犯罪。这包括两个方面：一是特殊预防，即通过对犯罪分子适用刑罚，防止其再次犯罪；二是一般预防，即通过惩罚犯罪，教育和惩戒社会上可能犯罪的分子，使他们不致走上犯罪的道路。（4）双重目的说，认为对犯罪分子适用刑罚，既有惩罚的目的，又有教育、改造的目的。（5）三目的说，认为适用刑罚的目的有三：一是惩罚与改造犯罪分子，预防其重新犯罪；二是教育和警戒社会上不稳定分子，使其不走向犯罪；三是教育广大群众增强法制观念，积极同犯罪行为作斗争。（6）预防和消灭犯罪说，认为对犯罪分子适用刑罚，是要把他们当中的绝大多数人教育、改造成为新人，从而达到预防犯罪，最终消灭犯罪，以保护国家和人民利益的目的。（7）根本目的和直接目的说，认为适用刑罚的目的分两个层次：其一是根本目的，即预防犯罪、保卫社会。其二是直接目的，包括三项内容：一是惩罚犯罪，伸张社会正义；二是威慑犯罪分子和社会不稳定分子，抑制犯罪意念；三是改造犯罪分子，使其自觉遵守社会主义法律秩序。以上这些观点中有不少是共同的或接近的，但对于惩罚是不是刑罚的目的，抑或只是刑罚的属性，分歧较大；对于能不能主张刑罚的目的是预防和消灭犯罪，也有不同意见。这些问题有待进一步深入讨论。

（十）刑罚种类

我国刑法中规定的刑罚种类，是从我国实际情况出发，根据多年来同犯罪作斗争的经验选择确定的。刑罚分主刑和附加刑两大类，主刑有管制、拘役、有期徒刑、无期徒刑、死刑五种，附加刑有罚金、剥夺政治权利、没收财产等。司法实践证明，这些刑种是适合与犯罪斗争需要的。但是，有人对管制刑提出意见，认为经济搞活了，人口流动性较大，法院对管制很少适用，监督、管理也不好落实，执行起来有困难，故而建议取消管制，对有些罪行较轻不是必须关押的，可以适用缓刑。但也有不同意见，认为：管制是我国刑法中的一个创造，对罪行较轻、不必关押的犯罪分子判处管制，既可以少关押人，又可以发挥群众监督的作用，还不影响被管制人员的家庭生活，对于犯罪分子的改造和社会秩序的安定是有好处的；而且人口流动不能作为取消管制的理由，管制的内容说明，被判处管制的犯罪分子恰恰是不能自由流动的。缓刑也不能代替管制，二者适用的前提、监督的内容和法律上的效果都是不一样的。此外，对于罚金刑，有不少人主张应当扩大适用范围，以便与商品经济发展的状况相适应，也符合世界刑法改革的趋势。

（十一）自首

自首从宽是我国刑法规定的一项刑罚制度，也是惩办与宽大相结合的刑事政策的一个具体体现。（1979年）刑法颁行以后，刑法学界对自首问题作了大量的研究，发表了很多文章。对于自首的概念、自首成立的条件以及自首从宽处罚如何掌握等问题，都作了比较深入的探讨。在探讨中也有一些不同观点的争论，主要表现在以下几个问题上：

一是"犯罪未被发觉"是不是成立自首的必备条件。对此，一部分人作了肯定的回答，认为只有在犯罪未被发觉前自首，才能证明犯罪分子对所犯罪行有所悔悟。如果在犯罪被发觉后交代所犯罪行，只是基于罪行已被揭发，在无法掩盖、抵赖时承认罪行，不能认为是自首。另一部分人的回答则是否定的，认为我国（1979年）刑法第63条只规定"犯罪以后自首的"，并未以"犯罪未被发觉"为限制条件，附加这个条件，不利于鼓励犯罪分子投案自新，也不符合我们一贯的政策精神和法制传统。这个争论后来在最高人民法院、最高人民检察院、公安部1984年4月16日联合作出的一个法律解答中得到了解决。根据这个解答，不论犯罪是否被发觉，都可以自动投案，从而都可以成立自首，不能把"犯罪未被发觉"作为自首的先决条件。

二是犯罪被发觉以后，犯罪分子因逃跑而被通缉，后又自动归案的，是否属于自动投案，从而成立自首。对此也有否定说、肯定说之争。否定说认为，这种情况不能视为自首，否则是对犯罪分子逃跑的鼓励。肯定说则认为，这种情况应视为自首，因为犯罪分子这样做，有利于司法机关对案件的侦查、审理工作，可以节省人力、物力、财力，所以按政策应予鼓励；同时指出，这不是对犯罪分子逃跑的鼓励，而是对他迷途知返、愿意接受国家审查、裁判的鼓励。肯定说后来在上述三机关联合作出的法律解答中得到了确认。

三是在收容审查、劳动教养、拘捕或服刑期间，主动交代司法机关尚未掌握的他种罪行的，算不算自首。这在刑法学界也有不同的认识。有的人强调自首必须是"自动投案"，既然犯罪分子是处于收容审查、劳动教养、拘捕或服刑期间，就谈不上"自动投案"，所以不算自首，可视为坦白交代，酌情从轻处罚。但有的人认为，"自动投案"不是一个从一处到另一处的空间移动的形式概念，而要对其作实质上的理解；对于一个犯罪案件，司法机关尚未掌握，而作案人主动交代给司法机关，也就是把该案件投给了司法机关，这完全符合自动投案的实质，所以也就是自动投案。如果犯罪分子如实交代了该案的全部或主要犯罪事实，并接受国家的审查和裁判，那么对该案来说，他就是自首，不能认为他只是坦白。坦白通常指犯罪行为已被有关组织或者司法机关发觉、怀疑，而对犯罪分子进行询问、传讯，或者采取强制措施后，犯罪分子如实供认这些罪行的行为。这与上述情况不同。坦白是酌情从宽的情节，而自首则是法定从宽的情节。笔者同意后一种意见。

（十二）数罪并罚

数罪并罚是刑法规定的一项重要的量刑制度。1979 年刑法颁行以来，刑法学界对这个问题进行了较为系统的研究，发表了不少研究成果。但是，也还有一些问题，至今尚存在分歧，主要表现在两个问题上：

一是同种数罪能否实行并罚。第一种意见强调，1979 年刑法第 64 条规定的"一人犯数罪"，并没有把同种数罪排除在外，对同种数罪也要和异种数罪一样，实行并罚的原则。第二种意见认为对同种数罪实行并罚没有必要，因为我国刑法分则条文中规定的量刑幅度一般都比较大，而且许多条文都有在情节严重的情况下将法定刑升格的规定，这就完全可以将同种数罪的情况容纳进去而将处罚问题解决，用不着实行数罪并罚。第三种意见主张，同种数罪要不要实行并罚要根据具体情况，如果条文本身的量刑幅度够用了就不并罚，否则就并罚。这种意见既不是同种数罪要并罚的原则，也不是同种数罪不并罚的原则，而是介乎两者之间。第四种意见认为，同种数罪原则上不并罚，就在规定这种罪的条文的法定刑范围内解决处罚问题，只是对极个别条文，为了弥补法定刑过轻的缺陷，在法律没有禁止并罚的情况下，可以实行并罚，以便有限制地加重犯罪分子的刑罚，更好地体现罪刑相适应的原则。笔者持最后一种意见。

二是对分别判处不同主刑的数罪如何并罚。数罪中如果有一罪被判处死刑或无期徒刑而其他罪被判处别的主刑的，依照 1979 年刑法第 64 条的规定，当然只决定执行死刑或无期徒刑，而将其他主刑予以吸收。但是，对分别判处有期徒刑、拘役、管制的如何并罚，或者在管制期间又犯罪，应判有期徒刑的如何并罚，就有不同主张。有人主张折算，以管制两天折合有期徒刑一天，或者以拘役一天折合有期徒刑一天，然后按照 1979 年刑法第 64 条规定的限制加重原则，决定应执行的有期徒刑的刑期。这是从 1979 年刑法第 36 条、第 39 条、第 42 条有关判决以前羁押一日折抵管制刑期二日，折抵拘役、有期徒刑刑期一日的规定中推算出来的。但是，有人不同意这种折算，认为从性质上说，管制轻，拘役重，有期徒刑更重，不能把轻刑折合成重刑来执行，因此主张，遇到这种情况时，应先执行有期徒刑、拘役，然后再执行管制（或未执行完的管制）。对于这种意见，很多人表示不好理解，因为这样一来，对同一犯罪分子就要决定执行两个甚至三个主刑，这与主刑只能独立适用，不能附加适用，也即对同一犯罪人不能同时决定执行两个以上主刑的原则是有矛盾的。同时，这也体现不出限制加重原则，而是采取并科原则。对主刑与主刑之间采取并科原则，也是缺乏法律根据的。关于这个问题，另有人认为，数罪中同时判处有期徒刑、拘役、管制的，可以采取重刑吸收轻刑的办法，只决定执行有期徒刑。这样的并罚，既体现了法律的严肃性，又符合并罚的原则，且简便易行。这个问题还有待于进一步探讨。

（十三）刑法分则的体系

1979 年刑法分则分 8 章，规定了 8 类犯罪，即反革命罪，危害公共安全罪，破坏社会主义经济秩序罪，侵犯公民人身权利、民主权利罪，侵犯财产罪，妨害社会管理秩序罪，妨害婚姻、家庭罪，渎职罪。1981 年 6 月 10 日全国人大常委会通过的《中华人民共和国惩治军人违反职责罪暂行条例》补充了一类犯罪，即军人违反职责罪，实际上就成了 9 类犯罪。这个犯罪的分类基本上是恰当的、合理的。但是随着修改、完善刑法的呼声不断高涨，刑法学界也有人对现行刑法分则体系提出一些调整性意见，主要有以下几点：

1. 认为刑法分则第一章"反革命罪"宜改名为"危害国家安全罪"。理由是：（1）反革命罪基本上是一个政治性的概念，使用这一罪名，不大符合法律的规范化；（2）反革命罪概念中的反革命目的比较含混，不易解释得清楚，实践中也往往难以分辨，容易导致主观归罪或客观归罪；（3）以危害国家安全罪取代反革命罪，有利于国际斗争的需要，因为反革命罪明显属于政治犯罪的范畴，对于那些逃到国外去的明明是危害国家安全的罪犯，由于我们称为"反革命罪犯"，他国引用"政治犯不引渡"的国际惯例，就使我们很难对其实施惩处；（4）从国外立法发展情况来看，苏联等社会主义国家在革命胜利之初虽也规定有反革命罪，但后来一般都改为危害国家安全罪或国事罪，这种经验也值得借鉴。

2. 认为应增设侵犯公民民主权利罪和妨害司法活动罪的专章。增设"侵犯公民民主权利罪"一章的理由是：（1）侵犯公民民主权利罪与侵犯公民人身权利罪在客体上是不同的，把 1979 年刑法分则第四章分列为两章，更加符合科学化原则。（2）可以更加鲜明地突出刑法对公民民主权利的保护，适应现阶段大力发扬社会主义民主的需要。（3）可以与有关各章更加协调，不论是公民的人身权利、民主权利、财产权利或婚姻家庭方面的权利，都有专章规定，从而更严整地体现刑法对公民不同类型权利的重视和保护。增设"妨害司法活动罪"一章的理由是：（1）把现行刑法中分散规定于数章而实际上主要是妨害司法活动的一些犯罪，如组织越狱罪、聚众劫狱罪、刑讯逼供罪、诬告陷害罪、伪证罪、拒不执行人民法院判决裁定罪、脱逃罪、窝藏包庇罪、徇私枉法罪、体罚虐待被监管人罪、私放罪犯罪等，加上个别新增的犯罪如破坏监管秩序罪等，集中规定为一章，可以更好地体现根据同类客体对犯罪作科学分类的立法原则。（2）有助于加强对人民民主专政机关的国家司法活动和执法秩序的特殊保护，以适应现阶段强化社会主义法制的客观要求。（3）在现代很多国家的刑法中，都专门规定了妨害司法活动方面的一类犯罪，这种立法经验和立法模式可供我们借鉴。

3. 军人违反职责罪，可考虑从单行条例移入刑法分则最后一章，以便构成统一的刑法分则体系。条例中个别有关军人犯罪的总则性规范，如战时缓刑制度，剥夺勋章、奖章、荣誉称号等，可同时移入刑法总则的有关章节之中。苏联和其他社会主义国家的刑法典，基本上都是这样做的。这种做法比单独制定"军事刑法"或"陆海空军刑法"，更简便可取。

此外，还有人主张在刑法分则中增加一章"危害国防罪"。

（十四）各类具体犯罪

我国现行刑事法律规定的 9 类犯罪中具体罪名有一百几十种，研究讨论大多有所涉及，特别是一些常见、多发的罪，讨论得更多、更细、更深入，发表的成果颇为可观。下面仅就各类犯罪的研讨概况，作一简述。

关于反革命罪，除罪名问题外，主要是围绕如何正确认定反革命罪展开研讨，其中涉及的问题有：如何认定反革命目的，反革命目的和动机的关系是什么，过去处理反革命案件有何经验、教训，以及反革命罪有无未遂等。20 世纪 50 年代，主张反革命罪有未遂问题，曾被批判为"旧法观点"，20 世纪 80 年代来有些人指出，这个问题应重新认识。此外，关于组织越狱罪的罪名及与脱逃罪的区别，也有所讨论。

关于危害公共安全罪，重点是对放火罪、投毒罪、破坏交通工具罪、盗窃/抢夺枪支弹药罪、交通肇事罪和重大责任事故罪的认定等，提出了一些值得研究的问题，如放火烧自己住宅企图取得保险金应如何定罪，放火烧独门独院并不危害公共安全如何定罪，以放火手段企图烧死他人的应如何定罪等等。此外，关于 1979 年刑法第 105 条是否包含投毒罪，也有不同见解；抢夺枪支、弹药如何定罪也有争论；如何区分交通肇事罪和过失杀人、过失致人重伤罪的界限，如何区分重大责任事故罪与玩忽职守罪的界限，以及个体经营中的重大责任事故如何定罪等等，也有所研讨。

关于破坏社会主义经济秩序罪，研讨最多的是走私罪和投机倒把罪，其中包括走私罪和投机倒把罪的构成要件，特别是行为种类及数额计算，罪与非罪的界限以及投机倒把罪与诈骗等罪的界限。此外，对于如何认定偷税、抗税罪，变造货币、伪造外币如何处理，假冒商标罪与投机倒把罪的关系，盗伐林木罪与盗窃罪的关系，破坏个体生产如何处理等等，也都有不同程度的研讨。

关于侵犯人身权利、民主权利罪，围绕如何区分故意杀人罪与故意伤害罪，进行了大量的研讨。有人主张以有无杀人目的加以区分，有人主张以是否使用致命的工具、打击要害的部位加以区分，还有人主张区分的关键是犯罪故意的内容不同。强奸罪也是讨论的一个重点，其中主要讨论了强奸罪的本质特征是什么。有人认为是行为人采取暴力、胁迫等方法与妇女发生性行为，有人认为是性行为违背妇女的意志，也有人认为应把强迫手段与违背妇女意志统一起来。关于奸淫幼女罪是否以行为人明知对方是不满14岁的幼女为构成要件，争论很大。此外，关于刑讯逼供罪的主体，诬告陷害罪的处罚规定是否体现"诬告反坐"，如何认定拐卖人口罪，如何划清舆论监督、新闻自由与诽谤罪的界限等等，也都有所研讨。

关于侵犯财产罪，研讨的文章很多，争论不少。例如，抢劫罪的暴力方法是否包括杀人手段在内，认定抢劫罪既遂和未遂的标准是什么，掳人勒赎如何定罪，盗窃支票获取财物的案件如何定罪，什么是惯窃、其构成条件是什么，盗窃罪既遂与未遂如何区分，如何划分利用经济合同进行诈骗犯罪与经济合同纠纷的界限，以借贷为名的诈骗罪与借贷行为如何区别，诈骗罪与集资经营亏损欠债外逃的界限在哪里，贪污罪的主体应当具备哪些条件，承包、租赁经营组织中的工作人员和中外合资、合作经营中的工作人员能否成为贪污罪的主体，对共同盗窃、共同贪污案件如何分别定罪量刑，构成贪污罪的数额起点与构成盗窃罪的数额起点应否协调一致、孰轻孰重等等，都是讨论的热点，都有不少的争议。

关于妨害社会管理秩序罪，研讨最多的是流氓罪。例如，关于如何理解流氓罪的本质特征，如何认定流氓犯罪集团，如何分清流氓罪与非罪的界限，流氓罪与其他犯罪如伤害罪、侮辱罪、故意毁坏公私财物罪等的界限等等，都有所研讨。此外，如何理解1979年刑法第161条"脱逃罪"中规定的"加处"，制造、贩卖假药罪与投机倒把罪的关系如何，窝藏与包庇如何区别，知情买赃者应如何处理等等，认识上不尽一致，也有待继续探讨。

关于妨害婚姻、家庭罪，争论不算很多，但也有一些。例如，对于有配偶的人与他人建立所谓"事实上的夫妻关系"能否构成重婚罪，应不应承认"事实婚姻"，如何理解破坏军人婚姻罪中的"同居"，虐待罪与故意伤害罪如何区别，如何划分遗弃罪与非罪的界限，拐骗儿童罪与拐卖人口罪的界限在哪里等等，都存在不同的看法。

关于渎职罪，争论最多的是受贿罪。例如，对于贿赂是否限于财物，抑或包括财产性利益，甚至包括其他非财产性的不正当利益；离退休干部、国家工作人员的家属能否构成受贿罪；如何认识"利用职务上的便利"，包不包括利用他人职务上的便利和过去工作职务的便利；"从事公务"的含义是什么，都有一些争论。此外，关于玩忽职守罪的主观方面是否只限于过失，重大医疗责任事故是定玩忽职守罪还是定过失杀人罪等问题，也有分歧意见。

关于军人违反职责罪，相对来说讨论较少，但也有个别专著和一些文章，除了正面论述这类犯罪的概念、构成要件和各种具体罪的认定外，对于某些具体问题也提出了不同意见。例如，对于武器装备肇事罪的直接客体是什么，《惩治军人违反职责罪暂行条例》第4条第3款规定的"为敌人或者外国人窃取、刺探、提供军事机密罪"与1979年刑法第97条规定的间谍、特务罪的界限在哪里，《惩治军人违反职责罪暂行条例》第5条规定的玩忽职守罪与1979年刑法第187条规定的玩忽职守罪是什么关系，逃离部队罪的主体是否包括刚入伍正处在集训期间、尚未补充到连队的新兵，该罪的主观方面是否以逃避服兵役义务为目的，如何区分偷越国（边）境外逃罪与投敌叛变罪的界限，连队的班长能否成为虐待、迫害部属罪的主体，虐待、迫害部属罪有无间接故意，非军职人员伙同军职人员盗窃武器装备或军用物资的案件如何定罪判刑，军职人员利用职务之便盗窃军用物资是定贪污罪还是定盗窃军用物资罪，临阵脱逃罪的主体能否只限于直接担负作战任务的军人，如何划分自动投降敌人罪与投敌叛变罪的界限等等，都存在一些不同看法。

三、刑法学研究的展望

我国刑法学（至 1989 年）已经走过了 40 年的曲折历程，取得了令人瞩目的成绩。但是成绩只能说明过去，未来的任务尤为艰巨。刑法学作为法学中的一门应用学科，应当随时关注我国社会主义建设实际的发展，不断发现新情况、研究新问题，以便更好地为立法和司法实践服务，为社会主义建设事业服务。当前，刑法学领域中值得研究的问题很多。例如，从宏观上说，关于社会主义初级阶段刑事政策与刑法的关系，社会主义商品经济新秩序的刑法保护，国际刑法与国内刑法的关系，外国刑法与国内刑法的比较，我国港、澳、台地区刑法与全国刑法的效力范围及冲突，我国刑事立法的进一步完善，司法机关对刑法适用的实践，刑法学体系的进一步完善，刑法如何更好地成为其他部门法的后盾等等，都是值得认真探索以求得解答的新课题。从微观上说，在前文中提到的刑法学研究中存在的一系列有争论的问题，也都有待我们本着理论联系实际和百家争鸣的方针，进一步研究解决。只有不断开展对这些问题的研究，不断取得新的研究成果，才能丰富和完善我国刑法学，开创出刑法学发展的新局面，更好地为立法和司法实践服务。

在当前刑法学研究中，有几点必须加以强调：

（一）树立适应社会主义商品经济发展的刑法观

我国的经济体制改革的实质，就是要发展社会主义有计划的商品经济，建立社会主义商品经济新秩序，以更好地满足广大人民不断增长的物质生活和文化生活的需要。经济体制改革与商品经济的发展，必然引起人们的心理结构、思维方式、价值观念等一系列变化，刑法观也将随之变化。过去我们研究刑法，主要服务于产品经济，现在应当转到为社会主义有计划的商品经济服务的轨道上来。改革、开放、搞活，都是为了发展社会主义商品经济，发展社会生产力，推进社会主义建设。因此，我们刑法观的一个重要内容，就是要保护社会生产力的发展，要把是否有利于发展社会生产力作为判断行为是否有社会危害性的根本标准。凡是对搞活经济、发展商品经济、发展社会生产力有益的行为，哪怕获利再多，只要是通过正当的、合法的手段和途径取得的，就不能视为犯罪行为。有一段时间，对搞活经济中的某些行为是否构成经济犯罪争论不休，相持不下，究其根本就是由于传统的产品经济观念和现实的商品经济观念的矛盾冲突得不到解决而造成的。为了适应经济体制改革和发展社会主义商品经济的需要，对行为的社会危害性的评价标准必须有相应的变化。

（二）为完善中国的刑事立法服务

我国的刑事立法，由于坚持了马克思列宁主义、毛泽东思想的理论指导，立足于本国的国情，总结了同犯罪作斗争的有效经验，吸取了刑法科学理论中正确的见解，借鉴了国外刑事立法中的有益成分，同时注意原则性与灵活性相结合，所以取得了巨大的成绩。我国的刑事法律基本上已趋完备，但是，由于社会主义商品经济的日益发展，由于经济体制改革和政治体制改革的逐步展开与深入，现行刑法中某些缺点和不足之处也暴露了，亟须加以完善。刑法学界应当为刑法的修改、完善献计献策，贡献力量。为此，在今后一个时期里，应当围绕刑法的修改、完善开展科学研究，并以此作为工作的一个重点，通过调查研究和理论分析，拿出有观点、有材料、有说服力的研究成果，贡献给立法机关，供修改刑法时参考。我们相信，这项工作做好了，将是刑法学服务于立法实践的一个有力的明证，同时可以进一步推进刑法学学科本身的建设。

（三）正确处理刑法理论与司法实践的关系

我国刑法学是在马克思列宁主义、毛泽东思想指导下，以刑事法律和政策为依据，总结反映我国人民和司法机关长期同犯罪作斗争的丰富经验，并批判地继承前人创造的刑法科学文化而逐步发展起来的。丰富的司法实践是刑法理论的源泉，正确的刑法理论能直接为司法实践服务，为司法实践排难解疑。怎样才能做到刑法理论更好地为司法实践服务？笔者认为最重要的是要在研究工作中吃透刑事立法精神，并加以充分的阐述。司法工作是执行法律的工作，刑法学者把法律的精神加以弘扬，并正确地传达给司法工作者，使他们正确地掌握和运用法律武器，就是对司法实践最大的帮助。此外，刑法理论应当非常注意反映司法实践经验，特别是执行刑法的经验。司法机关作出的判例、典型总结、系统总结、批复、指示等都应当在刑法学者的视野之内，广为收集，并加以消化吸收。特别是最高人民法院、最高人民检察院分别或联合作出的司法解释，是执法经验的结晶，并具有法律效力，更应受到刑法学者的重视，并努力在研究工作中加以贯彻。当然，刑法学者应当独立思考，坚持学理探讨，具有高度的科学信念。学术上没有禁区，应当勇于探索、敢于创新，坚持真理，修正错误。努力吸收司法实践经验，并正确地通过自己头脑的加工，这样创造出来的科学研究成果，必然会受到司法实务部门和广大司法工作者的欢迎。解决好刑法理论与司法实践的关系，是指引刑法学健康发展的主线，是使我国刑法学得以枝繁叶茂的长青之树。

［高铭暄；载张友渔主编：《中国法学四十年》，上海，上海人民出版社，1989］

第二章
1986 年的刑法学研究

一、1986 年刑法学研究概况

刑法学是我国近年来发展较快的几个主要法学学科之一。1986 年的刑法学研究又取得了较为明显的进展，研究更加重视坚持原则与解放思想相结合、理论与实践相结合的方法，注意开展了对中国刑法学、外国刑法学和中国刑法史诸方面的研讨，研讨结果丰硕。据我们的粗略统计，公开出版和内部铅印发行的刑法书籍有 60 本左右，公开和内部发表的论文及文章有 1 000 篇左右，其中尤以中国刑法学方面的研究最为繁荣。综观起来，1986 年的刑法学研究具有以下几个显著的特点：

第一，重视联系我国经济体制改革的情况和需要来研究刑法问题。许多论著从宏观上论述了我国刑法对于打击经济犯罪和保卫经济体制改革的作用与意义，探讨了当时经济犯罪危害改革的表现与特点，以及正确运用刑法武器打击和防范经济犯罪、有效地保卫改革的方针等问题；更多的论著则对若干突出的直接破坏和妨碍经济体制改革的具体经济犯罪问题进行了热烈、深入而细致的研讨。

第二，注意适应对外开放的需要来开展刑法学研究。发表了相当数量的介述外国刑法问题的译文和文章，涉及的问题主要有：外国刑事立法和刑法学的宏观问题，法人犯罪，未成年人犯罪，共同犯罪，刑罚目的，死刑，自由刑，缓刑，假释，若干具体经济犯罪，等等；翻译出版了《日本刑法总论讲义》等书籍；在我国刑法问题的研究中对中外比较研究的方法有所注意，一些论著较为客观地肯定了外国刑法中一些值得我国借鉴、参考的东西；初步展开了对国际刑法和国际犯罪的研究，出版了《东京审判始末》、《远东国际军事法庭判决书》和《国际刑法与国际犯罪》等书籍，对空中劫持，跨国性的走私、贩毒、盗运珍贵文物等犯罪，发表了一些专论、译文和介述性文章；对世界新技术革命条件下的犯罪如电子计算机犯罪、危害环境的犯罪等，开始注意介述和研究；对我国香港、台湾地区的刑法和刑法理论，也开始有所介绍。

第三，学术争鸣气氛浓郁，研究更加深入和富有创新精神。在刑法总论和具体犯罪的许多问题上，都发表了大量的论著进行研讨、争鸣。出版了《论教唆犯》、《刑法中的一罪与数罪问题》、《刑法因果关系论》、《刑法总则要义》、《罪与罚——侵犯公民人身权利、民主权利罪的理论与实践》、《刑法中的若干理论问题》、《杀人罪》、《历史的审判（续集）》、《中国的犯罪问题与社会变迁的关系》等专著和书籍；发表了一些有分量、有深度、有新意的专题论文。就中国刑法学而言，研究较为深入和集中的问题主要有：马克思主义刑法学的基本原理，犯罪概念，犯罪原因，犯罪构成，犯罪因果关系，法人犯罪问题，间接故意，犯罪的目的和动机，防卫过当，犯罪未遂和犯罪中止的特征，教唆犯和胁从犯问题，罪数问题，死缓制度，自首制度，缓刑的适用，法规竞合，投机倒把罪，假冒商标罪，偷税、抗税罪，强奸罪，诬告陷害罪，拐卖人口罪，盗窃罪，诈骗罪，贪污罪，制造、贩卖假药罪，受贿罪，玩忽职守罪等等；此外，一些过去基本未予以研究的专题如刑事责任、刑事政策、定罪根据、劫机犯罪等也开始得到研究。研讨工作开始注意不囿于传统观点和现行刑法的规定，而是从理论和立法更加科学化的要求出发，并紧密结合我国社会主义现代化进程中有效地同犯罪作斗争的实际情况和需要来研究刑法问题，对现行的刑事立法（包括刑法典及修改、补充刑法典的其他刑法规范）和司法实践的研讨不仅仅加以论证，而且开始注意实事求是地提出一些完善性意见，这些意见既包括对现行立法和实践中的规定与做法的修改、完善，也包括补充刑法、增设新罪名的立法建议。

第四，开始注意对新中国成立以来主要是 1979 年刑法公布、实施以来我国刑法学的研究成果和状况进行较为系统、全面的回顾、总结，并对我国刑法学发展的趋势、前景、研究重点和方法论等宏观问题进行展望性探讨。发表了一些水平较高的总结和展望性质的论文与文章，出版了《新中国刑法学研究综述（1949—1985）》这本首次对我国刑法学研究进行较为全面、系统总结的书籍。

二、1986 年刑法学总论研究热点问题

在刑法学总论方面，1986 年研讨较为集中、热烈而且存在较多争议的，主要是下述一些问题：

（一）关于犯罪的本质特征

主要有五种观点：（1）认为情节相当严重而应受刑罚或惩罚性是犯罪的本质特征。因为这是犯罪行为得以和一般的危害社会行为及其他违法行为相区别之所在。（2）认为具有相当严重程度的社会危害性和刑事违法性的有机统一或结合，才是我国犯罪的本质特征，据此才能严格地区分罪与非罪。（3）认为犯罪的本质特征是严重程度的社会危害性。这符合法定的犯罪概念、罪刑相适应原则和分则关于具体犯罪构成的规定，并已为司法实践证明是正确的；也符合犯罪的三个属性的关系，因为社会危害性的严重程度是犯罪三属性的统一条件。（4）提出应受惩罚性是犯罪的本质特征。认为应受刑罚惩罚性直接而全面地反映了犯罪的本质，能为人们的直觉所把握，也是区分罪与非罪的科学标

准；而犯罪的社会危害性均不具备上述条件，因而不能作为犯罪的本质特征。（5）坚持我国刑法理论中的通行观点，认为犯罪的社会危害性是犯罪的本质特征，因为犯罪的社会危害性集中体现犯罪的本质，也是区分不同阶级社会犯罪的本质的根本标志。它作为区分罪与非罪的根本标准，是讲它在犯罪三特征共同作为整体性的区分标准时的地位，不意味着它与其余两特征相分裂而孤立存在；它具有概括性、抽象性的特点，不可能凭直觉直接感受到。把应受惩罚性作为犯罪的本质特征的观点，颠倒了犯罪三特征之间正确的层次关系，也有悖我国刑法的立法和司法实践。

（二）关于犯罪构成理论

争议较大的主要问题有三个：

1. 对我国犯罪构成理论的总估价。存在针锋相对的两种观点：（1）认为，我国的犯罪构成理论是从苏联的犯罪构成理论移植过来的，它基本上还停留在 20 世纪 50 年代的理论水平上，从理论体系到基本观点都没有重大的突破，它并不完全符合中国的国情，不完全符合我国加强社会主义法制、打击敌人、惩罚犯罪、保护人民的要求。因而主张建立具有中国特色的犯罪构成理论新体系，并提出了初步的设想。（2）认为我国目前的犯罪构成理论不是机械照搬苏联的，而是经过了自己的思考创造。这一理论基本科学、合理，对司法实践起着积极的指导作用，虽然其中有许多新问题需要深入研究，但不应当破除，而应当维护和完善。

2. 犯罪构成有哪些要件。主要有三类主张：（1）两要件说。其中有人提出，两要件中一为行为要件，包括行为的主观要件、客观要件及行为侵害的客体或对象等；二为行为主体要件。另有人主张，两要件中一为主观要件，包括犯罪的主观心理状态以及主体条件；二为客观要件，包括犯罪行为和犯罪客体。（2）三要件说。有人提出，包括有机结合的下述三个要件：行为主体，危害社会的心理状态，客观上危害社会的现实表现。另有人主张，包括犯罪客体，犯罪客观方面和犯罪主观方面，犯罪主体则不是犯罪构成要件。（3）四要件说。这是我国刑法理论中较为通行的观点，主张包括犯罪的客体、客观要件、主体和主观要件。

3. 犯罪构成是否是构成犯罪和应负刑事责任的基础。主要存在两种观点：（1）主张犯罪构成不是负刑事责任的基础，只有犯罪行为才是负刑事责任的唯一基础。其中有人认为，这是因为，行为的社会危害性与行为符合犯罪构成要件，是犯罪行为的社会政治内容与必要的法律形式的统一，二者都是犯罪概念的统一不可分割的组成部分，把二者割裂开来并把符合构成要件独立于犯罪概念之外，作为独立的负刑事责任的基础，不符合我国刑法的规定。有人提出两条理由：一为刑事责任是刑事违法行为的法律后果，犯罪构成要件只是产生刑事责任的法律前提，而刑事违法行为才是产生刑事责任的根据；二为刑事责任的根据不能是符合犯罪构成要件这个形式，而是犯罪行为这个内容。（2）坚持我国刑法理论中的通行观点，认为犯罪构成是定罪的依据，是行为人负刑事责任的基础。因为犯罪行为所揭示的社会危害性这个犯罪的本质特征还过于抽象和概括，不可能作为区分罪与非罪、此罪与彼罪的具体规格、标准，而只有其具体存在形式——犯罪构成，才能成为定罪的依据和行为人负刑事责任的基础。

（三）法人能否成为我国刑法中的犯罪主体

我国刑法理论的传统观点否认法人可以成为犯罪主体。随着经济领域里以法人名义实施的犯罪或涉及法人的犯罪的增多，法人能否作为犯罪主体的问题引起争论，存在着肯定和否定两种对立的主张。1986 年关于这个问题的研讨发表了大量的文章，总的来看，多数文章的论述基本上仍在以前的肯定和否定两种对立观点及其论据之内，但两种观点内部都有文章开始更加注重从法律调整的社会效果来予以论证，从而使这个问题的研讨有所前进，趋向深化。

三、1986 年刑法学各论研究热点问题

在中国刑法学各论研究方面，研究的热点主要集中在下述一些问题上：

（一）投机倒把罪

研讨的主要问题有：投机倒把罪的表现形式和特点；对投机倒把罪打击不力的原因；投机倒把行为性质的认定标准；投机倒把的数额、情节与定罪量刑的关系；投机倒把"情节严重"、"数额巨大"、"情节特别严重"的认定；涉及机关、企事业单位的投机倒把案件的处理；投机倒把罪与合法贸易行为、一般违反市场管理行为、一般投机倒把行为等非罪行为的界限；投机倒把罪与走私罪、诈骗罪、假冒商标罪以及制造、贩卖假药罪的界限等。其中争议较大的是两个问题：

1. 关于投机倒把罪与制造、贩卖假药罪的区别。主要是对实践中出现的大规模地制造、贩卖假药、劣药案件的定性有不同的主张和解释：（1）认为这种行为违反工商管理法规，破坏社会主义经济秩序，符合投机倒把罪的特征，应以投机倒把罪论处，这也符合罪刑相适应原则和从重打击严重经济犯罪的方针。（2）认为这种行为虽符合投机倒把罪的特征，但刑法已有专门条款规定了制造、贩卖假药罪，根据特别法优于普通法的原则，应定制造、贩卖假药罪。（3）认为制造、贩卖假药、劣药行为是同时触犯投机倒把罪和制造、贩卖假药罪两个法条的法条竞合情况，前者是一般法条，后者是特别法条。在一般情况下，应适用特别法优于一般法的原则，定制造、贩卖假药罪；若犯罪数额巨大、手段特别恶劣、后果特别严重的，为达到罪刑相适应，应当适用重法优于轻法的原则，定投机倒把罪。

2. 投机倒把罪与走私罪的区别。主要是对国内市场上贩私行为的定性问题有不同的观点：（1）认为贩私是走私的继续，不管转手倒卖几次，走私物的属性仍未改变，破

坏的仍是对外贸易管制，情节严重，构成犯罪的，应定走私罪。（2）认为贩私活动扰乱的是国内市场管理，情节严重，构成犯罪的，应定投机倒把罪。（3）主张区别情况对待：贩私行为一般属投机倒把性质；走私犯自己、走私集团成员、事前通谋互有分工的走私共犯在国内市场上销售走私物品的，以及在国（边）境、沿海海域和沿海、沿边地区非法向走私分子成批收购、贩运走私物品并在国内倒卖牟利的，实际上都是走私的延续行为，情节严重的，应以走私罪论。

（二）强奸妇女罪

争议问题主要有以下三个：

1. 强奸妇女罪的特征。大致有三种观点：（1）违背妇女意志是强奸妇女罪本质的、唯一的特征，不论犯罪者采用何种手段，凡性交违背妇女意志的，即构成强奸妇女罪。（2）法律对强奸妇女罪并未规定违背妇女意志这一要件，因而不宜把被害人的主观意愿如何作为认定是否构成强奸妇女罪的条件，而应从犯罪分子的主、客观方面来分析、判断。（3）违背妇女意志是强奸妇女罪的本质特征，使用强制手段是法定的手段特征，二者密切相关，不可偏废，手段特征是确认违背妇女意志的客观依据。

2. 强奸妇女罪既遂与未遂的区别标准。有两种主张：（1）主张应采取接合说（插入说），认为依此标准并不会妨碍从严打击罪犯。（2）主张采取接触说，认为插入说忽略了被害妇女人身权利或性的不可侵犯权利，不利于打击犯罪。

3. 先强奸后通奸，对先行的强奸是否应以强奸妇女罪论处。（1）有人认为应以强奸妇女罪论处，因为后行的通奸并不能改变先行的强奸行为的性质。（2）有人则主张不应以强奸妇女罪论处，因为妇女对性交行为的意志已发生变化，不再违背妇女意志，失去了强奸妇女罪的特征，但对这种行为可视情况予以批评、纪律处分、治安管理处罚，情节严重的可按流氓罪论处。

此外，对于丈夫可否构成强奸妇女罪的问题，也存在一定的争论。

（三）盗窃罪

主要争议问题有两个：

1. 怎样确定共同盗窃犯罪人各人应负的刑事责任？大致有 7 种主张：（1）所有盗窃共犯都按照其非法所得数额以及在共同犯罪中的地位和作用，承担刑事责任。（2）所有盗窃共犯都应按照共同盗窃的总额负刑事责任，在这个前提下对主犯从重，对从犯从轻。（3）对盗窃共犯应以其各自参与盗窃的数额定罪，结合其分赃及在犯罪中的地位、作用量刑。（4）主犯应多负刑事责任，从犯等只应对自己的盗窃数额或者分赃数额负责。（5）共同盗窃人承担盗窃数额的计算应使用百分比的计算方法，即综观犯罪人在共同盗窃犯罪中参与的数额、个人所得数额，以及其地位、作用和全部案情，先确定各犯罪人应承担百分之多少的责任，根据这个责任的百分比数再换算出作为对每个共犯是否定罪和怎样处刑依据的"数额"。（6）应首先以共同盗窃的总价值决定是否构成犯罪；再根据各犯罪人在共同犯罪中所起的作用，参考赃物、赃款所得，确定各行为人的刑事责任即量刑问题。（7）盗窃集团的首要分子要对集团盗窃的总额负全责；对其他一般共同盗窃人罪责的确定，既要考虑其参与盗窃的数额和分得赃物的数额，也要考虑其在共同盗窃活动中的地位和作用，按照不同的情况确定其应负的责任。

2. 对拿走暂放、遗忘、遗失的提包（物品）的"拎包"案件应如何定性？这是1986 年开始注意研讨的一个问题，大致有四种主张：（1）这种案件中行为人主观上无盗窃故意，客观上采取的不是秘密窃取的手段，不符合盗窃罪的特征，属道德错误，可予以批评或行政处罚。（2）这种行为与盗窃罪相似，可依盗窃罪类推追究其刑事责任。（3）应直接定盗窃罪。因为行为人主观上具有盗窃的故意；客观上的非法占有行为虽不具备秘密窃取的特征，但盗窃罪也并非以秘密窃取为必要条件。（4）应区别遗失物与遗忘物：遗失物已脱离物主的持有范围，非法占有遗失物是违反道德的行为，但不构成盗窃罪；遗忘物并非都脱离物主的持有范围，窃取未脱离物主持有范围的遗忘物的，构成盗窃罪。

（四）诈骗罪

研讨集中在认定诈骗罪应划清的一些界限问题上。

1. 关于罪与非罪。研讨的界限主要有诈骗罪与一般违法行为、民事债务纠纷、代人购物拖欠货款、集资办企业因亏损而躲债、违约暂时挪用并准备归还行为、经济合同纠纷等的界限，其中关于诈骗罪与经济合同纠纷的界限讨论得最为热烈，提出的区分标准主要有：行为人有无非法占有公私财物的目的；是否采用了签订假合同的欺诈手段；是否具有履行合同的实际能力；是否具有履行合同的诚意和行动；未履行合同的原因；合同标的物及货款的去向，等等。有人强调上述某一条或几条标准，有人则主张综合上述各点去考察、判定。

2. 关于诈骗罪与其他犯罪的区别：（1）诈骗罪与招摇撞骗罪的区别。主要是对冒充国家工作人员诈骗财物的定性处理问题有不同看法：有人认为这是牵连犯罪，应从一重罪处罚即按诈骗罪从重处罚；有些人则解释为想象竞合犯或牵连犯，但都认为应按照行为所侵犯的主要客体及行为的主要危害性，分别认定为诈骗罪或招摇撞骗罪，如果同时严重侵犯两种客体的，一般应从一重罪处断即按诈骗罪处理。（2）诈骗罪与制造、贩卖假药罪的区别。主要是对制造、贩卖假药，非法获利数额巨大如何定性处理的问题有不同的主张：有人认为应以诈骗罪论处，否则会罚不当罪。其中有人解释说，这样处理也符合法规竞合时特别法优于普通法的适用法条原则，认为这时同时触犯了 1979 年刑法第 152 条和第 164 条两个特殊法条；另有人则坚持对此只能以制造、贩卖假药罪论处，因为它已被 1979 年刑法第 164 条所明确包括，至于其法定刑若确实过轻可考虑修改。

此外提出的诈骗罪与其他犯罪的区别还有，诈骗罪与投机倒把罪的区别，诈骗罪与骗取公共财物的贪污罪的区别，诈骗罪与利用封建迷信造谣、诈骗的区别，诈骗罪与惯骗罪的区别，诈骗罪与赌博中的作弊行为的区别等。

（五）贪污罪

研讨集中在该罪犯罪主体的特征和种类、定罪数额标准、罪与非罪区分、犯罪客体、挪用公款的定性、监守自盗的性质等问题上。其中关于"监守自盗"的定性问题存在两种截然相反的观点：（1）监守自盗以贪污罪论处的通行观点和做法，会造成司法与立法精神不一致，不利于严厉打击国家工作人员在经济领域的犯罪，也不利于保护公共财产；而对监守自盗论以盗窃罪，能解决上述弊端，也更符合犯罪构成要件。（2）监守自盗不应定盗窃罪而应定贪污罪，因为它具备贪污罪的基本特征，而与盗窃罪在犯罪主体、犯罪故意、犯罪手段乃至犯罪客体上都有所不同。至于目前实践中贪污罪与盗窃罪在定罪量刑上的失调，不能归咎于将监守自盗以贪污罪论处，关键是执法中要正确确定两罪定罪量刑的数额标准，使两罪罪刑相协调。

（六）受贿罪

研讨的主要问题有：受贿罪的特点、表现形式和治理对策，受贿罪的客体，贿赂的含义，利用职务便利问题，国家工作人员的家属作为受贿罪共犯以及能否单独构成受贿罪的问题，受贿数额和情节对定罪量刑的意义，以单位名义受贿案的处理；受贿罪与其他犯罪的区别等。争议较大的问题主要有四个：

1. 受贿罪的犯罪客体。有三种观点：（1）侵害的是国家机关的正常活动；（2）既侵害国家机关的正常活动，又侵害公私财物所有权；（3）既侵害国家机关的正常活动，又侵害国家经济管理的正常活动。

2. 贿赂的含义。主要有两种主张：（1）指财物和其他可以用货币价值计算的物质性利益（财产性利益、经济利益）；（2）既包括财物和不正当的物质性利益，也包括其他不正当的非物质性利益。

3. 利用职务便利是否为受贿罪必备要件。（1）有人认为，全国人大常委会《关于严惩严重破坏经济的罪犯的决定》对受贿罪的修改中未提"利用职务便利"，因此，利用职务便利不再是受贿罪的构成要件，否则不利于打击犯罪。（2）多数同志认为，前述决定只是提高了受贿罪的法定刑而未修改其构成要件，利用职务便利仍是受贿罪的必备要件，这不但合乎受贿罪作为渎职罪的本质，也不会导致打击不力。

4. 国家工作人员的家属能否单独构成受贿罪？传统观点持否定的主张。有个别同志提出肯定的意见。

（七）玩忽职守罪

研讨的主要问题有：玩忽职守罪的表现形式与特点，主体的种类，"重大损失"的确定标准，直接责任人员的认定，玩忽职守罪与官僚主义的关系，罪与非罪的界限，玩忽职守罪与其他危害公共安全的过失犯罪尤其是与重大责任事故罪的区别，查处玩忽职守罪中的一些认识问题等。其中，关于玩忽职守罪的主体研讨的进展较为明显，提出了与过去研讨有所不同的主张或涉及了一些新问题。例如，有些文章提出：受委托从事公务的人员可以成为玩忽职守罪的主体；承包单位或组织的主管人员和其他管理人员，应被视为依法或受委托从事公务的人员，他们可以成为玩忽职守罪主体；公有制企业之间或公有制企业与个体经济联营的企业、组织中的主管人员和其他管理人员，可以成为玩忽职守罪的主体，但纯粹私人集资的联营企业或组织中的主管人员和直接责任人员不能成为玩忽职守罪的主体；城乡个体工商业者不能成为玩忽职守罪的主体，但某些经过批准从事某项特殊职业的个体劳动者如个体医生，可以成为玩忽职守罪的主体。

（八）为牟取非法物质利益而泄露秘密技术资料案件的定性

针对实践中新出现的技术干部为牟利而利用职务便利暗自泄露秘密技术资料案件的定性问题，《法学》杂志和《中国法制报》1986 年组织了研讨，众说纷纭，大致有 8 种主张：（1）不符合有关犯罪的特征，不构成犯罪，只应负经济的、民事的或行政的责任。（2）构成贪污罪，因为这种行为是国家工作人员利用职务便利非法占有公共财产。技术资料作为"无形财产"也应属财产范围，即这种案件符合贪污罪的基本特征。（3）构成受贿罪，因为刑法中的财物不包括技术资料等智力成果，这种行为侵犯的客体不是财产关系而是单位的技术秘密，行为人为接受财物而向行贿者泄露秘密技术资料，符合受贿罪的特征。（4）构成盗窃罪，因为行为人具备秘密窃取具有巨额经济价值的技术资料的故意和行为，符合盗窃罪的构成要件。（5）构成泄露国家机密罪，因为行为人泄露的是国家重要的技术秘密，侵犯的是国家保密制度，行为人又是直接接触国家重要机密的国家工作人员，负有保密义务，可见案件完全符合泄露国家机密罪的构成要件。（6）构成诈骗罪，因为行为侵犯的客体是公共财产所有权，客观方面表现为以欺诈手段获取秘密技术资料，主观上具有非法占有技术资料收益的直接故意，符合诈骗罪的要求。（7）构成投机倒把罪的共犯，因为行为人泄露秘密技术资料给甲，甲又以高价卖给其他单位，甲的行为属投机倒把罪，泄露技术资料并从甲处获利的行为人构成投机倒把罪的共犯。（8）这种行为达到了犯罪程度，但法律没有明文规定，应适用类推原则，比照最相类似的假冒商标罪定罪判刑。

总之，1986 年的刑法学研究无论在宏观上还是在微观上，都取得了明显的进展和丰硕的成果，并且呈现出日益蓬勃和深入，愈来愈重视密切联系实践的趋势。

［高铭暄、赵秉志；载《法律学习与研究》，1987（3）］

第三章
1987 年的刑法学研究

一、基本情况和特点

1987 年刑法学研究成果丰硕，据粗略统计，公开和内部发表的刑法论文及译文近一千一百篇（中国刑法学方面有九百五十余篇，中国刑法史方面有四十余篇，外国刑法和外国刑法史方面有八十余篇），公开出版和内部铅印发行的刑法书籍有五十余本，其中以中国刑法学方面的成果最多。1987 年的刑法学研究比较重视密切联系我国社会主义现代化建设进程中同犯罪作斗争的实践及其需要，在研究的深度和广度上都有显著的进展。主要表现在以下几点：

第一，研究的一些刑法专题明显深化。例如，关于犯罪的本质特征，犯罪构成，犯罪因果关系，"法人犯罪"问题，法律类推，正当防卫，故意犯罪过程中的形态，共同犯罪，刑罚目的，自首，数罪并罚，投机倒把罪，走私罪，偷税、抗税罪，假冒商标罪，强奸妇女罪，奸淫幼女罪，故意伤害罪，刑讯逼供罪，抢劫罪，盗窃罪，诈骗罪，贪污罪，重婚罪，贿赂罪，医疗事故案件的定罪等问题，1987 年发表了相当数量的论文，出版了一批研究这些专题的专著，如《论共同犯罪》、《犯罪未遂的理论与实践》、《正当防卫论》、《犯罪构成论》、《正当防卫与紧急避险》、《罪与罚——侵犯财产罪和妨害婚姻、家庭罪的理论与实践》、《刑罚目的论》、《共同犯罪理论与司法实践》等，这些专著对于深入理解和正确适用有关的刑法问题具有较高的参考价值。在 1987 年出版的《中国刑法适用》、《刑法教程》（全国大专法学试用教材）、《刑法学教程》、《中华人民共和国刑法教程》、《刑法教程》、《刑事法学词典》等刑法书籍中，对刑法的某些基本问题的探讨也有了不同程度的深入。此外，还出版了《刑事答辩案例选评》、《经济犯罪疑难案件定性解说》、《析案断狱（刑事疑案选编）》等案例研讨著作。

第二，一些 20 世纪 80 年代中期刚开始研究的刑法重大课题和新问题，如关于刑事责任，刑事政策，刑事法律关系，犯罪构成的宏观问题，刑法中的情节问题，盗窃秘密技术资料行为的定性等问题，在 1987 年发表了一些有分量、有新意的论文；关于一些过去探讨得比较粗浅的，如犯罪中的盗伐、滥伐林木罪，窝赃、销赃罪，重婚罪等，研究也比较深入了。

第三，一些过去未予以研究或基本未予以研究的专题，如刑事政策学和刑事立法学的建立问题，电脑辅助定罪量刑问题，罪刑关系问题，刑罚个别化原则，刑法的调整对象，刑事前科，非法出版活动的定罪等问题，1987 年开始得到研究，发表了一些专题论文。

第四，1987 年的刑法学研究，更加重视联系我国当时经济体制改革和商品经济发展的实际情况与需要。中国法学会刑法学研究会在 1986 年"经济体制改革与打击经济犯罪"专题学术讨论会的基础上，与《民主与法制》社研究部合作编选出版了《经济体制改革与打击经济犯罪》论文选辑；中国法学会刑法学研究会 1987 年 10 月召开的学术讨论会，又以"体制改革与刑法"为主要议题之一；1987 年在报刊上也发表了大量联系体制改革和商品经济来研究刑法问题的论文，从宏观上探讨我国当时体制改革和商品经济发展与犯罪的关系，犯罪的特点，刑法对保卫体制改革和商品经济发展应有的作用及应注意的问题，经济犯罪的概念、原因和对策，以法人名义实施经济犯罪问题，侵犯财产的犯罪以及贿赂犯罪等。

第五，注意探讨我国刑事司法和刑事立法的完善问题。在刑事司法方面，探讨了类推适用、正当防卫、犯罪未遂、共同犯罪、自首、数罪并罚、刑罚裁量，以及若干犯罪，尤其是经济犯罪和财产犯罪定罪量刑方面的完善问题。在刑事立法方面探讨的内容既包括刑法典与单行刑事法律、非刑事法律中的刑法规范如何协调发展的问题，对 1979 年刑法规范中的一些规定加以修改、完善的问题，也包括增设新罪名的立法建议，建议增设的新罪名有"侵占罪"、"挪用公款罪"（"挪用专项资金罪"）、"危害环境罪"、"哄抢罪"、"滥用职权罪"、"浪费罪"等。此外还有些文章提出了应制定经济刑法典的建议。

第六，对外国刑法和刑法学有一定程度的介绍与研讨。

二、刑法学总论研究进展显著的问题

1987 年我国刑法学总论研究进展较为显著的，主要是下述问题。

（一）刑法的调整对象和刑法学的研究对象

1. 关于刑法的调整对象，有的论文对 20 世纪 80 年代中期我国刑法理论中的几种观点都进行了商榷，认为：不承认刑法有其独立的调整对象的观点，否定了以调整社会关系的不同来划分法律部门的基本原理；以罪刑关系为刑法调整对象的观点，用现象代替了本质；以刑法所保护的社会关系为其调整对象的观点，混淆了刑法调整的对象与刑法应具备的社会功能之间的显著区别，因而都不够妥当。在此基础上，作者提出，刑法调整的对象是个人与国家的冲突关系，因为任何刑法中规定的犯罪按其矛头所向都不外乎三类：一是针对国家（包括国家政权和管理秩序）的犯罪，它最明显、最直接地反映出个人与国家的冲突；二是针对财产的犯罪；三是针对人身的犯罪，这些犯罪也都危害了统治阶级的整体利益，因而为统治阶级国家所不容，被国家视为个人与国家的冲突。

2. 关于刑法学的研究对象，有的论文指出，我国刑法学的研究对象主要是刑事法律所规定的犯罪与刑罚问题，同时也不排斥刑事立法与刑事司法实践。

（二）犯罪的社会危害性

有些论文较为深刻地探讨了犯罪的社会危害性的内在属性，指出：犯罪的社会危害性是质与量的统一，是犯罪行为的客观危害与犯罪分子的主观恶性（主观危险性）的统一，是犯罪行为的现实危害与可能危害的统一；犯罪的社会危害性具有客观性。

（三）刑事责任

关于刑事责任的根据或基础，主要有几种不同的主张：（1）犯罪构成是刑事责任的唯一根据或基础。（2）犯罪的社会危害性是刑事责任的基础。（3）刑事责任的根据包括两个层次的法律事实：一是决定刑事责任有无的法律事实即犯罪行为；二是决定刑事责任程度的法律事实，包括与犯罪行为有关的事实（如犯罪的手段、罪过的形式等）、与犯罪人有关的事实（如犯罪人的一贯表现、年龄、生理状况、特定身份等），以及其他事实（如被害人的情况、环境的影响等）。

（四）刑事政策

一些论文论述了刑事政策对于刑事立法、刑事司法以及刑罚执行活动的重要指导意义，主张我国应创建以刑事政策为研究对象的刑事政策学。关于刑事政策学的研究对象范围或基本内容，主要有两种表述：（1）认为应当包括刑事立法政策、刑事司法政策、行刑政策，以及刑事政策与其他各种社会政策在预防犯罪方面的协调作用。（2）认为刑事政策学的研究对象范围是犯罪对策论和犯罪学。

（五）罪刑关系

有的论文从宏观上探讨了犯罪与刑罚的关系，认为犯罪和刑罚之间辩证关系的核心命题，包括已然的犯罪和刑罚之间决定与被决定的关系，以及刑罚和未然的犯罪之间遏制与被遏制的关系，前者的内涵是刑从罪生（质）与刑当其罪（量），后者的内涵是刑须制罪（质）与刑足制罪（量），它们分别产生于社会报应观念和社会功利观念；提出国家刑事法律活动应当遵循"刑从罪生与刑须制罪相结合"以及"刑当其罪与刑足制罪相结合"两条刑法基本原则；认为罪刑关系的研究具有重大的理论价值和直接的实践意义；主张罪刑关系的基本原理应该成为建立具有中国特色的社会主义刑法学理论体系的中心。

（六）刑罚个别化问题

刑罚个别化，是资产阶级刑事社会学派提出的适用刑罚的基本原则之一。长期以来，我国刑法理论界对我国刑法应如何对待这一问题未予以专门研究。1987 年有些文章专门探讨了这一问题。有的论文指出，我国刑事立法和司法实践既贯彻了罪刑相适应的原则，又体现了刑罚个别化的要求，是原则性与灵活性的统一，因而我国刑事司法在坚持罪刑相适应原则的前提下，使刑罚个别化，乃是达到量刑适当的基本保证。另有的论文论述说：刑罚个别化是刑法基本原则之一，西方资产阶级国家的刑法以及苏联东欧国家的刑法都贯彻了这一原则；我国现行刑法关于量刑的一般原则的规定，实际上也包含了刑罚个别化原则的内容；我国长期以来的司法实践，也基本上坚持了刑罚个别化的原则。刑罚个别化原则并不违反罪刑相适应原则和法律面前人人平等的原则。

（七）电脑辅助定罪量刑系统的开发、研究

为了运用现代科学技术的成果来促进立法与司法的正确协调，克服定罪量刑的差异，我国哲学、社会科学"七五"规划把"量刑综合平衡与电脑辅助量刑专家系统"纳入了科研项目，承担该科研项目的有关同志经过理论结合实际的研究，于 1986 年发表了量刑最佳适度与电脑的运用方面的论文。1987 年这个课题的研究又取得了一定的进展，公开和内部发表了一些反映此课题研究成果的论文，其中不但有对电脑辅助定罪量刑系统的结构、开发此系统的必要性以及运用此系统的可行性等宏观问题的研究，而且已有对常见多发、较为典型的犯罪如盗窃罪量刑时应用电脑系统予以辅助的探析，从而标志着此课题研究的逐步深入。

（八）《海关法》与"法人犯罪"问题

20 世纪 80 年代中期开始，我国刑法理论中存在着法人能否成为犯罪主体的争论。1987 年 1 月 22 日通过的《海关法》第 47 条第 4 款规定："企业事业单位、国家机关、社会团体犯走私罪的，由司法机关对其主管人员和直接责任人员依法追究刑事责任；对该单位判处罚金，判处没收走私货物、物品、走私运输工具和违法所得。"在《海关法》通过后的 1987 年发表的有关论著中，关于法人应否成为我国刑法中的犯罪主体的争论仍方兴未艾，相持不下。对于《海关法》上述规定与"法人犯罪"的关系，大致有三种观点：（1）《海关法》的规定虽未载明为"法人"，但其所说的企业事业单位、国家机关、社会团体大都具有法人资格，因此，《海关法》的规定说明我国法律明确承认法人可为犯罪主体并被处以刑罚，我国法律对法人犯罪采取的是两罚制。承认法人可为犯罪主体，是我国刑事立法的一大突破和进展，这一规定是正确的。（2）《海关法》的上述规定包含了法人得为犯罪主体的含义，但从立法与司法的结合看，这只能认为是犯罪主体问题的一个特例，法人只能按此规定成为走私罪的主体，却不能成为其他罪的犯罪主体。而且，《海关法》的这种规定是否妥当可行，尚有待于实践的检验。因而至少可以说，法人原则上不能成为我国刑法中的犯罪主体。（3）个别论文认为，《海关法》关于单位犯走私罪和对单位判处罚金的规定，是法律措词不严密而产生的含义不清，不能视为"法人犯罪说"的立法体现。《海关法》本属行政法规，因而与其将它对单位判处罚

金的规定理解为刑事处罚，还不如理解为行政处罚更合理，至多也只能理解为由于法人代表或直接责任人员触犯刑律附带了法人的民事责任。

三、刑法学各论研究进展显著的问题

在刑法学各论研究方面，进展显著的有下述一些问题：

（一）经济犯罪问题

不少文章联系当前经济犯罪加剧和复杂的实际情况，对我国经济犯罪产生和加剧的原因、经济犯罪的特点、经济犯罪的刑事司法和综合治理对策等问题，进行了较为深入、细致的探讨。一些文章还对经济犯罪的概念及其外延进行了探讨，存在着不同的观点，主要有：（1）认为一切侵害社会主义经济关系，依照法律应受刑罚处罚的行为，都是经济犯罪。其外延，包括破坏社会主义经济秩序罪，除抢劫罪以外的所有侵犯财产罪，以及其他有关的经济犯罪（制造、贩卖假药罪，制造、贩运毒品罪，贿赂罪）。（2）认为从外延上看，破坏社会主义经济秩序罪无疑应当纳入经济犯罪的范畴，而侵犯财产罪不应包括在经济犯罪范畴里。

（二）贪污罪

1. 贪污罪的司法完善问题。一些论文指出，当前司法实践中对贪污罪所掌握的定罪量刑数额标准高于盗窃罪、诈骗罪数倍，这种差异有悖于从严惩处贪污罪的立法精神和实际需要，因而亟须解决贪污罪的司法与立法精神之间的矛盾。从司法完善方面考虑，应适当降低贪污罪定罪量刑的数额标准，并适当提高盗窃罪、诈骗罪定罪量刑的数额标准，使它们定罪量刑的数额标准大体平衡。同时，根据刑罚与犯罪危害程度相适应的原则，应注意对盗窃型、骗取型贪污罪的处刑重于盗窃罪、诈骗罪，对以贪污论处的挪用公款行为处刑上应轻于盗窃型、骗取型的贪污罪。

2. 贪污罪的立法完善问题。一些论文指出，为从根本上解决贪污罪的司法与立法之间的矛盾，并完善有关立法，便利司法实践，在将来修改刑法时，可以考虑增设"侵占罪"，撤销贪污罪，把目前贪污罪里所包括的几种行为方式分别纳入盗窃罪、诈骗罪、侵占罪以及挪用救灾救济款物罪中，把利用职务便利窃取、骗取、侵占公共财物的行为规定为盗窃罪、诈骗罪、"侵占罪"的加重构成而从重处罚，对挪用一般公款的犯罪行为较挪用救灾救济款物的从轻处罚。

（三）盗窃支票获取钱财案件的定罪

近年来，随着商品经济的发展，银行支票已成为机关、企事业单位乃至个体工商户商品交换中的主要支付手段，而盗窃支票后利用支票到银行兑取现金或到商店购买物品的犯罪行为也日益突出。对此种案件应如何定罪？1987 年的研讨中大致存在三种观点：
（1）应定诈骗罪。因为行为人盗窃支票只是其犯罪行为的一部分，是取得钱财的手段，其实现取得钱财的目的时，必须以假象欺骗银行或商店工作人员，而这种获财行为符合诈骗罪以虚构事实、隐瞒真相方式非法占有他人钱财的诈骗罪的主、客观特征。（2）应定盗窃罪。因为行为人获取钱财靠的是支票，盗窃支票即意味着侵犯了钱财的所有权，所以宜定为盗窃罪。有的论文还认为，这种案件中行为人先行的盗窃支票行为属于盗窃罪，后行的以虚假事实使用支票骗取钱财的行为，是在犯罪方法上又牵连了诈骗犯罪，即属于盗窃罪与诈骗罪的牵连，根据刑事法律和有关司法解释的规定，盗窃罪重于诈骗罪，因而按照牵连犯从一重罪定罪的原则，此种案件均应定为盗窃罪并从重处罚。（3）应区分情况分别定为盗窃罪或诈骗罪：对于盗窃印鉴齐全，或者盗盖印鉴，使支票印鉴齐全，尔后到银行或商店骗取钱财的行为，应以盗窃罪论处；对于盗窃印鉴不齐的支票，采用伪造印章或者偷盖印章的手段，伪造支票使之完备后再用以获取钱财的行为，应定诈骗罪。

（四）利用信用卡的犯罪

随着 20 世纪 80 年代初期我国实行对外开放政策，信用卡作为支付手段开始进入我国商品流通领域，利用信用卡的犯罪活动也开始在我国出现。1987 年有的文章探讨了这类犯罪在主体、客观形式等方面的特点，指出：这类犯罪虽然危害结果一般发生在国外，但其行为发生在我国领域内，依照我国刑法关于空间效力的规定，自应适用我国刑法，追究行为人的刑事责任；从有效地保护我国社会主义经济秩序和国家声誉的需要考虑，也应当适用我国刑法惩处这类犯罪。对这类案件如何定罪？论及此问题的文章认为，应区分情况定罪：对以营利为目的伪造信用卡的，应定伪造有价证券罪；对利用假信用卡或他人的信用卡骗取现金、骗购商品的，应定诈骗罪；对我国信用卡代办机构工作人员利用职务便利，以假卡、他人的信用卡或取现单骗取自己经管的现金或商品的，应定贪污罪。

（五）泄露（盗取）专有技术资料案件的定罪

1987 年发表的几篇专门研究此问题的论文一致认为这种案件只要达到刑法所要求的危害程度的，就应认定为犯罪。在如何定罪问题上，有的论文主张应分别定为盗窃罪、贪污罪、泄露国家机密罪或破坏集体生产罪；有的论文提出，应分别定为受贿罪、侵犯财产罪中的相应罪名、泄露国家机密罪或投机倒把罪。在如何完善立法问题上，有的论文提出可以借鉴国外刑事立法经验，在刑事立法中增设专门条文来保护科技成果和技术秘密；有的论文则主张应直接在刑法规范中增设"泄露技术秘密罪"的罪名，并对这种新罪名应有的犯罪构成特征和法定刑作了探讨，指出这种新罪名在刑事立法上可以表述为：违反技术管理法规，故意泄露技术秘密，情节严重的，处 3 年以下有期徒刑、拘役或者剥夺政治权利，可以单处、并处罚金。犯前款罪，情节特别严重的，处 3 年以上 10 年以下有期徒刑，可以并处罚金。

（六）对非法出版犯罪活动的定罪

针对近一两年尤其是 1987 年社会上非法出版活动猖獗的现实情况，国家新闻出版署和中国法学会于 1987 年 7 月 23 日联合召开专题座谈会，讨论了如何运用刑法武器严厉惩处非法出版活动中的犯罪行为的问题；一些同志也发表了探讨这一问题的文章。归纳起来，有以下观点：（1）对利用出版物煽动推翻我国人民民主专政的政权和社会主义制度的，应依 1979 年刑法第 102 条以反革命宣传煽动罪论处。（2）对利用出版物侮辱他人人格的行为，应适用 1979 年刑法第 145 条以诽谤罪论处。（3）对以营利为目的，制作、贩卖淫秽出版物的行为，有的论文认为，非法经营或非法获利数额一般的，可适用 1979 年刑法第 170 条以制作、贩卖淫书淫画罪论处；非法经营或非法获利数额巨大，严重危害社会的，应视为制作、贩卖淫书淫画罪与投机倒把罪的牵连犯，以投机倒把犯从重论处。有的论文则认为，对这类犯罪活动一般应按制作、贩卖淫书淫画罪论处，而不宜按投机倒把罪论处。（4）有的论文认为，在目前刑法中尚无条文可作直接依据的情况下，对这类案件如何定罪惩处，需要有关机关作出法律解释。

［高铭暄、赵秉志；载《现代法学》，1988（3），原文发表时略有删节］

第四章
1988 年的刑法学研究

一、基本情况和特点

1988 年，中国刑法学界密切结合国家社会主义现代化建设的实际情况和迫切需要，以及刑法科学自身发展的要求，大力发展对刑法理论与实践问题的研究，成果丰硕，进展颇为显著。根据我们的统计，1988 年发表的刑法学文章和译文共一千二百余篇（其中中国刑法学方面近一千一百篇，外国刑法、国际刑法和刑法史方面一百三十余篇），公开出版和铅印发行的刑法书籍四十余本。综而观之，1988 年刑法学研究具有以下三个主要特点：

（一）系统的全面研究和专题的研究相结合，使刑法学研究在纵横方面都得到显著进展

从书籍方面看，既出版了一系列具体而深入地研究刑法某些课题的专题著作，如《犯罪构成论》、《刑罚学》、《正当防卫的理论与实践》、《经济犯罪的定罪与量刑》（两个版本）、《经济犯罪与对策》、《我国刑法中的流氓罪》等，也有旨在较为全面地研究我国刑法问题的《新中国刑法的理论与实践》、《中国刑法研究》等著作问世。从论文方面看，在刑法的宏观与微观、总则与分则、理论与实践、现实与发展诸方面的一系列问题上，都有论文加以探讨，而且对其中一些重要的理论与实践问题的探讨还较为集中，发表了一些相当有分量的专论。这些著作和论文系统与重点相结合的探讨，有力地促进了我国刑法学的全面繁荣和纵深发展。

（二）重视对重要实践问题的研究，有效地推动了司法实践

对于司法实践中需要正确解决的常见多发和疑难的课题，如刑法的司法解释、类推适用、正当防卫、共同犯罪、犯罪主体、量刑原则、量刑方法、定罪、罪名、非刑事法律中刑事条款的适用、经济犯罪、财产犯罪、非法拘禁罪、非法侵入他人住宅罪、受贿罪、玩忽职守罪、重婚罪等，发表了较多的论著予以探讨，其中不乏有深度、有分量的佳作；对于实践中提出来的一些新问题，如怎样以社会主义商品经济观指导司法实践，判例在刑事司法中的作用，计算机与定罪量刑，新闻报道方面诽谤罪与非罪的区分，安乐死的罪与非罪问题，全国人大常委会新近通过的《关于惩治走私罪的补充规定》与《关于惩治贪污罪贿赂罪的补充规定》［以下简称"两个补充规定"，分别称"补充规定（一）"、"补充规定（二）"］等单行刑事法律的理解与执行等问题，也有相当数量的论文进行研究。这些研究由于问题来自实践，理论联系实际，针对性和可行性强，因而对于改善执法活动，增强司法效果，起到了直接的引导和促进作用。

（三）注意对立法完善问题开展研讨，为我国刑法的修改、补充做了一定的理论准备

随着近年来改革开放实践的不断进展，社会生活中出现了许多新情况、新问题，加上刑法典本身原来就存在一些缺陷，客观上已经提出了系统修改 1979 年刑法的要求，国家有关机关于 1988 年已开始为 1979 年刑法的修改做准备。刑法理论界在 1988 年及时倡导了对刑事立法完善的探讨，中国法学会刑法学研究会召开了以完善刑法为主要议题的学术讨论会，一些法律院校、研究机构和刑法专家、学者还应有关机关的邀请对刑法修改进行了初步的酝酿和讨论。报刊上发表了相当数量的文章，对于刑法应否修改以及如何完善的一些宏观问题与许多微观问题，进行了探讨，提出了一系列建议。这些研究丰富了刑法学的内容，增强了刑法学的科学性和探索、创新精神，开阔了司法的眼界，同时直接为我国刑法的修改、补充，开始建立必要的理论基础和提供参考意见。

此外，在国际刑法和外国刑法方面，也有一些新的成果和进展。例如，在国际刑法的概念和特征，空中劫持等国际犯罪，引渡等国际刑事司法协助，外国刑法中的未成年人犯罪、法人犯罪、经济犯罪和刑罚种类等课题方面，发表了一些论文和译文；出版了《美国刑法》、1984 年修订版《印度刑法典》、《美国的罪与罚》、《民主德国刑法理论的若干问题》、《犯罪学与刑事政策》、《刑法的基本思想》、《性犯罪研究》等外国刑法方面的译著或论著。这些论著繁荣了我国关于国际刑法和外国刑法方面的研究，也为刑法学界丰富和深化对中国刑法学的研究提供了必要的条件。

二、刑法观念的变革问题

许多论著结合我国社会主义初级阶段社会主义商品经济发展和社会主义民主建设的客观需要，探讨了我国刑法学如何从传统观念走向现代化这一重大理论问题，提出了一些新鲜见解：

（一）关于现阶段我国刑法的中心任务和基本功能的观念

一些文章批判了把刑法的中心任务归结为专政敌人、镇压犯罪，强调刑法的政治功

能的传统刑法观念，指出这种观念已不适应我国现阶段商品经济和民主生活发展对刑法的需要；认为在发展社会生产力成为国家建设中心任务、阶级矛盾已非主要矛盾的现阶段，专政和镇压绝不应成为刑法的主要任务和职能，而应当最大限度地发挥刑法广泛的社会保障作用，把保护社会生产力和社会主义商品经济的发展，以及促进社会主义民主作为刑法的中心任务。为此，刑法观念就要实现由产品经济刑法观向商品经济刑法观的转变，由侧重镇压、打击职能的刑法观向首先重视保护公民权利与自由功能的刑法观的转变。

（二）关于树立与社会主义商品经济相适应的刑法观

这方面提出的主要观点有：（1）在社会主义商品经济条件下，由于多种因素的作用，经济犯罪是不可避免的，而且日益成为主要罪种。但商品经济并非经济犯罪存在和加剧的根本原因，恰恰相反，社会主义商品经济的不断发展和完善，乃是减少与消灭经济犯罪的物质基础和积极的推动力量。（2）当前经济犯罪的蔓延与加剧，对我国商品经济的健康发展造成了极大的破坏与妨碍。在我国刑法保护和促进社会主义商品经济充分发展的同时，从司法到立法都必须把坚决有力地惩治和防范经济犯罪作为一项重要的任务来贯彻。（3）在犯罪观上，应以是否有利于生产力和社会主义商品经济的发展，来作为评价经济活动是否具有社会危害性以及成为罪与非罪的根本标准。为此，刑法既要保护社会主义的公共财产神圣不可侵犯，也要把私营经济明确纳入刑法保护的客体之内；刑法既要根据有计划的社会主义商品经济的要求对商品和市场的范围作必要的限制，又要允许和保护因商品经济发展而给商品和市场范围带来的适当扩大；在商品生产和流通领域里，既要禁止和惩罚投机倒把，假冒他人商标和专利，制造、销售伪劣商品，行贿、受贿、广告欺诈、合同欺诈等犯罪活动，又要注意保护和鼓励合法竞争；在分配领域中，既要惩治贪污、侵占、受贿、挪用公款等犯罪活动，又要注意反对绝对平均主义，摒弃"为富不仁"的观念，树立劳动致富合法、光荣的利益观，切实保障劳动者的合法利益。（4）在刑罚观上，有的论文提出，应实现由自由刑为主的刑罚体系向自由刑和财产刑并重的刑罚体系的转变，重视财产刑在我国刑罚体系中的地位和在实践中的作用；有的论文提出，应在坚持罪刑等价性的基础上考虑刑罚的有效性，即以犯罪行为的社会危害性及其程度为基础，同时适当考虑罪犯的人身危险性；有的论文主张，商品经济条件下刑罚的适用，应具有等价性（主要是罪刑相适应）和经济性（在刑罚裁量和执行时要讲求经济效益，包括少用刑罚、尽量适用轻刑、重视财产刑适用和行刑中考虑经济效益）等特征。

（三）关于树立与社会主义民主相适应的刑法观

这方面提出的主要观点有：（1）应当切实把刑法保障社会主义民主的作用提高到应有的地位。保障和促进社会主义民主，单靠以刑法来打击侵犯公民民主权利的犯罪是很不够的，重要的是要在整体上考虑确定一个较为缓和的刑法，以促进对公民民主和自由权利的保护以及对犯罪的科学治理。（2）应当坚持在刑法面前人人平等的原则，运用刑法同种种凌驾于法律之上的特权行为作斗争，戒除"以官当利"、"以罚代刑"、"同罪异罚"、"特权凌法"等偏差观念与做法，贯彻对国家工作人员职务犯罪从严惩治的正确立法精神，从而切实保障社会主义民主。（3）贯彻刑罚社会主义、人道主义的原则，也是社会主义民主的必然要求。这是指，刑罚的种类、程度与执行均应合于人道的要求。因此，在刑罚适用中，要保护和尊重罪犯作为人的人格尊严，禁止适用残酷的非人道的刑罚手段，惩治刑讯逼供和体罚、虐待被监管人等犯罪行为。（4）在司法实践中，应当根据立法精神实事求是地解释刑法，而不能只从不利于被告人的方面来解释刑法，否则就可能使公民的人身权利得不到应有的保障，从而不利于社会主义民主的贯彻。

三、刑法学体系的完善问题

现阶段如何适应实践的需要和理论本身科学化的要求来发展、完善我国刑法学体系的问题，逐渐引起刑法学者的关注，发表了一些探讨这一课题的论文。1988 年又有几篇研究这一课题的有新意的专论问世，提出的主要观点是：

（一）完善现行的刑法学体系

有的论文认为，现行的刑法学体系存在着以下缺陷：它割裂了犯罪与刑罚的内在关系，因而是孤立的体系；它囿于对法条的注疏，未能将适用刑法的实践过程纳入其研究领域，因而是静态的体系；它基本构造的不合理性使其无法吸收新内容而得到丰富与完善，因而是封闭的体系。主张应以罪刑关系的基本原理为经线，以罪刑关系的辩证运动为纬线，建立以罪刑关系辩证运动的一般规律为研究对象的刑法学体系；并且提出了包括以下五大部分的刑法学体系的基本设想：（1）绪论：依次研究犯罪概念、刑罚概念、罪刑关系、刑法基本原则；（2）刑事立法论：研究刑事立法的原则、体系、结构和解释诸问题；（3）定罪论：研究定罪的原则、前提和根据，以及防卫过当，避险过当，犯罪的预备、未遂和中止，共同犯罪，一罪与数罪等特殊犯罪形态的定罪问题；（4）量刑论：研究量刑原则、量刑模式、刑罚裁量和刑罚制度诸问题；（5）行刑论：研究行刑原则、刑罚执行、行刑制度、刑罚消灭制度诸问题。

（二）狭义刑法学与广义刑法学

有的论文认为，刑法学有狭义和广义之分，其研究范围不同：（1）狭义刑法学以现行刑法规范及其适用为研究对象，是对现行刑法作条文分析和理论概括，属于"解释刑法学"。它对于法律的理解与适用，具有重要的意义。狭义刑法学在刑法学研究中处于主要的和核心的地位，这是刑法学作为法律学所决定了的。（2）广义刑法学除狭义刑法学的研究范围以外，还应包括刑事政策学、犯罪学、比较刑法学、中国刑法史等刑法学分支学科的内容，要研究刑法的过去、现在和未来。此外，广义刑法学还要涉及劳动改造学、犯罪心理学、犯罪统计学等这些刑法学边缘学科的内容，吸收这些学科的研究成果。并且提出，刑法学作为应用性科学，必须对刑事立法和司法实践提出的重大理论问题和实际问题，诸如经济犯罪、重新犯罪、过失犯罪、国际刑法、社会治安综合治理、犯罪构成理论和刑罚制度等课题，开展多层次、多侧面的研究。

(三) 刑法学研究的薄弱环节

有的论文认为，近年来我国刑法学研究中存在着一些薄弱环节和顾此失彼的现象：重犯罪论研究，轻刑罚论研究；重微观问题研究，轻宏观问题研究；重实际问题研究，轻理论问题研究；重注释性理论，轻论理性理论；重国内刑法研究，轻国际刑法研究。主张我国刑法学体系应当从以下方面进行完善：(1) 以刑法典的体系结构为依据，包含对刑法思想、刑法立法、刑事司法诸问题的科学概括；(2) 把对刑法学自身发展以及对指导刑事司法实践有重大理论意义的一些课题纳入刑法学体系进行研究，如把刑事政策学纳入刑法学的研究领域，把定罪问题纳入犯罪构成理论，把刑事责任课题纳入刑法学，重视对刑罚论以及国际刑法和国际犯罪的研究；(3) 刑法学体系中应当反映出其与劳改法学、犯罪学、刑法史学、比较刑法学等相近交叉、边缘学科的密切联系。

四、"两个补充规定"的理解和适用问题

全国人大常委会 1988 年 1 月 21 日通过的"两个补充规定"，是继 1982 年 3 月 8 日《关于严惩严重破坏经济的罪犯的决定》（以下简称《决定》）之后，又一次公布、实施的关于惩治经济犯罪的两个重要单行刑事法律。这两个单行刑事法律公布后，刑法学界围绕其立法意义、理解、执行乃至有关内容的进一步完善诸问题，进行了集中而热烈的讨论，1988 年在这方面发表了近百篇文章。研讨一般认为，"两个补充规定"补充了逃套外汇罪、挪用公款罪、非法所得罪、隐瞒境外存款罪等新罪名，增加了单位犯罪（包括法人犯罪）的规定，对走私、贪污、贿赂等犯罪的行为和处罚补充了具体规定，进一步划清了罪与非罪、轻罪与重罪的界限，提高了某些犯罪如行贿罪的法定刑，从而比我国 1979 年刑法典和《决定》中的有关规定更加明确和具体，有利于加强刑法同走私、贪污、受贿、行贿等经济犯罪的斗争。因而"两个补充规定"的立法意义是重大的、多方面的。研究中争议较大的主要问题有以下两个：

(一) 挪用公款罪

研讨文章一致认为，这是我国刑事立法正式创制的新罪名，是我国刑法分则规范的一个重要发展；将挪用公款行为独立定罪，比过去司法解释对之以贪污罪论处的规定更

为科学、合理，从而为正确惩治这种犯罪行为提供了明确的法律根据。有争议的主要问题是：

1. 挪用公款罪的直接客体与同类客体是什么？主要存在两种主张：（1）有些论著认为，挪用公款罪通过对公款使用权的侵犯必然侵犯到公款所有权整体，因而其直接客体是公共财物所有权，其同类客体属财产所有权，应划归侵犯财产罪。（2）大多数论著认为，其直接客体是国家财经管理制度，同类客体是社会主义经济秩序，应划归为破坏社会主义经济秩序罪。此外，还有个别文章提出其他主张，如有的论文认为，挪用公款罪的犯罪客体是复杂客体，其既侵犯公共财物所有权，又侵犯国家财经管理制度，其中又有的论文认为前者为主要客体，有的论文则认为后者是主要客体。

2. 法律条文规定，挪用公款进行不属于非法活动和营利活动的其他事项，"超过三个月未还"是构成犯罪的一个必要条件。怎样理解"超过三个月未还"的含义？大致有三种看法：（1）认为这是指挪用公款超过3个月，因而只要在3个月内未归还的，不管案发时是否已归还了，都构成犯罪。至于挪用公款超过3个月但在案发前已归还的，不影响定罪，而只能作为量刑从宽的一种情节。（2）认为这是指挪用公款超过3个月，而且在案发时即司法机关或者有关组织发现时尚未归还。因此，挪用公款虽超过3个月，但在案发时已经归还的，不以犯罪论处。这有助于控制刑事制裁而不致过宽。从立法技术上说，如果立法上认为挪用公款超过3个月就构成犯罪，则法条仅写为"……超过三个月的"即可，没有必要再写"未还"。（3）认为原则上应采取第一种主张，但是，挪用公款超过3个月的时间很短，给国家和集体造成的损失很小的，可不以犯罪论处；若挪用公款是为亲友、家属治病或为解决家庭急迫困难，并超过3个月期限，案发前已主动归还或已归还一部分，或者确实准备归还而暂时尚未归还的，也不宜以犯罪论处。

3. 挪用公款进行非法活动以外的情况（包括进行营利活动和其他个人事项）构成犯罪，法定要求是挪用公款达到"数额较大"。怎样掌握"数额较大"的标准？主要有三种主张：（1）大多数论著认为，本罪的数额标准应当高于贪污罪，在目前，仍可适用最高人民法院、最高人民检察院1987年3月14日发布的《"关于挪用公款归个人使用或者进行非法活动以贪污论定处问题"的修改补充意见》（以下简称《意见》）的规定，即以挪用5 000元至10 000元作为"数额较大"而构成犯罪的标准，同时各地还可以根据本地区的经济发展情况，参照上述数额，制定出本地区具体掌握的数额标准；对这种新罪名的数额标准，将来应以立法或司法解释加以明确规定。（2）有的论著认为，根据目前全国经济水准，挪用公款5 000元以上即可视为数额较大而构成犯罪；若挪用10 000元以上就构成数额巨大，可视为"情节严重"而适用本罪的加重处罚幅度。（3）另有论著认为，对本罪数额较大的标准适用《意见》的规定不妥，因为《意见》的数额标准是把挪用公款行为定贪污罪为前提的，其数额高于典型的贪污才能做到罪刑相适应。现在挪用公款已作为一种独立的犯罪，其法定刑轻于贪污罪，因而再适用《意见》的数额就对本罪处理偏宽，不利于惩治这种犯罪。至于本罪合适的数额较大标准，有待于有关方面作出规定。

此外，在挪用公款罪主体中"其他经手、管理公共财物的人员"的含义和范围，挪用公款进行非法活动构成犯罪是否不要任何数额限制，"挪用公款数额较大不退还的，以贪污论处"的含义，挪用特定款物归个人使用的定罪及其与 1979 年刑法第 126 条挪用特定款物罪的区别，挪用公物危害严重的行为如何追究刑事责任，将公款挪作公用的行为是否追究刑事责任，挪用公款案件的共同犯罪和数罪并罚问题，挪用公款罪与非罪的区别，以及挪用公款罪与贪污罪、挪用特定款物罪、玩忽职守罪的区别等一系列问题的研讨中，也存有不同程度的争论或不尽一致的见解。

（二）不说明差额财产来源即可定罪处刑的规定

"补充规定（二）"第 11 条第 1 款规定："国家工作人员的财产或者支出明显超过合法收入，差额巨大的，可以责令说明来源。本人不能说明其来源是合法的，差额部分以非法所得论，处 5 年以下有期徒刑或者拘役，并处或者单处没收其财产的差额部分。"此款规定涉及理论和实践中的一系列重大问题，因而引起刑法界广泛关注，发表了许多文章进行研讨，归纳起来是肯定和否定两种基本观点：

1. 肯定论。认为这一规定是在我国刑法分则规范中确立了一种新的犯罪，对其罪名，有非法所得罪、非法得利罪、事实推定罪、拥有非法财产罪、拥有不明财产罪、拒不说明财产来源罪等称谓。这种观点的主要论据是：（1）这一规定为惩治那些显系拥有巨额非法收入而又查证不了的"暴发户"提供了法律武器，有利于肃贪倡廉、打击经济犯罪。（2）这种规定有英美等国和香港地区的类似立法作为借鉴。（3）符合刑法关于犯罪的基本要求：这种行为人在客观上具有财产或支出明显超过合法收入的事实以及本人不能说明其合法来源的行为，在主观上具备拥有非法财产的故意，侵犯的主要是国家机关的正常管理制度，应属于渎职犯罪。（4）这一规定是否违背刑事诉讼中的举证责任原则？有的论著认为，本罪中的被告人依法负有举证责任，这是举证责任由控诉方承担的诉讼原则的一个例外；有的论著认为，依据我国刑事诉讼法的规定，司法机关和被告人均负有举证责任，被告人应如实回答司法机关的问题，因而这一规定中"责令被告人说明财产来源"的内容，并不违背我国刑事诉讼法关于举证责任的原则。（5）这一规定不违背我国刑事诉讼"以事实为根据"和"重证据"的原则，因为财产收支差额巨大而又不能说明差额合法来源本身，就是其财产来自非法途径的"事实"和"证据"。持这种观点的有些文章也认为，这一规定还缺乏必要的国家工作人员财产申报制度，要完善这方面的立法和制度来加以配合。

2. 否定论。认为这一立法的出发点虽然是可以理解和应予以肯定的，但其规定从宏观到微观都存在一系列弊端，甚至是无法解决的难题，不符合刑法、刑事诉讼法的原则、原理，不利于我国现阶段发展社会主义商品经济和民主的要求，脱离司法实际情况，很不科学和合理，应予以彻底否定。（1）从刑法上看，第一，这种规定在客观上既不能确认行为人具备犯罪行为和罪过，更无法确定具体的主、客观要件，不符合定罪需有明确、具体的主、客观要件的犯罪构成的要求。第二，"以……论"，就是按照法律中已有的某种罪名定罪处刑之意，而"非法所得"不是我国刑法中的已有罪名，怎能以之定罪？第三，这种行为由于其是否侵犯以及侵犯何种客体的模糊性和不确定性，难以解决应归入何类犯罪的问题。第四，"非法所得"、"非法得利"、"拥有非法财产"等的含义宽泛，从逻辑上讲可以包括贪污、受贿等犯罪，作为一种罪名也有所不妥。(2) 从刑事诉讼法上看，也违背了我国刑事诉讼法的有关规定与现代刑事诉讼的一些基本原则：第一，行为人不说明其财产的合法来源只是表明其有违法犯罪嫌疑的事实，这只能是立案侦查的理由，而不能是定罪的事实和证据，凭此定罪，就违背了我国刑事诉讼法以事实为根据、重证据的原则。第二，这一规定把举证和证明责任基本上推给了被告人一方，违背了现代刑事诉讼中由控诉方承担举证和证明责任的原则。第三，这一规定是疑罪从有、有罪推定，有悖于现代刑事诉讼中罪疑从无、无罪推定的进步通例。(3) 这一规定在实践中不具有可行性：第一，没有公务员财产申报和登记制度，缺乏前提条件。第二，责令说明的机关、差额巨大的标准等不明确，容易造成混乱。第三，降低司法人员的责任心，助长司法专横，一方面有可能把非罪行为当作有罪处理，另一方面又有可能把其他严重经济犯罪作为本罪从宽处理，还有可能在判罪后因行为人讲明或有关机关查明财产来源不构成犯罪而否定判决，从而难免导致判决的枉纵失误，经不起时间检验。(4) 这一规定不利于保护公民的基本权利，不利于社会主义商品经济的发展。由于这一规定有上述种种弊端，因而不宜以某些国家和地区也有类似规定为依据，就予以肯定和采纳。

此外，对于走私罪的客观要件，走私罪与盗运珍贵文物出口罪、运输毒品罪等的界限，单位走私案件的性质与处理，隐瞒境外存款罪，贪污罪与受贿罪的主体，单位受贿、行贿案件的性质与处理，以及走私、贪污、受贿罪的处罚等问题，也有相当的探讨并存在一些争论或不尽一致的看法。

五、刑法的修改、补充问题

（一）完善刑法的必要性

主要表现在以下几点：(1) 现行刑法同日益发展的社会主义商品经济，同已逐步展开的政治体制改革和社会主义民主的发展要求，同对外开放形势下与犯罪作斗争的需要，已不相适应；(2) 现行刑法没有跟上我国宪法的某些重要发展、变化；(3) 在新形势下，犯罪社会危害性的认定、犯罪主体的范围、犯罪行为的形式等都发生了较大的变化，刑法保护的对象急需扩大；(4) 近年来颁行的单行刑事法律以及非刑事法律中的刑事条款与刑法典之间、刑法规范与司法解释和司法实际需要之间，也存在着一系列不协调的现象；（5）由于立法指导思想和立法经验方面的原因，现行刑法在立法内容和立法技术方面本来就存在不少问题，影响立法的科学性和执法的正确性。这些问题，都亟须通过完善刑法来加以解决。

（二）完善刑法的方式和范围

近年来，我国对刑法的修改、补充，大致采用了三种方式：一是颁布单行刑事法律，二是在经济、行政等非刑事法律中设立刑事条款，三是由最高司法机关发布司法解释文件。这几种方式本身存在局限性，无法解决目前我国刑法规范需要完善的一系列重大问题和大量的具体问题，因而目前完善我国刑法，应当采取对 1979 年刑法典本身进行修改、补充的方式；同时，在修改范围上，不宜只对个别或某些条文进行修修补补，而应以 1979 年刑法典的规定为基础，根据立法科学性的要求和客观实际需要，对 1979 年刑法典进行全面、系统的修改、完善，使修改后的刑法能够适应当前和今后相当一个时期的需要。

（三）修改刑法的指导思想和原则

主要提出了以下几点：（1）应以宪法为根据，以社会主义初级阶段理论为指导，为改革、开放服务，为社会主义商品经济的发展和民主建设服务。（2）从现阶段国家经济、政治新形势出发，立足现实，并要有一定的预见性。（3）将刑法对政治功能的过分注重转变为主要执行经济功能。（4）注意吸取外国的成功经验，考虑世界刑法发展进步的总趋势。（5）贯彻立法思想的统一性，注意法律之间的协调性，并考虑吸收近年来特别刑事法规范中成熟的规定。（6）适应同国际犯罪作斗争的需要。（7）适应将来"一国两制"的需要。（8）刑罚轻重上应切实贯彻罪刑相适应原则，坚持少杀，反对重刑主义。（9）建立严密、科学的刑法体系，讲究立法技术，由笼统、灵活的规定转向明确、具体、完备、严密的规定。（10）刑法修改工作中，贯彻民主性、公开性原则，加强调查研究和科学论证，并予以组织、程序上的保证。

（四）刑法通则方面的修改意见

（1）刑法的原则作用重要，应当在立法上明确规定。（2）刑法的指导思想是不言而喻的，刑法的任务具体体现在分则条文中，因此可在总则中予以删除。（3）应补充规定刑法对我国缔结或者参加的国际条约所规定的国际犯罪行使普遍管辖权的条款。（4）考虑规定我国刑法对特别行政区的适用原则。

（五）犯罪通则方面的修改意见

（1）简化 1979 年刑法第 10 条犯罪概念的表述。（2）将 1979 年刑法第 12 条第 2 款"过失犯罪，法律有规定的才负刑事责任"，改为"过失（危害）行为……"（3）1979

年刑法第 14 条增设一款"不满十四周岁的人的行为，不负刑事责任"。该条第 2 款关于已满 14 岁不满 16 岁的人应负刑事责任的罪名的规定，应当明确和具体，避免模棱两可和外延不确定的理解。（4）补充规定限制责任能力人和精神障碍人实施危害行为应负刑事责任但可以从宽处罚的内容。（5）对生理醉酒人犯罪的处罚应详细规定一些宽严情节，并考虑对之补充附加适用强制医疗措施的规定。（6）关于"法人犯罪"问题，有的论著主张在刑法总则中予以明确的规定和承认；有的论著则认为我国刑法不应承认法人犯罪，而应考虑在刑法总则中补充规定；对"法人犯罪"案件即自然人以法人名义实施犯罪行为的，应追究负有直接责任的自然人的刑事责任，若法人有过错时可同时对法人予以行政处罚。（7）对预备犯，建议在 1979 年刑法总则第 19 条中增加"刑法分则有规定的才处罚"的内容，并在分则条文中明确规定处罚预备犯的某些罪种。（8）取消胁从犯的规定。

（六）刑罚通则方面的修改意见

（1）管制刑废除问题。有的论著认为管制刑在执行中困难很多，应予以废止；另有些论著认为不能废止，而应加强并完善其具体执行问题，因为其基本精神和功能值得肯定；还有的论著建议把管制刑改为附加刑，并规定相应的落实措施。（2）死刑问题。其一，一致认为应严格限制和尽量减少设立死刑的罪种范围，修改刑法时尽量不要增加死刑罪种，对近年来单行刑事法律增设的死刑要吸收到刑法中的，一定要认真研究，慎之又慎、严之又严；其二，对 1979 年刑法第 43 条应补充最高人民法院在必要时可以授权高级人民法院核准部分死刑案件的内容；其三，可补充规定，对死缓期间既无抗拒改造又无悔改表现的罪犯，可以再缓一年；其四，对 1979 年刑法第 44 条关于已满 16 岁不满 18 岁可判处死缓的规定，有的论著认为，应改为不得判处死刑"立即执行"；另有的论著认为，应废止对未成年人可判死缓的规定，禁止对其适用死刑。（3）罚金刑问题。相关论著一致认为应扩大罚金刑的适用范围。有的论著还认为应将罚金刑上升为主刑，同时仍可作为附加刑适用；另有的论著则不赞成将罚金刑上升为主刑；还有的论著建议考虑增设罚金得易科劳动改造的制度。（4）1979 年刑法第 50 条"剥夺政治权利"第 2 项中宪法第 45 条的条文，应按 1982 年宪法的改动而改变为第 35 条。（5）关于非刑罚的惩戒措施：其一，有的论著主张将 1979 年刑法第 32 条中的"可以"适用这类措施，改为"应当"适用；其二，有的论著主张将非刑罚惩戒措施单独成章，并充实一些内容；其三，有的论著主张应增设一些剥夺某种权利、资格的措施，如禁止驾驶、停止营业、禁止从事特定的职业等。（6）量刑原则问题：其一，1979 年刑法第 59 条减轻处罚条文里的"在法定刑以下"应改为"低于法定刑"，以与第 88 条的规定相协调；其二，有的论著主张补充规定加重原则；另有的论著则认为立法中一般地规定加重原则是不适当的，不利于社会主义法制和罪刑法定原则的贯彻。（7）刑法对自首应补充明确的概念，并将坦白作为可以从宽处罚的情节予以立法化。（8）完善缓刑的具体考察和待遇等制度。（9）对未成年人犯罪的从宽处理，立法上应考虑在刑种、量刑、行刑诸方面补充具体的规定。（10）考虑借鉴外国较为普遍的立法例，实行相对不定期刑的刑罚制度。

（七）刑法总则"其他规定"方面的修改意见

（1）类推制度。有的论著主张应予废止，以健全法制和促进立法及时完善；另有的论著认为仍应保留，以弥补法律之不足。（2）1979 年刑法第 81、82 条应结合宪法的规定和我国目前公私财产的实际情况，对公共财产和私人合法财产的内涵、外延予以修改和明确。（3）1979 年刑法应借鉴有些外国立法例的规定，补充轻伤害的标准，以便于实践中正确处理伤害案件。

（八）刑法分则规范宏观问题的修改意见

（1）把"反革命罪"一章改为危害国家安全罪或者国事罪，并把该章一些罪名适当删除或者归入其他章。（2）把侵犯公民民主权利的犯罪单立成章，并增设妨害司法活动罪、危害国防罪专章，同时对这些章再充实一些必要的罪名。（3）加强经济犯罪方面的刑事立法。在条件成熟时，应当直接修改 1979 年刑法典，系统、全面地规定经济犯罪的罪与刑。平时，应当在经济法规中及时、妥当地规定新的经济犯罪的条款，并在积累到一定数量时由立法机关进行编纂；对 1979 年刑法典及经济法规中的经济犯罪条款的不妥之处，立法机关应及时进行修正，对这类条款的内容和含义进行必要的立法解释。此外，有的论著主张经济法规中的刑事条款可直接规定罪状与法定刑；有的论者主张可借鉴、吸取荷兰、联邦德国的经济刑事立法经验，编纂经济刑法典。（4）把各种具体犯罪从立法上区分为重罪、一般犯罪与轻罪三类，确定各类犯罪合理的法定刑幅度。（5）刑法分则的条文，应采取一条文一罪的方式，并明确规定罪名。（6）在分则各罪的条文内部，应充分利用基本构成与加重构成的立法技术，区分不同情节，规定不同的罪刑单位，以切实贯彻罪刑相适应的原则。

（九）现行刑法分则条文的修改或者删除意见

主要可以概括为以下几个方面：（1）根据罪刑相适应的原则，对某些具体犯罪的法定刑予以提高或者降低的修改，使具体犯罪的法定刑之间具备合理协调的关系。（2）修改一些犯罪条文的内容尤其是罪状规定，使其更加科学和符合实际需要。如把破坏集体生产罪改为破坏生产罪，使之可包括破坏个体、私营企业生产的犯罪行为；扩大假冒商标罪的主体和被侵害的对象；对渎职罪主体的规定，摒弃国家工作人员、集体经济组织工作人员、其他经手/管理公共财物人员等划分和提法，代之以公务员和视同公务员的新概念，以便利实践并与国家政治体制改革同步发展；对侵犯财产犯罪中的"数额较大"、"数额巨大"的标准作出具体规定；对诬告陷害罪设立独立的法定刑；在 1979 年刑法第 105 条补充"投毒"的危险犯罪构成，以使其与第 106 条的投毒结果加重构成相对应；对 1979 年刑法第 112 条取消枪支、弹药限于几种特定人员持有的限制；在泄露国家机密罪中明确规定包括过失泄密行为；对盗窃罪补充"情节严重"的规定，使之与"数额较大"作为构成犯罪可以选择任一的要件；对制作、贩卖淫书淫画罪取消以营利为目的的主观要件，增加传播、出租等行为，扩大淫秽物品的外延，等等。(3) 修改一些条文的术语、用词，使其含义统一、科学、明确。如分则条文中关于"论处"与"处罚"的术语，一是要把二者的含义区别开来，二是同样的用语应有同一的含义。(4) 删除一些不科学的罪名、条文或者表述。一是删除"打砸抢"罪，贪污罪（代之以侵占罪和盗窃罪、诈骗罪的加重构成），投机倒把罪（代之以违法经营罪和劣质产品罪），伪造、倒卖计划供应票证罪，反革命杀人、伤人罪，反革命破坏罪，反革命宣传煽动罪等罪名；二是删除 1979 年刑法第 131、192 条这些没有罪刑内容的条文，删去一些条文中"严禁……"的不科学规定。

(十) 关于补充新罪名的意见

研讨中提出了一系列建议在刑法中补充规定的新罪名，一些文章还对建议补充的新罪名之必要性、可行性进行了论证，有的论著还具体研究了新罪名应规定的犯罪构成和法定刑。对建议补充规定的新罪名，可以按照 1979 年刑法典分则的犯罪类型大致归纳如下：(1) 危害公共安全方面的罪名有：非法劫持航空器罪，危害民用航空安全罪，侵犯应受外交保护人员罪，劫持交通工具罪，抢劫枪支、弹药罪，生产、经营毒害产品责任事故罪，制造、贩卖有毒食品罪等。(2) 破坏经济秩序方面的罪名有：非法买卖土地罪，破坏土地罪，破坏矿产资源罪，破坏珍贵水产、动物资源罪，严重污染环境罪（危害环境罪），破坏生产、经营罪，破坏私营经济罪，制造、销售劣质产品罪，故意破坏经济合同罪，合同诈骗罪，广告诈骗罪（虚假广告罪），保险诈骗罪，贷款诈骗罪，破产诈欺罪，垄断牟利罪，高利贷罪，盗窃、泄露企业技术秘密罪，侵犯著作权罪（侵犯版权罪），侵犯他人科技成果罪，挪用公款罪，逃套外汇罪，非法出版活动罪（制作、销售非法出版物罪），计算机犯罪，毁损、干扰电脑罪，利用计算机窃取财物、技术情报罪等。(3) 侵犯公民人身权利、民主权利方面的罪名有：重大医疗责任事故罪，侵犯公民隐私权罪，滥用童工罪，买卖人口罪，故意传播疾病罪，故意传播性病罪等。(4) 侵犯财产方面的罪名有：侵占罪，故意浪费公共财物罪（挥霍浪费罪），哄抢财物罪，绑架勒财罪（掳人勒赎罪）等。(5) 妨害社会管理秩序方面的罪名有：卖淫罪、嫖宿罪（奸宿罪）、买赃罪，妨害档案罪，破坏计划生育罪，吸毒罪，挖坟盗墓罪，藐视法庭罪，拒不作证罪，破坏监管秩序罪，罪犯自伤罪等。(6) 妨害婚姻、家庭方面的罪名有：乱伦罪，通奸罪（通奸妨害他人婚姻家庭致人死亡罪）等。(7) 渎职方面的罪名有：滥用职权罪，以权谋私罪，公务员考试作弊罪等。此外，还有的论著提出补充诽谤、侮辱法人罪。

六、安乐死行为的刑事责任问题

安乐死行为是否可以合法化而不被追究罪责？这一问题在西方国家自 20 世纪三四十年代起便开始了争论，近年来国外随着安乐死事件的不断发生，讨论逐渐公开化，形成肯定和否定两种观点，肯定论者占据上风，要求安乐死合法化的呼声日高，1987 年荷兰议会通过了世界上第一个允许安乐死的法案，一些国家则通过判例允许施行安乐死。但迄今绝大多数国家的刑法都未排除安乐死构成杀人罪的罪责，不过对于安乐死案件实际上很少予以刑事追究，追究的也是处罚很轻。我国刑法理论过去对安乐死问题仅有粗略述及，通行观点认为，实施安乐死行为构成故意杀人罪，但因其危害不大而可予以从宽处罚。随着国外法律文化观点的影响和我国有关科学与实践的发展，尤其是随着1986 年 6 月在陕西省汉中市发生的我国首起诉诸法律的安乐死案件的公开报道，安乐死可否合法化问题迅速引起刑法学界、医学界、哲学界等的关注。1987 年 12 月 24 日北京医学界、哲学界一些专家、学者进行安乐死问题专题讨论，1988 年 1 月 22 日中央人民广播电台播放了这次讨论的录音；法学、医学、哲学各界于 1988 年 7 月 5 日至 8日在上海举行了全国首次安乐死学术讨论会，从而使安乐死问题的讨论为社会各界所关注、所参加。

在这样的背景下，1988 年我国发表了十多篇文章探讨安乐死是否构成犯罪、应否合法化的问题。综观讨论意见，仅有个别文章仍认为，安乐死行为构成故意杀人罪，原则上应追究行为人罪责，但可酌情从宽处罚。绝大多数论著的基本观点是：应允许有严格条件限制的安乐死，这种行为不构成犯罪，亦不应追究罪责。主要理由是：（1）安乐死符合社会伦理道德和医德，体现了革命人道主义精神；（2）安乐死能为社会节省不必要的医药浪费，也有利于促进医学中器官移植等的发展；（3）这种行为没有社会危害性，相反在客观上还有利于社会，从而不符合犯罪的本质特征；（4）这种行为人不具备故意杀人罪所要求的杀人故意；（5）对实施这种安乐死的行为人处以刑罚，达不到刑罚特殊预防和一般预防的目的。一些论著还探讨了允许实施安乐死的实体条件（包括医学方面和法律方面）与程序条件，允许安乐死合法化的立法步骤和立法要解决的有关障碍，以及违反安乐死法定条件而构成犯罪案件的罪责追究诸问题。

［高铭暄、赵秉志；载《政法论坛》，1989（3）］

第五章
1989 年的刑法学研究

一、基本情况和特点

1989 年，刑法学研究继续呈现出蓬勃深入、成果丰硕、进展显著的发展趋势。

据我们粗略统计，1989 年发表的刑法论文和译文共约一千二百余篇（其中中国刑法学方面一千一百余篇，外国刑法、国际刑法和中外刑法史方面一百余篇），公开出版和铅印发行的刑法书籍近五十本。

从发表的刑法论文来看，在中国刑法这个主要研究领域里：一方面，一些基本的刑法理论和实践问题，如刑法基本原则、犯罪特征、犯罪构成、因果关系、未成年人犯罪、法人犯罪问题、醉酒人犯罪问题、犯罪故意、犯罪目的、正当防卫、故意犯罪过程中的犯罪形态、共同犯罪、刑罚目的、死刑、罚金刑、累犯、自首、缓刑、罪名、法条竞合、交通肇事罪、强奸罪、拐卖人口罪、抢劫罪、盗窃罪、重婚罪、受贿罪、玩忽职守罪、经济犯罪的概念和特征问题等，在相当数量的论文里继续得到了更加全面、系统、深入乃至具有某些新意的研究；另一方面，刚刚开始研究的一些重要的刑法课题以及现行实践中遇到的一些新的刑法问题，如刑事政策、刑法的立法解释、刑事责任、定罪问题、港澳台人犯罪的刑事责任问题、量刑的综合平衡、刑罚个别化原则、刑事司法活动的改善和强化问题、刑法立法完善方面的宏观问题和各种微观问题、处理政治动乱和反革命暴乱案件中的刑法适用问题、单位投机倒把犯罪、"官倒"犯罪、合同诈骗罪、新的经济形式中的贪污罪问题、"扫黄"斗争中的刑法问题、科技活动中的罪与非罪问题、挪用公款罪、非法所得罪、非刑事法律中的刑法条款问题等，也在为数不少的论文里得到了明显深入或者具有开拓性的研讨。此外，在外国刑法方面，就某些外国刑法的改革、刑事政策、犯罪构成、法人犯罪、醉酒犯罪、刑罚目的、计算机犯罪、贿赂犯罪等，发表了一些论文和译文；国际刑法方面就劫机犯罪等发表了一些文章。

从出版和印行的刑法书籍来看：一类是对一些重要的乃至崭新的刑法课题进行专题、深入研究的专著，如《中国刑法的运用与完善》、《刑法发展与司法完善》、《刑法学专论》、《刑法的修改与完善》、《犯罪主体论》、《刑法上错误的理论与实践》、《电脑与量刑》、《渎职犯罪的定罪与量刑》、《危害公共安全罪新论》、《性犯罪》、《罪与罚——妨害社会管理秩序罪的理论与实践》、《我国刑法中盗窃罪的理论与实践》等。另一类是工具书、教科书类，如《中国刑法词典》、《刑事法学大辞典》、《刑法学研究概述》、《中国刑法学》（高等学校文科教材）、《刑法学》（全国高等教育自学考试教材）、《刑法分则要义》（中央电大教材）等。这里尤其值得特别提出的，是中国法学会刑法学研究会组织编写出版的《全国刑法硕士论文荟萃（1981—1988 届）》一书，该书汇集了我国 1981 年建立学位制度至 1988 年间已通过答辩的全部 187 篇刑法硕士论文之精粹，使我国刑法学高层次研究方面的一大批研究成果得以系统整理和保存下来，是一本难得的刑法学研究的工具书和情报书，也是我国法学领域这方面的一个首创性成果。再一类是外国刑法方面的论著或译著，如《定罪通论》（苏）、《当代苏联东欧刑罚》、《外国刑法分解汇编（总则部分)》、《中美学者论青少年犯罪》等。此外还有一些案例分析、通俗读物等。

1989 年我国刑法学界还举行或参加了一些刑法研讨会议。1989 年 10 月 24 日至 28 日，中国法学会刑法学研究会在上海举行了学术讨论年会，正式代表和列席代表共一百三十余人参加了会议。这次会议结合我国刑法学发展的迫切需要，确定了三个议题：一是刑法学研究如何坚持四项基本原则和为改革开放服务，二是制止动乱和平息反革命暴乱方面的刑法问题，三是关于正确运用刑法武器惩治腐败的研究。在上海会议以前或者以后，一些省市的刑法学研究会也大致围绕上海会议的议题举行了学术研讨会。1989 年 10 月 2 日至 7 日，我国刑法学界的余叔通、高铭暄、曹子丹、丁慕英等 6 位学者、专家以国际刑法学协会中国分会代表团的身份，应邀参加了在奥地利维也纳召开的国际刑法学协会第 14 届会员代表大会。他们回国后，在 10 月下旬的上海会议上向与会者介绍了这次国际性刑法会议的研究情况，并提交和分发了这次会议决议的译文，使我国刑法学界对国际社会的刑法学领域最新的发展动向有所了解。

刑法领域高层次理论与实践人才的培养也开始取得明显进展：继 1988 年我国首届两名刑法学博士诞生后（他们的博士论文分别为《犯罪主体论》和《共同犯罪论》），1989 年我国又有 3 名刑法学专业博士研究生先后通过博士学位论文答辩（他们的博士论文分别为《刑罚适用论》、《定罪导论》和《罪过形式论》），同时还有十余名刑法学博士研究生在校就读。1989 年中国高级法官培训中心与中国人民大学法律系联合开办为期 1 年的首届刑事法律进修班，有 60 名全国法院系统各级负责的刑事法官经考试入学深造。中国高级检察官培训中心为期半年的首届高级检察官进修班也在 1989 年开办，招收和培养了全国检察院系统 103 名各级负责的检察官。这些高层次理论与实践人才的培养，是我国刑法学教育方面的重大进展，对我国刑法学理论研究和刑事司法工作具有极其重要的意义。

综而观之，1989 年我国刑法学研究的特点可以表述为：坚持了密切联系我国经济、政治和社会治安实际情况，立足现实并面向发展的正确方向；理论研究全面、系统、深入并富于开拓与探索精神；成果丰硕，活动丰富，人才济济。

1989 年的刑法学研究，在一系列宏观和微观问题上都取得了不同程度的进展。限于篇幅，这里仅对几个进展突出的课题予以简要概括。

二、关于我国刑法学研究进程的反思与发展展望

1989 年是中国刑法学研究进程中的一个重要里程碑，它既标志着我国刑法学研究同新中国一起走过了艰难曲折的 40 年光辉历程，也宣告了我国刑法学研究度过了自 1979 年《中华人民共和国刑法》颁布以来灿烂辉煌、成果丰硕的 10 年，并预示着一个充满希望和收获的鼎盛新时期将出现于我国刑法学的进程中。值此继往开来之际，一些著述专门对刑法学研究既往的功过是非、经验教训作了较为系统的总结，并对其未来前景作了探索性的设想和预测，提出了许多有益的见解。

（一）对我国刑法学研究进程的反思

一些刑法学专家和学者在回顾我国刑法学研究发展进程时，感受最深的是以下几个方面：

1. 道路坎坷、步履维艰，刑法学研究的发展轨迹呈明显的起伏状。一些论文在回顾新中国刑法学研究 40 年发展史时，根据刑法学研究的发展状况，将其划分为三个阶段：（1）创建和初步发展时期（1949—1956）。这个时期在学习苏联刑法的基础上，我国刑法学研究取得初步进展，对中国刑法学理论体系描绘出一个大致轮廓，并在刑法学的一些具体问题上进行了不同程度的研究。（2）遭受挫折和基本停滞时期（1957—1976）。由于轻视法制的"左"的思想影响，这个时期的刑法学研究一落千丈，刑法学研究的许多领域都成为禁区，无人问津，刑法学理论研究基本上没有什么成果。（3）复苏和全面发展时期（1977 年以来）。这个时期的刑法学研究出现了空前的好势头，是新中国成立以来最辉煌的时期。

2. 中共十一届三中全会以后，我国社会主义法制逐渐恢复，刑法学的研究也开始复苏并逐步繁荣。1979 年 7 月 1 日至五届全国人大二次会议庄严地通过了《中华人民共和国刑法》，并决定自 1980 年 1 月 1 日起施行。从此揭开了我国刑法学研究历史的新的一页。这个时期的各种刑法著作如雨后春笋，层出不穷；发表的刑法学论文其数量之多、涉及面之广是空前的，至 1988 年已达五千六百余篇，硕士论文近两百篇，并有博士论文问世。一些论文在统观这一阶段的研究工作后，将其归纳为如下几个特点：第一，重视联系我国经济体制改革和商品经济发展的情况与需要研究刑法理论。许多论著对经济犯罪的概念、原因，经济犯罪的种类以及正确运用刑法武器打击和预防经济犯罪，保障改革、开放、搞活的方针政策的贯彻执行等问题进行了深入细致的探讨。第二，注意适应对外开放的需要开展刑法学研究。发表了相当数量的介绍、评述外国刑法问题的译文和文章，对香港、澳门、台湾地区的刑法和刑法理论也有介绍。第三，注意开展对我国刑事司法和刑事立法完善的探讨。第四，学术争鸣气氛浓厚，研究更加深入和富有探索精神。对刑法学理论中的重要问题，如刑法的基本原则、犯罪概念、因果关

系、法人犯罪问题、正当防卫、刑罚目的、自首、数罪并罚等问题都有深入的研究。

（二）对我国刑法学研究前景的展望

一些著述在回顾过去、立足现在的基础上，对刑法学理论研究的发展前景提出了不少独到的见解，择其要者有：

1. 有的著述提出：其一，一定要树立刑法是保护人民、打击敌人的重要武器的观念，在任何时候都不能轻视和放松刑法的功能与对刑法学理论的研究。其二，刑法理论研究一定要适应司法实践的需要。其三，坚持"百花齐放、百家争鸣"的方针，不能让万马齐喑的局面重新笼罩刑法论坛。

2. 有的著述认为，发展我国刑法学研究，应当从以下几个方面入手：（1）树立适应社会主义商品经济发展的刑法观，使刑法学研究为社会主义商品经济服务。（2）为完善中国的刑事立法服务。（3）正确处理刑法理论与司法实践的关系，使刑法理论更好地为司法实践服务。

3. 有的著述提出如下设想：（1）以我国现阶段的国情国策为依据，更新刑法观念，包括更新刑法调整功能的观念、更新犯罪观和刑罚观。（2）在更新刑法观念的基础上，在不放松对一系列宏观和微观问题进行全面、系统研究的同时，深入对一些重点课题进行研究。如加强对社会主义初级阶段刑法调整宏观问题的研究，开展对刑事法制协调统一的研究，加强对经济犯罪、渎职犯罪等特定犯罪类型的研究，开展对港澳台人犯罪、外国人犯罪以及国际犯罪及其刑事制裁的研究等。（3）更新研究方法，如实行定性研究和定量研究相结合的方法、繁荣比较研究等。

4. 有的著述设想：（1）进一步完善我国刑法学体系，把刑事政策、刑事责任、定罪等问题纳入刑法学体系；（2）把刑事政策纳入刑法学研究领域；（3）加强对刑罚论的研究；（4）把定罪问题纳入犯罪构成理论；（5）重视对国际刑法和国际犯罪的研究。

5. 有的著述提出：（1）更新刑法观念，包括树立社会主义有计划的商品经济的刑法观、树立法人犯罪的犯罪观、树立轻轻重重的实事求是的刑罚观；（2）重构刑法学体系，使其不仅研究刑法基本理论问题，而且应研究刑事法制建设的实际问题；不仅研究现行刑法的基本内容和适用，而且应研究刑事立法与刑事司法的一般规律；（3）改进刑法学研究方法，如将实证方法、比较方法、定量分析方法等引进刑法学研究领域。

6. 有的著述主张：（1）进一步加强和完善刑事立法；（2）全面关注和考察现行刑事立法和司法的社会效应，提出切实可行的刑事政策，为刑事立法和司法体制的更新、完善提供坚实的理论基础；（3）切实贯彻刑事司法的平等原则；（4）坚决纠正以罚代刑的现象；（5）大力提高审判人员素质，提高审判质量。

三、关于惩治腐败方面的刑法运用问题

1989 年，我国刑法在惩治腐败方面发挥了重要作用。刑法理论界围绕惩治腐败这一中心议题，在前几年研究成果的基础上，对单位投机倒把与"官倒"、贪污罪、受贿罪、挪用公款罪和非法所得罪等问题进行了深入、系统的研究，提出了许多新的见解。

(一) 关于单位投机倒把与"官倒"犯罪问题

1. 单位投机倒把的概念和特征。（1）有的论文表述为，单位以牟取非法利益为目的，在社会流通领域，违反国家法律、法规以及国务院有关规定和政策，进行投机倒把活动，数额特别巨大、手段恶劣的行为。认为单位投机倒把罪具有如下几个特征：第一，行为的主体是单位而不是个人；第二，主观方面表现为故意违反国家有关法律、法规，获取非法利益；第三，侵犯的客体是国家对金融、外汇、金银、物资和工商业的管理制度；第四，客观方面表现为，凭借手中的权力或物资、资金，非法从事工商业活动，进行倒买倒卖的行为。（2）有的论文把单位投机倒把的特征表述为：第一，参加犯罪的单位应具备法人资格；第二，单位的有关责任人员违反国家的有关法律、法规以及国务院有关规定和政策，以本单位名义进行投机倒把，为本单位牟取非法利益；第三，投机倒把数额特别巨大、手段恶劣。此外，许多论文还就单位投机倒把罪的法律依据、表现形式及预防措施等问题进行了较为深入的探讨。

2. "官倒"的概念和特征。关于这个问题，刑法学界看法不一。（1）有的论文认为"官倒"是指党政机关和党政干部，无视中央禁止其经商的规定，违反工商管理法规，以商业企业为形式，以紧俏物品为对象，以倒卖为方式，在商品流通领域中，利用职权牟取暴利的行为。其特征是：第一，主体的特殊性，一般是对紧俏物资和专营物资等享有管理权、批准权和经营权的党政机关和党政干部。第二，对象的特殊性，主要是国家禁止或限制自由买卖的物资、物品。第三，行为的特殊性，一般表现为利用职权，套购紧俏商品，加价倒卖等。第四，数额的限定性。（2）有的论文把"官倒"表述为：在当前两种体制并存、两种价格并行、经济秩序出现各种混乱的条件下，一些国家机关、团体、企业事业单位及其主管人员和直接责任人员，利用自己手中掌管的权力，倒卖、倒买大量国家计划的或紧俏的物资，牟取暴利的行为。（3）有的论文认为，"官倒"是指某些国家机关、企业、事业单位的主管人员和直接责任人员，非法利用党和国家托付给他们的为人民服务的权力和资金，在社会流通领域，从事违反国家法律、法令和规章制度的经济活动，倒买倒卖有关国计民生的重要物资、计划额度、紧俏商品，经营数额和牟利数额巨大的行为。此外，一些论文还就"官倒"的社会危害性、表现形式、预防对策等问题进行了探讨。

3. "官倒"与单位投机倒把的关系。关于这一问题，主要有以下几种观点：第一，

认为"官倒"与单位投机倒把是一个意思。第二，认为"官倒"包括违法经营、投机倒把违法和投机倒把犯罪三个层次，单位投机倒把只是"官倒"的一种表现形式。第三，认为"官倒"是指党政机关、党政干部投机倒把，投机倒把犯罪应当分为一般投机倒把、单位投机倒把、党政机关和党政干部投机倒把等三个层次。

（二）关于贪污犯罪

研究较为深入、争论较多的，主要是如何认定贪污罪的犯罪主体问题。

1. 关于国家工作人员的范围问题。一些论文认为，国家工作人员应当分为两类：一是国家各级权力机关、各级行政机关、各级司法机关、军队、国营企业、国家事业机构中的工作人员；二是其他各种面向群众，从事具有管理性质的职务活动，而不是直接从事生产或劳务活动的公务人员。公务或者依法产生，或者受委托产生。从司法实践来看，一切依法或受委托取得经手、管理公共财物职权的人员均属此列。有的论文还指出，"国家工作人员"这个概念过于笼统，缺乏科学的分类，应将"国家公务人员"这一概念纳入贪污罪的犯罪主体范围，并提出了一些具体设想。

2. 关于集体经济组织工作人员的界定。一般认为，集体经济组织工作人员是指在集体经济组织中从事公共事务的组织、管理和监督工作的人员。"集体经济组织"的特征是，拥有共同资产，同时通过民主管理制度，对所收入的资金按一定比例分红，在内部有严格的分工和管理人员；在时间上，一般具有长期性和稳定性，而不是临时结合。因此，对于个人投资、家庭投资、合伙经营等私营企业，尽管领有集体企业的执照，不能以"集体经济组织"对待，其成员不能作为贪污罪的主体。

3. 其他经手、管理公共财物人员的范围。一般认为，这类主体既不具有国家工作人员身份，也不具有集体经济组织工作人员的身份，而是除此之外的受他人委托经手、管理公共财物的人员。主要包括：全民所有制企业和集体所有制企业的承包经营者、租赁经营者及其任用或自聘的经手、管理公共财物的人员，以及以全民所有制企业和集体所有制企业为基础的股份制企业、中外合资经营企业、中外合作经营企业中经手、管理公共财物的人员。

4. 关于如何理解挪用公款数额较大不退还的，以贪污罪论处的问题，学术界也存有不同看法。第一种意见认为，"不退还"包括有能力归还而拒不归还，以及无能力归还而无法归还两种情况。第二种意见认为，"不退还"公款以贪污论处的情况必须是行为人具有非法占有公共财物的主观故意和客观行为，因此挪用公款的行为发生后，只有当行为人产生了不归还的思想，才能以贪污罪论处。主观上没有不归还思想的，不能以贪污罪论处。第三种意见认为，"不退还"既包括有能力退还但主观上不想还，客观上不退还；也包括客观上已将挪用的公款挥霍，无能力退还的情况。

此外，刑法理论界还就贪污罪的原因、犯罪客体以及表现形式等问题作了较为深入的探讨。

(三) 关于受贿罪

研究较为深入和争论较多的是以下几个问题:

1. 如何理解"利用职务上的便利"。对此大体上有三种意见:第一种意见认为,利用职务上的便利,必须是受贿罪主体直接利用本人职权范围内主管、经手和管理某些工作的权力所造成的方便条件,即"利用职权";第二种意见认为利用职务上的便利,不仅包括直接利用职务上的便利,也包括通过本人职务上的便利而利用他人职务上的便利;第三种意见认为,利用职务上的便利,是指利用与受贿人职务活动有关的一切便利条件,如离退休的国家工作人员利用过去职务上的影响,而利用现职人员职务上的便利等。

2. 关于受贿罪新的表现形式——收受"回扣"问题。一些论文把收受回扣作为受贿罪的一种特殊形态加以研究,认为它与一般的受贿罪相比具有其特殊性:第一,行为特征的特定性,表现为行为人收受卖主从买主支付的价款中扣出的钱,即回扣费;第二,构成要件上的独立性,表现为犯罪的特殊主体以牟取私利为目的,违反国家规定,非法收受回扣;第三,时空范围的局限性,必须发生在经济往来中和买卖成交后。

3. 关于索贿。关于索贿是否为一个独立的罪名,在 1989 年发表的著述中更加明确地提出了肯定说和否定说两种观点。否定说认为,索贿与受贿仅有主动与被动之分,并无实质区别,前者只是受贿罪的一种特殊形式。肯定说认为,索贿与受贿相比,第一,受贿人的主观恶性大小不同,索贿人具有主动勒索他人财物的恶意,对方给予财物是违心的和被迫的;第二,取得财物的方式不同,索贿表现为行为人利用职权,以不为他人谋利益相威胁而勒索其财物;第三,索贿既侵害了国家机关的正常活动,又侵犯他人的财产所有权;第四,受贿人为他人谋取的可以是正当利益,也可以是不正当利益;索贿人为他人谋取的只能是正当利益。

此外,一些专著和论文还就受贿罪的成立是否必须以为行贿人谋利益为条件、受贿罪主体范围、贿赂是否包括财物之外的其他不正当利益等问题,进行了不同程度的研究和探讨。

(四) 挪用公款罪

刑法理论界在 1988 年研究的基础上,对挪用公款罪的一些基本问题展开了更为深入、细致的研究,其中争议较大的问题是:

1. 关于挪用公款罪起诉的罪名和法律条文的引用问题,大体上有以下几种意见:(1) 认为挪用公款属于贪污罪的范畴,起诉时仍应用 1979 年刑法第 155 条起诉;(2) 认为既然《关于惩治贪污罪贿赂罪的补充规定》将"挪用公款罪"列为新罪名,就可直接用"挪用公款罪"起诉;(3) 认为挪用公款已退还的,可引用《关于惩治贪污罪贿赂罪的补充规定》以挪用公款罪起诉,不退还的,要引用刑法中的贪污罪起诉;

（4）认为挪用公款无论已退还、不退还，都应以"挪用公款罪"起诉，但是具体量刑时，已退还的，按《关于惩治贪污罪贿赂罪的补充规定》最高刑为 15 年；不退还的，按贪污罪量刑，最高刑为死刑，并处没收财产。

2. 关于挪用公款罪客体问题，刑法理论界存有不同见解：（1）认为该罪的同类客体是财产所有权，直接客体是公共财物所有权；（2）认为其同类客体是社会主义经济秩序，直接客体是国家财经管理制度；（3）认为该罪侵害的是复杂客体，既侵害公共财物的所有权，又侵害了单位的财经管理活动；（4）认为该罪侵犯的是复杂客体，既侵犯公共财物的使用权，又侵犯国家财经管理活动；（5）认为该罪的直接客体是国家的公款使用制度，同类客体是社会主义经济秩序。

此外，一些论文还就如何理解"挪用公款归个人使用"、怎样把握该罪中"数额较大"的规定、如何理解挪用公款"超过三个月未还"的含义、挪用公款罪的犯罪构成特征，以及该罪与 1979 年刑法第 126 条挪用特定款物罪的联系和区别等问题进行了不同程度的研究，提出了一些新的见解。

四、关于刑法的修改和完善问题

1988 年刑法界曾就这一问题进行了广泛、热烈和有一定广度、深度的研讨，取得了一定的进展。1989 年刑法界在此基础上又对刑法的修改和完善问题进行了更加深入、细致的研究与讨论，提出了许多合理而新颖的观点，几乎涉及刑法学的所有领域，取得了较为丰硕的成果，为奠定我国刑法修改坚实的理论基础作出了有益的贡献。限于篇幅，下面仅就其中几个主要问题作一简介。

（一）关于完善我国刑法典体系和结构问题

有的论文认为，在刑法典的总则部分，应考虑增设刑法的基本原则并废除类推制度，将刑法的适用范围独立成章并充实内容，增设刑事责任专章、未成年人犯罪的特殊处遇专章以及保安处分专章；在刑法典的分则部分，应将侵犯公民民主权利罪独立成章，增设妨害司法活动罪专章、破坏自然资源罪专章和危害国防罪专章，同时还应调整现行刑法典中某些章节的排列次序。

此外，一些论文还就犯罪的分类问题，刑法条文的独立性和具体化，刑法条文之间的衔接、照应、交叉、重合，以及刑法总则、分则的协调和一些刑法制度的存废问题，进行了较为深入的研究。

（二）刑法通则方面的修改意见

1. 应当把刑法的基本原则纳入刑法，并在罪刑法定、罪刑相适应、罪责自负、惩罚与教育相结合原则的基础上，增加主观、客观相统一和刑法人道主义原则。

2. 应当充实刑法适用范围的内容，增加对国际犯罪适用普遍管辖权和对特别行政区适用的条款。

（三）犯罪通则方面的修改意见

1. 关于法人犯罪问题，有两种意见：一种意见认为，法人犯罪以单行刑事法规有规定为限；另一种意见认为，刑法总则应对法人犯罪的范围和处罚原则等作出概括性的规定。

2. 关于醉酒人犯罪问题，有关论文提出了以下修改意见：第一，行为人无故意，也无过失醉酒并实施刑法禁止的行为，根据情况，分别认定为无责任能力或限制责任能力；第二，补充一些影响醉酒人犯罪量刑轻重的情节；第三，补充对醉酒人附加适用强制医疗措施的规定。

3. 关于共同犯罪问题，有关论文认为，共同犯罪应从定罪和量刑的角度分为两类：从定罪的意义上，分为实行犯、组织犯、教唆犯、帮助犯；从量刑的意义上，分为主犯、从犯、胁从犯。此外，刑法还应规定共同犯罪与身份、共同犯罪与数额等。

4. 关于排除社会危害性的行为，有关论文主张应对执行职务的行为、依照法令的行为等作出规定。

（四）刑罚通则方面的修改意见

主要包括：（1）废除管制刑；（2）扩大罚金刑的适用范围；（3）区分特别累犯与普通累犯的界限，确立对累犯应当从重或加重处罚的原则；（4）应当明确规定自首的概念和成立条件；（5）应增设若干新规定以完善数罪并罚制度，如规定不适用数罪并罚的若干犯罪形态，规定同种数罪不能并罚的原则，规定对数个附加刑的并罚方法等；（6）完备缓刑考验制度，充分发挥缓刑功能；（7）增设前科消灭和复权制度；（8）将保安措施纳入刑法典；（9）缩小和调整死刑的适用范围，一些文章认为：反革命罪中有些挂死刑的条文形同虚设，应当删除；对拐卖人口罪、故意伤害罪和投机倒把罪等应取消死刑；此外，应将伪造国家货币罪和贩运伪造的国家货币罪，劫持航空器、船舶罪，海盗罪列为死刑之罪。

（五）关于刑法分则方面的修改意见

（1）设立侵犯公民民主权利罪、破坏自然资源罪、妨害司法活动罪和危害国防罪专章，并对原刑法分则各章次序作相应调整。（2）刑法分则条文应当做到一罪一条，对犯罪的定义和基本特征作必要的表述，对量刑幅度应予以限制并规定必要的量刑情节。（3）废除聚众"打砸抢"罪，按各种具体犯罪惩处打、砸、抢行为。（4）废除非法所得罪，增设隐瞒财产罪。（5）废除流氓罪，代之以聚众斗殴罪、骚扰罪、猥亵罪等具体犯罪。（6）废除贪污罪，对国家工作人员利用职务之便盗窃、诈骗、侵吞公共财物的行为，分别以盗窃罪、诈骗罪、侵占罪从重处罚。（7）修改投机倒把罪的罪状，只规定倒买倒卖国家禁止、限制自由买卖的物资、物品，数额较大的行为是投机倒把罪。将原来包含在投机倒把罪中的其他行为单独规定罪名，如销售伪劣产品罪、扰乱市场秩序罪等。（8）将走私罪分为一般走私罪、加重走私罪和准走私罪三条，分别规定罪状和法定刑。（9）刑法中的一些用语应当力求精确、严密，相互之间应协调统一。如"数额较大"、"情节严重"、"情节恶劣"等用语使用较混乱且内容不明确，犯罪的"动机"和"目的"概念混淆不清等。（10）刑法应增设关于妨害国交罪，关于劫机、海盗等国际犯罪条款，并在伪造货币罪、毒品罪、拐卖人口罪的条款中增加涉外内容。（11）在1988年刑法理论界提出应增设几十个新罪名的基础上，一些论文又提出了一些应增设的新罪名，如放弃职守罪，非法涨价罪，逃避商品检验罪，虚报、伪造统计资料罪，拒不执行国家经济计划罪，溺婴罪，吸毒罪，医疗事故罪，破坏他人家庭致死人命罪，制造、销售虚假计量器具罪等。

此外，一些论文还就未成年人犯罪的立法完善、过失犯罪的立法完善、少数民族公民犯罪、短期自由刑的适用、附加刑的适用，以及刑法分则中的某些具体犯罪的立法完善问题都作了不同程度的研究，提出了一些具有参考价值的学术观点。

五、关于港、澳、台人犯罪的刑事责任问题

港、澳、台人犯罪及其刑事责任问题，随着我国内地与港、澳、台地区联系的不断加强而日益受到刑法理论界的关注。从1989年的研究成果来看，对港、澳、台人犯罪及刑事责任问题的研究在开拓前进中取得了明显的进展。研讨的主要问题及其学术观点可归纳如下：

（一）近年来港、澳、台人在大陆犯罪的特点

（1）犯罪活动集中在大中城市，尤以边境省市突出。（2）犯罪类型相对集中，主要表现为三类犯罪：一是贪利犯罪，如走私、诈骗、投机倒把、盗窃等；二是严重危害社会治安、破坏社会秩序的犯罪，如贩卖、运输毒品罪，抢劫罪，组织、运送他人偷越边境罪等；三是反革命犯罪，如特务罪、反革命破坏罪等。（3）犯罪形式复杂，手段狡猾。（4）大案要案居多，危害极其严重。

（二）港、澳、台人犯罪的刑事责任问题

（1）港、澳、台人在内地犯罪的刑事责任问题，应依我国刑法的规定解决。（2）港、澳、台人在港、澳、台地区犯罪的刑事责任问题，应分两种情况处理：第一，港、澳、台人对我国或我国公民犯罪，应当适用我国刑法。如果犯罪分子潜伏在我国港、澳、台地区或逃往国外，可根据有关条约引渡回国处理。第二，港、澳、台人非针

对我国或我国公民犯罪，在犯罪后又逃回内地的，如果行为人犯有国际性犯罪，我国应根据有关条约行使普遍刑事管辖权；或虽非国际犯罪，但我国港、澳、台地区司法机关要求我方协助缉拿并交还罪犯，我国司法机关应予以协助。(3) 对港、澳、台人在中国领域（包括内地和港、澳、台地区）以外犯罪的刑事责任问题，一般认为可以分别以下情况处理：首先，针对我国或我国公民犯罪的，应依我国刑法处理。犯罪人在外国或在我国港、澳、台地区的，可通过引渡或司法协助方式予以刑事追究；其次，若行为人实施国际性犯罪，且犯罪后又进入大陆的，我国应根据有关条约，行使普遍刑事管辖权，依照我国刑法追究其刑事责任。

（三）关于完善涉台刑事法律问题研究与处理的展望

(1) 大陆刑法学界应逐步开展和重视对涉台刑事法律问题的研究，从宏观上探讨正确的处理原则，从微观上提出可行的处理方法，为妥善处理涉台刑事案件提供理论依据和参考意见；(2) 最高司法机关应大力加强对涉台刑事案件处理的规范性指导工作；(3) 立法机关应关注涉台刑事问题的立法，在条件成熟时，在刑事立法上补充这方面的规定；(4) 大陆与台湾地区的刑法理论界、司法实务界以及立法机关相互沟通，共同研讨。

此外，一些文章还就处理涉台刑事法律问题的原则、台胞历史刑事问题的处理、大陆非法越境去台人员刑事责任问题的处理、关于现阶段大陆涉台刑事法律问题的处理等问题作了不同程度的研究，提出了一些合理化建议。

〔高铭暄、赵秉志、余欣喜；载《政法论坛》，1990 (2)〕

第六章

我国第一部刑法典颁布后十年间的刑法学研究
（1979—1989）

一、十年间刑法学研究的特点

党的十一届三中全会召开和我国第一部刑法典颁布 10 年以来，围绕着刑法的立法和司法实践，刑法学的研究工作有了很大的发展。刑法颁布以前的近三十年时间里，正式出版的中国刑法教材只有 1 本，专题著作也只有 1 本，发表的刑法论文、文章仅有 176 篇；而刑法颁布以后的 10 年时间里，正式出版的中国刑法教材已有三十多种，专著有三十多部，发表的刑法论文、文章达五千多篇，都超过以往三十多倍。此外，还出版了二十多种刑法案例分析的书及不可胜数的普及性小册子。研究的范围几乎涉及刑法领域的所有问题。

综观该 10 年间刑法学的研究工作，具有以下几个显著的特点：

第一，重视联系我国经济体制改革和商品经济发展的情况和需要来研究刑法问题。许多论著从宏观上论述了经济犯罪的概念、分类及在刑法分则体系中的地位，论述了我国刑法对于打击经济犯罪和保障经济体制改革顺利进行的作用与意义，探讨了当前经济犯罪的原因及危害改革和危害商品经济发展的表现与特点，以及正确运用刑法武器打击和防范经济犯罪，保障改革、开放、搞活的方针政策的贯彻执行等问题。更多的论著则是对若干突出的具体经济犯罪问题，如走私、投机倒把、偷税/抗税、假冒商标、伪造/倒卖票证、盗伐/滥伐林木、贪污、受贿、诈骗、挪用公款等犯罪的定罪量刑问题，进行了深入、细致的研讨。

第二，注意适应对外开放的需要来开展刑法学研究。发表了相当数量的介绍、评述外国刑法问题的译文和文章。涉及的问题主要有：外国刑事立法和刑法理论的最新进展概况，刑事政策学的体系和内容，未成年人犯罪，法人犯罪，过失犯罪，共同犯罪，一罪与数罪，集团犯罪，刑罚目的，死刑，自由刑，罚金刑，累犯，缓刑，假释，保安处分，电脑犯罪立法，医疗事故的定罪，故意杀人罪，抢劫罪，性犯罪，盗窃罪，刑法对消费者的保护，以及孟德斯鸠、贝卡里亚、边沁等人的刑法思想等。在我国刑法问题的研究中对中外比较研究的方法有所注意，一些论著在揭示刑法的鲜明阶级性的同时，较为客观地介绍了外国刑法中一些值得我国借鉴、参考的东西。初步展开了对国际刑法和国际犯罪的研究，出版了一些书籍，对空中劫持，跨国性的走私、贩毒、盗运珍贵文物等犯罪，发表了一些专论、译文和介绍性文章。对世界新技术革命条件下的犯罪，如电子计算机犯罪、危害环境的犯罪等，开始注意和研究。对香港、澳门、台湾地区的刑法和刑法理论，也有所介绍。

第三，注意开展对我国刑事司法和刑事立法完善问题的探讨。在刑事司法方面，探讨了诸如类推适用、正当防卫、犯罪未遂、共同犯罪、自首、数罪并罚、刑罚裁量，以及若干犯罪尤其是经济犯罪和财产犯罪定罪量刑方面的完善问题。比如，中国法学会刑法学研究会曾在1986年举行的学术讨论会上，对最高人民法院、最高人民检察院联合作出的关于贪污、挪用公款、贿赂等罪的司法解释，提出了有价值的意见，最高人民法院、最高人民检察院采纳了该意见，修改了原公布的文件，重新作出解释，公布施行。在刑事立法方面，探讨的内容较为广泛，诸如刑法如何以宪法为根据的问题，刑法与单行刑事法律以及非刑事法律中的刑法规范如何协调、发展的问题，现行刑法中若干规定的修改问题，刑法分则体系的进一步完善问题，以及建议增加若干新罪名的问题等等，都程度不同地有所涉及。重视研究司法和立法的发展、完善问题，是刑法理论积极为刑事立法和司法实践服务的一个重要的标志。

第四，学术争鸣气氛浓郁，研究比较深入和富有探索精神。在刑法总论和具体犯罪的许多问题上，都发表了大量的论著，进行专题研讨，展开学术争鸣。这些争鸣一般都能够摆事实、讲道理，各抒己见，互相启发，互相促进，共同为发展我国刑法学作出贡献。值得一提的是，一些过去基本未予以研究的专题，如刑事责任、刑事政策、刑事法律关系、定罪根据、罪刑关系、刑罚个别化、劫机犯罪、盗窃秘密技术资料行为的定性等问题，都已开始得到研究，并取得了初步的进展。这些专题的开拓，既反映了我国同犯罪进行有效斗争的实际需要，同时也充实和丰富了我国刑法科学。

第五，研究工作协调发展，研究力量不断增长。刑法学的研究活动，主要依靠各政法院系、各法学科研机构和各政法实务部门的组织领导和规划实施。除此以外，中国法学会刑法学研究会和各地方法学会刑法学研究组织也起到了一定的组织和推动作用。中国法学会刑法学研究会从1984年10月成立以来，把主要的精力放在开展学术活动上。它把广大从事刑法学的理论工作者和实务工作者团结起来，围绕1979年刑法实施中出现的新情况、新问题，积极开展研究工作，从而总结了新鲜经验，为发展具有我国特色的社会主义刑法学，作出了一定的贡献。特别需要指出的是：这10年里，全国已培养出刑法学硕士187名、刑法学博士3名。刑法学界的人才结构已发生巨大的变化，中青年学者已成为研究的主力。他们发表的硕士论文、博士论文、专论乃至专题著作，闪烁出来不少很有价值的见解，对于我国刑事司法的强化、刑法理论的丰富乃至刑事立法的完善，都具有相当的意义和作用。

以上这一切说明，这10年里的刑法学研究工作确实是有成绩的，是比较发达兴旺的。

二、研究中涉及刑法总论的几个问题

这 10 年的刑法学研究讨论中，涉及的问题很多。因限于篇幅，仅举刑法总论中几个较重要的问题作一简述：

（一）刑法的基本原则

刑法的基本原则问题，是刑法理论中一个重大的带有根本性的问题。早在 20 世纪 50 年代中期，刑法理论界对我国刑法的基本原则，就有不少论述。当时提出的刑法基本原则主要有：无罪不罚原则，罪刑相称原则，改造罪犯成为新人原则，社会主义/人道主义原则，法制原则，个人负责原则等。以后由于"左"的思想抬头，这个问题就销声匿迹。1979 年刑法颁布以后，对这个问题重又重新研究。现在大家比较一致地认为，确定刑法基本原则应当遵循两个标准：一是这些原则必须是刑法所特有的，而不是各部门法所共有的；二是这些原则必须贯穿于全部刑法，而不是局部性的具体原则。鉴于此，多数同志提出我国刑法的基本原则应当是如下四个：罪刑法定原则，罪刑相适应原则，罪责自负、反对株连原则，惩罚与教育相结合原则。这个意见已为全国高等学校法学教材《刑法学》和《刑法学教学大纲》所吸取。但也有同志主张，除此之外，像主观与客观相一致的刑事责任原则，严格区分不同性质犯罪的原则，刑罚轻重必须依法、适时的原则，社会主义/人道主义原则等，也应列为刑法基本原则。

（二）犯罪概念

我国刑法学界十分重视对犯罪本质的揭示和对犯罪概念的研究。当时的讨论主要集中在两点上：

一是犯罪的基本特征有几个。多数同志认为，犯罪的基本特征有三个，即一定的社会危害性、刑事违法性和应受惩罚性。只有这三个基本特征紧密结合，才组成完整的犯罪概念。但有同志主张只提社会危害性和刑事违法性两个基本特征就可以了，不必提应受惩罚性，因为后者是前二者派生出来的法律后果；也有的同志主张社会危害性和依法应受惩罚性是犯罪的基本特征；还有的同志主张不仅社会危害性、刑事违法性、应受惩罚性，而且主观上具有罪过性（故意或过失），也是犯罪的基本特征。一般认为"三特征"说比较准确，因而其已为全国统编教材所采纳。

二是哪个基本特征是犯罪最本质的特征。有的同志认为是应受惩罚性，因为应受惩罚性直接而全面地反映了犯罪的本质，能为人们的直觉所把握，它是犯罪与非罪得以区别的科学标准。有的同志认为是具有相当严重程度的社会危害性和刑事违法性的有机统一或结合，因为如此才能严格地区分罪与非罪。但多数同志认为是一定的社会危害性，因为一定的社会危害性集中体现了犯罪的本质，也是区分不同阶级社会犯罪的本质的根本标志。它作为区分罪与非罪的根本标准，是讲它在犯罪三特征共同作为整体性的区分标准时的地位，不意味着它与其余二特征相分裂而孤立存在。而把应受惩罚性作为犯罪最本质的特征的观点，则颠倒了犯罪三特征之间正确的层次关系，也有悖于我国刑法的立法和司法实践。

（三）因果关系

刑法中的因果关系问题，早在1956年就曾在一些法学刊物上展开过讨论。当时讨论的重点，是如何运用辩证唯物主义哲学关于因果关系的原理来研究刑法中的因果关系问题，并且还提出了关于必然因果关系和偶然因果关系的问题。1979年7月以后，随着刑法的颁布、实施，关于因果关系问题的讨论又在各刊物上展开，讨论的重点主要集中在犯罪因果关系究竟是什么性质的联系。主要有两种意见：第一种意见认为，犯罪因果关系只能是必然因果关系，否定偶然因果关系作为犯罪因果关系的可能性。所谓必然因果关系，就是事物内部具有本质联系的因果关系，是指人实施的危害社会行为在一定条件下合乎规律地引起危害社会结果的发生。前者包含着产生后者的内在根据，后者是由前者的本质所决定的。第二种意见则认为，犯罪因果关系不仅包括必然因果关系，而且包括偶然因果关系。偶然因果关系是两个必然因果关系环节的巧遇和交叉。当某人的行为造成了某种危害社会的结果，在事件的连续发展中，偶然地又有其他原因加入其中，以致发生了更严重的危害社会的结果。这时，前行为与后结果之间就存在偶然因果关系。必然因果关系在犯罪现象中是大量存在的，它是犯罪因果关系的主要的、基本的形式；但是不可否认，偶然因果关系也是客观存在的，它是犯罪因果关系的次要的、补充的形式。如果只承认在刑法中存在必然因果关系，不承认偶然因果关系，实际上是把必然性与偶然性绝对地对立起来，把必然性与因果性等同起来，这样，在司法实践中就有可能放纵利用偶然因果关系进行犯罪的犯罪分子。以上两种意见在讨论中旗鼓相当、相持不下，难解难分。

（四）"法人犯罪"问题

关于法人能否成为犯罪主体，在现代各国刑事立法和刑法理论中有不同的规定和主张。在我国，从新中国成立以来到20世纪80年代初，不论刑事立法或刑法理论都否定法人可以作为犯罪主体。后来，随着经济领域的犯罪显著增加，特别是有些人打着法人旗号或以法人领导机构决定的形式实施经济犯罪，有人提出，对于法人应当作为犯罪主体予以追究刑事责任。由此引起了争论。

主张法人可以成为犯罪主体的理由是：（1）违法与犯罪没有绝对的界限，既然法人可作为行政违法、民事违法的主体，就应承认它也可以作为犯罪的主体。（2）法人虽不能像自然人那样用大脑思维，但法人的决策机关相当于法人的大脑，决策机关作出犯罪的决策，就等于说明法人具有犯罪的主观要件。（3）把法人作为犯罪主体，使刑事责任落不到其他法人或本法人普通成员身上，这是一种特殊形式的罪责自负，符合刑法的原则。（4）对法人犯罪适用"两罚制"，既对直接负责的主管人员和其他直接责任人员予以刑罚处罚，又对法人处以财产刑，可以解决刑罚的适用问题。（5）把法人作为犯罪主体予以惩罚，可以使社会主义社会关系的法律保护网更加严密，同时能起到预防法人犯罪的作用，符合刑罚的目的。

主张法人不能作为犯罪主体的理由是：（1）法人是从法律关系上被人格化的组织，本身不可能像自然人那样具有犯罪的意识和意志，所以谈不上有罪过。（2）法人的一切活动都是通过其领导人、代表或成员进行的。如果以法人名义实施了某种犯罪行为，也只能由有关的人员承担刑事责任。如果把法人作为犯罪主体，势必使法人组织中的无辜成员受株连，而对真正罪犯是宽纵。（3）法人无所谓主观恶性，对法人适用刑罚，谈不到进行教育、改造的问题，因而违背刑罚的目的。（4）对法人无法适用主刑，只能适用附加刑中的财产刑，这不可能做到罪刑相适应。（5）所谓法人犯罪，实际上是自然人以法人名义实施的犯罪，对这种犯罪，只应追究主管人员和直接责任人员的刑事责任，法人仅承担行政责任或民事责任。

当前，根据《海关法》（1987年）、《关于惩治走私罪的补充规定》、《关于惩治贪污罪贿赂罪的补充规定》的有关条款，法人可以成为走私罪、逃套外汇罪、投机倒把罪、受贿罪、行贿罪的犯罪主体。这是刑法原来坚持的法人不能作为犯罪主体的一般原则的例外，但是，对于这些例外规定的贯彻执行仍然存在种种困难：第一，谁代表法人出庭受审当被告，是犯了罪的领导人，还是没有犯罪的领导人？如果几个领导人都参与了犯罪活动，又该如何？第二，法人自己怎样行使辩护权？第三，判处法人罚金刑，这笔钱从哪里出？特别是机关、团体，依靠国库拨款，国库能为犯罪受罚拨这笔款吗？第四，把法人作为犯罪主体，说明该法人是犯罪的法人，如果是机关、团体，还能对外执行职能吗？它有什么资格、威信发号施令呢？第五，犯罪的法人与犯罪集团有何区别？如何区别？它们承担刑事责任的原则有何不同？对于上述这些问题，如果不能从理论与实践的结合、实体法与程序法的结合上加以解决，所谓法人是犯罪的主体、对法人判处罚金云云，势必陷于空谈，无法落实。因此，这是一个严肃的课题，值得认真探讨。

（五）正当防卫

正当防卫是近年来刑法理论和司法实践经常讨论的一个重要问题。根据1979年刑法第17条的规定，研究中比较一致地认为，正当防卫的构成条件之一是防卫行为不能超过必要的限度。但是，怎样理解正当防卫的必要限度则见仁见智、说法各异，主要有两种观点：第一种观点认为，正当防卫的必要限度是指正当防卫和不法侵害基本相适应。也就是说，正当防卫是否超过必要限度要看正当防卫的强度与不法侵害的强度及所保卫权益的性质是否基本相适应。所谓"基本相适应"，当然不是指机械地相等，而是说不要过分地悬殊。如果防卫行为给不法侵害者造成的损害与侵害行为的强度、所保卫权益的性质过分地悬殊，那就是防卫过当。第二种观点认为，正当防卫的必要限度是指正当防卫的客观需要。为了制止住不法侵害，正当防卫必须具备足以有效制止侵害行为的应有强度；防卫的强度大于侵害的强度，只要是制止侵害所必需的，就不能认为是超过了正当防卫的必要限度，也就是说，防卫的强度允许大于侵害的强度。只有防卫的强度超过了应有的或必需的强度，才是防卫过当。上述两种观点实际上只是分析问题的角度不同，并不是互相对立、彼此排斥的。观察正当防卫行为是否超过必要限度，关键是要看是否为有效制止不法侵害行为所必需，必要限度也就是指这种必需的限度。但是，如何认定必需、不必需，脱离不了对侵害行为的强度、所保卫权益的性质以及防卫行为的强度作综合的分析研究。因此，可以这样认为：只要防卫的强度为制止不法侵害所必需，同侵害的强度相差不大，不是明显地超过侵害行为的强度和所保卫权益的性质，就不能认为超过了正当防卫的必要限度。这样就把上述两种观点统一起来了。

（六）刑罚目的

对犯罪人适用刑罚的目的是什么？这历来是刑法学家重视的一个问题。我国刑法学界就此问题发表了一些论著甚至专著，认识不完全一致，归纳起来，有以下几种观点：（1）惩罚说，认为适用刑罚的目的就在于使犯罪分子的自由和权利受到限制、剥夺，使他们感到压力和痛苦。只有这样，才能制止犯罪的发生。（2）改造说，认为适用刑罚，不是追求报复的目的，也不是以惩罚为目的，而是通过惩罚这个手段，达到改造犯罪人，使其重新做人的目的。（3）预防说，认为适用刑罚的目的是预防犯罪，包括两个方面：一是特殊预防，即通过对犯罪分子适用刑罚，防止其再次犯罪；二是一般预防，即通过惩罚犯罪，教育和惩戒社会上可能犯罪的分子，使他们不致走上犯罪的道路。（4）双重目的说，认为对犯罪分子适用刑罚，既有惩罚的目的，又有教育、改造的目的。（5）三目的说，认为适用刑罚的目的有三：一是惩罚与改造犯罪分子，预防其重新犯罪；二是教育和警戒社会上不稳定分子，使其不走向犯罪；三是教育广大群众增强法制观念，积极同犯罪作斗争。（6）预防和消灭犯罪说，认为对犯罪分子适用刑罚，是要把他们当中的绝大多数人教育、改造成为新人，从而达到预防犯罪，最终消灭犯罪，保护国家和人民利益的目的。（7）根本目的和直接目的说，认为适用刑罚的目的分两个层次：根本目的是预防犯罪、保卫社会；直接目的包括三项内容：其一，惩罚犯罪，伸张社会正义；其二，威慑犯罪分子和社会不稳定分子，抑制犯罪意念；其三，改造犯罪分子，使其自觉遵守社会主义法律秩序。以上这些观点中有不少是共同的或接近的，但对于惩罚是否是刑罚的目的，抑或只是刑罚的属性，分歧意见较大；能不能提刑罚的目的是预防和消灭犯罪，也有不同意见。这些问题都有待于今后进一步的深入讨论。

（七）自首

自首从宽是我国刑法规定的一项刑罚制度，也是我们党和国家惩办与宽大相结合的一贯刑事政策的一个具体体现。1979 年刑法颁行以后，刑法学界对自首问题作了大量的研究，也有一些不同观点的争论，主要表现在以下几个问题上：

一是"犯罪未被发觉"是不是成立自首的必备条件。对此，一部分同志作出了肯定的回答，认为只有在犯罪未被发觉前自首，才能证明犯罪分子对所犯罪行有所悔悟。如果在犯罪被发觉后交代所犯罪行，只是基于罪行已被揭发，在无法掩盖、抵赖时承认罪行，不能认为是自首。另一部分同志的回答则是否定的，认为我国 1979 年刑法第 63 条只规定"犯罪以后自首的"，并未以"犯罪未被发觉"为限制条件，如以此为限制，不利于鼓励犯罪分子投案自首，也不符合一贯的政策精神和法制传统。后来最高人民法院、最高人民检察院、公安部 1984 年 4 月 16 日联合作出的一个司法解释中指出，不论犯罪是否被发觉，都可以自动投案，从而都可以成立自首。不能把"犯罪未被发觉"作为自首的一个条件。

二是犯罪被发觉以后，因犯罪分子逃跑而被通缉，后又自动归案的，是否属于自动投案，从而成立自首？对此也有否定论、肯定论之争。否定论认为，这种情况不能视为自首，否则是对犯罪分子逃跑的鼓励。肯定论则认为，这种情况应视为自首，因为犯罪分子这样做，有利于司法机关对案件的侦查、审理工作，可以节省人力、物力、财力，所以按政策应予鼓励。肯定论后来在上述三机关联合作出的司法解释中得到了确认。

三是在收容审查、劳动教养、拘捕或服刑期间，主动交代司法机关尚未掌握的他种罪行的，算不算自首。这在刑法学界也有肯定与否定的不同认识。

（八）数罪并罚

数罪并罚是刑法规定的一项重要的量刑制度，1979 年刑法颁行以来刑法学界对这个问题进行了较为系统的研究，发表了不少研究成果。但是，也还有一些问题，至今还存在分歧，主要表现在：

一是同种数罪能否实行并罚。第一种意见强调，1979 年刑法第 64 条规定的"一人犯数罪"，并没有把同种数罪排除在外，同种数罪和异种数罪一样，也要实行并罚的原则。第二种意见认为同种数罪实行并罚没有必要，因为我国刑法分则条文中的量刑幅度一般都比较大，而且许多条文都有在情节严重的情况下将法定刑升格的规定，这就完全可以将同种数罪的情况容纳进去而将处罚问题解决了，用不着数罪并罚。第三种意见主张同种数罪要不要实行并罚要根据具体情况，如果条文本身的量刑幅度够用了就不并罚，否则就并罚。第四种意见认为，同种数罪原则上不并罚，就在规定这种罪的条文的法定刑范围内解决处罚问题，只是对极个别条文，为了弥补法定刑偏轻的缺陷，在法律没有禁止并罚的情况下，可以实行并罚，以便有限制地加重犯罪分子的刑罚，更好地体现罪刑相适应的原则。

二是对分别判处不同主刑的数罪如何并罚。数罪中如果有一罪被判处死刑或无期徒刑而其他罪被判处别的主刑的，依照 1979 年刑法第 64 条的规定，当然只决定执行死刑或无期徒刑，而将其他主刑予以吸收。但是，如果分别被判处有期徒刑、拘役、管制的，如何并罚，或者在管制期间又犯罪，应判处有期徒刑的，如何并罚，就有不同主张：有人主张折算，以管制两天折合有期徒刑一天，或者以拘役一天折合有期徒刑一天，然后按照 1979 年刑法第 64 条规定的限制加重原则，决定应执行的有期徒刑的刑期。这是从 1979 年刑法第 36 条、第 39 条有关判决以前羁押一日折抵管制刑期二日，折抵拘役、有期徒刑刑期一日的规定中推算出来的。但是，有人不同意这种推算，认为从性质上说，管制轻，拘役重，有期徒刑更重，不能把轻刑折合成重刑来执行，因此主张遇到这种情况时，应先执行有期徒刑、拘役，然后再执行管制（或未执行完的管制）。对于这种意见，很多同志表示不好理解，因为这样一来，对同一犯罪分子就要决定执行两个甚至三个主刑，这与主刑只能独立适用、不能附加适用，也即对同一犯罪人不能同时决定执行两个以上主刑的原则是有矛盾的；同时，这也体现不出限制加重原则，而是采取并科原则了，对主刑与主刑之间采取并科原则，也是缺乏法律根据的。还有第三种意见认为，数罪中同时判处有期徒刑、拘役、管制的，可以采取重刑吸收轻刑的办法，只决定执行有期徒刑。这样并罚，既体现了法律的严肃性，又符合并罚的原则，且简便易行。这种意见值得重视。

三、对今后刑法学研究的建言

这 10 年里，我国刑法学取得了令人瞩目的成绩。但是成绩只能说明过去，未来的任务尤为艰巨。刑法学作为法学中的一门应用学科，应当随时关注我国社会主义建设实际的发展，不断发现新情况、研究新问题，以便更好地为立法和司法实践服务，为伟大的社会主义建设事业服务。当前，刑法学领域中值得研究的问题很多。比如，关于社会主义初级阶段刑事政策与刑法的关系，关于社会主义商品经济新秩序的刑法保护，关于国际刑法与国内刑法的关系，关于外国刑法与国内刑法的比较，关于港澳台地区刑法与全国刑法的效力范围及其冲突，关于我国刑事立法的进一步完善，关于司法机关对刑法应用的实践经验和存在的问题，关于刑法学体系的进一步完善，关于刑法如何更好地成为其他部门法的后盾，以及刑法学研究中存在的一系列争论性的问题，都有待于我们本着理论联系实际的方针，认真探索，以求取得解答。只有不断开展对这些问题的研究，不断取得新的研究成果，才能丰富和完善我国刑法学，才能开创出社会主义刑法学发展的新局面。

在当前刑法学研究中，笔者认为有几点必须加以强调：

第一，要树立我国刑法是人民的保护法的观念。我国刑法是国家法律的一个重要部门，任何一个国家不可能没有刑法，社会主义国家也不例外。但是，刑法究竟是干什么的？传统的看法强调它是镇压敌人、打击犯罪的工具。这样看当然也是正确的。但是笔者认为放在第一位的应当是保护人民，刑法是人民的保护法。首先，人民的权利要受到刑法的全面保护。比如，公民的人身权利、民主权利、财产权利、婚姻家庭方面的权利等，都要受到刑法的保护。其次，人民的安全环境要受到刑法的保护。公共安全、社会秩序，关系到人民生命财产的安全和生产生活的环境，理所当然地要受刑法的保护。至于人民民主专政的政权、社会主义的经济基础，这是人民革命的胜利成果，也是全国人民的根本利益所在，刑法更不能不加以保护。为了周密地保护人民的利益，刑法应当做其他部门法的后盾，成为其他部门法的保护法。所以，保护人民，是刑法第一位的任务。正因为保护人民，所以要同一切侵犯人民根本利益和具体利益的犯罪行为作斗争，打击和惩罚罪犯；正因为保护人民，所以打击和惩罚的必须是真正的罪犯，而不能伤害无辜，也不能株连无辜，为此就要严格划清罪与非罪的界限；正因为保护人民，所以要把案件搞准搞细，保护被告人的合法权利，严禁诬告陷害，严禁刑讯逼供，反对徇私枉法，违者就要受到法律的制裁；也正因为保护人民，所以对罪犯不搞单纯的惩罚主义和报复主义，除极少数罪大恶极，依法判处死刑的以外，对于绝大多数罪犯都通过惩罚和教育相结合，劳动生产和政治教育、文化技术教育相结合，尽可能把他们改造成为对社会主义建设有用之才，化消极因素为积极因素。所以，把刑法看成是一部人民的保护法，是顺理成章的。树立这样的刑法观念，应当说是刑法观念改革的一个重要内容，是建设社会主义民主政治和法治国家所必需的。在这方面深入开展研究是大有可为的。

第二，要树立适应社会主义商品经济发展的刑法观。我国经济体制改革与商品经济的发展，必然引起人们的心理结构、思维方式、价值观念等一系列变化，刑法观念将随之变化。过去我们研究刑法，主要服务于产品经济；现在应当转到为社会主义有计划的商品经济服务的轨道上来。改革、开放、搞活，都是为了发展社会主义有计划的商品经济，发展社会生产力，推进社会主义建设。因此，我们刑法观中的一个重要内容，就是要保护社会生产力的发展，要把是否有利于发展社会生产力，作为判断行为是否有社会危害性的根本标准。凡是对搞活经济、发展商品经济、发展社会生产力有益的行为，哪怕个人获利再多，只要是通过正当的、合法的手段和途径取得的，就不能认定为犯罪行为。有一段时间，对搞活经济中的某些行为是否构成经济犯罪争论不休、相持不下，其根本原因，就是传统的产品经济观念和现实的商品经济观念的矛盾、冲突得不到解决。所以，为了适应经济体制改革和发展社会主义商品经济的需要，对行为的社会危害性的评价标准必须有相应的变化。这方面同样有很多文章可作。

第三，要为完善我国的刑事立法服务。目前，我国刑事法律基本上已趋于完备，但是，社会主义商品经济的日益发展，经济体制改革和政治体制改革的逐步展开，特别是当前治理经济环境、整顿经济秩序、全面深化改革的方针的贯彻实施，也暴露了1979年刑法的某些缺点和不足之处，亟须加以修改、完善。刑法学界应当为刑法的修改、完善献计献策，贡献力量。为此，在一个时期里，就应当围绕刑法的修改、完善开展科学研究，并以此作为工作的一个重点，通过调查研究和理论分析，拿出有观点、有材料、有说服力的研究成果，贡献给立法机关，供修改刑法时参考。笔者相信，通过群策群力，把这项工作做好了，将是刑法学理论服务于立法实践的一个有力的证明，同时这也可以进一步推进刑法学学科本身的建设。

第四，解决好刑法理论与司法实践的关系。丰富的司法实践是刑法理论的源泉，同时，正确的刑法理论也能直接为司法实践服务，指导司法实践，为司法实践排难解疑。怎样做到刑法理论更好地为司法实践服务呢？笔者认为首先要在研究工作中吃透刑事立法精神，并加以充分的阐述。司法工作是执行法律的工作，刑法学者把法律的精神加以弘扬，并正确地传达给司法工作者，使他们正确地掌握和运用法律武器，就是对司法实践最大的帮助。其次，刑法理论应当非常注意反映司法实践经验，特别是执行刑法的经验。对于司法机关作出的判例、典型总结、系统总结、批复、指示等，刑法学者应广为收集，并加以消化、吸收；特别是最高人民法院、最高人民检察院分别或联合作出的司法解释，是执法经验的高度结晶，并具有法律效力，刑法学者要高度重视和尊重，并努力在研究工作中加以贯彻和运用。当然，刑法学者应当独立思考，坚持学理探讨，具有高度的科学信念。学术上没有"禁区"，应当勇于探索、敢于创新，坚持真理、修正错误。要努力吸收司法实践经验，并正确地通过自己头脑的加工，这样创造出来的科学研究成果，必然会受到司法实务部门和广大司法工作者的欢迎。解决好刑法理论与司法实践的关系，始终是指引刑法学健康发展的主线，是使我国刑法学得以枝繁叶茂的长青之树。

[高铭暄；载《法律学习与研究》，1989（3）]

第七章
1990 年的刑法学研究

一、基本情况

1990 年，是刑法学研究不断发展繁荣，并取得丰硕成果的一年。

从所发表的刑法论文来看，据我们的粗略统计，总数达一千余篇。在中国刑法这个主要领域里，一方面，刑法理论界紧密结合我国刑事司法的现状，以廉政建设与刑法的运用、刑法的修改与完善等问题为中心，开展了深入而广泛的研讨。尤其是对廉政建设与职务犯罪的立法完善、廉政建设的刑事司法对策、刑法在廉政建设中的地位和功能，以及涉及廉政建设的一些具体职务犯罪，如贪污罪、受贿罪、挪用公款罪等问题的研究取得了明显的进展。此外，关于刑法的修改和完善方面，在刑法体系的调整和重构、犯罪构成和刑事责任的立法完善、刑罚体系和种类的变更，以及一些具体犯罪，如反革命罪等问题的研究上也有不少创新和突破。另一方面，刑法理论工作者还就刑法的一些基本问题，如刑法的基本原则，刑事政策及其与刑法的关系，刑事管辖原则，犯罪的故意和过失，法人犯罪，不作为犯罪，自救行为，共同犯罪，刑罚的种类及运用，缓刑和假释的适用原则和方法，反革命罪的特征及认定，走私罪，投机倒把罪，假冒商标罪，偷税、抗税罪，引诱、容留妇女卖淫罪，强奸罪，玩忽职守罪以及关于毒品和淫秽物品的犯罪等问题进行了争鸣和探讨，取得了明显的进展。此外，在外国刑法和国际刑法方面，也发表了一些译文和论文，就国际刑法的管辖原则、执行模式以及某些国家刑法的改革和发展趋势等问题进行了研讨。

从所出版和印行的刑法书籍来看，一批对一些重要的乃至崭新的刑法课题进行专门研究的刑法著作相继出版，具有代表性的专著有：《强奸罪的认定与防治》、《经济刑法学（总论）》、《经济犯罪疑案探讨》、《经济刑法学（各论）》、《共同犯罪理论及其运用》、《定罪导论》、《刑事错案研究》、《刑法修改研究综述》、《刑法个罪比较研究》、《刑法适用论》等。这批专著的诞生，将刑法学的研究推向了一个新的高度，使许多专门问题的研究取得了重大进展。此外，还有一些教科书，如《刑法总论》、《新编刑法学》等也相继问世。有些教科书在体例编排乃至某些具体问题的论述上颇具新意。

在学术活动方面，气氛也十分活跃。中国法学会刑法学研究会以及一些省市的刑法学研究会先后开展了一系列的刑法研讨活动，大大地加强了学术交流，促进了刑法学研究的深入发展。尤其应当指出的是，中国法学会刑法学研究会于 1990 年 11 月 1 日至 11 月 5 日在辽宁省大连市举行了刑法研讨会。到会代表一百四十余人，提交学术论文九十余篇。与会代表就廉政建设与职务犯罪方面的问题，刑法的修改和完善问题以及刑法的其他一些基本问题进行了广泛而热烈的讨论，有力地促进了刑法学研究的繁荣。

在刑法领域高层次理论人才的培养方面也取得了明显的进展，有 2 名刑法学专业博士研究生先后通过了博士学位论文答辩（他们的博士论文题目分别为《刑事立法导论》、《罪与非罪界说新论——犯罪本质研究》）。此外，还有十余名刑法学专业博士研究生和二百余名刑法学专业硕士研究生在校就读。这些高层次刑法理论人才的培养，必将大大有助于刑法理论研究的繁荣和发展。

1990 年，学术研讨之进展较为突出地表现在以下几个方面：

二、关于廉政建设与刑法的适用问题

1990 年，刑法理论界将廉政建设和刑法的适用问题作为研究的中心课题之一，进行了多层次、多角度的探讨，提出了若干颇具价值的观点。

（一）关于廉政建设与刑法运用的宏观问题

1. 廉政建设与刑事立法的指导思想和原则

一些著述认为，要有效地惩治腐败，加强廉政建设，刑事立法必须坚持以下指导思想和原则：（1）正确认识刑法在廉政建设中的特殊功能。既不能搞"刑法万能"，忽视对犯罪的综合治理措施，也不能不切实际地低估刑法在廉政建设中的作用，以免导致对职务犯罪的打击不力。（2）贯彻惩罚与预防相结合、治标与治本相结合的刑事政策思想。（3）深刻认识职务犯罪的严重社会危害性，坚持、贯彻对职务犯罪从严惩处的立法精神。（4）实行纯粹职务犯罪与非纯粹职务犯罪相结合的立法原则。（5）坚持刑事立法内容的必要性、规范间的协调性和立法形式的多样性原则。

2. 刑法在廉政建设中的地位和作用

有关著述对这一问题作了论证，提出了以下几点看法：（1）用刑罚惩办国家机关的犯罪分子，提高国家机关的威信和国家工作人员的声誉，净化社会风气。（2）通过惩罚腐败分子，警告和威慑可能利用职务之便实施犯罪的国家工作人员，使其不致走上犯罪道路，从而抑制职务犯罪率的上升。（3）以刑罚为武器，惩罚、教育和改造腐败分子，从而减少职务犯罪的再犯率。（4）对一些罪大恶极的职务犯罪分子适用极刑，从而剥夺其再次犯罪的机会。（5）通过对腐败分子适用刑罚，教育人民群众积极同腐败现象作斗争，检举、揭发违法犯罪、以权谋私的国家工作人员，使其不致逃避法律的制裁。

3. 廉政建设的刑事立法对策

一些学者指出，要使刑法在廉政建设中更有效地发挥作用，必须使刑事立法适应惩治腐败的实际需要。而现实的情况是，我国现行刑法尚欠完备，致使刑法在惩治腐败中的功能难以得到正常发挥。为此，他们提出了如下措施：（1）刑事立法应当明确限定职务犯罪的主体范围，进一步调整立法结构，突出打击的重点。（2）应当科学量定各类犯罪的社会危害程度，进一步协调刑罚比重，从重处罚职务犯罪。（3）应当适应职务犯罪形态各异的特点，进一步扩大这类犯罪的行为范围，不断充实立法内容。（4）应当完善职务犯罪已有的法定刑种，进一步确定各种不同的量刑情节，不断强化刑罚措施。（5）应当适当提高职务犯罪在刑法分则中的地位。（6）在刑法分则条文中应增加对公务员犯罪从重处罚的条款。

4. 廉政建设的刑事司法对策

一些著述认为，"徒法不足以自行"，完善刑事立法只是为刑法有效地惩治腐败提供了前提，要使刑法的功能得以正常发挥，还必须在完善刑事司法上花工夫。为此，有关论著提出了如下司法措施：（1）坚持司法机关依法独立行使职权的原则，坚决反对任何形式的外部干预。（2）坚持"法律面前人人平等原则"，坚决反对以官当罪和以官抵刑。（3）坚持罪刑相适应原则，反对有罪不究和重罪轻判。（4）坚持惩办与宽大相结合原则，反对惩治不严、宽大无边。（5）坚持公、检、法三机关互相制约的原则，便于更有效地查处和惩治职务犯罪。（6）杜绝以党纪处分和行政处罚代替刑罚的现象，充分发挥刑罚的惩罚和威慑功能。（7）对于利用职务之便进行的贪利性犯罪，应同时抓好量刑和追赃两个环节。

（二）涉及廉政建设的具体职务犯罪问题

1. 受贿罪

研究较为深入和争论较多的主要有以下几个问题：（1）关于受贿罪的主体范围问题，主要有两种看法：一种认为，该罪的主体只限于正在任职的国家工作人员、集体经济组织的工作人员或者其他从事公务的人员，而不包括已经离退休的上述人员及上述人员的家属；另一种意见认为，受贿罪的社会危害性主要表现在对国家工作人员的声誉和国家机关威信的破坏上，因此，如果离退休的国家工作人员或其家属直接或间接地利用了职务上的便利收受贿赂，也应成为受贿罪的主体。（2）关于受贿罪的既遂与未遂问题，主要有以下几种看法：一种观点认为，区分受贿罪的既遂与未遂应以受贿人是否实际地接受了行贿人的财物为标准，接收财物即为既遂，否则为未遂；第二种观点认为，应以为行贿人谋利益是否成功为标准，实际地为行贿人谋取了利益为既遂，否则为未遂。（3）关于如何理解"为行贿人谋利益"的问题，主要有以下两种意见：一种意见认为，"为行贿人谋利益"不能作为受贿罪犯罪构成的要件，即只要受贿人利用职务之便非法地接受他人的贿赂即成立受贿罪；另一种意见认为，"为他人谋利益"是受贿罪成立的主观要件之一，非此不能成立受贿罪。（4）关于"贿赂"的内容问题，主要有以下几种看法：第一种观点认为，"贿赂"仅限于财物；第二种观点认为，"贿赂"既包括财物，也包括其他财产性利益；第三种观点认为，"贿赂"包括财物和其他非正当利益。

2. 非法所得罪

争论的焦点在于本罪的存废问题。第一种意见认为，关于非法所得罪的规定，对于防止国家工作人员腐化变质，保持廉洁奉公，有力地惩治职务犯罪是十分必要和切实可行的；第二种意见认为，规定非法所得罪实属刑事司法实践所急需，但应当有配套的法律和制度，如财产申报制度等辅助施行，否则难以具体运用；第三种意见认为，无论从理论上看，还是从实践来看，关于非法所得罪的规定都存在着种种弊端甚至无法解决的问题，既有悖于我国刑法主、客观相统一的犯罪构成理论，又有悖于我国刑事诉讼法关于"重证据，重调查研究，不轻信口供"的原则，同时还易于导致实践中混淆罪与非罪的界限和宽纵罪犯的结果，因而建议取消非法所得罪。

3. 挪用公款罪

研究较为深入的有以下几个问题：（1）关于挪用公款行为的特征，一般认为有以下几个：一是实施了挪用公款的行为，二是挪用公款是利用职务上的便利实施的，三是挪用公款归个人使用。（2）关于挪用公款行为的表现形式，有关著述概括为以下几种：一是直接保管公款的人员未经合法批准，私自动用公款归个人使用；二是领导人员违反财经管理制度，超越职务权限，批准或指使他人将公款借给个人使用；三是企业单位推销人员经手收到货款，不按企业规定时间或合同规定时间交回单位，挪为己用；四是管理公款、贷款的人员将银行或其他单位的公款借、贷给另一单位，而由另一单位转交给个人使用；五是主管人员私自用本单位名义为个人贷款担保，致使单位公款被银行划拨抵偿了到期未还的个人贷款。（3）关于如何理解"挪用公款进行非法活动"，主要有两种观点：一种观点认为，实际进行非法活动是构成挪用公款罪的必要条件，非此不能成立犯罪；另一种意见认为，是否实际地进行非法活动不影响本罪的成立，只影响挪用公款罪的犯罪形态，即成立犯罪既遂还是成立犯罪未遂。（4）关于如何理解"挪用公款数额较大不退还的，以贪污罪论处"的问题，也有几种不同意见。第一种意见认为，"不退还"既包括有能力退还但主观上不想还、客观上不退还，也包括客观上已将挪用的公款挥霍，无能力退还的情况；第二种意见认为，"不退还"包括有能力归还而拒不归还，以及无能力归还而无法归还两种情况；第三种观点认为，"不退还"公款以贪污论处的情况必须是行为人具有非法占有公共财物的故意和行为，当挪用公款的行为发生后，只有行为人产生了不归还的思想，才能以贪污罪论处；第四种观点认为法律的有关规定欠妥，因为"不退还"不能表明行为人就一定具有非法占有公共财物的目的，如果一律按贪污罪论处，就会混淆贪污罪和挪用公款罪的界限。（5）关于如何理解"挪用公款进行非法活动构成其他罪的，按数罪并罚的原则处理"，也存有不同看法。一种意见认为，法律的有关规定欠妥，因为"非法活动"已是构成挪用公款罪不可缺少的条件，如果再按数罪并罚的原则处理，势必造成刑罚的重复裁量。另一种意见认为，"非法活动"不包括严重违法而构成犯罪的情况，因此，如果行为人的行为又构成了其他独立的犯罪，仍应按数罪并罚的原则处理，这是罪刑相适应原则的必然要求。

三、关于刑法的修改和完善问题

1990 年，刑法理论界在 1989 年研究的基础上又对我国刑法的修改和完善问题作了广泛而深入的探讨，涌现了一批具有较高质量的学术论文，就刑法的修改和完善问题提出了许多有益的建议。

(一) 关于刑法典体系和结构的完善问题

一些论著指出，我国 1979 年刑法典的体系结构尚欠完善，需要作适当修改；并提出了如下方案：将刑法典总则补充、修改和调整为 9 章，依次为刑法的任务和基本原则，刑法的适用范围，犯罪，刑事责任，刑罚，刑罚的适用和免除，未成年人犯罪的特殊处置，保安处分，名词术语的含义等；将刑法典分则修改、调整为 10 章，依次为危害国家安全罪，危害公共安全罪，侵犯公民人身权利罪，侵犯公民民主权利罪，破坏社会主义经济秩序罪，侵犯财产罪，妨害社会管理秩序罪，妨害公务罪，渎职罪，妨害婚姻家庭罪等。

(二) 刑法通则方面的修改意见

1. 关于刑法的基本原则

有关著述认为，刑法的基本原则是刑法的灵魂，是刑事立法和刑事司法的指南；主张刑法应明确规定基本原则。归纳起来，拟增设的基本原则有：罪刑法定原则，刑事法制的统一原则，刑法面前人人平等原则，罪刑相适应原则，刑事责任不可避免性原则，主、客观相统一原则，罪责自负、反对株连原则，惩罚与教育、改造相结合原则，刑罚人道主义原则，刑事责任公平原则，刑罚个别化原则等。

2. 关于刑法的适用范围

有关论著提出了如下修改意见：一是应补充规定，"对中华人民共和国缔结或参加的国际条约所规定的犯罪，在所承担条约的义务范围内，也适用本法"，以便有效地同国际犯罪作斗争，加强国际司法合作；二是应明确规定"一国两制"时期，涉港澳台地区刑事案件的处理原则；三是应规定外国人在我国领域外对我国犯某些罪，如危害国家安全罪等，不加任何限制适用条件，一律适用我国刑法，以有效地维护我国的主权和尊严。

(三) 犯罪通则方面的修改意见

在犯罪通则方面，有关著述提出了如下修改和完善意见：

1. 将犯罪的直接故意和间接故意分条规定，以便为司法实践中区别对待二者提供法律依据。

2. 关于过失犯罪，有关论著提出如下修改意见：一是凡属过失犯罪，刑法分则条文应作出明确规定，以免引起争议；二是对业务过失犯罪应规定比普通过失犯罪更重的刑罚，以提高职工的工作责任感。

3. 关于刑事责任年龄，一些学者提出了如下修改意见：一是增加"不满14周岁的人的行为，不负刑事责任"的规定，使刑法的有关规定更加科学、严谨；二是对"已满14岁不满16岁的人"所实施的"其他严重破坏社会秩序罪"应作具体、明确的规定，以便于司法实践的具体掌握；三是已满14岁不满18岁的人犯罪，应增加禁止对未成年人适用罚金、放宽对未成年人适用缓刑的条件、对未成年人不适用累犯制度等规定，以体现刑法的人道主义精神。

4. 关于刑事责任能力，有人主张应增加对精神耗弱者和病理性醉酒的人减轻、免除或免予刑事责任的规定。

5. 关于法人是否应规定为犯罪主体，主要有以下几种意见：第一种意见主张，可在总则中规定法人作为犯罪主体并普遍适用于具体犯罪；第二种意见认为，在总则中规定法人作为犯罪主体，并有选择地在分则条文中作相应的规定；第三种意见认为将法人规定为犯罪主体的条件尚不够成熟，建议不必规定法人犯罪。

6. 关于排除社会危害性的行为，有关论著提出了如下修改意见：一是应明确规定正当防卫成立的主观要件——"为了保护合法的公共利益、他人或自己的合法权益"，以免在认定时发生歧义；二是应根据刑事司法实践的需要，对执行职务的行为、依照法令的行为、依照命令的行为、自救行为、自损行为等作出规定。

（四）刑罚通则方面的修改意见

1. 关于刑罚体系方面，有的论文建议作如下调整和修改：将罚金刑上升为主刑，将拘役并入有期徒刑，由罚金、管制、有期徒刑、无期徒刑、死刑构成主刑体系；另增设限制职务、职业或营业为附加刑，从而形成由此和剥夺政治权利、没收财产构成的附加刑体系。

2. 关于管制刑，有立法存废之争：一种意见认为，管制刑在我国已名存实亡，且与缓刑的效果类同，故建议取消管制刑；另一种意见认为，管制刑是我国的独创，且符合世界刑罚的发展方向，不宜废除，但应作适当的修改和补充，如明确规定管制的适用原则和条件等。此外，还有人主张将管制刑并入附加刑。

3. 关于拘役刑，也有存废之争：一种意见认为，拘役与有期徒刑性质相同，只是时间长短不一致，故建议取消拘役，并入有期徒刑之中；另一种意见认为，拘役刑仍应保留，以适用于犯罪情节较轻又需要予以关押的犯罪分子，但立法上应明确规定拘役的适用对象和条件。

4. 关于死刑的立法，也有不同的主张：有人主张废除死刑，但大多数同志主张应适当缩小死刑的适用范围，如对经济犯罪不适用死刑等。

5. 关于罚金刑，不少论著提出：扩大罚金刑的适用范围，将罚金刑由附加刑上升为主刑，科学地规定罚金刑的单科、并科和选科，明确规定罚金刑的适用原则、执行方法及罚金数额的上限和下限等。

6. 关于剥夺政治权利，有关论著提出了如下立法构想：一是对判处主刑而未附加剥夺政治权利的罪犯，应规定服刑期间停止行使政治权利；二是增加剥夺政治荣誉权；三是剥夺政治权利的适用对象应扩大到所有的职务犯罪。

7. 关于非刑罚方法，有关论著提出了如下立法建议：（1）在刑法总则中增设一节，集中对保安处分作出专门规定，具体内容包括保安处分的适用条件、对象和种类，保安处分的宣告机关、宣告程序和执行的机关、设施，保安处分的消灭原因等；（2）保安处分的种类应包括强制医疗、收容教养、强制监护和管教、禁止驾驶机动车辆、禁止从事特定的职业或担任公职、停止营业、强制服劳役等；（3）对于单处罚金不能缴纳或判处短期自由刑不利于罪犯改造的，可以易科保安处分。

8. 关于缓刑，有的学者提出了如下立法建议：一是将撤销缓刑的条件——"缓刑期内再犯新罪"明确限定为再犯新的故意罪，以便与缓刑的性质相适应；二是根据犯罪分子在缓刑期间的表现情况，相应地作出延长缓刑期、缩短缓刑期的规定；三是应明确规定缓刑的适用原则，考察内容，考察单位的权利、义务等。

9. 关于假释，有关著述提出的主要立法建议有：一是对撤销假释的条件分应当撤销和可以撤销两种情况明确加以规定；二是完善假释的监督措施，如规定专门的监督机构，规定假释罪犯应遵守的事项，建立保证人、保证金制度等；三是根据假释罪犯的表现情况，相应地规定缩短或延长假释考验期。

（五）刑法分则方面的修改意见

1. 关于反革命罪，有关著述提出了如下修改意见：一是改反革命罪为危害国家安全罪，以便使类罪名更加科学、严谨；二是鉴于反革命犯罪中有些犯罪的发案率很低，可以作适当合并，如 1979 年刑法第 93、94、95 条，都是投敌叛变或叛乱罪，可合并为一条等。

2. 关于危害公共安全罪，主要立法建议有：一是将私藏枪支、弹药罪，制造、贩卖假药罪，违反国境卫生检疫规定罪纳入危害公共安全罪之中；二是将 1979 年刑法第 105、106 条分离，独立规定为放火罪、投毒罪、决水罪、爆炸罪等；三是将 1979 年刑法第 106 条 "反革命破坏罪" 第 3 项移入第二章，设立 "劫持交通工具罪"；四是适当扩大重大责任事故罪的主体范围。

3. 关于破坏社会主义经济秩序罪，主要立法建议有：（1）关于假冒商标罪，一是应扩大犯罪主体的范围，因为实践表明，该罪的主体早已突破了 "直接责任人员" 的范围；二是将 "假冒" 一词具体化为 "非法伪造、仿造，贩卖，使用" 等几层含义，便于具体掌握；三是适当提高量刑幅度。（2）关于破坏集体生产罪，建议改为破坏生产罪，将个体生产、中外合资企业等经济成分的生产纳入保护范围。（3）关于偷税、抗税罪，建议扩大本罪的主体范围，调整、提高量刑幅度，并将本罪分立为偷税罪和抗税罪。

4. 关于侵犯公民人身权利、民主权利罪，主要立法建议有：一是修改诬告陷害罪的量刑原则，明确规定本罪的量刑幅度；二是废除 1979 年刑法第 131、136、137、138 条中的宣言性表述；三是应明确规定强奸罪、故意杀人罪的各种严重情节；四是修改、调整强迫妇女卖淫罪和拐卖人口罪的法定刑，不适用死刑。

5. 关于侵犯财产罪，主要立法建议有：一是在抢劫罪的罪状中明确规定"以非法占有为目的"，并列举抢劫罪情节严重的各种情况；二是对于 1979 年刑法第 151、152 条，应分为盗窃罪、诈骗罪、抢夺罪三条，每条另立第 2 款，规定加重情节及法定刑。

6. 关于妨害社会管理秩序罪，主要立法建议有：一是删除 1979 年刑法第 158 条的宣言性表述；二是改 1979 年刑法第 161 条脱逃罪中的"加处"为"判处"；三是废除 1979 年刑法第 173 条的盗运珍贵文物出口罪，因为该罪已与走私罪合并。

7. 关于妨害婚姻、家庭罪，主要立法建议有：明确规定破坏军人婚姻罪的罪状，在 1979 年刑法第 184 条"拐骗儿童罪"的罪状中增加"以收养为目的"之规定等。

8. 关于渎职罪，主要立法建议有：（1）在立法上明确规定职务犯罪的主体范围和形式，有人建议统一使用"公务员"这一概念，并将其内容和形式具体化、法律化。（2）在刑罚处罚上也应作相应的调整和改革，具体措施包括：一是对利用职务之便进行的贪利性犯罪，如受贿罪、挪用公款罪等应当规定和扩大财产刑的适用；二是对职务犯罪应规定一律单处或并处剥夺政治权利，以剥夺行为人重新犯罪的政治资本；三是对某些职务犯罪可以考虑增设从重和加重处罚的条款等。（3）关于受贿罪，有关著述建议作如下修改：一是在立法上明确规定"利用职务上的便利"之含义，便于具体运用；二是扩大"贿赂"的内容，将"其他不正当利益纳入受贿罪犯罪对象的范围"；三是应当区别对待"贪赃枉法"和"贪赃不枉法"的情况，将"贪赃枉法"列为专项从重处罚；四是应当区别对待普通公务员的受贿行为和负有特定责任的公务员的受贿行为，对负有特定责任的公务员的受贿行为作为从重处罚的情节，相应地规定较为严厉的刑罚。（4）关于挪用公款罪，主要立法建议有：一是对挪用公款进行非法活动的情况，应规定构成犯罪的起点数额；二是挪用公款罪的法定刑中应增加财产刑的内容；三是将 1979 年刑法第 126 条"挪用特定款物罪"与挪用公款罪加以协调、合并，并充实一些新的内容。（5）关于玩忽职守罪，有人提出了应对其罪过形式作出明确的法律规定，适当提高该罪的法定刑，增设滥用职权罪和放弃职守罪以与之相配套等立法建议。

此外，在 1988 年和 1989 年刑法理论界提出应增设几十个新罪名的基础上，有关著述又提出了一些应增设的新罪名，如对应受国际保护的人员使用暴力或暴力威胁罪，非法聚众集会、结社罪，海盗罪，非法经商罪，妨害税收罪，拒不申报财产罪，非法执行强制措施罪等。

［高铭暄、赵秉志、余欣喜；载《政法论坛》，1991（5）］

第八章
1991年的刑法学研究

一、基本情况

1991年，我国刑法学研究继续保持繁荣与深入发展的势头，成果丰硕。据粗略统计，1991年发表的刑法文章共一千一百五十余篇（其中，中国刑法方面一千余篇，国际刑法、外国刑法和中外刑法史方面一百余篇），正式出版和铅印发行的刑法书籍六十余本。

从发表的刑法论著看，研究的问题大致可以归纳为五个方面：一是刑法基本理论和基本制度方面，主要涉及刑法学的研究方法、刑事立法的宏观问题、刑法的司法解释、刑法基本原则、少数民族的刑法适用、刑事责任的根据、犯罪概念、犯罪行为、未成年人犯罪及其刑法适用、犯罪人的主观恶性、犯罪的目的与动机、故意犯罪过程中的犯罪形态、共同犯罪、刑罚目的、死刑和死缓制度、量刑情节、缓刑制度等；二是刑法中一些具体犯罪的认定与处罚，研讨较多的有交通肇事罪、偷税罪和抗税罪、拐卖人口罪、盗窃罪、贪污罪、诈骗罪、抢劫罪、拒不执行判决裁定罪、受贿罪、行贿罪、玩忽职守罪等；三是对单行刑事法律的理解与运用问题，主要涉及挪用公款罪、巨额财产来源不明的犯罪、毒品犯罪、淫秽物品犯罪等；四是现行刑法的修改与完善方面，涉及刑法总则的诸多内容与刑法分则的多种罪名；五是台港澳刑法研究，涉及台港澳刑法本身及大陆与台港澳地区交往中的刑法问题等。国际刑法方面，主要就国际刑法的性质和国际刑事司法协助等问题发表了一些文章；外国刑法方面，主要就一些国家的刑法修改、法人犯罪、有组织的犯罪、罪过、死刑及其存废、短期自由刑、经济犯罪等问题，发表了一些论文和译文。

1991年出版和印行的刑法书籍大致可以分为以下三类：一是专题研究著作，主要有《毛泽东刑事法律思想初探》（张穹等著，中国检察出版社）、《犯罪通论》（马克昌主编，武汉大学出版社）、《犯罪论原理》（张明楷著，武汉大学出版社）、《法人犯罪与刑事责任》（何秉松主编，中国法制出版社）、《过失犯罪导论》（孙国祥等著，南京大学出版社）、《量刑的原理与操作》（顾肖荣等主编，上海社会科学院出版社）、《犯罪与刑罚新论》（甘雨沛等主编，北京大学出版社）、《罪名辨析》（余淦才等著，浙江大学出版社）、《廉政建设与刑法功能》（杨敦先等编，法律出版社）、《经济犯罪学》（杨敦先等主编，中国检察出版社)、《经济刑法学》(赵长青主编，重庆出版社)、《经济犯罪新论》(张瑞幸主编，陕西人民教育出版社)、《经济犯罪新论》(尉文明等著，青岛海洋大学出版社)、《北京经济犯罪与对策》(金柯主编，北京燕山出版社)、《严重经济犯罪与严重刑事犯罪的认定和处理》(周其华著，中国政法大学出版社)、《行政刑法概论》(张明楷主编，中国政法大学出版社)、《危害公共安全罪的理论与实践》(金子桐等著，上海社会科学院出版社)、《强奸罪研究》(徐杰等主编，中国人民公安大学出版社)、《论脱逃罪》(张全仁等著，群众出版社)、《破坏经济秩序罪案新探》(顾肖荣等著，学林出版社)、《贿赂罪个案研究》(伍柳村主编，四川大学出版社)等；二是一些工具书、教科书、小册子、案例书；三是刑法译著，有《刑法学词典》([日] 木村龟二主编，顾肖荣等译校，上海翻译出版公司)等。

1991年我国刑法学界举行了全国性和地区性的学术研讨会议。1991年11月11日至15日，中国法学会刑法学研究会第三届代表大会在广州举行，全国刑法界近一百八十位专家/学者出席了这次会议，会议以刑法的执行为中心议题，共收到104篇学术论文。

1991年，在刑法领域高层次理论与实务人才的培养方面也有显著的成效。有5名刑法学专业博士研究生通过博士学位论文答辩；数十名刑法学专业硕士研究生通过硕士学位论文答辩；还有近二十名刑法学专业博士研究生和近二百名硕士研究生在校就读。此外，中国高级法官培训中心和中国高级检察官培训中心以及一些省市的培训中心，都分别培训了一批在职的刑事法律方面的业务骨干。

从研讨的内容看，主要表现在以下几个方面：

二、刑法基本理论问题

加强刑法基本理论问题的研究，是深化刑法科学的必由之路。1991年我国刑法学界对刑法基本理论问题的研讨比往年更加重视，取得了可喜的成果。

(一) 刑法学研究的改进问题

要加速刑法科学的发展，必须改进刑法学研究。对此，一些论著提出了以下几个方面的意见：

1. 遵循正确的刑法研究思路。有的著述指出，刑法研究应该遵循多方位立体性思维的思路，即要从刑法之外研究刑法、在刑法之上研究刑法、在刑法之中研究刑法；并指出我国刑法研究的现状是仅限于后者，而在前两个方面则显得匮乏，只有加强前两者，才能使刑法研究拓展广度、开掘深度。从刑法之外研究刑法，就是研究刑法问题要注重现实社会犯罪的态势和行刑效果。在刑法之上研究刑法，就是要对刑法的有关问题予以哲学的思考。

2. 完善已有的研究方法，引进新的研究方法。有的文章认为，以往的刑法学研究在使用传统的逻辑分析方法时，存在着从概念推导出现实、以定性分析代替定量分析的不良倾向；而在使用比较方法时，则表现出在对国外刑法制度制定的条件及刑法理论的传统和特色缺乏了解的情况下对法条加以简单对比的肤浅做法。要发展、繁荣刑法学必须克服上述不足，完善已有的研究方法；此外，还应将系统论方法、社会学方法引入刑法学研究之中。

3. 完善刑法学的体系。有的论文主张，刑法学的研究，必须打破旧框框，建立新体系；并指出：刑法学的新体系应该具有全体性、理论性、实践性和开放性。全体性意味着在保留原来的刑法总论与刑法各论的大构架基础上，在刑法总论中设置"刑法论"，"犯罪论"、"刑罚论"三部分内容。"刑法论"除研究刑法的各种基本范畴外，还应研究刑事法律关系、刑事立法等问题；"刑罚论"应在原有内容的基础上增加刑罚执行的章节。理论性要求在刑法总论中，增加刑法理论发展过程及罪刑关系的内容。开放性表明刑法学要不断吸收理论法学及刑法学的相关学科如犯罪学、犯罪心理学、罪犯改造学等的新研究成果。

4. 开拓刑法学研究的新领域。有的文章认为，丰富和发展刑法学研究，必须开拓新的研究领域，而科技刑法学就是需要开拓的新的领域之一。科技刑法学所要解决的主要问题是，在科学技术活动中发生的诸如非法垄断技术、伪造科技资料、利用技术合同诈骗、电脑犯罪等等现象的刑事立法对策和司法对策问题，同时也要研究正当科技活动和技术转让等的刑事保护问题。

（二）刑法的司法解释问题

1991 年我国刑法学界对刑法司法解释的研究呈现出十分活跃的局面，一些颇有见地的著述纷纷见诸报刊和著作。有关论著涉及的主要有以下问题：

1. 刑法司法解释的定义和特征。有的文章对刑法司法解释作了以下界定：刑法司法解释，是指由法律授权的司法机关对具体应用刑法的问题所作的，具有法律效力的解释。据此，刑法司法解释具有以下特征：（1）解释主体的特定性；（2）解释范围的特定性；（3）解释效力的普遍性。

2. 刑法司法解释与刑法立法解释等的关系。（1）刑法司法解释与刑法立法解释的关系。二者虽然有密切的联系，但二者在解释的主体、解释的内容、解释的任务以及解释的效力等方面都有严格的区别。（2）刑法司法解释与地方司法机关指导性文件的关系。地方各级人民法院、人民检察院对本地区刑事审判、检察工作所下达的指导性文件，虽然对于制定刑法司法解释起到一定的基础作用，但其本身不是刑法司法解释。（3）刑法司法解释中的扩张解释与刑法类推适用的关系。二者的区别表现在：前者是在刑法条文真实含义的界限内作合乎逻辑的、大于刑法条文字面含义范围的解释，后者则是对刑法分则没有明文规定的犯罪比照刑法分则最相类似的条文定罪判刑。（4）刑法司法解释与刑事判例的关系。最高人民法院发布的附有法律解释并明确批示各级人民法院今后审理同类案件应当遵循解释所确定的规则的刑事判例，等同于刑法司法解释；最高审判机关发布的其他刑事判例则不具有司法解释的效力。

3. 刑法司法解释中存在的问题。有关论著指出我国目前的刑法司法解释存在着以下问题：（1）越权解释。一是主体越权，即无权作司法解释的机关作了大量的司法解释。二是规范越权，即有的司法解释超越了法律规定的本意。（2）矛盾解释，即先后对同一问题所作的解释互相矛盾、彼此抵触。（3）模糊解释，即有的解释不甚明了，无助于司法机关的理解和适用。（4）解释的公开性不够。有的刑法司法解释文件没有对外公布。

4. 刑法司法解释的完善。有关著述对我国刑法司法解释的完善提出了以下建议：（1）对现有的司法解释文件进行汇编和编纂，使之系统化、公开化。（2）加强机构建设，设立统一的国家司法解释机构。（3）健全司法解释的立法。有的著述建议制定"法律解释法"，对所有关于法律解释的问题作出系统的规定。（4）建立司法解释的监督机制，重要的司法解释须经立法机关的审查和批准。

（三）刑事责任问题

1991年有关论著对刑事责任理论以下几个方面的问题进行了深入的探讨或发表了新的见解：

1. 刑事责任的概念。有以下三种观点：（1）否定性评价和谴责说，认为，刑事责任是指犯罪人因其实施犯罪行为而应承担的，国家司法机关依照刑事法律对其犯罪行为及本人所作的否定性评价和谴责。（2）惩罚性义务说，主张刑事责任就是行为人在因实施刑法规定的犯罪行为而形成的刑法关系中，应依法向国家担负刑事法律后果的惩罚性义务。（3）刑事法律后果说，认为，刑事责任就是指行为人对不履行或违反刑事法律上所规定的义务的行为（犯罪）所应当承担的刑事法律上的后果（刑事法律处分）。

2. 刑事责任的根据。有的著述指出，行为符合犯罪构成是刑事责任的唯一根据。有的文章认为，确立刑事责任的根据，既要着眼于确立刑事责任阶段，也要考虑到实际负刑事责任阶段，这样，刑事责任的根据就是犯罪行为与服刑期间悔改表现的统一。还有的论文主张将刑事责任的根据分为哲学根据、政治学根据和法律事实根据，认为：辩证唯物主义的决定论与相对意志自由思想的统一是刑事责任的哲学根据；维护统治阶级统治秩序和利益是犯罪人负刑事责任的政治学根据；刑事责任的法律事实根据则是违反刑法规范、符合犯罪构成的危害社会行为，即犯罪行为。

3. 刑事责任与犯罪和犯罪人的关系。有的文章认为，刑事责任首先是对犯罪行为的否定性评价和谴责，其评价和谴责的核心内容是犯罪行为的"社会危害性"，然后再进入对犯罪人的否定性评价和谴责，其否定和谴责的核心内容是犯罪人的"人身危害性"，这就决定了刑事责任与犯罪的关系是刑事责任的产生和存在以犯罪行为为根据，而刑事责任与犯罪人的关系则为：刑事责任的深化，即是否采取社会防卫措施（主要是刑罚），以及采取何种具体的防卫措施，则要依赖于对犯罪人再犯罪可能性的评价。

（四）犯罪概念问题

对犯罪概念的研讨主要涉及以下几个方面的问题：

1. 犯罪的基本特征。有的文章认为，犯罪的基本特征是：（1）行为的社会危害性；（2）应当受刑罚处罚性。也有的文章认为，犯罪具有以下两个基本特征：（1）行为的严重社会危害性；（2）行为的刑事违法性。还有的文章主张，犯罪的基本属性是：（1）应受刑罚处罚的社会危害性；（2）刑法的禁止性。

2. 犯罪的本质特征。第一种观点认为，犯罪的本质特征是行为的严重社会危害性。第二种观点则认为，应受刑罚处罚的社会危害性是犯罪的本质属性。第三种观点则主张，犯罪的本质是行为人破坏社会而与国家构成的特殊矛盾关系，即极端对立的双向性刑事法律关系。

3. 犯罪社会危害性的含义。有的论文对把犯罪的社会危害性解释为对国家和人民利益的危害的传统观点提出了质疑，发表了新的见解，认为，犯罪的社会危害性就是指对社会秩序和社会关系具有破坏作用的行为对社会造成这样或那样损害的事实特性。

（五）犯罪客观方面

1991 年度刑法理论主要对犯罪客观方面的行为和危害行为与危害结果的因果关系进行了具有一定深度的探讨：

1. 行为问题。（1）刑法上的行为的分类。有的文章基于不同的标准将刑法上的行为划分为不同的种类：其一，以是否基于意思的支配为标准，将行为区分为有意行为和无意行为。其二，以是否包含结果为标准，将行为区分为包含结果的行为和不包含结果的行为。其三，以是否具有社会危害性和刑事违法性为标准，将行为区分为犯罪行为、非罪行为与排除社会危害性和刑事违法性的行为（即权利行为）。（2）作为与不作为、作为犯与不作为犯的区分标准。有的论文认为，区分作为与不作为，行为在客观表现上的"动"与"静"不是主要标准，只能以一定的法律义务为标准，按照行为人对法律义务所持的态度——积极还是消极来确定。区分作为犯与不作为犯的标准应当是实施犯罪的具体行为怎样：行为怎样是作为者，构成作为犯；行为怎样是不作为者，构成不作为犯。（3）不作为特定义务的种类。有关著述认为，作为不作为犯罪成立前提条件的特定义务，除了通常所讲的法律明文规定的特定义务、职务上和业务上的特定义务，以及行为人先行行为引起的特定义务三种以外，还应包括行为人自愿承担的某种特定义务如合同签订的义务、行政委托的义务、公民日常生活中的一般托付义务，以及在特殊场合下，公共秩序和社会公德要求履行的义务。

2. 因果关系问题。（1）因果关系是否是犯罪构成要件？有的论著认为，刑法研究因果关系，主要是为了解决已经发生的危害结果由谁的行为所造成，这种因果关系只是在犯罪行为与犯罪结果之间起一种桥梁作用，一旦认定了犯罪行为与犯罪结果，因果关系本身就不再起作用，因此，犯罪因果关系不是任何犯罪的构成要件。（2）刑法因果关系中"果"的含义。有的文章认为，刑法中的因果关系是作为犯罪构成要件客观方面的组成部分提出的，因此，因果关系中的危害结果当然是指作为一定犯罪构成要件的危害结果，不能把案件实际发生的危害结果简单地等同于刑法因果关系中的"果"。（3）因果关系的性质。有的论文指出，将刑法上的因果关系分为必然的因果关系和偶然的因果关系，或者只承认必然因果关系，都是不科学的，刑法上的因果关系应该称为定罪量刑因果关系。

（六）犯罪主观方面

1991 年我国刑法理论界对犯罪主观方面问题的探究主要涉及以下几点：

1. 罪过问题。行为人具有罪过即犯罪的故意或过失是负刑事责任的主观基础，没有罪过就没有刑事责任。这是我国刑法理论的一贯主张，但是，有的文章认为，没有罪过也追究刑事责任的严格责任情况在我国刑事立法和司法实践中是存在的，如追究醉酒的人犯罪的刑事责任，对不知是幼女而经对方同意予以奸淫的人追究刑事责任，等等，都是严格责任的情况；并指出，严格刑事责任的存在与我国犯罪主观要件理论是不矛盾的，但是，由于严格刑事责任容易导致罪刑擅断和客观归罪，所以，有必要通过立法或司法解释对严格刑事责任的范围和程序进行限制。

2. 主观恶性问题。有的著述认为：主观恶性是心理事实与规范评价的统一。就主观恶性的心理事实而言，犯罪故意的心理事实包括认识、情感和意志三个方面的内容，其中认识因素与意志因素决定着主观恶性的有无，而情感因素只决定着主观恶性的大小。在过于自信的过失心理中，只有意识因素，而没有意志因素；在疏忽大意的过失中，既无认识因素，也无意志因素。就主观恶性的规范评价而言，其内容包括对心理事实中认识因素的规范评价、对心理事实中意志因素的规范评价，以及规范评价的哲学根据。

3. 犯罪目的与犯罪动机。（1）关于犯罪目的，有的文章认为，已有的关于犯罪目的概念的表述不尽妥当，应当将犯罪目的概念表述为：犯罪目的就是行为人在犯罪动机驱使下，通过实施犯罪行为希望在客观上对犯罪客体造成损害的主观心理态度；有的论文指出，犯罪目的是直接故意的意志因素，刑法分则中的"以……为目的"实际上是犯罪的动机。（2）关于犯罪动机，有的文章认为，只有直接故意犯罪中存在着犯罪动机；有的论著则主张，犯罪动机存在于一切犯罪之中。

（七）刑罚方面的问题

这方面主要是对刑罚的目的和死刑的有关问题作了进一步的探讨。

1. 刑罚目的问题。有的文章对于我国刑法理论关于刑罚目的预防论（包括特殊预防和一般预防）的通说持否定的态度，认为我国刑罚的目的应该是报应与预防的辩证统一。

2. 死刑问题。（1）死刑的存废。有的文章认为，中国现阶段保留死刑并对死刑采取严格限制和慎重对待的措施是正确的和明智的，但是应当继续坚定不移地朝着"有严格限制的保留"之方面发展和完善。其一，近几年单行刑事法律增加的死刑条文不应纳入刑法典而宜予以废止；其二，原则上不应再增设新的死刑条文；其三，对经济犯罪、非暴力的财产犯罪以及某些并非特别严重的侵犯人身权利罪和扰乱社会管理秩序罪，原则上均不宜规定死刑，已规定死刑的可以考虑删除；其四，合并刑法中的有关死刑条文；其五，扩大死缓制度适用范围，限制死刑的实际执行。（2）死缓的性质。有的著述认为，死缓不是死刑的一种执行方法；并进而指出，死缓在实质上是附条件免除死刑的一项制度，死缓从功效上论是一种特殊的刑罚，死缓制度属于缓刑制度中的一种。

三、单行刑法的理解与适用问题

近几年来，我国颁布了一系列的单行刑事法律，对这些单行刑法的理解与适用的探讨，成为我国刑法理论研究的重要内容。1991 年，我国刑法理论界除对于 1988 年 1 月 21 日颁行的《关于惩治贪污罪贿赂罪的补充规定》，在原有研究的基础上，继续对其规定的挪用公款罪和隐瞒巨额财产来源罪的有关问题作了深入的研讨以外，主要对 1990 年 12 月 28 日全国人大常委会颁布的《关于禁毒的决定》（以下简称《禁毒决定》）和《关于惩治走私、制作、贩卖、传播淫秽物品的犯罪分子的决定》（以下简称《严惩淫秽物品犯罪分子决定》）的理解和适用问题，进行了热烈的研讨。下面简述单行刑法方面有关研讨的成果：

（一）挪用公款罪问题

1. 挪用公款罪的主体问题。有的文章认为，无工资、无补助、无出差费，以其业务额按比例提取报酬的"三无"供销员可以构成挪用公款罪的主体。

2. 挪用公款归其他单位使用是否构成挪用公款罪的问题。有的论文指出，根据现有立法的规定，归个人使用是挪用公款罪的必要条件，挪用公款归其他单位使用的不构成挪用公款罪。

3. 挪用公款不退还以贪污论处的问题。（1）共同挪用公款不退还以贪污论处问题。有的文章指出，共同挪用公款后未经共谋而不退还的，各退款责任人分别构成贪污罪；共同挪用公款后经共谋而不退还的，构成共同贪污罪。（2）退回补充侦查期间"退还"的是否以贪污论处？有关文章对此作否定的回答。（3）政法机关查获、追回的挪用款可否视为被告人或其家属退还？有关文章对此也持否定的态度。

（二）巨额财产来源不明的问题

1. 犯罪数额起点问题。有的文章认为，可以 5 万元作为巨额财产来源不明罪"巨额"的起点；也有的文章主张，"差额巨大"的数额起点以人民币 3 万元至 5 万元为宜。

还有的文章认为,"差额巨大"的标准应以 2 万元为起点。

2. 举证责任和有罪推定问题。(1) 关于举证责任。有的文章认为,被告人就其财产的"差额部分"是否有其来源以及其来源是否合法加以说明,是被告人进行辩护的主要内容,而不是负举证责任。(2) 关于有罪推定。有的文章认为,非法所得罪关于"不能说明来源"就构成犯罪的特征不是有罪推定,而是以推定的方法认定犯罪事实,因此,非法所得罪的认定并不违背以事实为根据的原则。有的文章认为,非法所得罪既不是有罪推定,也不是犯罪事实的推定,其定罪的根据是无明显特定手段构成的违法犯罪行为事实,以及由这种违法犯罪行为引起的巨大差额财产结果事实。

3. 巨额财产来源不明罪的存废问题。有的文章认为,该罪的设立,无论从实体上讲,还是从程序上讲,都不尽科学,应予以废除,代之以设立拒不申报财产罪。有的文章认为,废除该罪的观点实不可取,设立拒不申报财产罪亦无必要。还有的文章主张,既不能取消该罪,也需增设拒不申报财产罪。

(三) 对《禁毒决定》的理解与适用问题

1. 罪名问题。有的文章认为,《禁毒决定》规定的毒品犯罪的罪名有 8 种;有的文章认为有 10 种;也有的文章主张 11 种罪名说;还有的文章持 15 种罪名说。

2. 毒品的定性、定量分析问题。有的文章认为,处理毒品案件,首先要对毒品的性质和纯度进行科学的分析、鉴定,不能凭感官判定。也有的文章指出,鉴于目前条件不具备,只宜对毒品的性质把握不准的案件的毒品进行技术鉴定,对于感官能够识别的毒品,则没有必要送检。

3. 毒品犯罪处罚的一般问题。有的文章指出,处罚毒品犯罪,要正确掌握《禁毒决定》第 11 条规定的两个从重处罚情节和第 14 条规定的一个法定从宽处罚情节的适用标准;同时,还要注意依法适用附加刑。对于《禁毒决定》第 14 条的适用,有的文章认为该条中的"立功"不以自首为条件,有的文章则主张自首是该条中"立功"的前提。

4. 有关具体的毒品犯罪的问题。(1) 走私、贩卖、运输、制造毒品罪的问题。其一,犯罪的数额起点问题。有的文章认为,法律没有规定犯罪的起点数额,因此,只要实施了该犯罪行为就构成犯罪。有的文章认为,结合刑法总则关于犯罪概念的规定,该罪的构成应以达到一定的数额为起点,具体标准有待于司法解释。其二,适用死刑的标准问题。有的文章认为,有关机关应确定该罪适用死刑的具体数额标准。有的文章主张,对犯该罪的犯罪分子适用死刑,应该结合考虑犯罪的数量和其他情节。其三,管辖问题。有的文章认为,该种案件应统一由中级人民法院管辖。(2) 非法持有毒品罪的问题。其一,"非法持有"的含义。有的文章认为,"非法持有"不是仅指非法随身携带毒品,而是说,只要毒品处于行为人的非法占有、掌握和支配之下,就属于"非法持有"。其二,非法持有毒品罪与他罪的界限。有的著述指出,凡实施走私、贩卖、运输、制造、窝藏毒品等犯罪行为而非法持有毒品的,按其他罪定罪处罚;只有不能证明行为人非法持有毒品是用于其他犯罪时，才按非法持有毒品罪治罪。

(四)《严惩淫秽物品犯罪分子决定》的理解和适用问题

1. 罪名问题。有的论文认为，《严惩淫秽物品犯罪分子决定》共规定了 8 个罪名，它们是：(1) 制作淫秽物品罪；(2) 复制淫秽物品罪；(3) 出版淫秽物品罪；(4) 贩卖淫秽物品罪；(5) 传播淫秽物品罪；(6) 过失为他人出版淫秽书刊提供书号罪；(7) 在社会上传播淫秽物品罪；(8) 组织播放淫秽的音像制品罪。

2. 淫秽物品犯罪的相关界限。有的著述认为，认定淫秽物品犯罪，首先要区分罪与非罪的界限，其关键在于鉴别行为的对象是否是淫秽物品；其次要划清淫秽物品犯罪与流氓罪、传授犯罪方法罪的界限。

此外，有关论文还对传播淫秽物品罪、为他人出版淫秽书刊提供书号罪等罪的构成特征和处罚进行了探讨。

四、刑法的修改与完善问题

1988—1990 年连续 3 年，我国刑法理论界对刑法修改与完善的研究异常活跃，取得了丰硕成果。1991 年刑法学界在这一方面的兴趣依然不减，在前几年已有研究成果的基础上，进行了更加深入的研究，提出了许多富有价值的观点，现择其要者，予以简介。

(一) 刑法完善的宏观问题

有关著述从宏观上对我国刑法的完善进行了探讨，主要提出了以下几个方面的见解：

1. 选择法治国的刑法文化，使罪刑法定主义成为我国刑事法制的基本原则或最高原则，并健全相应的罪刑相适应原则和犯罪构成理论。取消类推制度，使刑法条文的规定具体化和明确化。

2. 遵循科学化原则，不断加强刑法规范的协调性。一是进一步充实已有的立法内容，使刑事立法与整个国民经济的发展及政治体制改革状况相适应，达到刑法规范的宏观协调。二是对我国刑法内部存在的各种不协调现象及时作出结构性合理调整，使罪与罪、刑与刑的关系获得相对平衡，达到刑法规范的微观协调。

3. 遵循多元化的原则，建立起一个以刑事法典为主轴，以刑事特别法、刑事判例法、刑法修正案、非刑事法律中的刑法规范为辅助，以刑法立法解释为补充的多位一体的系统立法形式。

4. 遵循国际化原则，合理吸取他国刑事立法的有益经验。

5. 调整刑事立法的政策思想，完善刑事立法体制。

6. 犯罪化与非犯罪化同步进行。

（二）刑罚总则的完善

对刑罚总则完善的探讨可以概括为以下几个方面：

1. 犯罪一般规定的完善。（1）有的文章认为我国 1979 年刑法第 11 条关于故意犯罪的规定应当修改为：行为人明知自己行为的事实、性质而实施，因而构成犯罪的是故意犯罪。（2）有的文章认为，应将 1979 年刑法第 17 条第 2 款的"正当防卫超过必要限度……"和第 18 条第 2 款的"紧急避险超过必要限度……"修改为"防卫超过必要限度……"和"避险超过必要限度……"（3）有的文章建议制定"惩治法人犯罪通则"。（4）有的文章建议，刑法应明确规定年龄的计算方法，确切地解释"其他严重破坏社会秩序罪"的含义。

2. 设专章规定刑事责任的有关内容。

3. 刑罚一般规定的完善。（1）增设剥夺职权的刑罚方法。（2）进一步完善管制刑。其一，扩大管制的对象。其二，建立管制委员会。其三，制定管制实施办法。（3）建立有期徒刑延长和缩短制度，用罚金刑逐步取代短期自由刑。（4）完善死刑和死缓制度的规定。其一，缩小死刑适用范围；其二，改革死刑执行方法，采取枪决和注射毒药、电刑等方法并用的执行方法，并设立固定的死刑执行场所；其三，一方面扩大死缓的适用范围，另一方面取消已满 16 岁不满 18 岁的人适用死缓的规定。（5）扩大无期徒刑适用范围，增设无期徒刑缓刑制度。（6）扩大剥夺政治权利的适用范围，确立统一的剥夺政治权利刑期的起始标准。（7）罚金刑的完善。有的文章认为，应将罚金刑上升为主刑。有的文章主张，罚金刑仍应保留现有的附加刑地位。有的文章认为，应禁止对已满 16 岁不满 18 岁的人适用罚金刑；有的文章则认为，在确立对未成年犯罪人罚金分期缴纳和分段免除制度的基础上，可以扩大对其适用罚金刑的范围。（8）假释的完善。其一，将对有期徒刑犯适用假释的刑期限制在 1 年以上；其二，取消适用假释执行刑期特殊规定；其三，撤销假释的条件应以严重的故意违法行为为限；其四，制定"假释监督条例"；其五，健全假释监督考察机构。（9）扩大缓刑适用对象。其一，对大多数过失犯规定适用缓刑；其二，对被判处 7 年以下有期徒刑的故意犯可以适用缓刑；其三，对特定的被判处 7 年以上有期徒刑、无期徒刑的犯罪分子也可以适用缓刑。（10）累犯制度的完善。其一，取消后罪的刑种要求，以判处或者应当判处拘役者为限。其二，增加刑罚执行期间或缓刑、假释考验期间又犯罪可以构成累犯的规定。（11）数罪并罚规定的完善。其一，刑法应对"数罪"进行明确的界定。其二，对判处数个附加刑和数个不同种主刑如何适用并罚作出明确规定。

（三）刑法分则的完善

1991 年刑法理论界对刑法分则完善的研讨，主要涉及以下几个方面的内容：

1. 刑法分则完善的一般问题。（1）罪刑结构的完善。有的文章认为，我国刑法分则的罪刑结构应从以下几个方面加以完善：其一，一罪一条文应成为我国刑法分则条文所采用的基本形式。其二，采用分解式罪刑结构。其三，采用一罪多款（项）罪刑结构。（2）简单罪状的完善。有的论文指出，1979 年刑法中简单罪状的规定过多，这种状况既有违罪刑法定原则，又不利于准确地量刑；建议将有关简单罪状尽可能地具体化和明确化。

2. 新增罪名问题。一些论著提出的应增加的新罪名有：（1）债务欺诈罪；（2）漏税罪；（3）欠税罪；（4）购留人口罪；（5）虚假商业广告罪；（6）破坏集会、游行、示威罪；（7）非法行刑罪；（8）盗用长话账号罪；（9）破坏资源罪；（10）污染环境罪；（11）破坏环境罪；（12）非法垄断罪；（13）妨害国交罪；（14）司法工作人员失职罪；（15）妨害隐私罪；（16）泄露秘密罪；（17）破坏耕地罪，等等。

3. 若干已有犯罪罪刑规定的完善问题。（1）抢劫罪的完善。其一，在抢劫罪手段的描述中增加"药物、催眠"手段的内容。其二，设立"抢劫杀人"、"抢劫强奸妇女"、"抢劫放火"等新罪名。其三，将 1979 年刑法第 153 条转化形态的抢劫罪明确规定为准抢劫罪，比照抢劫罪处罚。（2）盗窃罪的完善。其一，对作为盗窃对象的财物作出明确规定。其二，合并 1979 年刑法第 151 条和第 152 条，按照盗窃数额确定三个不同的量刑档次。其三，提高盗窃罪的定罪数额起点。其四，增加亲属间盗窃的规定。其五，设专款规定惯窃罪。其六，增设"情节加重盗窃犯"的规定。（3）诈骗罪的完善。第一，将笼统的诈骗罪分解成若干不同情形的具体诈骗罪。第二，将附加没收财产的规定扩大到所有情况的诈骗犯罪。第三，增设附加罚金刑的规定。（4）贪污罪的完善。其一，增加法人犯罪主体的规定。其二，降低定罪数额起点，其起点以盗窃、诈骗、抢夺罪的定罪数额起点的 2 倍至 3 倍为宜。其三，增设附加剥夺政治权利、罚金刑的规定。其四，提高适用死刑的数额标准。（5）受贿罪的完善。第一，取消受贿罪中"为他人谋取利益"的规定。第二，降低定罪数额起点。第三，增设附加剥夺政治权利、罚金刑的规定。第四，将受贿与索贿分立为两个罪名。第五，扩大"贿赂"的范围，将财产性利益包括在"贿赂"之中。（6）挪用公款罪的完善。第一，将挪用公款罪的客观方面扩大到挪用公物的范围，将罪名相应地改为挪用公款公物罪或挪用公共财物罪。第二，以"情节严重"的概括规定代替现有法律规定的三种具体表现形式。第三，将"挪用公款数额较大不退还的，以贪污论处"规定中的"不退还"修改为"不能退还"。第四，取消"挪用公款进行非法活动构成其他罪的，依照数罪并罚的规定处罚"的规定。（7）玩忽职守罪的完善。第一，将集体经济组织工作人员和其他从事公务的人员纳入玩忽职守罪主体的范围。第二，提高玩忽职守罪的法定刑。第三，增设单处或并处罚金的规定。（8）非法所得罪的完善。第一，明确定罪数额标准。第二，增加量刑档次，提高法定刑。

［高铭暄、赵秉志、李希慧；载《法律科学》，1992（5），原文发表时略有删节］

第九章
1992 年的刑法学研究

一、基本情况

刑法学是近年来繁荣、发展的主要法律学科之一。1992 年的刑法学研究依然进展显著，成果丰硕。据统计，1992 年共发表刑法论文一千二百余篇，正式出版和铅印发行各类刑法书籍七十余本。本年度还进行了一系列刑法学术活动，并培养了大批高层次刑法人才。

在学术活动方面，中国法学会刑法学研究会和一些省市的刑法学研究会以及有关的司法机关先后召开了一系列的学术研讨会议，从而加强了学术交流，促进了刑法学研究的深入开展。其中尤其值得一提的是，中国法学会刑法学研究会 1992 年的学术研讨年会。这次会议于 1992 年 10 月 17 日至 21 日在古城西安举行，与会者一百五十余人，研讨的议题主要是：刑法与改革开放方面的问题，刑罚的运用与完善问题，以及经济犯罪的认定与惩治问题。这些问题都是刑法理论与实践中的热点课题。对这些课题的集中研讨，有力地促进了本年度的刑法理论研究。第三届中日刑事法学术讨论会也于 1992 年 12 月在上海举行。我国刑法学者还进行了形式多样的对外学术交流。

在刑法领域高层次理论与实务人才培养方面，本年度也取得了可喜的成绩。有数十位硕士研究生和 5 位博士研究生通过刑法学位论文答辩，并获得了硕士或博士学位；有一百三十余位全国各级法院的负责法官和业务骨干从中国人民大学法学院中国高级法官培训班刑法学专业毕业；有四百五十余位全国各级检察院的负责检察官和业务骨干从中国检察官管理学院培训毕业。尤应指出的是，本年度国务院批准了三个法学博士后流动站作为首批社会科学方面的博士后流动站试点单位，其中，中国人民大学法学博士后流动站和武汉大学法学博士后流动站的刑法学专业均可以招收博士后。中国人民大学法学博士后流动站刑法学专业，率先于 1992 年 12 月录取了新中国第一位法学博士后，从而标志着我国刑法学人才的培养达到了一个新的高度和层次。

从出版的刑法书籍看，研究的进展主要表现在以下几个方面。一是深化了已经展开研究的课题，这方面较有代表性的著作主要有：《中国刑法原理》、《共同犯罪论》、《故意犯罪阶段形态论》、《法人犯罪概论》、《刑法若干理论问题研究》、《经济犯罪与防治对策》、《国际刑法概论》、《国际刑法学》等。二是开拓了一些新的课题，较有代表性的著作主要有：《刑法哲学》、《犯罪故意与犯罪过失》、《刑事责任论》、《死刑制度比较研究》、《刑法各论的一般理论》、《刑法新增罪名研究》、《全国人大常委会修改和补充的犯罪》、《新罪行各论》、《附属刑法规范集解》、《毒品犯罪及对策》、《毒品犯罪》等。三是出版了一些有参考价值的刑法译著，如《犯罪的动机》、《不作为犯的理论》、《现代世界死刑概况》、《公害犯罪》等。

从出版、发表的刑法论著，尤其是刑法学论文所研讨的课题及其内容看，1992 年刑法学研究的进展主要表现在以下三个方面：一是刑法的基本理论、基本制度和刑法改革方面的问题，二是市场经济形势下一些新型犯罪的认定与处理问题，三是对外开放方面的刑法课题。下面分别对这三个方面的进展予以论述。

二、刑法基本理论、基本制度和刑法改革问题

这是近几年来刑法学界一直在注意研究并且成果较多的重要领域。本年度我国刑法学研究在这一领域又取得了一些新的进展，涉及的主要课题如下：

（一）刑法的基本原则问题

刑法的基本原则一直是刑法学界研究的重大课题。本年度对刑法基本原则的研究，又有新的发展。

1. 关于罪刑法定原则。有的论者针对罪刑法定原则在西方国家日趋衰落的现状，结合我国法制尚不健全的现实，指出罪刑法定原则在我国不仅不能抛弃和削弱，而且还应当不断加强和完善，并提出了进一步完善这一原则的具体设想：一是修改和补充1979 年刑法，使刑法对犯罪构成和刑事责任的规定更加科学、明确、具体，真正实现罪刑法定原则对刑事立法内容和技术的基本要求；二是在立法上废除类推制度，通过制定判例和扩张解释，弥补对少数刑事案件的处理所可能出现的不便适用法条的困难，以便使我国的罪刑法定原则真正体现"法无明文规定不为罪、不处刑"的精神；三是在单行刑法、附属刑法中切实贯彻 1979 年刑法典所确立的现行法一般不溯及既往、只以从旧兼从轻为例外的刑法时间效力原则，以实现罪刑法定原则所倡导的禁止刑法溯及既往的派生原则；四是建立完备的严格执法的制约机制，通过人大监督、法律监督、社会监督等一整套制约、监督制度，使刑事执法活动的公开化、透明度大大增强，以保证罪刑法定原则在司法实践中真正得到贯彻执行。

2. 罪刑相适应原则。有的论者在充分肯定这一原则的历史性贡献的同时，历数了它的缺陷和弊端；并对罪刑相适应这一命题的正确性提出了挑战，认为：罪刑相适应原则实质上是只重视已然之罪，不重视未然之罪；只重惩罚和报应，不重视对罪犯的矫正；只重视犯罪的客观实害，不重视犯罪者的个体情况。其结果是罪刑均衡的理论在预防、控制和减少犯罪的实践中招致失败。因此，我国刑法不应当采用传统的罪刑相适应

原则，而应当代之以责刑相适应原则。这一原则的基本含义是：刑罚的轻重应当与刑事责任的大小相适应。这一原则相对于罪刑相适应原则，在内容上有所变化：一是对犯罪的评价包含了行为的社会危害性和行为人的人身危险性两方面的因素，而对这两种因素的综合评判，正是决定刑事责任的大小亦即刑罚轻重的根据；二是将人身危险性理论和刑罚个别化的思想融会贯通于责刑相适应这一刑法的基本原则中，从而使刑罚既重视对已然之罪的控制，又着眼于对未然之罪的预防，有利于在更高的层次上和更大的范围内全面实现刑罚的目的。

（二）刑事司法解释

刑事司法解释是有权解释的一种，它对于指导司法机关正确处理刑事案件具有重要意义。我国最高司法机关历来重视司法解释工作，但存在的问题也不少。如何解决司法解释中存在的缺陷，并逐步加以完善，是刑法学界不少人关注的问题。从本年度研究的情况看，主要涉及：

1. 关于我国刑事司法解释的特点。有的学者认为，我国的刑事司法解释主要有四个特点：一是解释主体的特定性，即只有最高人民法院和最高人民检察院才有权进行司法解释；二是解释对象的有限性，即只能对如何适用法律问题作出解释；三是解释形式的多样性，既有口头、书面解释，又有公开、内部解释；四是解释效力的普遍性，即司法解释一经发布或下达，便对各级司法机关产生约束力。

2. 关于我国刑事司法解释中存在的问题。这些问题主要表现在六个方面：一是司法解释尚未完全公开，二是司法解释的主体混乱，三是司法解释超越解释权限，四是司法解释有悖立法宗旨，五是司法解释互相矛盾，六是司法解释内容不甚明了。

3. 关于刑事司法解释的原则。有的学者认为，进行刑事司法解释，必须遵守下列原则：一是解释权限原则，二是解释公开原则，三是符合立法意图原则，四是明确、具体原则，五是协调一致原则，六是程序合法原则。

4. 关于刑事司法解释的时间效力。有的学者概览了我国刑事司法解释在时间效力上的现状及存在的主要问题后，提出对刑事司法解释的时间效力问题，应通过下列途径加以解决：一是刑事司法解释的生效时间，一般从公布之日起生效，但对于重要的、具有扩张解释性质的司法解释，则可以从公布2个~3个月后生效，一些不宜公开的司法解释，则从实际签发之日起1个~2个月后生效。二是刑事司法解释的失效时间，应从新的立法或司法解释公布之日起失效。三是刑事司法解释的溯及力，应当根据司法解释规定内容的不同加以区别，一般情况下，刑事司法解释没有溯及既往的效力。

5. 关于刑事司法解释的规范化。一是解释形式的规范化，要求解释的文体统一，解释的方式只能是文字解释，司法解释的文号编排方法要一致。二是解释实体的规范化，要求避免解释之间的互相矛盾，杜绝违法解释，正确处理司法解释与类推的关系。三是解释程序的规范化，认为司法解释从起草、审议、通过到公布，都应当按既定的程序进行。

（三）缓刑制度和缓刑政策

1. 缓刑制度的研讨。主要有两个问题：一是缓刑的适用条件。有的学者把缓刑的适用条件分为前提条件和实质条件两大类，前提条件是指刑法对适用缓刑的罪种、罪质、刑种、刑期、对象的规定，这些规定必须严格遵守，不能降低，也不能突破；实质条件是指对罪犯判处缓刑后，确实不致再危害社会。如何理解和掌握这一条件？有的学者认为，应当将犯罪性质、犯罪情节、悔罪态度、犯前表现、社会环境、家庭环境等因素综合起来加以考虑。二是缓刑制度的立法完善。主要立法建议有：（1）扩大缓刑的适用范围，对于判处 5 年以下有期徒刑的犯罪分子，亦可以适用缓刑。（2）取消对判处拘役的犯罪分子适用缓刑的规定。（3）增设对惯犯禁止适用缓刑的规定。（4）增设缓刑保证金和（未成年犯）监护人担保制度。（5）建立、健全缓刑考察制度。（6）增设对发现漏罪的缓刑犯撤销缓刑的规定。

2. 缓刑政策的研讨。对于缓刑的适用，应当采取何种刑事司法政策，在理论和实践中，主要有三种不同观点和做法：一是限制缓刑的适用，认为缓刑不可不用，但不能多用。如果多用缓刑，对罪犯起不到惩罚和教育的作用，不利于鼓舞群众与犯罪作斗争，对社会则增加了不安定因素。囿于这种认识，有些法院多年来很少适用缓刑，即使在经济发达地区，缓刑犯的比率也仅占全部已决犯的 5% 左右。二是扩大缓刑的适用，认为缓刑不仅要用，而且愈多愈好。从国内来看，多用缓刑可以减轻罪犯改造机关的压力；从国际上看，符合刑罚缓和化的趋势。特别是党中央在 20 世纪 80 年代末期提出"适当多判缓刑"的指示后，有些司法机关和审判人员对这一政策作片面理解，认为缓刑的条件可以放宽，缓刑的范围可以扩大，以致出现了滥用缓刑的现象。其主要表现是：重罪轻判，罚不当罪；多赔少判，以罚代刑；在适用缓刑的对象上，对经济犯罪、职务犯罪不适当地多用缓刑。三是依法适当多判缓刑。认为在当前形势下，可以多判缓刑是相对于前几年适用缓刑较少的情形而提出的，而且多判必须合法、适度，既不能抛开现有的立法规定滥用缓刑，也不允许毫无限度地大量适用缓刑。

（四）单行刑法的适用与完善

自 1980 年 1 月 1 日刑法施行到 1992 年年底的 12 年间，全国人大常委会颁布了 18 个旨在对刑法进行修改和补充的"条例"、"决定"、"补充规定"等单行刑事法规。这些单行刑法的颁布、实施，对于惩治严重的经济犯罪、治安犯罪，起到了重要作用。但是，在立法规定、司法适用和刑法理论上，也存在不少问题。因此，如何理解和适用单行刑法，如何从立法和司法上对单行刑法加以完善，一直是近年来刑法理论界和司法界关心、研讨的重点课题。1992 年对单行刑法的研究，主要集中在以下几个法规上：

1.《关于惩治贪污罪贿赂罪的补充规定》的适用与完善。其中主要涉及对贪污罪、贿赂罪、挪用公款罪的构成要件及刑事责任的研究，对巨额财产来源不明罪存废问题的争论。

2.《关于禁毒的决定》的适用和完善。其中有四个方面的问题：一是毒品犯罪的罪名问题；二是毒品共犯的认定问题；三是毒品犯罪的死刑适用问题；四是各种具体毒品犯罪的构成及处罚问题。此外，有些论者还对我国毒品犯罪的现状、原因和防治对策进行了探讨。

3.《关于惩治走私、制作、贩卖、传播淫秽物品的犯罪分子的决定》的适用和完善。其中主要是对走私淫秽物品罪的构成及与走私罪的区别、出版淫秽物品罪和传播淫秽物品罪的构成及法律责任等问题进行了研讨。

4.《关于严惩拐卖、绑架妇女、儿童的犯罪分子的决定》的适用和完善。提出并进行研讨的主要问题有：拐卖妇女、儿童罪的构成及与拐卖人口罪的区别，绑架妇女、儿童罪的构成及刑事责任，绑架勒索罪的构成及与绑架妇女、儿童罪和抢劫罪的区别，收买被拐卖、绑架的妇女、儿童罪的认定及处罚原则。

5.《关于严禁卖淫嫖娼罪的决定》的适用与完善。研讨的主要问题有：卖淫行为是否应上升为犯罪行为，明知患有性病而卖淫嫖娼的罪名及法律适用。

（五）刑法的改革和完善问题

刑法立法的改革和完善是1992年刑法学界研究的热点问题之一，也是发表论著最多的研究课题之一。这一课题所涉及的问题较多，概括起来主要有：

1. 刑法改革的任务问题。有的学者认为，我国刑法改革面临着五大任务：一是总结我国刑事立法的经验、教训；二是搜集、研究外国刑事立法的资料和经验；三是科学评价现行刑法的社会效果；四是搜集、整理各部门对修改刑法的意见；五是提出刑法改革合理方案和科学论证。

2. 刑法改革的指导思想问题。有的学者指出，刑法改革必须摒弃"宁疏勿密"、"宁后勿前"的传统立法思想，正确处理法条的粗疏与细密、立法内容的滞后与超前的关系，要做到疏密有致、粗细得当，既要立足现实，又要放眼未来。

3. 刑法总则的改革和完善问题。主要涉及死刑、不定期刑、罚金刑、缓刑、减刑、假释等刑罚制度的立法完善，以及建立我国保安处分制度的问题。

4. 刑法分则体系的革新与重构问题。有的学者认为，把犯罪客体作为建立我国刑法分则体系的理论根据是错误的，而应当按照犯罪行为的特征对犯罪进行分类；并据此设想刑法分则体系应当由以下10种犯罪组成，即叛乱罪、扰乱司法罪、危险罪、破坏罪、杀伤罪、奸淫罪、非法占有财物罪、非法牟利罪、扰乱生活罪。

5. 新增罪名问题。提出应当新增加的罪名主要有：侵占罪、制造销售伪劣产品罪、非法竞争罪、危害环境罪、侵犯版权罪、盗窃技术秘密罪、泄露技术秘密罪、有关计算机方面的犯罪、扰乱法庭秩序罪、私分公共财物罪、破坏土地资源罪等。

三、市场经济形势下的新型犯罪问题

1992 年是我国市场经济繁荣发展的一年。在市场经济形势下，对一些表现突出的经济犯罪尤其是新型犯罪问题应当如何认定与处理，是本年度刑法研讨的一个热点，也是刑法学研究进展显著的一个领域。在此一领域进展明显的主要课题如下：

（一）经济活动中罪与非罪的区分标准

伴随着社会主义市场经济时代的到来，如何划清经济活动中罪与非罪的界限，重新成为理论界关注的热点问题。这一问题涉及立法的修改与完善，司法中的运用与把握，理论上的更新与深化。从讨论的情况看，主要有三种观点：

1. "政策标准说"。这种观点认为，对经济活动中罪与非罪的区分，应当坚持"三个有利于"的标准，即看其是否有利于发展生产力、是否有利于增强综合国力、是否有利于提高人民生活。只要是符合上述"三个有利于"标准的，就是非罪行为，刑法应加以保护。

2. "法律标准说"。这种观点认为，对经济活动中罪与非罪的区分，是一个严肃的法律问题，绝不能脱离法律规定，简单地用党的政策来对行为的性质作出评判，因此，必须把行为是否符合刑法规定的犯罪构成作为区分罪与非罪的标准，符合法定的犯罪构成诸要件的，就是犯罪行为；否则，就是非罪行为。

3. "双重标准说"。这种观点认为：对经济活动中罪与非罪的区分，既要坚持"三个有利于"的政策性标准，又要坚持犯罪构成的法律标准。这是因为，"三个有利于"作为评价经济活动中某种行为的总标准，带有政策性指导意义，而且这一标准与刑法中对犯罪的本质特征——社会危害性的规定并不矛盾。特别是当刑事立法对某种经济活动中的行为没有规定，或者立法规定滞后、错误时，"三个有利于"对于评价行为的性质具有重要意义。至于如何具体区分经济活动中的罪与非罪，这些论者提出：一是要坚持犯罪的本质特征，当前主要看行为是否对发展社会生产力和商品经济有利，从宏观上区分罪与非罪；二是要严格依照刑法规定的具体犯罪构成要件，从微观上区分罪与非罪。

（二）科技人员犯罪的认定与惩治问题

对这一问题的讨论，主要涉及下列两方面的问题：

1. 查处科技人员犯罪的指导思想问题。有的论者明确提出，在查处科技人员犯罪案件时，在指导思想上必须确立保护科技人员就是保护生产力的观念，增强刑事司法为科技发展服务的意识，遵循慎重稳妥、不枉不纵的原则，追求查处的法律效果与社会效果的统一；同时，必须坚持一手抓改革开放、一手抓打击各种犯罪的方针，不能把查处科技人员的犯罪活动同保障生产力和科技进步对立起来。

2. 对科技人员行为性质的认定问题。一些论者指出：对科技人员某一行为性质的认定，既要从宏观上把握其行为有无社会危害性及社会危害性的大小，又要从微观上分析行为是否符合刑法规定的某一具体犯罪的构成要件。具体来讲，应当划清下列几个界限：一是要划清科技人员在不损害本单位利益的情况下业余兼职，进行科技咨询、服务活动并从中获取报酬，与利用职务便利，侵犯本单位利益，进行贪污、受贿的犯罪行为的界限。鼓励科技人员充分发挥他们的潜力和才智，为科技进步和经济建设服务。二是要划清科技人员正常参与各类技术交易，进行技术中介活动，与盗卖、非法倒卖科技成果行为的界限。鼓励和支持科研单位和科技人员大胆地开拓技术市场，促使科技成果尽快地转化为生产力。三是要划清科技人员擅自转让职务技术成果、中饱私囊，与转让属于自己完成的非职务技术成果、取得合法收入的界限，依法保护科技人员的合法收入。四是对于既有专业技术又担任一定行政职务的科技人员，要划清利用本人技术专长提供技术服务而获取报酬，与利用行政职务索取、收受财物行为的界限。当二者互相交织，不宜分清时，应坚持慎重、稳妥的原则，不要急于追究刑事责任。五是对于业余兼职的科技人员提供技术服务、收取报酬的行为，不论双方有无协议，也不论协议本身规定得是否周密，以及报酬数额的多少，关键是要看是否真正体现了"按劳取酬"的分配原则。

（三）证券交易中的刑事法律问题

1992 年是我国证券市场恢复和发展的第十二个年头。截至 1991 年年底，我国证券市场已累计发行各类有价证券 3 000 亿元，证券余额超过 2 000 亿元，累计转让交易额五百多亿元，证券机构和代理网点已达两千多家。在证券业迅猛发展的同时，证券交易中的各种违法犯罪活动也随之出现。但是，我国目前尚未制定一部全国通行的"证券交易法"，加之国家对证券市场缺乏有效的管理，致使对证券交易中的违法犯罪活动的惩处，基本上处于无法可依的状态。针对这种状况，刑法学界一些同志对证券交易中违法犯罪活动的刑法调控问题，进行了有益的探索，并提出了惩治这些犯罪行为的立法设想和司法对策。

1. 证券发行者的违法犯罪问题。主要有三种情形：一是用尚未上市的看涨证券行贿。对这种行为可按行贿罪论处。二是滥施经营，造成公司亏损或破产的。对这种行为目前尚无准确的罪名可以适用。三是伪造账目、截留或私分证券赢利。对这种行为如何适用法律，亦无明文规定，最接近的罪名是贪污罪。

2. 证券经营者的违法犯罪问题。主要有两种情形：一是将可能赢利的证券私分获利。对这种行为，国外证券法和刑法中均设有刑事处罚条款，我国目前尚无专门的法律条款可供适用。二是故意泄露证券交易市场的信息。对这种行为可以按泄露国家秘密罪处理。

3. 证券持有者的违法犯罪问题。也有三种情形：一是用贷款或托管的他人款项从事证券交易。对这种行为如何处理，法无明文、二是出卖已经作废或破产的证券。这种行为若符合诈骗罪的构成要件，可以按诈骗罪论处。三是为获取高额证券收入而造谣惑众的。对这种行为的处罚，也应在立法上作出专门规定。

此外，有的论者提出，目前对证券市场的刑法调控，重点要解决下列问题：一是禁止内幕交易。对于内幕人利用自己所掌握的内幕信息从事证券交易牟取暴利的行为，要给予刑事制裁。二是禁止操纵证券行情，扰乱证券交易价格。特别是对于少数"股票黄牛"哄抬股票价格，从中牟利的行为，要坚决予以打击。

（四）计算机犯罪问题

计算机犯罪是一种新的犯罪现象。国际上的计算机犯罪肇始于 20 世纪 60 年代，我国发现首例计算机犯罪则在 1986 年。据有关资料介绍，随着计算机在社会生活诸多领域的运用和普及，我国的计算机犯罪活动也逐渐增多，而且大有愈演愈烈之势。但是，我国刑法学界对计算机犯罪问题的研究起步较晚，无论是在研究的广度还是深度上，都还不能适应同这种犯罪作斗争的需要。本年度发表的关于计算机犯罪问题的论文，其内容主要涉及两个方面：

一是关于计算机犯罪的定义。有论者认为，计算机犯罪并不是一个独立的罪名，也不是严格意义上的犯罪类型，而是与计算机有关的各种犯罪行为的总称。具体来讲，计算机犯罪是指行为人以操纵、破坏、窃窃等手段危害计算机系统的正常、合法运行和功能，或者危害计算机程序、数据安全，或者利用计算机系统谋取非法利益，或者虽不谋取非法利益，但是侵犯他人合法利益，可能造成或者已经造成严重后果的行为，或者负有阻止以上行为发生的责任，而故意或过失地未阻止上述行为的，均为计算机犯罪。

二是关于计算机犯罪的定性和处罚问题。有论者认为，计算机犯罪十分复杂，它所涉及的罪名目前尚难列举穷尽。从司法实践来看，主要涉及下列罪名：用计算机诈骗钱财的，应以诈骗罪论处；利用计算机盗窃钱财的，以盗窃罪论处；公务员利用职务之便，且利用计算机盗窃、诈骗、侵吞公共财物的，以贪污罪论处；盗窃计算机系统所包含的程序、数据、信息的，根据不同情况，可能分别构成间谍罪、泄露国家机密罪、泄露军事机密罪；破坏计算机资产的，可能构成反革命破坏罪、破坏生产罪、故意毁坏财物罪，以及危害公共安全方面的犯罪；此外，计算机方面的犯罪还可能涉及妨害证券、证件、证据等罪名。

（五）"能人经济犯罪"的司法对策

所谓"能人经济犯罪"，是指在当前改革开放的大潮中，在生产、科研、流通或其他领域中有特殊才能的人所实施的经济犯罪。这种经济犯罪分子具有双重身份：一方面，他们曾经为或者可能为社会作出重大贡献，是有功之人；另一方面，他们又实施经济犯罪活动，对社会造成危害，是有罪之人。对这种"罪人兼能人"的特殊犯罪分子如何处理，在理论上和实践中存在不同意见：

第一种观点认为，对"能人经济犯罪"绝不能网开一面，更不能法外施恩，否则，既有悖于法律面前人人平等的原则，又轻纵了经济犯罪分子，不利于严厉打击经济犯罪，最终将会对改革开放事业造成破坏。

第二种观点认为，对"能人经济犯罪"应当实行特殊的司法政策，能免则免，能宽则宽。有的人提出，对犯罪的能人要少判实刑，多判虚刑（管制、缓刑）；少判自由刑，多判财产刑；少一些狱内执行，多一些减刑、假释，总之，从量刑到行刑都应体现从宽处理的政策。

第三种观点认为，对"能人经济犯罪"的处理，既要区别对待，又要认真慎重。具体来说，要注意下列问题：一是要准确界定"能人"和"能人经济犯罪"的范围，不能对任何有一技之长的能人所实施的任何经济犯罪都从宽处理；二是对"能人经济犯罪"的处理要实行严格的审批程序，务必搞清、搞准，既要对能人加以保护，又要防止司法机关处理这类案件的随意性；三是要坚持用邓小平同志提出的"三个有利于"标准，来考察行为人的行为有无社会危害性和社会危害性的大小，对于一时搞不准的案子，先不要批捕、起诉和审判；四是要坚持依法适度从宽的原则，绝不能宽大无边，更不能一味放纵，要贯彻执行"可捕可不捕的坚决不捕"、"可判可不判的坚决不判"、"能从宽处理尽量从宽处理"的政策和原则。

四、对外开放方面的刑法问题

对外开放方面的刑法问题，也是近年来刑法学界关注的一个重要领域。本年度在这一领域进展较明显的主要课题是：

（一）海峡两岸刑法的比较研究

对这一专题的研究已由以往的侧重对全国性刑法与台湾地区"刑法"整体结构、立法技巧的宏观比较研究，而转向对刑法原则、刑罚种类、刑罚制度和有关具体犯罪的比较研究。通过比较相关法律规定的特点，评析各自的利弊，注意吸收台湾地区"刑法"的优点，借鉴其成功的立法经验，提出完善全国性刑法的意见和建议。从本年度发表的论文来看，海峡两岸刑法的比较研究，主要涉及三大课题：

1. 对两岸刑法立法特点的比较。有的论者撰文认为，全国性刑法的立法特点是简明而概括、粗略而混乱，而台湾地区"刑法"的立法特点则是详细而具体、繁杂而冗赘，并且存在一些违法悖理的条款。

2. 对两岸刑罚及刑罚制度的比较，其研究范围涉及对两岸刑法中规定的死刑、罚金刑等刑种的比较，对累犯、缓刑、假释、数罪并罚等刑罚制度的比较。

3. 对两岸刑法分则中具体犯罪的比较，集中研究了台湾地区"刑法"中的有关罪名对完善大陆刑事立法的借鉴意义。例如，有的论者认为，台湾地区"刑法"规定的公务员图利罪、妨害救灾罪、发掘坟墓罪、强制罪、泄露业务上知悉工商秘密罪、海盗罪、侵占罪、损害债权罪等，都值得全国性刑法吸收和借鉴。

（二）两岸交往中互涉的刑事法律问题

1. 处理两岸互涉刑事法律问题的原则。有的学者提出了解决这一问题的三项原则：一是坚决维护祖国统一的原则，二是平等保障两岸同胞权益的原则，三是相互尊重历史和现实的原则。

2. 两岸刑事司法的互助问题。有的台湾地区学者在大陆的法学刊物上发表文章，提出了 10 个两岸可行的司法互助事项，其中包括互相交换犯罪组织情报、为对岸司法机关调查刑事证据、为对岸司法机关逮捕人犯、公海犯罪人之逮捕、劫机犯人之逮捕、两岸所实施数罪之合并侦查、两岸所实施数罪之合并审判、累犯之加重或从重处罚、一事不再理原则之承认、自由刑的替代执行。

3. 两岸合作惩治海上犯罪问题。针对近年来台湾海峡走私、抢劫等犯罪活动日益猖獗的情况，有的学者着力探讨了两岸合作惩治海上犯罪的必要性和可行性，提出了两岸合作惩治海上犯罪所必须坚持的四项原则，即贯彻一个中国的原则、维护公正合理的原则、注意互相协商的原则、坚持司法运作排斥军方介入的原则；并且对两岸合作惩治海上犯罪的协议内容作了探析，这些内容包括：两岸合作惩治海上犯罪的范围、参加的主体、合作协调的机构与渠道、分工、合作程序、合作方式等一系列问题。

（三）国际刑法问题

国际刑法学以国际犯罪和国家之间的刑事合作法律规范为研究对象，是广义刑法学的一个分支学科。本年度专门研究国际刑法的论著论及的主要研究课题有：

1. 国际刑法中的普遍管辖原则。有论者着重探讨了普遍管辖原则的形成和发展、该原则的基本内容、该原则与国家主权的关系、该原则的国际实践等。

2. 国际刑法中的引渡问题。作者主要研究了引渡的原则、条件和引渡的新发展。

3. 国际犯罪与国内刑法的立法对策。认为面对日益严重的国际犯罪活动，我国刑法应当增设有关惩治国际犯罪的内容，既享有对国际犯罪的刑事管辖权，又承担打击国际犯罪的国际义务。并且提出了国内刑法在规定国际犯罪及其刑事责任时，应当遵循下列原则：一是借鉴和吸收外国刑法中的有益经验，切实维护我国国家和民族利益的原则；二是以我国参加、批准的国际公约、条约所规定的刑事法律规范为基础，立法保持适当超前的原则；三是国内刑法中规定的国际犯罪与本国参加的国际条约中的刑事条款相协调统一的原则；四是繁简适中的原则。

4. 建立我国刑事司法协助制度的问题。有论者认为，尽快建立我国的刑事司法协助的制度，首先是为了适应同国际犯罪作斗争的需要，并且有助于切实行使我国对某些国际犯罪的刑事管辖权；其次是为了进一步适应我国对外开放形势的需要，有助于保护我国国家和公民的权益，保证国家司法审判权的正确实现。

［赵秉志、鲍遂献；载《法学评论》，1993（4）、（5）］

第十章
1993 年的刑法学研究

一、研究概况

以社会主义市场经济的孕育和建立为背景，以中国社会改革开放的进一步深化为契机，1993 年的中国刑法学界，紧扣时代的脉搏，紧跟时代前进的步伐，大胆探索，勇于进取，百花齐放，硕果累累。据初步统计，本年度共发表刑法论文一千一百余篇，出版各类刑法书籍五十余部，并开展了一系列全国性和区域性的学术活动。

在学术活动方面，中国法学会刑法学研究会于 1993 年 11 月 21 日至 25 日，在榕城福州举行了 1993 年学术讨论会。来自全国各地的一百余位专家、学者、司法工作者、新闻出版工作者参加了会议。本次年会共收到学术论文五十余篇，就市场经济与刑法观念的更新、市场经济与刑事立法的完善、市场经济与刑事司法的改革等问题，进行了广泛而深入的研讨，取得了令人瞩目的成果。此外，一些区域性的学术活动，从 1993 年年初开始，也相继进行。例如，上海市法学会刑法学研究会与上海市委政法委员会，于 1993 年 5 月在上海联合召开了"社会主义市场经济与刑法"专题学术研讨会，提交会议的 30 篇学术论文，集中研讨了社会主义市场经济条件下的犯罪及刑罚问题。由中南六省区刑法学研究会联合举行的"中南地区 1993 年刑法学研讨会"，于 1993 年 10 月在海南省省会海口市召开，本次会议仍以市场经济与刑法为主题，进行了热烈的研讨，收到了良好的效果。

从本年度出版的刑法学书籍来看，主要有五种类型：一是适用于各种不同层次的刑法学教材，较有代表性的主要有：赵秉志、吴振兴主编的高等学校刑法学教材《刑法学通论》（高等教育出版社），江礼华主编的检察干部教材《中国刑法教程》（中国检察出版社）。二是对中外刑法问题进行专门研究的学术专著，较有代表性的主要有：高铭暄主编的《新中国刑法科学简史》（中国人民公安大学出版社），马克昌主编的《中国刑事政策学》（武汉大学出版社），苏惠渔主编的《刑法原理与适用研究》（中国政法大学出版社），赵国强著《刑事立法导论》（中国政法大学出版社），侯国云著《过失犯罪论》（人民出版社），陈兴良主编《刑种通论》（人民法院出版社），李贵方著《自由刑比较研究》（吉林人民出版社），王作富主编的《经济活动中罪与非罪的界限》（中国政法大学出版社），赵秉志主编的《毒品犯罪研究》（中国人民大学出版社），崔庆森主编的《中外毒品犯罪透视》(社会科学文献出版社),赵长青主编的《中国毒品问题研究》(中国大百科全书出版社),张智辉著《国际刑法通论》(中国政法大学出版社),周密主编的《美国经济犯罪和经济刑法研究》(北京大学出版社)。三是刑法论集,较有代表性的主要有:赵秉志主编的《刑法新探索》(群众出版社),杨敦先、曹子丹主编的《改革开放与刑法发展》(中国检察出版社),邱创教主编的《惩治毒品犯罪的理论与实践》(中国政法大学出版社)。四是汉译外国刑法著作,主要有:[意]贝卡里亚著《论犯罪与刑罚》(黄风译,中国大百科全书出版社),[英]吉米·边沁著《立法理论——刑法典原理》(李贵方等译,中国人民公安大学出版社),[日]大冢仁著《犯罪论的基本问题》(冯军译,中国政法大学出版社)。五是刑法辞书类,其中最具代表性的,是由马克昌、杨春洗、吕继贵主编的《刑法学全书》(上海科学技术文献出版社)。

1993 年刑法学研究的课题,具有相当的广泛性:既有对原有刑法理论和刑法制度的深入研究,又有对刑法学新领域、新课题的开拓性探索。比较集中的研究课题主要表现在三个方面:一是市场经济与刑法观念的更新;二是市场经济与经济犯罪的惩治;三是对外开放中的刑法问题。

二、市场经济与刑法观念的更新

刑法观念是人们对刑法的性质、功能、犯罪、刑罚、罪刑关系、刑法的制定与实施等一系列问题的认识、看法、心态和价值取向的总称。作为社会意识形态的重要组成部分,刑法观念的形成、变更和发展,必然受制于一定的社会经济基础,具有鲜明的时代感。在社会主义市场经济体制下,应当树立什么样的刑法观念,是中国刑法学界 1993年着力探讨的重大课题。归纳已有的论著来看,主要提出了下列十大刑法观:

(一) 经济刑法观

一些论者认为:市场经济的核心问题,是发展和繁荣经济,提高社会生产力,改善人民生活,因此,作为具有最高强制力的刑法,必须积极地参与调整市场经济体制下产生的新型社会关系,保障市场经济主体的合法权益,维护市场经济秩序。具体来讲,应当树立下列观念:(1)强化刑法的经济保障功能,淡化刑法的政治功能,把保护和促进经济发展,作为刑法的首要任务。(2)全面保护各种所有制经济成分的共存和发展,保护以按劳分配为主的多种分配形式,保护各种经济主体的合法权益。(3)树立大市场的观念,运用刑法武器建立保护生产资料市场、金融市场、劳务市场、房地产市场、证券市场、科学技术市场、知识产权市场、信息市场等经济市场的法律机制。(4)树立以保障社会生产力发展为标准的犯罪观:凡是对生产力的解放和发展有益的行为,要坚决予以保护;凡是对生产力的解放和发展有害的行为,要坚决予以惩治;凡是对解放和发展生产力既有利又有害的行为,要精心区分利害大小,作出恰当处理:对利大于害的,不以犯罪论处；对害大于利的，要依法制裁。（5）树立科学的"生产力标准观"。一些学者指出：在对行为社会危害性的评价体系中，引入生产力标准是必要的，但是，不能把生产力标准曲解为纯粹的经济标准，避免将其庸俗化为金钱标准；不能把生产力标准等同于某个部门或者某个地区的发展标准，避免将其演变为局部标准；不能把生产力标准误解为排他性的唯一标准，避免将其绝对化；不能把生产力标准当作人为自立的标准，避免将其个人化。（6）树立为市场经济保驾护航的刑事执法观。司法机关要开阔为市场经济服务的视野，扩大服务的对象和范围，增强服务的意识，改善服务条件，提高服务质量。

（二）法制刑法观

一些论者指出：现代市场经济不完全是自由经济，而是规范化、制度化、法制化的有序运行的市场经济。从这个意义上说，市场经济就是法制经济。刑法参与市场经济关系和市场经济秩序的调整，正是法制经济的表现，也是现代市场经济的客观要求。然而，刑法要完成其肩负的使命，必须首先实现自身的法制化。为此，必须在刑事立法和刑事司法工作中，切实贯彻执行罪刑法定原则的全部内容，反对各种人治因素介入刑法领域。具体来讲，要解决以下几个问题：（1）废除类推制度，还罪刑法定原则的本来面目。（2）规范定罪量刑的法定标准，减少和杜绝司法审判的随意性。（3）注意罪刑关系、刑刑关系的整体综合平衡，减少刑事立法的随意性。（4）真正实现司法独立，反对各种形式的非法干预。（5）尽快实行刑事损害赔偿法，加强司法机关及其工作人员的责任。

（三）民主刑法观

一些论者指出：社会主义市场经济的建立和发展，必须有一个宽松、民主的社会环境，因此，刑法必须改变单一专政和惩罚的"刀把子"形象，充分发挥其保障民主的功能。为实现这一功能，必须强调下列几个问题：（1）强化刑事立法的民主性。首先，要强化刑法创制过程的民主性，做到立法主体组成的广泛性、立法主体内部活动的民主性、立法过程的公开性。要让社会各界广泛地参与立法活动，倾听广大社会成员各种不同的立法要求和意见，接受社会对立法活动的监督。其次，要强化刑事立法内容的民主性，加强对公民各项民主权利的刑法保护，实现刑法的轻缓化和开放化。（2）强化刑事司法的民主性。首先，要切实贯彻法律面前人人平等的原则，坚决反对任何凌驾于刑法之上的特权。其次，要依法惩处侵犯公民自由和民主权利的犯罪行为，加强同国家工作人员渎职犯罪作斗争，为社会主义民主政治的发展和完善，提供强有力的司法保障。

（四）平等刑法观

一些论者指出：等价交换、公平竞争是市场经济的固有法则，把这一法则引入刑法领域，就形成了刑事立法和刑事司法中的平等刑法观。所谓平等刑法观，包括下列几方面含义：（1）平等地保护全民所有制经济、集体所有制经济、个体经济、私营经济、合营经济等各种所有制形式的经济主体的利益，反对重公轻私、以公压私、以大压小、以强凌弱的不平等现象。（2）平等地对待各种不同身份、不同地位、不同阶层、不同民族的刑事被害人和刑事被告人，保护所有公民的合法权益，惩治一切触犯刑律的犯罪人。反对对公职人员犯罪在立法和司法上的轻纵倾向，反对法律上和司法上的官民不平等。（3）建立和完善同法人犯罪作斗争的刑法机制，使刑法的威力不仅及于自然人，而且也及于犯罪的法人。（4）切实贯彻罪刑法定和罪刑相适应原则，反对法外施恩、法外施刑、重罪轻判、轻罪重判、以罚代刑、以官抵刑、以钱赎罪等违背"法律面前人人平等"原则的错误思潮和错误做法。（5）严格区分平等观与平均主义的界限，反对平均主义的公平观，鼓励并保护一部分人先富起来，保护合法的正当的市场竞争。

（五）人权刑法观

有的论者指出：我国 1979 年刑法对人权的保护，与历史上各个朝代的刑法相比，无疑是一次巨大的进步，但是，1979 年刑法颁布施行以来的十几年间，我国的社会状况发生了深刻的变化，整个国民素质有了很大提高，人权的意识不断增强，从而向立法者提出了更高的要求。尽管我国 1979 年刑法对公民的人权给予多方面的保护，但是，由于该刑法典是在重在保护国家利益以期达到最大政治利益的前提下制定的，个人法益只是在配合前者的巩固及实现的情况下，而居于次要的地位，因此，必须树立和强化刑法上的人权观念，尤其是要加强对个体人权的刑法保护。有的论者还进一步指出：人权的刑法保障必须解决下列几个问题：（1）科学地界定刑法人权保障的范围。刑法应当保障一切人应有的法律权利，包括人身权、财产权、自由权、民主权等等。（2）明确刑法上人权保护的对象。刑法不仅要保护守法公民的权益，而且也要保障刑事被害人、被告人、犯罪人的各项合法权益。（3）建立和完善人权保护的刑法机制。尤应取消类推制度，限制刑法溯及既往的效力，禁止司法机关越权解释刑法，严格限制和减少死刑的适用，淡化刑法的政治色彩，适时做好轻微危害行为非犯罪化工作，加强行刑环节的人权保障，为刑满释放人员提供必要的生存保障。

（六）适度刑法观

所谓适度刑法观，按照有关论者的主张，包括两个方面的内容：一是刑法对社会经济生活的干预和调整，必须适度；二是对犯罪法定刑的设置和对具体犯罪的处刑，必须适度。（1）关于刑法的调整范围。有的论者指出，在计划经济体制下，国家对经济行为的调整十分机械，调整范围也非常狭小。这反映在刑事立法上，表现为刑法对社会经济生活的调整也比较单一，评判行为是非的标准也较简单。而在市场经济体制下，国家对社会经济生活的调整是宏观上的指导和间接的调控，各类经济主体的生产经营活动，更多的是依赖于变幻莫测的市场关系的影响，具有较大的独立性、自主性和灵活性，因此，社会经济活动的范围日趋扩大，各种经济交往空前繁杂，不法经济行为也会大量增加。经济体制的重大变化，客观上要求包括刑法在内的各种法律手段，对不法经济行为进行调控。但是，在确定刑法的调整范围时，必须坚持适度原则，既要为市场经济保驾护航，又不致过度地干预经济生活，否则：无限地扩大刑法的调整范围，就会影响商品生产者和经营者的积极性，不利于创造一种宽松的经济环境和社会环境；而不适当地缩小刑法的调整范围，则会造成市场经济的无序和混乱状态，不利于市场经济的健康发展。（2）关于刑罚的适度。有的论者指出，公正、平衡观念在市场经济条件下，应当提倡。把这一观念引入刑法领域，就必须坚持刑罚适度的原则。按照这一原则的要求，既不能搞重刑主义，也不能搞轻刑主义，更不能搞无刑主义。具体来讲，在刑事立法上，要求以一定时期大多数人的罪刑等价观念为基础，以足以有效地惩罚和预防犯罪为原则，来建立轻重合理的刑罚体系和法定刑幅度；在刑事司法上，要求以一般罪犯对犯罪结果的感受程度为依据，以追求最大限度的积极社会效果为目的，对犯罪人判处轻重适当的刑罚。做到该宽就宽，该严就严；该轻就轻，该重就重。

（七）轻缓刑法观

一些论者认为：从刑法观念上看，我国的重刑主义思想历史悠久，而且对现行刑事立法和司法实践，有着深刻的影响，其突出表现是：在新的刑事法律中，加重处罚从无到有，法定刑层层加码，死罪数量急剧膨胀；在刑罚体系中，重视生命刑和自由刑，轻视财产刑和资格刑；在刑事司法中，"严打"浪潮迭起，"从重从快"持续不休，死刑人数剧增，自由刑人数占据优势，管制、缓刑很少适用。这些明显的重刑倾向，与社会主义市场经济的要求，是不相适应的。因此，刑罚改革必须走轻缓化之路，具体来讲，应当实现下列观念的转变：（1）摒弃重刑主义思想，树立轻重兼顾、以轻为主的观念。（2）严格限制、逐步减少死刑的适用，重视死缓制度的作用。（3）减少剥夺自由刑尤其是短期剥夺自由刑的适用，扩大管制的适用范围，提高财产刑、资格刑的地位。（4）打破行刑的封闭状态，实行对罪犯的开放性、社会化教育改造。（5）正确认识犯罪的增减与刑罚轻重的关系，纠正适用轻刑就会造成打击不力的错误观念。

（八）效益刑法观

一些论者认为：追求价值和效益是市场经济的基本规律。商品生产者为了能在激烈竞争的市场经济中获胜，就必须以最小的劳动消耗取得最大的经济效益。按照这一原理，效益刑法观的含义应当理解为：以最少、最轻的刑罚和最合理的人力、物力、财力的配置，取得控制和预防犯罪的最佳政治效益、经济效益和社会效益。为了实现这一目标，必须注意解决下列问题：（1）优化刑事立法机制，合理地确定刑法的调整范围，按照罪刑相适应的原则，重新整合罪刑关系、刑刑关系。（2）调整刑事司法工作的重点，致力于对危害国家安全和公众安全的犯罪、暴力犯罪、职务犯罪、有组织犯罪的惩治和预防。（3）改变传统的犯罪控制模式，实现国家和社会对刑事司法权的合理分担，运用国家和社会的双重力量，来控制和预防犯罪。（4）树立全局性的效益观，打破条块分割，冲破地方保护主义的束缚，用全局的、整体的观念，来衡量惩治和预防犯罪的效益。绝不允许把个人利益、局部利益、地方利益、行业利益和单位利益凌驾于法律之上，从而削弱刑法的整体效益。（5）在刑罚的适用上，无论是用轻刑还是用重刑，都必须遵循效益原则。用刑过轻自然不会产生应有的效益，用刑过重则会造成刑罚的浪费，当然也不会产生最佳效益。

（九）开放刑法观

有的论者认为：市场经济是经济活动的市场化，它既有国内市场，也有国际市场，是国内经济与国际经济的统一。开放的市场经济要求必须有开放的刑法观念，即刑事立法、刑事司法和刑法理论研究必须具有国际视野。近年来，随着我国对外开放政策的推行和国际政治、经济、文化交往的日益频繁，国际犯罪、区际犯罪也日趋严重，这种状况客观上也要求加强国际间的刑事合作。因此，树立开放的刑法观不仅是一个理论课题，而且也是实践的迫切需要。有的论者还进一步指出：刑法的开放化和国际化，绝不等于"全盘西化"，也不等于出卖国家主权，更不是参与超级大国称霸世界的活动。开放的刑法观应当包括下列内容：（1）在刑事立法上，注意借鉴各国刑法的先进立法经验，反映民主、进步、科学、人道、开放这些各国刑法发展的共同趋势。同时，要在国内刑法中确认和规定各国应共同遵守的国际刑法规范，包括明确规定对国际犯罪的普遍管辖原则，增设引渡条款，明确规定战争犯罪，增设侵犯应受国际保护人员罪、劫持交通工具罪、劫持人质罪、海盗罪等国际犯罪。（2）在刑事司法上，要借鉴国外先进的司法制度，引进先进的技术设备，学习先进的司法经验，加强刑事国际合作，共同对付国际罪行。（3）在刑法理论上，要敢于吸收人类一切优秀的法律文化，借鉴一切有益的刑法理论和刑法思想。同时，要加强我国刑事法制建设和刑法理论研究成果的对外宣传，加强同各国刑法学界的学术交流与合作。

（十）超前刑法观

有论者指出，我国当前正处于由传统的计划经济体制向社会主义市场经济体制的转型时期，由于立法的滞后性，各种"踩线"行为和"两可"行为层出不穷。如何对待和处理这些行为？有的主张严格依照现行法律查处，有的则主张要突破法律禁区，按照"生产力标准"来确定行为的性质。后一种主张的实质在于：司法工作不能拘泥于现有的法律条文，要有"闯关"精神和超前意识，按照市场经济的要求，适时地对各种经济行为作出罪与非罪的判断。具体来讲，可分为以下几种情况：（1）对于政策、法律界限不清、判断标准不明的行为，务必慎重，不要急于处理。如果确实需要查处的，应当优先采用非刑法手段加以处理。（2）对于现行法律认为是犯罪或属于重罪的行为，如果不适应市场经济的要求，应当作为非罪或轻罪处理的，应当按照"三个有利于"的总标准，结合刑法的基本原则，作出恰当处理。（3）对于现行法律尚未规定为犯罪而确实具有严重社会危害性的行为，应当坚持罪刑法定原则，不能以犯罪论处。

三、市场经济与惩治经济犯罪

在社会主义市场经济建立和发展过程中，经济犯罪的形势将会发生什么变化？惩治经济犯罪与建立和发展市场经济是否矛盾？刑法应当怎样适应建立和发展市场经济的需要，来对经济犯罪进行有效的调控？在市场经济条件下应当建立何种控制和预防经济犯罪的机制？在新形势下怎样正确认定和处理各种经济犯罪行为？这是我国刑法学界在1993年思考和探索较多的研究课题。由于篇幅所限，仅就其中进展较为显著的五个方面的问题，作一综述。

（一）市场经济与惩治经济犯罪的关系

一些论者指出，在处理建立市场经济与惩治经济犯罪的关系的问题上，必须坚决反对两种错误认识：一是认为打击经济犯罪会阻碍市场经济的建立和发展，主张对经济犯罪采取淡化、放任的对策。这种观点的实质是把惩治经济犯罪与发展市场经济置于对立的地位，其结果只会导致经济犯罪的滋生和蔓延，葬送我国方兴未艾的市场经济。例如，在对待所谓的"能人犯罪"的问题上，有的人认为"能人"对国家和社会曾经作出过贡献，即使有贪污、受贿等经济犯罪行为，也情有可原。如果对其定罪判刑，就会影响一厂、一地、一方的经济发展。因此，对"能人经济犯罪"，应当网开一面。二是认为建立市场经济必须不断强化对经济犯罪的严厉打击，特别是要重视死刑的运用。这种观点的实质是把刑法在控制经济犯罪、保护市场经济中的作用，简单化为依靠严刑峻法来促进与保护市场经济的建立和发展。例如，有的人强调指出，在市场经济条件下，绝不能轻易放下"严打"这一重要武器，要用"严打"的威力来震慑经济犯罪分子，保证市场经济的健康发展。针对上述两种倾向，一些论者指出：建立和发展市场经济与惩治经济犯罪是相辅相成的，二者绝不是矛盾和对立的。但是，惩治经济犯罪必须坚持"一要坚决，二要慎重，务必搞准"的原则，不能乱打一气，也不能一味从重。

（二）市场经济与经济犯罪的认定标准

当前我国的市场经济正处于孕育和初创时期。面对社会的大变革，立法与现实、法律与政策的矛盾和不协调渐露端倪。在这种背景下，究竟应当采用何种标准来认定经济行为的罪与非罪的界限，在理论上和实践中不无争议。综合讨论的情况来看，在这一问题上主要有三种不同主张：（1）"生产力标准说"。这种观点认为，区分经济活动中罪与非罪的总标准，应当是看该种行为是否有利于生产力的提高，是否有利于经济的繁荣发展。对于破坏、阻碍生产力发展的行为，应当以犯罪论处；对于促进生产力发展的行为，即使现行法律上规定为犯罪，也不能以犯罪论处。（2）"法律标准说"。这种观点认为，判断行为是否构成犯罪的唯一标准，是刑法所规定的犯罪构成要件。凡是符合犯罪构成要件的，即使在政策的角度来看不应作为犯罪处理，也仍应依法惩处。对刑事犯罪如此，对经济犯罪亦不例外。把"生产力标准"作为区分经济犯罪与非罪的标准，是法律虚无主义和庸俗经济犯罪观的表现。（3）"双重标准说"。这种观点认识为对经济活动中罪与非罪的区分，一般情况下应当坚持罪刑法定原则，严格依照法定的犯罪构成要件，来确定行为的性质。但是，当立法滞后于现实，以致对社会经济的发展产生阻碍时，就不能不用政策的指导来评价行为的社会危害性。在经济犯罪的认定中引入生产力标准，正是我国刑事立法严重滞后于市场经济的现实所造成的，它不仅是必要的，而且也是可行的。因此，在认定经济犯罪的问题上，既要反对简单地用抽象的生产力标准完全替代严肃的法律标准，又要反对脱离社会现实、违背立法之目的死抠法律条文的法律教条主义。

（三）市场经济与贪污罪的惩治

我国的市场经济是以公有制为主体、多种经济成分并存的市场经济。随着经济体制改革的深入发展，不同所有制经济主体的联合、交叉日益增多，从而给贪污罪的认定和处理带来了许多疑难问题。这些问题主要有：

1. 经济联合体中贪污罪与非罪的界限。有的论者认为，经济联合体中贪污罪与非罪的界限，关键在于要弄清经济联合体的形式及财产所有权的性质：其一，对于全民所有制企业之间、全民所有制企业与集体所有制企业之间、集体所有制企业之间所形成的经济联合体，由于经济组织的公有制性质并未改变，其中的财产仍为公共财产，所以，如果该类经济联合体中从事公务的人员，利用职务上的便利，非法占有其财产的，可以构成贪污罪。其二，对于个体企业与集体或国有经济组织之间形成的经济联合体，公有制成分占主导地位，少数参加联营的个体提供的资金，亦属于在国有、集体企业管理、使用中的财产，因此，如果该种经济联合体中的工作人员，利用职务上的便利，非法占有联合体所有的财产的，也应当以贪污罪论处。其三，对于个体之间形成的经济联合体，如果属于合伙经营，则属于纯粹的个体经济组织，自然不发生贪污罪问题；如果属于合作经营，则具有集体经济的性质，其工作人员利用职务之便，非法占有财产的，应以贪污罪论处。

2. 经济承包活动中贪污罪与非罪的界限。有的论者认为：要正确把握经济承包活动中贪污罪与非罪的界限，必须正确认定承包人是否具有贪污罪的主体资格，并正确认定行为人所侵犯的财产是否属于公共财产。首先，在对主体资格的认定上，要看发包方是否属于公有制的经济组织，要看承包人所承包的对象是经济组织还是具体的生产资料，要看承包的方式是经济权益承包还是劳务性承包，要看是真承包还是假承包。其次，在对财产性质的认定上要看其财产究竟属于国有、集体所有还是个人所有。对于个人承包中承包方投入的生产资料和资金，以及承包方应当获得的利润和超利分成部分，不应视为公共财产，占有这些财产的，不能作为贪污罪处理。

3. "三资"企业中贪污罪与非罪的界限。"三资企业"是指中外合资经营企业、中外合作经营企业和外商独资企业，对这些企业中的贪污行为如何认定，在理论上有不同认识。第一种观点认为，外商独资企业中不发生贪污罪问题，但中外合资经营企业和中外合作经营企业中，凡是经手管理公共财物的人员，无论是中方人员还是外方人员，只要利用职务之便，非法占有企业财物的，均可构成贪污罪。第二种观点则认为，外商独资企业中不存在贪污罪自不待言，即使受聘于中外合资者的中方或外方人员，非法占有合资、合作经营企业的财产，也不能以贪污罪论处，因为这些人并非我国刑法规定的依法从事公务的人员。第三种观点则认为，对于中外合资、中外合作经营企业中从事经营管理的人员能否构成贪污罪的主体，不能一概而论。如果中方是全民所有制或集体所有制企业性质的中外合资、中外合作经营企业，其经营管理人员可以成为贪污罪的主体；如果中方是个体企业的中外合资、中外合作经营企业，其经营管理人员不能成为贪污罪的主体。

(四) 市场经济与贿赂犯罪的惩治

1993 年是反腐败斗争声势浩大、成效显著的一年。在反腐败斗争中，惩治贿赂犯罪占有相当重要的地位。刑法学界借反腐倡廉的强劲之风，对贿赂犯罪的诸多问题，进行了广泛、深入的研究，并在原有研究成果的基础上，提出了许多新的见解和主张。

1. 关于贿赂犯罪的危害性。有的论者指出，贿赂犯罪的危害性集中表现在两个方面：一是经济危害性。贿赂犯罪所造成的经济损失，只有一部分是可以统计出来的，而暗存的、潜在的、每时每刻正在发生的损失，则无法统计；贿赂犯罪对经济秩序的破坏所造成的严重后果，比直接经济损失要大得多，它可以使局部的经济计划受阻或扭曲，亦可以由此对全局经济计划施行压迫，通过扭曲经营，搞乱市场，达到破坏经济秩序的目的。因此，贿赂犯罪的盛行，只会加剧非法利益的竞争，极大地阻挠和破坏市场经济体制的建立和完善。二是政治危害性。贿赂犯罪严重地降低了执政党的威信，使人民群众与党和政府的对立情绪加深，从而诱发动乱和犯罪行为，严重影响改革开放的顺利进行。因此，对贿赂犯罪必须严惩，并采取有效措施进行综合治理。

2. 关于受贿罪的分类。有的论者认为，我国刑事立法上应当以利用职务之便为标准，将受贿罪分为一般受贿罪、事前受贿罪、事后受贿罪和斡旋受贿罪：（1）一般受贿罪，是指利用本人现任职务之便，收受贿赂。（2）事前受贿罪，是指利用将来的职务之便，收受贿赂，即先受贿而到职后再利用职务之便，为请托人谋利。（3）事后受贿罪，是指利用过去的职务便利，收受贿赂，即在任职期间利用职务之便为他人谋利益，离退休后再接受贿赂，或者离退休的公务员利用原有职务为他人谋利而收受贿赂。（4）斡旋受贿罪，是指利用本人的身份，通过其他公务人员职务上的便利，为请托人谋利而受贿。

3. 关于贿赂的性质和范围。有的论者认为，现行刑事立法上把贿赂仅限于财物是不妥当的，它不利于全面惩治权与利交易的贿赂犯罪活动，也落后于形势发展的需要；并建议把贿赂的范围扩大到其他不正当利益。

4. 关于受贿罪成立的数额问题。有的论者指出，受贿的数额不应作为受贿罪的构成要件。其理由是：（1）受贿数额不能完全反映犯罪的客观社会危害性，把受贿罪等同于一般的经济犯罪，抹杀了受贿行为的政治危害性。（2）受贿数额不能完全表明受贿人的主观恶性程度。对于枉法受贿者，行为人具有双重的主观恶性。就枉法履行职务而言，其主观恶性不是通过金钱的多少就能衡量出来的。（3）受贿数额并不总能表明受贿行为的本质特征的主要方面。在枉法受贿中，利用职务之便的违法行为，才是行为的本质特征，至于受贿数额的大小，则无关紧要。

5. 关于行贿罪的客观构成要件问题。有的论者认为：现行刑事立法把"谋取不正当利益"作为行贿罪成立的必要条件，是不科学的。因为，无论是为了谋取正当利益而行贿，还是为了谋取不正当利益而行贿，都破坏了市场经济条件下公平竞争的原则。两种行贿行为只有危害性大小的不同，而绝无可罚与不可罚的区别。因此，建议把为谋取正当利益而行贿的行为，也纳入行贿罪的范围。

6. 关于介绍贿赂罪的存废问题。有的论者认为，从司法实践的情况来看，应当从立法上取消介绍贿赂罪。其理由是：（1）在社会生活中，行贿与受贿之间很少有第三者插手介绍，即使个别需要介绍的，介绍人所起的作用也很小。（2）在司法实践中，很少将介绍贿赂行为作为犯罪处理。（3）介绍贿赂与居间活动的界限难以界定。

（五）市场经济与证券犯罪的惩治

证券和证券市场是市场经济的重要组成部分。改革开放以来，我国证券业得到了迅速发展，对国民经济的发展产生了重要作用。但是，由于缺乏经验、管理措施跟不上、立法不配套等原因，证券行业的违法犯罪现象十分严重。正视我国证券犯罪的现状，加强对证券犯罪的立法调控和司法惩治，已成为事关证券业继续繁荣、发展的重大课题。从刑法学界的研讨情况来看，主要涉及下列几个问题：（1）我国证券犯罪的现状及特点。一些论者在调查研究的基础上，对我国证券犯罪的现状和特点作了概括，认为我国当前的证券犯罪主要有两大类：一类是由证券从业人员所实施的犯罪，这些犯罪包括以证券（尤其是股票）为对象的贪污罪、挪用公款罪、受贿罪、徇私舞弊罪等；另一类是由非证券从业人员所实施的与证券有关的犯罪，这些犯罪包括涉及证券的杀人罪、伤害罪、抢劫罪、盗窃罪、诈骗罪、行贿罪、操纵证券价格罪等。（2）我国证券犯罪的原因。有的论者认为，造成我国证券犯罪活动日益猖獗的原因，主要有以下几个方面：一是已有证券市场上证券的数目、种类与社会需求存在较大缺口；二是一些股民买卖股票的风险意识淡薄，盲目炒股；三是证券本身的可转让性诱发证券从业人员及内幕人员非法进行证券交易；四是证券立法滞后，与证券业的发展严重脱节；五是各项管理措施不严，监督不力。（3）证券犯罪的法律对策。不少论者呼吁，必须尽快制定通行全国的"证券法"，完善证券管理的法律机制。从刑事立法的角度来看，应当增设若干与证券有关的新型犯罪，如内幕交易罪、操纵证券价格罪、非法证券交易罪等。

除上述经济犯罪问题之外，刑法学界研究较多的问题还有妨害税收犯罪、商标侵权犯罪、制售伪劣商品犯罪、回扣的认定与处理等。

四、对外开放中的刑法问题

对外开放是我国坚定不移的一项基本国策。随着社会主义市场经济的建立和发展，我国对外开放的步伐将更快，对外交往的领域将更加广泛；与此同时，涉外刑事法律问题也将不断增多。1993年刑法学界在对涉外刑法问题的研究上，努力开拓新领域，研究新问题，取得了一系列可喜的研究成果。

（一）中国区际刑事法律问题

主要是涉台、港、澳地区的刑事法律问题。这些问题主要有：

1. "一国两制"时期香港特别行政区与内地互涉刑事法律问题。（1）两地互涉刑事法律问题的性质。有论者指出，在"一国两制"时期，两地互涉刑事法律问题，属于中国内部的法律协调问题，不具有涉外意义，因此，绝不是国家间的刑事法律合作。同时，两地互涉刑事法律问题是根据"一国两制"的方针，解决两个截然不同的法律制度之间的差异，因而不同于处理一般的区域法律冲突问题。（2）两地互涉刑事案件的管辖及法律适用。有论者设想，未来的互涉刑事案件的刑事冲突规范，应当采用下列模式：其一，对于犯罪地仅发生在香港地区或内地的刑事案件，应由犯罪地法院行使刑事管辖权并适用犯罪地法律。其二，对于跨越两地的刑事案件，应采用犯罪结果地主义，按照犯罪结果发生地的法律管辖。如果犯罪实行行为持续发生在两地的，一般可按实际控制和先理为优的原则解决管辖权问题。其三，对于数罪涉及两地的刑事案件，应当按照重罪优先的原则来确定管辖及法律适用。其四，对于涉及两地的共同犯罪案件，应分别不同情况予以处理：香港地区居民中的中国人与内地居民在一地共同犯罪的，由犯罪地司法机关管辖；香港居民中的中国人与内地居民结伙分别在两地共同犯罪的，以主要犯罪地为标准确定管辖权。（3）驻港特别人员犯罪的刑事管辖及法律适用。其一，香港特别行政区驻军人员犯罪的刑事案件的管辖及法律适用。论者认为，应采用下列方式予以解决：在普通刑法与专门刑法竞合的情况下，应当适用专门刑法；在香港特别行政区刑法与全国性刑法竞合的情况下，应当适用香港特别行政区刑法；驻港军人的犯罪行为单独触犯全国性刑法的，由军内司法机关行使管辖权。其二，在香港特别行政区内涉及外交人员的刑事案件的管辖，通过外交途径解决。

2. 现阶段海峡两岸互涉刑事法律问题。(1) 两岸刑事司法协助问题。有的论者认为，鉴于当前跨越大陆与台湾地区的犯罪活动日益严重，有必要加强两岸的刑事司法协助，协助的内容包括协助缉捕和移交案犯、代为对方调查取证、交换犯罪组织的情报、代为对方送达司法文书、代为执行刑事判决或裁定、相互承认犯人的前科事实。(2) 台湾地区当局应遣返劫机犯的问题。1993 年发生了多起大陆刑事犯罪分子将大陆民航客机劫持到台湾地区的事件。但是，台湾地区当局无视岛内外人士的强烈要求，拒不将劫机犯遣返大陆司法机关审理。对此，刑法学界不少学者撰文抨击台湾地区当局的不遣返政策，并从法理和实践论证了应当遣返的理由，这些理由主要有：其一，从刑事管辖权来说，劫机行为发生在大陆，大陆司法机关有权进行管辖。其二，从国际惯例来看，劫机行为是一种严重的国际罪行，优先考虑由航空器的登记地管辖。其三，从诉讼经济与效率原则来看，把劫机犯交由大陆司法机关处理，能够节省大量的人力和财力。其四，从遏制劫机犯罪来看，将劫机犯遣返回大陆，能够阻止其他犯罪分子继续从事此类恐怖活动。(3) 两岸居民偷渡问题。近几年来，两岸居民偷渡问题比较严重。其主要表现：一是偷渡人数不断增多。1987—1990 年，福建全省沿海地区共发生偷渡去台案件 532 起，涉及 5 770 人。1991 年 1 月至 6 月，仅福州市就接收审查台湾地区遣返的偷渡人员 19 批，共 2 486 人。二是组织偷渡去台活动已趋向团伙化、职业化，有的还有黑社会势力的渗透。与此同时，台湾地区的各种违法犯罪分子及渔民偷渡来大陆的事件，也时有发生。针对这些情况，一些论者建议对刑法中的偷越国（边）境罪和组织、运送他人偷越边境罪进行修改和补充，以便同这类犯罪行为作斗争；同时，要对台胞非法入境问题、台商非法携带人员出境问题、大陆船民非法到台经商问题等作出专门规定。

(二) 国际刑法问题

国际刑法及国际刑法学，在我国是一门新的刑法学分支学科，以前专门研究者不多。1993 年对国际刑法的研究有了突破性进展，不仅发表了一定数量的学术论文，而且还出版了国际刑法专著。研究的内容主要有：

1. 关于国际刑法的性质和作用。有的论者认为，国际刑法是国际法的有机组成部分，而不同于国内法。而有的论者则认为，国际刑法兼有国内法和国际法的双重性质。关于国际刑法的作用，有的论者认为，国际刑法是认定国际犯罪的准绳，是调整国际刑事合作的法律规范，它对于惩治国际犯罪、维护国际社会的良好秩序，具有重要意义。

2. 关于国际刑事责任。有的论者认为，国际刑事责任是实施国际罪行的主体，因严重违反国际义务而应当承担的法律后果。国际刑事责任具有下列特点：(1) 国际刑事责任的主体可以是国家，也可以是个人。(2) 国际刑事责任的实现方式有两种途径：一是对犯罪者直接判处刑罚；二是对国家限制主权，要求其赔礼道歉、赔偿损失或对其实施经济制裁、空中禁运、海上封锁等。(3) 国际刑事责任的免除,必须是基于受害国的同意、国家自卫或自保行为、不可抗力和偶然事故,以及危难和紧急避难。

3. 关于引渡的法律属性。有的论者认为,引渡以国际社会为舞台,涉及国与国之间的关系,因而与普通刑事诉讼相比,具有自身的法律特征:(1) 引渡是司法性与行政性的统一。为了坚持政治犯不引渡的原则,同时也为了保障引渡活动不违背本国的法制原则和外交政策,各国在引渡程序上,都规定了严格的"双重审查"制度,要求当事国对人犯提出引渡请求或决定予以引渡时,必须经过司法审查和行政审查两关。(2) 引渡是国内法与国际法的统一。为了使引渡活动不至于因当事国所持法律依据不同而陷入僵局,必须坚持"公约必须信守"的国际法准则,将争议统一到国际公约上来,并且实行国际法优于国内法的原则,以便最终实现引渡犯人的目的。(3) 引渡是"双重归罪"与双项选择的统一。所谓"双重归罪",是指只有当行为同时触犯了请求国和被请求国的刑法时,才能予以引渡。所谓"双项选择",是指按照"或者起诉或者引渡"的国际法准则,在提起诉讼或接受引渡两个方面作出选择。(4) 引渡与庇护相统一,即对政治犯、军事犯不引渡。(5) 引渡是惩罚犯罪与人权保护的统一。

五、刑法学研究发展的展望

社会主义市场经济的孕育和成长,对我国刑法学研究的发展是一次难得的机遇,更是一次严峻的挑战。刑法学界应当进一步围绕市场经济这一主旋律,时刻关注市场经济形势下出现的新情况和新问题,在更广阔的范围内和更高的层次上,促进和完成刑法理论的更新、刑事立法的改革和刑事司法的完善。展望未来,刑法学研究的主要课题将会是:

1. 市场经济与刑法理论的更新。主要问题有:(1) 市场经济与刑法功能的重新定位。(2) 市场经济与犯罪评价标准的重新确立。(3) 市场经济与刑罚适用效果的检讨。(4) 市场经济与刑事政策的调整。(5) 市场经济与刑法学走向的探索,等等。

2. 市场经济与刑事立法的改革。主要问题有:(1) 市场经济与刑法改革的方向。(2) 市场经济与刑法改革的原则。(3) 市场经济与刑罚方法和刑罚制度的改革。(4) 市场经济与经济犯罪的立法完善,等等。

3. 市场经济与刑事司法的完善。主要问题有:(1) 市场经济与刑事执法观念的变革。(2) 市场经济与刑事司法机制的完善。(3) 市场经济与刑事司法任务的转变。(4) 市场经济与司法机关的建设,等等。

[高铭暄、赵秉志、鲍遂献;载《法学家》,1994 (1)]

第十一章
1994 年的刑法学研究

一、研究概况

1994 年的中国刑法学界，在前两年研究的基础上，继续以社会主义市场经济条件下刑事法治的改革与完善为主要研究领域，开拓前进，繁荣发展，成果丰硕。据初步统计，本年度共发表刑法论文一千一百余篇，出版各类刑法书籍四十余部，并开展了一系列刑法学术活动，培养了一批高层次刑法人才。

学术活动相当丰富。1994 年 10 月 17 日至 21 日，中国法学会刑法学研究会在邕城南宁举行了题为"全国市场经济与刑法修改和完善研讨会"的 1994 年学术讨论会，来自全国各地的近一百五十位专家、学者出席了会议。这次全国性学术会议共收到论文 93 篇，集中就市场经济与刑法的修改和完善、市场经济条件下经济犯罪的惩治等课题，进行了颇为热烈、深入的研讨，取得了显著的成果。一些区域性、专题性的刑法学术活动也相继进行。例如，1994 年 3 月 9 日，最高人民检察院召集部分省、市检察院在北京召开了"证券市场违法犯罪研讨会"；1994 年 3 月 29 日，上海市人民检察院举行了"法人犯罪问题研讨会"；1994 年 5 月 10 日，上海市人民检察院和上海市检察学会联合召开了"金属期货交易市场中经济犯罪研讨会"，最高人民检察院和上海市政法部门、法律院校的专家、学者应邀出席；一些省、市的刑法学研究会也召开了学术研讨会。中外刑法学术交流活动也比较丰富：1994 年 5 月 5 日至 7 日，中国社会科学院法学研究所在北京举办了"中日公务员贿赂犯罪问题国际学术研讨会"，中日三十余位专家、学者参加了研讨；1994 年 10 月 10 日至 14 日，中国人民大学国际刑法研究所与法国刑法学者在北京举行了"中法经济犯罪、侵犯人身权利犯罪合作项目首次学术讨论会"，中国方面的高铭暄教授、赵秉志教授等，以及法国方面的著名刑法学家戴尔马斯·马蒂教授和总检察长特鲁歇先生等近二十位中法刑法专家、学者参加了会议；1994 年 9 月 4 日至 10 日，中国法学会刑法学研究会派出以余叔通教授为团长，以马克昌、单长宗、丁慕英、杨敦先、樊凤林 5 位教授为成员的中国代表团，参加了在巴西召开的国际刑法学协会第 15 次大会，余叔通教授当选为国际刑法学协会副主席，这是中国学者首次担任国际刑法学协会的负责职务，标志着中国刑法学界在世界刑法论坛上的影响分量有了显著的加重。

　　刑法学界本年度更多地关注和参与了国家的刑事立法。除继续参与国家立法机关创制特别刑法规范时的研讨、咨询以外，北京几所著名法律院校、研究机构的数位中青年刑法学者参加了国家立法机关的刑法修改小组，侧重进行了刑法分则的修改工作；受国家立法机关的委托，高铭暄教授、王作富教授领导中国人民大学法学院刑法学专业的学者们进行了刑法总则的修改工作；北京的数十位刑法专家、学者应邀参加了国家立法机关于1994年9月20日至24日在北京召开的"刑法修改座谈会"，对国家立法机关正在进行的刑法修改作了广泛而深入的研讨；刑法学者还参加了国家军法部门关于修改军职犯罪刑法和创制危害国防罪法律的研讨与咨询。

　　本年度刑法领域高层次理论与实务人才的培养方面也成绩斐然。十余位博士研究生和数十位硕士研究生通过刑法学位论文答辩并获得博士、硕士学位；中国人民大学法学博士后流动站刑法学专业招收的新中国第一位法学博士后研究人员经过两年的勤奋研究，于1994年年底以优异的成绩出站；武汉大学法学博士后流动站录取了中国人民大学法学院输送的全国第二名刑法学博士后研究人员；60位全国各级法院的负责法官和业务骨干从中国人民大学法学院中国高级法官培训班刑法学专业毕业；经过选拔推荐和严格考核，中国人民大学法学院从1989年到1991年毕业于中国人民大学、北京大学的中国高级法官培训班的近四百名法官中录取了近三十位硕士研究生，其中有9位是刑法学专业硕士生，标志着刑法学专业高级实务人才的培养达到了一个新的高度和层次。

　　本年度出版的刑法书籍主要有四种类型：一是综合性或者专题性的学术专著，较有代表性的主要有：高铭暄主编的三卷本《刑法学原理》（中国人民大学出版社），肖扬主编的《贿赂犯罪研究》（法律出版社），赵秉志主编的《妨害司法活动罪研究》（中国人民公安大学出版社），杨春洗主编的《刑事政策论》（北京大学出版社），高格著《定罪量刑的理论与实践》（吉林人民出版社），姜伟著《犯罪形态通论》（法律出版社），叶高峰主编的《暴力犯罪论》（河南人民出版社），周红梅著《刑罚执行论》（吉林人民出版社），李韧夫著《犯罪过错论》（吉林大学出版社），张旭著《减免刑事责任理论比较研究》（长春出版社），伍柳村、周应德主编的《拐卖人口犯罪的调查与研究》（四川大学出版社），王定著《刑法实务若干问题研讨》（中国人民公安大学出版社），赵永琛著《国际刑法与司法协助》（法律出版社），黄进主编的《区际司法协助的理论与实务》（武汉大学出版社），何鹏主编的《现代日本刑法专题研究》（吉林大学出版社），娄云生著《刑法新罪名集解》（法律出版社），赵秉志著《改革开放中的刑法理论与实务》（吉林人民出版社）等。二是刑法教科书，如杨春洗、杨敦先主编的《中国刑法论》（北京大学出版社），陈兴良等著《案例刑法教程》（上、下卷，中国政法大学出版社），邵安生主编的《中国刑法通论》（陕西人民出版社）等；三是刑法译著，如〔美〕道格拉斯·N·胡萨克著《刑法哲学》（谢望原等译，中国人民公安大学出版社）；五是工具书，较有代表性的有：曾庆敏主编的《刑事法学辞典》（上海辞书出版社），李淳等编著的《刑事法律适用手册》（人民法院出版社），全国人大常委会法工委刑法室二处编的《刑事办案大全》（人民法院出版社）等。

从出版的刑法论著和发表的刑法论文所研究的课题及其内容看，1994 年刑法学研究的进展主要表现在以下三个方面：一是刑法的改革和完善问题，二是市场经济条件下经济犯罪的惩治问题，三是对外开放中的区际刑法和国际刑法问题。

二、刑法的改革和完善问题

（一）刑法改革的宏观问题

随着社会主义市场经济的确立和发展，如何建立与之相适应的刑事法治，已成为中国刑法发展、完善的基本问题。近些年刑法学界关于刑法改革走向的研讨，皆是围绕着这一主题展开的。1994 年刑法学界对此问题的研讨主要集中于以下四个方面：

1. 刑法观念的更新

一些论者认为，目前迫切需要树立以下几种新的刑法观念：一是经济刑法观，即：刑事立法应把保障和促进社会经济发展作为刑法的首要功能；刑事司法应把为社会主义市场经济保驾护航作为中心任务；在对犯罪的评判标准上，应注重生产力标准，但是，不能将生产力标准庸俗化、绝对化，不能以简单的生产力标准代替法定的构成要件，而应坚持生产力标准和法律标准同时并用，综合分析、评判。二是效益刑法观，即以最少、最轻的刑罚和最合理的人力、物力、财力的配置，取得控制和预防犯罪的最佳政治、经济和社会效益；摒弃重刑或轻刑主义，在刑事立法上要设置一个轻重适中的刑罚体系和法定刑结构，在刑事司法上要坚持罪刑法定原则和刑罚个别化原则。三是民主刑法观，即应保证刑事立法程序的民主化、刑事立法内容的民主化和刑事执法的民主化。四是平等刑法观，即在刑事立法和刑事司法中均应贯彻法律面前人人平等的原则，实现官民平等、公私平等、大小平等、强弱平等，坚决反对官轻民重、以官压民、以公压私、以大压小、以强凌弱的不平等现象。五是开放刑法观，即刑事立法、刑事司法和刑法理论研究要适应我国社会全方位开放的格局，打破长期形成的封闭和半封闭状态，向社会敞开大门，向世界敞开大门。还有论者另辟蹊径，就中国"复关"对刑法观念转变的影响作了研讨，认为突出经济功能、树立平等观念和增强刑法的国际观念，是这种影响的主要表现。

2. 市场经济的刑法调控原则

有论者认为，在市场经济的法律调控机制中，刑法是不可或缺的一环，但刑法参与对市场经济的调控必须遵循一定的原则。这些原则是：其一，适度原则，即刑事立法对经济犯罪的惩治规范，应坚持"较大社会经济危害性"标准，只能当某些行为对市场经济秩序构成较大危害时，才宜对之予以犯罪化，在对之设置法定刑时，应反对"重典效应"。其二，预防原则，即对经济犯罪不能仅强调事后刑事制裁，更应寻求发挥刑法事先预防和减少经济犯罪的作用。这一原则，应通过经济刑法规范法典化、经济刑事立法的前瞻性和经济刑法规范的明确性来实现。其三，协调原则。刑法作为调控市场经济法制体系中的一环，应重视它与整个法律调控机制运作的内在协调，以强化刑法调控的预期效果。其四，统一原则。统一的市场体系必然需要统一的刑法调控，在市场经济体制下，必须做到刑事立法权统一、经济刑法规范统一和刑事司法机制统一。

3. 刑法改革的根据

随着研讨的深入，刑法亟须改革已成为刑法学界的共识。有学者对刑法改革的根据作了专门探讨：其一，刑法改革的法律根据。该论者认为主要是刑法与宪法确立的市场经济体制的要求不相适应，必须予以改革。其二，刑法改革的实践根据。该论者认为刑法改革是市场经济的必然要求，是民主政治建设进程的呼唤，是改革开放深入的希冀，是"一国两制"方针实施的需要。其三，刑法改革的理论根据。该论者认为，根据经济基础决定上层建筑的基本原理，市场经济必然要求以计划经济为基础的现行刑法作出重大调整，以适合现阶段的社会形势。从刑法自身体系科学化的需要来看，特别刑法与刑法典的冲突、与刑法理论的不协调，也要求通过刑法改革予以调整。还有论者认为，罪与刑是对立统一体，刑有极而罪无限，若一味崇尚刑罚的功能，最终只能导致犯罪得不到控制而刑罚已用其极的罪刑结构抗衡的局面。这种抗衡局面的僵持，必然求助于刑法改革，重新调整罪刑关系。目前，罪刑结构的抗衡局面已初露端倪，刑法改革亦势不可免。

4. 刑法改革的思路和进程

一些论者指出，我国刑法改革不是废弃现行刑法另起炉灶，而只是革除现行刑法中不适合经济模式转轨需要的因素，补充控制犯罪所需要的内容，实现刑法的自我完善和发展。还有论者认为，刑法的改革，既要适应国际潮流，又要坚持中国特色，例如在死刑问题上，一定时期内实行一定的重刑，是必要的，但死刑条文愈来愈多，值得我们高度警惕。保留死刑并严格控制死刑的适用，才更符合我国的实际。在刑法改革的进程上，有论者认为应分两步走：第一步是对现行刑法进行难度不大的修修补补，第二步是在此基础上进行涉及政策思想的深层次系统修订。在罪刑规范的设置方面，有论者认为中国刑法应逐步确立严而不厉的刑事政策和刑法制度。

（二）证券犯罪

自 1980 年我国恢复和重建证券市场以来，证券业得以迅速发展。但由于缺乏管理经验和系统的法规规范，有关证券的犯罪亦逐渐增多，危害日烈，引起刑法学界的密切关注。特别是 1993 年国务院颁布《股票发行与交易管理暂行条例》、《禁止证券欺诈行为暂行办法》以后，刑法学界对证券犯罪的研讨日渐深化。1993 年刑法学界对于证券犯罪研讨较为深入的问题主要有：（1）证券犯罪的概念。有论者认为，证券犯罪不是指某一种涉及证券的犯罪，而是指证券发行人、证券经营机构、证券管理机构、证券监督机构、证券服务机构、投资基金管理公司、证券业自律性管理机构以及其他组织、证券业从业、管理人员以及其他人员，违反证券法规，故意非法从事证券的发行、交易、管理或其他相关活动，严重破坏证券市场的正常管理秩序，侵害证券投资者的合法利益，应受刑罚处罚的各种行为。（2）证券犯罪的类型。有论者将证券犯罪分为危害证券监管制度的犯罪、危害证券信息公开制度的犯罪、危害证券信息保密制度的犯罪和危害证券交易操作制度的犯罪共 4 种类型。（3）我国刑法应增设的证券犯罪。有论者认为根据我国证券市场的实际情况，我国刑法中应增设以下若干种证券犯罪：非法发行证券罪，虚假陈述证券资料罪，内幕交易罪，非法持有、买卖证券罪，欺诈客户罪，操纵证券市场罪和非法扰乱证券市场秩序罪等。该论者还对上述各种证券犯罪的概念和构成特征分别作了较为详细的阐述。（4）证券犯罪的立法模式。有论者认为应在颁布"证券法"的同时，通过一个"关于惩治证券犯罪的补充规定"，具体规定上述证券犯罪。此外，还有论者对目前盗窃、贿赂等犯罪中股票价值的认定作了研讨。

（三）侵犯商业秘密罪

1993 年颁行的《反不正当竞争法》规定，商业秘密是指不为公众所知悉，能为权利人带来经济利益，具有实用性并经权利人采取保密措施的技术信息和经营信息。有论者认为，商业秘密包括技术秘密、工农业秘密和管理秘密三类，侵犯商业秘密的行为主要表现为非法窃取商业秘密、非法泄露或公开商业秘密、非法使用商业秘密三种。我国现行法律明确规定了侵犯商业秘密行为的民事责任和行政责任，虽然对严重的某些侵犯商业秘密行为可以依照 1979 年刑法中关于盗窃罪、泄露国家秘密罪的规定进行处罚，但并不能达到全面保护商业秘密的目的。鉴于此，我国刑法中应增设侵犯商业秘密罪，对市场经济的公平竞争进行刑法保护。侵犯商业秘密罪，是指行为人故意侵犯他人商业秘密，致使权利人遭受重大损失的行为。该犯罪虽然会导致被侵害人财产（主要是无形财产）上的损失，但主要是违反了公平竞争法规，应归属到破坏社会主义经济秩序罪一章中。对本罪的处罚，应与假冒商标罪、假冒专利罪、侵犯著作权罪等协调平衡，体现轻自由刑重罚金刑的原则。还有论者建议增设非法复制、盗卖技术资料罪，并对此种犯罪的概念、构成要件、法定刑作了论证，并强调法人可以构成该罪。

（四）环境犯罪

发展经济和保护环境已成为当今世界的一大社会问题。完全仰仗行政手段、经济手段制止环境污染，已成为落伍的观念和制度。环境刑法在全世界范围内已成为一个研讨的热点，近些年来，该问题在国内也得以初步研讨。1994 年亦有论者对中国的惩治环境犯罪的刑法规范提出了完善意见，认为：我国刑法中并未使用"环境犯罪"一词，只是在危害公共安全罪、破坏社会主义经济秩序罪以及渎职罪等类罪中零散规定了若干种涉及破坏环境的条款，在环保法、水污染防治法、海洋环境保护法、大气污染防治法、森林法、渔业法、草原法等行政、经济法律中，也设置了一些惩治环境犯罪的条款。但是，惩治环境犯罪的刑法规范比较零乱，其内容含糊性大，实际工作中难以操作，应予以完善。完善我国的环境刑法规范，应坚持经济发展与环境保护相协调的原则，即在经济发展的同时，必须强化对污染环境犯罪的惩治，但应避免不必要的"超犯罪化"现象；坚持借鉴国外先进经验与从我国实际出发相结合的原则，即国外有关此方面的立法比较完善，但由于我国目前技术水平尚不甚高，有些污染尚属难以完全控制或避免，故不可盲目予以犯罪化。关于完善环境刑法的具体立法模式，有论者认为可以采取三种模式：一是制定一个专门关于环境犯罪的特别刑法条例，二是在有关环保法规中直接增加对环境犯罪构成及处罚的规定，三是在刑法典中专设环境犯罪一章。还有论者从环境犯罪危害的相似性、集中惩治的必要性以及刑法同类客体归类原理等方面论述了在刑法典中专设"危害环境罪"一章的理由，并初步提出该章应至少包括：（1）破坏森林罪；（2）破坏草原罪；（3）破坏水生生物罪；（4）破坏野生动物罪；（5）破坏野生植物罪；（6）破坏、污染土壤罪；（7）破坏重点保护区域罪；（8）破坏珍贵文物、名胜古迹罪；（9）污染大气罪；（10）污染水体罪；（11）污染海洋罪；（12）滥放噪音罪；（13）违反有毒有害废料处理规定肇事罪。在对环境犯罪追究刑事责任时，应将责任主体扩展到法人，注重罚金刑的运用；对现行的罪过条件进行检讨，确立环境犯罪的严格责任制度，但也有论者认为，严格责任有违于我国刑法中主、客观相统一的刑事责任原则，不宜照搬。

（五）妨害司法活动犯罪

妨害司法活动罪是妨害司法机关正常司法活动，侵犯国家司法权正常行使的各种犯罪行为的总称。许多国家的刑法典均设专章集中规定此类犯罪。我国1979年刑法典分则将有关妨害司法活动的犯罪分散规定于第一、四、六、八诸章类罪之中，且罪种规范矛盾、冲突和漏洞甚多，应予以完善。前几年，有学者曾提出完善此类犯罪的初步设想，1994年一些中青年学者又在此基础上出版了60万言的专著，并发表了一批论文，将这一课题的研究推向深入。

有论者认为：将妨害司法活动犯罪集中规定为一章类罪，有利于树立司法权威，有利于规范司法活动，有利于强化人权保障，也更符合统一的犯罪分类标准。此类犯罪以侵犯国家司法权的行使为主要特征，有司法工作人员因渎职而构成的，也有非司法工作人员因干扰司法活动而构成的。1979年刑法中属于此类犯罪的有：诬告陷害罪，伪证罪，刑讯逼供罪，非法搜查罪，非法管制罪，非法拘禁罪，窝藏罪，包庇罪，窝赃、销赃罪，窝藏毒品罪，掩饰、隐瞒出售毒品获得财物的非法性质和来源罪，包庇毒品犯罪分子罪，抗拒执行法院裁判罪，徇私枉法罪，体罚、虐待被监管人罪，聚众劫狱罪，组织越狱罪，脱逃罪，私放罪犯罪等。应当增设的妨害司法活动的新罪名主要为：知情不举罪、拒不作证罪、妨害作证罪、非法执行强制措施罪、拒不受理罪、干扰法庭秩序罪、非法干涉司法活动罪、司法失职罪、妨害监管秩序罪和非法行刑罪等。对于已有的罪种，除了较为深入地研讨了每个罪的立法沿革、概念、构成特征、认定中的问题以及处罚等问题外，该论者还着意从有关法条、罪种的合并，构成要件的完善，法定刑的调整以至个别罪名的变更等若干方面，提出了完善意见。对于新罪名，该论者对设立每一罪种的理由、该罪的构成要件、法定刑设计以及适用时可能遇到的问题等进行了深入的探讨。在上述完善意见的基础上，该论者还草拟了"妨害司法活动罪"一章具体条文的理论案。

三、市场经济条件下经济犯罪的惩治问题

经济犯罪的惩治一直是近些年刑法研究的热点，1994 年对此问题的研讨主要集中在以下几个方面：

（一）妨害税收犯罪

1993 年是我国实行税制全面改革的一年。税制改革后，妨害税收的犯罪又出现了许多新特点，主要表现是在增值税发票上做手脚，偷税骗税。鉴于此，1994 年度刑法学界又对 1992 年颁行的《关于惩治偷税、抗税犯罪的补充规定》进行了更为深入的研讨。论者认为，该补充规定明确规定了偷税罪和抗税罪的构成要件，修改了原来的法定刑；增设了妨害追缴欠缴税款罪和骗取国家出口退税款罪；对妨害税收的犯罪普遍设立了罚金刑，确立了单位妨害税收犯罪的刑事责任。妨害追缴欠缴税款罪，是指纳税人故意违反税收法规，欠缴应纳税款，并采取转移或者隐匿财产的手段逃避追缴，致使税务机关无法追缴的税款数额较大的行为。骗取国家出口退税款罪，是指从事商品出口的企业、事业单位，采取对其所生产或者经营的商品假报出口等欺骗手段，骗取国家出口退税款，数额较大的行为。后一种罪是诈骗罪的特别罪种，在主体条件上有严格要求，即具有出口产品生产经营权的企业、事业单位。其他单位和个人实施此种行为者，仍以诈骗罪论处。在目前的司法实践中，骗取国家出口退税款犯罪主要表现为三种情况：一是采取变更税目方式骗取；二是将减免税、欠税产品作为退税对象骗税；三是将"三资"企业挂靠于国内企业，将"三资"企业产品转为国内企业产品出口退税。

（二）侵犯注册商标犯罪

《关于惩治假冒注册商标犯罪的补充规定》颁行后，对于如何理解该补充规定的有关内容，刑法学界进行了研讨，其内容主要集中在以下几个方面：

一是罪名个数问题。有的论者认为该补充规定仅规定了假冒注册商标罪一个罪名，只是将其客观方面具体化为 4 种；有的论者认为该补充规定规定了假冒他人注册商标罪、销售假冒注册商标商品罪和非法制造、销售他人注册商标罪共 3 个罪种；多数意见认为，该补充规定除对原有的假冒注册商标罪作了补充、修改外，还增设了销售假冒注

册商标的商品罪、伪造或擅自制造他人注册商标标识罪和销售伪造或擅自制造的注册商标标识罪共 3 个新罪名。

二是构成特征问题。有论者认为，侵犯注册商标犯罪的主体可以是自然人，也可以是单位；本类罪虽然也侵害了国家对注册商标的管理制度，但主要是侵犯了注册人的商标专用权。

三是法条关系问题。该补充规定所规定的 4 种犯罪是对 1979 年刑法第 127 条规定的假冒注册商标罪的修改、补充，实际是取代了 1979 年刑法第 127 条，今后对此类犯罪均应适应该补充规定；此类罪与投机倒把犯罪之间存在法条竞合关系，在适用时应依特别法优于普遍法的原则选择法条，但也有论者认为二者之间不存在法条竞合关系，而可能产生犯罪竞合，在情节严重的情况下仍应以法定刑较重的投机倒把罪论处；行为人既伪造、擅自制造他人注册商标，又在同一商品上使用的，应以假冒注册商标罪论处，不能数罪并罚；也有论者认为，该补充规定所规定的 4 种犯罪之间没有包容、吸收、选择的关系，法定刑也无轻重之别，行为人实施数种行为的，应当并罚；在侵犯注册商标犯罪和生产、销售伪劣商品犯罪发生竞合时，也有论者认为应数罪并罚。

（三）生产、销售伪劣商品罪

1993 年 7 月 2 日全国人大常委会通过了《关于惩治生产、销售伪劣商品犯罪的决定》，从而引起刑法学界对此决定的研讨热潮。有论者认为，生产、销售伪劣产品的犯罪，是指违反国家有关产品质量管理法规，生产、销售伪劣商品，侵害人体健康和人身、财产安全，损害用户、消费者的合法权益，破坏社会经济秩序，依法应受刑罚处罚的行为。根据该决定的规定，此类罪具体包括 9 种罪名：（1）生产、销售伪劣产品罪；（2）生产、销售假药罪；（3）生产、销售劣药罪；（4）生产、销售不符合卫生标准的食品罪；（5）生产、销售有毒、有害食品罪；（6）生产、销售不符合标准的器械、医用卫生材料罪；（7）生产、销售不符合安全标准的产品罪；（8）生产、销售伪劣农药、兽药、化肥、种子罪；（9）生产、销售不符合卫生标准的化妆品罪等。该决定规定了法人犯上述罪行的刑事责任。有论者指出，该决定与 1979 年刑法典之间以及该决定内部条文之间都存在法条竞合现象，一般情况下，应以特别法优于普通法的原则适用法条，但该决定首次在立法上确立了重法优于轻法的法条适用原则，值得注意。学者们还对生产、销售伪劣产品罪的构成特征以及具体的罪种如生产、销售伪劣产品罪，生产、销售有毒有害食品罪和生产、销售假药罪等罪的理解和适用，作了深入探讨。还有论者认为，该决定对违法所得的含义规定不明，仅以违法所得作为定罪量刑的标准不够全面，对单位犯此罪的"双罚"处理规定不尽协调等等，应予以完善。

（四）挪用公款罪

本年度对挪用公款罪的研讨内容为：（1）挪用公款罪有无未遂形态。有论者从"目的、结果、构成要件结合说"的既遂一般标准出发,认为挪用公款罪不存在未遂形态。
(2) 挪用公款罪是否为继续犯。有论者认为,继续犯是指犯罪行为在一定时间内处于继续状态的犯罪,挪用公款罪的行为主要是对公款的"移挪",移挪完毕,罪已既遂,并不存在行为的持续,因此不是继续犯。(3) 挪用公款罪的主体问题。主要是以下两类人员能否构成挪用公款罪:一是企业承包人,有人认为可以成为本罪的主体;有人则认为应从承包合同的内容、是否完成承包经营指标以及行为人的动机/目的等几个方面加以区分,不能一概论以挪用公款罪。二是中外合资、合作企业中的外方人员,有论者认为可以成为本罪的主体。(4) 挪用公款"炒股"的行为,对行为人处罚应按实际挪用额计算,不应受股价升降的影响。(5) 挪用公款罪的完善问题。有人认为,对挪用公款罪的处罚规定应更加细化;也有人提出"挪用公款数额较大不退还以贪污罪论处,有违于罪数理论和主客观相统一的犯罪构成理论,也会造成司法操作上的混乱,因此应予完善。完善的方式是仍将此种行为以挪用公款罪论处,但可以作为严重情节处断"。

(五) 金融诈骗犯罪

金融诈骗是近几年常见多发的诈骗犯罪的新类型。有论者认为,新型的金融诈骗犯罪主要表现为 12 种:(1) 假冒信用证诈骗;(2) 使用开证人具有单方面随时解除付款责任主动权的信用证进行诈骗;(3) 伪造单据的信用证诈骗;(4) 贷款诈骗;(5) 贩卖空白支票;(6) 骗取票据;(7) 引资诈骗;(8) 恶意透支;(9) 保函诈骗;(10) 收款结算诈骗;(11) 民间私人银行的贷、存款诈骗;(12) 证券诈骗。从被害方分析,金融诈骗犯罪之所以屡屡得逞的原因,可归结为金融机构和有关外贸企业缺乏应有的法制保障、银行业务常受到不应有的行政干预或压力、银行业重内不重外的畸形风险意识,以及金融机构反诈骗的有关制度、规章、业务水平、技术设备不完善等几个方面。在认定金融诈骗犯罪时,应树立无形标的也可以构成诈骗罪对象的观念;在间接故意的情况下,也可认定行为人犯有诈骗罪;在确定行为人的诈骗数额时,应以其行为在客观上所指向的标的为标准。

(六) 贿赂犯罪

1994 年,刑法学界对贿赂犯罪的研讨主要集中于以下几个方面:(1) 贿赂犯罪的新特点。有论者认为,公安、工商、税务、海关等执法部门贿赂犯罪严重,金融部门特大贿赂案件增多,建设工程承/发包中的贿赂犯罪更趋严重,证券市场、期货市场、房地产市场、劳动市场、技术市场的贿赂犯罪亦呈上升趋势。(2) 受贿罪的主体问题,主要是中外合资、合作企业中的管理人员能否成为受贿罪的主体问题。有论者认为,外方人员并不是我国刑法中所讲的从事公务的人员,按现行规定不宜对其论以受贿罪,但可以通过完善立法予以解决。(3) 受贿罪的利用职务之便问题。有论者认为,利用职务上的便利有利用本人职务上的便利、利用他人职务上的便利、利用现在职务上的便利、利用将来职务上的便利和利用过去职务上的便利之分，从一般意义上讲，利用职务上的便利仅指利用本人现在职务上的便利，包括直接利用本人职务上的便利和间接利用本人职务上的便利两种形式。相关司法解释中确立的其他利用职务之便的受贿形式，均不符合立法的精神，有必要处罚的，应通过立法予以完善。（4）关于贿赂物的范围。根据1979年刑法的规定，贿赂物仅指财物。《反不正当竞争法》第8条规定："经营者不得采用财物或者其他手段进行贿赂以销售或者购买商品。"有论者据此认为，我国的贿赂犯罪中的贿赂物已不限于财物，物质性利益如旅游、出国、提供住房等和非物质性利益如晋职、晋级、升学、性交等，均可成为贿赂物。（5）回扣问题。相关论者较为一致地认为，回扣是有害的，它破坏公平竞争，扰乱经济秩序，败坏社会风气。根据《反不正当竞争法》第8条的规定，凡在账外暗中给予或收受回扣的，均是贿赂行为。在具体认定时，应把回扣与折扣及佣金区别开来，后二者不具有违法性。此外，还有论者对单位受贿罪的构成及认定中的问题作了探讨。

（七）法人经济犯罪和公司犯罪

关于法人能否成为犯罪的主体，在我国刑法学界存在针锋相对之歧见。从现行立法来看，规定单位可以构成犯罪的罪种已不在少数；从司法实践来看，最高人民检察院于1994年3月17日印发了《关于加强法人犯罪检察工作的通知》。本年度对法人犯罪的研讨主要是肯定法人可以成为犯罪主体的内容，且偏重于对现行处罚法人犯罪的规定进行完善。有论者认为，法人犯罪是商品经济的必然产物，惩治法人犯罪是建立和完善社会主义市场经济体制的要求。现行有关法人犯罪的规定应从分则扩展到总则；对法人构成犯罪起点的规定要适当高于自然人犯罪；对法人犯罪的制裁方法除罚金外，还可增加没收财产、剥夺荣誉称号并予以公告、停业整顿或限制业务活动范围、强制解散等刑罚方法；法人犯罪的分则适用范围应予以扩大。

在探讨法人犯罪的同时，论者们还研究了一种新的犯罪形式——公司犯罪。关于公司犯罪的概念，有两种意见：一种意见认为，公司犯罪就是指严重违反公司法，应当追究违法者刑事责任的公司违法行为；另一种意见认为，从广义上讲，公司犯罪还包括公司违反公司法以外的其他法规，应当追究其刑事责任的行为。根据《公司法》（1993年）的规定，公司犯罪包括如下种类：（1）资讯欺诈犯罪；（2）侵犯公司财产的犯罪；（3）危害国有资产的犯罪；（4）渎职犯罪；（5）其他危害公司财产、管理、信誉的行为。《公司法》（1993年）有17条之多均规定"构成犯罪的，依法追究刑事责任"，但实际上有许多情形没有相应的刑法条文可资适用，因此，立法机关应尽快制定专门惩治公司犯罪的刑法规范。

四、对外开放方面的刑法问题

随着对外开放的深入和对外交往的增多，中国的刑事立法和刑事司法亦逐渐与境外、国外相接触，并由此引发了刑法理论上的探讨。综而观之，这些探讨可分为中国区际刑法和国际刑法两个主要方面。

（一）中国区际刑法问题

中国区际刑法问题，是指中国内地、香港、澳门、台湾地区等几个不同法域之间的有关刑法问题。1994 年刑法学界在此方面研讨的问题主要有：

1. 香港特别行政区基本法对香港地区刑法、全国性刑法的影响

根据香港特别行政区基本法的规定，中国对香港地区恢复行使主权后，香港地区原有的法律，除同基本法相抵触或经香港特别行政区的立法机关作出修改者外，予以保留。就香港地区刑法而言，除带有殖民色彩的内容如叛逆罪、危害英国女王及王室罪应予废止，不适当或与基本法有抵触者予以修正外，其他现行刑法均保留不变；与此同时，香港地区刑法中还应增设危害中华人民共和国统一与安全的犯罪，侮辱国旗国徽、区旗区徽的犯罪和危害国防、外交方面的犯罪。在正常状态下，全国性刑法除危害国防、外交方面的犯罪外，不适用于香港地区。在性质上，香港地区刑法仍是资本主义刑法，但在主权上是中国刑法的组成部分。

2. 台湾地区"两岸人民关系条例"中的刑法问题

台湾地区当局于 1992 年 7 月 31 日公布了"台湾地区与大陆地区人民关系条例"。该"条例"是台湾地区当局处理现阶段两岸民间交往事务的基本的综合性法律规范，其内容包含行政、民事、刑事等诸领域。大陆学者撰文对其中的刑事规范作了归纳和评析。该"条例"共 6 章、96 条，直接设定刑事问题的条款可分为两种类型：一是第四章共 4 条专章规定刑事问题，内容涉及台湾地区居民在大陆犯罪之管辖权、两岸人民之历史重婚、大陆人民在台湾地区以外犯"内乱罪、外患罪"之入境以及大陆人民之著作权等权利在台湾地区之刑事保护等；二是第五章"罚则"中对违反第二章一些条文之具体行为的刑事处罚，内容涉及两岸人民的往来、通航、通商、文化教育交流诸方面。该"条例"关于刑事方面的规定，有其合理、实务之内容，在当前局势下具有正面意义，应予以肯定；另一方面，该"条例"中的刑事规范中又充斥着有悖法理情理、不合实际的保守与虚妄性，而且是其主流所在；该"条例"中有关两岸刑事司法互助的内容尚付阙如，致成缺憾。

3. 内地与港、澳、台地区的刑事司法协作

随着内地与港、澳、台地区交往的增多，跨地区的犯罪也日趋严重，积极开展内地与港、澳、台地区之间的刑事司法协作，共同惩治和防范跨地区的刑事犯罪，已成为双方或多方司法实务界迫切解决的问题，也是刑法理论界关注的焦点。有论者认为，中国内地与港、澳、台地区之间的刑事司法互助属于一国之内不同法域之间的区际司法协作，不能套用不同主权国家之间的国际刑事司法协助模式。相互之间协作的内容包括预审合作、移交案犯、转移诉讼、转移罪犯和代为执行刑事裁判等。还有论者对两岸间的

刑事司法协作问题进行了专门研讨，认为两岸互涉刑事案件的管辖存在协助的障碍，有政治态度、刑事法制和其他方面的原因，解决这些障碍应坚持五个原则：（1）以国家民族利益为重，诚恳、务实、消除敌意，积极开展两岸合作；（2）尊重现实，适当承认和执行对方的刑事法律及判决；（3）相互信任，平等相待，重点解决实质性问题；（4）坚持有利于打击与防止犯罪，促进双向交流与两岸统一；（5）借鉴其他国家区际私法冲突解决原则。两岸刑事司法协作的内容，应包括协助缉捕与遣返案犯、协助调查刑事证据、移交赃款赃物、代为送达刑事司法文书、通报刑事诉讼结果、联合打击海上走私、抢劫犯罪等。在协作途径方面，应积极开辟直接协作的新渠道。

（二）国际刑法问题

1. 跨国、跨地区犯罪的惩治与防范

跨国、跨地区犯罪是各国、各地区所面临的一个重要问题，为加强对此类犯罪的联合打击，1994 年 11 月国际社会召开了国家部长级会议，专门商讨惩治和防范对策。国内学者也撰著撰文对这一问题进行了论述。有论者认为，市场经济的发展，最终导致国内、国际经济互接，跨国的犯罪便随之产生。跨国、跨地区的犯罪是犯罪行为或结果或主体涉及两个以上不同法域，且各有关法域均认为是违反其刑法的情形，包括通常所讲的国际犯罪，但不限于此。此类犯罪可分为以下几类：（1）扰乱经济的犯罪；（2）侵犯人权的犯罪；（3）危害社会治安的犯罪；（4）妨害风化的犯罪；（5）破坏国际和平的犯罪等。对此类犯罪的惩治原则，可分为两类：一是国际犯罪，应依国际条约，各有关国家采用普遍管辖权和或引渡或起诉的原则，对罪犯进行惩治；二是非国际犯罪，各不同法域应积极开展刑事司法协助，以免罪犯逃脱法网。

2. 危害国际航空罪

危害国际航空罪是目前常见多发的一种国际罪行。有论者介绍了惩治危害国际航空罪的 4 个国际公约，重点阐述了此种犯罪的 6 种表现形式：（1）劫持航空器；（2）侵害航空器内人员；（3）危害使用中的航空器；（4）破坏航行设备，扰乱航行秩序；（5）危害国际机场；（6）传递虚假情报。这些行为均需具有危害国际航行安全的性质，才能构成国际法上的罪行。国际公约对此种犯罪确立了严格的刑事管辖体系，并确立了或引渡或起诉的刑事追究原则。

3. 国际刑事司法协助

20 世纪 90 年代前后我国同近十个国家签订了刑事司法协助条约，1994 年 3 月 5 日，最高立法机关又批准了我国第一个引渡条约——《中泰引渡条约》，国内的引渡法也正在起草过程中。国际刑事司法协助已成为我国涉外刑事司法的一个重要方面，也是近年来刑事法学界研讨的热点之一。1994 年，有学者撰写专著对此问题进行研讨。该论者认为：国际刑事司法协助是国与国之间在刑事事务方面通过代为一定的司法行为而互相给予支持、便利、援助的一种活动；它是国际司法合作的重要组成部分，是刑事诉

讼国际化的反映，是一国司法权的域外延伸，也是国家间联合采取行动、惩处国际性犯罪的一种手段；国际刑事司法协助的范围各国规定不一，但引渡、文书送达、调查取证、情报交换、外国刑事判决的承认和执行、刑事诉讼移转管辖或物品的移送、扣押等内容，是国际刑事司法协助的主要事项。该论者还对引渡、驱逐出境、刑事诉讼移转管辖、合作执行刑事判决等国际刑事司法协助的核心事项的具体原则、程序以及应注意的问题，作了较为深入的论述。

五、刑法学研究发展的展望

任何学科的发展，无不带有其所处时代的烙印。从以上综述中我们可以清楚地看到，社会主义市场经济的建立和发展，已为刑法学的研究注入了新的动力。可以肯定地预见，刑法学界定会借此动力，全面推动中国刑法学的发展，建立一个以社会主义市场经济为价值取向的新的刑法学体系。基于此，刑法学今后的发展趋向主要体现在以下几个方面：

（1）以修改 1979 年刑法典为契机，致力于适应社会主义市场经济体制之刑法制度的研究。

（2）逐渐走出注释刑法学的框区，强化刑法学基本理论问题的研究，刑法哲学、刑法价值以及刑法基础理论将会深入地发展。

（3）中国刑法学将走出国门，逐步与世界先进刑法理论接轨，促进中国刑法学的国际化，与此相适应，外国刑法学、比较刑法学的研究将会逐步深入。

（4）国际刑法与区际刑法问题，将成为新的研讨热点，从而开阔刑法理论的研究视野。

[高铭暄、赵秉志、赫兴旺；载《法学家》，1995（1）]

第十二章
1995 年的刑法学研究

一、研究概况

　　1995 年中国刑法学界顺应社会主义市场经济发展的客观形势和刑事法治进步的需要，继续大胆探索、开拓进取，在刑法理论研究领域取得了颇为丰硕的成果，为我国刑事立法和司法的完善以及刑法理论的繁荣、发展作出了应有的贡献。据不完全统计，本年度共发表论文一千余篇，出版各类刑法著作近四十部。此外，在国内、国际范围内开展了一系列的刑法学学术活动、成绩斐然。

　　在学术活动方面，中国法学会刑法学研究会于 1995 年 9 月 21 日至 25 日在江西南昌召开了题为"我国当前经济犯罪问题"的年度学术讨论会，来自全国各地的一百五十余位专家、学者参加了会议，收到论文 93 篇。与会者对我国目前经济犯罪的惩治与防范以及立法完善等问题进行了广泛而深入的探讨。1995 年 10 月 6 日至 10 日，第七届国际反贪污大会在北京隆重举行，来自 96 个国家和地区的九百多名政府官员、法官、检察官及专家、学者出席大会，其中包括我国部分刑法专家、学者。大会收到论文 252 篇。与会的我国刑法专家、学者围绕大会的"反贪污与社会的稳定和发展"这一主题，结合我国改革开放以来有关的新情况、新问题及社会发展的法治需要，就贪污、贿赂犯罪的成因、特点和规律，惩治与防范贪污、贿赂犯罪的对策以及国际合作等问题，和世界各国与会的政府官员、司法专家以及学者们进行了广泛的交流和有益的探讨。1995 年 10 月 12 日至 13 日，中国社会科学院法学研究所在北京召开了"刑事法制发展学术研讨会"，北京的三十多位刑事法专家、学者应邀参加。会议收到论文 21 篇。与会者就我国刑事法制发展的一些宏观和微观问题进行了较为深入的研讨。会议还特邀来我国刚刚出席完第七届国际反贪污大会的法国总检察长皮埃尔·特律什先生和巴黎第一大学刑法教授米海依尔·戴尔玛斯-马蒂教授参加，米海依尔·戴尔玛斯-马蒂教授在会上作了关于法国刑法新发展的专题报告。1995 年 11 月 4 日至 13 日，"中法经济犯罪、侵犯人身权利犯罪合作研究项目第二阶段学术讨论会"在巴黎的法国最高法院举行，中国人民大学国际刑法研究所专职、兼职研究人员高铭暄教授、赵秉志教授、卢建平博士、张智辉副教授、鲍遂献博士等，以及法国方面的著名刑法学家米海依尔·戴尔玛斯-马蒂教授和总检察长皮埃尔·特律什先生、行政法院大法官保罗·布歇先生等二十余位中法刑法专家、学者参加了会议，与会者围绕国际范围内，尤其是亚洲和欧洲范围内经济犯罪和侵犯人身权利犯罪的国际化趋势及其对策问题，进行了广泛的交流和深入的研讨。

本年度出版的刑法书籍主要仍为四种类型：一是综合性或专题性的学术著作，主要有：高铭暄和米海依尔·戴尔玛斯-马蒂共同主编的中法刑法合作研究项目《经济犯罪和侵犯人身权利犯罪研究》（中国人民公安大学出版社），张智辉著《刑事责任通论》（警官教育出版社），马克昌著《刑法理论探索》（法律出版社），鲍遂献主编的《刑法学研究新视野》（中国人民公安大学出版社），张明楷著《刑法的基础观念》（中国检察出版社），何秉松著《犯罪构成系统论》（中国法制出版社），周其华主编的《刑法补充规定适用》（中国检察出版社），张文学等编著的《中国缓刑制度理论与实务》（人民法院出版社），张明楷著《市场经济下的经济犯罪与对策》（中国检察出版社），魏平雄、欧阳涛、王顺安主编的《市场经济条件下的犯罪与对策》（群众出版社），马克昌、丁慕英主编的《刑法的修改与完善》（人民法院出版社），赵炳寿主编的《刑罚专论》（四川大学出版社），曹世维主编的《单行刑法集解》，李金山主编的《海南特区反贪污贿赂的理论与实践》（中国检察出版社）等；二是刑法教科书，如赵秉志、鲍遂献著《现代刑法学》（湖南师范大学出版社），何秉松主编的《刑法教科书》（中国法制出版社）等；三是刑法译著，如罗结珍译《法国刑法典》（中国人民公安大学出版社），王世洲等译《美国量刑指南》（北京大学出版社）等；最高人民检察院反贪污贿赂法起草小组编《惩腐反贪：各国政府关注的焦点（中外反贪法分解比较）》（经济科学出版社）等；四是工具书，如高铭暄、王作富、曹子丹主编的《中华法学大辞典·刑法学卷》（中国检察出版社），何访拔主编的《刑法分解集成》（法律出版社）等。此外，还有些刑法方面的释义类、案例类书籍等。

从发表的刑法论文和出版的刑法论著所研究的课题及其内容看，1995 年的刑法学研究主要集中在以下三个方面：一是刑法的修改与完善问题，二是经济犯罪及其惩治问题，三是外向型刑法问题。

二、刑法的修改与完善问题

不断加速的刑法修改进程和司法实践中出现的日益纷繁的新问题，给刑法学研究提供了大量的素材和机遇。如何建立与市场经济体制相适应的刑事法治，本年度仍为广大刑法学者所普遍关注。

（一）刑法修改与完善的宏观问题

1. 刑法改革的方向和途径

中国当今刑法需要全面改革，为所公认。关于如何进行这场变革，有论者指出，从宏观上应把握以下几个方向：一是适当调整刑事立法的重点方向，即在继续加强对危害治安犯罪调整的同时，更应把重点转移到危害经济的严重犯罪上来。二是科学地把握经济犯罪的调整力度，即刑法调整经济犯罪应做到"严而不厉"，体现刑法的公正、合理性及规范的完整性。三是逐步建立合理的刑事立法模式，即在充实刑法典基本内容的同时，仍有必要针对新型犯罪及时制定单行刑法。四是全面实现刑事法制的民主化。有的论者认为，刑法改革的主要任务之一是给刑法功能重新定位，在转轨变型的今天，中国刑法应拓展经济保障功能和人权保障功能；在刑法调控范围上，应处理好犯罪化与非犯罪化、刑罚的张与弛的关系。还有论者指出，刑法介入经济生活不宜过分，否则必然压抑经济主体自由，降低刑罚的威慑功能。但亦有人主张，由于经济增长使经济犯罪、科技犯罪活动大幅度增加，刑法介入经济生活的度应当更深、更广一些。

2. 刑法典的体系结构

1979 年刑法典的体系结构如何布局，关系到刑事立法模式的科学与否。有论者从中国 1979 年刑法与社会经济生活的实际出发，对未来刑法典各编的名称、内容及排列顺序进行了总体设计和论证。关于刑法典总则的体系结构，有论者认为，应将现行刑法总则的 5 章调整为 7 章，并在内容上有所补充，即：第一章"刑法的根据、任务和原则"。本章第 1 条应当规定罪刑法定原则，条文拟为"对于行为时法律没有明文规定为犯罪的行为，不得定罪处罚"。第二章"刑法的适用"，包括刑事管辖权、刑法的溯及力即从旧兼从轻原则等内容。第三章"犯罪与刑事责任"，包括犯罪行为，刑事责任年龄，刑事责任能力，故意犯罪与过失犯罪，犯罪的预备、未遂和中止，共同犯罪，以及法人犯罪等。第四章"正当行为"。第五章"刑罚"。第六章"刑罚的具体运用"。第七章"刑法用语"。关于刑法分则的体系结构，有论者指出，随着社会经济、政治形势的发展，现行刑法分则体系结构已不能完全适应实际斗争的需要，应作较大的调整。依据完善刑法典分则体系结构应当贯彻的全面充实、科学分散和合理排列三项原则，未来刑法典分则体系结构可以设为以下 26 章：第一章"危害国家安全罪"，第二章"危害国际罪"，第三章"军人违反职责罪"，第四章"危害公共安全罪"，第五章"贪利性渎职罪（贪污罪与贿赂罪）"，第六章"普通渎职罪"，第七章"侵犯公民人身权利罪"，第八章"侵犯公民民主权利罪"，第九章"侵犯公民劳动权利罪"，第十章"侵犯财产罪"，第十一章"妨害婚姻、家庭罪"，第十二章"危害资源、环境罪"，第十三章"非法生产、经营罪"，第十四章"妨害企业管理罪"，第十五章"妨害海关管理罪"，第十六章"破坏金融秩序罪"，第十七章"妨害证券、票证管理罪"，第十八章"侵犯知识产权罪"，第十九章"妨害公平竞争罪"，第二十章"妨害税收罪"，第二十一章"妨害司法活动罪"，第二十二章"妨害社会管理秩序罪"，第二十三章"毒品罪（违反禁毒法规罪）"，第二十四章"妨害风化罪"，第二十五章"妨害文物管理罪"，第二十六章"妨害国（边）境管理罪"。

3. 经济刑法的完善

自 1979 年刑法典颁布以来，我国立法机关已经制定了十多部惩治经济犯罪的单行刑法，另外还有五十多部经济、行政法规中规定有惩治经济犯罪行为的刑事条款。一些论者指出，完善经济刑法，应从以下三个方面入手：一是要在体例上完善，特别应注重与民商、经济法律相配套，制定相应的单行刑法。二是在犯罪方面，经济刑法界定经济犯罪应齐头并进，保证规范的完整。三是在刑罚设置方面，经济刑法应讲求经济性原则，清除重刑主义，重视财产刑并完善资格刑，减少经济犯罪的死刑适用。与此相关，有论者主张在立法上取消对经济犯罪的死刑规定，与国际先进潮流接轨。还有的论者指出，某些传统刑法理论已无法适应现代科技条件下惩治经济犯罪的需要，如关于过失犯只有实害犯而无危险犯的理论，反映在立法上必然使许多过失高度危险行为难以犯罪化，因此，确立危险状态过失犯罪构成理论，对于完善刑事立法、保障科技和经济发展有重要价值。

4. 法人犯罪的立法完善

法人能否成为犯罪主体，在我国刑法理论中仍存在肯定说与否定说之争，但近两年来刑法学界关于法人犯罪的讨论之重心已转移到如何完善其立法的问题上。迄今为止，我国刑事立法上已有近四十个"单位犯罪"的罪名，且几乎全部属于经济犯罪的范畴。有论者针对我国目前关于法人犯罪的立法状况，提出了如下完善意见：其一，在刑法典总则明文规定法人和非法人团体实施一定范围内的犯罪应负刑事责任的条款，其中刑罚部分明确规定适用于法人的刑种。分则中有关经济犯罪部分，规定法人犯罪的罪名、罪状和法定刑。其二，在刑法分则中摒弃"单位犯前款罪"的提法，统一使用"法人及非法人的经济实体"来表达，以实现法律术语的规范化。其三，将有关法人犯罪的规定统一纳入刑法典分则时，保证罪刑条款的协调性，力求体现相对高于自然人犯罪的可罚性标准。另有论者指出，法人犯罪同自然人犯罪一样，也有职务犯罪和一般犯罪之分，鉴于法人职务犯罪与法人一般犯罪在社会危害性程度上的差别，立法应明确规定对于职务犯罪的法人相对于一般犯罪的法人从重处罚。

（二）关于具体犯罪的立法完善问题

1995 年，刑法学界重点对下列具体犯罪的有关立法完善问题进行了探讨：

1. 不正当竞争犯罪

以《反不正当竞争法》为主体，辅之以《商标法》、《专利法》、《著作权法》、《广告法》等内容的竞争法的基本框架，在我国业已初具规模，但是有关不正当竞争行为刑事责任的规定与这种格局极不相称。有论者指出，目前我国刑法中有关不正当竞争犯罪的规定存在着内容分散、罪名单一、难以操作等缺陷，而且对于大量的不正当竞争行为尚无追究刑事责任的规定。鉴于此，该论者建议在借鉴国外先进立法例的基础上，针对我国社会上不正当竞争行为的现状，应增设一系列罪名：（1）假冒他人商品罪；（2）虚伪产品质量罪；（3）虚假广告罪；（4）侵犯商业秘密罪；（5）恶意倾销罪；（6）骗销罪；（7）商业诽谤罪；（8）投标招标舞弊罪等。在上述犯罪的刑罚设置上，应体现轻刑化思想，最高法定刑以 3 年有期徒刑为宜，情节特别严重的可处 5 年有期徒刑；同时应注重罚金刑的适用，考虑资格刑的增设，并对法人实施不正当竞争犯罪的，采用"双罚制"。关于立法模式，有论者主张应以全国人大常委会"关于惩治不正当竞争犯罪的决定"的形式尽快出台，以利于及时、有效地遏止这类犯罪给市场秩序的破坏和对其他经营者、广大消费者合法权益的损害。还有的论者就侵犯商业秘密罪、妨害商业信誉罪和虚假广告罪的概念、构成特征及与其他犯罪的界限等问题作了较为详细的论述。

2. 证券犯罪和期货犯罪

我国证券和期货市场方兴未艾，而规制证券、期货市场的法律还很不健全。对于证券犯罪和期货犯罪，我国刑法几乎是空白。对于如何弥补目前这种滞后的刑事立法状况，近两年来已有不少学者作了有益的探索。本年度，证券犯罪和期货犯罪的立法完善继续成为人们关注的热门话题。

在证券犯罪中，讨论最多的是证券欺诈行为。（1）证券欺诈罪的概念。有论者指出，证券欺诈罪是指在证券市场上通过隐瞒重要事实，或者通过故意或放任作出容易引起误解的、虚假的、欺骗性的陈述、预言等，或者通过创设有关证券的虚假市场，诱使他人参与有关证券的买卖交换，从中获取非法利益，情节严重的行为。其主体范围包括任何可以直接从事或影响证券交易的法人和自然人。（2）立法具体构想。有论者认为可以将证券欺诈罪新罪各条款分别规定于刑法和证券法中，彼此协调，并可考虑先在司法解释中适时增设证券欺诈罪。但亦有论者指出，证券欺诈行为不可笼统作为一个罪名，宜将其中内幕交易、虚假陈述等行为分别定罪。与此相应，有论者对内幕交易罪、证券市场造谣惑众罪提出了具体的立法建议，并作了论证。

关于期货犯罪立法，有论者对美、日、英、新加坡、我国台湾地区等国家或地区的期货犯罪立法进行了介绍与比较，分析了期货犯罪的构成要件。该论者认为有必要在我国刑事立法中增设以下几种期货犯罪：（1）私下对冲罪；（2）内幕交易罪；（3）误导交易罪；（4）挪用保证金罪；（5）欺诈客户罪；（6）操纵期市罪。在立法模式上，该论者认为，在"期货法"出台前，可采取单行刑法方式，由全国人大常委会颁布关于惩治期货犯罪的若干规定；制定"期货法"时，则应采取附属刑法的方式，由"期货法"具体规定各种期货犯罪及其刑罚；对期货犯罪的刑罚，应以财产刑为主，以监禁刑为辅。

3. 破产犯罪

我国 1979 年刑法没有专门规定破产犯罪，1986 年通过的《企业破产法（试行）》虽然将某些行为规定为犯罪，但很不全面。有论者指出，破产犯罪行为的失范状态在某种意义上为非善意债务人规避法律、逃避债务提供了可乘之机，也为司法实践带来了极大困难，因而以制定新破产法为契机，宜在新破产法中增设有关破产犯罪的规定。关于破产犯罪的概念，有论者界定为：破产犯罪是指在破产程序进行过程中或在破产宣告前法律规定的期间内，违反破产法的规定而实施的损害债权人利益，或使破产程序不能顺利进行，情节严重的行为。亦有的论者对一些国家关于破产犯罪的法律制度进行了比较研究，在此基础上提出我国破产犯罪立法应包括以下几种犯罪：（1）诈欺破产罪；（2）过怠破产罪；（3）过迟破产申请罪；（4）债权人诈欺罪；（5）破产贿赂罪；（6）违反说明义务罪；（7）违反提交义务罪。还有论者将破产贿赂罪分为破产行贿罪和破产受贿罪，并在构成上将之与一般行贿罪和一般受贿罪予以详细区分。

4. 贿赂犯罪

迄今为止，我国刑事立法上已有三种类型的贿赂犯罪：一是 1979 年刑法及 1988 年全国人大常委会《关于惩治贪污罪贿赂罪的补充规定》所规定的受贿罪、行贿罪和介绍贿赂罪，二是 1993 年《反不正当竞争法》第 8 条所规定的商业贿赂罪，三是 1995 年全国人大常委会《关于惩治违反公司法的犯罪的决定》第 9 条（结合第 14 条）新增的公司、企业人员受贿罪。有论者认为，贿赂行为可能发生在不同领域之中，其危害的利益性质及程度的差异性决定了现行刑法中贿赂犯罪的立法应当区分利益性质，建立新的罪名体系：其一，将惩治受贿罪的重点放在维护国家机体的纯洁性方面，设立"公务受贿罪"。其主体应仅限于"国家公职人员"，包括国家公务员和各级国家权力机关、司法机关、军队中从事公务的人员。其二，单独增设"经济受贿罪"。商业贿赂中的受贿罪即包容于此罪之中。其三，设立"行业受贿罪"，以便将上述罪名无法包容的主体（诸如公证员、执业律师等）所实施的情节较为严重的受贿行为，也纳入刑法适度调整的范围。在建立上述罪名体系的基础上，设置刑罚时应当体现从重处罚公职人员受贿的精神。

关于一般受贿罪（即刑法规定的受贿罪），有论者认为，应当根据受贿行为的不同方式分层次地重构罪名，即采用"罪名系列"的立法模式，分别规定普通受贿罪、事前受贿罪、事后受贿罪和斡旋受贿罪的罪名。对于"为他人谋利"，有的论者主张将之作为受贿罪的主观要件予以明确，有的论者则主张删除这一要件且相应地废除 1979 年刑法关于行贿罪须具备的"为谋取不正当利益"要件的规定。对于贿赂罪的处罚，有论者建议增设罚金刑和资格刑，还有的论者主张在适当的时候从立法上废除受贿罪的死刑。对于如何界定"贿赂"的范围，多数意见主张在立法上应明确贿赂包括财物和财产性利益，但不能包括非物质性利益。

5. 贪污罪与侵占罪

关于贪污罪的立法完善，相关论者主要讨论的有两个问题：一是贪污罪罪名的存废问题。存在取消说、强化说、保留说三种不同意见，各自所持理由基本与以前理论界探讨的近似。占据主流的主张是在保留贪污罪罪名的同时，对其予以必要的完善，同时增设侵占罪。二是贪污罪主体的范围问题。有论者认为，将"集体经济组织工作人员及其他经手、管理公共财物的人员"规定为贪污罪的主体，过于宽泛，既体现不了贪污罪的本质特征，也不利于体现从严惩治国家公职人员犯罪的刑事政策，因此，应将贪污罪主体限定为"国家公职人员"。亦有论者指出，1995 年全国人大常委会《关于惩治违反公司法的犯罪的决定》增设了公司、企业人员侵占罪，实际上已将公司、企业中非国家工作人员（含集体经济组织工作人员等）利用职务或工作之便侵占本单位财物的行为排除在贪污罪适用范围之外，我国刑事立法有必要将这一精神贯彻到底，使贪污罪主体范围完全限于国家公职人员的范围。

关于侵占财物犯罪的立法，有论者认为，贪污罪和公司、企业人员侵占罪尚不能全面涵盖所有侵占之犯罪行为，因此有必要在1979年刑法规定的基础上予以系统的完善，具体构想是：（1）分别设立普通侵占罪和业务侵占罪罪名。前罪的主体为一般主体；后罪的主体为特殊主体，即非国家公职人员但从事一定业务或职务的自然人；（2）在主体和对象上界定贪污罪与上述两种具体侵占罪之间的界限。

6. 经济诈欺犯罪

随着市场经济体制的建立和发展，经济领域的诈骗犯罪日益增多。与传统的财产性诈骗犯罪相比，经济诈欺犯罪在社会危害程度、表现形式、侵犯对象等方面均大不相同。有论者认为，1979年刑法典关于诈骗罪的规定过于简略，且在主体范围、刑罚设置上不尽合理，无法有效地打击和预防各类经济诈欺犯罪。鉴于此，该论者指出，应从三个方面完善经济诈欺犯罪的刑事立法：首先，根据诈骗犯罪侵犯的客体之不同，将诈骗犯罪分成普通诈骗罪和经济诈欺犯罪。前者仍应规定在侵犯财产罪一章中，后者由于侵犯的主要客体是社会经济秩序，应归入破坏社会主义经济秩序罪一章。经济诈欺犯罪的具体罪名应当包括：经济合同诈欺罪、保险诈欺罪、破产诈欺罪、信用卡诈欺罪、票据诈欺罪、广告诈欺罪，等等。其次，规定法人也可以成为经济诈欺犯罪的主体。对法人经济诈欺犯罪采用双罚制。再次，在刑罚设置上，增设罚金刑的适用。

在刑法修改与完善的研讨中，论者还就死刑的存废、环境犯罪、计算机犯罪等问题进行了详细的立法论证，限于篇幅，兹不一一综述。

三、经济犯罪及其惩治问题

经济犯罪及其惩治，近些年一直是刑法学界讨论的热点问题。本年度这方面的研讨主要有：

（一）公司犯罪

1995年2月28日，全国人大常委会通过了《关于惩治违反公司法的犯罪的决定》（以下简称《决定》）。对于如何理解《决定》的有关内容，刑法学界进行了研讨，其内容主要集中在以下几个方面：

一是罪名问题。有论者认为，《决定》第1条至第7条、第9条至第11条分别增设了共10个罪名，即公司登记诈欺罪，虚假出资、抽逃出资罪，以虚假方法发行股票或公司债券罪，财务会计报告诈欺罪，公司清算侵害他人利益罪，故意提供虚假证明文件罪，擅自发行股票或公司债券罪，公司、企业人员受贿罪，公司、企业人员侵占本单位财物罪，公司、企业人员挪用本单位资金罪。有的论者则认为，以虚假方法发行股票或公司债券行为和未经批准擅自发行股票或公司债券行为本质相同，应成立非法募集资金罪一罪名。

二是构成特征问题。相关论者主要就以公司、企业人员为主体的三种犯罪与全国人大常委会《关于惩治贪污罪贿赂罪的补充规定》规定的受贿罪、贪污罪、挪用公款罪的关系作了研究。有人认为，区分这三组犯罪，关键在于主体范围和犯罪客体与对象的性质。《决定》规定的上述三种犯罪的行为主体只能是公司董事、监事或者职工，以及公司以外企业的职工，不包括国家工作人员，侵犯的客体是公司、企业的正常经营管理活动或公司、企业财物的所有权；而受贿罪、贪污罪和挪用公款罪的主体主要是国家工作人员，其侵犯的客体为国家机关的正常活动、公共财物所有权或国家使用公款的财经制度。有论者指出，根据《决定》第 14 条的精神，今后凡属集体经济组织内部职工收受贿赂、侵吞公物或挪用集体所有公款的，应一律适用《决定》规定的上述三种犯罪，而不能再分别以受贿罪、贪污罪和挪用公款罪论处。关于国家工作人员与公司、企业人员共同触犯《决定》第 9、10、11 条的规定时如何定罪处刑，有人指出，应按主犯身份构成的犯罪定罪量刑，但当国家工作人员和公司、企业人员均为主犯时，则应分别定罪，即对前者按《关于惩治贪污罪贿赂罪的补充规定》处理，对后者依《决定》新增的犯罪定性处罚。此外，还有的论者认为《决定》对新增罪名设置的自由刑偏低，无法体现罪刑相适应，而罚金数额太高，在实践中会因难于执行而使规定流于形式，因而有关刑罚的规定有待完善。

（二）金融犯罪

金融犯罪是出现在经济领域中的一类新型犯罪，1995 年 6 月 30 日全国人大常委会颁布了《关于惩治破坏金融秩序犯罪的决定》，对各种破坏金融秩序的犯罪作了详细规定。围绕该决定的理解和适用，论者着重探讨了下列问题：

第一，罪名的个数和表述问题。该决定共 15 个条文规定了具体犯罪，其中大多数罪名都比较明确，一般不存在争议。但其中第 2 条、第 8 条和第 9 条规定的犯罪，其罪名个数和表述，论者间有不同意见。关于第 2 条第 1 款，有的论者认为，出售、购买、运输伪造的货币应是 3 个独立罪名；有的论者则认为可定为两个罪名，即"出售、购买"为一罪，"运输"为一罪。对第 2 条第 2 款的规定，有的论者认为金融机构人员购买伪币的行为在该条第 1 款已有所包容；有人则认为两款犯罪主体和法定刑均不同，应单独成立"金融人员购买伪币罪"的罪名。金融人员利用职务便利以伪币换出真币的行为，如何表述罪名？有的论者认为应表述为"金融人员换取货币罪"，有的论者则认为用"金融人员换出真币罪"表述更为确切。对于第 8 条规定的"以非法占有为目的，使用诈骗方法非法集资"罪状如何概括罪名，有论者以"非法集资罪"表达；有的论者认为用"集资诈骗罪"较为准确，一来强调"集资"是手段、诈骗是目的，二来容易与其他非法集资行为明晰界限、避免混乱。关于第 9 条的规定，有人认为应成立"非法向关系人发放贷款罪"和"非法向非关系人发放贷款罪",有人则认为应成立"金融人员徇私舞弊罪"、"金融人员玩忽职守罪"和"金融人员滥用职权罪"3罪名。

第二,犯罪的认定与处罚问题。有论者指出,该决定第9条规定的金融机构人员非法向关系人、非关系人发放贷款的犯罪和第15条规定的非法出具信用函证罪,行为人在主观上只能是过失或间接故意,而不包括直接故意。此外,有论者对妨害货币犯罪中各具体犯罪的认定、处罚及有关新旧法条关系问题、其他金融犯罪的构成及界限问题作了详细探讨。

第三,立法完善问题。有论者指出,该决定在法定刑方面存在着不平衡和矛盾的地方,有必要予以完善,如将持有伪币行为的法定刑和出售、购买伪币行为的法定刑作相同的规定,无法体现前者具有较后者要轻的社会危害性程度之特点。有的论者还认为,该决定对伪造货币罪、非法集资诈骗罪以及金融诈骗罪等大面积适用死刑,是值得反思的;而有人则认为这一立法内容恰恰反映了当前我国金融领域犯罪危害严重的状况,从严惩处金融犯罪是完全正确的。

(三)侵犯知识产权犯罪

我国目前刑事立法对知识产权的保护已初具框架,但仍有许多具体问题值得研讨。本年度刑法学界对此问题的研讨主要集中在如下几个方面:

1. 侵犯知识产权犯罪的概念和特征。有论者认为:侵犯知识产权犯罪是指违反知识产权法的规定,侵犯他人依法享有的知识产权,情节严重,依照刑法的规定应负刑事责任的行为。由知识产权的属性决定,侵犯知识产权犯罪的犯罪客体是复杂客体,即这种犯罪既侵犯了他人财产权,又侵犯了市场经济秩序。关于侵犯知识产权犯罪的主观方面,有论者认为,虽然此类犯罪是法定犯,但行为人是否有违法性认识不应影响其犯罪主观罪过的成立;行为人主观上是否有营利目的,亦不能作为此类犯罪是否构成的标志。据此,该论者建议取消目前刑法中对侵犯著作权罪"以营利为目的"的主观要件限制。

2. 具体犯罪的认定与处罚。相关论者主要对侵犯著作权犯罪的罪名、构成特征、处罚原则、一罪与数罪等问题进行了研讨,兹不详述。

3. 侵犯知识产权犯罪的立法完善。有人认为,我国侵犯知识产权犯罪的立法还存在许多不足,亟待完善。诸如:(1)《关于惩治假冒注册商标犯罪的补充规定》的立法内容与《商标法》的有关规定有失协调,未将"模仿"、"影射"他人注册商标等行为纳入"假冒"商标的范畴。(2)《专利法》(1992年)第63条关于"假冒他人专利"的比照假冒注册商标罪处罚的规定,其缺陷之一是不能概括大多数侵犯专利权的犯罪行为,立法漏洞很大;缺陷之二是"比照"乃一种立法类推,有关处罚宜改由刑法另行规定。(3)现有侵犯著作权犯罪立法除应删除"以营利为目的"的范围限制外,尚需把制作、发行假冒他人署名的美术作品之外的其他作品的行为也规定为犯罪。还有论者建议,应当增设剽窃他人作品罪，以利于全面保护知识产权不受侵犯。

此外，相关论者还就贪污/贿赂犯罪、挪用公款罪等渎职类经济犯罪的惩治与防范作了研讨，有的论者对我国公职人员财产申报制度的立法完善及在防范贪污/贿赂犯罪领域的意义亦作了颇有价值的探索。

四、外向型刑法问题

外向型刑法研究在我国刑法学研究中是一个刚刚起步、尚待大力开发的新领域。1995 年刑法学界在此领域重点讨论的是中国国内区际刑事司法协助和国际刑事司法协助问题。

（一）中国国内区际刑事司法协助

我国恢复对香港、澳门地区行使主权以及对台湾地区实行和平统一后，将出现"一国四法域"的局面。对于如何在"一国两制"时期开展不同法域之间的司法协助，有论者认为，中国内地与港、澳、台地区之间的刑事司法协助不同于国际刑事司法协助，也不能搬用联邦制国家不同法域之间刑事司法协助的模式，而应从其自身的特殊性去探求全新的模式。中国内地与港、澳、台地区之间的刑事司法协助的具体事项包括犯罪情报交流、缉捕犯罪嫌疑人、文书的送达和调查取证、遣（移）送犯罪嫌疑人、刑事案件管辖移交、已决犯的移管、赃款赃物的追缴和移交，以及为司法审判的需要，相互提供关于各自立法、司法判例与司法解释方面的材料等。还有论者专门对中国内地与港、澳特别行政区之间的刑事司法协助作了探讨，认为其间的刑事司法协助应遵循 6 个基本原则：（1）"一国两制"原则；（2）平等协商原则；（3）尊重对方法律的原则；（4）适当保留公共秩序原则；（5）诚实合作原则；（6）合理界定管辖权原则。关于中国内地与港、澳特别行政区刑事司法协助的途径和模式，有论者主张不同的具体问题有不同的解决方法，既可以是签订协议，予以统一规范，也可以是就个案进行协商，并可在不违背两个特别行政区基本法关于"一国两制"规定的精神前提下，采用国际法性的途径和模式。但亦有论者认为应由中央统一立法模式为原则。

（二）国际刑事司法协助

随着犯罪国际化发展，犯罪对策也呈现国际化趋势，国际刑事司法协助也成为当今国际合作和国内刑事立法及理论研究的重要内容。有论者就我国如何建立国际刑事司法协助制度及所涉及的司法管辖权、法律适用的合作方式等问题作了研究。该论者认为，我国开展国际刑事司法协助的国内法依据尚不成熟，难以与国际接轨。为使我国国际刑事司法协助规范系统化及与国际法原则和相关条约相互协调，亟待制定"刑事司法协助法"和"引渡法"。对于如何建立我国的司法协助审查制度，该论者认为，应建立适合我国国情的双重审查制，即对于外国司法协助的请求，由外交部进行初审，而后由有管辖权的人民检察院进行实质性审查，其审查意见经外交部最后核准生效。该论者强调，负责司法审查的机关除少数情况下可由人民法院充任外，应一律由人民检察院担当，公安机关因非严格意义上的司法机关而不宜承担司法协助审查职责。

五、刑法学研究发展的展望

综观 1995 年刑法学研究的成果，可以发现，广大刑法工作者通过辛勤劳作，在某些重要领域，尤其是在社会主义市场经济条件下刑事法治建设之研讨方面取得了喜人的进展。一些有相当理论深度和实际可行性的刑法学论著，为中国刑法学更高层次的发展奠定了坚实的基础。但是，就我国目前刑法学研究状况而言，并非尽善尽美。比如，人们在注重刑事立法完善和惩治经济犯罪等热点问题时，往往忽视对刑法基本理论问题的建树，以致近年来刑法基本理论研究出现相对薄弱的局面；在研究方法上，刑法学研究中传统的注释方法广为应用，但哲学、社会学、经济学等方法则未受到应有的重视；在研究视野上，也有待于进一步解放思想和大力开拓，以逐步推进中国刑法理论与实践在更大程度上同国际社会之进步协调发展。有理由相信，经过学者们的反思和共同努力，中国刑法学研究必定走向更加的成熟和繁荣。

笔者认为，今后刑法学研究将会有以下几个方面的发展趋向：

（1）有关市场经济体制下刑事立法的完善，继续成为讨论和研究的重点、热点。

（2）关于如何加强惩治经济犯罪的研究将有进一步的拓展。

（3）刑法基本理论问题的研究向更广、更深层次迈进，超然于一时一地的实践之上的刑法理论会走向深入。

（4）外向型刑法研究会有更大的投入和新的突破。贴近中国刑事法治现实，以引进和借鉴外国法制先进经验为目的的比较刑法和外国刑法研究有所进展；预防和控制跨国、跨地区犯罪尤其是经济犯罪将成为国际刑法研究的热点课题；国内区际及国际刑事司法协助与合作，继续为人们所关注。

［高铭暄、赵秉志、肖中华；载《法学家》，1996（1）］

第十三章

改革开放以来我国刑法学的研究现状
与发展趋势（1979—1995）

一、前　言

刑法是关于犯罪、刑事责任和刑罚的法律，是国家的基本法律之一，对于保护公民权益、维护社会秩序、保卫国家利益乃至促进社会发展均至关重要。刑法学是研究刑法及其所规定的犯罪、刑事责任和刑罚的立法、司法及其发展规律的科学，是现代法学中一个极其重要的基本部门法学。按照刑法学所研究的法律之地域范围，一般把刑法学分为国内刑法学、外国刑法学和国际刑法学。国内刑法学是研究本国刑法的科学，外国刑法学是综合研究本国以外的其他各国刑法的科学，国际刑法学是研究国家之间有关刑事问题的实体法规范和程序法规范的科学。

在新中国法学发展的进程中，刑法学的研究历来较受重视。尤其是中共十一届三中全会开辟中国社会主义法治建设新阶段以来，刑法学研究在我国法学研究的全面繁荣中迅猛发展，长足进步，在法学教育、人才培养、科研成果、促进立法、服务司法和对外交流诸方面均成绩斐然、贡献卓著，从而成为公认的我国法学领域较为发达的主要学科之一。

目前，我国社会主义市场经济的发展方向已经确立，改革和开放在继续进展与深化，法律调整需要加大力度，法治建设需要进一步科学化和现代化，法学研究面临挑战与发展机遇并存之局面。在此之际，全面、客观地检阅、总览刑法学研究之进展和现状，科学地分析和展望刑法学的发展趋势，对我国刑法学研究的继续开拓和深化，对我国刑事法治的改革与完善，乃至对我国整个法治建设和社会的进步，都将具有重要的作用和意义。

二、刑法学研究的回顾

（一）刑法学研究的进程和特点

我国刑法学研究的发展，与我国整个法学领域及法治建设一样，经历了一个曲折的过程。这个过程大体上可以划分为以下三个阶段：第一阶段是从 1949 年新中国成立到

1957 年上半年"反右"斗争开始之前，此为刑法学研究的创建和初步发展时期。这一时期初步勾勒了中国刑法学特别是刑法学总论的轮廓，对中国刑法学的一些总论和具体犯罪问题有了一定深度的论述，并且开始翻译和介绍某些国家，主要是当时的社会主义国家苏联的刑法理论。第二阶段是从 1957 年下半年"反右"斗争开始到 1976 年 10 月粉碎"四人帮"前，此为刑法学研究从萧条到停滞时期。这一时期由于此伏彼起、连绵不断的政治运动和社会动乱，刑法学研究从其中前 10 年（1957—1966）的逐步萧条、成果很少，到后 10 年（1966—1976）的偃旗息鼓、完全停止。第三阶段是从 1976 年 10 月粉碎"四人帮"、结束"文化大革命"开始，特别是从 1978 年 12 月中共十一届三中全会作出实行改革开放和加强社会主义法制建设的战略决策以来至 1995 年，此为刑法学研究从复苏到繁荣的时期。这一时期刑法学研究经过近三年的复苏，随着新中国第一部刑法典于 1979 年 7 月 1 日通过、1980 年 1 月 1 日起施行及刑事司法实践的进行，刑法学发展步入崭新的阶段，在学科建设、人才培养、科学研究诸方面都取得了丰硕的成果。可以说，中共十一届三中全会以来至 1995 年，为我国刑法学研究发展最为显著、最为重要和最具总结价值之时期，这一时期的刑法学研究具有继往开来之功效。

综观中共十一届三中全会以后 16 年间刑法学的研究，其具有以下几个显著的特点：

第一，重视联系我国新时期经济体制改革和商品经济、市场经济发展的情况与需要来研究刑法问题。许多论著对商品经济、市场经济条件下经济犯罪的宏观问题、共性问题以及具体经济犯罪、新型经济犯罪的惩治防范问题，进行了深入、细致的探讨。

第二，注意适应对外开放的需要来开展刑法学研究。例如：一些论著对中外刑法进行比较研究，较为客观地介绍了外国刑法和刑法学中一些值得我国参考、借鉴的内容；出版发表了一定数量的介绍、评述外国刑法和刑法学的译著、著作与文章；对国际刑法和国际犯罪的研究有所开拓；对我国台湾、香港、澳门地区的刑法问题初步展开了研究。

第三，注意开展对我国刑事司法尤其是刑事立法完善问题的探讨。在刑事司法方面，对刑法总则的若干问题和刑法分则的多种常见多发犯罪的实务问题均有相当深度的研究，其中一些见解被最高司法机关的司法解释采纳，不少见解对司法实务具有广泛的影响；在刑事立法方面，刑法学界结合我国刑法修改的准备和进行，对刑法修改的原则、体系结构的调整，以及刑法内容和立法技术完善等方方面面的问题，均有不同程度的探讨和见仁见智的建议，从而为刑法修改提供了重要的理论参考。

第四，系统的全面研究与深入的专题研究相结合，基本课题的研究与新课题的开拓相结合，使得刑法学研究在广度与深度上、在发掘与创新方面、在纵与横方面，均取得了显著的进展。

第五，刑法学研究学术争鸣气氛浓郁，开始注意改进研究方法，并且逐步注重分析、总结研究情况与成果，从而促进了刑法研究的科学性。

第六，研究工作协调发展，研究力量不断增长。刑法学的研究活动，主要依靠各政法院系、各法学研究机构和各政法实际部门的组织领导和规划实施。除此而外，国家社会科学基金通过科研项目的设立、申报、批准和督促进行与完成，对刑法学研究起到了积极的引导、协调和促进作用；中国法学会刑法学研究会和各地方法学会刑法学研究会，通过其学术会议与学术活动，对刑法学研究也起到了一定的组织和推动作用。刑法的研究队伍相当庞大，力量颇为雄厚，一大批中青年专家、学者已经成长起来并成为研究的主力。

（二）刑法学领域的主要成就

1. 学科建设和人才培养

刑法学历来是各法学专业本科和专科必修的基本法学课程，在高等法学教育中居于重要的地位，近年来经过发展和改进，刑法学课程在高等法学教育中继续得到重视。从研究生的培养看，我国刑法学科从 20 世纪 50 年代就开始招收和培养研究生（如中国人民大学法律系从 1950 年起就开始招收刑法研究生），当时尚没有硕士学位。"文化大革命"结束后，我国刑法学科从 1978 年起即开始招收研究生；1980 年 2 月全国人大常委会通过《中华人民共和国学位条例》，此后刑法学科即开始招收和培养硕士研究生；经国家批准，刑法学科从 1984 年起开始招收和培养博士研究生，1992 年开始建立博士后流动站并接纳博士后研究人员。经过国务院学位委员会及其学科评议组的前后 5 批硕士和博士学位授权审核，至 1995 年全国刑法学科已有 13 个硕士学位点（北京大学、中国人民大学、中国政法大学、吉林大学、西南政法大学、中南政法学院、中国社会科学院研究生院、武汉大学、西北政法学院、上海社会科学院、华东政法学院、四川联合大学、郑州大学）、4 个博士学位点（中国人民大学、武汉大学、吉林大学、北京大学）、3 个有权招纳刑法学博士后的博士后流动站（中国人民大学、武汉大学、北京大学）、1 个国家重点学科（中国人民大学），从而形成了完备的刑法专业高层次人才的培养体系。

兹将刑法学博士学位点、博士后流动站和刑法学国家重点学科及博士生导师简介如下：

（1）中国人民大学法学院刑法专业。1984 年 1 月被批准为全国第一个刑法专业博士学位点；1987 年被评定为刑法专业全国唯一的国家重点学科点；1992 年 11 月经国家批准首批建立法学博士后流动站，并于同年 12 月录取了全国第一位刑法学博士后研究人员。该专业的博士生导师为高铭暄教授（1984 年）、王作富教授（1986 年）、赵秉志教授（1993 年）和陈兴良教授（1994 年）。

（2）武汉大学法学院刑法专业。1986 年被批准为刑法专业博士学位点，1992 年 11 月经国家批准首批建立博士后流动站，1994 年录取了全国第二位刑法学博士后研究人员。该专业的博士生导师为马克昌教授（1986 年）、喻伟教授（1993 年）和赵廷光教授（1994 年）。

（3）吉林大学法学院刑法专业。1986 年被批准为刑法专业博士学位点。该专业的博士生导师为何鹏教授（1986 年）、高格教授（1993 年）和王牧教授（1994 年）。

（4）北京大学法律系刑法专业。1990 年被批准为刑法专业博士学位点，1994 年经国家批准建立法学博士后流动站。该专业的博士生导师为杨春洗教授（1990 年）和储槐植教授（1993 年）。

刑法学专业高层次人才的培养成绩斐然。十一届三中全会以来至 1995 年的 16 年间，全国已培养出刑法学硕士约五百余位，刑法学博士近三十位，刑法学博士后 1 位（中国人民大学）。这些刑法专业博士、硕士发表的学位论文、专论乃至专题著作，闪烁出不少颇有价值的见解，对于丰富、深化、开拓刑法学理论和完善刑事法治，均具有重要的作用和意义；这些中青年刑法学博士、硕士也逐渐成长为我国刑法学界和法律实务界的骨干。同时，有关院校还培训了一大批刑法专业的高级实务人才：中国人民大学法学院与最高人民法院中国高级法官培训中心合作，自 1989 年起在中国人民大学法学院开办了多期为期一年或半年的高级法官刑法专业培训班，迄今已培训刑法专业高级法官三百余位；最高人民检察院中央检察官管理学院在有关院校刑事法学专业的支持下，此期间也培训了数百位以刑事法律实务为主的高级检察官。刑法专业这些高级实务人才的培训，在相当程度上改善了我国高级司法官的结构，对我国司法水平的提高大有裨益。

2. 研究成果

据粗略统计，1979 年刑法典颁布前的 30 年间，我国出版、印行的各类刑法书籍八十本左右，发表的刑法论文仅有近二百篇；1979 年刑法典颁布以来至 1995 年的 16 年间，我国出版、印行的各类刑法书籍达六百五十余本（相当于前 30 年的 8 倍多），发表的刑法论文约一万二千余篇（相当于前 30 年的 60 倍）。刑法学论著不但其数量之多、涉及面之广是空前的，而且不乏立论新颖、开拓显著、研究深入、见解精辟、论述充分、资料丰富的杰作、力著。这些丰富的刑法学论著尤其是其中优秀的成果，对于刑法学教育、刑法学人才培养、刑法学理论发展和刑事法治的进步，都发挥了不可或缺的重要作用，从而从一个方面反映了我国刑法学科和刑事法治的发展水平。从刑法书籍方面看，较有代表性的优秀成果主要有下述四类：

（1）中国刑法学教科书。教科书是学科理论研究成果的结晶，因而优秀的教科书也是学科基本水准的体现。在 16 年间陆续出版的数十本中国刑法学教科书中，比较具有代表性的是以下 6 本：一是杨春洗等编著的《刑法总论》（北京，北京大学出版社，1981），在刑法理论研究上有一定的深度；二是王作富等编著的《刑法各论》（北京，中国人民大学出版社，1982），结合司法实践对刑法分则问题进行了较为深入的研究和论述；三是高铭暄主编的高等学校法学教材《刑法学》（北京，法律出版社，1982），吸收了刑法学研究的新成果，在体例和内容上有了新的突破；四是高铭暄主编的《中国刑法学》（北京，中国人民大学出版社，1989），侧重阐述刑法学的基本理论，并注意研讨刑法适用中的实务问题；五是林准主编的全国法院干部业余法律大学教材《中国刑法教程》（北京，人民法院出版社，1989），密切结合刑事审判实践，研究论述了刑法的理论和实务问题；六是赵秉志、吴振兴主编的高等学校法学教材《刑法学通论》（北京，高等教育出版社，1993），反映了刑法学理论研究的最新成果，并在体系结构方面有创新性探讨。

（2）中国刑法学专著。专著是学科学术水平的最高代表和集中体现。在中共十一届三中全会以来至1995年的16年间出版的数以百计的刑法学专著中，较有代表性的主要有：高铭暄著《中华人民共和国刑法的孕育和诞生》（北京，法律出版社，1981），顾肖荣著《刑法中的一罪与数罪问题》（上海，学林出版社，1986），李光灿、张文、龚明礼著《刑法因果关系论》（北京，北京大学出版社，1986），高铭暄主编《新中国刑法学研究综述》（郑州，河南人民出版社，1986），樊凤林主编《犯罪构成论》（北京，法律出版社，1987），高铭暄、王作富主编《新中国刑法的理论与实践》（石家庄，河北人民出版社，1988），金凯主编《侵犯财产罪新论》（北京，知识出版社，1988），王作富著《中国刑法研究》（北京，中国人民大学出版社，1988），邱兴隆、许章润著《刑罚学》（北京，群众出版社，1988），孙谦主编《国家工作人员职务犯罪研究》（北京，中国政法大学出版社，1988），苏惠渔、张国全、史建三著《量刑与电脑》（北京，百家出版社，1989），赵秉志著《犯罪主体论》（北京，中国人民大学出版社，1989），甘雨沛主编《刑法学专论》（北京，北京大学出版社，1991），马克昌主编《犯罪通论》（武汉，武汉大学出版社，1991），顾肖荣、吕继贵主编《量刑的原理与操作》（上海，上海社会科学院出版社，1991），杨敦先、谢宝贵主编《经济犯罪学》（北京，中国检察出版社，1991），何秉松主编《法人犯罪与刑事责任》（北京，中国法制出版社，1991），张明楷著《犯罪论原理》（武汉，武汉大学出版社，1991），崔庆森主编《中国当代刑法改革》（北京，社会科学文献出版社，1991），姜伟著《犯罪故意与犯罪过失》（北京，群众出版社，1992），陈兴良著《刑法哲学》（北京，中国政法大学出版社，1992），陈兴良著《共同犯罪论》（北京，中国社会科学出版社，1992），赵炳寿主编《刑法若干理论问题研究》（成都，四川大学出版社，1992），熊选国著《刑法中行为论》（北京，人民法院出版社，1992），李贵方著《自由刑比较研究》（长春，吉林人民出版社，1992），赵国强著《刑事立法导论》（北京，中国政法大学出版社，1993），单民著《贿赂罪研究》（北京，中国政法大学出版社，1993），侯国云著《过失犯罪论》（北京，人民出版社，1993），高铭暄主编《新中国刑法科学简史》（北京，中国人民公安大学出版社，1993），赵秉志主编《毒品犯罪研究》（北京，中国人民大学出版社，1993），赵长青主编《中国毒品问题研究》（北京，中国大百科全书出版社，1993）；赵秉志主编《刑法新探索》（北京，群众出版社，1993），陈兴良主编《刑种通论》（北京，人民法院出版社，1993），喻伟主编《量刑通论》（武汉，武汉大学出版社，1993），高铭暄主编《刑法学原理》（3卷本，北京，中国人民大学出版社，1993、1994），马克昌主编《中国刑事政策学》（武汉，武汉大学出版社，1993），樊凤林主编《刑罚通论》（北京，中国政法大学出版社，1994），叶高峰主编《暴力犯罪论》（郑州，河南人民出版社，1994），肖扬主编《贿赂犯罪研究》(北京,法律出版社,1994),姜伟著《犯罪形态通论》(北京,法律出版社,1994),张旭著《减免刑事责任理论比较研究》(长春,长春出版社,1994),杨春洗主编《刑事政策论》(北京,北京大学出版社,1994),高铭暄著《刑法问题研究》(北京,法律出版社,1994);高格著《定罪量刑的理论与实践》(长春,吉林人民出版社,1994),赵秉志著《改革开放中的刑法理论与实务》(长春,吉林人民出版社,1994),赵秉志主编《妨害司法活动罪研究》(北京,中国人民公安大学出版社,1994),樊凤林、宋涛主编《职务犯罪的法律对策及治理》(北京,中国人民公安大学出版社,1994),顾肖荣主编《证券违法犯罪》(上海,上海人民出版社,1994),胡云腾著《死刑通论》(北京,中国政法大学出版社,1995)等。

(3) 外国刑法学著作和译著。外国刑法学著作较有代表性的主要有:甘雨沛、何鹏著《外国刑法学》(上、下册,北京,北京大学出版社,1984、1985),金凯编著《比较刑法》(郑州,河南人民出版社,1985);储槐植著《美国刑法》(北京,北京大学出版社,1987),陈明华著《当代苏联东欧刑罚》(北京,中国人民公安大学出版社,1989),何鹏著《外国刑事法选论》(长春,吉林大学出版社,1989),郑伟著《刑法个罪比较研究》(郑州,河南人民出版社,1990),高格编著《比较刑法学》(长春,长春出版社,1991),周密主编《美国经济犯罪和经济刑法研究》(北京,北京大学出版社,1993),何鹏主编《现代日本刑法专题研究》(长春,吉林大学出版社,1994)等。外国刑法学译著较有代表性的主要有,[挪]约翰尼斯·安德聂斯著《刑罚与预防犯罪》(钟大能译,北京,法律出版社,1983),[苏]巴格里—沙赫马托夫著《刑事责任与刑罚》(韦政强等译,北京,法律出版社,1984),[美]哈特著《惩罚与责任》(王勇等译,北京,华夏出版社,1989),[英]塞四尔·特纳著《肯尼刑法原理》(王国庆等译,北京,华夏出版社,1989),[法]马克·安塞尔著《新刑法理论》(卢建平译,香港,香港天地图书有限公司,1990),[日]小野清一郎著《犯罪构成要件理论》(王泰译,北京,中国人民公安大学出版社,1991),[日]西原春夫著《刑法的根基与哲学》(顾肖荣等译,上海,上海三联书店,1991),[日]大塚仁著《犯罪论的基本问题》(冯军译,北京,中国政法大学出版社,1993),[意]贝卡里亚著《论犯罪与刑罚》(黄风译,北京,中国大百科全书出版社,1993),[英]吉米·边沁著《立法理论—刑法典原理》(北京,中国人民公安大学出版社,1993),[美]道格拉斯·N·胡萨克著《刑法哲学》(谢望原等译,北京,中国人民公安大学出版社,1994)等。

(4) 国际刑法学著作。比较有代表性的主要有:赵维田著《论三个反劫机公约》(北京,群众出版社,1985),黄肇炯著《国际刑法概论》(成都,四川大学出版社,1992),张智辉著《国际刑法通论》(北京,中国政法大学出版社,1993),邵沙平著《现代国际刑法教程》(武汉,武汉大学出版社,1993),赵永琛著《国际刑法与司法协助》(北京,法律出版社,1994)等。

除上述四类书籍外,这16年里我国还出版了数量可观的工具书、普及知识书和案例研析书等类型的刑法学书籍，这些书籍在宣传普及刑法知识乃至促进刑法学发展方面也起到了积极的作用，其中有些刑法学工具书和刑法案例研析书也达到了相当的理论水平。

3. 学术组织和学术活动

（1）中国法学会刑法学研究会和地方法学会刑法学研究会。中国法学会刑法学研究会是中国法学会下属的法学学科研究会之一，是全国性的刑法学科学术团体，于 1984 年 10 月 21 日至 23 日在四川省成都市成立，会址设在北京。1984 年 10 月成立的第一届干事会由 30 位干事组成，高铭暄任总干事，杨春洗、曹子丹、马克昌、单长宗任副总干事，杨敦先任秘书长；1987 年 10 月成立的第二届干事会由 54 位干事组成，高铭暄任总干事，丁慕英、马克昌、苏惠渔、杨春洗、杨敦先、单长宗、曹子丹任副总干事，杨敦先兼任秘书长；1991 年 11 月成立的第三届干事会由 70 位干事组成，高铭暄任总干事，丁慕英、马克昌、杨春洗、杨敦先、苏惠渔、单长宗、曹子丹、高格任副总干事，杨敦先兼任秘书长。中国法学会刑法学研究会历届干事会的干事，包括了高等法律院校、法学研究单位、立法机关和司法、公安实务机关等各领域、各方面的专家、学者，具有广泛的代表性。

中国法学会刑法学研究会从 1984 年 10 月成立至 1995 年，把主要精力用于组织和开展全国性的刑法学术活动。从 1984 年至 1994 年的 11 年间，刑法学研究会共组织和召开了 10 次年度性的全国刑法学术研讨会，除首次会议为六十余位代表出席外，其余历次会议与会者均在百人左右或百人以上，最多的一次会议与会者多达一百八十余人。研讨会与会者代表的领域和层面广泛。这 10 次学术研讨会均根据刑事法治建设和刑法学发展的需要来确定研讨议题，会议上进行论文的交流和与会者的研讨争鸣，会后再由研究会组织将会议论文选编成书出版或印行，以在更大的范围内交流并促进刑法学研究。现将这 10 次学术研讨会的研讨议题和成果形式简述如下：其一，1984 年 10 月成都会议。主要研讨了刑法学的研究对象及体系、强奸罪、流氓罪等三个问题。会后选编并内部印行了《刑法学论文集》一书。其二，1986 年 8 月北京会议。主要议题为经济体制改革与打击经济犯罪。会后选编并出版了论文集《经济体制改革与打击经济犯罪》（上海，上海社会科学院出版社，1987）。其三，1987 年 10 月烟台会议。主要研讨了体制改革与刑法和我国产生犯罪的原因这两个方面的问题。其四，1988 年 10 月郑州会议。以改革开放新形势下如何完善我国刑事立法为中心议题，同时还研讨了我国刑事司法、刑法理论和刑法学教学的改革等问题。会后选编并出版了一本论文集《刑法发展与司法完善》（北京，中国人民公安大学出版社，1989）。其五，1989 年 10 月上海会议。主要研究了刑法学的宏观理论问题、我国刑事立法的完善问题、反革命罪以及惩治经济犯罪、清除腐败中的刑法问题。会后选编并出版了论文集《刑法发展与司法完善（续编）》（长春，吉林大学出版社，1990）。其六，1990 年 11 月大连会议。主要研讨了廉政建设与职务犯罪方面的问题以及刑法修改问题。会后选编并出版了论文集《廉政建设与刑法功能》（北京，法律出版社，1991）。其七，1991 年 11 月广州会议。中心议题为刑罚的执行问题。会后选编并出版了论文集《刑法运用问题探讨》（北京，法律出版社，1992）。其八，1992 年 10 月西安会议。主要研讨了刑法与改革开放、刑罚的运用与完善、经济犯罪的几个新的单行刑法等方面的问题。会后选编并出版了论文集《改革开放与刑法发展》（北京，中国检察出版社，1993）。其九，1993 年 11 月福州会议。中心议题为社会主义市场经济与刑法的适用和发展。会后选编并出版了论文集《市场经济与刑法》（北京，人民法院出版社，1994）。其十，1994 年 10 月南宁会议。主要研讨了市场经济与刑法的修改和完善，以及市场经济条件下经济犯罪的认定与处罚这两个方面的问题。会后由刑法学研究会选编并出版了论文集《刑法的修改与完善》（北京，人民法院出版社，1995）。此外，中国法学会刑法学研究会还组织和委托几位中青年刑法学者编写并出版了《全国刑法硕士论文荟萃》一书（北京，中国人民公安大学出版社，1989），该书以浓缩的方式整理、收录了我国建立学位制度以后 1981 届——1988 届已通过答辩的所有刑法硕士学位论文（187 篇）的新观点、新见解和研究有所深入与进展的问题。

总之，作为全国性的刑法学科的学术团体，中国法学会刑法学研究会十余年来积极组织、团结全国广大刑法理论工作者与实务工作者，紧密结合刑事立法之进展和刑事司法的新情况及发展完善和需要，来努力开展刑法学研究，从而为我国刑法学理论的繁荣发展，为国家刑事法治的进步，作出了积极的贡献。

全国多数省区法学会之下也都建立有刑法学研究会。这些省区法学会刑法学研究会作为地方刑法学学术团体，也都注意组织本地区刑法工作者开展刑法学研究，举行学术年会或专题研讨会，编印研讨论文集或专刊，从而促进了本地区刑法理论的发展和司法实务水平的提高。

（2）国际刑法学协会中国分会。国际刑法学协会是目前世界四大刑事科学组织中历史最悠久、影响最广泛的非政府性学术组织。它在联合国经济与社会理事会享有咨询地位，为联合国每年召开的世界人权大会和每 5 年举行一次的世界预防犯罪与罪犯处遇大会起草和制定大量刑事法律文件及相关文件。该组织至 1995 年拥有国家会员 73 个。中国法学会刑法学研究会于 1987 年开始与国际刑法学协会接触、联系，1988 年 4 月成立国际刑法学协会中国分会，1988 年 5 月被国际刑法学协会接纳为会员国，余叔通教授和高铭暄教授分别担任中国分会的正、副主席。国际刑法学协会中国分会的成立，标志着中国刑法学开始走向世界，在世界刑法学论坛上占有了一席之地。国际刑法学协会中国分会成立以来，派代表参加了一些国际学术会议，包括 1989 年 10 月在奥地利维也纳召开的国际刑法学协会第 14 届代表大会，1990 年 5 月在法国巴黎召开的国际刑法学协会理事会会议，以及 1994 年 9 月在巴西里约热内卢召开的国际刑法学协会第 15 届代表大会等。国际刑法学协会中国分会的代表从国际学术会议归来，均将国际会议的刑法研讨情况和议题在中国法学会刑法学研究会的学术年会上予以介绍，其介述文章也每每载入刑法学研究会的学术年会论文集中或见诸报刊，从而促进了全国刑法界对世界刑法学动态的了解和研究。在 1994 年召开的国际刑法学协会第 15 届代表大会上，中国分会主席余叔通教授当选为国际刑法学协会副主席，这是当时亚洲地区唯一的一名副主席，也是中国学者首次担任国际刑法学协会的领导职务，标志着中国刑法学界在世界刑法论坛上的影响分量有了显著的加重。

（3）各法律院系、研究机构、实务部门的学术组织。我国高等法律院系一般都设有刑法教研室，刑法教研室是集组织刑法学教学、人才培养和刑法学研究等功能于一身的单位；全国和一些省市的法学研究机构中设有刑法研究室，如中国社科院法学研究所、上海社科院法学研究所等均设有刑法研究室，其刑法研究室以从事刑法理论研究为主要业务；我国中央和地方立法、司法机关中的研究单位，也往往有刑法实务乃至刑法理论方面的研究工作。上述刑法教研室、刑法研究室和实务机关的研究单位，由于本职业务所在，实乃我国刑法学研究和学术活动最基本、最重要的组织者和实施者，大多数重要的刑法学科研成果也都是由这些学术组织或其学者完成的。

中国人民大学法学院刑法专业基于其雄厚的学科实力，为适应国家改革开放对外向型刑法学的需要，于 1993 年 10 月成立了中国人民大学国际刑法研究所，这是我国第一家、当时也是唯一的一家，以国际刑法、外国刑法和比较刑法为主要研究范围的专门研究机构。该研究所由高铭暄教授任所长，由赵秉志教授任副所长，由中国人民大学法学院刑法专业的教师和博士生为研究人员主体，并聘请国内外的著名专家、学者为客座教授或特邀研究员。该研究所成立以来，学术联系、学术活动和学术研究进展显著：如已与日本、法国、加拿大等国家和我国台、港、澳地区的刑法学者建立了学术联系乃至学术合作关系；与法国刑法学者进行"中法经济犯罪、侵犯人身权利犯罪合作项目"的研究；组织编写并在日本出版 10 卷本的《中国法学全集》系列学术专著；在日本方面的部分资助下，组织编写并在中国出版专题系列的《日本刑法研究丛书》。该研究所力图以扎实的学术研究和广泛的对外交流活动，为中国刑法学走向世界和提高我国刑法学研究的学术水平，作出积极的贡献。

4. 参与立法和司法解释

我国立法、司法机关一向比较注意邀请法学专家参与立法起草和司法解释的制定工作，因而刑法学界在此方面也作出了一定的贡献。

从刑法立法方面看。在 20 世纪 50 年代国家立法机关建立的刑法起草班子中，就吸收了一些刑法学者。如高铭暄教授、江任天教授、邓又天教授、宁汉林教授、宋涛教授等，当时都参加了刑法起草班子。高铭暄教授自 1954 年到 1979 年自始至终参加了我国第一部刑法典的起草工作。在刑法典颁布实施以来国家立法机关创制一系列单行刑事法律和数十个非刑事法律中的附属刑法条款之过程中，也基本上邀请了一些刑法学者参加咨询或研拟。1988 年以来，国家立法机关开始了修改刑法典的起草工作，其两度成立的刑法修改班子均吸收了数位法学院系、科研机构的中青年刑法学者参加，立法机关并在起草过程中以多种形式广泛听取刑法专家/学者的意见和建议。受国家立法机关的委托，中国人民大学法学院刑法专业的学者们在高铭暄教授和王作富教授的主持下，自1993年年底到1994年10月进行并初步完成了刑法典总则修改稿初稿的研拟工作。此外，一些刑法学者还应邀参加了国家军法部门关于修订军职罪惩治法和创制危害国防罪法律的研讨与咨询工作。刑法学者对立法的参与，无疑有助于刑事立法水平的提高，另一方面对刑法理论研究也有促进作用。

从刑事司法解释方面看。近年来，最高司法机关在创制、修改刑事司法解释的过程中，也往往以一定的方式征询刑法学者的意见。刑法学者通过参与刑事司法解释制定过程中的研讨、咨询，既促进了刑事司法解释的科学性，也从一个重要的渠道增进了对司法实务的了解，从而有助于刑法学研究中的理论与实践相结合。

三、刑法学研究的主要课题

十一届三中全会以来，我国刑法学得以迅猛发展，所研讨的课题从基本理论到具体制度，从总论到分论，从理论到实务，几乎无所不包。其中取得较大进展、研究较多、争议较大且内容重要的热点、难点、重点课题主要有以下若干个：

（一）刑法基本理论问题

1. 关于刑法学体系结构的发展

我国最早确立的刑法学体系一般分为四编：第一编为绪论，第二编为犯罪总论，第三编为刑罚总论，第四编为罪刑各论。目前这一总的体系结构虽然变化不大，但其内容随着研究的进展而有诸多增删调整，一些新的研究课题也被纳入研究的视野。例如：在刑法学绪论编，增设了刑事立法的内容；在效力范围中独立论述普遍管辖权问题。在犯罪总论编，将犯罪原因的内容删去，由犯罪学独立予以研究；增加了定罪、刑事责任等崭新的内容；将罪数论从原刑罚总论里的数罪并罚中独立出来，并放在犯罪总论中专门研究；将犯罪发展阶段改称为更为科学的犯罪停止形态；在排除犯罪性的行为一章中，将职务行为、执行命令行为、正当业务行为、自救行为、被害人承诺的行为等纳入研究范围。在刑罚总论编，开始研究保安处分、量刑方法等内容，并将种类繁多的刑罚制度合理地归并为刑罚裁量制度、刑罚执行制度和刑罚消灭制度几类进行研究。在罪刑各论编，增设论述各论一般问题之专章，并将法条竞合从罪数论中移于此予以研究；根据刑法典分则发展完善的趋势，逐步改反革命罪为危害国家安全罪，并对一些新类型犯罪进行前瞻性的专章研究，如此等等。调整后的刑法学体系结构，逻辑上更趋于合理，内容上也更加丰富，从而鲜明地体现了刑法学研究的深化与开拓。

2. 关于罪刑法定原则问题

关于罪刑法定原则的讨论分为两个阶段：第一阶段，罪刑法定是不是我国刑法的基本原则；第二阶段，罪刑法定原则与类推的关系。在第一阶段的讨论中，有否定说与肯定说两种观点。否定说认为罪刑法定不是，也不应当成为我国刑法的基本原则，其主要理由是：罪刑法定不能反映犯罪现象的复杂多样、千变万化，在实践中行不通，特别是不能适合中国人多地广、情况复杂的国情，不利于同犯罪作斗争；我国刑法规定了类推制度，也就等于否定了罪刑法定原则。肯定说认为我国刑法基本上实行了而且应该实行罪刑法定原则，其主要理由是：罪刑法定有利于保障人民的民主权利，有利于克服人治弊端，有利于人民群众与犯罪作斗争，虽然我国刑法规定了类推，但主要还是罪刑法定。上述论争的结果，肯定罪刑法定原则的成为主流。在第二阶段，关于罪刑法定与类推的关系，经过第一阶段的论争，刑法学界基本都主张刑法应规定罪刑法定原则，但是否应当在刑法中取消类推，又存在不同观点。"取消说"认为，类推与罪刑法定是矛盾的，既然规定罪刑法定原则，就应当取消类推；从司法实践看，适用类推定罪的案件数量极少，规定类推得不偿失、弊大于利。"保留说"认为，虽然规定罪刑法定原则，但类推可以弥补罪刑法定的不足；司法实践中类推案件数量少是由于类推制度未被严格执行，并不能说明类推制度不起作用。上述论争至 1995 年仍在继续，并与刑法典的修改、完善结合在一起，但取消类推说已成为当时刑法学界不可逆转的主流。

3. 关于犯罪构成问题

犯罪构成是刑法学中的一个重要理论问题。刑法学界关于犯罪构成包括哪些要件存在激烈争论。通说为四要件说，即认为犯罪构成包括犯罪客体、犯罪客观方面、犯罪主体和犯罪主观方面四个方面的要件。此外，还存在二要件说、三要件说、五要件说。二要件说又分两种：一是把犯罪构成要件分为行为要件和行为主体要件，而行为要件是主客观要件的统一；二是把犯罪构成要件分为主观要件和客观要件，认为犯罪主体是前提条件，犯罪客体是附属于行为的，因此二者都不是犯罪构成要件。三要件说也分两种：一是认为犯罪构成由主体、危害社会的行为、客体三要件组成，而危害社会的行为是主观方面与客观方面的统一；二是认为犯罪构成要件分为犯罪主体、犯罪主观方面、犯罪客观方面三部分，犯罪客体反映的是犯罪的本质，不是犯罪构成要件。五要件说是在四要件说的基础上，将四要件说中的犯罪客观方面分为两部分：一是犯罪的行为，二是犯罪的危害结果及其与犯罪行为之间的因果关系。

近来，刑法学界有人运用系统论的方法尝试建立犯罪构成体系，即认为犯罪构成是一个由相互联系、相互作用的诸要件构成的有机整体。但是在构成的具体要件上，仍采用四要件说。

应当指出，对犯罪构成要件，传统的四要件说在我国刑法学界仍占主流，尽管有不少新的尝试，但基本上是形式上的新的排列组合，从实质而言变化不大。

4. 关于刑事责任问题

刑事责任问题是刑法学中的一个重大理论问题，我国刑法学界主要从 20 世纪 80 年代中后期对此开始进行研究，主要集中于两个问题，即刑事责任的概念和刑事责任的根据。

关于刑事责任的概念，刑法学界早期曾有"责任说"、"刑罚说"与"后果说"："责任说"认为，刑事责任是因犯罪而生的法律责任；"刑罚说"认为，刑事责任是国家对犯罪人判处的刑罚；"后果说"认为，刑事责任是因犯罪而引起的法律后果。"责任说"简单地指出刑事责任是一种法律责任，尽管逻辑上没有错误，但内容上不够深刻；"刑罚说"将刑事责任等同于刑罚，混淆了二者的关系；"后果说"虽然正确地指出刑事责任是犯罪的法律后果，但由于刑罚也是犯罪的法律后果，故仍然没有将刑事责任与刑罚明确加以区分。随着研究的深入，又出现了"谴责说"、"义务说"、"承担说"："谴责说"认为，刑事责任是犯罪人因实施犯罪行为而应当承担的国家司法机关依照刑法对其犯罪行为及其本人的否定性评价和谴责；"义务说"认为，刑事责任是犯罪分子因犯罪行为而负有的承受国家给予的刑事处罚的义务；"承担说"认为，刑事责任是行为人对违反刑事法律义务的行为（犯罪）所引起的刑事法律后果（刑罚）的一种应有的、体现国家对行为人否定的道德政治评价的承担。上述三说以"承担说"最为科学。可见，刑法学界关于刑事责任概念的研究愈来愈全面、深刻、准确，达到了一个新的高度。

关于刑事责任的根据，即刑事责任的法律事实根据，有的认为是犯罪构成，有的认为是犯罪行为，有的认为是行为的社会危害性。其实，"犯罪构成说"与"犯罪行为说"提法上虽不同，实际含义是相同的，即皆认为行为符合犯罪构成是刑事责任的根据。而关于刑事责任的根据，实应分形式根据与实质根据。形式根据是从司法角度而言，即司法机关为什么要追究某一行为的刑事责任。从此角度看，刑事责任的根据是行为符合犯罪构成；实质根据是从立法角度而言，即立法者为什么要规定某种行为的刑事责任。从这一角度看，则刑事责任的根据应为行为的严重社会危害性。一些刑法论著对此未作严格区分，因此难免引起争论。

5. 关于法人犯罪问题

关于法人能否成为犯罪主体问题，有否定说与肯定说。否定法人犯罪的观点认为：法人不具备犯罪的主观要件；把法人作为犯罪主体惩罚，违背我国刑法罪责自负原则；违背我国适用刑罚的目的；在适用刑罚上缺乏适应性，在司法实践中缺乏可行性。肯定法人犯罪的观点则持相反的理由，并认为法人既然可以作为违法主体，就可以作为犯罪主体；法人犯罪是客观存在的事实，等等。由于我国立法上逐渐出现了有关单位犯罪的规定，因而关于法人犯罪的讨论逐渐转向如何完善惩治法人犯罪的立法问题。但是，关于是否应在立法上规定法人犯罪，仍存有较大争议，并不因立法已有法人犯罪的规定而使争论平息，这在一定意义上可以说反映了我国刑法学研究之科学性的追求。

6. 关于未成年人犯罪问题

有的学者根据未成年人犯罪及改造的特点，结合我国对未成年人犯罪从宽处理的一贯刑事政策及世界各国对未成年人犯罪从宽处罚的通例，提出应从刑种适用、刑罚裁量、刑罚执行等三个方面具体体现对未成年人犯罪处理上的从宽原则：在刑种适用上，对未成年犯罪人应不适用死刑（包括死缓）；应取消或严格限制无期徒刑的适用；应限定对未成年犯罪人适用有期徒刑的最高刑期；禁止对未成年犯罪人适用罚金刑和没收财产刑，禁止对未成年犯罪人单独适用附加剥夺政治权利，并限制附加剥夺政治权利的适用。在刑罚裁量上，应在量刑原则里强调和明确对未成年人犯罪的从宽处理；对未成年人犯罪放宽缓刑的适用条件；对未成年人犯罪不适用累犯制度；对未成年人犯罪尽量采取非刑罚的处理方法，规定具体详细的保护处分和教育处分。在刑罚执行上，对未成年人犯罪放宽减刑、假释的适用条件，等等。

此外，刑法学界对犯罪主体、罪过、犯罪行为、共同犯罪、罪数、正当防卫、刑罚理论等重要问题，也作了相当深入的探讨，取得了较大的进展。

（二）经济犯罪的惩治问题

改革开放以来，随着我国由计划经济进入市场经济，以及其他因素的影响，经济犯罪呈大幅度上升趋势，不仅数量增加，而且出现了一些新的犯罪类型。因此，经济犯罪的惩治问题就成为我国刑法学界研讨的一个重点、热点问题。

1. 关于经济活动中罪与非罪的区分标准

主要有三种观点：一是"政策标准说"，认为应坚持"三个有利于"的标准，即以是否有利于发展社会生产力、是否有利于增强综合国力和是否有利于提高人民生活水平为区分标准；二是"法律标准说"，认为应以行为是否符合刑法规定的犯罪构成作为区分经济活动中罪与非罪的标准；三是"双重标准说"，认为既要坚持"三个有利于"的政策性标准，又要坚持犯罪构成标准。

2. 关于晚近单行刑法中规定的几类经济犯罪的研讨

全国人大常委会1992年通过《关于惩治偷税、抗税犯罪的补充规定》和1993年通过《关于惩治假冒注册商标犯罪的补充规定》、《关于惩治生产、销售伪劣商品犯罪的决定》以后，刑法学界对上述几个单行刑法的内容较为全面地进行了研讨。如对假冒注册商标犯罪与投机倒把罪之间的关系，有的学者认为是法条竞合，应按特别法优于普通法的原则定假冒注册商标犯罪；有的学者认为二者不是法条竞合而是想象竞合，在情节严重的情况下应以法定刑较重的投机倒把罪论处；还有的学者认为应以假冒注册商标罪与投机倒把罪实行并罚。对于既假冒他人注册商标又生产、销售伪劣商品的，也应数罪并罚。对生产、销售伪劣商品的犯罪，学者认为《关于惩治生产、销售伪劣商品犯罪的决定》确定了重法优于轻法的法条适用原则。

3. 关于某些新型经济犯罪的研讨

随着证券市场的建立和发展，由于法律调整的欠缺和司法等方面的原因，证券犯罪亦呈上升趋势。刑法学界对证券犯罪的概念、证券犯罪的类型、证券犯罪的立法展开了日渐深入的研讨，认为：证券犯罪是证券发行、经营、管理等组织或人员违反证券法规，非法从事证券发行、交易管理等活动，严重破坏证券市场的正常管理秩序，侵害证券投资者合法权益，应受刑罚处罚的行为。证券犯罪的类型包括危害证券监管制度、信息公开制度、信息保密制度、交易操作制度的犯罪等。我国刑法应增设非法发行证券罪、虚假陈述证券资料罪、内幕交易罪、欺诈客户罪、操纵证券市场罪、非法扰乱证券市场秩序罪等。

(三) 职务犯罪的惩治问题

为了促进廉政建设，严惩职务犯罪，1988 年全国人大常委会通过了《关于惩治贪污罪贿赂罪的补充规定》。刑法学界在此以前即对贪污罪、贿赂罪等进行了广泛深入的研讨，上述补充规定颁布以后研讨更为热烈。同时，由于玩忽职守行为发生的广泛性和危害的严重性，为了促进廉政建设，刑法学界对玩忽职守罪的研究也颇为深入。

1. 关于贪污罪

主要探讨了贪污罪的主体和"利用职务上的便利"问题。关于贪污罪的主体特征，有的学者认为依法从事公务是贪污罪的本质特征；有的学者认为贪污罪主体有两个特征，即直接合法地掌管公共财物和利用职务之便；有的学者认为贪污罪主体有三个特征，即身份的合法性、有效性，经营、主管公共财物的直接性、实际性，以及利用职务上的便利性。关于"利用职务上的便利"，一般认为是指利用职务上主管、经管、经手公共财物的便利，不包括仅因工作关系，熟悉作案环境，有作案时机而与职务无关的方便条件。另外，对于"三资企业"内部贪污罪的认定、承包经营中贪污罪的认定等，也都有较为深入的研讨。

2. 关于受贿罪

主要探讨了受贿罪的对象、受贿罪的主体、受贿罪中"利用职务上的便利"等问题。关于受贿罪的对象，刑法学界多数人认为，《关于惩治贪污罪贿赂罪的补充规定》将受贿罪的对象限定为财物过于狭窄，应扩大受贿罪对象的范围，将财产性利益也作为受贿罪的对象，如设立债权、免除债务、提供劳务、免费旅游等，但是，对于非财产性利益，如调动工作、提升职务、提供性服务等能否成为受贿罪对象则颇有分歧。关于受贿罪的主体问题，主要是对离、退休人员能否成为受贿罪主体存在争议。有的学者认为离、退休人员不能成为受贿罪主体，除非在离、退休后又成为集体经济组织的工作人员或者成为受国家机关、企事业单位委托从事公务的人员；有的学者认为离、退休人员可以成为受贿罪主体，他们是利用过去职务上的便利或影响，间接利用现职人员职务上的便利为他人谋利益，从中收受贿赂；有的学者认为根据现行法律规定，离、退休人员不是受贿罪主体，但是鉴于离、退休人员利用过去职务上的便利和影响实施为他人谋利而收取财物的行为同样败坏国家机关的廉洁性，有必要借鉴外国立法例，特别规定离、退休人员利用过去职务上的便利为他人谋利益而收受财物的，以受贿论处。另外，还有的学者认为受贿罪主体不应仅限于国家工作人员、集体经济组织工作人员以及其他从事公务的人员，而应亦包括各种经济实体中的管理人员。这一观点已在单行刑事法律中得到体现。1995 年全国人大常委会《关于惩治违反公司法的犯罪的决定》增设了"公司企业人员受贿罪"，主体已不限于"从事公务"的人员。关于受贿罪中"利用职务上的便利"如何界定的问题，有观点认为"利用职务上的便利"仅指利用自己所担任的职务上的便利，不应包括利用他人职务上的便利。对于利用他人职务上的便利收受财物的，应作为一种特殊形式的受贿罪予以制裁，但不宜将利用职务上的便利扩大解释为包括利用他人职务上的便利。

3. 关于挪用公款罪

挪用公款罪是《关于惩治贪污罪贿赂罪的补充规定》中新增设的一个罪名。关于挪用公款罪的研讨，主要集中在挪用公款罪的客体、挪用公款罪的立法完善等问题。关于挪用公款罪的客体，有的学者认为主要是公共财产所有权，因此挪用公款罪应归入侵犯财产罪；有的学者认为是公款使用权，因而挪用公款罪应归入破坏经济秩序罪。关于挪用公款罪的立法完善，主要提出：对挪用公款构成犯罪应有数额与情节的限制；对挪用公款不退还的不应以贪污论处，而应作为挪用公款的严重情节；对挪用公款构成其他犯罪的，不应数罪并罚，而应以一重罪处罚；挪用公款罪应改为挪用公共款物罪，等等。

4. 关于玩忽职守罪

对玩忽职守罪的讨论主要集中在两个问题上：一是玩忽职守罪的主体，二是玩忽职守罪的主观要件。关于玩忽职守罪的主体，我国刑法限定为国家工作人员，对此，有的学者从刑事立法、刑事司法和刑法理论三个方面，论证了玩忽职守罪的主体应扩大为国家工作人员、集体经济组织工作人员及其他从事公务的人员。从立法上看，对于贪污罪、受贿罪的主体都已经作了这样的扩大，玩忽职守罪的主体也应扩大；从司法上看，司法实践中对集体经济组织工作人员及其他从事公务的人员因玩忽职守造成重大损失的，普遍按玩忽职守罪追究刑事责任；从刑法理论上看，从事公务是玩忽职守罪主体的本质特征。因此，凡从事公务的人都可以成为玩忽职守罪的主体。关于玩忽职守罪的主观要件，传统观点一般认为是过失。对此，有的学者主张除过失外，间接故意也可构成玩忽职守罪。这一观点不但为司法实践所佐证，而且也为立法机关颁布的一些单行法律所采纳。

（四）刑法改革问题

我国刑法学界关于刑法改革问题的研讨，主要是围绕刑法如何适应社会主义市场经济而展开的。

1. 关于刑法观念的更新问题

认为在市场经济条件下，应树立十大刑法观：一是经济刑法观，即应强化刑法的经济保障功能，把保护和促进经济发展作为刑法的重要任务；二是法制刑法观，即作为参与市场经济关系和市场经济秩序调整的刑法，必须实现其自身的法制化；三是民主刑法观，认为市场经济需要宽松和民主的环境，刑法必须充分发挥保障民主的功能；四是平等刑法观，这是由市场经济的等价交换、公平竞争的法则所决定的；五是人权刑法观，即随着社会进步、文明发展、国民素质的提高和权利意识的增强，刑法应更加有力地保护人权；六是适度刑法观，即刑法对社会生活的干预范围与对犯罪行为惩处的严厉性均应适度；七是轻缓刑法观，即刑法应抛弃重刑主义，严格限制、减少死刑的适用；八是效益刑法观，即刑法应以最少、最轻的刑罚和最合理的人力、物力、财力的配置取得控制与预防犯罪的最佳效益；九是开放刑法观，即刑事立法、刑事司法与刑法理论必须具有国际视野；十是超前刑法观，即刑事司法不能拘泥于现有的法律制度，对各种性质较为模糊、现行法律未作明确规定的经济行为，应按照"生产力标准"作出罪与非罪的判断。

2. 关于刑法典总则的修改问题

刑法典的修改、完善问题是我国刑法学界在该16年间较为集中研讨的一个重大问题，研讨的范围极为广泛，研讨的内容极为丰富。从刑法典总则的修改完善来看，有的学者提出从体系结构上可将刑法典总则由目前的5章增加为9章，即刑法的任务和基本原则，刑法的适用范围，犯罪，刑事责任，刑罚，刑罚的适用与免除，未成年人犯罪的特殊处遇，保安处分，刑法中的名词解释；在内容上应完善犯罪主体、故意犯罪过程中的犯罪形态、刑罚制度等方面的规定，如补充规定限制责任能力的精神障碍人犯罪的刑事责任，对于故意犯罪未完成形态的刑事责任采取总则概括规定与分则具体规定相结合的规定方法，严格控制和适当减少死刑的范围，把罚金刑上升为主刑以扩大其适用范围，增加坦白从宽的量刑制度，等等。

3. 关于刑法典分则的修改问题

有的学者提出，应从体系结构、立法技术、具体内容三方面对刑法典分则进行修改：在体系结构上，将1979年刑法典中的"侵犯公民人身权利、民主权利罪"一章分为两章，以重视对公民民主权利的保护；增设妨害司法活动罪专章；增设破坏自然资源罪专章；增设危害国家军事利益罪专章。在立法技术上，在规定具体犯罪的条文前面设置罪名；原则上应采取一条文一罪名的规定方式；在分则条文内部，尤其是对一些常见多发、情况复杂的犯罪，应注意充分运用设立基本构成与加重构成的立法技术，在罪状上尽量采取叙明罪状，避免含糊、笼统、不严谨的规定。在立法内容上，应废除或修改一些不科学的罪名，如刑法第137条的"聚众打砸抢罪"、第160条的"流氓罪"等，并根据需要与可能，增加一些新罪名。其中建议增设的新罪名已逐渐为立法机关采纳，通过单行刑法作了明确规定，如劫持飞机罪，生产、销售有毒食品罪，侵犯著作权罪，绑架勒索罪，非法种植毒品原植物罪等等。在法定刑上，认为应注意贯彻各个犯罪法定刑内部机制的科学性以及各种犯罪法定刑之间的协调性和合理性。

（五）对外开放方面的刑法问题

对外开放方面的刑法问题的研讨主要包括两大问题：一是我国的区际刑法问题，二是国际刑法问题。

1. 关于我国的区际刑法问题

我国区际刑法问题，是指我国内地与我国香港、澳门、台湾地区之间，由于法律制度的差异而产生的刑事管辖、刑法适用及刑事司法协作等方面的问题。关于刑事管辖及刑法适用，研讨中认为，如果仅在一地犯罪的，宜由犯罪地法院管辖，适用犯罪地刑法；对于跨越两地以上的犯罪，应由犯罪结果地法院管辖并适用结果地法律或者按实际控制、先理为优的原则解决；对于数罪涉及两地以上的犯罪案件，按重罪优先原则来确定管辖和法律适用，等等。关于区际刑事司法协作，认为区际刑事司法协作不同于国际刑事司法协助，应坚持以下几个原则，即：主权统一原则，各方应以国家、民族利益为重，积极开展合作；尊重历史与现实的原则，适当承认和执行对方的刑事法律及判决；相互信任、相互平等原则；有利于打击与防止犯罪的原则。至于刑事司法协作的内容，主要包括预审合作、移交案犯、转移诉讼、转移罪犯、代为执行刑事裁判等。

2. 关于国际刑法问题

主要探讨了跨国、跨地区犯罪的惩治与防范及国际刑事司法协助等问题。研讨中认为，跨国、跨地区犯罪，是指犯罪的主体、行为或结果涉及两个以上不同国家或地区的犯罪，包括危害人类共同利益而规定于国际法上的国际犯罪，以及国内法上的一般刑事犯罪。对于国际犯罪的惩治，各国应根据国际条约，行使普遍管辖权或者采取"或引渡或起诉"的原则；对于国内法上的一般刑事犯罪，各国及地区之间应积极开展刑事司法协助。国际刑事司法协助，是指国家之间在刑事实务方面通过代为一定的刑事司法行为而相互给予支持、便利、援助的活动。这是国家间采取联合行动惩处国际性犯罪的一种重要手段，是刑事诉讼国际化的反映。国际刑事司法协助的主要内容，包括引渡、文书送达、调查取证、情报交换、外国刑事判决的承认和执行、刑事诉讼移转管辖、物品的移送和扣押等。

四、中外刑法学研究的比较分析

（一）国外刑法学发展的特点和趋势

国外刑法学自 18 世纪兴起以来，得以持续、系统、深入地发展，已成为一个相当发达的法学学科。其发展的特点及趋势主要表现在以下若干方面：

1. 刑法基础思想更趋理想化

在国外刑法学说史上，曾先后产生过旧派（刑事古典学派）和新派（刑事人类学派与刑事社会学派）。旧派认为，人之所以犯罪，是基于其个人意志的自由选择；国家对其施用刑罚，是对其行为的报应性惩罚。新派认为，人之所以犯罪，并非是基于行为人个人意志的自由选择，而是由其自身的生物特征、所处的社会环境和自然环境等因素决定的；国家应当认真调查行为人的反社会性，并基于此对其适用保护性处罚，以防卫社会不受其侵害。19 世纪末和 20 世纪二三十年代，新旧两派在世界范围内展开了激烈的争论，最终导致两派的妥协调和，其结果是一个新的刑法基础思想——新社会防卫论的产生。此种理论认为，行为人实施犯罪，其意志方面是自觉的，但社会环境亦是不可忽视的因素；对行为人进行刑事制裁，其终极目的在于保卫社会，防止犯罪；对犯罪人执行刑事制裁方法应当是刑罚和保安处分并用；社会对犯罪者负有责任，犯罪者有要求再社会化的权利；在对犯罪者执行处罚时，应动员一切人文科学成果和社会力量，使其在处罚之后得以完整、健全的人格重返社会，以体现最高的人道主义；保障人权与防护社会两大砝码应在刑法价值的天平上保持平衡。新社会防卫论思想体现了当代国外刑法思潮的主流，影响甚为广泛和深远。

2. 刑事政策学日渐发达

在上述刑法思想的直接指导下，国外刑法学界开始了刑事政策学的研究，提出：刑法学不能仅仅研究刑法规范，更应探究犯罪原因，注重对策的实效，强化行刑措施。要对现行的刑罚制度及相关制度进行完善并灵活运用，以预防犯罪的发生。认为：刑罚并非控制犯罪的万能之策，而应配以其他社会措施方能奏效；刑罚应当轻缓，应当个别化，其适用的最终目的是使犯罪人改过向善，以达"刑期无刑"之理想。刑事政策学的兴起，一改在惩治和防范犯罪领域刑事法孤军作战的局面，使刑事法体系由静态变为动态，由消极保守转为积极主动，得以最大限度发挥其功效。

3. 刑法改革是其热点

在新的刑法理论的影响下，20 世纪中后期以来国外开始了较为普遍的刑法改革运动。从宏观上看，这一政策运动反映了两大法系相互融合的趋势：英美法系国家逐渐注重刑法规范的法典化，如加拿大、印度、马来西亚等国家制定了刑法典，英国、澳大利亚等国家已草拟了刑法典，美国也早已由民间的刑法学术团体拟出"模范刑法典"，美国许多州以此为蓝本制定了其刑法典，新的美国联邦刑法典草案业已发表；大陆法系国家开始注重建立或借鉴刑事判例制度，如法国已确立判例和法典均为刑法渊源的制度。在具体改革政策方面，注重对某些轻微罪种的非犯罪化和一些新的危害行为予以犯罪化；在制裁方式上强调轻缓、开放；废除自由刑的分类，实行自由刑单一化；强调对少年犯实行特别处遇政策。在具体的刑法制度方面，体现了国际化和民主、人道的趋势。

4. 刑罚理论有所发展

自第二次世界大战以来，刑罚理论是国外刑法学的研究重点之一，其主要趋势是研讨并建立轻缓、开放的刑罚体系。主要研讨内容和主张为：限制甚至废除死刑，这是国外刑罚理论数十年来长盛不衰的研讨热点；扩大自由刑缓刑的适用范围；扩大财产刑、资格刑的适用范围；增设过渡性处分、非刑事措施，等等。

5. 新型犯罪是目前刑法学研究的新领域

同任何社会现象一样，犯罪亦随着社会的变化而变化。第二次世界大战以后，西方国家科技迅猛发展，社会生活发生了巨大变化，由此亦引发了一些新的犯罪类型。国外刑法学界除对刑法基本理论如罪刑法定、罪刑相称、犯罪过失、犯罪行为、刑事责任、刑罚等进行更为深入的研讨外，还致力于探究惩治和防范这些新型犯罪的措施，几乎每次国际性的刑事法会议，均以此作为中心议题。综而观之，这些新的犯罪主要是：（1）计算机犯罪；（2）环境犯罪；（3）与生物遗传工程有关的犯罪；（4）有组织犯罪；（5）恐怖主义犯罪；（6）毒品犯罪；（7）法人犯罪；（8）"洗钱"犯罪，等等。

6. 国际刑法学成为新的刑法学科

国际刑法是惩治危害国际利益的刑法规范，在 19 世纪末和 20 世纪初发端，20 世纪末期已由最初的各国程序上的合作发展成为实体与程序并重的一个新的交叉性的以刑法学为主的法学学科。国外刑法学界对这一新学科的研究取得了诸多进展，特别是在美国、德国、法国、意大利、日本等国家，已形成了专门的研究队伍，设立了许多专门的研究机构，发表了一系列研究成果。

（二）对中国刑法学研究状况的比较分析

众所周知，中国刑法学是在 20 世纪 50 年代全面借鉴原苏联刑法理论的基础上开始起步的。但是，由于极左思想的影响，这一学科并未得以持续、全面地发展，只是在党的十一届三中全会以来的 16 年中，刑法理论的研究才得以复苏并逐步繁荣起来。

从总体上看，中国刑法学界对刑法的基本理论问题都有所研究，特别是以博士论文和国家科研项目成果为主体的大量专著，对刑法学的重大理论问题的研究达到了相当的深度。对一些新的刑法课题如定罪、刑事责任、法人犯罪、刑事政策、国际刑法等，也都进行了初步的探讨。同国内法学其他一些学科相比，刑法学可谓是成果卓著、理论较为成熟。但同国外刑法学的研究状况相比，中国刑法学的研究仍存在相当的不足，主要表现在：

1. 基础理论研究相对薄弱

尽管中国刑法学的研究取得了丰硕的成果，但在基础理论方面仍显得薄弱，整个刑法学体系还有待于较大的变革、调整和开拓；一些涉及刑法深层理论的课题如刑法思想、刑法原则、刑法哲学、刑法价值、刑事责任等问题，也都有待于进一步的开拓和深入研究。

2. 对司法实务问题的研究不够

法贵于行，现行刑法在司法实践中的贯彻执行情况，反映了整个刑事法治的状况。毋庸讳言，我国目前的刑事司法状况难以令人满意，执法不严、有法不依、裁判不公的现象相当严重。导致此种状况的原因固然很多，但刑法理论对司法实务问题研究不够，缺乏对司法实践的应有指导力，亦是其中一个重要的因素。

3. 对新的刑法课题的研究尚待深入

如前所述，目前国外刑法学开辟了诸多新的研究领域，刑事政策学、国际刑法学、环境犯罪、计算机犯罪、有组织犯罪、与生物遗传工程有关的犯罪、恐怖主义犯罪、

"洗钱"犯罪等均是其研讨的重点或热点。中国刑法学虽然对上述课题初步有所研讨,但研究的力量和层次还都有待进一步提高。

4. 研究方法单一

社会科学的研究方法多种多样,最为基本的有思辨方法、实证方法、注释方法、比较方法、历史方法和社会学方法等。不同的研究方法,决定了所研究问题的不同层次、不同方面,因此,所有这些方法,都是一个成熟学科的研究不可或缺的。综观中国刑法学的研究状况,虽然上述方法都有所运用,但一个非常明显的现象,是偏重使用注释方法来研究刑法问题,为数不少的研究成果是作者对刑法条文的阐释,以至于刑法学的研究唯刑事立法、刑事司法之马首是瞻,缺乏独立、高层次的理论品格。这不仅影响到刑法理论水平的提高,也大大降低了刑法学对刑事立法、刑事司法的指导和促进作用。

五、刑法学研究的发展瞻望

综观国内外刑法学研究的现状,结合我国社会主义市场经济和民主与法治建设的需要来看,中国刑法学可谓任重而道远。在今后的发展进程中,应防止轻视刑法学研究的倾向。

我国历史上曾有"重刑轻民"的传统,自改革开放以来,民商法、经济法等与经济问题联系较紧的学科得以较大地发展。与此同时,有人认为刑法不再重要,应该退属次要地位。其理由大致有两类:其一,刑法学的研究已经非常成熟,没必要再花费更大的精力;其二,市场经济是私法经济,民商、经济法应成为法学研究的主角。其实,前者是一种狭隘之见,后者是一种误解,均不可取。社会主义市场经济是法治经济,民商法、经济法、刑法等对市场经济的维护和调整均为至关重要的,都不可削弱或被替代。因而,正确的态度应当是法学各学科均需要努力开拓进取、齐头并进。

就整体而言,今后中国刑法学的发展,应坚持马克思主义的法学基本原理,紧密结合中国社会主义市场经济和民主与法制建设的实际情况,认真总结实践经验,借鉴国外先进的刑法理论和刑事立法、刑事司法经验,促进中国刑事法治的民主化、科学化、国际化进程,为社会主义市场经济保驾护航。具体来讲,下列领域与课题应作为今后一个时期刑法学研究的重点。

(一)刑法基础理论方面

刑法基础理论是指刑法思想、刑法原则、刑法价值、刑法观念、刑法学体系等刑法学根本性的问题。这些理论是否得到研究以及研究水平的高低,决定着刑法学的理论层次。我国刑法学虽对此类问题已有所研究,但尚未取得突破性的进展。在今后一个时期内着力开展此方面的深入研究,是培养中国刑法学的独立学术品格、保持刑法理论对我国刑事法治的发展和完善之指导作用的必要途径。

（二）刑法改革问题

如前所述，刑法改革运动乃当今世界刑法之热点。社会主义市场经济体制的确立，为我国的刑法改革提供了良好的契机。目前，刑法改革已成为我国刑法学界研讨的热点之一，并取得了一些成果。但是，刑法改革并不能一蹴而就，而是一场理性的、审慎的、全面的刑法思想和刑法制度的变革运动。在刑法理论方面，除应深入研究刑法基础理论之外，还应加强刑事政策学的研究；在刑法制度方面，应注重研究刑法典的修改和完善，注意研究特别刑法的发展与刑法典的配合及协调，同时开展借鉴刑事判例制度的研究。

（三）传统型犯罪的惩治与防范问题

惩治与防范犯罪乃刑法的宗旨所在，也是刑法在社会主义市场经济、民主与法制建设中的重要使命。从今后一个时期的发展趋势看，下列传统型犯罪的惩治和防范仍应作为刑法研究的重点：破坏经济秩序的犯罪、侵犯公民人身权利和民主权利的犯罪、渎职犯罪、危害社会治安的犯罪等。对这些犯罪的有效惩治和防范，有利于社会主义市场经济的建立和发展，有利于推动社会主义民主政治的进程，有利于廉政建设，亦有利于社会秩序的安定。

（四）注重对新型犯罪的开拓研究

当前国外出现的一些新的犯罪类型，如计算机犯罪、环境犯罪、与生物工程有关的犯罪、恐怖主义犯罪等，在我国尚不十分严重，但是刑法学对它们的研究不能因此而放松，而应当进行超前性的探讨。当然，这种研究应结合我国的科技、经济发展水平，不可盲目追随国外。

在新型犯罪中，法人犯罪问题应受到重视。就世界范围来讲，英美法系较为普遍地承认法人犯罪，大陆法系国家近年来亦有承认法人犯罪的某些迹象（如法国 1994 年 3 月 1 日生效的新刑法典就用大量篇幅规定了法人犯罪）。但是，从实务来考察，如何真正使法人承担刑事责任并达到刑罚之目的，在两大法系中仍是问题。我国近年刑事立法中规定了诸多惩治单位犯罪的条款，但实际效果颇值得怀疑。刑法理论上关于法人能否成为犯罪主体的争论尚未见分晓，仍有待于深化。

（五）适应对外开放的需要研究刑法问题

自从 20 世纪 50 年代不分良莠地全面移植原苏联刑法理论之后，中国刑法学便向其他国家的刑法理论关闭了大门，而只是致力于将原苏联的刑法理论与中国的实践相结合，对其他国家刑法学研究的资料之占有相当有限。近些年虽然情况有所好转，但所据资料亦以"二手货"为多，而且很不系统。既然对其知之不多，便很难予以研究和借鉴。随着近年来我国市场经济体制逐步确立，中国刑法理论落后于国外刑法理论的现象亦愈加明显。对国外先进的刑法理论借鉴不多，对国际刑法学术交流活动参与不够，是中国刑法学的一个重大缺陷，这使得我国刑法理论存在"营养不良"和视野狭窄的弊病。

社会主义市场经济体制的确立，使中国的对外开放得以全方位地展开，刑法学也被推到对外开放的前沿。在这一大背景之下，国际刑法学、比较刑法学、外国刑法学应当成为今后刑法学研究的重要领域。1997年和1999年中国将分别对香港地区和澳门地区恢复行使主权，届时"一国两制"将变成现实，我国大陆与台湾地区的交流及和平统一的步伐也正在不可逆转地迈进，因而关于我国港、澳、台地区刑法与全国性刑法的效力范围及冲突与解决等问题，亦将成为刑法学研究的重点领域之一。与此同时，还应加强与国外境外的学术交流活动和学术研究合作。

（六）丰富和完善研究方法

如前所述，单一的研究方法大大限制了我国刑法理论的全面发展。综合运用思辨、实证、定性分析、定量分析、注释、比较、历史、社会学的方法开展刑法研究，乃是我国刑法学进一步发展的重要前提。新的研究方法的运用，往往亦意味着新的研究课题的开拓。为此，不仅需要广大理论工作者的艰苦努力，还需要立法、司法等部门的紧密配合和大力支持。

六、关于我国刑法学研究"九五"规划的建议

（一）概述

改革开放十多年来，为繁荣法学研究和促进法治建设，国家在自1983年起建立的社会科学基金制度中设立有法学基金并资助研究课题。在"六五"至"八五"期间，国家社会科学基金资助刑法学领域（含犯罪学、刑事执行法学）的重点项目、一般项目和青年项目计有三十多项，这些项目到期的大都出了研究成果，其中不乏有开拓、有新意、有深度、有进展的力著和佳作，从而有力地促进了刑法学的发展和刑事法治的完善。"九五"期间，我国改革开放和社会主义市场经济的进展对刑事法治建设的要求会更加迫切和进一步提高，我国刑法典经全面修改将获通过、实施，我国将对香港、澳门地区恢复行使主权并实行"一国两制"，我国海峡两岸的交往将进一步加强，因而"九五"期间，国家社会科学基金会应当继续重视并进一步加强对刑法学研究课题的引导与资助。

（二）研究课题设计

根据"九五"期间国家刑事法治发展对刑法学研究的需要，并综合考虑和分析刑法

学研究已有的成果，尤其是国家社会科学基金对刑法学领域已提供的资助项目之情况，我们建议，"九五"期间国家社会科学基金会对刑法学领域应注意设立和资助以下研究课题：

1. 关于刑法学基础理论的研究；
2. 刑法各论研究；
3. 刑罚改革问题研究；
4. 新型经济犯罪研究；
5. 贪污贿赂犯罪研究；
6. 破坏环境和自然资源犯罪研究；
7. 侵犯公民民主权利犯罪研究；
8. 未成年人犯罪问题研究；
9. 刑事司法协助问题研究；
10. 港、澳特别行政区刑法问题研究；
11. 海峡两岸交往中的刑法问题研究；
12. 现代国际刑法与国际犯罪问题研究；
13. 当代世界刑法改革问题研究；
14. 中国当前犯罪原因与防范之实证研究；
15. 中国监狱法实施问题研究。

[高铭暄、赵秉志、赫兴旺、颜茂昆；载《法学家》，1995（6）]

第十四章
1996 年的刑法学研究

一、基本情况

1996 年，中国刑法学界学术研究活动丰富，成果丰硕，进展显著且富有特色。在学术活动和学术研究方面，不仅对刑法若干理论问题和大量司法实务问题进行了广泛并具有一定深度的研讨，出版、发表了一系列论著；而且尤其由于国家立法机关将全面、系统修订刑法典的工作提上议事日程并即将进入立法审议和通过阶段，国家立法机关比较注意广泛征求和听取各方面关于修改刑法的意见，刑法理论界和法律实务部门在本年度主要围绕刑法的修改与完善问题进行了热烈而集中的研讨，本年度刑法学研究的主要进展与研究成果也主要集中和体现在关于刑法修改的研究方面。这方面不但发表了大量论文，出版了《刑法修改建议文集》（中国法学会刑法学研究会 1996 年学术研讨会论文选集，高铭暄主编）、《刑法完善专题研究》（王作富主编）和《刑法改革问题研究》（赵秉志主编）等代表性的著作，而且刑法学界、司法机关的一批学者专家直接或间接参与了刑法典的修改及咨询、研讨工作。本年度中国法学会刑法学研究会召开了第四届代表大会，完成了第四届干事会的选举工作。

二、关于刑法修改与完善的宏观问题

（一）刑事立法政策思想的调整

有论者认为，新时期整个刑事立法的政策思想，应该与社会总体发展政策相适应。调整我国刑事立法的政策思想，主要包括两个方面：首先，罪刑相适应原则应作为从重惩处严重经济犯罪和危害社会治安犯罪的政策思想中不可或缺的组成部分，绝不应夸大形势对犯罪的社会危害性的制约和影响作用。其次，刑事政策思想的主要内容应更侧重于建立严密的刑事法律体系，做到罪刑适应，刑事责任严格，使罪犯受到应有的惩罚。①

有论者撰文，对刑法修改中 4 个具有根本性、争议颇大的问题进行了较为全面、系统、深入的探讨：其一，关于超前立法与经验立法之争。该论者认为，经验立法过于强调立法对现实生活的反映和维持，其结果只能是滞后立法；超前立法论则正确揭示了刑事法律规范在短期效应与长期效应功能上的统一性；超前立法的思想在完善刑事立法中的具体体现，就是坚持立足现实与预见未来相结合。其二，关于立法技术的粗疏与细密之争。该论者指出，完善刑法应当重视立法技术的细密化，具体言之，根据刑法明确性原则和刑事司法实践的需要，在条文设计、法条内容（其中具体犯罪的罪状及法定刑至为重要）、立法用语等方面应力求详备具体、明确严谨。其三，关于刑法调控范围的犯罪化与非犯罪化之争。该论者指出，在完善刑事立法的进程中，除有必要将现行刑法中个别犯罪（如投机倒把罪、聚众"打砸抢"罪）非犯罪化外，应当着重进行犯罪化。其四，关于刑罚重刑化与轻刑化之争。该论者指出，重刑化与轻刑化均和刑罚目的原理背道而驰，亦必有损于刑罚的权威；在刑罚轻重的设置方面，完善我国刑事立法的关键是要克服现存的重刑主义倾向，并在摒弃重刑化立法内容的基础上，按照罪刑相适应原则的要求，建立轻重适度的刑罚体系和法定刑幅度。②

（二）刑法基本原则的增设

我国刑法应否增设基本原则、增设哪些基本原则，在近十余年来的刑法修改研究中一直受到学者的关注。但是，对于如何界定我国刑法基本原则的范围，我国刑法学界至今尚未有一致的看法。本年度有论者指出，刑法基本原则的内在规定性应该包括四个要素：第一，是刑法所特有的；第二，是具有全局性、根本性意义的；第三，是协调犯罪、刑事责任与刑罚关系的；第四，是对刑事立法和刑事司法都具有指导意义的。据此，该论者认为，只有罪刑法定、罪刑相适应、罪责自负、主客观相统一、惩罚与教育相结合该 5 个原则可以称为刑法的基本原则。③ 也有论者对此持有异议，认为罪责自负、惩罚与教育相结合并不能单独成为刑法基本原则，理由是罪刑相适应原则已当然包括这两项内容。④

本年度内，关于刑法基本原则的研讨，最为热点的当属罪刑法定原则的立法化及类推制度的废止问题。学者较为一致地主张，在这次刑法修改中，刑法应当明确规定罪刑法定原则，并废止类推；罪刑法定原则的条文可拟为"对于行为时法律没有明文规定为

---

① 参见王作富、桑红华：《我国新时期刑事立法的反思及改进构想》，载《刑法完善专题研究》，北京，中央广播电视大学出版社，1996。

② 参见赵秉志：《刑法修改中的宏观问题研讨》，载《法学研究》，1996（3）。

③ 参见赵秉志主编：《刑法争议问题研究》（上卷），42 页，郑州，河南人民出版社，1996。

④ 参见李少平、邓修明：《罪刑关系立法完善的理论思考》，载《现代法学》，1996（1）。

犯罪的行为，不得定罪判刑"①，其中有论者专门对刑法修改中类推制度的存废问题进行了详细论述，并着重从以下几个方面论证了为什么应当立即废止类推：其一，罪刑法定原则在本质上否定类推；其二，类推不利于法治；其三，类推制度有悖于世界刑法发展潮流；其四，立即废止类推切实可行。②

关于罪刑法定原则立法化的相关问题，论者认为，除了废止类推制度外，还要求在刑法溯及力问题上坚持 1979 年刑法典第 9 条所体现的从旧兼从轻原则，杜绝类似 1975 年有关单行刑法在溯及力问题上采用从新或有条件从新原则的立法内容再现。③ 有论者还建议，应当取消 1979 年刑法典第 59 条第 2 款酌定减轻处罚的规定，因为不受限制的减轻量刑，实际上是对罪刑法定原则的否定。④

关于刑法基本原则的增设，还有论者撰文主张刑法应明确规定罪刑相适应原则和刑罚个别化原则；考虑到这两个原则乃刑罚目的的具体化，该论者建议可以在同一条文中以不同款项对刑罚目的、罪刑相适应和刑罚个别化加以规定。⑤

（三）刑法空间效力的立法完善

本年度，有数篇论文论及刑法空间效力的立法完善问题，其中主要是关于刑法对我国公民在国外犯罪的适用范围及普遍管辖原则的立法问题。

有论者指出，1979 年刑法典关于中国公民在国外犯罪适用范围的规定方式基本科学，但刑法典第 4 条列举的犯罪种类过少，已不能适应当前已经变化了的实际情况，刑法典第 5 条所规定的刑罚标准亦不科学。该论者建议：其一，将 1979 年刑法典第 4 条修改为："中国公民在中国领域外犯下列各类罪的，适用中国刑法：（一）危害国家安全罪；（二）危害国家金融秩序罪；（三）国家工作人员、军人的职务犯罪；（四）妨害国家机关职能的犯罪。"其二，将 1979 年刑法典第 5 条关于"按本法规定的最低刑为三年以上有期徒刑的，也适用本法"的规定，修改为"应处三年以上有期徒刑、无期徒刑、死刑的犯罪，适用我国刑法"⑥。

有论者建议，刑法修订时关于刑法适用范围的规定应增设普遍管辖条款，即外国人或无国籍人在我国领域外实施的我国缔结或参加的国际条约中规定的犯罪可以适用我国

① 高铭暄：《论我国刑法改革的几个问题》，载《中国法学》，1996（5）；马克昌：《加大改革力度，修改、完善〈刑法〉》，载《法学评论》，1996（5）；赵秉志、肖中华：《论刑法修改中罪刑法定原则的立法化》，载《中国人民大学学报》，1996（6）；欧阳涛、秦希燕：《依法治国与罪刑法定原则》，载《人民检察》，1996（11）。

② 参见赵秉志、肖中华：《刑法修改中类推制度存废之争的研讨》，载《法学家》，1996（4）。

③ 参见高铭暄：《论我国刑法改革的几个问题》，载《中国法学》，1996（5）；马克昌：《加大改革力度，修改、完善〈刑法〉》，载《法学评论》，1996（5）；赵秉志、肖中华：《论刑法修改中罪刑法定原则的立法化》，载《中国人民大学学报》，1996（6）；欧阳涛、秦希燕：《依法治国与罪刑法定原则》，载《人民检察》，1996（11）。

④ 参见赵秉志、肖中华：《论刑法修改中罪刑法定原则的立法化》，载《中国人民大学学报》，1996（6）。

⑤ 参见李少平、邓修明：《罪刑关系立法完善的理论思考》，载《现代法学》，1996（1）。

⑥ 赵秉志、赫兴旺、颜茂昆、肖中华：《中国刑法修改若干问题研究》，载《法学研究》，1996（5）。

刑法。① 有论者为刑法增设普遍管辖权设计了具体条文。②

（四）特别刑法规范的整合

有文章指出，在当前我国修改刑法典整合特别刑法规范时，应当注意三个方面的问题：第一，对特别刑法规范应予以编纂，而不应简单汇集；第二，坚持原则性，讲究技术性；第三，应明文规定刑法典与特别刑法的关系，其中包括明令废止的特别刑法目录，因为特别刑法经编纂纳入刑法典后，并不是自然失去效力，而应由法律明确废止。③

有论者专门对我国附属刑法立法模式进行了探讨，认为我国附属刑法应采取下列多样式的立法模式：（1）依附性的散在型立法模式；（2）独立性的散在型立法模式；（3）编纂型立法模式。④

三、关于犯罪通则的立法完善问题

（一）未成年人犯罪的特殊处遇

我国 1979 年刑法典第 14 条和第 44 条分别规定了对未成年人犯罪的从宽处罚原则和不适用死刑原则。有论者指出，这种立法格局从体系到内容均有必要予以完善：第一，在体系方面，应在新刑法典总则最后一章"刑法用语"之前设立"未成年人犯罪的特殊处遇"专章。第二，在内容上，应从刑种、刑度、刑罚裁量制度和刑罚执行制度诸方面全方位地体现对未成年犯的从宽处理。该论者对所设立该专章的内容设计了 17 个条文。⑤

（二）单位（法人）犯罪的立法对策

有论者主张，应在刑法总则中规定法人犯罪概念、法人犯罪主体范围、确立追究法人犯罪刑事责任制度等带有指导性的基本原则。⑥

有论者则对刑法总则中有关法人犯罪的立法内容设计了如下条文：

"经法人决策机关决定、批准或者同意，为了谋取法人的非法利益，基于代表法人的资格实施的严重危害社会，依照法律应当追究刑事责任的行为，是法人犯罪。

---

① 参见孙万怀、沈伟：《国际恐怖主义犯罪和我国刑事法的补足》，载《河北法学》，1996（5）。
② 参见舒杨：《中国涉外刑事法律规范的补充与完善》，载《云南法学》，1996（2）。
③ 参见赵秉志、赫兴旺：《论特别刑法与刑法典的修改》，载《中国法学》，1996（4）。
④ 参见郝守才：《附属刑法立法模式的比较与优化》，载《现代法学》，1996（4）。
⑤ 参见赵秉志、赫兴旺、颜茂昆、肖中华：《中国刑法修改若干问题研究》，载《法学研究》，1996（5）。
⑥ 参见崔庆森：《刑法规定法人犯罪的构想》，载《法学研究》，1996（1）。

对法人犯罪，依照两罚规定追究刑事责任，但是其他法律有特别规定的，从其规定。

非法人团体犯罪的，依照前两款规定处理。

本法第×条至第×条的规定（即关于故意、过失、意外事件、犯罪的未遂、中止和共同犯罪的规定）适用于法人犯罪和非法人犯罪。

对犯罪法人的刑罚为罚金。

罚金采用倍比制或数额制由规定法人犯罪的刑法各本条分别确定。

对犯罪法人除判处罚金外，根据情况，可以责令停止整顿、吊销营业执照或者解散法人。"①

有的论者则主张，应以"单位犯罪"一词取代"法人犯罪"来概括非自然人犯罪，这样更符合我国非自然人犯罪主体的实际情况。关于单位犯罪的罪种范围、处罚原则和立法模式，该论者认为：单位犯罪只宜限定为经济犯罪和妨害社会管理秩序犯罪中的某些犯罪以及贪利性的渎职罪；过失犯罪不应当有单位犯罪。对单位犯罪应一律采取"双罚制"；单位犯罪的罚金数额起点应高于自然人犯罪的数额起点，但单位中直接责任人员、刑事责任人员刑事责任的标准应与自然人犯该种罪的刑事责任持平。单位犯罪的立法模式应采用总则一般规定与分则具体规定相结合的方式。②

至于法人犯罪立法内容在总则体系中的地位问题，有人主张设立"法人犯罪"专章③，有人认为在总则"犯罪和刑事责任"一章中单设一节即可。④

（三）犯罪故意的立法完善

本年度，有数篇论文对刑法总则中关于犯罪故意的规定提出了修改意见，其中有论者建议将故意犯罪的概念表述为："明知自己的行为会发生某种事实上危害社会的结果，并且希望或者放任这种结果发生，因而构成犯罪的，是故意犯罪。"⑤ 有的论者则建议，我国刑法中故意犯罪的定义应修改为："明知会发生违法的、构成要件的事实，并决意实施构成要件的行为，以及希望、容忍或放任构成要件的结果发生，因而构成犯罪的，是故意犯罪。"⑥ 但有的论者认为，用"事实"一词替代行为和结果并不科学，1979年刑法典第11条应修改为："行为人对于构成犯罪之结果，明知必然或可能发生并追究其发生，或者对于构成犯罪之行为，明知并有意实施的，是直接故意犯罪。""行为人对于

---

① 马克昌：《加大改革力度，修改、完善〈刑法〉》，载《法学评论》，1996（5）。

② 参见高铭暄：《论我国刑法改革的几个问题》，载《中国法学》，1996（5）；赵秉志等：《中国刑法修改若干问题研究》，载《法学研究》，1996（5）。

③ 参见刘仁文：《谈法人犯罪的立法构想》，载《法学杂志》，1996（1）。

④ 参见莫开勤：《论我国刑法犯罪通则规定的立法完善》，载《中央政法管理干部学院学报》，1996（1）。

⑤ 杨新培、陈昌：《社会危害性不是犯罪故意的认识内容》，载《政法论坛》，1996（3）。

⑥ 贾宇：《犯罪故意概念的评析与重构》，载《法学研究》，1996（4）。

构成犯罪之结果，明知可能发生并放任其发生的，是间接故意。"①

（四）正当行为的立法完善

有论者主张，在刑法典总则中应设立正当行为专章，并增加依法实施的职务行为、执行命令的行为和正当业务行为等正当行为种类。对于正当防卫和防卫过当的立法内容，该论者主要提出了如下建议：其一，明确正当防卫的保护范围为"公共利益"和"本人或者他人的人身、财产权利"，将正当防卫的起因条件界定为严重的、紧迫性的不法侵害，将正当防卫的对象明确限于不法侵害者本人。其二，将防卫过当的立法内容规定为："防卫行为超过足以制止不法侵害所必需的限度，造成不应有的重大损害的，应当负刑事责任……"其三，增加预防性正当防卫的有关立法内容。针对刑法修改研拟中有人提出的增加对某些暴力性犯罪采取无限防卫权之建议，该论者提出了反对意见，认为无限防卫权的设立，不但有悖于刑法对正当防卫立法的宗旨，而且极易破坏法治。②

（五）共同犯罪的立法完善

有论者认为，我国 1979 年刑法典关于共同犯罪人的种类规定应调整为首犯、主犯和从犯三类，胁从犯和教唆犯均不应成为共同犯罪人之种类；在刑法修改时，在共同犯罪一般概念规定之后，对共同犯罪人的种类和刑事责任应作如是规定："第×条在犯罪集团中起组织、领导、策划、指挥作用的，是首犯；对于首犯，应当对整个犯罪集团的所有犯罪承担刑事责任，并应当从重处罚。""第×条在共同犯罪中起主要作用或重要作用的，是主犯；对于主犯，应当对参与的共同犯罪承担刑事责任，并应当从重处罚。""第×条在共同犯罪中起次要作用或辅助作用的，是从犯；对于从犯，应当对参与的共同犯罪承担刑事责任，并比照主犯应当从轻处罚或可以减轻处罚。"③

此外，亦有论者建议在 1979 年刑法典总则第二章第三节"共同犯罪"中增设利用犯条款。④

四、关于刑罚通则的立法完善问题

（一）刑种的调整与完善

1. 关于死刑的立法完善

许多论者主张，在未来的刑法典中，死刑立法内容应在较大幅度上得以限制和减

---

① 侯国云：《修改〈刑法〉第十一条之我见》，载《中国法学》，1996（3）。
② 参见赵秉志等：《中国刑法修改若干问题研究》，载《法学研究》，1996（5）。
③ 杨兴培：《论共同犯罪人的分类依据与立法完善》，载《法律科学》，1996（5）。
④ 参见张兴武：《建议在刑法中增设利用犯条款》，载《现代法学》，1996（1）。

少。关于死刑立法削减的措施，论者们的建议主要包括：其一，明确增设限制死刑适用原则；其二，明确死刑适用范围条件中"罪大恶极"的含义；其三，对有死刑之罪扩大死缓的适用范围，放宽死缓减为无期徒刑或者有期徒刑的条件；其四，删除 1979 年刑法关于对已满 16 岁不满 18 岁的人可以适用死缓的规定；其五，将死刑复核权恢复由最高人民法院统一行使；其六，摒弃绝对死刑法定刑之立法；其七，删除不必要的死刑条文与罪名，将死刑的适用严格限制在某些特别严重的危害国家安全、危害公共安全、使用暴力严重侵犯人身权利和财产权利的犯罪以及重大的毒品犯罪、国际犯罪和贪利性渎职罪之范围内；对于单纯性的财产犯罪和经济犯罪，原则上不适用死刑。[①]

2. 关于自由刑的完善

有论者建议，应当建立无期徒刑缓刑制度。[②] 对于有期徒刑，有论者建议将其最高期限提高至 20 年，数罪并罚及加重处罚情况下不超过 30 年。[③] 对于拘役刑，有论者主张予以废除，并增设劳役刑代替之[④]；有论者则认为，应在保留的基础上由法律明确规定适用短期自由刑的"最后手段"条款。[⑤] 对于管制刑，有论者提出了如下完善建议：其一，设立专门的监督管理机构负责管制犯的监管、帮教工作。其二，对 1979 年刑法典第 34 条关于管制犯的权利、义务之规定，根据新的形势增减有关内容。其三，在刑罚制度上增设管制刑和其他自由刑的易科制度，明确规定在数罪并罚时管制刑与有期徒刑的折算方法。其四，扩大管制刑的适用范围。[⑥]

3. 关于罚金刑的立法完善

有论者认为，完善我国罚金刑，首先有必要建立"以犯罪情节为主，以经济状况为辅"的罚金刑裁量原则。其次有必要确立日额罚金制，日额罚金的确定，应以犯罪人的支付能力（即日收入减去日支出）为标准。[⑦] 有论者主张，应将罚金刑上升为主刑，规定罚金可以与其他主刑同时适用；对于罚金的数额，可以在刑法总则中规定最低数额，在分则中根据不同的犯罪类型分别采取比例罚金制、限额普通罚金制和日额罚金制等不同的罚金刑制度。[⑧] 有的论者则主张，不应将罚金刑上升为主刑而仍维持其附加刑的地位，更加符合我国当前的现实。罚金刑的扩大适用，可以通过在立法上多增设"单处"

---

① 参见高铭暄：《论我国刑法改革的几个问题》，载《中国法学》，1996（5）；马克昌：《加大改革力度，修改、完善〈刑法〉》，载《法学评论》，1996（5）；赵秉志等：《中国刑法修改若干问题研究》，载《法学研究》，1996（5）；赵秉志主编：《刑法争议问题研究》（上卷），635～641 页，郑州，河南人民出版社，1996。

② 参见桑红华：《论自由刑的立法完善》，载《刑法完善专题研究》，北京，中央广播电视大学出版社，1996。

③ 参见赵秉志等：《中国刑法修改若干问题研究》，载《法学研究》，1996（5）。

④ 参见赵秉志等：《中国刑法修改若干问题研究》，载《法学研究》，1996（5）。

⑤ 参见桑红华：《论自由刑的立法完善》，载《刑法完善专题研究》，北京，中央广播电视大学出版社，1996。

⑥ 参见赵秉志等：《中国刑法修改若干问题研究》，载《法学研究》，1996（5）。

⑦ 参见廖东明、朱华：《关于完善罚金刑的构想》，载《法学评论》，1996（3）。

⑧ 参见赵秉志等：《中国刑法修改若干问题研究》，载《法学研究》，1996（5）。

的方式来实现。① 至于应否建立罚金易科制度，有的论者持肯定态度②，有的论者则认为罚金易科自由刑并不适合我国国情，不宜采用。③

4. 关于资格刑的立法完善

有论者建议，剥夺言论、出版、结社、集会、游行、示威权应当排除在剥夺政治权利刑内容之外，我国刑法需要增设的资格刑包括职业禁止、行业禁止、限期整顿、刑事破产或解散。④ 有论者主张，资格刑经扩充内容后，既可以作为主刑，也可作为附加刑。⑤

（二）刑罚制度的完善

1. 关于从重、从轻、减轻和加重处罚问题

有论者认为，1979 年刑法典第 58 条关于从重、从轻处罚的规定并未明确界定从重、从轻处罚的内涵和外延，司法实务理解易生歧义，建议明确规定"从重"、"从轻"是指在法定刑幅度内的相对重处、相对轻处。对于 1979 年刑法典第 59 条第 1 款关于减轻处罚的规定，论者建议应明确减轻的幅度和办法，明确规定"减轻处罚应在法定最低刑以下一格判处"。对于加重处罚的规定，论者主张应将加重处罚限制在本刑种的加重范围之内；为保证刑罚的公正性，立法应明确规定加重处罚的比例；此外，从刑法典的完整统一性出发，应将加重处罚的规定放置于刑法典的量刑一节中。⑥ 对于 1979 年刑法典第 59 条第 2 款关于减轻处罚情节的规定，有论者提出如是建议：其一，采用总则和分则相结合的立法模式规定减轻情节，废除 1979 年刑法典第 59 条第 2 款的"酌定"减轻处罚规定。其二，总则部分增加动机高尚、素行良好、真诚悔悟、补偿损失、主动坦白、被害人过错等事由为法定减轻处罚情节。⑦ 另外，有论者认为，根据我国刑事立法状况和罪刑法定原则，刑法不宜规定加重处罚的一般原则；个别情况需要加重处罚的，可以在分则中以特别加重的形式规定对某一罪加重处罚，并明确规定其加重方法。⑧

2. 关于累犯制度的立法完善

有论者认为，为了强化对累犯的打击，一要明确从严处罚的幅度，二要打破对累犯不能超越原法定刑幅度处罚的陈规，具体而言，可规定对累犯应加重本刑的一定比例；

---

① 参见高铭暄：《论我国刑法改革的几个问题》，载《中国法学》，1996（5）。

② 参见廖东明、朱华：《关于完善罚金刑的构想》，载《法学评论》，1996（3）。

③ 参见周道鸾：《刑法完善刍议（下）》，载《法学研究》，1996（4）；赵秉志等：《中国刑法修改若干问题研究》，载《法学杂志》，1996（5）。

④ 参见周道鸾：《刑法完善刍议（下）》，载《法学研究》，1996（4）；赵秉志等：《中国刑法修改若干问题研究》，载《法学杂志》，1996（5）。

⑤ 参见项宏锋：《资格刑探微》，载《法学与实践》，1996（1）。

⑥ 参见胡学相：《完善刑法中量刑规定的立法构想》，载《现代法学》，1996（2）。

⑦ 参见卢勤忠：《论酌定减轻处罚情节的法定化》，载《法律科学》，1996（4）。

⑧ 参见王军：《关于累犯和加重处罚原则的立法建议》，载《人民检察》，1996（11）。

三要明确规定同种累犯处罚上比异种累犯要重。亦有论者认为，我国现行刑法中的特别累犯不应仅限于反革命累犯，而应当扩大至包括所有严重的刑事犯罪；构成累犯的前后罪间隔期应由 3 年改为 5 年。① 此外，有的论者建议根据不同轻重的刑罚来规定累犯构成的间隔期限。②

3. 关于缓刑制度的完善

有论者提出如下建议：其一，对适用缓刑的条件，在刑法原有规定的基础之上增设一款或一条，明确规定法官在判断行为人有无人身危险性从而裁量适用缓刑时应考虑的一些因素。其二，明确规定对缓刑犯的考察应由基层社会治安综合治理机构主管；明确规定缓刑犯在考察期内应履行的义务；对缓刑犯的经济待遇、社会权利亦应作出明确规定。其三，单独设立缓刑减刑制度。其四，缓刑撤销的条件不应仅限于"再犯新罪"，立法应规定，在考察期内缓刑犯有两次以上一般违法行为或严重违反考察期内应当履行的义务，亦可撤销其缓刑。③ 亦有论者主张，缓刑的适用对象应规定得具体、明确；对少数社会危害性大的严重刑事犯罪（如抢劫罪、强奸罪）和部分社会危害性较大的高发性犯罪（如盗窃罪）不能适用缓刑，而对情节较轻的犯罪可以多判缓刑。关于缓刑的监管措施，论者主张，应明确规定设立以司法行政部门为主体，由公安、检察、法院参加的缓刑后考察机构；同时设立监护人担保制度。④

本年度，亦有论者就建立缓刑担保制度作了专门探讨。该论者建议，刑法可设立保证金担保、保证人担保和特定义务担保等三种缓刑担保方式。⑤

（三）保安处分的立法建议

有论者主张，应当在未来刑法典中增设保安处分专章，保安处分的种类有 7 种：收容教养、强制医疗、治疗监护、强制禁戒、监督考察、驱逐出境、物的没收。劳动教养应予取消，不宜作为保安处分种类加以规定。⑥ 有的论者则主张，我国刑法中的保安处分应由下列多种具体措施组成一个多层次、多功能的体系：社会矫正、劳动教养、保安监置、监护隔离、禁戒、强制劳作、保护观察、少年保护、收容教养、留场就业（注销原城市户口）、限制居住、没收物品、善行保证、禁止从业、解散法人组织，以及训诫。⑦ 还有的论者认为，用"保安措施"代替"保安处分"一词更为科学；在刑法中设

---

① 参见桑红华：《关于刑罚制度立法完善的若干探讨》，载《刑法完善专题研究》，北京，中央广播电视大学出版社，1996。

② 参见王军：《关于累犯和加重处罚原则的立法建议》，载《人民检察》，1996（11）。

③ 参见王秋良、李泽龙：《缓刑适用的立法完善》，载《法学》，1996（4）。

④ 参见王国鑫：《对我国刑法中缓刑制度的立法思考》，载《法治论丛》，1996（1）。

⑤ 参见钟心廉：《建立缓刑担保制度的若干设想》，载《现代法学》，1996（1）。

⑥ 参见赵秉志等：《中国刑法修改若干问题研究》，载《法学研究》，1996（5）。

⑦ 参见喻伟：《保安处分刑事立法化》，载《法学评论》，1996（5）。

立"保安措施"专节后,在该节中应规定劳动教养。[①]

五、刑法典分则体系的完善

完善我国刑法分则的体系结构,是此次系统修订刑法典的一项重要内容。早在前两年,就有学者对此问题进行研究。随着修订刑法典研讨的逐步深入,学者对这一问题又进行了探讨,主要观点为:

(一)关于编、章、节的结构问题

首先是关于编的问题。有论者认为,我国 1979 年刑法典以犯罪的同类客体对犯罪进行分类排列,但各章之间的关系显得不甚明确和稳定。新的刑法典应在 1979 年刑法典分类的基础之上,按照犯罪所侵犯的社会关系再进行基本的分类,即将刑法分则分为侵犯国家利益的犯罪、侵犯社会利益的犯罪和侵犯个人利益的犯罪三大编,编下设章。[②]

其次是关于大章制和小章制的问题。主张大章制者认为,新的刑法典中"章"这层次,仍然使用粗线条的方式,对于内容较多的章,再分以节。[③] 主张小章制者认为:刑法分则不可能各章均采用章节制,必然会出现有些章有节、有些章无节的现象,显得体例不统一,不同章之间罪种、条文的数量也差别过大而不协调;同时,对于内容较多的章虽作了若干节的划分,但仍显得内容庞杂,不便于适用和研究。而采用小章制,就可以避免上述弊端,维持各章之间体例的统一和罪种、条文的协调,有助于司法之适用。[④]

(二)关于刑法分则体系的具体构想

关于刑法分则体系结构的具体构想,学者们提出了两种模式:一是采用卷、编、章、节的分类方法构建刑法分则体系,二是采用编、章的模式确立刑法分则体系。

根据第一种观点,论者所设计的刑法分则体系为:

第一卷"总则"(从略)

第二卷"分则"

第一编"侵犯国家利益的犯罪"

第一章"危害国家安全罪",第二章"危害国防罪",第三章"危害廉政罪",第四

[①] 参见马克昌:《加大改革力度,修改、完善〈刑法〉》,载《法学评论》,1996(5)。
[②] 参见文海林:《刑法分则结构及其理论基础》,载《法学研究》,1996(4)。
[③] 参见文海林:《刑法分则结构及其理论基础》,载《法学研究》,1996(4)。
[④] 参见赵秉志:《关于完善刑法典分则体系结构的新思考》,载《法律科学》,1996(1)。

章"危害行政活动罪",第五章"危害司法活动罪",第六章"危害国际安全罪"。

第二编"侵犯社会利益的犯罪"

第七章"危害公共安全罪";第八章"破坏社会主义市场经济秩序罪(一)":第一节"走私罪",第二节"生产、销售伪劣商品罪",第三节"非法经营罪";第九章"破坏社会主义市场经济秩序罪(二)":第一节"危害金融罪",第二节"危害税收罪",第三节"危害公平竞争罪";第十章"破坏社会主义市场经济秩序罪(三)":第一节"危害环境罪",第二节"危害自然资源罪",第三节"危害企业管理罪";第十一章"妨害社会风化罪":第一节"毒品犯罪",第二节"制造、贩卖淫秽物品罪";第十二章"扰乱社会治安秩序罪";第十三章"妨害国边境、文物、公共卫生管理罪"。

第三编"侵犯个人法益的犯罪"

第十四章"侵犯公民人身权利罪";第十五章"侵犯公民民主权利罪";第十六章"侵犯财产罪":第一节"侵犯物权罪",第二节"侵犯知识产权、债权罪";第十七章"妨害商事秩序罪":第一节"妨害公司利益罪",第二节"妨害票据、保险管理罪";第十八章"妨害婚姻、家庭罪"。①

根据第二种观点,论者所设计的刑法分则体系结构为:

第一章"危害国家安全罪",第二章"危害国防罪",第三章"军人违反职责罪",第四章"危害公共安全罪",第五章"贪利性渎职罪"(即贪污罪与贿赂罪),第六章"普通渎职罪",第七章"侵犯公民人身权利罪",第八章"侵犯公民民主权利罪",第九章"侵犯公民劳动权利罪",第十章"侵犯财产罪",第十一章"妨害婚姻、家庭罪",第十二章"危害资源、环境罪",第十三章"非法生产、经营罪",第十四章"妨害企业管理罪",第十五章"妨害海关管理罪",第十六章"破坏金融秩序罪",第十七章"妨害证券、票证管理罪",第十八章"侵犯知识产权罪",第十九章"妨害公平竞争罪",第二十章"妨害税收罪",第二十一章"妨害司法活动罪",第二十二章"妨害社会管理秩序罪",第二十三章"毒品犯罪",第二十四章"妨害风化罪",第二十五章"妨害文物管理罪",第二十六章"妨害国(边)境管理罪"。②

六、关于刑法分则条文的立法技术问题

在1996年,刑法学界对刑法分则条文的立法技术的研讨,集中在以下三个方面:

(一)关于罪种设置的原则

抛弃"宜粗不宜细"的立法思想,因应社会形势的需要将一些危害行为予以犯罪

---

① 参见文海林:《刑法分则结构及其理论基础》,载《法学研究》,1996(4)。
② 参见赵秉志:《关于完善刑法典分则体系结构的新思考》,载《法律科学》,1996(1)。

化，是此次刑法典修订的一项重要任务。有论者认为，设置新的罪种，必须坚持如下原则：一是刑法的补充性原则，即在法益保护方面，刑法是补充性的、最后的、最彻底的手段，刑法必须有限制地、谨慎地适用，非属必要，一般不得将某种行为予以犯罪化。二是严格区分刑事制裁、民事制裁、行政制裁的原则，亦即刑法在增设新罪时，应考虑自己的干预度，只有在民事法律、行政法规不足以规范行为时才加以犯罪化。三是法益兼顾原则，即设立新罪一方面要考虑对被侵害法益和被害人的保护，另一方面也应考虑对犯罪人或者被告人予以恰当的保护，全面考察犯罪化后的社会承受能力。四是对处罚行为明确界定的原则，即在内容上应将予以刑罚处罚的行为界定清楚，不能将犯罪行为和违法行为混合规定在一个条文之中。五是慎刑原则，即在设置新罪时，慎用死刑，综合平衡刑罚的轻重，防止不合理地适用刑罚。六是有利于国际交往原则，即在增设新罪时，不仅要立足于国内情况，还要考虑到国际司法协助的情况，避免因罪名的政治色彩或死刑而导致在国际司法协助时产生障碍。①

（二）关于罪名规范化问题

我国 1979 年刑法典在分则条文中没有明确标示罪名，在刑法理论研究和司法实践中都产生了一些问题。有鉴于此，有论者认为在修订刑法典时应当将罪名的标题在各罪之前予以明示。② 但也有论者认为：在刑法理论和审判实践不能为立法者提供充分的理论与实践根据的条件下，要求立法者采用标题明示或罪名立法，是强人所难，而且若采用此种立法方法，也会使我国刑法分则中的死刑条款净增许多。因此，在目前的情况下，标题明示式罪名立法方式并不可取。解决罪名不规范、不统一问题可以从以下几个方面着手：其一，加强罪名规范化、统一化的使用意识，对于约定俗成或者公认的罪名，大家都要予以遵守，不另起其名；其二，在构织罪状时应从有助于正确确定罪名出发；其三，应当明确授权最高人民法院统一确定罪名。③

（三）关于刑法分则条文表述的规范化问题

有论者认为：我国现行刑法分则性条文大量使用简单罪状，致使其中某些犯罪的构成要件极难把握，也导致司法实务及理论上的混乱。在完善刑法典时，应尽量采用叙明式罪状；在用语上，应当明确、严谨，避免诸如"论处"、"处罚"等含糊不清的词语。④ 还有论者提出，刑法分则条文语言表述应当内涵明确、统一协调，避免重复、删除赘语，术语规范、表述严谨。⑤

---

① 参见全理其：《刑法增设新罪的基本原则》，载《法学研究》，第 18 卷第 5 期。
② 参见肖中华：《刑法分则完善中若干基本问题的研讨》，载《江西法学》，1996（5）。
③ 参见薛瑞麟：《关于罪名规范化统一化的构想》，载《中央政法管理干部学院学报》，1996（2）。
④ 参见赵秉志等：《中国刑法修改若干问题研究》，载《法学研究》，1996（5）。
⑤ 参见高一飞：《刑法分则条文语言表述的规范化》，载《江西法学》，1996（1）。

(四) 刑法分则条文具体化问题

刑法分则条文具体化，是罪刑法定原则的基本要求。有论者认为：我国现行刑法中，大量使用犯罪情节和犯罪数额作为定罪或量刑的标准，其缺陷表现为表述过于笼统、抽象、伸缩性大，在司法实践中往往易导致出入人罪，量刑失当。在修订刑法典时，应尽量避免伸缩性较大的情节犯，对常见的情节应当明列；在犯罪数额具体化方面，不应将数额绝对固定，要保持一定的社会发展适应性；同时，亦不宜将数额大小作为定罪量刑的唯一根据，而应加上其他情节。①

七、刑法分则罪种的立法完善

(一) 关于"口袋罪"的修改完善问题

由于在立法时采取"宜粗不宜细"的指导思想，我国现行刑法中有三个罪状简单却包罗万象的所谓"口袋罪"，即投机倒把罪、流氓罪和玩忽职守罪。对于如何解决这三个"口袋罪"的问题，刑法学界进行了研讨。相关论者一致认为：对三个"口袋罪"应进行分解，对不尽科学合理的内容予以删除，需要保留的内容予以独立化。对于投机倒把罪，特别刑法中已将有些内容独立成罪，如生产、销售伪劣产品的犯罪，侵犯著作权的犯罪，虚开、伪造、买卖增值税发票犯罪等，所余内容可以再分解规定为扰乱市场罪、非法为他人提供经营条件罪、非法出版罪等。对于流氓罪，可以分解为聚众斗殴罪、寻衅滋事罪、强制猥亵罪、聚众淫乱罪等。"侮辱妇女"与侵犯人身权利罪中的侮辱罪很难区分，不再列入。对于玩忽职守罪，首先，应保留这一罪名，但主体要件限于国家工作人员，主观方面限于过失，严格进行界定；其次，在渎职罪中增设公职人员违反职责罪、滥用职权罪、逾越职权罪、故意放弃职责罪等新罪种。② 也有论者认为，现在的玩忽职守罪可以分解为玩忽职守罪（传统意义上的）、滥用职权罪和放弃职权罪三个罪种，在法定刑上应较目前规定有所提高，而且鉴于滥用职权罪和放弃职权罪的主观恶性比玩忽职守罪深，其处罚标准亦应相对较重。③

(二) 关于侵犯公民人身权利犯罪的立法完善

有论者认为：侵犯公民人身权利犯罪与侵犯公民民主权利犯罪规定在一章之内的立法例不尽科学，且现有的内容也需予以调整、充实，因而，应当根据以有利于司法实务

① 参见肖中华：《刑法分则完善中若干基本问题的研讨》，载《江西法学》，1996 (5)。
② 参见赵秉志等：《中国刑法修改若干问题研究》，载《法学研究》，1996 (5)；高铭暄：《试论我国刑法改革的几个问题》，载《中国法学》，1996 (5)。
③ 参见侯建：《玩忽职守罪的修改与完善》，载《法学杂志》，1996 (5)。

惩治、防范犯罪为宗旨，总体立法通盘考虑，形式与内容相兼顾，立足于本国实际与借鉴国外经验相结合的原则对其进行完善。具体构想为：将侵犯公民人身权利犯罪独立规定为一章；将刑讯逼供罪、诬告陷害罪和伪证罪移入新设立的妨害司法活动罪一章之中；删除 1979 年刑法典第 131 条和第 137 条的规定；合并强迫他人卖淫罪与强迫妇女卖淫罪、拐卖妇女儿童罪与拐卖人口罪；增设绑架罪、恐吓罪和胁迫、诱骗未成年人表演恐怖、残忍或者淫秽节目罪；将某些犯罪的处刑情节具体化；取消故意伤害罪和强迫他人卖淫罪的死刑；将过失致人死亡罪的法定最高刑限定为 10 年有期徒刑，将奸淫幼女罪的法定最低刑由 3 年有期徒刑提升为 5 年有期徒刑，将非法限制自由罪、非法搜查罪、非法侵入住宅罪的法定最高刑由现行的 3 年有期徒刑降为 2 年有期徒刑。根据上述设想，完善后的侵犯公民人身权利罪一章所包括的罪名有：故意杀人罪，过失致人死亡罪，故意伤害罪，过失重伤罪，强奸妇女罪，奸淫幼女罪，强迫他人卖淫罪，绑架罪，拐卖人口罪，收买人口罪，胁迫、诱骗未成年人表演恐怖、残忍或者淫秽节目罪，恐吓罪，侮辱罪，诽谤罪，非法剥夺自由罪，非法限制自由罪，非法搜查罪，非法侵入住宅罪等。论者还具体设计了上述各罪的罪状及法定刑。[①]

（三）关于侵犯公民民主权利犯罪的立法完善

1979 年刑法典将侵犯公民民主权利犯罪与侵犯公民人身权利犯罪规定在一章之中，有论者认为不妥，而应将之分立为独立章，并在罪状、法定刑上进行完善，增设一些新罪种。具体设想为：增加破坏选举罪的行为方式，现行刑法规定本罪是以暴力、威胁、欺骗、贿赂等非法手段，还应增加伪造选举文件、虚报选举票数的行为；修正报复陷害罪、侵犯公民通讯自由罪、侵犯少数民族风俗习惯罪和妨害宗教信仰自由罪的构成要件；将《集会游行示威法》中规定的妨害合法集会、游行、示威罪纳入其中，并明确规定法定刑；对破坏选举罪、报复陷害罪增设剥夺政治权利的法定刑；增设破坏宗教建筑罪。根据上述构想，侵犯公民民主权利罪一章所包括的罪种有：破坏选举罪，报复陷害罪，侵犯公民通讯自由罪，妨害合法集会、游行、示威罪，侵犯少数民族风俗习惯罪，妨害宗教信仰自由罪，破坏宗教建筑罪等。该论者还具体设计了上述各罪的罪状及法定刑，并对所设计的条文进行了立法理由说明。[②]

（四）关于增设侵犯公民劳动权利罪专章的问题

关于侵犯公民劳动权利方面的犯罪，我国 1979 年刑法未作规定。鉴于改革开放以来尤其是近年来，各种侵犯公民劳动权利的违法犯罪现象日益增多，在我国增强公民劳

---

① 参见赵秉志、肖中华：《关于侵犯公民人身权利罪立法完善之探讨》，载《检察理论研究》，1996（4）。

② 参见赵秉志、赫兴旺、肖中华：《关于侵犯公民民主权利罪和侵犯公民劳动权利罪立法完善的构想》，载《现代法学》，1996（4）。

动权利的刑法保护已势在必行。由于劳动权利的重要性及劳动权利同民主权利相比的独立性,对于侵犯劳动权利的犯罪,亦应专设一章,置于侵犯公民民主权利罪之后。该罪的罪名均为新增设,具体包括:危害劳动者身心健康罪,强迫他人劳动罪,侵犯女工劳动保护权利罪,侵犯未成年工劳动保护权利罪,非法招收、使用童工罪。有论者对上述各罪的罪状及法定刑均作了具体的设计,并附有立法理由的说明。①

(五) 关于妨害司法活动罪的完善问题

妨害司法活动罪,是妨害司法机关的正常司法活动、侵犯国家司法权正常行使的所有犯罪行为的总称。关于此类犯罪的立法完善,近些年学者一直有所探讨。在本年度内,刑法理论界对此方面的研讨更趋深入。有论者认为:根据犯罪主体是否具备司法人员这一特定身份,妨害司法活动的犯罪可以分为非渎职性的和渎职性的两大类。对于前者,可在新的刑法典中专设一章,予以集中规定;对于后者,其除了侵犯国家的司法活动外,更重要的是利用司法职权侵犯国家的司法权,因此将之归入渎职罪一章更为合理。在具体罪刑规范完善方面,应明确规定诬告陷害罪的法定刑;分条规定并详细阐明窝藏罪、包庇罪和窝赃罪、销赃罪的罪状;明确私放罪犯的罪状;充实伪证罪的罪状;将1979年刑法第96条规定的聚众劫狱罪和组织越狱罪分条规定,并将聚众劫狱罪改为劫狱罪;将组织越狱罪与脱逃罪合并为逃离监所罪;增设虚构犯罪罪,知情不举罪,拒不作证罪,妨害作证罪,干扰法庭秩序罪,侵犯司法人员、诉讼参与人罪,妨害监管秩序罪,购买赃物罪,拒不履行司法协助义务罪,拒不受理罪,非法行刑罪,司法失职罪,非法干涉司法活动罪。据此,修改后的刑法典中妨害司法活动罪一章中所包括的罪名可以有:诬告陷害罪,虚构犯罪罪,帮助罪犯隐匿罪,知情不举罪,伪证罪,拒不作证罪,妨害作证罪,妨害证据罪,干扰法庭秩序罪,拒不执行法院裁判罪,侵害司法人员、诉讼参与人员罪,妨害监管秩序罪,劫狱罪,逃离监所罪,窝赃罪,销赃罪,购买赃物罪,拒不履行司法协助义务罪。渎职罪一章中的妨害司法活动犯罪可以包括:拒不受理罪,刑讯逼供罪,枉法追诉、裁判罪,非法释放被监管人罪,体罚虐待被监管人罪,非法行刑罪,司法失职罪,非法干涉司法活动罪。该论者对上述各罪的罪状及法定刑均进行了设定,并附置了每一罪的立法理由说明。②

(六) 关于贪污罪贿赂罪的立法完善

贪污罪与贿赂罪的立法完善是近些年来研讨的热点。关于贪污罪贿赂罪是作为独立的一章,还是均归于渎职罪一章之中,学者间尚有不同的意见。此外,学者对贪污罪贿

---

① 参见赵秉志、赫兴旺、肖中华:《关于侵犯公民民主权利罪和侵犯公民劳动权利罪立法完善的构想》,载《现代法学》,1996(4)。
② 参见赵秉志、赫兴旺、肖中华:《关于完善妨害司法活动罪立法的研讨》,载《政法论坛》,1996(4)。

赂罪的构成要件及法定刑的完善也提出若干建议。关于贪污罪，有论者认为：贪污罪是既具有财产性又具有渎职性的犯罪，其主体应明确限定为依法从事公务的人员。在犯罪客体方面，仅限于公共财产，集体经济组织、中外合资企业、股份制企业中的财产不能作为贪污罪的对象。① 在法定刑方面，有论者建议，对贪污罪应增设罚金刑、剥夺资格刑，并在今后适当的时候废除死刑。② 关于贿赂罪，有论者认为：现行刑法关于本罪的立法，罪名单一，应当进行分解，将之分为普通受贿罪、司法执法人员受贿罪、枉法受贿罪、斡旋受贿罪、商业受贿罪、行贿罪、枉法行贿罪、商业行贿罪。贿赂犯罪的贿赂内容，不应仅限于财物，而应扩大到一切利益，包括非物质性利益以及色情服务。公职人员的受贿罪主体，应仅限于国家工作人员，其客观要件中应将利用职务便利和为他人谋利益改为"因职务关系"。在行贿罪中，应删除"为谋取不正当利益"这一要件。③ 在贿赂罪的法定刑方面，应扩大罚金刑，增设资格刑。④

（七）关于渎职罪的立法完善

对于渎职罪的立法完善，有论者认为可以从以下几个方面着手：一是调整渎职罪的原有罪名，将受贿罪分解为间接受贿罪、斡旋受贿罪、事前受贿罪和事后受贿罪；将玩忽职守罪分解为玩忽职守罪和不尽职责罪；二是吸收分散在其他章中的渎职罪种，包括贪污罪、刑讯逼供罪、报复陷害罪、非法剥夺公民宗教信仰自由罪、侵犯少数民族风俗习惯罪、挪用特定款物罪；三是增设新的罪名，包括挪用公款罪，滥用职权罪，执法人员徇私枉法罪，知情不举罪，隐匿、毁损账据罪，浪费罪等。该论者还对上述新增罪种的罪状作出设计，并提出职务犯罪的法定刑应高于同种性质的非职务犯罪，并普遍设立资格刑。⑤

（八）关于其他犯罪的研讨

除上述论述较为系统、深入的罪种外，刑法学界还对设立非法索债罪、逃避清算罪、妨害商业秘密罪、危害环境犯罪、背信罪、吸毒罪、期货犯罪、证券犯罪、计算机犯罪等，进行了探讨和论证。限于篇幅，本文不再予以综述。

---

① 参见王作富、党建军：《贪污罪主体、客体的立法完善》，载《法学研究》，1996（2）；刘光显、张泗汉主编：《贪污贿赂罪的认定与处理》，205～254 页，北京，人民法院出版社，1996。

② 参见曹子丹：《我国刑法中贪污罪贿赂罪法定刑的立法发展及其完善》，载《政法论坛》，1996（2）。

③ 参见刘光显、张泗汉主编：《贪污贿赂罪的认定与处理》，428～438 页，北京，人民法院出版社，1996。

④ 参见刘光显、张泗汉主编：《贪污贿赂罪的认定与处理》，439～440 页，北京，人民法院出版社，1996；曹子丹：《我国刑法中贪污罪贿赂罪法定刑的立法发展及其完善》，载《政法论坛》，1996（2）。

⑤ 参见冯锐：《完善渎职罪立法的思考》，载《法学研究》，1996（4）；康凤英、李游：《完善惩治职务犯罪的刑事立法思考》，载《政法论坛》，1996（3）。

八、刑法学研究发展的展望

中共中央《关于加强社会主义精神文明建设若干重要问题的决议》将法制建设作为社会主义精神文明建设的重要内容。以此为契机，今后中国刑法学研究将更加繁荣。在具体内容上，未来中国刑法学的发展主要包括如下若干方面：其一，刑法基础理论研究将进一步深入，这是刑法学繁荣发展的主要内容；其二，随着新刑法典的通过实施，对新刑法典相关内容的研究必将成为热点；其三，在新刑法典通过实施后，对其本身的一些不足，仍会有深入的研究，并进而提出新的完善意见；其四，随着香港地区回归祖国，对香港地区刑法的研究以及香港与全国性刑法的冲突及其解决，将成为刑法学界所面临的现实课题；其五，随着中国对外开放的进一步深入和国际刑法交流的增多，外向型刑法的研究亦将得以进一步发展。此外，在研究方法上，除应保持注释的传统方法之外，更应加强以理性的和实证的方法开展刑法学研究。

[高铭暄、赵秉志、赫兴旺、肖中华；载《法学家》，1997（1）]

第十五章
1997 年的刑法学研究

一、研究概况

1997 年是我国刑法科学发展史上具有划时代意义的一年。17 年前，五届全国人大二次会议通过了新中国第一部刑法典即 1979 年的《中华人民共和国刑法》，从此我国刑法学研究进入了一个崭新的历史时期；1997 年 3 月 14 日，八届全国人大五次会议又通过了经全面、系统修订的《中华人民共和国刑法》即 1997 年的新刑法典，这是对 17 年来刑法理论研究与实践经验的全面总结。我国刑法学界承前启后，继往开来，为建设社会主义法治国家不懈奋斗，努力将刑法学研究推向了新的历史阶段。

以刑法典的修订通过为基本界点和发展契机，同时受到香港地区回归等重大事件的影响，1997 年度的刑法学研究呈现出如下几个特点：

第一，在刑法典修订前后，极为密切地关注我国刑法的改革。1982 年国家就决定研究修改刑法，1988 年提出了初步修改方案，到 1997 年 3 月修订工作进行了 15 年。在这一过程中，我国刑法学界长期致力于刑法改革的多方位研究，每年都有很多论著问世。但 1997 年与往年不同，由刑法典修订工作进入最后关头所决定，刑法学界对刑法改革的关注更为密切。以新刑法典通过为时间界点，1997 年全年的刑法学研究大致可以分为两个阶段，新刑法典通过前为建议建言阶段，新刑法典通过后为深化研究阶段。在第一阶段，刑法学界主要是围绕即将到来的刑法典的修订，通过理论研究为立法工作献计献策。由于这是此次刑法改革理论研究这一漫漫征程的最后冲刺阶段，因而刑法学界对刑法典修订的建议建言同以往相比，表现得更为热烈、全面、集中和迫切。所谓"更为热烈"，是指各种法学报刊连篇累牍地发表关于刑法改革的论文、文章，其密集度非以往可比。例如，《中外法学》1997 年第 1 期共发表 8 篇刑法论文，全部是关于刑法改革的；《政治与法律》1997 年第 1 期约请了 6 位中国刑法学研究会青年理事，就刑法修改中的若干重要问题发表意见，同时还发表两篇有关刑法修改的专论。所谓"更为全面"，是指从发表论著所涉及的内容上看，既有对刑法改革宏观问题的研究，又有对刑法改革具体问题的研究，还有兼论刑法典修改时机的，在短短数月内论及刑法改革的各个方面，这是往年没有的。所谓"更为集中"，是指 1997 年刑法学界对刑法改革的建议建言有不少是历年来刑法改革理论研究的精华，可谓精彩纷呈。所谓"更为迫切"，是指面对刑法典修改的最后时刻，刑法学界要求为国家刑事法制建设作贡献的心情更为迫切。例如，中国法学会刑法学研究会及时结集出版了《刑法修改建议文集》，为刑法改革提供重要参考。

在第二阶段，刑法学界主要是围绕新刑法的贯彻实施，深化刑法理论的研究。这表现在两个方面：一是学术活动方面。中国法学会刑法学研究会于 1997 年 8 月 15 日至 20 日在宁夏银川市召开了主题为"刑法的贯彻与实施"的年会，来自全国各地的 171 位代表参加了会议，共收到论文 93 篇。与会者对我国新刑法的贯彻实施等问题进行了广泛而深入的探讨。《法学研究》于 1997 年 5 月初组织刑法学研讨会，在京的部分刑法界专家学者参加了会议。此次会议的宗旨不是对新刑法的注释及宣传普及，而是希望刑法界的有识之士在新刑法已经由全国人大通过的大背景之下，探讨刑法学基础理论研究今后的方向及热点。二是发表论著方面（此处只涉及论文，关于书籍将在后面介述）。自新刑法典通过之日起，各种法学报刊即以"论坛"、"专论"、"笔谈"、"访谈"等各种形式纷纷发表研究、评论新刑法典的论文、文章。从研究趋势看，文章的发表从开始时仅注重全方位研究新刑法典对原刑法的重大发展，后来渐进演变为研究新刑法典的贯彻实施与探讨新刑法典的缺陷与不足并重的局面。应当指出，刑法学界在新刑法典通过后进行的刑法学研究，不同于 1979 年刑法典通过后的刑法学研究局面。由于 1979 年刑法典通过时我国刑法学刚刚复苏，理论基础薄弱，加之法制建设长期废弛，因而 1979 年刑法典实施后的两年间，我国刑法学研究基本上是围绕着学习刑法、宣传刑法、普及刑法、解释刑法而进行的。时至 1997 年由于已经有了 17 年理论研究的基础和成果，因而具有刑法学研究起点高、方法新、形式多、层次深等特点。当然，宣传和普及新刑法典是刑法学界义不容辞的一项重要任务，刑法学界为此做了很多工作，但刑法学界在新刑法典通过后的主要任务已不在于此，而在于为刑法改革的最终落实而继续深化理论研究。

第二，密切关注香港地区回归，为"一国两制"的贯彻实施作贡献。在这方面，先后发表了一些论文、文章，特别是出版了几本论述香港地区刑法的专著及著作，为本年度刑法学研究增添了一道人文风景线。

第三，在注重刑法改革的现实理论与实践问题的同时，重视对刑法学基础理论的研究，从而保持了刑法学基础理论研究的连续性、递进性。在这方面，也发表、出版了一批有见地的论文、专著。

总的来看，本年度出版的刑法书籍主要有五种类型：一是中国刑法专著，比较有代表性的主要有：黎宏著《不作为犯研究》（武汉大学出版社），张文等著《刑事责任要义》（北京大学出版社），黄风著《中国引渡制度研究》（中国政法大学出版社），樊凤林、周其华、陈兴良主编《中国新刑法理论研究》（人民法院出版社），赵秉志主编《中国特别刑法研究》（中国人民公安大学出版社）等；二是刑法学论集，比较有代表性的主要有：高铭暄主编《刑法修改建议文集》（中国人民大学出版社），陈兴良主编《刑事法评论》（中国政法大学出版社）等；三是刑法教科书，比较有代表性的主要有：赵秉志主编《新刑法教程》（中国人民大学出版社），苏惠渔主编《刑法学》（中国政法大学出版社），周振想编著《刑法学教程》（中国人民公安大学出版社）等；四是新刑法释论著作，比较有代表性的主要有：赵秉志主编《新刑法全书》（中国人民公安大学出版社），陈兴良主编《刑法全书》（中国人民公安大学出版社），胡康生、李福成主编《中华人民共和国刑法释义》（法律出版社），高西江主编《中华人民共和国刑法的修订与适用》（中国方正出版社），朗胜主编《〈中华人民共和国刑法〉释解》（群众出版社），刘家琛主编《新刑法条文释义》（人民法院出版社），周道鸾等主编《刑法的修改与适用》（人民法院出版社），张穹主编《刑法适用手册》（中国人民公安大学出版社），敬大力主编《刑法修订要论》（法律出版社），肖扬主编《中国新刑法学》（中国人民公安大学出版社），周振想主编《中国新刑法释论与罪案》（中国方正出版社），王作富主编《中国刑法的修改与补充》（中国检察出版社），梁华仁、裴广川主编《新刑法通论》（红旗出版社），欧阳涛等主编《中华人民共和国新刑法注释与适用》（人民法院出版社），赵秉志主编《新刑法典的创制》（法律出版社），陈泽宪主编《新刑法单位犯罪的认定与处罚》（中国检察出版社），等等；五是外向型刑法论（译）著，比较有代表性的主要有：赵秉志主编《香港刑法学》（河南人民出版社），宣炳昭著《香港刑法导论》（中国法制出版社），田彦群著《香港刑事法》（海天出版社），赵永琛著《国际刑事司法协助研究》（中国检察出版社），〔日〕西原春夫主编《日本刑事法的形成与特色》（李海东等译，中国法律出版社与日本国成文堂联合出版），张明楷著《未遂犯论》（中国法律出版社与日本国成文堂联合出版），甘雨沛著《比较刑法学大全》（北京大学出版社），赵秉志著《外向型刑法问题研究》（中国法制出版社），〔法〕安德鲁·博萨著《跨国犯罪与刑法》（陈正云等译，中国检察出版社），等等。

二、关于刑法改革问题

如前所述，1997 年度刑法学研究以新刑法典通过为基本界点可分为两大阶段。这里我们所要介绍的，是新刑法典通过前这一阶段刑法学界对刑法改革问题的研究状况。

（一）刑法改革的宏观问题

1. 刑法修改的指导思想

这是一个关系到刑法改革成败的带有全局性、根本性的大问题。学者们主要是从两个方面阐发意见和建议的。一些学者从刑事政策角度阐述这一问题。有论者指出，惩办与宽大相结合之所以称为基本刑事政策，是因为它是各项具体刑事政策的基础，是因为它既是刑事立法的指导思想，又是刑事司法的指导思想，刑法修订要全面贯彻之。这一刑事政策在总则部分体现得最为突出的是在刑罚部分，尤其是刑罚适用制度。惩办与宽大相结合的刑事政策的全面贯彻关键看刑法分则，体现在分则中就是"严而不厉"，即在犯罪构成的设计上应做到严密罪状，严格刑事责任，不使犯罪人轻易逃脱法网；在法定刑方面应当是不厉害、不苛厉。① 有论者指出，惩办与宽大相结合的刑事政策对于刑法修改具有重要指导意义，因而应当成为刑法修改的指导思想。这一刑事政策的基本精神在于根据犯罪的不同情况，区别对待，惩办少数，改造多数。在刑法修改中仍然应当坚持这一基本精神，惩办是主要矛盾，但必须与宽大结合起来，做到宽严相济。就当前情况看，要防止的是片面强调惩办，甚至片面强调从严惩办，要正确处理惩办与宽大相结合的刑事政策与从重从快惩处犯罪的"严打"方针的关系，前者制约着后者，后者只是补充着前者，要反对崇尚刑罚的错误观念。为贯彻这一指导思想，刑法修改就要有前瞻性，放眼于长期需要；应当以科学理性为指导，而不能受情绪冲动的制约，要正确对待群众要求刑罚改轻为重的呼声；应当既立足国情，又顺应国际上刑法轻缓化的大趋势，至少不能与此背道而驰。② 有的论者还提出我国 1997 年刑法典明确将惩办与宽大相结合规定为政策依据，相信修改后的刑法典也会作出类似规定。③ 有些学者以"刑法调控模式的合理设置"或"犯罪化思想与我国犯罪化立法的规模设计"等为题阐述了刑法修改的指导思想。这实际上还是从刑事政策与刑法改革的关系角度看问题的。

有论者指出，根据刑法调控的特性和目前我国刑法调控之现实，完善市场经济条件下的刑法调控模式，必须切实注意以下两个方面：一是注重进行犯罪化以扩大刑法调控的广度。首先，由于传统经验立法的影响，尽管国家最高立法机关新增了很多罪名，中国现行刑法的"犯罪圈"还是偏小；其次，与社会转轨及市场经济伴生的大量新型犯罪，是刑法调控范围必须大规模扩大的直接原因。刑法调控范围的进一步扩大，并不否定个别地进行非犯罪化，与刑法调控的适度原则也不矛盾。二是克服重刑化立法以合理调节刑法调控的力度。在此基础上，应以社会公正伦理观念为基础，按照罪刑相适应原则的要求，建立轻重适度的刑罚体系和法定刑幅度。具体而言，刑罚的合理设置主要应解决以下几个问题：第一，在立法上严格限制并减少死刑立法；第二，在刑种的调整与改革方面应当扩大管制、拘役以及罚金等轻刑种的适用范围，避免片面强调生命刑和严厉自由刑的不良倾向；第三，在具体犯罪的法定刑方面，应当注意各种犯罪之间的协调性、平衡性和合理性。④ 有的论者则认为，我国刑法迅速大规模的犯罪化立法及其呼声，虽然反映了社会转型时期人们惩治犯罪的强烈愿望，但不可避免地存在着对我国当前社会发展特点缺乏足够认识的盲目性成分。转型时期社会问题急剧增多，是一种规律性现象，不以人们的愿望为转移。高速犯罪化立法的过程如果得不到司法上及时而强有力的呼应，其实际规范作用是不可能达到的，甚至还会出现负面效应。由于受到社会财

---

① 参见储槐植：《刑法修订与刑事政策》，载《中外法学》，1997（1）。
② 参见陈兴良：《刑法修改的指导思想》，载《政治与法律》，1997（1）。
③ 参见张明楷：《论修改刑法应妥善处理的几个关系》，载《中外法学》，1997（1）。
④ 参见赵秉志、肖中华：《适应市场经济、完善刑事立法》，载《政治与法律》，1997（1）。

富原有基础及其积累过程的制约，我国在相当一段时间里对司法的投入不可能快速增长，大规模犯罪化立法只能加剧刑事立法与司法严重脱节的现象。犯罪化立法的规模应当得到合理控制，但还缺乏全面实行"非犯罪化"的现实基础和社会需要，因而在划定"犯罪圈"时应当对各种不法行为的危害量作实事求是的估计，分析其之所以大量增生的深层原因，并在科学测定刑法介入后司法承受能力的基础上，作出具有严格构成标准并富有可操作性的规范规定。只有经过合理规模设计后出台的犯罪化立法，才能产生良好的适用效果，而一味追求"完美"法典，得不偿失。[①] 还有的论者指出，由于司法体制等原因导致没有严格执法的问题，不应当也不可能通过刑事立法本身来解决；由于没有进行合理解释而导致的刑事司法问题，也没有必要通过刑事立法本身解决；只是由于刑法没有规定或规定含混而导致司法机关无法可依或有法难依时，才应当通过修改刑法条文来解决。[②]

另外，有些学者还从刑事立法技术的角度对刑法修改的指导思想作了论述。有论者认为，刑事立法方法与立法技术直接关系到立法内容的科学性与可行性，并进而影响到实践中对法律的准确理解和正确运用，以市场经济体制下现代法制的内在要求来审视我国现行刑法之立法方法与技术，对之进行重大变革势在必行，这就是要注重刑事立法的前瞻性与明确性。[③] 有的论者还全面介绍了我国刑法学界在刑事立法指导思想上的分歧与论争，并对我国刑事立法指导思想应有的取向发表了与上述见解相同的看法。[④] 还有的论者从党的思想路线、市场经济理论、民主法制理论等方面谈了自己的看法。[⑤]

2. 刑法的体系结构

刑法的体系结构是刑法立法模式的具体表现。有论者指出：当今世界各国刑法都由三部分组成，即刑法典、单行刑法与非刑事法律中的罪刑规范，还没有一个国家的刑法典囊括了全部犯罪，因而应当实现刑事立法内容与刑法渊源的协调统一，没有必要将一切犯罪规定在刑法典中。从长远来看，刑法典与单行刑法、非刑事法律中的罪刑规范在内容上应有所分工：刑法典规定的犯罪应主要是能够简短描述的传统型犯罪；单行刑法规定的主要是具体类型较多、难以简短描述的犯罪；非刑事法律中的罪刑规范应主要规定与该法律密切相关的轻微经济犯罪与行政犯罪。在刑法典总则与分则关系的问题上，修改时应注意：对于共性问题应规定在总则中，而不能只规定在分则的个别条文中，否则必然导致难以适用法律；对于分则中反复出现的表述，应概括规定在总则中，否则必然导致分则规定过于繁杂；对刑法用语的解释性规定，均应统一放在总则的"其他规

---

① 参见苏惠渔、游伟：《树立科学思想，完善刑事立法》，载《政法论坛》，1997 (1)。
② 参见张明楷：《论修改刑法应妥善处理的几个关系》，载《中外法学》，1997 (1)。
③ 参见赵秉志、肖中华：《适应市场经济、完善刑事立法》，载《政治与法律》，1997 (1)。
④ 参见陈正云：《论我国刑事立法指导思想应有的取向》，载《云南法学》，1997 (1)。
⑤ 参见高铭暄主编：《刑法修改建议文集》，27～34 页，北京，中国人民大学出版社，1997。

定"中。① 有的论者主张采取"集中与分散相结合"的立法模式和罪刑相结合的附属刑法立法模式，认为立法机关应迅速摆脱在这一问题上的种种理论之争，从更加有利于准确打击变化多端的经济犯罪的实际需要出发，在附属刑法规范中明确描述经济犯罪的罪状并创制新的法定刑，从而实现我国刑事立法的系统完善。② 有的论者则从章制编排、罪名设置、条文编纂等方面探讨了刑法修改中的体例调整。在章制编排上，论者主张以客体特征作为刑法分则体例编排的统一标准，将原刑法分则体例的大章制改为小章制，同时确定刑法分则体系的内在逻辑性，为此可以借鉴西方国家刑法分则体系的建构标准；在罪名设置上，论者主张既要反对罪名过于细琐的极端倾向，也要防止罪名过于笼统的极端倾向，真正做到宽窄适宜，以便于司法适用，还应当坚持一罪名一法条的原则，从而保持体例上的统一；在条文编纂上，存在一个刑法典与关系法规（即单行刑法）的处理问题。单行刑法具有特别刑法的性质，不可完全照搬到刑法典中去，有些规定应当加以选择：或者由个别规定上升为一般规定，或者取消，以便同其他条文协调。附属刑法规范在纳入刑法典中时也要加以甄别。在刑法修改中，对单行刑法中的立法例要通过理论上的考察，作出统一规定。③ 有的论者还从调整刑法结构入手，建议刑法修订时应大量增加分则条款，细化罪名，把侵犯人身权利、民主权利罪排在破坏经济秩序罪之前。④

3. 刑法基本原则

罪刑法定原则的立法化问题，一直是我国刑法改革研究中一个颇具争论的问题。总的来看，罪刑法定原则立法化是刑法学界的共识，但也有少数学者持反对态度。限于篇幅，这里只能选取有代表性的观点加以介绍。有论者指出：罪刑法定原则是国家维护社会秩序和保障公民合法权利的结晶，是在刑事领域国家权力和公民权利的高度统一。1979 年刑法典只是基本上实行了罪刑法定原则，为了使基本上实行罪刑法定原则走向完全实行罪刑法定原则，在新刑法典中应当明确规定罪刑法定原则，并取消刑事类推制度。规定罪刑法定原则的条文可作如下表述：对于行为时法律没有明文规定为犯罪的行为，不得定罪处罚。至于有个别不严重的"罪"，即使因始料不及而暂时漏网，那比起实行罪刑法定原则所具有的巨大价值，实在是一个微不足道的代价。⑤ 有论者指出：刑法学界对刑法原则的概括，长期以来停留在对已有法律规定的表层内容的总结上，而且又较多地注重其"具体体现"的形式性罗列与阐释。对"罪刑法定"本身所蕴涵的民主与法治思想的单一、浅层认识，是导致我国刑法难以真正实现向"罪刑法定"要求转化的主要原因，也是这次圆满完成刑法修订工作必须着重明确的认识前提。打击犯罪（社

---

① 参见张明楷：《论修改刑法应妥善处理的几个关系》，载《中外法学》，1997（1）。
② 参见苏惠渔、游伟：《树立科学思想，完善刑事立法》，载《政法论坛》，1997（1）。
③ 参见陈兴良：《刑法修改的双重使命：价值转换与体例调整》，载《中外法学》，1997（1）。
④ 参见刘灿璞：《再议刑法修改》，载《黑龙江省政法管理干部学院学报》，1997（1）。
⑤ 参见高铭暄主编：《刑法修改建议文集》，3～5页，北京，中国人民大学出版社，1997。

会保障）和保护人民（人权保护）从理论上讲可以达到完全统一，但实际上有轻重缓急之分。在市场化的特定历史时间，刑法更应将保护公民权利作为首要任务，而"罪刑法定"正体现了主权在民和人权保护的价值内涵。罪刑法定原则要求罪刑关系的明确化、规格化和法定化。从刑法典的修改来说，必须在法律上作出如下体现：第一，明文设立罪刑法定的原则条款，并将其规定在显著位置上；第二，删除 1979 年刑法典第 79 条，废止刑事类推制度；第三，明文规定犯罪名称，实现罪名的法定化；第四，具体描述犯罪的构成要素，尽量使用叙明罪状；第五，对宽幅交错的法定刑结构进行合理调整，设立较具可操作性的刑罚条款。[①] 有的论者认为：罪刑法定无疑应当成为我国刑法的基本原则，现行刑法中的类推制度应予废止，为此有必要对以下两点加以辨析：第一，市场经济体制不应成为保留类推、否定罪刑法定原则的根据，社会主义市场经济在刑法中的内在要求就是废止类推、实行罪刑法定。刑法的滞后不应通过类推来解决，实行罪刑法定原则有助于刑法的完备。第二，类推并不利于保障人民的合法权益。新刑法典应当在废止类推制度的前提下开宗明义地规定罪刑法定原则，条文可拟为："对于行为时法律没有规定为犯罪的行为，不得定罪处罚。"[②] 有的论者认为，罪刑法定与类推存在明显的逻辑矛盾。罪刑法定与类推之争，实质是刑法价值的重大选择。在市场经济体制下，刑法机能应从社会保护向人权保障倾斜，类推就丧失了合理性基础。"情无穷，法有限"作为主张类推的理由只注重对刑法的技术分析，而忽视了对刑法的价值分析，因而很难说是通达之论。[③] 有的论者则认为：国外刑法学界对"罪刑法定原则"（"法制原则"）有形式主义与实质主义两种理解，对这一原则的形式主义理解是大陆法系国家崇拜理性的历史传统与启蒙时期特定的社会历史条件相结合的产物，其表现形式是崇拜法律的确定性，忽视法律的内在价值，强调从技术上追求法律的完美，以达到限制司法权的目的；对罪刑法定原则的实质主义理解反对将法律视为僵死的教条，主张通过发挥法官的能动性来弥补法律与社会现实间的断裂，但过分强调直觉在法律适用中的作用最终难免陷入法律虚无主义。在如何对待形式上与罪刑法定原则相抵触的类推等制度的问题上，该论者认为新刑法应跳出传统观念的束缚，重在表现这一基本原则在我们时代的内在价值。[④] 此外，还有些学者论及罪刑均衡与法律面前人人平等在刑法修改中的贯彻问题，有的论者还主张在刑法中创立其他一些基本原则。

4. 刑法修改的规模和时机

尽管 1997 年年初我国刑法典的全面修订和通过已经在即，仍然有少数学者对此提出质疑。有论者认为，对我国原有刑法的基本评价应是作用不小加上问题很多，在这种

---

① 参见苏惠渔、游伟：《树立科学思想，完善刑事立法》，载《政法论坛》，1997（1）。

② 赵秉志、肖中华：《适应市场经济、完善刑事立法》，载《政治与法律》，1997（1）。

③ 参见陈兴良：《刑法修改的双重使命：价值转换与体例调整》，载《中外法学》，1997（1）。

④ 参见陈忠林：《从外在形式到内在价值的追求》，载《现代法学》，1997（1）。

前提下，如果对刑法进行小改，则不解决问题，也没有必要；如果大改，则虽是客观需要，但时机不到；无奈而明智的选择是暂时不改，应当进行充分的调研和论证，为修改刑法作前期准备，积极创造条件。① 有的论者从国家立法能力和司法能力的视角对刑法修改的规模作了"定位"，认为：立法经验不足、理论准备不充分是刑法修改必须正视的一个现实问题。我国正在进行社会主义市场经济建设的伟大实践，在这一转轨过程中的刑事立法是一个艰难抉择的过程，加上对当前国家立法能力和司法能力的估计，结论只能是小改，不应有大动作。②

（二）刑法改革的重大课题

1. 单位犯罪的立法完善

有很多学者对此发表了意见和建议，这里仅介绍有代表性的观点。有论者指出：我国刑法从不规定单位犯罪到规定单位犯罪，是在犯罪和刑事责任问题上的一个重大突破，也是对法人能否成为犯罪主体这场在我国一度属于热点的学术争论从立法上作出了明确的回答。但单位犯罪立法与司法上的巨大反差至少说明我国立法上对单位犯罪的规定还是不够完善的。要想将单位犯罪纳入法制化的轨道，至少要解决以下几个问题：一是要对单位犯罪加以明确规定。单位犯罪比法人犯罪范围更宽。所谓单位犯罪，就是指单位的法定代表人、负责人、代理人为了本单位的不法利益而以本单位名义决定实施的犯罪。二是要对单位犯罪的罪种范围加以限制。单位不能成为一切犯罪的主体，单位只宜限定为经济犯罪和妨害社会管理秩序罪中的某些犯罪以及贪利性的渎职罪的主体。三是对单位犯罪一律采取"双罚制"。四是对单位犯罪应采用总则与分则相结合的立法模式。五是对单位犯罪如何追究刑事责任，应当在刑事诉讼法上作出相应的规定。③ 有的论者对世界各国的法人犯罪及刑事责任的立法模式作了比较研究，认为我国新刑法典应采取法国式的立法模式，并对法人犯罪与单位犯罪作了概念分析，认为：使用单位犯罪的概念不科学，因为单位并不是一个法律概念，缺乏确切的含义，使用单位犯罪概念还与民法、经济法的用语不协调，与国际上各国刑法的用语不衔接。该论者还提出，法人犯罪应限于法人实施的犯罪，它是指企业、事业、机关、团体法人在法人机关或其负责人员的决策下，为了法人利益，故意或过失实施的危害社会的依照法律应当受到刑罚处罚的行为。④ 有的论者全面分析了对法人犯罪应采取总则与分则相结合的立法模式的理由，并认为：应使用法人犯罪而不是单位犯罪的概念，法人犯罪应主要限于经济领域，诸如交通运输、知识产权等方面，不应对单纯侵犯公民个人权益、财产权利、婚姻家庭

---

① 参见邢研：《刑法修改：小改、大改还是暂时不改》，载《中外法学》，1997（1）。

② 参见周光权：《刑法修改的规模定位与制度设计》，载《法学》，1997（1）。

③ 参见高铭暄主编：《刑法修改建议文集》，5～7页，北京，中国人民大学出版社，1997。

④ 参见高铭暄主编：《刑法修改建议文集》，223～231页，北京，中国人民大学出版社，1997。

关系等客体的犯罪承认法人犯罪。法人犯罪的罪过形式应包括过失，甚至可以规定法人过失危险犯。此外，该论者还提出法人犯罪的可罚性标准应高于自然人犯罪等主张。① 有的论者还专门研究了单位过失犯罪的立法完善问题。②

2. 刑罚方面的改革

这是 1997 年新刑法典通过前学者们就开始着力研究的一个方面。有论者认为，刑法现代化应是刑法修改的价值定向，而刑法现代化的核心是刑罚现代化。刑罚现代化的基本点是刑罚结构朝着文明方向发展。"趋轻"与"合理"是相伴相生、相辅相成的关系，共同构成刑罚发展的必然趋势，也是刑罚现代化的根本主题。刑罚现代化涉及许多方面，在当前我国至少有三大问题需要研究：控制死刑；刑种多样；刑度适中。死刑减少的可能性首先落在有关经济犯罪方面。死刑应主要限于暴力犯罪和严重危害公共安全和国家安全的犯罪。暴力犯罪不是都要设死刑，这里有个立法技术问题。如果采用转化犯理论立法，就会减少很多死罪，而现有立法更偏爱结果加重犯和情节加重犯，结果增加了死刑罪名。适量减少死刑是为了维护国家长远利益。刑事制裁多样化有两层含义：一层是刑事制裁是基于一元（行为的社会危害性）还是二元（再加上行为人的再犯可能性）。我国现在的刑罚属一元化模式，我国刑法上不存在以行为人的人身危险性为主要依据的保安处分。我国刑事司法领域两大有争议的做法之一"劳动教养"，应当通过改变程序、改变期限、改变名称而建立在合理性基础上，并纳入刑法规定中。另一层含义是刑罚方法的多种形式。刑种多样是刑罚个别化的重要保证。刑罚幅度是国家刑罚目的的凝聚态，是罪刑适应原则的数量化。我国刑法规定的刑度，主要问题是幅度过宽。合理度的标准的决定因素很复杂，但刑罚轻重得当与否的标准应是受刑人的感受，即是否有"罪有应得"的感受。刑罚现代化作为刑法修改的价值定向，是"严而不厉"作为刑法修改的基本思路在刑罚方面的具体化和进一步深化。③ 有论者对死刑削减和劳教完善作了研究，主张严格限制死刑，降低刑罚的分量。限制死刑有立法限制与司法限制之分，该论者建议对刑法中七十多个死刑罪名的司法适用情况逐一加以统计，对那些久不适用，甚至从不适用，或只有个别适用的死刑罪名，除某些出于政治上考虑需要备用保留的以外，应当予以压缩；此外，还可以采用技术处理的方法进行技术性限制。关于劳教完善，该论者认为保安处分立法化是加强刑事法制的要求，其中最引人注目的是劳教，并提出了两种解决劳教程序和实体问题的办法。④ 有的论者从刑罚目的角度谈了刑罚修改问题，指出：既然我们肯定刑罚目的是预防犯罪，那就应当在具体条文中体现这一基本观念：其一，不应违背预防犯罪的目的规定刑罚；其二，不应超过预防犯罪的目

---

① 参见高铭暄主编：《刑法修改建议文集》，217～222 页，北京，中国人民大学出版社，1997。
② 参见高铭暄主编：《刑法修改建议文集》，232～234 页，北京，中国人民大学出版社，1997。
③ 参见储槐植：《刑罚现代化：刑法修改的价值定向》，载《法学研究》，1997（1）。
④ 参见陈兴良：《刑法修改的双重使命：价值转换与体例调整》，载《中外法学》，1997（1）。

的规定刑罚，或者说修改刑法时，不应过高期望刑罚的目的与作用。①

有的论者专门论述了死刑问题，认为：（1）死刑的废止是人类文明发展的必然结果；（2）死刑对于犯罪并无有效的威慑力；（3）死刑的现实功能是满足报应观念；（4）国际环境有利于向废除死刑方向发展，而我国死刑的废除就不是朝夕之间的事情了。该论者主张废除死刑应分三步走：第一步，下决心不再增加死刑立法，严格控制刑事司法中的死刑适用；第二步，经过几次有计划的刑事立法改革，大幅度削减死刑条文和死刑罪名，仅对故意杀人罪、抢劫罪、放火罪等最严重的刑事犯罪和部分军事犯罪保留死刑；第三步，废除包括故意杀人罪在内的一切刑事犯罪和军事犯罪的死刑，实现全面废除死刑制度的最终目标。该论者并认为在可预见的半个世纪内，第三步恐怕很难实现，但确实应成为努力的方向。② 该论者还撰文指出，削减死刑应当以实质削减与形式削减并重。③

有的论者主张对原有的刑罚制度进行必要改革，通过增设死刑适用制度和完善自由刑，实现对死刑条款和罪名的严格限制。其具体建议是：（1）死缓罪犯终身不得减为有期徒刑或终身不得假释；（2）赞成有的学者提出的提高有期徒刑长度的建议，建议限制减刑、假释对无期徒刑犯、长期徒刑犯的适用，并进一步完善无期徒刑制度；（3）增设死刑批准与赦免制度。④ 有的论者还提出，我国刑法中规定剥夺犯罪分子言论、出版等自由权利，虽在各国刑法中独具特色，但不仅在内容上很不严谨，而且在实际上是没有必要的，从刑法的科学性、民主性出发，在刑法修改中应当取消这一规定，剥夺政治权利这一刑种的其他内容则予以保留。⑤ 有的论者主张建立完备的自首、坦白、立功制度，认为对自首应作如下界定："犯罪以后，在司法机关采取强制措施之前，主动向司法机关或者其他机关、企业、事业单位、社会团体投案，如实供述自己的罪行，并接受审查和裁判的，是自首。"并主张对其中的犯罪较轻、犯罪较重、犯罪严重加以明确界定，增加以自首论处的规定，应当增设坦白制度，包括界定坦白的含义和确定坦白从宽处罚原则。该论者还认为新刑法典还应确立立功制度，界定立功的范围，确定立功从宽处罚原则。⑥ 有的论者探讨了财产刑的正当理由及立法完善，指出我国1979年刑法典规定的部分罚金刑无限额，没收财产刑广泛，没收处分制度相对薄弱，在完善立法、加强打击力度时必须注意正当理由，并指出完善财产刑的思路是：（1）规范罚金刑；（2）限制没收财产刑；（3）强化没收处分，克服以罚金、没收财产刑代替没收处分的不规范现象，也可以弥补限额罚金、限制没收财产刑所产生的空隙。⑦ 此外，一些论者还对我国

---

① 参见张明楷：《论修改刑法应妥善处理的几个关系》，载《中外法学》，1997（1）。
② 参见贾宇：《死刑的理性思考与现实选择》，载《法学研究》，1997（2）。
③ 参见贾宇：《削减死刑——刑法完善的一个重要环节》，载《政治与法律》，1997（1）。
④ 参见胡云腾：《改革刑罚制度》，载《政治与法律》，1997（1）。
⑤ 参见段立文：《对刑法修改中几个问题的探讨》，载《法律科学》，1997（2）。
⑥ 参见李希慧、谢望原：《我国刑法应建立完备的自首、坦白、立功制度》，载《法学研究》，1997（2）。
⑦ 参见阮齐林：《论财产刑的正当理由及其立法完善》，载《中国法学》，1997（1）。

刑罚体系的其他内容以及管制、无期徒刑等刑种的完善提出了建议。

3. 经济犯罪与经济刑法

新刑法典通过前的 1997 年的前两个月里，刑法学界对这个问题的论述较少，但不乏有力度的观点。有论者认为：经济犯罪是违反国家经济管理法规、直接破坏经济运作秩序和公私财物正当流转的犯罪。由于长期以来对经济犯罪的危害性本质缺乏深刻认识，所以全国人大常委会立法补充的重点自 1980 年以来始终放在治安犯罪和传统的财产犯罪上。从促进经济发展、建立市场经济新体制和进一步维护社会稳定的大局出发，刑法在继续加强对治安犯罪、财产犯罪调整的同时，更应将重点转移到经济犯罪上来。在刑法修改中，把所有经济犯罪都集中规定在作为普通法的刑法典中是没有必要的，这不仅是出于立法体例上的考虑，更是因为经济犯罪变动性强，为保持刑法典的相对稳定性而不宜如此规定。另外，经济犯罪的立法需要贯彻广泛介入、间接调整、刑罚适度三个原则。该论者还认为，经济犯罪可分为两类：一类是与财产犯罪具有较密切联系，甚至还带有传统犯罪特征的经济犯罪，我国立法上规定重刑的经济犯罪，大都属此类；另一类是主要破坏经济运作秩序，社会危害具有潜在性的经济犯罪，立法对此类犯罪疏漏很多。经济犯罪的立法重点应放在第二类上，但应普遍实行轻刑，以减少司法成本。[①]有的论者对经济犯罪适用死刑作了探讨，认为：对经济犯罪适用死刑违背罪刑等价观念，不能做到罪刑相称，因而缺乏报应根据；对经济犯罪适用死刑不能产生理想的预防、威慑效果，反而可能产生严重副作用，实际结果是得不偿失，因而也不具有功利根据；由此可以认为，经济犯罪适用死刑缺乏正当根据。对经济犯罪不能适用死刑，不等于不需严厉惩治经济犯罪，应当巧妙地综合使用自由刑和财产刑这两种手段。理性地思考经济犯罪的刑事对策，不仅应当治标性地调整刑法惩治手段，还应当治本性地调整刑事控制模式。其基本思路，就是由理想型的刑事控制模式向现实型的模式转变，以犯罪的相对性与刑罚的经济性为基本理念，不求彻底消灭犯罪，但求以最小的成本开支将犯罪最大限度地控制在社会能够容忍的限度之内。控制经济犯罪，还应当以科学的态度认识经济犯罪的原因和刑事手段的有限性，设计出科学的社会犯罪控制模式。[②]

此外，有论者探讨了量刑原则的改革，认为 1979 年刑法典第 57 条规定的量刑一般原则存在两大问题：一是文字表述不够严谨，逻辑性不强；二是立法指导思想有缺陷。主张刑法修改中应当吸收刑法学界在犯罪本质和刑罚本质以及量刑原则方面的研究成果，借鉴国外刑法的经验，在新刑法典中对量刑原则加以科学规定，明确体现出人身危险性的内容。该论者还对共同经济犯罪的罚则作了有益探讨。[③] 有论者对过失犯罪法定刑进行了研究，认为我国刑法对过失犯罪规定的法定刑至少存在四个问题：没有体现出

---

① 参见苏惠渔、游伟：《树立科学思想，完善刑事立法》，载《政法论坛》，1997 (1)。
② 参见梁根林、张文：《对经济犯罪适用死刑的理性思考》，载《法学研究》，1997 (1)。
③ 参见段立文：《对刑法修改中几个问题的探讨》，载《法律科学》，1997 (2)。

对业务过失罪较一般过失罪加重处罚的基本原则；没有体现出对公共安全的重点保护；对职务上的过失犯罪处罚过轻；没有一个统一的标准。该论者主张应从整体上重新确立过失犯罪的法定刑，认为依照过失犯罪是否侵害公共安全和是否属于业务过失，把过失犯罪划分为四类，并确定不同的法定刑，则是科学的。该论者还主张应确立过失严重危险的犯罪构成和法定刑，建议对其最高法定刑规定为 2 年有期徒刑。①

4. 刑法分则条文的立法改进

对刑法分则的改革，是此次刑法改革的重要方面，关系着刑法改革的成败，因而为学者们普遍关注。有论者从罪名、罪状、法定刑三个方面全面论述了自己的观点：关于罪名，主张取消推理式罪名，采用明示式罪名的立法模式科学、准确地确定各种具体犯罪的罪名；取消并列式罪名，采用一条一罪的立法模式；慎用选择式罪名，分解口袋罪名。关于罪状，该论者认为对基本罪状应基本上使用叙明罪状，尽量不用简单罪状，科学使用空白罪状，合理使用引证罪状；对加重或减轻罪状，应当在罪刑规范中普遍设置，并且具体化，宜用专款专项规定，不应是对具体犯罪基本构成特征的描述，而是对某种具体犯罪定刑升格条件和降低条件的描述。关于法定刑，主张新刑法中除基本采用相对确定的法定刑外，适当采取一些绝对确定的法定刑模式也是必要的。② 有论者对特别刑法的立法特点及在分则修改中的吸收问题作了研讨，认为：我国特别刑法立法的特点主要是：（1）创制新罪，填补刑法空白；（2）创制新的刑罚制度并提高定罪量刑标准化程度；（3）修改、补充刑法原有犯罪的罪状和法定刑，弥补刑法的缺陷；（4）重视财产刑的设置；（5）规定某些犯罪的主体可以是单位，突破了刑法理论和刑事立法的传统观念。特别刑法立法也存在一些问题，因此纳入新刑法典时应遵循以下原则：（1）理由充分原则；（2）刑罚合理化原则；（3）明确化原则；（4）科学归类原则。③

此外，还有些论著探讨了刑法典修改中的若干重要问题，主要包括：正当防卫的完善④，包庇罪、挪用公款罪的立法完善⑤，增设背信罪的立法建议⑥，增设非法发行证券罪、虚假陈述罪、内幕交易罪、操纵市场罪、欺诈客户罪的建议⑦，以及适当扩大"亲告罪"适用范围的建议⑧，等等。

综上，从 1997 年新刑法典的规定来看，刑法学界在 1997 年度提出的建议建言，对刑法典修订工作产生了重要的影响。

---

① 参见侯国云：《过失犯罪法定刑的思考》，载《法学研究》，1997（2）。
② 参见赵长青：《略论刑法分则条文的立法改革》，载《中外法学》，1997（1）。
③ 参见林亚刚、贾宇：《论特别刑法的立法特点及在分则修改中的吸收》，载《中外法学》，1997（1）。
④ 参见赵秉志、肖中华：《适应市场经济，完善刑事立法》，载《政治与法律》，1997（1）；赵炳寿、田宏杰：《完善刑法中正当防卫条件的构想》，载《中外法学》，1997（1），等等。
⑤ 参见段立文：《对刑法修改中几个问题的探讨》，载《法律科学》，1997（2）。
⑥ 参见张明楷：《关于增设背信罪的探讨》，载《中国法学》，1997（1）。
⑦ 参见李文胜、张文：《试论我国新刑法典目前应规定的几种证券犯罪》，载《中外法学》，1997（1）。
⑧ 参见齐文远：《"亲告罪"的立法价值初探》，载《法学研究》，1997（1）。

三、关于新刑法典的实施问题

1997 年新刑法典的通过，是推动刑法学研究继续深化的巨大动力。刑法学界立足已有的成绩，开始了新的征程。本文仅就学术报刊上的探讨情况和有关观点作一介述，至于刑法学研究会年会的论文观点，不予涉及，请参阅有关资料。[①]

（一）新刑法典的总体评价

1997 年刑法典通过后，一些学者、专家对 1997 年刑法典的立法背景、指导思想、特点和意义等问题发表了见解。

1. 1997 年刑法典的立法背景和指导思想

有论者认为，修订与完善刑法具有时代合理性，这是因为修订与完善刑法：（1）适应我国政治经济发展的需要；（2）适应同各种犯罪作斗争的需要；（3）是刑事立法走向科学化的需要。[②] 有的论者认为，从"阶级意志"到罪刑法定，从"镇压工具"到社会调节器，从"严厉打击"到普遍约束，是 1997 年刑法典对现代刑法观的重塑。[③] 有的论者全面阐述了 1997 年刑法典的修改背景和进程，以为刑法修改的根据在于：（1）社会形势的变迁；（2）1979 年刑法典的缺陷；（3）实践经验的逐步成熟；（4）理论研究的推动。关于刑法修改的进程，认为自 1982 年开始酝酿至 1997 年 3 月通过新刑法典，大体经历了酝酿准备（1982 年—1987 年）、初步修改（1988 年—1989 年 5 月）、重点修改（1991 年）、全面系统修改（1993 年—1996 年 12 月）和审议通过（1996 年 12 月—1997年 3 月）等五个时期。[④] 有的论者对 1997 年刑法与 1979 年刑法的立法背景作了比较，认为 1979 年刑法诞生于中国社会刚刚结束无法可依的混乱局面，社会主义法制建设重新起步的时刻；而 1997 年刑法则诞生在中国社会在政治、经济、社会生活等各个方面都发生了许多深刻甚至是根本性变化的形势下，是社会主义法制建设有重大发展、向着渐趋完备方向努力的阶段。[⑤] 有的论者在接受记者采访时指出，在 1997 年这个非同寻常的时期颁布新的刑法典，是依法治国、建设社会主义法治国家、维护社会稳定、进行社会主义市场经济建设的客观需要。1979 年刑法典由于其历史的局限性，或是对今天出现的新型犯罪缺乏明确规定，或是对发展严重的犯罪规定的法定刑太低，或是当时对有些犯罪行为分析研究不够，规定得不够具体，不便操作，等等，已难以全面适应保护改革开放的成果之需要。在这种情况下，历经 15 年修订而渐趋成熟的新刑法典的出台，

---

① 参见《中国法学会刑法学研究会 1997 年年会综述》，载《中国法学》，1997（5）。
② 参见赵长青：《树立当代刑法新理念》，载《现代法学》，1997（2）。
③ 参见王学沛：《现代刑法观的重塑》，载《现代法学》，1997（3）。
④ 参见赵秉志主编：《新刑法全书》，67～99 页，北京，中国人民公安大学出版社，1997。
⑤ 参见刘守芬：《关于"97 刑法"与"79 刑法"若干问题的比较》，载《中外法学》，1997（3）。

就显得十分迫切。特别是 1996 年刑事诉讼法通过并于 1997 年施行以后，这种需求就更加突出——因为刑事诉讼法第一句话就写明："为了保证刑法的正确实施"①。有的论者研讨了刑法观的转变与刑法修改问题，认为：由传统刑法观的政治功能观向新时期刑法观的经济功能观转变，是此次刑法修改指导思想上的一个重要内容。经济功能观是改革开放以来，特别是建立社会主义市场经济体制的目标模式提出以来的刑法功能观。它有两层含义：一是刑事立法突出对各种经济犯罪的打击，偏重于对经济基础即各种所有制并存和市场经济秩序的保护，强调司法机关的经济保障功能；二是追求刑罚的社会效益和经济效益的有机结合，主张刑罚谦抑或节俭②。有的论者指出，1997 年刑法典贯穿了保护国家、社会利益与保护公民利益兼顾并重的指导思想③。有的论者指出，1997 年刑法典是惩罚犯罪、保护人民思想的突出体现④。

2. 1997 年刑法典的特点

中国法学会在 1997 年刑法典通过后召开学习、宣传刑法座谈会，来自理论界和司法部门的三十多名专家一致认为，修订后的刑法典，是一部有中国特色的、比较完备的刑法典，是我国刑法发展史上的新的里程碑⑤。一些专家、学者也撰文谈了看法。有的论者认为：新刑法典虽然也借鉴、吸取了外国的有益经验，但绝不是简单的照抄照搬，而主要是立足于本国，在认真总结 17 年来实践经验的基础上，从我国实际情况出发进行修订的；更重要的，是它以邓小平建设有中国特色的社会主义理论和党的基本路线为指导，从我国社会主义制度的本质特征出发，较好地解决了保护国家、社会利益与保护公民利益之间的关系，正确地体现了保护国家、社会利益与保护公民利益相统一的原则，因此 1997 年刑法典是一部有中国特色的刑法典⑥。有的论者指出，1997 年刑法典是 1979 年刑法典施行 17 年的科学总结，具有时代性和科学性，是一部名副其实的迎接世纪之交的社会主义刑法典⑦。该论者还撰文指出，新刑法有"三严"，即严密法网、严格制度、严惩有方⑧。有的论者认为 1997 年刑法典的特点是观念新、内容新、罪名新、体例新⑨。有的论者认为，1997 年刑法典的基本特点是对以往几十年司法实践的科学总结，最大限度地适应当前和今后一个时期社会发展状况的实际需要⑩。有的论者对1997 年刑法典的评价是：（1）适应市场经济需要，调整刑法观念；（2）适应国内改革

① 《唯实唯严：专家细说刑法典》，载《人民检察》，1997（4）。
② 参见赵秉志主编：《新刑法全书》，135～138 页，北京，中国人民公安大学出版社，1997。
③ 参见佘孟孝：《一部有中国特色的〈刑法〉》，载《法学家》，1997（3）。
④ 参见曹子丹：《惩罚犯罪、保护人民思想的突出体现》，载《政法论坛》，1997（2）。
⑤ 参见：《新刑法是司法实践的科学总结》，载《人民法院报》，1997-03-27，3 版。
⑥ 参见佘孟孝：《一部有中国特色的〈刑法〉》，载《法学家》，1997（3）。
⑦ 参见高铭暄：《〈刑法〉施行十七年的科学总结》，载《法学家》，1997（3）。
⑧ 参见高铭暄：《略论修订后刑法的"三严"》，载《政法论坛》，1997（3）。
⑨ 参见陈兴良：《一部具有创新意义的刑法》，载《法学家》，1997（3）。
⑩ 参见张军：《认真学习、坚决执行好修订后的刑法》，载《法学家》，1997（3）。

的需要，突出惩治的重点；（3）适应对外开放的需要，促进中国刑法的国际化；（4）立足于现实，着眼于未来。① 有的论者认为，与 1979 年刑法典相比，1997 年刑法典的特点在于：（1）充分体现了社会主义民主和法制原则；（2）适应社会政治的发展变化，把反革命罪修改为危害国家安全罪；（3）充分体现"严打"方针，适应与新出现的严重犯罪作斗争的需要，增设了许多新罪名；（4）为改革提供法律保障，突出了对社会主义市场经济的保护；（5）保护公民见义勇为，适当加大了公民行使正当防卫权利的力度；（6）分解了"口袋罪"，罪状表述更具体，科学地调整了法定刑，操作性更强；（7）总结了长期与犯罪作斗争的实践经验，完善了我国的刑事政策；（8）加强对公民权利的保护，完善对侵犯公民人身和民主权利犯罪的规定，并增加了一些新罪名；（9）适应深入开展反腐败斗争的需要，强化对贪污贿赂犯罪和渎职犯罪的打击力度；（10）充分体现了法律体系的统一性、科学性和完整性。② 有的论者还专门论述了 1997 年刑法典分则的特点：（1）注意法自身的规范性；（2）个罪的规定细密、明确；（3）与现代社会紧密联系的犯罪规定增加；（4）危险犯、行为犯的条款增加；（5）统一的刑法分则体系。③ 还有的论者撰文称，1997 年刑法典是一部"具有鲜明社会主义特色的刑法典"④。此外，还有一些论者论及 1997 年刑法典的特点。

3. 修订刑法典的意义

1997 年 3 月 18 日《人民日报》发表评论员文章，称"这次修订刑法，是继去年 3 月全国人大通过修改刑事诉讼法的决定以后，进一步完善我国刑事法律和司法制度的重大步骤，对于进一步实行依法治国，建设社会主义法治国家，具有十分重要的意义"。许多专家、学者对修订刑法典的意义发表了看法。有论者认为：第一，刑法修订案的制定和实施对实现依法治国，建设社会主义法治国家，具有重大意义；第二，对于惩罚犯罪，维护国家的政治和社会稳定，保障国家物质文明和精神文明建设，具有重大意义；第三，对加强刑事司法具有重大意义；第四，制定出一部统一的、比较完备的刑法典，有利于司法人员学习、掌握和引用，也有利于广大群众学习。⑤ 有的论者认为，刑法修订、颁布的重大意义是：（1）1997 年刑法典是一部统一的、完备的刑事法典，它具有规范性、针对性和可操作性，有助于发挥其在市场经济下的调控功能，有利于健全社会主义法制、完善刑事法律体系，对于彻底稳、准、狠地打击犯罪，保护人民，维护社会稳定有积极作用；（2）1997 年刑法典对于保障人权、保护人民、保持政治稳定都有积极重大的意义；（3）1997 年刑法典对于我国开展国际刑事合作也有重大意义；（4）1997 年刑法典对于依法治国，建设社会主义法治国家，保障国家的长治久安具有重

---

① 参见赫兴旺：《对新刑法典的简要评价》，载《法学家》，1997（3）。
② 参见罗锋：《新刑法的基本特点和重要修改》，载《政法论坛》，1997（2）。
③ 参见李洁：《浅谈新刑法的特点》，载《检察之声》，1997（3）。
④ 秦醒民：《具有鲜明社会主义特色的刑法典》，载《政法论坛》，1997（3）。
⑤ 参见李淳：《修订刑法的重大意义》，载《法学家》，1997（3）。

要意义。① 有的论者指出，新刑法的意义在于：（1）它对于建设社会主义法治国家具有重大意义；（2）它对维护国家的政治和社会稳定，保障国家物质文明和精神文明建设具有重大意义；（3）它对加强刑事司法具有重大意义。② 还有的论者对1997年刑法典增设危害国防利益罪和军人违反职责罪专门发表评论，认为增设危害国防利益罪是刑法修订的一个重大突破，是完善我国社会主义法制的必然要求，对维护国家军事利益，加强国防建设，增强人民国防意识具有重大意义；修改后的军人违反职责罪纳入刑法，是制定统一的完备的刑法典的一个显著标志，提高了军事刑法的地位，适应了刑事法律的发展趋势，有利于军事刑法在全社会的宣传教育。③ 此外，还有不少论者发表了看法。

4. 1997年刑法典的局限与缺陷

随着1997年刑法典实施之日渐近和来临，一些学者对1997年刑法典的不足开始进行剖析。有论者认为，从宏观角度看，修订后的刑法典的局限或缺陷表现在三个方面：一是刑事立法指导思想上之缺陷，具体反映在：（1）"宜粗不宜细"导致"粗"、"细"两失；（2）"破坏市场经济秩序"何必辨姓"社"姓"资"；（3）保护人身权的规定应置于分则首章；（4）过分强调"具体经验"和"实际情况"，相对牺牲了科学性、长远性追求。二是刑事制度上之缺陷，具体反映在：（1）追诉时效制度几乎取消；（2）自首制度不完善；（3）保安处分制度未能正式确立；（4）"无限防卫权"制度隐然建立；（5）"剥夺政治权利"对有关权利剥夺不当；（6）一些重要刑事制度仍付阙如。三是多类多种犯罪未有规定，具体反映在：（1）关于严重违反社会公德和国民责任之犯罪；（2）关于严重的"国际犯罪"；（3）关于强奸以外的性犯罪；（4）关于侵害精神、尊严、人权、隐私之类犯罪。而从微观角度看，修订后的刑法典之局限与缺陷表现在两个方面：一是一些条文内容逻辑不严密，二是一些文字表达有语法问题。④ 有的论者指出，罪刑法定原则在1997年刑法典中的确立，使我国刑法典的诸多内容发生了深刻变化。罪刑法定原则以保障个人自由和限制刑罚权的行使为价值基础，体现了民主的思想及法治的精神。从这点上讲，1997年刑法典确实具有"里程碑"的意义。然而1997年刑法典有如下一些不足：一是关于罪名设定及其权属问题。该论者认为罪名设定是个立法问题，1997年刑法典仍然没有规定犯罪的具体罪名，总体上讲不符合罪名确定的"经济"原则。二是关于刑事规范的严密性问题。该论者认为1997年刑法典在一些具体规范的设计上仍然不够科学、严密，留下了立法漏洞。对此只能运用立法手段才能解决，再也不能像以往那样寄希望于"司法解释"了，司法解释不能创制刑法规范。三是关于法律用语的规范性问题。1997年刑法典仍有一些用语不够规范和科学。⑤ 有的论者专门研究

① 参见梁华仁：《刑法修订、颁布的重大意义》，载《法学家》，1997（3）。
② 参见高西江：《修订刑法的重大意义》，载《政法论坛》，1997（2）。
③ 参见石吉洲：《维护国家军事利益的重要举措》，载《政法论坛》，1997（2）。
④ 参见范忠信：《刑法典应力求垂范久远》，载《法学》，1997（10）。
⑤ 参见游伟：《论"罪刑法定"与修订后的我国刑法典》，载《法学》，1997（5）。

了 1997 年刑法典第 270 条规定的立法缺陷及其完善问题，认为"代为保管的他人财产"的表述不能科学、准确地界定法条所涉非法占有罪的犯罪主体和犯罪侵害对象，容易形成歧见，造成适用法律的困难甚至形成立法局限；"非法占为己有"的表述不当，且与我国现行立法相悖；使用"遗忘物"的概念不科学。[①] 还有一些论者对罚金刑修改弊端、挪用公物犯罪规定之不足、无限防卫权的规定、死刑规定、盗窃罪的死刑适用范围、刑法立法技术等诸多方面的缺陷发表了意见。[②] 此外，还有些论者对 1997 年刑法典的其他一些不足作了分析。

(二) 刑法典总则的改革与发展

不少学者专就刑法典总则某些问题的改进发表了看法，还有的学者是从总体上来论述刑法典总则修改的。有论者指出：从总体上看，1997 年刑法典总则顺应了时代的要求，大大推动了中国刑事法治乃至整个法治建设的进程，在中国法制史上具有里程碑的作用。刑法基本原则的确立和贯彻、普遍刑事管辖权的规定以及对死刑的限制，使中国刑法的面貌焕然一新，具有了较强的时代气息，达到了世界先进水平。但毋庸讳言，由于多种因素的影响，1997 年刑法典无论是在具体内容上还是在立法技术上，尚存在一些瑕疵和漏洞，有待今后进一步发展完善。该论者从刑法基本原则的确立、刑事管辖权的发展、自然人犯罪刑事责任问题的完善、单位犯罪的立法问题、正当防卫的发展完善、死刑的修改完善、刑罚裁量制度的修改完善、刑罚执行制度的修改等方面，对刑法典总则的修订进行了全面的论述和评价。[③] 有的论者则从刑法总则第一章题目以及第 1 条的变化、刑法基本原则的确立、刑法适应范围的变化、正当防卫制度的变化、单位犯罪的规定、刑种内容的变化、刑罚具体运用的变化七个方面，分析了 1997 年刑法典总则的修改情况。[④] 有的论者则主要是从刑法基本原则、刑法的适用范围、正当防卫、单位犯罪、刑种、自首和立功、减刑和假释等方面来介述刑法总则的修改的。[⑤] 有的论者专题论述了罪刑法定原则，有的论者专题论述了关于未成年人刑事责任问题，有的论者则专题研讨了单位犯罪的发展，有的论者则专题研讨了共同犯罪的修改[⑥]；有的论者则专文论述了 1997 年刑法对死刑的修改，还有的论者专文论述了自首与立功问题。[⑦] 此

---

① 参见黄龙：《新〈刑法〉第 270 条规定的立法缺陷与完善》，载《法学》，1997 (5)。

② 参见《修订后的〈刑法〉缺陷分析》，载《法学》，1997 (10)。

③ 参见赵秉志、赫兴旺：《论刑法典总则的改革与进展》，载《中国法学》，1997 (2)；赵秉志主编：《新刑法全书》，100～213 页，北京，中国人民公安大学出版社，1997。

④ 参见刘守芬：《关于"97 刑法"与"79 刑法"若干问题的比较》，载《中外法学》，1997 (3)。

⑤ 参见周国均：《中国刑法修改与补充的几个问题》，载《甘肃政法学院学报》，1997 (3)；樊凤林：《我国刑法的重要改革与完善》，载《政法论坛》，1997 (3)。

⑥ 参见《东吴法学内刊》，1997 (4)。

⑦ 参见刘璨：《试论新刑法对死刑的修改》，载《政法学刊》，1997 (3)；夏其淦：《自首与立法的新界定》，载《政法学刊》，1997 (3)。

外，还有一些论者探讨了 1997 年刑法总则的有关内容。

（三）刑法典分则的改革与发展

较之 1997 年刑法典总则，1997 年度刑法学界更多地研讨了 1997 年刑法典分则的问题。有论者阐述了刑法典分则修订的价值取向，认为：保护社会功能和保障人权功能是现代法治国家刑法的两大功能，刑法典总则和分则都要加以体现，但两者价值取向的重点有所不同，比较而言，刑法分则更为重视的是刑法的保护功能。严密刑事法网、确定应得刑罚，突出刑法分则的保护功能，体现了刑法分则最基本的价值取向。刑法分则修订的价值取向之一是"严密刑事法网，强化保护功能"，具体表现在完善刑法分则体系，重点严密多发性犯罪的犯罪构成，并将现实性和预见性相结合；刑法分则修订的价值取向之二是"完善罪刑规定、体现保障职能"，具体表现在犯罪构成明确化、法定刑幅度合理化。①

有些论者从类罪角度对新刑法典分则的修改作了研讨。

有论者探讨了全面修改反革命罪的历史必然性，认为 1997 年刑法典对"反革命罪"的修改是中国法制建设中具有改革意义的立法现象，这不只是因为这类犯罪直接关系到国家的生存，更是因为"反革命罪"自出现在中国以来，其立法模式历时弥久，一以贯之。因此要改变这种巨大的历史惯性，就不仅要全面认识修改反革命罪的必要性，更要深刻揭示修改反革命罪的必然性。该论者从政治基础、社会根源、国际背景、法律环境、初步试验等方面作了综合研讨。② 还有一些论者论述了这类犯罪的修改。

关于刑法典分则第二章的修改，有论者指出：本章增加了 15 个新罪，罪名体系趋于完备、协调；更改了原有条文，使刑法调控的犯罪对象及有关主体的范围有所扩大，增加了原有条文的密度，加重原有条文的载量；增加了列举项，即在刑法条文中列举规定某些特定的主体、行为方式和对象，使刑法规范严密、完整；适当调整了相关条文的刑度，贯彻刑与罪相适应的原则。③ 还有一些论者研讨了这类犯罪。

关于刑法分则第三章的修改，有的论者是就整章犯罪进行探讨的，而有的论者是就本章中的具体问题进行探讨的。有论者着重从新罪名的增设、本章规定的主要特点以及有关条文的理解与适用三个方面作了探讨，认为本章规定的主要特点是：（1）从立法模式来看，采取了在刑法典中设大章、大章下设节的办法；（2）从立法内容来看，编织了一张比较严密的经济刑事法网；（3）从立法技术来看，增强了条文的明确性和可操作性；（4）从犯罪主体来看，规定了大量的单位犯罪；（5）从刑罚设置来看，扩大和完善了罚金刑的使用。有论者还对 1997 年刑法典第 151 条到底有几个罪名，走私数个对象

---

① 参见储槐植、梁根林：《论刑法典分则修订的价值取向》，载《中国法学》，1997（2）。
② 参见刘远：《论全面修改"反革命罪"的必然性》，载《河北法学》，1997（5）。
③ 参见喻伟、蒋羽扬：《论新刑法典对危害公共安全罪的修订》，载《法学评论》，1997（4）。

如何处罚，1997 年刑法典第 157 条第 1 款是否构成一个独立的"武装掩护走私罪"，该条第 2 款"数罪并罚"如何理解，1997 年刑法典第 168 条徇私舞弊造成破产、亏损罪的主观罪过如何认定等问题进行了阐述。[①] 有的论者就 1997 年刑法典第 217 条、第 218 条侵犯著作权犯罪认定处理中的几个问题发表了看法[②]；有的论者对商业秘密的产权特性及刑法保护作了探讨[③]；有的论者对假冒注册商标罪的概念、构成、认定等问题作了探讨[④]；有的论者对中美知识产权刑法保护作了比较研究，并提出了强化我国知识产权刑法保护的若干观点和想法[⑤]；还有的论者对 1997 年刑法典关于货币犯罪的规定及司法适用的几个问题、串通投标罪的若干问题、危害金融犯罪的概念、洗钱罪等作了探讨。

另有些论著则对具体犯罪进行了探讨，其中较为引人注目的，当首推有组织犯罪。对有组织犯罪的研究，既应纳入犯罪学的视野，也应是刑法学的重要任务。1997 年 5 月 26 日至 28 日，中国犯罪学研究会会员代表会议暨第六届学术研讨会在北京召开，代表们就有组织犯罪的议题进行了研讨，这方面的观点请参阅《犯罪学与有组织犯罪》[载《人民检察》，1997（7）]。这里只对除此以外的与刑法直接相关的有组织犯罪研究作一介述。有论者认为，有组织犯罪是所有犯罪的最高组织形式，通常是指 2 人或 3 人以上，为追求经济利益而结成长期同盟，共同实施犯罪的一种犯罪形态。对这种犯罪的惩治与防范措施，国内或地区内的主要有对严重有组织犯罪进行刑罚处罚，在刑法中增加洗钱犯罪，扩大罚金刑及非法财产的追缴，加强证人保护措施等，同时，还应加强区际或国际的刑事司法合作。[⑥] 此外，还有一些论者研讨了黑社会犯罪的表现与对策等问题。此外，还有些论者对 1997 年刑法典规定的贪污贿赂罪的特点、贪污罪中的共同犯罪、三大"口袋罪"的分解、环境犯罪、刑法典修订前后惩治职务犯罪的立法比较，以及计算机犯罪等问题进行了有益的探讨。

（四）关于 1997 年刑法典的司法问题

随着 1997 年刑法典实施之日的迫近，一些专家、学者对 1997 年刑法典的司法贯彻发表了看法。关于执法观，有论者认为：刑法观一般可分为三类：（1）刑事立法观；（2）刑事司法观；（3）刑事社会观。刑事司法观内容广泛而丰富，目前迫切需要树立与 1997 年刑法相适应的下述五种观念：（1）经济执法观；（2）效益执法观；（3）民主执法观；（4）平等执法观；（5）开放执法观。[⑦] 关于罪刑法定原则的贯彻，有的论者认

---

① 参见刘仁文、刘森：《破坏社会主义市场经济秩序罪若干问题探讨》，载《中国法学》，1997（4）。

② 参见刘星明：《论侵犯著作权犯罪的几个问题》，载《中国法学》，1997（3）。

③ 参见邓启惠：《商业秘密的产权特性及其刑法保护》，载《广东社会科学》，1997（4）。

④ 参见申夫等：《假冒注册商标罪新探》，载《法商研究》，1997（2）。

⑤ 参见廖中洪：《中美知识产权刑法保护的比较研究》，载《法律科学》，1997（3）。

⑥ 参见赵秉志、赫兴旺：《跨国跨地区有组织犯罪及其惩治与防范》，载《政法论坛》，1997（4）。

⑦ 参见赵长青：《树立当代刑法新理念》，载《现代法学》，1997（2）。

为：1997 年刑法典在执行过程中最需要注意的问题，是罪刑法定等刑法三项原则能否在实践中得到不折不扣的执行。三项基本原则中，罪刑法定原则的贯彻是基础，是"依法治国，建设社会主义法治国家"方针能否在刑事领域得以实现的核心内容，必须深深植根于执法人员的头脑之中。全面贯彻这三项原则，还有一段很长的路要走。这里面不仅有执法人员的素质问题，还有全体公民的刑法观念和法律素质问题，它特别要求各个方面不能强行干预审判权、法律监督权的独立行使，应严格依法办事。有的论者认为：刑法上的罪刑法定原则与刑诉法上的无罪推定原则是一致的，两者共同构成刑事法律领域保护公民权利的有力武器。对法律没有规定的，暂时放弃追究，维护的是整个法律的尊严；类推已经废除，但要警惕它的"影子"。有的论者认为：对于法律没有规定或者新滋生的应受到刑罚处罚的行为，一般分两步处理：第一是暂时"放纵"，第二是当这一问题具有普遍性时可以通过立法途径进行补充。要坚决反对违背罪刑法定原则而与类推殊途同归的越权解释或扩张解释。关于国家工作人员的范围，有的论者认为：不能简单地说凡是从事公务的人员都是国家工作人员。国家工作人员的认定可以从两方面把握：其一，是否拿国家工资；其二，执行的是否为国家公务而非集体公务。公务主要是相对于劳务而言，两者区分主要在于前者多为一种智力性的活动，而后者多为一种体力性劳动；前者享有一定的权力，而后者则没有。有的论者认为，对于受委派从事公务的人员认定为国家工作人员的，要把握两个条件：一是它本身具有国家工作人员身份；二是这种身份具有代表性质，临时工就不行。有的论者认为，国家工作人员的范围不能定得过宽，不应从公务上去判断某人是否为国家工作人员，而应从其本来的身份看，认定身份要结合职务、地位、是否占国家编制等来分析，这样在党的机关、妇联等社会团体工作的人员都可以视为"其他依照法律从事公务"的国家工作人员。有的论者则认为：从事公务应当是国家工作人员的本质特征，以"公务论"较之以"身份论"更符合当前的工作需要。只要受委派从事了公务，就不应受他原来的身份所左右。

论者们还对村民委员会和居民委员会的主任、党支部书记、人民代表、法院陪审员、联防队员等能否认定为国家工作人员发表了各自的观点。关于如何理解职务犯罪的规定，有的论者认为：1997 年刑法典分则第八章、第九章对职务犯罪的规定，突出了打击重点的指导思想，把国家机关中的渎职犯罪解决好了，干部队伍建设问题解决好了，廉政建设就大有希望。非国家机关工作人员"渎职"的，仍然可按其他法规处理。有的论者认为，总体看这两章规定确实存在不少问题，有些内容让人颇费思量，有待今后进一步加强研究。论者们还对职务犯罪的一些具体问题进行了探讨。关于司法解释，有的论者认为：对司法解释权限有两种意见：一是认为它不能创制禁止性行为规范，二是认为它可以弥补立法不足，而第一种观点是正确的。现在司法解释确有与立法相矛盾之处，有的关系到罪与非罪的认定问题，应作限制；但并不是说司法解释一律不能扩张，像玩忽职守罪的主体就不能作出任何类推性质的扩张，法律上即使有漏洞，也只能暂时如此。但对于法律用语模糊，有关犯罪对象的问题，由于法律不可能一一列举，司法机关可作些扩大解释，比如私藏枪支、弹药罪，将炮也解释进去是完全可以的。有的论者认为：司法解释中的越权情况也有多种原因，比如 1989 年最高人民法院、最高人民检察院《关于贪污、受贿、投机倒把等犯罪分子必须在限期内自首坦白的通告》就属"授权"越权的例子。今后不论何种情况，越权解释都不能允许。最高人民法院、最高人民检察院司法解释不一致的问题，暴露出两者协调不够。只允许一方作出司法解释也不失为避免这种矛盾的一种途径。有的论者则认为，近年来司法解释有两者不尽一致的情况，但解决这种不一致不能简单采取取消一方司法解释权的方法，而应当两者进行沟通、协调。① 关于 1997 年刑法典与 1979 年刑法典的立法冲突与司法衔接，有论者作了探讨。② 关于 1997 年刑法典与 1996 年刑诉法典的衔接问题，也有论者作了探讨。③

四、关于刑法基础理论问题

在 1997 年刑法典的注释热浪之中，1997 年度刑法学界仍有不少学者将其冷静的目光投到基础理论的研究方向，从而保证了刑法学研究的深化。

（一）刑法改革与理论创新

有论者认为：在刑法更迭的情况下，我国刑法理论的发展存在两种可能性：低水平的重复或者高水平的递进，可以说是忧喜共存，关键在于司法理论工作者的理性自觉。法的注释研究是需要的，但作为一个具有独立学术品格的法学家，不应尾随立法和司法，而应超越法律，揭示那些隐藏在法的背后的规律，这正是法的本源与根基。认识到这一点，我们就有了立足之本，就获得了一种独立的价值判断能力和一种自主的社会批判力量，从而能对我国法制建设起到更大的作用。面临刑法更迭，刑法理论的发展又面临一个发展契机，希望通过推进刑法学科的基础理论研究，使刑法理论在高水平上更新，而不是在低水平上重复。④ 有的论者认为：刑法学研究在新刑法典通过后面临几个热点问题：（1）关于罪刑法定原则的真正贯彻问题；（2）关于劳动教养的刑法化问题；（3）关于加强刑事政策研究的问题。⑤ 有的论者则认为，当前刑法基础理论发展的热点问题是：（1）关于刑法基础理论有无深化的必要，是完善问题，还是彻底反思的问题；（2）关于刑法观的问题；（3）关于刑法在法律体系中的定位问题；（4）关于刑法基本原

---

① 以上观点参见《集思广益：解析执法难点》，载《人民检察》，1997（10）。
② 参见罗昌平、龚培华：《修订刑法与现行刑法的立法冲突及司法衔接》，载《法学》，1997（7）；曲直：《立法冲突及司法衔接》，载《东吴法学内刊》，1997（6）。
③ 参见陈吉生：《保障与冲突》，载《河北法学》，1997（4）。
④ 参见陈兴良：《法学家的使命》，载《法学研究》，1997（5）。
⑤ 参见张文：《刑法学研究的几个热点问题》，载《法学研究》，1997（5）。

则问题；（5）关于单位犯罪的问题；（6）关于犯罪构成的宏观体系。[1] 有的论者认为，以下三个问题是值得重视的新刑法典提出的新课题：一是充分认识、评价新刑法典确立的罪刑法定原则；二是法条竞合问题将更为突出；三是对于违反行政法规的犯罪，如何认识、评价其罪过形式的问题。[2] 其他一些论者也提出了一些应当重视研究的理论问题。

（二）刑法观与中国刑法走向

有论者以一定的社会结构形态对刑法具有决定作用为逻辑起点，在提供社会结构的一般形态及其演进模式的基础上，分析当前中国正在建构的政治国家与市民社会的二元社会结构，并在二元社会结构的视野中审视中国刑法走向。[3] 其名为刑法修改的理论期待，实为对我国刑法的发展规律进行理论探索。有的论者对刑法基本价值问题作了探讨，认为刑法价值的本质是一种特定的主客体关系；刑法价值以主体性为主导，随着社会的变化，主体的需要也随之变化，因此刑法追求的价值不是单一的和静态的，刑法价值具有多元性、矛盾性、可变性的特点；并认为刑法价值中具有相对稳定性的刑法基本价值有三种形式，即秩序、正义和自由。[4] 有的论者探讨了刑法的伦理品性，认为：刑法首先是文化的规范，其次才是法律规范，刑法不等同于社会伦理，却与社会伦理休戚相关，在一定意义上说，社会伦理是刑法规范的根基。那种主张应剔去刑法的伦理色彩的观点是不足取的。从犯罪、刑事责任和刑罚三个方面考虑，刑法的伦理色彩都十分鲜明。只有坚持刑法的伦理品性，才能使刑法真正奠基于公正、合理的基础上，而不丧失其应有的正义性。[5] 还有一些论者对刑事政策与犯罪状况等宏观问题进行了研讨。

（三）刑法基本原则

有的论者对罪刑法定主义作了比较研究，揭示了罪刑法定主义的意义，并阐述了罪刑法定主义的历史发展，认为罪刑法定主义的思想理论基础不是一元的见解是正确的；同时认为现代罪刑法定主义的思想理论基础，与罪刑法定主义产生的思想理论基础，确实有所不同，不应混为一谈。该论者认为罪刑法定主义产生的思想理论基础，可举出如下三个方面：（1）启蒙的自由主义思想；（2）孟德斯鸠的三权分立论；（3）费尔巴哈的心理强制说。而现代罪刑法定主义的思想理论基础可有以下两方面：（1）民主主义；（2）人权尊重主义。关于罪刑法定主义的内容，论者认为过去曾经形成通说，而现在又

---

① 参见刘生荣：《当前刑法基础理论发展的热点问题》，载《法学研究》，1997（5）。

② 参见阮齐林：《新刑法提出的新课题》，载《法学研究》，1997（5）。

③ 参见陈兴良：《从政治刑法到市民刑法》，载陈兴良主编：《刑事法评论》，第1卷，北京，中国政法大学出版社，1997。

④ 参见康均心：《刑法基本价值的形式》，载《法律与社会发展》，1997（2）。

⑤ 参见许发民：《论刑法的伦理品性》，载《法律科学》，1997（4）。

增加了新的内容，因而可从以下两方面论述其内容：（1）传统的罪刑法定主义的内容及其发展：排斥习惯法；刑法无溯及效力；禁止类推解释；否定绝对不定期刑。（2）新增的罪刑法定主义的内容：明确性原则；实体的适当原则，或称刑罚法规适当原则或者适当处罚原则（犯罪规定的适当和刑罚规定的适当）；判例不溯及的变更。① 还有论者比较全面地论述了罪刑法定主义，并提出要正确认识罪刑法定主义。② 有的论者对罪刑法定原则确立的观念基础作了研讨，认为应当以新型观念支撑罪刑法定原则。③ 有的论者则是从反面论述罪刑法定原则的价值，论者对类推制度进行了历史考察，并分析了其存在的原因，从而得出废除类推是历史的必然的结论。④ 此外，还有一些论者对罪刑相适应原则、刑法面前人人平等的原则作了探讨。⑤

（四）犯罪构成和刑事责任理论问题

有论者认为：刑事责任的本质在于自由意志行为人的反伦理道德性或反统治关系性之国家评价与个人负担，因此行为人负刑事责任的根据只能是这个自由意志行为。这个自由意志行为是主客观相统一的，既有主观恶性，又产生了行为事实，两者共同构成一个有机整体，直接从质和量上限定了主体对客体的侵害性即社会危害性，从而决定刑事责任的有无和大小。应坚持自由意志行为责任理论，要使刑事责任成为犯罪行为的必然的合理的结果。⑥ 有论者认为：犯罪故意中社会危害性认识的要求，旨在落实对故意犯罪人予以严厉责难的主观根据。但社会危害性认识是对行为本质属性的认识，需要站在一定的社会政治立场才能得出，而且其范围过大、标准不明确，因而缺乏科学性和可操作性。而违法性认识是达到一定程度的社会危害性认识的法律化和客观定型化的标准。该论者在分析关于违法性认识的各种理论观点后，力主以违法性认识取代犯罪故意中的社会危害性认识，并初步探讨了司法实践中考察违法性认识的可行办法。⑦

（五）刑罚理论研究

有的论者对量刑原则作了探究，认为科学的量刑原则有如下三项：全面原则，综合原则，禁止重复评价原则。⑧ 有的论者论述了用经济方法分析刑罚问题的必要性和可行

---

① 参见马克昌：《罪刑法定主义的比较研究》，载《中外法学》，1997（2）。
② 参见杜波：《论正确认识罪刑法定主义》，载《烟台大学学报》，1997（3）。
③ 参见蔡道通：《罪刑法定原则确立的观念基础》，载《法学》，1997（4）。
④ 参见蔡道通：《类推制度的当代命运》，载陈兴良主编：《刑事法评论》，第1卷，北京，中国政法大学出版社，1997。
⑤ 参见于志刚、苏长青：《论罪刑相适应原则》，载《中国人民大学学报》，1997（4）；张年庚：《论毛泽东法律面前人人平等刑事法律思想》，载《人民检察》，1997（10）。
⑥ 参见李继红、肖渭明：《自由意志行为刑事责任论纲》，载《法律科学》，1997（2）。
⑦ 参见贾宇：《论违法性认识应成为犯罪故意的必备条件》，载《法律科学》，1997（3）。
⑧ 参见谢玉童：《对量刑原则的再思考》，载《法律科学》，1997（2）。

性，并对刑罚资源的有效配置进行了经济分析，最后指出了刑罚经济分析的意义。①

此外，一些学者还对刑事司法领域诸如司法解释、司法公正等基础理论问题作了探讨和论述；一些学者对外向型刑法问题进行了研究，从我国港、澳、台地区刑法研究到一些国家新刑法典的评介，再到中外刑法的比较研究，其涉及范围之广，论述问题之多，理论观点之新，颇为显著。限于篇幅，本文无法予以介绍。

五、刑法学研究发展的展望

综观 1997 年刑法学研究的成果，蔚为大观。本文无法面面俱到，但由所述已足见其一斑。当然，1997 年度刑法学研究状况并非完美无缺，特别是由于修订刑法典这一重大立法活动的完成，不可避免地在一定程度上吸引了刑法学界的理论视点，从而造成对刑法基础理论问题研究的相对不足。可喜的是，这种不足已为刑法学界有识之士们所关注。展望未来，我们有理由相信，中国的刑法学研究必将开创一个崭新的时代，这不仅是由于 1997 年刑法典的通过，全面总结了过去近二十年的经验和成果，使我国刑法立法迈上了一个新台阶，从而为刑法学研究提供了崭新的舞台和背景；更重要的是，中国共产党的第十五次全国代表大会于 1997 年 9 月胜利召开，这次大会进一步明确和坚定了依法治国的方略，这必将极大地激发刑法学界的积极性与创造性，从而为建设社会主义法治国家作出更大的贡献。

［高铭暄、赵秉志、刘远；载《法学家》，1998（1），原文发表时有删节］

---

① 参见卢建平、苗森：《刑罚资源的有效配置》，载《法学研究》，1997（2）。

第十六章
1998 年的刑法学研究

一、研究概况

1998 年中国刑法学界在党的十五大精神指引下，继续深化理论研究，广泛开展学术活动，为推进依法治国、建设社会主义法治国家不懈努力。总的来看，全年的刑法学研究主要有以下两个特点：

1. 通过开展学术活动促进新刑法的实施和刑法科学的国内外交流。中国法学会刑法学研究会 1998 年学术研讨会于 11 月 12 日至 11 月 17 日在江苏无锡举行，大会以"新刑法的施行问题"为主题，两百多名与会代表在会上会下进行了广泛而深入的学术切磋与交流，共收到论文 141 篇。这次研讨会一个最突出的特点是，中华全国律师协会刑事专业委员会首次加盟刑法学研究会年会，有三十多名律师到会进行了交流和研讨，使本次理论研讨会富有更强的实践性，并促进了法律界广大人士的团结与合作。这次理论研讨会在刑法总则方面研讨较多的是关于刑法的基本原则、单位犯罪、正当防卫、刑罚适用等问题，而在刑法分则方面研讨较多的是经济犯罪、贪污贿赂犯罪、职务犯罪等问题。中国政法大学、中国国家检察官学院与加拿大"刑法改革与刑事政策国际中心"联合举办的"98 北京预防和控制金融欺诈国际研讨会"于 10 月 19 日至 10 月 22 日隆重举行，国内法学界、司法界、金融界共一百五十多人参加，出席研讨会的外国代表有四十多人。大会围绕"金融欺诈的防范、控制以及立法理论和实务"的主题进行了富有成效的国际交流，并在社会各界产生了良好的影响。1998 年 10 月 28 日，中国法学会和俄罗斯法律家联盟共同举办的"中俄遏制有组织犯罪研讨会"在北京举行，中俄两国的有关法律专家、学者近四十人参加了研讨会。此外，还有一些刑法学专家、学者前往国外以及港澳台地区进行了多种有意义、有价值的学术活动。

2. 刑法理论研究呈现全方位、多层次、多视角的良好格局，既有下里巴人，又有阳春白雪，可谓雅俗共赏。（1）尽管随着 1997 年刑法实施日久，1997 年刑法注释热明显降温，但仍有数十种注释性论著问世。与此同时，研究 1997 年刑法的矛盾与缺陷的专著和论文也较 1997 年增多了。比较有影响的如侯国云、白岫云著《新刑法疑难问题解析与适用》（中国检察出版社）等。（2）刑法学界对新刑法分则的专门性研究可谓一大景观。以下择其要者予以介述：周道鸾、张军主编《刑法罪名精释》（人民法院出版社），赵秉志任总主编的《新刑法典分则实用丛书》（共计 25 本）由中国人民公安大学出版社陆续出版，1998 年年内已经面世的专著有以下几种：王秀梅、杜澎著《破坏环境资源保护罪》，赵秉志著《侵犯财产罪》，赵秉志主编《扰乱公共秩序罪》，刘远主编《危害公共卫生罪》，肖中华著《侵犯公民人身权利罪》，苏长青著《侵犯公民民主权利和妨害婚姻家庭罪》，黄林异、王小鸣著《军人违反职责罪》，田宏杰著《妨害国边境管理罪》，赵秉志、于志刚著《毒品犯罪》等。由西苑出版社出版的《新刑法与经济犯罪丛书》（共计 10 本）也对新刑法分则的具体犯罪进行了较为深入的探讨，包括：王瑞璞、王树高主编《新刑法与伪劣商品犯罪》，韩春雁、朱春阳主编《新刑法与走私犯罪》，鲍绍坤主编《新刑法与公司企业犯罪》，孙际中主编《新刑法与金融犯罪》，王松苗、文向民主编《新刑法与税收犯罪》，高佩德、李金声主编《新刑法与知识产权犯罪》、《新刑法与市场犯罪》，索维东、李晓光主编《新刑法与财产犯罪》，蒋筑君主编《新刑法与毒品犯罪》，陈连福、王卫星主编《新刑法与贪污贿赂犯罪》等。（3）适应新刑法的教学与研究需要，出版了几种重要的刑法教科书。主要有：高铭暄主编的全国高等教育自学考试教材《刑法学》（新编本）（北京大学出版社）；高铭暄主编的国家"九五"重点教材《新编中国刑法学》（2 卷本，中国人民大学出版社）；高铭暄、马克昌主编的司法部统编教材《刑法学》（2 卷本，中国法制出版社）；杨春洗、杨敦先主编《中国刑法论》（北京大学出版社）等。（4）刑法学专论的出版蔚为壮观。主要有：为庆祝高铭暄、王作富两位教授联袂执教 45 周年暨 70 华诞而出版的《刑事法专论》（2 卷本，中国方正出版社），为庆祝杨春洗、储槐植两位教授执教 43 周年而出版的《刑事法学要论——跨世纪的回顾与前瞻》（法律出版社），为庆祝周柏森教授执教 45 周年而出版的《刑事法学专题研讨》（田文昌、贾宇主编，陕西人民出版社），高铭暄、赵秉志主编《刑法论丛》（第 1 卷，法律出版社），陈兴良主编《刑事法评论》（第 2 卷，中国政法大学出版社），郑伟主编《新刑法学专论》（法律出版社），刘守芬、黄丁全主编《刑事法律问题专题研究》（群众出版社）等。（5）比较刑法学和国际刑法学研究进一步发展。出版了一些有分量的专著，如：高铭暄、[法] 米海依尔·戴尔玛斯-马蒂主编的中法刑法合作研究项目的最终成果《刑法国际指导原则研究》（中国人民公安大学出版社），陈光中、[加] 丹尼尔·普瑞方廷主编的《联合国刑事司法准则与中国刑事法制》（法律出版社），谢望原主编《台、港、澳刑法与大陆刑法比较研究》（中国人民公安大学出版社），夏勇、徐高著《中外军事刑法比较》（法律出版社）等。（6）外国刑法和刑法学译作有新动态。罗结珍译《法国刑法总论精义》、陈忠林译《意大利刑法学原理》、张明楷译《日本刑法典》、黄风译《意大利军事刑法典》等的出版，为 1998 年度的刑法学研究增加了一道亮丽的风景。（7）研究刑法基本理论和重大课题的专著和论文喜获丰收，表明在新刑法施行后刑法学界已将更大的精力投入到刑法基本理论上来。主要有：陈兴良著《刑法的价值构造》（中国人民大学出版社），邱兴隆著《刑罚理性导论》（中国政法大学出版社），马克昌主编《经济犯罪新论》（武汉大学出版社），陈正云主编《经济犯罪的刑法理论与司法适用》(中国方正出版社),孙谦主编《国家工作人员职务犯罪研究》(法律出版社),陈文飞著《期货犯罪透视》(法律出版社),顾肖荣主编的《证券犯罪与证券违规违法》(中国检察出版社),梁华仁著《医疗事故的认定与法律处理》(法律出版社),张希坡编《中华人民共和国刑法史》(中国人民公安大学出版社)等,都具有重要的理论价值,显示了刑法学研究的后劲。陈兴良主编的"刑事法学研究丛书"(中国政法大学出版社)出版了以下著作:李洁著《犯罪对象研究》,屈学武著《公然犯罪研究》,刘仁文著《过失危险犯研究》,周光权著《注意义务研究》,林维著《间接正犯研究》,郑伟著《重罪轻罪研究》,田宏杰著《违法性认识研究》,刘明祥著《紧急避险研究》,黄京平著《限制刑事责任能力研究》等,均可谓厚积薄发之作。(8)刑法重要文献的编辑工作迈上一个新台阶。由高铭暄、赵秉志编的《新中国刑法立法文献资料总览》(3 卷本,计二百四十余万字,由中国人民公安大学出版社出版)具有重要的参考价值,它的出版标志着我国刑法文献编纂工作进入了一个新阶段。此外,1998 年报刊上还发表了上千篇的刑法论文与文章,其中不乏有新意、有见解、有深度的佳品力作,在下文的介绍中还会涉及有关的论文。

二、关于刑法基本理论问题

(一) 刑法思想和刑法观念

有的论者对中国刑法理论若干问题进行了深入论述,指出:(1)制定和完善刑法应立足于本国实际,这个实际主要包括 4 个方面的内容;(2)保护人民,打击敌人,惩罚犯罪,服务四化是从马克思主义观点出发对我国刑法任务所作的高度概括;(3)严格区分两类不同性质矛盾的犯罪是我们处理包括犯罪问题在内的一切社会问题的基本原则;(4)科学地阐明犯罪的实质概念和主客观相统一的构成要件,是马克思主义刑法理论和其他刑法理论的一个根本区别;(5)我国刑法理论坚持以辩证唯物主义决定论为刑事责任的哲理根据;(6)我国刑法坚持惩罚与教育相结合、预防犯罪的刑罚目的观;(7)反对酷刑,限制死刑是党和国家一贯的刑事政策。[①] 有的论者提出,仅从国家的立场认识刑法是不够的,传统的刑法观念必须进行一定程度的修正。该论者认为:现代法治国家刑法理论之要旨在于从非国家的角度重新审视刑法并由此确立新的刑法观念和刑法制度。以往的刑法理论未对刑法的有效性作出完整的理解,所以应当协调公众认同和刑法有效的矛盾。建构刑法认同的基础观念除与社会结构相关外,还与刑法自身的基本原理有关,刑法应当着力建构罪与刑的必然对应关系,并求助于罪刑法定与罪刑均衡两个原

---

① 参见高铭暄:《关于中国刑法理论若干问题的思考》,载高铭暄、赵秉志主编:《刑法论丛》,第 1 卷,北京,法律出版社,1998。

则。刑法应当具有可感性。在保留并限制刑法强制性的情况下，在公众与刑法之间建立一种合作态度，增进公众与刑法的沟通，应增强刑法的诱导性。以往的刑法理论对刑法的正当根据提供了两种方案，即报应论和预防论。合理的刑法正当根据应当是确立公民对刑法的忠诚。忠诚论与共同话语有关，以报应论为基础，并汲取预防论的合理因素。①

有的论者对社会秩序的刑法保护与控制进行了深入研究，指出：社会秩序既是一种事实又是一种价值，它包括结构秩序和行为秩序两个方面。刑法通过对行为秩序的控制来达到对结构秩序的保护。刑法对结构秩序的保护表现为对社会结构中建立在生产关系之上的最为重要的具体的社会关系的保护，而不是以所有的社会关系为对象。刑法对于行为秩序的控制表现为刑法规范对人的行为加以限制和禁止。外在地看，刑法以强制的方式控制人的行为，但不是人的思想；内在地看，行为秩序的控制离不开人们对刑法规范的普遍认同和尊重。②

有的论者对犯罪化及其限制作了系统分析，指出：犯罪化和刑罚圈的范围问题，其实质就是刑罚资源与其他社会控制资源的配置问题。刑法结构严而不厉是刑法结构的理想模式。反社会行为的犯罪化的适当范围首先要求立法者对犯罪行为与道德违反行为、民事违法行为和行政不法行为的界限作出正确界定，在此基础上，应将下列行为排除在犯罪化范围之外或者严格限制其犯罪化：（1）纯粹思想领域的活动不得被宣布为犯罪；（2）纯粹私人之间的行为不得被宣布为犯罪；（3）行使宪法权利的行为不得被宣布为犯罪；（4）身份和状态不得被宣布为犯罪；（5）没有罪过的行为不得被宣布为犯罪；（6）对不具常态性和普遍性的危害行为应当慎重犯罪化；（7）对利害交织的模糊状行为应慎重犯罪化。该论者还指出，与外国犯罪构成的"立法定性＋司法定量"模式不同，我国犯罪构成采取的是"立法定性＋定量"的模式。这一模式放掉了一批危害不大的不法行为，但它完全符合刑法补充性、谦抑性、最后手段性和刑法经济原则的要求，符合刑法不完整性的事实和理性认识。从刑法补充性和刑法经济性原则出发，确定行为犯罪化的定量标准应遵守下列原则：必要性原则；可行性原则；统一性原则。③

有的论者对刑事法律关系进行了探究，认为：刑事法律关系是指由国家刑事法律所调整的因违法犯罪行为而引起的控罪主体与犯罪主体之间为解决犯罪构成与刑事责任而形成的一种社会关系。刑事法律关系的主体、客体和内容构成了刑事法律关系的基本要素。刑事法律关系的主体分为犯罪主体和控罪主体，国家不是刑事法律关系的主体。控罪主体分为公诉罪的控罪主体和自诉罪的控罪主体：前者是国家检察机关；后者是犯罪

---

① 参见周光权：《公众认同、诱导观念与确立忠诚——现代法治国家刑法基础观念的批判性重塑》，载《法学研究》，1998（3）。

② 参见曲新久：《论社会秩序的刑法保护与控制》，载《政法论坛》，1998（4）。

③ 参见梁根林：《论犯罪化及其限制》，载《中外法学》，1998（3）。

受害人或他的近亲属。刑事法律关系的客体是犯罪构成与刑事责任。刑事法律关系的内容是刑事法律关系主体之间存在的基于解决犯罪构成和刑事责任而由刑事法律规定的权利和义务。该论者指出，在社会现实中，发掘刑事法律关系这一主题，不仅对于加强社会主义法制观念和完善社会主义法制建设具有不可估量的作用，而且对于完成刑法理论的科学化任务也具有不可忽视的意义。①

还有的论者对刑事法治的内涵作了探讨，指出其内涵包括以下几方面：刑事处罚权的法定性；刑事处罚权并非国家专有；不能以刑事不法对付犯罪；刑事处罚权须依法行使；刑事处罚权的合理性；国家（机关）也不能免除刑事处置。②

此外，还有的论者对刑法立法思想及其运用问题③、附属刑法规范的创制性立法问题④、刑法旧派公正观⑤等进行了研究，限于篇幅，本书难以一一介述。

(二) 关于犯罪论

1. 犯罪概念

有论者撰文指出：双重结构的犯罪概念是中国刑法理论的重要特色。在说明犯罪概念时，尤其是在说明司法实践意义上的而不是抽象理论意义上的犯罪概念时，是使用双重结构的理论安排来进行的。对于本质意义上的犯罪概念来说，其功能主要有：揭示犯罪的本质属性即阶级属性；为划清犯罪与非犯罪的界限提供总的标准与尺度；为进一步研究中国刑法理论的其他问题提供前提和基础。对于具体特征意义上的犯罪概念来说，其功能主要是：为划分罪与非罪、此罪与彼罪提供具体明确的界限和标准；为研究中国刑法理论中的基本问题和各种具体犯罪问题提供一把"解剖刀"。该论者在分析这种双重结构的犯罪概念长期存在的原因并充分肯定其历史功绩的基础上指出，1997 年刑法确立罪刑法定原则后，这种犯罪概念开始表现出许多与中国刑事法治发展新阶段不相适应之处：（1）它未以"法定"为界限区分出法律明文规定以前的"犯罪行为"和法律明文规定以后的"犯罪行为"；（2）中国刑法理论中的犯罪概念的封闭性也日益表现出来。中国刑法规定的犯罪是以社会危害性为本质特征的，而犯罪的社会危害性又是以中国刑法规定的内容来确定的。这种相互依赖的封闭性的理论状态在罪刑法定原则确立后，已经完成了自己的历史使命，如再继续沿用，将极大地限制中国刑法理论的发展与完善；（3）在司法实践中，这种犯罪概念容易对中国刑法的贯彻执行造成一些不利的影响。因此，在罪刑法定原则确立后，中国刑法理论应对犯罪概念作出相应的修改与完善，具体

---

① 参见杨兴培：《论刑事法律关系》，载《法学》，1998 (2)。
② 参见卢建平：《论法治国家与刑事法治》，载《法学》，1998 (9)。
③ 参见宗建文：《刑法立法思想及其运用》，载陈兴良主编：《刑事法评论》，第 2 卷，北京，中国政法大学出版社，1998。
④ 参见青锋：《附属刑法规范的创制性立法问题》，载《法学研究》，1998 (3)。
⑤ 参见张小虎：《刑法旧派公正观述评》，载《法学学刊》，1998 (4)。

地说，新的具有双重结构的中国刑法理论的犯罪概念应由"立法概念"和"司法概念"组成。立法上的犯罪概念是指具有严重的社会危害性、应当由刑法规定为犯罪、适用刑罚予以处罚的行为。司法上的犯罪概念是指符合刑法规定的构成要件、应当适用刑罚予以处罚的行为。论者提出的新的犯罪概念主要强调的是概念的结构与功能。新的犯罪概念反映的是法律本身的发展规律与中国法治发展的客观要求，而不再是主要考虑政治斗争或阶级斗争的需要。重新设定犯罪概念的结构和功能在司法实践上最重要的意义将是彻底清除为类推适用提供理论支持的可能性。[1] 也有的论者指出，罪刑法定原则有其基本的要求，它对犯罪概念的确立提供了一定的规范标准；罪刑法定原则面对规范标准和社会危害性标准，在界定犯罪时必须作出明确的价值选择；我国刑法中犯罪概念的缺陷，充分说明了罪刑法定原则与社会危害性标准的冲突，而规范标准是在罪刑法定原则前提下，界定犯罪概念的理性选择。[2] 此外，还有一些论者对犯罪的基本概念进行了探讨。

有的论者则专门研讨了无直接受害者的犯罪，认为：社会之所以对这类犯罪进行处罚，是因为：（1）社会认为这类犯罪是不道德的；（2）对这类行为进行处罚是为了使他人免受"冒犯"；（3）对被惩处者本人有好处；（4）这类行为诱发其他犯罪，特别是刺激有组织犯罪。这类犯罪的特点比较突出，不但犯罪人数多，立法难以控制，而且罪与非罪的界限往往难以划分。在现代各国刑法中，对无直接受害者的犯罪规定的罪名越来越少，处罚越来越轻，原因是：（1）人们的价值观念发生了巨大变化，越来越多的人认为法律不应过多地干涉个人的私生活，应给公民就私人道德问题作出选择和行动的自由。（2）以往的实践证明，对个人私生活的干涉往往是错误的，是多数人的专制。（3）如果对道德问题过多地进行干涉，过时的道德就会得以保留，影响社会的发展。（4）对某些无直接受害者的犯罪予以惩处，明显违反了刑法的有效原则。[3]

2. 犯罪构成理论

有的论者从行为结构与犯罪构成体系的关系角度作了深入研究，指出，行为科学是根据行为路线（或行为的发生、发展过程）来研究行为结构的：行为主体产生动机、形成目标，然后朝着目标实施行动，最后产生结果。这是一种从主观到客观的行为结构体系。刑法学界一些学者主张的犯罪主体、犯罪主观要件、犯罪客观要件、犯罪客体的犯罪构成体系，同行为科学的理论相符合，但隐含着许多危险：有导致侵犯人权的危险；有导致刑法学与审判实践偏离方向的危险；有导致犯罪构成形式化的危险。因此按照行为科学的理论来安排犯罪构成体系并不科学。原因之一是行为科学主要研究需要、动机、行为三者之间的关系，而需要和动机是内在性的问题，是伦理学所要研究的重要内

---

① 参见王世洲：《中国刑法理论中犯罪概念的双重结构和功能》，载《法学研究》，1998（5）。

② 参见樊文：《罪刑法定与社会危害性的冲突》，载《法律科学》，1998（1）。

③ 参见何柏生：《论无直接受害者的犯罪》，载《法律科学》，1998（5）。

容，故行为科学实际上重视行为的内在性；而刑法学由其研究内容和研究目的所决定，其所重视的是行为的外在性，因此需要一种从客观到主观的犯罪构成体系。另一个原因是，刑法学是规范学，而行为科学是事实学，故刑法学不可能完全吸收行为科学的理论成果。再一个原因是，刑法学研究的主要内容是，在犯罪发生后如何认定与处罚，从而预防犯罪行为；行为科学研究的是如何激发人们实施积极行为，因此刑法学不可能按照激发人们实施积极行为的模式安排犯罪构成体系。① 有的论者则从三大法系相比较的角度对犯罪构成论体系性特征进行了研究，指出犯罪构成的价值在于：（1）实现刑法的基本价值，即公正与功利的功能；（2）犯罪构成这种应有的价值具体表现在支持罪刑法定原则上。作为法律上的犯罪构成，为了能实现其基本价值，在构建规则即规定方式上应遵循以下规则：合目的性；支持罪刑法定主义；可操作性。英美犯罪构成体系在解释法律、为法律提供理论说明方面值得赞赏，但由于其侧重于"运作能力"，价值目标改定为"实用"，这也就有可能缺乏深入探讨的推动力。德日犯罪构成理论体系在追求犯罪构成体系体现刑法的公正与功利功能的内在制约机制方面进行了不懈的努力，理论探讨的丰富与深入在世界上独树一帜，且在为使犯罪构成理论能体现犯罪认定过程方面，也成了坚持三要件体系的一个重要原因。当然，在犯罪研究方面的复杂烦琐，是其一个不足。中国的犯罪构成理论体系和法律上的犯罪构成是直接合而为一的，这种一致性就有将法律上的犯罪构成与理论上的犯罪的各自功能相混淆的可能，而且要求法律的规定与理论发挥同样的作用也是不现实的。而在犯罪构成理论的研究中，对犯罪本质的把握则是其优点。总之，对犯罪构成理论体系的评价，应以这种体系能否完成刑法所赋予的任务为标准。② 还有些论者对事实因果关系问题③，刑法上的数额及数量问题④，人身危险性问题⑤，原因上自由行为⑥等进行了研究，恕不一一介绍。

3. 犯罪对象

有的论者指出，传统的刑法理论重视犯罪客体而轻视犯罪对象，导致对犯罪对象缺乏研究，以致在犯罪对象问题上长期存在一些缺乏根据的观点，如，犯罪对象不能决定犯罪性质，犯罪对象并非存在于一切犯罪之中，犯罪对象必须具有合法性，等等。该论者在对犯罪对象进行深入研究的基础上，明确提出不仅犯罪客体可以决定犯罪性质，犯

---

① 参见张明楷：《行为结构与犯罪构成体系——兼谈行为科学与刑法学的区别》，载《法商研究》，1998（2）。

② 参见李洁：《三大法系犯罪构成论体系性特征比较研究》，载陈兴良主编：《刑事法评论》，第 2 卷，北京，中国政法大学出版社，1998。

③ 参见张绍谦：《事实因果关系研究》，载陈兴良主编：《刑事法评论》，第 2 卷，北京，中国政法大学出版社，1998。

④ 参见刘华：《论我国刑法上的数额及数量》，载陈兴良主编：《刑事法评论》，第 2 卷，北京，中国政法大学出版社，1998。

⑤ 参见刘树德：《人身危险性的理论思考与规范分析》，载陈兴良主编：《刑事法评论》，第 2 卷，北京，中国政法大学出版社，1998。

⑥ 参见齐文远、刘代华：《论原因上自由行为》，载《法学家》，1998（4）。

罪对象也能决定犯罪性质，一切犯罪都有犯罪对象，作为犯罪对象的人或物不具有合法性特征，刑法理论界应当更加注重对犯罪对象的研究。①

4. 犯罪形态

有的论者对过失危险犯进行了研究，指出：有关过失危险犯的学说给备受过失犯罪困扰的刑事立法者带来了启发，其结果表现为越来越多的国家开始突破原来的过失犯罪以发生实际侵害结果为必备要件的限制，逐步在刑法中规定了过失危险犯。对照我国刑法总则对过失犯的定义，就不能得出只承认过失实害犯而不承认过失危险犯的结论，即我国刑法对过失犯的定义并不排除过失危险犯。不仅从刑法总则看是如此，从刑法分则看也是如此。该论者赞成过失危险犯肯定说，并反驳了否定说。该论者在阐述过失危险犯的犯罪构成的基础上，提出完善我国过失危险犯立法的构想，主张应当遵循的基本原则是：限制原则；谦抑原则；协调原则。② 此外，也有论者提出 1979 年刑法中就有过失危险犯，并对刑法理论关于过失犯的通说提出了质疑。③ 还有的论者对业务过失犯罪④、危险犯定义和分类⑤、故意犯罪既遂标准⑥等形态问题进行了探讨。

5. 定罪原则

有的论者对此作了研讨，认为由于定罪是一个动态过程，主、客观相统一的定罪原则应包括两方面：一是法官在定罪活动中，在指导思想上的主观与客观相统一，其核心要求就是法官应从客观实际出发，实事求是，反对定罪时的主观倾向；二是在犯罪成立标准上的主观与客观的统一，即实体上坚持主观标准与客观标准的有机统一。在我国的刑事立法和定罪实践中，还存在着客观归罪或者客观免责的种种情形，它们都有悖于主、客观相统一的定罪原则。⑦

(三) 关于刑罚论

有的论者专门探讨了刑罚价值，认为：作为刑罚价值的自由，本质上是指国家以刑罚制度的形式对公民自由的确认与保护。这种确认与保护可以分为已然的确认保护与应然的确认保护。前者是指一国现行刑罚制度对公民自由已经作出的确认与保护。我国的刑法在这方面主要表现为：(1) 对公民政治权利与自由的确认与保护；(2) 对公民人身权利与自由及相关权利与自由的确认与保护；(3) 对公民宗教信仰自由以及少数民族风俗习惯的确认与保护；(4) 对公民财产权利的确认与保护；(5) 对公民婚姻自由的确认

---

① 参见王学沛：《关于犯罪对象若干观点的质疑》，载《法律科学》，1998 (5)。
② 参见刘仁文：《过失危险犯研究》，载《法学研究》，1998 (3)。
③ 参见刘远主编：《危害公共卫生罪》，15～17 页，北京，中国人民公安大学出版社，1998。
④ 参见蒋兰香：《试论业务过失犯罪》，载《法学学刊》，1998 (3)。
⑤ 参见金泽刚：《现行刑法规定的危险犯定义和分类浅探》，载《法学学刊》，1998 (4)。
⑥ 参见刘之雄：《关于故意犯罪既遂标准的再思考》，载《法商研究》，1998 (6)。
⑦ 参见苗生明：《论主客观相统一的定罪原则》，载《政法论坛》，1998 (2)。

与保护；（6）对公民的防卫与避险自由权利的确认与保护。刑罚对公民自由应然的确认
与保护，是指一国刑罚制度应在何种程度上或范围内对公民自由给予确认与保护。该论
者认为：国家的刑罚制裁仅仅在下列情况下才是合理的，而在此之外公民的行为应是自
由的。第一，从民意来看，绝大多数国民认为某一行为具有相当严重的社会危害性，对
国家与公民的合法权益构成了严重威胁，国民情感与精神上均不能容忍这种行为。第
二，从效果来看，以刑罚来限制某一行为自由，符合刑罚目的，并且不会因此而禁止有
益于社会的行为，能够收到明显的抑制该行为的效果，可以预防这种行为。第三，从效
益来看，以刑罚来限制某一行为自由，值得启动刑事诉讼程序。作为刑罚价值的自由与
刑罚的关系是：第一，秩序是自由的保障；第二，自由以秩序为限度。也就是说，刑罚
制度是公民自由的强有力的保障，公民自由以刑罚制度为最后界限。①

有的论者对刑罚的价值基础进行了研究，指出刑罚价值是由刑罚属性、刑罚机能与
社会及其成员的需要相结合而形成的。该论者对西方法学家关于刑罚本质的学说（刑罚
报应论、刑罚功利论、刑罚折中论）进行了全面的介述与评析，并对我国的有关主张作
出评述后指出，刑罚的本质是对实施了犯罪行为的人的报应。该论者认为：刑罚的机能
分为六大机能，即刑罚的否定机能、刑罚的改造机能、刑罚的威慑机能、刑罚的教育机
能、刑罚的鼓励机能、刑罚的抚慰机能。刑罚机能的特点是：（1）刑罚机能是指国家制
刑、量刑、行刑的全过程中，整个刑罚制度显示出来的潜在作用。（2）刑罚机能一般是
指刑罚潜在的正面作用或积极作用，但这并不意味着我们可以忽视刑罚的负面价值。
（3）刑罚机能是指刑罚对犯罪人、其他社会成员及国家的潜在积极作用。（4）刑罚机能
是刑罚制度的潜在作用。关于刑罚价值的生成，该论者对刑罚本质与刑罚价值、刑罚机
能与刑罚价值等的相互关系进行了辩证研究。②

有的论者论及刑罚效益成本资源的有效配置问题。该论者指出：刑罚效益的成本资
源主要包括国家对罪犯的权益的剥夺或限制和司法成本。刑罚效益的成本资源又可以从
国家对罪犯权益的剥夺或限制和司法成本的支付转化为选择刑罚的严厉性、刑罚的确定
性和刑罚的及时性。国家要获取最佳的刑罚效益，必须合理配置刑罚的严厉性、刑罚的
确定性和刑罚的及时性，而不能偏执一端。刑罚效益等量是指由不同类型的刑罚成本或
不同量的刑罚成本水平所实际产生的刑罚效益可以是一个相等的量。之所以产生刑罚效
益等量这个现象，是由于刑罚成本中的各种类型的具体成本水平投入的情况对刑罚效益
的总体水平的高低都具有影响力，从而导致不同类型的具体的刑罚成本所带来的刑罚效
益的总体水平保持不变。该论者认为刑罚效益等量及刑罚效益等量线具有重要意义。国
家必须在刑罚效益等量线上找出某一点，在该点上国家能够使刑罚效益的成本资源进行

---

① 参见谢望原：《作为刑罚价值的自由》，载《法学研究》，1998（4）。
② 参见谢望原：《刑罚价值基础：本质属性、机能与价值生成》，载高铭暄、赵秉志主编：《刑法论丛》，第 1
卷，北京，法律出版社，1998。

合理的组合、配置，以最佳的最低的刑罚成本的支出实现确定的刑罚效益。通过对刑罚效益的成本资源有效配置的分析，该论者认为，国家要实现节省刑罚成本，获取既定的刑罚效益目标，投入一定的刑罚量是不可缺少的，但为了最有效地获取刑罚效益，必须对刑罚严厉性与刑罚确定性、刑罚严厉性与刑罚及时性、刑罚严厉性自身成本等进行合理的配置。[①] 还有的论者撰文对刑罚一般预防目的进行质疑，认为刑罚目的不应包括一般预防。[②]

有些论者从法定刑角度对刑罚理论进行了探讨。有的论者指出：法定刑配置不是立法者恣意为之的事，它必须得到某种合理化控制。在要不要为个罪配置法定刑问题上体现的是刑法的功利价值（预防需要），但实现配置法定刑合理则必须坚持刑法的公正观念。据此论者对历史上先后出现的法定刑配置模式的利弊得失作了分析，指出：法定刑配置的合理性受到刑罚攀比现象的极大冲击。刑罚攀比包括横向攀比和纵向攀比，它们受制于各种复杂的原因。该论者最后提出抗制刑罚攀比、促进法定刑配置合理化的建议：（1）确定重罪、轻罪的区分标准，为法定刑的合理配置提供原则指导；（2）在刑罚一般化观念指导下，确立典型立法方法。[③] 有的论者对法定刑的基本理论进行了探讨，指出法定刑的基本特征是：第一，法定刑是刑罚的下位范畴；第二，法定刑是表征思维中的具体的范畴；第三，法定刑是表征罪刑关系的范畴；第四，法定刑是表征刑刑关系的范畴。在此基础上，论者认为，决定法定刑的刑罚强度的总根据应是具体犯罪的社会危害性和社会心理的刑罚感受性。所谓社会心理的刑罚感受性，是指社会心理对一定的刑罚强度的反应能力，它与社会心理对降低该刑罚强度的容忍性是一个问题的两个方面。影响社会心理的刑罚感受性的因素主要是：（1）社会报应观念的强弱；（2）"违法必究"实现的程度；（3）社会治安状况的好坏。因此，在设置法定刑时必须在综合考察上述三种因素的基础上，测定一定时期社会心理的刑罚感受性，然后结合具体犯罪的社会危害性，确定其法定刑的刑罚强度。据此论者提出设定法定刑的基本原则是公正原则、明确原则、协调原则、稳定原则，其中，公正原则是最基本的原则，后三者对其起补充作用。[④] 还有的论者论及财产犯罪定罪数额与法定刑的设定根据，认为财产性犯罪在法定刑设置上必须考虑不同财产性犯罪的社会危害性差异这一因素。该论者通过对贪污罪、职务侵占罪、盗窃罪的比较分析，论述了财产犯罪法定刑的设定根据，认为各类财产犯罪在定罪数额上应予平衡。[⑤]

此外，还有的论者研讨了刑罚处罚的权利来源、刑罚处罚的根据、刑罚处罚的目的及其实现、定罪量刑与形势需要等问题。

---

① 参见陈正云：《刑罚效益成本资源有效配置论》，载《现代法学》，1998（4）。

② 参见韩铁、刘雯：《刑罚一般预防目的质疑——刑罚目的不应包括一般预防》，载《中外法学》，1998（2）。

③ 参见周光权：《法定刑配置的合理化探讨——刑罚攀比及其抗制》，载《法律科学》，1998（4）。

④ 参见刘远：《法定刑基本理论研究》，载《刑事法专论》，北京，中国方正出版社，1998。

⑤ 参见李洁：《论财产犯罪定罪数额与法定刑的设定根据》，载《法律科学》，1998（4）。

三、关于新刑法典的若干重大问题

（一）对新刑法典的评论

有论者指出，实现刑法的统一性和完备性是中国此次修订刑法、颁行新刑法典的重要目标之一，这种统一性和完备性，突出表现在以下几个方面：其一，将 1979 年刑法典实施 17 年来由全国人大常委会作出的有关刑法的修改补充规定和决定（即单行刑事法律）研究修改后编入新刑法典，并将一些民事、经济、行政等法律中"依照"、"比照" 1979 年刑法典有关条文追究刑事责任的规定（即附属刑法规范），改为新刑法典的具体条款。其二，将拟制定型、较为成熟的反贪污贿赂法草案稿和中央军委提请全国人大常委会审议的惩治军人违反职责犯罪条例草案编入了新刑法典，在新刑法典分则第八章和第十章中分别规定了贪污贿赂罪和军人违反职责罪两章。其三，根据社会主义市场经济条件下刑法保护市场经济健康发展和维护国家社会安定的实际需要，新刑法典大量充实了罪种尤其是新型犯罪，从而成为此次修订刑法的最重要内容之一。法治是中国现代化法制建设的综合性价值目标，洞察新刑法典，法治原则的贯彻和刑法保障功能的强化主要体现在 4 个方面。现代世界各国刑法理论和刑事立法的互渗共进，已成为不可逆转的潮流。1997 年刑法典在促进中国刑法国际化方面迈出了可喜的步伐。1997 年刑法典的颁行，是在中国晚近十余年来国家倡导法治的氛围下，刑法学者、刑法界人士长期共同努力所取得的成果。在现代法治社会中，优良的法律只是法治的基础和前提，而完善有效的司法动作才是关键和重点、难点。1997 年刑法典的发展与完善，也只是为中国刑事法治的发展与完善提供了法律基础；要把文件中的法律规范变成实践中的法治现实，尚需要法律部门乃至全社会、全体人民以实行法治之决心付出巨大的、不懈的努力。而且，中国刑法的改革，任重道远，今后还应当随着社会的变迁与发展而不断迈进。[①]

有的论者从价值观念角度和立法技术层面对新刑法进行了总体评价，认为 1997 年刑法在很多方面都体现了对 1979 年刑法的超越，但是又有诸多矛盾和不足，给人一种"困惑中的超越与超越中的困惑"的整体印象。从价值观念的总体评判来说，1997 年刑法一是对刑法机能作了适度调整，1979 年刑法的价值定位是社会保护优先，而 1997 年刑法的功能选择是突出权利保障；二是对刑事控制进行了现实转化，表现为刑法不断醇化，刑事控制的重心将治安犯罪与经济犯罪并重，刑罚运用更加注重有效性；三是刑法立场取向于客观，1979 年刑法偏爱主观主义，1997 年刑法则向客观主义回归。从立法技术的总体评判来说，1997 年刑法一是更新了刑法立法技术观念，二是将刑法体系的

---

① 参见高铭暄：《中国刑法的最新发展》，载《中国刑事法杂志》，1998（2）。

逻辑构造合理化，三是对刑法条文作了规范设计，四是刑法术语的表述更为严谨。[①] 此外，还有论者对 1997 年刑法的立法方法进行了评论。[②]

有的论者则对 1997 年刑法进行了批判性评论，认为刑法作为国家的一部主要的基本法，一点矛盾和问题都不应该出现，它应该十分严密和科学，否则，不但会冤枉好人，还会放纵犯罪，并将给司法实践和社会治安带来严重问题，因此对于刑事立法应慎之又慎。但很遗憾的是，经过十几年的研究和讨论，制定出来的新刑法却不尽如人意，其原因是多方面的。[③] 该论者还撰文对 1997 年刑法分则中的矛盾进行了剖析，指出：(1) 有些条文在立法上自相矛盾；(2) 有些条文的立法内容不尽合理；(3) 有些条文规定的犯罪主体不符合实际；(4) 有些条文用词烦琐或者重复规定；(5) 有些条文自我否定，形成巨大漏洞。此外还有其他问题。该论者认为，1997 年刑法存在的矛盾和问题甚多，在司法实践中难以适用，更谈不上垂范久远，因而急需重新加以修改和完善，故呼吁立法机关以法制建设为重，尽快讨论、研究新刑法的再完善问题。[④] 此外，还有的论者对 1997 年刑法中的具体缺陷问题进行了细致的探究。[⑤] 有的论者则从罪刑法定的立法设计角度对 1997 年刑法的不足作了剖析。[⑥]

(二) 刑法制定的根据

有的论者对 1997 年刑法第 1 条的规定进行了研讨，指出：我国刑法制定的根据主要是两个方面：(1) 根据宪法。宪法作为刑法制定的根据是多方面的，首先是宪法序言或条文中全局性、方向性和根本性的规定，其次是宪法条文中保护性、义务性或禁止性的规定。此外，宪法还有许多规定，虽然不是制定刑法的直接根据，但对刑法的制定有着不容忽视的影响，它们都是制定刑法的基础。刑法的制定绝不能违背宪法的规定，否则或者全部作废，或者同宪法相抵触的部分作废；对刑法是否违宪的审查，是对人权的重要保障。(2) 根据我国同犯罪作斗争的具体经验和实际情况。这些经验首先表现为我国同犯罪作斗争的基本方针、政策、策略，即社会治安综合治理的方针，惩办与宽大相结合的基本刑事政策和区别对待，打击少数，争取教育多数，孤立、分化、瓦解犯罪分子的策略原则。同时还表现为同各种犯罪作斗争的具体方针政策。其次，我国在同犯罪作斗争中还有许多具体的经验。刑法制定的又一根据是我国的实际情况。所谓实际情

---

① 参见陈兴良、周光权：《困惑中的超越与超越中的困惑》，载陈兴良主编：《刑事法评论》，第 2 卷，北京，中国政法大学出版社，1998。

② 参见宗建文：《刑法立法思想及其运用——刑法修订的方法论考量》，载陈兴良主编：《刑事法评论》，第 2 卷，北京，中国政法大学出版社，1998。

③ 参见侯国云、白岫云：《新刑法疑难问题解析与适用》，北京，中国检察出版社，1998。

④ 参见侯国云：《也谈刑法典应力求垂范久远》，载《法学》，1998 (5)。

⑤ 参见王炎林：《新〈刑法〉瑕疵探微》，载《现代法学》，1998 (3)。

⑥ 参见游伟、孙万怀：《"明确性"与"罪刑法定"的立法设计》，载《东吴法学内刊》，1998 (6)。

况，首先是指社会主义初级阶段的中国国情，当然也包括我国的治安情况，特别是犯罪情况。制定刑法以中国实际情况为根据，并不排斥外国经验。[①]

（三）刑法基本原则

有的论者对罪刑法定原则的确立历程进行了回顾，并对罪刑法定原则在新刑法中的确立给予高度评价。[②] 有的论者论述了罪刑法定主义的现代课题，认为：传统罪刑法定主义的基本原理，一是反对刑事专断制度的立法精神，二是"心理强制"的逻辑结论，三是法律稳定性的基本要求；现代罪刑法定主义对整个刑事法律制度提出了更高更全面的要求，形成了建立在传统罪刑法定主义基础之上的一系列崭新的原理和命题。这些原理和命题是：（1）预期性原则；（2）均衡性原则；（3）实体程序合法原则。新刑法典贯彻了现代罪刑法定主义的基本要求，主要表现在以下几个方面：（1）新刑法废除了类推制度；（2）反对扩张解释；（3）反对不定期刑；（4）限制溯及既往；（5）贯彻明确性原则；（6）贯彻均衡性的立法原则；（7）体现程序合法原则。[③] 有的论者论述了新刑法取消类推制度的逻辑依据，认为 1979 年刑法中的类推制度不仅是适应国家法制建设初期的客观需要，弥补法律规定之不足的产物，还有其逻辑上的根据。刑法上的类推制度实际上是逻辑学中类比推理的具体应用。但原来的立法者忽略了一个致命的问题，即这种类比推理的结论带有明显的或然性。也就是说，在定罪判刑时，借助于类推难以保证不出冤、假、错案。因此，建立在类比推理基础上的类推制度是不应纳入刑法这样的规范性和准确性要求极强的法律文件中的。所以取消类推是符合逻辑的。[④] 有的论者论述了罪刑法定原则的若干争议问题，首先是罪刑法定原则与司法解释的地位问题，认为罪刑法定原则确立后司法解释的存在有其合理性或必要性，这决定于：刑法的抽象性；刑法的纸面性；刑法的滞后性；立法者认识的局限性。然而罪刑法定原则为今后司法解释工作指明了新的发展方向：一是限制司法解释的数量；二是加强立法解释工作。其次是罪刑法定原则与类推案件的处理问题。该论者认为，对发生于 1997 年刑法生效前的行为需要类推的，不宜按犯罪处理，最高人民法院《关于依法不再核准类推案件的通知》只规定不准上报，应由立法机关作出相应的解释，宣布这类案件作无罪处理。再次是罪刑法定原则与附属刑法的规定问题，有论者主张非刑事法律中不能进行创制性刑事立法，但可以进行扩张性解释的立法或比照性立法。其理由是：非刑事法律中进行创制性立法违背罪刑法定原则；非刑事法律中的扩张性解释或比照性立法符合罪刑法定原则。[⑤] 此外，有的论者论及司法解释的科学化问题，对犯罪罪名的设定及其权属、刑法规范的漏

① 参见何秉松：《我国刑法制定的根据》，载《河北法学》，1998（2）。
② 参见赵秉志、肖中华：《罪刑法定原则的确立历程》，载《河北法学》，1998（3）。
③ 参见陈浩然：《罪刑法定主义的现代课题》，载《法学》，1998（1）。
④ 参见马立源：《论新刑法取消类推制度的逻辑依据》，载《河北法学》，1998（3）。
⑤ 参见卢勤忠：《有关罪刑法定原则的若干争议问题探讨》，载《浦东审判》，1998（3）。

洞及其补救、法律用语的解释及其价值进行了阐述。① 有的论者认为，罪刑法定原则不仅是一个是否以文字表述和如何表述的问题，还必然要面临法律文化、法律观念、刑事法律的科学性、特别刑事立法与刑事司法解释、司法过程等方面的考验。②

有些论者对罪刑相适应原则作了理论思考，认为：罪刑相适应原则的主导价值基础是深植于人们心中的公平、正义理念。刑法的公正性是一个典型的关系范畴，具有多元的实现形式，它在相互矛盾的事物间指"衡平"，在界限模糊的事物间指"普遍的一致性"，在激烈的社会冲突中指秩序、人道与安全。因而，罪刑"相当性"的评价标准应当结合其特性分别加以把握，具体而言，可由三个方面来理解：一是犯罪与刑罚之相当性具有相对性和多层性，二是罪刑在质上是性质的相近，三是罪刑在量上是比例的相当。③ 此外，还有些论者论及这一刑法基本原则。

有些论者对刑法面前人人平等原则进行了研究。有的论者认为1997年刑法确立的这一原则充分吸取了古今中外平等思想的精华，总结了历史经验教训，把维护人民主权和人权保障充分结合起来，对于保障市场经济的健康发展，与特权行为作斗争具有十分重要的意义。该论者对刑法人人平等原则的内涵、理论依据和实践意义进行了深入的分析研究。④ 有的论者还指出了司法实践中罪刑适用不平等的种种表现及原因，并探讨了罪刑适用平等原则实现的有效途径。⑤

此外，还有的论者论及1997年刑法基本原则的冲突及协调，认为：在价值取向上罪刑法定原则立足于自由与秩序，而罪刑相适应原则着眼于平等与公正；在立法要求上罪刑法定原则要求立法明确性，而罪刑相适应难以要求明确性；在审判权限制上罪刑法定是对审判权的限制，而罪刑相适应却要赋予法官相对更大的自由裁量权。该论者主张，罪刑法定与罪刑相适应的协调应在价值取向上统一于公正基础上的秩序，在立法要求上二者统一于相适应的罪刑之法定的明确性，而限制审判权与否要着眼于普遍自由之保障。⑥

(四) 关于正当防卫

有的论者对传统正当防卫概念进行了剖析，认为：正当防卫的概念应表述为：为了使国家、公共利益、本人或他人的人身、财产和其他权利免受正在进行的紧迫的不法侵害而采取的一定限度的损害不法侵害人以制止不法侵害的行为。这个概念体现了动机与

---

① 参见游伟：《"罪刑法定"与立法权、司法权的划分》，载《浦东审判》，1998 (2)。
② 参见黄定勇：《罪刑法定原则将在挑战中前行》，载《法律科学》，1998 (5)。
③ 参见黄祥青：《犯罪与刑罚之相当性的法哲学思考》，载《法学家》，1998 (5)。
④ 参见薛瑞麟、陈吉双：《刑法上的人人平等原则》，载《政法论坛》，1998 (5)。
⑤ 参见潘玉臣：《试论罪刑适用平等原则》，载《中国法学》，1998 (2)。
⑥ 参见周洪波：《试论新刑法基本原则的冲突与协调》，载《云南法学》，1998 (1)。

目的的统一，权利与义务的统一。① 有的论者则对传统正当防卫观进行了反思，认为：正当防卫是法律赋予公民在紧迫情况下同不法侵害行为作斗争的一项重要权利，但传统正当防卫观未能反映这一立法宗旨，如在理论上以"形似犯罪，实质无罪"的观点对这一问题进行阐述，把正当防卫与刑事犯罪紧密相连；在立法上对正当防卫的界限缺乏明确界定，使防卫人在不法侵害面前软弱无力；在司法中对防卫人过于苛求，不能实事求是地处理防卫案件等。1997 年刑法对正当防卫立法作了重大修改，为公民积极行使正当防卫权提供了比较具体的条件，我们应转变观念，认真贯彻这一立法精神。② 有的论者则专门对 1997 年刑法中特别防卫权的规定作了研究，认为刑法学界将 1997 年刑法第 20 条第 3 款的规定称为"无限防卫权"不妥，主张称为"特别防卫权"：其一是因为这种防卫权并非一概无限制或无限度；其二是同第 20 条前两款规定的一般防卫权相对应，便于区别两者；其三是特别防卫权的称谓有利于群众正确地认识这种防卫权只能发生在针对特殊犯罪的场合，避免因发生误解而导致滥用这种防卫权。该论者介绍了国外特别防卫权的立法概况和我国特别防卫权立法的形成过程，分析了特别防卫权与一般防卫权相区别的 5 个重要特征，对 1997 年刑法第 20 条第 3 款的适用范围作了探讨，指出当前司法实践中认定特别防卫权应注意的两个方面的问题。③ 还有的论者以"无过当之防卫"为题进行了探讨，对其概念、适用等问题作了分析研究。④ 但有的论者对刑法学界颇多赞许 1997 年刑法无限防卫权的规定不能认同，而是基于理论研究的批评角度指出立法在设计无限防卫权规定上的疏漏，揭示了 1997 年刑法创立无限防卫权后所潜伏的诸多弊端，并从更深层次说明了无限防卫权的确立与我国刑事立法思想上存在的部分认识误区有关，必须加以澄清；并且最后提出了取消无限防卫权的建议及相关救济措施。⑤ 也有的论者对无限防卫的发展演变、立法背景、理论争议等问题作了分析，并对 1997 年刑法规定的无限防卫的立法缺陷进行了总结，希望引起立法机关和司法机关的重视。⑥ 此外，还有的论者对防卫权及其限度以及正当防卫的修订问题进行了系统的探讨。⑦

有些论者则主要对防卫过当进行了研讨。有的论者从防卫过当的概念与构成、防卫过当的认定、防卫过当的刑事责任等方面对防卫过当问题进行了专题研究，提出了认定防卫过当的标准，并对防卫过当的立法作了短评。⑧ 还有的论者论及防卫过当的修改

---

① 参见彭卫东：《正当防卫的概念试析》，载《法商研究》，1998（3）。
② 参见段立文：《对我国传统正当防卫观的反思》，载《法律科学》，1998（1）。
③ 参见王作富、阮方民：《关于新刑法中特别防卫权规定的研究》，载《中国法学》，1998（5）。
④ 参见陈兴良：《论无过当之防卫》，载《法学》，1998（6）。
⑤ 参见卢勤忠：《无限防卫权与刑事立法思想的误区》，载《法学评论》，1998（4）。
⑥ 参见李永升：《无限防卫问题研究》，载《法律科学》，1998（5）。
⑦ 参见田宏杰：《防卫权及其限度》，载陈兴良主编：《刑事法评论》，第 2 卷，北京，中国政法大学出版社，1998。
⑧ 参见彭卫东：《论防卫过当》，载《法学评论》，1998（4）。

问题。①

（五）关于单位犯罪

有的论者对 1997 年刑法单位犯罪立法作了评说，认为单位犯罪规定的进展与特色是：单位犯罪的规定从分则规定走向总则规定；单位犯罪的范围更广泛，使刑事法网更为严密；将惩治单位犯罪的重点放在单位破坏社会主义经济秩序方面；对单位犯罪处罚作了相对明确的规定。同时指出单位犯罪立法的不足是：（1）1997 年刑法第 30 条关于单位犯罪定罪原则的规定回避了矛盾，因而其实际价值和可操作性大打折扣，也使单位犯罪的理论研究和立法实践相脱节；（2）将机关作为单位犯罪主体不当；（3）单位犯罪的罪种范围过于宽泛；（4）在当前形势下将单位犯罪的罪过形式扩大到过失不合理；（5）单位犯罪的处罚规定不统一、不平衡。导致单位犯罪立法缺陷的原因是：过度超前的立法；经济转轨、社会转型的特殊历史形势；立法认识上的一些偏颇。该论者最后提出单位犯罪立法完善的建议。② 有些论者则对单位犯罪的主体范围进行了探究。有的论者认为，单位犯罪的主体范围只能限于企业法人、事业单位、团体三种。③ 有的论者认为，对单位犯罪主体的确定应当从严掌握，一般来说，应是具有法人资格或者虽然不具有法人资格但具有准法人的地位，才能成为单位犯罪的主体。根据这一原则，论者对公司、企业、事业单位和机关、团体的概念以及这些单位及其分支机构或所属部分的刑事责任主体资格问题进行了深入探讨。④ 还有些论者对单位犯罪的概念和特征、分类、认定以及处罚原则等问题⑤进行了系统的研讨。此外，有的论者还专题对私营公司在刑法中的地位⑥、单位能否构成诈骗犯罪⑦等作了论述。

（六）关于刑罚问题

有论者在回顾我国死刑立法进程的基础上，对 1997 年刑法的死刑立法控制问题作了深入论述。该论者指出，限制适用死刑的政策在 1979 年刑法中得到了鲜明的体现，1979 年刑法颁行后单行刑法的死刑立法则进行了大幅度的扩张；1997 年刑法虽然在削减死刑的改革步伐上采取了非常谨慎的态度，但在总则中进一步明确了死刑适用范围的限制条件，放宽了死刑减为无期徒刑或有期徒刑的条件；在分则中较大幅度地削减了死

---

① 参见侯国云：《新刑法对防卫过当的修改》，载《云南法学》，1998（2）。
② 参见周光权：《新刑法单位犯罪立法评说》，载《法制与社会发展》，1998（2）。
③ 参见曹顺明：《论单位犯罪的主体范围》，载《河北法学》，1998（3）。
④ 参见何秉松：《试论我国刑法上的单位犯罪主体》，载《中外法学》，1998（1）。
⑤ 参见何泽宏：《单位犯罪研究》，载《现代法学》，1998（1）；张本勇：《关于单位犯罪的几个问题》，载《东吴法学内刊》，1998（7）。
⑥ 参见薛进展：《论私营公司在刑法中地位问题》，载《法学》，1998（5）。
⑦ 参见龚培华：《论单位犯罪与诈骗犯罪》，载《东吴法学内刊》，1998（7）。

刑罪名，提高了某些犯罪的死刑适用条件。该论者认为，从世界范围来看，减少、限制乃至废除死刑已成为不可逆转的潮流，我国刑事立法对死刑的限制也必将随着现代社会的进步日益加强。[①] 有的论者指出，1997 年刑法限制和减少死刑适用的立法措施有：(1) 保留了原刑法死缓制度和死刑复核程序，以限制死刑的实际适用；(2) 从判处死刑的条件上限制死刑的使用；(3) 减少适用死刑的对象，限制死刑的适用；(4) 明确规定适用死刑的情节；(5) 从死刑的执行制度上限制死刑的适用；(6) 删去加重处罚的规定，有利于限制死刑的适用。[②] 此外，还有些论者论及死刑规定问题。

有些论者探讨了罚金刑规定及适用问题。有论者指出，1997 年刑法显著扩大了罚金刑的适用范围，并对罚金刑的判决与执行进行了研讨。[③] 有的论者则对罚金刑的地位和扩大适用的历史必然、罚金的适用方式和罚金的数额、罚金的裁量原则及其运用等问题进行论述。[④] 有的论者指出，根据我国 1997 年刑法的规定，除过失犯罪、危害国家安全罪、军人违反职责罪之外，绝大多数犯罪都可以适用罚金；在罚金的适用方法上，有单科制、选科制、并科制、并科或选科制四种；在罚金适用的数额规定上，有无限额罚金制、限额罚金制、按比例罚金制。该论者还对罚金适用中的执行问题提出了自己的见解。[⑤] 此外，还有的论者对罚金的法律适用进行了研讨。[⑥]

有的论者则从新旧刑法中刑罚轻重比较的角度进行了研讨，指出 1997 年刑法实施以后，许多犯罪行为因为发生于 1997 年刑法施行以前，需要依据"从旧兼从轻"原则进行处理，而在适用该原则时，必须结合 1997 年刑法修改的具体情况，全面斟酌与个案有关的影响刑罚轻重的诸因素，才能作出正确判断。[⑦]

（七）关于具体犯罪

1. 金融犯罪

有的论者从证券业的实际出发，结合犯罪学的理论视角，对证券犯罪及 1997 年刑法中的相关规定加以分析，分别论及证券犯罪的加害—被害关系、一级市场与二级市场中不同的证券犯罪、证券犯罪所围绕的三类行为载体、证券犯罪与证券市场管理制度之间的关系、权力型证券犯罪与金钱型证券犯罪，以及 1997 年刑法中有关刑事规范的几个界限和问题。[⑧] 此外，还有些论者对金融犯罪数额[⑨]、金融机构及其工作人员的背职

---

① 参见赵秉志、肖中华：《论死刑的立法控制》，载《中国法学》，1998 (1)。

② 参见史坤娥：《新刑法对适用死刑的限制》，载《河北法学》，1998 (3)。

③ 参见于天敏、万选才：《论罚金的判决与执行》，载《法学家》，1998 (4)。

④ 参见樊守禄：《我国新刑法罚金刑研究》，载《河北法学》，1998 (2)。

⑤ 参见林辉：《论罚金刑的适用》，载《政法论坛》，1998 (2)。

⑥ 参见韩涛、王茜：《略论罚金刑的法律适用》，载《河北法学》，1998 (3)。

⑦ 参见黄祥青：《略论新旧刑法中刑罚轻重的比较》，载《法律科学》，1998 (4)。

⑧ 参见白建军：《证券犯罪与新刑法》，载《中国法学》，1998 (3)。

⑨ 参见刘宪权：《金融犯罪数额问题的刑法分析》，载《法学》，1998 (11)。

犯罪与防治①、洗钱罪若干问题②、危害保险罪若干问题③、内幕交易罪④等进行了详细的探究。

2. 贪污贿赂犯罪

1997年刑法第394条规定，国家工作人员在国内公务活动或者对外交往中接受礼物，依照国家规定应交公而不交公，数额较大的，依照贪污罪论处。有论者针对这一规定提出质疑：贪污罪能否以不作为方式构成，如果礼物被存放在犯罪嫌疑人的办公室能否构成贪污罪。该论者从解释论的角度对贪污罪的行为结构即主观要件和客观要件进行了深层探析，从而回答了这些问题。⑤ 有的论者指出，1997年刑法对贪污罪立法比较突出的特点：一是将贪污罪与贿赂罪归属同类客体，在刑法中单独立章；二是明确了贪污罪主体的特定性，从而体现了对国家工作人员职务犯罪从严惩处的立法精神；三是明确了贪污罪定罪量刑的数额标准和量刑档次，为司法实践提供了具体的标准。该论者对贪污罪的概念和法律特征、认定和处理贪污罪应注意的问题、贪污情节与处罚等进行了深入论述。⑥ 还有的论者对贪污受贿犯罪数额起点进行了辨析。⑦ 还有一些论者对贪污、贿赂主体的历史发展、贿赂在受贿罪犯罪构成中的地位、贿赂的范围、行贿罪、贿赂犯罪的立法完善等进行了研析。⑧

此外，许多论者撰文研析了渎职罪中的滥用职权罪、私放在押人员罪等罪⑨，财产犯罪中的侵占罪、职务侵占罪、抢劫罪等罪⑩，以及有组织犯罪⑪等问题。还有些论者研讨了其他一些具体犯罪问题。

---

① 参见赵国铃：《金融机构及其工作人员的背职犯罪与防治》，载《中外法学》，1998（5）。

② 参见李希慧：《论洗钱罪的几个问题》，载《法商研究》，1998（2）。

③ 参见王新：《论危害保险罪的若干问题》，载《中外法学》，1998（5）。

④ 参见陈正云：《内幕交易罪及其认定》，载《中国刑事法杂志》，1998（2）。

⑤ 参见储槐植、梁根林：《贪污罪论要》，载《中国法学》，1998（4）。

⑥ 参见孙谦、陈凤超：《论贪污罪》，载《中国刑事法杂志》，1998（3）。

⑦ 参见吴学斌、史凤琴：《贪污受贿犯罪数额起点辨析》，载《中国刑事法杂志》，1998（3）。

⑧ 参见宋军：《论贪污贿赂主体的历史演进》，载《法学家》，1998（4）；李洁、林菲：《论贿赂在贿赂罪犯罪构成中的地位》，载《法制与社会发展》，1998（3）；孙剑良：《论"贿赂"的范围》，载《东吴法学内刊》，1998（4）；黄道诚、赵辉：《论行贿罪》，载《河北法学》，1998（3）；邹日强：《关于完善惩治贿赂犯罪的立法思考》，载《法学》，1998（6），等等。

⑨ 参见张兆松：《滥用职权罪主观要件浅析》，载《人民检察》，1998（4）；李洁：《论滥用职权罪的罪过形式》，载《法学家》，1998（4）；石佳宏：《私放在押人员罪》，载《现代法学》，1998（1）。

⑩ 参见周少华：《侵占埋藏物犯罪的若干问题探析》，载《法律科学》，1998（3）；杨毓显：《论职务侵占罪》，载《云南法学》，1998（1）；肖中华：《论抢劫罪适用中的几个问题》，载《法律科学》，1998。

⑪ 参见郭自力：《论有组织犯罪的概念和特征》，载《中外法学》，1998（2）；莫洪宪：《有组织犯罪概念研究》，载《法学评论》，1998（3），等等。

四、外向型刑法问题

(一) 关于外国刑法

很多论者探讨了这方面的问题,尤其引人注目的是,有论者发表长篇专论,对当代大陆法系国家特别是法国刑法中的社会防卫理论,进行了较为全面、系统的介绍和论述,内容涉及社会防卫的概念、社会防卫思想的起源和发展、社会防卫思想的基本内容、社会防卫思想引起的论争,以及社会防卫思想的国际影响。该论者指出:社会防卫思想要在个人与社会之间建立社会和谐,极端的个人主义与国家专制主义都受到了社会防卫思想的反对。社会防卫思想是建立在社会人道主义基础上的,它强调人与社会之间关系的和谐统一。为了求得这种和谐统一,社会防卫思想坚决遵循法制原则,主张保留刑法制度;但反对把法律绝对化,把法律制度机械化、自动化的法律教条主义和法律技术主义,它主张突破刑法和刑事司法制度的界限,寻求刑法以外的更广泛、更有效的预防犯罪、打击犯罪的措施;但它也强调反犯罪斗争的合法性,强调各种犯罪对策的实际效益。它认为这种实际效益只能从反犯罪对策与犯罪行为之所以产生的个人原因、社会原因相适应的程度中去找。最好也是最人道的途径就是"走始终建立在促进人类进步的思想基础上的预防犯罪、保护受害人和治理犯罪人的道路"[①]。

有的论者论述了英美刑法中的普通法罪,认为:普通法最突出的特点是,它不是由立法文件规定的法规总和,而是在司法实践中由英国最高司法机关——上诉法院和上议院的判例组成;判例法讲究遵从先例的原则;普通法罪是指由法官在司法实践中创立的罪名,体现了普通法的传统。在当代的英美国家,虽然具有相当多的成文法,但仍保留了普通法罪,并具有不可忽视的影响。[②] 有的论者论及西方国家商业犯罪的现实与对策,认为:西方国家商业犯罪有以下一些新趋势:(1) 集团性商业犯罪增加;(2) 跨国界商业犯罪日益猖獗;(3) 涉及新技术的犯罪日益普遍;(4) 商业伦理遭到严重破坏;(5) 金融证券方面的犯罪更加引人注目。面对商业犯罪这些新趋势,各国在刑事政策方面也作出相应调整,使其刑法也呈现一些新的特点,旨在更有效地打击这些犯罪活动。一是加强对法人犯罪的定罪与处罚。具体表现在:第一,在大陆法系等国家逐渐认识了法人犯罪;第二,在英美法系国家,法人犯罪的范围逐渐扩大;第三,由于法人犯罪的增加,对法人的起诉和制裁相应增加,因而在刑罚体系和刑事诉讼程序方面也加强了对法人犯罪问题的研究。二是刑事领域的国际合作日益增强。三是完善刑事立法,坚决打击计算机犯罪。在这方面,已经和应该采取的措施包括以下几个方面:(1) 对现行刑法

---

① 卢建平:《社会防卫思想》,载高铭暄、赵秉志主编:《刑法论丛》,第 1 卷,北京,法律出版社,1998。

② 参见郭自力:《论英美刑法中的普通法罪》,载《法律科学》,1998 (6)。

进行扩大解释；（2）增加了侵犯技术信息的犯罪；（3）制裁计算机毁坏行为；（4）新技术犯罪的增加也对刑事侦查提出了新的挑战。四是发挥刑法功能，维护商业伦理。在西方国家也显示出以下特点：（1）与传统犯罪领域的非犯罪化相反，商业犯罪的立法已经呈现上升趋势；（2）加重了对商业犯罪的制裁；（3）增加了对商业犯罪者的资格处罚。①

（二）关于国际刑法

有论者对刑法国际共同指导原则进行了深入的研究。该论者不仅回顾、总结了经济犯罪研究方法、经济犯罪研究内容、侵犯人身权利和人格尊严犯罪等问题，还在此基础上指出，刑法共同指导原则应包括罪刑法定原则、保卫社会与保障人权相结合的原则、注重合理惩治法人犯罪的原则、刑罚制度合理化原则、刑法国际化原则、司法预防与社会预防相结合的原则。② 有的论者提出：国际刑法应当引入罪刑法定原则，并用以指导国际刑事司法实践。但由于国际刑法体现意志和组成结构的双重性，国际刑法短期内还不能形成一个独立完备的法典，有关国际犯罪的种类、构成还不能明确具体地加以规定，特别是国际犯罪的标准，在现阶段更无法作出统一规定。许多国际犯罪的认定和处罚还只能借助于国际公约、条约，甚至是国内刑法完成。因此国际犯罪的罪与刑都有其自身的特殊性。与此相适应，国际刑法中的罪刑要求也应具有不同于国内刑法的特点，而不宜将传统的罪刑法定原则绝对化。该论者认为，国际刑法从其现状出发，可不直接将罪刑法定作为一个基本原则，而将其基本思想融入国际刑法基本原则中的合法原则。作为国际刑法的基本原则，应具有以下三个主要特征：（1）对确认和制裁国际犯罪具有普遍指导意义；（2）国际刑法所独有或对国际刑法具有特别意义；（3）体现国际刑法的基本性质和基本精神。据此，国际刑法的基本原则应包括以下四项：主权原则；人权原则；合法原则；合作原则。③ 有的论者探讨了国际刑事合作基本原则，指出：作为一种国际性的活动，国际刑事合作必须受一定的基本原则指导和制约。这些基本原则应包括：互相尊重国家主权原则；平等互利原则；适用本国法原则。④ 有的论者探析了国际刑法执行模式，指出，目前国际刑法的执行采取的是以"或起诉或引渡"为原则的间接执行模式，由于它存在着难以克服的缺陷，自第一次世界大战结束至今，国际社会一直在寻求创建国际刑法直接执行模式的途径。但由于各国政治、经济、文化、法律制度的差异，尤其是涉及国家主权问题，要在创建国际刑法直接执行模式问题上达成共识，存在相当大的困难。当然，通过国际社会的共同努力，建立一种可行的直接执行模式并非

---

① 参见王丽：《西方国家商业犯罪的现实与对策评析》，载《法学家》，1998（4）。

② 参见高铭暄、赵秉志等：《刑法共同指导原则研究》，载高铭暄、赵秉志主编：《刑法论丛》，第1卷，北京，法律出版社，1998。

③ 参见张旭、徐岱：《罪刑法定与国际刑法》，载《法制与社会发展》，1998（5）。

④ 参见郭驰：《国际刑事合作基本原则初探》，载《河北法学》，1998（3）。

不可能。① 此外，有的论者还对跨国犯罪的概念②、人民法院对引渡案件的司法审查③等重要国际刑法问题进行了颇有见地的论述。

（三）关于区际刑法

不少论者对区际刑法的若干问题进行了研讨。有的论者对海峡两岸刑法中不作为犯罪作了比较研究，认为：不作为是指行为人负有实施某种特定法律义务，并且能够实行而不实行的行为；不作为犯罪是指以不作为形式实现的犯罪，即负有特定法律义务，能够履行该义务而不履行，因而危害社会，依法应当受到刑罚处罚的行为。不作为与作为之所以具有共通的行为概念，归根结底在于不作为同作为一样都侵害了一定的社会关系（法益之侵害、危险），具有同等的否定价值，以此为理论出发点，该论者还对不作为犯罪的种类和规范、构造、不作为犯罪的客观要件、作为义务的根据、履行义务的可能性、不纯正不作为犯的因果关系、不作为犯罪的立法完善等问题进行了系统研究。④ 有的论者对海峡两岸刑罚本质和价值的理论问题进行了比较研究。该论者在对海峡两岸关于刑罚本质的观点作了全面的介绍和评析的基础上，指出：刑罚的本质在人性、伦理、社会、法律四个层次上具有不同的内容。具体来说，刑罚的人性本质和人的天性是对应的，即亦善亦恶，其善表现在目的上，其恶表现在手段上。将刑罚的本质视为报应，从哲学上深刻地揭示了犯罪与刑罚的关系，揭示了刑罚存在的合理根据。从刑罚的阶级本质上说，刑罚作为统治者维护其统治秩序的工具，带有浓重的阶级意志性，统治阶级的价值观深深地影响着刑罚的价值观，进而影响着刑罚的历史、现状的发展趋势。从法律本质上看，刑罚的本质是惩罚，这是由刑罚本身的内容所决定的。该论者在对刑罚价值的概念进行论证后指出，刑罚价值不应包括自由，而仅仅是秩序和正义。⑤ 此外，有的论者还对海峡两岸著作权犯罪问题进行了全面的比较研究。⑥

---

① 参见喻贵英：《国际刑法执行模式探析》，载《法律科学》，1998（6）。

② 参见赵永琛：《论跨国犯罪的概念》，载高铭暄、赵秉志主编：《刑法论丛》，第 1 卷，北京，法律出版社，1998。

③ 参见党建军：《论人民法院对引渡案件的司法审查》，载高铭暄、赵秉志主编：《刑法论丛》，第 1 卷，北京，法律出版社，1998。

④ 参见肖中华：《海峡两岸刑法中不作为犯罪之比较研究》，载高铭暄、赵秉志主编：《刑法论丛》，第 1 卷，北京，法律出版社，1998。

⑤ 参见赫兴旺：《海峡两岸刑罚本质和价值的比较研究》，载高铭暄、赵秉志主编：《刑法论丛》，第 1 卷，北京，法律出版社，1998。

⑥ 参见李惠：《海峡两岸著作权犯罪的比较研究》，载高铭暄、赵秉志主编：《刑法论丛》，第 1 卷，北京，法律出版社，1998。

五、刑法学研究发展的展望

以上只能说是对 1998 年刑法学研究的主要情况的概述，难免挂一漏万。但从这里已经能够窥一斑而见全豹。我们由此看到，1998 年的刑法理论研究可谓硕果累累。特别是随着 1997 年刑法的实施，广大刑法理论工作者一方面继续深入研究 1997 年刑法实施中出现的新问题、新情况，一方面将思维的触角更多地伸向刑法的基本理论层次，使我国刑法学的研究呈现了巨大的发展潜力。展望未来，我们有理由相信，我国刑法理论研究将再创光辉，再登高峰。我们认为，今后刑法学研究将会出现两种新的走势：一是刑法理论研究将更加充分地与相关学科的研究成果和研究方法相借鉴，这将促进刑事法学从分向合的转变。过去的刑法理论研究，与犯罪学、刑事诉讼法学、监狱学的研究结合得还不十分紧密，这在一定程度上限制了刑法理论的深化。在世纪之交，学科的整合实属势所必然。这一走势不仅具有重要的理论意义，还将促进我国刑事立法的统筹与科学化。例如，1997 年刑法中单位犯罪的规定具有重要地位，但此前修订的刑事诉讼法却未对单位犯罪的追诉程序作出规定，这在一定程度上限制了单位犯罪研究的进一步发展。二是更加注重外国刑法、比较刑法和国际刑法的研究，这是建立国际新秩序的法律反映，是中国经济体制改革的法律要求，这种走势正在显示出来。

［高铭暄、赵秉志、刘远；载《法学家》，1999（1）、（2）］

第十七章

晚近 20 年的中国刑法学研究成果概览（1979—1998）

一、前　言

中国共产党第十一届三中全会召开以来的 20 年，是我国经济持续、高速、健康发展的 20 年，是我国民主法制建设不断取得成就的 20 年，也是我国刑法学研究逐步趋向繁荣的 20 年。

在党的十一届三中全会精神指引和推动下，我国第一部刑法典在历经曲折后在五届全国人大二次会议上于 1979 年 7 月 1 日迅即获得通过，并于 1980 年 1 月 1 日起施行。自此结束了我国没有刑法典的历史状态，也使我国刑法学研究步入了一个崭新的发展时期。

新时期的中国刑法学研究[①]，按其研究的侧重点不同，大体上可以分为三个阶段。下面仅就每一阶段的主要研究成果作一展示，并从宏观上给予简要的评价。

二、第一阶段（1979 年至 1987 年）的主要成果 及其简要评价

这一阶段，围绕 1979 年刑法典的出台，主要是全面系统地宣传、阐释刑法典的内容，并对刑法典中的某些重要问题，开始进行专题学术研究。

在这一阶段中，最引人注目的是出版了几本有代表性的刑法教科书，以 1979 年刑法典为立法依据，阐述刑法的基本原理、基本制度和具体规定。1981 年 1 月北京大学出版社出版的由杨春洗教授等编著的《刑法总论》，在刑法总则理论的研究上具有一定的深度和力度。1982 年 3 月中国人民大学出版社出版的由王作富教授等编著的《刑法各论》，结合刑法典实施两年多的司法实践，对刑法分则问题进行了比较深入的研究和阐述，该书的 1985 年修订本曾获国家教委颁发的优秀教材一等奖。1982 年 5 月法律出版社出版的由高铭暄教授任主编、马克昌教授和高格教授任副主编的高等学校法学教材

[①] 本文因篇幅所限，原则上不涉及有关外国刑法、比较刑法、国际刑法及我国港、澳、台地区刑法的研究成果。

《刑法学》，注意坚持"三基"（基本理论、基本知识、基本资料）、"三性"（科学性、系统性、相对稳定性），并初步吸收刑法学研究的新成果，在体例和内容上都有了新的突破。由于该书是我国第一部统编的刑法学教材，具有相当的权威性，故先后印刷 23 次，印数达一百多万册。该书于 1988 年 1 月和 6 月分别获得全国高等学校优秀教材奖和司法部优秀教材奖。

在出版刑法教科书的同时，对刑法的宏观或微观问题进行专题学术研究的著作也开始陆续问世。这一阶段较有代表性的中国刑法学专著有：高铭暄著《中华人民共和国刑法的孕育和诞生》（北京，法律出版社，1981），林文肯、茅彭年著《共同犯罪理论与司法实践》（北京，中国政法大学出版社，1986），吴振兴著《论教唆犯》（长春，吉林人民出版社，1986），顾肖荣著《刑法中的一罪与数罪问题》（上海，学林出版社，1986），李光灿、张文、龚明礼著《刑法因果关系论》（北京，北京大学出版社，1986），高铭暄主编的《新中国刑法学研究综述》（郑州，河南人民出版社，1986），李光灿、马克昌、罗平著《论共同犯罪》（北京，中国政法大学出版社，1987），赵秉志著《犯罪未遂的理论与实践》（北京，中国人民大学出版社，1987），田文昌著《刑罚目的论》（北京，中国政法大学出版社，1987），陈兴良著《正当防卫论》（北京，中国人民大学出版社，1987），樊凤林主编的《犯罪构成论》（北京，法律出版社，1987），王作富主编的《中国刑法适用》（北京，中国人民公安大学出版社，1987）等。上述专著的出版问世，标志着我国刑法学研究开始趋向活跃，并有逐步出现繁荣的迹象。

说明刑法学研究趋向活跃状态的不仅是出版了一定数量的专著，而且还发表了大量的论文和出版了相当数量的刑事案例分析书籍。根据我们的统计，1979 年刑法典颁布以前，主要是"文化大革命"之前 17 年，发表的刑法论文仅有 176 篇，而 1979 年刑法典颁布以后至 1987 年年底，发表的刑法论文就有四千三百余篇，约相当于过去的 24 倍。论文的面很广，几乎涉及刑法领域的各个问题。有不少论文都是精心之作，不仅有观点有材料，而且富有新意。特别可喜的是，随着我国于 1981 年开始推行学位制度，已有相当一批刑法学硕士学位论文问世，第一批刑法学博士学位论文也已开始诞生。这些学位论文，或者对他人未涉及或涉及不多的问题，进行新的探索，得出新的结论；或者对已有的研究课题，从新的角度或运用新的材料进行研究，得出新的看法；或者对前人已经提出的问题和见解，从某些方面作进一步的论证、补充和发挥，使之更加深化和更有说服力。这些学位论文是我国刑法学宝库中的明珠，是高层次刑法学专题研究的成果，论文中闪烁出来的不少有价值的见解，对于我国刑事司法的革新、刑法理论的丰富乃至刑事立法的完善，都具有相当的意义和作用。这个阶段公开出版的有关刑事案例分析的著作约有二十余种，如《疑难刑事案件百例析》、《疑案探究》、《刑事疑案试析》、《疑难刑事案例辨析》、《刑事审判一百例》、《疑难案例剖析》、《疑难经济犯罪案例析》、《刑事答辩案例选评》，等等。它们从各自的需要出发，收集、整理和分析了多寡不等的刑事案例，对于加强理论联系实际，提高运用刑法理论和刑法条文分析和解决实际问题的能力，起到了良好的作用。

对于第一阶段的研究成果，可以从宏观上作出以下几点简要的评价：

第一，这一阶段基本厘定了中国刑法学的研究对象范围和基本确定了其体系结构，当然还不尽完善，有待改进。

第二，理论上先行一步，研究确立我国刑法的基本原则问题。大多数学者公认罪刑法定、罪刑相适应、罪责自负、惩罚与教育相结合等是我国刑法的基本原则，这对于以后即 1997 年修订的刑法明确规定刑法基本原则，有着不可估量的意义。

第三，对犯罪论中的某些问题如犯罪构成、因果关系、罪数、犯罪未遂、共同犯罪、正当防卫等进行了比较深入的研究，出版了刑法典公布施行以来的第一批专著。但是，对刑罚论的研究尚嫌一般，对刑事责任本体的研究基本上还是空白，对刑法分则各类犯罪的研究基本上还停留在教材的水平上，缺乏深入有力度的著作。

第四，开局是良好的，一批水平较高的教科书奠定了刑法学研究的基础。加之我国刑法学界团结协作、研讨争鸣的气氛比较浓郁，遂使以后的研究渐次推进，一浪高于一浪，不断结出丰硕的成果。

三、第二阶段（1988 年至 1997 年 2 月）的主要成果及简要评价

这一阶段，一方面，围绕一系列特别刑法对 1979 年刑法典所作的补充、修改而进行专题研究或综合研究；另一方面，由于立法工作机关将全面修订刑法的工作提上日程，引起了刑法学界的极大关注，纷纷就某些问题（从具体问题到宏观问题，乃至哲学和基本政策问题）着力进行研究，并提出相应的看法和立法建议。

这一阶段出版的刑法学术专著数以百计，比前一阶段有显著的增加。这一方面是由于教学和研究队伍在不断扩大，经验和材料的积累也愈来愈丰富；另一方面是由于新的刑事法律一个个出台，加之还要全面修订刑法，从而为研究者提供了强大的动力，更加激发了他们研究的热情和兴趣。

这一阶段的刑法学术专著大体上可分为五类：

第一类是对特别刑法进行专门研究的，如邢思编著的《〈关于惩治走私罪的补充规定〉〈关于惩治贪污罪贿赂罪的补充规定〉释义》（北京，中国政法大学出版社，1988），全国人大常委会法制工作委员会刑法室编著的《〈关于禁毒的决定〉和〈关于惩治走私、制作、贩卖、传播淫秽物品的犯罪分子的决定〉释义》（北京，法律出版社，1991），全国人大常委会法制工作委员会刑法室编著的《〈关于严禁卖淫嫖娼的决定〉和〈关于严惩拐卖、绑架妇女、儿童的犯罪分子的决定〉释义》（北京，中国检察出版社，1991），储槐植著的《附属刑法规范集解》（北京，中国检察出版社，1992），全国人大常委会法制工作委员会刑法室著的《论〈中华人民共和国刑法〉的补充修改》（北京，法律出版

社，1992），杨聚章、沈福忠主编的《刑法新增罪名研究》（郑州，河南人民出版社，1992），刘岩主编的《刑法适用新论——全国人大常委会修改和补充的犯罪》（北京，中国政法大学出版社，1993），宣炳昭、林亚刚、赵军主编的《特别刑法罪刑论》（北京，中国政法大学出版社，1993），刘家琛主编的《新罪通论》（北京，群众出版社，1993），李恩慈主编的《特别刑法论》（北京，中国人民公安大学出版社，1993），娄云生著的《刑法新罪名集解》（北京，中国检察出版社，1994），滕炜主编的《关于惩治违反公司法的犯罪的决定释义》（北京，中国计划出版社，1995），郎胜主编的《〈关于惩治破坏金融秩序犯罪的决定〉释义》（北京，中国计划出版社，1995），陈兴良主编的《刑法新罪评释全书》（北京，中国民主法制出版社，1995），周道鸾著的《单行刑法与司法适用》（北京，人民法院出版社，1996）等。

第二类是就类别犯罪、特定犯罪进行综合研究或分而论述的。这方面的著作最多。其中包括：

综合研究各类犯罪的，如赖宇、陆德山主编的《中国刑法之争——刑法分则各罪若干争论问题综述》（长春，吉林大学出版社，1989），余淦才、张晶等合著的《罪名辨析》（杭州，浙江大学出版社，1991），陈兴良主编的《刑法各论的一般理论》（呼和浩特，内蒙古大学出版社，1992），周欣著的《常见多发犯罪的认定与处罚》（北京，中国政法大学出版社，1993），欧阳涛、魏克家、张泗汉主编的《罪与非罪、罪与罪的界限》（北京，人民法院出版社，1995），赵秉志著的《刑法各论问题研究》（北京，中国法制出版社，1996）等。

研究危害公共安全罪的，如叶高峰主编的《危害公共安全罪新探》（郑州，河南人民出版社，1989），金子桐、吕继贵著的《罪与罚——危害公共安全罪的理论与实践》（上海，上海社会科学院出版社，1991）等。

总体研究经济犯罪的，如谢宝贵、张穹著的《经济犯罪的定罪与量刑》（北京，法律出版社，1988），欧阳涛、马长生主编的《经济犯罪的定罪与量刑》（南宁，广西人民出版社，1988），张穹主编的《中国经济犯罪罪刑论》（北京，大地出版社，1989），刘白笔、刘用生著的《经济刑法学》（北京，群众出版社，1989），孙国祥主编的《中国经济刑法学》（北京，中国矿业大学出版社，1989），陈兴良主编的《经济刑法学（总论）》（北京，中国社会科学出版社，1990）和《经济刑法学（各论）》（北京，中国社会科学出版社，1990），张瑞幸主编的《经济犯罪新论》（西安，陕西人民教育出版社，1991），李利君著的《经济犯罪与刑罚》（北京，中国社会出版社，1991），陈宝树主编的《经济犯罪与防治对策》（郑州，河南人民出版社，1992），王作富主编的《经济活动中罪与非罪的界限》（北京，中国政法大学出版社，1993），田忠木主编的《特区经济犯罪研究》（北京，企业管理出版社，1993），赵长青著的《经济犯罪研究》（成都，四川大学出版社，1994），高铭暄、王作富主编的《中国惩治经济犯罪全书》（北京，中国政法大学出版社，1995），张明楷著的《市场经济下的经济犯罪与对策》（北京，中国检察出版社，

1995），杨春洗、高格主编的《我国当前经济犯罪研究》（北京，北京大学出版社，1996），李卫红著的《经济犯罪热点问题研究》（北京，北京大学出版社，1996）等。

侧重研究某一类具体经济犯罪的，如欧阳涛主编的《生产销售假冒伪劣产品犯罪剖析及对策》（北京，中国政法大学出版社，1994），顾肖荣主编的《证券违法犯罪》（上海，上海人民出版社，1994），陈正云主编的《金融犯罪透视》（北京，中国法制出版社，1995），陈正云、刘宪权著的《破产欺诈及其防治》（北京，法律出版社，1997），陈正云著的《金融欺诈及其防治》（北京，法律出版社，1997）等。

研究侵犯公民人身权利、民主权利罪及暴力犯罪的，如金子桐、郑大群、顾肖荣著的《罪与罚——侵犯公民人身权利、民主权利罪的理论与实践》（上海，上海社会科学院出版社，1986），宁汉林著的《杀人罪》（北京，群众出版社，1986），王然冀、张之又、崔述、万春著的《强奸罪的认定与防治》（北京，中国华侨出版公司，1990），徐杰、侯建军主编的《强奸罪研究——理论分析与司法适用》（北京，中国人民公安大学出版社，1991），朱景哲主编的《我国刑法对妇女儿童合法权益的保护》（北京，群众出版社，1993），叶高峰主编的《暴力犯罪论》（郑州，河南人民出版社，1994）等。

研究侵犯财产罪的，如金凯主编的《侵犯财产罪新论》（北京，知识出版社，1988），欧阳涛著的《诈骗罪的剖析与对策》（北京，中国人民公安大学出版社，1988），赵永林著的《我国刑法中盗窃罪的理论与实践》（北京，群众出版社，1989）等。

研究妨害社会管理秩序罪的，如金子桐、顾肖荣、郑大群著的《罪与罚——妨害社会管理秩序罪的理论与实践》（上海，上海社会科学院出版社，1989），张全仁、解玉敏著的《论脱逃罪》（北京，群众出版社，1991），欧阳涛、陈泽宪主编的《毒品犯罪及对策》（北京，群众出版社，1992），桑红华著的《毒品犯罪》（北京，警官教育出版社，1992），赵秉志主编的《毒品犯罪研究》（北京，中国人民大学出版社，1993），赵长青主编的《中国毒品问题研究——禁毒斗争的理论与实践》（北京，中国大百科全书出版社，1993），云南省高级人民法院编的《惩治毒品犯罪理论与实践》（北京，中国政法大学出版社，1993），赵秉志主编的《妨害司法活动罪研究》（北京，中国人民公安大学出版社，1994）等。

研究贪污贿赂犯罪的，如宣炳昭著的《惩治贪污贿赂犯罪的理论与实践》（西安，陕西人民教育出版社，1992），单民著的《贿赂罪研究》（北京，中国政法大学出版社，1993），刘光显、周荣生著的《贿赂罪的理论与实践》（北京，人民法院出版社，1993），肖扬主编的《贿赂犯罪研究》（北京，法律出版社，1994），钟澍钦主编的《新中国反贪污贿赂理论与实践》（北京，中国检察出版社，1995）等。

研究职务犯罪的，如孙谦主编的《国家工作人员职务犯罪研究》（北京，中国检察出版社，1988），樊凤林、宋涛主编的《职务犯罪的法律对策及治理》（北京，中国人民公安大学出版社，1994），周振想主编的《权力的异化与遏制——渎职犯罪研究》（北京，中国物资出版社，1994），王昌学主编的《职务犯罪特论》（北京，中国政法大学出版社，1995），刘佑生主编的《职务犯罪研究综述》（北京，法律出版社，1996）等。

第三类是对刑法哲学、刑事政策进行深入研究的。在刑法哲学方面，陈兴良教授连续不懈地进行研究，先后出版了三部著作，即《刑法哲学》（北京，中国政法大学出版社，1992）、《刑法的人性基础》（北京，中国方正出版社，1996）、《刑法的价值构造》（北京，中国人民大学出版社，1998）。[①] 在刑事政策方面，也有三本专著出版，即：马克昌主编的《中国刑事政策学》（武汉，武汉大学出版社，1992），杨春洗主编的《刑事政策论》（北京，北京大学出版社，1994），肖扬主编的《中国刑事政策和策略问题》（北京，法律出版社，1996）。

第四类是对刑法基本理论进行综合研究或就刑法总则某一方面进行专题研究的。属于这一类的著作也很多。其中包括：

综合研究刑法基本理论的，如高铭暄、王作富主编的《新中国刑法的理论与实践》（石家庄，河北人民出版社，1988），王作富著的《中国刑法研究》（北京，中国人民大学出版社，1988），赵秉志、张智辉、王勇著的《中国刑法的运用与完善》（北京，法律出版社，1989），甘雨沛主编的《刑法学专论》（北京，北京大学出版社，1989），甘雨沛、杨春洗、张文主编的《犯罪与刑罚新论》（北京，北京大学出版社，1991），赵炳寿主编的《刑法若干理论问题研究》（成都，四川大学出版社，1992），喻伟主编的《刑法学专题研究》（武汉，武汉大学出版社，1992），苏惠渔主编的《刑法原理与适用研究》（北京，中国政法大学出版社，1992），杨敦先、曹子丹主编的《改革开放与刑法发展》（北京，中国检察出版社，1993），赵秉志主编的《刑法新探索》（北京，群众出版社，1993），高铭暄著的《刑法问题研究》（北京，法律出版社，1994），苏惠渔、单长宗主编的《市场经济与刑法》（北京，人民法院出版社，1994），马克昌著的《刑法理论探索》（北京，法律出版社，1995），高铭暄主编的《刑法学原理》（三卷本，北京，中国人民大学出版社，1993、1994，此书于1996年获我国最高图书奖项第二届国家图书奖），鲍遂献主编的《刑法学研究新视野》（北京，中国人民公安大学出版社，1995），赵秉志著的《刑法总论问题研究》（北京，中国法制出版社，1996），高格著的《刑法问题专论》（长春，吉林大学出版社，1996），赵秉志主编的《刑法争议问题研究》（上、下卷，郑州，河南人民出版社，1996），陈正云著的《刑法的经济分析》（北京，中国法制出版社，1997）等。

对刑事立法和刑法解释进行专题研究的，如赵国强著的《刑事立法导论》（北京，中国政法大学出版社，1993），李希慧著的《刑法解释论》（北京，中国人民公安大学出版社，1995）等。

综合研究犯罪论的，如马克昌主编的《犯罪通论》（武汉，武汉大学出版社，1991），张明楷著的《犯罪论原理》（武汉，武汉大学出版社，1991）等。

---

① 该书虽出版于本文所述第三阶段，但因与前两本书联系紧密，故一并列此。

对犯罪论的某一方面进行专题研究的，如青锋著的《犯罪本质研究——罪与非罪界说新论》（北京，中国人民公安大学出版社，1994），冯亚东著的《刑法的哲学与伦理学——犯罪概念研究》（成都，天地出版社，1996），何秉松著的《犯罪构成系统论》（北京，中国法制出版社，1995），王勇著的《定罪导论》（北京，中国人民大学出版社，1990），熊选国著的《刑法中行为论》（北京，人民法院出版社，1992），黎宏著的《不作为犯研究》（武汉，武汉大学出版社，1997）[①]，李洁著的《犯罪结果论》（长春，吉林大学出版社，1994），赵秉志著的《犯罪主体论》（北京，中国人民大学出版社，1989），何秉松主编的《法人犯罪与刑事责任》（北京，中国法制出版社，1991），顾肖荣、林建华著的《法人犯罪概论》（上海，上海远东出版社，1992），刘白笔主编的《法人犯罪论》（北京，群众出版社，1992），林准主编的《精神疾病患者刑事责任能力和医疗监护措施》（北京，人民法院出版社，1996），孙国祥、余向栋、张晓陵著的《过失犯罪导论》（南京，南京大学出版社，1991），姜伟著的《犯罪故意与犯罪过失》（北京，群众出版社，1992），侯国云著的《过失犯罪论》（北京，人民出版社，1993），刘明祥著的《刑法中错误论》（北京，中国检察出版社，1996），叶高峰主编的《故意犯罪过程中的犯罪形态论》（郑州，河南大学出版社，1989），徐逸仁著的《故意犯罪阶段形态论》（上海，复旦大学出版社，1992），姜伟著的《犯罪形态通论》（北京，法律出版社，1994），叶高峰主编的《共同犯罪理论及其运用》（郑州，河南人民出版社，1990），陈兴良著的《共同犯罪论》（北京，中国社会科学出版社，1992），吴振兴著的《罪数形态论》（北京，中国检察出版社，1996）等。

研究刑事责任理论的，如张明楷著的《刑事责任论》（北京，中国政法大学出版社，1992），张智辉著的《刑事责任通论》（北京，警官教育出版社，1995），冯军著的《刑事责任论》（北京，法律出版社，1996），张文等著的《刑事责任要义》（北京，北京大学出版社，1997）[②] 等。

综合研究刑罚论的，如邱兴隆、许章润著的《刑罚学》（北京，群众出版社，1988），樊凤林主编的《刑罚通论》（北京，中国政法大学出版社，1994），赵炳寿主编的《刑罚专论》（成都，四川大学出版社，1995），马克昌主编的《刑罚通论》（武汉，武汉大学出版社，1995）等。

对刑罚论的某一方面进行专题研究的，如陈兴良主编的《刑种通论》（北京，人民法院出版社，1993），胡云腾著的《死刑通论》（北京，中国政法大学出版社，1995），孙力著的《罚金刑研究》（北京，中国人民公安大学出版社，1995），周振想著的《刑罚适用论》（北京，法律出版社，1990），苏惠渔、张国全、史建三著的《量刑与电脑——量刑公正合理应用论》（上海，百家出版社，1989），苏惠渔、张国全、史建三、胡继光

---

① 该书虽出版于本文所述第三阶段，但书中所引法条均为修订前的刑法条文，故一并列于此处。

② 该书虽出版于本文所述第三阶段，但书中所引法条基本上还是修订前的刑法条文，故一并列于此处。

编的《量刑方法研究专论》（上海，复旦大学出版社，1991），顾肖荣、吕继贵主编的《量刑的原理与操作》（上海，上海社会科学院出版社，1991），喻伟主编的《量刑通论》（武汉，武汉大学出版社，1993），周振想著的《自首制度的理论与实践》（北京，人民法院出版社，1989），张文学、李燕明、吕广伦、蒋历编著的《中国缓刑制度理论与实务》（北京，人民法院出版社，1995），周红梅著的《刑罚执行论》（沈阳，辽宁人民出版社，1994）等。

第五类是就刑法的改革、1979年刑法典的修改与完善专门进行研究，系统提出意见和建议的。属于这方面的代表性著作有：薛瑞麟、侯国云主编的《刑法的修改与完善》（北京，中国政法大学出版社，1989），赵秉志主编的《刑法修改研究综述》（北京，中国人民公安大学出版社，1990），崔庆森主编的《中国当代刑法改革》（北京，社会科学文献出版社，1991），马克昌、丁慕英主编的《刑法的修改与完善》（北京，人民法院出版社，1995），王作富主编的《刑法完善专题研究》（北京，中央广播电视大学出版社，1996），赵秉志著的《刑法改革问题研究》（北京，中国法制出版社，1996），高铭暄主编的《刑法修改建议文集》（北京，中国人民大学出版社，1997）等。

这一阶段的刑法学论文数以万计，涉及刑法理论与实践的方方面面。刑法学教科书继续编写出版，有的达到较高水平，如高铭暄主编、马克昌副主编的高等学校文科教材《中国刑法学》（北京，中国人民大学出版社，1989），1992年获第二届普通高等学校优秀教材全国特等奖。刑法教学案例和实际案例的书也继续不断出版。特别值得一提的是这一阶段出版了三本有代表性的刑法学综合工具书，即：杨春洗、高铭暄、马克昌、余叔通主编的《刑事法学大辞书》（南京，南京大学出版社，1990），马克昌、杨春洗、吕继贵主编的《刑法学全书》（上海，上海科学技术文献出版社，1993），高铭暄、王作富、曹子丹主编的《中华法学大辞典·刑法学卷》（北京，中国检察出版社，1996）。这几本工具书精心组织编写，水平和品位较高，颇受读者欢迎。

对于第二阶段的研究成果，从宏观上可以作出如下简要评价：

第一，这一阶段对特别刑法（含单行刑法和附属刑法）进行了充分的研究和阐释。

第二，对刑法规定的各类犯罪，不论从宏观上还是微观上都进行了比以往任何时期更加深入细致的研究。特别是对经济犯罪，研究者尤为重视，出版的著作也最多。

第三，对刑法哲学、刑事政策进行系统研究并出版专著，这在新中国刑法学史上具有突破性的意义。

第四，对刑法基本理论的研究，包括刑事立法、刑法解释、犯罪论、刑事责任论、刑罚论等方面的研究，都有显著的拓展，不少著作具有相当高的水平。特别是刑事责任论的研究，填补了前一阶段研究的空白。

第五，对刑法改革和1979年刑法典的全面修订，提出了系统的、有见地的、符合实际需要的建议，其中有许多建议已为立法机关所采纳。

四、第三阶段（1997 年 3 月—1998 年）
的主要成果及简要评价

这一阶段从 1997 年 3 月 14 日八届全国人大第五次会议通过修订的《中华人民共和国刑法》（以下简称新刑法典）开始，围绕新刑法典的学习理解和贯彻实施，又一次掀起全面、系统地宣传、阐释刑法典内容的高潮，并在前两个阶段研究成果的基础上，进一步就某些刑法专题开展富有成效的学术研究。

这一阶段的显著特征，是紧随新刑法典的颁布，出版了为数众多的宣传、阐释新刑法典的著作，其中较具代表性的有：王作富主编的《中国刑法的修改与补充》（北京，中国检察出版社，1997），赵秉志主编的《新刑法全书》（北京，中国人民公安大学出版社，1997），黄太云、滕炜主编的《〈中华人民共和国刑法〉释义与适用指南》（北京，红旗出版社，1997），胡康生、李福成主编的《中华人民共和国刑法释义》（北京，法律出版社，1997），周道鸾、单长宗、张泗汉主编的《刑法的修改与适用》（北京，人民法院出版社，1997），梁华仁、裴广川主编的《新刑法通论》（北京，红旗出版社，1997），欧阳涛、魏克家、刘仁文主编的《中华人民共和国新刑法注释与适用》（北京，人民法院出版社，1997），陈兴良主编的《刑法全书》（北京，中国人民公安大学出版社，1997），孙建国、汤留生主编的《新刑法原理与实务》（成都，四川人民出版社，1997），高西江主编的《中华人民共和国刑法的修订与适用》（北京，中国方正出版社，1997），赵秉志主编的《新刑法典的创制》（北京，法律出版社，1997），刘家琛主编的《新刑法新问题新罪名通释》（北京，人民法院出版社，1997），樊凤林、周其华、陈兴良主编的《中国新刑法理论研究》（北京，人民法院出版社，1997），等等。这批著作的编写出版，对于学习、领会新刑法典的精神和内容，做好迎接当年 10 月 1 日起新刑法典施行的准备工作，无疑起到了重要的作用。

与此同时，一批以新刑法典为立法依据的刑法学教材也陆续问世，如周振想编著的《刑法学教程》（北京，中国人民公安大学出版社，1997），杜发全主编的《新刑法教程》（西安，西北大学出版社，1997），赵秉志主编的《新刑法教程》（北京，中国人民大学出版社，1997），张明楷著的《刑法学》（上、下册，北京，法律出版社，1997），李文燕主编的《中国刑法学》（北京，中国人民公安大学出版社，1998），高铭暄主编的全国高等教育自学考试指定教材《刑法学（新编本）》（北京，北京大学出版社，1998）等。

这一阶段的刑法学术专著，因时间只有一年多，所以数量上不算太多，主要是针对新刑法典某一方面的问题开展研究，或者在前两个阶段研究成果的基础上继续就某一专题进行拓展或深化的研究，当然，也有的是综合性研究。从已出版的情况来看，属于综合性研究的专著有：侯国云、白岫云著的《新刑法疑难问题解析与适用》（北京，中国检察出版社，1998），刘守芬、黄丁全主编的《刑事法律问题专题研究》（北京，群众出版社，1998），丁慕英、李淳、胡云腾主编的《刑法实施中的重点难点问题研究》（北京，法律出版社，1998），北京大学法律学系组织编写的《刑事法学要论——跨世纪的回顾与前瞻》（北京，法律出版社，1998），田文昌、贾宇主编的《刑事法学专题研讨》（西安，陕西人民出版社，1998）等。属于刑法总论内容的专著有：刘生荣著的《犯罪构成原理》（北京，法律出版社，1997），鲜铁可著的《新刑法中的危险犯》（北京，中国检察出版社，1998），胡学相著的《量刑的基本理论研究》（武汉，武汉大学出版社，1998），陈兴良主编的由中国政法大学出版社于 1998 年 5 月、6 月、11 月先后出版的一套刑事法学研究丛书（依次为李洁著的《犯罪对象研究》，屈学武著的《公然犯罪研究》，刘仁文著的《过失危险犯研究》，周光权著的《注意义务研究》，林维著的《间接正犯研究》，郑伟著的《重罪轻罪研究》，田宏杰著的《违法性认识研究》，刘明祥著的《紧急避险研究》，黄京平著的《限制刑事责任能力研究》）；邱兴隆著的《刑罚理性导论——刑罚的正当性原论》（北京，中国政法大学出版社，1998）、《刑罚理性评论——刑罚的正当性反思》（北京，中国政法大学出版社，1999）[①] 等。属于刑法各论内容的专著有：周其华著的《新刑法各罪适用研究》（北京，中国法制出版社，1997），中国检察理论研究所编写的《刑法新罪名通论》（北京，中国法制出版社，1997），周道鸾、张军主编的《刑法罪名精释》（北京，人民法院出版社，1998），陈正云主编的《经济欺诈犯罪的界限与认定处理》（北京，中国方正出版社，1997）、《经济犯罪的刑法理论与司法适用》（北京，中国方正出版社，1998），马克昌主编的《经济犯罪新论——破坏社会主义经济秩序罪研究》（武汉，武汉大学出版社，1998），陈正云、刘福谦著的《生产销售伪劣商品罪的认定与处理》（北京，中国检察出版社，1998），陈正云、俞善长著的《危害金融管理秩序罪的认定与处理》（北京，中国检察出版社，1998），顾肖荣主编的《证券犯罪与证券违规违法》（北京，中国检察出版社，1998），阮方民著的《洗钱犯罪的惩治与预防》（北京，中国检察出版社，1998），赵秉志主编的《侵犯财产罪研究》（北京，中国法制出版社，1998），莫洪宪著的《有组织犯罪研究》（武汉，湖北人民出版社，1998），于志刚著的《毒品犯罪之理论问题研究》（北京，时事出版社，1997）。除此之外，赵秉志任总主编，张军、敬大力、鲍遂献、黄林异任副总主编，交由中国人民公安大学出版社出版的全套共 25 册的《新刑法典分则实用丛书》，至 1998 年出版 5册，即赵秉志、于志刚著的《毒品犯罪》，王秀梅、杜澎著的《破坏环境资源保护罪》，刘远主编的《危害公共卫生罪》，肖中华著的《侵犯公民人身权利罪》，田宏杰著的《妨害国（边）境管理罪》。其他各册也将陆续出版。

本阶段的学术论文约有千余篇，主要也是从宏观或微观上对新刑法典进行分析研究和阐述解释。新刑法典生效之后的刑事案例分析书籍，也在逐步出版，如黄京平主编的《以案说法·刑法篇》（北京，中国人民大学出版社，1998）等。

---

① 该书版权页标明的出版时间如此。

对于第三阶段的研究成果，从宏观上可以作出如下简要评价：

第一，本阶段的中国刑法学研究主要是围绕新刑法典进行的，其中解释、阐述新刑法典精神和内容的著作占了绝大多数，可以说是犹如雨后春笋、汗牛充栋，令人目不暇接。如果从质量上来评价，则良莠不齐。有的书为了抢时间、追求出版效益，写得比较粗糙，甚至可以说是有点滥竽充数。当然，质地良好的还是居多。

第二，对新刑法的有关专题的研究还刚刚开始，尚未深入、广泛地展开。特别是对一些新精神、新规定、新罪名，吃透、消化尚需一个过程。超越过去两个阶段的研究成果的水平，迈上一个新的台阶，尚需付出艰苦的努力。

我们期待以新刑法典的贯彻实施为契机，今后将有一些上乘佳作相继问世，以贡献于我国社会主义民主法制建设事业，并以英勇豪迈的姿态跨入 21 世纪，去迎接新的更严峻的挑战。

［高铭暄；载高铭暄，赵秉志编著：《新中国刑法学研究历程》，北京，中国方正出版社，1999］

第十八章
1999 年的刑法学研究

一、研究概况

世纪之交的中国刑法学研究经过 50 年的风雨历程，已逐渐成熟。回首 1999 年一年来的刑法学研究，总结其功过，反思其得失，无疑有利于把握时机，进一步开拓新世纪的中国刑法学研究。纵观 1999 年的刑法学研究，可以强烈地感受到其以下两个显著特点：

（一）学术活动蓬勃开展

1999 年刑法学界的学术活动，内容丰富，成绩显著。下面择要予以介绍：

1. 首次召开中国区际刑法的学术研讨会。1999 年 7 月 17 日至 21 日，由中国人民大学国际刑法研究所主办，浙江省温州市政法委和温州市瓯海区政法委共同协办的"中国区际刑法与区际刑事司法协助学术研讨会"在温州市举行。这次以区际刑法为专门议题的研讨会，尚属我国之首次。来自全国 11 所高等院校以及中央政法机关和主管部门、地方司法机关等共计 29 个单位的正式代表、列席代表八十余人出席了会议。本次研讨会收到论文 23 篇，内容涉及中国区际刑事法律冲突和区际刑事司法协助、中国区际刑事法律比较研究方方面面的问题。在为期 5 天的研讨中，与会代表围绕会议主题进行了热烈的研讨，并对中国区际刑法与区际刑事司法协助这个我国通过"一国两制"实现祖国和平统一大业法治进程中的重要问题进行了前瞻性的探索。研讨会的论文经编辑整理，作为"中国人民大学国际刑法研究所文库"之九，由法律出版社出版。

2. 中国法学会刑法学研究会举行 1999 年学术研讨会。1999 年 10 月 12 日至 16 日，由中国法学会刑法学研究会举办并得到云南大学法学院协办的 1999 年学术研讨会在云南省昆明市隆重举行，与会代表一百八十余名，另有云南省数十名代表列席。本次研讨会收到论文 146 篇。论文论题及研讨内容紧紧围绕 1999 年 3 月份预定的年会推荐议题，主题相对集中在刑法学研究 50 年回顾与 21 世纪展望、刑罚的适用、新型犯罪与经济犯罪研究、区际刑法与国际刑法 4 个方面。会议论文经编选，由人民法院出版社出版。

3. 中国刑法学界代表团参加国际刑法学协会第 16 届大会，并当选进入领导层。1999 年 9 月 5 日至 11 日，第 16 届国际刑法学大会在匈牙利首都布达佩斯召开。出席这次大会的有来自中国、匈牙利、美国等 60 个国家和地区的代表五百余人。以中国法学会副会长、中国法学会刑法学研究会总干事、国际刑法学协会中国分会主席、中国人民大学法学院高铭暄教授为团长的中国代表团一行人参加了大会，出席会议的中国代表团成员主要有浙江大学法学院卢建平教授（中国代表团副团长）、武汉大学马克昌教授、中国法官协会秘书长单长宗教授、中国人民公安大学樊凤林教授、最高人民检察院检察理论研究所所长刘立宪研究员、海南省高级人民法院副院长黄卫国法官、深圳市中级人民法院院长助理王勇博士等。本届大会的主题是"面临有组织犯罪挑战的刑事司法体系"。我国代表单长宗教授和黄卫国法官就大会议题提交了论文，阐明了我国理论界和实务界对有组织犯罪问题的观点与认识。最后，大会针对有组织犯罪通过了总则、分则、程序和国际合作四项决议，进一步明确国际社会同有组织犯罪作斗争的宗旨。会议期间国际刑法学协会进行了换届选举，中国代表团团长高铭暄教授膺选为国际刑法学协会副主席，卢建平教授当选为国际刑法学协会副秘书长。前任国际刑法学协会主席巴西奥尼教授（中国人民大学法学院兼职教授）蝉联主席，另有来自 11 个国家的专家、学者当选为国际刑法学协会副主席。此外，我国代表团正式提出承办 2004 年第 17 届国际刑法学协会大会的申请，此举得到了协会主席、副主席等主要领导的首肯和赞赏，并将于 2000 年在巴黎召开的理事会上作出正式决定。中国代表团成功地参加这次大会并当选进入国际刑法学协会领导层，对于促进我国刑法学研究走向世界以及与国际刑法学界的交流与合作，无疑具有重要的意义。

4. 国家建立刑事法学重点研究基地。按照教育部 1999 年 6 月《普通高等学校人文社会科学重点研究基地建设计划》的要求，两年内将在全国普通高校经严格评审建立一百个左右具有明显科研优势和特色的国家级人文社会科学重点研究基地，这是我国立足 21 世纪努力振兴人文社会科学研究的重大举措。中国人民大学刑事法律科学研究中心以其显著的科研优势和特色通过评审，成为 1999 年首批建立的 15 个国家人文社会科学重点研究基地之一。中心以精干的知名中青年学者组成领导班子，并聘请著名法学家担任顾问。中心主任为赵秉志教授，中心执行主任卢建平教授，中心副主任何家弘教授、甄贞副教授、郑定教授、黄京平教授；高铭暄教授及中央政法机关的几位专家型领导担任中心顾问。该中心下设四个研究机构和研究方向：第一研究室以中国刑法（含中国区际刑法）为研究方向，第二研究室以刑事诉讼法暨刑事侦查、刑事物证技术为研究方向，第三研究室以刑事法律史为研究方向，国际刑法研究所以外国刑法与国际刑法为研究方向。该中心并聘请了 40 位校内外（含国外）专、兼职研究人员。作为刑事法律科学领域唯一的国家重点研究基地，该中心将在国家主管部门的支持与全国刑事法学界的参与、协助下，通过学术研究、学术活动、人才培养、信息交流等多种措施，引导和促进全国刑事法学的发展与完善。

(二) 学术研究硕果累累

据不完全统计，1999 年刑法学界发表论文上千篇，出版书籍近百部，可谓成果丰硕。学术论文所研讨的重要问题及有代表性的见解，将在下文予以介绍。这里仅对 1999 年刑法书籍的出版情况予以概览。1999 年出版的刑法书籍主要可区分为以下几类：

1. 适应高等学校刑法学教学的需要，出版了几种中国刑法教科书。主要有高铭暄、马克昌主编的高等教育法学教材《刑法学》（北京，中国法制出版社，1999），赵秉志主编的全国成人高等教育规划教材《刑法》（北京，高等教育出版社，1999），陈明华主编的高等政法院校法学主干课程教材《刑法学》（北京，中国政法大学出版社，1999）等。

2. 刑法理论综合研究成绩喜人。主要有樊风林著《刑事科学论》（北京，中国人民公安大学出版社，1999），陈兴良主编《刑事法评论》（北京，法律出版社，1999），高铭暄、赵秉志主编《刑法论丛》（第 2 卷，北京，法律出版社，1999），张明楷著《刑法格言的展开》（北京，法律出版社，1999），高铭暄、赵秉志编《新中国刑法学研究历程》（北京，中国方正出版社，1999），周振想著《当代中国的罪与刑》（北京，中国人民公安大学出版社，1999），杨敦先等主编《新刑法施行疑难问题研究与适用》（北京，中国检察出版社，1999）陈兴良著《刑法适用总论》（上、下卷，北京，法律出版社，1999），陈兴良著《中国刑法新视界》（北京，中国政法大学出版社，1999），陈兴良主编《刑事法判解》（第 1 卷，北京，法律出版社，1999），陈兴良主编《刑事法评论》（第 4 卷，北京，中国政法大学出版社，1999），陈兴良著《走向哲学的刑法学》（北京，法律出版社，1999），陈正云著《刑法的精神》（北京，中国方正出版社，1999），赵秉志主编、吉林人民出版社出版的"刑事疑难问题司法对策"（共 10 本），高铭暄、赵秉志主编《刑法论丛》（第 3 卷，北京，法律出版社，1999）等。

3. 刑法总论专题研究不断深入。主要有邱兴隆著《刑罚理性评论——刑罚的正当性反思》（北京，中国政法大学出版社，1999），冯亚东著《理性主义与刑法模式》（北京，中国政法大学出版社，1999），宋庆德主编《新刑法犯罪论研究》（北京，中国政法大学出版社，1999），杨春洗主编《刑法基础论》（北京，北京大学出版社，1999），于志刚著《追诉时效制度研究》（北京，中国方正出版社，1999），谢望原著《刑罚价值论》（北京，中国检察出版社，1999），马克昌主编《刑罚通论》（2 版，武汉，武汉大学出版社，1999），马登民、徐安住著《财产刑研究》（北京，中国检察出版社，1999），张绍彦著《刑罚实现与行刑变革》（北京，法律出版社 1999）等。

4. 研究刑法分则具体犯罪问题的著作引人注目。主要有赵秉志任总主编、中国人民公安大学出版社陆续出版的"新刑法典分则实用丛书"（共计 25 本），其中，1999 年出版的主要有：赵秉志著《侵犯财产罪》，赵秉志主编《扰乱公共秩序罪》，鲍遂献主编《妨害风化罪》，苏长青著《侵犯公民民主权利和妨害婚姻家庭罪》，曹康、黄河主编《危害税收征管罪》，鲍遂献、雷东升著《危害公共安全罪》，刘生荣、张相军、许道敏著《贪污贿赂罪》，谢望原主编《妨害文物管理罪》，黄林异主编《危害国防利益罪》，孙军工著《金融诈骗罪》，赵秉志主编《妨害司法罪》，张军主编《破坏金融管理秩序罪》，党建军主编《侵犯知识产权罪》，于志刚主编《危害国家安全罪》，欧阳涛等主编《易混淆罪与非罪、罪与罪的界限》（2 版，北京，中国人民公安大学出版社，1999），刘生荣、祝二军、王秀梅著《证券市场违法犯罪》（北京，法律出版，1999），黄京平主编《破坏市场经济秩序罪研究》（北京，中国人民大学出版社，1999），何秉松主编《职务犯罪预防与惩治》（北京，中国方正出版社，1999），于志刚著《毒品犯罪及相关犯罪认定处理》（北京，中国方正出版社，1999），刘广三著《计算机犯罪论》（北京，中国人民大学出版社，1999），顾肖荣、胡云腾任总主编，中国检察出版社出版的“金融违法犯罪丛书”（共 9 本）也陆续与读者见面，1999 年已出版的有侯放、柯葛壮主编《信用证信用卡外汇违法犯罪的防范与处理》等；由鲜铁可主编，人民法院出版社出版的“定罪与量刑丛考”（共计 15 本）1999 年出版的有：鲜铁可著《金融犯罪的定罪与量刑》，王秀梅著《破坏环境资源保护罪的定罪与量刑》、《盗窃罪的定罪与量刑》等；赵秉志主编《侵犯知识产权犯罪研究》（北京，中国方正出版社，1999）；赵长青主编《经济刑法学》（北京，法律出版社，1999）；于志刚著《计算机犯罪研究》（北京，中国检察出版社，1999）等。

5. 区际刑法、外国刑法、国际刑法等外向型刑法研究取得了长足的进展。主要有张智辉著《国际刑法通论》（增补本，北京，中国政法大学出版社，1999），卞建林等译《加拿大刑事法典》（北京，中国政法大学出版社，1999），张明楷著《外国刑法纲要》（北京，清华大学出版社，1999），高燕平著《国际刑事法院》（北京，世界知识出版社，1999），赵秉志主编《海峡两岸刑法总论比较研究》（上、下卷，北京，中国人民大学出版社，1999），赵秉志、钱毅、赫兴旺编著《跨国跨地区犯罪的惩治》（海口，海南出版社，1999），赵秉志主编《贪污贿赂的惩治与防范》（海口，海南出版社，1999），单长宗主编《中国内地与澳门司法协助纵横谈》（北京，人民法院出版社，1999），徐久生译《瑞士联邦刑法典》（北京，中国法制出版社，1999），陈忠林著《意大利刑法纲要》（北京，中国人民大学出版社，1999），李海东主编《日本刑事法学者》（下）（北京，法律出版社；东京，日本成文堂，1999），鲁兰著《牧野英—刑事法思想研究》（北京，中国方正出版社，1999）等。

二、刑法基本理论问题

（一）对中国刑法学 20 世纪的回顾、反思与展望

有论者立足于新中国成立以来刑法学研究的发展脉络，将新中国 50 年的刑法学研究分为三个时期：第一时期即 1949—1956 年，是新中国刑法学研究的创立和发展阶段，

该阶段研究成果不多，研究主题粗浅、零散，以介绍、学习苏联刑法为主；第二时期即1957—1976 年，是萧条、停滞时期，研究成果不多，主要主题是犯罪与两类矛盾、死缓制度的存废及反革命罪等问题。刑法学研究的政治气氛过于浓厚是这一阶段的一大特点；第三时期即 1979—1999 年的复苏繁荣时期，该阶段前期的刑法学研究主要围绕1979 年刑法典及随后颁布的单行刑法的有关问题进行，后期则围绕 1979 年刑法典的修改而全面深入地展开。学术成果极为丰硕，学术活动相当频繁，学科建设也取得了显著成就。这是我国刑法学获得长足发展的时期。有论者还对我国今后刑法学研究的发展提出了建议，即适当调整方向，将注释刑法学与理论刑法学研究并重，改革研究方法，摆正理论与实践的关系。①

有论者打破刑法学史研究的传统分期，将本世纪中国刑法学的发展历程分为清末的开端时期、民国的初创时期、20 世纪 50 年代的转型时期和 20 世纪 80 年代以后的发展时期②，对中国刑法学研究进行了全方位、多层次、多角度的深入的分析，指出 21 世纪中国刑法学现代化的实现，必须解决好以下 4 个问题：（1）刑法价值观念的彻底转换；（2）独立学术品格的完整塑造③；（3）多维研究方法的科学选择；（4）刑事一体化学科体系的建构。④

有论者则从观念层面上对这一问题进行了探讨，提出在世纪之交的我国社会由人治国向法治国转型时期，科学构造奠基于刑事法治之上的法治国的刑法文化是刑法学家的重大历史使命。具体地说，这种刑法文化具有如下特点：（1）人文关怀，即以人为主，注重人权保障；（2）形式合理性，即通过形式合理性追求与实现实质合理性，以此保障公民人身权利与自由，限制法官恣行擅断；（3）实体正义，即犯罪与刑罚设置的正当性和犯罪认定与刑罚适用的正当性。⑤

（二）刑法思想与刑法观念

1. 刑法文化。有论者从文化的视角对刑法进行了研究，认为刑法是由文化塑模锻造而成，因而犯罪与刑事责任的最终、最合理的解决只能通过文化的解释，这就是所谓的刑法文化，即由社会的经济基础和政治结构决定的、在历史进程沉积下来的、并在人们关于刑法认识和刑法实践活动中流变着的、普遍而恒常的集体性精神模式或指向。该集体性精神模式是人们的思维模式，以及与之相关的认知模式、心态模式、评价模式和审美模式的集合。其中，思维模式在文化整体结构中处于前提、基础的地位，因为思维方式决定着刑法文化的力量和能力大小；评价模式则处于核心的地位，因为评价模式规

---

① 参见高铭暄、周洪波：《建国 50 年来的刑法学研究》，中国法学会刑法学研究会 1999 年论文。
② 参见梁根林、何慧新：《二十世纪的中国刑法学——反思与展望（上）》，载《中外法学》，1999（2）。
③ 参见梁根林：《二十世纪的中国刑法学——反思与展望（中）》，载《中外法学》，1999（3）。
④ 参见梁根林、何慧新：《二十世纪的中国刑法学——反思与展望（中）》，载《中外法学》，1999（3）。
⑤ 参见陈兴良：《法治国的刑法文化——21 世纪刑法学研究展望》，载《人民检察》，1999（11）。

定着刑法文化的运作方向与指向。①

2. 刑法的经济分析与伦理价值。有论者从经济角度和伦理层面，对刑法的规范构造、制度安排以及伦理价值进行了系统、深入的研究，指出：刑法的经济分析在追求效益的时候，以成本的投入量为基点，扬弃了功利主义中的手段的极端性，而摄入了一定的合理性；刑法的伦理价值在追求公正的时候，扬弃了报复主义中的极端的惩罚性，而摄入了一定的效益性，从而使刑法的经济分析与伦理价值获得了内在的统一性和协调性，二者统一、协调的基础就是完整的科学的刑法的正当性。②

3. 个人自由的刑法保护与保障。有论者指出，个人自由是一个历史范畴，不受他人专断意志的强制，是个人自由的最基本含义，刑法通过惩罚犯罪来保护个人自由，保护个人自由的基本内容就是保护公民的各项基本的个人利益，个人自由离不开刑法的保障，个人自由的法律保障是一个系统化的原则体系和制度体系。在刑法领域，保障个人自由的总的原则是：刑事强制依据适用于未来且非溯及既往的、公开的、稳定的、明确的、可行的一般性的抽象原则，对所有的人平等地威胁适用或者适用。③

4. 刑法的功能。有论者立足于理论与实践的结合，分析了现行刑法的规定与刑法形式合理性之间的冲突、刑法规定与法律实施的现实条件之间的差距，指出在转轨时期，我国现行刑法的价值选择应当是兼顾保护功能与保障功能，在协调平衡的前提下，以对刑法保护功能的追求优先。④

5. 刑事法律关系。刑事法律关系是刑法的一个基本问题，但我国刑法界对这一问题的研究十分薄弱，可喜的是，有论者对此进行了大胆的研究和探索。（1）关于刑事法律关系的客体。有论者首先提出了确定刑事法律关系客体的标准：其一，确定刑事法律关系客体的标准，不能固守我国法理学研究所形成的框框；其二，确定刑事法律关系客体的标准，应深入探求法律关系客体本身的属性，并结合刑事法律关系特征。在此基础上，论者提出，刑事法律关系的客体作为国家行使受制约的刑罚权与犯罪人承担有限度的刑事责任所指向的对象，应当是犯罪人部分利益的载体。⑤（2）关于刑事法律关系的主体。通过对刑事诉讼中的实体与程序、实体规范与程序规范、刑事法律关系与刑事诉讼法律关系、司法机关的刑事实体权与刑事程序权的深入剖析，该论者指出作为刑事法律关系的主体，既要符合刑事法律关系作为"关系"的解释，又要具备刑事法律关系主体的"内涵"，由此决定，刑事法律关系的主体应当是犯罪人和国家，而不是被告人和

---

① 参见许发民、于志刚：《刑法文化论》，载高铭暄、赵秉志主编：《刑法论丛》，第 3 卷，北京，法律出版社，1999。

② 参见陈正云：《刑法的经济分析与伦理价值》，载《法学研究》，1999（6）。

③ 参见曲新久：《论个人自由的刑法保护与保障》，载《政法论坛》，1999（5）。

④ 参见林亚刚、傅学良：《刑法功能的价值评价》，载《中国刑事法杂志》，1999（3）。

⑤ 参见张小虎：《论刑事法律关系客体是犯罪人利益之载体》，载《中外法学》，1999（2）。

国家司法机关。[①]

6. 刑事司法体制的改革。有论者对刑事司法体制的改革进行了研究，提出无论是刑事司法体制的改革，还是具体的刑事司法活动，都应当受到刑法目的的制约，坚持理性原则，这是历史发展的必然。为此，刑事司法体制的改革，应当在充分论证的基础上选择最合适的改革方案和配套措施。刑事执法观念的更新，应当建立在对同犯罪作斗争的规律性的认识的基础上，并且应当有利于指导刑事司法活动实现刑法的目的；刑事司法活动则应当重点从严格依法、节制司法、公正司法三个方面入手。[②]

此外，还有论者对规范主义刑法与刑法价值观、权威刑法与自由刑法、刑法适用的机制等问题进行了研究。限于篇幅，本书不一一介述。

（三）犯罪总论问题

1. 犯罪概念与犯罪的本质特征。犯罪概念是刑法理论中的一个基本问题，我国刑法确立罪刑法定原则后，如何理解刑法中的犯罪概念和犯罪的社会危害性特征，在我国刑法学界产生了争议。有论者认为，社会危害性与罪刑法定原则并不矛盾，我国现行刑法将社会危害性引入到犯罪概念中来，使现行犯罪概念兼采社会危害性与刑事违法性标准，是一个全面、科学的犯罪概念。[③] 另有论者对此看法迥异，通过对犯罪的实质概念与形式概念以及形式与实质相统一的犯罪概念从理论上进行考察，指出形式特征与实质特征相统一的犯罪概念未能正确区分立法上的犯罪概念和司法上的犯罪概念、理论刑法学上的犯罪概念与注释刑法学上的犯罪概念、刑法学上的犯罪概念与犯罪学上的犯罪概念，致使各种犯罪概念的特性混淆，关系紊乱，功能未能最大限度地发挥；建议刑法典只规定形式化的犯罪概念，在法律上充分强调刑事违法性对于认定犯罪的重要意义，至于实质化的犯罪概念则只对形式化的犯罪概念起着观念性的制约作用。[④]

2. 犯罪构成理论。有论者对法律的犯罪构成与犯罪构成理论作了探讨，指出：犯罪构成这个概念，应该具有双重属性，即法律性与理论性，在不同的情况下，它分别指犯罪构成理论与犯罪构成的法律表现，两者都是对犯罪的说明，都是围绕什么是犯罪来进行的，因而两者在本质上具有一致性；但是，两者又具有各自不同的特征：犯罪构成理论的特征在于其本质性、应然性和理论性；而犯罪构成法律表现的特征则是法定性、类型性、形式性，由此决定了两者在功能上的差异。犯罪构成理论的功能有三：一是指导立法，二是作为解释法律的依据来指导司法，三是作为立法评判的一种标准；而法律犯罪构成的主要功能则在于认定犯罪。由此决定了两者的非同一性。[⑤]

---

① 参见张小虎：《刑事法律关系主体论》，载《法学研究》，1999（3）。

② 参见张智辉：《刑事司法的理性原则》，载《中国刑事法杂志》，1999（4）。

③ 参见李立众、柯赛龙：《为现行犯罪概念辩护》，载《法律科学》，1999（2）。

④ 参见陈兴良、刘树德：《犯罪概念的形式化与实质化辨正》，载《法律科学》，1999（6）。

⑤ 参见李洁：《法律的犯罪构成与犯罪构成理论》，载《法学研究》，1999（5）。

有论者对我国刑法学界在犯罪构成概念上的主要争议问题作了详细的评析探讨，指出：犯罪构成的概念只能从一个角度来赋予，那就是规范性质的犯罪构成，其必须具备以下基本特征：（1）犯罪构成是犯罪成立所必需的各种主、客观要件的有机整体；（2）犯罪构成是刑法明文规定的作为犯罪构成（犯罪的成立）内部结构因素的要件，都是能够反映行为社会危害性的事实特征（但不是事实本身）。因而所谓犯罪构成，简单地说，就是指其成立必须具备这样或那样的一些要件的犯罪的法律类型模式。①

有论者对我国现有犯罪构成理论体系进行了深刻的反思，认为：犯罪构成的基本功能在于明确犯罪的成立条件和表现特征，以解决犯罪行为的法律评价问题，而现行传统的犯罪构成过分强调以犯罪概念为基础，以犯罪概念为内容，以致使自己仅仅成为犯罪概念的具体化表现，不仅混淆了犯罪构成与犯罪概念的应有区别，而且严重影响了犯罪构成自身定罪功能的发挥，因而重构犯罪构成势在必行。该论者提出，以犯罪构成的定罪功能为标准，犯罪主体和犯罪客体都应当排除在犯罪构成的要件之外，只有作为主观要件的主观罪过和作为客观要件的客观行为才是犯罪构成的构成要件，其中，主观要件是定罪的内在依据，客观要件是定罪的外在依据。该论者还对犯罪构成在刑法学中的地位重新进行了审视，指出犯罪构成作为规定犯罪的法律规格，是犯罪的行为事实，是犯罪的司法认定的"犯罪系统理论"中的起点，但它只是解决了量刑基础的一部分，绝非"罪"的全部内容，所以，将犯罪构成视为刑法的核心问题，有失片面。②

3. 犯罪形态。结果犯是刑法理论上较具争议的一个概念，有论者从犯罪既遂的角度出发，将结果犯定义为：结果犯是指不仅实施犯罪客观构成要件的行为，而且还必须发生特定的犯罪结果，才成立犯罪既遂的犯罪类型，这里的特定犯罪结果既包括法定的构成要件的结果，也包括根据该罪的构成特征推定的犯罪结果。根据犯罪构成以及犯罪既遂的特点不同，该论者还把结果犯分为普通构成的结果犯和特殊构成的结果犯，并针对不同类型的结果犯和犯罪行为自身的特点，对 1997 年刑法规定的结果犯的既遂形态进行了普遍的探讨。③

还有论者对危险犯的定义、危险犯的范围、危险犯的分类等问题作了思考，建议在现行刑法分则第二章即危害公共安全罪的过失犯罪中，增设危险犯罪构成，以增强行为人的责任感，防患于未然，促进中国刑法与世界刑事立法的接轨。④ 还有论者对危险犯属于犯罪既遂形式的刑法理论通说提出了质疑。⑤

---

① 参见肖中华：《我国刑法中犯罪构成概念的再探讨——为犯罪构成"法定说"所作的论证》，载《法学评论》，1999（5）。

② 参见杨兴培：《犯罪构成的反思与重构》（上）、（下），载《政法评论》，1999（1）、（2）。

③ 参见金泽刚：《结果犯的概念及其既遂形态研究》，载《法律科学》，1999（3）。

④ 参见齐文远、苏彩霞：《关于危险犯问题的几点思考》，载高铭暄、赵秉志主编：《刑法论丛》，第 3 卷，北京，法律出版社，1999。

⑤ 参见陈航：《对"危险犯属于犯罪既遂形态"之理论通说的质疑》，载《河北法学》，1999（2）。

（四）刑罚总论问题

1. 刑罚价值的秩序。有论者指出：作为刑罚价值的秩序特性是：安宁性与协调性、规律性与稳定性、严厉性与严格性。从我国刑事立法的情况来看，刑罚制度对社会秩序的维护主要表现在以下方面：（1）通过用刑罚制裁危害国家安全、侵犯公民民主权利以及侵犯国家公职良性运作的行为来维护国家政治秩序；（2）通过用刑罚制裁破坏国家经济秩序的行为来维护国家经济秩序；（3）通过用刑罚制裁危害公共安全的行为来维护公共安全秩序；（4）通过用刑罚制裁妨害社会管理的行为；（5）通过用刑罚制裁违反军人职责的行为来维护国家的军事秩序。①

2. 配刑问题。法定刑的确定与判定刑的裁量所解决的都是刑罚的量的问题，两者有着内在精神的同一性。为使两者能够得到兼容，有论者从刑法哲学的角度，提出了配刑这一基本范畴，指出：配刑就是对犯罪与犯罪人决定所施加的刑罚的分量，其具体蕴涵如下：（1）配刑以确定刑与罪的量的联系为主旨。（2）配刑以立法上对犯罪与司法上对犯罪人决定刑罚为内容。（3）配刑是法定刑的确定与判定刑的裁量的有机统一。② 另有论者对法定刑的配置模式问题进行了研究，通过对学术歧见的厘清，指出我国现行刑法实际上存在着 3 种法定刑配置模式，即绝对确定的法定刑、绝对不确定的法定刑和相对确定的法定刑；并对三种模式的优劣得失进行了简要的评述，为法定刑的合理配置做好了理论上的准备。③

此外，还有论者对报应刑论和功利刑论这两种现代刑罚理论基础的价值、刑事适度裁量权、量刑情节冲突及其解决的争议问题等进行了较为深入的研究。

三、现行刑法的重点难点问题

（一）刑法基本原则

1. 罪刑法定原则。罪刑法定原则在我国刑事立法上的确立具有十分重要的意义，但罪刑法定原则价值的实现，关键还在于司法实践中的贯彻。为此，有论者从罪刑法定与司法认定、罪刑法定与司法解释、罪刑法定与司法裁量三个不同的角度，分析了罪刑法定原则的司法适用问题。④ 还有论者针对目前刑事司法对法无明文规定的严重危害社会行为的处理，强调刑法的实施必须贯彻罪刑法定原则的要求，主张对于法无明文规定的危害行为，在坚持罪刑法定原则的基础上，分别不同情况进行处理：（1）对于符合立

---

① 参见谢望原：《作为刑法价值的秩序》，载《中国人民大学学报》，1999（2）。

② 参见邱兴隆：《配刑辩》，载《现代法学》，1999（2）。

③ 参见周光权：《法定刑配置模式研究》，载《中国刑事法杂志》，1999（4）。

④ 参见陈兴良：《罪刑法定的司法适用》，载《华东政法学院学报》，1998 年创刊号。

法条件的行为，应及时予以立法；（2）对于不具备犯罪化立法条件的行为，坚持不以犯罪论处；（3）大力加强刑事立法的解释工作。①

还有论者从目前司法解释中的程序越权解释的分析入手，强调罪刑法定原则的司法适用既要注意防止司法机关逾越实体法规定的违背罪刑法定原则的司法行为，更要注意防止规避程序法限制的违背罪刑法定原则的滥权之举，以确保罪刑法定原则限制司法权的滥用和保障人权功能的发挥。②

2. 罪责刑相适应原则。有论者从法哲学的高度对这一原则进行了剖析，认为犯罪与刑罚之相当性以公正为主导价值基础，而公正在罪刑领域的表现形式是多种多样的。因而罪刑相当性的评价标准应当结合其特性分别加以把握，具体如下：一是犯罪与刑罚之相当性具有相对性和多层性，二是罪刑在质上是性质的相近，三是罪刑在量上是比例的相当。③

3. 刑法面前人人平等原则。有论者认为，这一原则应当包括以下三层含义：平等地保护；平等地定罪；平等地量刑。④ 另有论者则对这一原则的立法设置与司法适用难点作了分析，指出这一原则在现行刑法中并未得到始终如一的贯彻，主要表现在：（1）对不同的所有制形式的刑法保护力度不平等；（2）对单位犯罪与自然人犯罪的处罚不平等。而在司法适用中，这一原则适用的难点主要集中于罚金刑的适用和宏观司法现状存在的个案之间的适用刑法的不平等。对此，该论者建议，应当尽快通过立法补救性措施和细化司法解释等方法来加以解决。⑤

（二）正当防卫

1. 正当防卫的起因。有论者从法律的目的及我国的立法实践出发，主张对不法侵害的理解采取客观不法说的立场，认为对紧急避险、意外事件、过失犯罪、法律形式欠缺造成的不法损害，应准予合法权益受损人拥有防卫权。当然，由于上述不法侵害欠缺行为的主观恶性，对其应采取一种有别于一般正当防卫权的"准正当防卫权"⑥。

2. 正当防卫的限度。有论者认为，正当防卫的必要限度应当是指刑法所规定的，为保持正当防卫的合法性质而要求防卫损害之轻重应予遵守的界限，故这一限度的基本标准应当是对不法侵害人所造成的防卫损害为足以有效制止不法侵害所必需，并且不属于明显的不应有的重大损害。而对防卫超过必要限度所明显造成的不应有的重大损害，

---

① 参见李国如、张文：《刑法实施应贯彻罪刑法定原则——论对法无明文规定的严重危害社会行为的处理》，载《法学研究》，1999（6）。

② 参见阮方民：《从旧兼从轻：刑法适用的"准据法原则"》，载《法学研究》，1999（6）。

③ 参见黄祥青：《论罪刑相当原则》，载高铭暄、赵秉志主编：《刑法论丛》，第3卷，北京，法律出版社，1999。

④ 参见张明楷：《刍议刑法面前人人平等》，载《中国刑事法杂志》，1999（1）。

⑤ 参见赵秉志、于志刚：《刑法基本原则的法条设置与现实差距》，载《法学》，1999（10）。

⑥ 马登民、崔克立：《论正当防卫的起因及必要限度》，载《中国刑事法杂志》，1999（2）。

应当以不应有的重伤以上损害结果为认定标准。①

3. 对1997年刑法第20条第3款规定的理解。有论者对我国刑法学界多数人对该款的规定冠以"无限防卫权"的称谓提出了质疑，认为该款的规定并非西方无限防卫权理论的复活，而是我国正当防卫立法技术的重大突破，其恰当的称谓应当是"正当防卫"②。另有论者认为，1997年刑法第20条第3款的立法规定与同条第2款的规定实际上是一致的，因为，根据第20条第2款的规定，如果防卫人在遭受严重危及人身安全的暴力犯罪侵害时，其为制止这一严重暴力犯罪侵害而实施的防卫行为尽管造成了犯罪人的死亡或者严重伤害，但这一死亡或者严重伤害的结果与严重犯罪侵害的强度及有可能造成的严重后果相比较而言，并没有明确超过必要的限度，不属于不应有的重大损害，所以，即使没有1997年刑法第20条第3款的规定，对防卫人同样不会以防卫过当追究其刑事责任，防卫人的行为同样属于正当防卫。③

（三）共同犯罪

1. 现行刑法对1979年刑法典所规定的共同犯罪的修订。有论者指出，1997年刑法主要在以下4个方面对1979年刑法规定的共同犯罪作了修订：一是对犯罪集团的概念予以法定化，二是明确了主犯的定罪范围，三是取消了对主犯从重处罚的原则，四是缩小了胁从犯的外延。该论者同时指出，有的修订不乏合理之处，而有的改动则颇值得商榷。④

2. 教唆犯的概念与成立要件。有论者认为教唆犯是指故意地怂恿、指使具有刑事责任能力的人犯罪的人。教唆犯的成立必须同时具备以下两个要件：（1）主观方面必须有教唆他人犯罪的故意，包括直接故意和间接故意；（2）客观方面必须有教唆他人犯罪的行为，且被教唆者须有刑事责任能力，并且原无特定的犯罪意思或决心。⑤

（四）单位犯罪

1. 单位犯罪的主体。有论者主张，单位犯罪的主体资格（或称刑事法律地位）的取得，决定于该组织是否具有权利能力和行为（责任）能力，即是否具有法人资格。犯罪单位与其直接责任人员之间是共同犯罪的关系。⑥ 另有论者提出，单位犯罪的主体是指具有完全法律人格、实施犯罪行为并且依法应负刑事责任的公司、企业、事业单位、

---

① 参见杨忠民：《对正当防卫限度若干问题的新思考》，载《法学研究》，1999（3）。

② 刘艳红、程红：《"无限防卫权"的提法不妥当——兼谈新刑法第20条第3款的立法本意》，载《法商研究》，1999（4）。

③ 参见赵秉志、田宏杰：《特殊防卫权问题研究》，载《法制与社会发展》，1999（6）。

④ 参见赵秉志、陈一榕：《关于共同犯罪问题的理解与适用》，载《中国刑事法杂志》，1999（2）。

⑤ 参见魏东：《教唆犯的概念与成立要件问题研究》，载《中国刑事法杂志》，1999（5）。

⑥ 参见许朝阳：《单位犯罪相关问题刍议》，载《人民检察》，1999（7）。

机关和团体，其中，具有完全的法律人格是指单位要具有合法的法律人格和具有单位整体意志的形成能力与控制能力，是决定单位成为单位犯罪主体的核心要件。根据完全法律人格理论，结合我国司法实践，该论者将不具有完全法律人格的情形在理论上归纳为以下几类：（1）非依法成立的单位；（2）虽依法成立，但犯罪时该单位又不符合法律规定的条件；（3）单位整体意志的形成能力欠缺；（4）单位整体意志的控制能力欠缺。①还有论者对私营企业能否成为单位犯罪的主体问题进行了探讨，认为私营企业一般情况下可以成为单位犯罪的主体，但如果刑法规定的某些单位的主体是特殊主体，例如，刑法第 190 条规定逃汇罪的主体只能是国有公司、企业、单位，对于这些犯罪来说，私营企业就不能构成。②

2. 单位成员行为的认定。有论者指出：单位成员的行为，一方面构成单位的行为，另一方面仍是单位成员自身的自然人行为，即单位成员的行为具有双重性。单位成员行为的这一特征为单位犯罪在刑法上的确立奠定了基础，也为单位犯罪的双罚制提供了根本的依据。该论者还指出，单位成员行为的双重性是有条件的：首先，必须是单位决策机关（包括单个决策者）为了单位利益决定的而由单位成员实施的行为。其次，必须是在单位行为的存在范围之内。③

（五）刑罚及其制度

1. 自首制度。有论者认为，对自首种类的界定应当坚持以下两个标准：（1）有立法上的明确规定，这是基本要求；（2）有相对独立化的必要，此系必要性要求。这样，我国现行刑法中的自首实际上有 3 种，即刑法第 67 条第 1 款规定的"一般自首"，该条第 2 款规定的"准自首"和刑法分则第 164 条第 3 款、第 399 条第 2 款及第 392 条第 2 款所规定的"特别自首"；并建议：立法机关在对 1997 年刑法进行修订时，对亲告罪的自首作出专门规定。其中，一般自首的要件为：自动投案；如实供述自己的罪行。准自首的要件为：自首的主体必须是被采取强制措施的犯罪嫌疑人、被告人和正在服刑的罪犯；必须如实供述司法机关还未掌握的本人其他罪行。特别自首的要件为：所犯罪行必须是刑法分则规定的三种罪之一，这三种罪即"对公司、企业人员行贿罪"、"行贿罪"和"介绍贿赂罪"；犯罪人在被追诉前必须主动交代其犯罪行为。而建议增设的亲告罪的自首要件为：所犯罪行必须属于刑法所规定的"亲告罪"；向有告诉权之人如实告知自己的罪行，并同意其将自己的罪行告诉司法机关；愿意接受司法机关的审理和裁判。④

---

① 参见孙光焰：《单位犯罪主体论》，载《华东政法学院学报》，1999（4）。
② 参见周振想：《单位犯罪若干问题研究》，载《华东政法学院学报》，1999（1）。
③ 参见卢勇：《单位成员行为的双重性与单位犯罪》，载《华东政法学院学报》，1999（4）。
④ 参见许发民：《论特别自首及自首的种类》，载《中国刑事法杂志》，1999（5）。

2. 立功制度。有论者对我国现行刑法确立的立功制度进行了研究，内容主要包括：（1）立功制度法律化的价值。该论者指出，立功制度在刑法上的确立有十分重要的理论价值和现实意义：第一，体现了我国惩办与宽大相结合的刑事政策的法律化；第二，体现了刑法的人权保障功能；第三，有利于刑罚目的的实现；第四，有利于罪责刑均衡原则的实现；第五，协调了刑事立法并体现刑罚的公平价值；第六，体现了刑事诉讼的效益价值。（2）立功的成立要件。该论者认为，立功的成立一般应当具备以下要件：第一，主体要件，包括犯罪嫌疑人和刑事被告人；第二，时间要件，始于犯罪预备阶段而终止于刑罚的确定阶段；第三，前提条件，立功的内容必须真实、有效；第四，实质要件，即判断立功的标准，主要包括以下5种情况：犯罪分子到案后检举揭发他人犯罪行为且为司法机关查证属实；提供侦破其他案件的重要线索为司法机关查证属实；阻止他人的犯罪活动；协助司法机关抓捕其他犯罪嫌疑人；具有其他有利于国家和社会的突出表现的行为。[1]

3. 死缓适用制度。有论者对死缓适用制度作了系统的研究，并对以下几个争议较大的问题提出了自己的看法：（1）关于死缓犯执行死刑的条件。有论者指出1997年刑法将死缓执行死刑的条件由原来的"抗拒改造情节恶劣"改为"故意犯罪"，有利于增强司法的可操作性，但却在一定程度上扩大了死刑的适用范围，而且，对"故意犯罪"的理解有分歧。（2）关于死缓犯执行死刑的时间。有论者认为，应具体情况具体对待：如果后罪是应判处死刑立即执行的，对死缓犯可以立即执行死刑，其他情况下死缓改变为死刑立即执行的期限则必须是2年期满以后。（3）关于死缓期间既有故意犯罪，又有重大立功表现的犯罪分子的处理。有论者认为，在指导思想上以发挥刑罚的惩罚功能与感化功能并重为原则，在方法上综合考察重大立功表现给国家和社会带来的利益大小以及故意犯罪的社会危害大小，衡量它们之间的"罪"与"赎罪"因素之比例程度，并以此为影响犯罪人处理的倾向依据，具体情况具体分析。为弥补立法上死缓犯执行死刑的决定条件的缺憾，有论者提出可将故意犯罪的法定刑进行分类，同时考虑重大立功表现，对死缓犯作不同处理。[2] 此外，还有论者从《公民权利和政治权利国际公约》的角度，分析了我国死刑立法的现状，建议在我国现行刑法中增设死刑赦免制度，在刑事诉讼法中不仅要明文禁止不人道的、侮辱性的死刑执行方法，而且应对违反"不公开示众"规定的行为人的法律责任作出规定，以促进死刑执行的合理与人道。[3]

4. 单位累犯制度。有论者提出，由刑法理论上的必然性和预防单位犯罪的必要性所决定，刑法中应当确立单位累犯制度。与自然人累犯一样，单位累犯的核心条件应包

---

① 参见林亚刚、王彦：《立功制度的价值评判与规范分析》，载高铭暄、赵秉志主编：《刑法论丛》，第3卷，北京，法律出版社，1999。

② 参见赵秉志、肖中华：《论死刑缓期执行制度的司法适用》，载《华东政法学院学报》，1998年创刊号。

③ 参见高一飞：《从〈公民权利和政治国际公约〉的角度看我国死刑立法中的问题》，载《法商研究》，1999（2）。

括罪过条件、刑罚条件和时间条件，其中，单位累犯的罪过条件应当认可其前后罪既可以是故意犯罪，还可以是过失犯罪；单位累犯的刑罚条件应当是对犯罪单位刑罚的整体，即直接责任人员分担的那部分刑罚和犯罪单位自担的那部分刑罚提出最低要求；单位累犯的时间条件则应当长于自然人累犯的时间条件，以与单位犯罪的社会危害性相适应。至于单位累犯的处罚，该论者主张实行从重处罚原则，包括单位自身的从重处罚和直接责任人员的从重处罚两个方面。①

（六）刑法分则问题

1. 罪名的立法模式。罪名立法模式的选择，折射出一个国家刑事立法水平的高低，也影响整个定罪活动的质量。有论者在介述世界各国罪名立法模式的基础上，对我国现行刑法的罪名立法模式——解释式模式进行了反思，认为这一模式在我国的诞生，彻底改写了我国刑法只有法条的规定，没有相应且有约束力的罪名的历史，有其值得肯定的积极意义，但却是为了补救立法遗留问题的一种无奈之举，因而建议采用明示式的罪名立法模式，以更好地完善罪名理论和罪名立法，使我国的罪名规定制度化。②

2. 有组织犯罪。有论者对有组织犯罪的下列问题进行了研究：（1）关于我国有组织犯罪的现状与发展趋势。从宏观而言，我国的有组织犯罪呈现出在数量上日益增多，在质量上向典型的黑社会组织演化，在活动领域上趋于跨国跨地区性、国际化的发展趋势；从组织内部来看，呈现出内部组织化程度越来越高、人员激增、趋于职业化、智能化和现代化的特点。（2）关于有组织犯罪的概念与范畴。该论者指出，对有组织犯罪的界定，刑法理论并未达成共识，存在着最广义说、广义说和狭义说的对立。至于有组织犯罪的范畴，该论者认为，在我国仅包括黑社会组织和带有黑社会性质的组织所实施的犯罪。（3）关于我国刑法对有组织犯罪的惩治。该论者认为主要集中在以下三个方面：第一，强化对组织、领导、参加黑社会性质组织行为的惩治；第二，注重对入境发展黑社会性质组织行为的惩治；第三，注意对包庇、纵容黑社会性质组织行为的惩治。（4）关于我国惩治有组织犯罪刑事立法的完善。该论者认为，我国刑法典至少应当在以下几个方面加以完善：第一，严厉打击与有组织犯罪相牵连的犯罪行为；第二，应当从刑法上鼓励单纯参加犯罪组织者自动退出；第三，严厉打击有组织犯罪团伙所实施的其他犯罪行为。③ 另有论者对有组织犯罪和集团犯罪的界限、有组织犯罪的罪数认定等问题进行了研究。④

3. 渎职犯罪。渎职犯罪中争议最大的，莫过于玩忽职守罪和滥用职权罪的主观罪

---

① 参见马荣春：《论单位累犯》，载《河北法学》，1999（1）。
② 参见张文、刘艳红：《罪名立法模式论要》，载《中国法学》，1999（4）。
③ 参见赵秉志、于志刚：《论我国新刑法典对有组织犯罪的惩治》，载《法商研究》，1999（1）。
④ 参见高铭暄、王秀梅：《试论我国刑法中若干新型犯罪的定罪问题》，载《中国法学》，1999（1）。

过了。对此，有论者认为，1997 年刑法第 397 条第 1 款关于玩忽职守罪和滥用职权罪的规定突破了同一法条的同一罪名的罪过形式不能跨越种类的传统格式，在同一法条的同一罪名中实际上包含了跨种的罪过形式，即既有故意，又有过失。这是现行刑法内含的一种新的法律现象，该论者将其称为复合罪过形式。①

4. 关于"罪过形式存疑条款"所规定的犯罪。我国 1997 年刑法第 129 条规定的丢失枪支不报罪，行为人对于自己丢失枪支不报这一行为来说是明知的，但对由此造成的严重后果却往往缺乏认识，由此引发了刑法理论上对此类犯罪的罪过形式的争议。有论者为此提出了"客观的超过要素"概念，即客观的超过要素仍然是犯罪构成的要素，但行为人在主观上对这一客观的超过要素是否有认识无碍于故意的成立，刑法第 129 条所规定的"造成严重后果"即是其适例。② 另有论者却认为，这是我国现行刑法规定的严格责任的范例，并指出：刑法中的严格责任是指在行为人主观罪过具体形式不明确时，仍然对其危害社会并触犯刑律的行为追究刑事责任的制度。对于严格责任的犯罪，定罪时只要查明行为符合刑法客观方面的描述，又不属于无刑事责任能力人所为或者无罪过事件，就可以依刑法条文定罪处罚，不受主观形式的羁绊。③

一些论者还撰文对破坏环境资源保护罪、骗购外汇罪、侵占罪、挪用公款罪、盗窃罪、抢劫罪等具体犯罪进行了研析。

四、中国区际刑法问题

（一）中国区际刑事管辖权的冲突

1. 中国区际刑事管辖权冲突的法律依据。有论者指出，解决区际刑事管辖权冲突的法律依据应当是刑法，而不是刑事程序法。因为，刑事管辖权并不等同于刑事管辖分工，刑事管辖权解决的是对某一案件有没有起诉、审判和处罚的权力的问题，即解决的是刑事管辖权的有无；而刑事管辖分工则是在肯定刑事管辖权存在的基础上，解决具体案件的具体管辖法院的问题。总而言之，刑事管辖权的有无属于实体问题，应以刑事实体法的规定为依据，而刑事管辖分工属于程序问题，应以刑事程序法的规定为依据。④

2. 解决区际刑事管辖冲突的具体规则。对此，有论者认为：没有必要考察属人原则和属地原则的深层内涵，但可利用这两个原则确定由谁来行使管辖权。如果将这两个

---

① 参见储槐植、杨书文：《复合罪过形式探析——刑法理论对现行刑法内含的新法律现象之解读》，载《法学研究》，1999 (1)。

② 参见张明楷：《"客观的超过要素"概念之提倡》，载《法学研究》，1999 (3)。

③ 参见李文燕、邓子滨：《论我国刑法中的严格责任》，载《中国法学》，1999 (5)。

④ 参见赵秉志、田宏杰：《中国内地与香港刑事管辖权冲突研究——由张子强案件引发的思考》，载《法学家》，1999 (6)。

原则的原理加以演化，并将推演的结论作为解决我国区际刑事法律冲突的手段，这实际上是对上述原则的一种消极运用方式，但这种方式正可作为确认刑事管辖权的准则。具体地，可将属人原则和属地原则演绎为：属人原则——居所地身份原则，属地原则——犯罪地原则。[①]

3. 中国区际刑事司法协助的范围。有论者认为，我国区际刑事司法协助的范围主要应当包括：（1）交换犯罪组织情报、代为调查取证、送达刑事法律文书等刑事司法协助；（2）缉捕和移交案犯；（3）刑事案件管辖移交；（4）刑事裁判的承认和执行已决犯移管。[②]

还有论者对中国区际刑事管辖权冲突的相关问题——香港地区法律与全国性法律的关系作了研讨。根据香港特别行政区基本法第 1 条和第 12 条的规定，有论者提出，香港地区的法律"实际上是一种特别的地方性法律"，解决该地区法律与全国性法律的冲突应同时适用全国性法律优先于地方性法律和特别法优于普通法的原则。[③]

（二）中国区际刑事司法协助的建立

1. 建立区际刑事司法协助的原则。有论者提出，中国区际刑事司法协助的建立，应严格遵循如下 3 项基本原则：（1）国家主权原则；（2）尊重客观原则；（3）讲究实效原则。[④]

2. 中国区际刑事司法协助模式的选择。有论者对中国内地与澳门特别行政区开展区际刑事司法协助的模式进行了探索，主张模式的选择应符合以下 3 个原则：（1）符合国家统一的要求；（2）保障澳门特别行政区高度自治的要求；（3）立足于中国国情。在此基础上，该论者提出了关于两地刑事司法协助模式的构想，即由中国内地和澳门特别行政区分别成立"区际司法协助委员会"，以协商的形式对两地司法协助问题达成协议。[⑤]

（三）中国区际刑法之比较研究

1. 我国台、港、澳地区与全国性刑法中的刑罚目的之比较研究。有论者指出，我国台、港、澳地区刑法与全国性刑法关于刑罚目的基本问题的认识相同，都认为刑罚具有预防犯罪的目的。其中，台湾地区与全国性的刑法其目的论是一致的，但香港与澳门地区的刑罚目的论却有其自己的特点。主要表现为：（1）与全国性刑法、台湾地区"刑法"刑罚目的不同的是，香港地区刑法的刑罚目的有着更为宽泛的内容，除了预防犯罪

---

① 参见高铭暄、王秀梅：《试论我国区际刑事管辖冲突的内涵与解决的原则》，载《法律科学》，1999（6）。

② 参见刘晓巧、潘玉臣：《论中国区际刑事司法协助的架构》，载《政法论坛》，1999（4）。

③ 参见陈忠林：《香港地区法律与全国性法律的关系》，载《湖南省政法管理干部学院学报》，1999（5）。

④ 参见张建：《论我国内地与港澳特区区际刑事司法协助的基本原则》，载《法学家》，1999（5）。

⑤ 参见赵国强：《论中国内地与澳门特别行政区开展区际司法协助的模式》，载《华东政法学院学报》，1999（3）。

以外，还把"惩罚"、"教正"等作为刑罚目的内容。（2）与全国性刑法、台湾地区"刑法"目的不同的是，澳门地区刑法的刑罚目的中虽然含有一般预防与特殊预防的思想，但更重要的是，它充分吸收了当代刑事政策的研究成果，充分表述了新社会防卫论的精神。此外，与全国性刑法和台湾地区"刑法"中均无刑罚目的的专门规定不同的是，1999 年澳门刑法典在总则中明确规定了刑罚目的。由于刑罚目的的确定对于刑事政策的制定、刑事立法、刑罚的裁量与执行均具有十分重要的意义，所以，澳门地区刑法将刑罚目的法定化的做法应当说是合理的。①

2. 全国性刑法与澳门地区刑法中罪数形态的比较研究。有论者从下述几个方面对两者中的罪数形态进行了深入细致的研究：（1）关于罪数的判断标准。澳门地区刑法明确规定以"罪状标准说"作为罪数判断的标准；而全国性刑法典则没有罪数判断标准的明确规定，但内地刑法理论对此的通说是以"犯罪构成标准说"作为罪数判断的标准。由于罪状不是全部构成要件的描述，因而"罪状标准说"不如"犯罪构成标准说"科学，不能很好地将一罪与数罪区别开来。（2）关于连续犯。对于连续犯的成立，两者均要求，必须是数个行为；必须触犯同一罪名；必须是出自故意。但两者也有着重大区别：首先，澳门地区刑法没有要求数个行为必须出于同一的或概括的犯罪故意；而这一要件是内地刑法理论中连续犯成立的必备要件。其次，澳门地区刑法规定的连续犯，不仅以数个行为触犯同一罪名为要件，而且以实现"基本上保护同一法益之不同罪状，而实行之方式本质上相同"为要件；而内地刑法理论则认为，数个行为如果触犯的不是同一罪名，不能成立连续犯。因此，数个行为触犯了诈骗罪、保险诈骗罪、集资诈骗罪等罪名的情形，在澳门地区刑法中仍然视为连续犯，而在全国性刑法中则无成立连续犯的余地。再次，澳门地区刑法对连续犯的成立还要求，必须"系在相当减轻行为人罪过之同一外在情况诱发下实行者"，即是说，只有实施的数罪是在相当减轻罪过的情况下实行的，才可能构成连续犯，否则，就应以数罪处理；而内地刑法理论中的连续犯则无此成立条件的限制。最后，两者对连续犯的处罚原则不同。（3）关于数罪。两者关于数罪的规定尽管在一些基本问题上相似，但差异仍十分显著，主要有：首先，澳门刑法典认为两个互相牵连的行为符合两个不同的罪状，构成两个不同的犯罪，是数罪；而内地刑法理论认为这是牵连犯，属于处断上的一罪。对牵连犯不实行数罪并罚，应"从一重从重处罚"。其次，澳门刑法典认为一个行为符合数个不同的罪状，也是数罪；而内地刑法理论认为这是想象竞合犯，通说主张按"从一重处原则"处理。最后，澳门刑法典笼统认为，数行为触犯同一罪名都是数罪（连续犯除外）；而内地刑法理论则认为，数行为触犯同一罪名的，并非都是数罪。（4）关于结果加重犯。对结果加重犯，澳门刑法典不仅在总则中作了原则性规定，而且在分则中也有若干具体犯罪规定；而全国性刑法总则虽然对结果加重犯没有一般性规定，但分则中规定的具体犯罪有不少是结果加重犯。

---

① 参见谢望原、宣炳昭：《台、港、澳与大陆刑罚目的之比较》，载《山东法学》，1999（1）。

从两者关于结果加重犯的规定及理论来看，两者在基本犯罪的罪过形式和对加重结果规定较重的刑罚上，大体是相同的，但对加重结果的罪过形式上则存在着区别：澳门刑法典规定加重结果只能由过失构成，而全国性刑法规定的加重结果，对有些犯罪来说，只能是出于过失，对另一些犯罪来说，也可能出于故意。根据罪责刑相适应原则的要求，该论者认为，澳门刑法典的规定较全国性刑法更为可取。①

此外，有论者以内地和港、台地区的法规与案件为例，对非法卖空证券、操纵证券市场行为的认定以及处罚中的若干问题进行了研讨。② 还有论者对台湾地区环境刑法与环境犯罪③、海峡两岸死刑制度之比较研究④、海峡两岸职务侵占罪之比较研究⑤等问题进行了研讨。

五、外向型刑法问题

（一）外国刑法问题

1. 我国与大陆法系国家犯罪构成理论的宏观比较。有论者从宏观上对我国与大陆法系国家两种犯罪构成理论作了深入的比较研究，指出：我国犯罪构成理论为"齐合填充式"，表现出要件的同时性和横向联系性，大陆法系国家犯罪构成理论则为"递进排除式"，表现出要件之间的序列性和纵向贯穿性。两种理论的构架反映了方法论的差异，也决定了我们在研究犯罪构成理论时对相关范畴作谨慎区分的必要性。该论者认为，两种犯罪构成理论各有利弊，对大陆法系犯罪构成理论之合法精神的借鉴，应在力求注重实体的同时，加强"程序的正当"等意识。⑥

2. 外国刑法学中的期待可能性理论对我国刑法的借鉴意义。有论者对期待可能性理论的有关问题及对我国刑法的借鉴意义作了较为深入的研究：（1）关于期待可能性在我国犯罪论中的地位。有论者指出，按照我国犯罪构成的基本理论，期待可能性是刑事责任能力的一个构成要件，而不是什么和责任能力、故意和过失相并列的第三要素，也不是故意和过失的构成要素。⑦（2）关于期待可能性与我国刑事立法。有论者指出，我国 1997 年刑法虽无任何"期待可能性"的字样，却包含了丰富的期待可能性思想。例如，1997 年刑法第 14 条、第 15 条以有期待可能性从积极的方面肯定了罪过的存在，

---

① 参见马克昌：《中国内地刑法与澳门刑法中罪数形态的比较研究》，载《法商研究》，1999（6）。
② 参见顾肖荣：《关于操纵证券市场行为认定和处罚中若干问题比较》，载《政治与法律》，1999（5）。
③ 参见王秀梅：《台湾环境刑法与环境犯罪研究》，载《中国刑事法杂志》，1999（3）。
④ 参见刘金林：《海峡两岸死刑制度之比较研究》，载《法学评论》，1999（6）。
⑤ 参见赵秉志、田宏杰：《海峡两岸职务侵占罪比较研究》，载《政法论坛》，1999（6）。
⑥ 参见赵秉志、肖中华：《我国与大陆法系犯罪构成理论的宏观比较》，载《浙江社会科学》，1999（2）。
⑦ 参见游伟、肖晚祥：《"期待可能性"与我国刑法理论的借鉴》，载《政治与法律》，1999（5）。

第 16 条以无期待可能性从消极的方面否定了期待可能性思想，第 17 条、第 18 条、第 19 条规定了期待可能性的对象和程度，第 20 条包含了防卫过当存在一定期待可能性的思想，第 21 条包含了紧急避险无期待可能性、避险过当存在期待可能性的思想，等等。该论者进一步指出研究外国刑法中的期待可能性思想对完善我国刑事立法理论的意义：第一，刑事立法应当以期待可能性理论为指导；第二，期待可能性揭示了人性的脆弱，刑事立法对此应当有所考虑；第三，在我国，期待可能性为不成立犯罪事由。(3) 关于期待可能性与我国刑事司法。有论者指出，我国的刑事司法实际上也蕴涵了丰富的期待可能性思想：首先，在定罪方面，期待可能性是定罪的前提；其次，在量刑方面，期待可能性程度高低与刑事责任轻重成正比。①

3. 美国近年来的法人刑事责任问题之述评。有论者以美国近年来的法人处罚立法及学说为基础，对美国近年来的法人刑事责任进行了述评：(1) 美国有关法人刑事责任的传统见解。在美国，关于法人刑事责任的认定经常使用的是两个基本原理，即上级责任原理和同一化原理。尽管这两个原理在形式上存在着较大的区别，但在首先确定法人中的特定自然人的行为和意思，然后考虑将此行为和意思视为法人自身的行为和意思并以此为基础追究法人的刑事责任，即让法人对其成员的犯罪负替代责任这一点上则是完全一致的，因而两个原理在对法人刑事责任的追究上均有不合理之处。(2) 有关法人刑事责任的新学说。受美国《联邦组织体量刑指南》基本思想的影响，美国学者认为，只有在法人构成人员的行为确实反映了法人自身的意志时，法人才能对该行为负责任。对于如何判断法人自身的意志，学者间有不同的看法，具有代表性的学说有如下三种：第一，法人反应责任论，其中，又有事前的反应责任论和事后的反应责任论。前者认为，法人刑事责任的重心在于法人的有关犯罪预防的措施的实行、发展及明确有效的犯罪行为禁止措施的执行上；后者则从法人的犯罪行为发生后的善后措施方面来判断法人的刑事责任。第二，法人文化论，主张在能够确认法人中存在促进法人成员的犯罪行为的法人文化时，便可认定法人的犯罪意图。第三，构成的法人责任论，认为法人的刑事责任，只有在法人的行为构成违法行为，并且同该违法行为相对应的法人的犯罪意思同时存在的情况下，才能认定。上述三种理论尽管均有一定的缺陷，但由于它们克服了传统的法人责任理论的不足之处，使得对法人刑事责任的追究同近代刑法中所强调的自己责任的基本理念相一致，因而具有一定的合理性。②

此外，还有论者对日本刑法结果加重犯中的共犯的理论与实践③、两大法系刑法判例法渊地位与拘束力之比较④、英国公司法人犯罪法律价值观念的变化⑤等外国刑法理

---

① 参见李立众、刘代华：《期待可能性理论研究》，载《中外法学》，1999 (1)。

② 参见黎宏：《美国近年来的法人刑事责任理论述评》，载《法商研究》，1999 (1)。

③ 参见李邦友：《日本刑法结果加重犯中的共犯的理论与实践》，载《武汉大学学报》（哲社版），1999 (4)。

④ 参见冯惠敏、冯军：《两大法系刑法判例法渊地位与拘束力之比较》，载《河北法学》，1999 (3)。

⑤ 参见孙昌军、陈炜：《试论英国公司法人犯罪法律价值观念的新变化》，载《现代法学》，1999 (2)。

论及其发展动态等问题作了介绍与研究。

(二) 国际刑法问题

1. 国际刑法的基本问题。有论者对国际刑法的基本问题进行了深入细致的研究：(1) 关于国际刑法的界定。有论者指出，国际刑法是指存在于国际法和国内刑法之中，旨在同国际性犯罪和跨国性犯罪作斗争，规定国际犯罪和国际禁止行为，调整国家之间、地区之间刑事司法合作方面的实体法和程序法规范、原则和制度的总称。(2) 国际刑法的特征。两重性是国际刑法的根本特征，这一特征不仅体现在其与生俱来的结构中，而且蕴涵于国际刑法的内容、表现形式、执行模式当中。具体地说，国际刑法的两重性特征可以从以下 5 个方面得到说明：第一，组成结构的两重性；第二，体现意志的两重性；第三，法律内容的两重性；第四，表现形式的两重性；第五，执行方式的两重性。[①]

2. 引渡问题。有论者对引渡问题进行了系统的研究，涉及的主要问题有：(1) 引渡的概念和特征。该论者指出，引渡是指一方应另一方的请求，将当时在其管辖范围内而被该请求方指控犯有某种罪行或已被判刑的人移交给该请求方以便起诉或执行刑罚的活动。其具有以下法律特征：第一，引渡的主体是拥有独立的刑事管辖权的实体；第二，引渡的对象是犯罪人；第三，引渡的目的是追究犯罪人的刑事责任；第四，引渡的表现形式是一方将犯罪人移交给另一方。(2) 引渡的提出与根据。该论者指出，请求方的法律、被请求方的法律和请求国与被请求国之间事先签订的双边条约或协议、双方参加的多边引渡条约或国际公约中的有关规定共同构成了引渡提出的根据。(3) 引渡的一般原则。主要有：双重犯罪原则；特定原则；政治犯不引渡原则；本国公民不引渡原则；或引渡或起诉原则。此外，该论者还对引渡的接受与拒绝、中国的引渡问题进行了探讨。[②]

3. 跨国洗钱犯罪。有论者对国际社会中的洗钱与腐败之间的内在联系、国际社会通过控制洗钱来控制犯罪的立法和实践等问题进行了深入的剖析与研究，提出了将控制洗钱作为我国反腐败的新措施和手段，以及只有反腐败才能有效地控制洗钱犯罪的新观点，并就如何建立和完善控制洗钱和反腐败的法律机制提出了有价值的建议。[③]

---

① 参见张旭：《关于国际刑法认识基点的思考》，载高铭暄、赵秉志主编：《刑法论丛》，第 2 卷，北京，法律出版社，1999。

② 参见张智辉：《引渡问题研究》，载高铭暄、赵秉志主编：《刑法论丛》，第 2 卷，北京，法律出版社，1999。

③ 参见王秀梅：《前南国际法庭的管辖——兼及与卢旺达国际法庭管辖的比较》，载高铭暄、赵秉志主编：《刑法论丛》，第 3 卷，北京，法律出版社，1999。

此外，还有论者对前南国际刑事法庭的管辖①、我国刑法增设危害人类和平与安全的国际犯罪等问题进行了研究。

六、刑法学研究发展之展望

回首 1999 年的刑法学研究，我们不能不为其所取得的丰硕成果而自豪；展望 21 世纪，我们完全有理由对我国刑法学研究的未来充满信心。与此同时，我们也应当清醒地看到，中国刑法学研究还有许多不尽如人意而待改进的薄弱环节：研究方法不够丰富多彩，注释方法尚占据过重的地位，致使刑法学研究尚未完全形成自己独立的理论品格；基础理论研究相对薄弱，未能取得突破性的进展；经济犯罪和经济刑法的研究不够深入系统；对当代世界先进刑法的比较研究不够，尚未完全走出简单移植、生搬硬套的理论研究误区；学科之间的交叉整合几乎处于空白。由此可以说，世纪的中国刑法学将在挑战中前行。把握发展契机，迎接挑战，是新世纪赋予我国刑法学者的历史使命。针对我国刑法学研究的现状，我们认为，21 世纪的我国刑法学研究应当着重解决以下四个方面的问题，力争在新世纪实现中国刑法的规范化、科学化、现代化和国际化：其一，转换刑法观念，重视刑法的人权保障机能，树立谦抑、平等、民主、进步的刑法观。其二，调整刑法学研究方向，坚持注释刑法学研究与理论刑法学研究的并行不悖，实现刑法学研究应用性与科学性的统一。其三，改革研究方法，注重定性研究与定量研究、思辨研究与实证研究的有机结合，同时引入经济分析方法、价值分析方法等其他社会科学和自然科学中的科学研究方法。其四，拓宽刑法学研究的理论视野，加强中国区际刑法的研究，努力开拓外国刑法、比较刑法暨国际刑法的研究。

[高铭暄、赵秉志、田宏杰；载高铭暄、赵秉志主编：《刑法论丛》，第 4 卷，北京，法律出版社，2000]

---

① 参见黄肇炯、程馨桥：《从国际刑法和外国刑法的规定看我国增设危害人类和平与安全犯罪的可行性》，载高铭暄、赵秉志主编：《刑法论丛》，第 3 卷，北京，法律出版社，1999。

第十九章
新中国刑法研究 50 年之回顾与前瞻（1949—1999）

一、前　　言

　　1949 年 10 月 1 日新中国的成立，不仅掀开了中国历史的新篇章，而且也拉开了新中国刑法学发展的帷幕。新中国成立 50 年来，我国刑法学发展历经坎坷与曲折。刑法学作为研究刑法及其规定的犯罪、刑事责任和刑罚的立法、司法及其发展规律的科学，是现代法学中一个极其重要的基本部门法学，其发展历程也同样充满着艰辛与风雨。可以说，新中国刑法学研究的 50 年是艰辛的 50 年，也是开拓奋进的 50 年。在与中国法治建设一起经历了初创的艰辛、萧条停滞的痛苦之后，中国刑法学研究终于走上了恢复、发展的道路。尤其在中国共产党十一届三中全会后，刑法学研究在我国法学研究的全面繁荣中迅猛发展，有了长足进步，在法学教育、人才培养、科研成果、促进立法、服务司法和对外交流诸方面成绩斐然，贡献卓著，成为公认的我国法学领域较为发达的主要法学学科之一。

　　至世纪之交的 1999 年，我国社会主义市场经济已逐步确立并有了初步发展，改革开放进一步深化，法治建设逐步向着科学化和现代化的方向迈进，我国法学研究面临着发展契机和巨大挑战并存的局面，刑法学研究亦然。客观、全面地检视新中国刑法学半个世纪的研究进程，科学、公正地反思其得失，理性地展望其未来，对于开拓新世纪的我国刑法学研究，推动我国刑事法治的完善，乃至于推动我国整个法治建设和社会的进步，无疑有着重要的意义和作用。

二、新中国刑法学研究 50 年之回顾

　　新中国刑法学研究的 50 年，与我国整个法学领域及法治建设一样，经历了一个曲折的过程。这个过程大致可以分为以下三个时期：第一时期，1949 年 10 月—1957 年上半年，此为新中国刑法学研究的创立和初步发展时期。具体地，这一时期又可以分为两个阶段，即 1949 年 10 月—1953 年的创立阶段和 1954 年—1957 年上半年的起步阶段。第二时期，1957 年上半年—1976 年 10 月，此为新中国刑法学研究的萧条与停滞时期，又可分为 1957 年上半年—1965 年的萧条阶段和 1966 年—1976 年的停滞阶段。第三时

期，1976年10月—1999年，是新中国刑法学研究从复苏到繁荣的时期。从总体上来看，这一时期可以分为1977年—1978年的复苏阶段和1979年—1999年的繁荣阶段。但复苏阶段时间太短，研究成果甚少，所以，本文将繁荣阶段分为以下三个阶段加以论述，即1979年3月—1988年3月、1988年3月—1997年3月、1997年3月—1999年。

（一）创立、发展时期（1949年—1957年上半年）

1949年10月1日中华人民共和国的成立也宣告了新中国刑法学的诞生。从此，新中国刑法学的命运就与共和国的命运联系在一起。从1949年10月到1957年上半年，是新中国刑法学史上极其重要的一个时期，它为刑法学以后的发展奠定了基础。

1. 主要研究成果

这一阶段的刑法学研究成果不多，主要有：吴从云著《惩治反革命条例讲解》（上海，劳动出版社，1951），江庸编写的《中华人民共和国惩治反革命条例解说》（上海，大众法学出版社，1951），中央政法干部学校刑法教研室1956年编印的《中华人民共和国刑法基本问题讲稿》、《中华人民共和国刑法分则中几种主要犯罪的定罪量刑问题》，中国人民大学刑法教研室和北京政法学院刑事诉讼法教研室共同编订的《中华人民共和国刑法教学大纲》（北京，法律出版社，1956），中国人民大学法律系刑法教研室1957年2月编印的《中华人民共和国刑法总则讲义》（初稿，上、下册）、《中华人民共和国刑法分则讲义》（初稿）、《中华人民共和国刑法实习教材》、《中华人民共和国刑法教学大纲》，张中庸编写的《中华人民共和国刑法》（东北人民大学，1957）等。这些论著虽然还很不成熟，但它基本上反映了新中国刑法学起步阶段的实际水平。

这一时期还翻译出版了一批苏联的刑法教科书，如〔俄〕孟沙金等著《苏联刑法总论》（上、下册，彭仲文译，上海，大东书局，1950），苏联司法部全苏联法律科学研究所编《苏维埃刑法总则》（中央人民政府法制委员会译，1954），〔苏〕贝斯特罗娃著《苏维埃刑法总则》（2版，中国人民大学刑法教研室译，1954），苏联高等教育部高等法律学校总管理局审定《苏维埃刑法提纲》（中国人民大学刑法教研室译，1954），苏联司法部全苏联法学研究所编《苏维埃刑法分则》（上、下册，中国人民大学刑法教研室译，1954），〔苏〕明沙金等编《苏维埃刑法提纲》（王作富、高铭暄译，北京，中国人民大学出版社，1955），苏联国立莫斯科大学法律系刑法教研室编《苏维埃刑法教学大纲》（卢优先译，北京，中国人民大学出版社，1955），苏联国立莫斯科大学法律系刑法教研室编《苏维埃刑法实习教材》（卢优先等译，北京，中国人民大学出版社，1956）等。

此外，这一时期也发表了一些刑法学论文，这些论文对刑法中的有关问题进行了初步的探讨。

2. 主要研究课题

这一时期的刑法学研究多是介绍、学习苏联刑法理论，还没有着手建立自己的刑法理论体系，所以，对一下刑法问题的研究是粗浅的、零散的。这一时期主要研讨了以下三个问题：

（1）刑法的溯及力问题。刑法的溯及力问题，是当时刑事司法实践提出的一个问题。当时，旧法被彻底否定，新中国也陆续颁布了一些单行刑事法律。在有些法律中明确规定了溯及力问题，而大部分刑事法律是否适用于它颁布以前的行为，就成为一个引人注目的具有现实意义的问题。对于这个问题，有三种观点：第一种观点认为新法具有溯及力；第二种观点认为加重刑罚的刑事法律在任何情况下，都不应适用于它颁布以前的行为；第三种观点认为应当按照原则性和灵活性相结合的办法来解决我国刑法溯及力问题，即原则上遵守从旧兼从轻的原则，但不排除例外。

（2）犯罪的概念问题。这一时期围绕犯罪的概念发表了一些论文，对犯罪概念进行了初步的研究。主要争论集中在社会危害性在犯罪概念中的意义上。一种观点认为，质乃是一事物区别于他事物的内部固有的规定性，社会危害性作为犯罪的本质特征，应为犯罪行为所特有，其他违法行为只是对社会造成损害，而不是对社会具有危害性。而另一观点则认为，社会危害性不仅是犯罪行为的基本特征，而且是其他违法行为的重要特征和实际内容，它们之间只是社会危害性程度不同而已。犯罪以它的质（社会危害性）与非社会危害行为相区别，而用它的量（社会危害程度）与其他违法行为相区别。这两种观点争论的焦点实质上是犯罪与其他违法行为的联系和区别的问题。

（3）因果关系问题。因果关系问题是这一时期刑法学界比较重视且进行了较为深入研究的问题。大部分学者运用辩证唯物主义关于因果关系的论点来具体研究犯罪的因果关系。有观点认为，刑法中的因果关系分必然因果关系和偶然因果关系，但只有必然因果关系才是刑事责任的客观依据。也有观点对此持否定态度，认为：把犯罪因果关系分为必然的因果关系与偶然的因果关系，实际上是把哲学上的必然性与偶然性这一对范畴与因果关系这个概念混淆起来，造成思想上的混乱；同时，在确定刑事责任时也容易造成混乱。这两种观点的争论是以后因果关系理论诸观点纷争的起始，虽然没有解决问题，但提出了问题，还是有意义的。

（4）刑罚目的问题。刑罚目的之所以在这一时期引起学者们的兴趣，与刑罚目的这一问题具有较强的政治性、阶级性是分不开的。关于刑罚目的，有惩罚说、改造说、预防说、预防和消灭犯罪说的争论。虽然这场讨论还有些粗浅，但它开创了我国刑罚目的研究之先河，有着重要的意义。

（5）死缓制度存废问题。死缓制度的存废问题是在我国生产资料所有制的社会主义改造基本完成以后提出的。死缓制度是在 1951 年第一次镇压反革命的高潮中产生的，当其在社会主义改造运动中发挥了积极作用以后，刑事立法中是否还应当继续保留，刑法学界对此不无争议。今天看来，这场争论无疑为死缓制度的存在及完善奠定了坚实的理论基础，也在一定程度上推动了刑法学研究的发展。

（6）反革命罪问题。反革命罪是这一时期刑法学界研究比较多的一个问题。关于反革命罪，当时争论的主要是反革命罪有无未遂的问题，对此，有肯定说和否定说之争。

这场争论不仅没有解决反革命罪的未遂形态问题，反而从一个纯法律的学术问题上升为一个敏感的政治问题：1952 年的司法改革运动中，主张反革命罪有未遂的观点开始被斥责为旧中国的"六法"观点，这一趋势在随后于下述萧条、停滞时期的 1957 年下半年开始的"反右"斗争中达到了登峰造极的地步，凡是主张反革命罪有未遂的人均被定为右倾分子。历史的教训是惨痛的，也是深刻的，作为新世纪的刑法工作者，应当认真总结，避免悲剧的再度发生。

3. 主要研究特点

纵观这一时期新中国刑法学研究的状况，不难发现，其有以下两个显著特点：

（1）全面介绍、学习苏联刑法理论。这一时期的刑法学研究主要是批判、彻底否定剥削阶级的旧法观点，全面介绍、引进苏联刑法理论。1952 年开展司法改革运动，彻底批判了剥削阶级的法制，介绍、宣传马克思主义法律学说。这一时期翻译了大量苏联刑法学著作，也开始全面学习、引进苏联刑法理论。这一时期的刑法学研究初步勾勒了我国刑法学特别是刑法学总论的轮廓，对我国刑法学的一些总论和具体犯罪问题有了一定深度的论述，为我国社会主义刑法学体系的建立奠定了基础，但这一时期的刑法学研究明显带有历史虚无主义和教条主义的倾向。

（2）参与和配合刑法典的起草工作。我国 1979 年通过的新中国第一部刑法典从 1950 年开始前期准备，1954 年 10 月开始起草，到 1957 年 6 月止，已经拟出了 22 稿草案。在刑法典起草过程中，我国刑法理论工作者积极参加，提出一系列积极的立法建议，并从刑法理论上阐述。对一些问题，还展开了激烈讨论。这些讨论，无疑推动了刑事立法的进程。

（二）萧条、停滞时期（1957 年下半年—1976 年 10 月）

随着 1957 年下半年"反右"斗争开始，1957 年上半年所出现的新中国刑法学研究的繁荣现象如昙花一现，迅即消失，刑法学研究开始冷落。到 1966 年"文化大革命"开始，刑法学研究进入停滞、倒退时期，一直持续到"文化大革命"结束。这一时期由于此伏彼起、连绵不断的政治运动和社会动乱，刑法学研究从其中前 10 年（1957—1966）的逐步萧条、成果很少，到后 10 年（1966—1976）的偃旗息鼓、完全停止。

1. 主要研究成果和研究课题

由于轻视法制的"左"的思想抬头，这一时期的刑法学研究基本上处于停滞状态。对于一些刑法上的重要理论，如刑法基本原则、犯罪构成等问题，人们不敢问津。各校编写的教材，也大都是政治运动需要的产物，过分强调政治性，专业内容反而被大大压缩。当然，刑法学研究基本停滞并不等于完全停止。由于刑法起草工作在一度中断之后从 1962 年 5 月开始又恢复进行，所以刑法学的某些问题在客观上还需要研究，只不过这种研究主要是在内部进行，很少公开发表，致使对苏联刑法学著作以及外国刑法典的翻译，成为这一时期比较突出的研究成果。纵观这一时期的研究成果，较有代表性的主要有：中央政法干部学校刑法教研室编著的《中华人民共和国刑法总则讲义》（北京，法律出版社，1957），李光灿著的《论共犯》（北京，法律出版社，1957），西南政法学院刑法教研室 1957 年 10 月编印的《中华人民共和国刑法总则讲义（初稿）》，中国人民大学出版社编译室译的《苏联和各加盟共和国刑事立法基本原则及其他几项法律和决议》（北京，中国人民大学出版社，1958），王增润译《苏俄刑法典》（北京，法律出版社，1962），中国科学院法学研究所译《保加利亚人民共和国刑法典》（北京，法律出版社，1963），《巴西联邦共和国刑法典》（北京，法律出版社，1965）。这里，尤其值得一提的是中国人民大学于 1958 年 7 月翻译出版的苏联著名刑法学家特拉伊宁的名著《犯罪构成的一般学说》一书。这本书对犯罪构成的基本理论进行了系统深入的研究，提出了一些有价值的见解，例如，明确指出：犯罪构成是主客观要件的有机统一；犯罪构成不能脱离犯罪的实质概念；犯罪构成是负刑事责任的唯一根据；确定犯罪的因果关系和罪过必须以辩证唯物主义的哲学为指导；犯罪构成意义的增长是社会主义法制巩固过程的表现之一，等等。这些见解对于进一步深入探讨犯罪构成的理论和实践问题，具有一定的借鉴意义。

在这一时期发表的少量的刑法学论文中，犯罪与两类矛盾问题的研讨是引人注目的热点。这一问题是 1957 年毛泽东同志发表《关于正确处理人民内部矛盾的问题》一文而引起的。对这一问题，主要有三种观点：第一种观点认为，一切犯罪都是敌我矛盾性质的，一切犯罪分子都是专政对象；第二种观点认为，犯罪并非都属于敌我性质的，其中绝大部分属于敌我性质，少数属于人民内部矛盾性质；第三种观点认为，敌对分子实施的犯罪属于敌我矛盾性质，人民中间的某些人实施的犯罪属于人民内部矛盾性质。第二种观点为大多数人接受，但对于划分两类不同性质矛盾的犯罪的标准又有争论，主要有 10 项主张：政治态度说、构成犯罪说、判处刑罚说、刑期长短说、危害程度说、犯罪性质说、故意过失说、民愤大小说、阶级成分说和事后态度说。这场关于犯罪与两类矛盾问题的讨论带有浓厚的政治色彩，但其对中国刑法理论的研究具有深远的影响。

2. 主要研究特点

这一时期的刑法学研究有以下特点：

(1) 刑法学研究充满了浓郁的政治气氛。比较明显的是关于犯罪与两类矛盾问题、反革命罪有无未遂问题的研究。当然，由于当时的社会环境，这一时期的刑法学研究不可避免地受其影响。不过，也正是由于用简单的政治分析替代深入的法律分析，这一时期刑法学科政治化倾向明显。

(2) 刑法理论研究水平在个别领域内有所提高。最能说明这个问题的是李光灿所著《论共犯》一书。

(3) 从总体上看，这一时期刑法学研究逐步处于萧条、停滞状态，迟延了刑法学发展的进程。

（三）复苏、繁荣时期（1976 年 10 月—1999 年）

1976 年 10 月党和国家粉碎"四人帮"，走出"文化大革命"的阴霾，也迎来了我国法学研究的春天。我国刑法学研究经过近三年的复苏，逐渐步入全面发展的道路。1978 年 12 月中共十一届三中全会作出了实行改革开放和加强社会主义法制建设的战略决策。在党的十一届三中全会精神指引和推动下，我国第一部刑法典在历经曲折的基础上迅即于 1979 年 7 月 1 日在五届全国人大二次会议上获得通过，并于 1980 年 1 月 1 日起施行。第一部刑法典的颁布无疑给刚起步的刑法学研究注入了新的活力，大大推动了刑法学的繁荣，从而成为刑法学研究的一个里程碑。鉴于第一部刑法典施行近十年后已逐渐难以适应发生巨变的社会现实，全国人大常委会于 1988 年 3 月将刑法典的修改工作列入立法规划。尽管在此前，刑法学研究也曾对刑法修改作过探讨，但是在立法部门作出这一举措之后，刑法理论界才如火如荼地全面展开对刑法修改问题的研讨，直至新刑法典的颁布。可以说，1988 年也就成为刑法学研究历程中的一个较为显著的分界线。1997 年 3 月 14 日，经过多年的反复研讨，八届全国人大五次会议通过了修订的《中华人民共和国刑法》。新刑法典顺应时代的要求，贯彻依法治国、建设社会主义法治国家的基本方略，实施了一系列重大改革，并取得多方面重要的进展，从而大大推动了我国刑事法治乃至整个法制建设的进程。新刑法典的颁布，同样给繁荣的刑法学带来新的研究课题，输入新鲜的血液，从而推动刑法学研究走向新的高峰。

十一届三中全会以来，我国刑法学发展步入崭新的阶段，在学科建设、人才培养、科学研究诸方面取得了丰硕的成果。这一时期是我国刑法学发展最为显著、最为重要和最具总结价值之时期，具有继往开来之功效。新时期的刑法学研究，根据研究的侧重点不同，以两部刑法典的先后颁布和其中 1988 年刑法典的修订提上立法工作日程为界点，大体上可以分为三个阶段。下面分阶段从研究成果、主要研究课题、研究特点、学术活动和学科建设等方面作一回顾。

1. 第一阶段（1976 年 10 月—1988 年 3 月）

1976 年 10 月，实际上是从 1979 年刑法典出台，至 1988 年 3 月后，这一阶段主要是在系统地宣传、阐释刑法典的内容，并对刑法中的某些重要问题，开始进行专题学术研究。可以说，1979 年刑法典是这一阶段刑法学研究的核心和支柱。

（1）主要研究成果。这一阶段的主要研究成果大致可以分为以下几个类型：

第一类是中国刑法学教科书。教科书是学科理论研究成果的结晶，因而优秀的教科书也是学科基本水准的体现。这一阶段陆续出版的中国刑法学教科书中，具有代表性的主要有：杨春洗等编著的《刑法总论》（北京，北京大学出版社，1981），在刑法总则理论的研究上具有一定深度和力度；王作富等编著的《刑法各论》（北京，中国人民大学出版社，1982），结合刑法典实施两年多的司法实践，对刑法分则问题进行了比较深入的研究和阐述；高铭暄主编、马克昌和高格任副主编的高等学校法学教材《刑法学》

（北京，法律出版社，1982），注意坚持"三基"（基本理论、基本知识、基本资料）、"三性"（科学性、系统性、相对稳定性），并吸收了刑法学研究的新成果，在体例和内容上都有了新的突破。该书是我国第一部统编的刑法学教材，具有相当权威性，十多年间先后印刷 23 次，印数达一百多万册。

第二类是中国刑法学专著。专著是学科学术水平的最高代表和集中体现。这一阶段出版的刑法学专著中，较有代表性的主要有：高铭暄著《中华人民共和国刑法的孕育和诞生》（北京，法律出版社，1981），吴振兴著《论教唆犯》（长春，吉林人民出版社，1986），顾肖荣著《刑法中的一罪与数罪问题》（上海，学林出版社，1986），李光灿、张文、龚明礼著《刑法因果关系论》（北京，北京大学出版社，1986），高铭暄主编《新中国刑法学研究综述（1949—1985）》（郑州，河南人民出版社，1986），李光灿、马克昌、罗平著《论共同犯罪》（北京，中国政法大学出版社，1987），赵秉志著《犯罪未遂的理论与实践》（北京，中国人民大学出版社，1987），陈兴良著《正当防卫论》（北京，中国人民大学出版社，1987），田文昌著《刑罚目的论》（北京，中国政法大学出版社，1987），樊凤林主编的《犯罪构成论》（北京，法律出版社，1987），王作富主编的《中国刑法适用》（北京，中国人民公安大学出版社，1987）等。

第三类是中国刑法史学著作。主要有：蔡枢衡著《中国刑法史》（南宁，广西人民出版社，1983），周密主编《中国刑法史》（北京，群众出版社，1985）等。

第四类是外国刑法学、比较刑法学和国际刑法学著作。较有代表性的主要有：甘雨沛、何鹏著《外国刑法学》（上、下册，北京，北京大学出版社，1984、1985），赵维田著《论三个反劫机公约》（北京，群众出版社，1985），金凯编著《比较刑法》（郑州，河南人民出版社，1985），储槐植著《美国刑法》（北京，北京大学出版社，1987）等。

第五类是刑法论文。经粗略统计，这一阶段发表的刑法论文达四千三百余篇。论文的面很广，几乎涉及刑法领域的各个方面。随着我国于 1981 年开始推行学位制度，这一阶段已有相当一批刑法学硕士学位论文问世，第一批刑法学博士学位论文也开始诞生。这些学位论文，或拓展新的研究领域，或深化已有研究领域，极大地丰富了我国的刑法学研究。

（2）主要研究课题。这十余年的刑法学研究，涉及的问题较多，这里仅择其中比较重要的方面予以简述。

其一，刑法的基本原则。刑法的基本原则问题，对刑事立法或司法都有根本的指导意义。这一阶段对刑法基本原则研究取得的主要进展是就刑法基本原则的确立标准达成了共识：刑法基本原则必须是刑法特有的，而不是各部门法所共有的；必须贯穿于全部刑法，而不是局部性的基本原则。鉴于此，多数学者对我国刑法的基本原则取得了较为一致的意见，即罪刑法定原则、罪刑相适应原则、惩罚与教育相结合原则。但也有学者认为，除此之外，像主观与客观相一致的刑事责任原则、严格区分不同性质犯罪的原则、刑法轻重必须依法适时的原则、社会主义人道主义等，也应作为刑法的基本原则。

不过，这一阶段对刑法基本原则的研究只停留在基本原则范围的争论上，对基本原则具体内容的研究还较少涉及。

其二，犯罪概念。犯罪概念是犯罪论中一个具有提纲挈领意义的理论问题。这一阶段对犯罪概念的研究集中在犯罪的基本特征和本质特征上。对于犯罪的基本特征，当时存在二特征说、三特征说、四特征说、六特征说的争论，但多数学者赞同三特征说，即一定的社会危害性、刑事违法性和应受惩罚性。三特征说被全国统编教材所采纳。对于犯罪的本质特征，主要是社会危害性和应受惩罚性的争论，前者为主流观点。这一阶段对犯罪概念的研究不是停留在浅表层次，而是已经相当深入。这与犯罪概念在刑法理论所处的首要地位有着很大的关系。

其三，犯罪构成。犯罪构成是刑法中的核心理论问题，成为这一阶段研究较多的问题。这一阶段对犯罪构成的研究集中在两个问题上：一是犯罪构成有哪些要件。这存在着两要件说、三要件说和四要件说之争。二是犯罪构成是不是刑事责任的基础。这也存在肯定说和否定说的争论。肯定说认为，犯罪构成是定罪的依据，是行为人负刑事责任的基础；但否定说认为，犯罪构成不是负刑事责任的基础，只有犯罪行为才是负刑事责任的唯一基础。纵观这一阶段对犯罪构成的研究，能够明显地看出学者们为突破20世纪50年代从苏联移植过来的犯罪构成理论所作出的努力与尝试，尽管实质上的进展微乎其微，但这些探索对于犯罪构成理论研究得以进一步深化无疑有着启迪意义。

其四，因果关系。因果关系是这一阶段研究的热点问题，不仅发表了大量论文，而且还有几篇硕士论文以此为题，甚至有一部专著问世。这一阶段对因果关系研究的重点主要集中在犯罪因果关系究竟是什么性质的联系，主要有两种观点：一是必然因果关系说，认为犯罪因果关系只能是必然因果关系，否认偶然因果关系作为犯罪因果关系的可能性；二是承认偶然因果关系说，认为犯罪因果关系不仅包括必然因果关系，而且包括偶然因果关系。必然因果关系在犯罪现象中大量存在，它是犯罪因果关系的主要的、基本的形式；但是不可否认，偶然因果关系也是客观存在的，它是犯罪因果关系的必要的、补充的形式。这两种学说争论比较激烈，未能取得一致意见。此外，关于犯罪因果关系的性质还存在着必然性和偶然性的统一说、实质性因果关系说、高概率因果关系说等。这一阶段对因果关系的探讨是比较深入的，推动了刑法因果关系理论甚至整个刑法理论的发展。当然，研究中也存在一些不足，如过于纠缠名词，有经院哲学倾向，研究方法上过于单一，过于倚重哲学上因果关系理论而会无视刑法中因果关系的独特性。

其五，法人犯罪问题。法人犯罪问题是这一阶段随着改革开放、搞活经济，在经济领域中出现大量以法人名义实施的经济犯罪，而就法人是否可以成为犯罪主体并处以刑罚引起的争论热点。这一阶段对法人犯罪的研究着重于法人能否成为犯罪主体的争论，主要存在肯定说和否定说之争：肯定说认为：法人犯罪是客观存在的事实；承认并惩罚法人犯罪，不违反我国法人的性质和特征，而且有利于法人制度的健全和巩固；法人既然可以成为违法主体，也就可以作为犯罪主体；法人能够具备犯罪的主观条件；承认法人作为犯罪主体不违背我国刑法中的罪责自负原则，处罚法人犯罪符合我国刑罚的目的等。而否定说则认为：法人不具备犯罪的主观要件，把法人作为犯罪主体违背我国刑法中主、客观相统一的原则；把法人作为犯罪主体惩罚，违背我国刑法罪责自负的原则，也违背我国适用刑罚的目的；我国刑法规定的刑事责任表现形式排除法人作为犯罪主体的可能性；把法人作为犯罪主体追究刑事责任，不符合我国法人的社会主义性质和法律特征，也不利于我国法人制度的健全和巩固；把法人作为犯罪主体，在司法实践中缺乏可行性，等等。这场争论在 1987 年 1 月 22 日通过的《海关法》和 1988 年 1 月 21 日通过的《关于惩治走私罪的补充规定》和《关于惩治贪污罪贿赂罪的补充规定》颁行以后趋于平息。这一阶段对法人犯罪的研究就仅仅停留在初始阶段，没有深入下去。虽然立法上已经明确规定法人可以成为某些犯罪的主体，但学者们在法人能否成为犯罪主体这一问题上并没有取得共识。即使是在法人犯罪理论日趋深化、完善的今日，法人犯罪的司法实践仍步履维艰，存在着大量问题，仍然需要严肃、认真地加以探讨。

其六，刑罚目的。刑罚目的是刑罚论中的核心问题。这一问题的解决不仅影响刑罚论中的其他问题，而且还影响犯罪论中的问题；不仅影响刑事立法，而且还影响刑事司法。但是，刑罚目的又是一个富有哲理，充满挑战性的研究课题。这一阶段对刑罚目的的研究主要集中在三个问题上：一是刑罚目的是什么。这存在着惩罚说、改造说、预防说、双重目的说、三目的说、预防和消灭犯罪说、根本目的和直接目的说的争论，其中，预防说是通行的传统观点，仍占支配地位。二是惩罚是不是刑罚的目的。这存在着肯定说和否定说之争。二者争论的实质在于刑罚目的与刑罚属性、目的和手段的关系上。三是刑罚功能问题。这一问题是随着对刑罚目的的深入研究而开拓的一个新的研究领域。关于刑罚的功能，学者们从不同角度给予了研究。总之，这一阶段对刑罚目的的研究取得了丰硕的成果，研究有相当的深度。

（3）主要研究特点。纵观这一阶段的刑法学研究，具有以下几个显著特点：

其一，注重理论为实践服务。1979 年刑法颁布后的头几年，刑法学研究基本是围绕学习、宣传、普及刑法而进行，发表了大量论文，也出版了一些专著。就是以后的研究也多是注释性的，紧紧围绕 1979 年刑法以及 1981 年后陆续颁行的几部单行刑法的适用而进行研究。这些注释性研究，为刑法的实践奠定了坚实理论基础，极好地指导了刑事司法实践。

其二，重视联系我国当时的经济体制改革和商品经济发展的情况和需要来研究刑法问题。许多论著从宏观上论述了经济犯罪的概念、分类以及其在分则体系中的地位，论述了我国刑法对于打击经济犯罪和保障经济体制改革顺利进行的作用和意义，探讨了当前经济犯罪的原因及危害改革和危害商品经济发展的表现与特点，以及正确运用刑法武器打击和防范经济犯罪，保障改革、开放、搞活的方针政策的贯彻执行等问题。更多的论著则是对若干突出的具体经济犯罪问题，如走私、投机倒把、偷税漏税、假冒商标、伪造倒卖罪证、盗伐滥伐林木、贪污、受贿、诈骗、挪用公款等犯罪的定罪量刑问题，进行深入而细致的研讨。

其三，注意开展对我国刑事司法尤其是刑事立法完善问题的探讨。首先，在刑事司法方面，对正当防卫、犯罪未遂、共同犯罪、自首、数罪并罚、刑罚裁量等刑法总则的一些重要制度和基本理论，以及刑法分论中的多种常见多发犯罪的实务问题，进行了深入的研究，其中一些见解被最高司法机关的司法解释采纳，不少见解对司法实务具有广泛的影响。比如，中国法学会刑法学研究会曾在 1986 年举行的学术研讨会上，对最高人民法院、最高人民检察院联合作出的关于贪污、挪用公款、贿赂等犯罪的司法解释，提出了有价值的意见，被最高司法机关采纳，修改了原公布的文件，重新作出解释，公布施行。在刑事立法方面，探讨的内容较为广泛，诸如刑法如何以宪法为根据的问题，刑法与单行刑事法律以及非刑事法律中的附属刑法规范如何协调发展的问题，以及建议增加若干罪名的问题等，都不同程度地有所涉及。其次，在刑事立法方面，刑法学界结合我国刑法修改的准备和进行，对刑法修改的原则、体系结构的调整，以及刑法内容和立法技术不完善等方方面面的问题，均有不同程度的探讨和见仁见智的建议，从而为刑法修改提供了重要的理论参考。

其四，开拓了一些新的研究领域，原有的一些研究领域有所深化。这一阶段刑法学研究学术争鸣气氛浓郁，研究比较深入和富有探索精神。在诸如犯罪概念、犯罪构成、刑罚目的等问题上，都发表了大量的论著，进行了专题探讨，使得这些课题的研究进一步深化。另外，一些过去基本未予以研究的专题，如刑事责任、刑事政策、刑事法律关系、罪刑关系、劫机犯罪等问题，也开始得到研究，并取得了初步的进展。这些专题的开拓，既反映了我国同犯罪斗争的实际需要，同时也充实和丰富了我国刑法科学。

（4）学术活动和学科建设。这一阶段的刑法学研究的学术活动，主要表现为成立于 1984 年 10 月的中国法学会刑法学研究会所召开的三次研讨会，即：1984 年 10 月成都会议：主要探讨了刑法学的研究对象及其体系、强奸罪、流氓罪三个问题，会后选编并印行了《刑法学论文集》一书；1986 年 8 月北京会议：主要议题为经济体制改革与打击经济犯罪，会后选编出版了论文集《经济体制改革与打击经济犯罪》（上海，上海社会科学院出版社，1987）；1987 年 10 月烟台会议：主要研讨了体制改革与刑法和我国产生犯罪的原因这两个方面的问题。

这一阶段的刑法学科建设步伐很快。刑法学历来是各法学专业本科和专科必修的基本法学课，在高等法学教育中居于重要地位。"文化大革命"后，我国刑法学科从 1978 年即开始恢复招收研究生，1980 年 2 月全国人大常委会通过《中华人民共和国学位条例》，此后，刑法学科即开始招收和培养硕士研究生。经国家批准，刑法学科从 1984 年起开始招收和培养博士研究生。这一阶段先后经审批设立了 12 个刑法学科硕士学位点（北京大学、中国人民大学、武汉大学、吉林大学、中国政法大学、西南政法大学、中南政法学院、中国社会科学院研究生院、西北政法学院、上海社会科学院、华东政法学院、四川大学）、3 个博士学位点（中国人民大学，1984 年；武汉大学、吉林大学，

1986 年）、1 个国家级重点学科点（中国人民大学，1987 年）。

2. 第二阶段（1988 年 3 月—1997 年 3 月）

从 1988 年 3 月到 1997 年 3 月新刑法典颁布这个时期，刑法学的研究基本上沿三条线发展：一是围绕一系列特别刑法对 1979 年刑法典所作的补充、修改而进行的专题研究或综合研究；二是就 1979 年刑法典的修改所作的全面、深入的研讨；三是加强刑法基本理论的研究，或开拓新的研究领域，或深化原有的研究领域。

（1）主要研究成果。这一阶段出版的刑法学书数以百计，大致可以分为以下几类：

第一类是中国刑法教科书。主要有：高铭暄主编、马克昌副主编的高等学校文科教材《中国刑法学》（北京，中国人民大学出版社，1989），侧重阐述刑法学的基本理论，并注意研讨了刑法适用中的实务问题；林准主编的全国法院干部业余法律大学教材《中国刑法教程》（北京，人民法院出版社，1989），密切结合刑事审判实践，研究论述了刑法的理论和实务问题；赵秉志、吴振兴主编的高等学校法学教材《刑法学通论》（北京，高等教育出版社，1993），反映了刑法学理论的最新成果，并在体系结构方面有创新性探讨，等等。

第二类是中国刑法学专著。这方面的著作很多，可分为以下几个方面：

一是对特别刑法进行专门研究的，如全国人大常委会法制工作委员会刑法室编著《〈关于禁毒的决定〉和〈关于惩治走私、制作、贩卖、传播淫秽物品的犯罪分子的决定〉释义》（北京，法律出版社，1991），储槐植主编《附属刑法规范集解》（北京，中国检察出版社，1992），刘岩主编《刑法适用新论——全国人大常委会修改和补充的犯罪》（北京，中国政法大学出版社，1993），刘家琛主编《新罪通论》（北京，群众出版社，1993），李恩慈主编《特别刑法论》（北京，中国人民公安大学出版社，1993），宣炳昭、林亚刚、赵军主编《特别刑法罪刑论》（北京，中国政法大学出版社，1994），陈兴良主编《刑法新罪评释全书》（北京，中国民主法制出版社，1995），周道鸾著《单行刑法与司法适用》（北京，人民法院出版社，1996），赵秉志主编《中国特别刑法研究》（北京，中国人民公安大学出版社，1997）等。

二是就类罪、个罪进行综合研究或分而论述的。综合研究各类犯罪的，如陈兴良主编《刑法各论的一般理论》（呼和浩特，内蒙古大学出版社，1992），欧阳涛等主编《罪与非罪、罪与罪的界限》（北京，人民法院出版社，1995），赵秉志著《刑法各论问题研究》（北京，中国法制出版社，1996）等。

研究经济犯罪的，如张穹主编《中国经济犯罪罪刑论》（北京，大地出版社，1989），刘白笔等著《经济刑法学》（北京，群众出版社，1989），陈兴良主编《经济刑法学（总论）》、《经济刑法学（各论）》（北京，中国社会科学出版社，1990），王作富主编《经济活动中罪与非罪的界限》（北京，中国政法大学出版社，1993），欧阳涛主编《生产销售假冒伪劣产品罪剖析与对策》（北京，中国政法大学出版社，1994），赵长青著《经济犯罪研究》（成都，四川大学出版社，1994），顾肖荣主编《证券违法犯罪》

（上海，上海人民出版社，1994），高铭暄、王作富主编《中国惩治经济犯罪全书》（北京，中国政法大学出版社，1995），杨春洗、高格主编《我国当前经济犯罪研究》（北京，北京大学出版社，1996）。

研究分析其他类罪及个罪的，如宁汉林著《杀人罪》（北京，群众出版社，1986），金凯主编《侵犯财产罪新论》（北京，知识出版社，1988），欧阳涛等著《诈骗罪的剖析与对策》（北京，中国人民公安大学出版社，1988），孙谦主编《国家工作人员职务犯罪研究》（北京，中国检察出版社，1988），赵永林著《我国刑法中盗窃罪的理论与实践》（北京，群众出版社，1989），叶高峰主编《危害公共安全罪新探》（郑州，河南人民出版社，1989），赵秉志主编《毒品犯罪研究》（北京，中国人民大学出版社，1993），肖扬主编《贿赂犯罪研究》（北京，法律出版社，1994），樊凤林、宋涛主编《职务犯罪的法律对策及治理》（北京，中国人民公安大学出版社，1994），王昌学主编《职务犯罪特论》（北京，中国政法大学出版社，1995）等。

三是就刑法哲学、刑事政策进行深入研究的。如陈兴良著《刑法哲学》（北京，中国政法大学出版社，1992），马克昌主编《中国刑事政策学》（武汉，武汉大学出版社，1992），杨春洗主编《刑事政策学》（北京，北京大学出版社，1994），陈兴良著《刑法的人性基础》（北京，中国方正出版社，1996），肖扬主编《中国刑事政策和策略问题》（北京，法律出版社，1996）等。

四是对刑法基本理论进行综合研究或就刑法总则某一方面进行专题研究的。属于这一类的著作也很多，其中包括：

综合研究刑法基本理论的，如高铭暄、王作富主编《新中国刑法的理论与实践》（石家庄，河北人民出版社，1988），王作富著《中国刑法研究》（北京，中国人民大学出版社，1988），赵秉志、张智辉、王勇著《中国刑法的运用与完善》（北京，法律出版社，1989），甘雨沛、杨春洗、张文主编《犯罪与刑罚新论》（北京，北京大学出版社，1991），赵炳寿主编《刑法若干理论问题研究》（成都，四川大学出版社，1992），赵秉志主编《刑法新探索》（北京，群众出版社，1993），高铭暄主编《刑法学原理》（3卷本，北京，中国人民大学出版社1993、1994），高铭暄著《刑法问题研究》（北京，法律出版社，1994），马克昌著《刑法理论探索》（北京，法律出版社，1995），鲍遂献主编《刑法学研究新视野》（北京，中国人民公安大学出版社，1995），高格著《刑法问题专论》（长春，吉林大学出版社，1996）等。

对刑事立法和刑法解释进行专题研究的，如赵国强著《刑事立法导论》（北京，中国政法大学出版社，1993），李希慧著《刑法解释论》（北京，中国人民公安大学出版社，1995）等。

综合研究犯罪论的，如马克昌主编《犯罪通论》（武汉，武汉大学出版社，1991），张明楷著《犯罪论原理》（武汉，武汉大学出版社，1991）等。

对犯罪论的某一方面进行专题研究的，如叶高峰主编《故意犯罪过程中的犯罪形态论》（郑州，河南大学出版社，1989），赵秉志著《犯罪主体论》（北京，中国人民大学出版社，1989），叶高峰主编《共同犯罪理论及其运用》（郑州，河南人民出版社，1990），王勇著《定罪导论》（北京，中国人民大学出版社，1990），孙国祥、余向栋、张晓陵著《过失犯罪导论》（南京，南京大学出版社，1991），姜伟著《犯罪故意与犯罪过失》（北京，群众出版社，1992），陈兴良著《共同犯罪论》（北京，中国社会科学出版社，1992），徐逸仁著《故意犯罪阶段形态论》（上海，复旦大学出版社，1992），熊选国著《刑法中行为论》（北京，人民法院出版社，1992），刘白笔主编《法人犯罪论》（北京，群众出版社，1992），侯国云著《过失犯罪论》（北京，人民出版社，1993），姜伟著《犯罪形态通论》（北京，法律出版社，1994），李洁著《犯罪结果论》（长春，吉林大学出版社，1994），青锋著《犯罪本质研究——罪与非罪界说新论》（北京，中国人民公安大学出版社，1994），何秉松著《犯罪构成系统论》（北京，中国法制出版社，1995），刘明祥著《刑法中错误论》（北京，中国检察出版社，1996），吴振兴著《罪数形态论》（北京，中国检察出版社，1996）等。

研究刑事责任理论的，如张明楷著《刑事责任论》（北京，中国政法大学出版社，1992），张智辉著《刑事责任通论》（北京，警官教育出版社，1995），冯军著《刑事责任论》（北京，法律出版社，1996）等。

综合研究刑罚论的，如邱兴隆、许章润著《刑罚学》（北京，群众出版社，1988），樊凤林主编《刑罚通论》（北京，中国政法大学出版社，1994），赵炳寿主编《刑罚专论》（成都，四川大学出版社，1995），马克昌主编《刑罚通论》（武汉，武汉大学出版社，1995）等。

对刑罚论的某一方面进行专题研究的，如周振想著《自首制度的理论与实践》（北京，人民法院出版社，1989），周振想著《刑罚适用论》（北京，法律出版社，1990），苏惠渔等主编《量刑方法研究专论》（上海，复旦大学出版社，1991），顾肖荣、吕继贵主编《量刑的原理与操作》（上海，上海社会科学院出版社，1991），陈兴良主编《刑种通论》（北京，人民法院出版社，1993），喻伟主编《量刑通论》（武汉，武汉大学出版社，1993），胡云腾著《死刑通论》（北京，中国政法大学出版社，1995），张文学等编著《中国缓刑制度理论与实务》（北京，人民法院出版社，1995），孙力著《罚金刑研究》（北京，中国人民公安大学出版社，1995）等。

五是就刑法的改革、1979 年刑法典的修改与完善专门进行研究，系统提出意见和建议的。属于这方面的代表性著作有：薛瑞麟、侯国云主编《刑法的修改与完善》（北京，中国政法大学出版社，1989），赵秉志主编《刑法修改研究综述》（北京，中国人民公安大学出版社，1990），崔庆森主编《中国当代刑法改革》（北京，社会科学文献出版社，1991），王作富主编《刑法完善专题研究》（北京，中央广播电视大学出版社，1996），赵秉志著《刑法改革问题研究》（北京，中国法制出版社，1996）等。

第三类是外国刑法学、比较刑法学著作。较有代表性的有：陈明华著《当代苏联东欧刑罚》（北京，中国人民公安大学出版社，1989），何鹏著《外国刑事法选论》（长春，吉林大学出版社，1989），高格编著《比较刑法学》（长春，长春出版社，1991），何鹏主编《现代日本刑法专题研究》（长春，吉林大学出版社，1994），马克昌主编《近代西方刑法学说史略》（北京，中国检察出版社，1996），甘雨沛著《比较刑法学大全》（北京，北京大学出版社，1997）等。此外，这一阶段也翻译出版了一些外国刑法学专著。

第四类是国际刑法学著作。主要有：黄肇炯著《国际刑法概论》（成都，四川大学出版社，1992），刘亚平著《国际刑法学》（北京，中国政法大学出版社，1992），张智辉著《国际刑法通论》（北京，中国政法大学出版社，1993），邵沙平著《现代国际刑法教程》（武汉，武汉大学出版社，1993），赵永琛著《国际刑法与司法协助》（北京，法律出版社，1994）等。

另外，这一阶段发表的刑法学论文数以万计，每年均有一千余篇论文发表，还有一大批硕士学位论文问世和几十篇博士论文诞生。这一阶段的刑法教学案例和实际案例的书也出版不少，特别值得一提的是这一阶段出版了三本有代表性的刑法学综合工具书，即杨春洗、高铭暄、马克昌、余叔通主编《刑事法学大辞书》（南京，南京大学出版社，1990），马克昌、杨春洗、吕继贵主编《刑法学全书》（上海，上海科学技术文献出版社，1993），高铭暄、王作富、曹子丹主编《中华法学大辞典·刑法学卷》（北京，中国检察出版社，1996）。

（2）主要研究课题。这一阶段刑法学研究的课题几乎涉及刑法学的方方面面，这里仅对研讨较多的问题加以简述。

其一，刑法观念更新问题。刑法观念更新问题是受我国方兴未艾的市场经济和政治体制改革大潮的冲击而提出来的，并逐渐成为热点问题。刑法观念是对刑法的性质、功能以及犯罪、刑罚的认识、看法、态度和价值取向的总称，包括刑法整体观、犯罪观、刑罚观。对于刑法整体观，学者们提出了经济刑法观、法制刑法观、民主刑法观、平等刑法观、人权刑法观、适度刑法观、超前刑法观和刑法功能有限观。对于犯罪观，也提出了"生产力标准说"、"法律标准说"和"双重标准说"。对于刑罚观，学者们存在着"重刑化说"、"轻刑化说"和"适度化说"之争。刑法观念不仅支配着刑事立法、刑事司法，而且也影响着刑法学理论研究，可以说，刑法学注重对刑法观念的研讨，不仅有益于人们树立正确的刑法观，而且标志着刑法学研究走出传统樊篱，走向宏观和深层次，迈上新的台阶。

其二，法人犯罪问题。在这一阶段，颁布的许多单行刑法中规定了法人犯罪，使法人犯罪问题成为研究热点之一。不仅围绕此发表了大量论文（其中包括十余篇硕士论文和1篇博士论文），而且也出版了好几部专著。这一阶段对法人犯罪的研讨超越了前一阶段对法人能否成为犯罪主体的争论（尽管仍有大量不同意见），向纵深发展，学者们积极开展法人犯罪本体论研究。这一阶段的研究主要集中在这几个方面：一是单位犯罪概念，存在着"批准说"、"单位名义说"、"法人职务说"、"单位利益说"、"单位利益和批准说"、"单位意志支配说"等的争论，无统一意见；二是单位的范围问题，主要是国家机关、非法企业和私营企业能否成为单位犯罪主体问题，就此存在着肯定说和否定说的争论；三是单位犯罪罪过形式问题，即过失能否成为单位犯罪的罪过形式，这也存在肯定说与否定说的争论；四是单位犯罪的定罪处罚标准问题，也就是对于单位犯罪中的自然人的定罪处罚是和自然人犯罪处罚标准一样，还是高于或低于它的问题，对此也有很大争论。此外，学者们还就单位共同犯罪、单位犯罪的未完成形态等问题进行了深入的研究。

其三，刑事责任问题。刑事责任问题是这一阶段刑法学界着力研讨的热点问题之一，不仅有不少文章发表，还有十余篇硕士论文和几篇博士学位论文，而且还出版了数部专著。这一阶段对刑事责任问题的研究争论较大的问题有：一是刑事责任的概念，存在着"义务说"、"谴责说"、"心理状态及法律地位说"、"刑事法律关系说"、"承担说"、"后果说"等的争论。二是刑事责任的根据。对此有较大争论，有犯罪构成说、犯罪行为说、罪过说、行为的社会危害性说。有学者认为刑事责任根据应分为哲学理论根据和法律事实根据，也有学者认为应分形式根据与实质根据等。此外，这一阶段还研究了刑事责任的法律地位、历史轨迹、基础、本质、主体、程度、基本原则、立法比较、实现方式等问题。从总体上看，这一阶段对刑事责任的研究是相当深入的，不仅仅是填补刑法学研究的一项空白。更重要的是，正是这一阶段对刑事责任的研究充实了刑法学体系。

其四，经济犯罪问题。经济犯罪问题是这一阶段研讨的热点问题之一，这是我国大力发展社会主义市场经济的必然反映。关于经济犯罪的讨论主要集中在两个问题：一是经济犯罪的认定标准。这里存在"生产力标准说"、"法律标准说"和"双重标准说"的争论。二是具体经济犯罪的认定和惩处。这里研讨较多的是贪污罪、贿赂犯罪、妨害税收犯罪、金融诈骗罪、侵犯注册商标犯罪，生产、销售伪劣商品罪，侵犯知识产权犯罪等。这一时期对经济犯罪的讨论是深刻、全面的，不仅丰富了刑法学研究，而且也对我国市场经济的良好运作起到了一定保障作用。

其五，刑法的修改和完善问题。刑法的修改和完善问题是这一阶段刑法学研究的重点，围绕此发表了大量文章，也出版了不少专著，研究的范围相当广泛，争论十分激烈。这一阶段对此问题的研讨主要集中在这几个方面：一是刑法典体系结构的立法完善。对此，争论相当激烈，意见分歧很大，没有取得一致意见。二是刑法典总则内容的立法完善。对此争论较大的问题有：刑法的基本原则问题，学者们对修改后的刑法典应当明确规定刑法的基本原则达成共识，但具体规定哪几条基本原则却争论较大；单位犯罪问题，大家对其称谓究竟应为"单位犯罪"还是"法人犯罪"以及其立法模式存有争议；死刑问题，对此有"适当扩张说"和"限制说"之争，但后者属多数人的看法；此外还有管制刑、拘役刑的存废问题，罚金刑是否上升为主刑的问题等也存在较大争论。三是刑法典分则的立法完善。对此争论较多的问题有：刑法分则体系结构问题，这里存在"大章制"、"小章制"之争；反革命罪一章的章名问题，这也有着"反革命罪"与"危害国家安全罪"的争论，但后者是大多数意见。此外还有是否增设贪污贿赂罪专章、军人违反职责罪应否纳入刑法典等问题。

（3）主要研究特点。这一阶段刑法学研究所取得的成果基本上标志着刑法学科的成熟，也奠定了刑法学在我国法学体系中极其重要的地位。综观这一阶段的刑法学研究，具有以下显著特点：

其一，对特别刑法（含单行刑法和附属刑法）进行了充分的研究和阐释。这一阶段，立法机关为适应实践需要制定了二十余部单行刑法，并在大量非刑事法律中设置刑事条款，刑法理论界对此作出了积极反应。每一单行刑法的出台，都伴随着大量论文的发表，甚至有专著出版。学者们从犯罪的概念、构成、罪与非罪的界定、此罪与彼罪的区别以及未完成形态、共犯等方面积极阐释立法精神。这些研究对于改善执法活动，增强刑事司法效果，起到了直接的引导和促进作用。

其二，重视对重要刑事司法实践问题的研究，有效地推动了司法实践。这一阶段对于司法实践中需要正确解决的常见多发和疑难课题，如刑法解释、正当防卫、共同犯罪、量刑方法、非刑事法律中刑事条款的适用等，进行了充分研讨；对刑法规定的各类犯罪，不论从宏观上还是微观上都进行了比以往任何时期都更加深入细致的研究；对于司法实践中提出来的一些新问题，如证券犯罪、计算机犯罪、新闻报道方面诽谤罪与非罪的区分、安乐死的罪与非罪问题等都给予了密切关注。

其三，配合国家立法机关，对1979年刑法典的修订进行全面研讨，提出了系统的、有见地的、符合实际需要的建议，大大推动了刑事立法进程。刑法的修改与完善是这一阶段刑法学研究的极为重要的问题，不仅有数千篇论文发表，还有许多专著出版。尤其是这一阶段的中国法学会刑法学研究会每年的年会议题都涉及刑法的修改与完善，并且1988年、1994年和1996年的年会专门研讨了该问题。这些研讨不仅涉及刑法修改的指导思想、根据、刑法典体系结构、立法模式以及犯罪论、刑罚论方方面面的问题，而且还涉及条文的具体设计、具体犯罪的增、减、并、分等问题。这些研究丰富了刑法学内容，增强了刑法学的科学性，促进了刑法学的发展，更为重要的是，直接推动了刑事立法进程，可以说，1997年刑法的出台是与广大刑法理论工作者的积极参与密不可分的。

其四，开拓了新的研究课题，深化了原有课题的研究，使刑法学研究在纵横方面都得到显著进展。这一阶段对原来没有研究或很少研究的课题，如刑事立法、刑法解释、定罪、刑事责任、刑罚论、刑事政策等都进行了较为深入的研究，不仅填补了研究空白，而且不少研究具有相当高的水平；对原有的研究课题，如法人犯罪、犯罪构成、共同犯罪、犯罪故意、罪数形态等问题都有所深化，不仅有大量的论文发表，还出版了专著。这种新领域的开拓和旧领域的深化有力地促进了我国刑法学的全面繁荣和深入发展。

其五，刑法基础理论研究有所进展。这一阶段的刑法学研究较有突破性意义的就是刑法基础理论研究的加强。刑法基础理论是刑法学的根基，是刑法学之所以成为一门科学的内涵。这一阶段的刑法学研究尽管极力关注特别刑法的适用，关注刑法的修改和完善，但并未忽视刑法基础理论的研究，学者们从更高层次、更深层次意义上来关怀刑法、洞察刑法。公正、平等、自由、功利，这本来就应当是刑法包括刑法理论的灵魂，学者们终于发现并开始运用它来评判、审视、指导刑法和刑法理论研究，这无疑是刑法学研究的一个重要进步。

其六，外国刑法学、比较刑法学、国际刑法学的研究进展显著。这一阶段翻译了不少外国刑法学著作和刑法典，也出版了数部有关专著。但是。实事求是地说，对外国刑法理论的研究基本上处于评介阶段，系统、全面的研究尚未展开；国际刑法研究更是亟待加强。

（4）学术活动和学科建设。这一阶段的学术活动相当频繁，可分为以下几方面：一是中国法学会刑法学研究会的年会。这一阶段共召开 9 次会议：1988 年 10 月郑州会议：以改革开放新形势下如何完善我国刑事立法为中心议题，同时还研讨了我国刑事司法、刑法理论和刑法学教学改革等问题，会后选编出版了论文集《刑法发展与司法完善》（北京，中国人民公安大学出版社，1989）；1989 年 10 月上海会议：主要研究了刑法学的宏观理论问题，我国刑事立法的完善、反革命罪以及惩治经济犯罪、清除腐败中的刑法问题，会后选编出版了《刑法发展与完善（续编）》（长春，吉林大学出版社，1990）；1990 年 11 月大连会议：主要研讨了廉政建设与职务犯罪方面的问题以及刑法修改的问题，会后选编出版了《廉政建设与刑法功能》（北京，法律出版社，1991），1991 年 10 月广州会议：中心议题是刑罚的执行问题，会后选编出版了《刑法运用问题探讨》（北京，法律出版社，1992），1992 年 10 月西安会议：主要讨论了刑法与改革开放、刑法的运用与完善、涉及经济犯罪的几个单行刑法等方面的问题，会后选编出版了《改革开放与刑法发展》（北京，中国检察出版社，1993），1993 年 11 月福州会议：中心议题为社会主义市场经济与刑法的适用与发展，会后选编出版了《市场经济与刑法》（北京，人民法院出版社，1994），1994 年 10 月南宁会议：主要研讨了市场经济与刑法的修改与完善，以及市场经济条件下经济犯罪的认定与处罚，会后选编出版了《刑法的修改与完善》（北京，人民法院出版社，1995），1995 年 11 月南昌会议：主要议题是我国当前经济犯罪问题，会后选编出版了《我国当前经济犯罪研究》（北京，北京大学出版社，1996），1996 年 11 月乐山会议：主要议题为我国刑法的改革，会后选编出版了《刑法修改建议文集》（北京，中国人民大学出版社，1997）。此外，中国法学会刑法学研究会还委托赵秉志主持，张智辉、王勇、赵国强等几位中青年刑法学者参加编写，出版了《全国刑法硕士论文荟萃》一书（北京，中国人民公安大学出版社，1989），该书以浓缩的方式整理、收录了我国建立学位制度以后 1981 届—1988 届已通过答辩的所有刑法学硕士学位论文（187 篇）的新观点、新见解和研究有所深入与进展的问题。

二是省市刑法学研究会或其他机构组织的刑法学术研讨会。如 1993 年 5 月上海市法学会刑法学研究会与上海市委政法委员会联合召开的"社会主义市场经济与刑法"专题研讨会，中南六省区刑法学研究会 1993 年 10 月在海口联合举行的"中南地区 1993 年刑法学研讨会"，1994 年 3 月最高人民检察院在北京召开的"证券市场违法犯罪问题研讨会"，1995 年 10 月中国社会科学院法学研究所在北京召开的"刑事法制发展学术研讨会"，等等。

三是国际学术活动。如 1989 年 10 月我国刑法学界的余叔通、高铭暄等 6 位学者参加了在奥地利维也纳召开的国际刑法学协会第 14 届大会；1994 年 5 月中国社会科学院法学研究所在北京举办了"中日公务员贿赂犯罪问题国际学术研讨会"；1994 年至 1996 年中国人民大学国际刑法研究所与法国巴黎第一高等大学等单位分别在北京和巴黎举行了 3 次关于"中法刑法合作研究项目"的学术研讨会；1994 年 9 月我国刑法学界代表参加了在巴西里约热内卢召开的国际刑法学协会第 15 届大会；1995 年 10 月在北京举行"第七届国际反贪污大会"，等等。

这一阶段的学科建设也取得了显著成就：增设了两个硕士学位点（郑州大学，1991 年；湘潭大学，1996 年）和一个博士学位点（北京大学，1990 年）。尤其值得一提的是，1992 年后设置了 3 个能招收刑法学博士进站的法学博士后流动站（中国人民大学、武汉大学，1992 年；北京大学，1994 年）。

3. 第三阶段（1997 年 3 月以来）

从 1997 年 3 月新刑法颁布以来，刑法学研究基本上沿两条线并行不悖地运行：一是宣传、阐释刑法，二是拓展、深化原来的研究专题。

（1）主要研究成果。这一阶段时间较短，研究成果从总量上说不是很多，但以年计却是比以往每年都多。研究成果可分以下几类：第一类是中国刑法教科书。这一阶段出版了一批以新刑法典为立法依据的刑法学教材，较有代表性的有：周振想编著《刑法学教程》（北京，中国人民公安大学出版社，1997），杜发全主编《新刑法教程》（西安，西北大学出版社，1997），赵秉志主编《新刑法教程》（北京，中国人民大学出版社，1997），张明楷著《刑法学》（上、下册，北京，法律出版社，1997），苏惠渔主编《刑法学》（北京，中国政法大学出版社，1997），李文燕主编《中国刑法学》（北京，中国人民公安大学出版社，1998），高铭暄主编的全国高等教育自学考试指定教材《刑法学（新编本）》（北京，北京大学出版社，1998）和普通高等教育"九五"国家级重点教材《新编中国刑法学》（上、下册，北京，中国人民大学出版社，1998），高铭暄、马克昌主编的高等教育法学教材《刑法学》（北京，中国法制出版社，1999），陈明华主编的高等政法院校法学主干课程教材《刑法学》（北京，中国政法大学出版社，1999）等。

第二类是中国刑法学专著。其中又可分为以下几个方面：一是阐释新刑法典的著作。较有代表性的主要有：王作富主编《中国刑法的修改与补充》（北京，中国检察出版社，1997），张穹主编《修订刑法条文实用解说》（北京，中国检察出版社，1997），赵秉志主编《新刑法全书》（北京，中国人民公安大学出版社，1997），胡康生、李福成主编《中华人民共和国刑法释义》（北京，法律出版社，1997），周道鸾等主编《刑法的修改与适用》（北京，人民法院出版社，1997），高西江主编《中华人民共和国刑法的修订与适用》（北京，中国方正出版社，1997），赵秉志主编《新刑法典的创制》（北京，法律出版社，1997），刘家琛主编《新刑法新问题新罪名通释》（北京，人民法院出版社，1997），樊凤林、周其华、陈兴良主编《中国新刑法理论研究》（北京，人民法院出版社，1997）等。

二是对刑法理论问题进行综合研究的著作。较有代表性的主要有：赵秉志、陈兴良等编写《刑事法专论》（上、下册，北京，中国方正出版社，1998），刘守芬、黄丁全主编《刑事法律问题专题研究》（北京，群众出版社，1998），北京大学法律学系组织编写《刑事法学要论——跨世纪的回顾与前瞻》（北京，法律出版社，1998），田文昌、贾宇主编《刑事法学专题研讨》（西安，陕西人民出版社，1998），陈兴良著《刑法适用总论》（上、下册，北京，法律出版社，1999），赵秉志主编《疑难刑事问题司法对策》（10 本，长春，吉林人民出版社，1999）等。

三是就刑法理论进行专题研究的著作。较有代表性的主要有：黎宏著《不作为犯研究》（武汉，武汉大学出版社，1997），刘生荣著《犯罪构成原理》（北京，法律出版社，1997），鲜铁可著《新刑法中的危险犯》（北京，中国检察出版社，1998），胡学相著《量刑的基本理论研究》（武汉，武汉大学出版社，1998），张绍谦著《刑法因果关系研究》（北京，中国检察出版社，1998），陈兴良主编"刑事法学研究丛书"（北京，中国政法大学出版社，1998），邱兴隆著《刑罚理性导论——刑罚的正当性原论》（北京，中国政法大学出版社，1998），陈兴良著《刑法的价值构造》（北京，中国人民大学出版社，1998），邱兴隆著《刑罚理论评论——刑罚的正当性反思》（北京，中国政法大学出版社，1999），于志刚著《追诉时效制度研究》（北京，中国方正出版社，1999），杨春洗主编《刑法基础论》（北京，北京大学出版社，1999），谢望原著《刑罚价值论》（北京，中国检察出版社，1999）等。

四是就刑法分则具体犯罪进行研究的著作。较有代表性的主要有：莫洪宪著《有组织犯罪研究》（武汉，湖北人民出版社，1998），阮方民著《洗钱犯罪的惩治与预防》（北京，中国检察出版社，1998），马克昌主编《经济犯罪新论——破坏社会主义市场经济秩序罪研究》（武汉，武汉大学出版社，1998），赵秉志主编《侵犯知识产权犯罪研究》（北京，中国方正出版社，1999），赵秉志总主编"新刑法典分则实用丛书"（25 本，北京，中国人民公安大学出版社，1998、1999）等。

五是其他关于刑法问题的著作。主要有：宁汉林、魏克家著《中国刑法简史》（北京，中国检察出版社，1997），高铭暄、赵秉志编《新中国刑法立法文献资料总览》（上、中、下册，北京，中国人民公安大学出版社，1998），鲁嵩岳编著《慎刑宪点评》（北京，法律出版社，1998），高铭暄、赵秉志编著《新中国刑法学研究历程》（北京，中国方正出版社，1999）等。

第三类是外国刑法、国际刑法、中国区际刑法等属于外向型刑法问题研究方面的著作。较有代表性的主要有：赵秉志著《外向型刑法问题研究》（上、下册，北京，法律出版社，1997），赵秉志主编《香港刑法学》（郑州，河南人民出版社，1997），宣炳昭著《香港刑法导论》（北京，中国法制出版社，1997），张明楷著《未遂犯》（北京，中国法律出版社；东京，日本成文堂，1997），谢望原主编《台、港、澳刑法与大陆刑法比较研究》（北京，中国人民公安大学出版社，1998），张明楷著《外国刑法纲要》（北京，清华大学出版社，1999），赵秉志主编《海峡两岸刑法总论比较研究》（上、下卷，北京，中国人民大学出版社，1999），陈忠林著《意大利刑法纲要》（北京，中国人民大学出版社，1999）等。这一段也陆续翻译出版了几本外国刑法学专著。

另外，这一阶段还发表三千余篇论文，并有数百篇硕士学位论文和数十篇博士学位论文问世。

（2）主要研究课题。这一阶段时间短，尽管所涉及的课题很多，但形成争论热点的较少，下面作一简述。

其一，对新刑法典的评价问题。新刑法通过后，关于新刑法典的利弊、优劣成为刑法理论界的热门话题，学者们围绕此发表了不少文章，研究比较深入，争论也比较激烈，大多数人的评价还是中肯、科学、理性的。绝大多数学者对新刑法典持肯定、赞扬态度，认为新刑法典是一部有中国特色的、比较完备的、顺应了时代要求的刑法典，大大推动了中国刑事法治乃至整个法治建设的进程，在中国法制史上具有里程碑的意义。当然，也有少数学者对新刑法典进行了尖锐的批评。总之，学者们从宏观到微观、从总则到分则、从立法到司法，对新刑法典作了全面、具体、详尽的评价，内容涉及新刑法典的立法背景、指导思想、特点、意义、价值观念、立法技术、总则基本原则和共性制度、分则具体犯罪等方方面面。无疑，这些研究对新刑法典的宣传、贯彻以及以后的改进有着重要意义。

其二，关于新刑法典的实施问题。新刑法典出台就面临着实施，学者们对新刑法典的司法贯彻发表了不少意见。有学者认为，迫切需要树立与新刑法相适应的五种执法观，即经济执法观、效益执法观、民主执法观、平等执法观和开放执法观。也有学者探讨了新刑法典在执行过程中最需要注意的问题，即罪刑法定等刑法三项基本原则能否在实践中得到不折不扣的执行。还有学者研究了刑法上罪刑法定原则与刑诉法上的无罪推定原则的关系、国家工作人员的范围、司法解释问题、新刑法典与新刑事诉讼法典的衔接等问题。

其三，刑法基本原则问题。刑法基本原则是这一阶段刑法学研究的热点问题。尽管新刑法典规定了刑法的基本原则，但学者们并未停止对刑法基本原则范围的争论；同时尽管在刑法基本原则范围上未达成共识，但学者们超越了这一争论，对刑法规定的基本原则给予了深刻的探讨。学者们从历史渊源、理论基础、内容、立法体现、司法贯彻以及基本原则之间的关系等方面进行了研究，这些研究很有深度，触及刑法的根本和灵魂，并可导致刑法观念之变革。从学者们对刑法基本原则问题所持的态度上，我们也可看到刑法学科的成熟，刑法学者的成熟——科学精神和务实精神应该成为刑法学者的永恒的品格。

（3）主要研究特点。这一阶段的刑法学的研究具有以下特点：

其一，全面系统阐释、宣传新刑法典。新刑法典的颁布又带来了一次阐释刑法典的热潮，这是新刑法典颁布后刑法学研究的主流。学者们围绕此主题发表了大量文章，出版了不少书籍。不仅如此，中国法学会刑法学研究会 1997 年和 1998 年的年会都以新刑法典的贯彻实施为议题。宣传、阐释新刑法典是必要的，也是刑法学界义不容辞的一项重要任务。这一阶段的研讨对新刑法典的正确理解和实施具有重要意义。当然，这一阶段出版的阐释新刑法典的著作也可以说是良莠并存。有的书为了抢时间，片面追求经济效益，写得比较粗糙。

其二，关注香港地区回归，为"一国两制"的贯彻作贡献。1997 年 7 月 1 日香港地区回归祖国，这给刑法学研究带来了新的课题。了解、研究香港地区刑法，探讨内地与香港地区刑法制度的差异以及研究内地与香港地区的刑事司法的冲突与协调等问题，成为刑法学研究的迫切课题。值得欣喜的是，对于这些问题，学者们先后发表了一些论文、文章，特别是出版了几本论述香港地区刑法的专著，还出版了对祖国内地与台、港、澳地区刑法进行比较研究的专著。这些研究无疑为"一国两制"的贯彻作出了贡献，也丰富了刑法学理论。当然，在这方面的研究还远远不够，应当加强。

其三，重视刑法学基础理论的研究。这一阶段学者们尽管忙于阐释新刑法典，但并没有停止对刑法基础理论的研究，出版了一批有相当深度的专著，其内容涉及刑法价值、刑罚理性等基本理论问题。学者们这一阶段对刑法基础理论的研究不仅保持了刑法学基础理论研究的连续性、递进性，推动刑法学研究向纵深发展，也表明我国刑法学基本上进入了良性发展状态。

（4）学术活动和学科建设。这一阶段尽管时间短，但学术活动仍然蓬勃开展，内容丰富，成绩显著。下面择要予以介绍：

其一，定期召开中国法学会刑法学研究会年会。1997 年 8 月银川会议：主要议题是"刑法的贯彻与实施"，会后编选出版了《刑法实施中重点难点问题研究》（北京，法律出版社，1998），1998 年 11 月无锡会议：主要议题是"新刑法的施行问题"，会后编选出版了《新刑法施行问题研究与适用》（北京，中国检察出版社，1999），1999 年昆明会议：主题相对集中在刑法学研究 50 年回顾与 21 世纪展望、刑罚的适用、新型犯罪与经济犯罪研究、区际刑法与国际刑法 4 个方面，会议论文经编选，由人民法院出版社于 2000 年上半年出版。

其二，首次召开中国区际刑法的学术研讨会。1999 年 7 月 17 日～21 日，由中国人民大学国际刑法研究所主办，并得到浙江省温州市政法委和温州市瓯海区政法委共同协办的"中国区际刑法与国际刑事司法协助学术研讨会"在温州市举行，这次以区际刑法为专门议题的研讨会，尚属我国之首次。来自全国 11 所高等院校以及中央政法机关和主管部门、地方司法机关等共计 29 个单位的正式代表、列席代表八十余人出席了会议。本次研讨会收到论文 23 篇，内容涉及中国区际刑事法律冲突和区际刑事司法协助、中国区际刑事法律比较研究方方面面的问题。会议论文经编辑整理，作为"中国人民大学国际刑法研究所文库"之九，以"中国区际刑法与刑事司法协助研究"为题，由法律出版社和中国方正出版社于 2000 年上半年出版。

其三，中国刑法学界代表团参加国际刑法学协会第 16 届大会，并当选进入领导层。1999 年 9 月 5 日～11 日，第 16 届国际刑法学大会在匈牙利首都布达佩斯召开。出席这次大会的有来自中国、匈牙利、美国等 60 个国家和地区的代表五百余人。以中国法学会副会长、中国法学会刑法学研究会总干事、国际刑法学协会中国分会主席、中国人民大学法学院高铭暄教授为团长的中国代表团一行 18 人参加了大会，出席会议的中国代表团成员主要有浙江大学法学院卢建平教授（中国代表团副团长）、武汉大学马克昌教授、中国法官协会秘书长单长宗教授、中国人民公安大学樊凤林教授、最高人民检察院检察理论研究所所长刘立宪研究员、海南省高级人民法院副院长黄卫国法官、深圳市中级人民法院院长助理王勇博士等。本届大会的主题是"面临有组织犯罪挑战的刑事司法体系"。我国代表单长宗教授和黄卫国法官就大会议题提交了论文，阐明了我国理论界和实务界对有组织犯罪问题的观点与认识。会议期间国际刑法学协会进行了换届选举，中国代表团主席高铭暄教授膺选为国际刑法学协会副主席，卢建平教授当选为国际刑法学协会副秘书长。前任国际刑法学协会主席巴西奥尼教授（中国人民大学法学院兼职教授）蝉联主席，另有来自 11 个国家的专家、学者当选为国际刑法协会副主席。此外，我国代表团正式提出承办 2004 年第 17 届国际刑法学协会大会的申请，此举得到了协会主席、副主席等主要领导的首肯和赞赏，并将于 2000 年在巴黎召开的理事会上作出正式决定。中国代表团成功地参加这次大会并当选进入国际刑法学协会领导层，对于促进我国刑法学研究走向世界以及与国际刑法学界的交流与合作，无疑具有重要的意义。

其四，国家建立刑事法学重点研究基地。按照教育部 1999 年 6 月《普通高等学校人文社会科学重点研究基地建设计划》的要求，两年内将在全国普通高校经严格评审建立一百个左右具有明显科研优势和特色的国家级人文社会科学重点研究基地，这是我国立足 21 世纪努力振兴人文社会科学研究的重大举措。中国人民大学刑事法律科学研究中心以其显著的科研优势和特色通过评审，成为 1999 年首批建立的 15 个国家人文社会科学重点研究基地之一。该中心以精干的知名中青年学者组成领导班子，并聘请著名法学家担任顾问。中心主任为赵秉志教授，中心执行主任卢建平教授、中心副主任何家弘教授、甄贞副教授、郑定教授、黄京平教授；高铭暄教授及中央政法机关的几位专家型领导担任中心顾问。该中心下设四个研究机构和研究方向：第一研究室以中国刑法（含中国区际刑法）为研究方向，第二研究室以刑事诉讼法暨刑事侦查、刑事物证技术为研究方向，第三研究室以刑事法律史为研究方向，国际刑法研究所以外国刑法与国际刑法为研究方向。该中心并聘请了 40 位校内外（含国外）专、兼职研究人员。作为刑事法律科学领域唯一的国家重点研究基地，该中心将在国家主管部门的支持与全国刑事法学界的参与、协助下，通过学术研究、学术活动、人才培养、信息交流等多种措施，引导和促进全国刑事法学的发展与完善。

此外，1998 年 10 月中国政法大学、中国国家检察官学院与加拿大"刑法改革与刑事政策国际中心"联合举办了"98 北京预防和控制金融欺诈国际研讨会"；1998 年 10 月中国法学会和俄罗斯法律家联盟共同举办了"中俄遏制有组织犯罪研讨会"；还有一些刑法学专家、学者前往国外以及我国台、港、澳地区参加了多种有意义、有价值的学术活动。

三、新中国刑法学研究发展之前瞻

回首新中国刑法学研究半个世纪的历程，我们不能不为其所取得的丰硕成果而自豪；展望 21 世纪，我们完全有理由对我国刑法学研究的未来充满信心。与此同时，我们也应当清醒地看到，中国刑法学研究还有许多不尽如人意而亟待改进的薄弱环节：研究方法还不够丰富，注释方法尚占据过重的地位，致使刑法学研究尚未形成自己独立的理论品格；基础理论研究相对薄弱，未能取得突破性进展；经济犯罪和经济刑法的研究不够深入系统；对当代世界先进刑法的比较研究不够，尚未完全走出简单移植、生搬硬套的理论研究误区；学科之间的交叉整合几乎处于空白。可以预言，21 世纪的中国刑法学将在挑战中前行。把握发展契机，迎接挑战，是新世纪赋予中国刑法学者的历史使命。针对中国刑法学研究的现状，我们认为，21 世纪的中国刑法学研究应当着重解决以下四个方面的问题，以实现中国刑事法制的科学化、现代化和国际化。

（一）转换刑法观念

首先要转换刑法观念，重视刑法的人权保障机能，以实现社会保护与人权保障的有机结合。刑法观念是人们对刑法的性质、功能、犯罪、刑罚、罪刑关系、刑法的制定与实施等一系列问题的认识、看法、心态和价值取向的总称。在法律文化结构体系中，刑法观念居于深层的或潜隐的地位，它不一定与刑事立法和刑事司法永远保持一致，但却控制和影响着居于表层结构的刑事立法的规范设计和刑事司法的具体操作功效。

我国传统的刑法观念认为，刑法是执行阶级专政职能、镇压阶级敌人反抗、惩罚严重刑事犯罪分子的工具。对此，有学者形象地将中国刑法称为"工具刑法"、"手段刑法"。由此决定，中国刑法的确立和变更，取决于政治斗争的需要；刑法的适用，随政治形势而变迁；刑法学的研究，以符合立法和实际需要为原则。这种实用主义的刑法观，不仅阻碍了刑法理论的更新和发展，而且也使刑事立法缺乏长远预见。[①] 因而转换

---

① 参见陈晓枫主编：《中国法律文化研究》，315、316 页，郑州，河南人民出版社，1993。

刑法观念，确立与时代发展和社会变迁相适应的现代刑法观念，就成为 21 世纪中国刑事变革和中国刑法学发展的必要前提。

对此，我们认为，随着社会主义市场经济体制的深入发展，刑法的价值观念应当从过去对社会利益、公共秩序的单纯强调转变为社会保护与公民个人权利的保障并重。刑法规范不仅是全体公民的基本行为准则，而且也是司法者代表国家行使刑罚权的裁判规范，是国家刑事政策不可逾越的界限。就我国当前的实际情况而言，刑法观念转变的重点应当放在对个人权利的尊重和保障方面，这也是当今刑法发展的世界性潮流与趋势。具体来说，对刑法人权保障机能的注重涉及刑事立法与刑事司法两个层面：在立法方面，立法机关必须树立以人为本的人本主义观念，科学地协调打击犯罪与保障人权之间的矛盾，从制度层面上对社会保护和人权保障、国家刑罚权和公民个人权利之间划定一个合理的分界线；在司法方面，则必须彻底清除刑法为政治统治服务的刑法工具意识，树立国家刑罚权的自我制约意识，司法运作既要注意对犯罪人的规制和打击，也要注意对其合法权益的理性尊重和保护，做到社会保护机能与人权保障机能的有机结合，以实现社会正义这一刑法的基本价值追求。

需要指出的是，强调新世纪的中国刑法应当以人为本，注重刑法的人权保障机能，目的是实现社会保护与人权保障之间的动态平衡，最大限度地发挥刑法的功能，但这绝对不是对人权保障的片面强调和对刑法的社会保护机能的完全否定。西方国家的经验已经表明，无视刑法对公共安宁和社会秩序的保护，过分强调个人权利的保障，不仅有损良好的社会秩序，无助于刑法对个人权利的有效保护，反而会从根本上动摇刑法的社会正义基础，最终扼杀刑法的生机和活力。

（二）调整研究方向

调整刑法学研究方向，坚持注释刑法学研究与理论刑法学研究的并行不悖，实现刑法学研究应用性与科学性的统一，乃为我国刑法学研究亟待解决的重大问题。

50 年来刑法学研究所取得的丰硕成果，尤其是在服务于刑事实践方面所作出的贡献是不能抹杀的，但当我们审视、检阅其丰硕的成果时，不能不得出这样的结论：50 年的刑法学研究没有自己独立的学术品格，基本上是以刑事立法和刑事司法为指挥棒。1958 年以前，刑法学研究为"镇反"、"三反、五反"、"肃反"服务，为 1979 年刑法典的起草工作服务。1979 年刑法典颁布后，刑法学研究全面注释刑法典。1997 年刑法典颁布前，刑法学研究一方面注释单行刑法和附属刑法，另一方面配合 1979 年刑法典的修改。1997 年刑法典颁布后，刑法学研究又掀起一股注释热潮。每一刑事法律的出台，都伴随着大量论文的发表和大量书籍的出版。虽然其间也有理论刑法学研究，但注释刑法学研究是绝对的主流。

应当说，以刑法为研究对象的刑法学不能不去关注现行刑事立法、司法，刑法学研究应当非常注意反映司法实践经验，特别是执行刑法的经验。应用性是刑法学的生命，是刑法学得以发展和繁荣的源泉，离开应用性（实践性），刑法学就成了无源之水、无本之木。正是刑法学的应用性决定刑法学应进行注释性研究，不仅要分析现行刑事法律规则本身的规范内容和逻辑结构，而且还要描述刑法在社会生活中的实施和运行效果，其根本在于阐释立法精神，为刑事司法寻找一定规律。

但是，刑法的运用和发展有其自身的客观规律。对刑法运行规律的科学揭示，仅仅依靠注释刑法学研究是远远不够的。作为一门独立的学科，刑法学的生命力不仅在于其应用性，关键还在于其科学性。而要维护刑法学的科学性，就必须进行刑法学基础理论研究，运用哲学、伦理学、社会学、政治经济学等知识来解释刑法的内在客观规律，有意识地引导现行刑法的运作。这里的刑法基础理论，主要是指刑法思想、原则、价值、观念等刑法根本性的问题，在整个刑法理论中处于中心的、指导的地位。综观近现代世界各国刑法发展的历史，刑法基础理论研究不仅与刑法学科的发展完善有着极为密切的联系，而且还与刑法改革、刑事法治进程密不可分。世界刑法的重大变革，往往与刑法基础理论的重大突破如影随形。我国刑法学虽对刑法基础理论有所研究，但未获突破性进展，这也是导致我国刑法学研究不能高瞻远瞩、形成高屋建瓴之势的一个相当重要的原因。因而在今后一个时期，刑法基础理论研究将成为刑法学研究的重点，这些研究也必将提高刑法学的科学性，推动中国刑事法治进程。

当然，注重刑法基础理论的研究，并不是要完全抛弃注释刑法学研究。新世纪中国刑法学研究的方向应当是注释刑法学研究与理论刑法学研究并重，这是由刑法学自身的特点所决定的。刑法学是以刑法及其规定的犯罪、刑事责任和刑罚为研究对象的科学。它不仅包括现行的刑法条文，也包括正确理念上的刑法理论；不仅要研究现行刑法之实然及其所以然，而且要研究现行刑法之应然及其所以然。只有这样，才能够找出现实与理想的差距，寻找到实然法向应然法过渡、发展的突破口及途径。因而科学的刑法学研究应当是注释性研究和理论性研究的并重，只不过传统的中国刑法学研究一直偏重注释性研究，所以在以后相当长的一段时期内，应当在不放松注释刑法学研究的同时，适当偏重理论刑法学的研究，以使二者渐趋平衡，实现刑法学科学性与应用性的有机统一。

（三）改革研究方法

方法，是指达到、认识、接近某种事物的途径，是人们在实践活动中必须服从所接触的那些事物的内在客观逻辑。印度学者拉姆·纳斯沙玛指出：一个学科之所以称之为科学，是由于应用了科学方法，科学的成果是由于科学方法的成功。[①] 科学方法制约着人的思维方式，科学方法的变革、科学方法论的创新直接影响着人们主观创造性的发挥，它能拓展认识主体的视野、思路，有效地收集信息，排除各种认识干扰，达到认识客体的目的。认识方法的变革必然导致科学本身的变革，理论的创新往往源于方法论的创新。

---

① 转引自吕世伦、文正邦：《法哲学论》，610 页，北京，中国人民大学出版社，1999。

检视 50 年来的刑法学研究，繁荣的背后一个令人深感忧虑的现象，是偏重使用注释方法来研究刑法问题，为数不少的研究成果是作者对刑法条文的阐释，以至于刑法学的研究唯刑事立法、刑事司法之马首是瞻，缺乏独立、高层次的理论品格。这不仅影响到刑法理论水平的提高，也大大降低了刑法学对刑事立法、刑事司法的指导和促进作用。究其根源，这种现象的产生与刑法学研究方法的单一与薄弱有着密切的关系。因而革新刑法学研究方法，注重定性研究与定量研究、思辨研究与实证研究的有机结合，同时引入经济分析方法、价值分析方法等其他社会科学和自然科学中的科学研究方法，应当成为新世纪刑法学研究在方法论上努力完善的一个方向。基于此，应注意以下几点：

1. 必须坚持马克思主义的辩证唯物主义和历史唯物主义的世界观和方法论。辩证唯物主义和历史唯物主义是研究刑法学的根本方法。可以说，50 年来刑法学研究取得丰硕成果，是我们坚持辩证唯物主义和历史唯物主义的结果。当然，我们在运用马克思主义哲学方法时，必须摒弃教条主义，防止僵化。"马克思的整个世界观不是教义，而是方法。它提供的不是现成的教条，而是理论进一步研究的出发点和供这种研究使用的方法。"①

2. 优化比较方法。比较的方法是通过比较来认识事物的一种方法。通过比较，人们将不同事物区别开来，了解它们的异同；通过比较，人们知其优劣，发现真理。比较法则是以法律为其研究对象，以比较为其研究方法的一门学科。一般来讲，它指不同国家的法律的比较研究和同一国家不同法律体系的比较研究，不包括同一国家法律体系的不同规则、制度之间的比较。近年来，我国刑法学者对不同国家的法律的比较研究，尤其是对我国刑法理论与实践和外国刑法理论与实践的比较研究有所进展，这是值得欣喜的。但是，比较方法的运用还是粗浅的，往往停留于表面上、逻辑上的比较分析，这是远远不够的。进行这类比较研究，必须掌握科学的比较方法，即应尽可能广泛地了解比较对象在实际应用中的效果，了解它们各自不同的历史文化背景、法律传统和现实经济政治情况的差别以及这些现象在实际应用中的影响，实事求是地剖析其是非优劣，切忌片面、机械地进行比较。另外，还应注意运用各种比较方法，如规范比较和功能比较、宏观比较和微观比较及叙述比较和评价比较等。

3. 定性研究和定量研究相结合。我国刑法学研究历来较为重视定性研究，而往往忽略定量研究，致使研究过于抽象、空泛，缺乏可操作性。从定性研究到定量研究是学科进步的标志。定量研究是刑法学科面临的课题，也是新的挑战。它不仅要求研究人员掌握数理统计知识、现代科技工具，并把它运用到刑法理论与实践研究中去，而且需要研究人员耗费大量精力，深入调查研究，搜集资料数据。在定量研究方面，已有学者利用电脑研究定罪量刑的综合平衡问题，并取得一定成果。这是良好的开端。

4. 思辨研究与实证研究相结合。思辨研究方法是从观念出发，通过抽象推理、逻辑

---

① 《马克思恩格斯全集》，中文 1 版，第 39 卷，406 页，北京，人民出版社，1974。

演绎来认识、揭示事物；而实证研究方法是从审慎缜密的观察出发，以实证、真实的事实为依据，找出事物的发展规律。实证方法可以弥补思辨方法过于空泛的不足，思辨方法可以弥补实证方法无法揭示事物本质的缺陷，二者的结合可以相互取长补短。我国刑法学者一般缺乏实证精神，在思辨方面也不完美。可以说，实证分析的匮乏是思辨不完美的一个重要原因。此外，我国刑法学研究还存在一种不良现象：闭门造车、纸上谈兵。这种现象虽非主流，但应引起注意，因为这种情况于理论研究和司法实践都无益处。

5. 引进其他社会科学的研究方法。刑法不是孤立存在的社会现象，它与政治、经济、伦理、文化等社会现象存在着相互影响，甚至相互制约的关系。因此，刑法学和政治学、经济学、社会学、伦理学等社会学科也存在着相通之处，其研究方法是可以相互借鉴的。比如，有学者利用经济分析方法来研究刑法，虽然还不够深入，但毕竟是有益的尝试。事实上，对一事物的认识，不借助他事物，往往难以把握该事物。对刑法的研究，尤其是揭示其本质运动规律，不从政治、经济、伦理等角度入手，是难以深入进去的。另外，刑法学与这些学科相互结合可以形成交叉学科，比如刑法学与社会学结合形成刑法社会学，刑法学与经济学结合形成刑法经济学等。[①] 这方面的研究在我国刑法学界还是空白，有待开拓。

6. 引进现代自然科学的研究方法。刑法学研究方法中现代化、科学化气息不浓，这与刑法学界对现代自然科学方法论缺乏足够的敏感和迫切感有关，当然，这也与刑法学者较少关注现代自然科学的发展有关。事实上，现代自然科学方法论，如控制论、系统论、信息论、博弈论、模糊论、耗散结构论、协同论及突变论已经不同程度地被引进法学领域，只是刑法学尚未有明显的动作。当然，刑法学界还是有反应的，例如，有学者利用模糊学解决罪与非罪的问题，有学者利用系统论研究犯罪构成。不过，这些研究还是初步的，并带有生搬硬套的痕迹。刑法理论的突破，有赖这些方法论的引进，当然，这要求刑法学者深刻掌握这些方法论及相关学科知识，必须将这些方法与刑法学融为一体，切忌机械套用。

（四）拓展研究视野

依法治国是我国法治建设的基本方略，也是刑法学研究孜孜以求的奋斗目标。而外向型刑法研究的薄弱，则在很大程度上阻碍了中国刑法与世界先进刑法的衔接，影响着我国依法治国方略的大力推行。因而拓宽刑法学研究视野，加强中国区际刑法的研究，努力开拓外国刑法、比较刑法暨国际刑法的研究，应当成为新世纪中国刑法学研究急需加强的领域。为此，需要注意以下三个方面：

---

① 在这里需要说明的是，我国有不少学者出版了《经济刑法学》。它是以经济犯罪为研究对象，而不是用经济方法研究刑法学，因而它不是一门独立的学科，更不是刑法学与经济学的交叉学科，严格地讲，它应该称为"经济犯罪论"。

1. 加强区际刑法研究

1997 年 7 月 1 日我国对香港地区恢复行使主权，1999 年 12 月 20 日澳门地区也回到了祖国的怀抱。台湾问题将来的最终解决，祖国和平统一大业的完成，"一国两制三法系四法域"的格局将在我国形成。由此决定了我国区际刑事法律冲突的不可避免以及解决这一冲突的任务的艰巨性和复杂性，因而区际刑法的研究将成为中国刑法学研究的一个重点领域。为此，需要大力加强各法域的学术交流，广泛开展学术研究合作，以促进各法域刑事法律的完善，建立富有中国特色的区际刑事司法协助，有效地惩治和预防犯罪，确保一国两制宏伟构想的实现。

2. 重视国际刑法研究

进入 21 世纪，国际范围的交往将变得更为频繁，随着经济的全球化，法律国际化的进程也将进一步加快。这种社会发展趋势，为国际犯罪的增长在客观上创造了条件。可以预言，21 世纪的国际犯罪将更加猖獗，其对整个国际社会造成的危害也将日益加重。这样，国际犯罪的惩治与防范、国际范围内的刑事司法协助、国际刑法的中国化以及中国刑法的国际化等问题，都将成为中国刑法学研究亟待加强的领域。尽管联合国已经成立了旨在审理战争犯罪的国际刑事法庭，但在诸如战争罪的认定、国家刑事责任的承担、国际刑事司法合作等国际刑法理论与实践的一些基本问题上，世界各国的学者并没有达成共识，国际刑法研究仍然需要进一步深入和提高。

3. 繁荣比较刑法研究

在一个开放的世界，不吸收其他国家的有益经验，关起门来自己摸索的经验爬行主义做法，是根本行不通的。世界优秀文化应该共享，在这方面，刑法学研究也不例外。德国著名的诗人歌德曾经有一句名言："不知别国语言者，对自己的语言便也一无所知。"德国著名的比较法学者 H. 克茨据此指出："我以为，在法律上也可借用歌德的这句箴言。这意味着，即使一位法律家，也只有具备有关外国法律制度的知识，方能正确地理解本国的法律。"① 而我国刑法在过去由于"夜郎自大"思想和"以阶级斗争为纲"观念的影响，不注意比较刑法研究，没有很好地吸收、借鉴外国的有益经验。近几年来，我国刑法学界开始注意这个问题，但所依据的资料以间接渠道来源居多，而且很不系统。不仅如此，我国刑法学的比较研究大多限于欧陆诸国的刑法理论，对英美刑法的研究则相对较为薄弱。这在很大程度上限制了比较刑法学研究的发展和中国刑法学对外国刑法中的先进理论的借鉴。实际上，英美刑法理论体系不仅严密完整，而且十分注重刑法制度的司法运作，具有很强的实用性，其很多理论，例如，美国刑法中的双层次犯罪构成理论、保安处分制度、缓刑、假释，乃至于刑事政策，等等，对我国刑法理论的发展乃至于司法实务的发展，都具有十分重要的借鉴意义和参考价值。

① ［德］K. 茨威格特、H. 克茨著，潘汉典等译：《比较法总论》，中译本序，贵阳，贵州人民出版社，1992。

此外，尽管我国 1997 年刑法典增设了一系列新型犯罪，但这些新型犯罪涉及现代社会生活诸多崭新领域，且立法规定的时间不长，因而刑法理论研究和司法实务经验均相当薄弱。因此，开拓新型犯罪这一重大而崭新课题的研究，并进行这一课题的中外比较探讨，必将有助于我国刑法的正确实施及发展完善，繁荣我国刑法的应用理论研究和比较研究，从而积极地推动我国依法治国方略下的法治建设进程。

［高铭暄、赵秉志；载高铭暄、赵秉志主编：《刑法论丛》，第 4 卷，北京，法律出版社，2000］

第二十章
2000 年的刑法学研究

一、研究概况

世纪之交的 2000 年是万象更新的一年：新的五年计划即"十五"规划即将制定，国家西部大开发的号角已经吹响，我国加入世界贸易组织、批准加入国际人权两公约的新的历史时期也即将来临……这些世界瞩目的重大社会变革给中国刑法学研究提出了许多新的研究课题，这既是中国刑法学研究进一步发展、前进的动力，又使中国刑法学研究面临这严峻的挑战。本着强烈的历史使命感，2000 年的中国刑法学研究在继续注重刑法基础理论研究的同时，紧紧围绕我国在新世纪的经济、社会、文化发展战略目标以及刑法研究发展的最近国际动向，在刑事司法实务以及外向型刑法等研究领域中均作出了突出的贡献。综观 2000 年的刑法学研究，不难发现其具有以下两个显著特色：

（一）学术研究新颖而富有时代特色

据不完全统计，2000 年刑法学界发表论文上千篇，出版书籍近百部，可谓成果丰硕。无论是学术论文，还是学术著作，均有一个共同的特点，那就是不仅研究视角新颖，研究内容广泛而深入，而且选题颇具鲜明的时代特色，无论是中国西部大开发中的刑法协调，还是中国加入世界贸易组织以及批准加入"人权两公约"后的中国刑法发展走向等，学者们都给予了密切的关注，并作了前瞻性的研究和探讨，具有较高学术价值和重大现实意义的精品佳作不断面世。在这世纪交汇之际，刑法研究理论的欣欣向荣，无疑为刑法学研究开创新的世纪辉煌奠定了坚实的基础。

（二）学术活动广泛开展，内容丰富多彩

2000 年刑法学界的学术活动，可谓多姿多彩，成绩显著。下面择要予以介绍：

1. 中国法学会刑法学研究会 2000 年年会即"新千年中国刑法问题研讨会"，于 2000 年 11 月 10 日至 14 日在海南省海口市隆重召开，并获得圆满成功。这是一次具有继往开来深远意义的学术盛会。来自全国高等院校、法学研究机构、中央和地方政法机关的二百五十余位专家、学者与会。会议一共收到论文 192 篇，选题均是我国当前刑法

学研究所面临的一些热点课题，诸如中国加入世界贸易组织后的刑法协调，我国批准加入"人权两公约"后的刑法发展，祖国统一方面的刑法问题，西部大开发中的刑法保障，金融犯罪问题，计算机、网络、电子商务活动中的犯罪与刑法对策问题等。会议论文经编选，由中国检察出版社出版。

尤为值得一提的是，这次会议还有一个极其重要的内容，那就是检阅中国法学会刑法学研究会从 1984 年成立至 1999 年 16 年间的学术研究成果，对由中国法学会刑法学研究会组织评定并以中国法学会名义表彰的"海南杯世纪优秀论文"作者予以奖励。这次评奖活动首开中国法学会刑法学研究会评奖活动之先河，既是对中国刑法学界专家、学者在刑法学科研领域所作出的杰出贡献的褒扬，又是对中国刑法学研究的一次全面、系统的总结和回顾，更是对新世纪刑法学研究再攀高峰、再创辉煌的良好祝愿和期待。在这世纪交汇之际，此举在我国刑法学研究进程中无疑具有重要的里程碑意义。

2. 由中国人民大学国际刑法研究所主办，贵州民族学院、贵州省司法厅、贵州省政法管理干部学院协办的"当代国际刑法问题学术研讨会"，于 2000 年 8 月 10 日至 8 月 15 日在贵阳市召开。来自全国有关院校、研究机构、中央和地方法律实务部门等 35 个单位共 66 位代表出席了会议。会议收到论文二十余篇。会议围绕当前国际刑法的诸多重要课题进行了较为深入的研究，内容主要涉及：国际刑法和国际犯罪的界定，国际刑事法院，国际刑法与人权保护，普遍管辖原则，国际刑法中的环境犯罪、种族犯罪、恐怖主义犯罪，以及对传播性病罪的国际防护等。会议成果将作为"中国人民大学国际刑法研究所文库"之一结集出版。这是我国首次以国际刑法为专门议题的学术会议，对于推动我国国际刑法学研究的发展无疑具有深远的意义。

3. "世纪之交刑法学研究热点问题国际学术研讨会"于 2000 年 12 月 5 日在中国人民大学隆重举行。此次会议由国家重点研究基地中国人民大学刑事法律科学研究中心主办，是中国人民大学法学院成立 50 周年庆典系列学术活动的重要组成部分之一。来自德国、法国、日本以及我国香港地区、内地法学研究机构以及司法实务部门的刑法专家、学者共二百余位出席了这次会议。会议对我国当前刑法学研究面临的一些热点课题，诸如中国加入世界贸易组织后的刑法协调、中国批准加入国际"人权两公约"后的刑法问题、中国区际刑事司法协助、国际刑事司法协助、中国引渡法的立法与适用等新颖、重要的问题，进行了广泛而深入的研讨。作为中外刑法学界携手并肩进行学术交流的有益探索，这次会议必将对增进中外刑事法学界的交流与合作、促进我国刑事法治的进步和刑事法学的繁荣起到积极的推动作用。

为全面了解和把握 2000 年中国刑法学研究的发展动向，现将 2000 年刑法研究学术论文及学术著作所研讨的重要问题及较有代表性的见解综述如下。

二、刑法基本理论问题

（一）关于刑法的机能

人权保障与社会保护均是刑法机能不可或缺的组成部分。人权保障的核心在于保护个人自由，社会保护的根本在于维持社会秩序，而保护个人自由与维持社会秩序的价值取向显然有别。有学者认为，个人自由和社会秩序之间是一种对立统一的关系，以个人自由为第一位，以社会秩序为第二位，并在此前提下力求个人自由与社会秩序之间的均衡，应当成为我国刑法的选择。这样，可以在一般性抽象规范的范围内，从有利于行为人（被告人）的角度考虑刑法规范的适用，以寻求刑法之原则性与灵活性的统一，并进而使刑法真正具有一种谦抑的精神。可以说，在刑法领域，只有以个人自由为第一位，自由与秩序才能和谐相处，并在对立中获得统一；而以社会秩序为第一位，自由与秩序则会由对立发展为严重的对抗，结果是两败俱伤。[①]

（二）关于犯罪概念与犯罪本质特征

1. 关于犯罪概念。犯罪概念与犯罪本质特征的确立，事关刑法机能的价值取向以及刑法基本原则、制度的选择和设计，因而这一理论问题的厘清，无疑具有重要的理论价值。对此，有学者在反思我国刑法中的社会危害性理论的基础上，对我国刑法中的犯罪概念进行了检讨和重塑。有关学者认为，根据犯罪概念是否包含社会危害性的内容，在刑法理论上可将犯罪概念分为犯罪的形式概念和实质概念：前者以形式合理性为依托，以刑事违法性为特征；后者以实质合理性为依托，以社会危害行为特征。刑事违法性和社会危害性之间的关系，可分别从以下不同角度考察并得到说明：（1）就立法与司法两个层面而言，由于立法是一种规范的构造，而社会危害性是创设罪名的实体根据与基础，因而可以说是社会危害性决定刑事违法性；但从司法上来说，由于其面对的是具有法律效力的规范和具体案件，因而某一行为是否具有刑事违法性就成为认定犯罪的根本标准。（2）从理论刑法学与注释刑法学的角度来看，把犯罪作为一种社会的与法律的现象进行研究，不仅要关注犯罪的法律特征，而且还要揭示犯罪的社会特征是理论刑法学的任务，因而从刑法理论上界定犯罪，将犯罪本质定义为社会危害性与人身危险性的统一，即所谓犯罪本质二元论，是可以成立的；但从注释刑法学的立场出发，犯罪只是一种法律规定的行为，离开了法律规定就没有犯罪可言，在这种情况下，必须始终把握犯罪的刑事违法性。社会危害性只有从刑法规定的构成条件中去寻找；人身危害性只有从刑法规定的犯罪情节中去认定。由此决定，在刑事违法性与社会危害性发生冲突的时

---

① 参见曲新久：《个人自由与社会秩序的对立统一以及刑法的优先选择》，载《法学研究》，2000（2）。

候，应当坚持刑事违法性而非社会危害性。在此基础上，学者进一步提出，把犯罪客体还原为刑法法益，然后将刑法法益纳入犯罪概念，以法益侵害作为犯罪的本质特征，应是倡导罪刑法定原则的必然逻辑结论。当然，在对违法的理解上，应当坚持形式违法与实质违法的统一，主观违法与客观违法的统一，使违法性真正成为一个具有实体内容的概念，为此，我们需要引进大陆法系的违法性理论。[①] 另有学者对此则持完全相反的看法，在该论者看来，犯罪的形式定义虽然能限制司法者非法滥用刑罚权，但对立法者刑罚权的滥用却无能为力。而所谓有社会危害性的行为实际上就是侵害社会利益的行为，因而社会危害性与犯罪构成的客体要件即法益是相通的。在刑法上规定犯罪的实质概念，限定立法者只能把侵害社会利益的行为即有社会危害性的行为规定为犯罪，这样就可以在一定程度上防止立法者滥用刑罚权，把没有侵害社会利益、不具有社会危害性的行为规定为犯罪。所以，该论者主张，在犯罪概念上绝不能倒退到单纯的形式定义上，而是必须坚持形式定义与实质定义的结合和统一，从法律形式上和社会本质上界定犯罪概念，科学地区分罪与非罪，以制约惩罚权在立法上的发动和在司法上的滥用。[②]

2. 关于犯罪本质与法益侵害的关系。有学者在论述外国刑法理论中法益侵害说及其与规范违反说的种种区别的基础上，经过分析论证指出，我国 1997 年刑法典实际上对法益侵害说持一种认同的态度。该论者认为，这一立场值得称赞：首先，以法益侵害说为根据确定刑法的处罚范围与界限，可以使处罚范围适当、使处罚界限明确；其次，采取法益侵害说有利于同时发挥刑法的法益保护机能与自由保障机能；再次，采取法益侵害说有利于合理区分刑法与道德；又次，采取法益侵害说有利于正确评价行为的社会危害性；最后，坚持法益侵害说有利于正确理解和适用刑法规范。由于刑法的任务与目的是保护法益，犯罪的本质是侵害法益，坚持法益侵害说，有利于在把握刑法精神与犯罪本质的前提下理解和适用所有的刑法条文。而这正是我国刑法理论与司法实践的方向。[③]

3. 关于人身危险性的界定。除社会危害性外，人身危险性也是与犯罪概念相关的另一重要理论概念，我国现行刑法中即存在大量有关人身危险性内容的规定。为此，有学者对人身危险性的内涵及特征作了详细的研究和分析。该论者认为，从存在论与价值论相结合的角度看，人身危险性是由行为人特定人格决定的犯罪可能性或者再犯可能性，是特定人格事实和规范评价的统一；从这一概念出发，人身危险性具有以下多方面特征：一是广义上的人身危险性特征，包括：（1）人身危险性以实施犯罪可能性和再犯可能性作为表现形式；（2）人身危险性的犯罪可能性以行为人的特定人格为其存在根

---

① 参见陈兴良：《社会危害性理论——一个反思性检讨》，载《法学研究》，2000（1）。

② 参见何秉松：《刑法典修订以来若干重要理论问题探讨（上）——〈刑法教科书〉（2000 年版）的新发展》，载《政法论坛》，2000（3）。

③ 参见张明楷：《新刑法与法益侵害说》，载《法学研究》，2000（1）。

据；（3）人身危险性应包含着对犯罪倾向性人格的否定性评价因素；（4）人身危险性具有反复继续性和可变性。二是狭义的人身危险性特征，主要有：（1）主体的特定性；（2）再犯可能性具有时间上的限定性。①

（三）关于刑事判例的创制

中国刑法学界曾经围绕我国能否实行或确立刑事判例制度展开过不小的争论，且至今意见尚未统一。有学者认为，争论的根源和焦点在于我国究竟适合建立怎样的刑事判例制度，因而有必要对刑事判例在我国司法体系中的定位进行积极的探讨。为此，该论者提出：（1）在概念定位上刑事判例是一种刑事判决范例；（2）在性质定位上，刑事判例是一种刑事司法解释；（3）在创制定位上，刑事判例必须由特定主体和程序来创制完成；（4）在效力定位上，刑事判例应当具有普遍约束力；（5）在监督定位上，必须确立制约、制衡机制等观点。②

另有学者则从罪刑法定原则的立场出发，指出：将成文刑法与判例刑法同时作为我国刑法的渊源，不仅不能形成成文刑法与判例刑法优势互补、弊害互克的格局，相反，两种法源各自的弊端将可能仍然存在；而且，也与我国的国情不相契合。这是因为，首先，实行判例法需要对法律的尊重与保守主义传统，而我国目前正处于改革的时代，没有也不需要保守主义传统；我国的法律历史也难以称得上是限制国家机关权力、保障公民自由的历史，过于强调新生法律历史未必能促进依法治国。其次，实行判例法还需要高素质的法官与富有权威的判决。而在我国法官还不是一个非常令人羡慕的职业，法官素质还需要大力提高；从没有理由、没有权威性的判决中不可能发现法律原则；即使某些判决具有理由与权威，但一般法官能否从中抽象出一般规则，还不无疑问。基于此，论者提出，最高人民法院、高级人民法院不是仅写批复或作司法解释，而是开庭审理案件，制作有充分理由的判决书，以其中的判决理由以及判决理由所形成的规则指导下级法院，就我国而言，是弥补成文刑法局限的一条可行途径。③

（四）关于犯罪构成理论

1. 关于犯罪构成的体系性思考。作为犯罪论的基石，犯罪构成历来是我国刑法学界关注和研究的焦点。有学者从宏观的角度，对犯罪构成理论体系的相关问题进行了全面、系统的分析研究。（1）关于犯罪构成理论，论者在界定犯罪构成的内涵、回顾犯罪构成历史沿革的基础上，着重研究了犯罪构成的性质。对此，论者提出，犯罪构成既是一种法律规定，又是理论命题，亦即法定性与理论性的统一，尽管这种统一是建立在对

---

① 参见赵永红：《人身危险性概念新论》，载《法律科学》，2000（4）。
② 参见李晓明：《论刑事判例在我国司法体系中的定位》，载《法学评论》，2000（3）。
③ 参见张明楷：《法治、罪刑法定与刑事判例法》，载《法学》，2000（6）。

各种犯罪事实加以抽象与概括的基础上，但却不能将犯罪构成等同于构成事实，只有在法律关于犯罪的规格或者标准的意义上才能对犯罪构成的性质予以界定。犯罪构成既是主、客观要素的统一，也是纯记述性要素和规范性要素的有机结合。（2）关于犯罪构成的体系。论者认为，犯罪构成应当采取二分体系，即罪体与罪责。罪体是犯罪构成的客观要件，罪责是犯罪构成的主观要件，两者是客观与主观的统一。作为定罪模式。犯罪构成的逻辑展开不是从主观要件到客观要件，而恰恰相反，应当是从客观要件到主观要件。（3）关于犯罪构成的分类。论者提出，根据各种犯罪构成的不同性质、特点，可从不同角度，依据不同的标准，将犯罪构成大致分为以下几种，即基本的犯罪构成与修正的犯罪构成、普通的犯罪构成与派生的犯罪构成、简单的犯罪构成与复杂的犯罪构成、叙述的犯罪构成与空白的犯罪构成、封闭的犯罪构成与开放的犯罪构成。[①]

2. 关于犯罪过失理论。关于犯罪过失中的注意能力、注意义务以及注意能力和注意义务的关系问题，在刑法理论中存在比较大的争议。有学者对这些问题进行了比较深入的研究，认为注意能力是指行为人所具有的认识自己的行为可能发生危害结果的能力，认识自己究竟应采取怎样的措施才能有效地防止危害结果发生的能力和基于上述认识而采取措施，以避免危害结果发生的能力。对于注意能力的判定应采折中说，即既要考虑到行为人的年龄、知识、智力发育、工作经验以及所担负的职务、技术熟练程度，又要考虑行为人当时所处的具体环境和条件，将这两方面的情况综合地加以考虑，进行科学分析；同时也应注意到在当时的具体条件下一般具有正常理智的人对这种结果的发生能否预见。注意义务是指法律法令及社会日常生活所要求的为一定行为或不为一定行为时应当谨慎小心，以避免危害社会结果发生的责任。注意义务的内容包括预见义务和避免义务，注意义务的核心在于避免义务。在设定或确定注意义务时，应当遵循切实保护社会共同生活秩序原则和合理限定原则这样两个递进的原则。在合理限定注意义务的范围时，不应当孤立地看待某一个方面或某一个因素，而应当综合考虑注意能力、行为的危险程度、行为对社会的重要程度、行为所处的特定的环境和条件等因素，同时考虑可以允许的危险的理论和依赖原则在减轻、缓和及免除注意义务时的具体运用。在把握注意能力和注意义务的关系时应当注意，注意义务的有无并不取决于注意能力的有无，有注意能力并不一定负有注意义务，有注意义务并不一定有注意能力。[②]

3. 关于刑法中的因果关系理论。有学者对刑法中的因果关系进行了研究。该论者认为，认识刑法中的因果关系，应当先从行为的客观性质着手确定行为与结果有无因果关系，然后再结合行为人的主观罪过确定其行为是否属危害行为，进而确定其刑事责任的轻重；刑法中的因果关系是危害行为与危害结果之间的一种内在的、本质的联系，危害行为（即原因）的产生带有偶然性，刑法上因果关系本身是必然性和偶然性的辩证统

① 参见陈兴良：《犯罪构成的体系性思考》，载《法制与社会发展》，2000（3）。
② 参见赵秉志、刘志伟：《犯罪过失理论若干争议问题研究》，载《法学家》，2000（5）。

一；应当正确区分因果关系中的原因与条件；不能把刑法上的因果关系与构成犯罪和承担刑事责任等同起来。①

另有学者则从一则案例入手，专门探讨了不作为犯罪的因果关系。该论者指出，不作为的行为性或不作为亦能侵害法益、引起外界变动的特征，决定了不作为犯罪因果关系的客观存在。而有必要说明的是，不作为犯罪因果关系存在于具体犯罪中是有限制的，具体的不作为犯罪中是否存在因果关系，不宜以究竟是纯正不作为犯还是不纯正不作为犯为标准或分界线，只能就法律对构成要件的实际规定为依据。而要理解不作为的原因力，既要坚持刑法因果关系共性特征的原理，更要注重社会生活的逻辑观念；既要避免因果关系与作为义务、作为可能性割裂，又要防止因果关系与作为义务、作为可能性相混淆。与作为原因力不同，不作为原因力具有以下显著特征：（1）不作为原因力的特定性；（2）不作为原因力的依附性；（3）不作为原因力的隐形性。至于不作为因果关系的判断标准，论者认为，继条件关系说和相当关系说之后发展出来的关系客观说关于相当的条件才是原因的主张值得赞同。②

4. 关于单位犯罪。针对当前理论界有关单位犯罪的主体、单位犯罪与共同犯罪的关系及其刑事责任 3 个争议较大的问题，有学者进行了探析，提出：单位犯罪是单位作为一个整体危害社会的，因而只能是单位一个主体；与之相对应，单位犯罪与共同犯罪是两个既有联系又有区别的概念；所谓单位共同犯罪，是指两个（或两个以上的）单位犯罪主体之间，或者一个（或一个以上）单位犯罪主体与自然人主体共同实施的故意犯罪行为，单位犯罪中的责任人员之间则不可能成立共同犯罪关系。③

对于上述单位共同犯罪的界定，另有学者则提出了质疑。该论者认为，单位共同犯罪应当是单位与单位之间、单位与非本单位人员之间的共同故意犯罪。单位共同犯罪的主体同样可以划分为主犯、从犯、胁从犯、教唆犯，并承担相应的刑事责任。由于单位犯罪多为破坏社会主义市场经济秩序罪，而这一类罪最典型的共同特征是构成犯罪必须达到"数额较大"，因而研究单位共同犯罪就必须对数额作出合理的研究。对此，论者主张，对于单位与单位共同犯罪，数额标准比较容易确定，可直接遵照有关规定执行。但单位与自然人共同犯罪时，应该注意要以单位构成犯罪的数额作为共同犯罪的起点而不能以自然人构成犯罪的数额为标准。因此，在分析、认定单位共同犯罪时必须注意到两者的数额标准的协调性。④

另有学者则专门对单位犯罪中的"直接负责的主管人员和其他直接责任人员"作了探讨。该论者认为，在单位犯罪的场合，能够成为单位犯罪主体的只有"公司、企业、

① 参见杨兴培、陆全平：《也谈正确认识和认定刑法上的因果关系》，载《政法论坛》，2000（5）。

② 参见肖中华：《宋福祥故意杀人案——如何理解不作为犯罪的因果关系》，载《判例与研究》，2000（1）。

③ 参见喻伟、聂立泽：《单位犯罪若干问题研究》，载《浙江社会科学》，2000（4）。

④ 参见王焰明：《单位共同犯罪及刑事责任探讨》，载《江苏公安专科学院学报》，2000（4）。

事业单位、机关、团体"，而上述组织体中的自然人不可能成为单位犯罪的主体。单位中特定的自然人承担刑事责任的原因主要在于，其具备负刑事责任的基础和有利于抑制单位犯罪。承担单位犯罪刑事责任的自然人只能是对该单位犯罪这一事实负有直接责任的人员；在其具体范围的认定上，因单位领导体制不同而应有所区别。①

（五）关于刑法中的正当化行为

1. 关于正当化事由的研究。正当化事由是刑法理论上争议较大的问题。有学者对正当化事由中的主要问题进行了学理上的分析，主要包括：（1）正当化事由的概念。学者认为，刑法除了大量的禁止性规范以外，还有个别允许规范的存在，旨在限制禁止规范的内容。正当化事由就是此类允许规范。从这种意义上说，正当化意味着合法化。当然，这种允许规范是一般意义上的允许规范，而不是作为禁止规范之例外的允许规范。因此，允许规范有高于禁止规范的效力，形成对禁止规范的否定，使禁止规范失效。（2）正当化事由的根据。关于这一问题在理论上尽管存在法益权衡说、目的说与社会相当性说的聚讼，社会相当性说较之法益权衡说和目的说具有更大的包容性，因而可以成为正当化事由的根据。至于社会相当性的判断，应当注意以下几个方面的考察：一是目的的正当性，二是手段的正当性，三是法益的均衡性。（3）正当化事由的分类。根据法律对正当化事由是否有规定，可以把正当化事由分为法定的正当化事由和超法规的正当化事由；根据正当化事由的性质，还可以把正当化事由分为紧急行为与正当行为。（4）正当化事由的形式，主要有防卫权和避险权两种。②

2. 关于正当防卫的本质。正当防卫制度在近现代刑法中虽然占有重要地位，但关于正当防卫的本质到底是什么，中外学者的观点却莫衷一是，西方刑法理论上曾经提出了自然法说、紧急状态说、效用说、权利侵害说等不同的观点，但这些观点都有形式化、片面性的缺点，未能科学揭示正当防卫的本质。事实上，正当防卫的存在具有坚实的哲学根据、法学根据和道义根据：（1）哲学根据——权利与权力的对立统一，（2）法学根据——报应与预防，（3）道义根据——正义与秩序的对立统一。因此，正当防卫的本质是多元的而不是一元的。③

（六）关于共犯理论

1. 关于片面共犯和间接正犯观念之破与立。有学者认为，片面共犯观念与共犯制度存在着以下冲突并将导致处罚困难：（1）共同犯罪的主体必须是 2 人以上，而片面的共同犯罪人可以是 1 人，显然，"一人的共同犯罪"是不可思议的。（2）共同犯罪故意

---

① 参见黎宏：《论单位犯罪中"直接负责的主管人员和其他直接责任人员"》，载《法学评论》，2000（4）。

② 参见陈兴良：《正当化事由研究》，载《法商研究》，2000（3）。

③ 参见王政勋：《论正当防卫的本质》，载《法律科学》，2000（6）。

是成立共同犯罪必须具备的另一要件。而片面的共同犯罪中，明知自己参与他人犯罪的一方与不知情的另一方之间并没有一致的主观联系和共同意志，故不具备共同犯罪成立的条件。因而与其说所谓的片面共犯是共同犯罪，毋宁说它是介乎同时犯与共同犯罪之间的一种犯罪形态。（3）如果承认所谓片面的共犯，对所谓的片面共犯人的处罚在法律上将无所适从，出现混乱，而且还可能在结果上有悖罪责刑相适应的量刑原则。而拓展间接正犯之外延，既可为片面共犯找到理论归属，又可解决疑难罪案的犯罪形态问题。①

2. 关于独立教唆犯。独立教唆犯是指教唆者故意实施教唆行为后，被教唆者没有犯被教唆之罪的情况。独立教唆犯在共同犯罪中占据着相当重要的地位。基于完善教唆犯罪的刑事立法、司法及理论的需要，有学者就独立教唆犯的缘起、概念、构成特征、处罚原则与共同教唆犯的异同进行了深入的探讨，在此基础上，论者指出，我国刑法在独立教唆犯的立法及理论上尚存在以下一些亟待完善的缺陷：（1）对一般教唆犯与独立教唆犯在立法上存在前后矛盾的逻辑错误以及刑法理论上认识的混乱；（2）在总则中规定独立教唆犯，破坏了刑法体系的结构；（3）我国刑法理论上将"被教唆的人没有犯被教唆的罪"这种情况称为"教唆未遂"，似有不妥之处。为此，学者认为，完善后的教唆犯罪，应在总则与分则中分别作具体规定。②

（七）关于罪数形态

1. 关于转化犯。转化犯是我国刑法学界近年来提出的一个新的理论范畴。有学者经过研究后指出，转化犯是指行为人实施一个故意犯罪（本罪）的同时，或者在本罪造成的不法状态持续过程中，由于行为人实施了特定行为，而这一特定行为与其本罪行为的结合足以填充另一故意犯罪（转化犯）的构成、从而使行为人的行为符合转化罪的犯罪构成，并根据刑法规定以转化罪定罪处罚的犯罪形态。③ 另有学者通过对我国现行刑法中转化犯的立法例进行考察，指出其至少存在着以下两方面的问题：一是部分立法例与其转化罪条文之间存在协调性不够的技术性欠缺；二是还有部分立法例作为转化犯的理论根据不足。转化犯立法有其积极的意义，但是法定刑配置不协调，必然导致罪与刑的不均衡和实质上的不公正；部分立法例设置根据不足，也给转化犯理论本身带来一定程度的混乱。④

2. 关于结合犯。有学者在分析研究了结合犯的概念、形式及特征后，指出结合犯设置的法律意义有二：（1）实体法上的意义——落实罪刑法定原则以达到罪刑相适应之

---

① 参见肖中华：《片面共犯与间接正犯观念之破与立》，载《云南法学》，2000（3）。
② 参见张睿：《论独立教唆犯》，载《河南省政法管理干部学院学报》，2000（3）。
③ 参见肖中华：《论转化犯》，载《浙江社会科学》，2000（3）。
④ 参见周少华：《现行刑法中的转化犯之立法检讨——兼论刑法规范的内部协调》，载《法律科学》，2000（5）。

最终结果，（2）程序上之意义——减少数罪并罚的适用频率以限制法官之刑事自由裁量权。因此，从我国司法实践出发，并借鉴外国之立法经验，该论者认为，有必要在刑法中更多地增设有关结合犯之条款，并在司法解释中明确规定相应的罪名。同时，应加强对结合犯形态的刑法理论研究，在理论上真正划清结合犯同诸如牵连犯等形态的界限。这不仅是罪刑法定的要求，同时也有利于罪刑相适应原则的贯彻。①

（八）关于刑罚总论

1. 关于刑罚正当性的根据。内容主要包括以下几个方面：（1）关于报应论。有学者指出神意、德意与法意是支撑报应论的三大理念，并就每一理念之于报应的意义作了客观而深入的分析与剖视，认为：神意报应论虽有其产生的历史必然性，但它将罪与刑的因果报应的联结解释为虚无缥缈的神意，不是对刑法正当性的合理揭示；道义报应论用道德谴责理论来解释刑罚的存在，使得犯罪道义责任的确立成为对道德与刑法关系的一种正确揭示，但它仅仅从道德的角度解释刑罚的存在，因而具有很大的局限性；法律报应论注重犯罪与刑罚在法律上的联结，强调刑罚作为一种法律制裁手段相对于道德谴责的独立性，因而具有其合理性，但是，它又因为忽视了法律与道德的关系而无法对刑罚的存在作出完整的解释。②（2）关于一般预防论。以作为法律的三大价值的秩序、正义与自由为视角，有学者对一般预防论的价值作了全面的剖析。该论者认为，一般预防注重对社会秩序的保护，但难以就社会秩序保护对刑罚的需要提出具体而明确的标准，因此，以一般预防作为刑事立法与司法的指南，往往不可避免地具有相当的随意性；一般预防论对秩序的强调与正义相冲突，在充分肯定一般预防之于保护社会秩序的价值的同时，必须对其所潜在的忽视正义的危险有一清楚的认识；一般预防论对秩序的强调隐含着与对个人自由的保障的矛盾，当两者相对立时，应该舍弃对秩序的保护而顾全对自由的保障。③

2. 关于刑罚目的。有学者指出，我国实然的刑罚目的是：惩罚犯罪人，改造犯罪，预防和减少犯罪，保护人民，保障国家安全和公共安全，维护社会主义秩序。而我国刑法学上占主导地位的一般预防与特殊预防的刑罚目的理论见解脱离了我国刑法实践，因而尽快澄清刑罚目的问题上的混乱认识已成当务之急。在该论者看来，惩罚犯罪人与防卫社会免遭犯罪侵害是我国刑罚目的的应然选择。④ 另有学者则认为，我国刑法将一般预防作为刑罚目的，不仅违反了公正这一刑罚首要的价值追求和保障人权的刑法机能，而且也不符合一般预防与特殊预防、一般预防与报应之间的逻辑关系。在此基础上，论

---

① 参见刘宪权、桂亚胜：《论我国新刑法中的结合犯》，载《法学》，2000（8）。

② 参见邱兴隆：《从神意到法意——报应论的理念嬗变》，载《湖南省政法管理干部学院学报》，2000（3）。

③ 参见邱兴隆：《一般预防论的价值分析》，载《法学论坛》，2000（4）。

④ 参见谢望原：《实然的刑罚目的与应然的选择》，载《浙江社会科学》，2000（5）。

者认为，报应与特殊预防相统一，在偏重特殊预防的基础上，兼顾报应的要求，才是我国刑罚的目的及其发展方向。这是因为，报应作为刑罚目的，既是刑罚属性的产物，也是罪责刑相适应原则的题中应有之义，是实现刑罚公正的必然要求，同时还是我国司法实践一直追求的刑罚目的；而特殊预防作为刑罚的目的，则是追求刑罚功利的必然结果。所以，报应与特殊预防作为刑罚目的不可或缺的两个方面，实际上是公正与功利的辩证关系在刑罚目的中的体现。①

3. 关于死刑问题。有学者对死刑及其相关问题，尤其是死刑的存与废作了系统而深入的研究。学者认为：死刑是一种既具有效益性又具有公正性的刑罚，但又是一种不具有人道性的刑罚，因而死刑不可避免地存在着价值上的冲突，而死刑价值冲突的解决，必须遵循刑罚的效益性、公正性与人道性的轻重次序，由此，废除死刑，是实现作为刑罚之首要价值的人道性的唯一可作的选择。不仅如此，死刑的废除还必将给刑罚的公正性与效益性的内容带来重大变革。就公正性而言，死刑的废除必将促成刑罚的严厉性标准的统一化，从而赋予刑罚的等价公正性以新的蕴涵；而就效益性而言，在存在死刑的情况下，刑罚的最高代价为剥夺人的生命，而在废除死刑的情况下，刑罚的代价大为降低，即只以剥夺自由为代价。尽管囿于我国目前的国情，死刑废除的目标还不是一蹴而就的事，但为此而作的努力应该从现在开始。就学术界而言，当务之急是从学者所应有的社会责任感出发，将对死刑的研究引向深入，从世界性的废除死刑的潮流中发现与阐释废除死刑的人类共同理性，从对中国死刑体制的历史与现实的反思中揭示死刑的不合理性和重用死刑的非理性，从而将废除死刑的合理性展示在公众面前；就立法者而言，当务之急是变革观念，由对死刑的迷信与滥用转向对死刑的理性认识与慎用，使死刑的价值取向真正地符合刑罚的理性；而就司法者而言，应该树立正确的死刑意识，由对死刑的无节制的适用转向有限制的适用，由对死刑的嗜好转向对死刑的反感，并在法律规定的范围内尽量不适用死刑，应该成为法律上彻底废除死刑之前的不懈追求。②

4. 关于刑罚制度。对于这一问题，学者们的研究主要集中在以下几个方面：

（1）关于缓刑制度。有学者指出，缓刑决定的社会化不够，影响了缓刑考察执行的社会化效果；而缓刑考察执行的社会化不够，又反过来影响了缓刑决定的社会化不够。这种彼此社会化不够的缺陷决定了现行缓刑制度面临的困境及挑战。因此，要改进缓刑制度，就必须"双管齐下"：一方面，对缓刑决定的司法裁量权予以改进，在不突破现行刑法所规定的缓刑制度的大框架下，可以考虑在审判阶段设置一个缓刑听证程序；另一方面，对缓刑的考察执行权予以改进，可以考虑将缓刑考察的执行权逐步向司法行政机关转移。总之，缓刑制度的改进，归根结底有待于制度的创新。要将缓刑制度从适应以往的计划经济模式的量刑制度逐步转变为适应市场经济模式的量刑制度，这需要我们

---

① 参见田宏杰：《刑罚目的研究——对我国传统刑罚理论的反思》，载《政法论坛》，2000（6）。

② 参见胡云腾：《存与废——死刑基本理论研究》，北京，中国检察出版社，2000。

不断地研究市场经济条件下的新问题，探讨适应这种经济体制的新法律制度，使我们的法律制度能够顺应经济的发展，以发挥其最大的效益。[1]

（2）关于假释制度。有学者认为，对于假释在实践中存在的问题应具体分析，不能因噎废食。限制假释的理论依据具有局限性，主要涉及对罪刑相适应原则和刑事责任的不同看法。我国 1997 年刑法典第 81 条第 2 款对累犯、被判处 10 年有期徒刑以上刑罚的暴力性犯罪分子不得假释的规定，不利于调动这部分罪犯的改造积极性和不利于他们的重新社会化过程，同时也与监狱法上对罪犯实行惩罚与改造相结合的原则不吻合。对此，我国应完善假释管理体制，适当放宽对假释的限制。初步设想如下：1）加强对假释工作的领导和管理；2）加强对假释标准的研究和确立；3）做好扩大假释的试点工作。

三、刑法分则问题

（一）关于分则条文结构中的罪过性质及形式

有学者认为：我国刑事立法在分则条文结构中对主观罪过的性质与形式，不但存在着多元化的规定形式，而且还存在着许多模糊不清、容易引起歧义的规定。这一方面表明我国刑事立法的不完善，另一方面也已严重影响到司法实践的划一性和合理性。据此，论者提出，当刑法分则中，同一行为既可由故意支配，也可由过失支配而构成犯罪时，刑法应当分条设置，如杀人与伤害罪。而根据刑法总则规定的过失犯罪，由于只有刑法有明文规定的才负刑事责任，所以，对过失犯罪的罪名均应表明"过失"两字。在刑法作出如此修改、完善前，刑法没有明文规定故意或者过失的犯罪，从刑法理论上说，很多被人们理解为只能是过失的犯罪，还不能排除间接故意的存在，因为间接故意也是以结果为条件的犯罪。究竟是故意还是过失，则应具体案情具体分析。

（二）关于侵占罪

侵占罪是一种古老的财产犯罪，但我国关于这一问题的理论研究一直相对较为薄弱。基于此种现状，有学者从历史与现状、理论与实践的结合，对侵占罪的立法、罪名、罪种、构成特征、侵占罪的既遂与未遂、侵占罪的诉权、职务侵占的共同犯罪等刑法理论和司法实践中的疑难问题进行了系统、深入的分析研究。在此基础上，学者指出，我国现行侵占犯罪立法还存在以下值得检讨与改进的缺陷：（1）罪种划分不尽科学；（2）定罪量刑标准过于绝对；（3）法定刑设置不尽合理；（4）告诉制度规定欠缺细化。针对上述不足，学者认为，关于侵占犯罪的刑事立法应从以下几个方面进行完善：

---

① 参见阮方民：《对改进我国缓刑制度的两点思考》，载《法学》，2000（10）。

（1）重构侵占犯罪罪名体系，将侵占犯罪划分为侵占委托物罪、业务侵占罪、侵占脱离他人持有的财物罪和公务侵占罪（即贪污罪）。这样，既可确保罪责刑相适应原则在侵占犯罪立法上的贯彻落实，又可为司法实践惩治侵占犯罪提供有力的法律依据和保障。（2）科学界定侵占犯罪定罪量刑标准，除了突出犯罪数额在侵占犯罪定罪量刑中的重要作用外，其他影响侵占犯罪定罪量刑的因素也应有所体现，具体可采用"数额较大或者有其他严重情节的"和"数额巨大或者有其他特别严重情节的"规定方式。（3）重设侵占犯罪的法定刑。对此，应注意以下几个方面：其一，侵占犯罪内部各具体犯罪法定刑轻重的协调；其二，侵占犯罪与盗窃、诈骗等相关犯罪法定刑的协调；其三，注意财产刑对侵占犯罪的全面适用。（4）修改"告诉才处理"制度。学者认为，行使告诉权的被害人的范围不应限制得过窄，否则，就无法实现设立告诉才处理制度以维护社会团结和社会关系稳定的立法意旨。[1]

（三）关于金融诈骗犯罪

1. 关于票据犯罪。有学者对票据犯罪的若干问题进行了研究，内容主要包括：（1）关于票据犯罪的结果。该论者认为，主要是指票据犯罪行为对票据法律关系的破坏所造成的社会财产损失。（2）票据犯罪数额认定。应以票据兑现数额为依据；虚假票据所记载的数额与真实有效票据所记载的数额具有本质上的不同。（3）票据诈骗犯罪既遂与未遂的界限。该论者认为，应以行为人是否非法获得数额较大的票据经济利益作为区分票据犯罪既遂与未遂的标准。至于伪造变造票据犯罪的既遂与未遂界限，则应主要以行为人是否完成了票据所必须记载事项的填写行为为区分标准。[2]

2. 关于信用证诈骗。有学者指出，信用证诈骗罪侵犯的主要客体是国家对信用证的管理制度，在利用信用证进行诈骗时，公、私财产的所有权仅是一种选择客体。由于信用证诈骗罪在客观方面的表现形式有 4 种，因而不能笼统地讲信用证诈骗存在或者不存在既遂与未遂形态之分，而应分别情况作具体的分析。其中，骗取信用证形式的信用证诈骗罪只要出于非法占有财物的目的，实施了骗取信用证的行为即可，并不以实际骗取财物为条件，因而不存在犯罪既遂与未遂之分；但另外 3 种形式的信用证诈骗罪则是存在既遂与未遂之分的。对于盗窃他人信用证后又加以使用或者利用信用证诈骗银行贷款的"打包贷款"等行为均应按本罪论处。[3]

3. 关于信用卡诈骗罪。有学者在分析信用卡诈骗罪的概念、构成特征等基本问题的基础上，着重对信用卡诈骗罪认定中的一些疑难问题进行了研究。该论者认为，认定信用卡诈骗罪数额较大的标准，应以超过透支限额一定倍数为宜，对恶意透支、盗窃信

---

[1] 参见刘志伟：《侵占犯罪的理论与司法适用》，北京，中国检察出版社，2000。

[2] 参见刘华：《论票据犯罪结果、数额及既未遂问题》，载《上海市政法管理干部学院学报》，2000（4）。

[3] 参见薛瑞麟：《论信用证诈骗罪》，载《政法论坛》，2000（4）。

用卡、使用变造的信用卡、使用涂改的信用卡等行为，应区别不同情况分别定性，并作立法完善。[①]

（四）关于有组织犯罪

世界各国高度重视有组织犯罪，我国也不例外。有组织犯罪不仅是我国司法实践惩治的重点，而且是刑法理论关注的热点。有学者以此为专题，撰写了我国第一部关于有组织犯罪的刑法学专著即《有组织犯罪问题专论》，其所涉及的主要问题及研究特点主要有：（1）界定了有组织犯罪的刑法学概念。该书认为：界定有组织犯罪的刑法学概念，必须以犯罪现象为基础、以刑法条文为依据；有组织犯罪是共同犯罪中复杂的共同犯罪，既包括有组织行为的共同犯罪即聚众性有组织犯罪与犯罪集团的犯罪，也包括刑法中规定的已经形成了犯罪组织的共同犯罪，还包括有组织犯罪的下游犯罪——洗钱罪。（2）对有组织犯罪的各种类型进行了比较深入的研究。我国刑法对恐怖组织犯罪、黑社会犯罪与会道门、邪教组织犯罪进行了规定。1997 年刑法典颁行后，上述三类犯罪很容易混淆，学术界对此也鲜有研究。该书在立足 1997 年刑法典有关规定的基础上，对上述三类犯罪的区别界限，从理论与实践相结合的角度作了周密、细致的研究，为有组织犯罪的司法认定提供了理论依据，具有较高的理论意义和实践价值。（3）除对现有立法进行比较与解释外，论者还在借鉴国外立法与刑事政策的基础上，结合我国立法的情况与现行刑事政策，提出了有组织犯罪立法完善的建议以及刑事司法适用建议。特别是针对具体的有组织犯罪种类，论者提出了一些具有针对性的特别刑事政策。这些有益的探讨，无疑将给立法与司法部门提供重要的参考依据。[②]

（五）关于计算机犯罪

计算机犯罪是伴随计算机的发明和应用而产生的一种新的犯罪类型。近年来，随着因特网的普及和广泛应用，计算机犯罪率不断上升，造成的社会危害不断增加。我国由于计算机普及率不高，计算机犯罪学术研究刚刚起步，与美国等发达国家已经初具规模和体系的计算机犯罪理论研究相比，尚有一定的差距。可喜的是，有学者借鉴犯罪学、刑法学、社会学以及历史学等学科的理论和方法，探讨了计算机犯罪的起源、发展和趋势，以及世界主要发达国家和我国计算机犯罪的状况及社会危害，并在此基础上，从不同角度系统考察计算机犯罪的概念，分析计算机犯罪的类型、特点和原因。尤其值得重视的是，论者依据我国现行刑法和惩治计算机犯罪的实际工作的需要，从刑事侦查学、比较刑法学和计算机安全的角度，研究了计算机犯罪的发现、立案及依据认定方式，并进一步提出了其关于构筑计算机犯罪的技术、管理及法律控制模型的构想，从而为预防

[①] 参见李卫红：《论信用证诈骗罪》，载《政法论坛》，2000（4）。

[②] 参见高一飞：《有组织犯罪问题专论》，北京，中国政法大学出版社，2000。

和打击计算机犯罪提供了有益的参考。[①]

(六) 关于公务犯罪

以国家工作人员作为犯罪主体的犯罪及其相关问题的研究与惩治是我国刑法学界和司法实务部门目前关注的热点和难点。但是，此类犯罪的范围如何、特点怎样，大家见仁见智。有学者提出：以"公务犯罪"一词来概括此类犯罪较为准确。这是因为，国家工作人员的本质特征在于"从事公务"。凡是不具有公务职责的人员，无论其身份如何，都不可能是国家工作人员。而除此之外，无论是职务活动还是职业活动，无论是职务犯罪还是职业犯罪，抑或其他称谓，都不能像公务犯罪那样，准确地、一目了然地概括出国家工作人员在公务活动中实施的犯罪的实质，因而也均不够科学。因此，所谓公务犯罪，应当是指国家工作人员在从事组织、决策、管理、监督等公务活动中，因滥用职权或者未尽职责而触犯刑法应当受刑罚处罚的犯罪行为的总称。除现行刑法分则第八章贪污贿赂罪、第九章渎职罪外，其余以国家工作人员为主体，在执行公务活动中所发生的其他犯罪，例如，刑讯逼供罪等，也应属于公务犯罪的范围。[②]

四、外向型刑法问题

(一) 区际刑法问题研究

1. 关于区际刑事司法协助问题的研究。香港地区回归加速了其与内地的联系，双方建立适当的刑事司法互助关系不仅能更有力地打击各种犯罪，维护香港和内地的繁荣稳定，而且更可为澳门地区乃至台湾地区与内地的刑事司法互助提供可资借鉴的良好模式。为此，有学者对内地与香港地区刑事互助关系的建立进行了研讨。(1) 关于两地刑事司法互助的主体。有论者提出：对内地法域来说，区际刑事互助的主体不仅应当包括法院和检察院，而且也包括公安机关和司法行政机关，只有各实际相关部门协同参与，区际刑事司法协助才能真正得以开展。至于香港法域应有哪些机关参与，则要由香港地区的法律作出规定，从香港地区目前的情况看，代表香港地区政府开展区际刑事司法协助的具体部门是香港地区保安局和律政司。(2) 关于两地刑事司法互助的模式。有论者认为："委员会模式"是解决内地与香港地区间区际刑事司法协助的一条行之有效的途径。不过，从法治的要求出发，该论者认为：对"委员会模式"还应当进行适当的修正。就内地与香港地区间的刑事司法互助关系之建立模式而言，初步设想是：在两个法域的区际刑事司法协助委员会达成区际刑事司法协助的书面协议后，内地法域最好由全

---

① 参见蒋平：《计算机犯罪问题研究》，北京，商务印书馆，2000。

② 参见孙力主编：《公务活动中犯罪界限的认定》，北京，中国检察出版社，2000。

国人大常委会制定单行刑事法律或者由最高人民法院、最高人民检察院制定司法解释，吸纳该协议的内容，使该协议的内容转变为适用于内地法域所有行政区域的规范性的法律文件，以增强该区际刑事司法协议的权威性，使之在内地法域能够得到更好的贯彻实施。至于香港法域，由于其本来就是一个法治高度发达的地区，因此，要使两地区际刑事司法协助委员会达成的区际刑事司法协助协议在香港法域发生法律效力，由香港立法会通过立法的途径予以确认，则是其不可或缺的前提条件。（3）关于两地刑事司法协助的内容。有论者在列举两地可能需要进行刑事司法协助的 11 种情形的基础上，将两地目前需要进行刑事司法协助的主要事项概括归纳为：犯罪情报交流，缉捕犯罪嫌疑人，文书的送达和调查取证，遣（移）送犯罪嫌疑人，刑事案件管辖移交，已决犯的移管，赃款赃物的追缴和移交，等等。[①]

2. 关于全国性刑法与澳门地区刑法中排除犯罪性之执行命令事由的比较。排除犯罪性的事由是指根据刑法规范或者社会相当性理念而排除行为的犯罪性使之正当化的事由。在我国澳门地区刑法与全国性刑法中，依法执行命令的事实均可排除行为之犯罪性。但是，由于诸种因素的影响，两者对于排除犯罪性之执行命令行为在以下方面均存在显著差异：（1）关于立法渊源。有论者认为，全国性刑法对执行命令是以分则规定总则性内容，因而其适用的范围也仅仅限于所规定的具体犯罪；澳门地区刑法的规定则是以总则体现的，因而它在理论上对分则每个具体犯罪的构成都适用。（2）关于构成条件。有论者认为，两者对执行命令的构成条件既有类似之处，又有不同之处。相似之处有：首先都须是公共权力机关的命令；其次，命令发布的程序都不违法；再次，下级公务人员主观上都不明知命令的内容违法；最后，下级公务人员都依命令行事造成了犯罪结果。其不同之处主要在于：首先，全国性刑法中的命令范围比澳门地区刑法宽泛，包括雇主对雇员发布的指令；其次，澳门地区刑法对命令的属性明确规定为会导致犯罪的命令，指出了命令的明显非法性，而全国性刑法在总则中没有规定执行命令行为，仅从分则规定的两个条文看，上级机关发布的命令必须是形式和程序合法，实质内容既可能是一般的违法行为，也可能是犯罪行为，与澳门地区刑法相异。（3）排除犯罪性的理由。澳门地区刑法认为执行命令的行为排除犯罪性的理由在于行为阻却违法，而全国性刑法则认为正当化行为犯罪性的排除在于行为不具备犯罪构成。[②]

3. 关于台湾地区强奸罪立法之新发展。有论者对台湾地区强奸罪的最新立法发展动态作了较为详细的研究和介绍。该论者指出，1999 年 3 月 30 日修订后的"妨害性自主罪章"中，台湾地区的强奸罪立法在以下方面有新的发展：（1）顺应世界立法潮流，强奸罪由原来侵害社会法益之犯罪改为侵害个人法益之犯罪；（2）强化打击犯罪，强奸罪由告诉乃论改为非告诉乃论罪；（3）重视保护被害人，取消了强奸罪中"不能抗拒"

① 参见赵秉志：《关于祖国大陆与香港建立刑事司法互助关系的研讨（续）》，载《现代法学》，2000（3）。

② 参见赵合理：《大陆与澳门刑法中排除犯罪性之执行命令事由的比较》，载《法律科学》，2000（3）。

之要件；（4）打破强奸罪之被害人仅为女性的传统立法模式，明定强奸罪之被害人包括男性；（5）"奸淫"一词改为"性交"，改变了原来的狭隘性交模式；（6）凸显夫妻性权利平等，承认婚内强奸。①

此外，还有学者对海峡两岸计算机犯罪学说②、全国性刑法和澳门地区刑法中的共同犯罪③进行了比较研究。

（二）外国刑法研究

1. 关于德、日刑法中的可罚性理论。有学者指出：在德、日刑法中，作为犯罪成立要件的可罚性是在构成要件符合性、违法性和责任之外，对行为进行的"值得处罚"这种实质的评价。"可罚性"属于实体刑法的范畴，与"诉追可能性"不同。诉讼前提（如刑事告诉）和诉讼障碍（如赦免）这些决定诉追可能性的要素，只影响诉讼程序的进行，不影响犯罪的成立，对其存在无须进行实体的裁判。从刑事政策的合目的性出发，应该重视可罚性即刑罚适合性在认定犯罪成立上所具有的意义，只有将可罚性纳入犯罪概念之中，才能使犯罪概念发挥区别罪与非罪的机能。鉴于可罚性的对象与构成要件符合性、违法性和有责性的对象具有不同的客体，应该把可罚性作为独立于构成要件符合性、违法性和有责性的第四个犯罪成立要件。至于可罚性的要素，则包括客观的处罚条件和处罚阻却事由。④

2. 关于德、日刑法犯罪过失学说介评。有学者以德、日刑法理论为主，对其犯罪过失学说的历史以及过失责任的理论发展脉络进行了整理和归纳，对其过失责任根据的旧过失理论、新过失理论，新新过失理论进行了评析。该论者指出，在德、日刑法的过失中，可以看出旧过失论与新过失论（含新新过失论）两种理论在思考方法上的差别：（1）从形式上看，可以说表现在过失在犯罪论体系上地位的不同。旧过失论将过失视为责任要素，是与故意并列的责任种类或者责任形式。与此相反，新过失论则视过失是主要的违法性要素，或者既是责任要素也是违法性要素。（2）从实质上看，作为认定过失基础的注意义务的内容不同。旧过失论以结果预见义务为注意义务的内容。与此相反，新过失论将结果回避义务视为独立的，或者与结果预见义务共同视为注意义务的内容。而建立在新过失论理论基础上的新新过失理论则是对新过失论的预见可能性的内容所作的部分修正。尽管上述三种理论均有其合理之处，但从根本上讲，由于世界观及方法论的不同，因而在学者看来，均不同程度地存在一些问题。例如，立足于心理事实说的旧过失论揭示出犯罪过失是一种心理事实，固然是正确的，但将归责原因仅限于这种心理

---

① 参见李立众：《台湾岛强奸罪立法之新发展》，载《人民检察》，2000（11）。
② 参见马长生、易志成：《海峡两岸学者有关计算机犯罪学说之比较研究》，载《湖南省政法管理干部学院学报》，2000（1）。
③ 参见宣炳昭、叶良芳：《中国大陆刑法和澳门刑法中共同犯罪比较研究》，载《法律科学》，2000（1）。
④ 参见冯军：《德日刑法中的可罚性理论》，载《法学论坛》，2000（1）。

事实，是只注重主观根据而对客观根据重视不足；而奠基于规范违反说的新过失论，虽然正确地解决了归责的前提以及过失的违法性问题，但却在强调客观根据上对主观根据有所忽略；至于以"危惧感说"为核心的新新过失论，更是存在极易导致过失责任扩大化的倾向。这是我国刑法学界在借鉴其理论时所必须加以注意的。①

3. 关于英美法系国家环境刑法与环境犯罪。环境刑法与环境犯罪是世界各国刑法理论目前共同关注的热点。有学者对英美法系国家环境刑法与环境犯罪问题进行了研究，指出一些环境保护先进的国家，如美国、德国、日本等，自 20 世纪 50 年代开始，先后以刑法典、单行刑法和附属刑法的方式加强对环境犯罪的制裁，国际社会为保护人类环境加强国际间的协作亦付出了较大的努力。而属于普通法系判例法的国家，其制裁环境犯罪的突出特点，就是采用附属刑法的方式规定环境刑罚条款，使各类环境刑罚条款皆寄生于行政法之内。②

此外，还有学者对美国死刑制度等问题进行了研究。③

（三）关于国际刑法

1. 关于国际刑法的基本问题。国际刑法作为一个重要的研究领域，在我国研究起步较晚，无论是理论研究的深度还是广度，都亟待加强和提高。有学者经过数年辛勤努力，对国际刑法作了全面、系统的研究，内容主要涉及：（1）国际刑法概论，具体又包括国际刑法的概念分析、国际刑法的肇始与演进、国际刑法的基本原则、国际刑事法院等等。（2）国际犯罪与国际犯罪的刑事责任。主要包括：关于国际犯罪的一般认识、国际犯罪类型选论、国际犯罪的刑事责任。（3）国际刑事司法协助，包括国际刑事司法协助的概念、类型、引渡制度以及国际刑事司法协助的相关问题，等等。相较于过去的国际刑法研究成果而言，该论者无论是在研究视角还是研究内容上，都具有独特的创新之处，并在以下两个方面表现得尤为突出：（1）关于国际刑法的界定。有论者提出，国际刑法是存在于国际法和国内法之中，旨在同国际性犯罪和跨国性犯罪作斗争，规定国际犯罪和国际禁止行为，调整国家之间、地区之间刑事司法协助方面的规范、原则和制度的总称。可见，这一界定是从大国际刑法的立场出发的。（2）关于所谓的"两重性"命题。这里的"两重性"具体包括以下五层含义：一是国际刑法组成结构的两重性——国际法的刑法方面和国内刑法的涉外方面，二是体现意志的两重性——各国独立意志和国际共同意志的协调，三是法律内容的两重性——兼容实体法与程序法，四是表现形式的两重性——直接表现形式和间接表现形式并存，五是执行模式的两重性——直接执行模

---

① 参见林亚刚：《德、日刑法犯罪过失学说介评》，载《法学评论》，2000（2）。
② 参见王秀梅：《英美法系国家环境刑法与环境犯罪探究》，载《政法论坛》，2000（2）。
③ 参见孙昌军、陈元兴：《美国死刑制度评述——以俄勒冈州的死刑制度为例》，载《现代法学》，2000（3）。

式与间接执行模式并存。①

2. 关于国际恐怖主义与政治犯不引渡原则。有学者提出：恐怖主义行为是目前国际社会所面临的最主要的挑战之一，它严重危害了国际社会的整体利益。控制国际恐怖主义需要各国之间的相互合作，使各国承担不得庇护恐怖主义分子的义务。然而各国所追求的政治利益并不相同，对恐怖主义采取的措施也不一致。现在国际法中虽然尚未形成将恐怖主义完全排除在政治犯的概念之外的习惯法规则，但是无论国家是否承担了条约义务，其庇护恐怖主义分子的权利都不是绝对的。②

3. 关于国际犯罪的国内立法。加强对国际犯罪的防范和打击，是国际社会面临的一项严肃课题。国际社会为严密预防和惩治国际犯罪的法网作了不懈的努力：一方面，加强了有关打击国际犯罪的国际公约的立法；另一方面，为了满足打击国际犯罪的现实需要，世界各国加强了国际犯罪的国内立法工作，并呈现不断发展的趋势。在这种情况下，加强国际犯罪的国内立法，就有十分重要的理论价值和现实意义。有学者以此为专题，对这一新的课题进行了探讨，指出：国际犯罪是指违背国际社会刑事方面的法律规范和惯例或者国内法关于国际方面的有悖于人类和平、进步与发展精神的犯罪行为的规定，侵犯国际社会的共同利益，以及违背国际人权保护，经国际社会公认应当承担刑事责任的行为。为了有效地同国际犯罪作斗争，应当从两个方面加强有关国际犯罪的刑事立法：一是要加强和完善惩治国际犯罪的国际立法，二是要加强和完善惩治国际犯罪的国内立法。国际犯罪承担刑事责任的唯一的本质的根据在于国际危害性，追究国际犯罪刑事责任的直接目的有三个：一是保护人类社会的安全，二是维护人格尊严和人身权利，三是促进人类社会的经济发展。人类社会这三大价值追求构成了追究国际犯罪刑事责任的根本目的——保障人权，无论是人类社会的安全、尊严还是发展，其基本主旨都是保障基本的人权。由于在国家主权与人权保护的关系上，主权是人权的前提，人权是主权的基础，因而惩治国际犯罪，必须妥善处理好国家主权原则与国际人权保护之间的关系，使两者能够保持基本的协调。③

五、刑法学研究发展之展望

与以往的刑法学研究相比，2000年的中国刑法学研究无论在实质内容还是在形式方法上，都发生了显著而可喜的变化。21世纪中国政治、经济、文化等各个领域发生的深刻变革，尤其是依法治国方针的确立，必将为中国刑法学研究开辟更为广阔的前景，中国的刑事法治建设将进入一个新的历史发展时期。结合刑法学研究发展的国际潮

---

① 参见张旭：《国际刑法论要》，长春，吉林大学出版社，2000。
② 参见高健军：《国际恐怖主义与政治犯不引渡原则》，载《法学论坛》，2000（3）。
③ 参见黄芳：《国际犯罪的国内立法导论》，载《法学评论》，2000（2）。

流与最新发展动态,可以预见 21 世纪的中国刑法学研究将呈现出以下发展态势:

其一,进一步转变刑法观念,培育谦抑、平等、民主、开放的现代刑法品格。时下正在历史性地展开的中国社会变革,实际上是要完成从人治国向法治国的历史转型。对于中国刑法而言,则是要实现形式合理性与实质合理性相融合、社会保护与人权保障相统一的现代刑事法治。法治内涵的丰富性和多样性,决定了中国刑法的现代化应当是从精神气质、制度设计到实际运作的超越和变革,其中的核心则在于刑法现代精神的品格的培育与塑造。为此,刑法学研究应当进一步转变刑法观念,彻底摒弃刑法是政治国家的专政工具这一单纯国家工具的观念,构建以限制国家刑罚权、以人文关怀为己任,以人为本,注重刑法的人权保障功能的现代刑法理念,确立谦抑、平等、民主、开放的现代刑法观念。

其二,打破学科之间的壁垒,探索构建一体化的刑事法学研究模式。刑法学研究如果完全局限于刑法学研究内部,必然会限制刑法学研究的视野,妨碍对犯罪和刑法本质的科学认识,因而拓展刑法学研究的时间和空间,突破单纯注释刑法学的狭隘学术藩篱,以一种大刑法观念从刑法之中、刑法之上和刑法之外对刑法作多方位的立体研究,正在逐步引起我国刑法学界的关注。因而构建一体化的刑事法学研究模式,有可能成为21 世纪中国刑法学研究发展的趋势。一体化的刑事法学研究模式,不是要抹杀刑法学与刑事诉讼法学、犯罪学之间的区别界限,而是在新的观念指导下对现行刑法学理论体系进行根本的超越,在充分认识刑法学与刑事诉讼法学等刑事法学其他相关学科之间的界限的基础上,注重刑事法学各学科之间的联系,使对刑事法律具体问题的研究能有一个更为广泛的基础和背景,从而构建以现实社会关怀与终极人文关怀为底蕴,以促进学科建设与学术成长为目标,结构协调、职能明确的新的刑事法学体系,以求得刑事法学内部结构合理与刑法运作制约之间的平衡,最终实现社会效益。

其三,顺应国际发展趋势,进一步拓展中国刑法学的研究领域。世界经济一体化和全球化的不断发展,要求中国刑法学研究亦必须具有一种开放的胸怀,在立足于我国刑法理论研究的同时,放眼世界,加强中国刑法学研究与世界刑法学研究潮流的接轨。为此,需要大力发展外向型刑法研究,更新刑法学研究的方法。其中,区际刑法研究将从过去以比较研究为主,转向对区际刑事管辖权冲突的解决、区际刑事司法协助的原则和模式的选择等更加基本,也更为重要的理论与实务问题的研究;外向型刑法研究则应突破常规介述性研究套路,通过科学比较研究的方法,促进中国刑法的完善与世界各国刑法的交流;国际刑法学研究在我国虽然有一定的发展,但从总体研究水平来看,实事求是地说还处于起步与初步发展阶段。所以,加强国际刑法研究,提高国际刑法理论水平,将成为我国刑法学研究十分急迫而重要的课题。而国际刑法研究中的一些基本问题,例如,国际刑法范畴的界定,国际刑法中刑事责任构成要件的确定,国际经济交往中的腐败犯罪、网络犯罪、国际性贩卖妇女儿童犯罪的预防与惩治以及国际刑事司法协助的开展,等等,将成为中国刑法学研究的重点。

其四，关注现实，注重新型、疑难问题的刑事司法对策研究。刑法学是一门实践性很强的学科，刑法理论研究来源于刑事司法实践，最终还应当服务于刑事司法实践。环境犯罪、西部大开发中的刑法协调、中国加入世界贸易组织后的刑法应变措施、中国加入国际"人权两公约"对中国刑法的影响等问题，既是刑法理论研究的热点，同时也是刑事司法实践办案的难点和社会关注的焦点。司法实践需要刑法理论的有益指导，刑法理论研究的最终目的还在于保护和促进社会发展和繁荣，尤其是在 21 世纪国际、国内社会不断发生重大深刻变革的情况下，在继承重视刑法理论问题研究的同时，关照现实，关注新型、疑难犯罪刑事问题的司法对策研究，将成为中国刑法学新世纪发展的主要特色之一。

［高铭暄、赵秉志、田宏杰；载高铭暄、赵秉志主编：《刑法论丛》，第 5 卷，北京，法律出版社，2002］

第二十一章
2001 年的刑法学研究

一、研究概况

21 世纪已踏上征程，在充满机遇与挑战的 2001 年，古老而年轻的中华人民共和国吹响了新世纪文明与进步的第一声号角，也迈出了坚实而成功的第一步。一年中，全国人民高举邓小平理论伟大旗帜，在以江泽民同志为核心的党中央领导下，团结奋斗、开拓进取，取得了举世瞩目的光辉业绩；面对新形势、新任务、新挑战，中国人民以其真诚付出和热情期盼，迎来了党的 80 华诞，也迎来了"申奥"和"入世"的成功。在这一年里，中国刑法学界也迎来了 21 世纪的第一个全国性年会，通过这次年会，顺利实现了研究会理事会的新老交替，为 21 世纪刑法学研究开创了一个良好的局面。

回首 2001 年我国的刑法学研究，我们欣喜地看到在刑法学的基础理论和具体制度方面的研究均卓有成效，研究视野越来越开阔，研究方法也越来越科学而富有理性。综观 2001 年的刑法学研究，我们不难发现其具有以下两方面的显著特色：

（一）学术底蕴深厚，研究内容与时俱进

据不完全统计，2001 年刑法学界发表论文千余篇，出版书籍百余部。论文选题新颖，思想与时俱进，紧密结合我国在 21 世纪的经济、社会、文化发展战略目标，提出了一系列富有远见的刑法学人文理念；学术专著中，既有在传统理论基础上的挖潜掘深之力作，也不乏立足司法实践而对新型疑难问题进行开拓创新的专题性著作，学术著作呈规模效应。

从本年度出版的刑法学书籍来看，主要有五种类型：一是适用于各种不同层次的刑法学教材。如赵秉志主编的《刑法新教程》（中国人民大学出版社）、杨春洗主编的《中国刑法论》（修订版）（北京大学出版社），等等。二是对中外刑法问题进行专门研究的学术专著。较有代表性的主要有：王作富主编的《刑法分则实务问题研究》（中国方正出版社），赵秉志总主编的"刑法总则实务疑难问题研究"系列（共 5 本，吉林人民出版社），赵秉志总主编的"重点疑难犯罪司法实务研究"（共 6 本，吉林人民出版社），赵秉志主编的《海峡两岸刑法各论比较研究》（中国人民大学出版社），赵秉志主编的《中国刑法实用》（河南人民出版社），陈兴良著《本体刑法学》（商务印书馆），邱兴隆

主编的《比较刑法（死刑专号）》（中国检察出版社），"北京大学刑法学博士文库"
（2001年度共出版8本，中国方正出版社），"武汉大学刑法学博士文库"（2001年度共
出版3本，武汉大学出版社），宁汉林、魏克家著《大陆法系刑法学说的形成与发展》，
刘明祥著《财产罪比较研究》（中国政法大学出版社），李希慧主编的《妨害社会管理秩
序罪新论》（武汉大学出版社），黎宏著《单位刑事责任论》（清华大学出版社），翟中东
著《刑罚个别化研究》（中国人民公安大学出版社），李文燕主编的《计算机犯罪研究》
（中国方正出版社），等等。三是刑法论集。较有代表性的有：高铭暄、赵秉志主编的
《21世纪刑法学新问题研讨》（中国人民公安大学出版社），赵秉志主编的《新千年刑
法热点问题研究与适用》（中国检察出版社），赵秉志主编的《当代国际刑法的理论与
实践》（吉林人民出版社），刘生荣、黄丁全主编的《刑法基础理论研究》，等等。四
是汉译外国刑法著作。较有代表性的有：〔德〕汉斯·海因里希·耶赛克、托马斯·
魏根特著《德国刑法教科书》（总论）（徐久生译，中国法制出版社），〔日〕野村稔著
《刑法总论》（全理其、何力译，法律出版社），〔美〕安德鲁·冯·赫希著《已然之罪
还是未然之罪——对罪犯量刑中的该当性与危险性》（邱兴隆、胡云腾译，中国检察
出版社），等等。

（二）学术交往广泛，学术品位不断提升

2001年刑法学界学术活动频繁，规模大、层次高，影响深广，对外交流力度增强。
其中在全国范围较有影响的有：

1. 中国法学会刑法学研究会2001年学术研讨会暨换届选举会议于2001年10月15
日至19日在山东省济南市隆重召开。来自全国各地法律院校、研究机构和各级政法机
关的正式代表、列席代表和工作人员共计近280人参加了会议，会议收到研讨论文共计
206篇。会议规模、参加人数、提交论文数量为历届刑法学年会之最。这次年会学术研
讨的议题包括三个方面，即：中国共产党与中国刑事法治建设，当前社会治安整顿治理
中的刑法问题，职务犯罪疑难问题研究。会议比较突出的特点是：第一，关注中国刑事
法治建设进程，及时总结历史；第二，时代感强，针对性强；第三，理论与实践并重，
积极解决司法实务问题。

尤为值得一提的是，这次会议的另一个重要内容，就是选举刑法学研究会第五届理
事会领导班子及组成人员。会长高铭暄教授代表刑法学研究会第四届理事会作了工作总
结，并对新一届理事会提出了殷切期望；新任会长赵秉志教授主持了刑法学研究会新一
届理事会第一次全体会议，会议决定聘请高铭暄教授、马克昌教授担任第五届理事会名
誉会长，聘请刘家琛等19位资深专家、学者担任刑法学研究会顾问。这次换届选举对
于中国法学会刑法学研究会的发展无疑具有十分重要的意义，是刑法学研究会承前启
后、继往开来的一件大事。

2. 21世纪首次中日刑事法学术研讨会于2001年9月10日至12日在北京举行，主

办单位为中国人民大学刑事法律科学研究中心、法律出版社和中日友好协会，协办单位为日本成文堂。这次会议是国家重点研究基地中国人民大学刑事法律科学研究中心举办的又一次国际性的学术研讨会。研讨会紧密围绕过失犯的基础理论、交通事故犯罪、企业灾害事故犯罪等问题而展开，来自早稻田大学、东京大学、名古屋大学等日本著名学府的西原春夫教授、松尾浩也教授、宫泽浩一教授、大谷实教授等 12 位学者参加了盛会；中方代表主要来自中国人民大学、北京大学、中国政法大学、清华大学等国内著名高等院校，最高立法机关、司法机关的有关领导、专家也参加了会议。总的来讲，会议规模大、学术层次高，议题集中、讨论深入，形式新颖、气氛热烈是本次研讨会的重要特色。这次研讨会的成果充分实现了主办者的预想，使中日刑事法领域的交流迈上了一个新的台阶。

另外，为推动我国刑事法治的进步，为中国刑事法治完善、健全献计献策，国家重点研究基地中国人民大学刑事法律科学研究中心于 2001 年 7 月 2 日成立了"疑难刑事问题研究咨询专家委员会"。《法制日报》、《检察日报》、《人民法院报》等新闻媒体均在显著位置对之作了及时报道，认为这是一个促进刑法理论发展与刑事司法进步的重要举措，其必将在我国刑事法治建设中扮演愈来愈重要的角色。

二、刑法基本理论问题

（一）中国共产党与刑事法治建设

1. 中国共产党与新中国刑事立法。在纪念中国共产党建党 80 周年之际，我国刑法学家高铭暄教授根据其参加刑法起草工作的体会，深刻地指出我国刑事立法的发展与完善离不开党的领导，主要表现在：第一，刑事立法的总体方针是由党中央制定的；第二，刑法起草工作是在中央书记处和彭真同志直接领导下进行的；第三，一些重要的刑法草案稿都是报经党中央审议并原则通过的。并进一步明确，我国刑事立法在不断发展、丰富与完善，但党对刑事立法工作的领导永远必须坚持。①

2. 毛泽东死刑思想。毛泽东思想是中国共产党建党和新中国的指导思想，而其关于死刑的思想，更是直接而显著地影响到我国刑法的立法、司法和刑法理论。在纪念中国共产党建党 80 周年之际，有学者对毛泽东的死刑思想进行了研究。② 该论者将毛泽东死刑思想的提出划分为三个阶段，即草创阶段、死刑思想形成时期、完善阶段。该论者认为，毛泽东死刑思想的理论基础主要是人民民主专政学说和"慎刑思想"，基本内容包括："杀人要少，但决不废除死刑"、"必须坚持少杀，严禁乱杀"、"判处死刑一般经

---

① 参见高铭暄：《中国共产党与新中国刑事立法》，载《法学家》，2001（4）。

② 参见赵秉志：《毛泽东死刑思想研究》，载《法学家》，2001（4）。

过群众，并使民主人士与闻"、提出死刑缓期执行制度。最后该论者指出，毛泽东的死刑思想作为我国刑法思想史上一份珍贵的遗产，应当在理解其精神实质的前提下予以继承和发展，要准确把握毛泽东死刑思想中"死刑"的内涵，坚持其合理内核，努力促进我国死刑制度的完善。

3. **董必武刑法思想。** 董必武的刑法思想是董老法律思想的重要组成部分，有的学者分别从刑法的性质、刑法的任务、刑事政策与刑法的关系、两类矛盾、刑法的基本原则、犯罪构成、刑种、刑罚适用与形势的关系、改造罪犯九个方面的内容回顾了董老的刑法思想。[①] 该学者指出，通过董老发表的《正确区分两类矛盾，做好审判工作》一文，可以体现出董老严格区分两类不同性质矛盾、人民内部矛盾也必须依法严肃惩罚、必须有法可依、有法必依的思想。该论者认为，董老虽未明确提出刑法的基本原则，但其有关的论述对确立我国刑法基本原则起了重要的指导作用；虽未指明犯罪构成的内容及其体系，但其明显地指出了犯罪构成与犯罪概念的关系问题；此外，董老关于刑种问题、改造罪犯的论述，成为我国制定和修订刑法中的刑种，制定改造罪犯的方针、政策和法律的重要依据。

（二）关于刑法学体系

有学者对我国目前的刑法学体系进行了反思。该论者认为：刑法学体系不仅是相关知识的组合方式，更展现出一种分析模式、逻辑结构和思维进路，是刑法学方法论的集中反映。评价一种刑法学体系，就应看它所采用的分析模式、逻辑结构和思维进路是否以及在多大程度上适用刑法学的性质和职能。在此立论下，该论者指出：我国"初步建立起来"的刑法学体系是一种注释体系或解释体系，后来随着刑法学界对刑事责任、刑事立法等问题研究的重视和深入，这些新的范畴也被纳入刑法学的基本范畴中。之后许多学者对建构新的刑法学体系作了可贵的努力，但传统刑法学体系至今尚未突破，新的刑法学体系尚未建立。而传统刑法学体系虽然也认为刑法学是实践学科或应用学科，但因将实践学科等同于注释体系的失误导致了传统刑法学分析模式的混沌性、逻辑结构的矛盾性和思维进路的封闭性。而传统理论体系之所以迟迟不能突破，深层次的症结在于刑法学长期未能获得法学学科的独立品格。为此，论者认为，只有在理论刑法学、立法刑法学和司法刑法学三个相互区别又相联系的子系统的基础上建构刑法学体系，才能使刑法学具有批判意识和理性精神，才能为刑法学的发展开辟道路，同时这对于法学教育制度的合理化也是至关重要的；进而建议，法学本科的刑法学教学，应立足于司法刑法学，而向立法刑法学和刑法哲学倾斜；刑法学专业的硕士研究生，应立足于立法刑法学，而向刑法哲学倾斜；刑法学专业的博士研究生，则应立足于刑法哲学，同时向立法

---

① 参见樊凤林：《论董必武的刑法思想》，载《中国刑事法杂志》，2001 (3)。

刑法学和司法刑法学倾斜。①

有的学者则认为，有必要根据犯罪与刑罚在不同层面上的意义，相应建立起刑法学不同层面的研究体系，即根据所研究对象的不同层面，将刑法学分为注释刑法学、概念刑法学和理论刑法学，其中，注释刑法学的研究对象为刑法条文中静态存在的模型的犯罪与刑罚，概念刑法学的研究对象则为法律关系中动态存在的实然的犯罪与刑罚；理论刑法学的研究对象则为立法观念上虚拟存在的应然的犯罪与刑罚。②

（三）关于刑事法律观念

在知识经济的发展背景下，在我国业已加入 WTO 之后，我国应树立并坚持什么样的刑法观念和刑法理念，对于我国的刑事立法、司法和刑法理论的发展具有基础性意义。对此，不少学者各抒己见，提出了一些颇具价值的刑事法律观念更新问题。

有的论者认为，在我国刑法典已确立罪刑法定原则的情况下，有必要革新刑法观念，以促进和推动罪刑法定原则的真正贯彻。该论者分别从刑法价值观的变革、刑法犯罪观的变革、刑事政策观的变革和刑事司法观的变革等方面着力探讨了刑法观念的变革问题。该论者认为：要树立特殊"契约观"、人权保障"优先"观、自由与秩序"统一"观。要彻底变革传统的犯罪观念，重塑或重构符合罪刑法定原则的犯罪新概念。在面临犯罪形式特征与实质特征冲突时，坚持立法与司法犯罪定义的划分，坚持司法犯罪形式特征的合理性。权利保障机能优先的观念是罪刑法定原则的核心内容，也是当今的一个极其重要的刑事政策观，为此需要对目前的刑事政策的前提、功能、作用、内容、价值、效益的重新认识。同样，目前我国的刑事司法观念不仅存在着冲破"类推"和"有罪推定"旧观念的束缚，而且也面临着西方"罪刑法定"与"无罪推定"观念与中方相应观念在融合中的冲突与变革问题。③

有的论者鉴于当前我国正处于从一元社会向二元社会的转型过程中，指出二元社会的确立导致政治刑法向市民刑法的转变，在市民刑法的构建过程中会出现刑法的民法化现象，并认为我国刑法的改革与发展已体现了这一点，刑法的民法化具体体现在以下几方面：一是市民刑法基本精神与民法基本精神的趋同；二是刑法从侵蚀的市民社会领域逐渐退出，民法恢复被刑法侵占的失地；三是民法反过来侵蚀刑法的领域。该论者认为，在我国这样一个具有浓厚刑法传统的国家进行法制的现代化，倡导和推进刑法的民法化尤显重要。当然，这并不等于削弱刑法在社会主义法治国家中的地位和作用，而是实质倡导刑法尊重市民、尊重市民社会领域、恪守谦抑的价值准则，充当最后保障法的

---

① 参见刘远：《刑法学体系的反思与重构》，载《山东大学学报》（哲社版），2001（3）。
② 参见冯亚东：《刑法学研究的层面划分》，载《法学研究》，2001（3）。
③ 参见李晓明：《罪刑法定原则的确立与刑法观念的变革》，载《东吴法学》，2001 年号。

角色。①

有的论者认为：我国加入 WTO 之后，刑法理论必须作相应的调整。在规范的犯罪概念上，阶级对立的观点仍然体现在现行法律规范中，需要作必要的变更；在规范保护的利益上，国家本位观念仍占主导地位，对个人合法权利的保护重视不够；犯罪总量将呈缓慢上升趋势，犯罪类型结构及表现形式也会发生变化，在经济类犯罪中，具体的犯罪类型呈现此消彼长的变化；在刑罚的应用上，应提倡刑罚谦抑与刑罚效益，重视刑罚的多样化，充分发挥财产刑与资格刑的作用，重视犯罪人的人格特征，完善刑罚个别化措施。②

有的论者指出：知识经济的发展带来犯罪态势的变化，也呼唤着刑法的回应。如何在人本精神与科学精神中保持应有的平衡，是知识经济社会刑法的重大使命。为此，刑法必须兼具科学精神和人本精神。知识经济社会刑法的科学精神应表现在科学的观念、科学的内容和形式，刑法在立法、司法、执法过程中的科学运作三个方面；知识经济社会刑法的人本精神至少应在以下三个方面得以体现：刑法三大原则人本属性的再现；刑事犯罪化与非犯罪化；刑罚人道主义。③

有的论者认为：可持续发展不仅仅是一种价值理念，可持续发展必须法治化，要把可持续发展的观念贯彻到刑法中，倡导刑法的"绿色"变革。从罪名的角度讲，目前我国刑法在保护自然资源与环境、促进可持续发展方面存在遗漏；从刑罚的角度讲，必须对刑罚进行"绿色"变革，改变过去传统发展模式下只重视人和财产不重视环境和资源的做法。加大对破坏环境与资源保护罪的惩治力度，重新界定和设计罚金刑，完善刑罚的多样性。④

（四）罪刑法定与刑法解释

1. 关于空白罪状。空白罪状作为基本罪状的下属概念，在 1997 年刑法典中被大量加以采用。但有的论者提出，空白罪状有违反民主法治原则、法律专属性原则和法律明确性原则的嫌疑，并建议立法者应采取相应措施来提高空白罪状的"合法性"⑤。有的论者对空白刑法补充规范变更后的溯及力问题进行了探讨，指出，在空白刑法中，即使刑法条文没有变更，但由于补充规范的修改、废止，同样会导致刑法的变更。该论者认为，对空白刑法的溯及力，应联系立法者变更补充规范的动机加以考察，如果补充规范的变更是评价性的变更，则应适用轻法，遵循"从旧兼从轻"的原理；如果只是技术性

① 参见姚建龙：《论刑法的民法化》，载《华东政法学院学报》，2001（4）。
② 参见黄伟明：《加入 WTO 与我国刑法理论的发展与调整》，载《法学论坛》，2001（2）。
③ 参见王文华：《论知识经济与刑法变革》，载《法学家》，2001（5）。
④ 参见侯作前：《可持续发展与刑法的"绿色"变革》，载《齐鲁学刊》，2001（5）。
⑤ 刘树德：《罪刑法定原则中空白罪状的追问》，载《法学研究》，2001（2）。

变更，则应适用行为时法。①

2. 关于刑法规范的模糊性。有论者分析指出，刑法规范的明确性是法律规范的基本属性，是法律稳定性的逻辑前提，同时也是罪刑法定原则的基本要求，但法律规范的模糊性也是由法律概念本身的不明确性所决定的，模糊性是立法者基于"明确性"追求之困难及其副产品的巨大而作出的次优选择，是立法者基于刑事政策的考量而有意作出的积极选择，但立法政策或技术上的失误也是造成刑法规范模糊性的重要原因。该论者认为，刑法规范的明确性与模糊性之间具有相辅相成的紧密关系，二者之间的平衡是刑事立法的理想追求，而要实现这种平衡，其基本途径就是确立刑法规范明确性与模糊性的整合机制。②

3. 关于罪刑法定与刑法解释。有的论者基于罪刑法定主义，对我国的刑法解释体制进行了重构；主张建立以罪刑法定原则为界限，以立法解释为主导，以自由裁量为主体，以司法解释为补充的刑法解释体制。③ 有的论者对罪刑法定原则的制约性和刑法司法解释的独立性问题进行了阐述，指出目前我国的刑法司法解释十分活跃，但罪刑法定原则根基尚浅，二者关系不协调。④ 有的论者认为，在相对罪刑法定原则下法官行使自由裁量权最主要的表现就是对法律进行科学的解释。作为自由裁量权重要内容的扩张解释、法律漏洞的填充、类比推理被认为既突破了绝对罪刑法定严格规则的刻板、机械，又自觉地遵从立法本意和法律规范的实质适用范围，这与罪刑法定的价值意蕴不谋而合。⑤

(五) 劳动教养的刑法化问题

劳动教养制度不仅是行政法领域所要研讨的问题，也是刑事法治领域不可回避的理论问题。在计划经济时期下我国劳动教养制度一直未能得以反思性检讨。随着刑事法治的推进，尤其是在保障人权刑法理念的导引下，学界对劳动教养制度的性质、存在的问题、劳动教养制度的出路等问题进行了深入的剖析。2001 年 3 月 29 日至 4 月 1 日首次全国劳动教养立法理论研讨会在北京召开，对劳动教养立法的基本理论和实践问题进行了专题研讨；北京大学刑事法理论研究所成立了中国劳动教养立法研究课题组，并于《法学》（2001 年第 5、6 期）和《中外法学》（2001 年第 6 期）辟专栏对之进行了研讨，

---

① 参见何泽宏、庄劲：《论空白刑法补充规范的变更及其溯及力》，载《新疆社会科学》，2001（4）。
② 参见杨书文：《刑法规范的模糊性与明确性及其整合机制》，载《中国法学》，2001（3）。
③ 参见杨焕宁、李国如：《刑法解释体制的重构——兼论罪刑法定原则的贯彻执行》，载《犯罪与改造研究》，2001（4）。
④ 参见黄伟明：《论罪刑法定原则与刑法司法解释》，载《法学评论》，2001（2）。
⑤ 参见陈正云、曾毅、邓宇琼：《论罪刑法定原则对刑法解释的制约》，载《政法论坛》，2001（4）。

讨论主要围绕以下问题展开①：

1. 劳动教养制度的合理性分析。有的论者在对劳动教养制度进行历史性考察的基础上，指出其在实体法、证据法以及程序法上的缺陷。有的论者认为，从实体构成的角度看，劳动教养严重违背"罪刑法定原则"；在适用上违背现代公法领域中的"比例性原则"。有的论者从国际人权公约的角度，分析了我国劳动教养价值目标上的冲突、实体规定上的不合理性、程序设置上的不正当性等方面的严重缺陷。有的论者认为，在当前中国，发现危险个人的机制难以确立，如果不能准确判断对象，劳动教养制度的立法就会伤及无辜。有的论者则认为，如果保留我国犯罪概念的定量因素，对于屡犯不改又不够刑罚的刑法边缘族，劳动教养是唯一可供选择的制度设计，但必须对现行的制度进行改革，实现劳动教养的司法化。

2. 劳动教养制度存在的具体问题。有论者分别就劳动教养的性质、法律地位、收容对象、适用条件、收容范围、审批程序、劳动教养期限、法律监督、劳动教养的执行等问题进行了深刻的剖析。

3. 劳动教养的出路。不少学者认为，从行政权到司法权的转变是劳动教养制度正当化的必由之路。有的论者进一步主张劳动教养保安处分化，通过在刑法中建立保安处分制度，并将劳动教养的内容进行整合，以实现劳动教养的改革；并就保安处分的必要性和可行性进行了分析、论证。有的论者则主张劳动教养的刑罚化。有的论者则认为，劳动教养的保安处分化并非理想之路，将劳动教养所限制的对象完全纳入现行行政处罚制度或刑事处罚体系，也会产生一系列问题，必须重新改造我国的行政制裁体系和刑事制裁体系，消除警察机构所享有的行政性羁押权，并重新确定警察机构的权力范围和处罚程序。在具体的改革方案中，有的学者建议将劳动教养对象一分为三，分别予以正当化，即对吸毒、卖淫、嫖娼人员的行政强制措施化，常习性违法行为人处置的保安处分化，对轻微犯罪行为人处置的刑法化。

（六）关于"严打"

随着中央第三次"严打"整治专项斗争在全国范围内的展开，理论界再度掀起对"严打"进行理性思考的热潮。从刑法学角度，学者们对"严打"中应处理好的关系问题进行了深入的研讨。有学者认为，应处理好以下几个法律关系②：（1）"严打"方针与依法治国方略的关系。"严打"应当在社会主义法治的轨道上进行，必须符合依法治国方略的长远目标和内在要求，同时也只有使"严打"方针的具体操作符合依法治国的

---

① 参见"中国劳动教养制度研究专号"，载《中外法学》，2001（6）；张绍彦：《第一次全国劳动教养立法理论研讨会综述》，载《现代法学》，2001（3）；《劳动教养制度与中国法制建设问题研讨》（一）、（二），载《法学》，2001（5）、（6）；陈瑞华：《警察权的司法控制——以劳动教养为范例的分析》，载《法学》，2001（6）；陈兴良：《劳动教养：根据国际人权公约之分析》，载《法学》，2001（10）。

② 参见赵秉志：《对"严打"中几个法律关系的思考》，载《人民检察》，2001（9）。

内在要求，才谈得上"严打"方针是依法治国在现阶段贯彻实施的具体体现。（2）"从重"与刑事实体公正的关系。首先，执行"从重"方针不能与刑法规定的罪责刑相适应的原则相违背，其次，执行"从重"方针不能背离我国基本刑事政策的要求。（3）"从快"与刑事程序公正的关系。该论者特别指出，"基本事实清楚，基本证据确实充分"不等于"事实基本清楚，证据基本确实充分"。有的学者指出，必须处理好以下四个关系：（1）"严打"与刑事政策的关系。"严打"具有特定性、权宜性和法律性特征，"严打"是刑事政策的策略要求。（2）"严打"与依法办案的关系。"严打"以依法办案为前提，依法办案是实现"严打"目标的保证。（3）"严打"与保障人权的关系。"严打"以人权保障观念为依托，人权保障在"严打"中起着规范作用，二者是统一的。（4）"严打"与社会预防的关系。"严打"是有效遏制犯罪的前提，而社会预防是遏制犯罪的基本环节。[①] 还有的论者认为，为确保"严打"斗争的有效性，必须认真处理好"严打"与实现刑罚目的的关系、与贯彻其他刑事政策的关系、与社会治安综合治理的关系、与审判方式改革的关系。[②]

此外，有论者认为，要实现"严打"的刑罚效益，必须遵循刑罚的不可避免原则、及时原则和适度性原则，同时要协调好"严打"各要素之间的关系。[③]

（七）犯罪论

1. 犯罪概念与特征。犯罪的概念与特征是近年来我国刑法学界再度广为关注的理论问题。学者们对犯罪的概念、本质特征、犯罪概念中的定量因素、刑法第 13 条但书的规定等问题进行了深入的探讨。（1）传统的犯罪定义是："犯罪是具有一定社会危害性、违反刑法并应当受到刑罚处罚的行为。"有的论者认为：将"应当受到刑罚处罚"作为犯罪定义的组成部分不准确，不宜作为犯罪的基本特征；"一定的社会危害性"具有不确定性和变异性的特点，其主要是立法者的犯罪标准，而公民和司法人员只能服从刑法；判断是否犯罪的标准只能是刑事违法性。基于此，该论者将犯罪定义为："犯罪是符合刑法规定的应当承担（负）刑事责任的行为。"[④] （2）关于我国刑法犯罪概念中的定量因素，有论者对此持批评态度，认为：其在理论上缺乏根据，在实践中有弊无利。我国刑法中犯罪概念的定量因素是法制不够发达的表现，是行政参与司法的表现，因而犯罪概念的定量因素并非创新而是滞后的表现，是专制集权向三权分立发展不充分的结果。[⑤] （3）关于刑法第 13 条但书的规定。有学者认为，我国刑法中情节显著轻微危

---

① 参见张旭：《"严打"：必须处理好四个关系》，载《法制与社会发展》，2001（6）。

② 参见黄祥青：《"严打"刑事政策的掌握与运用》，载《政治与法律》，2001（6）。

③ 参见于改之：《论"严打"的要素底线及刑罚效益》，载《法学》，2001（6）。

④ 周振晓：《犯罪定义新表述》，载《浙江大学学报》（人文社科版），2001（2）。

⑤ 参见李居全：《也论我国刑法中犯罪概念的定量因素——与储槐植教授和汪水乐博士商榷》，载《法律科学》，2001（1）。

害不大不认为是犯罪的规定，存在以下弊端：第一，与犯罪概念中体现的犯罪特征相矛盾；第二，与我国刑法罪刑法定的原则不完全一致；第三，该规定在执行中有可能对立法权威造成侵犯；第四，适用范围不明确，影响严格执法；第五，"情节显著轻微本身是一个模糊的概念"。基于上述缺陷，该论者认为，应当在慎重研究的基础上，对刑法中的犯罪概念进行修改，要将刑法总则犯罪的概念和分则的具体规定结合起来进行综合考虑；并建议删去关于"情节显著轻微危害不大的，不认为是犯罪"的规定。① （4）关于犯罪的本质特征。有论者认为，犯罪本质特征是社会危害性的基本观点应当得到支持，但犯罪本质特征不是单一的社会危害性，而是以社会危害性为中心的矛盾结构。该论者认为：区分立法与司法的不同角度是正确审视犯罪本质特征的关键。从立法的角度，应建立刑事立法统计制度，全面而及时地把握各种危害社会的行为；建立刑事立法的选择制度，依照科学的标准体系确定是否将一定的反社会行为规定为犯罪，同时完善现行刑事立法中犯罪概念的表述。从司法的角度，确立不得由犯罪的本质特征出发对刑法分则中的罪名进行刑法解释的原则；确立不得将犯罪的本质特征作为定罪断案的直接依据的原则，以及不得以犯罪本质特征结构中的任何因素影响司法定罪的原则。②

2. 关于犯罪构成理论。（1）关于犯罪构成理论的体系性思考。作为犯罪论的基石，犯罪构成历来是我国刑法学界关注和研究的焦点。近年来不断有学者对我国传统的犯罪构成理论提出质疑或进一步完善的改革方案，极大地推动了我国刑法基础理论的发展。有的论者考察、分析了我国犯罪构成理论的发展轨迹及现状，提出了重构犯罪构成理论以及重构这一理论的价值取向问题，并认为，犯罪构成是通过对符合刑罚规范设定的典型事实相对应行为的违法判断，追究行为人刑事责任的全部依据，包括典型事实、违法判断和归责理由三个方面的条件。③ 有的论者对我国目前刑法学著述中将"犯罪构成要件"与犯罪构成要件所寓居的"方面"混用的问题从理论的高度进行了澄清，明确了犯罪构成要件与犯罪构成要件寓居的方面、构成要件要素之间的联系和区别，并指出，犯罪构成要件是对成立犯罪所必需的各个方面事实特征进行抽象、提炼后的实体，而犯罪构成要件寓居的方面是这些事实特征存在的"空间"；构成要件要素则是犯罪构成有机整体的最基本因素，属于构成要件之下一层次的范畴。④ 有的论者对晚近我国刑法犯罪构成理论研究中存在的误区进行了考察，认为存在着五大误区，即：将大陆法系的构成要件概念等同于我国刑法中的犯罪构成并以此批判我国犯罪构成理论；我国的犯罪论体系是实质而大陆法系是形式的；批判犯罪构成理论中的社会危害性理论；大陆法系的犯罪论体系在逻辑结构上优于我国；将对我国犯罪构成理论的研究等同于构建新的犯罪理

---

① 参见王尚新：《关于刑法情节显著轻微规定的思考》，载《法学研究》，2001（5）。
② 参见夏勇：《犯罪本质特征新论》，载《法学研究》，2001（6）。
③ 参见许道敏：《犯罪构成理论重构》，载《中国法学》，2001（5）。
④ 参见肖中华：《犯罪构成要件及相关范畴辨析》，载《法学研究》，2001（2）。

论体系。该论者分析认为，学界对我国犯罪构成理论的误解以及由此展开的对我国犯罪构成理论的批判是不合理的，从我国现行刑法理论的构架以及刑事司法的运作来看，我国传统的犯罪构成理论体系基本上适应我国刑事立法和司法的需要。在总体上是合理的。①

（2）犯罪客体与主观罪过。有的论者认为，对罪过形式的本质或结构问题的正确解决，必须借助于科学的犯罪客体理论。在此前提下，该论者认为：犯罪客体既不能是被危害的个人、单位或国家机关等主体之社会活动的一种应然状态，也不能是任何形式的社会利益，而只能是被主体的行为所违反的法的规范或法的关系。违法性意识不仅构成犯罪故意的规范内容，也是犯罪过失的必备要素。故意犯罪的违法构成可以表述为：行为故意违反 A 法——A 法益被侵害；过失犯罪的违法构成则为：行为故意或直接违反 A 法——导致过失或间接违反 X 法——结果严重侵害 X 法法益。②

（3）刑法因果关系。因果关系问题一直是刑法理论研究中的一个重要而复杂的问题。有的学者通过对英美法系和欧陆法系两大法系因果关系理论的介绍和比较分析，认为以英美刑法中的"双层次原因"模式为借鉴来建构我国刑法的因果关系理论体系，或许是我国刑法因果关系研究走出"必然性"和"偶然性"、"内因"和"外因"等哲学迷障的最优选择。③ 有的论者基于同一出发点，主张：从三个层次分别依不同标准来判断因果关系，即第一步考察行为与结果间有无条件关系，第二步考察与结果有条件关系的事实对于结果所施加的原因力，第三步判断该原因行为是否值得由刑法评价。在判断条件关系是否成立时，依照一般经验法则；在定量分析时，根据"动力规则"；在定性时，则要兼顾罪责刑相适应的原则和刑法"但书"的规定。④

还有的学者对不作为犯罪的因果关系问题进行了探讨。该论者将不作为犯罪的因果关系分为起因性因果关系和防果破坏性因果关系两种。对于具有起因性因果关系的不作为犯罪，不能把因果关系的特殊性作为从轻处罚的情节；对于具有防果破坏性因果关系的不作为犯罪，应把因果关系的特殊性作为从轻处罚的一个酌定情节。⑤

（4）单位犯罪。有的论者指出，我国刑法通说将"经单位集体讨论或单位负责人决定实施的危害社会的行为"作为单位犯罪的核心要件，但这种理解难以划清单位代表或机关成员的犯罪和单位自身犯罪之间的界限，同时具有扩大或缩小单位负刑事责任范围、不符合现实社会中的单位犯罪的实际情况、无法适用于规模大的现代企业等弊端。该论者认为，追究单位犯罪的刑事责任，应从追究单位自身固有的责任角度出发，除关注单位集体决定和单位负责人决定之外，还应考虑单位的目标、业务范围、规章制度、

---

① 参见刘艳红：《晚近我国刑法犯罪构成理论研究中的五大误区》，载《法学》，2001（10）。

② 参见倪培兴：《犯罪客体与主观罪过的分析——以渎职罪为范例的分析》，载《人民检察》，2001（7）、（8）。

③ 参见储槐植、汪永乐：《刑法因果关系研究》，载《中国法学》，2001（2）。

④ 参见童德华：《刑法因果关系的层次及其标准》，载《政治与法律》，2001（5）。

⑤ 参见侯国云、梁志敏：《论不作为犯罪的因果关系》，载《法律科学》，2001（1）。

防范措施等单位自身制度方面的情况。① 有的论者对单位犯罪实行双罚制的理论依据进行了探索，指出一个单位犯罪、两个犯罪构成是单位犯罪实行双罚制依据的较好解释。②

此外。还有的论者分别就单位犯罪的主观要件、单位累犯、单位共同犯罪问题进行了有益的探索。③

3. 共同犯罪。有的学者对片面共犯进行了剖析，指出片面共犯是客观存在的情形，其具体存在范围包括片面的帮助犯、片面的教唆犯和片面的实行犯。鉴于我国立法尚未加以规定，该论者认为将来立法完善时有必要对此专门作出规定。④ 有的学者分析了片面共犯的理论基础，指出犯罪共同说和行为共同说分别是完全共同犯罪和片面共同犯罪的理论基础，片面共犯生存的逻辑起点就在于法律实践的发展和其自身独立的价值追求。该论者认为，片面共犯的成立不仅在于必须有共同犯罪的意思，而且实施的只能是帮助行为，但其前提有赖于实行犯的实行行为。⑤ 此外，有的论者还就共同过失犯罪⑥、共谋共同正犯⑦、主犯和胁从犯⑧的问题进行了探讨。

4. 犯罪形态与罪数形态。关于犯罪形态与罪数形态，学者们探讨的内容主要有：结果加重犯、牵连犯、包容犯、集合犯、行为犯、危险犯，等等。

（八）刑罚论

1. 刑罚目的。刑罚目的是刑罚理论中的一个重要问题，其对于刑罚的创制、适用与执行均具有重要的指导意义。关于刑罚目的，长期以来学界存在报应主义与预防主义的对立。有的学者认为刑罚目的应是报应与预防的统一，进而提出了刑罚目的二元论。基于公正与功利的追求，该论者认为报应与预防存在统一的基础，并且以报应为主、预防为辅，但在刑事活动的不同阶段，二者又有所侧重，即：刑罚创制阶段，一般预防处于主导地位，但对一般预防的追求不能超过报应的限度；刑罚裁量阶段，应以报应为主，可以兼顾一般预防和特殊预防；刑罚执行阶段，则以个别预防为主。⑨

有的论者专门就刑罚的一般预防和个别预防问题进行了研究。该论者分析了一般预

---

① 参见黎宏：《论单位犯罪的刑事责任》，载《法律科学》，2001（4）。

② 参见刘晓军：《一个单位犯罪、两个犯罪构成——双罚制理论依据新探》，载《政治与法律》，2001（3）。

③ 参见黎宏：《论单位犯罪的主观要件》，载《法商研究》，2001（4）；杨凯：《单位普通累犯理性研究》，载《浙江社会科学》，2001（6）；许成磊、王会时：《单位共同犯罪若干问题探讨》，载《山东公安专科学校学报》，2001（3）。

④ 参见左坚卫、周加海：《片面共犯问题的理论缺陷与立法建议》，载《云南法学》，2001（2）。

⑤ 参见林亚刚、赵慧：《论片面共犯的理论基础》，载《法学评论》，2001（5）。

⑥ 参见阴建峰：《论共同过失犯罪》，载《山东公安专科学校学报》，2001（3）。

⑦ 参见林亚刚：《共谋共同正犯问题研究》，载《法学评论》，2001（4）。

⑧ 参见侯国云、陈丽华：《有关主犯和胁从犯的三个问题》，载《云南法学》，2001（3）。

⑨ 参见陈兴良：《刑罚目的新论》，载《华东政法学院学报》，2001（3）。

防的正当性，批判了刑罚的个别预防。该论者认为，一般预防与报应之间是一种既对立又同一的关系，基于两者的同一性，将一般预防作为刑罚目的未必会导致严刑苛罚，基于两者的对立性，一般预防具有相对于报应而作为刑罚目的的独立意义；一般预防与个别预防的关系同样是既对立又同一的关系，否定一般预防作为刑罚目的的正当性，必然陷入自相矛盾的逻辑误区。① 对于个别预防，该论者认为其理论缺陷在于因否定刑罚的报应性而有失公正，因对一般预防的忽视而有失功利，因自相矛盾与以偏赅全而不合逻辑，同时其在实践中因人身危险性无法预测，也缺乏贯彻执行的可行性。②

2. 关于刑罚个别化问题。目前学界有人对刑罚个别化持否定意见。对此有论者通过对刑罚个别化演进的历史考察，认为：刑罚个别化在其发展的不同阶段蕴涵不同。否定论者所称的刑罚个别化只是近代学派中的刑罚个别化，而非现代刑法中的刑罚个别化。在现代刑法中，刑罚个别化不仅要考虑预防犯罪的需要，而且要考虑报应的需要；既考虑犯罪的情状，也考虑犯罪分子重新犯罪的可能性。③

3. 刑法裁量与执行制度。"不致再危害社会"是我国适用缓刑和假释的实质条件，如何判定行为人"不致再危害社会"就成为缓刑、假释制度的核心问题。有的论者指出，我国刑事立法和司法对此认定存在衡量因子简单、推断精度不足等问题。为此建议，在对犯罪分子进行再犯预测时，开展人格调查，通过科学设定调查对象、调查途径、调查方法等，提高再犯预测的准确度，降低适用缓刑和假释的风险。④ 有的论者对设立缓刑执行机构的必要性和具体设置进行了有益的探索。⑤ 有的论者建议对于未成年犯减刑假释的条件应当特别规定，以体现对未成年犯"教育、感化和挽救"的精神。⑥ 有的论者就假释撤销的条件、撤销后数罪并罚以及刑期折抵等问题进行了具体论证，并提出了如何完善法律规定的具体意见。⑦

4. 刑罚消灭制度。有的学者对追诉时效的停止制度进行了研讨，指出，由于各国立法技术和环境的不同，对追诉时效制度的规定差异巨大。该论者在比较有关国家刑法关于时效停止制度的基础上，对追诉时效的中止制度、中断制度和终止制度进行了详细的研究。⑧ 有的论者对前科消灭制度进行了探讨。该论者剖析了前科消灭制度的理论根据，分析了我国否定前科消灭制度的原因，提出了在我国刑法中设置前科消灭制度的构想。⑨

---

① 参见邱兴隆：《论一般预防的正当性——兼与否定论者商榷》，载《中国法学》，2001 (4)。
② 参见邱兴隆：《理论缺陷与实践困窘——刑罚个别预防论批判》，载《法律科学》，2001 (1)。
③ 参见翟中东：《刑罚个别化的蕴涵：从发展角度所作的考察——兼与邱兴隆教授商榷》，载《中国法学》，2001 (2)。
④ 参见翟中东：《论我国刑法中"不致再危害社会"的判定》，载《人民检察》，2001 (5)。
⑤ 参见阳桂凤、蒋季雅：《关于在我国设立缓刑执行机构的思考》，载《青少年犯罪研究》，2001 (5)。
⑥ 参见谢彤：《未成年犯减刑假释的条件应当特别规定》，载《青少年犯罪研究》，2001 (4)。
⑦ 参见刘金鹏、王晓雯：《假释撤销制度若干问题研究》，载《人民检察》，2001 (5)。
⑧ 参见赵秉志、于志刚：《论追诉时效的停止制度》，载《法学评论》，2001 (2)。
⑨ 参见房清侠：《前科消灭制度研究》，载《法学研究》，2001 (4)。

三、刑法分则问题

（一）责任事故犯罪

学者们对刑法中危害公共安全的交通肇事罪、危险物品肇事罪、工程重大安全事故罪、教育设施重大安全事故罪等罪进行了探讨。

有学者结合有关的司法解释，对交通肇事逃逸行为进行了分析，认为逃逸行为本身表现出一定的人身危险性和社会危害性，虽然被刑法规定为量刑情节，但司法解释将其规定为犯罪成立条件之一，是值得商榷的。该论者还对"逃逸致人死亡"的理解问题进行了探讨。关于交通肇事罪共犯问题，有关司法解释认可了交通肇事罪可以成立共犯。该论者虽然对共同过失犯罪持肯定看法，但是在交通肇事后指使肇事人逃逸，是共同的逃逸行为，而非共同的交通肇事行为，在单纯的逃逸行为不具有为刑法独立评价意义的情况下，司法解释规定对指使逃逸的行为以交通肇事罪的共犯论处不仅存在逻辑上的混乱，也违背了刑法有关共同犯罪的基本理论。[①]

此外，有的学者就工程重大安全事故罪的犯罪主体范围、主观罪过形式等问题进行了探讨。有的学者对教育设施重大安全事故罪中"校舍或者教育教学实施"范围的确定、"不采取措施或者不及时报告"的含义及存在的问题等进行了剖析。有的学者对危险物品肇事罪的主体范围、"危险物品"的范围、"生产、储存、运输、使用"的含义等问题进行了分析。

（二）生产、销售伪劣商品罪

生产、销售伪劣商品罪是近年来广为刑法理论界和司法实务部门关注的热点问题。有论者重点对以下问题进行了探讨：

1. 生产、销售伪劣产品罪的犯罪对象。有学者认为，作为生产、销售伪劣商品罪名中的"伪劣商品"与刑法第 140 条中规定的伪劣产品在内涵与外延上具有一致性。在伪劣产品的具体外延上。有论者主张应以刑法第 140 条明确规定的伪劣产品范围为基本依据，只要符合其中任一情形的，即属于伪劣产品。关于伪劣产品与《产品质量法》中的产品的关系，该论者认为二者不能完全等同，这主要是由于刑法规范的保护目的与《产品质量法》等专门法调整对象的要求不同所决定的。[②] 有的论者具体论证了建设工

---

① 参见林亚刚：《论"交通运输肇事后逃逸"和"因逃逸致人死亡"——兼评〈关于审理交通肇事刑事案件具体应用法律若干问题的解释〉的若干规定》，载《法学家》，2001（3）。

② 参见赵秉志、许成磊：《生产、销售伪劣商品罪若干疑难问题研究》，载《法律应用研究》，2~10 页，北京，中国法制出版社，2001。

程、军工产品、限制流通物等物品可以成为本罪犯罪对象的理由。① 此外，学者们还就伪劣商品的具体认定进行了分析。

2. 特定生产、销售伪劣商品罪中"明知"的判定。论者们认为：这里的明知，包括确知和明知可能性。就销售特定伪劣商品犯罪而言，认定行为人是否明知，可以从买卖双方的成交价格、进货渠道是否正当、交易方式、时间、地点等方面综合考虑。

3. 生产、销售伪劣产品罪未遂形态。针对学界对本罪是否存在犯罪未遂形态的不同意见，有论者展开了具体的剖析。该论者认为，对作为本罪客观要件内容之一的"销售金额"理解的不同与本罪是否存在犯罪未遂形态的争议关系密切，因而澄清"销售金额"的真实含义对界定本罪的未遂形态至关重要。该论者认为，在犯罪既遂形态下，销售金额是指实际已经销售出去的产品总额；在犯罪未完成形态下，则是指尚未销售而可能销售出去的产品总额。此外，该论者还从法条表述的罪状模式、罪名结构、证据调查与运用、刑法对本罪规定罚金刑等角度进一步论证了本罪犯罪未遂形态的存在。②

4. 生产、销售伪劣商品罪危险犯的认定。对是否存在足以严重危害人体健康的危险的判断，有学者认为，要尽量具有司法可操作性，同时又要充分发挥现行刑法规定对生产、销售假药、不符合卫生标准的食品犯罪的有力惩治功能；主张应从医学、药理学的角度以生产、销售假药、不符合卫生标准食品时存在的一切事实为基础，站在行为时的立场客观地判断是否足以严重危害人体健康。③

（三）金融诈骗罪

1. 金融诈骗罪立法评价。有的论者在对欺诈犯罪立法规律及立法特征分析的基础上，通过中外金融诈骗犯罪的立法比较，指出经济发达国家对经济性欺诈犯罪多采用行为犯模式加以规制，体现了刑法规范与法律行为制度的直接协调与适应，而我国刑法关于金融诈骗罪的规定则是把发生在法律行为制度运作中的欺诈行为转换为传统的诈骗犯罪，使刑法与民商法、经济法的关系发生扭曲；分析了我国金融诈骗罪立法规定不完善的立法思想缺陷、立法技术缺陷和由于金融创新引起的缺陷，并建议面对现实中的欺诈犯罪，能以传统诈骗犯罪构成模式立法的，仍尊重传统，不应再以传统诈骗罪构成模式立法的，则应构建新的模式。④

2. 金融诈骗罪的概念。有的学者在剖析目前学界对金融诈骗罪概念界定诸多缺陷和不足的基础上，对金融诈骗罪作如下定义：所谓金融诈骗罪，是指以非法占有为目的，采取法定的虚构事实或隐瞒真相的方式，进行集资、贷款、金融票据、金融凭证、

---

① 参见韩立新：《论生产、销售伪劣产品罪的几个争议问题》，载《法学评论》，2001（1）。
② 参见许成磊：《生产、销售伪劣产品罪未遂形态辨析》，载《法学》，2001（9）。
③ 参见赵秉志、许成磊：《生产、销售伪劣商品罪若干疑难问题研究》，载《法律应用研究》，49 页以下，北京，中国法制出版社，2001。
④ 参见刘远、于改之：《金融诈骗罪立法评说——从欺诈犯罪说起》，载《法学》，2001（3）。

信用卡、保险、有价证券诈骗，数额较大，或者进行信用证诈骗的行为。该论者并就金融诈骗罪与金融欺诈犯罪的异同作了辨析。①

3. 非法占有目的是否金融诈骗罪的必备要件及其理解问题。对此，有的学者持肯定意见，理由主要是：金融诈骗罪从诈骗罪中分离出来，尽管刑法没有对诈骗罪规定以非法占有为目的，而理论和实践上却普遍予以认可。易言之，非法占有目的作为金融诈骗罪的要件是由包容型法条竞合的特征决定的，之所以规定集资诈骗罪、贷款诈骗罪以非法占有为目的，其他诈骗罪未作规定，是出于立法技术上的考虑。② 有的学者则持不同意见，认为金融诈骗罪一般应以非法占有目的作为主观要件，但对于"占用型"金融诈骗罪（如骗取信用证行为）则无须具备此要件。其理由主要是：金融诈骗罪中的"诈骗"与侵犯财产罪中的"诈骗"并不完全等义，符合金融诈骗罪侧重于维护金融管理秩序的立法精神。③ 对于"非法占有目的"的理解，多数学者认为非法占有就是不法所有的意思，但也有个别学者认为只要行为人具有非法控制他人财物的意思就成立非法占有目的。

4. 贷款诈骗罪。有学者对贷款诈骗罪的概念、构成特征、司法认定以及立法完善等问题进行了研究，内容主要包括：（1）关于主观罪过。有论者认为，本罪只能是直接故意，并具有非法占有贷款的目的，但该目的既可以产生于事前，也可以产生于事中，即行为人在贷款初期并无非法占有目的，取得贷款后才产生非法占有目的的，也成立贷款诈骗罪。④ （2）关于单位骗贷的定性。有论者认为，可视其情况分别构成合同诈骗罪、票据诈骗罪、金融凭证诈骗罪和信用证诈骗罪。⑤ （3）关于使用伪造的信用证担保骗取银行贷款的定性。有的论者认为构成法条竞合，有的论者则认为构成牵连犯。⑥ （4）关于贷款诈骗罪的立法完善。有论者建议将单位纳入贷款诈骗罪的主体，并增设虚假陈述的贷款诈骗罪（有的学者将其称为贷款诈欺行为）⑦；有的论者建议取消"非法占有目的"这一主观要件；有的论者主张在现有立法的基础上将贷款诈欺行为犯罪化，并对增设的理由、罪刑规范的具体设计、贷款诈欺罪的罪名归属等问题进行了深入的说理论证。⑧

5. 信用证诈骗罪。有学者针对学界有人提出本罪不需以非法占有为目的的观点进

---

① 参见赵秉志：《论金融诈骗罪的概念和构成特征》，载《国家检察官学院学报》，2001（1）。

② 参见马克昌：《金融诈骗罪若干问题研究》，载《人民检察》，2001（1）；刘宪权、吴允锋：《论金融诈骗罪的非法占有目的》，载《法学》，2001（7）。

③ 参见卢勤忠：《金融诈骗罪中的主观内容分析》，载《华东政法学院学报》，2001（3）。

④ 参见李永升：《贷款诈骗罪若干问题研究》，载《云南法学》，2001（1）。

⑤ 参见薛瑞麟、丁天球：《论单位骗贷》，载《政法论坛》，2001（3）。

⑥ 参见马克昌：《金融诈骗罪若干问题研究》，载《人民检察》，2001（1）。

⑦ 参见钱杰：《贷款诈骗罪的立法完善》，载《人民检察》，2001（4）；薛瑞薛、丁天球：《论单位骗贷》，载《政法论坛》，2001（3）。

⑧ 参见苏彩霞：《贷款诈欺行为犯罪化之分析及立法建议》，载《法商研究》，2001（2）。

行了批驳，指出这种观点（1）不符合立法原意；（2）有违罪刑法定原则；（3）不符合客观解释论、体系解释的规则；并且（4）以刑法抗制不以非法占有为目的的信用证欺诈行为并非世界各国通行做法；（5）"有利于打击犯罪"不应成为主张"非法占有目的不要说"的理由。[①]

6. 信用卡诈骗罪。（1）"使用伪造的信用卡"中"使用"的理解。有论者认为，对于伪造信用卡后又出售，或伪造信用卡后又送给他人进行诈骗活动，或者单纯出售伪造的信用卡，以及单纯将伪造的信用卡送给他人进行诈骗活动的，是否构成信用卡诈骗罪，要看双方是否有共谋，有共谋的，构成信用卡诈骗罪中的"使用"，否则不构成。[②]（2）盗窃信用卡并使用行为的定性。有学者认为，盗窃信用卡并使用的按盗窃罪定罪处罚，值得商榷。理由主要是：信用卡是一种信用凭证，本身并非财物，盗窃信用卡的行为不可能触犯盗窃罪的罪名；认为盗窃信用卡等于取得一定价值的货币使用权的观点不够妥当；认为信用卡是一种支付凭证，盗窃信用卡并使用同盗窃印鉴齐全的支票后骗取财物的行为类似，以此作为定盗窃罪的根据也有缺陷；盗窃信用卡后的使用行为，才是行为人取得财物也是造成他人财产损害的关键所在；从国外来看，还没有把这种行为按盗窃罪处理的立法例，相反，有的国家明文规定对这种行为按滥用信用卡定罪处罚。[③]（3）恶意透支。[④] 不少学者就恶意透支的成立条件及立法完善等问题作了探讨。有的学者指出，恶意透支与善意透支的本质区别在于前者具有非法占有目的，而后者则不具有此目的，因而善意透支又分为典型的善意透支和善意的不当透支。该论者认为：我国刑法将恶意透支数额较大的行为规定为犯罪与我国当前信用卡管理状况及这种行为的社会危害性相适应，具有合理性。但从其性质归属上看，我国刑法将恶意透支归入信用卡诈骗罪之列并不妥当，鉴于恶意透支与一般的信用卡诈骗罪在犯罪主体、主观方面、客观行为表现等方面的不同，有将其独立成罪的必要。对于骗领信用卡诈骗银行资金的行为，有的论者则主张分情况处理：骗领信用卡后诈骗银行资金符合刑法规定的恶意透支条件的，按恶意透支行为处理；不符合恶意透支条件的，按普通诈骗罪定罪处理。有论者不同意这种观点，认为骗领信用卡的人属于恶意透支中的"持卡人"，因而其行为属于恶意透支的行为。

7. 保险诈骗罪。有的论者从犯罪客体的定义、犯罪客体的意义、犯罪对象、复杂客体的关系等角度对本罪的客体进行了分析，认为本罪的直接客体是保险制度或保险秩序，而不是复杂客体，不包括公私财产所有权。[⑤] 有的论者对保险诈骗罪的几个基本问

[①] 参见赵秉志、周加海：《论"以非法占有为目的"是信用证诈骗罪的必备要件》，载《人民检察》，2001（3）。

[②] 参见游伟、肖晚祥：《信用卡诈骗罪的理论界定与司法适用》，载《人民检察》，2001（2）。

[③] 参见刘明祥：《论信用卡诈骗罪》，载《法律科学》，2001（2）。

[④] 参见赵秉志、许成磊：《恶意透支型信用卡诈骗犯罪问题研究》，载《法制与社会发展》，2001（3）；刘明祥：《论信用卡诈骗罪》，载《法律科学》，2001（2）。

[⑤] 参见林荫茂：《保险诈骗罪犯罪客体的探讨》，载《上海市政法管理干部学院学报》，2001（6）。

题进行了研究，指出，恶意重复保险、隐瞒保险危险骗取保险金，属于虚构保险标的骗取保险金；保险诈骗罪以行为人开始向保险人索赔行为为实行行为的着手；投保人、被保险人、受益人与保险公司工作人员内外勾结骗取保险金的，同时触犯两个罪名，在成立共同犯罪的前提下，根据核心角色与部分犯罪共同说的原理解决定罪问题；行为人实施了制造保险事故的行为，但没有向保险人索赔的，不应实行数罪并罚；单位实施制造保险事故的放火等犯罪行为，对单位只能以保险诈骗罪论处，但对其中的直接负责的主管人员和其他直接责任人员，应当以保险诈骗罪、放火罪等实行数罪并罚。①

此外，还有的学者就连续实施金融诈骗行为同时涉及数种诈骗罪名情形的处理等问题进行了探讨。

(四) 计算机与网络犯罪

1. 计算机犯罪。计算机犯罪与传统犯罪的巨大差异，对于现行刑法典、刑事诉讼法典及刑事司法协助规范形成巨大冲击，同时也造成传统刑法理论与现实犯罪态势的冲突，导致立法和理论的略显滞后。有的学者对此进行了深入的研讨，指出：(1) 计算机犯罪对刑法典规范设置的冲击表现在有关罪名的欠缺、刑罚种类的创新、行为人低年龄化对于刑事责任年龄制度的影响、犯罪类型归属的调整、相关单位犯罪的增设等方面，对刑事诉讼规范设置的冲击主要表现在证据类型的不足、犯罪地确定等方面，对刑事司法协助的冲击则主要表现在计算机犯罪跨国司法协助和引渡制度的建立与完善的客观必要性与各国对计算机犯罪的不同态度之间的冲突上。(2) 对传统刑法理论的冲击则表现在以下几个方面：无国界犯罪所引起的管辖问题、传统型犯罪计算机化问题、计算机空间的共同犯罪问题。针对上述矛盾与冲突，该论者从立法、司法和刑法理论的完善等方面提出了构想，具体而言：(1) 国内立法的回应，包括制定专门的反计算机犯罪法、完善现行刑法典中的计算机犯罪惩治条款、完善现行行政法规以配套刑法典的贯彻实施、在《治安管理处罚条例》中增加对计算机违法行为的惩治，等等。(2) 关于国际刑法与刑事司法协助的考虑。该论者建议建立、健全惩治计算机犯罪的国际合作体系。(3) 关于刑法理论的回应。该论者认为，应拓展刑事管辖时空范围，同时对未成年人犯罪、单位犯罪、犯罪集团等刑法理论制度有加以重新解释或修正的必要。②

2. 电子商务犯罪。有论者认为，电子商务犯罪就是在电子商务活动的各个环节中涉及的犯罪。该论者分析了我国目前处罚商务犯罪的困境，指出在立法未予补充修改之前，解决电子商务犯罪的现实最佳途径就是刑事司法解释，通过采取"功能等同"的解释方法，把以计算机为基础的技术包括进来，扩大"书面"、"签字"、"货币"、"著作"

---

① 参见张明楷：《保险诈骗罪的基本问题探究》，载《法学》，2001 (1)。
② 参见赵秉志、于志刚：《计算机犯罪及其立法和理论之回应》，载《中国法学》，2001 (1)。

等的概念范围等，从而可以基本实现对常见的电子商务犯罪的有效惩治。①

3. 网络犯罪。有的论者将网络犯罪和网络刑法放在技术环境下，从新的视角描述了网络犯罪的实质特征（社会危害性）和技术特征（网络技术依赖性），以此为前提，论述了技术制衡对网络刑法的必要性，以及技术制衡对网络刑法在立法模式选择上的制衡，即：在目前及一段时期内，选择单独立法模式更能发挥技术的制衡作用，而这与将来的统一立法并不矛盾。②

此外，有的学者对"黑客"的刑事责任问题进行了探讨，分析了黑客的类型，区分了应负刑事责任的黑客行为和不负刑事责任的黑客行为。③ 有的论者对在线传播淫秽物品犯罪进行了研究，指出传播淫秽品行为的网络用户所在地、传播淫秽物品行为的网络用户终端所在、因特网服务提供商所在地均是犯罪行为地，并认为只有传播淫秽物品行为的网络用户才是罪犯。④ 有的论者对有关危害互联网安全犯罪刑法适用问题进行了分析。⑤

（五）环境刑法

有的学者对环境刑法的理论架构进行了思索。该论者结合环境刑法的特性，通过人本主义和自然本位主义兼顾的环境刑法思想、环境保护与经济发展中蕴涵的环境刑法价值观、可持续发展思想在环境刑法中的延伸三个方面，分析阐述了环境刑法的价值观念。⑥

有学者对环境刑法中的疫学因果关系进行了探讨。该论者指出：在环境刑法中引入疫学因果关系主要是为了更有效地打击环境犯罪，其必须能在最大限度内发挥环境刑法的保护与保障功能，以实现功利与公正价值。既不能因为工业技术的发展不可避免地带来一些公害而容忍公害，也不能因之而全盘否定工业技术。根据疫学的因果关系理论，该论者分析了我国司法实务大多采用推定原则来确定因果关系的弊端，认为有必要对我国现行环境刑事立法进行技术性修改。⑦

有的论者在介绍外国环境刑法中污染概念的基础上，分析了其对中国刑法的借鉴意义，主要包括：刑法保护的法益状况，对于明确环境犯罪中污染的概念有根本的指导意义；在刑法中，污染可以表现为危害结果，也可表现危害状态或危害行为；在完整规定污染犯罪的同时，应防止刑事责任的扩大化。有的论者对重大环境污染事故罪的主观方面进行了分析，认为该罪的主观方面不是直接故意，而只能是间接故意，过失造成重大

---

① 参见杨春洗、秦秀春：《电子商务犯罪及其在现行刑法框架下的处罚对策》，载《网络安全技术与应用》，2001（3）。

② 参见肖中华、方泉：《对网络刑法的技术制衡》，载《政法论丛》，2001（4）。

③ 参见赵廷光：《论"黑客"及其刑事责任》，载《网络安全技术与应用》，2001（3）。

④ 参见刘华、齐文远：《在线传播淫秽物品犯罪与对策》，载《中国刑事法杂志》，2001（1）。

⑤ 参见黄太云：《有关危害互联网安全犯罪的刑法适用问题》，载《人民检察》，2001（4）。

⑥ 参见王秀梅：《环境刑法价值观念的重构——兼论西部开发中的环境刑法思想》，载《法学评论》，2001（5）。

⑦ 参见刘守芬、汪明亮：《论环境刑法中疫学因果关系》，载《中外法学》，2001（2）。

环境污染事故的不应认定为犯罪。①

（六）故意伤害罪

故意伤害罪虽是一种常见多发的犯罪，但其情形颇为复杂，在理论上和司法适用中仍存在诸多难题。有论者围绕以下几个问题展开了重点讨论②：（1）关于伤害行为的性质。有的论者认为，刑法上的伤害他人身体健康，应指使他人的生理健康遭受实质的损害，而不包括精神损害在内。有的论者根据故意伤害罪的法益，界定了伤害行为是非法侵害他人生理机能的行为。根据违法阻却原理，在被害者承诺伤害的情况下，应以结果无价值为基础，兼顾行为无价值，即对造成重伤的应认定为故意伤害罪。（2）关于故意伤害罪停止形态，有的论者认为，故意轻伤未遂的不成立犯罪，对于意图重伤造成轻伤结果的，不宜认定为故意重伤未遂，而应认定为故意轻伤的既遂，适用故意轻伤的法定刑。有的论者则指出，除故意伤害致人死亡不存在犯罪未遂外，故意伤害致人轻伤以及故意伤害致人重伤，在理论上都应有未遂形态和既遂形态的区分。（3）关于刑讯逼供罪与故意伤害罪的界限。我国刑法典规定。刑讯逼供致人伤残的，按故意伤害罪定罪处罚。有的论者认为：这属于刑法理论上的转化犯，但以行为人对被逼供人的伤残主观上至少存在放任心理为必要。如果是过失致人重伤的，似应以刑讯逼供罪的结果加重犯处理为宜。有的论者则持反对意见，认为：上述规定属于刑法的特别规定，而非注意规定。即使没有伤害的故意，只要行为人实施刑讯逼供等行为造成他人伤残，就应按故意伤害罪定罪处罚。此外，有的论者还对故意伤害罪的死刑适用条件进行了分析。

（七）黑社会性质组织犯罪

随着"严打"的深入开展，黑社会性质组织犯罪也愈来愈广为刑法学界和司法实务部门所关注。有的论者就对黑社会性质组织的特征进行了分析，并将其概括为黑社会的"地理环境"、"生产资料的生产方式"、"人口条件"、"经济基础"、"政治上层建筑"、"思想上层建筑"③。有论者认为：黑社会性质组织的本质特征在于对社会的非法控制，具体表现在对经济的控制、对政府的渗透和对社会的控制方面。目前司法解释对"黑社会性质组织"四个方面特征的概括是比较科学的，司法解释中所说的"一般"并非是在某些情况下可以缺少其中某一特征而仍可以认定黑社会性质的组织，而是指四个特征中

---

① 参见皮华英、唐双娥：《试析重大环境污染事故罪的主观方面》，载《湖南省政法管理干部学院学报》，2001（1）。

② 参见张明楷：《故意伤害罪探疑》，载《中国法学》，2001（3）；田宏杰：《故意伤害罪若干疑难问题探讨》，载《法学家》，2001（4）。

③ 参见黄永常：《试论组织、领导、参加黑社会性质组织罪》，载《中国刑事法杂志》，2001（6）。

的某一特征可能并不典型或可能以别的行为方式体现出来。[①]

有的论者对我国现行"反黑"的刑事立法进行了反思，指出我国现行刑法典关于黑社会性质组织犯罪的规定存在以下缺陷：缺乏超前性、缺乏完备性、缺乏配套性、缺乏针对性、刑罚设置明显偏轻。并提出完善我国"反黑"刑事立法的建议，主要包括：(1) 将黑社会性质组织修改为黑社会组织；(2) 增加"参加境外黑社会组织罪"和"入境从事黑社会活动罪"；(3) 规定金融机构的"反黑"义务，对黑社会犯罪规定财产刑；(4) 采用特别证据制度。[②]

(八) 职务犯罪

1. 关于国家工作人员。有论者认为，对国家工作人员的理解应从"从事公务"和"职务身份"两特征共同把握；从未来发展趋势上看，国家工作人员只能是国家机关工作人员，而不应包括三类"准国家工作人员"。关于中国共产党的各级机关是否应作为国家机关，学界持有不同意见。[③] 此外，有的论者就国家工作人员的具体类别的理解进行了分析。

2. 关于公务与职务。有的论者对"公务"、"职务"与"职务犯罪"的概念进行了辨析。该论者认为，公务活动中的犯罪，是指从事公务的人员在进行组织、决策、管理、监督、实施等公务活动中，因滥用职权或者未尽职责而触犯刑律所构成的犯罪。[④] 有的论者指出：职务具有产生上的后生性、内容上的权责统一性和目的上的有价值性以及合法性特征。所谓利用职务之便，是指有职务者凭借职务权力作出某种行为或单纯表现为有职务者的职务行为本身。该论者还分别就贪污罪、受贿罪中的"利用职务之便"进行了分析。[⑤] 有的论者对受委托从事公务人员的刑法地位进行了探讨，指出，修订后的刑法除贪污罪外，对受委托人员的法律地位没有规定，基本上是由司法解释予以明确的，但司法解释之间存在矛盾之处。该论者认为，受委托人员不属于"其他依照法律从事公务的人员"，司法解释将其纳入国家工作人员范围不合法，但从应然角度看，有将其纳入国家工作人员范围的必要，从而有必要通过刑法修正案的方式进行完善。[⑥]

3. 关于受贿罪。主要围绕受贿罪的立法完善问题而展开。有的论者建议设立性贿赂罪；有的论者对"为他人谋取利益"在受贿罪中的定位进行重新思考，认为学界对此

---

① 参见最高人民法院刑事审判第一庭、第二庭编：《刑事审判参考》，2001 年第 5 辑，77 页以下，北京，法律出版社，2001。

② 参见田宏杰：《试论我国"反黑"刑事立法的完善》，载《法律科学》，2001 (5)；高一飞：《犯罪现状呼唤黑社会犯罪的刑法完善》，载《犯罪与改造研究》，2001 (4)。

③ 参见彭浩：《关于刑法中"国家工作人员"的法律辨析》，载《江西公安专科学校学报》，2001 (2)。

④ 参见孙力：《公务活动中的犯罪研究》，载《法学论丛》，2001 (6)。

⑤ 参见于宏、范德繁：《试论我国刑法中"利用职务之便"的界定》，载《国家检察官学院学报》，2001 (4)。

⑥ 参见张兆橙：《论受委托从事公务人员的刑法地位》，载《人民检察》，2001 (7)。

要件地位之争的根源在于，刑法条文把定量的因素引入了定性的范畴中①；有的论者指出，把受贿数额作为受贿罪定罪量刑主要标准的模式存在缺陷，应建立以情节为中心的处罚标准体系，以受贿数额作为适用罚金刑的标准。② 此外，有的论者还就受贿罪的共同犯罪问题进行了探讨。

4. 关于挪用公款罪。有的学者指出：挪用公款罪中的"公款"不应局限于"公共财产"；为了个人私利，挪用公款给单位使用，也可构成本罪；挪用公款进行非法活动，应根据案件具体情况，分别作出不同处理；对多次挪用公款的，应区别不同情形进行处理；对承包人挪用公款归个人使用的，应区别是"活包"还是"死包"，前者也可构成本罪；对"集体"挪用行为，应根据职务犯罪的特点进行分析，符合共同犯罪条件的，以挪用公款罪的共犯论处。③ 有的论者还就挪用公款进行营利活动、挪用的时间和数额、犯罪未遂形态等问题进行了探讨。④

5. 关于渎职罪。有的论者就渎职罪具体认定中的问题进行了探讨，认为，关于渎职罪的主体，应对国家机关工作人员的含义作扩大理解，包括"准国家机关工作人员"，但不应包括刑法第 93 条第 2 款所列人员；渎职罪本罪的构成，必须以前提罪在实质上确定或者在实质上成立为前提，但不以法院判决为条件，也不以立案为前提条件；对渎职罪中的受贿问题应实行数罪并罚；渎职罪中的庇护行为应按共犯处理，择一重罚处断。⑤

有的论者对渎职罪的立法缺陷问题进行了剖析，指出目前我国渎职犯罪的缺陷主要表现在主体范围过窄，刑法第 397 条第 2 款、第 398 条在刑法分则体系中排列次序，刑罚体系等几个方面。针对上述缺陷，该论者提出了相应的立法建议。⑥

四、外向型刑法问题

（一）比较刑法研究

"有比较才有所鉴别"，才能去粗存精。在比较刑法研究中，既有宏观基本理论问题的比较，也有具体个罪的比较。研究较为深入或较有新意的问题主要涉及责任能力⑦、

---

① 参见谢锡美：《"为他人谋取利益"在受贿罪中的定位思考》，载《中国刑事法杂志》，2001（4）。
② 参见张冬霞：《对受贿罪立法反思》，载《云南大学学报》（法学版），2001（4）。
③ 参见王作富：《挪用公款罪司法认定若干问题研究》，载《政法论坛》，2001（4）。
④ 参见田宏杰：《挪用公款罪司法认定中的疑难问题研究》，载《人民检察》，2001（7）。
⑤ 参见肖中华：《渎职罪认定中的几十共性问题探析》，载《法学论坛》，2001（5）。
⑥ 参见聂立泽等：《试论渎职罪的立法缺陷》，载《法学评论》，2001（5）。
⑦ 参见马克昌：《责任能力比较研究》，载《现代法学》，2001（6）。

紧急避险①、累犯制度②、假释③、亲告罪④、诬告陷害罪⑤、抢劫罪⑥、侵占罪⑦等的比较研究。现择其要者加以说明。

1. 责任能力比较研究。有论者分别就责任能力的概念、责任能力的本质、责任能力的地位、责任能力的存在时期、责任能力的程度、原因自由行为在各国的立法、司法以及刑法理论中的异同进行了深入的比较分析。

2. 累犯制度比较研究。有论者分别从累犯的概念、累犯制度种类、累犯的成立条件、累犯的处罚原则等角度进行了比较，指出，各国由于刑事政策的不同，对累犯的概念、构成要素、处罚措施均存在重大差异，我国刑法采取主观与客观相统一的累犯概念，将累犯分为一般累犯与特别累犯，对累犯的处罚均采取从严制裁的政策。该论者认为，借鉴国外的累犯制度，我国累犯制度在未成年累犯、法人累犯、累犯的处罚等诸方面均有进一步完善的必要。

3. 亲告罪比较研究。论者对全国性刑法与澳门地区刑法中亲告罪的立法形式、罪名种类和亲告条件作了初步的比较研究，指出，两者中都规定了亲告罪，但所用的"告诉"其含义及与"自诉"概念的关系存在着区别：全国性刑法中的"告诉"是向人民法院告诉，告诉是自诉的一种；澳门地区刑法中的"告诉"是向检察院告诉，告诉与自诉之间彼此独立；澳门地区刑法中亲告罪的罪名数量明显多于全国性刑法，内容所涉及范围更为广泛，条件较为具体。

（二）台港澳地区刑法及外国刑法研究

关于我国台、港、澳地区刑法以及外国刑法的研究，既有对我国台、港、澳地区及外国刑事立法及刑法理论新近发展的译介性论文，也有就个别问题进行深入探讨的专题性文章。内容涉及刑法总论和各论问题。

1. 关于大陆法系刑法。有的论者介绍了日本与德国刑法学的发展现状和未来发展趋势问题。该论者从历史发展的角度，对日本刑法在发展进程中受德国刑法的影响，以及在日本第二次世界大战战败后的特定历史时期，欧美文化、思想对日本传统文化、思想的影响，进而对刑法、刑法学的影响进行了较为全面的回顾，并从宏观上对日本与德国刑法有区别的原因、犯罪论、刑罚论的不同等方面进行了阐述。⑧ 有的论者对大陆法

---

① 参见马克昌：《紧急避险比较研究》，载《浙江社会科学》，2001（4）。
② 参见唐世月：《累犯制度比较研究》，载《岳麓法学评论》，第 2 卷，长沙，湖南大学出版社，2001。
③ 参见李祖华、陈庭会：《假释制度立法比较研究》，载《当代法学》，2001（9）。
④ 参见夏勇：《中国内地与澳门刑法中亲告罪之比较研究》，载《法学论坛》，2001（3）。
⑤ 参见杨凯：《大陆与台湾诬告陷害罪之立法的比较研究》，载《法学家》，2001（3）。
⑥ 参见刘明祥：《事后抢劫问题比较研究》，载《中国刑事法杂志》，2001（3）。
⑦ 参见余高能：《澳门与大陆侵占型犯罪立法比较》，载《云南法学》，2001（2）。
⑧ 参见［日］西原春夫著，林亚刚译：《日本与德意志刑法和刑法学》，载《法学评论》，2001（1）。

系的违法性判断理论存在的缺陷进行了剖析，指出，根据大陆法系构成要件理论通说，当某一行为应该当于刑法中规定的构成要件且不具备法定违法阻却事由时，该行为就是违法的。此时对于违法性的判断只要探讨是否存在法定违法阻却事由即可，然而违法性判断的复杂性和构成要件的不完整性等诸多情况使得违法构成要件的推断机能有时失效，这就要求法官必须根据一定的价值判断补充构成要件所欠缺的违法性推断机能，重新产生新的构成要件，即开放的构成要件。该论者认为，拒绝或反对开放的构成要件概念是对构成要件作为违法类型的类型化的苛责和不现实的要求。①

此外，有的论者介绍了德国传统过失刑事责任观念在当代社会中的弊病问题；有的论者分别就"保护欧盟经济利益的刑法（草案）"的产生背景、立法模式问题，德、日刑法中的信赖原则，西欧短期监禁刑替代措施的演变过程，量刑轻缓化趋势等问题进行了研讨或评述。

2. 关于英美法系刑法。有的论者对美国刑法中"警察圈套"的概念、确立缘由以及成立标准问题进行了分析，指出教唆的主体如果是警察，更应该对于被教唆者从轻、减轻或者免除处罚，甚至不成立犯罪，这是罪刑相适应原则的要求，也是出于公共政策的考虑。该论者认为，根据美国"警察圈套"的地位和意义，将来在我国刑法中应该明文将"警察圈套"作为从轻、减轻、免除处罚或非罪处理的理由加以规定。② 有的论者对英国刑法中的谋杀罪进行了剖析，指出：谋杀罪是英国普通法中重要的犯罪之一，虽被立法化，但其法律定义和构成要件面临审判实践的挑战。传统谋杀罪定义中自然人出生、死亡以及受害者死亡的时间限定等因素或受到冲击，或被予以废除；在因果关系方面，存在事实和法律关系等要素或部分，但每一要素都有例外之处。谋杀罪的犯罪心理应包括非法剥夺他人生命的故意或造成他人重伤的故意。谋杀罪终身监禁的刑罚方法也受到冲击。③

3. 关于我国台、港、澳地区刑法。有的学者对台湾地区"刑法典"分则的特点以及完善趋势进行了研讨，指出我国台湾地区"刑法典"分则呈现大陆法系、具有封建法制痕迹、稳定有余而发展不足的特点。④ 有的学者对澳门地区刑法中的累犯制度进行了剖析，指出澳门刑法典中的累犯制度经历了"行为中心论"向"行为人中心论"的演变过程，受两大法系和东西文化交替影响以及华人居于主体的社会结构，导致其累犯制度的设置具有独特性，但具体的制度设置也存在值得研究之处。⑤

---

① 参见刘艳红：《论大陆法系违法性判断理论的缺陷及弥补》，载《法商研究》，2001（4）。

② 参见廖万里：《略论美国刑法中的警察圈套及其借鉴意义》，载《法学家》，2001（3）。

③ 参见李韧夫：《英国刑法中的谋杀罪》，载《法制与社会发展》，2001（5）。

④ 参见赵秉志、于志刚：《台湾地区刑法典分则的特点及其完善趋势》，载《河南省政法管理干部学院学报》，2001（2）。

⑤ 参见赵秉志、于志刚：《论澳门地区刑法中的累犯制度》，载《吉林大学社会科学学报》，2001（2）。

（三）国际刑法研究

1. 关于国际刑法的基本问题。有学者对国际刑法的发展脉络进行了系统性的梳理，指出随着国际社会发展，国际刑法得到不断发展与完善，并经历了草创、发展、停滞和再拓展的不同演进阶段。在此基础上，该论者分析了国际刑法的概念和特性，将国际刑法界定为规范国际犯罪、加强国际刑事司法协助与合作的国际公约、条约等国际性法律文件的总称，认为国际刑法具有发展性、学科多元性和结合性特征。此外，该论者还对国际犯罪进行了界定。①

有的学者对政治犯罪不引渡原则进行了探讨。该论者在对政治犯罪进行界定的基础上，将政治犯罪分为牵连政治犯罪、纯粹政治犯罪和复合政治犯罪，剖析了政治犯罪不引渡原则的局限性，主张该原则据以形成和发展的客观条件仍然存在，其历史使命并未完成，因而这个原则仍将长期存在下去，但必须对之进行完善，削弱其政治色彩，突出其法律功能，正确处理双重审查制中司法部门与行政部门的关系，对双方权力的大小重新调整。②

此外，有的论者专门就国际恐怖主义犯罪的引渡问题进行了探讨。③

2. 关于具体的国际犯罪。酷刑罪是国际公约禁止的一种犯罪，有的论者对酷刑罪的概念和构成特征进行了系统的梳理，指出我国刑法中虽无直接规定酷刑罪的条款，但从刑法分则条款中仍可分离出某些酷刑行为的具体内容。④ 有的学者对战争罪的内涵及其刑事责任主体问题进行了分析。⑤ 有的论者对国际恐怖活动及国际社会反恐怖刑事立法进行了探讨。⑥

3. 关于国际犯罪的管辖。国际犯罪的管辖问题是国际刑法中最基本的问题。有的论者认为，现行的普遍管辖、"或引渡或起诉"、并行管辖以及国际刑事法庭管辖所形成的管辖机制存在着一些不足，应取消并行管辖，代之以优先管辖；以"或起诉或引渡原则"取代"或引渡或起诉原则"；确立拒绝起诉和引渡的法律责任。⑦ 有的论者从传统国际法中的刑事管辖原则入手，对国际法委员会提交的管辖方式以及规约中规定的普遍管辖原则作了探讨，以期了解国际法在刑事管辖权问题上的发展动向。

---

① 参见高铭暄、王秀梅：《历史发展与基本问题研究》，载《中国刑事法杂志》，2001（1）。

② 参见赵秉志、陈一榕：《论政治犯罪不引渡原则》，载《现代法学》，2001（1）。

③ 参见吴玉梅：《关于国际恐怖主义犯罪引渡问题的探讨》，载《河北法学》，2001（2）。

④ 参见王秀梅：《关于酷刑罪的思考》，载《现代法学》，2001（2）。

⑤ 参见赵秉志、王秀梅：《论战争罪之内涵及其刑事责任主体》，载《河北法学》，2001（2）。

⑥ 参见刘凌梅：《国际反恐怖犯罪与我国刑事立法》，载《法学评论》，2001（2）。

⑦ 参见温树斌、黄家平：《论国际犯罪的管辖机制》，载《政法学刊》，2001（3）。

五、刑法学研究发展之展望

回顾过去几十年来我国刑法学所取得的成就，我们深感自豪，备受鼓舞；展望新的历史使命，我们信心百倍，斗志昂扬。尤其是 2001 年 8 月 7 日，江泽民同志在北戴河会见部分国防科技和社会科学专家时指出，加强哲学社会科学研究，对党和人民事业的发展极为重要。江泽民总书记把加强哲学社会科学研究的重要性提高到了一个前所未有的战略高度。我们认为，这是对包括我们刑法学理论研究工作者和实践工作者在内的广大哲学社会科学研究者的极大鞭策和鼓舞。为此，我们应当以此为契机，借着当前中国社会各领域进行的深刻变革给中国刑法学研究开辟的广阔前景，紧密结合刑法学研究发展的国际潮流，进一步拓宽和加深对刑法基础理论的研究，顺应国际发展趋势，进一步沟通与国际社会刑法领域的联系，拓展中国刑法学研究的新领域。可以预见今后我国的刑法学研究将会呈现以下发展态势：

其一，刑法观念、刑法理念的彻底转型。随着中国加入 WTO，中国融入国际社会程度的加深，中国传统的刑法观念将在与外界的接触与碰撞中得以不断地调整，谦抑、平等、民主、开放的刑法观将得以确立，科学精神与人本精神将成为刑法的两大精神体现。

其二，研究方法的多元化、灵活性和研究内容的与时俱进性。今后的刑法学研究将在传统注释刑法学和刑法哲学的基础上，进一步吸纳关系学科的研究方法，包括经济分析法、伦理分析法、价值分析法、社会学分析法等自然和社会科学中的诸多研究方法，来拓宽刑法学的研究思维；信息论、控制论、系统论等现代科学方法也将在今后的刑法学研究中得到进一步的体现。研究内容也会随着社会的发展、进步和司法实践的需要而不断有新的课题和研究领域，充分体现出刑法学研究的与时俱进性。我们认为，以下课题应成为今后几年刑法学研究的重点之一：一是宪政体制下的刑事法治问题。宪法作为国家的根本大法，是其他一切法律的"母法"，以往理论界就刑法与宪法的关系探讨得很少，或者仅停留在较浅的层面上。随着我国依法治国方略的推行，宪政观念的日渐深入人心，尤其是近年来宪法学界关于宪法司法化理论的深入开展，我们认为有必要站在宪政的高度来检视刑法问题，包括刑法的宪政基础问题、刑法的合宪性问题、刑法的违宪审查问题等，这些与宪法有关的刑法理念问题都值得深入研究。二是"入世"与我国刑法的发展完善问题。虽然我国的现行刑法典比较注意吸收借鉴国外和国际社会的先进立法经验，但不难发现刑法典的有关规定仍存在与世贸规则、国际惯例冲突之处，例如关于驰名商标的刑法保护问题、关于外国公职人员的贿赂犯罪问题，等等，因而进一步加深"入世"后我国刑法的发展完善问题的研究将是今后刑法学界面临的迫切的现实性课题。三是继续关注新型、热点疑难犯罪的研究。刑法学和其他部门法学一样，是应用性学科，是实践的学问。刑法理论工作者应善于对新型、疑难刑事问题的研究，善于从复杂疑难案件中提升刑法理论规则，这是繁荣和深化我国刑法理论的一个不可偏废的途径。同时，也要注意传统犯罪在新的时代条件下的新变化。

其三，刑法基础理论将会进一步挖潜创新。无论在什么样的时代背景下，刑法基础理论的研究都不能偏废。近年来我国刑法学界对刑法基础理论的研究一直保持着渐进、持续发展的良好态势。可以预见今后一体化刑事法学研究模式会越来越受到学界的关注；而传统犯罪构成理论体系也将得到进一步的完善和改进；中国刑法的现代化，也存在建构理性模式和渐进理性模式的取舍问题。从第三世界国家的现代化进程看，几乎无一例外都是"外来型"而非"内生型"，但传统观念和习惯行为方式又以各种方式渗透到我们按新观念制定的政治、法律制度中，从而使现代政治法律制度无法按新观念预设的要求有效地运作。因此，就我国刑法的现代化而言，不仅仅是立法的现代化，更为重要的是司法和司法观念以及普通民众刑法观念的现代化，这才是最为本质的问题。因而中国刑法现代化的探索仍有很长的一段路要走。

其四，外向型刑法学研究将进一步拓宽。世界经济一体化和全球化的发展客观地要求中国刑法学研究必须以一种开放的胸怀，放眼世界，加强与国际社会在刑事法治领域的沟通与合作，合理借鉴国外刑法（不论是大陆法系还是英美法系）的有关立法经验和先进的刑法理论，以促进我国的刑法学研究更好地与国际社会接轨。为此，今后应当加强对外国刑事法律制度的译介工作，使目前的比较刑法研究无论从数量上还是从质量上都迈上一个新台阶。另外，关于中国区际刑事司法协助的原则和模式选择的研究也要进一步强化和拓展，为早日促成立法的制定和司法的具体运作作出应有的贡献。

[赵秉志、许成磊；载高铭暄、赵秉志主编：《刑法论丛》，第 6 卷，北京，法律出版社，2002]

第二十二章
2002 年的刑法学研究

一、研究概况

在刚刚过去的一年，中国共产党胜利召开了第十六次全国代表大会，这是我们党在 21 世纪召开的第一次代表大会，也是我们党在开始实施社会主义现代化建设第三步战略部署的新形势下召开的一次十分重要的代表大会。创新精神、创新意识贯穿大会的始终，成为此次代表大会的新亮点。在这一年里，我国的刑法学研究也充分体现了创新意识，不仅研究方法、研究视角有突破，在基础理论的研究视野上也有新扩展。

总结一年来的刑法学研究状况，我们强烈地感触到其具有以下突出的特点：

（一）基础理论研究得到加强，研究视角体现创新意识

在这一年中，学界对刑法基础理论的研究得到进一步加强，思路更加开阔，研究深度更加细致入微，不仅老一辈刑法学者老骥伏枥、与时俱进，一批中青年刑法学者亦是勇于创新、大胆开拓，出版了一批颇有力度和分量的专著。据粗略统计，2002 年刑法学界在各类报刊、杂志发表论文千余篇，出版著作近百部。

本年度出版的刑法学书籍，主要有以下几种类型：一是刑法学教材，如高铭暄教授主编的《刑法专论》（该书由高铭暄、王作富、赵秉志、黄京平 4 位教授合作完成，分上、下两卷，填补了刑法专业研究生教材的一项空白），张小虎编著的《罪刑研究》，等等。二是对中外刑法进行专门研究的学术专著，如马克昌教授著《比较刑法原理：外国刑法总论》，韩忠谟教授著《刑法原理》，张明楷教授著《刑法的基本立场》，吴宗宪研究员等著《非监禁刑研究》，邱瑛琪、房清侠副教授著《马克思恩格斯刑法思想研究》，高一飞博士著《刑事法的中国特色研究》，周关权博士著《法治视野中的刑法客观主义》，刘树德博士著《宪政维度的刑法思考》，刘艳红博士著《开放的犯罪构成要件理论研究》，于志刚博士著《刑罚消灭制度研究》，苏彩霞博士著《累犯制度比较研究》，刘宪权、卢勤忠教授著《金融犯罪理论专题研究》，李文燕教授主编《金融诈骗犯罪研究》，唐世月教授著《贪污罪研究》，等等。三是刑法论文集，如高铭暄、马克昌教授主编的《刑法热点疑难问题探讨》，高铭暄、赵秉志教授主编的《过失犯罪的基础理论》，等等。四是汉译外国刑法著作，如日本芝原邦尔著、金光旭译《经济刑法》，赵秉志、

王秀梅译《批准与执行：国际刑事法院罗马规约手册》，等等。五是刑事法治发展研究报告。由中国人民大学刑事法律科学研究中心主办的《刑事法治发展研究报告》首卷出版，这是该中心按照教育部的要求，在向教育部主管部门及中央有关政法机关提交的年度咨询报告的基础上整编而成，是刑事法学理论研究著作的新形式。

另外，本年度除原有的、在全国影响颇大的《刑法论丛》、《刑事法评论》等学术刊物继续发挥其作用外，由中国法学会刑法学研究会、中国人民大学刑事法律科学研究中心、国际刑法学协会中国分会联合主办的刑法专业季刊《刑法评论》，以及中国人民大学刑事法律科学研究中心主办的季刊《刑事法判解研究》分别出版，为法学理论阵地再添新彩。

（二）密切关注社会热点问题，体现刑法的人文关怀

刑法是一门实践性、应用性非常强的学科，善于从复杂疑难案件中提升刑法理论规则或者深化理论层次，是繁荣我国刑法学的一个不可偏废的途径，而不能"不食人间烟火"、"躲进小楼成一统"。过去的一年中，涉及法律内容的社会热点问题不断，刑法学界均给予高度热情的关注。尤其是"足球黑哨"事件和刘海洋"伤熊"事件所涉及的刑法问题比较突出，刑法学界对此认识不一，分歧较大，但学术贵在争鸣，对热点、焦点问题的正面、直接交锋，不仅可以唤起学者对社会现实的人文关怀，而且对于推进我国刑法理论的深度、相关立法和司法的完善具有重要的意义。

（三）刑法学界盛事不断，显示刑法学发展的蓬勃生机

在这一年中，刑法学界盛事不断，显示出刑法学发展的蓬勃生机。最具代表性的，一是第三届全国杰出中青年法学家评出，我国刑法学者张明楷、吴大华教授入选；二是中韩两国刑法学界签订长期学术交流协议。（1）2002 年 11 月 10 日至 11 日，中国法学会在北京召开第三届全国杰出中青年法学家评选会。经过小组讨论推荐、评委会初评和终评等环节的认真评选，从全国推荐的 50 名候选人中最后评定了 10 名第三届全国杰出中青年法学家，其中，中国法学会刑法学研究会推荐的候选人张明楷教授名列榜首，主要作为民族法学代表学者入选的吴大华教授也是刑法学者。刑法学者邱兴隆教授得以进入最后 19 名终评候选人，刑法学者肖中华、曾粤兴也分别经上海市法学会和云南省法学会推荐而成为候选人。（2）2002 年 12 月 18 日，由中国法学会刑法学研究会、中国人民大学刑事法律科学研究中心主办的"中韩刑法学界合作交流协议签订仪式"在北京举行。中国法学会刑法学研究会会长赵秉志教授与韩国比较刑事法学会会长、韩国湖南大学法学院金永钰教授，分别代表中韩双方在"关于中韩两国刑法学学术交流协议书"的协议文本上签字。双方合作事项包括学术研究出版物及资料的交换、共同进行学术活动及研究、两学会会员之间相互交流及提供方便、携手举办国际学术会议及邀请演讲会议，以及其他关于两学会友好协作的事项。两国刑法学界签订长期学术交流协议是中韩

两国刑法学界交流合作的一件盛事，也是中韩法学界交流的一件大事，对于互相借鉴共同促进本国刑事法治的发展将起到巨大推动作用。

（四）学术交流活动品位高、规模大，外向型学术交流频繁，国家重点研究基地的地位和角色突出

2002年刑法学界的学术活动与往年相比，不仅规模更大、影响更广，而且学术品位甚高，在全国范围内较有影响的会议有7次，其中由作为目前刑事法领域唯一的国家级重点研究基地的中国人民大学刑事法律科学研究中心参与主办的就有3次，大大提高了该中心的知名度，也充分显示出该中心在促进全国性学术交流、推动国家刑事法治发展方面的重要作用。下面对这些学术会议情况作简要介绍。

1. "国际刑法问题研讨会"。2002年4月21日，由国际刑法学协会中国分会主办、深圳市中级人民法院和深圳市法官协会承办的"国际刑法问题研讨会"在深圳市召开。此次研讨会是为2004年北京举办第17届国际刑法学大会以及各个议题的预备会议做准备。会上中国法学会副会长、国际刑法学会副主席暨中国分会主席高铭暄教授详细介绍了国际刑法学协会和国际刑法学协会中国分会的诞生、组织结构以及成长历程，强调国际刑法及国际刑法学协会在当今国际社会法治化进程中所发挥的重要作用。为期4天的研讨会共有两大议程：一是集中围绕2004年第17届国际刑法学大会"未成年人的刑事责任问题"、"国际经济交往中的腐败犯罪"、"刑事诉讼原则在纪律程序中的作用"、"国际法与国内法的一事不再理原则"4个主要议题展开深入的研讨；二是成立国际刑法学协会中国分会理事会，并增选副会长、增补中国分会成员。会议增选中国法学会刑法学研究会会长赵秉志教授为国际刑法学协会中国分会副主席、国际刑法学协会副秘书长卢建平教授为中国分会副秘书长，选举陈明华等23位专家、学者为中国分会理事。

2. "当代国际刑法与国际犯罪问题学术研讨会"。2002年4月26日，由香港大学法律学院与中国人民大学刑事法律科学研究中心联合举办的"当代国际刑法与国际犯罪问题学术研讨会"在香港大学隆重举行。来自内地10所法律院校、科研机构、中央和地方司法机关的专家、学者，以及香港大学、香港城市大学、香港法律机构暨律师界的专家、学者共计六十余人参加了研讨会。研讨会分"国际刑法的理论与原则"、"国际刑事管辖权"、"恐怖主义犯罪及其惩治的国际合作"以及"其他国际犯罪及其惩治"共4个单元进行了专题研讨。

3. "区际刑事司法协助法律研讨会"。2002年4月29日至30日，澳门检察律政协会与中国人民大学刑事法律科学研究中心在澳门联合举办了"区际刑事司法协助法律研讨会"。来自内地法律院校、科研机构、中央和地方司法机关的三十余位专家、学者，澳门特区检察院、各级法院和有关法政机关、法律院校的近百位专家、学者，香港律政司、廉政公署、保安局的近二十位专家、学者，台湾地区法律院校等方面的专家、学者，以及澳门特区有关各界的嘉宾，共约二百人出席了研讨会。会议分别围绕"区际刑事司法协助的原则性问题"、"不同区域的法律冲突"、"区际刑事司法协助之协议内涵"、"区际合作打击跨境犯罪"、"区际刑事司法协助中管辖权的划分"等议题，进行了专题发言和深入研讨。

4. "21 世纪第 2 次（总第 8 次）中日刑事法学术研讨会"。由武汉大学法学院刑事法研究中心主办的"21 世纪第 2 次（总第 8 次）中日刑事法学术研讨会"，于 2002 年 10 月 12 日至 14 日在武汉大学举行。中日双方的刑事法学者五十余人以及武汉大学法学院的博士生、硕士生等共计一百余人参加了这次学术会议。其中，日方代表团团长为早稻田大学前任校长西原春夫教授，中方代表团团长为中国人民大学高铭暄教授，武汉大学法学院马克昌教授担任主办者。会议分"共犯的分类"、"共同过失与共犯"、"间接正犯"、"共犯与身份"、"有组织犯罪的概念"、"有组织犯罪的对策"共 6 个单元。此次中日刑事法学术研讨会是一次水平较高、收获丰硕、组织较好的学术盛会，对于促进中日刑事法的学术交流与合作作出了重要贡献。

5. "中国法学会刑法学研究会 2002 年年会"。由中国法学会刑法学研究会主办，西北政法学院承办，陕西省高级人民法院、陕西省人民检察院、陕西省公安厅、陕西省司法厅协办的中国法学会刑法学研究会 2002 年学术研讨会，于 2002 年 10 月 17 日至 21 日在我国西部名城西安召开。来自全国法律院校、中央和地方政法机关的专家、学者等共计三百余人参加会议，会议收到学术论文二百四十余篇。会议议题为三个方面：（1）犯罪构成与犯罪成立基本理论研究；（2）保障社会稳定方面的刑法学热点问题研究；（3）西部地区犯罪问题研究。会议期间，理事会和大会审查通过了《中国法学会刑法学研究会章程》，从而为刑法学研究会的健康发展进一步提供了重要的保障和条件；此外，受全国人大常委会法工委的委托，刑法学研究会还在会议期间邀请与会的十多位专家、学者就法工委正在研拟中的第四个刑法修正案（草稿）进行了研讨座谈，为我国刑法立法的完善提供了参考意见。

6. "死刑问题国际讨论会"。由中国社会科学院、丹麦人权中心和湘潭大学共同主办的"死刑问题国际讨论会"于 2002 年 12 月 9 日至 10 日在湘潭大学召开，来自美国、丹麦、韩国、立陶宛和中国的专家、学者四十余人，湘潭大学的师生百余人参加了研讨会。研讨会分 4 个专题内容进行了热烈的发言、评论与提问，这 4 个专题是：死刑的法理思考；死刑的存废；死刑与人权；死刑及其限制。

7. 最高人民法院《人民司法》编辑部先后在成都、武汉、上海、北京举行"刑罚适用及其价值取向"系列研讨会。在最高人民法院副院长刘家琛的倡议和领导下，最高人民法院《人民司法》编辑部分别于 2002 年 8 月、11 月、12 月在成都、武汉、上海、北京先后召开 4 次会议，就刑罚的适用及其价值取向问题进行了研讨，与会代表提出了树立刑罚价值正确取向的观点及诸多完善我国刑罚适用立法与司法的建议。这是有关我国刑事法治建设的重要系列学术会议。其中在北京召开的研讨会由最高人民法院《人民司法》编辑部与中国人民大学刑事法律科学研究中心联合主办。

另外，为传承和发扬以高铭暄教授等为代表的老一辈中国人民大学刑法学者崇尚法治、献身法学、务实求真、开拓创新、坚韧不拔的坚定信念和治学精神，激励刑法学界的青年才俊，繁荣和发展我国刑法学的教学科研，推动和促进我国刑事法治建设的进程，由中国人民大学刑事法律科学研究中心决定发起设立的"高铭暄刑法学发展基金"成立大会于 2002 年 12 月 28 日在中国人民大学举行，这是我国首个以刑法学家命名的基金。来自中央政法机关的有关领导、中国人民大学有关校领导、在京的老一辈刑法学家、部分基金捐助单位的代表一百五十余人参加了成立大会。本基金主要用于支持、资助本中心刑法学领域的重大课题研究、优秀成果奖励、学术成果出版、重大学术会议，中外著名学者来本中心讲学、讲演、学术研究，本中心研究人员赴国外境外讲学、参加学术会议、进行学术研究、国际交流与合作项目，优秀教师、研究生的奖励等活动。

下面分别从刑法基础理论问题、刑法各论问题、外向型刑法问题三大方面，对我国刑法学界一年来的理论研究状况作一扼要综述，并对我国刑法学的发展前景作一展望。

二、刑法基本理论问题

（一）刑法研究的视角和方法问题

有的学者提出，学派之争可以将理论研究引向深入，可以使刑事立法更为完善，使刑事司法客观、公正，从而力主促进中国刑法学派之争的形成。该论者以刑法规范为根据，以学派之争为主线，对刑法学犯罪论中的客观主义与主观主义、构成要件论的形式解释论与实质解释论、违法性论中的结果无价值论与行为无价值论、未遂犯论的客观未遂论与主观未遂论、共犯论中的行为共同说与犯罪共同说、共犯从属性说与共犯独立性说、刑罚论中的绝对主义与相对主义等重大问题展开了深入的研究，并表明了其基本立场，即客观主义、实质解释论、结果无价值论、客观的未遂犯论、部分犯罪共同说、并合主义等。① 有的论者则从法治的视角出发对刑法的学派之争进行了探讨，凸显了刑法客观主义与法治的关联性，揭示了刑法客观主义重视犯罪定型化的知识论背景及其在犯罪论、刑罚论上的具体特点，并对刑法客观主义的未来发展方向、中国法治建设的实际需要与刑法的观念定位等问题作了详尽分析。②

（二）刑法机能问题

有的论者指出，1997 年刑法典在价值观上改变了过分重视社会秩序防卫机能的倾

---

① 参见张明楷：《刑法的基本立场》，序说，1~9 页，北京，中国法制出版社，2002。
② 参见周光权：《法治视野中的刑法客观主义》，北京，清华大学出版社，2002。

向，实现了立法上刑法保障机能与保护机能的并重。该论者分析了调整的原因，认为国家根本任务的转变导致刑法指导思想的转变是新刑法人权保障机能凸显的前提，经济体制的转型所导致的法律文化转型要求刑法保障机能与保护机能的并重，两种机能的并重是刑法固有的公正价值的必然要求，保护人权的国际共识对中国刑法产生了外部影响。该论者认为，要做到人权保障机能的刑法实现，必须改进认识领域和刑事实体领域，包括改变对刑法的传统认识、改变原有的对犯罪行为社会危害性的评价、改变对量刑方法的错误认识、完善刑法司法解释等。①

(三) 罪刑法定原则问题研究

罪刑法定原则作为我国刑法的三大基本原则之一，一直是学界研究和探讨的重点内容。有的学者对罪刑法定原则从五个方面进行了深入、全面的研究，即：罪刑法定原则的缘起与演进，罪刑法定原则的理论基础与价值蕴涵，罪刑法定原则的基本内容，罪刑法定原则在中国的确立，罪刑法定原则在中国立法与司法贯彻中的缺憾。②

有的学者认为：罪刑法定原则的确立，根本的原因应该从社会物质生活、社会结构跃迁中寻找。刑法作为一种社会现象，根植于一定社会的物质生活。在一元化的社会结构中，刑法以保护国家利益、整体利益为己任，难以以人权保障作为价值导向。在这种社会背景下，刑事类推制度确有其合理性。而在二元化的社会结构中，保障人权应当是国家权力存在的根据，刑法的性格也由政治刑法演变为市民刑法。这便是罪刑法定主义产生并发展的现实土壤。③

有的论者从罪刑法定原则的产生和发展历程入手，论证了罪刑法定原则只能是限制功能和保障价值，指出：目前我国刑法关于罪刑法定原则的规定体现的是社会本位和权力本位的价值趋向，造成形式合理性与实质合理性的冲突，建议应予以纠正。④

有的学者对罪刑法定原则的立法实现问题作了探讨，认为：罪刑法定主义的立法实现在罪之规定上，集中表现为构成要件的规定，尤其是构成要件行为的规定。作为构成要件行为规定的明确性，至少表现在：行为性质的明确性；行为特定要求的明确性；行为程度要求的明确性。在这三方面中，我国刑法对行为程度的限定规定最多，导致的争议也最大。刑法中规定的行为类型之轻微部分作为犯罪处理会导致犯罪与非罪的界限模糊、刑法性质的模糊。分则规定的立法解决方式，形式明确而实质模糊，在目前情况下采取总则规定方式而分则不作规定较为合理，总则规定定量要求，表明轻微行为无罪，

---

① 参见臧冬斌：《刑法保障机能与保护机能的立法调整和司法实现》，载《法学家》，2002 (3)。

② 参见赵秉志：《罪刑法定原则研究》，载高铭暄、赵秉志主编：《刑法论丛》，第 6 卷，69 页以下，北京，法律出版社，2002。

③ 参见许发民：《论罪刑法定原则的社会基础》，载《法律科学》，2002 (2)。

④ 参见武玉红：《试论罪刑法定原则的"中国特色"》，载《政治与法律》，2002 (2)。

具体何种情况属于轻微，则由司法机关依司法裁量权处理。①

有的学者对罪刑法定的司法化问题作了剖析，认为：定罪活动的法治化，首先需要解决司法独立、法官独立的问题。实质合理性的司法观念在入罪问题上与罪刑法定原则相矛盾。在复杂的"找法"活动中，司法水平之高低直接关系能否正确找到法律规定。罪刑法定原则只是限制法官对法无明文规定的行为入罪，但并不限制法官对法有明文规定的行为出罪。②

有的学者对罪刑法定原则与国际刑法的关系、在国际刑法中引入罪刑法定原则的必要性和可能性等问题作了研讨。③

（四）刑法解释问题

有的学者对1997年刑法施行以来的司法解释适用体制进行了系统的评述，认为现行司法解释适用体制严重束缚了法官对个案的自由裁量权，导致刑法适用实际上变成了司法解释的适用，并导致以下问题，即司法权于实质上侵越了立法权，副法体系的产生与刑法统一性的破坏，刑事司法弱体化与变异化；主张确立以法官自由裁量权为中心的刑法适用体制。④ 有的学者对合理的扩大解释与类推解释的界限区分问题进行了探讨，指出两者的区别并非在于思维模式或认识方法的不同，而在于解释结论的差异，即解释结论是否超越合理限度，而合理限度的标准是通过扩大解释所包含进去的事项是否具有被解释的概念的核心属性。⑤

（五）犯罪总论问题

1. 犯罪概念。有的学者对现行刑法第13的规定作了分析，认为：我国刑法关于犯罪的概念并没有将立法层面和司法层面两个不同层次的问题混为一谈，犯罪的实质概念实际上是为犯罪形式概念的得出提供判断依据或判断材料。刑法第13条关于犯罪的总则性规定，意味着在判断某一行为是否符合刑法分则的某一条件时，不能仅从形式上观察，必须从该行为的社会危害性的实质方面来考量。在罪刑法定原则下，犯罪只有一个特征，就是行为符合刑法规范的规定，具有刑事违法性。但在判断是否具有刑事违法性时，应从该行为的情节是否显著轻微、危害不大等实质方面来进行判断。⑥

---

① 参见李洁：《罪刑法定之明确性要求的立法实现——围绕行为程度之立法规定方式问题》，载《法学评论》，2002（6）。

② 参见陈兴良：《入罪与出罪：罪刑法定司法化的双重考察》，载《法学》，2002（12）。

③ 参见黄芳：《论罪刑法定原则与国际刑法的关系》，载《法学家》，2002（3）。

④ 参见刘艳红：《观念误区与适用障碍：新刑法施行以来司法解释总置评》，载《中外法学》，2002（5）。

⑤ 参见刘志远：《刑法解释的限度——合理的扩大解释与类推解释的区分》，载《国家检察学院学报》，2002（5）。

⑥ 参见黎宏：《罪刑法定原则下犯罪的概念及其特征——犯罪概念新解》，载《法学评论》，2002（4）。

有的学者分析了犯罪界定中的社会经济政治因素，指出：犯罪是由刑法规定的，但在这种规定的背后，潜藏着社会政治对其深刻的影响。从社会学角度分析，社会生产力是判定犯罪的终极标准，社会经济的发展必然引起犯罪界定的变化，而犯罪的界定更是离不开国家的规定，国家刑事政策的变化直接导致犯罪界定的变化。①

2. 犯罪构成基本理论问题。有的论者对我国传统犯罪构成理论进行了反思，认为我国传统犯罪构成的固有局限和内在缺陷，造成"犯罪构成体系"与"犯罪阻却事由"的"分治"格局，从而使犯罪构成理论缺失对刑法谦抑精神的关照，因而有必要对犯罪构成进行结构性改造，使之和谐融入犯罪阻却事由，从而最大化地表达刑法的谦抑精神。其具体的改造设想是，采取"客观要件—客体要件—主体要件—主观要件"的犯罪构成体系，其特点在于：使客观要件记述化、写实化，不含实质意义和价值因素；使客观要件判断成为犯罪构成评价的先决环节，避免法官先入为主的倾向。这种犯罪构成体系一方面积极借鉴了德日刑法学犯罪论体系的旨趣，另一方面又有效地维持了我国传统犯罪构成体系的框架。②

有的学者对犯罪构成的结构要件及其基本要素作了重新诠释，认为：犯罪构成的结构要件应只有两个，即作为主观要件的主观罪过和作为客观要件的客观危害；将犯罪构成的结构要件表述为主观方面特征和客观方面特征，实际混淆了刑事立法上设立犯罪构成的规格标准与刑事司法中认定犯罪构成事实内容之间的应有区别；犯罪构成主观要件的基本要素是意识与意志；犯罪构成客观要件的基本要素是危害行为。③

有的学者分析了犯罪构成与犯罪阻却事由的关系，并认为，从刑事立法角度，犯罪阻却事由与犯罪构成是基于同一虚拟事实所设定的具有不同内容要求的法律规范形式，二者是并列关系；从刑事司法角度，二者是基于同一事实而引用的具有不同价值取向的价值评价体系，是一种基础与上层的关系。④

有的论者对犯罪客体以及犯罪对象在犯罪构成中的地位问题作了分析，指出犯罪客体的内容是一定主体的权利或利益，由犯罪对象来表明其客观存在；犯罪客体和犯罪对象统一于犯罪构成的客观要件中；犯罪对象与犯罪客体一样，在犯罪构成体系中处于共同要件的地位。⑤

3. 不作为犯罪。不作为犯，尤其是不真正不作为犯问题，是近年来国内刑法学界关注较多并取得一定突破性进展的基础性理论课题之一。有的学者对不真正不作为犯的可罚性等问题进行了较为细致的剖析，并认为：从开放的构成要件之观点可以较好地说

---

① 参见许发民：《论犯罪界定中的社会经济政治因素》，载《国家检察官学院学报》，2002（1）。

② 参见徐建峰：《对我国传统犯罪构成理论的反思与重整——取刑法谦抑精神为视角》，载《宁夏社会科学》，2002（1）。

③ 参见杨兴培等：《论犯罪构成的结构要件及其基本要素》，载《华东政法学院学报》，2002（2）。

④ 参见杨兴培：《论犯罪构成与犯罪阻却事由的关系》，载《政法论坛》，2002（3）。

⑤ 参见徐振华：《犯罪客体新探——兼谈犯罪对象在犯罪构成体系中应有的地位》，载《法商研究》，2002（2）。

明不真正不作为犯与罪刑法定的紧张关系。不真正不作为犯的难题在于刑法规范根本没有规定保证人的保证义务，根据罪刑法定之明确性要求，犯罪构成要件应当就成立犯罪的条件——加以规定，而开放的构成要件概念，则将不真正不作为犯的可罚性以及与作为犯的等值问题从更为独特的视角给予了注解，使之既不违反罪刑法定，又不违反构成要件理论。① 有的论者对不真正不作为犯中保证人义务问题作了初步探讨，认为从目前状况看，如何才能准确把握保证人义务来源，一时还无法穷尽它的理由和界限，要对其进行取舍，使其规范和统一，最终还有赖刑事法典的规范，起码在相关的部门法或单行法规中予以明示，使对不作为犯罪的研究迈出关键的一步。②

有的论者对不纯正不作为犯的等价性问题作了研究，认为：不纯正不作为犯可罚性的关键在于等价性问题。等价性的目的和实质就在于通过对客观上作为行为和不作为行为在规范上的等价值来限制对不纯正不作为犯的处罚范围。等价性的媒介是作为义务，因而等价性要求就是通过对作为义务层级程度和违反程度的限定来实现作为与不作为的等价。③ 有的学者从生活中存在的"见死不救"行为的视角剖析了不作为犯的成立问题，认为，我国刑法通说所主张的形式作为义务论不仅在作为义务的发生根据上存在不明确之处，而且在适用上也难以对司法实践提供实际指导；并主张，在被害人合法利益面临迫切现实的危险，被害人与行为人之间具有具体的依赖关系，行为人具有消除上述现实危险的义务而不履行其义务，结果造成他人死亡后果的时候，行为人的不履行义务的不作为和作为之间具有等价性，"见死不救"的行为符合不作为故意杀人罪的客观要件了。④ 还有的论者从刑法的任务出发，阐述了刑法理论中的法益侵害和规范违反两种对立的观点，并根据我国刑法的价值取向和具体国情，认为我国刑法应严格贯彻法益侵害说，进而主张道德义务不应成为不作为犯罪中作为义务的来源。⑤

4. 单位犯罪。（1）关于单位犯罪的主体问题。有的学者对国家机关作能否作为单位犯罪主体问题作了探讨，认为将国家机关作为犯罪主体是一个危险的抉择。其主要理由是：宪政排除了国家机关犯罪的可能；国家机关的运行排除了其承担刑事责任的可能；司法实务否定了国家机关承担刑事责任的可能。⑥ 关于单位附属机构犯罪问题，有的论者指出，拥有一定经营决策权的相对独立的附属机构实施的犯罪构成单位犯罪，但对于一级单位之下不具有独立资格的附属机构，其实施的犯罪应由上级单位负责，本身不构成犯罪主体；对于私营企业能否构成单位犯罪主体问题，该论者认为私营企业中的独资、合伙企业实施犯罪，应以个人行为追究刑事责任，如果属于公司制的私营企业实

---

① 参见刘艳红：《论不真正不作为犯的构成要件类型及其适用》，载《法商研究》，2002（3）。

② 参见阎少华：《不作为犯罪探析》，载《当代法学》，2002（8）。

③ 参见李晓龙：《论不纯正不作为犯的等价性》，载《法律科学》，2002（2）。

④ 参见黎宏：《"见死不救"行为定性的法律分析》，载《法商研究》，2002（6）。

⑤ 参见李健、任成玺：《道德义务不应成为我国不作为犯罪中作为义务的来源》，载《刑事法学》，2002（4）。

⑥ 参见贾凌、曾粤兴：《国家机关不应成为单位犯罪的主体》，载《法学》，2002（11）。

施犯罪，则应作为单位犯罪进行处罚；对于公司、企业实施单位犯罪后被兼并、更名或改制承包后，是否应追究单位刑事责任的问题，该论者认为，应根据案件具体情况和立法原意，如触犯了何种罪名，是实行单罚还是双罚，单位犯罪与自然人犯罪的量刑标准，公司企业的变更方式等具体情况具体分析。① （2）关于单位犯罪的处罚问题，有的论者认为：增加对单位的处罚种类，加大对犯罪单位本身处罚的力度，非常有必要。立法对单位成员的死刑适用应有所限制，不应完全等同于自然人犯罪；对单位成员其他主刑的适用，应在同等犯罪情况下对单位成员的主刑处罚幅度略低于自然人犯罪。该论者主张，有必要根据单位犯罪的特殊性，设立与单位犯罪相适应的自首、立功、累犯等情节，不能简单地把自然人所适用的上述量刑情节套用于单位犯罪。此外，该论者还就单位犯罪的数罪并罚、缓刑、减刑等问题作了探讨。②

5. 犯罪故意。有学者对犯罪故意的类型重新进行系统的划分，提出行为故意和结果故意的分类法，进而将结果故意分为直接故意和间接故意、确定故意和不确定故意、实害故意和危险故意；提出了容忍故意的概念，将间接故意划分为容忍故意和放任故意；根据犯罪故意是否要求具备构成要件的目的，将犯罪故意分为目的故意和非目的故意；根据行为人意志中策划行动过程的限度与时间长短，将故意分为预谋故意和非预谋故意；根据行为人对行为形式的意志选择，将故意分为作为故意和不作为故意。③ 该学者还对行为故意的概念作了进一步的论证，指出我国刑法第 14 条规定的犯罪故意概念以危害结果为认识与意志的核心内容，然而这与我国刑法分则的规定以及刑法理论中承认行为犯的认识存在矛盾之处。该论者认为，犯罪故意作为行为人决意和支配整个犯罪行为的意志心理过程，必须首先包括对行为本身的认识及决意，否定犯罪意志对犯罪行为的选择和努力程度，是对犯罪故意本位内容的忽视；对于行为犯故意的成立，既不应当，也无必要以行为人对构成要件以外的某种"危害结果"的认识和意志作为必要条件；同时，将故意划分为行为故意和结果故意，可以解决关于一直态度的认定等方面的一些争议。④

6. 犯罪停止形态。（1）犯罪既遂。目前我国刑法学界关于犯罪既遂的标准主要有三种代表性学说，即"犯罪构成要件齐备说"、"犯罪目的实现说"和"犯罪结果发生说"。有的学者认为上述三种学说均存在就事论事的倾向，未能从刑法目的这一根本出发点提出并论证标准问题。该论者认为，犯罪的本质是侵犯合法权益，刑法的目的则是保护合法权益，因而犯罪既遂应以"犯罪行为给刑法所保护的合法权益造成实害"为根本标准。根据这个标准，只有行为犯和形态结果犯（包括结果加重犯）才存在实害，属

---

① 参见郭敏峰：《单位犯罪主体若干问题探讨》，载《人民检察》，2002（8）。
② 参见薛进展：《单位犯罪刑罚的适用与思考》，载《法学》，2002（9）。
③ 参见贾宇：《犯罪故意类型新论》，载《法律科学》，2002（3）。
④ 参见贾宇：《刑法学应创制行为故意概念》，载《法学》，2002（7）。

于犯罪既遂；危险犯和阴谋犯只能分别视为未遂犯或预备犯的特殊类型。① （2）犯罪中止。有的学者对犯罪中止形态的若干争议问题进行了探讨，重申：间接故意不存在犯罪中止这一通说观点；在中止犯与既遂犯竞合的情况下，可以根据具体情况，或者按照一罪中止处理，或者按照另一罪的既遂处理，其理论依据是牵连犯或吸收犯理论；对于中止犯与未遂犯的竞合问题，如果属于绝对不能达到既遂的，在实行行为尚未终了的情况下，应认定为犯罪中止；在实行行为终了的情况下，构成犯罪未遂。对于相对不可能达到既遂的，无论其实行行为是否终了，自动放弃犯罪意图中止行为的，都应认定为犯罪中止。② （3）不能犯。有的论者对不能犯的判断方法进行了深入的研究，认为，对于手段不能的情况，采取"质量判断法"，即看行为人采用的手段与未能达成的危害结果之间，是属性不妥还是数量不够，前者为不能犯，后者为未遂犯；对于客体不能，采取"有无判断法"，即看行为人所指向的客体是否存在，不存在为不能犯，存在则为未遂犯；对主体不能，采取"是否判断法"，即看行为是否具备刑法规定的意图之罪的主体资格，不具备的为不能犯，具备则为未遂犯；对于状况不能的情况，采取"真假判断法"，即看行为人实施行为时，刑法所规定的构成该罪的特定情景状态是否真实，不真实的为不能犯，真实的则为未遂犯。③

7. 共同犯罪。有的学者对承继共同正犯的法律性质及其刑事责任问题进行了探讨，认为，对承继共同正犯的法律性质和成立范围的认识必须从共同犯罪的本质和犯罪构成入手，根据我国的共犯理论，后行为者不应对共同意思产生之前的率先实施的实行行为及其结果承担责任。该论者主张，在片面共同正犯的场合，对后行为者应当追究共同正犯的责任；如果前行为者已经造成既定事实后，后行为者单纯对先行为者有了解，并利用已成立的某种事实状态，实施自己的犯罪，则不成立共同正犯。④ 此外，有的学者对过失共同正犯成立的必要性及范围、共同过失犯罪的"共同注意义务"以及共同过失犯罪各行为人之间刑事责任的承担等问题作了探讨。⑤ 有的学者对片面帮助犯的成立要件进行了剖析⑥，有的学者就网络共同犯罪问题进行了研讨。⑦

8. 排除犯罪性事由。有的学者对被害人承诺的含义等问题作了研讨。该论者剖析了实在承诺和推定承诺各自的成立条件。实在承诺的成立条件包括：承诺人具有承诺能力；承诺人具有对承诺事项的处分权；承诺是承诺人自由、真实的意思表示；行为和结果的内容与承诺的内容一致；必须在行为被实施之前存在承诺；承诺必须通过某种形式

---

① 参见冯亚东、胡东飞：《犯罪既遂标准新论——以刑法目的为视角的剖析》，载《法学》，2002 (9)。
② 参见李兰英、林亚刚：《犯罪中止形态若干争议问题的再探讨》，载《法律科学》，2002 (5)。
③ 参见张德友：《不能犯的判断方法——危险概念的理性探析》，载《法制与社会发展》，2002 (5)。
④ 参见林亚刚、何荣功：《论承继共同正犯的法律性质及刑事责任》，载《法学家》，2002 (4)。
⑤ 参见李希慧、廖梅：《共同过失犯罪若干问题研究》，载《浙江社会科学》，2002 (5)。
⑥ 参见韩广道：《论片面帮助犯的成立要件》，载《中国刑事法杂志》，2002 (1)。
⑦ 参见赵秉志、张新平：《试论网络共同犯罪》，载《政法论坛》，2002 (5)。

表现出来；实施侵害的行为人认识到承诺的存在；承诺不能违反更高层次的承诺。推定的承诺的成立条件包括：存在必须进行推定的客观紧急状况；行为人实施了有利于被害人的行为；行为人认识到被害人会予以承诺。另外，该论者还就被害人承诺错误、自害参与行为、医疗行为与被害人承诺等问题作了研讨。①

9. 法规竞合。有的论者分析指出，法规竞合的本质是刑事法律规范的竞合，不是法律条文的竞合；法规竞合时立法现象，不是犯罪形态；法规竞合是犯罪构成的竞合，不包括法定刑的竞合；法规竞合可以发生在基本犯罪构成之间，也可以发生在基本犯罪构成与修正犯罪构成之间；法规竞合包括：外延包容、外延交叉、内涵从属三种逻辑模式。②

（六）刑罚总论问题

1. 量刑问题。（1）量刑的基本问题。有的学者概括了大陆法系国家的 6 种量刑模式，分别分析了报应刑论、目的刑论对量刑标准的影响，并探讨了责任与预防的关系。该论者认为，凡影响责任和预防必要性的事实都是量刑中的事实因素，从禁止重复评价的角度看，已经被规定为构成要件要素的事实不是量刑中的事实因素。对于量刑过程，该论者将其归纳为以下几个步骤：确定刑罚的目的；确定量刑中的事实因素范围；确定量刑的事实因素的评价方向；对相关量刑事实因素比较衡量；确定量刑的切入点；最终确定刑量、刑种及执行方式。③（2）刑罚个别化问题。有的学者提出刑罚制定个别化的概念，即在刑罚制定中根据刑罚目的考虑犯罪及犯罪人的个别情况；并认为刑罚制定个别化具有提高刑罚规定的明确性、为刑罚执行个别化提供制度性资源、促进刑罚制度进步和刑罚观念个别化的价值。在此基础上该论者对我国刑罚制定中的个别化问题进行了检讨。④ 有的论者对刑罚个别化进行了反思，指出该理论的缺陷主要是人身危险性的测定困难，具有潜在的非公正性。该论者认为我国立法虽未肯定刑罚个别化原则，但司法实践中已有所体现，表现在量刑个别化和行刑个别化。在如何处理刑罚个别化与罪刑均衡的关系上，该论者倾向于分段主次论，即制刑阶段以罪刑均衡为主、个别化原则为辅，量刑阶段仍以罪刑均衡为主、个别化原则次之，行刑阶段则以刑罚个别化为主、以罪刑均衡原则限定之。⑤

2. 死刑。有的学者指出死刑在道德上是一种不能证明其正当性的刑罚，因而在中国废除死刑是合理的选择，但是中国尚不具备废除死刑的人文基础与信仰理念，而且在

---

① 参见冯军：《被害人承诺的刑法涵义》，载赵秉志主编：《刑法评论》，第 1 卷，62～83 页，北京，法律出版社，2002。

② 参见刘士心：《法规竞合论争分析与概念重构》，载《国家检察官学院学报》，2002（2）。

③ 参见冯军：《量刑概说》，载《云南法学》，2002（3）。

④ 参见翟中东：《刑罚制定个别化问题研究》，载《国家检察官学院学报》，2002（3）。

⑤ 参见江学：《刑罚个别化的中国命运》，载《江苏公安专科学校学报》，2002（4）。

威慑主义刑罚理念的支撑下，中国的刑事立法与刑事司法倚重死刑的适用，这决定了中国废除死刑的困难重重。① 有的学者则以死刑的司法演变为主线，从刑事法官、司法解释、死刑核准和死刑执行方式等方面对我国死刑司法的现状进行了较为详细和系统的研讨。②

3. 财产刑。（1）罚金刑。有的论者通过统计分析，揭示了罚金刑在刑法分则各章、贪利性犯罪、故意犯罪和过失犯罪、轻罪和重罪等不同类型罪名中的配置情况，认为刑法的规定与通说相背离，并从罚金刑与轻刑的关系上分析了上述问题的成因。③ 有的学者对罚金刑的数额规定进行了分析。该论者重点分析了我国现行罚金刑数额规定的立法与罪刑法定原则之要求的不适应性，导致罚金刑异化的可能性、司法操作的难于规范性、司法裁判的难执行性等问题，在此基础上，提出了罚金刑数额规定的基本思路，即：维护罚金刑作为刑罚的性质；科学确定罚金刑与自由刑的比例；以限额制作为罚金刑的主要规定方式；对不同模式的罚金刑设定不同的数额标准。④ 有的学者对罚金易科制度进行了研究。通过对各国立法例的比较，该论者认为对于故意不缴纳罚金者易科自由刑，对于无能力缴纳罚金者易科公益劳动具有合理性、可行性。该论者具体论证了罚金刑易科制度的公正性、合理性和有效性，以及应实施的具体易科措施，并在此基础上提出了立法建议。⑤（2）没收财产。有的学者认为，从罪刑法定原则的要求来看，没收财产若作为一种剥夺部分财产的刑罚，在已经有罚金刑规定的情况下，没有存在的必要；作为对危害国家安全罪和其他严重犯罪适用的判处没收财产，难以看出其特殊的性质；作为判处死刑、无期徒刑的附加刑，违反刑法的基本目的，其存在具有一定的超刑事责任范围的任意处置、违反罪刑法定原则精神的倾向。基于此，该论者提出一般的没收财产刑应予废止。⑥

4. 累犯。（1）累犯制度设立根据问题。有的论者分析指出，累犯制度设立的现实依据在于人类社会重新犯罪现象的存在，而其理论依据则在刑罚进化的不同历史时期各有不同，具体而言，朴素的报应观是报复时代累犯制度的理论基础，神意报应和重刑威慑论是威慑时代累犯制度的理论基础，刑事古典哲学是等价时代累犯制度的理论基础，刑事实证哲学则是矫正时代累犯制度的理论基础，而一体化的刑罚论则是折中时代累犯制度的理论基础。该论者在剖析累犯制度现实和理论依据的基础上，提出报应优先、兼顾功利，应是我国累犯制度的理论归依。⑦（2）累犯司法实务问题。有的论者对普通累

---

① 参见邱兴隆：《死刑的德性》，载《政治与法律》，2002（2）。
② 参见钊作俊：《死刑的司法现状及其展望》，载《河南省政法管理干部学院学报》，2002（2）。
③ 参见汪红飞：《罚金刑适用范围之立法评析》，载《中国刑事法杂志》，2002（4）。
④ 参见李洁：《罚金刑之数额规定研究》，载《吉林大学社会科学学报》，2002（1）。
⑤ 参见林亚刚、周娅：《罚金刑易科制度探析》，载《法制与社会发展》，2002（1）。
⑥ 参见李洁：《论一般没收财产刑应予废止》，载《法制与社会发展》，2002（3）。
⑦ 参见苏彩霞：《累犯制度设立根据之研究》，载《中国法学》，2002（5）。

犯后罪发生的时间界限、刑度条件提出了有别于传统的观点；有的论者对累犯认定中新旧刑法的冲突及其解决、我国四法域的累犯问题、判决生效后发现累犯问题的处理、累犯制度与刑法第 356 条的关系、数罪累犯的从重处罚等问题作了较为深入的研讨。[①]
（3）累犯的完善问题。有的论者建议将过失犯罪纳入累犯制度，有的论者就单位累犯问题作了探讨。

此外，有的论者就自首、缓刑、减刑、追诉时效等问题进行了研究。

三、刑法分则问题

（一）恐怖主义犯罪[②]

1. 恐怖主义犯罪的概念。有的学者在分别剖析国际视野中和学者视角下的恐怖主义犯罪的概念利弊的基础上，认为恐怖主义犯罪是指组织、策划、领导、资助、实施以对人身和财产造成重大损害或者制造社会恐惧气氛的暴力、威胁或危险方法，危害公共安全的行为。

2. 恐怖主义犯罪的本质和特征。有的学者认为：恐怖主义犯罪是具有严重社会危害性的国际犯罪，但并非纯正的政治犯罪。政治目的只是构成恐怖主义犯罪的一个选择要件，国际社会始终把恐怖主义犯罪排除于政治犯罪之外。有的学者认为，恐怖活动的基本特征是：目的通常具有一定的政治、经济性；侵害的对象是特定的重要人士或不特定的社会公众；行为内容具有强烈的暴力性；主体具有严密的组织性。有的论者则将其概括为以下几个方面：恐怖犯罪的目的性和预谋性；恐怖犯罪的有组织性；受害人不确定性和破坏目标定向性；作案的连续性和残忍性；犯罪手段的先进性。

3. 惩治恐怖主义犯罪的观念。有的学者认为应树立惩治恐怖主义犯罪的国际观、国家观、标本兼治观、集体安全合作观。

4. 恐怖主义犯罪的防范。有的学者提出以下防范对策：建立反恐怖机构；加强反恐怖国际合作；加强对恐怖活动的防范措施；加强反恐怖立法；加强宣传、树立全民防范意识。有的学者建议进一步完善我国惩治恐怖主义犯罪的刑事立法，包括确立恐怖主义犯罪的概念、明确恐怖主义的犯罪客体、明确恐怖主义犯罪涉及的犯罪类型等。

---

① 参见赵辉：《对普通累犯几个问题的思考》，载《法学论坛》，2002（3）；苏彩霞：《累犯司法实务若干疑难问题研究》，载《法学家》，2002（3）。

② 参见王秀梅：《论恐怖主义犯罪的惩治及我国立法的发展完善》，载《法学》，2002（3）；张小虎：《反恐怖活动的刑法立法分析》，载《法学评论》，2002（5）；熊一新、谢川豫：《恐怖活动的防范对策》；杨正鸣：《恐怖犯罪的概念及其本质特征》，载《江苏公安专科学校学报》，2002（4）。

（二）交通肇事罪

有学者对交通肇事能否引起救助的作为义务问题进行了分析。有的学者指出，交通肇事后的逃逸行为实质是逃避履行其应当履行的抢救义务，并不能否认其构成故意杀人罪的可能性，但不能据此认定行为人放任被害人死亡发生的，就构成故意杀人罪，只有在被害人的生死完全或者基本上受被告人所控制，其所实施的转移行为对死亡危险的进程处于绝对、排他性的支配关系之中，被告人不予救助造成被害人死亡的，才可构成故意杀人罪。① 有的学者认为，根据《道路交通事故处理办法》，交通肇事行为肯定引起救助义务，而此义务的承担并不以交通肇事行为本身是否构成犯罪为前提，将犯罪归入引起救助义务的先行行为的范围，可以按结果加重犯或转化犯处理，并不会引起一罪变为数罪的结果。② 有的论者对信赖原则在中日交通肇事罪中的适用问题作了比较分析，指出两者的差异性，即日本信赖原则的适用与否及如何适用是由法官作出判断，而在中国，信赖原则的适用则依赖于交通事故责任的认定。③ 有学者对交通肇事罪的司法解释问题进行了剖析。针对司法解释以行为人有无赔偿能力作为定罪标准之一的规定，有的学者认为其混淆了刑事责任和民事责任的界限，缺乏法理和立法上的支持，且有可能造成对法律面前人人平等原则的破坏④；有的学者则认为，这一规定虽有超越司法解释权限之嫌，但符合刑法谦抑精神，不存在不平等问题，具有历史进步意义。⑤

此外，有的论者对中外的交通肇事立法进行了比较性研究。

（三）侵犯知识产权罪

有的学者对侵犯注册商标权犯罪问题进行了探讨，指出假冒注册商标罪只能由直接故意构成，对"明知"的理解应区分存在论意义上和司法推定层面上的不同；并对"销售金额"、"违法所得数额"、"非法经营数额"各自的内涵进行了剖析。⑥ 有的论者对我国加入WTO后商标权刑法保护的完善问题作了分析，认为应将反向假冒商标行为等列入刑法调整范围，将刑法保护的商标种类扩大至服务商标，并合理配置不同商标犯罪的法定刑，强化资格刑、罚金刑的适用。⑦

---

① 参见王作富：《交通肇事罪研究》，载高铭暄主编：《刑法专论》（下编），661～668页，北京，高等教育出版社，2002。

② 参见侯国云、张豫生：《交通肇事能否引起救助义务》，载《人民检察》，2002（9）。

③ 参见王玉珏：《信赖原则在中日交通肇事罪中适用之比较》，载《法学》，2002（3）。

④ 参见杨忠民：《刑事责任与民事责任不可转换——对一项司法解释的质疑》，载《法学研究》，2002（4）。

⑤ 参见侯国云：《交通肇事罪司法解释缺陷分析》，载《法学》，2002（7）。

⑥ 参见赵秉志、许成磊：《侵犯注册商标权犯罪问题研究》，载《法律科学》，2002（3）。

⑦ 参见胡志坚：《论我国加入WTO后商标权刑法保护的完善》，载《人民检察》，2002（11）。

（四）关于"婚内强奸"问题

近年来，随着全国一些地方法院判决的婚内强奸案件的宣传报道，婚内强奸问题成为刑法学界乃至社会学界热衷探讨的话题之一。关于婚内强奸是否成立强奸罪，肯定论者认为：无论婚姻关系是否处于正常存续期间，丈夫采用暴力等手段，强行与妻子性交的，丈夫都可以构成强奸罪；不能采取折中论；存在婚姻关系并没有使得夫妻之间性行为具有必然的合法性，必须以是否存在性交合意作为判断婚内性行为是否合法的标志；对婚内强奸案件应从严把握，合理认定，防止矫枉过正。[1] 有的论者则就婚内强奸立法的必要性与可行性作了探讨，并提出若干立法建议。[2] 有的否定论者从现代刑法精神的角度认为婚内强迫性行为侵犯的不是妇女的性的权利，不构成强奸罪，行为人只应承担相应的民事责任或道德责任。婚内强迫性行为非罪处理符合公正性、宽容性、经济性等现代刑法精神。[3] 有的论者则认为：将婚内强奸犯罪化，如果仅从逻辑上论证这一问题，容易误入歧途。从社会学、犯罪学和刑法学角度看，当前在我国将婚内强奸行为犯罪化的条件不成熟，强行立法存在诸多问题，应当缓行之。[4]

（五）抢夺罪

近年来飞车夺财的行为在全国不少地方出现，引起有关部门的高度重视，最高人民法院还专门出台了相关的司法解释。有的学者认为：对这种飞车夺财行为，应根据抢夺时机动车辆行驶的速度、被抢者所处的位置、财物与人身的依附程度、当时的客观环境等诸多因素综合分析，看该行为是否含有危害人身安全的危险性。如果客观上具有这种危险性，不论已经造成或尚未造成人身伤亡的严重后果，均应以抢劫罪论处。反之，如果行为中不含有这种危险性，即使造成危害人身的严重后果，也不应定抢劫罪。[5] 有的论者在分析了危险方法抢夺行为的概念及特点以后，认为对这种以危险方法抢夺的行为应认定为抢劫罪，但应从轻处罚。其理由是：这种行为的社会危害性大；以抢夺或过失致人重伤或过失致人死亡罪定罪与该行为的社会危害性不相称；将其认定为抢劫罪可以防止犯罪分子规避法律；司法实践对这种行为确认为抢劫罪的呼声很高。[6]

---

① 参见李立众：《婚内强奸案的新近理论与实务研究——吴某强奸案》，载赵秉志主编：《刑事法判解研究》，53 页以下，北京，人民法院出版社，2002。

② 参见李艳梅：《婚内强奸立法探析》，载《当代法学》，2002（9）。

③ 参见郑牧民、黄征：《婚内强迫性行为非罪的刑法精神分析》，载《湘潭工学院学报》（社会科学版），2002（2）。

④ 参见廖万里、刘艺乒：《论"婚内强奸"犯罪化应当缓行》，载《云南大学学报》（法学版），2002（1）。

⑤ 参见侯国云：《关于飞车夺财行为的定罪与处罚》，载《法律应用研究》，2002 年第 4 辑，15～18 页，北京，中国法制出版社，2002。

⑥ 参见肖智川：《论"危险方法抢夺"行为的定罪》，载《中国刑事法杂志》，2002（4）。

（六）黑社会性质组织犯罪

在全国人大常委会通过关于黑社会性质组织特征的立法解释后，学界对于该解释与此前最高人民法院出台的有关黑社会性质组织犯罪的司法解释进行了比较分析，争议最为激烈的问题是"保护伞特征"应否作为黑社会性质组织的必备条件。多数学者持肯定的观点。① 有的学者对组织、领导、参加黑社会性质组织罪的停止形态等司法认定问题进行了探讨②；有的学者对包庇、纵容黑社会性质组织罪的主体，"包庇、纵容"的含义、对象、行为方式等问题进行了较为深入的探讨。③

（七）职务犯罪

1. 关于"国家工作人员"的界定。有的学者分析了刑法第 93 条第 2 款规定的"委派从事公务"的含义，认为，对"委派"的理解应从委派的主体、委派的目的、被委派者与委派单位的关系以及委派的效力四个方面的特征予以把握；国有公司、企业应界定为全部投资为国家所有的公司、企业；对国有单位委派到合资、合作、股份制等非国有单位从事公务的人员不能一概以国家工作人员论，这是完善现代公司企业治理结构的要求，是我国政治、经济体制改革深入发展的成果，也是刑法谦抑精神和人文关怀在刑事司法领域的凸显。④ 有的学者则对与国家工作人员有关的 11 个立法解释和司法解释进行了简要的评析，认为在解释的形式与内容上均存在欠缺之处。⑤

2. 足球"黑哨"问题。足球"黑哨"是 2002 年社会各界广为关注的话题，不仅《光明日报》、《法制日报》、《中国青年报》等舆论媒体对之进行了广泛的报道，刑法学界也投入了高度的热情，对足球"黑哨"行为能否作为犯罪处理以及以何种犯罪论处等问题进行了热烈的争论，大致有以下几种意见：第一种观点认为，在现行法律规定状况下，难以找到确切的法律根据对这种行为定罪量刑；第二种观点认为，应直接以受贿罪论处；第三种意见认为，应以公司、企业人员受贿罪论处。⑥

---

① 参见赵秉志主编：《刑事法判解研究》，2002 年第 1 辑，103 页以下，北京，人民法院出版社，2002。

② 参见黄京平、石磊：《试论组织、领导、参加黑社会性质组织罪的几个问题》，载《法学论坛》，2002（6）。

③ 刘志伟：《包庇、纵容黑社会性质组织罪主体与主观方面疑难问题研析》，载《国家检察官学院学报》，2002（1）；刘志伟：《包庇、纵容黑社会性质组织罪客观要件中疑难问题研析》，载《政治与法律》，2002（4）。

④ 参见金泽刚：《刑法中"委派从事公务"的学理分析与司法认定》，载《法学》，2002（9）。

⑤ 参见龚培华：《关于"国家工作人员"的司法解释简介与评说》，载《上海市政法管理干部学院学报》，2002（3）。

⑥ 参见于宛等：《刑法理论关注社会热点问题——足球"黑哨事件"、"伤熊"事件刑法学术研讨会综述》，载《法学家》，2002（4）；卢建平：《刑事政策视野中的"黑哨"问题》；阮方民：《足坛"黑哨"事件引出的若干法律思考》，载赵秉志主编：《刑法评论》，第 1 卷，9 页以下，北京，法律出版社，2002；曲新久：《"黑哨"行为已构成受贿罪》，载《政法论坛》，2002（3）；王作富、田宏杰：《"黑哨"行为不能以犯罪论处》，载《政法论坛》，2002（3）。

3. 挪用公款罪。① 有的论者对挪用公款罪的构成特征进行了剖析，认为本罪的对象包括公款和特定公物，特定公物除法定 7 种外，还包括"社会捐助公益事业"的物资。对于挪用公款数额巨大不退还的行为性质，有的论者认为应根据行为人在使用公款时有无造成公款在客观上不能退还的主观心态加以具体认定；有的论者则认为，只要行为人主观上不想退还且实际上未还的，无论客观上能否归还，都应以贪污罪定罪处罚。有的论者认为，公款给其他单位使用是否构成犯罪，应根据使用公款单位的质、是否为个人谋利益等分别认定；挪用公款罪与用客户资金非法拆借、发放贷款罪不存在法条竞合关系，两者的区分应从侵犯的客体和谋利益的性质方面加以甄别。

4. 巨额财产来源不明罪。有的学者从刑事政策的视角分析了我国刑法中的巨额财产来源不明罪，认为本罪属于典型的不作为犯罪，但设定其财产来源的制度前提是很不充足的，为此建议应作好制度前置，包括进一步在宪法层次上强调对公民合法财产的保护、强调公共职务或权力的公共性、廉洁性，发展和完善民法中的财产权制度，尽快制定颁布国家工作人员财产收入申报法，等等。从规范层面，该论者认为本罪惩罚的重点在于对"说明义务的不履行"，而非其非法财产的状况或非法取得的行为，正是从这个角度讲，该罪的刑罚配置相对比较合理，立法对本罪的规定属于一种政策上的"次优"选择。②

有的论者分别从规范层面、价值层面、社会分析角度对本罪作了深入的研析，认为从规范层面上看，对该罪实行行为的界定应坚持不作为说；从价值层面分析，该罪的立法必要性毋庸置疑，并不因为加重国家工作人员的义务负担而有违法律面前人人平等原则；从社会分析角度，尽管该罪受到舆论攻击，但应认为并非该罪在立法上的缺失，而是整个反腐败机制疏漏所致，因而并不能由此否定该罪立法上的正当性，同时从社会主义法治角度考虑，与该罪相配套的行政法律、法规应及时出台，以使反腐败机制得以完善。③

有的论者则认为，本罪的行为属于超常规形态的多样性行为方式，只有当持有和不作为两种方式并存，或作为与不作为并存，或者持有、作为、不作为并存时，本罪才能成立，而非简单的"持有"或"不作为"④。

---

① 参见宣炳昭、江献军：《挪用公款罪法律适用研究》，载《法律科学》，2002（2）；杜国强：《挪用公款不退还的司法适用》，载《国家检察官学院学报》，2002（6）；孙国祥：《挪用公款罪争议问题研究》，载《南京大学法律评论》，2002 年春季号。

② 参见卢建平：《刑事政策视野中的巨额财产来源不明罪》，载《刑事法杂志》，2002（1）。

③ 参见时延安：《巨额财产来源不明罪的法理研析》，载《法学》，2002（6）。

④ 谭明、王北京：《巨额财产来源不明罪基本法理问题研究》，载《广西政法管理干部学院学报》，2002（3）。

四、外向型刑法问题

（一）外国刑法与比较刑法

1. 外国刑法。有的学者对大陆法系刑法理论中的违法性问题进行了深入的探讨，内容包括违法性的概念、违法性的本质、违法性的要素以及可罚的违法性理论。①有的学者对俄罗斯联邦刑法典的历史发展作了评述，指出俄罗斯新刑法典修改，补充的内容与主要特点有：（1）使俄罗斯刑法典进一步与犯罪状况相适应；（2）进一步完善个人权利自由的保护体系；（3）严格区分不同的刑事责任；（4）使刑事法律规范更加准确、具体。② 有的学者对美国刑法的基本内容作了梳理，内容包括：管辖和一般规定，犯罪的基本构成，共同犯罪的刑事责任，未完成形态的犯罪，刑事责任和犯罪能力，无罪辩护的原则，侵犯人身罪、性犯罪、侵犯财产罪、住所犯罪、妨害司法罪。③

2. 比较刑法。关于比较刑法，发表在《刑法论丛》第 6 卷的 3 篇有关刑罚制度内容的比较研究堪称有分量之作。《刑罚功能比较研究》一文系统地分析了外国刑法中的刑罚功能理论、中国刑法中关于刑罚功能的概念、刑罚功能的分类，并剖析了中外刑罚功能理论各自的特色；《短期自由刑若干问题比较研究》一文则从短期自由刑的概念、短期自由刑的利弊、短期自由刑的存废三个层面展开比较性研究；《量刑情节比较研究》一文也从量刑情节的分类、量刑情节的适用角度进行了比较研究，并对中国刑法量刑情节的立法缺陷与完善问题作了探讨与论证。④

此外，有的学者对犯罪未遂、损害债权罪、责任事故罪、渎职罪进行了比较研究。

（二）国际刑法与区际刑法

1. 国际刑法。有的学者对普林斯顿普遍管辖原则进行了译介，对制定普林斯顿普遍管辖原则的时机、如何依据普遍性起诉、包括的罪行、适用的对象和时间等问题作了扼要的说明。⑤ 有的学者探讨了国际刑事司法协助的基本原则，包括国家主权原则、平

---

① 参见马克昌：《大陆法系刑法理论中违法性的若干问题》，载赵秉志主编：《刑法评论》，第 1 卷，45 页以下，北京，法律出版社，2002。

② 参见刘向文：《试述俄罗斯联邦刑法典的历史发展》，载赵秉志主编：《刑法评论》，第 1 卷，247 页以下，北京，法律出版社，2002。

③ 参见刘生荣：《美国刑法大纲》，载赵秉志主编：《刑法评论》，第 1 卷，260 页以下，北京，法律出版社，2002。

④ 参见阴建峰：《刑罚功能比较研究》，陈志军：《短期自由刑若干问题比较研究》；郭理蓉：《量刑情节比较研究》，载高铭暄、赵秉志主编：《刑法论丛》，第 6 卷，393 页以下，北京，法律出版社，2002。

⑤ 参见高铭暄、王秀梅译：《普林斯顿普遍管辖原则及其评论》，载《中国刑事法杂志》，2002（3）。

等互惠原则、法制原则、特定性原则和人权保护原则。① 有的学者结合赖昌星"难民"案提出了加强我国国际刑事司法合作的思考意见。② 有的学者对前南斯拉夫国际刑事法庭的机构组成、诉讼程序及特点等作了介绍。③

此外，有的学者对国际刑法中的危害人类罪④、灭绝种族罪⑤、侵略罪⑥、酷刑罪⑦等罪的概念以及构成特征等问题进行了研讨。

2. 区际刑法。有的学者对中国内地与港澳特别行政区刑事管辖权划分的指导思想、原则及互涉刑事案件管辖权的具体划分等问题进行了探讨，提出"一国两制"是区际刑事管辖权划分的指导思想，以地域原则为主、以合理有效惩治防范犯罪原则为辅，是合理划分区际刑事管辖权冲突的必然选择。该论者还就内地与港、澳三地互涉刑事案件的管辖、互派人员犯罪案件的管辖，涉国防、外交犯罪的管辖等问题作了具体的论证。⑧有的学者对区际刑事司法协助的内容作了初步探讨，认为我国区际刑事司法协助包括狭义的刑事司法协助、移交犯罪嫌疑人、被判刑人和新形式的刑事司法协助三类，并依次提出各自应确定的内容。⑨

此外，有的论者还就内地与港、澳、台地区刑事案件缓刑犯的移管问题进行了探讨。⑩

五、刑法学研究发展之展望

党的"十六大"报告强调，创新是一个民族进步的灵魂，是一个国家兴旺发达的不竭动力。而学术的生命更在于创新，我们认为在今后的刑法学研究中应在以下几个重大方面坚持理论创新，推进我国刑法学术的繁荣发展：

第一，进一步完善研究方法、拓宽研究视野。比较研究方法在刑法学研究中始终占有重要的位置，尤其是在刑法基础理论问题研究领域，完全不借鉴或不引用境外学术成果或立法资料的情形可以说颇为罕见。但比较研究方法单一，尤其是局限于逻辑的思

---

① 参见成良文：《国际刑事司法协助的基本原则》，载《中国法学》，2002（3）。

② 参见王勇：《赖昌星"难民"案的法理评析——兼论加强我国国际刑事司法合作的几点思考》，载《法学》，2002（10）。

③ 参见朱文奇：《前南斯拉夫国际刑事法庭的理论与实践》，载赵秉志主编：《刑法评论》，第 1 卷，176 页以下，北京，法律出版社，2002。

④ 参见王秀梅：《论危害人类罪的概念及行为特征》，载高铭暄、赵秉志主编：《刑法论丛》，第 6 卷，526 页以下，北京，法律出版社，2002。

⑤ 参见王秀梅：《论灭绝种族罪》，载《法商研究》，2002（5）。

⑥ 参见王秀梅：《论侵略罪》，载《法学家》，2002（2）。

⑦ 参见王光贤：《"酷刑"定义解析》，载《国家检察官学院学报》，2002（2）。

⑧ 参见赵秉志：《中国内地与港澳特别行政区刑事管辖权合理划分论纲》，载《法学家》，2002（4）。

⑨ 参见马克昌：《我国区际刑事司法协助的内容刍议》，载《浙江社会科学》，2002（6）。

⑩ 参见黄荣康、邹耀广：《我国内地与港澳台地区刑事案件缓刑犯移管问题研究》，载《法律适用》，2002（10）。

辨、法律制度事实层面的考察，是当前比较研究的通病。因此，对不同法域的法律进行比较，须对其立法例或学说有充分的了解，并应将所获之参考资料以及参考的理由加以说明。① 这是今后比较刑法研究应着力考虑的问题，另外，应积极探索对刑法规范、刑法概念、刑法原理等新的方法论的研究，拓宽刑法学研究的视野。如有的学者对刑法视域中"类型化"方法进行的初步考察就是一种积极有益的尝试。②

第二，对立法、司法现实给予更多的关注。从立法、司法的实践中获取相关信息、资料，是刑法学研究保持生机的源泉和动力。1997 年刑法典制定后，全国人大常委会先后通过了 4 个刑法修正案、5 个立法解释，最高人民法院、最高人民检察院也先后发布了八十余件司法解释。刑法理论不仅应对上述规范本身的内容进行研究，而且更应从理论的高度，对刑法修正案、立法和司法解释的规范形式、解释体制等基本原理展开深入的探讨，同时应进一步改进刑法解释学的方法，提升刑法解释的理论层次。

第三，继续推进对刑法犯罪论部分的深层次研究。刑法学历来是中国法学中的显学，尤其是对犯罪论的研究，成绩更为显著。而近年来随着研究视野的开阔、研究视角的转换，在法律借鉴乃至移植的基础上，学界对传统犯罪论的内容不断地加以交叉、整合，更是大大推进了研究的力度，为犯罪论注入新的血液，给刑法学界送来缕缕春风。今后应继续强化这一研究态势，对诸如犯罪构成体系的改良、犯罪罪过、不纯正不作为犯、法条竞合、犯罪集团、有组织犯罪、犯罪形态等基础理论课题作进一步的，乃至脱胎换骨式的研究，同时应注重总论与各论的有机结合。

第四，大力加强对刑罚基础理论的研究。与犯罪论相比，刑罚论一直是我国刑法学研究相对薄弱的环节。国外传统刑法学虽然一直重视犯罪论的研究，但在过去的几十年中，外国学者越来越致力于量刑问题的研究，提出了不同的量刑模式。③ 因而，通过对作为存在的量刑进行考察，指出其利弊得失，满足法共同体对确立公正的量刑制度的期待，是中国刑法学者的迫切任务。④ 同时，对具体的刑罚制度的理论探讨，也应进一步强化。

[赵秉志、许成磊；载高铭暄、赵秉志主编：《刑法论丛》，第 7 卷，北京，法律出版社，2003]

---

① 参见黄文艺：《比较法：批判与重构》，载《法制与社会发展》，2002 (1)。

② 参见张文、杜宇：《刑法视域中"类型化"方法的初步考察》，载《中外法学》，2002 (4)。

③ 参见［德］汉斯·海因里希·耶赛克、托马斯·魏根特著，徐久生译：《德国刑法教科书》，1040 页，北京，中国法制出版社，2001。

④ 参见冯军：《量刑概说》，载《云南法学》，2002 (3)。

第二十三章
2003 年的刑法学研究

一、研究概况

2003 年对中国人民来说是很不平凡的一年，虽有上半年的"非典"肆虐，但更有"神舟五号"遨游太空等表征民族复兴的盛事。中国刑法学界也以推进社会主义法治建设为己任，注重法治实践，提升理论品位，注重国际交流，走过了不平凡的一年。

（一）学术著述丰硕

在 2003 年，共出版了一百三十余部刑法学著作，在各类报纸杂志上发表了千余篇刑法学术论文，显现出了刑法学研究的良好发展势头。（1）十余部教材。如马克昌主编《刑法学》（高等教育出版社），陈兴良主编《刑法学》（复旦大学出版社），张明楷著《刑法学》（2 版，法律出版社）等。（2）六十余部理论著作。如赵秉志主编的"当代刑法理论探索"系列（法律出版社，包括《刑法基础理论探索》、《犯罪总论问题探索》、《刑罚总论问题探索》和《国际区际刑法问题探索》共 4 本），陈兴良著《刑法理念导读》（法律出版社），张明楷等著《刑法新问题探究》（清华大学出版社），赵秉志主编《酷刑遏制论》（中国人民公安大学出版社），赵秉志主编《突发公共卫生事件相关犯罪刑法适用——以"非典"事件为中心》（法律出版社）等。（3）十余部学术文集。如赵秉志、张军主编《中国刑法学年会文集：2003 年度》[中国人民公安大学出版社，包括《刑法解释问题研究》和《刑法实务问题研究》（上、下册）]，高铭暄著《刑法肆言》（法律出版社），王作富著《刑法论衡》（法律出版社），赵秉志主编《国际刑事法院专论》（人民法院出版社）等。（4）十余本境外原著或译著。如 [美] 史蒂文·L·伊曼纽尔著《刑法》（中信出版社影印本）；[日] 大塚仁著《刑法概说（总论）》、《刑法概说（各论）》（冯军译，中国人民大学出版社）等。

（二）学术研讨活动频繁

2003 年我国刑法学界重要的学术研讨活动主要有：

1. 有关"奸淫幼女罪"司法解释的研讨活动。（1）2003 年 3 月 5 日北京大学法学院举办了以"奸淫幼女构成犯罪是否要求'明知'——一个司法解释的辩驳"为主题的刑事法论坛。与会的刑法学者对苏力教授所持的严格责任论进行了辩驳。（2）2003年9月1日，国家重点研究基地中国人民大学刑事法律科学研究中心举办了"最高人民法院有关'奸淫幼女罪'司法解释专题研讨会"，就最高人民法院2003年1月作出的奸淫幼女罪的司法解释及相关刑法问题进行专门研讨。部分中央政法机关的专家和北京各主要政法院校的学者近百人参加了会议。会议主要对以下两个问题进行了研讨：第一，对奸淫幼女犯罪是否应坚持主客观相统一原则。与会学者一致认为，主、客观相统一原则必须坚持，奸淫幼女犯罪不能实行严格责任。第二，构成奸淫幼女犯罪要求行为人明知对方是幼女是否不利于对幼女这一弱势群体实行特殊保护。多数与会学者认为，我国关于奸淫幼女犯罪的刑法规定及司法实践已充分体现了对幼女的特殊保护，该司法解释并不会不利于保护幼女这一特殊弱势群体和放纵奸淫幼女犯罪分子。

2. 有关伊拉克战争的国际刑法问题学术研讨活动。（1）"伊拉克战争与国际刑法"专题论坛。2003年3月27日，由中国人民大学刑事法律科学研究中心主办的"伊拉克战争与国际刑法"专题论坛举行。百余位在京高校科研机构、中央政法机关的专家/学者、业务骨干及媒体记者参加了此次论坛。主讲人朱文奇教授以"美国对伊战争对国际法与国际刑法的影响"为题进行了演讲，评论人邵沙平教授、王秀梅博士和其他与会专家、学者也就主题发表了自己的看法。（2）"萨达姆与国际刑事审判"专题学术报告会。2003年12月21日，由中国人民大学刑事法律科学研究中心主办的"萨达姆与国际刑事审判"专题学术报告会举行。中央政法机关、北京和京外部分政法院校的专家、学者及法制媒体记者近百人与会。主讲人朱文奇教授就对萨达姆进行审判的组织、程序及实体公正等问题作了演讲，评论人张智辉研究员、张旭教授、黄芳博士和其他与会专家、学者也就主题发表了自己的见解。

3. 刑法实务专题研讨会。2003年9月27日，人民法院出版社与中国人民大学刑事法律科学研究中心联合举办了"刑法实务专题研讨会暨《刑法罪名精释》第2版出版发行座谈会"。来自中央政法机关和北京主要法律院校的八十余位专家、学者出席了会议。国家法官学院周道鸾教授作了主题发言。会议对确定罪名的原则等10个实务问题进行了研讨。

4. 中国法学会刑法学研究会2003年年会。2003年10月9日至12日，中国法学会刑法学研究会2003年学术研讨会在湖南省长沙市召开，这是本年度刑法学界最重要、最受关注的学术会议，国内刑法学界及实务部门近三百人与会。本次年会由中国法学会刑法学研究会主办、湖南省法学界及省司法领导机关承办和协办。年会研讨的主题包括两个方面：（1）刑法解释问题；（2）侵犯知识产权罪、金融诈骗罪、合同诈骗罪、妨害公共卫生相关犯罪、非公有制经济平等刑法保护、1983年以来我国刑事法治与刑事政策的回顾与研究等实务热点问题。本次年会有两项重要的制度创新：（1）论文集在研讨会召开之前即已由中国人民公安大学出版社出版。这项论文集出版制度的革新，不仅便于与会代表研讨和交流，节约经费与资源，同时也可以将研讨会的学术成果更为及时地推向社会，便于理论与实务界及时参考、借鉴。（2）中国法学会刑法学研究会理事会在会上通过了《中国法学会刑法学研究会学术年会规则》，使刑法学研究会的学术年会走上了制度化、规范化的轨道，受到了中国法学会和刑法学界的普遍赞誉。

5. "刑事政策与刑事一体化"研讨会。2003 年 12 月 20 日至 21 日，北京大学法学院院庆学术论坛之"刑事政策与刑事一体化"研讨会在北京大学举行。会议收到论文五十多篇，刑法学界近百名专家、学者就刑事政策、刑事一体化的相关问题进行了深入的研讨，储槐植教授作了基调发言。

（三）国际交流得到加强

在 2003 年，中国刑法学界与境外的学术交流活动频繁，主要有：

1. 有关国际刑事法院的国际学术研讨会。（1）2003 年 2 月 10 日至 12 日，"国际刑事法院专题"国际学术研讨会在海南海口市召开，会议由中国人民大学刑事法律科学研究中心和亚洲法律资源中心共同主办，海南大学、西南政法大学联合承办。百余位中外专家、学者参加了会议。会议对国际刑事责任、中国刑法中的国际刑法规范及其实践、中国与国际刑事法院的关系、国际刑事法院的运作等问题进行了深入的研讨。（2）2003 年 10 月 15 日至 17 日，中国国际法学会举办的"国际刑法国际研讨会"在北京举行。包括国际刑事法院院长菲利普·克士先生在内的近百位来自多个国家的专家、学者就国际刑事法院的有关问题进行了研讨。

2. 国际刑法学协会第 17 届大会预备会议。2004 年国际刑法学协会第 17 届大会将于 2004 年在北京举行，国际刑法学协会为此在今年召开了几次预备会议：（1）"网络犯罪"专题研讨会。2003 年 4 月 9 日至 11 日，中国刑法专家代表团一行人出席了在希腊雅典举行的此次"网络犯罪"专题研讨会。来自多个国家的专家、学者共六十余人参加了会议。该次会议研讨的主题为"网络犯罪——网络恐怖主义儿童色情和金融欺诈"。会议从实体刑法的角度着重讨论了网络犯罪的定义、网络空间中的金融欺诈犯罪、侵犯知识产权的犯罪、儿童色情犯罪、恐怖主义犯罪及有关的国际合作等问题。（2）此后在德国召开的"一罪不二罚研讨会"和在智利召开的"刑事诉讼原则在纪律程序中的运用研讨会"，国际刑法学协会中国分会也提交了学术论文。

3. 中国法学会刑法学研究会代表团访问韩国。2003 年 8 月 19 日至 26 日，应韩国比较刑事法学会的邀请，以赵秉志教授为团长的中国法学会刑法学研究会代表团一行 10 人成功地访问了韩国。访问期间，代表团和韩国的刑法学术研究团体就进一步加强交流与合作进行了会谈，达成广泛的共识。8 月 22 日至 26 日，中国代表团在釜山大学参加了韩国比较刑事法学会主办的"危险社会与刑事法"国际研讨会。该次研讨会有来自中、韩、德、日等国的八十余位专家、学者参加。会议包括科学技术与刑事法、有组织犯罪与刑事法、经济犯罪与刑事法和人权与刑事法 4 个议题，中国代表参加了所有议题的研讨。

4. 中英遏制酷刑学术研讨会。2003 年 12 月 24 日至 25 日，由国家重点研究基地中国人民大学刑事法律科学研究中心与英国驻华使馆文化教育处共同主办的"中英遏制酷刑学术研讨会"在北京举行。中央和北京市政法领导机关及有关法律院校、科研机构的专家、学者近百人参加了研讨会，与英方学者共同对酷刑现象的沿革、现状、根源以及对策等问题进行了深入的探讨。

5. "公司欺诈与公司治理：中美证券市场管理"国际研讨会。2003 年 12 月 15 日至 16 日，由上海交通大学法学院和美国纽约大学法学院联合举办的"公司欺诈与公司治理中美证券市场管理"国际研讨会在上海举行。八十余位中美专家、学者参加了会议。证券犯罪是此次会议研讨的主要议题，与会专家、学者对证券犯罪的立法模式、犯罪构成、刑事责任和司法实务等问题进行了深入的探讨。

二、刑法基础理论问题

1. 刑法学研究的改进。有论者指出，应当在以下几个方面改进刑法学的研究：（1）一定要厚积薄发，潜心研究，致力于写出高质量的论著；（2）密切联系刑事司法实际，注意研究刑事司法实践中提出的问题；（3）加强比较刑法学、外国刑法学的研究，吸收国外刑法学研究的最新成果。[①] 也有论者认为：新的时代对传统的刑法立法和刑法理论提出了挑战，受其影响，德日刑法学研究出现了一些新的动向。这些新动向对我国未来的发展有以下启示：（1）要对一些不能适应形势发展需要的传统刑法理论进行重新思考；（2）要使刑法学的发展跟上现代科学技术发展的步伐；（3）要加强国际交流与合作。[②]

2. 刑法的公众认同。有论者指出，今后我国刑法理论与实践要更多地考虑公众认同，必须注意三方面的问题：（1）理论总体思路的调整，既重视法益概念的重要性，又凸显规范在当前我国的独特价值；（2）在具体问题上的理论创新和反思，在因果关系、不作为、故意、共犯、责任论等问题上，都应当以如何进一步促进公众认同为归依进行调整；（3）鼓励市民介入刑事司法裁判过程，在改革陪审制等方面加强刑法的公众认同感。[③]

3. 罪刑法定原则。有论者从一个投寄虚假炭疽杆菌邮件而被认定构成以危险方法危害公共安全罪的案例出发，对罪刑法定原则的司法运作问题进行了探讨。他认为：在刑事司法活动中，司法机关不能逾越刑法的明文规定去寻求法律的灵活性价值，更不能以"社会需要"为借口侵入立法权的领地。刑法之确定性与适应性的矛盾不可避免在这

---

① 参见马克昌：《改进中国刑法学研究之我见》，载《法商研究》，2003（3）。
② 参见刘明祥：《德、日刑法学的新动向与我国刑法学的展望》，载《法商研究》，2003（3）。
③ 参见周光权：《论刑法的公众认同》，载《中国法学》，2003（1）。

二者的对立中，我们可以通过以下三种力量达成一种相对合理的平衡状态：司法能动的有限发挥、立法权力的适时跟进与社会对刑法无能的部分忍受。可以说，忍受法无明文规定的危害行为，是社会为了维护刑法正义所付出的必要代价；而对刑法根基的真正伤害，更可能来自刑罚权的不当使用。①

4. 罪刑均衡原则。有论者认为：在我国司法实践中存在着量刑趋重与量刑偏差较大等问题，制约着罪刑均衡原则的充分实现。对量刑偏差问题，比较现实的解决方案是将各地量刑经验汇至最高人民法院，在学者的参与下确立起各罪的量刑基准，并逐步建立起适度的遵循先例制度，以实现量刑的统一。至于量刑趋重问题，它是我国刑法文化形态的外在表现，难以在短期内得到改观，但司法依旧可以有所作为。②

5. 刑法解释。（1）刑法解释观。刑法理论中历来有主观说、客观说和折中说三种观点。主观解释认为刑法解释的目标在于探求立法原意，如有论者指出，我国目前的司法解释实践确立了主观解释论的绝对优势地位。③ 客观解释论则主张刑法解释的目标是如何使过去制定的法条适应现实的客观需要。④ 也有论者认为主观说和客观说都是片面的，因而主张折中说。⑤（2）刑法解释权的配置格局。有论者认为刑法解释权的法定主体为全国人大常委会，最高人民法院和最高人民检察院是授权解释主体，称此为"一主两翼"的刑法解释格局，并主张坚持、改善和加强"一主两翼"的刑法解释格局。⑥ 有论者认为，保留最高人民检察院的刑法司法解释权，对指导全国的检察工作是有意义的，并且还可以起到监督、弥补、制约最高人民法院刑法解释的作用。⑦ 也有论者认为，最终取消检察机关的司法解释权是大势所趋。⑧ 有论者认为，赋予地方人民法院和人民检察院司法解释权既无法律根据，也无实践根据。⑨ 也有论者认为，应当赋予地方

---

① 参见周少华：《罪刑法定在刑事司法中的命运——由一则案例引出的法律思考》，载《法学研究》，2003（2）。

② 参见刘守芬、方文军：《罪刑均衡的司法考察》，载《政法论坛》，2003（4）。

③ 参见夏勇：《我国刑法解释的几个问题》，载赵秉志、张军主编：《刑法解释问题研究》，73 页，北京，中国人民公安大学出版社，2003。

④ 参见郑军男：《刑法解释方法研究——寻求刑法解释的客观性》，载赵秉志、张军主编：《刑法解释问题研究》，341～343 页，北京，中国人民公安大学出版社，2003。

⑤ 参见姜伟、卢宇蓉：《刑法解释的若干问题》；莫开勤：《论刑法解释的文本主义》，均载赵秉志、张军主编：《刑法解释问题研究》，33 页，北京，中国人民公安大学出版社，2003。

⑥ 参见贾济东：《刑法解释若干问题探讨》，载赵秉志、张军主编：《刑法解释问题研究》，148～149 页，北京，中国人民公安大学出版社，2003。

⑦ 参见周振晓：《论狭义刑法解释的定义、分类和时间效力》，载赵秉志、张军主编：《刑法解释问题研究》，169 页，北京，中国人民公安大学出版社，2003。

⑧ 参见张文、牛克乾：《规范性刑法解释的实然与应然》，载赵秉志、张军主编：《刑法解释问题研究》，95～96 页，北京，中国人民公安大学出版社，2003。

⑨ 参见赵秉志、陈志军：《论越权刑法解释》，载赵秉志、张军主编：《刑法解释问题研究》，185～187 页，北京，中国人民公安大学出版社，2003。

各级人民法院以刑法解释权。① 还有论者认为，法官也应是刑法有权解释的主体。②

三、犯罪总论问题

1. 社会危害性与刑事违法性的关系。有论者认为，社会危害性与刑事违法性是刑法中两种基本的行为评价标准。这两种行为评价标准之间的矛盾在刑法理论、刑事立法和刑法司法层面都有体现。在刑法理论层面，矛盾主要体现为犯罪实质概念和形式概念、罪刑擅断主义与绝对罪刑法定主义的对立；在刑法立法层面，这一矛盾主要体现在粗疏立法观与细密立法观的对立、经验立法观和超前立法观的对立、出入罪界限不明确、应入罪而不入和应出罪而不出等方面；在刑法司法层面，这一矛盾主要表现在社会危害性根据论和刑事违法性根据论的对立。该论者就这些矛盾提出了相应的解决方案。该论者认为，在罪与非罪的区分中由社会危害性标准和刑事违法性标准共同发挥作用、在此罪与彼罪的区分中主要由刑事违法性标准发挥作用、在罪轻与罪重的区分中，社会危害性标准发挥主要作用。③ 也有论者认为，在现实的立法与司法中，或多或少会呈现出社会危害性和刑事违法性的对立状态和冲突。应通过在立法和司法两个过程运用"应罚"与"可罚"之社会危害性观念，在承认实然的社会危害性与刑事违法性对立与冲突关系的前提下，努力追求二者的相互统一的理想状态。④

2. 犯罪构成基本理论问题。（1）犯罪构成理论的多元化。有论者认为，犯罪构成理论虽然与法律规定具有对应性，但它又超然于法律规定，刑法规定只有一个，但由于对它的解释不同而形成的犯罪构成理论体系却可以是多元的。我们直接引入大陆法系的递进式犯罪构成理论体系并不存在刑法立法障碍。我国传统的四要件耦合式犯罪构成理论体系已经在现实的司法实践中产生了深远的影响，仍有存在的必要。该论者积极倡导大陆法系递进式犯罪构成理论体系，也主张探索构建有中国特色的犯罪构成理论体系。⑤ 也有论者认为，德日三要件论最重要的出发点是落实罪刑法定原则，意在构建法定犯罪之构成；我国的四要件论是意在构建应然犯罪之构成，由此决定它从存在的犯罪现象出发，依托犯罪行为结构来揭示、把握犯罪法律因素的应然犯罪之犯罪构成的理论风格。从不同角度阐述犯罪构成，不仅可以并行不悖，而且还能相得益彰。我们既需要

---

① 参见宣炳昭、芦山：《刑法有效解释主体之思考》，载赵秉志、张军主编：《刑法解释问题研究》，301～302页，北京，中国人民公安大学出版社，2003。

② 参见宗建文、付立庆：《刑法适用解释机制的完善——刑事法治建设的一种路径选择》，载赵秉志、张军主编：《刑法解释问题研究》，209～210页，北京，中国人民公安大学出版社，2003；李洁：《中国有权刑法司法解释模式评判与重构》，载赵秉志、张军主编：《刑法解释问题研究》，551页，北京，中国人民公安大学出版社，2003。

③ 参见赵秉志、陈志军：《社会危害性与刑事违法性的矛盾及其解决》，载《法学研究》，2003（6）。

④ 参见齐文远、周详：《社会危害性与刑事违法性关系新论》，载《中国法学》，2003（1）。

⑤ 参见陈兴良：《犯罪构成法与理之间的对应与紧张关系》，载《法商研究》，2003（3）。

应然犯罪之犯罪构成理论，也需要法定犯罪之犯罪构成理论，即应寻求犯罪构成理论风格的多元发展。①（2）犯罪构成的层次和要素。有论者认为：在犯罪构成体系中，包括"构成要件"和"情节要求"两个既相互独立又相互联系的层次，各自从不同的角度共同承担犯罪符合性评价功能。"情节要求"对所有的犯罪具有普遍适用性，不能把它视为一个构成要件与其他构成要件相提并论。② 也有论者认为，犯罪客体不是犯罪构成要件，犯罪主体要件、客观要件和主观要件形成犯罪构成系统的基本框架，期待可能性属于犯罪构成主观要件之一。③

3. 单位犯罪。有论者认为，单位犯罪是包容自然人的组织体的犯罪，单位犯罪的刑事责任是组织体责任与个人责任的复合。据此，该论者提出单位犯罪"新复合主体论"的观点，主张单位犯罪中单位与直接责任人员之间、单位中多个直接责任人员之间是复合关系，具体体现为直接责任人员相对于单位的依附性和独立性。④

4. 犯罪未遂。有论者对我国刑法中未遂犯的处罚范围提出了自己的主张：（1）只有在行为对刑法所保护的重要利益造成了严重危险或者严重威胁的时候，才能作为未遂犯处罚，仅仅抽象地威胁到合法权益的行为，不能予以处罚；（2）对法定刑重的犯罪，可以考虑处罚其未遂形态，对法定刑较轻的犯罪，没有必要处罚其未遂形态。⑤

5. 职务行为。有论者对职务行为成为正当化事由的条件进行了分析，认为应当包括命令来源的特定性、命令形式的合法性、执行主体的合法性、主观善意、执行行为客观合法及目的与手段的相应性 6 个方面的要件。⑥

四、刑罚总论问题

1. 刑罚目的。有论者认为：在刑罚目的问题上，应当建立分刑种分阶段以预防为基础的综合理论。首先，"以预防为基础的综合理论"是这个理论的整体特征。其次，是在死刑中基本体现正义性报应理论和在其他刑种中基本体现预防理论的综合，同时结合在立法阶段主要体现一般预防的思想，在司法程序中体现特殊预防和报应的观点，在执行中体现特殊预防的原则的综合。⑦

2. 死刑。有论者认为：《公民权利和政治权利国际公约》等国际法律文件确立了严

---

① 参见阮齐林：《应然犯罪之构成与法定犯罪之构成——兼论犯罪构成理论风格的多元发展》，载《法学研究》，2003（1）。

② 参见刘之雄：《论犯罪构成的情节要求》，载《法学评论》，2003（1）。

③ 参见陈建清：《我国犯罪构成体系完善探略》，载《法律科学》，2003（4）。

④ 参见熊选国、牛克乾：《试论单位犯罪的主体结构——"新复合主体论"之提倡》，载《法学研究》，2003（4）。

⑤ 参见黎宏、申键：《论未遂犯的处罚范围》，载《法学评论》，2003（2）。

⑥ 参见高铭暄、朱本欣：《依命令之职务行为正当化研究》，载《中国刑事法杂志》，2003（1）。

⑦ 参见王世洲：《现代刑罚目的理论与中国的选择》，载《法学研究》，2003（3）。

格限制并逐步废除死刑的目标，并从实体和程序上确立了死刑适用的国际标准。我国现行的死刑立法与国际标准相比尚存在着一定的不足，为了与国际标准接轨，我国刑法应当减少适用死刑的罪名、限制适用死刑的对象、严格死刑适用的证明标准、完善死刑的复核程序和减刑制度以及增设死刑的赦免制度与确立死刑犯不引渡原则等。①

3. 累犯。有论者认为，现行刑法关于累犯不得假释的规定，有违假释制度的立法精神，不利于累犯人的教育改造，因而应当取消这一限制。②

4. 自首和立功。（1）自首。有论者认为，余罪自首成立的客观要件为"如实供述司法机关还未掌握的本人其他罪行"，无论该罪行为与司法机关已掌握的或判决确定的罪行属于同种还是异种，只要其可以单独构成犯罪，就应认定为自首。③（2）立功。有论者认为，对帮助立功应予认定；对司法工作人员犯罪后提供"利用职务之便得到的情报"不宜认定为立功；犯罪分子立功后又脱逃不影响先行立功的性质。④ 还有学者认为，我国刑法上的立功制度存在诸多缺陷，应当从以下几个方面予以完善：第一，明确"立功表现"与"重大立功表现"的含义及界限；第二，尽快填补我国刑法中关于立功制度的空当，将"有立功表现"规定为死缓犯减刑的情节，规定"自首后又有立功表现"这一量刑情节；第三，彻底纠正我国刑法在立功制度价值取向上的功利色彩，对"自首后又有重大立功表现"这一情节的量刑原则进行必要的限制，应规定"如果罪行特别严重，应当从轻或者减轻处罚"，即不允许免除处罚；第四，科学地排列立功制度的刑法规范。该论者还对立功制度的刑事立法的法条设计提出了自己的建议。⑤

五、刑法各论问题

1. 交通肇事罪。有论者认为，按照立法本意，交通肇事罪中"因逃逸致人死亡"是指肇事人在第一次事故后不救助伤者，从而导致第一次事故的伤者由伤害发展为死亡的情形。简言之，这里的"因逃逸致人死亡"实为"因不实施救助行为而致人死亡"。"逃逸"一词的使用纯粹是立法上用词的失误，因为逃逸不能使已经发生的伤害结果进一步加重。⑥ 也有论者认为，根据刑法第 133 条的规定，是否成立交通肇事罪，只需要考虑是否具有"致人重伤、死亡或者使公私财产遭受重大损失"的情节就够了，而按照最高人民法院于 2001 年 11 月 15 日通过的《关于审理交通肇事刑事案件具体应用法律若干问题的解释》，仅仅造成了人员伤亡或者财产损失还不够，还必须考虑行为对所发

---

① 参见黄芳：《论死刑适用的国际标准与国内法的协调》，载《法学评论》，2003（6）。
② 参见苏彩霞：《累犯法律后果比较研究》，载《法学评论》，2003（3）。
③ 参见黄京平、杜强：《余罪自首成立要件解析》，载《政法论坛》，2003（5）。
④ 参见张俊霞：《论立功制度在司法实践中的正确适用》，载《政法论坛》，2003（3）。
⑤ 参见郝守才：《关于完善我国刑法中立功制度的几点思考》，载《法商研究》，2003（1）。
⑥ 参见侯国云：《有关交通肇事罪的几个疑难问题》，载《中国法学》，2003（1）。

生的交通事故所应承担的责任，这实际上是修改了刑法中交通肇事罪的构成要件。"交通肇事后逃逸致人死亡"这一量刑情节中包括对他人死亡有认识的情况。[①]

2. 金融诈骗罪。有论者认为，刑法对有些金融诈骗罪所规定的"以非法占有为目的"在司法实践中常令公诉机关难以证明，司法解释与各种学理解释也都未能提供合理的解决办法，为彻底、有效地摆脱司法实践中对这类犯罪的证明困境，应对刑法的相关规定作修改，以使不具有"非法占有目的"的金融诈骗行为也能依照刑法规定予以处罚。[②] 有论者认为，信用卡诈骗罪中的"信用卡"应包含借记卡，盗窃信用卡并使用中的"信用卡"不包括伪卡或废卡。[③]

3. 侵犯知识产权罪。（1）侵犯著作权罪的立法完善。还有论者认为，我国刑法将"以营利为目的"和"违法所得数额较大或巨大"同时规定为著作权侵权刑事责任的归责条件，只能体现侵犯著作权罪的次要客体，不能体现主要客体，偏离了设立该罪的立法目的；进而建议在修改刑法时删除"违法所得数额较大或巨大"的规定，并将"以营利为目的"只规定为部分侵犯著作权犯罪的主观构成要件。[④]（2）专利犯罪的立法完善。有论者提出了完善我国专利权刑法保护的构想：第一，采取结合型立法模式，充分发挥附属刑法模式的作用；第二，完善罪名体系，将冒充专利和专利侵权行为纳入刑法调控的范围；第三，设置多个量刑幅度，实行限额罚金制；第四，建立以自诉为主、公诉为辅的追诉模式。[⑤]

4. 强奸罪。2003 年 1 月最高人民法院发布关于奸淫幼女罪的司法解释后，一位法理学者率先对之提出质疑，进而引发了一场出乎刑法学者意料的大争论，争议主要围绕着奸淫幼女行为构成犯罪是否属于严格责任而展开。大多数刑法学者都认为，主、客观相统一原则必须坚持，奸淫幼女犯罪不能实行严格责任。[⑥]

5. 抢劫罪。有论者认为：对构成抢劫罪加重犯的严重情节应该作严格的限制解释。"入户抢劫"应理解为非法侵入住宅抢劫；"在公共交通工具上抢劫"是指发生在公共交通工具上并危及交通运输安全的抢劫；把"多次抢劫"规定为抢劫罪的加重犯不够妥当；"抢劫数额巨大"不包含抢劫未遂的情形；抢劫（过失）致死与抢劫（故意）杀人

① 参见黎宏：《论交通肇事罪的有关问题》，载《法律科学》，2003（4）。
② 参见沈丙友：《诉讼证明的困境与金融诈骗罪之重构》，载《法学研究》，2003（3）。
③ 参见刘宪权：《信用卡诈骗罪的司法认定》，载《政法论坛》，2003（3）。
④ 参见杜瑞芳：《试析著作权侵权刑事责任的归责条件》，载《法学评论》，2003（1）。
⑤ 参见田宏杰：《侵犯专利权犯罪刑事立法之比较研究——兼及我国专利权刑法保护的完善》，载《政法论坛》，2003（2）。
⑥ 参见周道鸾：《同不满周岁的幼女发生性行为是否一律构成强奸罪》；陈兴良：《简论我国的刑事司法解释制度——以最高法院有关奸淫幼女的司法解释为切入》；李立众：《为最高院奸淫幼女司法解释之辩护》，755～758 页；刘仁文：《奸淫幼女与严格责任——就"高法"司法解释与苏力先生商榷》，均载赵秉志、张军主编：《刑法解释问题研究》，768～773 页，北京，中国人民公安大学出版社，2003。

有必要分开作规定，并且对后者应规定比前者更重的法定刑；持枪抢劫不包括持假枪抢劫。①

6. 有组织犯罪。有论者认为有组织犯罪的立法尚需完善：刑法总则中应当明确有组织犯罪的总体概念、外延及类型，增设黑社会组织犯罪的法条，行刑制度中应增设对判处 10 年以上有期徒刑的有组织犯罪首要分子不得使用假释的规定；刑法分则应当提高有组织犯罪的法定刑，增设对有组织犯罪财产刑的适用并加大财产刑的处罚力度，增加对参加有组织犯罪的国家机关工作人员从重处罚的规定。②

7. 突发公共卫生事件有关犯罪。有论者认为，最高人民法院、最高人民检察院联合发布的《关于办理妨害预防、控制突发传染病疫情等灾害的刑事案件具体应用法律若干问题的解释》有值得商榷之处：一是该解释第 1 条具有极强的扩张性；二是该解释第6 条以非法经营罪定罪的行为范围很难确定；三是该解释第 10 条第 1 款将编造或故意传播与突发传染病疫情等灾害有关的恐怖信息的行为以编造、故意传播虚假恐怖信息罪定罪处罚。因而在司法实践中应严格控制刑事打击范围。③

8. 巨额财产来源不明罪。有论者认为："司法机关无法查清巨额财产的真实来源"和"非法获取巨额财产"不是巨额财产来源不明罪的客观要件，本罪的行为只能是不作为，不作为特定义务的来源是司法人员的责令。行为人受到责令时，如实说明其巨额财产来源于贪污、受贿，不能视为自首。行为人的本罪被定罪判刑后，又查明其以本罪判处刑罚之涉案财产为贪污、受贿所得，则应根据不同情况分别处理。国家工作人员的亲属可构成本罪共犯。为了弥补本罪之立法缺陷，应直接将本罪以贪污或受贿罪论处。④

9. 持有型犯罪。有论者认为，主张持有型犯罪是严格责任犯罪的主张是错误的，严格责任缺乏刑事归责的正当性与合目的性，持有型犯罪不是严格责任犯罪，而是内含犯意推定的故意犯罪。⑤

六、外向型刑法问题

（一）外国刑法暨比较刑法问题

1. 犯罪冒失。有论者认为：英国刑法中的犯罪冒失是指冒不合理之风险。英国刑法中的犯罪冒失理论经历了主观冒失、客观冒失和主客观冒失共存的发展阶段，最后又趋于回归主观冒失。英国刑法中的犯罪冒失不是介于间接故意和有认识过失之间的第三

---

① 参见刘明祥：《论抢劫罪的结果加重犯》，载《法律科学》，2003 (1)。
② 参见冯殿美：《有组织犯罪的几个理论问题》，载《政法论坛》，2003 (1)。
③ 参见曲新久：《"非典"时期的"典型"反应——评"两高"的一个刑事司法解释》，载《政法论坛》，2003 (3)。
④ 参见侯国云：《有关巨额财产来源不明罪的几个问题》，载《政法论坛》，2003 (1)。
⑤ 参见梁根林：《责任主义刑法视野中的持有型犯罪》，载《法学评论》，2003 (4)。

种罪过形态与间接故意及过失的关系混乱，我们不宜将其作为第三种罪过形态加以借鉴。①

2. 正当防卫的成立条件。有论者对英美法系国家和地区刑法上的正当防卫的成立条件进行了比较研究，发现：英美法系国家和地区在作为前提条件的不法侵害是否存在的问题上采用"被告人标准说"，这与大陆法系刑法上奉行的"客观标准说"不同；在防卫限度的判断标准问题上，也偏向于采用"被告人标准说"。与"客观标准说"相比，"被告人标准说"更关注被告人行为当时的真实感受，将客观上虽然不合理但其主观上真诚确信的防卫行为也纳入正当防卫的范围，尽管奉行这一标准要求在个案中具体地进行判断不如客观标准说更有利于司法的简便，但这体现了其重视人权保障和个案正义的价值取向。②

3. 短期自由刑改革方式。有论者认为：短期自由刑的改革已经成为当代世界刑法改革运动的重要组成部分。世界各国和地区在短期自由刑改革问题上主要存在两种方案：一种是替代型方案；另一种是完善型方案。在替代型方案下，主要存在易科罚金、易科服劳役、易科训诫和易科剥夺资格四种改革方式。在完善型方案下，主要有以下三种改革方式：（1）采用微罪处分、起诉犹豫、宣告犹豫等减少短期自由刑宣告的措施；（2）采用执行犹豫、假释等减少短期自由刑实际执行或实际执行时间的措施；（3）采用周末监禁、半监禁和业余监禁等监禁刑变通执行方式。③

（二）国际刑法问题

1. 恐怖主义犯罪。有论者对恐怖主义犯罪的国际立法和主要国家的国内立法进行了比较研究，并在此基础上提出了中国惩治恐怖活动犯罪的刑法完善构想：（1）单独规定恐怖行为罪作为恐怖活动犯罪的基本罪名；（2）顺应国际规约的要求，增设侵害受国际保护人员罪、海盗罪等恐怖活动罪行；（3）专章规定国际犯罪，并将恐怖活动犯罪纳入其中予以集中规定。④ 还有论者对惩治国际恐怖主义犯罪国际合作中的普遍管辖问题进行了研究。⑤

2. 我国香港地区与外国之间的刑事司法协助。有论者我国以香港地区与其他国家签订的 12 个刑事司法协助协议为基础，对提供刑事司法协助的范围、限制、程序及其他具体运用问题进行了研析。⑥ 前述论者还对我国香港地区与外国移交被判刑人的原

① 参见李居全：《论英国刑法中的犯罪冒失——兼论第三罪过形态》，载《法学评论》，2003（2）。

② 参见赵秉志、陈志军：《英美法系刑法中正当防卫构成条件之比较研究》，载《法商研究》，2003（5）。

③ 参见赵秉志、陈志军：《短期自由刑改革方式比较研究》，载《政法论坛》，2003（5）。

④ 参见赵秉志、阴建峰：《论惩治恐怖活动犯罪的国际国内立法》，载《法制与社会发展》，2003（6）。

⑤ 参见王秀梅、杜澎、赫兴旺：《惩治国际恐怖主义犯罪国际合作中的普遍管辖》，载《法学评论》，2003（4）。

⑥ 参见赵秉志、黄芳：《香港与外国签订的刑事司法协助协议研析》，载《法学家》，2003（2）。

则、条件、程序等问题进行了研究。①

3. 国际刑事法院管辖权。有论者认为：国际刑事法院《罗马规约》规定的国际刑事法院管辖权，既不同于国家刑事管辖权，也不同于国际特设刑事法庭和国际法院的管辖权。国际刑事法院的管辖权具有复合性（集侦查、起诉和审判管辖权于一体）、补充性（只在国家法院不愿意或不能够对有关犯罪进行追究的情况下行使）、有限性（在管辖的犯罪类型、属地管辖、属时管辖方面都是有限的）和隐含的延展性（关于管辖权某些规定的不明确性给扩张解释留下了余地）。②

[高铭暄、赵秉志、陈志军；载《法学家》，2003（1），原文发表时有删节]

---

① 参见赵秉志、黄芳：《香港特别行政区与外国移交被判刑人制度研究》，载《中国法学》，2003（2）。
② 参见陈泽宪：《国际刑事法院管辖权的性质》，载《法学研究》，2003（6）。

第二十四章

2004 年的刑法学研究

在 2004 年，中国共产党召开的十六届四中全会作出了加强党的执政能力建设的决定，是指导我们全面推进中国特色社会主义伟大事业和党的建设的纲领性文件，也成为社会主义法治建设稳步前进的重要理论保证。回顾过去一年我国的刑法学研究，可以看到，研究方法越来越科学，研究视野越来越开阔，无论是在基础理论方面，还是在具体问题方面，均有显著进展与开拓创新。

一、研究概况

（一）学术著述成果丰硕

据我们粗略统计，本年度共出版刑法学著作百余部，在各类报纸杂志上发表刑法学术论文千余篇，显现出我国刑法学研究的繁荣势头。就书籍而言，大体有以下 4 类：(1) 八十余部理论著作。如赵秉志教授总主编"当代新型犯罪比较研究系列"（法律出版社，10 卷），赵秉志主编《中国废止死刑之路探索——以现阶段非暴力犯罪废止死刑为视角》（中国人民公安大学出版社），张明楷著《刑法分则的解释原理》（中国人民大学出版社），谢望原著《欧陆刑罚制度与刑罚价值原理》（中国检察出版社），陈兴良著《刑法哲学》（修订 3 版，中国政法大学出版社），陈明华等著《有组织犯罪问题对策研究》（中国政法大学出版社），白建军著《罪刑均衡实证研究》（法律出版社）等。(2) 十余部教材。如赵秉志主编《新编国际刑法学》（中国人民大学出版社）和《英美刑法学》（中国人民大学出版社），王作富主编《刑法》（2 版，中国人民大学出版社）等。(3) 十余部学术文集。如赵秉志教授刑法学文集（法律出版社，4 卷本），陈兴良、胡云腾主编《中国刑法学年会文集（2004 年度）》（中国人民公安大学出版社，2 卷 4 册），樊凤林著《刑事科学论衡》（中国人民公安大学出版社）等。(4) 十余本译著。〔日〕森本益之等著《刑事政策学》（戴波等译，中国人民公安大学出版社），〔美〕乔治·P·弗莱彻著《刑法的基本概念》（王世洲等译，中国政法大学出版社）等。

（二）学术研讨活动频繁

本年度我国刑法学界重要的学术研讨活动主要有：

1. 中国法学会刑法学研究会举办的学术研讨活动。中国法学会刑法学研究会于2004年9月9日至11日在北京召开2004年学术年会，与会的国内刑法学界及实务部门的近三百位专家/学者就死刑、腐败犯罪、侵犯知识产权犯罪、网络犯罪、未成年人犯罪和贩卖妇女儿童犯罪等问题进行了深入的研讨。

2. 国家重点研究基地中国人民大学刑事法律科学研究中心举办的学术研讨活动。（1）死刑的正当程序学术研讨会。该研讨会由中国人民大学刑事法律科学研究中心与湘潭大学死刑研究中心联合举办、湘潭大学法学院承办，于2004年5月29日至30日在湘潭市举行。来自国家最高司法机关和各主要政法院校的近百名专家/学者就死刑的正当程序与死刑的限制等问题进行了深入讨论。（2）侵犯知识产权犯罪司法疑难问题研讨会。该研讨会由中国人民大学刑事法律科学研究中心于2004年11月26日在北京举办。来自国家最高立法与司法机关、在京主要法律院校的三十余位专家/学者，围绕我国有关侵犯知识产权犯罪的刑法立法和司法问题进行了研讨。（3）"死刑复核权收回最高法院之展望"主题研讨会。该研讨会由中国人民大学刑事法律科学研究中心于2004年12月27日在北京举办。与会的国家最高立法、司法机关和政法院校的近四十位专家/学者就死刑复核权收回最高人民法院后如何运作等问题进行了研讨。此外，中国人民大学刑事法律科学研究中心还分别就民营企业"原罪"问题、驻伊美军虐囚事件和国际人权保护问题、医生利用处方权收药品销售商的回扣是否构成受贿罪问题等刑法热点问题举行了专题学术研讨会。

3. 其他单位举办的学术研讨活动。2004年1月8日至9日，由中国社会科学院法学研究所和英国英中协会共同举办的"加强中国死刑案件的辩护项目启动研讨会"在北京举行。来自欧盟驻华代表处、部分欧洲国家的研究机构、我国中央政法机关及部分政法院校和研究机构的专家、学者参加了本次研讨会，与会代表就中国法律对有关死刑犯罪、辩护、辩护律师权利、辩护律师介入刑事案件、对判处死刑的人提供法律援助等问题进行了讨论。

（三）国际交流规模空前

1. 中国法学会主办的刑法学术国际交流活动。2004年9月12日至19日，第17届国际刑法学大会在中国北京召开，这是国际刑法学协会成立一百多年来首次在亚洲国家召开大会。本次大会的主题是"全球化时代刑事犯罪的挑战与对策"，大会由中国法学会和国际刑法学协会共同主办，由国际刑法学协会中国分会承办，中国人民大学刑事法律科学研究中心协办。来自68个国家和地区的一千余名刑事法专家/学者、司法官员和其他法律工作者参加了大会。

2. 中国法学会刑法学研究会进行的刑法学术国际交流活动。2004 年 1 月 6 日至 8 日，中国法学会刑法学研究会与中国人民大学刑事法律科学研究中心联合举办的"首届中韩刑法学术研讨会"在北京举行。中韩刑法学界的知名学者和中央政法机关的专家共六十余人参加此次会议。与会学者针对刑事立法等 8 个方面议题进行了广泛而深入的研讨。2004 年 8 月 17 日至 18 日，"第二届韩中刑法学术研讨会"于首尔高丽大学举行。中国法学会刑法学研究会派出以顾问苏惠渔教授为团长的代表团参加此次会议。中韩双方百余位学者就量刑的合理化方案等 10 个议题进行了深入研讨。

3. 国家重点研究基地中国人民大学刑事法律科学研究中心进行的刑法学术国际交流活动。（1）第九次日中刑事法学术研讨会。该研讨会由日本同志社大学于 2004 年 5 月 7 日至 13 日在京都市举办，中国人民大学刑事法律科学研究中心组成以专职顾问、中国法学会刑法学研究会名誉会长高铭暄教授为团长的代表团参加了会议。与会的近八十位中日双方的学者就公司犯罪等经济犯罪的五个方面的问题进行了广泛而深入的研讨。（2）中美刑法热点问题国际学术研讨会。该研讨会于 2004 年 5 月 18 日至 20 日由中国人民大学刑事法律科学研究中心和美国纽约大学法学院在北京共同举办。来自中央政法机关的有关领导和专家、中美两国学者百余人出席了本次研讨会。与会学者就反恐的刑事政策与立法、腐败犯罪、无被害人犯罪等刑法热点问题进行广泛交流和深入研讨。（3）中英限制死刑适用范围系列专题论坛。中国人民大学刑事法律科学研究中心分别于 2004 年 8 月 30 日至 31 日、12 月 26 日至 27 日举行两次"中英限制死刑适用范围合作项目系列专题论坛"的 4 次研讨会议，对盗窃罪、金融犯罪、税收犯罪、走私犯罪的死刑废除问题分别从理论与实务两个层面进行了深入研讨，各有来自中央政法机关、英国大使馆文化处、政法院校的近四十位专家、学者参加了会议。此外，中国人民大学刑事法律科学研究中心还举办了由意大利学者参加的"意大利经济犯罪赦免问题学术报告会"，组织由中心研究人员组成的两个学术代表团分别对俄罗斯、加拿大进行了学术访问与交流。

4. 其他单位进行的刑法学术国际交流活动。2004 年 12 月 11 日至 12 日，由中国社会科学院法学研究所、丹麦人权研究所、西南政法大学联合举办的"死刑问题研究国际研讨会"在重庆市举行。来自美国、丹麦、格鲁吉亚、立陶宛及我国法学界、法律实务界的专家、学者七十余人参加了会议，与会学者就中国逐步废止死刑问题进行了深入探讨，并就现阶段如何限制、减少死刑提出了具体意见。

二、刑法总论问题

本年度，学者们除了对刑法学的发展方向、刑法的解释、刑法的基本原则、犯罪构成等基础性问题继续加强研究并有所深入或创新外，还集中对刑事政策、死刑的限制与废止等问题进行了前所未有的热烈研讨。

1. 刑法学的发展与改进。（1）刑法学理论体系的建设问题。有论者在比较分析的基础上，认为：刑法学应吸收新旧两派刑法之长，引入行为人刑法所考虑的犯罪人的危险性或者说犯罪人人格因素，建立起真正意义上的人格刑法学。这种人格刑法学，以客观行为为前提，以犯罪人格这一主观性质的事物为补充，形成客观的危害社会行为＋主观的犯罪人格的二元定罪量刑机制，同时将犯罪人格由以往的量刑阶段推进到定罪阶段。该论者并指出只有人格刑法学才能彻底消解行为刑法与行为人刑法的矛盾。① 有论者认为：传统的以社会危害性为起点的理论体系已经不能很好地符合我国法治的发展要求和刑法学体系发展的需要，而以刑罚目的为起点的刑法学体系强调刑法的理性运作和规范性特征，更有利于实现理性的法治。在这一逻辑结构中，刑罚目的的选择是刑法学体系的核心；我国刑法学理论可以选择分刑种、分阶段以预防为基础的综合理论作为刑罚目的理论。② （2）刑法的国际化问题。有论者认为，市场经济在中国的确立与发展和正在进行的民主政治改革，是对当代中国刑法的国际化意义重大的关键因素，我国应当走刑法国际化的道路，大胆吸收、借鉴、移植西方发达国家成熟、先进的刑事法治观念与刑法规范。③

2. 刑事政策问题。近来学者们对刑事政策问题给予了较多的关注，研究的深入性和实证特征比较明显。有论者对刑事政策的价值进行了深入研究，认为：刑事政策的价值是刑事政策的客体对于刑事政策主体的定义和效用，包括刑事政策价值主体、刑事政策价值客体、刑事政策价值目标三个要素。刑事政策的价值主体即对刑事政策客体进行认识和实践的人，或人之延伸与结合——社会；刑事政策价值客体即刑事政策；刑事政策价值目标即自由、秩序、正义、效益以及它们之间的互动关系。④ 有论者通过对截至2003年12月的566个关于犯罪问题的刑事司法解释的实证分析，对我国的刑事政策的运作规律进行了研究，得出以下结论：（1）我国几十年来刑事政策总体上不断趋于严厉；（2）刑事政策主体对违反传统道德规范的犯罪的容忍程度相对较大，而对破坏社会主义市场经济秩序以及违反现行行政管理规范并导致宏观秩序破坏的犯罪的容忍度相对较小；（3）刑事政策的被动性呈现出不断下降的不良趋势，司法解释有逐渐变为行政命令的危险，最高审判机关的主导力与司法解释的被动性成一定的正比关系；（4）宽宥的刑事政策立场更多地表现出刑事评价的规范逻辑，而且刑事政策宽宥时法治化程度就相

---

① 参见张文、刘艳红：《人格刑法学理论之推进与重建》，载《浙江社会科学》，2004（1）。
② 参见王世洲、刘孝敏：《关于中国刑法学理论体系起点问题的思考》，载《政法论坛》，2004（6）。
③ 参见苏彩霞：《论刑法国际化的内在机理与外在因素》，载赵秉志主编：《刑法评论》，第5卷，111～113页，北京，法律出版社，2004。
④ 参见严励：《论刑事政策的价值目标——刑事政策的理性思辨之一》，载《法学评论》，2004（3）。

对较高。^① 还有论者就刑事政策的逻辑体系^②、刑法的刑事政策化^③等问题进行了探讨。

3. 刑法解释。继 2003 年学界对刑法解释中的解释观、解释权的配置格局等问题的集中且深入研究的基础上，2004 年度学者们比较注重从新的角度探讨有关刑法解释的问题。有论者指出，越权刑法解释问题已经成为类推制度寿终正寝之后罪刑法定主义的最大敌人，极大地损害了刑法的人权保障机能。该论者在探析越权刑法解释成因的基础上，提出针对越权刑法解释的理性对策：（1）坚持细密刑法立法观和超前立法观；（2）及时行使刑法修改权；（3）最高司法机关及时行使司法解释权；（4）保证司法机关独立行使司法解释权；（5）以法律的形式对刑法解释的制定程序进行规定；（6）建立完善的刑法解释撤销机制。^④ 有论者认为，刑法解释应当坚持以形式解释与主观解释为基础、辅之以实质解释与客观解释的目标定位，刑法的司法解释即刑法适用解释，应当是法官主导、控辩双方参与、结合具体案件的司法裁判与刑法适用、以刑事判例为载体的个案适用性解释。最高人民法院应当改变发布规范性、抽象性释文的习惯做法，探索通过直接制作和间接确认刑事判例的双重路径进行适用解释。^⑤

4. 刑法基本原则。（1）罪刑法定原则。近来学者们开始注意结合从罪刑法定原则研究入手来探讨刑法的补充性立法问题。有论者认为行政犯及空白刑法规范数量繁多并继续增加，是现代刑法所特有的、不可避免的客观过程和现象；将犯罪构成要件的一部分或全部委托给行政管理法规来补充，可以克服成文法典的稳定性与社会生活变化所导致的行政管理法规及行政违法的变化之间的矛盾，而且这种空白刑法规范与罪刑法定主义之间具有内在的一致性。^⑥ 还有论者指出，罪刑法定之明确性要求和刑法系统的开放性之间的冲突与大陆法系刑法理论体系性的建构思路存在根本关联，概念性体系很难成为解决价值冲突的理想工具，而引入判例制度是走出这一困境的唯一出路。^⑦（2）罪刑相适应原则。2004 年度关于罪刑相适应原则的研究进展比较明显：一是开始采用实证方法对该原则进行研究并有较大突破。有论者通过对我国刑法中罪刑关系的细致的量化实证分析，认为罪刑之间完全均衡和完全不均衡两种情况均未出现，但我国罪刑关系仍存在一定的失衡，刑法中罪量的大小并不能在较大程度上解释刑量的高低；进而指出：犯罪定义中主体性的放大与失控，即立法者、司法者等这些犯罪定义者过分彰显自身能动性导致了罪刑的失控状态。作为罪刑均衡的保障，应当通过"控制社会控制"，不断

---

① 参见白建军：《刑事政策的运作规律》，载《中外法学》，2004（5）。

② 参见刘远、刘军：《刑事政策的理论与实践》，载《中国刑事法杂志》，2004（2）。

③ 参见黎宏：《论"刑法的刑事政策化"思想及其实现》，载《清华大学学报》（哲社版），2004（5）；张永红：《刑法的刑事政策化论纲》，载《法律科学》，2004（6）。

④ 参见赵秉志、陈志军：《论越权刑法解释》，载《法学家》，2004（2）。

⑤ 参见梁根林：《罪刑法定视域中的刑法适用解释》，载《中国法学》，2004（3）。

⑥ 参见刘艳红：《空白刑法规范的罪刑法定机能——以现代法治国家为背景的分析》，载《中国法学》，2004（4）。

⑦ 参见劳东燕：《罪刑法定的明确性困境及其出路》，载《法学研究》，2004（6）。

降低社会成员之间在工具性资源分配上的两极分化，不断提高社会文化规范的多元性程度，不断提升犯罪定义操作化过程的制度化水平。针对我国刑事法治中罪刑均衡程度的具体建议是：降低有形物质关系的刑法保护力度，客观上相对提高人的价值与个人利益的刑法保护。① 二是从司法层面对罪刑相适应原则的实现问题进行考察。有论者认为受立法规律和条件的限制，从司法本身入手解决量刑问题成为刑事司法面临的迫切任务，应当从量刑基准、量刑要素及其运用规则方面建构量刑的司法标准体系，并辅之以量刑平衡机制和司法运行环境，以探寻罪刑相适应原则司法实现的有效途径。②

5. 犯罪构成理论。从比较研究角度评判我国的犯罪构成理论，是 2004 年度关于犯罪构成理论研究的重要特点。有论者认为：在组成要素上，我国的犯罪论体系与大陆法系是基本对应的；在构成逻辑上，大陆法系构成要件为立体重合，我国构成要件为横向重合，两者都包含了认定犯罪所必需的重要条件，只是在这些要件的内部组合上，存在纵向与横向的差别，两者可以说是殊途同归，没有所谓优劣之别。从我国刑法理论的体系构架以及刑事司法实践来看，我国刑法中的犯罪构成理论在总体上是合理的，也基本上与我国的刑法理论和实践需要相吻合，能够经得起推敲和检验。③ 有论者认为，犯罪构成是立法者依据一定的利益需求与价值观念而将生活中之危害行为加以类型化而形成的，表现为通过刑法规范所确认的认定犯罪之规格、标准或最低度条件，可称之为模型，其与构成犯罪的事实（原型）是不同层面的范畴。注释刑法学应以刑法条文中静态存在的模型意义上的犯罪与刑罚为研究对象。该论者还认为，同两大法系的构成体系相比较，在现阶段国情下我国几十年所形成的通说体系具有直观、简单、易操作的特点，没有重新构造的必要。④

6. 严格责任。在以往对严格责任的概念、功能上的优势和缺陷等问题研究的基础上，2004 年度学者们着重对我国有无必要借鉴严格责任的问题进行了分析。有论者认为：应将绝对严格责任与相对严格责任予以区分。前者割裂了主观罪过与定罪的关系，直接背离了主客观相统一原则；而后者一定程度上遵循过错责任原则，考虑罪过对犯罪成立的意义，只是无罪过的证明责任由被告方承担，否则被告就可能被定罪。相对严格责任并不是与过错责任及主客观相统一原则处于同一个层次的范畴，而是居于下位的一个概念，主要具有诉讼法上的意义，只是过错责任与主客观相统一原则在刑事程序上的特殊体现。该论者进而认为，我国刑法不存在借鉴或引进相对严格责任的问题，所面临的只是对某些不易查证的犯罪，为打击犯罪的需要是否要在诉讼证明程序中实行罪过举

---

① 参见白建军：《罪刑均衡实证研究》，北京，法律出版社，2004。
② 参见张屹：《罪刑相适应原则的司法实现》，载《法学》，2004（1）。
③ 参见刘艳红：《我国与大陆法系犯罪论体系之比较研究》，载《中外法学》，2004（5）。
④ 参见冯亚东、胡东飞：《犯罪构成模型论》，载《法学研究》，2004（1）。

证责任倒置的问题。① 但也有论者认为：目前我国学界拒绝引进严格责任的论证并不充分。严格责任在保持遏制犯罪效果不变的同时，使社会所需要的必要刑罚量保持在较低水平，在对经济犯罪的控制方面严格责任也可以发挥较好的功能。但是，该论者认为，鉴于我国目前的法治状况还不够理想，必须对严格责任的立法范围、推定程度、刑罚轻重等方面进行合理控制。②

7. 刑罚的基础问题。（1）刑罚目的。在刑罚目的的问题上，学界一直以来主要存在着一元论的预防犯罪目的观和报应与预防相统一的二元论的目的观两种理论观点。2004年度，学者们提出了如下较为新颖的观点。有论者认为：我国刑罚的目的应当包含三个层次：惩罚犯罪、预防犯罪和保护法益。刑罚目的不仅具有层次性，而且是层次性的统一；三个层次之间具有递进深入的关系，保护法益是刑罚的最终目的，也是我国刑事立法和刑事司法的最终目标。目的的层次性要求我国刑事立法和刑事司法的完善必须服务于刑法保护法益目的的实现。从理论上说，只有实现了惩罚犯罪和预防犯罪的刑罚目的，才有可能最终实现保护法益的刑罚目的；而从实践上说，只有实现了保护法益的刑罚目的，刑罚惩罚犯罪的目的才不是虚假和片面的。③ 有论者认为：除了"预防犯罪"这一公认的目的以外，刑罚目的至少还应当有"公平正义之实现"。在评价任何一件事情的时候，通常不仅要评价其可能导致的后果，还要评价这件事情本身是否符合公平正义，公平正义作为独立的价值不可能由功利主义来说明。④ （2）刑罚价值。有论者在对中外刑罚价值理论进行比较研究的基础上，认为：当代中国刑罚价值的内涵应当是一个双层次的系统结构：第一层次为手段性价值，具体包括（犯罪）报应价值和（犯罪）预防价值；第二层次为目的性价值，具体包括（维护）秩序价值、（保障）自由价值和（实现）正义价值；目的性价值对手段性价值具有制约、指导意义，每一种手段性价值都要体现秩序、自由和正义的目的性价值。另外，刑罚的价值应当仅指正价值，而不应包括所谓的负价值。⑤

8. 死刑。由于本年度中国法学会刑法学研究会学术年会将死刑问题作为一个重要议题来讨论，更使得原本已逐渐升温的死刑问题成为学者们讨论的热门话题。学者们主要从如下几个方面对死刑问题进行了多角度且较为深入的探讨：（1）死刑的理性分析。有论者指出：死刑虽然具有遏制犯罪的效果，但是其大于终身监禁的边际效益是无法证

---

① 参见赵秉志、黄俊平：《对严格责任制度的考察——兼评最高人民法院［2003］4 号司法解释》，载赵秉志主编：《主客观相统一：刑法现代化的坐标——以奸淫幼女型强奸罪为视角》，38～43 页，北京，中国人民公安大学出版社，2004。

② 参见廖志敏：《严格责任的解释与方法——一个多视角的检视》，载陈兴良主编：《刑事法评论》，第 14 卷，243～257 页，北京，中国政法大学出版社，2004。

③ 参见韩轶：《刑罚目的重构论》，载赵秉志主编：《刑法论丛》，第 8 卷，210～211 页，北京，法律出版社，2004。

④ 参见陶阳：《论刑罚目的多元与价值多元》，载《法学评论》，2004（4）。

⑤ 参见赵秉志、陈志军：《刑法价值理论比较研究》，载《法学评论》，2004（1）。

实或证伪的。等害报复已经不合乎当代报应观念，而人权的普遍性决定了犯罪人的基本人权具有超然的不可剥夺性。而且，限制死刑的国际标准与中国的国情并不冲突，中国应立即着手限制死刑并在不久的将来废止死刑。① 有论者从死刑在纵向（死刑立法、死刑裁量、死刑执行）、横向（死刑对犯罪人、潜在的犯罪人、受害人及其家属、犯罪人家属）以及死刑对国家的负面效应等方面全面阐明了死刑的消极作用。② （2）死刑的限制。有论者认为：死刑问题根本上是一个受集体意识的公众认同以及政治领袖的政治意识左右的政策选择问题。在控制死刑这样一个公共政策问题上，政治领袖的重大责任在于根据集体意识的特性，理智地引导普通民众，对犯罪作出理性而平和的社会心理反应，形成健康、文明与理性的死刑观。③ 有论者指出，在现行刑法之内，刑法学者首先要做的是应当将削减死刑的理念具体化为削减死刑的解释结论，从而使削减死刑的理念得以实现；与此同时，死刑削减论者还需要研究并提出削减和废止死刑后的替代手段。④ （3）对非暴力犯罪率先废止死刑的设想。有论者认为：就我国现阶段的综合情况看，死刑的废止应当有阶段、分步骤进行：一是先行逐步废止非暴力犯罪的死刑；二是进一步在条件成熟时废止非致命犯罪（非侵犯生命的犯罪）的死刑；三是在社会文明和法治发展到相当发达程度时，全面废止死刑。目前，对不包含暴力内容和不以他人人身为犯罪对象的非暴力犯罪死刑的废止首先应当提上日程，区分四种情况逐步进行。⑤ 有论者认为，削减和废除对经济犯罪所设立的死刑，应当作为立法发展的一个近期目标。⑥

9. 刑罚裁量。量刑问题受到学界较多关注，对该问题的研究也逐渐向更加科学和细化的方向发展。有论者认为，从宏观角度重构我国量刑制度，需要关注以下三个问题：量刑制度改革的总体目标应当是综合化和精确化，应当规定坦白制度和再犯制度等，注意与刑事诉讼法改革的配套。⑦ 也有论者指出，长期以来在我国司法实践中裁量刑罚时广为采用的"估堆"方法很大程度上影响了量刑的公正性和透明性，应当放弃这种粗放的刑罚裁量方法，在现行刑法的框架内，依法体现法定刑空间形式，理性评价案件具有的各种量刑情节，应用数学方法或者人工智能技术，正确处理特定犯罪案件的法

---

① 参见邱兴隆：《死刑断想——从死刑问题国际研讨会谈起》，载《法学评论》，2004（5）。

② 参见郝守才、张磊：《论死刑的消极作用》，载陈兴良、胡云腾主编：《中国刑法学年会文集》（2004年度），第1卷·死刑问题研究，55～67页，北京，中国人民公安大学出版社，2004。

③ 参见梁根林：《公众认同、政治抉择与死刑控制》，载《法学研究》，2004（4）。

④ 参见张明楷：《刑法学者如何为削减死刑作贡献》，载陈兴良、胡云腾主编：《中国刑法学年会文集》（2004年度），第1卷·死刑问题研究，410页、422～423页，北京，中国人民公安大学出版社，2004。

⑤ 参见赵秉志：《论中国非暴力犯罪死刑的逐步废止》，载陈兴良、胡云腾主编：《中国刑法学年会文集》（2004年度），第1卷·死刑问题研究，770～780页，北京，中国人民公安大学出版社，2004。

⑥ 参见高铭暄：《我国的死刑立法及其发展趋势》，载《法学杂志》，2004（1）。

⑦ 参见黄京平、蒋熙辉：《量刑制度宏观问题研究》，载赵秉志主编：《刑法评论》，第4卷，159～161页，北京，法律出版社，2004。

定刑、量刑情节与宣告刑之间的数量关系。①

除以上问题外，学界对刑法总论中的其他问题也进行了探讨，并有不少创新性见解。如，有论者对单位人格之否定理论进行了研讨，认为对于缺乏独立人格的单位所实施的犯罪，应否定该单位具有单位犯罪主体的人格，进而直接追究单位背后操纵犯罪的自然人或者其他单位的刑事责任②；有论者通过对刑法第 29 条第 2 款的重新阐释提出了将其解释为对间接正犯的规定的观点③；还有论者对所谓短缩的二行为犯④、过失危险犯的犯罪化基础⑤、竞技行为的正当化⑥及共犯与身份⑦等问题进行了研究，提出了较为独到的观点。

三、刑法各论问题

2004 年度，学界在刑法各论方面的讨论涉及面较宽，但侧重于对刑法中的新型犯罪及实践中出现的新的犯罪现象进行探讨。

1. 破坏市场经济秩序犯罪问题。学者们除了对一些新型经济犯罪的司法适用问题进行研究外，还着重对以下几类犯罪的立法完善问题进行了较为深入的探讨：（1）生产、销售伪劣商品罪。有论者对我国刑法中生产、销售伪劣商品罪存在的问题进行了深入分析，提出以下改进建议：对此类行为在犯罪与一般违法的区别上应重行为性质而轻行为程度；在我国立法定量的模式之下，对于生产、销售伪劣商品犯罪的成罪之量的规定，应选择司法裁量式的综合指标模式；改变以发生领域划分本类罪与其他犯罪界限的做法；在法定刑方面，改变对本类罪的重罪规定倾向，规定适度的刑罚。⑧（2）证券、期货犯罪。有论者认为：我国证券、期货犯罪刑事立法应当遵循以证券、期货法律法规为刑事立法基础，对证券、期货犯罪刑罚处罚宽和，自由刑和罚金刑并重及单位犯罪双罚制等原则。在立法模式上，由刑法具体规定证券、期货犯罪的罪状和法定刑，并由有关证券、期货法律法规对证券、期货犯罪作出相应的规定。在完善证券、期货犯罪立法方面应采取以下措施：用不同的标准处罚证券犯罪与期货犯罪，增加刑法与证券法规之间的协调性，改进法定刑设置以及应当对证券、期货犯罪案件的管辖权作出专门规定。⑨（3）洗钱罪。有论者从与《联合国打击跨国有组织犯罪公约》相协调的角度对我

---

① 参见赵廷光：《实现量刑公正性和透明性的基本理论和方法》，载《中国刑事法杂志》，2004（4）。

② 参见庄劲：《论单位人格否定之法理》，载《国家检察官学院学报》，2004（1）。

③ 参见何庆仁：《我国刑法中教唆犯的两种涵义》，载《法学研究》，2004（5）。

④ 参见张明楷：《论短缩的二行为犯》，载《中国法学》，2004（3）。

⑤ 参见储槐植、蒋建峰：《过失危险犯之存在性与可存在性思考》，载《政法论坛》，2004（1）。

⑥ 参见黄京平、陈鹏展：《竞技行为正当化研究》，载《中国刑事法杂志》，2004（6）。

⑦ 参见赵秉志：《共犯与身份问题研究——以职务犯罪为视角》，载《中国法学》，2004（1）。

⑧ 参见李洁：《保护消费者权益刑事立法的特征与评判》，载《河南省政法管理干部学院学报》，2004（5）。

⑨ 参见刘宪权：《证券、期货犯罪的刑事立法及其完善》，载《法学》，2004（5）。

国刑法中的洗钱罪规定进行了探讨，认为应当在以下层面予以完善：将洗钱犯罪之上游犯罪的范围扩张到该公约所要求的所有的"严重犯罪"、"参加有组织犯罪集团行为"的犯罪、"腐败行为"的犯罪以及"妨害司法"的犯罪，而且不要求我国对以上犯罪本身具有刑事管辖权；将该公约所谓的"最广泛的上游犯罪"定位于所有可能产生犯罪收益的犯罪；赋予上游犯罪本犯以洗钱罪的犯罪主体资格。① （4）侵犯著作权罪。有论者建议主要在以下方面完善我国有关著作权刑事立法：在刑法典中采取空白罪状方式对侵犯著作权犯罪作出原则规定的同时，通过著作权法律的规定细化侵犯著作权犯罪的罪状；增设关于网络技术环境下出现的新的著作权对象的保护内容，并加强对著作者的其他著作人身权的平等保护；细化现有罪名，增设一些新罪；取消侵犯著作权犯罪主观目的的限制性要求，以侵权数额而不是违法所得数额作为判定犯罪数额的标准。② 也有论者建议应从我国经济的实际发展水平出发，降低侵犯著作权犯罪起刑点，并缩小或取消个人与单位起刑点的差距，以有力打击日益猖獗的侵犯著作权犯罪。③

2. 奸淫幼女犯罪问题。有论者认为在坚持主客观相统一原则的前提下，区分奸淫幼女罪与非罪的标准应从实质标准和法律标准两个方面来探讨：实质标准，即社会危害性的有无及程度，危害性程度主要应综合评价行为对幼女生理健康和心理健康两方面的损害；法律标准方面，应以犯罪构成作为判断标准。在法律拟定了一定年龄以下的幼女不具有同意性交能力的情况下，应将采取暴力、胁迫或者其他手段强行与幼女性交的行为和幼女"同意"下的性交区别开来讨论。前一种情况直接以强奸罪论处不存在疑问，后一种情况下则需要行为人具备"明知"的主观要素。④ 有论者认为应在我国刑法中规定独立的奸淫幼女罪，对不采用强制性手段实施的奸淫幼女行为单独予以规定。⑤

3. 三角诈骗问题。三角诈骗问题是近年来逐渐引起学者们关注的问题，2004 年度对该问题的研究有所深入。有论者认为：行为人实施诈骗行为时，如果被骗人（财产处分人）与被害人不具有同一性，即属于三角诈骗。三角诈骗既具备诈骗罪的本质特征，又完全符合诈骗罪的构成要件。三角诈骗罪的成立，要求受骗人具有处分被害人财产的权限或者处于可以处分被害人财产的地位，否则其将被害人财产转移给行为人，便不属于诈骗罪中的财产处分行为，行为人只能成立盗窃罪（间接正犯）。所谓具有处分被害人财产的权限或地位，包括法律上和事实上的权限或地位。该论者还指出，诉讼诈骗是

① 参见赵军：《论洗钱罪上游犯罪的相关问题——与〈联合国打击跨国有组织犯罪公约〉相协调》，载《法学评论》，2004（4）。

② 参见李文燕、田宏杰：《著作权刑事立法保护比较研究》，载《山东公安专科学校学报》，2004（3）。

③ 参见胡祥福、张志勋：《从 TRIPs 协议分析我国著作权的刑法保护问题》，载陈兴良、胡云腾主编：《中国刑法学年会文集》（2004 年度），第 2 卷·实务问题研究，460～462 页，北京，中国人民公安大学出版社，2004。

④ 参见高铭暄、朱本欣：《论奸淫幼女罪与非罪的界限》，载赵秉志主编：《主客观相统一：刑法现代化的坐标——以奸淫幼女型强奸罪为视角》，2～7 页，北京，中国人民公安大学出版社，2004。

⑤ 参见刘明祥：《〈日本刑法〉的中奸淫幼女犯罪》，载赵秉志主编：《主客观相统一：刑法现代化的坐标——以奸淫幼女型强奸罪为视角》，355～356 页，北京，中国人民公安大学出版社，2004。

典型的三角诈骗，应认定为诈骗罪。[①] 有论者认为，诉讼诈骗行为虽然具有诈骗罪的某些特征，但认定其构成诈骗罪并不妥当，理由主要是：（1）诉讼诈骗主要是一种破坏司法正常活动的行为；（2）诈骗罪是结果犯，而假如认为诉讼诈骗构成犯罪，该犯罪应为行为犯而不是结果犯；（3）诉讼诈骗并不符合"三角诈骗"的特征；（4）将诉讼诈骗认定为诈骗罪会给此罪认定的司法实践造成困境。该论者指出，现行刑法典只能对部分诉讼诈骗行为进行评价，其余无法定罪的诉讼诈骗行为的犯罪化问题，应当通过立法途径解决。[②]

4. 计算机犯罪。计算机犯罪近几年一直是理论研究的热点问题，但多限于对计算机犯罪的特点、概念、构成、认定以及对刑法理论的影响等问题的研讨。2004 年度不仅有学者就新近实践中出现的网络虚拟财产涉及的刑法问题进行了探讨[③]，还有学者从刑事政策角度对有关计算机犯罪的惩治问题进行了分析，如有论者认为：对黑客犯罪应当采取"两极化"的刑事政策，即对于基于政治、经济目的，有重大危害或者有严重犯罪习性的黑客行为，给予严厉打击；而对于那些纯粹为表现自我、好奇、恶作剧，危害不大的黑客行为，给予宽松的刑事政策[④]；还有论者认为，应将恶性计算机病毒相关犯罪与普通计算机病毒相关犯罪相区别，设立故意传播恶性计算机病毒罪和制作恶性计算机病毒罪。[⑤]

四、外向型刑法问题

1. 外国刑法和比较刑法。（1）犯罪论体系思维模式。有论者对德日刑法学界犯罪论体系的最新发展给予了关注，经研究发现：目前德日刑法学界普遍认为应当以目的合理性为基础建构犯罪论体系，并对范畴论体系提出了批判。作为目的合理性的实现途径，目的论体系在对行为进行"是否具有刑罚处罚价值"的评判之际，在赋予构成要件以形式合理化机能的同时，赋予违法性、有责性和可罚性以实质合理化机能，来谋求形式合理化和实质合理化的调和与统一。另外，在目的论体系中，行为概念并不是体系的要素，而是体系运作的逻辑起点。[⑥]（2）原因自由行为。有论者研究了日本刑法中的原因自由行为的理论，指出：目前日本关于原因自由行为存在"间接正犯类似说"（定型

---

① 参见张明楷：《论三角诈骗》，载《法学研究》，2004（2）。
② 参见董玉庭：《论诉讼诈骗及其刑法评价》，载《中国法学》，2004（2）。
③ 参见谢望原、孙铁成：《计算机网络犯罪若干问题探析》，载陈兴良、胡云腾主编：《中国刑法学年会文集》（2004 年度），第 2 卷·实务问题研究，503～506 页，北京，中国人民公安大学出版社，2004。
④ 参见王作富、庄劲：《论黑客犯罪及其刑事立法对策》，载陈兴良、胡云腾主编：《中国刑法学年会文集》（2004 年度），第 2 卷·实务问题研究，606～615 页，北京，中国人民公安大学出版社，2004。
⑤ 参见皮勇：《论我国刑法中的计算机病毒相关犯罪》，载《法学评论》，2004（2）。
⑥ 参见郑军男、齐玉祥：《德日犯罪论体系思维模式探究》，载《当代法学》，2004（2）。

说)、"最终意思决定说"（有力说）和"相当因果关系说"三种主要学说。定型说坚持行为无价值论；相当因果关系说坚持结果无价值论；而有力说则坚持行为无价值论和结果无价值论二元说。这三种学说反映了其在实行行为和责任原则研究中的发展和变化，体现出刑法观念从行为无价值论向结果无价值论、刑法学研究方法从体系思考向问题思考的转变以及刑法学从理论刑法学向实践刑法学的发展趋势。① 也有学者认为：原因自由行为的立法例在大陆法系国家并不普及，现有立法也只是对其在不同程度上片面规定；从我国的司法实践来看，也没有需要特别适用原因自由行为理论规制的问题。所以，我国不宜借鉴原因自由行为来完善我国刑法的规定。② 此外，还有论者对单位犯罪、业务过失犯罪、证券期货犯罪、金融犯罪、侵犯知识产权犯罪、计算机犯罪、危害公共卫生犯罪、偷渡犯罪、有组织犯罪、环境犯罪等问题进行了比较研究。③

2. 中国区际刑法问题。2004 年度关于中国区际刑法问题的研究较为薄弱，但在一些问题的研究上也有一定的创新和富有建设性的观点：（1）区际刑事管辖权冲突问题。有论者对我国区际刑事管辖权冲突的基本原则进行了探讨，认为：解决我国区际刑事管辖权问题应坚持四个宏观的、具有政治性的原则：一个中国原则、法域地位平等原则、相互承认原则和有效惩治和预防犯罪原则。解决我国区际刑事管辖权冲突问题的法律原则方面，应采用综合性的原则模式，即：以地域管辖权优先行使为一般原则；针对特定人、特定刑事案件得分别适用居民管辖权优先或本法域保护管辖权优先的原则；以先理优先原则为补充。④（2）澳门特别刑法。有论者评析了澳门特别刑法在立法和内容方面存在的问题，提出以下改革和完善的建言：强化刑法典的规范指导地位，加强特别刑法与刑法典的协调性；树立与时俱进的刑罚观念，对澳门特别刑法中的附加刑进行大刀阔斧地修改和完善；建立清晰完整的罪名体系，可以采取在非刑事法律中规定独立罪名的途径。⑤

3. 国际刑法问题。2004 年度在国际刑法研究的范围上比以往广泛，其中，学者们对恐怖主义犯罪与国际刑事法院问题的探讨集中且比较深入。（1）恐怖主义犯罪的惩治对策。有论者分析了目前存在的削弱惩治与防范恐怖主义犯罪的不利因素，提出了相关的完善建议：应致力于制定一部统一的反国际恐怖主义犯罪的公约；应进一步加强国家间的合作；要重视发挥超国家机构的作用，以应对恐怖主义犯罪跨国性与国际性增强的趋势；完善国内相关立法，以缩小各国刑事立法的差异，减少反恐怖主义犯罪实践中的

---

① 参见王充：《日本刑法中的原因自由行为理论》，载《法商研究》，2004（2）。

② 参见莫洪宪、叶小琴：《不宜借鉴原因自由行为来完善我国刑法》，载《河南省政法管理干部学院学报》，2004（1）。

③ 参见赵秉志总主编："当代新型犯罪比较研究系列"（10 卷本），北京，法律出版社，2004。

④ 参见赵秉志、时延安：《正确解决中国区际刑事管辖权冲突之制度构想》，载赵秉志主编：《刑法论丛》，第8 卷，482～504 页，北京，法律出版社，2004。

⑤ 参见赵国强：《澳门特别刑法之评价与完善》，载《法学论坛》，2004（5）。

阻力。① （2）国际刑事法院问题。有论者就国际刑事法院《罗马规约》中有关国际刑事法院与联合国安理会的关系的规定进行了研究，认为从总体上说，国际刑事法院《罗马规约》使国际刑事法院摆脱了安理会的"控制"，同时仍留给安理会可以影响国际刑事法院的一定程度的权力，正确理解和处理两者之间的关系是一个重要问题。在联合国这种集体安全体制下，建构一个与安理会完全无关但却涉及安理会主管事务的国际刑事法院，其可行性值得怀疑。两个机构的总目标并无冲突，其关系应当是一个现实的、平衡的关系；实践中，为使和平与司法均得到维护，在法院和安理会之间建立持久的合作也将会使两者的运作更为有效。② 有论者探讨了国际刑事法院《罗马规约》的国际法意义，指出：国际刑事法院《罗马规约》主要在法律渊源、国际法原则和国际法与刑法的基本理论三个方面推动了国际刑法的研究与发展。国际刑事法院《罗马规约》为国际化法治进程提供了发展契机。对于惩治已然犯罪的实然性、威慑未然犯罪的应然性方面，新诞生的国际刑事法院作为国际特设刑事法庭缺失的弥补，会成为国际社会惩治严重国际犯罪的最佳法律武器。③ 还有论者就国际刑事法院《罗马规约》中国际刑事法院被赋予的宽泛的管辖权与第三国主权的冲突问题进行了探讨。④

［赵秉志、刘志伟、周国良；载《法学家》，2005（1）］

---

① 参见张旭：《恐怖主义犯罪的惩治与防范：现状、问题与应对》，载《国家检察官学院学报》，2004（4）。

② 参见周露露：《罗马规约有关国际刑事法院与联合国安理会关系规定之研究》，载赵秉志主编：《刑法论丛》，第 8 卷，474～475 页，北京，法律出版社，2004。

③ 参见高铭暄、王秀梅：《论建立国际刑事法院的法律意义》，载《吉林大学社会科学学报》，2004（3）。

④ 参见关晶：《试析国际刑事法院管辖权与第三国的关系》，载《中国刑事法杂志》，2004（5）。

第二十五章
2005 年的刑法学研究

一、前　　言

在 2005 年，中共中央高瞻远瞩，从长远发展的战略高度出发提出了建设"和谐社会"的目标，最高人民法院发布《人民法院第二个五年改革纲要》，作出了将死刑复核权统一收回最高人民法院的决定，都显示着 2005 年度我国社会包括法治建设等各方面的积极进步。回顾 2005 年度我国的刑法学研究，在基础理论和实践问题两个方面都表现出努力开拓的繁荣景象。

据粗略统计，在 2005 年，共出版刑法学著作近二百部，在各类报纸杂志上发表刑法学术论文两千余篇。举办刑法学专题研讨会十余次，与会代表就死刑适用标准及死刑限制、金融犯罪与金融刑法理论、反恐立法、侵犯知识产权犯罪等多方面的专题进行了研讨。整体上看，刑法理论界对以下问题的研讨比较集中、深入或有创新。

二、刑法总论问题

(一) 刑法理性与刑法观念的国际化

刑法学的理念始终是关系到刑法学发展方向的重大问题，一直受到学者们的关注。有论者从刑法的实体规范和运作过程相互结合的角度，提出了刑法理性的概念，认为：刑法理性贯彻刑法立法和司法的全过程，是保证刑法合理性的基本原则。刑法理性的基本内涵包括目的性、合理性与节制性，三者从不同的侧面反映了人类对刑法的存在、功能和实施的理性认识，反映了人类理智和文明对人类自身的报复本能的自我约束。目的性强调犯罪的设定和刑罚的运用要符合预防犯罪目的的内在要求，对刑法的工具性予以制约，有利于刑法目的的实现；合理性强调手段符合目的的原理必须受合理性的制约，只有在合理性的限度内，不违背目的本身所包含的价值追求，手段符合目的才是值得追求的价值；节制性进一步强调，实现刑法目的的手段即使是合理的，也应该控制其使用的范围和强度，手段不受节制，就可能丧失其合理性而背离其目的。刑法的目的性、合理性与节制性的有机统一，构成了刑法理性的基本内容，是我们研究刑法中其他一切问题的出发点。①

有论者认为：我国作为法治后发型国家，其刑法现代化的必然途径之一就是刑法的国际化。而从我国近百年来刑法国际化的历史进程看，这一过程一直偏重于刑法规范的国际化，而忽视了与之相应的刑法理念的国际化，这种状况已经严重制约了我国刑法规范的运行与成效，因而，精神层面上的刑法理念的更新，应是当代中国刑法国际化努力的重要方向之一。我国刑法理念的国际化主要应着重从以下几个方面作出努力：（1）刑法性质观：由政治刑法到市民刑法；（2）刑法机能观：从忽视刑法的人权保障机能到人权保障优先、兼顾社会保护；（3）刑法作用观：从刑法万能主义到刑法谦抑主义；（4）刑法理性观：由单纯追求实质合理性到形式合理性优先、兼顾实质合理性；（5）犯罪观：犯罪原因观与犯罪功能观的科学化；（6）刑罚观：合理地组织对犯罪的反应。②

（二）刑事政策及其发展走向

刑事政策问题由于其统率全局的重要地位，2005 年度仍然受到学者们较多关注，除对其基本概念给予探讨外③，还有些学者对刑事政策本身的应有地位与发展走向等宏观问题进行了检讨。有学者认为：刑事政策就是治国之道，因此刑事政策应该翻译成"刑事政治"，如此界定的刑事政策学就应该是刑事政治学。刑事政策是公共政策或社会政策的一部分，是治国之道的一部分，属于"治道"的范畴。该论者认为，之所以要将刑事政策上升到刑事政治的高度来看待，首要的考虑是将刑事政策从一般的打击惩罚犯罪的策略措施，从专政的工具、手段或者武器升华为治国的战略或者艺术，是将刑事政策从国家的专属、垄断或者专政的封闭圈子里解放出来，使之成为公共政策，成为全社会关注的公共话题。只有将刑事政策上升到政治的层面，才有可能考虑市民社会在刑事政策体系中的地位与作用，政治国家与市民社会双本位的二元犯罪控制模式的实现才是可能的，国家主导、社会力量广泛参与的综合治理的政策特色才能充分显示出来。④

还有论者认为：我国的刑事政策是否应当继续坚持"严打"的一贯方针，能否将我国的刑事政策从"严打"的角度转向预防的角度，在刑事法学一体化的理论层面，首先要调整我国刑事法学的基本任务，把研究和关注的重点放在对犯罪原因的认识和对犯罪预防控制的设想上，为我国刑事政策的制定提供充足的理论依据。该论者指出：我国刑事法学理论研究中刑法学与犯罪学存在着明显分野的弊端，应当对二者进行整合。目前为缓解过于严厉的刑事政策，比较现实与平和的途径是将刑法学置于犯罪学的体系之中，逐渐降低传统刑法学的地位，使依靠传统刑法学而建立起来的强化刑罚、强化"严

---

① 参见张智辉：《论刑法理性》，载《中国法学》，2005（1）。

② 参见苏彩霞：《刑法国际化视野下的我国刑法理念更新》，载《中国法学》，2005（2）。

③ 参见刘仁文：《论刑事政策的概念与范围》，载《中国人民公安大学学报》，2005（1）。

④ 参见卢建平：《作为"治道"的刑事政策》，载《华东政法学院学报》，2005（4）。

打"的刑法功能日益淡化。建立起将刑法学置于犯罪学之中的刑事法学和刑事实践一体化的理论，突出犯罪学的社会地位和社会作用，具有理论上的价值，在现实的层面上也更具有积极意义。①

（三）超过的主观因素与复合罪过问题

在犯罪主观方面，有论者对"超过的主观要素"进行了探讨，认为："超过的主观因素"是指在构成犯罪的各要素中，超出故意内涵之外的主观要素，其中主要包括目的犯中的犯罪目的及倾向犯中的内心倾向。我国的刑法理论对主观超过因素均在犯罪构成的主观方面给予关注，很少从主、客观相互对应的角度作深入探讨，而且目前刑法理论关于主观超过因素的研究主要集中在目的和动机上，除此之外的主观超过因素涉及甚少。该论者认为，在理念层面，无论立法或刑法解释学，都应坚持客观主义的立场，只有在没有此主观超过因素就无法判断法益侵害（即违法性）的有无或轻重时，此罪名犯罪构成中主观超过因素的确立才是合理的。对于表现犯中的内心表现完全应该作为犯罪故意的内容，不宜按主观超过因素来对待，而作为主观超过因素的犯罪目的其实就是犯罪动机。在司法实践中，由于主观超过因素存在与否的判断极为艰难，因此必须坚持弱化口供、强化推定及强化证伪的认定原则。②

还有学者对复合罪过形式的合理性提出了质疑，认为：规范与事实分属不同层面，刑法规范的建构与对事实的认知无法采用相同的形式，以模糊认识论为前提而从认知客观事物呈现的模糊性推导出作为规范意义的复合罪过形式概念，其逻辑前提本身就不稳固；复合罪过形式也混淆了故意与过失应有的区别，也有违我国刑法对罪过形式的规定；基于刑法谦抑性的要求，在证明不了行为人的故意心态时，应作为过失犯罪处理才是妥当的，没有必要适用复合罪过概念。③

（四）不作为犯罪问题

有论者认为：在很多情况下，形式的作为义务根据并不能提供定罪的真正理由，问题的关键在于如何实质地确定不作为犯能否成立，判断不作为者是否掌握导致结果发生的因果链，从而具体地、事实地支配因果关系的发展经过。作为义务实质判断立场主要考虑的是：（1）合法权益是否存在现实的危险或者不作为行为人自己的先行行为是否创造了特定的危险；（2）是否因为与被害人之间存在特殊关系而被社会期待履行保护义务；（3）行为人的不作为是否对结果的发生具有绝对的支配关系，换言之，在当时的情

---

① 参见杨兴培：《刑事法学一体化视野下的刑事政策走向研究》，载高铭暄、赵秉志主编：《刑法论丛》，第9卷，北京，法律出版社，2005。
② 参见董玉庭：《主观超过因素新论》，载《法学研究》，2005（3）。
③ 参见向朝阳、悦洋：《复合罪过形式理论之合理性质疑》，载《法学评论》，2005（3）。

境下，是否存在其他防止危害结果发生的可能。在确定行为人是否具有作为义务时，原则上要首先考虑形式的作为义务。在根据形式说无法判断行为人是否有罪，得出一定结论又明显与公众的刑法认同感有冲突时，才可以进一步考虑结合"实质的作为义务说"进行分析。①

对于犯罪行为是否可以成立先行行为，有论者特别强调了在刑法评价问题上既要防止重复评价，也要避免评价不足的观点。论者认为，无论是故意犯罪还是过失犯罪，究竟能否作为先行行为，应当在充分考虑罪责相适应原则的基础上，结合具体犯罪构成的特点，在不违背刑法禁止重复评价原则之下，再结合侵害法益的状况、危险结果发生的具体性、紧迫性、对法益的排他性支配地位、法律的规定以及结果加重犯成立的情形等因素进行综合性评定方为妥当，并不能一概否定犯罪行为可以作为先行行为。②

（五）犯罪既遂的界定

有论者认为：在犯罪既遂问题上，作为我国刑法理论通说的"构成要件说"与我国刑法第 13 条"但书"的规定难以协调，因为具备了具体犯罪构成全部要件的故意行为，适用刑法第 13 条规定的"但书"作实质判断而不认为是犯罪的场合，运用"构成要件说"作犯罪停止形态类型的判断却可以得出成立犯罪既遂的结论。由于"但书"在我国目前的犯罪结构和司法实践中发挥着不可替代的作用，不宜轻易动摇，唯有选择重构犯罪既遂概念才能解决这一矛盾。该论者由此提出了犯罪既遂的混合概念，即犯罪既遂是指已经着手实行犯罪，具备了该种犯罪构成的全部要件，依据其社会危害性程度，达到了应受刑罚处罚的绝对界限的犯罪形态。犯罪既遂形态的基本特征有以下几点：（1）应受刑罚处罚的绝对性；（2）危害行为的实行性；（3）犯罪过程的完整性。③

（六）死刑问题与我国刑罚的改革

2004 年刑法学界对死刑问题进行了集中而激烈的讨论，在有关死刑的价值、死刑的限制以及死刑的立法改革等方面形成了相当的共识，尤其是有学者提出的对我国非暴力犯罪死刑予以逐步废止的理论④，更是受到学界的关注。2004 年度学界对死刑这一重要问题继续进行深入研讨，并着重就限制甚至废除死刑以后的替代措施问题对我国刑罚体系的改革提出了建议。如有学者认为：一个社会的刑罚总量的稳定性是保持社会秩序的一个重要因素，在大力限制死刑的情况下，刑法阶梯中的其他刑种（主要是指有期徒刑和无期徒刑）的刑罚量应相应增加。从这一前提出发，我国刑罚结构中的无期徒刑缺

---

① 参见周光权：《论实质的作为义务》，载《中外法学》，2005（2）。
② 参见许成磊：《先行行为可以为犯罪行为》，载《法商研究》，2005（4）。
③ 参见于阜民、夏弋舒：《犯罪既遂概念：困惑与重构》，载《中国法学》，2005（2）。
④ 参见赵秉志：《论中国非暴力犯罪死刑的逐步废止》，载《政法论坛》，2005（1）。

乏应有的刚性，有期徒刑的法定最高刑也过低，应当予以适当调整。[1] 有学者认为：我国刑罚体系中生刑与死刑轻重过于悬殊，只有在大幅度提高生刑的同时，才有可能减少死刑并为最终废除死刑创造条件。具体设想是：死缓期满后改为无期徒刑的，原则上终身监禁；改为无期徒刑的，应当在关押 10 年以上才考虑减刑，实际执行期不得少于 20 年；同时提高有期徒刑上限，从 15 年提高到 20 年，数罪并罚最高可以达到 25 年甚至 30 年。[2]

三、刑法各论问题

（一）放火罪的危险类型

有论者认为，我国刑法中规定的放火罪应当是具体危险犯而不是抽象危险犯。其理由主要是：（1）不是任何放火行为都会造成公共危险。就具体的情况看，并没有也不可能危及不特定或多数人的生命、健康或者重大公私财产安全的行为最多只能构成故意毁坏财物罪，而不可能构成放火罪。（2）刑法规定成立放火罪必须达到危害公共安全的程度。（3）在刑法理论上，并不存在"符合构成要件的行为一经在特定地点或针对特定对象实施，就认为具有一般危险"的危险犯，对具体危险犯和抽象危险犯都是如此，否则就会违背我国刑法学所坚持的犯罪是危害社会的危害行为即客观上具有社会危害性的行为的原理。该论者认为应将刑法第 114 条的规定理解为放火罪的未遂形态，而将第 115 条第 1 款的规定理解为放火罪的既遂形态而非结果加重犯形态。这样理解符合未遂犯的理论，也符合处罚放火罪的具体需要，便于理顺刑法规定之间的关系，有利于鼓励犯罪的中止。[3]

（二）遗弃罪的范围

由于近来司法实践中非家庭成员间的遗弃行为屡屡发生，社会影响恶劣，非家庭成员间的遗弃行为是否应当入罪的问题越来越受到学界的关注。有论者从个案分析入手，对我国刑法中的遗弃罪进行了讨论，认为：从立法沿革上看，我国刑法中的遗弃罪从来都是指家庭成员间的遗弃，而并不包括非家庭成员间的遗弃。新刑法中罪名归类的变化是出于纯技术性的原因，不能成为对遗弃罪进行重新解释的理由。从刑法解释理论上看，在语义是非单一的、不明确的情况下，应根据立法沿革进行历史解释以符合立法精神，此时沿革解释具有优于语义解释的效力。该论者认为，虽然从立法完善的角度考虑，非家庭成员间的类似不履行救助义务的遗弃行为应当予以犯罪化，但只能通过立法

---

[1]　参见欧锦雄：《论死刑废止过渡期的刑罚阶梯》，载《浙江工商大学学报》，2005（3）。

[2]　参见陈兴良：《中国死刑的当代命运》，载《中外法学》，2005（5）。

[3]　参见黎宏：《论放火罪的若干问题》，载《法商研究》，2005（3）。

单独设立罪名的方式解决，目前司法上不能将此类行为按照遗弃罪处理，否则就会违背罪刑法定原则。①

（三）诈骗罪的对象

财产性利益能否成为诈骗罪的对象，一直以来存在争议。有论者主张财产性利益可以成为诈骗罪的对象，并着重从与罪刑法定协调性的角度进行了论证。该论者认为，现代社会对财产的衡量，已由对实物的占有让位于主体实际享有利益的多寡，财产权表现为庞大的权利系统，并可抽象为具有财产性质的利益。刑法分则第五章的保护法益，当然就不能排除财产性利益。财产性利益是法所保护的一种重要利益，将其作为诈骗罪对象具有现实的妥当性。另外，从刑法与民法的关系考察，在民法不能抑制对财产性利益的侵害时，刑法就有必要将财产性利益作为保护法益。刑法的相关规定也表明财产性利益可以成为诈骗罪的对象。从处罚的必要性程度和不打破一般国民的合理预测的角度看，将财产性利益作为刑法的保护法益并不违背罪刑法定原则。但是，只有当某种利益内容属于财产权，具有管理可能性与转移可能性，客观上具有经济价值，被害人丧失该利益必然同时导致财产损害时，该利益才能成为诈骗对象的财产性利益。②

（四）遗忘物的界定与侵占罪和盗窃罪的区分

有论者从遗忘物所在的空间属性与第二控制的形成这一角度，对侵占罪与盗窃罪之间的区别进行了讨论。该论者认为：我国在此问题上通行的"二重控制说"很难适用于公共空间的情形，因而应加以修正。在不特定多数人同时流动的公共空间，在管理人或控制人对具体遗忘物没有控制或支配意思的时候，并不能形成对该遗忘物的有效控制和管理义务，行为人非法占有遗忘物并拒绝返还的，只能构成侵占罪，而不能构成盗窃罪。但是对于以上情况还存在两种例外：一是在公共空间里财物的合法所有人或占有人对自己的财物表面看没有控制力，实际上还存在控制的情形，行为人非法占有财物的，属于秘密窃取他人财物，构成盗窃罪；二是遗忘物的第一控制人所在空间的管理人基于对第一控制人利益共同体的信任而没有形成有效第二控制的情形，基于对利益共同体给予必要信任的生活常理，阻却第二控制人的保管责任，对非法占有的行为宜认定为侵占罪。③

（五）计算机犯罪立法的完善

有论者提出，应当从以下几个方面对计算机犯罪的有关规定进行完善：（1）应对计算机犯罪的犯罪客体进行调整，由于故意制作、传播计算机病毒从而危害公共安全的犯

---

① 参见陈兴良：《非家庭成员间遗弃行为之定性研究——王益民等遗弃案之分析》，载《法学评论》，2005（4）。
② 参见张明楷：《财产性利益是诈骗罪的对象》，载《法律科学》，2005（3）。
③ 参见叶希善：《侵占遗忘物和盗窃遗忘物的区别新议——修正的二重控制论》，载《法学》，2005（8）。

罪应调整到刑法分则第二章"危害公共安全罪",法定刑可以规定 7 年以上有期徒刑或者无期徒刑并处罚金。(2) 对非法侵入计算机系统罪的犯罪对象,即侵入的计算机信息系统领域可以扩大到金融、证券、股票交易、邮电等公共部门的计算机系统。(3) 对非法侵入或者破坏计算机信息系统的犯罪,在刑法上都可以规定单位作为犯罪主体。同时将相对刑事责任年龄主体范围扩大,即在刑法总则第 17 条第 2 款中已满 14 周岁不满 16 周岁的人,增加"因计算机犯罪造成特别严重后果的,应当负刑事责任"的规定。(4) 对制作、传播计算机病毒的行为,在主观罪过上补充过失可以构成犯罪的规定。(5) 在刑法中增设"窃用计算机信息服务罪"、"窃取计算机信息资源罪"、"利用计算机传授犯罪方法或者提供犯罪工具罪"、"计算机诈骗罪"、"计算机盗窃罪"以及"擅自中断计算机网络或者通信服务罪"等新的罪名。[①]

(六) 受贿犯罪问题

非国家工作人员帮助国家工作人员收受贿赂的现象在司法实践中多有发生。有学者对此进行了探讨,认为在法律缺乏明文规定的情况下,非国家工作人员不应该构成受贿罪的共同犯罪。其主要理由是:(1) 我国刑法虽明文规定非国家工作人员可以构成贪污罪的共犯,但是对受贿罪却没有如此规定。(2) 国家工作人员之所以构成受贿罪,是由于其被赋予了国家公权力,而法律禁止非国家工作人员享有国家公权力,所以基于国家公权力产生的责任也就没有产生的余地。不能任意扩大由于特定身份而被赋予特别义务的人员的范围。(3) 让不具有国家工作人员身份的人承担受贿罪的共犯责任,在刑事政策上也是无效果的。打击此类行为的有效方法应该是加强对国家公权力的监督与制约。[②]

有论者对斡旋受贿的要件进行了探讨,认为:斡旋受贿的职务要件包括职务的非制约性、职务行为的依赖性、第三人意志自由的不完全性和权力可交换性等特点,其"利用职权或者地位形成的便利条件"是指利用职权或者地位形成的能对其他国家工作人员施加职务影响的便利条件,其核心是职务影响力。在斡旋受贿的"谋取不正当利益"上应当以行为人明知利益的不正当性为条件,当行为人索取或者非法收受财物并实施斡旋行为,并且第三人承诺为请托人谋取不正当利益后,斡旋受贿才能认为是达到既遂。另外,该论者强调,对斡旋受贿中的第三人,虽然不以受贿罪论处,但应当注意以渎职罪追究其刑事责任。[③]

(七) 我国刑法与《联合国反腐败公约》的协调

我国政府于 2003 年 12 月 10 日签署了《联合国反腐败公约》,该公约于 2005 年 10

---

① 参见黄泽林、陈小彪:《计算机犯罪的刑法规制缺陷及理论回应》,载《江海学刊》,2005 (3)。

② 参见杨兴培:《再论身份犯与非身份犯的共同受贿问题》,载《华东政法学院学报》,2005 (5)。

③ 参见朱孝清:《斡旋受贿的几个问题》,载《法学研究》,2005 (3)。

月 27 日获得全国人大常委会批准。有学者就我国刑事法治与《联合国反腐败公约》的协调问题进行了讨论。该学者通过比较分析，认为：（1）是否将不正当好处作为贿赂看待，取决于中国刑事政策的反应。从目前情况来看，我国刑法将贿赂限于财物并规定了相应的数额标准，与公约相比，标准较高，而且明确，在司法实践中比较容易把握，也不影响我国从国外追逃。对于外国请求我国协助时，我国可以根据《联合国反腐败公约》对双重犯罪原则的突破予以协助。关于贿赂罪的主体、行贿罪的相对人范围，可以考虑对现有的立法加以完善。（2）公约中关于影响力交易内容，对于公职人员的影响力交易行为，可以通过刑法中的斡旋受贿以受贿论处；对于非公职人员从事影响力交易而接受不正当好处的，涉及国家工作人员受贿时，可以按照受贿或行贿的共犯，或依介绍贿赂加以处理，即可以将非国家工作人员收受财物的情形作为严重情节考虑，刑法可以不增设新的罪名对这种行为加以规制。（3）从完善的角度来看，我国刑法可以将贪污、挪用罪的对象扩充为任何财产。（4）在根据《联合国反腐败公约》完善洗钱罪上游犯罪时，可以将上游犯罪规定为"一切涉及财产及收益获得的犯罪"。因为《联合国反腐败公约》所谓的一切犯罪也是有前提的，即明知财产为犯罪所得，其已经表明上游犯罪是获取财产的犯罪。①

［赵秉志、周国良；载《人民检察》，2006（1）］

---

① 参见赵秉志：《关于我国刑事法治与〈联合国反腐败公约〉协调的几点初步探讨》，载《法学杂志》，2005（1）。

第二十六章
2006 年的刑法学研究

一、前　言

2006 年，最高人民法院正式宣布将于 2007 年 1 月 1 日起全面收回死刑复核权，标志着我国死刑制度改革乃至整个刑事法治发展的突破性进展；同时，"宽严相济"刑事政策的提出，使我国应对犯罪的刑事策略更加科学，也为我国今后的刑事法治提出了新的要求。这些都显示着我国的刑事法治在 2006 年取得了积极的发展。2006 年度我国的刑法学研究，无论是在基础理论研究方面，还是在具体罪种的立法完善方面，均呈现出令人欣喜的繁荣景象。限于文章篇幅，在此仅对本年度刑法学理论研究中探讨较为集中、深入或者有所创新的若干问题予以述评。

二、刑法总论问题

2006 年度在刑法总论领域，学者们除对刑法学的发展方向、犯罪构成体系、罪刑法定原则、刑事政策、死刑制度改革等重点问题继续进行深入研究外，也在非公有制经济的平等保护、过失犯的构造与认定、罪数认定的标准以及现代赦免制度的构建等问题上提出了较有创新的观点或进行了深入的论证。

（一）刑法学的发展方向

近年来，关于我国刑法学应向何处发展的问题备受刑法学界关注。我国刑法学应否逐渐远离苏联刑法的影响而向大陆法系刑法理论靠拢，成为颇具争议性的问题。有学者认为：当前我国刑法学正处于一个转折点：既有的理论体系和研究方法已经走到了尽头，难以适应理论发展与法治建设的需要。如何完成我国刑法学的现代转型，是摆在我国刑法学者面前的迫切任务。我国目前的刑法学理论中，苏联的刑法学理论与德日的刑法学理论存在一种此消彼长的趋势，苏联刑法学理论的影响日益萎缩，德日刑法学理论的影响日益隆盛。但是，总括地讲，我国目前的一些刑法学理论在基本构造上还是受制于苏联刑法学，如犯罪构成理论方面。目前关于犯罪构成理论的论争，实际上缘起于苏联刑法学与德日刑法学之间的知识冲突。面对这种困境，有学者认为，必须对我国刑法学进行变革，而变革的方向就是按照大陆法系刑法学的思维方式重新建构刑法的规范学体系。①

还有学者从西方经验与我国现实两者对比的角度对我国刑法理论的合理改造问题进行了探讨，认为我国刑法学面临改造理论体系与增强问题意识的双重使命，为此，进行跨文化的刑法学研究具有积极意义。该学者认为，对我国未来的刑法学理论进行合理化改造存在多种可能的路径，应当着重把握以下几个方面：（1）必须以刑法客观主义为取向，坚持刑法客观主义立场，重视法益概念的基础功能；（2）为使我国的犯罪论体系更为合理，可考虑借鉴德、日相关理论，建构阶层的犯罪论体系；（3）必须在法益保护的观念下，坚持实质主义的评价方式，坚持实质的犯罪论；（4）加强对问题的思考，必须充分关注刑法思维的独特性，注意协调刑法学和其他部门法学之间的关系，注重对传统犯罪的深入讨论，在对西方刑法理论进行必要质疑的同时进行必要的创新。②

（二）刑法基本原则

2006 年度有学者出版专著对罪刑法定原则的实现进行了系统的研究，从而把对罪刑法定原则的研究引向了深入。该学者认为：罪刑法定是法治在刑事法领域的集中表现；我国刑法中规定罪刑法定原则，并不意味着罪刑法定已在我国实现，而只是我国要实行罪刑法定的宣言；在我国现有的条件下，罪刑法定的实现之路还相当漫长，需要国家和全体国民的长期努力。对于罪刑法定原则的含义，如果仅作说文解字式的理解，则罪刑法定与刑事法治就不具有同一性。罪刑法定不仅仅是表面意义上的罪与刑的法定，它需要一系列的理论支撑，要求特定的基本原则，具有固定的基本内容。在这种意义上，罪刑法定应当与法治密切联系，是一种现代法理念在刑事法中的表述。以此种认识为前提，该学者在书中对罪刑法定在立法程序上和立法内容上的实现、罪刑法定对立法技巧的要求、罪刑法定在司法程序和刑法解释上的实现以及罪刑法定的司法实现环境等问题进行了深入而系统的探讨。③

还有学者则对我国刑法典中规定的三个基本原则即罪刑法定原则、适用刑法人人平等原则以及罪责刑相适应原则与刑事自由裁量权的关系问题进行了探讨，论证了刑事自由裁量权与此三项基本原则的兼容性关系。④

（三）犯罪构成体系

如何评价和完善我国以"四要件"为内容的犯罪构成体系，一直是我国刑法学研究

---

① 参见陈兴良：《转型与变革：刑法学的一种知识论考察》，载《华东政法学院学报》，2006（3）。
② 参见周光权：《刑法学的西方经验与中国现实》，载《政法论坛》，2006（2）。
③ 参见李洁：《论罪刑法定的实现》，前言，北京，清华大学出版社，2006。
④ 参见董玉庭、董进宇：《刑事自由裁量权与刑法基本原则关系研究》，载《现代法学》，2006（5）。

中的一个热点问题。近年来，部分学者明确提出应引进德日犯罪构成理论对我国现有的犯罪构成体系彻底予以"重构"的观点，引起了学界的关注。2006 年度有一些学者撰文对此问题进行了探讨。① 也有论者认为：目前学界对我国犯罪构成理论的批判，多源于某些学者在犯罪构成理论上的一些错误理解，并无切实的说服力；另外，主张重构我国犯罪构成体系的学者往往一厢情愿地过分夸大德日犯罪构成体系的合理一面，而没有，甚至不愿看到其不足的一面。德日的阶层犯罪论体系也面临着体系前后冲突、现状和初衷背离、唯体系论的倾向偏离现实的司法实践等不足。该论者认为，我国现有的犯罪论体系的确存在一些弱点。但是，这些弱点并未对现有的犯罪构成体系形成致命威胁，完全可以通过改良或者重新理解来加以解决，而没有必要将现有的犯罪构成体系推倒重来。我国今后的犯罪构成体系研究，应当着力在以下两个方面下工夫：一是在现有的犯罪构成体系上，贯彻客观优先的阶层递进理念；二是树立不同意义的犯罪概念。②

另有学者对借鉴域外理论构筑我国新的犯罪成立理论进行了系统的研究，认为在建设社会主义法治国家、国家尊重和保障人权的时代背景之下，我国有必要引进域外犯罪成立理论，考虑到我国的法系背景等因素，我国适宜引进德日犯罪成立理论。该论者认为：相比较而言，德日理论中新古典与目的论结合体系中的三阶层理论比较合理，又适合我国的刑法典，应当加以引进。根据我国刑法第 13 条，可以推导出犯罪的构成要件符合性、违法性与有责性三个特征，引进新古典与目的论的结合体系中的三阶层理论，完全可以依据刑法第 13 条来建立。为了避免可能产生的混乱，有必要对三阶层理论中的核心术语进行本土转换：将"构成要件"转换为"罪状"，将"违法性"转换为"不法性"，将"责任"或"有责性"转换为"罪责"或"罪责性"。这样，新的犯罪概念将是：犯罪是指符合罪状的具有不法性与罪责性的行为。该论者还认为，我国现有犯罪论体系无法容纳犯罪成立的新理论，犯罪成立新理论的出现，要求有与之相对应的犯罪论新体系。③

犯罪构成理论是否应按照大陆法系的阶层理论加以重构，不仅关系到我国刑法学理论体系之根本，也可谓与我国社会刑事法治实践关系重大，必须慎重对待。对此问题，理论上的争鸣是必要和有益的。目前来看，就此问题的理论研究也有深入的趋势。今后还应结合我国的具体国情和司法实践状况展开更为深入的研究。

（四）非公有制经济的平等保护

我国现行刑法对公有制经济和非公有制经济实行有差别的保护，这种刑法保护上的不平等，阻碍了我国社会主义市场经济的顺利发展，不利于我国经济领域的国际交往。

---

① 参见王充：《中日犯罪论体系的比较与重构》，载《中国法学》，2006（6）。
② 参见黎宏：《我国犯罪构成体系不必重构》，载《法学研究》，2006（1）。
③ 参见李立众：《犯罪成立理论研究——一个域外方向的尝试》，144 页以下，北京，法律出版社，2006。

近年来，越来越多的学者对这种差异保护提出了质疑。在刑法领域，实现对非公有制经济与公有制经济的平等保护基本上成为刑法理论与实务界的不争之论。但如何实现对非公有制经济与公有制经济在刑法上的平等保护，理论上还存在许多值得进一步深入研讨的问题。在这一背景下，"刑法对非公有制经济的平等保护"被确定为 2006 年全国刑法年会实务方面的议题之一，学者们围绕这一主题从各个角度进行了比较全面、深入且有一定新意的研讨，对现行刑法的有关规定提出了改进和完善的建议。

有学者指出：刑法平等保护非公有制经济，在宪法以及现行刑法上都有着坚实的法律依据。刑法平等保护非公有制经济的实质依据，在于非公有制经济在我国经济生活中的地位及在社会发展中越来越重要的作用。刑法平等保护非公有制经济既有利于非公有制经济的进一步发展，更有利于我国国民经济和社会的整体发展，也有利于我国国际贸易和国际经济的正常发展。刑法平等保护非公有制经济，要求在刑法制罪和制刑两个方面的平等。[①] 有学者认为：当前刑法对非公有制经济保护方面存在的不足，主要是刑事立法相对滞后，一方面不能满足经济发展的要求，另一方面与宪法、民商法的发展不协调，这些都可归咎于刑法观念的落后和刑法理性的欠缺。刑法的理性保护就是以理性为要求和标准，对非公有制经济进行保护，为此，我国刑法需实现刑法观念上的转变并进行刑法规范上的改进。[②] 有学者对非公有企业与国有企业的不平等地位进行了考察，主张为实现刑法对国有企业和非国有企业的平等保护，应修改刑法，在刑法任务和犯罪概念中增加保护非国有企业的相应内容，并将刑法第 4 条修改为"对任何公民犯罪或者单位犯罪，在适用法律上一律平等；不允许公民或者单位有超越法律的特权；刑法对公民和合法单位予以平等地保护"，并应对刑法分则进行修改，实现罪名和法定刑的平等。[③] 还有学者提出，应在刑法中增设私分单位资产罪，以涵盖私分非国有单位资产的行为。[④] 但也有个别学者提出，从刑法面前人人平等的真实内涵出发，刑法对公有制经济和非公有制经济的差异保护具有其合理性；"平等"保护并不等于"相同保护"，如果法律的目的是正当的，并且法律的差异是为了实现法律的目的所必需，则这种差异就应被认为是合理的差异，是一种"比例平等"，并不违反刑法平等原则。[⑤]

---

① 参见李希慧：《刑法平等保护非公有制经济之探讨》，载赵秉志主编：《刑法评论》，第 11 卷，2～8 页，北京，法律出版社，2006。

② 参见卢建平、陈宝友：《对非公有制经济刑法保护的理性解读》，载赵秉志主编：《刑法评论》，第 11 卷，9～18 页，北京，法律出版社，2006。

③ 参见赖早兴：《刑法中非国有企业与国有企业不平等地位之考察及刑法之完善》，载赵秉志主编：《刑法评论》，第 11 卷，143～151 页，北京，法律出版社，2006。

④ 参见郑鲁宁、张建：《私分单位资产罪的创立》，载赵秉志主编：《刑法评论》，第 11 卷，184～187 页，北京，法律出版社，2006。

⑤ 参见庄劲：《"平等"保护＝"相同"保护？——论当前刑法对非公有制经济差异保护的合理性》，载赵秉志主编：《刑法评论》，第 11 卷，152～161 页，北京，法律出版社，2006。

（五）刑法解释问题

在刑法解释问题上，我国存在着形式解释论与实质解释论的对立，多数学者主张采取形式的解释论。2006 年度有学者倡导实质的刑法解释论。该学者认为：法律实质理性对形式理性的介入，形式到实质法治国的嬗变，兼具形式与实质内容的现代罪刑法定原则的兴起与古典罪刑法定原则的终结，以及大陆法系中构成要件的无价值性到价值判断因素的确立，决定了犯罪论体系不单是纯粹形式的行为框架，而应该从实质上判断行为是否值得科处刑罚；对犯罪构成要件的解释不能仅从形式上进行，而要从刑罚法规的妥当性的实质层面进行。简言之，应该建立以形式的、定型的犯罪论体系为前提，以实质的可罚性为内容的实质的犯罪论体系，相应地对刑法规范应该从是否达到值得处罚的程度进行实质解释。只有采取实质的解释论立场，才能实现刑法的实质正义，实现实质的罪刑法定原则以及刑罚法规的妥当性、明确性等价值内涵。[①]

有学者对刑法解释中的行政解释因素进行了较为深入的研究，认为行政机关经常性地以联合解释者、独立制作者、潜在影响者的身份在整个刑事司法解释过程中发挥重要作用，这些影响在特定的解释体制下具有不同的权力内涵和逻辑，但都对最高人民法院的司法解释权及解释结论的公正性形成了冲击，因而必须加强对此问题的研究并采取有效的措施予以解决。[②]

在刑法解释问题上，还有学者就目的解释和体系解释的具体运用[③]、刑法解释与解释文本的同步效力[④]、刑法的伦理解释[⑤]、刑法解释中的词义分析[⑥]、刑法司法解释的个案解释方案[⑦]等问题进行了探讨，提出了一些较有新意的观点。

（六）宽严相济的刑事政策

2005 年 12 月，中央政法委书记罗干同志在全国政法工作会议上提出，在政法工作中要注重贯彻宽严相济的刑事政策；2006 年 3 月，最高人民法院、最高人民检察院在十届全国人大四次会议上的工作报告中，都提出要认真贯彻宽严相济的刑事政策；2006 年 10 月，中共中央十六届六中全会通过的《中共中央关于建构社会主义和谐社会若干重大问题的决定》中也明确强调，要实施宽严相济的刑事司法政策。在此背景下，宽严相济的刑事政策迅速进入刑法学界的视野并成为研究焦点。在杭州召开的 2006 年全国

---

① 参见刘艳红：《走向实质解释的刑法学——刑法方法论的发端、发展与发达》，载《中国法学》，2006（5）。
② 参见林维：《刑法解释中的行政解释因素研究》，载《中国法学》，2006（5）。
③ 参见肖中华：《刑法目的解释和体系解释的具体运用》，载《法学评论》，2006（5）。
④ 参见曲新久：《论刑法解释与解释文本的同步效力——兼论刑法适用的逻辑路径》，载《政法论坛》，2006（2）。
⑤ 参见张武举：《刑法伦理解释论》，载《现代法学》，2006（1）。
⑥ 参见王政勋：《论刑法解释中的词义分析法》，载《法律科学》，2006（1）。
⑦ 参见夏勇：《改善我国刑法司法解释的新路径》，载《法学》，2006（9）。

刑法学年会就将"宽严相济的刑事政策"作为年会的理论议题，学者们围绕这一主题展开了热烈的讨论，对"宽严相济"这一新的刑事政策的含义和具体运用进行了深入剖析，提出了许多极具价值的观点和建议。

学者们普遍认为，"宽严相济"刑事政策并非是对过去的"惩办与宽大相结合"的刑事政策在名词上的简单置换，两者在表述方式、侧重基点、司法倾向、关注重点等方面均存在不同。宽严相济刑事政策是我们处在新的时代，面对刑事案件数量急剧增加，就刑事法律如何保持社会良好运行状态所作的新思考，提出的新理念，其背后有着积极的时代意义与实务价值。[①] 有的学者认为：宽严相济的刑事政策思想在我国有着深远的历史渊源，它是以犯罪和犯罪人的多样性、复杂性、罪责刑相适应原则与对犯罪人的处罚目的等为依据而提出的。其内容可归结为：该严则严、当宽则宽、严中有宽、宽中有严、宽严有度、宽严审时。[②] 还有学者认为，宽严相济最为重要的还是在于"济"。"济"是指救济、协调与结合之意。宽严相济刑事政策不仅是指对于犯罪应当有宽有严，而且在宽与严之间还应当具有一定的平衡，互相衔接，形成良性互动，以避免宽严皆误的结果发生。[③] 另有学者提出，就贯彻宽严相济刑事政策的"严"的一面而言，我国刑法应对累犯实行加重处罚，在刑事程序法和执法机构方面，应借鉴国外经验，加强对有组织犯罪、暴力犯罪等的打击和控制，并应提高有期徒刑的最高期限；而从宽严相济刑事政策"宽"的一面而言，则应进一步大力限制死刑，调整和完善刑事责任结构，实现刑事制裁的多元化和复合化。[④] 此外，还有学者就宽严相济刑事政策在建设和谐社会中的作用[⑤]、宽严相济刑事政策与两级化刑事政策[⑥]、宽严相济刑事政策与主客观相统一原则[⑦]、宽严相济刑事政策视野下经济犯罪的控制[⑧]等问题进行了探讨。

宽严相济刑事政策的提出，对于我国刑事立法尤其是刑事司法具有极其重要的指导

---

① 参见黄京平：《"宽严相济"刑事政策的时代含义及实现方法》，载赵秉志主编：《和谐社会的刑事法治》（上卷），326～329 页，北京，中国人民公安大学出版社，2006。

② 参见马克昌：《宽严相济刑事政策刍议》，载《人民检察》，2006（19）。

③ 参见陈兴良：《宽严相济刑事政策研究》，载《法学杂志》，2006（1）。

④ 参见樊凤林、刘东根：《论宽严相济的刑事政策与我国刑法的完善》，载赵秉志主编：《和谐社会的刑事法治》（上卷），259～364 页，北京，中国人民公安大学出版社，2006。

⑤ 参见胡云腾、廖万里：《宽严相济刑事政策的刑法学解释——兼论在建构和谐社会中的作用》，载赵秉志主编：《和谐社会的刑事法治》（上卷），161～169 页，北京，中国人民公安大学出版社，2006；严励：《刑事政策与和谐社会》，载赵秉志主编：《和谐社会的刑事法治》（上卷），170～176 页，北京，中国人民公安大学出版社，2006。

⑥ 参见梁根林：《欧美"轻轻重重"的刑事政策新走向》，载赵秉志主编：《和谐社会的刑事法治》（上卷），554～565 页，北京，中国人民公安大学出版社，2006；李震、田颖：《试论"轻轻重重、宽严相济"的刑事政策》，载赵秉志主编：《和谐社会的刑事法治》（上卷），279～286 页，北京，中国人民公安大学出版社，2006。

⑦ 参见初炳东：《宽严相济与主客观相统一》，载赵秉志主编：《和谐社会的刑事法治》（上卷），302～309 页，北京，中国人民公安大学出版社，2006。

⑧ 参见唐稷尧：《宽严相济的刑事政策视野下经济犯罪的控制》，载赵秉志主编：《和谐社会的刑事法治》（上卷），409～416 页，北京，中国人民公安大学出版社，2006。

意义。它的出台，反映了我们党和国家运用刑事手段治理社会的理念变化和发展。它对于纠正以往的重刑思想，构建社会主义和谐社会，都将发挥不可忽视的积极作用。加强对宽严相济刑事政策的理论解读，并结合司法实践中的具体问题对这一新的刑事政策进行深入研究，是刑法理论界和实务界所共同面临的重要课题。

（七）犯罪的主观方面

2006 年度在犯罪的主观方面问题上，违法性认识与犯罪故意的关系仍然是学者们关注较多的问题，相关探讨也有所深入。有的学者认为：故意是事实性判断，与作为规范判断的违法性认识并不相同，违法性认识不是故意的要素。我国犯罪构成要件理论中，违法性认识"不要说"占有主导地位。这在否定违法性认识是故意的要素方面值得肯定，但这一观点与罪刑法定、责任主义有所冲突，犯罪认定可能成为国家"强力意志"推行的过程。因此，对于成立犯罪而言，违法性认识的可能性是需要的，但它不属于犯罪故意的内容，必须将其作为与故意不同的责任要素看待。应修正目前通行的犯罪构成理论，对犯罪的成立与否分层次进行判断，在确定责任故意存在的前提下，进一步判断违法性认识以及责任是否存在。在违法性认识可能性不存在的场合，故意犯和过失犯均不能成立。[①] 也有学者提出，在我国刑法典中增加关于违法性认识问题的规定十分必要。具体来说，站在违法性认识与社会危害性认识择一说的立场，可以将刑法第 14条第 1 款修改为："明知自己的行为会发生危害社会的结果或者不被法律所允许，并且希望或者放任这种结果发生或实行此行为，因而构成犯罪的，是故意犯罪。"[②] 还有学者对违法性认识与刑法认同问题进行了分析，认为：由于刑法上的双重规范意义同属于对同一行为的社区价值评价范畴，两者在社会主流文化价值观念上应当尽可能求取一致，因此，解决违法性认识错误问题，应以社会主流价值观念作为司法最终的裁判标准，以避免刑法的"专横"，同时注意发挥刑法裁判规范对应然价值及未然秩序的导向作用。[③]

也有学者通过对我国刑法第 15 条第 2 款中"法律有规定"之含义的分析，对刑法中罪过形式的确定原则与方法进行了探讨。该学者指出，我国刑法学理论上没有充分考虑刑法第 15 条第 2 款的规定，没有分析何种犯罪属于"法律有规定"的过失犯罪，导致罪刑法定原则、罪刑相适应原则未能得到充分贯彻，造成了不当扩大过失犯罪处罚范围的局面。该论者认为，在确定具体犯罪的罪过形式时，不能以"事实上能否出于过失"的归纳取代"法律有无规定"的判断，而应当充分考虑并贯彻刑法第 15 条第 2 款

---

① 参见周光权：《违法性认识不是故意的要素》，载《中国法学》，2006（1）。
② 谢望原、钱叶六：《违法性认识与犯罪故意关系论》，载陈忠林主编：《违法性认识》，302～316 页，北京，北京大学出版社，2006。
③ 参见冯亚东：《违法性认识与刑法认同》，载陈忠林主编：《违法性认识》，136～145 页，北京，北京大学出版社，2006。

"过失犯罪，法律有规定的才负刑事责任"的规定，从文理和实质两方面确定过失犯罪的范围。① 还有一些学者对传统的社会危害性理论②和德日刑法中的"二元论"③ 进行了批判性的厘清。

(八) 罪数理论

罪数理论与定罪量刑的关系极为密切，历来是刑法理论上最为复杂与棘手的问题之一。关于罪数的判断，我国刑法学界的通说认为应采犯罪构成标准说。对这一通说，有学者进行了批驳，并提出了新的罪数判断标准。该学者认为，犯罪构成只能说明行为具有可罚性，但不能说明行为可罚性的数量。表面上，国家每一个刑罚权的发动，都必须以行为符合犯罪构成为前提。而实质上，国家刑罚权的发动，取决于行为实现的犯罪构成的危害性基础。在犯罪竞合的场合，行为符合的犯罪构成的数量与行为实现的犯罪构成的危害性基础会产生脱节。犯罪构成的功能在于判断行为是否构成犯罪，罪数论的目的是在行为构成犯罪的前提下，判断应一罪处罚还是数罪并罚，前者的功能无法满足后者的目的。该论者认为，罪数的标准，应当是犯罪构成客体的重合性。成立客体的重合性，应当具备两个方面的条件：其一，须是侵犯同一法益；其二，须是对法益的同一次侵犯。无论法条竞合犯、吸收犯、想象竞合犯还是牵连犯的罪数判断，都应当遵循这一罪数标准。④ 也有学者认为：我国学说中的罪数论体系及其概念主要源于外国学说，二者存在着明显的冲突，因此应当根据我国不喜好数罪并罚的制度特点重新设定罪数论体系。设计的原则是：确立独立的罪数观念；坚持"构成要件说"和禁止重复评价、重复处罚的原则；适当简化罪数论体系，使之适合我国制度的特点。构建的思路是：对一罪、数罪和数罪并罚问题，分别从理论、立法、司法三个不同角度进行考虑。按照上述原则和思路构建的罪数论体系是：(1) 典型一罪和数罪；(2) 法定处罚的一罪，包括加重犯和吸收犯；(3) 酌定处罚的一罪，包括想象竞合犯、牵连犯、选择一罪、同种数罪等概念。⑤

在罪数领域，还有学者对罪数中的竞合论⑥、连续犯的存废⑦、结果加重犯的构成

---

① 参见张明楷：《罪过形式的确定——刑法第 15 条第 2 款"法律有规定"的含义》，载《法学研究》，2006 (3)。

② 参见陈兴良：《社会危害性理论：进一步的批判性清理》，载《中国法学》，2006 (4)。

③ 参见黎宏：《行为无价值论的批判》，载《中国法学》，2006 (2)。

④ 参见庄劲：《犯罪竞合：罪数分析的结构与体系》，72 页以下，北京，法律出版社，2006；庄劲：《犯罪客体重合性罪数标准的倡导》，载《中国刑事法杂志》，2006 (2)。

⑤ 参见阮齐林：《论构建适应中国刑法特点的罪数论体系》，载《河南师范大学学报》（哲学社会科学版），2006 (3)。

⑥ 参见陈兴良：《刑法竞合论》，载《法商研究》，2006 (2)。

⑦ 参见李希慧、汤媛媛：《连续犯制度存废论》，载赵秉志主编：《刑法评论》，第 10 卷，187～211 页，北京，法律出版社，2006。

结构①、想象竞合犯的本质和处断原则②、连续犯与一事不再理原则的适用③等问题进行了探讨。

（九）死刑制度改革

近年来，死刑控制与死刑制度的改革，一直是我国刑法学界乃至整个社会关注的热点和焦点问题。2006年度仍然有不少学者撰文对死刑控制与死刑制度改革的相关问题进行了深入研析。

有学者就非暴力犯罪死刑的司法控制进行了探讨，认为：非暴力犯罪死刑的司法控制，不外乎实体法控制和程序法控制两条途径。就实体法控制而言，应正确和严格地把握"罪行极其严重"这一死刑适用的总标准和充分发挥死刑缓期执行制度对非暴力犯罪死刑的控制作用；就程序法控制而言，应借鉴国外有关死刑案件证明标准的规定，将"排除合理怀疑"作为死刑案件的证明标准。④ 也有学者对暴力犯罪死刑的司法适用问题给予了关注，提出：从刑法典的基本原则与刑法原理两个方面确定暴力犯罪死刑的指导原则，其指导原则包括：法定原则、均衡原则、平等原则、公正原则和必要原则。应清醒认识死刑对于遏制暴力犯罪死刑作用的有限性，对于暴力犯罪的死刑，应通过提高暴力犯罪适用死刑的法律条件、加强死刑缓期执行对死刑立即执行的替代、注意利用现行宪法规定的特赦制度，以及在程序上利用现行刑事诉讼法关于死刑复核的规定来加以严格限制。⑤

2006年在死刑制度改革问题上具有里程碑意义的是最高人民法院正式宣布将于2007年1月1日起全面收回死刑复核权。这是我国在死刑制度改革问题上迈出的一大步，对于真正贯彻"少杀、慎杀"的死刑政策，大力限制死刑，具有非常积极的意义。随着死刑复核权即将收回最高人民法院，对最高人民法院收回死刑复核权以后的死刑复核程序及其相关问题的研究，应当成为刑事法学研究中的一个重点。有的学者认为：死刑复核程序存在的问题和缺陷，在很大程度上并不会因为死刑复核权收回最高人民法院而得到缓解。而且，死刑复核权收回最高人民法院后，还将面临诸如如何确定死刑复核程序的性质及复核方式、案件负担过重等十分棘手的问题。目前理论上针对死刑复核程序存在的问题和缺陷而设计出来的种种改革方案无不具有明显的局限性。该论者认为，死刑复核程序正当化必须满足一些基本条件：首先，政府必须承认和接受死刑功能的局

---

① 参见许发民：《结果加重犯的构成结构新析》，载《法律科学》，2006（2）。

② 参见庄劲：《想象的数罪还是实质的数罪——论想象竞合犯应当数罪并罚》，载《现代法学》，2006（2）。

③ 参见陈岚、王丽莎：《连续犯与一事不再理原则的适用探讨》，载《法学评论》，2006（3）。

④ 参见赵秉志、张远煌：《论非暴力犯罪死刑的司法控制》，载赵秉志主编：《刑事法治发展研究报告》（2005—2006年卷），46～93页，北京，中国人民公安大学出版社，2006。

⑤ 参见赵秉志、黄晓亮：《暴力犯罪死刑的司法适用》，载赵秉志主编：《刑事法治发展研究报告》（2005—2006年卷），94～116页，北京，中国人民公安大学出版社，2006。

限性，并在立法上切实减少死刑的适用范围，在实践中尽量少用死刑；其次，刑事诉讼制度在整体上的进步。该论者还提出，我国未来的死刑复核程序除了必须符合刑事诉讼的一般原理之外，还应当满足一些最低标准。①

此外，还有学者对我国死刑政策的历程及走向②、限制经济犯罪的死刑适用③、毒品犯罪的死刑适用④、受贿罪死刑适用的社会效果⑤等问题进行了研究。

（十）现代赦免制度的建构

现代赦免制度不仅是对"国家尊重和保障人权"之宪法精神的充分印证，而且与我国努力建构社会主义和谐社会的宏伟目标相契合，基于此，赦免制度在近年来也越来越受到我国刑法学界的关注，有关此问题的研究逐步深入。有学者对赦免制度进行了系统、深入的研究，通过对中外赦免制度的历史与现状的考察以及赦免制度之法理的深入剖析，就我国现代赦免制度的重构提出了全面的设想。该论者特别提出，在我国现代赦免制度中应恢复大赦制度。关于大赦的途径和方法，该论者认为，由于我国的宪法属于刚性宪法，修宪具有一定的复杂性，难度较大，因此，可以考虑采取立法解释的方法变通而灵活地解决包括大赦、一般减刑、一般复权在内的一般赦免权无宪法根据的问题，可以由全国人大常委会通过对宪法第 62 条第 15 项的解释，将一般赦免权明确为全国人大的职权。该论者建议由全国人大常委会颁行专门的赦免法，其中应就大赦的范围、效力、程序、法律后果等作出详细的规定，从而规范大赦权的行使。一旦颁行专门的赦免法，刑事法的有关内容也应作相应修改。⑥

在刑法总论领域，除以上问题外，还有学者就刑事学科系统的构建⑦、刑事立法的发展方向⑧、刑法理论中的被害人⑨、单位犯罪主体资格之认定⑩、刑事责任的归责原

---

① 参见赵秉志、王超：《中国死刑控制的程序困惑及其出路》，载《中国刑事法杂志》，2006 (3)。

② 参见张文、米传勇：《中国死刑政策的过去、现在及未来》，载《法学评论》，2006 (2)。

③ 参见赵秉志、万云峰：《当前我国经济犯罪限制死刑适用之思考》，载赵秉志主编：《刑事法治发展研究报告》(2005—2006 年卷)，117~166 页，北京，中国人民公安大学出版社，2006。

④ 参见陈世伟：《毒品犯罪死刑问题研究》，载《西南政法大学学报》，2006 (4)。

⑤ 参见钊作俊：《受贿罪死刑适用社会效果调查研究》，载《政治与法律》，2006 (4)。

⑥ 参见阴建峰：《现代赦免制度论衡》，北京，中国人民公安大学出版社，2006；赵秉志、阴建峰：《和谐社会呼唤现代赦免制度》，载《法学》，2006 (2)；赵秉志、阴建峰：《现代赦免制度之重构方略》，载赵秉志主编：《刑事法治发展研究报告》(2005—2006 年卷)，北京，中国人民公安大学出版社，2006。

⑦ 参见高维俭：《刑事学科系统论》，载《法学研究》，2006 (1)。

⑧ 参见张明楷：《刑事立法的发展方向》，载《中国法学》，2006 (4)。

⑨ 参见高铭暄、张杰：《刑法学视野中被害人问题探讨》，载《中国刑事法杂志》，2006 (1)；劳东燕：《事实与规范之间——从被害人视角对刑事实体法体系的反思》，载《中外法学》，2006 (3)；劳东燕：《被害人视角与刑法理论的重构》，载《政法论坛》，2006 (5)。

⑩ 参见石磊：《论单位犯罪的直接责任人员》，载《现代法学》，2006 (1)；陈增宝：《单位犯罪主体资格的司法确认与否定》，载《中国刑事法杂志》，2006 (1)。

理①、期待可能性②、恢复性司法③、目的犯④等问题进行了深入研究。

三、刑法各论问题

2006年度刑法学界在刑法各论的研究方面，既注重理论的分析，又密切结合刑事司法实践，对某些罪种进行了具体剖析，从立法完善的角度提出了一些富有建设性的建议。整体来说，对反恐立法的完善、经济犯罪、侵犯人身犯罪、侵犯财产犯罪、商业贿赂犯罪以及渎职罪等方面的研究较为集中和深入，并提出了具有一定新颖性的见解或论证。

(一) 恐怖组织的认定与反恐立法的完善

我国对恐怖组织事实上采取了司法认定和行政认定并存的双轨制模式。对于恐怖组织的认定模式，学者间也存在分歧意见。有学者认为，我国可考虑采取的恐怖组织的认定模式主要有单轨制司法认定模式、单轨制行政认定模式以及双轨制司法行政认定模式。该学者主张我国应采用单轨制行政认定模式，主要理由是：首先，我国对恐怖组织的认定应具有高度的权威性、统一性，司法、行政机关均具有认定权的双轨制认定模式难免会引发认定标准和权限的冲突，从而妨害恐怖组织认定工作的效率；其次，司法认定的理论与我国国情存在矛盾，容易造成反恐工作的随意性；最后，从工作内容和人员配备来看，行政认定模式更符合实践中恐怖组织的认定具有长期性、灵活性的特点。此外，恐怖组织通常具有的某种政治目的以及与打击恐怖组织密切联系的国际合作的要求都决定了采用行政认定模式的合理性。⑤ 论者还就有关反恐立法的宏观问题提出了完善的建议：（1）在宪法中增设反恐怖主义的明确依据，可以考虑在我国宪法序言第十二自然段中增加反恐怖主义的内容，即："坚持反对帝国主义、霸权主义、殖民主义、恐怖主义，加强同世界各国人民的团结。"（2）我国应进行专门的反恐怖主义立法。进行专门的反恐怖主义立法，是有效预防、打击恐怖主义的必然要求。我国未来的反恐怖主义立法应涉及多个部门法，在明确基础性概念的基础上，兼具预防、处置、制裁与补偿等内容。完善我国反恐怖主义立法，应当构建"以宪法为依据，以反恐怖法为主导，诸法

---

① 参见冯军：《刑法中的自我答责》，载《中国法学》，2006（3）。

② 参见陈兴良：《期待可能性研究》，载《法律科学》，2006（3）；郭自力、孙立红：《论罪责对犯罪论体系的影响——以期待可能性为基点》，载《法律科学》，2006（1）。

③ 参见刘东根：《恢复性司法及其借鉴意义》，载《环球法律评论》，2006（2）；唐芳：《恢复性司法的困境及其超越》，载《法律科学》，2006（4）。

④ 参见桂亚胜：《目的犯的目的与犯罪形态》，载《法学》，2006（8）；桂亚胜：《目的犯之目的争议研究》，载《法商研究》，2006（4）。

⑤ 参见赵秉志、杜邈：《恐怖组织认定模式之研究》，载《现代法学》，2006（3）。

配合"的反恐怖主义立法新格局。①

还有学者就恐怖活动犯罪的定义②、恐怖组织的定义③、网络恐怖主义及其防治④、惩治恐怖主义犯罪中维护公共秩序与尊重人权的平衡问题⑤、借鉴《俄罗斯反恐怖活动法》完善我国反恐立法⑥等问题进行了有益的探讨。

（二）经济犯罪

有学者对经济犯罪的规范解释进行了研讨，提出了经济犯罪规范解释的若干原则。该论者认为，由于经济犯罪具有普遍采用空白罪状形式表达犯罪构成要件的特点，在条文适用和规范解释方面，对经济犯罪就须特别强调刑法的某些价值观念，突出刑法解释规则的某些要求。首先，在经济犯罪的规范解释上，应注重刑法价值的独立判断，防止规范解释的从属性。刑法的补充性并不等于刑法依附于其他法律法规，刑法的保障性也不等于刑法从属于其他法律法规。其次，应注重构成要件的实质解释，防止规范解释的形式化。此外，由于经济犯罪规范数量众多，法条大小系统庞杂，所以在经济犯罪规范解释中应当特别关注构成要件的体系解释。⑦

有学者对我国金融刑法的改革提出了若干构想，认为：我国金融刑法的立法模式技术、构成设计技术、刑罚配置技术之背后分别是法典主义、事后主义、重刑主义立法理念，这些理念使我国金融刑法对国家本位的传统金融体系具有保护金融机构主义、保护管理秩序主义和片面刑事规制主义的适应性特征。随着时代的发展，为适应和推动金融深化、金融创新与金融全球化的金融发展趋势，我国应该有条件地更新金融刑法的上述立法理念，革新金融刑法的相应立法技术。就金融刑法的立法模式而言，我国当前以刑法为主的金融刑法立法模式有其必然性，而随着我国经济、文化、政治的发展，如果我国刑法典在未来 5 年至 10 年内进行全面修订，则我国金融刑法的立法模式改采以特别刑法为主的模式同样具有必然性。⑧

---

　①　参见赵秉志、杜邈：《我国反恐怖主义立法完善研讨》，载《法律科学》，2006（3）。

　②　参见高铭暄、张杰：《关于我国刑法中"恐怖活动犯罪"定义的思考》，载《法学杂志》，2006（5）。

　③　参见高铭暄、王俊平：《恐怖组织界定》，载《国家检察官学院学报》，2006（2）；赵秉志等：《恐怖主义犯罪相关术语的界定》，载赵秉志主编：《刑事法治发展研究报告》（2005—2006 年卷），246～249 页，北京，中国人民公安大学出版社，2006。

　④　参见刘广三：《网络恐怖主义及其防治——以犯罪学中的遏制理论为视角》，载赵秉志主编：《刑事法治发展研究报告》（2005—2006 年卷），365～379 页，北京，中国人民公安大学出版社，2006。

　⑤　参见王秀梅：《惩治恐怖主义犯罪中维护公共秩序与尊重人权的平衡》，载《法学评论》，2006（2）。

　⑥　参见莫洪宪：《论〈俄罗斯联邦反恐怖活动法〉与我国反恐立法之构想》，载《武汉大学学报》（哲学社会科学版），2006（3）。

　⑦　参见肖中华：《经济犯罪的规范解释》，载《法学研究》，2006（5）。

　⑧　参见刘远：《关于我国金融刑法立法模式的思考》，载《法商研究》，2006（2）；刘远、赵玮：《金融刑法立法理念的宏观分析——为金融刑法改革进言》，载《河北法学》，2006（9）。

此外，还有学者对经济犯罪的立法模式①、侵犯知识产权犯罪的司法认定②、侵犯商业秘密罪的立法完善③等问题给予了关注。

（三）侵犯人身罪

1. 故意杀人罪

有学者对互联网高度发展背景下的网络杀人犯罪进行了深入研究，并对我国刑法的相关规定提出了完善建议。该论者认为：网络杀人表现为利用互联网实施杀人相关的行为。随着互联网的广泛运用，网络杀人犯罪也给我国带来了严重危害，我国应当采取适当对策来应对这类犯罪的挑战。目前，我国刑法中与网络杀人犯罪相关的规定，主要是刑法分则第 232 条规定的故意杀人罪和总则中有关共同犯罪、犯罪预备等规定。对于与杀害他人相关的网络杀人犯罪，依照我国现行刑法都能给予恰当的处罚，一般不存在大的问题。而对于与自杀相关的网络杀人行为，我国刑法分则没有与之直接相关的规定。针对此一现状，该论者提出，应借鉴国外相关立法经验，在我国刑法典中增设"受嘱托杀人罪"、"教唆、帮助杀人罪"以及"故意传播诱发自杀信息罪"等新罪名。④

根据我国刑法规定，实施非法拘禁、刑讯逼供、暴力取证、虐待被监管人及聚众斗殴等罪的过程中致人死亡的，按照故意杀人罪定罪处理。对此，在刑法理论上通常认为是"转化型的故意杀人罪"。有学者对这种"转化型故意杀人罪"的立论提出了质疑，认为：在非法拘禁、刑讯逼供等过程中致人死亡的情形，根本不符合刑法理论上转化犯的特征，将此类情形认为是"转化型故意杀人罪"不仅有违主客观相统一的刑法原则，而且也将导致司法实践中故意杀人罪与故意伤害罪（致人死亡）的法律选择上的困难。我国刑法中规定的在非法拘禁等过程中致人死亡按故意杀人罪处罚的规定应理解为注意性规定，而非法律拟制。因此，应抛弃"转化型故意杀人罪"这一理论，区分具体情况，对符合故意杀人罪构成要件的行为，直接以故意杀人罪论处。⑤

2. 绑架罪的认定

有学者对绑架罪中的"杀害被绑架人"进行了深入剖析，认为：从类型的典型性、罪刑的均衡性、认定的方便性以及法条的协调性等方面考虑，将犯罪学上的绑架撕票类型规定为刑法上的绑架杀人类型，都具有合理性。由于绑架罪的基本行为不可能包含故意杀人行为，所以绑架行为之外故意杀害被绑架人的，不能认定为结果加重犯；由于故意杀人并不是绑架行为本身的情节，也不是绑架行为本身造成的结果，所以也不能认为

① 参见杨兴培：《经济犯罪的刑事立法模式研究》，载《政治与法律》，2006（2）。

② 参见黄祥青：《侵犯知识产权犯罪司法认定的几个问题》，载《法学》，2006（7）。

③ 参见肖乾利：《侵犯商业秘密罪的立法不足及其完善探析》，载《河北法学》，2006（8）。

④ 参见皮勇：《网络杀人犯罪研究》，载高铭暄、赵秉志主编：《刑法论丛》，第 10 卷，139～163 页，北京，法律出版社，2006。

⑤ 参见利子平、詹红星：《"转化型故意杀人罪"立论之质疑》，载《法学》，2006（5）。

绑架杀人属于情节加重犯。对于结合犯应当作符合我国刑事立法的解释，应当将绑架杀人理解为结合犯，如此认定符合结合犯的理论。在现行法律之下，对于"杀害被绑架人"的认定与量刑不会存在太多疑问，存在疑问的是对于行为人绑架他人后，出于某种动机故意对被绑架人实施杀害行为但未能造成死亡结果即绑架杀害未遂的处理。该论者认为，对在绑架杀人的场合，结合犯的既遂与未遂取决于杀人的既遂与未遂，对绑架杀人的，应适用刑法第 239 条"杀害被绑架人，处死刑"的规定，同时适用刑法关于未遂犯从轻、减轻处罚的规定。这一方案不仅有利于实现罪刑相适应原则，有利于处理绑架杀人中止，也有利于限制法官权力。①

（四）侵犯财产罪

"入户抢劫"作为抢劫罪的加重情节，现实中情形极为复杂，在司法认定中存在不少疑难问题。有学者对此进行了细致的分析，认为：判断进入"前院后店"式场所抢劫是否属于"入户抢劫"，应当考察场所内部生活和经营区域是否相对分离和行为时是否为营业期间等因素。如果生活与经营区域相对分离，则行为人为实施抢劫进入经营者生活区域进行抢劫的，属于"入户抢劫"；进入经营区域的，则不得认定为"入户抢劫"。对于场所内部生活与经营区域没有明显划分的情况，应当根据行为人实施抢劫行为之时的场所的功能特征即是否处于营业期间进行判断。入户抢劫的认定不仅应关注入"户"的客观行为，还应注重行为人"入"的意思支配和对"户"的认识意识。"入户抢劫"的成立应符合抢劫罪的构成前提，在主观上，只要行为人预谋的犯罪不包括抢劫和盗窃、诈骗、抢夺等，则不能认为构成"入户抢劫"②。

按照我国刑法理论的通说，盗窃罪与抢夺罪的区别在于盗窃罪具有"秘密性"的特点。关于这一通说，近来学界不断出现质疑的声音。2006 年度，有学者对从"秘密与公开"角度区分盗窃与抢夺的观点进行了系统的批驳，并提出了区分盗窃罪与抢夺罪的新标准，认为：我国通说中的从"秘密与公开"角度区分盗窃与抢夺的观点与做法存在混淆主观要素与客观要素、颠倒认定犯罪顺序等诸多缺陷。该论者提出，妥当的观点应是，对不能评价为抢夺的以和平手段取得他人财物的行为，不论公开与否，均应以盗窃罪论处。所谓盗窃，即指以非法占有为目的，违反被害人意志，采取和平手段，将他人占有的财物转移为自己或者第三人占有。这一定义，使盗窃罪成为侵占财产罪的兜底规定，即凡是值得科处刑罚的非法取得他人财产的行为，只要不符合其他犯罪的构成要件，一定符合盗窃罪的构成要件。关于盗窃与抢夺的区别，该论者认为，两者的区别在

---

① 参见张明楷：《绑架罪中"杀害被绑架人"研究》，载《法学评论》，2006（3）。

② 肖中华：《论"入户抢劫"的司法认定》，载赵秉志主编：《刑法评论》，第 9 卷，198～218 页，北京，法律出版社，2006。

于对象是否属于他人紧密占有的财物，行为是否构成对物暴力。①

此外，还有学者对诈骗罪中的"错误处分"②、盗窃罪与诈骗罪的客体③、"飞车抢夺"的司法认定④以及侵占罪中的"代为保管"⑤ 等问题进行了研析。

(五) 商业贿赂犯罪⑥

商业贿赂是我国市场经济发展中的一个毒瘤，其不仅破坏公平竞争的市场经济秩序，阻碍市场机制的有效运行，滋生各种经济犯罪，还会严重损害我国国内的投资环境，助长权力寻租的丑恶现象，严重损害政府的形象和公信力。对商业贿赂犯罪的刑法规制成为立法机关和刑法学界关注的一个焦点。基于此，"商业贿赂犯罪研究"也被确定为 2006 年全国刑法年会的实务议题之一，学者们围绕商业贿赂犯罪的构成、商业贿赂犯罪的认定和处理以及商业贿赂犯罪立法的完善等问题进行了全面而深入的探讨。

有学者认为：所谓商业贿赂，是指经营者为了获得交易机会或有利的交易条件而不正当地给予相关单位或个人好处，或者与商业活动密切相关的人，利用其所处的有利地位，不正当地收受经营者好处的行为。商业贿赂在构成上主要有以下特征：商业贿赂的主体是经营者及与商业活动密切相关的人，包括单位和个人；商业贿赂客观方面表现为经营者不正当地给予相关单位或个人好处，或者与商业活动密切相关的人利用所处的有利地位，不正当地收受经营者好处的行为；商业贿赂在主观上表现为明知自己是为了获得交易机会或有利的交易条件而不正当地给予相关单位或个人好处，或者明知自己是在不正当地收受经营者的好处，仍然有意实施有关行为的心理态度；商业贿赂侵害的社会利益主要是公平竞争的市场秩序，由此还会引发一系列其他社会危害。所以，应从多方面着手加强对商业贿赂犯罪的惩治与预防。⑦ 有的学者指出，虽然《刑法修正案（六）》对商业贿赂犯罪进行了修正，但对商业贿赂犯罪的立法修正还需要进一步完善：一是废除商业贿赂犯罪的主观罪状中的有关"谋利"的规定，二是增加单位商业贿赂犯罪的内容，三是扩展商业贿赂犯罪对象的范围，四是添补商业贿赂犯罪基本犯的罚金刑的规定。⑧ 关于商业贿赂犯罪的刑罚设置，有论者认为，目前存在刑罚幅度不平等、死刑设置不合理、罚金刑地位缺失以及资格刑功能错位等缺陷，建议：对公职人员的商业贿赂

---

① 参见张明楷：《盗窃与抢夺的界限》，载《法学家》，2006 (2)。
② 毛卓俊：《论诈骗罪中的"错误处分"》，载《中国刑事法杂志》，2006 (6)。
③ 参见黄金富、黄曙：《盗窃、诈骗犯罪中的客体问题研究》，载《中国刑事法杂志》，2006 (6)。
④ 参见赖大庆、张建春：《"飞车抢夺"的司法认定》，载《中国刑事法杂志》，2006 (1)。
⑤ 许兆伟、朱仁政、史宝伦：《论侵占罪的若干问题》，载《中国刑事法杂志》，2006 (6)。
⑥ 商业贿赂大多属于经济犯罪，也有部分商业贿赂犯罪涉及国家公职人员的贿赂犯罪，所以未将其在"经济犯罪"的标题下而在此处单独予以综述。
⑦ 参见赵秉志：《论商业贿赂的认定及处理》，载《国家检察官学院学报》，2006 (3)。
⑧ 参见付立忠：《刑法修正案（六）对商业贿赂犯罪之改进问题研究》，载《中国人民公安大学学报》（社会科学版），2006 (4)。

行为应规定与非公职人员相同的法定刑，废除对商业贿赂犯罪的死刑规定，对商业贿赂犯罪应注重适用罚金刑并改造和增加资格刑的规定。[①] 还有学者就商业贿赂犯罪的具体个罪[②]、《联合国反腐败公约》视角下的我国商业贿赂犯罪的立法完善[③]等问题进行了有益的探讨。

（六）渎职罪

刑法学界在滥用职权和玩忽职守两罪的区分问题上一直存在争议，理论上的争议也影响了司法实践中对两罪的准确认定。有学者对此进行了分析，认为：刑法所建构的犯罪识别模型（犯罪构成）虽然来源于生活原型，但由于人为概念系统固有的拟制功能，法律规定往往高于生活事实本身。据此，在犯罪模型上将所有故意性的一般渎职行为统一拟制为滥用职权罪，将所有过失性的一般渎职行为统一拟制为玩忽职守罪，虽然在一定程度上超越于事实原型本身，但却是十分必要和切实可行的。从必要性上来说，由于滥用职权罪与玩忽职守罪在主体、客体两个要件上完全相同，故欲区分两罪只能寄希望于客观方面与主观方面；而由于语词本身的模糊性和客观行为具体表现形式的复杂性两个因素，决定了两罪客观方面具体行为形式没有明确的界限，在客观行为上也很难将两罪准确区分开。就合理性而言，将所有故意的一般性渎职行为统一拟制为滥用职权，将所有过失的一般性渎职行为统一拟制为玩忽职守，虽然有时并不完全符合客观事实，但从个罪的解释规则、保持罪名体系的协调性、规范的拟制功能、诉讼的可证明性等方面来看，则具有合理性和可行性。[④]

对于刑法中对滥用职权罪所要求的"重大损失"，有学者认为：滥用职权罪应以行为规范功能为先，以"重大损失"作为构成要件，适用时不仅其裁判规范功能不能发挥，而且其行为规范功能也不具备，给人以捉襟见肘之感。司法上则相反，虽然扩张解释可以弥补"重大损失"在行为规范功能方面的一些不足，但其规范性较差，甚至危及罪刑法定原则。无论规范的功能性问题还是功能的规范性问题，归根结底都肇始于"重

---

① 参见杨勇、李益明：《商业贿赂犯罪的刑罚问题》，载赵秉志主编：《和谐社会的刑事法治》（下卷），1527～1533 页，北京，中国人民公安大学出版社，2006。

② 参见刘艳红、杨志琼：《商业受贿罪研究》，载赵秉志主编：《和谐社会的刑事法治》（下卷），1298～1306 页，北京，中国人民公安大学出版社，2006；程皓：《公司、企业人员受贿罪若干争议问题界定》，载赵秉志主编：《和谐社会的刑事法治》（下卷），1323～11330 页，北京，中国人民公安大学出版社，2006。

③ 参见马松建：《浅议商业贿赂犯罪的刑法立法完善——以〈联合国反腐败公约〉为视角》，载赵秉志主编：《和谐社会的刑事法治》（下卷），1593～1597 页，北京，中国人民公安大学出版社，2006；宣炳昭、卢山：《论商业贿赂犯罪的立法完善——兼论与〈联合国反腐败公约〉相协调》，载赵秉志主编：《和谐社会的刑事法治》（下卷），1598～1605 页，北京，中国人民公安大学出版社，2006。

④ 参见冯亚东、张丽：《模型建构视野下的滥用职权罪——与玩忽职守罪之区别》，载《西南政法大学学报》，2006（2）。

大损失"，因此，不如在立法上将"重大损失"予以删除。①

在刑法分则领域，除以上问题外，还有学者就疑罪问题②、袭警行为的刑法规制③、妨害公务罪的立法完善④、妨害作证罪⑤、赌博行为的刑法规制⑥、贪污罪中的"利用职务上的便利"⑦、斡旋受贿⑧等问题进行了较有新意的研究。

四、外向型刑法问题

（一）外国刑法与比较刑法

1. 外国刑法

有学者出版了名为"英国刑法犯意研究——比较法视野下的分析与思考"的专著，以英国刑法为视野，全面而深入地考察了英美刑法中"犯意"这个基石性概念，并在此基础上，结合中国刑法犯罪故意之理论构造进行了细致比较与深入探讨。该书是国内第一本专门研究英国刑法的专著，对于我国刑法与英美刑法的对话交流及比较研究具有重要参考价值。该学者在书中重点剖析了"犯意"的三大核心概念"故意"（intention）、"轻率"（recklessness）和"知道"（knowledge）。以"知道"为例，该学者认为，英国刑法关于"知道"的立法方式、重视"知道"的证明以及学界提出的显知、隐知、潜知等概念，值得我国刑法进一步研究和借鉴。⑨

有学者对日本近年来的刑事立法的发展趋向进行了考察，指出：近年来日本已从刑事立法的稳定化转向了刑事立法的活性化，立法机关已不再像以往那样沉默，而是频繁地修改刑法典、单行刑法与行政刑法。近年来日本的刑事立法主要表现为犯罪化，同时强化对被害人的保护，导致刑法保护的早期化与刑罚处罚的重罚化。而且，其刑法表述上更加通俗化、平易化，不规范用语减少，较难的汉字减少，新增条款的表述也比较具体详细。通过对日本刑法这些新发展的考察，该论者认为，我国应当在法治视野下重新思考刑法处罚范围，而非单纯控制处罚范围；应当注重提高刑事立法的有效性，而非单

---

① 参见王安异：《裁判规范还是行为规范——对滥用职权罪的功能性考察》，载《现代法学》，2006（4）。

② 参见胡云腾、段启俊：《疑罪问题研究》，载《中国法学》，2006（3）。

③ 参见杨忠民、张志国：《论袭警行为的刑法规制》，载《中国人民公安大学学报》（社会科学版），2006（3）；曹喆：《论我国增设袭警罪的理论依据与立法设想》，载《铁道警官高等专科学校学报》，2006（2）。

④ 参见李希慧、黄洪波：《妨害公务罪的立法缺陷及其完善》，载《法学》，2006（6）。

⑤ 参见吴占英：《论妨害作证罪的几个问题》，载《法学评论》，2006（5）。

⑥ 参见熊永明：《伪造文书罪的基本观念》，载赵秉志主编：《刑法评论》，第9卷，219～244页，北京，法律出版社，2006。

⑦ 参见肖中华：《也论贪污罪的"利用职务上的便利"》，载《法学》，2006（7）。

⑧ 参见马克昌：《论斡旋受贿犯罪》，载《浙江社会科学》，2006（3）。

⑨ 参见王雨田：《英国刑法犯意研究——比较法视野下的分析与思考》，176页以下，北京，中国人民公安大学出版社，2006。

纯注重处罚的严厉性；应当在刑事立法体例上采取例示法，而非单纯强调通俗化与具体化的特征。①

关于外国刑法，还有学者对英美法系中的教唆犯罪②、英国刑法犯罪故意的构造③和"持有"的性质④、德国刑法理论中的新古典犯罪论体系等问题⑤给予了关注。

2. 比较刑法

有学者对中、法两国的法人犯罪进行了全面而深入的比较研究，通过比较得出了若干结论：在法人犯罪的立法模式上，法国采取的将法人刑事责任扩展到所有罪名的做法有其特殊的立法体制背景，这一激进做法在现阶段尚不适于在我国采用；我国立法对单位犯罪的模糊规定给实践中准确地认定、惩治单位犯罪造成了许多障碍，法国刑法在此方面的规定则较为完备、具体，有诸多可借鉴之处；法国刑法典在总则中对法人故意犯罪和法人过失犯罪直接给予了规定，而我国则仅在刑法典分则条文中规定了某些具体的单位过失犯罪的罪名，且缺乏明确性，总则对此采取了回避的态度，为有效地惩治单位犯罪，我国应对法国的做法予以借鉴；在对法人犯罪的处罚制度上，我国应借鉴法国的有关做法，增强对法人犯罪的包括附加刑在内的刑罚处罚措施，并应增设对法人犯罪的代罚制和单位普通累犯制度以及单位犯罪追溯时效制度。⑥

也有学者对假释撤销条件进行了比较研究，认为：在罪犯假释期间内再犯新罪的问题上，各国的规定不尽相同，西班牙刑法典、阿根廷刑法典以及我国刑法规定的一律撤销假释、收监执行的处理方式较为合理。对于在假释期间发现漏罪如何处理的问题，我国台湾地区"刑法"不把漏罪作为假释撤销条件的立法例值得借鉴，应将我国现行刑法第 86 条第 2 款关于漏罪作为假释撤销条件的规定予以删除。我国把轻微的违反假释条件的行为作为撤销假释的强制性根据的做法极不合理，比较而言，在日本、韩国、法国、意大利等国家由假释决定机关根据违反假释条件的具体情况决定是否撤销假释的立法例具有合理性。⑦

---

① 参见张明楷：《日本刑法的发展及其启示》，载《当代法学》，2006（1）。

② 参见陈雄飞：《英美法系教唆犯罪论要》，载《中国刑事法杂志》，2006（2）。

③ 参见王雨田：《英国刑法犯罪故意的构造分析》，载《河北法学》，2006（9）。

④ 参见王雨田、周新：《英国刑法"持有"性质的探析与思考》，载赵秉志主编：《刑法评论》，第 9 卷，245～259 页，北京，法律出版社，2006。

⑤ 参见王充：《论新古典犯罪论体系——以麦耶、梅兹格为考察对象》，载高铭暄、赵秉志主编：《刑法论丛》，第 10 卷，199～222 页，北京，法律出版社，2006。

⑥ 参见赵秉志、郑延谱：《中法两国法人犯罪比较研究》，载高铭暄、赵秉志主编：《刑法论丛》，第 10 卷，260～302 页，北京，法律出版社，2006。

⑦ 参见柳忠卫：《假释撤销条件比较研究》，载《现代法学》，2006（1）。

还有学者对结果加重犯[①]、自首制度[②]及三大法系中的违法性认识[③]、英美法系国家的量刑指南制度[④]等问题进行了比较研究。

(二) 国际刑法与区际刑法

1. 国际刑法

有学者对国际刑法的基本原则问题进行了探讨，认为：国际刑法基本原则在国际刑法基本理论体系构建中具有重要作用。确立国际刑法的基本原则不仅具有必要性而且具有可行性。确立国际刑法基本原则的标准应是以下五项：第一，应当具有特色性，体现国际刑法的学科特色；第二，应当具有表征性，即要体现国际刑法的价值取向；第三，在内容上应具有根本性；第四，必须具备国际社会的公认性；第五，应当具有法的范畴性。依据这一标准，可以将国际刑法的基本原则确立为罪刑法定原则、国际刑事责任原则以及国际刑事合作原则。[⑤]

有学者对我国主动引渡制度进行了深入研究，认为：在主动引渡方面，我国近几年已有了一些成功的实践，取得了一些有益的经验。但仍然面临一系列困难和问题。今后，我国应在主动引渡方面采取以下积极对策：(1) 不断扩展我国与外国引渡合作的条约关系，争取尽早与美国、加拿大、澳大利亚及欧盟各成员国缔结双边引渡条约；(2) 继续探索引渡的替代措施，联手外国司法机关共同营造打击外逃行为的环境，形成对外逃行为的震慑；(3) 采取适当和有效的措施，克服死刑问题对我国主动引渡造成的阻碍；(4) 重视并且加强对犯罪嫌疑人外逃案件的调查取证工作，努力使我方支持引渡请求的证据材料符合被请求国法律所要求的"表面证据"或者"重大嫌疑"标准；(5) 进一步提高我国司法机关在主动引渡中的能动性，合理利用各方面的资源，克服国内各主管部门间的壁垒，加强各主管机关之间的相互配合和协作。[⑥]

此外，还有学者就当代国际刑法及国际引渡合作规则的新发展[⑦]、国家刑事责任[⑧]、

---

① 参见郭泽强：《结果加重犯基本问题比较研究》，载高铭暄、赵秉志主编：《刑法论丛》，第10卷，303～325页，北京，法律出版社，2006。

② 参见周加海：《自首制度比较研究》，载高铭暄、赵秉志主编：《刑法论丛》，第10卷，326～353页，北京，法律出版社，2006。

③ 参见陈世伟：《三大法系违法性认识比较研究——我国刑法中违法性认识的另一种解读》，载《河北法学》，2006 (3)。

④ 参见杨志斌：《英美法系国家量刑指南制度的比较研究》，载《河北法学》，2006 (8)。

⑤ 参见卢建平、王君祥：《论国际刑法基本原则的确立》，载赵秉志、卢建平主编：《国际刑法评论》，第1卷，79～90页，北京，中国人民公安大学出版社，2006。

⑥ 参见黄风：《我国主动引渡制度研究：经验、问题和对策》，载《法商研究》，2006 (4)。

⑦ 参见高铭暄、王秀梅：《当代国际刑法的新发展》，载《法律科学》，2006 (2)；黄风：《国际引渡合作规则的新发展》，载《比较法研究》，2006 (3)。

⑧ 参见魏东、蒋华：《国家刑事责任问题研究》，载高铭暄、赵秉志主编：《刑法论丛》，第10卷，354～412页，北京，法律出版社，2006。

国际刑事法院的公正性与有效性①、灭绝种族罪②、危害人类罪③以及欧共体金融利益的刑法保护④等问题进行了探讨。

2. 区际刑法

有学者对中国区际刑法的概念及体系进行了探讨，认为：应当从较广义上对中国区际刑法予以界定，它是指为解决中国区际刑事法律问题而确立的法律原则以及相应规范的总称。中国区际刑法这一体系，包括中国区际刑事管辖权冲突及其解决和中国区际刑事司法互助，还包括中国区际统一刑事法律三个范畴。这三个范畴关系紧密，形成中国区际刑法的基本体系，具有一体化解决中国区际刑事法律问题的意义。所谓中国区际统一刑事法，是指各法域共同缔结并适用或者由若干法域之间缔结并适用的刑事性法律文件。在未来适当的时候（四个法域相互认同并融合的时候），逐步地确立统一刑事法制，应该作为各法域的一个努力方向。⑤

有学者对我国台湾地区"刑法"修正中的保安处分制度进行了评析，认为：保安处分制度是我国台湾地区 2005 年第 16 次修订"刑法"的一个重点。此次修订具有一定积极意义，如确立了处分相对法定主义原则和相对不溯及既往原则。但是，也必须承认此次修正的遗憾颇多。首先，将修正重点置于延长处分的执行期间，对其执行场所和执行方法未予改进；其次，对强制治疗处分的期间采用绝对不定期制，严重违背了法定主义，使得一部"刑法"前后矛盾；最后，虽然对某些拘束人身自由的保安处分增设了实质性规定，但仅是法条文字的表面修改，规定抽象空洞，缺乏可操作性。⑥

此外，还有学者就我国台湾地区"刑法"中的妨害婚姻家庭罪⑦、香港地区赌博犯罪立法⑧、香港地区与内地毒品犯罪量刑之比较⑨、澳门地区与内地罚金刑之比较⑩等问题进行了研究。

---

① 参见赵秉志、周露露：《国际刑事法院的公正性与有效性研析》，载赵秉志、卢建平主编：《国际刑法评论》，第 1 卷，279～292 页，北京，中国人民公安大学出版社，2006。

② 参见罗海珊：《灭绝种族罪的学理分析》，载赵秉志、卢建平主编：《国际刑法评论》，第 1 卷，91～128 页，北京，中国人民公安大学出版社，2006。

③ 参见杜启新：《危害人类罪的总体要件》，载赵秉志、卢建平主编：《国际刑法评论》，第 1 卷，129～157 页，北京，中国人民公安大学出版社，2006。

④ 参见高铭暄、吴玉梅：《欧共体金融利益的刑法保护》，载《中国法学》，2006（2）。

⑤ 参见时延安：《中国区际刑法概念及基本体系》，载《南都学坛》，2006（2）。

⑥ 参见崔楠：《质疑与论证：审视台湾"刑法"修正中的保安处分制度》，载《吉林公安高等专科学校学报》，2006（5）。

⑦ 参见祝伟：《台湾地区刑法中的妨害婚姻家庭罪》，载《台法研究论坛》，2006（2）。

⑧ 参见王振海：《香港赌博犯罪的立法研究》，载《广西政法管理干部学院学报》，2006（1）。

⑨ 参见艾明：《香港与内地毒品犯罪量刑比较研究》，载《政法学刊》，2006（3）。

⑩ 参见陈晖：《中国内地刑法与澳门刑法罚金刑之比较研究》，载《求是学刊》，2006（5）。

五、刑法学研究发展之展望

刑法学是一门实践性极强的应用法学学科，理论密切联系实践也是我国刑法学界长期以来所倡导的刑法学研究的指导思想之一。对 2006 年度作一个整体回顾，可以发现，2006 年刑法学研究的一个突出特点即在于密切关注司法实践，积极围绕刑事法治的重大现实问题开展刑法学研究，鲜明地体现了刑法学研究的实践品格，值得肯定。

我国刑法学理论研究在全体刑法学者的积极努力和辛勤劳作下，不断向前发展，取得的成绩是有目共睹的。但也必须注意到，我国以往（包括 2006 年）的刑法学研究中也还存在一些不容忽视的问题，需要在今后予以改进：

（一）批判刑法与解释刑法

正如有学者所指出的，我国刑法学研究存在一种基本倾向，即习惯于批判刑法而不善于解释刑法。刑法学作为规范科学，其研究的重点应该在于对刑法规范的解释。大陆法系国家的立法和司法经验都充分说明，成文法的完善在很大程度上依赖于刑法的解释。在刑法学研究中习惯于批判刑法，不仅将刑法解释学与刑事立法学相混同，而且不利于维护刑法的权威性，也不能及时解决司法实践中面临的现实问题。我国刑法学研究中刑法解释学的落后，与习惯于批判刑法的做法有相当关系。这一点应当引起我国刑法学界的反思。在今后的刑法学研究中，应将研究重点置于解释刑法，并注重对刑法解释学的研究。

（二）外国刑法理论的合理借鉴与吸收

我国刑法学具有外发后生型的特点。基于此一特点，在我国刑法学研究中对外国有关先进理论予以借鉴吸收乃至移植自然有其必要性与合理性。但是，对外国理论的借鉴和吸收必须根据我国的刑事立法特点和司法实践的需要进行。我国目前的刑法学研究中，尚存在不顾我国现实情况，简单移植、生搬硬套国外学说的现象。不结合我国立法与司法实践进行深入研究，只是照搬、照抄外国的东西，非但不能促进我国刑法学研究的真正进步，反而会导致刑法学研究的庸俗化。这种倾向，在今后的刑法学研究中应注意加以纠正。

（三）外向型刑法研究的加强

我国刑法学研究在较长的一个时期内，由于多种因素的影响和制约，比较注重国内法的研究，而在外向型刑法的研究方面相对比较薄弱，这在很大程度上阻碍了我国刑事法治与当代世界先进刑事法治的交流与衔接。近几年来，刑法学界对外向型刑法的研究有很大进展。但是从总体上看，在外向型刑法研究特别是国际和中国区际刑法研究方面，以上不足还未得到根本克服。今后的刑法学研究中，拓宽刑法学研究视野，加强中国区际刑法的研究，并努力开拓外国刑法、比较刑法暨国际刑法的研究，仍应作为我国刑法学界努力的重要目标之一。

（四）刑事学科的交叉整合

在刑事一体化的视角下，对刑事学科的研究进行交叉整合，符合刑事法学研究的内在规律，对刑法学研究来说也具有非常积极的意义。我国刑法学研究在此方面还不能令人满意。今后的刑法学研究，应注重从刑事法治的整体运行状况出发，根据某些问题的关联性质，注意结合有关学科进行研究。应提倡学科的交叉整合，根据课题研究的需要，注意借鉴、引进其他社会科学乃至现代自然科学的某些研究方法。

以面向未来的视角来看我国的刑法学研究，还应当强调以下两点：首先，我国的刑法学研究应继续密切关注我国社会刑事法治重大现实问题，坚持走理论密切联系实践的研究道路，积极促进我国刑事法治的健康发展。其次，在当今的全球化时代，任何国家的刑法学研究都不可能关起门来进行，各国学术的深入交流与相互借鉴是学术发展的一个必然趋势。我国的刑法学研究也应大力加强国际交流，在努力借鉴、吸收国际社会先进理论的基础上，结合我国的具体国情，以期形成我国刑法学独立而有特色的学术品格。

［赵秉志、周国良；载《中国法学》，2007（1）］

第二十七章
2007 年的刑法学研究

一、前　　言

2007 年是现行刑法典颁行 10 周年，我国刑法学界围绕 1997 年刑法 10 年来的发展进行了回顾与展望；并结合国际、国内刑事立法、司法的实际，对刑法的基础理论问题以及我国刑事法治建设领域中的重点、热点、难点问题进行了深入研讨。总的来看，2007 年度的刑法学研究，无论是在研究的深度还是在研究的广度方面都有重大突破，研究成果的数量方面也呈现出一片繁荣的景象。限于篇幅，在此仅对本年度刑法学研究中探讨较为集中、深入或有所创新的若干问题予以述评。

二、刑法总论问题

刑法总论历年来都是学者们研究的重点。2007 年度刑法总论的研究主要集中在三个方面：一是在回顾 1997 年刑法 10 年发展的基础上，加强了对我国刑法发展方向的研究；二是对刑法基本原则、犯罪构成体系、刑事政策、死刑制度改革、共同犯罪、罪数等刑法总论的重大问题进行了深入研究；三是加强了对犯罪对象、犯罪过失、单位犯罪、故意犯罪的停止形态、刑罚的内部功能、电脑量刑等专门刑法问题的理论研讨。

（一）刑法的发展方向

1997 年至 2007 年，现行刑法典走过了 10 年。这 10 年里，我国刑法无论是在理念上还是在具体制度的设计上都有了长足的发展。不少学者对我国 1997 年刑法发展的 10 年进行了总结，并对刑法的未来发展方向进行了展望。有学者认为，尽管 1997 年刑法典从基本制度、法条内容到立法技术等方面都还存在一些疏漏和不足，但必须充分肯定，1997 年刑法典是一部充满时代特色的、具有重大改革和多方面进展的刑法典。关于刑法的发展方向，该学者认为，我国刑法的改革，应当以有助于构建和谐社会和强化人权保障、有助于贯彻宽严相济的基本刑事政策为发展方同，凡有悖于、有碍于这个发展方向的，均应予以纠正或摒弃。改革的重点是死刑制度、加强人权保障和应对时代发展等方面，并应努力探索刑法改革的科学方式。①

也有学者总结了 1979 年至今的刑法发展历程，认为 1979 年刑法标志着"文化大革命"结束，中国走向了刑事法制；1997 年刑法典确立了罪刑法定、罪刑相当、法律面前人人平等的刑法基本原则，在"依法治国"写入宪法的大背景下，这标志着刑事法制向刑事法治的转型，中国刑法进入了人权保障与社会保护协调、互动发展的新时代。②

还有学者从公共政策与风险社会刑法控制的角度，认为：在风险社会中，公共政策不仅促成刑法目的解释大行其道，还对犯罪构成要件解释具有指导作用，这使得刑法蕴涵着摧毁自由的巨大危险。为此，应借助刑事责任基本原则对风险刑法进行规范与制约，合理处理原则与例外的关系。未来的刑法，应强调刑事责任基本原则对任何立法与司法决策都有直接约束力；背离原则而将某种状态、意图、不作为、危险犯、欠缺犯意的行为等予以犯罪化的做法只能是例外，并且必须提供特别的理由。③

（二）刑法基本原则

罪刑法定原则一直以来都是刑法基本原则研究的重点，2007 年度也不例外。不过与往年不同的是，2007 年度对罪刑法定原则的研究更注重于对罪刑法定原则功能和立法的反思。

关于罪刑法定原则的功能，过去通行的观点认为，罪刑法定原则只有一种功能，即限制国家司法权的任意发动和人权保障之功效。2007 年度有学者认为，罪刑法定主义确实是先进社会势力反抗封建专制提出的政治诉求的重要组成部分，但是罪刑法定原则定型以后，即在现代法治国家，其功能价值则变为兼具惩罚犯罪与保障人权双重功能；并且认为，罪刑法定原则的这种双重功能是由社会背景决定的，罪刑法定这一原则现在也是一种技术国家自觉地用来惩治犯罪的技术。④

关于罪刑法定原则的立法，有学者认为，我国刑法关于罪刑法定原则的表述缺少"行为时"的规定，罪刑法定原则应是"行为时法原则"；我国对罪刑法定原则所作的正反两方面的规定，模糊了罪刑法定原则的本质含义，将罪刑法定原则的相对性与绝对性相提并论，将对罪刑法定原则最重要的含义起到消减作用；并认为我国关于"口袋罪"、"贷款诈骗罪"和"诉讼诈骗罪"的司法解释是对罪刑法定原则的误读。⑤ 鉴于我国罪刑法定原则在立法上存在的不足，有学者认为，应当将罪刑法定原则宪法化，完善罪刑法定原则的条文表述及其派生原则的规定，包括改双面表述模式为单面表述模式，在溯

---

① 参见赵秉志：《积极促进刑法立法的改革与完善——纪念 97 刑法典颁行 10 周年感言》，载《法学》，2007（9）。

② 参见曲新久：《中国刑法现代化的基本走向》，载《政法论坛》，2007（4）。

③ 参见劳东燕：《公共政策与风险社会的刑法》，载《中国社会科学》，2007（3）。

④ 参见储槐植：《现在的罪刑法定》，载《人民检察》，2007（11）。

⑤ 参见陈泽宪：《罪刑法定原则的立法反思》，载赵秉志、郎胜主编：《和谐社会与中国现代刑法建设——新刑法典颁行十周年纪念文集》，443～451 页，北京，北京大学出版社，2007。

及力问题上增加中间法的规定，并考虑改变"生效判决，继续有效"的规定，将严格解释确立为刑法解释的基本原则写进我国刑法典。[①]

本年度还有学者对主、客观相统一原则进行了研究，主张在清理主、客观相统一原则的基础上，倡导法益原则和责任原则。[②]

（三）宽严相济的刑事政策

自 2005 年 12 月罗干同志在全国政法工作会议上提出在政法工作中要注重贯彻宽严相济的刑事政策以来，宽严相济的刑事政策就一直是刑法理论研究中的一个重大热点问题。2006 年 10 月，中共中央十六届六中全会通过的《关于建构社会主义和谐社会若干重大问题的决定》明确强调，要实施宽严相济的刑事司法政策。2007 年度学者们主要围绕宽严相济刑事政策的定位、立法与司法贯彻等问题进行了深入研究。

关于宽严相济刑事政策的定位，有学者认为：刑事政策根据其指导功能的不同，可分为刑事立法政策、刑事司法政策、刑事执行政策。宽严相济是刑事司法政策，但它也指导刑事立法、刑事执行，也是刑事立法政策、刑事执行政策。同时，刑事政策根据其所处层次的不同，可分为基本刑事政策和具体刑事政策。宽严相济是基本刑事政策，"严打"、"少杀、慎杀"等是具体刑事政策，后者都是前者的组成部分。[③]

关于宽严相济刑事政策的立法贯彻，有学者认为：为贯彻宽严相济的刑事政策，在刑法立法上，应减少刑法分则中的死刑罪名，修改绝对死刑的法定刑，修改"死缓"二年期满减刑的规定；适当延长无期徒刑的实际执行刑期，修订无期徒刑减刑的规定；将有期徒刑刑期的上限提高至 25 年，数罪并罚时不超过 30 年；不断推进社区矫正；适当调整缓刑考验期间被缓刑人所承担的义务，进一步明确缓刑的效力；修改无期徒刑罪犯假释的起始时间和考验期限，修改某些被判重刑的罪犯不得假释的规定等。[④] 也有学者认为：宽严相济刑事政策的实施，有可能使对犯罪的刑事追究难度增加，从而影响刑事司法的效率，也可能减弱刑罚的威慑效应，为此，应借鉴《联合国反腐败公约》制定的反腐败策略，将宽严相济政策的适用更多地用于鼓励涉嫌犯罪者与侦查、公诉机关合作。同时，通过《刑事诉讼法》的修改，赋予侦查机关更多的现代侦查手段，提高刑事追诉机关揭露和证实犯罪的能力和成功率。[⑤]

关于宽严相济刑事政策的司法贯彻，有学者认为，要注重酌定情节的运用，尤其要重视酌定量刑情节在限制死刑中的作用，重视酌定量刑情节对法定量刑情节的调节和在

① 参见彭凤莲：《罪刑法定原则的立法完善研究》，载赵秉志、郎胜主编：《和谐社会与中国现代刑法建设——新刑法典颁行十周年纪念文集》，452~461 页，北京，北京大学出版社，2007。

② 参见陈兴良：《主客观相统一原则：价值论与方法论的双重清理》，载《法学研究》，2007（5）。

③ 参见马克昌：《论宽严相济刑事政策的定位》，载《中国法学》，2007（4）。

④ 参见马克昌：《"宽严相济"刑事政策与刑罚立法的完善》，载《法商研究》，2007（1）。

⑤ 参见李建明：《宽严相济政策对犯罪控制效率的兼顾》，载《现代法学》，2007（4）。

轻罪案件、未成年人犯罪案件中的适用。① 也有学者认为：宽严相济刑事政策要求刑事司法以保障人权、和谐司法为理念，遵循罪刑法定、罪责刑相适应和正当程序原则，正确运用体现宽严相济刑事政策的各项制度，如程序简易化和非刑事诉讼化、非刑罚化、非监禁化制度等，妥善进行暂缓起诉、辩诉交易、恢复性司法等刑事司法制度创新之尝试，大力改进刑事司法工作机制，并应积极发挥司法人员在贯彻宽严相济刑事政策中的作用。②

对于我国当前施行的宽严相济刑事政策，也有学者提出了自己的担心，认为：在立法方面，宽严相济刑事政策的精神还没有在我国的刑事立法中得到很好的体现，刑罚仍然存在结构性缺陷，刑罚资源没有得到合理配置，各种刑罚的效果之间会相互抵消，宽和严都难以实现；在司法方面，在法律中的宽严标准较为模糊的情况下，司法者具有较大的自由裁量空间，此时司法者是否能真正做到宽有节、严有度、于法有据？这是令人担忧的。在行刑方面，目前我国对刑罚及非刑罚方面的执行无论在执行方法、执行手段、执行标准甚至执行主体上均未有统一、明确的刑事立法，直接导致伴随这一政策而来的许多措施无法实行，从而造成政策精神无法贯彻。③

此外，还有学者对宽严相济刑事政策的制度基础与价值边界④、宽严相济刑事政策与国外两极化刑事政策的关系⑤、宽严相济刑事政策与和谐社会的关系⑥、宽严相济刑事政策在构建和谐社会中面临的理论难题及实现路径⑦等问题进行了有益的研究。

（四）犯罪构成体系

近年来，犯罪构成体系一直是刑法理论研究中的重点。总体而言，当前关于犯罪构成体系的研究基本上形成了三种不同的观点：第一种观点是全面否定我国现有的犯罪构成理论体系，主张全面移植大陆法系或者英美法系的犯罪构成理论体系；第二种观点反对全面移植大陆法系或者英美法系的犯罪构成理论体系，主张在我国现有的犯罪构成理论体系的基础上进行改造；第三种观点主张维持现有犯罪构成理论体系，或者只对现有的犯罪构成理论体系作一些技术性调整。

关于第一种观点，2007 年度有学者以违法性为切入点，认为大陆法系刑法学和苏俄刑法学对违法性采用了两种完全不同的处理方法：大陆法系刑法学将违法性作为犯罪

① 参见高铭暄：《宽严相济刑事政策与酌定量刑情节的适用》，载《法学杂志》，2007（1）。

② 参见赵秉志：《宽严相济刑事政策视野中的中国刑事司法》，载《南昌大学学报》（人文社会科学版），2007（1）。

③ 参见陈晓明：《施行宽严相济刑事政策之隐忧》，载《法学研究》，2007（5）。

④ 参见姜涛：《"宽严相济"刑事政策的制度基础与价值边界》，载《法商研究》，2007（1）。

⑤ 参见储槐植、赵合理：《国际视野下的宽严相济刑事政策》，载《法学论坛》，2007（3）；邓文莉：《"两极化"事政策下的刑罚制度改革设想》，载《法律科学》，2007（3）。

⑥ 参见贺曙敏：《宽严相济刑事政策与和谐社会》，载《法学论坛》，2007（3）。

⑦ 参见李希慧、王宏伟：《宽严相济刑事政策基本问题探究——以构建和谐社会为视角》，载赵秉志主编：《刑法论丛》，第 11 卷，1～16 页，北京，法律出版社，2007。

成立的条件之一纳入犯罪论体系，而苏俄刑法学则在犯罪概念中讨论刑事违法性，并因受到社会危害性概念的遮蔽，违法性理论的内涵极度匮乏。我国刑法学仿照苏俄刑法学，只在犯罪概念中讨论刑事违法性，违法性在犯罪构成要件中是缺位的。为此，该学者主张将正当防卫、紧急避险等正当化事由作为一个违法性判断问题，纳入犯罪论体系中考虑，并主张直接采纳大陆法系中构成要件该当性、违法性、有责性的递进式结构。[①] 也有学者认为，我国犯罪构成体系在体系结构上与司法实践存在着严重背离，并认为将独立的违法性判断引入犯罪构成体系是扭转这一局面的根本途径，因而主张引进大陆法系的三阶段犯罪构成体系对现行的犯罪构成体系进行彻底的重构。[②]

同样是从违法性入手，持第二种观点的学者则认为，大陆法系三阶段的犯罪构成论已陷入重重矛盾、难以自圆其说之中，将之照搬于中国，以作为传统的四要件犯罪构成论之替代，不免令人质疑；认为我国合理的犯罪构成结构应为犯罪客观要件—犯罪主体—犯罪主观要件—犯罪客体（其中包括两项内容：一是犯罪客体的特征与概念，二是排除犯罪客体的情况——正当化行为），并认为这种构造，符合司法实践中认定犯罪的真实逻辑过程；解决了正当化行为在犯罪构成论中应有的体系位置问题；吸收了世界其他两大犯罪构成论中出罪的直接机制性设置的精华，人权保障的制度性安排凸显。[③]

也有学者主张在我国犯罪构成体系中增加定量因素，认为我国犯罪构成理论存在着把事实判断和价值判断、形式判断和实质判断合二为一的缺陷，如果把犯罪的定量因素纳入犯罪成立条件体系，使其和正当行为理论、期待可能性理论相辅相成，对形式上具备犯罪构成的行为进一步进行价值判断、实质判断，从而彻底改变传统犯罪构成理论的缺陷，使平面化转变为立体化、层次化，使定量因素、正当行为、期待可能性等理论在犯罪成立条件体系中得到安身立命之地，因而使该理论获得强大的解释力。[④] 对于定量因素，有学者认为，其类型包括数额、情节以及目的犯的目的。以犯罪构成的定量因素为标准，可以将基本犯的既遂形态分为数额犯、目的犯和情节犯。[⑤]

持第三种观点的学者认为，评价犯罪构成理论体系的两个标准分别是逻辑性和实用性。以所评价的行为为出发点观察，大陆法系犯罪论体系的逻辑结构并不比我国犯罪构成理论体系的逻辑结构更有利于定罪。从实用性的角度，犯罪构成理论体系应当是历史的选择，必须符合现实的国情，保证定性准确、通俗易懂、操作便利并且能够经受实践的检验。进而指出，我国犯罪构成理论体系不仅在逻辑性上不次于大陆法系犯罪论体系，而且在实用性上也能够通过恰当的操作实践来达到准确定罪，因而反对彻底抛弃现

---

① 参见陈兴良：《违法性理论：一个反思性检讨》，载《中国法学》，2007（3）。

② 参见毛冠楠：《我国犯罪构成体系的模式选择》，载赵秉志主编：《刑法评论》，第12卷，25页，北京，法律出版社，2007。

③ 参见许发民：《二层次四要件犯罪构成论——兼议正当化行为的体系地位》，载《法律科学》，2007（4）。

④ 参见王政勋：《定量因素在犯罪成立条件中的地位——兼论犯罪构成理论的完善》，载《政法论坛》，2007（4）。

⑤ 参见王志祥：《犯罪构成的定量因素论纲》，载《河北法学》，2007（4）。

有的犯罪构成理论体系。①

至于对现有犯罪构成理论体系的技术性调整，有学者主张对犯罪构成要件的排列顺序进行调整，认为犯罪构成中构成要件的排列顺序问题是一个司法技术问题，构成要件的排列顺序应该按照从确定到模糊、从事实到价值、从客观到主观、从行为到行为人、从原则到例外的顺序排列，也即按照犯罪客观方面要件、犯罪客体要件、犯罪主观方面要件和犯罪主体要件的顺序排列。②

此外，还有学者对犯罪构成的本体属性进行了研究，认为：按照法制或法治的常理及罪刑法定的明确要求，区分罪与非罪的标准只能是刑法规定本身，而犯罪构成只是一种有助于"区分"的理论分析工具，是一座架设于事实与规范之间的桥梁。对犯罪构成概念可分两个层面进行：一个层面为对世的刑法普及宣传所使用之模糊定义——犯罪构成是指刑法规定的成立犯罪的基本条件的总和，另一层面限于学者们深入讨论、揭示真蕴所使用之精确定义——犯罪构成是指对刑法所规定的成立犯罪之基本条件进行梳理的理论体系。③ 也有学者对修正的犯罪构成理论④、构成要件与违法性关系⑤、犯罪构成符合性判断的思维模式⑥等问题展开了研究。

（五）犯罪客体与犯罪对象

在犯罪客体与犯罪对象问题上，2007 年度有学者对犯罪客体的分类、犯罪对象的概念、犯罪对象与犯罪客体的关系等问题进行了研究。

关于犯罪客体的分类，我国刑法理论一般是从纵向上将犯罪客体分为一般客体、同类客体和直接客体，从横向上将犯罪客体分为主要客体、次要客体和选择客体。对此，我国有学者认为，我国刑法理论对犯罪客体纵向分类所持的分类标准及其说明不尽相同。该学者认为，同类客体与直接客体的关系是形式与实质的关系，犯罪的一般客体存在的合理根据在于犯罪分类的完整性；主要客体、次要客体和选择客体的划分不是根据法益自身的重要性，而是取决于其与同类客体的关系；相对于主要客体，次要客体与选择客体都具有补充性，是独立于主要客体之外的。⑦

在我国刑法理论中，犯罪对象一般被定义为犯罪行为直接作用的人或物。对于这一定义，有学者认为，一些罪种的对象不具有被犯罪作用的直接性；将人的活动置于犯罪

---

① 参见吴大华、王飞：《犯罪构成理论体系：逻辑与适用的统一体》，载赵秉志主编：《刑法评论》，第 12 卷，1～24 页，北京，法律出版社，2007。

② 参见王充：《刑法问题类型划分方法与构成要件的排列顺序》，载《法制与社会发展》，2007 (4)。

③ 参见冯亚东：《犯罪构成本体论》，载《中国法学》，2007 (4)。

④ 参见陈璇：《修正的犯罪构成理论之否定》，载《法商研究》，2007 (4)。

⑤ 参见王充：《论构成要件与违法性关系：认识根据说与存在根据说》，载赵秉志主编：《刑法评论》，第 12 卷，51～67 页，北京，法律出版社，2007。

⑥ 参见沈琪：《犯罪构成符合性判断的思维模式》，载《中国青年政治学院学报》，2007 (5)。

⑦ 参见薛瑞麟：《犯罪客体的分类》，载《政法论坛》，2007 (2)。

对象之外，不符合我国的立法实际。① 也有学者认为：犯罪对象这个概念在不同的场合，被人们赋予了不同的含义：有时作为犯罪客体的表现形式使用，有时作为犯罪行为的直接指向来使用。而这两种意义并不完全相同，虽有时发生部分重合，却并非在任何时候都一致。为此主张将犯罪对象界定为犯罪实行行为作用或影响的，可以反映犯罪客体的具体人或物及其属性、状态、特征。并将犯罪对象分为直接犯罪对象与间接犯罪对象。②

也有学者对犯罪对象与犯罪客体的关系进行了研究，认为有些犯罪对象能够直接体现出犯罪客体的本质，而有些犯罪对象则很难发挥这种功能。③ 也有学者认为，用现象与本质这对范畴来说明犯罪对象与客体的关系，在总体上弊大于利。作为犯罪对象的具体人、物或活动是法益的构成要素，它们与法益是内部要素与整体的关系，应归属犯罪客体一章。而假币、贿赂、赌资等是行为对象，后者不包括具体的人。④

（六）犯罪主观方面

在犯罪主观方面，2007 年度有学者重点研究了过失中注意能力的判断标准问题，并提出了注意能力判断的"客观注意的主观化标准"说，认为注意义务的标准是客观的注意义务与主观的注意义务的统一，在其注意能力的判断标准上应同时考虑行为人与一般人的能力。该学者指出，"客观注意的主观化标准"是以一般人的注意能力为基准，综合行为当时的具体条件，从实际出发，实事求是地根据行为人个人的具体主观特征，判断他在当时的具体情况下有无注意能力。⑤

也有学者提出了主要罪过的概念，认为在结果加重犯、结合犯以及行为人对于结果发生难以预测的特殊犯罪中，要认定行为人究竟具备故意还是过失的罪过比较困难。过去有学者提出的复合罪过说、客观的超过要素概念等解决方法是否合理还值得推敲。为此该学者提出了一种新的判断标准：先从"事实上"确定这些特殊犯罪中的行为人究竟有多少个罪过，然后从"规范"意义上确定在这些罪过中，哪一个是次要罪过，哪一个是主要罪过，最终确定的这个主要罪过就是这些特殊犯罪的罪过形式。⑥

此外，在犯罪主观方面，有学者对犯罪动机与犯罪目的的划分标准⑦、非法定目的犯⑧等问题进行了研究，并提出了自己的观点。

---

① 参见薛瑞麟：《关于犯罪对象的几个问题》，载《中国法学》，2007（5）。
② 参见许发民、康诚：《犯罪对象概念的反思与重构》，载《法学研究》，2007（5）。
③ 参见许发民、康诚：《犯罪对象概念的反思与重构》，载《法学研究》，2007（5）。
④ 参见薛瑞麟：《关于犯罪对象的几个问题》，载《中国法学》，2007（5）。
⑤ 参见李希慧、刘期湘：《论犯罪过失中注意义务的实质标准》，载《现代法学》，2007（1）。
⑥ 参见周光权：《论主要罪过》，载《现代法学》，2007（2）。
⑦ 参见陈建清：《论我国刑法中的犯罪动机与犯罪目的》，载《法学评论》，2007（5）。
⑧ 参见付立庆：《非法定目的犯的甄别与定位——以伪造货币罪为中心》，载《法学评论》，2007（1）。

(七) 单位犯罪

单位犯罪是本年度刑法学研究的一个重点问题,也是中国法学会刑法学研究会 2007 年年会的主要议题之一。2007 年度对单位犯罪的研究主要集中于单位犯罪主体、单位犯罪的刑事责任和单位犯罪的量刑问题。

关于单位犯罪主体,有学者认为:将国家机关规定为单位犯罪的主体有利有弊。从有利的方面,它表明了国家维护法律权威与尊严的立场和信念。但是从弊的方面,将国家机关规定为单位犯罪的主体,不仅缺乏理论根据,而且没有规定的必要,因为虽有规定,却没有执行,实际上成为置而不用。总的来说,将国家机关规定为单位犯罪的主体弊大于利,应当予以取消。[①] 也有学者认为,国外立法例很少将国家机关规定为犯罪主体,而司法实践的现实表明,将国家机关作为犯罪主体难以行得通,因此,应当将国家机关排除在单位犯罪之外。[②]

关于单位犯罪的刑事责任,有学者认为,我国刑法规定的单位犯罪在刑事责任的实现上面临着理论解释、立法和司法适用等困境,并提出了三条解决路径:确认法人或单位的犯罪能力;增设社会组织体刑事责任,扩充刑罚体系;确定双罚制唯一式的处罚模式。[③] 也有学者认为,以所有制性质来区分单位类型的做法不符合经济现状,对单位实施非单位犯罪,能否对直接责任人员以自然人犯罪论处,单位能否与自然人构成非单位犯罪的共同犯罪规定不明确,刑法规定的单位犯罪的刑罚种类过于单一。[④]

关于单位犯罪的量刑制度,有学者反对单位累犯的存在,认为现行刑法既未规定单位普通累犯,也未规定单位特别累犯,并且从累犯制度设立及从严处罚的理论根据上看,刑法不应规定单位累犯;从单位累犯的立法建构上看,设立单位累犯存在立法困境;从司法实践上看,犯罪单位能够轻易逃避单位累犯制度,从而免受从重处罚。[⑤] 也有学者主张单位可以成立立功,认为单位自首的确认可以作为单位立功的依据,并认为单位构成立功主体符合法律效率和刑罚目的的价值要求。在成立条件上,该学者认为,单位立功的主体只能是被告单位,并且必须以单位的名义,体现单位意志,为单位利益而实施。单位立功可以针对其他单位或个人,也可以针对本单位成员。对单位立功的,可以从轻处罚或者免除处罚。[⑥]

---

① 参见马克昌:《"机关"不宜规定为单位犯罪的主体》,载《现代法学》,2007 (5)。
② 参见陈志军:《单位犯罪立法之比较与完善》,载赵秉志、郎胜主编:《和谐社会与中国现代刑法建设——新刑法典颁行十周年纪念文集》,511 页,北京,北京大学出版社,2007。
③ 参见徐岱:《单位犯罪刑事责任实现的困境及出路》,载李洁、张军、贾宇主编:《和谐社会的刑法现实问题》(上),225~232 页,北京,中国人民公安大学出版社,2007。
④ 参见陈志军:《单位犯罪立法之比较与完善》,载赵秉志、郎胜主编:《和谐社会与中国现代刑法建设——新刑法典颁行十周年纪念文集》,512~518 页,北京,北京大学出版社,2007。
⑤ 参见于改之、吴玉萍:《单位累犯否定新论》,载《法学评论》,2007 (2)。
⑥ 参见卢勤忠:《单位立功的若干疑难问题研究》,载《法学评论》,2007 (2)。

此外，还有学者对单位犯罪的直接责任人员认定①、单位犯罪的追诉时效期限②等问题进行了研究。

（八）故意犯罪的停止形态

2007 年度有学者对中止犯的有效性认定和中止犯与未遂犯的竞合问题进行了研究。有效性是中止犯成立的条件之一。但对因其他原因防止了既遂结果发生和因其他原因导致了既遂结果发生这两种情况是否属于中止，理论上存在较大争议。对此有学者认为，对于第一种情况，只要行为人实施了真挚的中止行为或者行为人付出了与自己独立防止既遂结果发生同等程度的努力，就应认定其中止犯的成立；若行为人通过第三者实施中止行为，只能是在第三者实施中止行为比行为人亲自实施中止行为对消除既遂结果的发生具有更大的可能性，且行为人必须满足第三者为避免既遂结果的发生所提出的协助要求时，才成立中止犯。对于第二种情况，该学者认为，应着重考察中止行为能否独立防止既遂结果的发生以及其他原因是否能导致犯罪行为与既遂结果发生之间因果关系的中断，如果中止行为能防止既遂结果发生并且因果关系没有发生中断，就应成立中止犯。③

关于中止犯与未遂犯的竞合形态，有学者认为：它既不完全符合未遂犯的构成特征，也不完全符合中止犯的构成特征，而且在现行刑法的框架内也不能找到妥当的解决方案。中止犯与未遂犯的竞合形态属于大陆法系刑法理论中的准中止犯，应在我国刑法中引入准中止犯的概念，通过立法途径来解决中止犯与未遂犯竞合的问题。④

（九）共同犯罪

关于共同犯罪，2007 年度学者们研究的重点是共犯的本质和共犯与正犯的区分。关于共犯本质，刑法理论上一直有行为共同与犯罪共同之争。对此有学者认为，以相互对立的价值观念建构的共犯本质理论，不可能为法官提供可操作的认定"共同关系"的程序性工具，应当以全社会可以达成共识的法官中立价值作为逻辑起点来重新构筑共犯本质理论体系。⑤ 据此，该学者认为，解决共犯本质的关键是"犯罪行为共同性"，犯罪行为共同性包括实行行为和非实行行为，而且共同正犯的行为人并不是以实施同一构

① 参见王良顺：《论单位犯罪中直接责任与直接责任人员的认定》，载《法商研究》，2007（2）。

② 参见张国伟：《单位犯罪追诉时效期限的确定》，载李洁、张军、贾宇主编：《和谐社会的刑法现实问题》（上），593～598 页，北京，中国人民公安大学出版社，2007。

③ 参见程红：《中止犯有效性认定中的两个疑难问题探析——兼评德、日两国的相关学说》，载《法商研究》，2007（3）。

④ 参见张平：《中止犯与未遂犯的竞合形态研究》，载《法学评论》，2007（3）。

⑤ 参见许富仁：《重建共犯本质理论逻辑基点——关于德日共犯本质理论逻辑基点的否定》，载《法律科学》，2007（5）。

成要件的实行行为为基准，也可以不同构成要件的实行行为构成共同实施行为关系；正犯的实行行为与狭义共犯的非实行行为可以成为共同关系。①

正犯与共犯的区分关键在于实行行为。对于实行行为的判断，有学者认为：从形式上看，实行行为必须为刑法分则规定；从实质上考察，实行行为必须对法益侵害具有现实的危险。而对法益侵害具有现实的危险包含两层含义：实行行为必须具有侵害法益的危险性；这种侵害法益的危险必须是"现实的"、"紧迫的"。对于是否存在危险，该学者认为，应当以"事后查明的客观行为事实，站在行为的当时，根据社会一般人的观点"进行判断。② 对实行行为，也有学者研究了其自然结构和规范结构，并认为实行行为的自然结构要素仅为心素与体素，实行行为的规范结构涉及实行行为的构成要素类型和实行行为的整体构成类型，实行行为的构成要素有：方法行为、目的行为、本质行为、职务行为、违规行为，单纯性要素、选择性要素、合并性要素。实行行为的整体构成有单元型实行行为与多元型实行行为，提升的实行行为、纯正的实行行为与扩展的实行行为，单人的实行行为与聚众的实行行为。③

此外，还有学者对我国刑法第 29 条第 2 款规定的教唆未遂的内涵④、我国分工分类与作用分类并存的共同犯罪人分类方法⑤等问题进行了研究。

（十）罪数理论

关于罪数，2007 年度的研究主要涉及罪数的划分、数额加重犯与结果加重犯的既遂与未遂问题以及结合犯的刑法设置。

关于罪数的划分，有学者认为，我国对大陆法系理论中的行为说、犯意说、法益说、构成要件说所进行的评判存在重大误读，并认为我国在罪数的判断标准上没有很好地坚持犯罪构成说，在一罪类型的划分上对犯罪构成类型和犯罪构成要素复杂性缺乏应有的思考。以犯罪构成说为标准，该学者主张将一罪划分为单纯一罪与复杂一罪，并主张从罪数论的研究任务出发，将继续犯、集合犯、吸收犯、结合犯排除出罪数论的研究范围。⑥

关于数额加重犯是否存在既、未遂形态，刑法理论上一直存在争论。2007 年度有学者认为：对此不能脱离对加重数额的性质的认识。根据犯罪既遂的模式，数额加重犯中的加重数额是就数额加重犯的既遂形态而言的，在行为人由于意志以外的原因没有达

---

① 参见许富仁：《犯罪行为共同性：解决共犯本质问题的关键——对共犯本质学说的反思》，载《法学评论》，2007（4）。

② 参见何荣功：《论实行行为的危险及其判断》，载《法律科学》，2007（1）。

③ 参见张小虎：《犯罪实行行为之解析》，载《政治与法律》，2007（2）。

④ 参见肖本山：《"教唆未遂"诠释新解——关于体系性解释和目的解释方法的适用》，载《法学评论》，2007（5）。

⑤ 参见郝守才：《共同犯罪人分类模式的比较与优化》，载《现代法学》，2007（5）。

⑥ 参见陆诗忠：《我国罪数理论之基本问题研究》，载《法律科学》，2007（2）。

到法定的加重数额的情况下，只能认为数额加重犯尚未具备既遂形态的全部构成要件要素，原则上可以作为犯罪未遂处理。① 关于结果加重犯的既遂与未遂，有学者认为，结果加重犯既遂的犯罪构成在内部结构上由基本犯罪行为与加重结果两个部分组成；只有符合基本犯的全部构成要件并且发生了加重结果，才能认定为结果加重犯的既遂；在基本犯未遂但发生了加重结果的场合或者在加重结果出于直接故意而未发生且基本犯既遂的场合，均可成立结果加重犯的未遂；在加重结果出于直接故意而未发生且基本犯未遂的场合，更是可以成立结果加重犯的未遂。②

我国刑法没有明确规定结合犯，并且理论上也有些学者认为刑法不应设置结合犯。对此有学者认为，我国刑法中应当设置结合犯，在刑法中设置结合犯能够克服数罪并罚制度在某些情况下不能重惩特定数罪、加重犯立法技术不能惩处特定数罪、牵连犯立法不能重惩特定数罪的不足，并且能够限制法官的自由裁量权，达到严惩特定数罪的目的。③

（十一）排除犯罪性事由

排除犯罪性事由在我国刑法中只规定了正当防卫和紧急避险，但刑法理论上也承认被害人承诺等事由可以排除行为的犯罪性。

2007 年度有学者对被害人承诺问题进行了集中探讨，认为我国的社会制度决定了我国是一个以人的全面自由发展作为终极目标的社会，我国刑法没有将违反社会伦理规范的被害人放弃自己利益的行为规定为犯罪，因此，在个人放弃其能够支配的利益并不妨害他人和公共利益时，应当尽量认可。该学者认为，我国被害人承诺的基础是保护被害人的自由决定权，适用范围包括了除生命之外的其他个人利益，影响被害人承诺效力的只限于对所放弃利益具有误解的场合。④ 也有学者认为：被害人承诺的成立有严格的条件限制，凡是欠缺承诺成立的有效要件，如主体不适格、意思表示不真实、承诺不适时、承诺范围不恰当，均不成立被害人承诺。而一旦具备承诺成立的条件，承诺行为得阻却违法，排除了行为的社会危害性。被害人承诺以利益衡量理论为基石，凸显民权刑法中国家对公民自由决定权的尊重和保护。国家应以民权刑法为根据进行利益衡量与取舍后，允许个人在自由的法秩序范围内按照自己的价值进行取舍。⑤

对于正当防卫的主观条件，刑法理论上多要求行为人必须具有防卫的意图。对此，有学者认为，对正当防卫主观条件的这种限定，会将行为人不是出于防卫目的或意图的本能行为、恐惧或者愤怒之下而具有加害对方意图的反击行为等排除在正当防卫之外，

---

① 参见王志祥：《数额加重犯基本问题研究》，载《法律科学》，2007（4）。
② 参见王志祥：《结果加重犯的未遂问题新论》，载《法商研究》，2007（3）。
③ 参见陆诗忠：《论结合犯的立法意义》，载《法学评论》，2007（5）。
④ 参见黎宏：《被害人承诺问题研究》，载《法学研究》，2007（1）。
⑤ 参见肖敏：《被害人承诺探究——民权刑法视域中的利益衡量》，载《政治与法律》，2007（4）。

体现不了作为公民权利的正当防卫的本质，达不到刑法规定正当防卫的目的。该学者认为：从客观主义刑法观的立场出发，只要行为人意识到存在紧急不法的侵害，并对不法侵害人造成适当损害的，就应当成立正当防卫。对于相互斗殴和挑拨防卫，只要客观上所针对的是不法侵害，就不能完全排除其成立正当防卫的可能；偶然防卫不能成立正当防卫，但因其不具备成立犯罪的客观条件，应作无罪处理。①

"自招危险"能否成立紧急避险在刑法理论上有较大的争论。对此，有学者以"自招危险"导致的作为义务为视角，认为：在自招他人危险并且危险利益处于作为义务的法益有效保护范围之内，应适用过失犯类型的"作为义务排除规则"，排除成立紧急避险的可能；不真正不作为犯类型则由于多个法益的相对独立性并不必然排除紧急避险制度的适用；在自招本人危险时，以容忍义务为基础，通过利益衡量，可以有限度地适用紧急避险。②

（十二）刑罚功能与刑罚目的

在刑法理论界，刑罚的功能和目的一直备受关注。关于刑罚功能，2007 年度有学者认为可将其分为外部功能和内部功能。过去刑法理论上探讨的都是刑罚的外部功能，刑罚的内部功能并没有得到研究。对此，该学者提出了刑罚内部功能的概念，并认为：作为刑法系统基本要素的刑罚，主要有三个方面的内部功能：规范定性功能、评价功能、予效功能。③ 关于评价功能，从立法意义上看，有"质"和"量"两个表现。质的评价表现为，刑罚所代表的是国家对行为的否定，在刑法规范中，刑罚具有对类型化的行为进行定性的作用。量的评价表现为，"刑罚的配置"其实是针对犯罪类型的评价活动，一个罪行规范中的刑量，其实不过是立法者对作为该规范内容的犯罪行为所作的罪量评估。④

关于刑罚目的，有学者认为，刑法目的等同于刑罚目的，刑法的目的是保障包括犯罪人在内的全体公民的基本人权，要实现这一目的，必须要减少犯罪。通过对不同类型人的犯罪可能性进行分析可以发现，要实现最大化地减少犯罪，量刑的基准必须是以犯罪的成本大于收益且刚刚大于收益为宜，因此，以保护包括犯罪人在内的全体公民基本人权为内容的"一般预防论"应该是刑罚的目的。⑤

---

① 参见黎宏：《论正当防卫的主观条件》，载《法商研究》，2007 (2)。
② 参见胡嘉金、王昭振：《论紧急避险中"自招危险"的理论诠释及内在价值构造——以作为义务为视角》，载《法学评论》，2007 (3)。
③ 参见周少华：《刑罚的内部功能解释》，载《法律科学》，2007 (3)。
④ 参见周少华：《刑罚在立法上的评价功能》，载《政法论坛》，2007 (3)。
⑤ 参见肖洪：《刑罚目的应该是"一般预防"》，载《现代法学》，2007 (3)。

（十三）死刑制度改革

近年来，死刑问题一直是刑法理论关注的焦点，2007 年度亦不例外。2007 年刑法学年会就将"死刑的司法限制适用问题研究"作为主要议题之一进行了深入研究。总的来说，2007 年度对死刑制度的研究主要涉及死刑制度改革的方向以及死刑制度的立法、司法改革。

关于死刑制度的改革方向，有学者认为，我国现阶段死刑制度的改革面临四大难题：废除死刑的国内外尤其是国内的重大社会环境条件尚不充分；立法方面存在死刑罪名过多、刑罚体系严重不协调等问题；司法方面还缺乏限制死刑适用的规则，死刑核准权收回后的成功运作还面临着重重困难；我国崇尚死刑报应的观念根深蒂固，社会各界的死刑观也不尽相同。为此，该学者提出了五项解决对策：司法改革与立法改革相结合，并以死刑的司法改革为中心；观念变革与制度改进相配合，并以死刑的观念变革为基础；促进决策者认识与民意的共同提升，并以促进决策者观念变革为重点；确立死刑限制与废止逐步进展的方向、路径与切实可行的步骤；研究与死刑制度改革配套的立法与司法措施。① 也有学者认为，在当前国际社会倡导废除或严格限制死刑的主旋律政策指导下，死刑犯在等待死刑判决的过程中也忍受着马拉松式的诉讼过程所带来的长期关押、心灵折磨和待遇低下等痛苦，这种现象将导致死刑制度出现一些新的趋势：由于死刑适用的代价太高、程序太复杂而导致死刑适用越来越难，死刑适用越来越少；死刑犯受到的长期关押和多重惩罚，将会使死刑适用逐渐集中于罪行最严重、社会公众最痛恨的暴力罪犯，非暴力犯罪的死刑条文将逐渐被虚置等。②

关于死刑制度的立法改革，有学者认为，宪法中的生命权及违宪审查制度的缺位是我国死刑制度屡遭诟病的重要原因。我国应当从宪法上的生命权入手，有步骤、分阶段地将生命权入"宪"、入"法"，强化公民的生命权意识，并设立死刑的违宪审查制度，以实现限制乃至最终废除死刑的目标。③ 在死刑立法改革的刑法设计上，许多学者认为，应改革我国相关刑种和刑罚制度④，完善死缓制度⑤，修改与完善刑法总则和分则

---

① 参见赵秉志：《我国现阶段死刑制度改革的难点及对策——从刑事实体法视角的考察》，载《中国法学》，2007（2）。

② 参见胡云腾、周振杰：《严格限制死刑与严厉惩罚死罪——当代死刑制度的基本特点与未来走向》，载《中国法学》，2007（2）。

③ 参见上官丕亮：《废除死刑的宪法学思考》，载《法商研究》，2007（3）。

④ 参见丁慕英：《论我国刑法中死刑及相关刑种和刑罚制度的改革与完善》，载赵秉志、郎胜主编：《和谐社会与中国现代刑法建设——新刑法典颁行十周年纪念文集》，544 页，北京，北京大学出版社，2007。

⑤ 参见张泗汉：《完善死缓制度，减少死刑适用》，载赵秉志、郎胜主编：《和谐社会与中国现代刑法建设——新刑法典颁行十周年纪念文集》，549 页，北京，北京大学出版社，2007。

的死刑规定①，废除经济犯罪的死刑②，提高死刑案件的证明标准③等。

关于死刑制度的司法改革，许多学者对死刑司法控制的合理性与应然性、死刑的司法控制原则、民意与死刑的司法控制、刑法解释与死刑的司法控制、量刑情节与死刑的司法控制，检察机关在死刑司法控制中的作用、死刑司法控制的程序限制、因民间纠纷引发的暴力犯罪的死刑司法控制等问题进行了广泛研讨。④

(十四) 电脑量刑问题

电脑量刑是 2007 年度刑事司法中的一个热点问题，本年度我国有不少地方司法机关着手建立了电脑量刑系统。对于司法实践中的这种电脑量刑试验，我国有学者认为：量刑真正要解决的不是如何量化刑期，而是如何通过对影响刑罚的因素（包括个人的和社会的因素）进行综合考量与平衡，最后得出对犯罪人最适当的刑罚。通过这个程序得出的刑罚应当反映社会对犯罪报应、预防与制止以及矫治等诸需求的综合平衡。如此复杂的综合平衡过程是电脑这样的程式化机器所无法承担的，应由人脑来承担。电脑量刑不是良方。⑤

也有学者从四个方面提出了电脑量刑应该缓行的理由：首先，任何法律专家系统软件都意味着作出一种纯粹的法律实证主义预设。计算机可以处理法律条文内容中的三段论推理以及关于"要件—效果"的条件式推理，但无法适当表现那些决定有效规范在适用上的优劣顺序的元规则。其次，电脑量刑所体现的规范化，势必在强调一视同仁的普遍性规范适用之余忽视地方性知识、上下文脉络以及具体情境，而这些字里行间的"意义之网"对于社会影响较复杂的、容易引起争议的法律判断是非常重要的。再次，中国成文法历来都以"宜粗不宜细"的简约相标榜，不乏多种解释、临机应变的空间，各个概念的内涵和外延也尚未完全统一，不太适宜于电子计算机处理。最后，类似电脑量刑那样的软件，其核心是法律推理系统，而关于法律推理的研究成果的积累在中国还极其薄弱。⑥

在刑法总论方面，除以上问题外，还有学者就刑事科学方法论⑦、刑法思维⑧、刑

---

① 参见李希慧：《死刑立法修改与完善之探讨》，载赵秉志、郎胜主编：《和谐社会与中国现代刑法建设——新刑法典颁行十周年纪念文集》，560 页，北京，北京大学出版社，2007。

② 参见章惠萍：《对我国经济犯罪死刑废除的分析》，载《政治与法律》，2007 (3)。

③ 参见李少平：《死刑案件证明标准新探》，载赵秉志、郎胜主编：《和谐社会与中国现代刑法建设——新刑法典颁行十周年纪念文集》，569 页，北京，北京大学出版社，2007。

④ 限于篇幅，本文对死刑司法控制的各种具体观点不予以详述，详细内容参见李洁、张军、贾宇主编：《和谐社会的刑法现实问题》（中），北京，中国人民公安大学出版社，2007。

⑤ 参见虞平：《量刑与刑的量化——兼论"电脑量刑"》，载《法学家》，2007 (2)。

⑥ 参见季卫东：《电脑量刑辩证观》，载《政法论坛》，2007 (1)。

⑦ 参见张旭、单勇：《从方法到方法论——以刑事科学为场域的反思》，载《法制与社会发展》，2007 (1)。

⑧ 参见陈航：《刑法思维的属性研究》，载《法商研究》，2007 (6)；吴学斌：《刑法思维之变革：从概念思维到类型思维》，载《法商研究》，2007 (6)。

法结构①、刑法的溯及力②、刑法解释③、刑事立法的犯罪化与非犯罪化④、法益的功能⑤、不作为犯⑥、危险犯⑦、行政违反加重犯⑧、量刑原则⑨、教育刑⑩等问题进行了深入研究。

三、刑法各论问题

2007 年度刑法学在刑法各论研究方面的一个突出特点是关注热点、现实。学者们既关注网络裸聊行为的性质、虚拟财产的刑法保护等社会问题，又注重对国际公约下的侵犯著作权犯罪、贿赂犯罪立法完善等刑法理论问题的研究。与此同时，《刑法修正案（六）》、侵犯人身权利罪等问题也得到了较为集中、深入的研讨。

（一）《刑法修正案（六）》研究

2006 年 6 月 29 日，十届全国人大常委会第二十二次会议通过了《中华人民共和国刑法修正案（六）》。《刑法修正案（六）》共修正了刑法分则 20 个条文，修改幅度之大为历年刑法修正案之最。《刑法修正案（六）》出台以后，学者们对其进行了广泛研究。2007 年刑法年会还将"刑法修正案（六）理论与实务问题研究"作为会议的主要议题之一。综观本年度学者对《刑法修正案（六）》的研究，大体上可将其分为两类：一类是关于《刑法修正案（六）》的基本理论问题研究，另一类是关于《刑法修正案（六）》中的具体犯罪问题研究。

关于《刑法修正案（六）》的基本理论问题，有学者认为，《刑法修正案（六）》通过规定堵截构成要件、弹性构成要件、犯罪前置化、降低入罪门槛、增补新罪和提高法定刑的方法，严密了我国的刑事法网。⑪ 也有学者以《刑法修正案（六）》为视角研究了谦抑原则与经济刑法的关系，认为《刑法修正案（六）》虽然注意到了遵循谦抑原则，

---

① 参见刘仁文：《关于调整我国刑法结构的思考》，载《法商研究》，2007（5）。

② 参见刘仁文：《关于刑法溯及力的两个问题》，载《现代法学》，2007（4）；刘宪权：《我国刑法中溯及力相关问题探论》，载《政治与法律》，2007（3）。

③ 参见苏彩霞：《实质的刑法解释论之确立与展开》，载《法学研究》，2007（2）。

④ 参见于改之：《我国当前刑事立法中的犯罪化与非犯罪化——严重脱逸社会相当性理论之提倡》，载《法学家》，2007（4）。

⑤ 参见刘孝敏：《法益的体系性位置与功能》，载《法学研究》，2007（1）。

⑥ 参见宫厚军：《"保证人说"之演变及其启示》，载《法商研究》，2007（1）。

⑦ 参见高巍：《抽象危险犯的概念及正当性基础》，载《法律科学》，2007（1）。

⑧ 参见张明楷：《行政违反加重犯初探》，载《中国法学》，2007（6）。

⑨ 参见赵廷光：《论量刑原则与量刑公正——关于修改完善我国量刑原则的立法建议》，载《法学家》，2007（4）。

⑩ 参见王素芬：《教育刑理念的彰显与背离：近代中国假释制度考论》，载《法制与社会发展》，2007（6）。

⑪ 参见熊永明：《〈刑法修正案（六）〉严密刑事法网的学理分析》，载李洁、张军、贾宇主编：《和谐社会的刑法现实问题》（下），1325～1328 页，北京，中国人民公安大学出版社，2007。

尽量以少的立法代价取得较好的社会效果，但在某些地方有扩张之势。① 还有学者从"两极化"刑事政策的角度认为《刑法修正案（六）》体现了立法"严厉化"的倾向，包括：增设新罪名，扩大犯罪化规模；扩展部分条文的主体与罪行，增加覆盖范围；提高某些犯罪的法定刑，增加刑法的威慑力；删除部分条文的目的犯规定，增加客观因素；增加行为犯、情节犯和情节加重犯的法律规定，增强刑法适用的灵活性。②

关于《刑法修正案（六）》中的具体犯罪研究，学者们对《刑法修正案（六）》涉及的二十余个犯罪进行了广泛研究、探讨，其中，研究得比较集中的犯罪有不报、谎报安全事故罪，虚假破产罪，洗钱罪，赌博罪，掩饰、隐瞒犯罪所得、犯罪所得收益罪，枉法仲裁罪等。③ 这些研究，既有对《刑法修正案（六）》中相关犯罪的司法适用研究，也有对《刑法修正案（六）》中相关犯罪的立法完善研究；既注重现有立法规定的内涵解读，又注重研究中的理论创新，必将极大地丰富我国刑法各论的内容。

（二）侵犯著作权犯罪

随着我国加入世界贸易组织，著作权刑法保护的重要性和紧迫性日益凸显。虽然我国著作权刑法保护的立法、司法自 1994 年以来已经取得了相当大的进步，但相对于著作权刑法保护比较先进的国家以及 TRIPs 的规定，我国刑法还存在一些有待完善的地方。对此，有学者认为，从立法完善的角度，刑法应取消侵犯著作权犯罪中的"以营利为目的"的主观要素，并认为取消"以营利为目的"是适应现代科技的发展、加强对著作权保护的需要，是降低司法机关查处犯罪的证明难度、严密惩治侵犯著作权犯罪刑事法网的需要，也是与 TRIPs 第 61 条的有关规定相协调的需要。④

也有学者认为有必要完善著作权的刑法保护，应当完善侵犯著作权犯罪的行为方式，包括增设商业性使用盗版软件的行为，增设出租侵权复制品的行为，将刑法第 217 条中的"复制发行"修改为"复制、发行"⑤。还有学者认为：完善侵犯著作权犯罪的立法规定首先应修改罚金刑的数额模式，以侵犯著作权犯罪的销售金额或者非法经营数额为标准，对犯罪人判处销售金额或非法经营数额一定倍数或一定百分比的罚金，或者在犯罪人的销售金额、非法经营数额难以准确计量、侵犯著作权犯罪的规模较大、情节比较严重的情况下，可采用限额罚金制，对犯罪选择适用特定数额的罚金；其次应增设

---

① 参见周玉华、秦秀春：《谦抑原则与经济刑法司法论纲——以〈刑法修正案（六）〉为视角》，载李洁、张军、贾宇主编：《和谐社会的刑法现实问题》（下），1341 页，北京，中国人民公安大学出版社，2007。

② 参见张利兆：《"两极"刑事政策背景下立法"严厉化"趋向的具体体现——评〈刑法修正案（六）〉的立法特点》，载李洁、张军、贾宇主编：《和谐社会的刑法现实问题》（下），1348 页，北京，中国人民公安大学出版社，2007。

③ 关于《刑法修正案（六）》中具体犯罪的研究，参见李洁、张军、贾宇主编：《和谐社会的刑法现实问题》（下），北京，中国人民公安大学出版社，2007。限于篇幅，在此不予详述。

④ 参见赵秉志：《刑法应取消著作权犯罪中的"以营利为目的"的主观要素》，载《中国版权》，2007（5）。

⑤ 参见刘志伟：《完善侵犯著作权犯罪行为方式之规定的思考》，载《中国版权》，2007（5）。

给予被侵权人以经济补偿的规定。①

另外有学者认为，完善侵犯著作权犯罪应首先完善刑法关于侵犯著作权犯罪定罪情节的规定，并主张取消侵犯著作权罪和销售侵权复制品罪中"违法所得数额"的规定，将"非法经营数额"、"销售金额数额较大"、"侵权复制品数额较大"作为侵犯著作权犯罪的定罪情节，将"有其他严重情节"作为销售侵权复制品罪的兜底情节。②

（三）侵犯人身权利犯罪

1. 故意伤害罪

2007 年度有学者对故意伤害罪中的伤害概念、客体、伤害后果、伤害故意和同意伤害等问题进行了研究，认为：伤害应被解释为损害人的生理机能或使其健康状态恶化的行为；将伤害罪的犯罪客体表述为他人的"身体健康权"的传统观点存在缺陷，有必要修改为他人的"身体不受伤害或健康不受损害的权利"；在伤害与致死的对象不同一的场合，不能以故意伤害致死定罪处罚；有重伤他人的故意未造成重伤的后果，不能以重伤未遂来处罚；无伤害的故意而殴打他人的，即便是造成了伤害后果，也不能定故意伤害罪。与此同时，该学者还认为，经被害人同意造成其轻伤害的，不构成犯罪；造成其重伤害的，可构成故意伤害罪。③

2. 强奸罪

强奸罪在 2007 年度也受到了不少学者的关注。有学者对以强奸罪为代表的性犯罪与文化之间的关系进行了研究。我国刑法把强奸罪的实行主体限定为男子，受害人限定为女子；将强奸中性交的概念定义为男女生殖器的媾合；对强奸引起的纠纷由国家垄断处理权。对此，该学者认为：我国刑法的这种设定方式及规定的侵害模式，其初衷或许是为了保护妇女权益，但因其没有将男女放在平等的位置，并且过分强调了性别差异，而涂抹上了男权主义的印记。立足中国现实、借鉴西方经验，改革我国现行的性犯罪立法是当务之急。④

也有学者对强奸罪的违背妇女意志要件进行了研究，认为：犯罪侵害的社会关系是犯罪行为对社会造成的实际损害，犯罪威胁的社会关系是犯罪行为对社会的威胁。在强奸罪中，实际没有侵害妇女的身心健康并不等于不存在犯罪客体，行为不违背妇女意志不一定不侵害强奸罪的客体，因此，违背妇女意志不应该作为强奸罪的要件。⑤

---

① 参见黄晓亮：《论侵犯著作权犯罪之法律后果的立法完善》，载《中国版权》，2007（5）。

② 参见刘科：《侵犯著作权犯罪定罪情节规定的完善》，载《中国版权》，2007（5）。

③ 参见刘明祥：《伤害罪若干问题探究》，载《江海学刊》，2007（3）。

④ 参见李拥军：《掀开法律的男权主义面纱——对中国当代性犯罪立法的文化解读与批判》，载《法律科学》，2007（1）。

⑤ 参见谢慧：《违背妇女意志不应该作为强奸罪的构成要件》，载《政治与法律》，2007（4）。

（四）网络犯罪

网络犯罪作为一个社会问题日益突出，也备受刑法学者的关注。2007 年度有不少学者对网络犯罪问题进行了研究，其中研究、探讨得比较集中的是网络裸聊行为的刑法性质和网络虚拟财产的刑法保护问题。

1. 网络裸聊的刑法性质

网络裸聊是借助网络这一特殊空间介质而诞生的一种新的网络行为现象，是对网络上一些复杂淫秽现象的概称。对于网络裸聊的刑法性质，我国有学者认为，由于满足了"聚众"、"空间"、"淫乱行为"等要求，对于聚集多人进行裸聊的行为可以认定为聚众淫乱罪；对于组织他人通过视频进行淫秽表演的裸聊行为可以认定为组织淫秽表演罪；裸聊行为由于在时空上具有暂时性，因而不符合淫秽物品的特征，不能认定为传播淫秽物品（牟利）罪。[①]

也有学者认为：从刑法解释学的角度，我国现行刑法中缺乏对网络裸聊行为的犯罪构成设置，也无法通过合法的解释将其入罪，否则就是对罪刑法定原则的违背和国民预测可能性的牺牲。在我国现行刑法缺乏明文规定的情况下，不应该采用类推解释将网络裸聊行为等同于传播淫秽物品行为定罪处罚，更不应该将其作为聚众淫乱罪或组织淫秽表演罪定性，而应该坚持罪刑法定原则，切实发挥刑法的国民自由保障功能，不能以牺牲法治原则为代价来扩张刑罚权和推行道德。[②]

2. 网络虚拟财产的刑法保护

网络虚拟财产是指网民、游戏玩家在网络空间中所拥有、支配的必须用网络服务器的虚拟存储空间才能存在的财物，具体包括游戏账号、游戏货币、游戏装备、QQ 号码等。对网络虚拟财产是否属于刑法上的财产，应否予以刑法保护，刑法理论上一直存在争议。

2007 年度有学者以 2006 年深圳法院判决的 QQ 号码全国第一案为切入点，认为 QQ 号码这种虚拟财产应当属于刑法上的财产。该学者认为：QQ 号码尽管可以免费申请，但现在的号码多为 9 位数。早期的号码显得稀缺，一个 5 位数的号码在网上可以拍卖到几百元甚至上千、上万元。某些特殊的 QQ 号，市场交易价格更高。这说明 QQ 号具有现实的经济价值。与此同时，号码资源的有限性，使得本来不具有价值和无区别的 QQ 号码产生了交换价值，同时，该公司提供的收费服务项目又使得位数较好的号码不断增值。众多使用者对公司早期发送的 5 位、6 位号码及数字排列顺序较好的号码的偏好更增加了其市场价格，因而产生了许多通过网络市场进行号码交易的现象。[③]

---

① 参见王明辉、唐煜枫：《"裸聊行为"入罪之法理分析》，载《法学》，2007（7）。

② 参见高巍：《网络裸聊不宜认定为犯罪——与〈"裸聊行为"入罪之法理分析〉一文商榷》，载《法学》，2007（9）。

③ 参见于志刚：《论 QQ 号的法律性质及其刑法保护》，载《法学家》，2007（3）。

但也有学者认为：刑法保护的财产与虚拟财产有很大的不同，把虚拟财产作为现实世界中传统的财产并由刑法按财产犯罪来规制，在理论和实践方面都存在问题。虚拟财产的物理性质是一种承载相关信息的电子数据。所谓盗窃虚拟财产，无非表现为对电子数据的删除、增加、移动、修改等，其危害的是行政管理秩序和网络信息系统的安全，因此对其不能定盗窃罪，对于需要予以刑事处罚的，可以按照刑法第 286 条规定的破坏计算机信息系统罪处理。[1]

(五) 贿赂犯罪

2005 年 10 月 27 日，全国人大常委会批准加入了《联合国反腐败公约》，我国成为 2005 年 12 月 14 日起生效施行的《联合国反腐败公约》的首批加入国之一。与此同时，2006 年 6 月通过的《刑法修正案（六）》对商业贿赂犯罪也进行了修订。在此背景下，2007 年度学者们继续加强了对贿赂犯罪的立法完善研究。

关于贿赂对象的立法完善，有学者认为，将贿赂限定为财物已经不能适应当前打击各类贿赂犯罪的现实需要，应将贿赂的范围由财物扩大至财产性利益[2]，或者由"财物"扩大到"财物或者其他财产性利益"[3]，但不主张将非财产性利益纳入贿赂的范围。也有学者主张：应扩大贿赂对象的范围，把各种不应该得到的好处都作为贿赂犯罪的对象。不论是财物还是其他财产性利益，也不论是有形的财物还是无形的其他好处，只要能够满足收受人的某种需要，都应当纳入贿赂对象范围。[4]

关于"为他人谋取利益"或"为谋取不正当利益"的立法完善，有学者认为，取消行贿罪中的"为谋取不正当利益"要件，符合行贿罪的本质和《联合国反腐败公约》的相关规定，也适应从源头上治理腐败的需要[5]，只要是为了使受贿人利用职务上的便利实施某种行为而给予其某种好处，就应当构成行贿罪。[6] 也有学者主张将受贿罪中的"为他人谋取利益"修改为"以实施职务上的作为或不作为为条件"，以便与《联合国反

① 参见青锋：《网游虚拟财产：刑法保护中的价值冲突和选择》，载赵秉志、郎胜主编：《和谐社会与中国现代刑法建设——新刑法典颁行十周年纪念文集》，834～836 页，北京，北京大学出版社，2007。

② 参见熊选国、刘为波：《论贿赂犯罪的立法完善——基于〈反腐败公约〉和国内反腐败实际需要的平衡考察》，载赵秉志、郎胜主编：《和谐社会与中国现代刑法建设——新刑法典颁行十周年纪念文集》，872 页，北京，北京大学出版社，2007。

③ 参见陈国庆、韩耀元：《再论贪污贿赂犯罪的立法完善》，载赵秉志、郎胜主编：《和谐社会与中国现代刑法建设——新刑法典颁行十周年纪念文集》，882 页，北京，北京大学出版社，2007。

④ 参见张智辉：《论贿赂犯罪的立法完善——〈联合国反腐败公约〉与我国刑法的衔接问题》，载赵秉志、郎胜主编：《和谐社会与中国现代刑法建设——新刑法典颁行十周年纪念文集》，895 页，北京，北京大学出版社，2007。

⑤ 参见陈国庆、韩耀元：《再论贪污贿赂犯罪的立法完善》，载赵秉志、郎胜主编：《和谐社会与中国现代刑法建设——新刑法典颁行十周年纪念文集》，883 页，北京，北京大学出版社，2007。

⑥ 参见陈国庆、韩耀元：《再论贪污贿赂犯罪的立法完善》，载赵秉志、郎胜主编：《和谐社会与中国现代刑法建设——新刑法典颁行十周年纪念文集》，896 页，北京，北京大学出版社，2007。

腐败公约》规定的构成要件相一致。① 但也有学者认为，受贿罪中的"为他人谋取利益"要件应予保留，以突出受贿罪的权钱交易特征，更好地区分现阶段受贿犯罪与违反纪律收受礼金等行为的界限，也与《联合国反腐败公约》第 15 条规定的"以作为其执行公务时作为或者不作为的条件"实质一致。②

关于商业贿赂犯罪的立法完善，有学者认为：在立法模式上，在完备现有的形式刑法前提下，有必要兼采实质刑法的模式；在商业贿赂构成要件的完善上，应以市场秩序和公平竞争作为保护法益，适当扩大贿赂的范围，取消"为他人谋取利益"要件，保留"谋取不正当利益"要件，增设外国公职人员、国际公共组织官员贿赂犯罪；在刑罚设置上，罚金刑的数额应当参照非法获利数额确定，并增设资格刑种。③ 也有学者认为，商业贿赂罪发生在商业活动中，侵犯的客体应当是公平竞争的市场交易秩序，因此，应当改变目前商业贿赂罪的二元立法模式，增设独立的商业贿赂罪，并将其规定在"扰乱市场秩序罪"而非"妨害公司、企业管理秩序罪"中。④ 还有学者认为：商业受贿罪在我国刑法史上经历了从无到有，逐渐从受贿罪中分离出来并趋于逐步完善的过程。刑法将国有公司、企业中从事公务的人员以及受国有公司、企业委派到非国有公司、企业中从事公务的人员列入国家工作人员的范围实属不当。这些人员构成受贿的，应按照商业受贿罪定罪处罚，即使是国家机关工作人员，如果被委派到国有公司、企业或者其他单位，只要从事的是商业活动，有受贿行为的，同样应按照商业受贿罪论处。⑤

在刑法各论方面，除了以上问题，还有学者对恐怖主义犯罪⑥、金融犯罪的刑法分类⑦、中介犯罪⑧、乞讨犯罪⑨、隐瞒境外存款罪⑩、渎职犯罪⑪等问题进行了较有新意的研究。

---

① 参见张智辉：《论贿赂犯罪的立法完善——〈联合国反腐败公约〉与我国刑法的衔接问题》，载赵秉志、郎胜主编：《和谐社会与中国现代刑法建设——新刑法典颁行十周年纪念文集》，896 页，北京，北京大学出版社，2007。

② 参见熊选国、刘为波：《论贿赂犯罪的立法完善——基于〈反腐败公约〉和国内反腐败实际需要的平衡考察》，载赵秉志、郎胜主编：《和谐社会与中国现代刑法建设——新刑法典颁行十周年纪念文集》，873 页，北京，北京大学出版社，2007。

③ 参见谭淦：《商业贿赂罪的立法完善》，载《深圳大学学报》（人文社会科学版），2007 (3)。

④ 参见何显兵、刘超：《商业贿赂罪客体探析》，载《人民检察》，2007 (15)。

⑤ 参见李风林：《商业受贿罪主体拓展的论理分析——以国家工作人员的界定为视角》，载《河北法学》，2007 (5)。

⑥ 参见张惠芳：《论我国惩治恐怖主义刑法机制的建立与完善》，载《求索》，2007 (7)。

⑦ 参见刘宪权：《我国金融犯罪刑法分类质疑》，载《法学评论》，2007 (4)。

⑧ 参见阴建峰、张巧娜：《中介犯罪刑法规制研究》，载《法学评论》，2007 (4)。

⑨ 参见柳忠卫：《〈中华人民共和国刑法修正案（六）〉第 17 条之检讨——兼论乞讨罪的立法完善》，载《法商研究》，2007 (5)。

⑩ 参见龚培华、王立华：《隐瞒境外存款罪的司法认定》，载《法学》，2007 (5)。

⑪ 参见武小凤：《关于徇私枉法罪主体问题的初步探讨》，载《河南师范大学学报》（哲学社会科学版），2007 (2)。

四、外向型刑法问题

(一) 外国刑法与比较刑法

1. 外国刑法

在我国刑法理论上，过去一般将英美法系国家的犯罪构成要件分为本体要件与责任充足要件，或者将犯罪构成要件分为实体性犯罪构成要件与程序性犯罪构成要件。对此，有学者认为：我国对英美法系国家犯罪构成要件的这些表述不甚准确。英美法系国家的犯罪构成要件应分为犯罪表面成立要件（犯罪行为与心态）与犯罪实质成立要件（无罪辩护事由不存在），并且犯罪表面成立要件与犯罪实质成立要件之间存在重叠关系，有时难以区分。[1]

也有学者对法国的二元论犯罪体系进行了研究，认为：法国的犯罪二元论体系是以犯罪行为和行为人为基点，并且内部架构也在不断运动。其中犯罪行为由法律要件、事实要件和心理要件构成。法律要件是指犯罪构成要件必须由法律加以规定。而作为事实要件的事实行为有两种表现形式：一种是具体化行为，另一种是虚拟化行为。心理要件则要求行为人有犯罪意图。负刑事责任的行为人包括责任人的范围和刑事责任的认定，责任人的范围涵盖了自然人、法人和未成年人。法国犯罪理论体系在动态发展过程中体现了对行为人的重视，研究犯罪人被提升到与研究犯罪行为同等重要的地位。[2]

关于外国刑法，还有学者给对英国刑法理论中的犯罪过失概念[3]、英美法的严格责任[4]、"不知法不免责"准则的历史[5]、德日刑法理论上的不作为共犯[6]、客观归责理论[7]、西方刑罚轻缓化思想[8]等问题给予了关注。

2. 比较刑法

有学者对现代各国的死刑立法方式、死刑适用限制条件、死刑核准与批准问题、死刑执行方法与场所以及死刑犯的赦免或减刑制度、代替死刑的制度进行了比较研究，认为：绝对死刑立法方式是极不科学且有悖于现代刑罚理念及制度的做法，与当今废止死刑的国际潮流严重背道而驰，是不可取的；死刑只能适用于最严重的、侵害生命的犯

---

① 参见赖早兴：《英美法系国家犯罪构成要件之辨正及其启示》，载《法商研究》，2007 (4)。

② 参见孙平、博胥康：《法国犯罪二元论体系概述：行为和行为人》，载赵秉志主编：《刑法论丛》，第 11 卷，303~320 页，北京，法律出版社，2007。

③ 参见李居全：《论英国刑法学中的犯罪过失概念——兼论犯罪过失的本质》，载《法学评论》，2007 (1)。

④ 参见王永杰：《严格责任论：以英美刑法为中心》，载《现代法学》，2007 (1)。

⑤ 参见劳东燕：《"不知法不免责"准则的历史考察》，载《政法论坛》，2007 (4)。

⑥ 参见刘瑞瑞：《德日不作为共犯研究评析》，载《求索》，2007 (4)。

⑦ 参见于改之、吴玉萍：《刑法中的客观归责理论》，载《法律科学》，2007 (3)。

⑧ 参见李震：《西方刑罚轻缓化思想述评》，载《山东社会科学》，2007 (5)。

罪，对经济犯罪不应适用死刑；在适用对象上，将"审判的时候怀孕的妇女"不适用死刑修改为"怀孕的妇女不得执行死刑"更科学，并且应规定对年满 70 周岁的老人不适用死刑。与此同时，该学者还认为，在死刑的批准方面，我国死刑执行批准手续与国外有很大的不同，增设死刑赦免制度或死刑减刑制度具有较强的现实意义。①

也有学者对中外刑法分则对犯罪形态的规定进行了比较研究，认为："刑法分则规定的犯罪构成以犯罪既遂为标准"这一命题在欧陆国家及日本有着历史的根基，修正的构成要件学说是其在结果主义传统与现实需要之间作出的调和选择。我国自古处罚未遂，对刑法罪名条款的认识与西方有别。因此，对我国现行刑法分则的理解，不宜与欧陆及日本刑法同日而语，而应作符合我国情况的解读：我国刑法分则的规定既包括既遂也包括未遂，犯罪构成与犯罪既遂是两个有着不同功能的概念。②

此外，还有学者对中美两国知识产权的刑法保护力度③、中英两国强奸罪的概念和构成④、各国商业贿赂犯罪的主体与对象⑤等问题进行了研究。

（二）国际刑法与区际刑法

1. 国际刑法

2007 年度，国际刑事法院《罗马规约》是学者们研究的一个热点。国际刑事法院管辖的是整个国际社会关注的最严重犯罪，具体包括四类：灭绝种族罪、危害人类罪、战争罪和侵略罪。对此，有学者以危害人类罪为例，对国际刑事法院《罗马规约》的犯罪构成要件进行了研究，认为国际刑事法院《罗马规约》对于犯罪构成要件的规定采用规约规定与犯罪要件细释相结合的方式，为在国际刑法领域实现法治化作出了有益的创新，开辟了国际刑事司法的新纪元。⑥

也有学者对国际刑事法院《罗马规约》对非国际性武装冲突的管辖进行了研究。当前，有部分国家以《罗马规约》将非国际性武装冲突纳入国际刑事法院管辖的战争罪为由，在建立国际刑事法院《罗马规约》的谈判过程中，反对《罗马规约》。对此，我国有学者认为，将非国际性武装冲突纳入战争罪并列入国际刑事法院管辖的罪行符合罪刑法定原则的要求，但同时应注意两个限制性条件：一是只有安理会才能启动《联合国宪

① 参见赵秉志、许成磊：《现代死刑适用制度比较研究》，载赵秉志主编：《刑法论丛》，第 11 卷，432～474 页，北京，法律出版社，2007。

② 参见夏勇：《中外刑法分则对犯罪形态的规定之比较研究》，载《政治与法律》，2007（3）。

③ 参见李晓明：《从中美 IP/WTO 第一诉谈我国的轻罪体系建构——重在两国 IP 保护力度的分析》，载《中国法学》，2007（6）。

④ 参见杜江：《中英刑法上强奸罪之比较》，载《现代法学》，2007（3）。

⑤ 参见王仲兴、李波：《商业贿赂犯罪比较研究》，载赵秉志主编：《刑法评论》，第 12 卷，240～246 页，北京，法律出版社，2007。

⑥ 参见卢建平、郭健：《国际刑事法院〈罗马规约〉犯罪构成要件刍议——以危害人类罪作为样本》，载《河北法学》，2007（7）。

章》第七章规定的程序。二是对非国际性武装冲突构成要件的两个关键性门槛，即"作为一项计划或政策的一部分所实施的行为，或作为在大规模实施这些犯罪中所实施的行为"和"严重违反国际法既定范围内适用于非国际性武装冲突的法规和惯例"应从严掌握。该学者认为，非国际性武装冲突的情况相当复杂，是否危及国际和平与安全，应具体问题具体分析。解决国内冲突应主要依靠当事国人民的努力。①

关于国际刑法，还有学者对向国际刑事法院移交人犯问题②、作为危害人类罪前提条件的"广泛或有系统地对平民人口实施攻击"的内涵③、《联合国反腐败公约》及中国反腐败国际合作④等问题进行了研究。

2. 区际刑法

有学者对我国台湾地区的"宽严并进"刑事政策及其指导下的"刑法修正"进行了研究，认为：2006年7月1日起施行的台湾地区"刑法修正"分别体现了"宽严并进"刑事政策的从严面和从宽面，包括对拘束人身自由的保安处分适用罪刑法定主义、短期自由刑的转向、未满18岁禁处死刑或无期徒刑的要求、连续犯及牵连犯的废除、重刑化趋向的确立、自首减刑规定的变革、假释制度的重构、性侵犯犯罪治疗及预防再犯体系的建立、责任能力中有关精神状态的用语、追诉时效制度的修订等，修正幅度为历年来最大。其中，对保安处分适用罪刑法定主义、对未成年人禁处死刑与无期徒刑以及为废除而寻求替代措施等值得学习和借鉴。但其"三振出局"制度的引进则值得检讨与批判。⑤

也有学者对我国澳门地区刑法中的附加刑进行了研究，认为：澳门地区刑法中的附加刑存在立法分散、名目繁多、各自为政的特点，澳门刑法典中的附加刑只有4种，但澳门地区的单行刑事法律和附属刑法中规定的附加刑却种类繁多，不下数十种。这种立法破坏了刑事立法体系的科学性，违反了刑事立法的刑罚必要性原则，同时也混淆了刑罚与行政处罚的基本界限，为此，应当调整立法理念，强化刑法典的指导地位和指导作用，适用非刑罚化的时代潮流，删除不必要的附加刑。⑥

---

① 参见王秀梅：《国际刑事法院管辖战争罪中非国际性武装冲突》，载《南开学报》（哲学社会科学版），2007(1)。

② 参见黄风、黄伯青：《向国际刑事法院移交人犯问题研究》，载《吉林大学社会科学学报》，2007（6）。

③ 参见高铭暄、王俊平：《论〈罗马规约〉规定的危害人类罪的前提要件》，载《南开学报》（哲学社会科学版），2007（1）。

④ 参见储槐植、郭明跃：《联合国反腐败公约与我国反腐败国际合作研究》，载赵秉志主编：《刑法论丛》，第11卷，475～527页，北京，法律出版社，2007。

⑤ 参见卢建平、周建军：《"宽严并进"刑事政策在台湾地区的实践——以台湾地区2005年"刑法修正"为样本》，载《南昌大学学报》（人文社会科学版），2007（1）。

⑥ 参见赵国强：《澳门"刑法"中附加刑之立法现状及其反思》，载赵秉志、郎胜主编：《和谐社会与中国现代刑法建设——新刑法典颁行十周年纪念文集》，649～662页，北京，北京大学出版社，2007。

五、刑法学研究发展之展望

以刑事法治理念为指导，2007 年度的刑法学研究，既立足本国，围绕我国刑事法治领域的重大实践与理论问题展开了系统研究，同时又放眼世界，加强了外向型刑法学研究，注重对外国刑法、区际刑法立法理论的合理借鉴，注重中国刑法与国际刑法的接轨研究，成果斐然。刑法学的实践性、理论性和科学性在 2007 年度刑法学研究中得到了较为充分的体现，这是值得充分肯定的。

但是，反观 2007 年度的刑法学研究，我们也发现，白璧微瑕，2007 年度的刑法学研究也还存在一些问题，有待于我们在以后的研究中加以改进：

（一）研究方法的多样性

在研究方法上，2007 年度有学者运用实证的方法对部分刑法问题进行了定量研究[①]，但从总体上看，2007 年度的刑法学研究，主要运用的还是以思辨为主的定性研究方法。这种"定性研究以描述和解释为主，而不是将重点放在验证假设、提出政策性建议和预测上"[②]，偏好于探究意义、概念、特征、隐喻、符号和对事物的描述。应该说，定性的研究方法，对作为规范科学的刑法学来说是十分有益的，它有利于我们探究刑法规范文本的真实含义，有利于刑法在司法实践中的有效贯彻和实施。但是，作为一种研究方法，定性研究也存在一些缺陷，如它是一种主观的研究范式，承认主观化世界中研究者的价值涉入，这就意味着，从不同的价值基点出发，研究者可能会得出完全相反的结论。因此，注重研究方法的多样性，适度运用以实验法、问卷调查法、测量法、统计模型法等为主要内容的定量研究方法，对于我们有效地探究刑法的社会基础和社会效应具有积极意义，也是需要我们在以后的研究中加强的。

（二）刑事法治理念的始终贯彻

作为一种主观的研究范式，2007 年度的刑法学研究十分注重以刑事法治理念为指导。人权保障、刑法谦抑是 2007 年度许多刑法学者的分析工具。我们相信，这种研究对于推进我国刑事法治建设将起到积极作用。但是，综观本年度的刑法学研究，我们也会发现，刑事法治的理念在有些学者的研究中并没有得到彻底的贯彻，特别是涉及一些行为的入罪化、犯罪化的时候，有利于被告原则和刑法谦抑性原则往往"芳踪难觅"。这是需要在以后的刑法学研究中努力避免的。我们认为，从推动我国刑事法治建设进程

---

① 参见陈永生：《我国刑事误判问题透视——以 20 起震惊全国的刑事冤案为样本的分析》，载《中国法学》，2007（3）。

② 陈向明：《社会科学中的定性研究方法》，载《中国社会科学》，1996（6）。

的角度看，刑事法治理念应该贯彻于我国刑事司法和刑事立法研究的始终。

（三）刑法学的本土化与国际化

与许多学科一样，刑法学的发展也有一个本土化和国际化的融合问题。从 2007 年度的刑法学研究看，有的学者十分注重刑法学的国际化，对一些重大的刑法理论问题主张全盘移植国外的学说，对一些重大的刑事立法问题有照抄国外立法的倾向。也有的学者强调刑法学的本土化，主张中国问题的本土解决。对此，我们认为："中体西用"是刑法学研究中必须要始终遵循的一个原则。适当介绍国外的理论和做法并结合中国的实际作一些思考，这是十分必要的。但是，如果单纯是为了"创新"而全盘照搬、照抄国外的理论和做法，这对我国的刑法学研究将是十分有害的。同样，片面强调中国语境，尽力抵制国外的有益经验，则是故步自封，也将不利于我国刑法学和刑事法治建设的发展。因此，如何真正做到"中学为体、西学为用"，积极促进刑法学的本土化与国际化的融合，将是今后刑法学研究的一个重点。

（四）刑法学的综合发展

从 2007 年度刑法学研究的总体情况看，对中国刑法的规范研究仍是 2007 年度刑法学研究的重点，成果也是最丰富的。但是，作为一个开放的体系，刑法学必须注意吸收其他学科的优秀成果，综合发展。而这一点在本年度的刑法学研究中体现得还不是很充分。着眼于刑法学的长远发展，我们认为，以后的刑法学研究应当注意两个方面的发展：一是要大力加强外国刑法学、比较刑法学、国际刑法学和区际刑法学等薄弱学科的研究，注重现有刑法学内部学科的整体发展。二是要多学科交叉整合、学习，借鉴其他相关学科成功的研究成果和研究方法，促进刑法学与其他学科的交叉研究，不断发展出新的交叉学科，引领刑法学朝着更综合的方向发展。

总之，尽管还存在一些问题与不足，但是，过去的一年刑法学研究所取得的成绩是有目共睹的。我们有理由相信，在即将来临的一年，在刑事法治理念的指引下，我国刑法学者的研究必将百尺竿头更进一步，为我国刑事法治建设作出更大的贡献。

［赵秉志、袁彬；载《中国法学》，2008（1），原文发表时有删节］

第二十八章
2008 年的刑法学研究

一、前　　言

2008 年是我国改革开放 30 周年。30 年来，伴随着我国社会主义现代化建设事业的蓬勃发展，我国刑事法治建设和刑法学研究也取得了丰硕的成果。以纪念改革开放 30 周年为契机，2008 年，我国刑法学在加强改革开放 30 年刑法总结研究的同时，继续不断深化刑法基本问题研究，无论是在刑法总论、刑法各论还是在外向型刑法方面，都著述颇多，成果斐然。限于篇幅，在此仅对 2008 年度刑法学研究中探讨较为集中、深入或有所创新的若干问题予以述评。

二、刑法总论问题

2008 年度，在刑法总论方面，学者们重点围绕改革开放 30 年的刑法发展、刑法解释、犯罪构成、排除犯罪性事由、期待可能性、故意犯罪停止形态、共同犯罪、刑罚、死刑制度改革、量刑、前科消灭等刑法热点和重点问题开展研究，无论是在研究方法上还是在研究深度上都有了一定的突破。

（一）改革开放 30 年的刑法发展研究

1978—2008 年，伴随着改革开放的步伐，我国刑法走过了 30 年的历程。2008 年度，为了纪念改革开放 30 周年，刑法学界开展了一系列纪念活动，与此同时，不少学者对我国改革开放 30 年的刑法发展进行了回顾与总结，并对我国刑法的未来发展方向进行了展望。

有学者通过回顾数十年里我国国家政治决策与刑法变革的关系，发现，政治决策是否顺应了时代的发展、是否良好，对刑法的变革至关重要；政治决策是否依法而推动，是国家政治决策能否顺利贯彻实施的关键所在。该学者认为，改革开放至今，国家政治决策与刑法变革的良性关系逐步回归，未来应通过科学化、民主化的程序制定出符合时代发展和国际潮流、符合国家发展方向的政治决策，以此推动刑法的变革，并通过刑法的变革，使正确的国家政治决策得到有力的贯彻实施。①

也有学者从刑法立法的角度回顾了改革开放 30 年的刑法立法发展，认为改革开放 30 年来新中国的刑法立法取得了有目共睹的成就：颁行了新中国成立以来第一部刑法典；逐步确立了保障人权的观念；刑罚制度改革逐渐与国际化趋势相协调；刑法修正案成为主要的修法模式；刑法立法解释作为刑法的渊源开始受到重视。今后，我国刑法的改革，应当以有助于构建和谐社会和强化人权保障、有助于贯彻宽严相济的基本刑事政策为发展方向，刑法改革的重点应该放在死刑制度和有关人权保障的刑法制度上，并及时而合理地增设新型犯罪和国际犯罪的种类，在刑法中切实贯彻联合国刑事法治的基本准则。②

还有学者对改革开放 30 年刑法的发展进行了反思，认为 1997 年刑法典对 1979 年刑法典的修订是我国刑法的历史性进步，从宏观方面看，主要表现为从类推制度到罪刑法定原则的转变，由部分死刑核准权下放到死刑复核权全部收归最高人民法院统一行使，刑事政策从惩办与宽大到宽严相济的调整。但是，回顾我国 30 年来的刑法立法和司法实践，尚存在需要重新审视和改进的方面：应当严格贯彻罪刑法定原则，需要大力完善死刑的立法和司法工作，要进一步执行宽严相济的刑事政策。③

（二）刑法解释

我国刑法学界历来重视研究刑法解释，迄今已形成了相对固定的研究框架、队伍，但在刑法解释的基本立场、解释机理等方面的研究尚不够深入，对哲学、语言学等学科理论资源的运用也有所忽视。④ 2008 年度，在刑法解释方面，学者们重点加强了对刑法解释的立场、方法和机制的研究。

1. 刑法解释的立场

关于刑法解释的立场，有学者认为："形式的刑法解释论"和"实质的刑法解释论"均存在一定缺陷。我国少数民族地区与汉族地区的差异主要表现为文化差异，因此，在我国少数民族地区应提倡"文化的刑法解释论"，即以"形式的刑法解释论"和"实质的刑法解释论"之合理性为基础，并将民族法文化作为刑法解释的依据。⑤

也有学者认为，在刑法解释的立场上，我国对刑法解释坚持的规则主义解释观存在固有的缺陷，如过于依赖刑法的确定性、强调探寻立法者的原意、注重抽象人权的保护而忽视现实人权的保障、缺乏对违法犯罪者的人文关怀等。相反，人本主义的刑法解释观有利于明确解释的目标与出发点、确立人权在刑法解释中的地位、注重对犯罪人的人

---

① 参见高铭暄、孙晓：《国家政治决策与刑法的变革》，载郎胜、刘宪权、李希慧主编：《改革开放 30 年刑事法治研究》，1～8 页，北京，中国人民公安大学出版社，2008。

② 参见赵秉志、王俊平：《改革开放三十年的我国刑法立法》，载《河北法学》，2008（11）。

③ 参见马克昌：《刑法三十年反思》，载《人民检察》，2008（19）。

④ 参见王政勋：《刑法解释问题研究现状述评》，载《法商研究》，2008（4）。

⑤ 参见苏永生：《"文化的刑法解释论"之提倡》，载《法商研究》，2008（5）。

文关怀，因此，我国应坚持人本主义刑法解释观。①

还有学者认为：信息时代背景下的 ATM 机盗窃案和"艳照门"事件凸显高速发展的社会中司法解释与立法之间的紧张关系。在刑法解释论中，客观解释论居于优势地位。客观解释论是当代中国必然的选择。刑法解释应当坚持客观解释论，解释的内容不能超越法律文本的可能文义。②

2. 刑法解释的方法

有学者认为，刑法解释方法之间应存在一定的位阶关系。从刑法解释方法位阶的价值维度，刑法解释应以维护刑法安定性优先，兼顾促进刑法正义性为价值目标；从刑法解释方法位阶的序列维度，刑法解释应遵循文义解释——→体系解释——→历史解释——→目的解释——→合宪性解释的运用顺序；从刑法解释位阶的效力维度，在可能文义之界限点上，应坚持文义因素绝对优先，在可能文义的界限内，目的解释居解释之冠，合宪性解释是对其他解释方法结论的最后检验。③

与此同时，在具体解释方法上，有学者认为：类推解释和扩大解释之间只有程度而无本质的差异。只要对类推解释的结构作进一步的分析，在类似性的确定上作合理、妥当的限定，类推解释仍是有其发挥作用的余地的。④ 也有学者认为，类推论证和类推适用在刑法解释中不能被禁止，但类推适用毕竟有逾越罪刑法定原则的嫌疑，对类推适用的解释方法宜通过字义解释以外的其他解释方法（历史的、系统的和目的论的方法）进行合理的限制。⑤

3. 刑法解释的机制

关于刑法解释的机制，有学者借用政治学的国家权力配置理论，从横向配置和纵向配置两个角度，认为我国现行的刑法解释权配置模式属于"多元一级"的刑法解释体制，这种解释机制存在一定的缺陷。从应然的角度，我国应建立"法官适用刑法解释和刑法司法解释相结合，全国人大常委会行使审查权"的一元多级的刑法解释体制。⑥

（三）犯罪构成

犯罪构成是我国刑法理论上的一个重大问题，历年来均为刑法学者所关注。2008年度，我国刑法学者对犯罪构成的研究主要侧重于对犯罪构成要件及其判断的研究和对犯罪构成体系、模式的研究。

---

① 参见袁林：《刑法解释观应从规则主义适度转向人本主义》，载《法商研究》，2008 (6)。
② 参见陈京春：《信息时代对刑法解释论的究问》，载《法律科学》，2008 (4)。
③ 参见苏彩霞：《刑法解释方法的位阶与运用》，载《中国法学》，2008 (5)。
④ 参见黎宏：《"禁止类推解释"之质疑》，载《法学评论》，2008 (5)。
⑤ 参见包健、蒋涛：《刑法解释是否可以适用"漏洞补充"方法》，载《政治与法律》，2008 (4)。
⑥ 参见于海松：《刑法解释权配置模式探析》，载赵秉志主编：《刑法论丛》，第 14 卷，183～212 页，北京，法律出版社，2008。

1. 犯罪构成要件及判断

关于犯罪构成要件，有学者认为：大陆法系刑法中规范性要素和主观要素的发现与推广，使得构成要件由抽象形式类型发展为具有价值属性的犯罪类型。我国刑法中的犯罪构成要件是从整体上说明行为社会危害性达到应当追究刑事责任程度的各种要件之统一，它是实质的。顺应构成要件的实质价值属性，应从是否具有处罚必要性和合理性的角度理解刑法构成要件，并以之建立实质的犯罪论体系。①

也有学者认为：犯罪构成的判断属于价值判断，在立法层面，犯罪构成是立法者所作的价值判断；在司法层面，犯罪构成符合性判断是司法者所作的价值判断。我国的犯罪构成符合性判断也属价值判断。价值判断应是我国犯罪构成符合性判断的灵魂，并应是整个刑法问题的核心。②

2. 犯罪构成体系

关于犯罪构成体系，2008 年度，学者们的研究主要体现在以下三个方面：一是注重对传统犯罪构成体系的研究，二是加强了对德、日犯罪构成体系的引入和研究，三是尝试构建新的犯罪构成体系。

关于我国传统的犯罪构成体系，有学者认为：如果将犯罪构成理论理解为解释法律的理论体系，那么理论体系的设定就应当遵循安全性、可操作性两个价值前提。依据这两个价值前提，我国传统的四要件犯罪构成理论体系只进行一次性评价，出罪通道不畅通，导致了刑法运行安全方面的保障欠缺；将一个总体的犯罪评价对象（即犯罪行为），拆分为四个方面的理论体系思路，难于符合人的一般思维习惯；在可操作性方面也存在一定的问题。③

关于德、日犯罪构成体系的引入问题，有学者认为：我国传统的犯罪构成理论以司法三段论定罪思维模式为前提，其遭遇批判是必然的。辩证推理强调在犯罪判断的形式要素和实质性因素、事实要素与规范要素之间形成良性的辩证，具有合理性，但辩证推理并不完全符合通常性思维，为此需要借助法律的判断以及原则化的实质标准对其进行修正，基于这种新的定罪思维，宜选择多元递进的犯罪构成理论模式。④ 也有学者认为：德、日理论的三阶层犯罪论体系对应于刑法的三个基本原则有利于刑法的保障机能的实现。采纳德、日的阶层式体系较之于我国现行的平面四要件的体系具有优越性，特别是德、日阶层式的体系在具体问题的解决方面，由于其违法与责任的阶层区分而具有平面式体系所不可比拟的优越性。⑤

关于新的犯罪构成体系的构建，有学者提出了"犯罪构成三模块说"，即犯罪构成

① 参见刘艳红：《犯罪构成要件：形式抑或实质类型》，载《政法论坛》，2008（5）。
② 参见齐文远、苏彩霞：《犯罪构成符合性判断的价值属性辩正》，载《法律科学》，2008（1）。
③ 参见李洁：《中国通论犯罪构成理论体系评判》，载《法律科学》，2008（2）。
④ 参见李洁、王志远：《前见的证成与修正：传统定罪思维之超越》，载《政治与法律》，2008（6）。
⑤ 参见付立庆：《我国犯罪成立理论之重构：基本依托和意义所在》，载《法学评论》，2008（6）。

由分则构成模块、总则明确构成模块和一定社会危害性模块组成；并据此认为，完整犯罪构成模型是最佳的犯罪构成模型，即在分则联系总则明确构成模型的基础上，增加了刑法总则规定的"一定社会危害性"模块要件而形成，也即，该模型包括分则构成模块要件、总则明确构成模块要件（刑事责任年龄、刑事责任能力和罪过），以及总则弹性要件"一定社会危害性"（又可分犯罪客体和综合社会危害性）。①

（四）犯罪客观方面

作为犯罪客观方面的重要内容，2008 年度，学者们加强了行为方式中的不作为问题研究，其中又以作为义务为甚；也有学者研究了不纯正不作为犯的问题。

关于作为义务，有学者认为，刑法之所以能对行为人规定作为义务，其实质根据在于行为人与受害人或危险源之间具有排他的为保护法益而存在的关系，因此当该法益面临紧迫危险时，刑法即可基于保护法益的考虑，要求行为人履行作为的保护法益义务或监控义务。② 也有学者对先行行为能否成为作为义务的来源进行了研究，认为：各国对先行行为有一个从全面确认到严格限制的转变，先行行为的范围具有不确定性。从罪刑法定原则的角度出发，考虑刑法体系的完整性，不应承认先行行为的作为义务来源。③ 还有学者专门研究了夫妻之间的作为义务问题，认为夫妻之间的扶养义务是刑法纯正不作为犯罪的作为义务来源，夫妻之间的救助义务是不纯正不作为犯罪的作为义务来源，但须从事实方面对该义务的产生条件进行严格的限制。④

关于不纯正不作为犯，有学者认为，不纯正不作为犯是开放性构成要件，实质的罪刑法定观可以解释作为开放性构成要件的不纯正不作为犯，与此同时应当区分刑罚法规和刑法规范之间的界限，不纯正不作为犯违反的是命令规范，符合的却是同作为犯一样适用的刑罚法规，而不是实现了以作为形式规定的作为犯的构成要件。⑤

（五）犯罪主体

身份和单位是犯罪主体研究中的重要内容。2008 年度，学者们十分关注身份和单位问题，并从犯罪类型的角度，重点研究了身份犯和单位犯罪。

1. 身份犯

身份犯以犯罪主体具有一定的特殊身份为特征。2008 年度，学者们对身份犯的研究侧重于研究身份犯的概念、类型、间接正犯和共同犯罪等问题。

---

① 参见欧锦雄：《科学犯罪构成模型的追寻》，载《中国刑事法杂志》，2008（1）。

② 参见谢绍华：《作为义务来源的实质化》，载《政法论坛》，2008（2）。

③ 参见谢绍华：《先行行为》，载《中国刑事法杂志》，2008（11）。

④ 参见张莉琼：《夫妻间刑法作为义务的法理分析》，载《法学评论》，2008（2）。

⑤ 参见许成磊：《论罪刑法定主义视阈中的不纯正不作为犯》，载赵秉志主编：《刑法论丛》，第 14 卷，81～114 页，北京，法律出版社，2008。

关于身份犯的概念与类型，有学者认为：身份犯是指刑法分则所规定的，以行为所具有的特定身份作为犯罪构成要件的犯罪类型。身份犯有纯正身份犯和不纯正身份犯之分。两者的区分标准是罪名的个数。有身份者与无身份者共同犯罪时涉及的是一个罪名的为纯正身份犯，涉及的是两个罪名的为不纯正身份犯。① 也有学者认为：身份犯是指法律规定的以实施犯罪的行为者在行为时所具有的刑法身份为定罪要件或法定量刑情节的犯罪。类罪特征、主体特征和法律特征是身份犯的三个基本特征。身份犯除传统的分类以外，还可以分为自然人身份犯与单位身份犯、仅具备身份型身份犯与具备并利用身份型身份犯、明文规定式身份犯与暗含式身份犯等。②

关于身份犯的间接正犯问题，有学者认为，身份犯与亲手犯是一种交叉关系，作为非亲手犯的身份犯具备了通过间接正犯方式构成的可能；不同类型的纯正身份犯并不完全能以间接正犯的形式构成，应当从该身份犯犯罪构成自身的内在规定性上判断其是否可以通过间接正犯的方式实施。③

关于身份犯的共同犯罪问题，有学者从职务身份犯的角度，专门研究了有身份者与无身份者的共同职务犯罪问题，认为各共犯人责任认定和责任承担除了应当以犯罪总额作为承担刑事责任的基础之外，还应该以其在共同犯罪中地位、角色和所起的作用作为决定其处罚轻重的因素；并建议将犯罪总额作为定罪数额，将参与数额、分赃数额和平均数额作为量刑数额。④

2. 单位犯罪

早在我国刑法规定单位犯罪以前，理论上关于单位犯罪是否应当存在就一直存在争论。2008 年度，仍然有学者认为，刑法虽然规定了单位可以成为犯罪主体，但是，单位成为犯罪主体存在着一系列的理论与实际问题，并可能导致宪政上的困境。单位成为犯罪主体并不能有效地达到预防犯罪的刑罚目的，应该取消单位作为犯罪主体的规定。⑤ 不过，在立法明确规定了单位犯罪的情况下，当前更多的学者注重对单位犯罪的司法适用和立法完善研究。

在单位犯罪的司法适用方面，有学者主张从单位人格否定的角度以对单位犯罪和自然人犯罪进行区分，认为：虽然最高人民法院通过的《关于审理单位犯罪案件具体应用法律有关问题的解释》体现了公平、正义的法理念，契合公司法人人格否认制度，但是一人公司在我国的合法化却使该解释无所适从。为此，应以此为契机，将公司法人人格否认制度引入刑法领域，构建单位犯罪主体人格否认制度，以正确区分单位犯罪与自然

---

① 参见阎二鹏：《身份犯概念解析》，载赵秉志主编：《刑法论丛》，第 13 卷，269～280 页，北京，法律出版社，2008。
② 参见徐留成：《身份犯新论》，载《政治与法律》，2008（9）。
③ 参见吴飞飞：《身份犯的间接正犯构成》，载《中国刑事法杂志》，2008（3）。
④ 参见孙秀丽、聂文峰：《职务身份犯共犯责任认定研究》，载《政治与法律》，2008（10）。
⑤ 参见朱建华：《单位犯罪主体之质疑》，载《现代法学》，2008（1）。

人犯罪的界限。① 也有学者认为，在单位实施了主体仅限于自然人之犯罪的情况下，宜将规定单位犯罪的特殊条款视为具体犯罪的量刑条款而不是定罪条款，并从法条竞合理论出发，将单位犯罪理解为自然人犯罪的特殊表现形式，这样能避免通过司法摸索来逐个为所有犯罪增设单位犯罪条款的过高的司法成本和立法成本。②

在单位犯罪的立法完善方面，有学者认为：我国单位犯罪立法实行的是一种"严而不厉"的立法政策，但因对单位犯罪的形态结构存在误识，从而导致立法理念与司法实践的诸多矛盾与冲突。单位犯罪是一种特殊的犯罪聚合体，它包含两个犯罪：一个是单位成员犯罪，这是实在的犯罪；另一个是单位自身犯罪，这是拟制的犯罪。单位自身犯罪和单位成员犯罪之间密切联系，但是二者并非共同犯罪，而是独立的两个犯罪行为。单位与单位成员是并列、独立的两个犯罪主体，其各自的刑事责任应相互分离。③

（六）犯罪主观方面

对犯罪主观方面的研究，理论上通常从两个层面展开：一是注重对犯罪主观方面的整体研究；二是注重对犯罪主观方面组成要素的研究，如注重研究犯罪故意、过失、目的与动机等内容。

2008 年度，有学者对犯罪主观方面的整体结构进行了研究，认为：作为一种心理事实，犯罪故意与犯罪过失浓缩了认识、情绪、情感、意志等全部心理过程。认识、意志因素是罪过的常规因素，情绪、情感因素是罪过构造中的排除因素。直接故意、间接故意和过于自信的过失属于意识，疏忽大意的过失属于前意识。注意能力与认识能力是两个不同的概念，不能用"注意"而宜用"认识"来描述过失的构成。④

关于犯罪故意，有学者认为，过去无论是在司法解释中还是在刑法理论中，均存在着一种将故意中的"明知"认定为"明确知道"的固化倾向，此种认识不但混淆了行为人的认识状况同我们证明行为人认识状况的方式之间的本质差异，而且无视"可能知道"这一认识状况的存在，无论在刑法理论上还是在司法实践中，都必须明确提出"可能知道"作为"明知"的内容。⑤ 也有学者认为：概括故意是行为人对于认识的具体内容并不明确，但明知自己的行为会发生危害社会的结果，而希望或者放任结果发生的心理态度。根据行为人认识的具体内容的不同，概括故意可以分为对行为认识不明确的概括故意、对行为对象认识不明确的概括故意以及对危害结果认识不明确的概括故意三种。对于概括故意的犯罪，应该考察行为人的客观行为及其结果，在概括故意的范围内

---

① 参见高铭暄、王剑波：《单位犯罪主体人格否认制度的构建》，载《江汉论坛》，2008 (1)。
② 参见于志刚：《单位犯罪与自然人犯罪》，载《政法论坛》，2008 (6)。
③ 参见叶良芳：《单位犯罪责任构造的反思与检讨》，载《现代法学》，2008 (1)。
④ 参见袁彬：《罪过的心理学分析》，载《中国刑事法杂志》，2008 (5)。
⑤ 参见于志刚：《犯罪故意中的认识理论新探》，载《法学研究》，2008 (5)。

按照主客观统一的原则予以认定。①

(七) 排除犯罪性事由

排除犯罪性事由除了我国刑法中的正当防卫和紧急避险之外，还有超法规事由，如被害人承诺、义务冲突等。2008 年度，学者们在注重对正当防卫研究的同时，还加强对被害人承诺和义务冲突等超法规事由的研究。

1. 正当防卫

在正当防卫的条件中，不法侵害的存在是正当防卫成立的前提条件。2008 年度，有学者专门研究了"不法侵害"的内容，认为：传统的违法性理论对"不法侵害"的定义和范围界定，客观上构成了对公民防卫权的不合理限制。在判断某具体侵害行为是否不法时，应从防卫人的角度，而不应从司法者对侵害行为归责的角度进行评价。对不法侵害的范围，有限制的违法犯罪说相对稳妥，但也未能包含所有的防卫起因。不法侵害应具备三个特征：危害社会的严重性、侵害急迫性、现实可防卫性。②

也有学者研究了防卫过当的罪过形式，认为：防卫过当的罪过形式与对正当防卫是否必须具备防卫意识的认识密切关联。如果站在行为无价值的立场，坚持防卫意识必要说，则防卫过当的罪过形式宜确定为过失；反之，如果站在结果无价值的立场，采取防卫意识不要说，则在偶然防卫的场合，防卫过当的罪过形式既可能是故意，也可能是过失。③

2. 被害人承诺

被害人承诺也称被害人同意，是一种超法规排除犯罪性事由，具有出罪功能。但2008 年度，有学者认为：在构成要件的保护对象是复数法益时，被害人同意的出罪功能受到限制。将复数法益"单一化"处理，也不是圆满的解决方案。应该根据刑事政策和立法选择来确定复数法益中的"优势法益"，只有当有效的同意指向"优势法益"时，被害人同意才能排除整个构成要件的不法。④ 也有学者认为：基于实质违法性中的"二元论"立场和尊重自我决定权的基本法理，被害人承诺之所以阻却违法，是刑法所应尊重的自我决定权法益优越于其所保护的法益。从被害人承诺所涉及的承诺人和受承诺人两个角度进行判断，被害人承诺的成立条件包括被害人承诺的有效性和受承诺人行为的有效性。⑤

与此同时，有学者研究了被害人的同意能力，认为：被害人的同意能力是被害人同

---

① 参见张永红：《概括故意研究》，载《法律科学》，2008 (1)。
② 参见贾成宽：《论正当防卫制度中的不法侵害》，载《中国刑事法杂志》，2008 (11)。
③ 参见胡东飞：《论防卫过当的罪过形式》，载《法学评论》，2008 (4)。
④ 参见车浩：《复数法益下的被害人同意》，载《中国刑事法杂志》，2008 (9)。
⑤ 参见李小涛：《论刑法中的被害人承诺》，载赵秉志主编：《刑法评论》，第 14 卷，194～207 页，北京，法律出版社，2008。

意生效的要件之一，包括认识能力和控制能力两个要素，在判断上分为事实性和规范性两个层次。同意能力的确定没有统一的标准，在刑法有明确规定的情况下，以刑法规定为准；在没有法律规定的情况下，不能简单照搬刑事责任能力和民事行为能力的标准，而是应当具体考虑行为人的年龄和心智状况，结合案件发生的具体场景以及被害人支配的具体法益，予以综合考量。[①]

3. 义务冲突

在刑法中，义务冲突是指行为人在身负两项以上不能同时履行的义务时选择其中一项义务履行，不得已放弃其他义务并造成一定损害后果的事实状态。这种状态的产生有法律设置上的矛盾与客观事实上的履行不能两方面的客观原因，是行为人不能回避、不能解决的矛盾。因此，有学者认为：义务冲突下正确选择的行为应当成为排除犯罪性的事由，即使是义务冲突下不正确选择的行为造成不应有的损害的，也可以作为减轻或从轻处罚的事由。在行为人选择履行高阶义务而放弃低阶义务时，行为应当基于社会相当性而予以排除犯罪性。即使是行为人错误地选择，也应当与完全不履行义务的行为予以区别，从而相应减免其刑。[②]

(八) 期待可能性

期待可能性的概念源自德国，其在我国现行刑法理论上的地位在学者间尚有较大争论。也许正因为此，2008 年度，学者们对期待可能性给予了极大的关注，内容涉及期待可能性的合理性、地位、基础和判断等方面的问题。

关于期待可能性存在的合理性，有学者认为：法律解释的语境是当下案件事实。虽然我国刑法未规定期待可能性，但对其适用体现了语境对文本意义的作用，因而其存在具有合理性。适用该理论不会打破法律的安定性和灵活性之间的平衡，法官以此行使自由裁量权也不违背现代法治精神。[③] 也有学者认为，期待可能性理论有着深厚的哲学基础，概括起来就是本体论上的相对认识自由，认识论上实体理性对形式理性的补充，价值论上的人道主义，这不仅和我国价值观念相吻合，更为我们借鉴期待可能性理论打下了坚实的基础，为此应当将期待可能性理论纳入我国刑事责任论中。[④]

关于期待可能性在刑法理论中的地位，有学者认为：期待可能性是规范评价要素，它和故意、过失等心理性要素有所不同。在司法活动中，心理性的事实判断应当先于评价性的规范判断。但在罪责要件的构造当中，期待可能性是作为积极的归责要素还是作为消极的责任阻却事由则是一个值得商榷的问题。该学者认为，从思想上的经济性和诉

---

① 参见车浩：《论刑法上的被害人同意能力》，载《法律科学》，2008（6）。

② 参见简永发：《略论刑法中义务冲突法律性质的根据》，载《法学评论》，2008（5）。

③ 参见王政勋：《论期待可能性理论的合理性》，载《法律科学》，2008（4）。

④ 参见舒洪水：《期待可能性理论的哲学基础与本土化思考》，载《法律科学》，2008（3）。

讼上的便利性予以考量，应当将期待不可能作为罪责排除事由。①

关于期待可能性的判断，有学者认为：期待可能性判断的本质在于对意志自由的判断，司法实践中需经历三个步骤：犯罪动因考察——主体选择性考察——规范评价。期待可能性的判断标准众多，各有优劣，且彼此间存在紧密的内在联系。其中，法规范所力图维护的国家、社会安全需求不能被忽略，应提倡在法规范期待下的行为人标准说。② 也有学者认为，期待可能性应是在行为时的非常客观情况下期待行为人不实施犯罪行为的可能性，因此，将期待可能性的标准确定为从行为人角度出发采取利益衡量说比较合理，即期待可能性的有无要看行为人在非常情况下，对采取合法行为使自己失去的权益和采取不法行为暂时获得的权益相比较，行为人有无期待合法的可能。③

(九) 故意犯罪停止形态

故意犯罪停止形态，在我国刑法中包括了预备犯、未遂犯、中止犯和既遂犯。2008年度，学者们对故意犯罪停止形态的研究主要集中在不能犯，问题涉及不能犯理论的地位、区分及判断标准。

有学者从中外不能犯理论比较的角度捍卫了我国不能犯理论通说，认为：我国不能犯理论的通说属于客观主义性质的学说，与德、法、英、美等国在未遂犯的判断上采用了相同的观点。我国不能犯理论的通说较之具体的危险说、修正的客观危险说等各种新提倡的观点更具合理性。④

也有学者研究了不能犯的未遂问题，认为：能犯未遂与不能犯未遂的分类具有合理性，对于不能犯未遂的种类及称谓，宜采纳"工具不能犯"与"对象不能犯"的观点。不能犯未遂的成立范围应当按照具体危险说的标准来确定，其负刑事责任的根据在于其具备了主观罪过和客观犯罪行为这两个犯罪构成中最基本的要素，进而决定了其行为具有相当严重程度的社会危害性。⑤

还有学者专门研究了不能犯的判断问题，认为不能犯的可罚性判断，本质上是在不能犯领域为法律调控与道德调控划定合理的界线。该学者进而认为，从法与道德的高度，印象说以行为对社会公众造成的侵害法秩序的印象为标准判断不能犯可罚性，符合法与道德基本关系的原理，顺应了当今风险社会的基本形势，与中国当前的社会发展形势相契合，在我国司法实践中具有可行性，应予以提倡。⑥

---

① 参见陈兴良：《期待可能性的体系性地位》，载《中国法学》，2008 (5)。
② 参见谢望原、邹兵：《论期待可能性之判断》，载《法学家》，2008 (3)。
③ 参见姜敏：《期待可能性理论和罪刑法定原则关系问题研究》，载《中国刑事法杂志》，2008 (7)。
④ 参见陈家林：《为我国现行不能犯理论辩护》，载《法律科学》，2008 (4)。
⑤ 参见赵秉志：《论不能犯与不能犯未遂问题》，载《北方法学》，2008 (1)。
⑥ 参见刘晓山、刘光圣：《不能犯的可罚性判断》，载《法学评论》，2008 (3)。

（十）共同犯罪

2008 年度，学者们就共同犯罪问题发表了许多论文，其中探讨得比较集中和深入的有共同犯罪的基础问题，如共犯模式，也有特殊形态的共同犯罪问题，如不作为共犯、承继共同犯罪等。

1. 共犯制度模式

有学者认为，当今世界的共犯制度模式可分为区分制和单一制两种不同的模式，两者区别的关键在于理念上是否将正犯与共犯理解为不同的犯罪类型，制度上是否为共犯设定了独立于正犯的处罚条件。通过对两种共犯制度模式及其具体样态的比较分析，该学者认为，我国共犯制度模式应当属于区分制。但由于我国为同一犯罪的不同参与者设置了统一的处罚条件，因此可以将我国的共犯制度模式解读为以共犯关系为核心范畴的区分制模式。①

2. 不作为共犯

不作为共犯是不作为犯和共同犯罪相结合的一种特殊共同犯罪形态。有学者认为，不作为共犯可以分为两类情况：一类是以不作为方式实施的共犯情况；另一类是对不作为犯的共犯。该学者主张：对不作为的共同正犯应采全面肯定说，不存在不作为方式的教唆，但存在不作为方式的帮助。在法益保护的场合，不作为者原则上是正犯，但在不作为者无法实现构成要件的场合，不作为者则为帮助犯；在监督危险源的场合，不作为者构成帮助犯。对不作为犯的教唆犯和帮助犯都可以成立，而且帮助他人不作为既包括有形帮助，也包括无形帮助。②

也有学者对不作为犯和片面共犯问题进行了结合研究，分析了不作为片面共犯的作为义务和片面共犯问题，提出：在不作为片面共犯中主犯与从犯的区分标准上应采取可支配性标准，即不作为者可支配、控制犯罪结果发生的因果过程，可支配法益使其免受现实危险的侵害的，成立不作为片面共犯的主犯，否则成立从犯。该学者还从作为能力、不作为因果关系、作为义务及事实与规范等角度对可支配性进行了研判。③

3. 承继共同犯罪

承继共同犯罪是指在前行为者已经着手实行犯罪但尚未结束犯罪事实之前，后行为者基于共同实行的意思，单独将剩下的实行行为实施完毕或者与先行行为者共同完成犯罪的情况。④ 承继共同犯罪一般可分为承继帮助犯和承继共同正犯。

---

① 参见王志远：《共犯制度模式比较研究》，载赵秉志主编：《刑法论丛》，第 15 卷，1～33 页，北京，法律出版社，2008。

② 参见赵秉志、许成磊：《不作为共犯问题研究》，载《中国刑事法杂志》，2008（9）。

③ 参见袁彬：《论不作为片面共犯》，载赵秉志主编：《刑法论丛》，第 13 卷，285～312 页，北京，法律出版社，2008。

④ 参见钊作俊、王燕玲：《承继共同正犯：意义、类别与学说对立》，载《法律科学》，2008（2）。

关于承继帮助犯，有学者认为：理论上区分承继帮助犯与事中帮助犯两个概念既无可能亦无必要。对承继帮助犯应从否定的立场加以考量，即具体考察后行者加入犯罪后之时点下所黏合的特定状态，并根据该状态所指向的法益侵害，来综合判定后行者之责任。[①]

关于承继共同正犯，对后行为人能否就包括先前行为在内的全部行为成立共同正犯，理论上有多种学说。对此有学者认为，该理论所要解决的问题是后行为人能否就共同行为与先行为人成立同一罪名的共同正犯的问题。只要具有故意，即使仅参与实施了部分行为，后行为人亦可与先行为人成立同一罪名的共同正犯。[②] 也有学者对承继共同正犯的责任范围，包括罪名确定、责任承担以及继续犯、结果加重犯、结合犯和牵连犯的承继共同正犯的责任承担进行了研究，并从认识错误、片面共犯和承继共同正犯的排除适用等角度研究了承继共同正犯的认定问题。[③]

4. 实行过限

实行过限，又称共犯过限，是指在共同犯罪过程中，因部分共同犯罪人故意或过失地实施了超过共同犯罪范围的行为而形成的一种犯罪情形。对此，有学者认为，过限之罪的内部结构可概括为"重合之罪＋过限部分"，其中，在重合过限情形下，该过限部分不能单独成罪；而在非重合过限情形下，该过限部分能够单独成罪。[④]

也有学者认为：实行过限存在两个犯罪行为：基本行为和过限行为。基本行为由共犯关系、实行行为和实行故意构成；过限行为由行为主体的同一性、时空场域的密接性、主观犯意的超出性构成。对实行过限的判定标准，在立法领域，应当坚持超出共同故意说，此为一般判定标准；在司法领域，应当坚持实质改变说，此为具体判定标准。[⑤]

（十一）刑罚

在刑罚方面，2008 年度，学者们重点研究了刑罚制度改革、刑罚目的与功能、罚金刑和死刑等问题。不过，由于死刑问题在其后将予专门介绍，在此着重介绍刑罚制度改革、刑罚目的与功能和罚金刑方面的研究。

关于刑罚制度改革，有学者认为：我国刑罚制度改革应在以前的基础进一步深化，在刑种和刑罚体系方面，应通过立法和司法进一步严格限制死刑，完善或充实自由刑、财产刑、资格刑，并对刑罚体系和结构作整体调整；在刑罚裁量制度方面，应

---

① 参见任海涛：《承继帮助犯研究》，载《中国刑事法杂志》，2008 (3)。

② 参见周铭川：《承继的共同正犯研究》，载《环球法律评论》，2008 (5)。

③ 参见钊作俊、王燕玲：《承继共同正犯研究》，载赵秉志主编：《刑法论丛》，第 13 卷，484～515 页，北京，法律出版社，2008。

④ 参见肖本山：《过限之罪结构探析》，载《中国刑事法杂志》，2008 (3)。

⑤ 参见叶良芳：《实行过限之构成及其判定标准》，载《法律科学》，2008 (1)。

将量刑原则明确化，量刑标准具体化，某些重要的酌定量刑情节法定化；在行刑制度方面，应确立开放性行刑的理念，建立、健全社区矫正制度；在刑罚消灭制度方面，应增补行刑时效和单位犯罪的时效制度，激活赦免制度；在特殊人群的刑罚适用方面，未成年犯罪人的刑罚应予全面宽缓和有针对性的改革，并对老年犯罪人贯彻刑罚适用的宽恤。[①]

关于刑罚目的与功能，有学者认为，在报应和特殊预防逐渐成为刑罚目的的主导观念的情况下，应重新定位一般预防的地位，并系统研究了作为刑罚目的的一般预防。[②] 也有学者以传统的刑罚功能论和刑罚目的论为基础，指出：刑罚在内在逻辑性上包含着客观性及主观性的构成要素；前者在逻辑上以行为恶性为施加对象，主要承担普遍而基本的报应职能，并实现一般预防的目的，可称为客观报应之刑或一般预防之刑，后者在逻辑上以主观恶性为施加对象，承担个性化且可增减的报应职能，但主要实现特殊预防的目的，可称为主观报应之刑或特殊预防之刑。根据刑罚的这种二元逻辑结构，该学者还初步设计出量刑的数理模型。[③]

关于罚金刑，有学者研究了我国罚金刑的配置模式，认为单科罚金在我国没有现实的立法基础，不必引入和采用；复合罚金使法官的自由裁量权过大，只能对一些情况比较复杂、轻重程度差异较大的罪行采用且不宜过多采用；选科罚金应成为我国罚金刑配置的主要模式，应将罚金刑置于所有选科刑种的前面；应增加必并科的罚金刑配置。[④] 也有学者针对罚金刑易科制度，认为：罚金刑易科自由刑，其刑罚性质的转换，缺乏逻辑基础，更缺少理论支持。与此同时，罚金刑易科自由刑不仅与基本的刑法理论和立法规则相悖，与现行的刑事政策相悖，而且还与现行的司法解释直接冲突。[⑤]

(十二) 死刑制度改革

死刑制度改革是 2008 年度学者们讨论较为集中和热烈的问题。概括而言，2008 年度学者们对死刑制度的研究主要集中体现在死刑基本问题、死刑替代措施和死刑民意三个方面。

1. 死刑基本问题

有学者专门研究了未成年人不判死刑原则在中国确立的历程，并认为，尽管立法艰难，但彻底废除死刑在中国仍具有实现的可能性；从犯罪主体（强调其社会弱势群体特征）的角度入手废除死刑要比从罪行性质的角度入手，更具可行性，也更为平等，且较少带来负面影响；青年，尤其是年轻青年与未成年人有着诸多类似之处，可以而且应当

---

① 参见赵秉志：《当代中国刑罚制度改革论纲》，载《中国法学》，2008 (3)。
② 参见周少华：《作为目的的一般预防》，载《法学研究》，2008 (2)。
③ 参见刘四新、郭自力：《刑罚内在逻辑结构与功能的规范解析》，载《政法论坛》，2008 (5)。
④ 参见邓文莉：《罚金刑配置模式之研究》，载《法学评论》，2008 (4)。
⑤ 参见于志刚：《关于罚金刑易科制度的批判性思考》，载《法学评论》，2008 (2)。

首先将未成年人不判死刑规则延伸于这一群体，这也是避免误判不满18周岁未成年人死刑的需要。①

也有学者研究了死刑的威慑力问题，认为虽然死罪的正确认定与死刑的及时执行，能够在一定时间内使一定范围的旁听传闻者认识到国家对某些严重犯罪行为予以最严厉谴责、制裁的态度，有利于相关的第三者基于对死刑的本能畏惧而在短时间内抑制自己实施类似犯罪行为的意念，但是，从科学的犯罪原因论和人道的刑事政策角度看，即使接受死刑的执行短期内可以减少凶杀数量这一事实，其对犯罪的实际控制意义极小，代价又过于高昂，因而至少不应被作为遏止严重犯罪的常规手段加以考虑。②

2. 死刑替代措施

死刑替代措施既可以从立法层面上，也可以从立法和司法两个层面加以理解。在立法和司法两个层面，有学者认为，死刑替代措施是指基于限制死刑适用的目的，对于立法上特定性质的犯罪，司法中特殊情况下的罪犯，不适用死刑立即执行，而代之以其他刑罚处罚方法。从完善既有方式、探索新的途径入手，该学者提出，死刑替代措施包括死刑缓期执行、严格的无期徒刑、附赔偿的长期自由刑三种，并且有必要在立法上对刑罚体系作进一步调整、修改、完善，以全面体现死刑替代措施；在司法中，也应注意发挥死刑替代措施在限制死刑中的作用。③

在立法层面上，有学者认为，死刑替代措施是指在立法上替代具体犯罪法定刑中的死刑的刑罚措施；并认为：在立法上废止具体犯罪死刑的情况下，死刑替代措施能使对该犯罪的刑事制裁仍维持在相当严厉的程度，以贯彻罪责刑相适应原则的内在要求，并在客观上适应削减死刑罪名乃至逐步废止死刑的实际需要。立法上替代死刑的刑罚措施主要是无期徒刑（终身监禁）和长期自由刑。同时应从立法上完善现有的无期徒刑、有期徒刑以及数罪并罚、减刑、假释等制度，建构合理的死刑替代措施，以适应未来大幅度削减死刑罪名并逐步全面废止死刑的趋势。④ 也有学者认为，我国已经签署联合国《公民权利和政治权利国际公约》，因而应当将死刑罪名控制在有限的范围内。对于我国现行刑法规定的68种死刑犯罪，该学者主张：废除其中的56种犯罪的死刑，保留12种。除传授犯罪方法罪、组织卖淫罪这两个罪的死刑规定明显不合理，不属于废除死刑后采取替代措施的情形外，对其他54种废除死刑的犯罪均应以25年不得假释或者减刑后服刑期不得少于25年的无期徒刑作为其替代措施。⑤

不过，与完全倡导死刑替代措施的立场不同，有学者认为：我国适用死刑的总趋势

---

① 参见赵秉志、姚建龙：《废除死刑之门》，载《河北法学》，2008（2）。
② 参见张远煌：《死刑特殊威慑力之辨伪》，载赵秉志主编：《刑法论丛》，第13卷，126～142页，北京，法律出版社，2008。
③ 参见高铭暄：《略论中国刑法中的死刑替代措施》，载《河北法学》，2008（2）。
④ 参见赵秉志：《中国死刑替代措施要论》，载《学术交流》，2008（9）。
⑤ 参见李希慧：《论死刑的替代措施》，载《河北法学》，2008（2）。

是减少，甚至逐步被替代，替代是接受彻底废除死刑观念的过渡，但也不宜过度。事实上，一方面，我国刑法大部分适用死刑的犯罪不存在替代问题；另一方面，替代也可能会带来某些负面效应，并会对立法和司法提出新的挑战。[①] 也有学者认为死刑的废止不需要终身刑替代，因为终身刑是侵害人格尊严的比死刑更为残酷的刑罚方法。该学者甚至认为终身刑不具备刑罚的正当化根据，无助于刑罚体系的完善，没能顺应刑罚的发展趋势，不符合行刑的合理目标。[②]

3. 死刑民意

有学者认为：当代中国，绝大多数民众反对废除死刑，限制死刑也无法得到广泛支持，崇尚死刑还比较普遍。其主要原因在于死刑报应观念、威慑观念在社会大众中广泛存在。对死刑民意的变革，要通过社会各阶层的合力推动，引导民意向着人道、宽容的理念发展。其中，学者应当负有启蒙的责任，政治决策层应承担起引导的义务，立法、司法机关应当减少死刑立法和死刑适用的方式，从而促进民意进步，而新闻媒体则应当坚持正确的舆论导向，减少死刑观念变革的负面影响。[③]

（十三）量刑

量刑是 2008 年度刑法研究的热点问题之一，学者们对量刑基准、量刑政策与情节以及量刑的精确性问题进行了研究。

关于量刑的基准，有学者认为确定量刑基准，是实现量刑公正的关键。量刑基准应包括基准事实和基准刑两方面。而从某种意义上说，它已存在于经验型法官的量刑思维中。对于基准刑的确定，该学者认为，通过统一个罪的基准事实、各级审判机关分别确立基准刑并逐级备案，建立一种量刑平衡机制。[④] 也有学者在以示范性案例的平均刑量为量刑基准，与以法定刑各种程度等分线或者中线为量刑基准两者之间进行了实证研究，结果发现两者之间互不排斥，为此两者应当相互参照。[⑤]

关于量刑政策和量刑情节问题，有学者认为：公众要求国家制定量刑政策时更多地关注公众舆论的声音，而公众舆论对量刑政策的态度存在各种可能性。各国量刑政策发展中所面临的最大难题，就是如何兼顾公众参与但又不过度受公众舆论的影响。为此需要建立一个能够反映公众舆论对刑罚裁量准确态度的中立性咨询机构。[⑥] 也有学者认

① 参见高铭暄、王秀梅：《死刑替代利弊分析》，载《江苏行政学院学报》，2008 (1)。
② 参见张明楷：《死刑的废止不需要终身刑替代》，载《法学研究》，2008 (2)。
③ 参见王东阳：《当代中国死刑民意的状况、成因及其变革路径》，载赵秉志主编：《刑法论丛》，第 14 卷，213～235 页，北京，法律出版社，2008。
④ 参见徐嘎：《量刑基准的反思与重构》，载赵秉志主编：《刑法评论》，第 13 卷，180 页，北京，法律出版社，2008。
⑤ 参见白建军：《量刑基准实证研究》，载《法学研究》，2008 (1)。
⑥ 参见赵秉志、赵书鸿：《公众舆论与量刑政策：影响模式与参与机制》，载《法制与社会发展》，2008 (6)。

为，应以罪责刑相适应原则对罪刑法定原则的修正作为酌定量刑情节存在的法律和理论依据；并主张通过对我国刑法第 62、63 条的修改，重构酌定量刑情节的法律依据，但应借鉴减刑制度的规定，设定一个减轻处罚的底线，对酌定情节减轻适用进行一定的限制。①

关于量刑的精确性问题，有学者认为我国刑法第 5 条既是刑法的基本原则，也是量刑公正的一般标准，它要求量刑精确制导，最大限度地避免刑罚误差。为此，该学者主张进行理论和方法的创新：一是依法构建量刑标尺，将法定刑空间划分为 200 个刻度，把其中各种刑罚折算或者虚拟为有期徒刑的月数，明确 1 个刻度所体现的不同性质刑罚的度量，用以计算刑罚的轻重程度；二是在正确定罪并找准法定刑的前提下，理性评价犯罪人具有的量刑情节，将其所反映的社会危害程度和人身危险程度用一定数值（积分）表示，借以计算行为人罪责的大小程度；三是将量刑情节的轻重积分与量刑空间的轻重刻度按"1：1"的标准相对应，前者在相应量刑空间中的读数是量刑公正的最佳适度。②

（十四）前科消灭

前科消灭的概念在刑法理论上尚无一个准确的界定，为此，有学者专门研究了前科消灭的概念问题，提出前科消灭是指曾经受过法院有罪宣告或被判定有罪的人在具备法定条件时，国家抹销其犯罪记录，使其不利益状态消灭，恢复正常法律地位的一种刑事制度。该学者同时提出，前科消灭与复权、更生保护等相关概念有着严格的界限。③

也有学者认为：前科消灭制度为犯罪人提供了一种激励机制，有利于预防犯罪人再次犯罪，并使其能够真正回归社会。但我国尚未确立这一制度。为此应从前科消灭的条件（时间条件和个人表现条件）、前科消灭的方式及程序（自然消灭的方式和申请撤销的方式）和前科消灭的效力等方面构建我国的前科消灭制度。④

还有学者专门研究了未成年人的前科消灭问题，认为从社会学的角度，结合刑法中的前科、前科消灭理论以及犯罪标签的存在和前科报告制度的影响，我国法律规定的未成年犯罪人的前科保护制度基本上不能消除前科对未成年犯罪人的不利影响，而这些不利影响的存在极可能导致未成年犯罪人刑罚执行完毕后之再社会化的失败，使其重新走上犯罪之路，因而应明确规定消除未成年犯罪人的前科记录。⑤

---

① 参见林亚刚、袁雪：《酌定量刑情节若干问题研究》，载《法学评论》，2008（6）。
② 参见赵廷光：《论量刑精确制导》，载《现代法学》，2008（4）。
③ 参见彭新林：《前科消灭的概念探究》，载赵秉志主编：《刑法评论》，第 13 卷，104～123 页，北京，法律出版社，2008。
④ 参见肖萍：《前科消灭制度研究》，载赵秉志主编：《刑法论丛》，第 15 卷，215～233 页，北京，法律出版社，2008。
⑤ 参见赵秉志、廖万里：《论未成年人犯罪前科应予消灭》，载《法学论坛》，2008（1）。

此外，在刑法总论方面，还有学者对刑法概念①、刑法目的②、犯罪概念③、过失犯的行为构造④、犯罪集团⑤、刑期折抵⑥等问题进行了专门研究。

三、刑法各论问题

2008 年度，许霆案是刑法各论研究的焦点问题之一，受到了众多学者的关注。与此同时，恐怖主义犯罪、证券犯罪、信用卡犯罪、知识产权犯罪和侵犯财产犯罪也是 2008 年度刑法各论研究的重点问题。

（一）许霆案的定罪与量刑

2008 年度，许霆案引起社会广泛关注。学者们对许霆案倾注了极大的热情，进行了系统研究。中国法学会刑法学研究会和北京师范大学刑事法律科学研究院还专门组织专家、学者进行了专题研究，出版了研究文集《许霆案件的法理争鸣》。综观学者对许霆案件的刑法研究，其内容大体可分为两个方面，即许霆行为的定罪问题和量刑问题。

关于许霆行为的定罪问题，学者们主要有四种不同的观点：第一种观点认为许霆的行为构成盗窃。如有的学者认为，许霆以非法占有为目的秘密窃取取款机内现金的行为构成了盗窃罪⑦；也有学者认为，许霆的行为构成盗窃，但不宜认定为盗窃金融机构而属普通盗窃。⑧ 第二种观点认为许霆的行为构成诈骗罪（或信用卡诈骗罪）。如有学者认为，与其对许霆的恶意取款行为定盗窃罪按"特别减轻"量刑，不如对许霆的恶意取款行为定诈骗罪或信用卡诈骗罪来得更为合理，也更为便捷。⑨ 第三种观点认为许霆的行为构成侵占罪。如有学者认为，许霆行为构成侵占罪，许霆的行为与拾得他人遗忘物

---

① 参见刘远：《论刑法的概念》，载赵秉志主编：《刑法论丛》，第 15 卷，132～168 页，北京，法律出版社，2008。

② 关于刑法目的，《环球法律评论》2008 年第 1 期曾专门组织学者进行了系统研讨，发表了多篇研究论文，比较有代表性的有：储槐植：《刑法目的断想》；陈兴良：《刑法技能的话语转换》；张明楷：《刑法目的论纲》；曲新久：《刑法目的论要》；刘艳红：《刑法的目的与犯罪论的实质化》。

③ 参见刘之雄：《犯罪概念多元论：一个虚幻的功能诉求》，载《法商研究》，2008 (4)。

④ 参见周铭川：《论过失犯的行为构造》，载《中国刑事法杂志》，2008 (11)。

⑤ 参见王俊平：《犯罪集团的构成特征研究》，载赵秉志主编：《刑法论丛》，第 15 卷，34～55 页，北京，法律出版社，2008。

⑥ 参见石经海：《刑期折抵的理论定位》，载《现代法学》，2008 (2)。

⑦ 参见王作富：《许霆构成盗窃罪》，陈兴良：《许霆案的法理分析》，张明楷：《许霆案的定罪与量刑》，冯亚东：《许霆案件之定性：一种犯罪论体系视野的分析》，均载赵秉志主编：《许霆案件的法理争鸣》，北京，北京大学出版社，2008。

⑧ 参见赵秉志、彭新林：《关于许霆案件的法理问题思考》，载赵秉志主编：《刑法论丛》，第 14 卷，236～289 页，北京，法律出版社，2008。

⑨ 参见阮方民、徐杰理：《罪责刑均衡原则之定罪功能探》，载赵秉志主编：《许霆案件的法理争鸣》，114 页，北京，北京大学出版社，2008。

为同一行为类型。① 第四种观点认为许霆的行为无罪。如有学者认为许霆的行为属于民事违法行为，不构成犯罪。②

关于许霆行为的量刑问题，学者们对许霆案一审原审判处的无期徒刑，均认为刑罚过重，但对重审改判 5 年有期徒刑则有不同观点。如有学者认为许霆案一审原审判处无期徒刑显属过重，而重审改判 5 年有期徒刑，又显属矫枉过正，量刑过轻。③ 也有学者认为，许霆案的法定最低刑是无期徒刑，在法定最低刑以下判刑，是否应该受 10 年有期徒刑这一格的限制，也就是说，能否减到 10 年以下，这都是值得研究的。④ 但也有学者认为，虽然对于那些认为许霆的行为不构成盗窃罪的人来说，这个结果仍然不能令人满意，但可以肯定地说，较之原来的畸形重判，现在这一改判结果肯定更加符合大众的法感情。⑤

（二）恐怖主义犯罪

恐怖主义犯罪危害大、影响恶劣，近年来为国际社会所普遍关注。2008 年度，我国学者对恐怖主义犯罪的研究也十分关注，重点研究了反恐的刑事政策、刑事立法与司法以及我国"东突"恐怖主义犯罪的法律控制等问题。

关于反恐的刑事政策，有学者认为：宽严相济的刑事政策不仅指导刑法立法，而且对刑事司法也存在指导作用，具体包括依法从重从快、突出重点、区别对待、保障人权等。因此，对恐怖主义犯罪的惩治也应当宽严相济。其中，"严"是惩治恐怖主义犯罪的基调，但同时也不应忽视"宽"的一面，注重宽严"相济"才能达到最优的反恐效果。宽严相济的刑事政策与我国反恐基本政策、"两少一宽"的刑事政策之间均存在密切联系。⑥

关于反恐的刑事立法与司法，有学者认为：我国在惩治恐怖活动犯罪的刑法立法方面积累了许多宝贵的经验，包括立足本国国情和反恐局势、借鉴外国先进立法经验、贯彻国际反恐公约和强调对恐怖活动组织的打击。⑦ 但在日益严峻的恐怖主义威胁面前，

---

① 参见董玉庭：《ATM 机上非正常取款行为的刑法学分析》，载赵秉志主编：《许霆案件的法理争鸣》，163 页，北京，北京大学出版社，2008。

② 参见王仲兴：《许霆的行为不构成犯罪》，载赵秉志主编：《许霆案件的法理争鸣》，191 页，北京，北京大学出版社，2008。

③ 参见赵秉志、彭新林：《关于许霆案件的法理问题思考》，载赵秉志主编：《刑法论丛》，第 14 卷，236～289 页，北京，法律出版社，2008。

④ 参见陈兴良：《许霆案的另类收获：特殊减轻制度的激活》，载赵秉志主编：《许霆案件的法理争鸣》，266 页，北京，北京大学出版社，2008。

⑤ 参见刘仁文：《对许霆案的几点思考》，载赵秉志主编：《许霆案件的法理争鸣》，278 页，北京，北京大学出版社，2008。

⑥ 参见杜邈、徐雨衡：《宽严相济在惩治恐怖主义犯罪中的运用》，载《政法论坛》，2008 (1)。

⑦ 参见赵秉志、杜邈：《我国惩治恐怖活动犯罪的刑法立法经验考察》，载《华东政法大学学报》，2008 (6)。

我国刑法规定还存在专门概念模糊不清、罪名设置不够严密、刑罚配置不够科学、与刑法总则缺乏衔接等不足之处。为此，我国应加快完善反恐刑法立法，明确界定"恐怖活动犯罪"的概念，对刑法总则和刑法分则的相关内容进行完善，为反恐怖斗争提供有力的法制保障。① 在反恐的刑事司法方面，虽然中国已经展开了一系列惩治恐怖主义犯罪的司法实践，但在犯罪认定、刑罚裁量、恐怖组织认定和刑事司法合作等方面也存在诸多问题。为此，有学者认为，我国应完善惩治恐怖主义犯罪的刑法立法，在刑事司法中贯彻宽严相济的刑事政策，完善恐怖组织认定机制，加强反恐领域的国际刑事司法合作。②

关于我国"东突"恐怖主义犯罪的法律控制，有学者认为："东突"恐怖主义犯罪的本质在于其实施的一系列暴力恐怖行为，具有严重的社会危害性。对"东突"恐怖主义犯罪，应主要通过危害公共安全罪等进行惩治，并提出降低起刑点，加强社会治安综合治理；立足"东突"的特点，有针对性地制定反恐对策，以从法律上对其予以控制。③

（三）证券犯罪

我国证券犯罪立法采用了"以刑法典为主、附属刑法为辅"的模式，有学者认为，这一立法模式的选择主要是出于对本土化因素的考虑，它符合我国的刑事立法传统，有利于证券市场的稳定发展。不过该学者指出，承认我国证券犯罪立法的本土化特征，并不意味着对证券犯罪立法国际化趋势的否认，相反，在我国证券犯罪存在范围的划定上，应更多地考虑国际化因素，以与国际接轨和交流。④

也有学者认为，证券刑法的补充特性、证券犯罪对象、证券犯罪行为以及证券刑法的完善是证券刑法的基本问题。基于证券刑法的补充特性，该学者认为，严格证券犯罪对象、行为与证券法规之间的从属关系，既是和谐的证券法律体系的要求，也是完善证券刑事法治的必由之路。⑤

还有学者认为，为了依法规范和惩处证券市场中的"老鼠仓"问题，应当对刑法第185 条之一第 2 款，即《刑法修正案（六）》第 12 条第 2 款进行修正，增加个人犯罪并将证券公司增列为违法运用资金罪的犯罪主体。同时，为了与相关的法律条文配套适用，该学者认为应当增加一份司法解释。⑥

---

① 参见杜邈：《我国反恐刑法立法的缺憾与完善》，载赵秉志主编：《刑法评论》，第 14 卷，1～92 页，北京，法律出版社，2008。

② 参见赵秉志、杜邈：《中国惩治恐怖主义犯罪的刑事司法对策》，载《北京师范大学学报》（社会科学版），2008（5）。

③ 参见于佳佳：《"东突"恐怖主义犯罪的法律控制》，载赵秉志主编：《刑法评论》，第 14 卷，148～175 页，北京，法律出版社，2008。

④ 参见高铭暄、王剑波：《我国证券犯罪立法的本土化与国际化思辨》，载《法学家》，2008（1）。

⑤ 参见周建军：《证券刑法的基本问题》，载《政治与法律》，2008（10）。

⑥ 参见顾肖荣：《为解决证券市场"老鼠仓"问题的若干立法建议》，载《政治与法律》，2008（5）。

（四）信用卡犯罪

信用卡犯罪在我国刑法中主要包括妨害信用卡管理罪和信用卡诈骗罪。关于妨害信用卡管理罪，有学者认为：由信用卡的特性决定，变造的信用卡实质上就是伪造的信用卡。伪造的空白信用卡与伪造的信用卡之本质区别就在于卡内是否实际或者曾经输入用户的信息。非法持有他人的信用卡中的信用卡理应是他人真实有效的信用卡并包括使用虚假身份证明骗领的信用卡。申领信用卡时所需的"身份证明"应该是指依照信用卡管理规定和信用卡发行人所要求提供的与证明个人身份相关的全部材料。司法解释将窃取、收买、非法提供信用卡信息的行为独立设罪值得商榷。[①]

关于信用卡诈骗罪，有学者认为：对在 ATM 机上冒用他人信用卡的行为进行刑法规制的前提是准确理解"冒用"的内涵及 ATM 机的法律性质及法律关系。ATM 机的法律性质应为银行发出的要约邀请，银行管理者在信用卡只能由本人持有的这一国际规则下作出了凡是经过 ATM 机验证的人皆为持卡人本人的推定。对于在 ATM 机上冒用他人信用卡的情形应认定为信用卡诈骗罪。[②] 也有学者认为：司法解释将借记卡归入"信用卡"的含义之中，符合信用卡诈骗罪的立法初衷。对拾得信用卡并加以使用行为以信用卡诈骗罪定性，符合刑法原理。对以抢劫等犯罪手段获取他人信用卡并加以使用行为应以重罪吸收轻罪的原则具体定罪处罚。对伪造信用卡并加以使用的行为应以伪造金融票证罪定性。对行为人使用虚假的身份证明骗领信用卡后又加以使用的行为应以信用卡诈骗罪定性。[③]

（五）知识产权犯罪

知识产权的刑法保护不仅是一个国内问题，也是一个国际问题，近年来一直为学者所关注。2008 年度，学者们对知识产权犯罪的研究，主要集中在三个方面：国际知识产权刑法保护的发展趋势、我国知识产权的刑法立法模式和我国知识产权刑法保护的完善。

关于国际知识产权刑法保护的发展趋势，有学者认为，国际上知识产权的刑法保护日益受到重视，一些主要国家和地区均陆续增设了刑事制裁的规定；保护知识产权的刑法规范也越来越严密细致，刑种多元，刑度轻缓，整体而言，对知识产权刑事立法严而不厉，但部分犯罪刑罚有加重趋势；立法保护与司法保护并重，共同构筑起完善的知识产权保护体系；在经济全球化和犯罪国际化的总体趋势下，知识产权领域跨国（境）犯罪现象呈现增加趋势，各国开始日益重视国际合作。[④]

---

① 参见刘宪权：《妨害信用卡管理罪疑难问题刑法探析》，载《政法论坛》，2008（2）。
② 参见李翔、周啸天：《信用卡诈骗罪中"冒用"的展开》，载《中国刑事法杂志》，2008（5）。
③ 参见刘宪权：《信用卡诈骗罪若干疑难问题研究》，载《政治与法律》，2008（10）。
④ 参见赵秉志、刘科：《国际知识产权刑法保护的发展趋势》，载《政治与法律》，2008（7）。

关于我国知识产权的刑法立法模式，有学者认为：我国现行知识产权刑法立法采取的是集中型模式，这种模式具有较大的局限性，它使得刑法典难以保持稳定性，在具体适用中操作性也不强。而刑法典与附属刑法规范相结合的立法模式由于既能及时、灵便地针对新出现的犯罪对法律予以制定、修改，又能维护刑法典的权威性，因而是我国知识产权刑法立法模式完善的一种合理选择。①

关于我国知识产权刑法保护的完善，有学者认为，我国目前刑事司法体系在惩治侵犯知识产权犯罪方面呈现诸多困境，为此应探求实现知识产权刑法保护的路径，即通过司法解释、立法解释抑或修订刑法等方式加以实现，旨在实现刑法的正义性、安定性与合目的性，进而实现法律正义与法律的人文关怀。② 也有学者认为，我国的知识产权犯罪在立罪方面存在着保护客体狭窄、主观要件严厉、定罪标准不合理、起刑点较高等不足之处，制刑方面也存在着刑罚严厉、法定刑的设置违反罪刑相适应原则、资格刑和没收财产刑的缺失等缺陷。我国刑法应该在上述方面加以健全与完善。③ 还有学者认为：我国知识产权犯罪的门槛一降再降，其原因既有来自外部的压力，也有自身的利益追求。不过，知识产权犯罪的门槛下降，有助于我们更好地界定犯罪，促进执法水平的提高，更加有效地治理犯罪，并进而改变中国知识产权的保护模式。④

除了对知识产权犯罪的基本问题进行研究外，2008 年度，还有学者对具体的知识产权犯罪，如假冒注册商标罪⑤等进行了专门研究。

（六）侵犯财产犯罪

2008 年度，在侵犯财产罪的犯罪中，抢劫罪是学者们较为关注的犯罪，而学者们对抢劫罪的研究又主要体现为抢劫罪的行为结构和转化型抢劫两方面。

关于抢劫罪的行为结构，有学者认为：抢劫罪既可由复合行为构成，也可由单一行为构成，不能认为抢劫罪属于纯粹的复合行为的犯罪。抢劫罪的成立，既不要求"当场"实施强制行为，也不要求"当场"获得财物。抢劫罪中取财行为的指向对象无须是人身被强制的对象，也可以是被强制者以外的第三人。⑥

关于转化型抢劫，有学者研究了转化型抢劫的主体问题，认为基于刑法的基本原则与机能、刑法第 269 条规定的精神实质及法律拟制规定与转化犯的性质，根据刑法对未成年人犯罪刑事责任的规定以及刑法学界与司法实务部门对相关问题的一贯立场，从处

① 参见刘科：《中国知识产权刑法立法模式的转变探讨》，载赵秉志主编：《刑法论丛》，第 14 卷，290～304 页，北京，法律出版社，2008。
② 参见徐岱、刘余敏、王军明：《论知识产权犯罪惩治的困境及其出路》，载《政治与法律》，2008（7）。
③ 参见杨辉忠：《我国知识产权刑事立法之检讨》，载《政治与法律》，2008（7）。
④ 参见卢建平：《知识产权犯罪门槛的下降及其意义》，载《政治与法律》，2008（7）。
⑤ 参见张泗汉：《假冒商标犯罪的若干问题研究》，载《政治与法律》，2008（7）。
⑥ 参见张永红：《抢劫罪行为结构检讨》，载《中国刑事法杂志》，2008（11）。

罚的必要性与合理性的角度对此问题进行分析，宜提倡相对刑事责任年龄人可以成为本罪主体的"非身份说"，同时只有在以"暴力或者以暴力相威胁"致人重伤或死亡时才能追究行为人的刑事责任。① 也有学者对特殊类型的盗窃、诈骗、抢夺罪是否包括在刑法第269条所规定的转化型抢劫的前提条件之中进行了研究，认为基于实质刑法的立场，具有侵犯财产罪性质的特殊盗窃、诈骗、抢夺罪可以成为刑法第269条所规定的转化型抢劫的前提条件。② 还有学者研究了转化型抢劫的共犯问题，认为：事后抢劫（即刑法第269条所规定的转化型抢劫）由盗窃、诈骗、抢夺等前行为与暴力、以暴力相威胁的后行为构成；中途知情者参与后行为的，成立事后抢劫的共犯；没有参与实施前行为的人，中途独立实施后行为的，不成立事后抢劫；共同实施前行为的一方独立实施后行为的，应根据共同犯罪的成立条件，判断另一方是否成立事后抢劫的共犯；无责任者与有责任者共同事后抢劫的，应在认定成立"共同犯罪"的前提下，对有责任者贯彻部分实行全部责任的原则，对无责任者以缺乏责任为由，不以犯罪论处。③

此外，在刑法各论方面，还有学者对绑架罪④、寻衅滋事罪⑤、伪造印章罪⑥、受贿罪⑦等问题进行了专门研究。

四、外向型刑法问题

（一）外国刑法与比较刑法

1. 外国刑法

有学者研究了国外被胁迫作为阻却犯罪成立事由的法律性质，认为：在大陆法国家，其法律性质可相应划分为三种类型：排他型法阻却事由、排他型责任阻却事由、违法与责任阻却二元化事由。在英美法系国家刑法理论中，被胁迫一方面在传统上被认为属于可宽恕性抗辩事由，而另一方面，新的见解中既有将其视为正当化抗辩事由者，亦有认为其属于独立抗辩事由以及特殊标准的可宽恕事由者。⑧

---

① 参见刘艳红：《转化型抢劫罪主体条件的实质解释》，载《法商研究》，2008（1）。
② 参见刘艳红：《转化型抢劫罪前提条件范围的实质解释》，载赵秉志主编：《刑法论丛》，第13卷，398～411页，北京，法律出版社，2008。
③ 参见张明楷：《事后抢劫的共犯》，载《政法论坛》，2008（1）。
④ 参见王志祥：《绑架罪中"杀害被绑架人"新论》，载《法商研究》，2008（2）。
⑤ 参见张明楷：《寻衅滋事罪探究》（上）、（下），载《政治与法律》，2008（1）、（2）。
⑥ 参见熊永明：《伪造印章罪论纲》，载赵秉志主编：《刑法评论》，第14卷，299～320页，北京，法律出版社，2008。
⑦ 参见游伟：《当前受贿罪认定中的疑难问题研究》，载赵秉志主编：《刑法评论》，第13卷，247～258页，北京，法律出版社，2008。
⑧ 参见孙立红：《比较评析被胁迫作为阻却犯罪事由的法律性质》，载《中国刑事法杂志》，2008（11）。

也有学者研究了美国刑法中的死刑限制措施问题，认为美国刑法限制死刑适用的主要措施包括：死刑仅适用于极少数犯罪，主要是有加重情节的谋杀罪；逐步废止了绝对死刑条款；极为严格地限制或禁止对未成年人、孕妇、精神障碍人适用死刑；合理设置了不得假释的终身监禁等替代措施。美国限制死刑的措施值得我国合理借鉴。[①]

还有学者研究了英国刑法中的替代责任，认为：英国刑法中的替代责任是因他人行为而承担的责任，它与严格责任、法人责任具有区别，其法理基础是代理原则或者行为归责原则。在我国存在英国刑法替代责任所保障的类似法律归责，由于刑罚结构上的先天不足，替代责任在我国目前刑罚体系中的适用尚存在障碍。[②]

此外，有学者研究了西方国家的量刑建议制度问题[③]、日本刑法中的医疗水准问题[④]、俄罗斯犯罪客体研究的历史发展[⑤]、意大利法人犯罪制度问题[⑥]、英国刑法中公司过失杀人刑事责任的发展与改革问题[⑦]等。

2. 比较刑法

有学者对中美死刑制度的立法原因进行了比较研究，认为：中美两国尽管在文化传统、社会制度、经济发展水平等方面均存在较大差异，但在废止或严格限制死刑的世界性潮流面前，对死刑却采取了相似的政策——既保留死刑又限制其适用，其中既有民意因素，也有政治因素。美国现阶段的高犯罪率、南方的私刑传统、历史上未经纳粹统治等因素导致其支持死刑的民意高涨；在中国，现阶段社会治安形势恶化、礼法传统与家族主义的深远影响，以及缺少西方启蒙运动洗礼等因素导致民意支持死刑。在政治因素方面，美国联邦与各州的权限划分以及盛行的联邦主义是影响其现行死刑制度的重要原因；在中国，统治者所奉行的"乱世用重典"的治国之策和重刑主义的历史传统、特殊历史时期所形成的"左"的错误，都是影响中国死刑制度的重要原因。[⑧]

也有学者对假释的适用条件进行了比较研究，认为：假释适用条件是假释制度的核心。我国应取消刑法第 81 条第 2 款关于假释适用对象的限制，对累犯及其他需要特别关注的特殊犯罪设计更加合理的假释适用条件；区分初犯、再犯、故意犯、过失犯等情

---

① 参见赵秉志、郑延谱：《美国刑法中的死刑限制措施探析》，载《江汉论坛》，2008 (1)。

② 参见王雨田：《论英国刑法中的替代责任》，载赵秉志主编：《刑法评论》，第 13 卷，320～330 页，北京，法律出版社，2008。

③ 参见陈岚：《西方国家的量刑建议制度及其比较》，载《法学评论》，2008 (1)。

④ 参见臧冬斌：《日本刑法中的医疗水准论》，载《环球法律评论》，2008 (3)。

⑤ 参见董玉庭、龙长海：《俄罗斯犯罪客体理论的历史沿革》，载赵秉志主编：《刑法论丛》，第 14 卷，344～367 页，北京，法律出版社，2008，

⑥ 参见范红旗：《意大利法人犯罪制度及评析》，载赵秉志主编：《刑法论丛》，第 15 卷，294～306 页，北京，法律出版社，2008。

⑦ 参见赵渊：《英国刑法中公司过失杀人刑事责任之发展与改革》，载赵秉志主编：《刑法论丛》，第 13 卷，462～482 页，北京，法律出版社，2008。

⑧ 参见赵秉志、郑延谱：《中美两国死刑制度之立法原因比较》，载《现代法学》，2008 (2)。

形，科学设定假释适用的时间条件；通过设计科学而易操作的评价标准、严格的评价程序等，建立科学的再犯预测机制。①

此外，还有学者对中外刑法假释制度②、中俄刑法中的货币犯罪③、共同犯罪人的分类④、刑法解释权模式⑤等问题进行了比较研究。

（二）国际刑法与区际刑法

1. 国际刑法

有学者从袁宏伟案入手研究了引渡的非常规替代措施，认为：引渡的非常规替代措施主要是指跨国绑架和跨国诱骗。这类措施的采用虽然可以绕过引渡合作的法律障碍从境外将被通缉人员捉拿归案，但却可能有损相关国家的法制或主权、侵犯相关当事人的人权，因而在法律上被认为是不正当的或者有争议的。美国设圈套将中国公民袁宏伟诱骗到英国实行拘捕并启动引渡程序的做法，不仅使得中国公民因脱离中国法律的保护而丧失了基本的自由权，同时也是在有意规避中国法律的强制性的禁止规范，并对中国法院正在进行的审判活动造成了干扰，是对中美司法合作关系的损害。⑥

也有学者研究了当前的国际刑法基本原则，认为国际刑法基本原则是指在国际刑法领域中最主要、最核心的，具有根本地位并且能够作为其他原则和规则的产生基础、来源或是推论依据的法律真理或原理。该学者提出了国际刑法基本原则判断的真理性标准、根源性标准、全局性标准、表征性标准和公认性标准，并分析了作为国际刑法基本原则的合法性原则、普遍管辖原则、个人国际刑事责任原则、官方身份无关性原则、保障人权原则和国际合作原则的基本内容。⑦

此外，还有学者研究了国外资产追回⑧、国际公约在国内刑事立法中的转化模式⑨等方面的问题。

2. 区际刑法

有学者对我国海峡两岸的片面共犯问题进行了比较研究，认为我国台湾地区以立法形式确立片面共犯，并将片面共犯的范围作出限制，即仅限于片面从犯，做到了片面共

---

① 参见田立文：《假释适用条件比较研究》，载《中州学刊》，2008（1）。

② 参见赵华溢：《中外刑法假释制度之比较》，载《中共郑州市委党校学报》，2008（1）。

③ 参见吴占英：《中俄刑法典中的货币犯罪之比较》，载《中南民族大学学报》（人文社会科学版），2008（2）。

④ 参见李祖华：《共犯人分类比较研究》，载《浙江师范大学学报》（社会科学版），2008（2）。

⑤ 参见喻海松：《刑法解释权配置模式的比较分析》，载《法学杂志》，2008（3）。

⑥ 参见黄风：《论引渡的非常规替代措施》，载《法商研究》，2008（2）。

⑦ 参见周露露：《当代国际刑法基本原则研究》，载赵秉志主编：《刑法论丛》，第13卷，516～582页，北京，法律出版社，2008。

⑧ 参见黄风：《通过民事诉讼从国外追回资产问题研究》，载《比较法研究》，2008（1）。

⑨ 参见魏昌东、赵秉志：《〈联合国反腐败公约〉在中国刑事立法中的转化模式评析》，载《南京大学学报》（哲学人文科学社会科学），2008（2）。

犯的法定性和明确性，但其对片面共犯之理论阐述还不够深入完善。我国虽然在刑事立法上还没有正式确立片面共犯，但在我国刑法理论中，从主、客观相一致的角度出发，主张片面共犯的成立范围应有所扩大，包含片面实行犯、片面教唆犯及片面帮助犯三种形态，并在论证上更为周延，科学、合理地体现了片面共犯的本质特征。①

也有学者对我国澳门特区贿赂犯罪的既遂与未遂、罪数和法律后果等问题进行了研究，认为：在既遂与未遂问题上，根据现行澳门刑法典规定的贿赂制度，只要证明贿赂的意思已传递给向对方，相对方即构成犯罪既遂，对相对方而言，只要其作出积极的意思响应，如同意、答应、承诺等，同样构成既遂；在罪数问题上，受贿后行为人所作出的不法行为构成其他犯罪的情况下，对行为人只需按照受贿定罪即可，无须数罪并罚，而多次受贿或行贿的，也只需按连续犯定一罪即可；在法律后果方面，澳门刑法典对贿赂犯罪规定的法律后果偏轻，宜适当提高，并对行贿者附加适用禁止执行公务。②

此外，还有学者对两岸的走私犯罪立法③、两岸的吸毒行为④、全国性刑法与澳门地区刑法中的缓刑制度⑤等问题进行了比较研究。

五、刑法学研究发展之展望

总体而言，2008 年度的刑法学研究，以改革开放 30 周年为契机和背景，呈现出以下五个方面的特点：一是充分关注时代背景和社会热点，把握时代脉搏，加强了对改革开放 30 年的刑法发展和许霆案等热点案件的深度研究，充分展现刑法学研究的时代性和实践性；二是注重刑法基本问题的研究，加强了刑法解释、犯罪构成、共同犯罪、量刑、死刑制度改革等重大理论与实践问题的研究；三是注重研究方法的创新，加强了实证研究方法在刑法学研究中的运用，开展了对量刑基准、量刑精确性、死刑民意、侵犯著作权犯罪等问题的实证研究；四是重视多学科知识与刑法学的结合，加强了刑法学与相关学科的交叉研究，心理学、社会学、政治学等学科知识在刑法学相关领域得到了具体运用，促进了刑法学研究的深入发展；五是注重刑法学研究的国际接轨，加强了国际刑法、外国刑法及国际公约国内化等方面的研究。

不过，尽管 2008 年度的刑法学研究无论是在研究的广度还是在深度上均有了较大进展，刑法研究方法的多样性也得到了加强，2008 年度刑法学研究仍然在一些方面存在不足，有待于我们在以后的研究中加以改进：

---

① 参见杨俊：《海峡两岸片面共犯理论比较研究》，载《政治与法律》，2008 (5)。
② 参见徐京辉：《贿赂犯罪：反腐败过程中的老问题与新思考》，载赵秉志主编：《刑法论丛》，第 15 卷，346～363 页，北京，法律出版社，2008。
③ 参见陈晖：《两岸走私犯罪立法比较与借鉴》，载《河北法学》，2008 (8)。
④ 参见赵春玉：《海峡两岸吸毒行为立法比较》，载《云南大学学报》（法学版），2008 (3)。
⑤ 参见杨兴培：《中国内地与澳门刑法中缓刑制度的比较研究》，载《华东政法大学学报》，2008 (3)。

（一）研究视野的进一步拓展

刑法学研究既要立足于本国又要放眼世界，既要注重刑法自身的研究又要注重多学科知识在刑法中的应用。2008年度，刑法学者在研究的视野上较之以往有了一定的突破，本土化与国际化兼容并包，历史与现实密切结合。但是，总体而言，我国刑法学研究的视野还不够开阔，有待于进一步拓展：第一，研究的问题相对集中，视野相对局限。2008年度，刑法学研究的问题与往年相比，有不少雷同，而且有些研究也没有体现更多的创新性。相反，一些刑法学科的边缘问题却较少受到关注。第二，研究的国际视野不够。虽然有不少学者注重借鉴国际经验，但是受制于资料等方面的局限，这类研究还是进行得十分有限。第三，研究的跨学科视野有限。从研究的对象上看，刑法学的相关内容与心理学、社会学、政治学、经济学、教育学等学科都有着密切的联系，但是从研究的视野上看，当前从心理学、社会学、政治学、经济学、教育学等学科角度对刑法学相关问题进行的研究还很不够。

（二）理论研究的体系性发展

刑法学既是一门理论学科也是一门应用学科。作为一门应用学科，刑法学必须重视解决实践问题的技术和方法；而作为一门理论学科，刑法学又必须有自己完整的理论体系。通常情况下，解决实践问题的技术与刑法学理论体系之间是相互协调的，但是在有的情况下，两者之间也可能会产生冲突和互不协调，进而影响刑法学理论体系的完整。关于2008年度的刑法学研究，我们发现，有一些研究存在只注重问题解决而忽视理论体系的完整性的问题，常常过于强调分析问题的角度和方法，其分析的结论与整个理论体系之间却存在冲突。我们认为，这种只重技术而不考虑整个理论体系内部是否协调的研究是片面的，不利于刑法学的科学发展。刑法理论研究应注重体系性。

（三）新研究方法的科学性与通俗性

2008年度，有不少学者运用了一些新的研究方法，如实证分析的方法，来研究刑法问题。其中有不少研究颇具新颖性，令人耳目一新，但是也有某些研究在新方法的运用上欠缺科学性。以调查研究为例，调查者往往都要在调查前进行抽样，而抽样的方法是否科学将直接影响样本的代表性。但是不少研究者根本不考虑样本对总体的代表性问题，往往只是简单地抽取某一个地区（方）的部分人员进行调研，并以此为基础进行分析。可以说，这种实证调查的方法，其科学性是值得质疑的，其研究的结论和价值也要大打折扣。我们认为，一种新的研究方法也许能够给刑法学研究添色不少，但前提是我们能够科学地运用这种新的研究方法，否则它不仅不能促进我国刑法学研究的深入发展，反而会对刑法学的发展产生阻碍。

与此同时，对于新方法的运用，2008年度的刑法学研究还存在一个问题，即很多采用新的研究方法进行的研究,很不容易为人所理解。虽然这种理解与缺乏一定的知识背景有关,但是主要原因仍在于研究者对研究的背景、新研究方法的介绍不够通俗易懂。这不仅会影响研究结论的采信,而且也不利于促进方法的融合和学科之间的贯通,今后应当予以改进。

总之,当前我国正处于社会转型时期,改革开放 30 年既带动我国政治、经济、文化等多方面的发展,也推动我国刑法学的不断进步。2008 年度的刑法学研究尽管存在着一定的不足,然而其秉承改革开放 30 年刑法学的发展脉络,对刑法的诸多基本问题展开了深入研究,整个刑法学研究的广度和深度都有了积极的进展。我们相信,在即将来临的一年,我国刑法学的研究一定会百尺竿头、更进一步。

[赵秉志、袁彬;载《人民检察》,2009 (3),原文发表时有删节]

第二十九章
改革开放 30 年的刑法学研究（1978—2008）

一、前　言

改革开放 30 年来，我国各条战线都取得了巨大的成就，刑事法治建设也不例外。作为刑事法治建设重要一环的刑法学研究，也呈现出一派繁荣的景象。

1978 年党的十一届三中全会的召开，开启了中国刑法学研究事业及其发展的新时代。在这次全会作出的实行改革开放和加强社会主义法制建设战略决策精神的指引和推动下，我国制定并于 1979 年颁布了新中国成立以来的第一部刑法典。以 1979 年刑法典的颁行为契机和标志，我国的刑法学研究和刑事法治建设事业迎来了发展和繁荣的春天。时至 2008 年，新时期的刑法学研究事业已经进入到第三十个年头，并取得了全面的发展进步。值此纪念改革开放 30 周年之际，客观、全面地审视晚近三十年间我国刑法学研究的发展历程，梳理、总结取得的成就，理性地展望其发展前景，对于把握未来所蕴涵的发展契机，迎接新的挑战，努力开创我国刑法学研究的新局面，加速我国刑事法治的完善，乃至推动我国整个法治建设和社会的进步，无疑都具有重要的意义和作用。

二、改革开放 30 年刑法学研究的发展进程

我国改革开放 30 年来的刑法学发展历程，根据研究的侧重点不同，以两部刑法典的先后颁布和其中 1988 年刑法典的修订被提上立法工作日程为界点，大体上可以分为以下三个阶段。

（一）以 1979 年刑法典为研究重心的阶段

我国 1979 年刑法典的颁布，不仅确立了我国刑法立法演进的框架，为以后我国刑法的进一步发展完善奠定了基础，而且也为我国的刑法学研究事业注入了新的活力，大大地推动了刑法学理论研究的发展繁荣，从而成为刑法学研究的一个里程碑。

为了全面宣传、阐释刑法的内容，确保刑法的规定在司法实践中得到准确适用，我国刑法学界围绕刑法文本，对刑法规范的注释性研究倾注了大量的精力。这些研究，不仅开启了新时期我国刑法学研究的序幕，也基本上确立了改革开放 30 年来我国刑法学

发展的主要方向。

在关注刑法注释性研究的同时，我国刑法学界还将研究的视角转向刑法学基本理论和体系的初步建构方面，尽管在某种程度上这些研究明显带有初创阶段的痕迹，但仍然取得了一定的成果，特别是对于刑法学体系、犯罪构成理论等问题的研究，奠定了之后很长一段时期我国刑法学理论研究的基础。

（二）以特别刑法的适用和刑法改革为研究重心的阶段

我国刑法学发展的第二个阶段以 1988 年 7 月国家立法机关决定启动刑法的全面修订工作为起点，以 1997 年刑法典的颁布为圆满终结。这一时期的刑法学研究基本上是沿着以下三条主线发展的：

1. 围绕特别刑法对 1979 年刑法典所作的补充修改而进行专题研究或综合研究。针对国家立法机关为适应实践需要而制定的单行刑法和附属刑法规范，我国刑法学界作出了积极反应，每一部特别刑法的出台，都伴随着大量论文的发表，甚至有专著出版。学者们从具体犯罪的概念、构成特征、罪与非罪的界分、此罪与彼罪的区别以及犯罪的未完成形态、共犯等方面阐释刑法立法含义和精神。无疑，这些研究对于正确理解相关刑法立法和促进司法工作，都起到了直接的引导和促进作用。

2. 就我国刑法改革进行全面而深入的研讨。在这一阶段，我国刑法学界配合国家立法机关，对 1979 年刑法典的修订进行全面研讨，提出了许多建设性的、务实的立法建议，积极地推动了我国刑法立法的进程。刑法的修改与完善是这一阶段刑法学研究极为重要的问题，不仅有数千篇论文发表，还有许多专著出版。尤其是这一阶段中国法学会刑法学研究会每年的年会议题大都涉及刑法的修改与完善，而且 1988 年、1994 年和 1996 年的年会还专门研讨了刑法完善问题。这些研讨不仅涉及刑法修改的指导思想和根据、刑法典体系结构、立法模式以及犯罪论、刑罚论方方面面的问题，而且还涉及有关法条的具体设计、具体犯罪的增减或分合等问题。这些研究丰富了刑法学内容，增强了刑法学的科学性，促进了刑法学的发展，更为重要的是直接推动了刑事立法的进程。可以说，1997 年刑法典的出台与广大刑法学者的积极推动和参与是密不可分的。

3. 深化刑法基本理论研究，开拓新的研究领域。在这一阶段，对原来没有研究或很少研究的课题，如刑事立法、刑法解释、定罪、刑事责任、刑罚论、刑事政策等都进行了较为深入的研究，不仅填补了刑法学的研究空白，而且不少研究达到了较高的水平；对一些课题的研究，如法人犯罪、犯罪构成、共同犯罪、犯罪故意、罪数形态等问题都有所深化，不仅有大量的论文发表，还出版了一些有分量的专著。与此同时，我国刑法学界不少学者还对刑法的公正、平等、自由、功利等刑法价值以及刑法哲学的其他基本问题给予了特别的关注。学者们从更高更深层次上来关怀刑法、洞察刑法，无疑是我国刑法学研究事业进步的重要体现。此外，在这一阶段，我国刑法学界对外国刑法、比较刑法和国际刑法的研究也取得了初步的进展，翻译了不少外国刑法学著作和刑法典，并出版了数部外国刑法、比较刑法和国际刑法著作。

（三）以 1997 年刑法典为研究重心的阶段

以我国 1997 年刑法典的颁布为标志，我国刑法学研究的发展进入了第三个阶段。这一阶段发展到 2008 年，正处于研究的继续深化时期。这一时期的刑法学研究大体上是沿着以下两条主线展开的：

1. 以刑法文本为主要研究对象

以刑法为研究对象的刑法学不能不关注现行刑事立法和司法，应用性本来就应当成为刑法学的生命和灵魂，是刑法学得以发展和繁荣的源泉，离开应用性和实践性，刑法学的发展也就失去了生命力。这是刑法学的学科属性使然。正因为如此，每当新的立法出台后，我国刑法学界都会积极地予以关注。这种研究现象在我国 1997 年刑法典颁行后表现得尤为明显。我国刑法学界围绕这部新刑法典的贯彻实施问题发表了大量文章，出版了许多书籍。不仅如此，中国法学会刑法学研究会 1997 年和 1998 年的年会也以1997 年刑法典的贯彻实施为议题。这些研讨对正确理解和实施刑法具有重要的意义。

2. 进一步深化刑法基本理论，并开拓新的研究领域

刑法基本理论是刑法学研究的本体，刑法基本理论的成熟与发展是中国刑法学走向成熟的关键和基础，因而应当成为我国刑法学研究的核心部分。从研究内容的具体情况分析，这一阶段的成果有些属于深化性研究，主要涉及刑法解释、刑法效力范围和原则、犯罪对象、不作为犯、共犯关系、共犯与身份、教唆犯、正当行为、正当防卫、单位犯罪、结果加重犯、过失危险犯、刑事责任、刑罚的一般预防、刑罚个别化、刑罚改革与完善、死刑的适用与废止条件等方面；有些属于批判性研究，主要涉及犯罪概念、犯罪定义与犯罪化、犯罪构成及其体系、主客观相统一原则、社会危害性理论等问题；有些属于拓展性研究，主要涉及刑法的基础观念、刑法方法等问题；还有些属于引介性研究，主要是对外国刑法或外国刑法学中某些基本理论的译介。此外，作为刑事一体化理论重要组成部分的刑事政策、国际刑法和区际刑法研究，也在开拓研究领域，深化研究层次，从而呈现出了繁荣发展的景象。我国刑法学界这一时期的研究全面提升了刑法学研究的水平。

三、改革开放 30 年刑法学研究的主要特点

纵观改革开放 30 年来我国刑法学研究发展的历史轨迹，我们可以清晰地看到，刑法学研究的发展是一个循序渐进、不断进步的历史过程。在这 30 年的发展中，刑法学研究坚持以解决中国现实的立法与司法问题、建构科学的与社会发展相适应的刑法理论体系为基本追求，在深入挖掘、理性分析中国传统刑法学资源的基础上，通过合理借鉴、广泛吸收国外先进刑法理论，在实现刑法理论为刑事立法与司法实践提供有力理论

保障目标的同时，也完成了建构刑法学体系、开拓刑法学研究领域、深化刑法学研究层次、协调发展多元刑法学研究方法的使命，全面推进了刑法学研究事业的发展。

（一）刑法学研究为刑法改革提供了重要的理论准备

我国刑法的发展完善经历了一个长期的历史过程，其中既包括通过单行刑法和附属刑法模式对立法进行的局部修改、补充和完善，也包括 1997 年对刑法所进行的全面系统的改革。在这一过程中，我国刑法学研究始终将全面解决刑法改革过程中所面临或者可能面对的现实的基本理论问题作为研究重点，广泛争鸣、深入研究，在通过为局部的立法完善提供理论支持积累经验的基础上，为全面的刑法立法改革进行了充分的理论准备。

刑法改革涉及一系列的刑法理论问题，既包括刑法修改的原则、体系结构的调整问题，也包括刑法内容和立法技术完善等方面，这些都需要刑法学界投入精力，进行全方位的理论准备。例如，1988 年国家立法机关将全面修订刑法典列入立法规划后，适应并配合刑法改革的需要，我国刑法学界曾围绕刑法基本原则、犯罪构成要件的完善、刑罚种类和刑罚制度改革、刑法分则体系的整合以及具体分则规范的修改补充等问题，开展了一系列的学术研讨，并出版和发表了这方面的多部著作和多篇论文。这些探讨、研究为刑法的改革和完善提供了重要的理论参考。

刑法的立法改革不仅涉及具体刑法制度、罪刑规范的设计，也关涉刑法立法的基础性问题，如刑法立法的价值取向、刑法的观念更新等。这些问题同样会影响刑法立法的科学化程度，并最终会影响到刑法立法的质量。鉴于这些问题的重要性，我国刑法学界对此也给予了较多的关注，围绕刑法立法政策思想的调整、刑法观念的更新以及刑法的价值等问题，进行了较为充分的讨论。由于刑法学研究对这些事关刑法的基础观念问题做了充分的知识准备，从而推动了我国 1997 年刑法典在立法观念上的创新，在一定程度上有助于刑法实现保护机能和保障机能的有机统一。

（二）刑法学研究紧密联系刑事司法实践

改革开放 30 年来，我国刑法学研究始终将刑事司法实践中准确适用刑法、解决刑法适用中的疑难问题作为刑法学研究的基点，着力解决了刑事司法实践中的诸多理论与观念问题。

从我国的实际情况看，刑法学研究紧密联系刑事司法实践的方式和途径各有不同。首先，最常见的是对刑法规范的含义进行阐释，针对司法实践中需要正确解决的常见多发的疑难问题展开研讨，注释刑法学的发达最终促使以注释为主流研究方法的刑法学研究生态的生成。其次，有些学者得以亲自参与刑事司法解释的起草研拟，而多数学者虽然不能亲自参与起草研拟，但却可以通过报刊等针对刑事司法解释发表评论或提出建议。这些作为理论联系实际的一种表现形式，对于促进刑事司法的统一、推动司法实践的健康发展，具有重要的积极意义。再次，针对司法实践中发生的典型刑事案件，开展法理分析。自 20 世纪 90 年代以来，我国刑法学界就较为广泛地参与了一些广受关注的典型刑事案件的研究和讨论，例如，"重庆綦江虹桥垮塌案"、"张子强案"、"足球黑哨案"、"许霆案"等，并出版和发表了一些有分量的紧密联系司法实践的论文和著作。为了刑法学教学和宣传普及刑法法理的需要，刑法学界还出版了一些案例教学类的著作。此外，有些院校刑法专业的硕士论文甚至开始尝试以某一典型的刑事案件为切入点，对该案件所涉及的法律适用问题进行法理分析。这些研究现象均凸显了我国刑法学主流研究的应用性和实践性。

(三) 注释刑法学与理论刑法学并存的格局逐步形成

对刑法开展超出刑法规范和传统刑法学体系的范围，采取与传统注释研究方法不同的方法进行研究，是我国一些刑法学者在 20 世纪 90 年代初期前后所进行的一种研究方式上的探索。起初，尽管这些研究从内容上分析，仅仅限于强调以罪刑关系为核心对刑法学体系进行合理的构建，但从研究方法上看，学者们已经开始突破传统的注释刑法学研究模式，因此在一定程度上标志着刑法学研究方法上创新探索的开始。

随着研究的深化，对刑法问题进行哲理思考的主张，逐渐受到刑法学界的关注和重视。例如，在对罪刑辩证关系进行哲理探索的基础上，有学者尝试从构建以犯罪本质二元论、刑罚目的二元论、罪刑关系二元论为基本命题的刑法研究体系入手，对刑法的本体内容进行研究，并将刑法整体纳入刑法哲学研究的视野。[①] 有学者以刑法精神的探寻为切入点，系统分析了刑法的道德性、自主性、公正性、经济性、宽容性、科学性等属性，并明确提出探讨刑法的精神，揭示刑法的价值。[②] 有学者从刑法的精神、实体范畴和关系范畴三个基本方面为切入点，对刑法体系的构建进行研究。[③] 还有学者从刑法的理性入手，系统地分析研究刑法理性的基本内涵、刑法理性的彰显、刑法理性化的道路等问题。[④]

总之，这些以超越实定法规范并以探寻刑法的本原性和终极性价值为目标的理论刑法学研究方法，产生了一批科研成果。这标志着我国传统的以注释刑法学一统天下的研究格局已被打破，注释刑法学与理论刑法学并存共荣的新格局逐渐形成。

(四) 国际刑法和区际刑法研究得以拓展

在我国，学界对国际刑法研究的真正起步应当说是在我国实行改革开放之后。在国际刑法研究的初期阶段即 20 世纪 80 年代，学者们主要围绕着国际刑法和国际刑法学的

---

① 详见陈兴良：《刑法哲学》，北京，中国政法大学出版社，1992。
② 详见陈正云：《刑法的精神》，北京，中国方正出版社，1999。
③ 详见曲新久：《刑法的精神与范畴》，北京，中国政法大学出版社，2000。
④ 详见张智辉：《刑法理性论》，北京，北京大学出版社，2006。

界定、国际刑法学的体系这样一些基本的问题进行拓荒性质的探索。到了 20 世纪 90 年代，国际犯罪的频发催生了像前南国际刑事法庭和卢旺达国际刑事法庭这样一些特设国际刑事司法机构的建立。1998 年联合国通过国际刑事法院《罗马规约》，并据此于 2002 年建立了人类历史上第一个常设性的国际刑事法院。国际刑法领域这些新的立法和司法现象吸引着我国学者的注意力，学者们围绕国际刑事法院以及国际刑法的其他问题展开了深入的研究，发表和出版了许多论文和著作。我国学界对国际刑法的研究由少到多、由浅入深、由不完备到较为完备的这一客观事实说明，国际刑法学作为一门新兴学科在我国已粗具雏形。

中国区际刑法学的诞生和发展也与我国实行改革开放的基本战略决策密切相关。自 20 世纪 80 年代以来，随着我国改革开放的范围的不断扩大和程度的不断提高，我国国内不同法域间互涉的犯罪案件也逐渐增多起来。对于这类区际互涉的刑事案件如何处理，也就成了摆在我国刑法学界面前的现实问题。尤其是香港和澳门地区回归祖国以后，了解、研究港、澳地区刑法，探讨全国性刑法与港、澳地区刑法制度的差异以及中国区际刑事司法管辖权的冲突和协调等问题，成为刑法学研究的迫切课题。对于这些问题，学者们积极探讨，先后发表和出版了一些论文和著作，为"一国两制"的贯彻作出了积极的贡献。

四、改革开放 30 年刑法学研究的重大问题及其进展

改革开放 30 年来，我国刑法学得以迅猛发展，所研讨的课题从基本理论到具体制度，从总论到分论，从理论到实务，几乎无所不涉，其中研究集中、取得较大进展的重大问题主要有以下 16 个：

（一）刑法观问题

刑法观是人们对刑事立法、刑事司法以及刑法规范、刑法功能等一系列问题的态度和价值取向的总称。我国刑法学界对刑法观问题的关注大体始于 20 世纪 80 年代中期，当时一些学者明确提出应当树立与社会主义有计划的商品经济以及与社会主义民主相适应的刑法观，认为在犯罪观上，应以是否有利于生产力和社会主义商品经济的发展，来作为评价经济活动是否具有社会危害性以及罪与非罪的根本标准；在刑罚观上，应在坚持罪刑等价性的基础上考虑刑罚的有效性。[①]

刑法观念的形成、变更和发展归根到底要受制于一定的社会经济基础，具有鲜明的时代感。1992 年党的十四大提出建立社会主义市场经济体制的目标以后，有学者提出，在社会主义市场经济条件下，应当树立经济刑法观、法制刑法观、民主刑法观、平等刑法观、人权刑法观、适度刑法观、轻缓刑法观、效益刑法观、开放刑法观以及超前刑法

---

①　参见高铭暄、赵秉志编著：《新中国刑法学研究历程》，98～100 页，北京，中国方正出版社，1998。

观，实现刑法观念的更新。①

1997 年刑法典通过后，尤其是在我国加入 WTO 的情况下，应当树立并坚持什么样的刑法观问题，再次引起了刑法学界的广泛兴趣。例如，有学者认为：人权保障首先有赖于人权观念的变革，没有相应的人权观念为基础，人权保障根本不可能在刑事法治领域得到真正的贯彻。一方面，以人为本、尊重和保障人权固然是现代刑法立法的必然含义；但另一方面，如果没有相应刑事司法观念的变革，关涉人权保障的刑法立法的真正贯彻也必然会举步维艰、流于形式。所以刑法对公民人权的切实保障离不开刑事司法观念的革新。② 有学者认为，在我国刑法已确立罪刑法定原则的情况下，有必要革新刑法价值观、刑法犯罪观、刑事政策观和刑事司法观，以促进和推动罪刑法定原则的真正贯彻。③ 也有论者认为，在我国这样一个具有浓厚刑法传统的国家进行法制的现代化，倡导和推进刑法的民法化尤显重要。④

刑法学界关于刑法观念的研究不仅对现实的刑法立法产生了直接的影响，而且也有利于人们树立正确的刑法观。这些研究从某种程度上说意味着我国刑法学研究走出了传统樊篱，迈上了新的台阶。

（二）刑事政策问题

1978 年改革开放以后，刑事政策研究在我国也逐步繁荣起来。特别是进入 20 世纪 90 年代以后，刑法学界发表、出版了多篇论文和多部著作⑤，从而推动着刑事政策研究的全面展开。这些研究主要是探讨了刑事政策或刑事政策学的基本问题，厘清了刑事政策的含义，初步确立了刑事政策的概念、指导思想、原则、分类和体系，从而为刑事政策科学的构建以及宽严相济刑事政策的贯彻奠定了基础。

以 2005 年 12 月时任中央政法委书记的罗干同志在全国政法工作会议上提出"要认真贯彻宽严相济的刑事政策"为标志，拉开了刑事政策研究兴盛的序幕，并在许多问题的研究上取得了最大限度的共识。关于宽严相济刑事政策的内涵，学界较为一致地认为，包括"宽"和"严"两个方面，该宽则宽，该严则严，有宽有严，宽严适度；同时强调要严格依法根据具体的案件情况来惩罚犯罪。⑥ 关于宽严相济刑事政策和"惩办与

---

① 参见赵秉志：《刑法改革问题研究》，31 页以下，北京，中国法制出版社，1996。
② 参见赵秉志：《刑法基本理论专题研究》，104～106 页，北京，法律出版社，2005。
③ 参见李晓明：《罪刑法定原则的确立与刑法观念的变革》，载《东吴法学》，2001 年号。
④ 参见姚建龙：《论刑法的民法化》，载《华东政法学院学报》，2001（4）。
⑤ 其中，代表性的著作有：马克昌主编：《中国刑事政策学》，武汉，武汉大学出版社，1992；杨春洗主编：《刑事政策论》，北京，北京大学出版社，1994；肖扬主编：《中国刑事政策和策略问题》，北京，法律出版社，1996；何秉松主编：《刑事政策学》，北京，群众出版社，2002；曲新久：《刑事政策的权力分析》，北京，中国政法大学出版社，2002；刘仁文：《刑事政策初步》，北京，中国人民公安大学出版社，2004；卢建平：《刑事政策与刑法》，北京，中国人民公安大学出版社，2004，等等。
⑥ 参见高铭暄：《宽严相济刑事政策与酌定量刑情节的适用》，载《法学杂志》，2007（1）。

宽大相结合"刑事政策的关系，有观点认为，二者之间系一脉相承的关系，"宽严相济"并不是一种新的刑事政策。① 多数学者认为，宽严相济刑事政策是一项新的刑事政策，它继承了惩办与宽大相结合刑事政策的基本精髓，但同时也根据新时期的社会背景作了创造性的发展。② 关于宽严相济刑事政策与"严打"政策的关系，有观点认为，"严打"政策系宽严相济刑事政策的下位概念，它与宽严相济刑事政策中的"严"是同一含义③；而多数说则认为，"严打"不是常态法治社会应对严重刑事犯罪的有效措施，该政策不应长期存在，更不应纳入基本刑事政策。此外，刑法学界还研究了宽严相济刑事政策视野下刑种体系、刑罚裁量和执行、非刑罚处罚方法、非监禁刑、前科消灭等制度的立法完善以及有关司法适用等问题。

（三）完善刑法的模式问题

我国 1979 年刑法典颁行后，为了适应惩治和防范犯罪的需要，国家立法机关先后通过一系列的单行刑法和附属刑法，对 1979 年刑法典作了许多补充和修改。随着立法和司法实践的逐步深入，对于特别刑法这种完善刑法的模式，我国刑法学界通说认为：特别刑法作为修改、补充刑法典，创设新的刑法规范的常态工具，立法过于随意，而且立法内容缺乏理论的论证，既冲击了刑法典规范，使之失去应有的稳定性和可信度，也肢解了刑法典，导致刑法规范失去平衡，并阻止常态法的适用。④ 而采取刑法修正案的方式对刑法典进行部分修改补充则具有无可比拟的优势：这种模式具有直接修改、补充刑法典的有关条文以及创设新的刑法条文并将之纳入刑法典的功能。发布刑法修正案的方法不但灵活、及时和针对性强，而且也明确了其与刑法典的关系，载明了其对刑法典的某一条文作出什么修改，对刑法典某条文予以废除，或者对刑法典何处补充什么条款，一经颁行，其内容即被刑法典吸收。这样就避免了新的修改补充与刑法典有关内容的关系不明确的问题，既促进了立法的协调完善，又便于司法中对立法的正确适用。⑤ 应当说，这种见解对我国当今的立法实践产生了重要的影响。

我国第一部刑法修正案的通过，又引起了我国学者对刑法修正案问题研究的兴趣。多数学者认为，刑法修正案应当成为我国刑事法治语境下常态的修法模式。但也有不同认识：有观点认为，当要增加的新罪行为不能纳入刑法典分则已有的罪名体系时，就不宜采用刑法修正案；目前刑法修正案单独颁布违背了我国立法法的规定；刑法修正案的

---

① 参见王顺安、刘艳萍：《论宽严相济与三个刑事政策的关系》，载《河北学刊》，2008（2）。

② 参见赵秉志：《和谐社会构建与宽严相济刑事政策的贯彻》，载《吉林大学社会科学学报》，2008（1）；刘华：《宽严相济刑事政策的科学定位与司法适用》，载《法学》，2007（2）。

③ 参见王顺安、刘艳萍：《论宽严相济与三个刑事政策的关系》，载《河北学刊》，2008（2）。

④ 参见赵秉志：《刑法改革问题研究》，308～309 页，北京，中国法制出版社，1996。

⑤ 参见赵秉志：《刑法改革问题研究》，288 页，北京，中国法制出版社，1996。

新罪设定权侵袭了全国人大的立法权。① 还有观点认为，集中性、统一性刑法立法模式不利于刑事立法的协调性原则，也不利于明确刑事处罚范围，以刑法修正案模式取代单行刑法、附属刑法来修正刑法典不足取。②

（四）刑法基本原则问题

对刑法基本原则问题的研究，历来为我国刑法学界所关注。我国 1979 年刑法典虽然没有对此加以明确规定，但学界普遍认为我国刑法实际上坚持了刑法基本原则。只不过，由于对刑法基本原则的概念存在认识上的分歧，所以在基本原则外延的理解上产生了不同观点。为了解决这一问题，我国刑法学界提出了界定刑法基本原则应当遵循的两个标准：一是这些原则必须是刑法所特有的，而不是和其他部门法所共有的；二是这些原则必须是贯穿于全部刑法的，而不是局部性的具体原则。③ 据此，我国刑法的基本原则有罪刑法定原则，罪刑相适应原则，罪责自负、反对株连的原则以及惩罚与教育相结合原则。④

在全面修改、研拟刑法过程中，有学者对我国刑法学界将"刑法部门所特有"作为确立刑法基本原则标准之一的传统观点提出怀疑⑤，认为凡贯穿全国刑法和刑事司法并体现我国刑事法制的基本性质与基本精神的准则，都应当是我国刑法的基本原则。⑥ 基于这种理解，我国刑法的基本原则有罪刑法定原则、罪刑相适应原则、主观与客观相统一原则、罪责自负原则以及刑事责任的公正原则。⑦ 但也有一些学者认为，除此之外，还应当包括刑事法制的统一原则、刑法面前人人平等原则、刑事责任的不可避免原则以及刑罚人道主义原则。⑧ 关于类推制度的存废问题，在 1997 年刑法典通过之前，曾产生激烈的争议。一些学者主张保留⑨，但绝大多数学者认为，类推制度与罪刑法定原则本

---

① 参见黄京平、彭辅顺：《刑法修正案的若干思考》，载《政法论丛》，2004（3）。

② 参见孙力、刘中发：《我国刑法十年回顾与展望》，载赵秉志、郎胜主编：《和谐社会与中国刑法建设——新刑法典颁行十周年纪念文集》，205～207 页，北京，北京大学出版社，2007。

③ 参见高铭暄主编：《中国刑法学》，32 页，北京，中国人民公安大学出版社，1989。

④ 参见高铭暄主编：《中国刑法学》，32～37 页，北京，中国人民公安大学出版社，1989。

⑤ 这种观点的主要理由是：国家法制的一般原则与部门法的基本原则是一般与特殊、抽象与具体的关系，法制一般原则指导和制约各部门法基本原则的确立，部门法的基本原则具体体现一般法制原则，二者之间相互依存密切关联。如果离开了各部门法基本原则的具体体现，法制一般原则就落不到实处而毫无意义。况且，从其他部门法的规定看，我国立法机关并不否认法制一般原则可以作为部门法的基本原则。参见赵秉志：《刑法总则问题专论》，219 页，北京，法律出版社，2004。

⑥ 参见赵秉志：《刑法改革问题研究》，347 页，北京，中国法制出版社，1996。

⑦ 参见赵秉志：《刑法总则问题专论》，229 页，北京，法律出版社，2004。

⑧ 参见高铭暄主编：《新中国刑法科学简史》，300 页，北京，中国人民公安大学出版社，1993。

⑨ 其中，有代表性的观点可见侯国云：《刑法中应继续保留类推制度》，载《人民检察》，1991（2）。我国 1997 年刑法典通过之后，该学者又对刑法保留类推制度的必要性作了重新论证，认为，如果我们在规定罪刑法定的同时，仍保留类推制度，使我国刑法保留相对罪刑法定主义的色彩，那就再好不过了。参见侯国云、白岫云：《新刑法疑难问题解析与适用》，35～54 页，北京，中国检察出版社，1998。

质上是矛盾的，应当坚决、果断地予以废止。①

以我国刑法学界对刑法基本原则的研究为基础，国家立法机关最终在 1997 年刑法典第 3 条至第 5 条中规定了罪刑法定、适用刑法人人平等和罪责刑相适应三项原则。之后，刑法学界对刑法基本原则尤其是罪刑法定和罪责刑相适应原则表现出了极大的兴趣，发表了许多论文，甚至出版了若干部著作，对这两项原则的历史演进、理论基础、价值意蕴、基本内容以及立法和司法实现进行了全面的研究。此外，我国刑法对基本原则的确立并没有终结刑法学界对这一问题的进一步思考和研究。有些学者围绕刑法规定之外的其他原则，如主、客观相统一原则等，进行了较多的探讨，有的还出版了著作。这些研究对于深化认识，丰富我国的刑法理论，具有重要的意义。

（五）刑法解释问题

刑法解释问题在我国 1979 年刑法典通过后的一段时间里一直都是一个冷门话题，但到了 20 世纪 80 年代中期以后，这种状况发生了较大的变化，随着一些论文和有关著作的发表或出版，学界逐渐思考和关注这一问题。尤其是进入 21 世纪以后，刑法学界对刑法解释问题的研究取得了十分丰硕的成果，并出现了百家争鸣的学术观点。关于刑法解释的对象，通行的观点是"刑法规范说"，即刑法解释是对刑法规范含义的阐明。② 但也有一些学者认为，刑法的内容包括规范性内容和非规范性内容，对于非规范性的刑法规定仍有解释之必要，因此刑法解释的对象是刑法规定。③ 所谓刑法解释，就是对刑法规定含义的阐明。④ 关于刑法解释的基本思想，我国刑法学界向来存在"主观说"、"客观解释说"和"折中说"的争论。进入 21 世纪以后，有学者以宽严相济的刑事政策为视角，对刑法解释的目标作了全新的阐释，认为：不管是"主观说"、"客观解释说"，还是"折中说"，都有以偏概全之缺憾。究竟揭示和阐明刑法条文在何种层次和境况下的含义，要由解释主体根据宽严相济的刑事政策的精神要义以及对轻重不同的刑事犯罪问题予以区别对待的实际需

---

① 其中，有代表性的论证可见赵秉志、肖中华：《刑法修改中类推制度存废之争的研讨》，载《法学家》，1996，（4）；高铭暄：《试论我国刑法改革的几个问题》，载《中国法学》，1996（5）；马克昌：《罪刑法定原则立法化刍议》，载《中国刑事法杂志》，1997（1）；陈兴良：《刑法修改的双重使命：价值转换与体例调整》，载《中外法学》，1997（1）。

② 参见高铭暄：《刑法总则要义》，2 版，61 页，天津，天津人民出版社，1988；高铭暄主编：《中国刑法学》，41 页，北京，中国人民大学出版社，1989；陈兴良：《本体刑法学》，22 页，北京，商务印书馆，2001；高铭暄、马克昌主编：《刑法学》，最新修订版，14 页，北京，中国法制出版社，2007。

③ 参见李希慧：《刑法解释论》，48～49 页，北京，中国人民公安大学出版社，1995。

④ 参见赵秉志主编：《刑法争议问题研究》（上卷），11 页，郑州，河南人民出版社，1996；马克昌主编：《刑法学》，7 页，高等教育出版社，2003；张明楷：《刑法学》，2 版，39 页，法律出版社，2003；赵秉志主编：《刑法总论》，89 页，中国人民大学出版社，2007。但也有学者认为，"刑法解释的对象是刑法规定"的表述不够精确，"刑法条文说"更为合理些。参见张小虎：《对刑法解释的反思》，载《北京师范大学学报》（社会科学版），2003（3）。我们认为，"刑法条文说"与"刑法规定说"实难认为有本质区别，不足谓一种新见解。

要来确定。①

刑法立法解释也是我国刑法学界近年来探讨较多的问题之一，这些研究主要集中在：一是刑法立法解释的形式。对此，学界分歧较大，但多数学者倾向于认为，刑法立法解释专指全国人大常委会颁布的特别标明解释刑法条文的规范性文件。② 二是刑法立法解释的存废。废除说认为，立法解释虽名为解释，但实际上仍属于立法的范畴。而且，立法解释的"法律条文本身需要进一步明确界限"与司法解释的"具体应用法律"实质上很难区分；从内容上看，如按原意进行解释是同义反复，没有意义，如改变条文原意，作扩张解释和限制解释则是对法律的修改，是立法。③ 故立法解释没有存在的必要。但多数说认为，在当前刑事司法解释越权现象非常严重的情况下，通过立法解释可以制约、监督司法解释，从而有助于将必要的司法解释限制在特定的范围之内。④ 因而刑法立法解释有其存在的必要性。

(六) 犯罪概念问题

在 1997 年刑法典通过之前，我国刑法学界对犯罪概念的研究并不多，主要限于对犯罪的形式概念、实质概念以及混合概念的分析评价方面。多数学者认为，我国刑法采取混合方式界定犯罪，既揭示了犯罪的本质特征，又揭示了犯罪的法律特征；既回答了"什么是犯罪"的问题，又回答了"为什么是犯罪"的问题，比形式概念和实质概念都有优点。但也有学者认为，犯罪的混合概念存在着逻辑上的缺陷，而形式概念和实质概念事实上具有十分重要的价值，它们应当分别在刑事立法和刑事司法领域中发挥指导性功能。⑤

1997 年刑法典通过之后，我国刑法学界关于犯罪概念的研究主要集中在犯罪的社会危害性上：一是对传统学说认为社会危害性属于犯罪本质特征的批判和反思。对此，一种观点认为，社会危害性是一个内涵不清、外延不明的政治性概念，据此并不能把犯罪同其他违法行为区别开来，即使在社会危害性前面加上"严重"二字，由于"严重"二字的含义更加模糊，只会使犯罪本质问题变得更为模糊，故社会危害性不能成为犯罪的本质特征。⑥ 也有学者提出了犯罪本质二元论的观点：把应受刑罚惩罚性作为犯罪的

---

① 参见赵秉志主编：《刑法解释研究》，20 页，北京，北京大学出版社，2007。

② 参见吴大华、蒋熙辉：《论刑法立法解释》，载《贵州警官职业学院学报》，2003 (6)；赵秉志主编：《刑法解释研究》，58 页，北京，北京大学出版社，2007。

③ 参见袁吉亮：《论立法解释制度之非》，载《中国法学》，1994 (4)；袁吉亮：《再论立法解释制度之非》，载《中国法学》，1995 (3)；李国如：《罪刑法定原则视野中的刑法解释》，155～157 页，北京，中国方正出版社，2001。

④ 参见李国如：《罪刑法定原则视野中的刑法解释》，140～143 页，北京，中国方正出版社，2001；赵秉志主编：《刑法解释研究》，80 页，北京，北京大学出版社，2007。

⑤ 参见赵秉志主编：《刑法争议问题研究》（上卷），161～167 页，郑州，河南人民出版社，1996。

⑥ 参见孟伟：《犯罪本质论》，载《江苏警官学院学报》，2004 (3)。

主观特征，把社会危害性作为犯罪的客观特征，树立犯罪本质二元论的观点，这样不仅使犯罪三特征之间的逻辑关系更加严密，而且能科学地解释犯罪、犯罪构成、刑罚等诸范畴之间的关系。[1] 二是对社会危害性与刑事违法性的关系的研究。传统学说认为，一定的社会危害性是刑事违法性和应受惩罚性的前提和基础，刑事违法性是社会危害性在刑法上的表现，二者是有机统一的辩证关系。对于这种观点，一些学者认为，社会危害性是一个超规范的概念，而非刑法专属的概念，它不具有实体性，而是一个十分空泛的没有自身认定标准的东西[2]；对于犯罪概念，同时使用社会危害性和刑事违法性这两个互相冲突、排斥的标准来界定，势必影响罪刑法定原则在犯罪定义中的完全彻底体现，使犯罪这个基本定义的科学性大打折扣。[3] 也有一种观点认为，社会危害性和刑事违法性确实存在着一定的矛盾，但从刑法理论、刑事立法以及刑事司法等三个层面可以调和这些矛盾。[4] 以上的争鸣深化了我们对犯罪概念中社会危害性特征的认识，对于推动刑法基础理论的发展完善，具有重要的意义。

（七）犯罪构成问题

犯罪构成理论作为刑法理论的基石、核心和灵魂，是一块历久而弥新的研究领域。自我国刑法学初步建立起犯罪构成理论体系以来，对它的研讨和争论就几乎没有停止过。我国 1997 年刑法典通过之前，对犯罪构成理论的研讨主要集中在应当包含哪些要件的问题上。我国刑法理论的通说是四要件说，但在研讨过程中，又产生了二要件说[5]、三要件说[6]和五要件说[7]。并且随着研讨的深入，也有学者尝试运用系统论的方法建构犯罪构成体系，认为犯罪构成是一个由相互联系、相互作用的诸要件构成的有机整体，提出了一个"三位一体"的犯罪构成体系。[8]

---

[1] 参见王联合：《犯罪本质二元论新说》，载《河南社会科学》，2008（2）。

[2] 参见陈兴良：《社会危害性理论——一个反思性检讨》，载《法学研究》，2000（1）。

[3] 参见樊文：《罪刑法定与社会危害性的冲突——兼析新刑法第 13 条关于犯罪的概念》，载《法律科学》，1998（1）。

[4] 参见赵秉志：《赵秉志刑法学文集Ⅰ：刑法总则问题专论》，341～353 页，北京，法律出版社，2004。

[5] 二要件说又分为：一是把犯罪构成要件分为行为要件和行为主体要件，行为要件是主客观要件的统一。二是把犯罪构成要件分为主观要件和客观要件，认为犯罪主体是前提条件，犯罪客体是附属于行为的，因此二者都不是犯罪构成要件。参见高铭暄主编：《新中国刑法科学简史》，85～86 页，北京，中国人民公安大学出版社，1993。

[6] 三要件说可分为两种：一是认为犯罪构成由主体、危害社会的行为、客体三要件组成，而危害社会的行为是主观方面与客观的统一。二是认为犯罪构成分为犯罪主体、犯罪主观方面、犯罪客观方面三部分，犯罪客体反映的是犯罪的本质，不是犯罪构成要件。参见高铭暄主编：《新中国刑法科学简史》，86 页，北京，中国人民公安大学出版社，1993。

[7] 五要件说是在四要件说的基础上，将四要件说中的犯罪客观方面分为两部分：一是犯罪的行为，二是犯罪的危害结果及其与犯罪行为之间的因果关系。参见高铭暄主编：《新中国刑法科学简史》，87 页，北京，中国人民公安大学出版社，1993。

[8] 详见何秉松：《犯罪构成系统论》，112～119 页，北京，中国法制出版社，1995。

1997 年刑法典通过之后，刑法学界对犯罪构成理论的争论更趋激烈。在呼吁改造我国犯罪构成理论体系的学者内部，有代表性的主张大体上可以分为三类：一是直接引进大陆法系国家的犯罪成立理论，以取代我国的犯罪构成理论，并且有的学者还在所主编的教科书中直接移植大陆法系的犯罪成立理论来建构刑法论体系。① 二是依托我国的犯罪构成理论进行改造，形成"新三要件说"。依据犯罪构成要件的排列顺序不同，该说又可分为两种主张：（1）按照犯罪的客观要件、犯罪的主体要件和犯罪的主观要件顺序排列②；（2）按照犯罪的主体要件、犯罪的主观要件和犯罪的客观要件的逻辑顺序排列。③ 三是依托域外犯罪构成理论来建构。例如，有学者主张在借鉴大陆法系三要件的基础上，以罪状为中心展开犯罪构成理论，认为犯罪是该当法定罪状、违法、有责（有罪过）的行为。④ 也有学者在综合大陆法系和英美法系犯罪构成理论优势的基础上，提出了三层次的构成要件体系：第一个层次是事实要件，由行为的主观方面和行为的客观方面而构成；第二个层次是违法性评价，并将正当防卫等置于其中，成为违法性阻却事由或者辩护事由；第三个层次是有责性评价，未成年、精神错乱等阻却责任事由或合法辩护事由放在本层次的评价中。⑤

在通说内部，关于如何排列四个方面的构成要件，也存在不同的认识。传统观点认为，犯罪构成要件应当按照犯罪客体、犯罪客观方面、犯罪主体和犯罪主观方面这一顺序加以排列。而另一种观点则认为，犯罪主体要件在整个犯罪构成体系中具有核心地位，故此犯罪构成要件应以由主观到客观的顺序加以排列。⑥

（八）未成年人犯罪问题

未成年人犯罪及其刑事责任问题，不仅是我国刑法立法中的一个重要方面，也是我国刑法理论中的一个极其重要的课题。我国 1979 年刑法典通过之后的一段时间，刑法学界对未成年人犯罪问题的研究大多限于对 1979 年刑法第 14 条规定之法理的阐释方面。然而，在我国立法机关 1988 年决定启动全面修订刑法工作以后，这种研究状况发生了很大的变化，对未成年人犯罪立法改革的研究，无论是广度还是深度上，都取得了丰硕的成果。概括而言，这些研究主要集中在：一是应否设专章规定未成年人犯罪的特殊处遇。对此，有学者认为，为了贯彻我国处理未成年人犯罪的一贯政策，促进整个社会对未成年人犯罪的惩治与防范的关注，应该在我国刑法典总则"刑法用语"之前设专

---

① 详见陈兴良主编：《刑法学》，上海，复旦大学出版社，2003。
② 参见张明楷编著：《刑法学》，2 版，136～139 页，北京，法律出版社，2003。
③ 参见肖中华：《犯罪构成及其关系论》，北京，中国人民大学出版社，2003。
④ 参见阮齐林：《评特拉伊宁的犯罪构成论——兼论建构犯罪构成论体系的思路》，载陈兴良主编：《刑事法评论》，第 13 卷，21 页，北京，中国政法大学出版社，2003。
⑤ 参见劳东燕：《刑法基础的理论展开》，170～178 页，北京，北京大学出版社，2008。
⑥ 参见赵秉志：《刑法基本理论专题研究》，274 页以下，北京，法律出版社，2005。

章规定未成年犯的刑事责任，这一专章规定的具体内容应当包括未成年人犯罪的特殊处遇原则、刑罚的适用以及保安措施。[1] 二是刑事责任年龄规定的完善。一些学者认为，立法应当明确刑事责任年龄的计算以"周岁"为基准，刑法应该把相对责任年龄负刑事责任的罪名具体化，修改刑法对未成年人可以适用死缓的规定。[2]

1997 年刑法典颁行后，我国刑法学界对未成年人犯罪问题的研究逐渐转向了如何准确适用刑法的有关规定上，并且随着研讨和实践的逐步深入，产生了一些引起广泛争议的热点问题：一是，相对责任年龄者绑架并杀害被绑架人的，应否负刑事责任。对此学界和司法实务界存在着肯定和否定两种针锋相对的见解。二是，对犯罪的未成年人能否适用无期徒刑。通行的主张对此持否定态度。[3]

（九）刑罚目的问题

刑罚目的是刑罚论中的核心问题，这一问题的解决不仅影响刑罚论中的其他问题，而且还影响犯罪论中的问题；不仅影响刑事立法，而且还影响刑事司法。我国刑法学界对刑罚目的问题的研究始于 20 世纪 50 年代，但并未以其为重点。进入 20 世纪 80 年代以来，如何界定刑罚目的及其内容，成为我国刑法学界争论的热点之一。大致而言，对刑罚目的的研究主要集中在两个问题上：一是刑罚目的的内容。这主要存在着直接目的与根本目的说[4]，直接目的、间接目的与根本目的说[5]，教育改造说[6]，报应和预防统一说[7]，实然与应然的刑罚目的说[8]，刑罚目的三层次说[9]以及双面预防说的争论。其中，特殊预防和一般预防辩证统一的双面预防说是通行的传统观点，至今仍占支配地位。二

---

[1] 参见赵秉志：《刑法改革问题研究》，158~164 页，北京，中国法制出版社，1996。

[2] 参见赵秉志：《刑法改革问题研究》，405~408 页，北京，中国法制出版社，1996。

[3] 参见赵秉志主编：《刑法总论》，166~167 页，北京，中国人民大学出版社，2007。

[4] 这种观点认为，我国刑罚的直接目的包括惩罚犯罪，伸张社会正义；威慑犯罪分子和社会上不稳定分子，抑制犯罪意念；改造犯罪分子，使其自觉遵守社会主义法律秩序。我国刑罚的根本目的则是预防犯罪、保卫社会。参见田文昌：《刑罚目的论》，52 页，北京，中国政法大学出版社，1987。

[5] 这种观点认为，刑罚的直接目的包括特殊预防和一般预防；刑罚的间接目的即堵塞漏洞，铲除诱发犯罪的外在条件；刑罚的根本目的就是我国刑法第 2 条规定的刑法任务，简言之，就是惩罚犯罪，保护人民。参见何秉松主编：《刑法教科书》，535~540 页，北京，中国法制出版社，1997。

[6] 这种观点认为，刑罚目的是教育改造犯罪人，通过惩罚和制裁犯罪人来教育和改造他们。参见周振想主编：《中国新刑法释论与罪案》，318 页，北京，中国方正出版社，1997。

[7] 这种观点认为，刑罚目的是报应和预防的辩证统一，而且作为刑罚目的的预防既包括一般预防，也包括特殊预防。参见陈兴良：《本体刑法学》，637~653 页，北京，商务印书馆，2001。

[8] 这种观点认为，我国实然的刑罚目的是惩罚犯罪人，改造犯罪人，预防和减少犯罪，保护人民，保障国家安全和社会公共安全，维护社会主义秩序。我国应然的刑罚目的是惩罚犯罪人与防卫社会免遭犯罪侵害。参见谢望原：《刑罚价值论》，120~132 页，北京，中国检察出版社，1999。

[9] 这三个层次的刑罚目的分别是公正惩罚犯罪，有效预防犯罪和最大限度地保护法益。参见韩轶：《刑罚目的的建构与实现》，78~81 页，北京，中国人民公安大学出版社，2005。

是惩罚是不是刑罚的目的。这里存在肯定说和否定说之争。① 二者争论的实质在于刑罚目的与刑罚属性、目的和手段的关系。总之，改革开放30年来，我国刑法学界对刑罚目的的研究有相当的深度，并取得了丰硕的成果。

（十）死刑改革问题

我国刑法学界对死刑改革问题的探索始于20世纪80年代中期，对死刑进行改革的呼声之深层原因在于，当时"严打"方针确定后我国的死刑立法急剧扩张和司法机关定罪处刑时出现日益明显的重刑化倾向。在这种情况下，刑法学界多数学者均主张要严格限制死刑立法，而司法机关和普通民众则基本赞成较多适用死刑。由此，引发了死刑限制与扩张的争论。②

到了20世纪90年代，我国全面修订刑法的工作进入了快马加鞭积极推进的时期，刑法学界围绕死刑改革问题作了许多研究，并产生了较为丰硕的成果。学者们普遍认为：为严格限制死刑的适用，未来的刑法典应当明确增设限制死刑适用原则；明确死刑适用范围条件中"罪大恶极"的含义；扩大死缓的适用范围，放宽死缓减为无期徒刑或者有期徒刑的条件；将死刑复核权恢复由最高人民法院统一行使；摈弃绝对死刑法定刑之立法；删除不必要的死刑条文；对于单纯性的财产犯罪和经济犯罪，原则上不适用死刑。③

"原则上既不增加也不减少死刑规定"的1997年刑法典通过后，我国刑法学界将研究的重心转向了如何准确地适用死刑规定方面，相对而言，对死刑改革问题的研究则稍显沉寂。进入21世纪后，人权精神的进一步弘扬，加之我国司法实践中死刑适用出现一些偏差，促使刑法学界重新思考并探索死刑制度改革的必要性和可能性问题。自此以后，学者们以更为开阔的视野、更为全面的视角，把死刑制度改革的研究拓展到了前所未有的深度，产生了一大批科研成果。概而言之，这些研究主要涉及：（1）关于死刑的存废，存在死刑立即废止论④、死刑有限存在论⑤、逐步废止死刑论⑥之争。其中，根据

---

① 详见高铭暄主编：《新中国刑法科学简史》，148~150页，北京，中国人民公安大学出版社，1993。

② 关于死刑扩张与限制之争，参见赵秉志：《死刑改革探索》，87~99页，北京，法律出版社，2006。

③ 参见高铭暄：《论我国刑法改革的几个问题》，载《中国法学》，1996（5）；马克昌：《加大改革力度，修改、完善〈刑法〉》，载《法学评论》，1996（5）；赵秉志：《刑法改革问题研究》，202~219页，北京，中国法制出版社，1996；赵秉志主编：《刑法争议问题研究》（上卷），635~641页，郑州，河南人民出版社，1996。

④ 详见邱兴隆：《死刑的德性》，载《政治与法律》，2002（2）；邱兴隆：《死刑的效益之维》，载《法学家》，2003（2）。此外，中国政法大学曲新久教授也持这种观点。详见陈兴良主编：《法治的使命》，218页，北京，法律出版社，2003。

⑤ 这种观点认为，敌人是自己通过行为从根本上对现实社会的基本法规范进行破坏者。敌人不应该在现实社会中享有人类尊严，也不拥有现实社会所保障的基本人权。为了实现合法的目的，在采取剥夺生命的方法是最有效的手段时，可以对敌人适用动用死刑。但是，对于犯罪人，其存在宽恕的理由，再基于人道和误判的理由，应当废止死刑的适用。参见冯军：《死刑、犯罪人与敌人》，载《中外法学》，2005（5）。

⑥ 详见赵秉志：《刑法基本理论专题研究》，638~660页，北京，法律出版社，2005。

不同的犯罪类型，区分不同的时段，严格限制并逐步推进死刑的废止，基本上是我国刑法学界共识。（2）死刑规范的立法完善。主要涉及如下问题：死刑适用总体标准的改进，死缓的法律地位、适用条件、法律后果以及死缓改为死刑立即执行的实质条件的完善，增加规定不适用死刑的特殊对象，取消绝对死刑等。（3）死刑替代措施研究。主要形成了无期徒刑替代死刑说[①]、死缓替代死刑说[②]、多元替代说[③]等三种有代表性的见解。（4）以国际公约的有关规定为参照而进行的死刑制度改革研究。我们相信，随着我国刑法学界关于死刑改革研究的逐步推进和不断深入，必将对我国死刑制度的发展完善产生深远的影响。

（十一）保安处分问题

我国刑法学界对保安处分问题的广泛关注不过 20 年的时间，而且由于种种原因的影响，最初多为批判性或介绍性研究。虽然研究的历程较短，但学者们围绕着保安处分的基本问题以及我国当代保安处分措施的有关问题展开了广泛的研讨，产生了丰硕的成果。大体而言，这些研究主要集中在：一是保安处分的基本问题，包括保安处分的概念、原则、适用条件、种类、执行等。二是保安处分的刑法化问题。多数学者主张，为了完善我国的保安处分立法，应在刑法典中设立保安处分专章或专节。[④] 三是我国刑法应当规定的保安处分种类。对此，学者们的见解不一，其中，最为集中的有收容教养、强制医疗、强制禁戒、监督考察、驱逐出境等。四是劳动教养制度改革研究。关于劳动教养的何去何从问题，学者间展开了充分的讨论，最终形成了废除论[⑤]和劳动教养保安处分化[⑥]、保留论[⑦]三种见解。此外，刑法学界还研究了劳动教养的对象、期限、决定程序等问题。

（十二）反革命罪罪名的更改问题

我国刑法学界呼吁修改反革命罪罪名最早始于 1981 年。[⑧] 随着研究的进一步深化，

---

① 详见赵秉志：《中国逐步废止死刑论纲》，载《法学》，2005（1）；李希慧：《论死刑的替代措施》，载《河北法学》，2008（2）。

② 详见陈兴良：《中国死刑的当代命运》，载《中外法学》，2005（5）。

③ 这种观点主张以严厉化后的死缓制度、无期徒刑、附赔偿的长期自由刑来替代死刑的适用。参见高铭暄：《略论中国刑法中的死刑替代措施》，载《河北法学》，2008（2）。

④ 参见赵秉志：《刑法改革问题研究》，227 页以下，北京，中国法制出版社，1996；马克昌：《加大改革力度，修改、完善〈刑法〉》，载《法学评论》，1996（5）。

⑤ 这种观点认为，劳动教养制度存在诸多弊端，是法治不健全时代的产物，易授人以破坏法制、侵犯人权之柄。因此，从法治国家的目标出发，应彻底取消劳动教养。参见赵秉志：《刑法改革问题研究》，234 页，北京，中国法制出版社，1996。

⑥ 详见储槐植：《论教养处遇的合理性》，载《法制日报》，1999－06－03。

⑦ 详见屈学武：《保安处分与中国刑法改革》，载《法学研究》，1996（5）。

⑧ 详见徐建：《"反革命"罪名科学吗？》，载《探索与争鸣》，1981（1）。

呼吁反革命罪更名的建议得到了学者们的响应和支持，并被全国人大常委会法工委1988年的刑法修改草案所采纳。1989年以后，关于反革命罪应否更名为危害国家安全罪的问题，在我国刑法学界出现了不同意见[1]，并逐渐引起了广泛的关注。但绝大多数学者认为，反革命一词具有极其浓厚的政治色彩，法律强调构成此类犯罪必须具有反革命目的，导致司法实践中往往难以认定，因此，考虑到对外开放和促进国家和平统一的需要，以及刑法罪名的科学性与司法实务之可操作性的需要，有必要将反革命罪更名。[2]

这种见解后来得到了我国政治决策层和立法机关的肯定，在1997年刑法典中将反革命罪更名为危害国家安全罪，同时立法还删去了此类犯罪主观上反革命目的的定义，并按照危害国家安全的性质对此类犯罪作了修改和调整，将该章中实际属于普通刑事犯罪性质的罪行移入其他罪章。应当说，对反革命罪的这些修改是中国刑法致力于科学化和迎合现代刑法之通例的重要举措，从而为海内外所瞩目。

（十三）责任事故犯罪问题

在1979年刑法典通过以后相当长的时间里，责任事故犯罪问题的研究一直不温不火，并没有形成真正的热点争议问题。然而，自将责任事故犯罪作为一个罪群加以规定的1997年刑法典通过后，这种研究状况发生了很大的变化。特别是2008年中国法学会刑法学研究会将责任事故犯罪作为年会的一个议题，更是将对这些犯罪的研究推向了高潮。

综合来看，我国刑法学界对责任事故犯罪的研究主要集中在：一是责任事故犯罪的一般理论问题，主要有业务过失的认定、监督过失以及信赖原则问题。二是交通肇事罪，研究的主要问题是本罪的存在范围、主体范围、交通肇事逃逸、因逃逸致人死亡的认定以及交通肇事逃逸的共犯等方面。尤其是刑法关于逃逸致人死亡的规定，学者间理解上的分歧颇不一致，争议问题主要涉及：逃逸致人死亡的规定可否适用于二次肇事的情况，因逃逸致人死亡的罪过形式可否包括间接故意，因逃逸致人死亡可否认定为不作为的故意杀人，等等。此外，也有学者对最高人民法院《关于审理交通肇事刑事案件具体应用法律若干问题的解释》中关于共犯的规定表示了质疑。[3] 三是重大责任事故罪，其中形成争议的问题主要有：犯罪主体是一般主体还是特殊主体，本罪主观方面系过失

---

① 详见陆冀德：《对反革命罪名存废的再认识》，载《法学内参》，1989（6）；何秉松：《一个危险的抉择》，载《政法论坛》，1990（2）；何秉松：《我国刑法为什么不应当取消反革命罪》，载《阵地》，1991（1）。

② 参见梁华仁、周荣生：《论反革命类罪名的修改》，载《政法论坛》，1990（4）；王勇：《危险何在?》，载《政法论坛》，1991（2）；侯国云：《一个科学的抉择》，载《政法论坛》，1991（6）；赵秉志：《刑法改革问题研究》，529页以下，北京，中国法制出版社，1996。

③ 参见张明楷、黎宏、周光权：《刑法新问题探究》，148页，北京，清华大学出版社，2003；姚兵：《"因逃逸致人死亡"法条分析——兼评交通肇事罪共犯》，载《山西警官高等专科学校学报》，2003（4）；冯金银：《交通肇事罪认定中的几个问题》，载《政法论坛》，2004（4）；张明楷：《刑法学》，3版，544页，北京，法律出版社，2007；李希慧：《略论与交通肇事罪相关的几个问题》，载中国人民大学刑事法律科学研究中心编写：《刑事法学的当代展开》，862页，北京，中国检察出版社，2008。

还是复合罪过，"不服管理"与"违反规章制度"关系如何，等等。

（十四）侵犯著作权犯罪问题

侵犯著作权犯罪是 1994 年 7 月 5 日全国人大常委会通过的《关于惩治侵犯著作权的犯罪的决定》新增设的一类犯罪。该决定通过以后，我国刑法学界对于这类犯罪给予了较多的关注，围绕侵犯著作权罪和销售侵权复制品罪的犯罪构成、认定等问题进行了较为充分的研讨，也有一些研究涉及这类犯罪的立法完善问题。①

随着我国加入世界贸易组织，著作权刑法保护的重要性和紧迫性日益凸显。我国刑法学界对这类犯罪的研究也进入了一个全新的阶段，并取得了丰硕的成果。综合来看，刑法学界在这方面的研究主要集中在：一是侵犯著作权犯罪的认定问题，主要有本罪客体的界定、"复制发行"的理解、计算机软件最终用户的刑事责任、侵犯信息网络传播权行为的定性等问题。二是侵犯著作权犯罪的立法完善建议。研讨集中且基本形成共识的问题主要有：关于侵犯著作权犯罪中的"以营利为目的"的主观要素，通行观点主张予以取消，并认为这是适应现代科技的发展、加强对著作权保护的需要，是降低证明难度、严密惩治侵犯著作权犯罪形式法网的需要，也是与 TRIPs 协议有关规定相协调的需要。② 关于犯罪行为方式的完善，有学者主张增设商业性使用盗版软件的行为，增设出租侵权复制品的行为，并将刑法第 217 条中的"复制发行"修改为"复制、发行"等。③ 关于定罪情节的完善，通说主张取消"违法所得数额"的规定，以"非法经营数额较大"、"销售金额较大"、"侵权复制品数额较大"作为这类犯罪的定罪情节，并将"有其他严重情节"作为销售侵权复制品罪的兜底情节。④

（十五）黑社会性质组织犯罪问题

黑社会性质组织犯罪是我国 1997 年刑法典新增的一类犯罪，自 2000 年中央决定开展"打黑除恶"专项斗争时起，黑社会犯罪问题逐渐成为我国刑法学界的热点话题，其中焦点问题是：一是黑社会性质组织的认定。这主要涉及：（1）黑社会性质组织是否以"保护伞"条件为必要，多数说对此持肯定态度⑤；（2）如何理解黑社会性质组织的本质特征，学者间存在"组织性说"⑥、"犯罪的社会化形态说"⑦ 和"非法控制性说"之

---

① 详见赵秉志主编：《中国特别刑法研究》，394～395 页，北京，中国人民公安大学出版社，1997。

② 参见赵秉志主编：《侵犯著作权犯罪研究》，213～217 页，北京，中国人民大学出版社，2008。

③ 参见赵秉志主编：《侵犯著作权犯罪研究》，218～221 页，北京，中国人民大学出版社，2008。

④ 参见赵秉志主编：《侵犯著作权犯罪研究》，225～230 页，北京，中国人民大学出版社，2008。

⑤ 参见赵秉志：《关于黑社会性质的组织犯罪司法解释的若干思考》，载赵秉志主编：《刑事法判解研究》，2002 年第 1 期，112 页，北京，人民法院出版社，2002。

⑥ 参见黄京平、石磊：《论黑社会性质组织的法律性质和特征》，载《法学家》，2001（6）。

⑦ 参见蒋文烈、罗伟：《浅析黑社会性质组织的特征》，载陈明华、郎胜、吴振兴主编：《刑法热点问题与西部地区犯罪研究》，1130 页，北京，中国政法大学出版社，2002。

争,但多数学者认为,黑社会性质组织是对社会进行非法控制的组织的初级形态,非法控制性是黑社会性质组织的本质特征。[①] 二是黑社会犯罪与有组织犯罪的关系。通行见解认为,有组织犯罪包括有一定组织形式和组织关系的黑社会组织或者带有黑社会性质的组织所实施的犯罪活动。[②] 三是入境发展黑社会组织罪,主要涉及黑社会组织的认定、本罪主体的理解以及发展对象的界定等问题。四是黑社会犯罪的立法完善。有学者主张制定单行的反黑社会立法[③],修改现行黑社会犯罪规定,启用"黑社会"概念[④],对这类犯罪增设免予追究刑事责任条款,等等。[⑤]

(十六) 贪污贿赂罪问题

与我国改革开放 30 年来刑法学发展的历程相适应,刑法学界对贪污贿赂罪的研究也大致呈现出了各个发展阶段所特有的明显特征。

在 20 世纪 80 年代,我国刑法学界基本上是围绕着贪污罪和受贿罪的认定问题展开的,研究的问题主要涉及贪污罪的主体、利用职务上的便利之理解、特殊经济成分中贪污罪的认定[⑥]、受贿罪的主体范围、受贿罪的客体、贿赂的范围、受贿罪既遂与未遂的界限等方面。[⑦]

到了 20 世纪 90 年代以后,我国刑法学界一方面继续注意研究贪污贿赂罪的司法认定问题,另一方面也开始研究探讨贪污贿赂罪的立法完善问题。贪污罪的立法完善主要涉及犯罪主体和起刑点数额的适当降低问题,当然也有学者主张分解贪污罪[⑧];受贿罪的立法完善主要涉及扩大贿赂的范围,将贪赃枉法列为从重处罚的情节,区别对待普通公务员和特殊公务员的受贿行为,将斡旋受贿、间接受贿、事前受贿、事后受贿规定为受贿罪的表现形式等。[⑨]

1997 年刑法通过之后,我国刑法学界对贪污贿赂罪的研究转向解决司法实践认定这类犯罪的疑难问题方面。在这一时期,学者们对贪污罪研究的重点放在犯罪主体的认

---

① 参见陈兴良:《关于黑社会性质犯罪的理性思考》,载《法学》,2002 (8);赵秉志、许成磊:《论黑社会性质组织的成立条件——以司法解释和立法解释为视角》,载陈明华、郎胜、吴振兴主编:《刑法热点问题与西部地区犯罪研究》,1104 页,北京,中国政法大学出版社,2002;赵长青:《认定黑社会性质组织犯罪中的几个问题》,载《云南法学》,2002 (1)。

② 该说认为,有组织犯罪包括有一定组织形式和组织关系的黑社会组织或者带有黑社会性质的组织所实施的犯罪活动。参见邓又天、李永升:《试论有组织犯罪的概念及其类型》,载《法学研究》,1997 (6)。

③ 参见周心捷:《关于我国惩治黑社会犯罪法的立法思考》,载《政法学刊》,2007 (6)。

④ 参见房清侠:《关于"黑社会性质组织犯罪"法律适用的思考》,载《河南省政法管理干部学院学报》,2002 (2);张惠芳:《黑社会性质组织犯罪立法完善浅析》,载《时代法学》,2004 (2)。

⑤ 参见于改之:《我国关于有组织犯罪的立法与司法完善》,载《法学论坛》,2004 (5)。

⑥ 详见高铭暄主编:《新中国刑法科学简史》,269~273 页,北京,中国人民公安大学出版社,1993。

⑦ 详见高铭暄主编:《新中国刑法科学简史》,283~285 页,北京,中国人民公安大学出版社,1993。

⑧ 参见赵秉志:《刑法改革问题研究》,662~667 页,北京,中国法制出版社,1996。

⑨ 参见赵秉志:《刑法改革问题研究》,674~688 页,北京,中国法制出版社,1996。

定方面，而对贿赂罪的研究，领域宽阔，探讨深入，成果丰硕。涉及的疑难问题主要有：为他人谋取利益的要件属性、职务要件的界定、事后受贿问题、共同受贿犯罪的认定等。此外，随着刑法学界对联合国国际公约贯彻落实问题研究热潮的兴起，我国有不少学者开始参照《联合国反腐败国际公约》的要求，研究、探讨我国贿赂犯罪的立法完善，并取得了一定的成果。

五、刑法学研究发展之展望

回顾改革开放 30 年来我国刑法学所取得的成就，我们深感自豪；展望新的历史使命，我们信心百倍。我们认为，在今后的刑法学研究中，应在以下几个重大方面坚持理论创新，继续推进我国刑法学术的深入发展和繁荣：

（一）坚持研究方法的多元化

今后的刑法学研究应该在传统注释刑法和刑法哲学的基础上，进一步吸纳关系学科的研究方法来拓宽刑法学的研究思维。注意定性研究与定量研究的有机结合；针对不同的课题和问题，注意思辨研究与实证研究的正确选择与合理结合；进一步改进刑法解释方法，大力开展刑法解释学研究；进一步加大刑事学科交叉整合的力度，并根据课题研究的需要，注意借鉴、引进其他社会科学和现代自然科学的某些研究方法。这些研究方法的运用，对于促进刑法学研究的进一步发展繁荣具有积极的意义。

（二）密切关注我国的刑事法治实践

首先，要进一步加强对新型、热点疑难犯罪的研究。刑法学和其他部门法学一样，是应用性学科，是实践的学问。刑法理论工作者应善于对新型、疑难刑事问题的研究，善于从复杂疑难案件中提升刑法理论规则，这是繁荣和深化我国刑法理论的一个不可偏废的途径。与此同时，也要注意传统犯罪在新的时代条件下的新变化。其次，要密切关注我国社会刑事法治领域的重大现实问题，坚持理论密切联系实践的研究道路，积极引导和促进我国刑事法治的健康发展。

（三）继续推进刑法基础理论的研究和创新

无论在什么样的时代背景下，刑法基础理论的研究都不能偏废。近年来我国刑法学界对刑法基础理论的研究一直保持着渐进、持续发展的良好态势。可以预见今后刑法犯罪论部分的研究将得到进一步的深化和改进，而刑罚基础理论的研究也会越来越受到学界的关注。

(四) 加强外向型刑法的研究

我国的刑法学研究，由于多种因素的影响和制约，比较注重国内法的研究，而在外向型刑法的研究方面相对比较薄弱，在很大程度上阻碍了我国刑事法治与当代世界先进刑事法治的交流与衔接。近年来，学界对外向型刑法的研究有很大进展。但是从总体上看，在外向型刑法研究特别是区际刑法研究方面，以上不足还未得到根本克服。今后的刑法学研究中，拓宽刑法学研究的国际视野，加强对区际刑法的研究，并努力开拓外国刑法、比较刑法和国际刑法的研究，仍应作为我国刑法学界努力的重要目标之一。

［高铭暄、赵秉志；载《中国刑事法杂志》，2009（3）］

第三十章
新中国刑法学发展 60 年（1949—2009）①

一、前　言

　　1949 年中华人民共和国成立迄今，已经走过了 60 个年头，新中国的刑法学也经历了一个轮回，进入了她的花甲之年。孔子曰："六十而耳顺"，是讲 60 岁的时候个人修养已臻成熟阶段，能够兼容和善纳不同的思想观点，能够正确地认识自己和评价自己。对于新中国的刑法学来讲，站在 60 年的门槛上，检视新中国成立以来刑法学的发展历程，科学总结其经验得失，不仅是新中国刑法学发展成熟的应有内涵，而且对于把握中国刑法学未来所蕴涵的发展契机，迎接新的挑战，努力开创我国刑法学研究的新局面，加速我国刑事法治的完善，乃至推动我国整个法治建设和社会的进步，无疑都具有重要的意义和作用。

二、新中国刑法学 60 年发展的简要历程

　　自新中国成立迄今，中国刑法学研究的发展历程大致可以分为以下三个时期：第一时期，1949 年 10 月至 1957 年上半年，此为中国刑法学研究的创立和初步发展时期；第二时期，1957 年下半年至 1976 年 10 月，此为中国刑法学研究的萧条与停滞时期；第三时期，1976 年 10 月至现在，此为中国刑法学研究从复苏到繁荣的时期。从总体上来看，第三时期又可以分为 1977 年至 1978 年的复苏阶段和 1979 年至现在的繁荣阶段。但是，复苏阶段时间太短，研究成果甚少，所以，本文将第三时期分为以下三个阶段加以论述，即 1976 年 10 月至 1988 年 6 月、1988 年 7 月至 1997 年 3 月和 1997 年 3 月迄今。

（一）创立、发展时期（1949 年 10 月至 1957 年上半年）

　　1949 年 10 月 1 日中华人民共和国的成立也宣告了新中国刑法学的诞生，从此，新中国刑法学的命运就与共和国的命运联系在一起。从 1949 年 10 月到 1957 年上半年，是新中国刑法学史上极其重要的一个时期，它为刑法学以后的发展奠定了基础。

---

　　① 新中国刑法学，文中有时直称中国刑法学或刑法学。

在这一时期，刑法学的研究成果不多，主要是阐释有关法律的著作和教材①，还翻译出版了一批苏联的刑法教科书②，发表了一些刑法学论文，这些论文对刑法中的有关问题进行了初步的探讨，例如，刑法的溯及力问题、犯罪的概念问题、因果关系问题、刑罚目的问题、死缓制度存废问题以及反革命罪等问题。

纵观这一时期中国刑法学研究的状况，具有两个显著的特点：一是全面批判、彻底否定剥削阶级的旧法观点，介绍和引进苏联的刑法理论。这一时期的刑法学研究初步勾勒了我国刑法学特别是刑法学总论的轮廓，对我国刑法学总论和分论的一些问题有了一定深度的论述，为我国社会主义刑法学体系的初步建立奠定了基础。二是参与和配合刑法典的起草工作。在1979刑法典的最初孕育起草过程中，我国刑法理论工作者提出了一系列积极的立法建议，并从刑法理论上加以阐述；对一些问题，还展开了激烈讨论。这些研讨，无疑推动了刑事立法的发展进程。

（二）萧条、停滞时期（1957年下半年至1976年10月）

随着1957年下半年"反右"斗争开始，1957年上半年所出现的刑法学研究的繁荣现象如昙花一现，迅即消失，刑法学研究工作开始冷落。到1966年"文化大革命"开始，刑法学研究进入停滞、倒退时期，一直持续到"文化大革命"结束。这一时期由于社会、政治环境的影响，刑法学研究从其中前10年（1957年—1966年）的逐步萧条、成果很少，到后10年（1966年—1976年）的偃旗息鼓、完全停止。

这一时期，由于轻视法制的"左"的思想抬头，刑法学研究基本上处于停滞状态。对于一些刑法上的重要理论，如刑法基本原则、犯罪构成等问题，人们不敢问津。各校编写的教材，也大都是政治运动需要的产物，过分强调政治性，专业内容大大压缩。当然，刑法学研究基本停滞并不等于完全停止。由于刑法起草工作在一度中断之后从1962年5月开始又恢复进行，所以刑法学的某些问题在客观上还需要研究，只不过这种研究主要是在内部进行，很少公开发表，这种状况使得对苏联刑法学著作以及外国刑法典的翻译，成为这一时期比较突出的研究成果。③

在这一时期发表的少量的刑法学论文中，犯罪与两类矛盾问题的研讨是引人注目的热点。这一问题是由1957年毛泽东同志发表《关于正确处理人民内部矛盾的问题》一文而引起的。这场关于犯罪与两类矛盾问题的讨论带有浓厚的政治色彩，但其对中国刑法理论的研究具有深远的影响。

这一时期的刑法学研究呈现以下特点：一是充满了浓郁的政治气氛。比较明显的除

---

① 如吴从云著的《惩治反革命条例讲解》，上海，劳动出版社，1951；中国人民大学法律系刑法教研室1957年2月编印的《中华人民共和国刑法总则讲义》（初稿，上、下册）等。

② 如〔苏〕明沙金等编，王作富、高铭暄译：《苏维埃刑法提纲》，北京，中国人民大学出版社，1955。

③ 如《苏联和各加盟共和国刑事立法基本原则及其他几项法律和决议》中国人民大学出版社编译室译，北京，中国人民大学出版社，1958；〔苏〕特拉依宁：《犯罪构成的一般学说》，北京，中国人民大学出版社，1958。

关于犯罪与两类矛盾问题的讨论外，还有反革命罪有无未遂问题的研究。正是由于用简单的政治分析替代深入的法律分析，这一时期刑法学科政治化倾向明显。二是刑法学理论研究水平在个别领域内有所提高。最能说明这个问题的是李光灿所著的《论共犯》一书。三是从总体上看，这一时期刑法学研究逐步进入萧条、停滞状态，迟延了刑法学发展的进程。

（三）复苏、繁荣时期（1976 年 10 月以来）

1976 年 10 月粉碎"四人帮"后，我国也迎来了法学研究的春天。我国刑法学研究经过近三年的复苏，逐渐步入全面发展的时期。1979 年我国第一部刑法典的颁布为重新起步的刑法学研究注入了新的活力，大大推动了刑法学学科的发展，从而成为刑法学研究的一个里程碑。1997 年刑法典的颁布，同样给繁荣的刑法学学科带来新的研究课题，输入新鲜的血液，从而推动刑法学研究走向新的高峰。

党的十一届三中全会以来，我国刑法学发展呈现崭新的局面，在学科建设、人才培养、科学研究诸方面都取得了丰硕的成果。这是中国刑法学发展最为显著、最为重要和最具总结价值的时期。新时期的刑法学研究，根据研究的侧重点不同，以两部刑法典的先后颁布和其中 1988 年将刑法典的修订提上立法工作日程为界点，大体上可以分为三个阶段：

1. 第一阶段（1976 年 10 月至 1988 年 6 月）

这一阶段主要是系统地宣传、阐释刑法典的内容，并对刑法中的某些重要问题，开始进行专题学术研究。可以说，1979 年刑法典是这一阶段刑法学研究的核心和支柱。

这一阶段的主要研究成果大致可以分为以下几个类型：第一类是中国刑法学教科书。教科书是学科理论研究成果的结晶，因而优秀的教科书也是学科基本水准的体现。这一阶段陆续出版了一些中国刑法学教科书。① 第二类是中国刑法学专著。专著是学科学术水平的显著标志和集中体现。② 第三类是中国刑法史学著作。第四类是外国刑法学、比较刑法学和国际刑法学著作。③ 第五类是刑法论文。经粗略统计，这一阶段发表的刑法论文达四千三百余篇。论文的涉及面很广，几乎涵盖刑法领域的各个方面。随着我国于 1981 年开始推行学位制度，这一阶段已有相当一批刑法硕士学位论文问世，第一批刑法博士学位论文也开始诞生。这些学位论文，或拓展新的研究领域，或深化已有研究领域，极大地丰富了我国的刑法学研究。

本阶段主要研究了刑法的基本原则、犯罪概念、犯罪构成、因果关系、法人犯罪以

---

① 如高铭暄主编，马克昌和高格副主编：《刑法学》，北京，法律出版社，1982。这是我国第一部统编的刑法学教材。

② 如高铭暄：《中华人民共和国刑法的孕育和诞生》，北京，法律出版社，1981；高铭暄主编：《新中国刑法学研究综述（1949—1985）》，郑州，河南人民出版社，1986，等等。

③ 如甘雨沛、何鹏：《外国刑法学》（上、下册），北京，北京大学出版社，1984、1985；金凯编著：《比较刑法》，郑州，河南人民出版社，1985；储槐植：《美国刑法》，北京，北京大学出版社，1987，等等。

及刑罚目的等问题。此外，对中国刑法史、外国刑法学、比较刑法学和国际刑法学的研究等亦有一定的进展。

纵观这一阶段的刑法学研究，具有以下几个显著特点：第一，注重理论为实践服务；第二，重视联系我国当时的经济体制改革和商品经济发展来研究刑法问题；第三，注意开展对我国刑事司法尤其是刑事立法完善问题的探讨；第四，开拓了一些新的研究领域。

2. 第二阶段（1988 年 7 月至 1997 年 3 月）

这个阶段以 1988 年 7 月国家立法机关决定启动刑法的全面修订工作为起点，以 1997 年刑法典的颁布为圆满终结，刑法学研究基本上是沿着以下三条主线发展的：

第一，围绕特别刑法对 1979 年刑法典所作的补充修改而进行专题研究或综合研究。针对国家立法机关为适应实践需要而制定的单行刑法和附属刑法，我国刑法学界作出了积极反应，每一部特别刑法的出台，都伴随着大量论文的发表，甚至有专著出版。学者们从具体犯罪的概念、构成特征、罪与非罪的界分、此罪与彼罪的区别以及犯罪的未完成形态、共犯、罪数等方面阐释刑法立法含义和精神。无疑，这些研究对于正确理解相关刑法立法和促进司法，都起到了直接的引导和启示作用。

第二，就我国刑法改革进行全面而深入的研讨。我国刑法学界配合国家立法机关，对 1979 年刑法典的修订进行全面研讨，提出了许多建设性的、务实的立法建议，积极地推动了我国刑法立法的进程。刑法的修改与完善是这一阶段刑法学研究极为重要的课题，不仅有数千篇论文发表，还有许多专著出版。尤其是这一阶段中国法学会刑法学研究会每年的年会议题大都涉及刑法的修改与完善，而且 1988 年、1994 年和 1996 年的年会还专门研讨了刑法完善问题。这些研讨不仅涉及刑法修改的指导思想和根据、刑法典体系结构、立法模式以及犯罪论、刑罚论方方面面的问题，而且还涉及有关法条的具体设计、具体犯罪的增减或分合等问题。这些研究丰富了刑法学内容，增强了刑法学的科学性，促进了刑法学的发展，更为重要的是直接推动了刑事立法的进程。可以说，1997 年刑法典的出台与广大刑法学者的积极推动和参与是密不可分的。

第三，深化刑法基本理论研究，开拓新的研究领域。在这一阶段，对原来没有研究或很少研究的课题，如刑事立法、刑法解释、定罪、刑事责任、刑罚论、刑事政策等都进行了较为深入的研究，不仅填补了刑法学的研究空白，而且不少研究达到了较高的水平；对一些课题的研究，如法人犯罪、犯罪构成、共同犯罪、犯罪故意、罪数形态等问题都有所深化，不仅有大量的论文发表，还出版了一些有分量的专著。与此同时，我国刑法学界不少学者还对刑法的公正、平等、自由、功利等刑法价值以及刑法哲学的其他基本问题给予了特别的关注。学者们从更高更深层次上来关怀刑法、洞察刑法，无疑是我国刑法学研究事业进步的重要体现。此外，在这一阶段，我国刑法学界对外国刑法、比较刑法和国际刑法的研究也取得了初步的进展。翻译了不少外国刑法学著作和刑法典，并出版了数部外国刑法、比较刑法和国际刑法著作。

在这一阶段，出版的刑法学论著数以百计，大致可以分为以下几类：第一类是中国刑法教科书。[①] 第二类是中国刑法学专著。这方面的著作很多，可分为以下几个方面：一是对特别刑法进行专门研究的[②]；二是就类罪、个罪进行综合研究或分而论述的[③]；三是就刑法哲学、刑事政策进行深入研究的[④]；四是对刑法基本理论进行综合研究或就刑法总则某一方面进行专题研究的[⑤]。五是就刑法的改革、1979 年刑法典修改与完善专门进行研究，系统提出意见和建议的。[⑥] 第三类是中国刑法史学著作。[⑦] 第四类是外国刑法学、比较刑法学著作。[⑧] 第五类是国际刑法学著作。[⑨] 另外，这一阶段发表的刑法学论文数以万计，每年均有一千余篇论文发表，还有一大批硕士学位论文问世和几十篇博士论文诞生。这一阶段的刑法教学案例和实际案例的书也出版了不少。

这一阶段刑法学研究的课题几乎涉及刑法学的方方面面，主要有刑法观念更新、法人犯罪、刑事责任、经济犯罪、刑法的修改和完善等问题。这一阶段刑法学研究所取得的成果基本上标志着刑法学科的成熟，也奠定了刑法学在我国法学体系中的极其重要的地位。综观这一阶段的刑法学研究，具有以下显著特点：第一，对特别刑法（含单行刑法和附属刑法）进行了充分的研究和阐释。这些研究对于改善执法活动，增强刑事司法效果，起到了直接的引导和促进作用。第二，配合国家立法工作机关，对 1979 年刑法典的修订进行全面研讨，提出了系统的、有见地的、符合实际需要的建议，大大推动了刑事立法进程。第三，开拓了新的研究课题，深化了原有课题的研究，使刑法学研究在纵横方面都得到显著进展。第四，刑法基础理论研究有所进展。第五，外国刑法学、比较刑法学、国际刑法学的研究进展显著。

3. 第三阶段（1997 年 3 月迄今）

从 1997 年 3 月新刑法典颁布以来，刑法学研究基本上沿着两个方向展开：

（1）研究刑法文本。以刑法为研究对象的刑法学不能不关注现行刑事立法和司法，应用性本来就是刑法学的生命和灵魂，是刑法学得以发展和繁荣的源泉，离开应用性和实践性，刑法学的发展也就失去了生命力。这是刑法学的学科属性使然。正因为如此，每当新的立法出台后，我国刑法学界都会积极地予以关注。这种研究现象在我国 1997

---

① 如赵秉志、吴振兴主编：《刑法学通论》，北京，高等教育出版社，1993。

② 如周道鸾：《单行刑法与司法适用》，北京，人民法院出版社，1996。

③ 如陈兴良主编：《刑法各论的一般理论》，呼和浩特，内蒙古大学出版社，1992。

④ 如陈兴良：《刑法哲学》，北京，中国政法大学出版社，1992。

⑤ 如高铭暄主编：《刑法学原理》（3 卷本），北京，中国人民大学出版社，1993、1994；马克昌主编：《犯罪通论》，武汉，武汉大学出版社，1991；马克昌主编：《刑罚通论》，武汉，武汉大学出版社，1995。

⑥ 如赵秉志：《刑法改革问题研究》，北京，中国法制出版社，1996。

⑦ 如张晋藩、林中、王志刚：《中国刑法史新论》，北京，人民法院出版社，1992。

⑧ 如何鹏：《外国刑事法选论》，长春，吉林大学出版社，1989。

⑨ 如张智辉：《国际刑法通论》，北京，中国政法大学出版社，1993；邵沙平：《现代国际刑法教程》，武汉，武汉大学出版社，1993。

年刑法典颁行后表现得尤为明显。我国刑法学界围绕这部新刑法典的贯彻实施问题发表了大量文章，出版了许多书籍。不仅如此，中国法学会刑法学研究会1997年和1998年的年会也以1997年刑法典的贯彻实施为议题。这些研讨对正确理解和实施刑法具有重要的意义。

（2）进一步深化刑法基本理论，并开拓新的研究领域。刑法基本理论是刑法学研究的本体，它的成熟与发展是中国刑法学走向成熟的关键和基础，因而应当成为我国刑法学研究的核心部分。从研究内容的具体情况分析，这一阶段的成果有些属于深化性研究，主要涉及刑法解释、刑法效力范围和原则、犯罪对象、不作为犯、共犯关系、共犯与身份、教唆犯、正当行为、正当防卫、单位犯罪、结果加重犯、过失危险犯、刑事责任、刑罚的一般预防、刑罚个别化、刑罚改革与完善、死刑的适用与废止条件等方面；有些属于批判性研究，主要涉及犯罪概念、犯罪构成及其体系、主客观相统一原则、社会危害性理论等问题；有些属于拓展性研究，主要涉及刑法的基础观念、刑法方法等问题；还有些属于引介性研究，主要是对外国刑法或外国刑法学中某些基本理论的译介。此外，作为刑事一体化理论重要组成部分的刑事政策、国际刑法和区际刑法研究，也在开拓研究领域，深化研究层次，从而呈现出了繁荣发展的景象。我国刑法学界这一时期的研究全面提升了刑法学研究的水平。

这一阶段的研究成果无论是在数量还是质量上，均较以往有显著的提高。研究成果可分以下几类：第一类是中国刑法教科书。[1] 第二类是中国刑法学专著。其中又可分为以下几个方面：一是阐释新刑法典的著作，二是对刑法理论问题进行综合研究的著作，三是就刑法理论进行专题研究的著作[2]，四是就刑法分则问题进行研究的著作[3]，五是其他关于刑法问题的著作。[4] 第三类是外国刑法、国际刑法、中国区际刑法等属于外向

---

[1] 如高铭暄主编：《刑法专论》，北京，高等教育出版社，2006；赵秉志主编：《刑法总论》，北京，中国人民大学出版社，2007；张明楷：《刑法学》，3版，北京，法律出版社，2007，等等。

[2] 如黎宏：《不作为犯研究》，武汉，武汉大学出版社，1997；张绍谦：《刑法因果关系研究》，北京，中国检察出版社，1998；邱兴隆：《刑罚理性导论——刑罚的正当性原论》，北京，中国政法大学出版社，1998；陈兴良：《刑法的价值构造》，北京，中国人民大学出版社，1998；谢望原：《刑罚价值论》，北京，中国检察出版社，1999；李洁：《犯罪既遂形态研究》，长春，吉林大学出版社，1999；胡云腾：《存与废——死刑基本理论研究》，北京，中国检察出版社，2000；周光权：《法定刑研究》，北京，中国方正出版社，2000；肖中华：《犯罪构成及其关系论》，北京，中国人民大学出版社，2000；田宏杰：《中国刑法现代化研究》，北京，中国方正出版社，2001；张明楷：《刑法的基本立场》，北京，中国法制出版社，2002；赵秉志：《犯罪未遂形态研究》，北京，中国人民大学出版社，2008，等等。

[3] 如赵秉志总主编："新刑法典分则实用丛书"（共25本），北京，中国人民公安大学出版社，1998、1999；张明楷：《刑法分则的解释原理》，北京，中国人民大学出版社，2004，等等。

[4] 如高铭暄、赵秉志：《新中国刑法立法文献资料总览》（上、中、下册），北京，中国人民公安大学出版社，1998；鲁嵩岳：《慎刑宪点评》，北京，法律出版社，1998；高铭暄、赵秉志编著：《新中国刑法学研究历程》，北京，中国方正出版社，1999；高铭暄、赵秉志：《中国刑法立法之演进》，北京，法律出版社，2007，等等。

型刑法问题研究方面的著作。① 此外，这一阶段还发表了为数众多的论文，并有数以千计硕士学位论文和博士学位论文问世。

这一阶段所涉及的课题很多，但形成争论热点的较少，主要有对新刑法典的评价、关于新刑法典的实施、刑法的价值、刑法的现代化、刑法基本原则、犯罪概念、犯罪构成以及刑罚基本理论等问题。

这一阶段的刑法学研究具有以下特点：第一，全面系统阐释、宣传新刑法典；第二，关注香港、澳门地区回归，加强区际刑法的研究，为"一国两制"的贯彻作贡献；第三，重视刑法学基础理论的研究。

三、新中国刑法学 60 年发展的基本经验

（一）坚持马克思主义在刑法学研究中的指导地位

马克思、恩格斯所创立的辩证唯物主义和历史唯物主义为人类认识世界和改造世界提供了一个强大的思想武器。正是科学的马克思主义法哲学的方法论的确立，为真正科学的刑法学研究开拓了无限广阔的发展道路。辩证唯物主义和历史唯物主义是研究刑法学的根本方法。60 年来中国刑法学研究取得了丰硕成果，是我们坚持辩证唯物主义和历史唯物主义的结果。比如，我们在刑法学研究中所始终重视和运用的理论联系实际的方法，正是马克思主义所倡导的学风和研究方法，这一点后文还将有所论及。刑法学者在刑法学的研究中，还特别注意运用马克思主义所主张的一系列科学的方法论，如联系和系统的方法论、变化发展的方法论、本质的分析方法、必然和偶然的辩证关系的分析（如对于刑法因果关系的研究）、矛盾的分析方法等等。

当前，中央从新世纪新阶段国家和社会发展全局出发提出了科学发展观的重大战略思想，新时期的我国刑事法治建设理当，也正在融入科学发展的理念。刑法学者们正在实践和贯彻科学发展的目标和要求，并按照科学、理性、务实的精神逐步推进刑法学的研究，正在进一步提高对以科学发展观引领刑事法治建设的意义的认识。② 科学发展观

---

① 如赵秉志：《外向型刑法问题研究》（上、下册），北京，法律出版社，1997；宣炳昭：《香港刑法导论》，北京，中国法制出版社，1997；张明楷：《未遂犯论》，北京，中国法律出版社；东京，日本成文堂，1997；张明楷：《外国刑法纲要》，北京，清华大学出版社，1999；陈忠林：《意大利刑法纲要》，北京，中国人民大学出版社，1999；张旭：《国际刑法论要》，长春，吉林大学出版社，2000；薛瑞麟：《俄罗斯刑法研究》，北京，中国政法大学出版社，2000；等等。这一阶段也继续翻译出版了许多外国刑法学专著，其中主要有：［德］弗兰茨·冯·李斯特著，［德］埃贝哈德·施密特修订，徐久生译：《德国刑法教科书》，北京，法律出版社，2000；［英］J.C. 史密斯、B. 霍根著，孙力等译：《英国刑法》，北京，法律出版社，2000；［日］大谷实著，黎宏译：《刑事政策学》，北京，法律出版社，2000；［法］米海依尔·戴尔玛斯-马蒂著，卢建平译：《刑事政策的主要体系》，北京，法律出版社，2000；［德］罗克辛著，王世洲译：《德国刑法学总论》，第 1 卷，北京，法律出版社，2005，等等。

② 参见赵秉志：《中国刑法学研究的现状与未来》，载《学术交流》，2009（1）。

指导下的刑法首先应是科学的。为此，我们需在刑法的科学性上下工夫。要追求刑法立法的科学性，要使刑法立法既具有现实性，又具有前瞻性；既具有概括性，又具有精密性；既具有传统性，又具有时代性；既具有民族性，又具有世界性；使我们的刑法立法成为世界各国刑法立法中的一道亮丽的风景线、一个可资借鉴的楷模。要顺应现代刑事司法文明的发展趋势，构筑既能够充分保障人权，又能够保护社会的现代刑事司法制度。坚持科学发展观，第一要义是发展，为此，应以时不我待之精神，审时度势，密切关注国家的政治、经济和社会的发展趋向，顺应世界文明发展的潮流，适应国际社会的要求，不断推进刑法学的发展变革。科学发展观的核心是以人为本。刑法学也必须坚持以人为本，全心全意为人民服务，实现党的根本宗旨。以人为本要求人本的刑法学。人本的刑法学要求刑法学关注民生，关注百姓疾苦，要求将刑法保护人权这一现代刑法的永恒机能始终放在重要的位置。要构筑能够切实保障人权的现代刑法学理论。

当然，我们在坚持马克思主义在刑法学研究中的指导地位的同时，必须摒弃教条主义，防止走向机械与僵化。不能以马克思主义代替刑法学研究本身，必须防止刑法学研究的泛政治化倾向。在这方面，新中国刑法学研究的第二个时期即萧条、停滞时期，有足够的教训可以吸取。这样的历史不能重演。

（二）坚持"百花齐放、百家争鸣"的学术方针

刑法学同其他学科一样，要坚持学术自由。学术自由是刑法学永不衰竭的生命源泉。新中国刑法学研究的历史表明，什么时候坚持了刑法学术自由，什么时候的刑法学术研究就能够不断向前推进和发展。新中国刑法学研究的第一个时期即创立、发展时期和第三个时期即复苏、繁荣时期，我们坚持了"百花齐放、百家争鸣"的学术方针，使得这两个时期的刑法学研究呈现出勃勃生机，并最终出现当前的繁荣局面。而在第二个时期，我们没有坚持这一方针，刑法学研究便万马齐喑，并最终萧条、停滞。钳制刑法学术自由的历史不能重演，坚持刑法学研究的"百花齐放、百家争鸣"的学术方针，是尊重刑法学研究本身规律的体现，是刑法学研究的生命所系。

在刑法学研究中贯彻"百花齐放、百家争鸣"的学术方针，就是要允许不同的学术观点、不同的流派和谐共存，鼓励和激发不同的学术观点相互启发、相互借鉴、相互促进、共同成熟；就是要严防和禁止将学术问题政治化，将学术问题"上纲上线"，大帽子压人；就是要鼓励和培育不同的刑法学术观点发展为流派、学派，从而真正为刑法学术的繁荣奠定坚实的根基。

当然，"百花齐放、百家争鸣"不是说不分是非，不讲真理，不要组织领导。比如，国家有关部门组织编写的供资格考试用的考试大纲、辅导教材等，事关千百万人的择业方向和前途命运，对于一些有重大争论的重要学术观点，就不能不慎重鉴别筛选、严格审定。如果轻率地采用只是极个别人主张的而与我国国情和立法司法实际状况相违背的非主流、非通行观点，强加给千百万考生，那就是一种错误的、有害的做法，是对"百

花齐放、百家争鸣"方针的严重歪曲，应当迅即予以纠正，否则，其危害和流弊将是不可想象的。

（三）坚持完善中国刑法学的学科体系

中国刑法学的学科体系问题是关乎刑法学研究整体科学性的一个重要的宏观问题，是刑法学科建设的重中之重。中国刑法学者们为此付出了不懈的努力。早在 20 世纪 50 年代，我国出版的第一批刑法教科书，就尝试和探索建立中国自己的刑法学科体系。到了 20 世纪 80 年代，由于中国第一部刑法典的生效实施，法律出版社于 1982 年出版的第一部统编教材《刑法学》，集中了当时中国刑法学界几乎所有重要刑法学家的智慧，因而更加科学、完整地建立了自己的学科体系。当然，中国刑法学的体系不是凝固不变的，而是随着时代的前进而不断完善的，虽然时至今日，以"罪－责－刑"为基本模式的中国刑法学体系已获得了刑法理论界和实务界的广泛认同，但这个体系也不是尽善尽美的，而仍是有待完善的。在我看来，中国刑法学体系目前存在的问题主要是静态性有余、动态性不足。认定犯罪、确定责任、决定刑罚，这是刑事诉讼的完整过程，也是刑法学需要解决的三个动态性中的任务。但是，在我国现行刑法学体系中，对这三大动态过程阐述不够。统编的刑法学教材章节设置如犯罪构成的整体介绍、犯罪客体、犯罪客观方面、犯罪主体、犯罪主观方面，直至犯罪停止形态、共同犯罪、罪数等，基本上都是立足于静态描述犯罪，而比较缺乏动态的研究认定犯罪、归结责任、量定刑罚的相关理论内容。再者，在中国刑法学体系的三大理论板块即犯罪论、刑事责任论、刑罚论中，犯罪论、刑罚论相对比较充实，而刑事责任论相对苍白，对于一个行为成立犯罪以后，如何判断其刑事责任大小缺乏应有的标准和依据。这就难以起到犯罪论与刑罚论之间过渡、缓冲的桥梁和纽带作用。有鉴于此，我们有必要加强对中国刑法学体系动态性任务，即定罪、归责、量刑、行刑等的研究。特别是刑事责任论中，应加强对归责依据，即归责要素和归责体系的研究。总之，我们既要坚持又要完善中国刑法学的学科体系，以更好地服务于刑事立法和司法实践，进一步推进刑事法治事业。

（四）坚持理论联系实际的研究方法

马克思主义哲学的一个重要方法就是理论联系实际，实事求是，具体问题具体分析。刑法学理论有它普遍性的一面，但中国有中国的国情，实践是检验真理的唯一标准，刑法学和其他部门法学一样，是应用性学科，是实践的学问。中国的刑法学必须服务于中国的刑事法治的现实和实践，必须立足于解决中国刑事法治实践中出现的问题，必须从中国立法和司法的实际出发，分析和解决中国刑法中的犯罪、刑事责任和刑罚问题。

可以说，在中国刑法学发展的 60 年中的绝大部分时期，我们较好地坚持了理论联系实际的研究方法，我国刑法学研究始终将刑事司法实践中准确适用刑法、解决刑法适用中的疑难问题作为刑法学研究的基点，着力解决刑事司法实践中的诸多理论与观念问题。从我国的实际情况看，刑法学研究紧密联系刑事司法实践的方式和途径可以多种多样：一是对刑法规范的含义进行阐释，针对司法实践中需要正确解决的常见多发的疑难问题展开研讨，并就刑法规范存在的缺陷提出修正和完善的建议。注释刑法学的发达最终促使以注释为主流研究方法的刑法学研究形态的生成。二是理论联系刑事司法解释，有些学者得以亲自参与刑事司法解释的起草研拟，而多数学者虽然不能亲自参与起草研拟，但却可以通过报刊等针对刑事司法解释发表评论或提出建议，这些作为理论联系实际的表现形式，对于促进刑事司法的统一，推动司法实践的健康发展，具有重要的积极意义。三是理论联系重大刑事法治现实问题，如对于死刑这一刑事法治重大现实问题，我国刑法学界进行了多方面的探索并取得了较为丰硕的成果。[1] 对于劳动教养这一中国特有的制度，学者们就劳动教养的存废、劳动教养的对象、期限、决定程序等问题展开了充分的讨论。[2] 学者们还进一步加强了对新型、疑难犯罪的研究，善于从复杂疑难案件中提升刑法理论规则。这是繁荣和深化我国刑法理论的一个不可偏废的途径。与此同时，我们也注意传统犯罪在新的时代条件下的新变化。这方面的例子很多，如未成年人犯罪问题是我国刑法理论中的一个极其重要的课题[3]，还有重大责任事故犯罪问题[4]、侵犯著作权犯罪问题[5]、黑社会性质组织犯罪问题[6]、贪污贿赂犯罪问题。[7] 四是理论联系典型刑事案件，针对司法实践中发生的典型刑事案件，开展法理分析。自 20 世纪 90 年代以来，我国刑法学界就较为广泛地参与了一些广受关注的典型刑事案件的研究和讨论，例如，"重庆綦江虹桥垮塌案"、"张子强案"、"足球黑哨案"、"许霆案"等，并出版和发表了一些有分量的紧密联系司法实践的论文和著作。为了刑法学教学和宣传普及刑法法理的需要，刑法学界还出版了一些案例教学类的著作。此外，有些院校刑法专业的硕士论文甚至开始尝试以某一典型的刑事案件为切入点，对该案件所涉及的法律适用

---

[1] 参见赵秉志：《死刑改革探索》，北京，法律出版社，2006；邱兴隆：《死刑的德性》，载《政治与法律》，2002 (2)；冯军：《死刑、犯罪人与敌人》，载《中外法学》，2005 (5)，等等。

[2] 参见赵秉志：《刑法改革问题研究》，北京，中国法制出版社，1996；储槐植：《论教养处遇的合理性》，载《法制日报》，1999-06-03；屈学武：《保安处分与中国刑法改革》，载《法学研究》，1996 (5)，等等。

[3] 参见赵秉志：《刑法改革问题研究》，北京，中国法制出版社，1996。

[4] 如张明楷、黎宏、周光权：《刑法新问题探究》，北京，清华大学出版社，2003。

[5] 如赵秉志主编：《侵犯著作权犯罪研究》，北京，中国人民大学出版社，2008。

[6] 如黄京平、石磊：《论黑社会性质组织的法律性质和特征》，载《法学家》，2001 (6)；陈兴良：《关于黑社会性质犯罪的理性思考》，载《法学》，2002 (8)；赵秉志、许成磊：《论黑社会性质组织的成立条件——以司法解释和立法解释为视角》，载陈明华、郎胜、吴振兴主编：《刑法热点问题与西部地区犯罪研究》，北京，中国政法大学出版社，2002；邓又天、李永升：《试论有组织犯罪的概念及其类型》，载《法学研究》，1997 (6)；于改之：《我国关于有组织犯罪的立法与司法完善》，载《法学论坛》，2004 (5)，等等。

[7] 如赵秉志：《刑法改革问题研究》，北京，中国法制出版社，1996；肖介清：《受贿罪的定罪与量刑》（修订版），北京，人民法院出版社，2008；王俊平、李山河：《受贿罪研究》（修订版），北京，人民法院出版社，2009；孙国祥：《新类型受贿犯罪疑难问题解析》，北京，中国检察出版社，2008，等等。

问题进行法理分析。这些研究现象均凸显了我国刑法学主流研究的应用性和实践性。

总之，中国刑法学理论密切关注和联系我国社会刑事法治现实，坚持理论密切联系实际的研究道路，积极引导和促进了我国刑事法治的健康发展。

（五）坚持刑法学科的国际化

经济全球化推动了包括法律在内的一些上层建筑领域的全球化。在经济和法律全球化的今天，作为一个刑法学者，必须具有国际眼光和开放的思想和胸襟。必须利用多种方式，不断开展国际学术交流活动。以往我国的刑法学研究，由于多种因素的影响和制约，比较注重国内法的研究，而在外国法的研究方面则相对比较薄弱，在很大程度上阻碍了我国刑事法治与当代世界先进刑事法治的交流与衔接。有鉴于此，我国刑法学者着力拓宽刑法学研究视野，加强中国区际刑法的研究，努力开拓外国刑法、比较刑法及国际刑法的研究，取得了很大的成绩。比如中国学者较早关注刑法学科的国际化、现代化的努力可以从反革命罪的修改中得到说明。在 1997 年刑法的制定过程中，学者们根据变化了的实际情况，提出将反革命罪改为危害国家安全罪。[1] 1989 年以后，关于反革命罪应否更名为危害国家安全罪的问题，在我国刑法学界出现了不同意见[2]，并逐渐引起了广泛的关注。但绝大多数学者认为，反革命一词具有极其浓厚的政治色彩，法律强调构成此类犯罪必须具有反革命目的，而导致司法实践中往往难以认定，因此，考虑到对外开放和促进国家和平统一的需要，以及刑法罪名的科学性与司法实务之可操作性的需要，有必要将反革命罪更名。[3] 这种见解后来得到了我国政治决策层和立法机关的肯定，在 1997 年刑法典中将反革命罪更名为危害国家安全罪，并按照危害国家安全的性质对此类犯罪作了修改和调整，将该章中实际属于普通刑事犯罪性质的罪行移入其他罪章。应当说，对反革命罪的这些修改是中国刑法致力于科学化和契合现代刑法之通例的重要举措，从而为海内外所瞩目。

在区际刑法领域，"一国两制、三法系、四法域"的格局已在我国形成。由此决定了我国区际刑事法律冲突的不可避免性以及解决这一冲突的艰巨性和复杂性，因而区际刑法的研究将成为中国刑法学研究的一个重点领域。为此，需要大力加强各法域之间的学术交流，广泛开展学术研究合作，以促进各法域刑事法治的完善，建立富有中国特色的区际刑事司法协助，有效地惩治和预防跨地区犯罪，确保"一国两制"方针的顺利实现。全面地开拓和加强对外国刑法和比较刑法的研究，善于借鉴、吸取外国的有益经验，对于我国刑法理论的发展乃至刑法立法、司法实务的完善，都具有十分重要的意义

---

① 详见徐建：《"反革命"罪名科学吗?》，载《探索与争鸣》，1981 (1)。

② 详见陆翼德：《对反革命罪名存废的再认识》，载《法学内参》，1989 (6)；何秉松：《一个危险的抉择》，载《政法论坛》，1990 (2)；何秉松：《我国刑法为什么不应当取消反革命罪》，载《阵地》，1991 (1)。

③ 参见梁华仁、周荣生：《论反革命类罪名的修改》，载《政法论坛》，1990 (4)；王勇：《危险何在?》，载《政法论坛》，1991 (2)；赵秉志：《刑法改革问题研究》，529 页以下，北京，中国法制出版社，1996。

和作用。近年来刑法学界在这方面投入较多力量，取得了一系列研究成果。在国际刑法研究领域，进入21世纪，国际范围的交往将变得更为频繁，随着经济的全球化，法律国际化的进程也正在进一步加快。这种社会发展趋势，为国际犯罪的增长在客观上提供了条件。可以预言，21世纪的国际犯罪将会更加猖獗，其对整个国际社会造成的危害也将日益加重。这样，国际犯罪的惩治与防范、国际范围内的刑事司法协助、国际刑法的中国化以及中国刑法的国际化等问题，都将成为我国刑法学研究亟待加强的领域。尽管国际社会已经成立了旨在审理诸如战争罪、危害人类罪、灭绝种族罪等严重国际犯罪的国际刑事法院，但在这些犯罪的认定与处罚、国际刑事责任的承担、国际刑事司法合作的机制等国际刑法理论的一些基本问题上，世界各国政府及学者们并没有完全或真正达成共识，国际刑法研究仍然需要进一步深入和加强，我国刑法学界也应当在这些崭新的领域有所贡献。

60年弹指一挥间。中国刑法学的60年，是停滞、发展和繁荣并存、经验和教训兼有的60年。60年间，我们有过挫折、彷徨和迷茫，也有过奋起、进展和昌盛，时至今日，我国刑法学随着整个国家形势的发展已进入她的盛世时期。历史的经验弥足珍贵，珍视历史的最好方法和态度是，惨痛的教训绝不能再犯，行之有效的经验必须坚持和发扬光大。中国的刑法学者在刑法学60年的发展中付出了艰辛的努力，在今后的刑法学发展中，也必将持之以恒，秉持保障人权和维护秩序并重的现代刑法理念，以开阔之眼界和胸襟，运用科学而人文的研究方法，为中国刑法学的持续发展而不断书写辉煌！

［此文系高铭暄向2009年4月在上海召开的"首届中国法学名家论坛"提交的论文］

下篇

新中国刑法学研究 60 年

【中国刑法学研究会学术研讨之进展】

第三十一章
1986 年全国刑法学术年会综述

一、前　　言

中国法学会刑法学研究会及北京市法学会刑法学研究会联合召开的"经济体制改革与打击经济犯罪"专题学术讨论会，于 1986 年 8 月 2 日至 6 日在北京举行。到会正式代表九十余人，来自全国 28 个省、直辖市、自治区，收到论文 70 篇，可以说是我国刑法学界的一次盛会。现将会议研讨内容综述如下：

二、关于经济犯罪宏观问题的探讨

概括来看，这次会议探讨问题的立足点较高，力图把经济犯罪置于广阔的社会经济、政治、治安背景下进行分析和研究，注重从总体上提出打击和预防经济犯罪的对策。主要研讨了五个大的问题：

（一）评述了当前经济犯罪的表现与特点

关于经济犯罪的表现，可以用"多、大、广"三个字来概括。所谓多，就是经济犯罪的案件多，并有上升的趋势；所谓大，就是经济犯罪的犯罪数额之巨，前所未有；所谓广，就是经济犯罪涉及的人员、单位、地区较广。关于经济犯罪的特点，大家认为主要是在犯罪的主体、手段、形式和对象诸方面发生了变化。

（二）探讨了刑事立法、刑事司法和刑法理论对于打击经济犯罪与保卫经济体制改革的作用和意义

论述的问题主要可分为三个具体方面：其一，为有力地打击经济犯罪，提出了诸多立法建设。有的同志从几种犯罪罪与刑的关系比较方面，指出刑事立法内部的不协调；有的同志从经济犯罪民、刑事责任的交叉关系方面，探讨了刑法与民法之间的联系；有的同志从刑事立法与刑事司法的协调关系方面，论证有法可依、有法必依的重要性，等等。其二，为保卫和促进改革，提出了加强刑事司法的措施。在指出当前司法实践中存

在对经济犯罪打击不力现象的基础上，提出了如下建议：司法领导部门要加强司法解释工作和其他专门业务督导工作，使司法工作人员确实依法办事；提高司法人员的文化素质、专业知识和责任感，加强司法队伍建设；司法实践要注意抓大案要案，以点带面，扩大办案效果；等等。其三，为指导刑事立法和刑事司法，应当加强刑法理论的自身建设。就是说，刑法学要不断地研究新情况、新问题和新特点，提出正确可行的新见解，以适应打击经济犯罪与保卫改革的需要。有的学者阐述了建立经济刑法学的必要性。

（三）探讨了打击经济犯罪的对策和方针问题

绝大多数与会论者明确指出，在我国目前的社会主义条件下，经济犯罪的大量存在具有一定的社会根源和思想根源；要预防和减少经济犯罪，仅仅靠刑法打击是不行的，而应该打一场全社会的"总体战"，打、防结合，综合治理，堵塞各种漏洞。

（四）深入探讨了"法人"能否成为犯罪主体的问题

值得注意的是，持肯定、否定观点的双方都深化了各自的论点，不仅从刑法理论上加以论证，而且更注重从法律调整的社会效果上予以说明，从而比以前的争论前进了一大步，有助于推动对这个问题的进一步探讨。

（五）提出了打击经济犯罪应该注意的一些问题

例如，要注意纠正以"纪律处分、经济制裁代替刑罚"的偏向；要严格区分罪与非罪、此罪与彼罪的界限；要重视对国家工作人员犯罪和我国港、澳、台地区及外国入境人员犯罪的严厉打击，等等。有的论者对经济犯罪的数额问题作了较为全面、系统、深入的研究，可能对司法实践有一定的参考价值。

三、关于具体经济犯罪问题的探讨

（一）关于诈骗罪

1. 从宏观上分析了当前诈骗犯罪的新特点、危害性、原因及治理对策

大家一致认为，当前诈骗犯罪在犯罪客观方面、犯罪主体乃至犯罪主观方面都表现出许多新特点和新形式，其中利用经济合同进行诈骗犯罪最突出、危害最大，问题较为复杂。诈骗犯罪产生与增多的原因是多方面的，因此要对之采用包括刑罚惩治在内的综合治理的防治对策。

2. 重点探讨了对于利用经济合同进行诈骗犯罪的认定与处理问题

有些同志指出：与其他诈骗犯罪相比，利用经济合同的诈骗犯罪在侵害对象、犯罪手段、犯罪数额、犯罪主体等方面都表现出不同的特点和更加严重的危害性。这种诈骗

罪主要以企事业单位和经济组织为侵害对象；犯罪手段复杂，犯罪数额往往巨大或特别巨大；犯罪主体中，有前科劣迹者、社会闲散人员、从事产品交换及市场流通的人员以及我国港、澳、台地区和外国入境的不法分子占相当大的比重，而且共同犯罪突出。大家还着重探讨了利用经济合同的诈骗犯罪与经济合同纠纷的区别问题，提出应当从有无履行合同的能力、有无履行合同的诚意、签订合同是否采用了欺骗手段、签订合同时有无骗取钱财的故意、违约后是否积极采取补救措施或真诚愿意赔偿损失等方面，严格地进行区分。

对于利用经济合同的诈骗犯罪问题，主要的分歧意见有两种：

（1）这种诈骗犯罪是否存在间接故意。有的同志指出，传统刑法理论认为诈骗罪主观方面只能是直接故意，而这种利用经济合同的诈骗犯罪从实践中看也可以是间接故意，即行为人对诈骗行为客观方面的要件有所预见，在签订合同时有履行合同的意愿，在合同履行过程中又无诚意履行，这时，行为人明知自己不履行合同可能发生危害结果，却放任这种结果发生。有的同志不同意这种观点，认为合同不履行的故意不同于犯罪的故意，合同不履行只是合同纠纷而不是犯罪；在履行合同过程中产生诈骗故意的，也必然具备非法占有财物的目的，形不成这种目的就谈不上是诈骗罪，一旦形成这种目的就是直接故意，就是确定的故意，就只能是希望而不是放任危害结果的发生，因此，诈骗罪只能是直接故意而不可能是间接故意，在利用经济合同进行诈骗的犯罪形式中也不例外。

（2）这种诈骗罪侵犯的是单一客体还是双重客体。有的同志提出，利用经济合同实施的诈骗罪在行为方式、侵害目标与对象等方面都具有特点，它侵害的客体除公私财产所有权外，更重要的是社会主义经济秩序，应当把这种诈骗犯罪以"经济诈骗罪"的罪名，增设进刑法分则第三章"破坏社会主义经济秩序罪"中。也有同志认为，利用经济合同的诈骗罪的直接客体就是公私财产所有权，而不能包含社会主义经济秩序，不能把犯罪侵犯的直接客体与对其他方面的影响和间接危害混为一谈。上述见解不一的问题都很值得进一步探讨。

3. 关于诈骗罪的处罚问题

其中主要是对诈骗罪应否增设死刑的问题。许多同志认为诈骗罪的社会危害程度远远超过盗窃罪，但盗窃罪有死刑而诈骗罪却没有死刑，这是立法上的缺陷，影响了我国刑法内部的协调和实践中对重大诈骗罪的有力打击。因此，建议对刑法的有关条文进行修改，即对诈骗罪增设死刑。但也有的同志认为，从诈骗罪属于智能犯罪的特点和我国严格控制死刑的立法思想来考虑，不宜对诈骗罪增设死刑。此外，有的同志还提出对诈骗罪应增设罚金、没收财产等财产刑；有的同志还论及了处理诈骗案中要注意数罪并罚问题。

4. 讨论了诈骗罪中的罪与非罪、此罪与彼罪的界限问题

应当注意的界限主要有：以借贷为名的诈骗罪与借贷行为的区别，利用经济合同的诈骗罪与经济合同纠纷的区别，诈骗罪与集资经营亏损躲债外逃的区别，诈骗罪与一般违法的诈骗行为的区别，诈骗罪与投机倒把罪、贪污罪、制造贩卖假药罪、招摇撞骗罪、神汉巫婆借迷信诈骗罪等的区别。

此外，对于诈骗犯罪定罪量刑的数额及其计算问题，也有一定程度的研讨。有的同志还提出，我国刑法规定诈骗罪的犯罪对象是"财物"，但为了有效地打击诈骗犯罪，应将"财物"作扩大解释，包括财产上的不法利益。

（二）关于贪污罪

1. 着重探讨挪用公款以贪污罪论处的问题

不少同志指出，挪用公款行为危害改革和"四化"建设，因此，最高人民法院、最高人民检察院 1985 年 7 月 18 日《关于当前办理经济犯罪案件中具体应用法律的若干问题的解答（试行）》（以下简称《解答》）明确危害严重的挪用公款行为以贪污论处是正确的、必要的。但有些同志指出，挪用公款行为不能一概以贪污罪论处，其中有的是违法违纪行为，有的可能属于玩忽职守或构成受贿等其他犯罪，只有在犯罪构成的各个方面都符合贪污罪的挪用公款行为，才能以贪污罪论处。有些同志还对银行、信贷人员挪用公款以贪污罪论处的问题进行了专门探讨。

大家还探讨了《解答》中不明确及实践中较为突出的一些问题，如有的同志认为，对挪用公款供集体单位使用的，视具体情节，有的也可课以贪污罪或玩忽职守罪。有的同志认为，对挪用公款"已经归还"的，根据《解答》的规定，不应以贪污论处。有的同志认为，要作具体分析，看挪用公款的数额是否巨大以及挪用公款的去向是否违法，情节严重的仍可以贪污罪论处。有的同志提出，"冒名贷款"情况复杂，应区别情况，分别按照贪污罪、受贿罪、玩忽职守罪、一般违法违纪行为追究，或按工作失误处理；对"顶名贷款"不能作为贪污罪处理。此外，还探讨了国家工作人员挪用公款"放高利贷"、做生意的问题，非法使用公款一方的法律责任问题等等。大家还讨论了挪用型贪污罪的处罚原则问题，许多同志认为，挪用型贪污与直接窃取、骗取、侵吞型贪污，由于犯罪特点和危害程度一般说来有所不同，所以在量刑上一般也应有所区别，对挪用型贪污一般应在量刑幅度内从轻或减轻处罚。有的提出，对挪用型贪污最严重的也只宜在 10 年以上有期徒刑至无期徒刑之间考虑，而不宜判处死刑。有的还提出，《解答》关于挪用型贪污的规定，应无溯及力，应贯彻"从旧兼从轻"的追诉原则。有的学者还论及了挪用型贪污的犯罪数额的计算问题。有的学者认为，对挪用公款行为应独立定为挪用公款罪，而不应课以贪污罪。

2. 贪污行为构成犯罪的数额问题

一些同志指出：按照《解答》和目前的司法实践，对贪污行为构成犯罪的数额，在掌握上较盗窃行为定罪的数额为高，这有悖于立法上对贪污罪从严的精神，也不利于司法实践中有效地打击贪污罪。因此，应当对贪污罪与盗窃罪掌握大体相当的定罪数额。有的学者指出，至少应当将工厂企业内部人员盗窃公物案在定罪数额上与贪污罪协调起来。也有同志提出，贪污与盗窃定罪数额不协调问题，关键不是贪污定罪数额高了，而是盗窃定罪数额低了。

此外，不同程度地有所探讨的问题还有：贪污罪主体中从事公务的含义，经济联合体中的管理人员可否构成贪污罪；贪污罪与盗窃罪、受贿罪等的区别问题；对贪污罪处罚时应注意经济处罚的问题，等等。

（三）关于贿赂罪

1. 关于贿赂犯罪的整体考量

探讨了当前贿赂犯罪的特点、表现形式，分析其原因，并提出了从宏观上综合治理的措施设想。

2. 关于贿赂的含义

仍是分别坚持了近年来我国刑法学界关于贿赂的三种主张，即：有的学者认为贿赂只是指财物；有的学者认为贿赂限于财物和其他有形的物质利益；有的学者认为贿赂包括财物和财产性利益，也可包括其他非财产性的不正当利益。

3. 关于受贿罪主体方面的问题

其一，一些同志指出，按照近年来的刑事政策，构成受贿罪主体的，除国家工作人员外，"其他国家职工和集体经济组织中的工作人员"也可以，这更符合当前受贿罪的实际。其二，已离休、退休的国家工作人员能否单独构成受贿罪主体？有肯定的主张，也有否定的意见。其三，国家工作人员的配偶或家庭其他人员能否单独构成受贿罪的主体？在论文和讨论中也存在肯定和否定两种观点。对上述两个问题持肯定意见者的主要理由是，这些行为达到了犯罪的危害程度，有的同志还分析说这些行为也符合受贿罪的犯罪构成；持否定观点者的主要理由是，这些行为是否达到犯罪程度尚很值得研究，即使达到犯罪程度也完全不符合受贿罪的构成要件，若认为有必要处罚，应通过立法的修改补充加以解决，否则受贿罪将不成其为特殊主体的犯罪。其四，有的同志还对国家工作人员与其家属共同犯受贿罪的问题进行了探讨。

4. "利用职务之便"的含义

把"利用职务之便"理解为"利用职权之便"失之过窄，应当理解为是指利用职权之便和工作之便。所谓工作之便，是指基于职务所产生的工作上的方便条件和机会。对"利用职务之便"是否包括"利用过去职务上的影响"，"利用他人职务上的便利"，有不同的见解。

5. 关于行贿罪的问题

其一，有的同志指出，"为公"行贿案件从全局上看是危害国家和人民利益的，是一种比一般行贿具有更大的社会危害性的经济犯罪活动，应依法作为行贿罪处罚主管人员和直接责任人员。其二，有的同志提出，1982 年《关于严惩严重破坏经济的罪犯的决定》提高了受贿罪的法定刑，为了有效地打击贿赂犯罪，也应相应提高行贿罪和介绍贿赂罪的法定刑。

6. 受贿罪比照贪污罪论处的问题

有的同志提出：1982 年上述决定规定受贿罪比照贪污罪论处是不妥当的。因为贪污罪作为侵犯财产罪，其危害性可由犯罪数额直接反映出来，刑法关于贪污罪处罚的规定也反映了这一点；而受贿罪作为渎职罪，其危害性主要反映在行为人对国家机关正常活动及国家和人民利益的破坏程度上，而与其收受财物的数额并不存在同一的联系。如将受贿罪比照贪污罪论处，以行为人所收受财产数额处刑，势必出现重罪轻判的错误。

（四）关于玩忽职守罪

1. 目前玩忽职守犯罪的主要表现和严重危害性

其中有些同志着重探讨了经济领域中玩忽职守犯罪的主要表现，以及玩忽职守犯罪助长经济犯罪的危害性。

2. 玩忽职守罪的主观罪过形式

有的同志仍然坚持该罪只能是出于过失，有的同志则指出间接故意也可构成此罪。

此外有的同志还对玩忽职守构成犯罪的"重大损失"的具体数额问题进行了探讨；有的同志指出，目前查处玩忽职守案中的以党纪、政纪处分代替刑事处分的错误做法应予以纠正；有的同志还分析了玩忽职守罪与工作失误、官僚主义、不正之风的界限。

除上述四种经济犯罪外，有的同志还对偷税抗税罪作了专门探讨，指出：目前偷税抗税案件不少，危害严重，而追究刑事责任的极少，其中对国营企业的偷税案，追究其刑事责任的更是罕见，这主要是存在着"以罚代刑"等思想障碍；处理偷税抗税案件要划清罪与非罪、偷税与抗税等的界限；要从金额、手段、后果等方面全面分析认定偷税抗税是否情节严重，是否要作为犯罪处理；1985年10月最高人民检察院有关负责人就查处偷税抗税案件的一些问题在答《中国法制报》记者的提问中，提到的某些数额标准也有不够完善之处，如对单位偷税、抗税追究刑事责任的数额标准按大、中、小单位立几个不同标准的做法不妥，不如立一个共同的标准。还有一些论文探讨了刑法中的其他问题。

在讨论会上，中国法学会副会长、中国法学会刑法学研究会总干事高铭暄教授结合当前我国刑法学界对于经济体制改革与打击经济犯罪的研讨情况，提出以下三个问题：第一，要把握行为有无社会危害性这个本质问题。行为具有社会危害性，才能谈得上进一步考察是否构成犯罪的问题。如果不从本质上看问题，把没有社会危害性的行为分析认定为经济犯罪，势必有害于经济体制改革和四化建设。第二，要冷静地估计打击面大小的问题。如挪用公款以贪污罪论处的问题、贿赂含义的问题等，都属于这类关系到打击面的问题。既要纠正打击不力，也要防止打击过头。要从行为的社会危害性程度和适用刑罚的效果上来研究解决这个问题。第三，对法无明文规定，也不符合类推条件的没有把握的问题，分析认定为犯罪并处以刑罚，从法律观点看是否妥当，应慎重考虑和研讨。

〔赵秉志、姜伟；载《法学研究动态》，1986（16）〕

第三十二章
三年来刑法学研究会的学术研讨（1984—1986）
—— 中国法学会刑法学研究会第一届干事会工作报告

一、前　言

中国法学会刑法学研究会第一次代表会议于 1984 年 10 月 21 日至 23 日在成都举行。在那次会上选举产生了由 30 人组成的第一届干事会，聘请王怀安、贾潜、甘雨沛、张仲绛、曾昭琼几位老前辈为顾问。干事会推选高铭暄为总干事，推选杨春洗、曹子丹、马克昌、单长宗四位同志为副总干事，推选杨敦先同志为秘书长。中国法学会领导希望研究会成立后，在中国法学会的领导下，把广大的从事刑法学的理论工作者和实际工作者团结起来，积极开展研究工作，开创刑法学研究的新局面，以适应新时期社会主义现代化建设的需要。

从第一届干事会成立以来，我们顾问中的张仲绛教授和干事中的金凯副教授，因长期辛勤工作，积劳成疾，已不幸与世长辞了。对他们的逝世，我们表示深切的怀念！

各位代表，同志们！

从第一届干事会产生以来，在中国法学会的领导下，我们做了一些工作，主要是围绕刑法实施中出现的新情况新问题，开展研究工作，从而总结了新鲜经验，为发展具有中国特色的社会主义刑法学，作出了一定的贡献。我们召开了两次学术讨论会，编辑出版了两本论文集。

二、第一次学术讨论会研讨情况

第一次学术讨论会是在 1984 年 10 月结合研究会的成立而召开的。开会代表六十多人，向会议提交论文 48 篇，主要讨论了三个问题：

（一）关于刑法学的研究对象及其体系问题

关于刑法学的研究对象及其体系问题，当时我国刑法学界主要有三种观点：一种观点认为，具有中国特色的刑法学体系已经基本建立起来。理由是：我国刑法学的体系，是以它的研究对象——《中华人民共和国刑法》的结构为依据而建立的。而我国刑法则是总结了近三十年来同犯罪作斗争的经验而制定的，所以，应当认为我国刑法学的科学体系已基本建立，并具有中国特色。另一种观点与此相反，认为我国还没有建立起具有中国特色的刑法学体系。理由是：我国刑法学体系不是总结我国实践经验建立起来的，而是以苏联刑法学体系为蓝本建立起来的。还有一种观点认为，我国刑法学体系社会主义性质已经明确，同形形色色的剥削阶级刑法学理论的主要界线基本划清，但在刑法学体系中的某些部分和某些基本理论问题上，资产阶级以行为为中心的形式法学观点并未完全克服；我国刑法学体系反映了我国与犯罪作斗争的主要经验，但还没有系统而完善地突出自己的特色。上述观点在会上作了介绍，但没展开讨论。

（二）关于强奸罪问题

关于强奸罪问题，包括奸淫幼女罪问题，着重讨论了以下几点：

1. 关于强奸罪客体问题

有三种意见：一种意见认为，强奸罪的客体是妇女的性的权利；另一种意见认为，强奸罪的客体是妇女的身心健康；还有一种意见认为，强奸罪的客体是妇女的人身权利。

2. 关于强奸罪的特征问题

有两种意见：一种意见认为，违背妇女意志是强奸的唯一特征；另一种意见认为，强奸罪的特征有两个：一个是违背妇女意志，另一个是暴力、胁迫手段。

3. 关于行为人利用职权或某种条件，女方又有自己所图，因而发生两性关系，是否定强奸罪问题

有两种意见：一种意见认为不应定强奸罪；另一种意见认为应具体案件具体分析，多数不定强奸罪，少数案件也可以定强奸罪。

4. 对于行为人不知女方是幼女而与之发生性关系的是否构成奸淫幼女罪的问题

对于该问题看法不一，争论较大，主要有两种观点：一种观点叫作"一个凡是、三个不论"，即凡是同幼女发生性关系的，不论幼女是否同意，不论采取什么手段，不论行为人主观上认识如何，都应按奸淫幼女罪论处。另一种观点认为，按照犯罪构成理论，刑法分则规定的每一种犯罪，都是主观要件和客观要件的统一，奸淫幼女罪也不能例外。这就是说，奸淫幼女罪的成立，在客观方面必须具有奸淫幼女的行为，主观上只能由故意构成。"明知"是故意存在的前提，没有明知，就不存在故意。

（三）关于流氓罪问题

关于流氓罪的讨论，主要集中在三个问题上：

1. 关于流氓罪的本质特征问题

有三种观点：第一种观点认为，流氓罪的本质特征是破坏公共秩序；第二种观点认为，流氓罪的本质特征是追求下流无耻生活的动机；第三种观点认为，分析流氓罪的本质特征，应坚持主、客观相统一的原则，单纯用某一方面的特征，都不能真正把握流氓

罪的本质。

2. 如何区分流氓罪同相近似的其他犯罪的界限问题

大家认为主要应划清三种界限：一是划清流氓罪与强奸未遂的界限。二是划清群众中因民事纠纷而互相殴斗与流氓罪中聚众斗殴的界限。前者不应按流氓罪处理。其中有些人触犯刑律的，构成什么罪就按什么罪处理。三是划清流氓罪与扰乱社会秩序罪、与聚众扰乱公共场所秩序或交通秩序罪的界限。后两种罪，依法只对首要分子追究刑事责任。

3. 如何理解刑法第 160 条规定的"其他流氓活动"问题

大家认为，"其他流氓活动"是指除聚众斗殴、寻衅滋事、侮辱妇女以外的其他流氓犯罪行为。例如：利用淫秽物品教唆、引诱青少年进行流氓犯罪活动的，或者在社会上经常传播淫秽物品，危害严重的；聚众进行淫乱活动的主犯、教唆犯和其他流氓成性、屡教不改的；一贯以玩弄女性为目的，采取欺骗等手段奸淫妇女多人的；等等。

以上就是第一次学术讨论会的大概情况。这次会议上的论文，经过编辑，择优选用了 33 篇，辑成《刑法学论文集》，已于 1985 年出版，发给大家。

三、第二次学术讨论会研讨情况

第二次学术讨论会于 1986 年 8 月 2 日至 6 日在北京中共中央党校举行，到会代表 93 人，列席代表 5 人，会议主题是经济体制改革与打击经济犯罪问题。会议收到专题学术论文 70 篇，其中既有从宏观方面探讨打击经济犯罪概论性的论文，也有从微观方面探讨具体犯罪定罪量刑的论文。会上除了听取最高人民法院陈嘉宾同志、最高人民检察院崔南山同志等介绍当时的打击经济犯罪斗争的情况和遇到的新问题以外，主要集中讨论了诈骗罪、贪污罪、贿赂罪和玩忽职守罪等几个罪的问题。

（一）关于诈骗罪

关于诈骗罪主要探讨了 5 个问题：（1）从宏观上分析当前诈骗罪的新特点、危害性、原因及治理对策。（2）重点探讨了利用经济合同进行诈骗犯罪的认定和处理问题。（3）关于诈骗罪的处罚问题，主要讨论了诈骗罪应否增设死刑的问题。（4）讨论了诈骗罪中的罪与非罪、此罪与彼罪的界限问题。主要研究了以借贷为名的诈骗罪与借贷行为的区别，利用经济合同的诈骗罪与经济合同纠纷的区别，诈骗罪与集资经营亏损躲债外逃的区别，诈骗罪与投机倒把罪、贪污罪、制造贩卖假药罪、招摇撞骗罪、神汉巫婆借迷信进行诈骗罪等的区别。（5）关于诈骗犯罪定罪量刑的数额及其计算问题。

（二）关于贪污罪

关于贪污罪，主要探讨了两个问题：

1. 着重探讨了挪用公款以贪污罪论处的问题

有些同志指出，挪用公款行为不能一概以贪污罪论处，其中有的是违法违纪行为，有的可能属于玩忽职守或构成受贿等其他犯罪，只有在犯罪构成的各个方面都符合贪污罪的挪用公款行为，才能以贪污罪论处。有的同志认为，对挪用公款行为应独立定为挪用公款罪，而不应定为贪污罪。大家还讨论了挪用型贪污罪的处罚原则问题，认为挪用型贪污与其他类型的贪污在犯罪特点和危害程度上有所不同，因此，在量刑上一般也应有所区别，可考虑对挪用型贪污在量刑幅度内予以从轻或减轻处罚。

2. 关于贪污案件构成犯罪的数额问题

一些同志指出，贪污罪数额起点远较盗窃罪数额起点高，有悖于立法上对贪污从严的精神，也不利于有效地打击贪污罪，应当对贪污罪与盗窃罪掌握大体相当的定罪数额，至少应当将工厂企业内部人员盗窃公物案在定罪数额上与贪污罪协调起来。也有的同志提出，贪污与盗窃定罪数额不协调问题，关键不是贪污罪数额高了，而是盗窃罪定罪数额低了。

（三）关于贿赂罪

关于贿赂罪，主要讨论了以下一些问题：

1. "贿赂"的含义

有三种主张：第一种主张是贿赂只是指财物，第二种主张是贿赂是指财物和其他有形的物质利益，第三种主张是贿赂包括财物、财产性利益和其他非财产性的不正当利益。

2. 受贿罪的主体

法律规定是国家工作人员，但一些同志指出，按照近几年来的刑事政策，除国家工作人员外，"其他国家职工和集体经济组织中的工作人员"，也可成为受贿罪的主体。关于国家工作人员已离休、退休的，以及国家工作人员的配偶、亲属能否单独构成受贿罪，有肯定和否定两种观点，各抒己见，没有取得一致意见。

3. "利用职务上的便利"的含义

有的同志认为利用职务之便就是利用职权之便；有的同志认为这样理解窄了，还要加上工作之便，即基于职务所产生的工作上的方便条件和机会。至于"利用职务上的便利"是否包括"利用过去职务上的影响"、"利用他人职务上的便利"，也有不同理解。

（四）关于玩忽职守罪

关于玩忽职守罪，主要讨论了当前经济领域中玩忽职守犯罪的主要表现，以及玩忽职守犯罪助长了经济犯罪的严重危害性；还讨论了玩忽职守罪的主要罪过形式。有的同志坚持玩忽职守罪只能是出于过失；也有的同志主张，除过失外，间接故意也可构成此罪。

在第二次学术讨论会期间，最高人民法院和最高人民检察院有关领导同志和研究人员还专门到讨论会所在地，与来自全国各地的几十位刑法专家、学者一起开座谈会，征询对打击经济犯罪中的司法解释，尤其是对 1985 年 7 月 18 日《关于当前办理经济犯罪案件中具体应用法律的若干问题的解答（试行）》（以下简称《解答》）的意见。大家畅所欲言，提出和讨论了不少问题，如关于立法解释和司法解释的权限划分问题，关于《解答》及其修改应掌握的基本精神问题，以及对《解答》中一些具体犯罪的解释问题。当时不少同志指出，对挪用行为以贪污论罪的问题，一定要限制得窄一些、严一些，量刑也要与一般贪污罪有所区别。最高司法机关负责同志对大家所提意见非常重视，表示要认真加以研究，一些切实可行的建议，争取吸收到《解答》的修改稿中。后来我们看到，关于挪用行为以贪污论处的这部分，修订后的《解答》吸收了大家的合理意见，有了很大的改进。这说明我们刑法学研究理论联系实际的路子，对司法工作、对司法解释工作是能起到一定作用的。

第二次学术讨论会的论文，经过编选，也已汇编成书，由《民主与法制》研究部负责交上海社会科学院出版社正式出版。

四、第一届干事会期间刑法学研究会的研究特点和热点问题

除了召开两次学术讨论会，编辑出版了两本论文集以外，我们还确定了在这次换届会上举行一次新的学术讨论会，主题有两个：一个是体制改革与刑法问题，另一个是当前我国社会的犯罪原因问题。这次学术讨论会有什么特点、有什么收获、如何评价，我们留给下一届干事会来主持进行。我这里就不多说了。

此外，在第一届干事会期间，我们有的同志还参加了一些国际性的学术活动。杨春洗同志两次参加了中美双边的关于青少年犯罪的学术讨论会，一次是去年（1986 年）在美国圣地亚哥大学；另一次是今年（1987 年）在烟台大学。我在今年（1987 年）5 月 17 日至 22 日应邀去意大利锡拉库扎参加了由国际刑法学协会等 4 个国际学术团体联合召开的国际刑法问题讨论会。关于这几次国际性学术活动，我们随后将分别向大家作一个简要的汇报，这里也不多讲了。

另外，我们还向《中国法律年鉴》1987 年版提供了两篇稿件：一篇是中国法学会刑法学研究会简介，另一篇是刑法学 1986 年发展概况综述。这是应《中国法律年鉴》编辑部提出的计划要求进行的。我们还配合中国法学会，对优秀论文的评选工作作了一些研究，确定了选题。

最近三年中，我们全国广大刑法学会会员是在各级法学会的组织领导下，在立法、司法、法制宣传、法律教育、律师和法律咨询等方面做了大量的工作，而且取得了丰硕的成果。这三年刑法学研究具有以下几个显著的特点：

第一，重视联系我国经济体制改革的情况和需要来研究刑法问题。许多论著从宏观

上论述了我国刑法对于打击经济犯罪和保卫经济体制改革的作用与意义，探讨了当前经济犯罪危害改革的表现与特点，以及正确运用刑法武器打击和防范经济犯罪、有效地保卫改革的方针等问题。更多的论著则对若干突出的直接破坏和妨碍经济体制改革的具体经济犯罪问题进行了热烈、深入而细致的研讨。

第二，注意适应对外开放的需要来开展刑法学研究。发表了相当数量的介绍评述外国刑法问题的译文和文章，涉及的问题主要有：外国刑事立法和刑法学的宏观问题，法人犯罪，未成年人犯罪，共同犯罪，刑罚目的，死刑、自由刑、缓刑、假释，若干具体经济犯罪，等等；在我国刑法问题的研究中对中外比较研究的方法有所注意，一些论著较为客观地肯定了外国刑法中的一些值得我国借鉴参考的东西；初步展开了对国际刑法和国际犯罪的研究，出版了《远东国际军事法庭判决书》和《国际刑法与国际犯罪》等书籍，对空中劫机，跨国性的走私、贩毒、盗运珍贵文物等犯罪，发表了一些专论、译文和介绍评述性文章；对世界新技术革命条件下的犯罪如电子计算机犯罪、危害环境的犯罪等，开始注意介绍和研究；对我国香港、台湾地区的刑法和刑法理论，也开始有所介绍。

第三，学术争鸣气氛浓郁，研究更加深入和富有创新精神。在刑法总论和具体犯罪的许多问题上，都发表了大量的论著进行研讨争鸣，争鸣一般都能够摆事实、讲道理，各抒己见，互相启发，互相促进，共同为我国刑事立法、刑事司法和刑法学的发展完善献计献策。出版了一批专著，如吴振兴著《论教唆犯》（吉林人民出版社），顾肖荣著《刑法中的一罪与数罪问题》（学林出版社），金子桐、郑大群、顾肖荣著《罪与罚——侵犯公民人身权利、民主权利罪的理论与实践》（上海社会科学院出版社），宁汉林著《杀人罪》（人民出版社），严景耀 1984 年在芝加哥大学的博士论文《中国的犯罪问题与社会变迁的关系》（北京大学出版社）等。发表了一些有分量、有深度、有新意的专题论文。就中国刑法学而言，研究较为深入和集中的问题主要有：马克思主义刑法学的基本原理，犯罪概念，犯罪原因，犯罪构成，犯罪因果关系，"法人犯罪"问题，间接故意，犯罪的目的和动机，防卫过当，犯罪未遂和犯罪中止的特征，教唆犯和胁从犯问题，数罪问题，死缓制度，自首制度，缓刑的适用，法规竞合，投机倒把罪，假冒商标罪，偷税、抗税罪，杀人罪，强奸罪，诬告陷害罪，拐卖人口罪，盗窃罪，诈骗罪，贪污罪，制造、贩卖假药罪，受贿罪，玩忽职守罪，等等；此外，一些过去基本未予以研究的专题如刑事责任、刑事政策、定罪根据、劫机犯罪等等也开始得到研究。对现行的刑事立法（包括刑法及修改补充刑法的其他刑法规范）和司法实践的研讨不仅仅是论证，而且开始注意实事求是地提出一些完善性意见。

第四，开始注意对我国刑法学主要是近年来的研究成果和状况进行较为系统、全面的回顾、总结，并对我国刑法学发展的趋势、前景、研究重点和方法论等宏观问题进行展望性探讨，发表了一些水平较高的总结与展望性质的论文和文章。

最近三年研讨较为集中、热烈且争论较多的，主要是这样一些问题：（1）关于犯罪的本质特征问题；（2）关于犯罪构成理论问题；（3）关于法人能否成为我国刑法中的犯罪主体问题；（4）投机倒把罪问题；（5）强奸妇女罪问题；（6）盗窃罪问题；（7）诈骗罪问题；（8）贪污罪问题；（9）受贿罪问题；（10）玩忽职守罪问题；（11）为牟取非法物质利益而泄露秘密技术资料案件的定性问题。我只能列举一下题目，具体内容，因时间关系就不展开了。

总的说，我国刑法学研究会三年来的刑法学研究无论在宏观上还是在微观上，都取得了明显的进展和丰硕的成果，并且表现出日益蓬勃和深入，愈来愈重视密切联系实践的趋势。

各位代表、同志们！

从第一届干事会产生以来，我们虽然做了一些工作，取得了一些成绩，但工作中存在的缺点和问题也不少。比如说，1985 年，我们因经费困难，就没有举行一年一度的学术讨论会。又比如说，1984 年第一次干事会上曾决定创办内部刊物《刑法学刊》，暂时不定期，待条件成熟时改为季刊，以便反映动态、互通信息、交流经验。后来主要也因为经费问题没有保证，加上后来中宣部对新办刊物的登记控制很严，我们也就作罢。在此期间，我们在上海《民主与法制》编辑部的支持下，借《法讯》的园地，办了两期"刑法学动态"，发给各位干事。除此之外，干事之间经常联系就比较少，机构显得有些松散。这些都与我们的主观努力不够有关。我诚恳地希望各位代表和同志们对我们的工作缺点提出批评和意见。

我们这一届干事会即将期满卸任了。新的一届即第二届干事会，即将通过选举产生。第二届干事会在成员上将比第一届有所增加：第一届是 30 人，第二届打算扩大到五十多人。我们建议第二届干事会能做到以下几点：

一是学术年会要坚持开，还可根据情况开些形式多样、比较灵活的小型专题讨论会。

二是每次学术讨论会都要汇集成书，尽可能争取公开出版。

三是争取资助，筹备创办《刑法学刊》，如果一时搞不成杂志，也可以想办法用书籍的形式出版。借用《法讯》园地的"刑法学动态"可以继续不定期地出。

四是考虑加入国际刑法学协会，成立中国分会，并相应地举办一些邀请外宾参加的学术讨论会。明年（1988 年）就可以考虑举办这样的学术讨论会。

以上就是我们三年来的工作情况，请各位代表和同志们审议。不当之处，请批评指正。谢谢大家。

[高铭暄；载《法讯》（专刊），1987-10-26]

第三十三章
1987 年全国刑法学术年会综述

一、前 言

中国法学会刑法学研究会 1987 年学术讨论会，于 1987 年 10 月 13 日至 17 日在山东省烟台市举行。本次会议是研究会干事会的换届会议，分两段进行：第一段听取了第一届干事会总干事高铭暄教授代表第一届干事会所作的工作报告，选举产生了第二届干事会，并由第二届干事会选出常务干事会的正、副总干事和秘书长，聘请了顾问和副秘书长。第二段举行学术交流活动，在此期间，有 4 位同志在大会上作了专题发言，即：总干事高铭暄教授《关于参加国际死刑问题学术讨论会的情况报告》，副总干事杨春洗教授《关于中美学者举行青少年犯罪问题学术会议的情况简介》，副总干事单长宗教授《有关当前刑事犯罪适用法律的几个问题》，副总干事丁慕英教授《关于经济犯罪中几个要探讨的法律问题》。本次大会共收到学术论文 73 篇，其中探讨犯罪原因与犯罪对策的有 25 篇，探讨体制改革与刑法的有 23 篇，还有其他论文 25 篇。下面，从三个方面对论文中的主要观点作一大致的归纳。

二、关于犯罪原因方面

从所收到的有关论文来看，代表们对犯罪原因的探讨既有宏观研究，也有微观分析。

(一) 宏观研究

就宏观研究而言，一些代表从总体上考察了犯罪的根源，探讨了犯罪的一般原因。这方面的主要观点与存在的分歧表现在以下几个问题：

1. 关于研究犯罪原因的背景问题

与以往对犯罪原因的考察有所不同，有不少代表明确提出，现时对犯罪的探讨是以社会主义初级阶段的犯罪现象为背景，而不是以整个社会主义时期的犯罪为背景。因此，现时的探讨应以社会主义初级阶段的政治、经济、意识形态等为根据。也就是说，现时的犯罪原因是现阶段特定的不良社会因素。与此不同，少数论文未突出社会主义初级阶段这一特定的历史背景，而是仍然以"社会主义社会的犯罪原因"作为研究的主题，从总体上探讨整个社会主义时期的犯罪原因。

2. 关于犯罪的根源问题

大部分有关论文认为，犯罪的根源与犯罪的原因是两个应予以严格区分的不同概念：前者虽然也是犯罪的原因，但它是最根本的、占主导地位的、起决定性作用的原因；后者则是次于犯罪根源、受制于犯罪根源的因素。围绕什么是我国犯罪的根源这一问题，主要存在三种观点的分歧：

第一种观点认为：社会主义初级阶段的阶级斗争是我国产生犯罪的总根源，任何犯罪的具体原因都直接或间接地来源于阶级斗争。在社会主义初级阶段，阶级斗争始终存在。这是因为：（1）在经济领域，全民所有制一时尚不能完全取代集体与个体所有制，因此，国家、集体、个人三者利益在大前提一致的情况下，往往会有一些具体的矛盾。这样，阶级斗争的存在便有了其经济上的土壤。（2）党和国家的政策措施，在某些问题上可能不及时，甚至有失误。这就决定了社会主义上层建筑的完善，需要较长的时间。（3）由于诸如城乡差别等一系列不平等因素的存在，社会主义的按劳分配原则的贯彻受到很大限制。因此，进入社会主义的高级阶段必然有一个长期的过渡阶段。（4）我国民众的封建意识根深蒂固，消除这些落后意识也是一项长期而艰巨的任务。以上四方面因素的存在，决定了阶级斗争长期存在的必然性，进而也决定了犯罪在社会主义初级阶段长期存在的必然性。

第二种观点认为：社会非平衡因素是产生犯罪的根源。所谓社会非平衡因素，是指社会上存在的矛盾着的对立因素在数量、质量、作用力等诸方面的不平等、非均衡因素。这些因素直接或间接地作用于自然人或法人，通过其内在的心理、理念等因素而表现为侵害他人、危害社会的行为，其中便包括犯罪行为。

第三种观点认为：犯罪的根源本身不是一个内涵单一的概念，而是一个内涵丰富、外延广泛的综合体，因此，犯罪的根源是多方面的。具体包括：

（1）社会主义制度本身的不完善。就所有制而言，社会主义制度并未完全贯彻公有制，公有制与个体所有制的矛盾、个体私有者之间的经济不平等，等等，直接导致经济领域的犯罪。就上层建筑而言，社会主义社会虽然没有阶级压迫，但统治与被统治的关系仍然存在，这就使得少数人会为改变被统治的地位而走上犯罪道路。就思想觉悟而言，由于社会主义社会还存在"三大差别"，人们的物质生活水平不高，所以，人们的思想觉悟还没有得到很大提高；与此相适应，人们还不能自觉抵制好逸恶劳、自私自利等剥削阶级意识的侵蚀，这也是犯罪的根源之一。

（2）旧社会的遗留。社会主义社会直接脱胎于剥削阶级社会，因而不可避免地带有旧社会的遗留物，具体包括剥削制度的残余、剥削阶级的意识形态与旧社会的习惯势力等。这些因素的存在，也决定了社会主义社会产生犯罪的必然性。

（3）国际剥削制度的侵袭。社会主义国家在现阶段是与资本主义、帝国主义国家并存，而资本主义、帝国主义势力总是从政治、经济、文化等多方面向社会主义国家渗透与侵袭，并在社会主义国家内部引起犯罪。

3. 关于犯罪原因与犯罪条件的区别问题

部分论文强调了犯罪原因与犯罪条件的区别，认为：在犯罪的产生过程中，原因是一种决定性的因素，而条件则是推动、促进的因素。尽管两者都是产生犯罪的必要因素，但它们对犯罪的影响力是不同的。

犯罪根源、犯罪原因、犯罪条件、犯罪因素这些提法的内涵和相互关系，要进一步弄清楚。

4. 关于犯罪的一般原因问题

本次大会收到的这方面的论文较少，可能是因为以前对这个问题的探讨较多。从为数不多的论文来看，作者们主要探讨了几个方面的因素对犯罪的影响：

（1）国际恐怖活动和国际暴力犯罪的影响。近年来，我国出现了一些恐怖性与暴力性的新的犯罪形式，如掳人勒赎、在人口密集的公共场所进行爆炸等。究其原因，这主要是国际上存在的恐怖活动与暴力犯罪对我国的影响的结果。

（2）西方资产阶级腐朽思想的传播和高消费的宣传刺激的影响。随着对外开放政策的贯彻实施，西方资产阶级腐朽思想也乘机传入国内，一部分人贪图享受，崇拜西方的高消费和资产阶级生活方式，从而采取走私、投机倒把、贪污、盗窃、流氓等手段来满足私欲。这是当前经济犯罪和其他某些犯罪持续上升的重要原因。

（3）民事纠纷、经济纠纷得不到妥善处理，导致矛盾激化。在目前，由于有的机关或其人员官僚主义严重，对民事纠纷、经济纠纷未予妥善处理，导致矛盾激化，引起了不少恶性案件。这也是当前一些危害公共安全或侵犯人身权利的犯罪上升的原因之一。

（4）安全管理跟不上形势的需要。有些单位忽视安全防范措施，给犯罪分子以可乘之机。这是犯罪得以发生的客观原因之一。

（5）综合治理不配套、预防措施不落实。综合治理是一项宏大的社会工程，它应该通过一系列工作的配套结合而成为一个有机的系统。但是，在当前，往往强调对犯罪的打击，忽视对犯罪的预防，使综合治理缺乏应有的有机性，从而导致综合治理未收到应有的效果。

（6）政法队伍自身建设不完善。政法机关处于与犯罪作斗争的第一线，其自身建设是否完善，对于能否有力地打击犯罪有着重大影响。在现阶段，我国政法机关仍然存在人员不足、干警素质差等问题。这在客观上也限制了与犯罪作斗争的效果的发挥，甚至助长了犯罪的发生。

（二）微观分析

就微观分析而言，一些作者对某些具体犯罪的原因或其上升的原因作了考察，另一些作者则对某一特定因素对犯罪的影响作了探讨。归纳起来，这些微观分析可分为如下四个方面：

1. 我国现阶段经济犯罪上升的原因

有关论文认为，经济犯罪上升的原因有以下几点：

（1）商品经济的消极因素的不良影响。商品经济的发展必然消极地导致拜金主义、金钱万能等腐朽观念，进而不可避免地会引起一些贪利性的经济犯罪。

（2）对经济犯罪的危害认识不清。某些党政干部未能正确理解党的现行经济政策，对经济犯罪的危害没有明确的认识，任其自流，甚至误将其当作搞活经济的行为。这从客观上助长了经济犯罪的发生。

（3）管理制度不严。目前，有的地区、部门、单位对财物的收支、物资调拨、对外联系和物资往来，没有严格的审批手续；有的单位财会供销工作没有专人负责；有的单位各部门职责不清，遇事推诿；还有的单位有章不循、有法不依，使得管理制度漏洞百出，为经济犯罪分子钻空子提供了便利条件。这是经济犯罪上升的一项客观原因。

（4）用人不当。有的单位领导为追求利润，不坚持正确的用人原则，轻率地把一些有问题的、心术不正的人当作"能人"、"财神爷"放在经营活动的关键位置上，委以重任，赋予财务大权，为其实施经济犯罪提供了可乘之机。这也是当前经济犯罪上升的一项重要原因。

2. 偶犯的原因

有关论文认为，偶犯的产生有多方面的原因，主要表现在如下五个方面：（1）深受资产阶级思想的腐蚀，贪图享受。（2）受淫秽书画的毒害和他人的引诱。（3）泄私愤、图报复，讲哥们儿义气。（4）不懂法、不知法。（5）有的单位规章制度不健全、管理不严格，使犯罪分子有空子可钻。

3. 青少年犯罪的原因

有关论文认为，我国青少年犯罪的原因有：（1）阶级斗争在一定范围内的存在。（2）"十年动乱"的影响。（3）剥削阶级思想的侵蚀和资产阶级腐朽生活方式的诱惑。（4）家庭、学校教育的缺陷。

4. 劳改犯脱逃或重新犯罪的原因

有关论文认为：劳改犯脱逃或重新犯罪既有直接原因，又有相关因素：直接原因包括不认罪伏法，畸形需要得不到满足，罪犯群体的不良因素等；相关因素则包括社会上的不良因素的影响等。

此外，有不少论文结合对犯罪原因的研究，就犯罪对策问题作了一些颇有价值的探讨。

三、关于体制改革与刑法方面

关于体制改革与刑法的论文，涉及面十分广泛，内容相当丰富，归纳起来，主要包括以下一些问题：

（一）在体制改革的情况下刑法观的变革问题

我国的经济体制改革的实质，就是要发展社会主义商品经济。经济体制改革与商品经济的发展，必然引起人们的心理结构、思维方式、价值观念等一系列变化，刑法观也将随之变化。因此，探讨体制改革与刑法的关系，刑法观的变革问题，成为人们关注的一个中心。刑法观的变革，归根到底就是刑法的理论与实践如何更好地为经济体制改革服务的问题。在论文中，有些同志明确指出，要树立社会主义商品经济的刑法观。关于刑法观的变革，具体涉及以下问题：

1. 犯罪观的变化

犯罪观是刑法观的重要内容之一。关于犯罪观的变化，有关论文中主要谈到要根据社会主义商品经济的价值观，确立评价社会危害性的新标准的问题。

有些同志认为：经济体制改革的一个重要内容，就是要尊重价值规律，大力发展社会主义商品经济。这样，从刑法角度衡量某种行为，特别是某些经济活动是否具有社会危害性，就应当以是否有利于发展社会主义商品经济为出发点，以是否有利于发展社会生产力作为标准，因此，凡是对搞活经济、发展商品经济、发展社会生产力有益的行为，哪怕获利再多，只要是通过正当的手段和途径取得的，都不应视为违法犯罪行为。有些同志指出：前一段时间，对搞活经济中的某些行为是否构成经济犯罪问题争论不休、相持不下，其根本原因就是传统的产品经济观念和现实的商品经济观念的矛盾冲突得不到解决。为了适应经济体制改革的需要，对行为的社会危害性的评价标准必须要有相应的变化。

2. 刑罚观的变化

刑罚观也是刑法观的重要内容之一。关于刑罚观的变化，有关论文中主要谈到要实现从"个人刑罚观"向"法人刑罚观"的转变问题。

有些同志认为：法人不能成为犯罪主体的观点已经不符合我国已经发生深刻变化的客观社会实际。在商品经济社会中，随着生产的社会化，企业竞争的激烈化，横向联系的多样化，人财物的大流动，法人进行犯罪活动已经成为不可否认的事实。尽管社会主义法人必须取得社会主义行政管理机关的批准，但是合法批准并不能绝对保证法人不会利用其合法身份进行某些违法犯罪活动。因此，要想在我国改革时期，保障、促进社会主义经济的不断发展，就必须破除"个人刑罚观"，确立起"法人刑罚观"。当然，这个观点是有争论的。主张法人不是犯罪主体的同志，是不会赞成这种观点的。

（二）在体制改革的情况下，刑事法律的协调问题

随着体制改革的发展，国家的政治、经济形势发生了极大的变化，由此对刑法提出了一系列新问题。刑事法律的协调，包括立法的协调、司法的协调问题，就是一个极其

重要的问题。关于这个问题，有关论文涉及以下几个方面：

1. 完善刑事立法

主要是指刑事立法的协调问题。有些论文提出：刑事立法的协调统一包括内部协调统一和外部协调统一。内部协调统一是指刑事法律对性质相同的犯罪的罪状、法定刑的规定应当互相一致，互相衔接。外部协调统一是指刑事法律与其他法律中的有关刑法规范之间要协调统一。有些论文列举了种种刑事立法的内部与外部不协调统一的表现，并且提出了完善刑事立法的建议：

第一，改进立法技术，主要是通过空白罪状使刑事立法协调统一。有些论文认为，刑法中的空白罪状是法律协调统一的有效手段。确切地说，空白罪状是解决刑法稳定性与发展变化的现实之间矛盾的一种较好的方式。因为空白罪状中包含了其他法规的内容，而这些法规对现实生活的敏捷反应，使刑法具有能够适应现实发展变化要求的特性。而且，空白罪状本身所具有的这种包容性，也使空白罪状的另一特性即超前性得到了巩固，使某一条文的内容不仅能够适用于现实的犯罪情况，而且能够适用于将来变化了的犯罪情况。

第二，加强立法解释，便于司法实践。有些论文指出，目前我国的刑事法律的立法解释太缺乏，不利于刑事司法。1979 年刑法是新中国成立以来第一部刑法，由于主、客观条件的限制，存在一些不足之处。对此，立法机关完全可以运用立法解释的办法予以补正。对于一些因客观情况发生变化而出现不能完全适应需要的条款，也可以通过立法解释的办法或作扩张解释，或作限制解释来解决。刑事立法解释是刑事立法的必要补充，它既能够及时而有效地在不改动现行刑事法律的情况下适应社会政治、经济发展变化的需要，又能保持刑事法律的相对稳定，而且立法解释不同于创立新法律，程序比较简便。所以，刑事立法解释这一手段运用得当，对完善刑事立法将起到积极作用。

第三，补充、修改刑法。一些论文认为，补充、修改刑法是经济发展的要求。党的十一届三中全会以来，我国的政治、经济形势发生了很大的变化，随着商品经济的发展和经济体制改革的深入，新情况、新问题不断出现，刑法方面也是如此。关于补充、修改刑法的具体建议包括：（1）增加侵占罪。（2）增加破坏个体和私营经济的犯罪。（3）增加故意破坏经济合同和放高利贷的犯罪。（4）增加严重污染和破坏环境的犯罪。（5）增加严重破坏国家财经制度的犯罪。（6）增加劫持交通工具和抢劫枪支、弹药的犯罪。（7）增加医疗责任事故的犯罪。（8）增加大量制作、翻印、翻录、出售非法出版物的犯罪。（9）增加卖淫嫖娼的犯罪。（10）诈骗罪的法定刑中增加死刑。（11）删去1979 年刑法第 125 条中有关构成破坏集体生产罪在主观目的上的要求。

2. 加强刑事司法

主要是司法的协调统一问题。关于如何协调统一司法实践的问题，有关论文提出以下意见：

第一，制定判例法。有些论文认为：制定判例法是解决量刑畸轻畸重的根本出路。

判例法是对成文法的补充，是架设在立法精神与司法实践之间的桥梁。制定判例法，可以利用判例法把立法精神贯彻到司法实践中去，使立法者的意图很快成为司法工作者的行动；有了判例法的参照作用，可以使刑事案件的量刑逐步趋于合理化，可以把改革中遇到的新的犯罪现象制定成判例法，及时地指导刑事审判实践，使刑法更好地为改革服务。判例法积聚的经验材料，可以促进成文法的修改和健全。总之，有些论文作者认为，制定判例法有利于刑事司法的协调统一。

第二，加强司法解释。有些论文认为：我国比较重视司法解释，有关机关已经对司法工作中具体应用刑法的有关问题作了多次较为详细的解释，例如关于处理自首问题、集团犯罪案件、拐卖人口案件、强奸案件、流氓案件、盗窃案件以及办理经济犯罪案件中具体应用法律的问题等，都作了较为具体的解释，这对于指导司法实践、准确适用刑法、提高办案质量以及完善刑事立法都是有重要意义的。但在司法解释中也存在超越司法解释权的问题，例如有些论文提出：将挪用公共财物的行为通过司法解释作为贪污罪论处，在立法上缺乏依据。因为我国刑法第126条只规定了挪用特定款物的行为构成犯罪，并没有将挪用一般款物也作为犯罪处理，如果根据目前实际情况，认为需要作为犯罪处理，应通过全国人大常委会对刑法进行修改、补充或以立法解释的方式予以解决，而不宜以司法解释代替立法解释。

第三，树立司法中的商品经济意识。有些论文提出，特定的经济体制决定着特定的执法机制。在当前经济体制改革日趋深入的情况下，我们的执法思想必须调整聚焦于一点：把是否有利于发展社会生产力作为检验一切改革得失成败的最主要标准，作为检验执法效果的最主要标准。具体地说，司法中的商品经济意识包括：在审理经济案件过程中要妥善处置被告人所持有的商品，树立有利于社会商品总量不损失、流通不能阻滞的意识；打击行业侵权，为发展生产创造社会条件，树立商品生产主体平等的意识；树立在宏观对策上从商品经济自身规律把握犯罪趋向的预测意识和在微观策略上具体分析的执法意识。

四、其他方面

本次大会收到的论文中，有一些论文讨论了一些具体经济犯罪问题，这样的论文约有10篇，涉及下列内容：

1. 贪污罪

主要是讨论了贪污罪的主体与数额问题。关于主体问题，有些论文对"挂靠"后经济组织的负责人是否构成贪污罪进行了探讨。关于数额问题，有些论文认为现行司法解释中关于贪污罪定罪数额的规定与立法精神不符，与刑法条文相违，在客观上造成公民在适用法律上不平等；为此提出对贪污罪定罪数额规定的修改意见。

2. 偷税、抗税罪

有些论文对当前处理偷税、抗税案件需要注意和解决的问题进行了研究。

3. 诈骗罪

有些论文对利用合同诈骗与合同纠纷的界限、诈骗罪与债务纠纷的界限、诈骗罪与贩卖假药罪的界限、诈骗罪与招摇撞骗罪的界限等进行了研究。

4. 对回扣的罪与非罪界限进行了探讨

有关提出研究社会主义商品交换中回扣的性质只能依据以下两条：第一，看对社会主义商品生产和交换是起促进作用还是起破坏作用；第二，看符合还是违反现行的法律、政策，并对区别送/收回扣罪与非罪的界限提出了具体意见。

大会还收到其他一些论文，这些论文涉及以下内容：（1）关于刑法学研究的方法论问题的探讨。（2）关于使用定量分析方法量刑和电脑辅助定罪量刑系统的探讨。（3）关于我国建立保安处分制度的探讨。（4）关于刑法学体系的探讨。

［高铭暄；载《法讯》（专刊），1987－10－26］

第三十四章
1988 年全国刑法学术年会综述

一、前　　言

中国法学会刑法学研究会 1988 年学术讨论会于 1988 年 10 月 6 日至 10 日在河南郑州市举行。到会正式代表 76 人，会议共收到论文 68 篇。与会者以改革开放的新形势下如何完善我国刑事立法为中心议题，并就刑事司法、刑法理论和刑法学教学的改革等问题，进行了讨论。下面，就学术讨论的内容及主要观点作一个概括。

二、关于我国刑事立法的完善

（一）完善我国现行刑事立法的必要性与可行性

大家一致认为，由于近年来我国经济、政治和社会生活各方面情况的巨大变化，也由于我国现行刑法制定时受到种种条件限制而存在的缺陷与不足，我国现行刑法目前亟须完善，国家立法机关目前开始准备修改刑法是正确的，合乎时宜的。

大家认为完善现行刑法的必要性在于：（1）现行刑法同日益发展的社会主义商品经济，同已逐步展开的政治体制改革和社会主义民主的发展要求已不相适应，刑法各种规范之间以及立法与司法之间也存在不协调现象；（2）在新形势下，犯罪的社会危害性、犯罪主体的范围都发生了变化，刑法保护的对象急需扩大；（3）现行刑法存在着不稳定、不及时、低效益的明显缺陷。

同时，与会同志分析了修改和完善现行刑法的实践根据、理论条件、立法经验，有关资料以及健全社会主义法制的客观需要，认为，修改和完善现行刑法的条件基本成熟，具备现实可行性。

（二）完善现行刑事立法的指导思想

部分同志提出：第一，应以社会主义初级阶段理论为指导，树立与商品经济相适应的刑法观，以是否有利于发展社会主义商品经济和生产力作为修改刑法的出发点和判定罪与非罪的基本标准，使刑法更好地为建立社会主义商品经济新秩序服务。第二，调整刑法的主要任务，将其由注重执行政治功能转变为主要执行经济功能。第三，建立严密、科学的刑法体系。

还有同志提出：要以适应我国现阶段社会主义商品经济和社会主义民主政治的发展需要为宗旨，达到增强刑法对社会的调整与促进力量的效果。为此应注意：第一，刑法锋芒应从反革命罪转向严重经济犯罪和严重危害社会治安的犯罪；第二，定罪量刑的依据应由社会危害性中心论转向以社会危害性为主，兼顾行为人的人身危险性；第三，刑罚应由严厉和封闭状况适当向缓和与开放转变；第四，应由只注重国内犯罪向同时也注重国际犯罪与跨国、跨地区犯罪转变。

对于现行刑法的修改范围，有的同志提出，既不宜于完全推倒重来，也不宜于只对个别条文进行修修补补，而应以现行刑法的规定为基础，从客观实际出发，进行较为全面的修改、完善。

（三）刑法总则规范的完善

1. 关于刑法总则的结构

有的同志建议将现行刑法典总则的五章调整修改为：第一章，刑法的原则；第二章，犯罪；第三章，刑事责任；第四章，刑罚；第五章，刑法的适用范围；第六章，其他规定。

2. 关于刑法的适用范围

有的同志建议在修改刑法时，补充我国刑法对我国缔结或参加的国际条约所规定的国际犯罪行使普遍管辖权的条款。

3. 关于刑法与宪法的协调

应修改刑法中关于剥夺政治权利的条款；修改刑法第 82 条，明确将私人企业财产列入受刑法保护的私人合法财产之中。

4. 关于刑法与“一国两制”

有的同志提出，刑法修改时，应考虑解决现阶段内地与港、澳、台地区交往中出现的，以及实现“一国两制”后涉港、澳地区的刑事法律问题。

5. 关于法人犯罪

有的同志认为，法人犯罪的刑事责任可以在刑法总则中作为选择性原则加以规定，或者以其他法律有规定的犯罪为准。

6. 关于刑罚体系和刑罚制度

这是研讨较为热烈、发表见解较多的一个议题。这方面论及的问题主要有：

（1）关于刑罚应采取重刑化还是轻刑化。有的同志提出，我国现行刑罚属于重刑化，这不利于改革开放的需要，也与世界刑法发展趋势相悖，现行刑罚应向轻刑化改革；也有的同志认为，既不能采取重刑主义，也不能采取轻刑主义，不宜根本改变现行刑罚制度。

（2）关于死刑。有的同志认为，应当严格限制和逐步缩小死刑的适用范围；有的同志提出，应当明确规定死刑适用的条件与范围，死刑增减应与犯罪形势变化同步，对死缓期间既无抗拒改造又无悔改表现的罪犯可作再缓一年的规定。

（3）关于罚金刑。大家一致认为应扩大罚金刑的适用范围，但在应否将罚金刑上升为主刑这一问题上，有两种对立的观点：一种观点认为，应将罚金刑上升为主刑，以肯定其在刑罚体系中的重要地位，并使其得以广泛适用；另一种观点认为，把罚金刑升为主刑，会造成对有些犯罪无法附加适用这一刑种，不利于同犯罪作斗争，同时也易造成以钱赎刑弊端，因而罚金刑还是作为附加刑较好。此外，还有的同志提出，可考虑罚金适当易科劳动改造的制度。

（4）关于刑罚种类的增设。有的同志提出，应考虑增设剥夺某种权利、资格的资格刑；有的提出，应当增设"责令赔偿所造成的损害"的刑罚种类；有的同志主张，应当增设保安处分的规定；有的同志还建议，应增设"非刑罚处理方法"一章，或称为"保安处分"或"非刑罚强制处分"，并充实一些剥夺资格的内容。

（5）关于"管制"存废问题。与会者普遍不赞成废除我国刑罚体系中的管制刑，认为管制刑直接依靠群众同犯罪作斗争的基本精神是正确的，目前也是可行的，且不宜废除我国刑罚体系中唯一的不剥夺自由的主刑刑种。同时，与会者也认为现行的管制刑需要完善。如适当扩大适用对象，明确规定适用条件，落实管制的执行等。另有的同志建议，把管制刑改为附加刑，并规定相应的措施。

（四）刑法分则的完善

1. 反革命罪修改

部分同志建议，把刑法分则中的反革命罪一章修改为危害国家安全罪，并适当把其中一些罪名删除或归入其他章。

2. 分则新设章节

部分同志建议在刑法分则中增设侵犯公民民主权利罪、妨害司法活动罪、青少年犯罪和危害国防罪专章，同时再充实一些必要的罪名。

3. 某些条文的修改或删除

部分同志建议：（1）应将破坏集体生产罪修改为破坏生产罪，使之可包括破坏个体、私营企业生产的犯罪行为；（2）删除一些罪名，如"打砸抢"罪，贪污罪，反革命破坏罪，反革命宣传煽动罪，反革命杀人、伤人罪，伪造、倒卖计划供应票证罪等。

4. 关于新罪名的增设

提出增设的新罪名主要有：劫持交通工具罪，挥霍浪费罪，绑架勒财罪（掳人勒赎罪），侵占罪，抢劫枪支、弹药罪，滥用职权罪，生产、经营毒害产品责任事故罪，危害环境罪，重大医疗责任事故罪，破坏生产、经营罪，破坏土地、矿产资源罪，侵犯著作权罪，哄抢罪，买赃罪，拒不作证罪，乱伦罪，藐视法庭罪，制作、销售非法出版物罪，卖淫罪，高利贷罪，假冒专利罪等。

（五）立法方式、立法技术和立法程序的完善

1. 关于立法方式

部分同志建议：（1）重视和充分运用刑法修正案的形式来及时修改刑法；（2）在条件成熟时进行刑法典编纂，把其他刑法规范中成熟的内容及时纳入刑法典；（3）大力加强立法解释，及时完善刑事立法；（4）在刑法以外再增设刑法实施细则，以明确和解决法律规定中不便详备的问题。

2. 关于立法技术

一些同志指出我国现行刑事立法采取的是所谓的"宜粗不宜细"、"宁疏勿密"的原则，这一原则有两点显著的缺陷：一是造成欲简益繁的结果，二是造成弹性用法的结果。主张刑事立法的完善应摒弃这一原则，规定明确、具体、详备适当、符合实际需要的条文。有的同志指出，分则条文的结构，应采取一条文一罪的方式，并且明确规定罪名，在条文内充分利用基本构成与加重构成的立法技术，区分不同情节规定轻重不同的罪刑单位，以贯彻罪刑相适应的原则。有的同志主张，对于法条竞合的犯罪条文，特殊法条的刑罚应重于或至少不轻于普通法条。

3. 关于立法程序

与会论者认为，应当坚持专门机关与群众相结合、理论与实践相结合的原则，除立法工作者外，应注意吸收专家/学者和司法机关具有实践经验及理论知识的同志参加法律的修改讨论，同时，这种方式应当制度化、法律化。

三、关于刑法适用问题

（一）《关于惩治贪污罪贿赂罪的补充规定》的理解和适用

1. 关于贪污罪主体

对这一问题，一些代表提出了如下见解：

（1）"名为集体，实为个体"的承包或租赁经营组织，不属集体经济组织之范畴，其工作人员不能成为贪污罪主体。（2）中外合资经营企业和中外合作经营企业是根据中国法律成立的中国法人，应视为我国公有制性质的经济组织，外资方的财产应视为在国家或合营企业中管理或使用的财产，故其工作人员可以构成贪污罪的主体。（3）个人承包或租赁国营或集体企业，若承包人是在职职工，要构成贪污罪主体；若承包人是个体户或专业户，一般则不构成贪污罪主体。

2. 关于挪用公款罪

这方面讨论较多的问题有：

（1）挪用公款罪属于哪类犯罪。有的同志认为属于侵犯财产罪，有的同志认为属于破坏社会主义经济秩序罪。

（2）关于挪用公款罪和挪用国家特定款物罪的区别。比较一致的看法是，前者是挪用公款公物，包括挪用救灾、抢险、优抚、救济等款物归个人使用；而后者是挪用救灾、抢险、优抚、救济款物归单位作其他使用。

（3）关于挪用公款罪和贪污罪的区别。补充规定载明，"挪用公款数额较大不退还的，以贪污论处"。对这条比较一致的理解是，行为人无力归还而不归还或虽有能力归还但拒不归还的，应当定为贪污罪，而不定挪用公款罪。

3. 关于非法得利罪

对此主要讨论了以下几个问题：

（1）该罪名是否合理、科学，有无必要。一些同志认为，非法得利罪的规定反映了广大人民痛恨腐化、要求清廉的强烈愿望，是在考虑我国实际情况和借鉴了国外经验以及进行科学预测的基础上制定的，因此是必要的、可行的。另有同志认为，规定非法得利罪的立法精神是正确的，但存在许多缺陷与不足，难以执行，应当对此作出修改和补充，并建立相应的国家工作人员财产申报、登记制度。

（2）非法得利罪的客体。比较一致的看法是，它侵犯的客体是国家机关的正常活动，因此，应当将之归入渎职罪的范围。

（3）关于非法得利罪的主体。一般认为是具有巨大差额财产的国家工作人员，这里不应包括集体经济组织工作人员。

（4）关于非法得利罪的客观方面。有的同志提出它有两个特点：一是前提条件是行为人的财产或者支出超过合法收入，有巨大差额；二是行为人具有对巨大差额财产不能说明其来源的不作为行为。

（二）关于经济犯罪的定罪量刑问题

1. 关于区分非法经营与合法经营的标准。一些同志提出，区分非法经营与合法经营，是划分经济犯罪罪与非罪界限的关键，认定的标准有两条：一是否有合法营业执照，二是否超越工商管理部门核定的经营范围。

2. 关于认定经济犯罪社会危害性的标准。一些同志认为，标准就是看行为是否有利于社会主义商品经济的发展，是否有利于社会生产力的发展。还有人提出，行为即使有一定的违法之处，或者在局部上有一定社会危害性，但如果它从全局上搞活了经济，促进了生产的发展，也不能认定其具有犯罪的社会危害性并予以定罪。

与会论者还探讨了科技活动中罪与非罪以及有关回扣、佣金等问题。

（三）关于量刑的综合平衡问题

一些同志认为：我国是一个幅员辽阔、人口众多的大国，各地情况千差万别，但单一制的国家结构只允许有一个全国统一的刑法,因而在全国范围内保证量刑的综合平衡便成为一个难题。解决这一难题的方法是建立一个以成文法为主、以判例为补充的具有中国特色的量刑模式。但对于判例应否具有法律约束力的问题,意见不一:有同志认为判例应当具有一定的约束力,可以成为定罪判刑的根据;但也有同志认为判例不应具有约束力,对于定罪量刑来说它只具有参考作用。

有的同志对法官在量刑中的"自由裁量权"问题进行了研究,认为"自由裁量权"赋予法官一定的量刑自由权,可以使刑法具有更大的活力和适用性,也可能带来量刑不公的后果,因此应当对法官的"自由裁量权"加以必要的限制,以保证量刑在全国范围内的平衡和公正。

(四)关于司法解释的问题

有的同志提出:司法解释是法律的具体化、明确化,应当最大限度地反映刑事立法的本来意图和立法宗旨,但我国现存的一些司法解释却在某些内容上有悖于立法原意,应当引起重视。此外,某些司法解释把法无明文规定依法应按类推处理的情况解释为法律上有明文规定的情况,也是不恰当的。据此,有的同志提出,全国人大及其常委会应当加强对刑事司法解释的监督,对于那些违法的、不合理的司法解释应当予以撤销或宣告其无效。

四、关于刑法理论和刑法教学改革问题

(一)关于刑法理论问题

1. 关于社会主义初级阶段的刑法观

许多同志都提出了当前形势下刑法观的更新问题,也就是说,在社会主义初级阶段理论的指导下,把不适应生产力发展的产品经济刑法观转变为商品经济刑法观,使刑事立法和刑事司法工作更好地为发展商品经济服务。至于刑法观应作如何转变,一些同志提出了以下几条意见:(1)把保护社会生产力的发展,作为刑法的中心任务。(2)把是否有利于发展生产力,作为判断行为的社会危害性的根本标准。(3)在适用刑罚时要进一步贯彻民主、平等和人道主义的原则。(4)重视财产刑在我国刑罚体系中的地位和作用。(5)使刑法达到国家、社会和个人关系上的合理一致性。

2. 关于社会主义初级阶段产生犯罪的根源问题

传统的理论认为,在我国产生犯罪的根源只有一个,那就是阶级根源;并把这一根源归结为犯罪原因上的"三因论",即阶级斗争、剥削阶级思想残余和外来的资本主义思想的影响。这一观点受到了一些与会同志的尖锐批评。一些同志提出:在我国,犯罪不仅有其阶级根源,还有其深刻的经济根源和社会根源。在我国之所以还存在产生犯罪

的经济根源，主要是由我国社会生产力落后所导致的。而产生犯罪的社会根源则表现为：（1）生产关系与发展生产力不相适应的因素存在；（2）社会主义商品经济具有两重性；（3）新旧体制交替在某些环节上为犯罪留下空隙和漏洞；（4）文化教育落后。

3. 关于犯罪构成理论问题

（1）关于犯罪构成理论的研究对象。有的同志认为：关于我国刑法学中犯罪构成理论的研究对象，目前认识尚不一致，这个理论的内涵以及对有关犯罪问题的解释，还存在一些比较模糊的地方，因而必须明确犯罪构成理论研究的对象。这一对象就是：我国刑事立法规定的，由司法机关依法给予刑罚处罚的各种犯罪行为。

（2）关于犯罪构成与刑事责任的根据。什么是刑事责任的根据？这在刑法学界是有争议的。有人认为罪过是刑事责任的根据，有人认为犯罪行为是刑事责任的根据，但多数人坚持传统的观点，认为犯罪构成是刑事责任的根据。在这次会议上，有的同志就犯罪构成是刑事责任的根据这一论点进行了论证，认为，不仅在一般的定罪量刑活动中可以说明犯罪构成是刑事责任的根据，类推情况下也能证明这一论点，因为类推定罪也是以最相类似的犯罪构成为根据的。

（二）关于刑法教学改革

刑法学是一门应用性很强的学科，刑法学的教学改革关系到刑事法律人才的培养。与会同志充分探讨了以案释法、案例提问、案例讨论、案例测试、旁听案件审判、模拟开庭等方式在刑法学教学中的地位与运用方面的问题，介绍了专业实践与课堂研讨式教学相结合方法的运用和经验、体会。

［赵秉志、王勇；载《法学研究动态》，1988（21）］

第三十五章
1989 年全国刑法学术年会综述

一、前　　言

中国法学会刑法学研究会 1989 年学术讨论会于 1989 年 10 月 24 日至 28 日在上海举行。到会正式代表 87 人，特邀代表 17 人，加上列席代表 28 人，共计 132 人参加了会议。与会者中，中青年代表数量过半，其中 35 岁以下的青年代表有 28 人。

这次会议预定有三个议题：第一，刑法学研究如何坚持四项基本原则和为改革开放服务；第二，制止政治动乱、平息反革命暴乱中的刑法问题；第三，关于正确运用刑法武器惩治腐败的研究。

会议收到学术论文 86 篇，按其论述的主要内容可分为五个方面：第一，关于我国刑法学研究的宏观理论问题的，有 12 篇；第二，探讨我国刑事立法完善问题的，有 19篇；第三，论述反革命犯罪问题的，有 19 篇；第四，关于经济犯罪中惩治腐败方面的，有 27 篇；第五，研究刑法理论与实践中其他问题的，有 9 篇。

会议安排了大会报告、阅读论文、小组讨论、大会交流发言和大会总结等环节，与会代表本着"双百"方针，围绕会议主题，进行了较为广泛、热烈和深入的讨论与交流。现将这次会议研讨的主要问题及其主要学术观点归纳综述如下：

二、关于我国刑法学研究的宏观理论问题

（一）关于我国刑法学研究的指导思想

我国刑法学研究必须坚持四项基本原则，这是全体到会同志的共同看法。其中有的同志特别指出：研究我国刑法应当以马克思列宁主义毛泽东思想为指导，具体说，就是要坚持辩证唯物主义和历史唯物主义的原理，坚持阶级斗争和无产阶级专政的理论，坚持上层建筑必须为经济基础服务的思想，坚持惩办与宽大相结合的刑事政策。正因如此，认清当前反革命犯罪的新特点，以及掌握经济犯罪的活动规律，就成为现阶段我国刑法学研究的一项重要任务。

（二）关于我国刑法的人民民主专政职能

1. 我国刑法的对敌专政职能。对敌人实行专政是我国刑法人民民主专政职能的核心内容之一。有的论文就此指出：只要人民民主专政存在，我国刑法的对敌专政职能就必然存在。但我国刑法的这一职能的范围、作用程度与一定时期的阶级斗争的客观状况是相一致的。同时，为了更充分地发挥我国刑法的对敌专政职能，有必要将其纳入社会主义法制轨道，使之进一步法律化和制度化。

2. 我国刑法的对人民民主职能。人民民主专政是人民民主与对敌专政的统一。有的同志认为，我国刑法的人民民主专政职能与保护广大人民群众的民主权利是不可分割的，我国刑法不仅体现了社会主义民主的基本内容，而且体现了社会主义民主的基本原则。

（三）关于我国刑法的经济保障作用

随着社会主义商品经济的发展，我国刑法的经济保障作用日趋重要。为此，有的同志认为，要使刑法更好地为社会主义商品经济新秩序服务，首先应当在立法和司法方面树立一些新的观念，并对刑法的某些条款作相应的修改和补充；尤其是在刑法的指导思想上，要明确地将保障和促进社会生产力的发展作为我国刑法的重要任务，在司法实践中扭转对经济犯罪执法不严的局面。还有的同志进一步指出，在现阶段，我国刑法的经济保障作用主要是通过惩治经济犯罪和渎职犯罪来体现的，只有这样，才能有效地维护社会主义经济秩序，创造良好的经济环境。

还有的论文通过回顾新中国成立40年来我国刑法学研究所走过的道路，阐述了正确处理好刑法学的阶级性和科学性的关系、理论与实践的关系，以及批判与借鉴的关系的重要性；并在此基础上，对我国刑法学研究的前景，提出了更新刑法观念、创立刑法学新体系和改进刑法学研究方法的理论展望。有的同志结合我国现阶段的犯罪状况，就犯罪产生的历史根源、社会因素、发展变化及预防对策，进行了较为系统的论证与研究。

三、关于我国刑事立法的完善问题

我国刑事立法的发展与完善，继1988年刑法学术年会作为会议主题之后，仍是这次学术讨论会所研讨的主要课题之一。一些论文对这一课题进行了较为广泛和有一定深度与创见的研讨。研讨的主要问题是：

（一）我国刑法宏观方面的完善问题

1. 我国刑法应明确规定基本原则

有的论文对这一问题进行了较为深入的探讨，认为在我国刑法中明确规定基本原则，对于刑法任务的正确贯彻，对于刑法在实践中统一而正确的实施，对于实现刑罚惩罚与改造犯罪、预防犯罪的目的，以及完善刑事立法，都具有重大的实践意义。该文章在对当代各国刑法基本原则的立法进行比较研究和借鉴我国刑法学界近年来关于刑法基本原则问题的研讨之基础上，提出我国刑法中应当确立并明文规定 5 项基本原则，即：(1) 罪刑法定原则；(2) 刑罚公正原则；(3) 主、客观要件相统一的刑事责任原则；(4) 罪责自负、反对株连的原则；(5) 惩罚与教育改造相结合的原则。

2. 关于"一国两制"方面的刑事立法协调问题

有的文章提出，"一国两制"方面的刑法协调问题具有重要的现实意义，认为我国刑事立法面临的这一课题，与世界上有关国家内部存在的类似问题相比，如与某些实行"联邦"或"邦联"的复合制国家内部不同法律区域之间的刑事法律关系相比，有其自身的特点。该文章认为，要正确合理地解决"一国两制"方面的刑法协调，应当着重注意：(1) 坚持国家统一原则，摆正全国性刑法同特别行政区刑法的关系；(2) 坚持国家主权原则，全国性刑法原则上适用于特别行政区；(3) 特别行政区的刑法原则上在本区内适用。此外，还要注意正确而合理地确立解决内地与特别行政区之间以及各特别行政区之间互涉刑事案件的刑法适用以及刑事追诉等问题。

3. 关于借鉴我国台湾地区"刑法"以完善大陆刑法总则规范的问题

有的论文对我国海峡两岸刑法总则规范进行了较为全面和系统的比较研究，以实事求是的态度，对我国大陆和台湾地区刑法总则规范的异同及各自的长短之处进行了归纳、评析；并进而提出了可以考虑借鉴台湾地区"刑法"总则以完善全国性刑法总则的一些建议，如：(1) 把大陆现行刑法总则第五章"其他规定"的内容合并规定在第一章内；(2) 将保安处分增补为刑罚的辅助手段；(3) 随着条件的具备，逐步废除类推制度；(4) 补充规定不作为犯、老年人犯罪的特殊刑事责任、限制责任能力、法律错误、加重结果犯、不能犯未遂等犯罪特殊问题；(5) 按照分工来划分共同犯罪人的种类；(6) 考虑把罚金刑上升为主刑，同时规定其数额幅度；(7) 明文规定想象竞合犯、牵连犯、连续犯等问题；(8) 对量刑的从轻、从重、加重、减轻适用予以明确化、具体化，以利于实践中掌握等。

4. 关于"坦白从宽，抗拒从严"的立法体现问题

有的文章指出："坦白从宽，抗拒从严"是我国惩办与宽大相结合基本刑事政策的重要内容之一，但这项内容却未在刑法条文中明确而具体地规定，因而司法实践中，往往被忽略，甚至错误地运用这项政策。为了切实贯彻这一政策，正确地指导司法，建议把"坦白从宽，抗拒从严，立功折罪，立大功受奖"纳入刑法规范。

(二) 关于刑种和刑罚制度方面的完善问题

1. 我国罚金刑立法的完善

有的论文在对我国与外国罚金刑立法进行了较为系统、全面和有相当深度的比较研

究的基础上，结合我国国情及我国现行刑法关于罚金刑的具体规定，对我国罚金刑立法的完善提出了较为全面和相当具体的建议，这些建议包括。

（1）适当扩大我国罚金刑的适用范围。为此，可以从以下三个方面来努力：一是对贪财图利的犯罪适用罚金刑时，不要以犯罪情节轻重作为限制适用的条件；二是对过失犯罪适用罚金刑，但以犯罪性质、情节的轻重作为限制适用条件；三是有选择地对某些危害较轻的故意犯罪适用罚金刑。

（2）将罚金刑上升为主刑，并决定罚金刑仍可附加适用。

（3）取消现行刑法中罚金刑与自由刑的灵活并科制，针对不同性质和不同危害程度的犯罪，分别采纳强迫并科制、选科制、强迫并科制加选科制等合理的处刑方法。

（4）明确规定罚金刑数额的上下限。

（5）建立罚金刑易科制，对不能完全缴纳罚金的犯罪人易科剥夺自由的劳动改造刑。

2. 关于管制刑的存废及完善问题

有的论文针对近年来有人提出废除管制刑的主张，提出管制刑不但是我国刑法独创的刑种，而且长期的司法实践也证明，管制是我国行之有效的刑罚方法；认为管制刑的存在，既符合我国刑法罪刑相适应原则和刑罚目的的要求，也符合当代世界刑罚向缓和与开放发展的方向，因而鲜明地主张管制刑绝不能废除；并且经过分析认为：当前我国经济体制改革的现状给管制适用带来的困难，以及近年来管制刑适用得很少的实际情况，既有客观原因，也有主观认识方面的原因，而且后者是主要的，这些都不能成为废除管制刑的根据。当然，管制刑也有完善的必要，具体说来：应当扩大适用管制的罪名；修改有关管制内容的规定；制定管制实施细则。

3. 关于我国缓刑考察制度的完善问题

有的论文指出，我国刑法目前对被缓刑人在缓刑考察期间义务的规定过于笼统，基本上尚无完善的考察制度，这一缺陷亟待弥补。因而提出了建立与完善我国缓刑考察制度的构想与建议，包括缓刑考察的组织机构、缓刑考察人员的选用、缓刑考察的内容以及缓刑考察的方法等。

（三）关于经济刑法问题

有的论文认为：制定专门的"经济刑法典"是完善经济刑事立法的重要途径之一。虽然由于我国目前关于经济犯罪的理论研究还相当薄弱，马上着手制定"经济刑法典"的客观条件还不成熟，但还是应当进行这方面的理论探讨。有鉴于此，该文章提出了"经济刑法典（理论案）"，共计 11 章，其中，第一章就是对经济犯罪的总则性规定，其余 10 章按照犯罪客体规定了 10 类经济犯罪，共包含经济犯罪罪名 58 个，其中修改与增加的罪名达 2/3 以上。该文章还进而阐述了"经济刑法典（理论案）"的立法理由，对经济犯罪的概念、法人犯罪、经济犯罪不适用死刑、经济犯罪的罚金刑适用以及经济犯罪适用的特定刑罚等有关立法主张，作了扼要的说明。

另有论文也提出，我国经济刑法亟须完善，但认为我国根本不需要采用荷兰和联邦德国式的独立经济刑法典的立法模式，而应将经济方面的刑法条款纳入刑法典中，因为这种模式有助于法律的统一性，也便于司法中正确执行刑法；进而提出，修改和完善我国经济刑法应当注意以下几点：一是要切实更新观念，修改一些犯罪的具体内容；二是要在立法上肯定法人是犯罪主体；三是在刑罚上要注重经济刑罚方法；四是立法技术上应多采用空白罪状，以保证法律的稳定性；五是应增补一些新罪名。

（四）关于某些具体犯罪的完善或者补充问题

1. 关于职务犯罪的完善问题

有些论文结合近年来的实际情况和目前国家廉政建设对惩治职务犯罪的要求，探讨了这一重要课题，认为这方面的实际现状是由于对国家工作人员犯罪惩治不严和打击不力造成的，在立法上没有体现出对国家工作人员犯罪必须从严处罚的应有的精神，在司法上没有确立对国家工作人员犯罪必须从严惩处的法律意识，因而，在目前进行的刑法修改中，应当确立依法从严惩处公职人员职务犯罪的基本立法思想；进而提出了完善职务犯罪立法的若干建议：（1）在分则体系中，将渎职罪适当提前，以提高其地位；（2）明文规定从重处罚渎职犯罪；（3）适当限定职务犯罪的主体范围；（4）适应职务犯罪形态多种多样的特点，进一步扩大这类犯罪的行为范围，不断充实立法内容；（5）完善职务犯罪已有的刑种，进一步确立各种不同的量刑情节，强化刑罚措施；（6）增设滥用职权罪、知情不举罪、放弃职守罪、挥霍浪费罪、执法渎职罪、职务诈欺罪等新罪名。

2. 关于投机倒把罪的立法分解

有的论文认为：在我国，投机倒把实质上是指商品生产与流通领域中的各种违法性的商业活动，其内容庞杂多变，是一个不确定的概念。我国刑法将这一不确定的概念作为立法中的具体罪名概念很不妥当，其概念的含混与形势的发展格格不入，其内容的庞杂与侵害的客体难以相对应。因而建议刑法上废弃投机倒把这一罪名概念，按照投机倒把罪所包含的各种行为的具体行为方式，将投机倒把罪分别制定为非法倒卖罪、垄断市场罪和生产、销售伪劣品罪三个罪名，并根据该 3 罪的危害程度，分别设立适当的法定刑幅度。

3. 关于贿赂犯罪的完善问题

（1）关于受贿罪的完善。有的论文建议，应将刑法典和《关于严惩严重破坏经济的罪犯的决定》、《关于惩治贪污罪贿赂罪的补充规定》中关于受贿罪概念的规定协调统一，消除矛盾之处；应将受贿罪归入侵犯财产罪一章；补充规定中关于收受回扣以受贿罪论处的规定，不但逻辑和用语上不够妥当，而且也缺乏事实根据与法律依据，因而值得考虑修改。

（2）有的论文建议，刑法中应将行贿罪区分情况详加规定，并对主动行贿、单位行贿严厉处罚，可与受贿罪同样处刑。

4. 修改、完善刑法中关于赌博罪的规定

有的论文认为：刑法中关于赌博罪的规定，已经不能适应当前的实际情况，亟须修改、完善。首先，应当调整罪状，适当放宽追究刑事责任的范围；其次，应当提高法定刑，可提高为 5 年以下有期徒刑或拘役，可以并处罚金，并删除原有的管制。

5. 关于偷税罪的修改

有的论文建议，应从偷税数额上提高偷税罪的定罪标准，还应适当提高偷税罪的法定刑。

6. 关于假冒商标罪的补充

有的论文建议，应在刑法第 127 条"假冒商标罪"中再增加一款，即"犯前款罪，情节严重的，依照本法第一百一十七条投机倒把罪处罚"；认为这种情况属于想象竞合犯，按一个较重的罪名论处，既在刑法理论上讲得通，也符合我国刑法罪刑相适应的原则。

此外，还有的论文提出，应当适当地提高玩忽职守罪、泄露国家机密罪的法定刑，以贯彻罪刑相适应原则，有效地惩治这些犯罪。有的论文建议在我国刑法中增设"卖淫罪"。

(五) 关于完善刑法的其他问题

1. 关于过失犯罪刑法规范的完善

有的论文较为详细地分析了 1979 年刑法中过失犯罪的规定，认为这类规定存在着缺陷和不足，建议在以下几个方面作出修改和补充：（1）应当将某些情节恶劣的故意违章的过失肇事行为规定为犯罪，并处以刑罚，规定这类行为只要发生较轻的危害结果并具有发生严重危害的实在可能性即为犯罪，而不必实际发生严重的后果；（2）适当提高业务过失犯罪的法定刑；（3）增加规定过失犯罪新罪名的条文，如增设"重大医疗责任事故罪"，提高刑法规范预防过失犯罪的作用；（4）完善过失犯罪中空白罪状的内在结构和内容。

2. 关于法人犯罪纳入刑法典的问题

有的论文建议，应当在刑法典总则的共同犯罪之后增加法人犯罪的专节，在该节具体规定法人犯罪的概念、法人犯罪的主体以及刑事责任追究等内容。

3. 关于制定我国军事刑法的建议

有的论文在论证制定我国军事刑法的必要性与可行性的基础上，提出了制定我国军事刑法的框架设想，包括总则编 8 章和分则编 9 章的基本内容，并且对其中的一些主要问题，如军事刑法的效力、军事刑法特有的基本原则、军事刑罚的种类以及一些新罪名的增设等问题的立法理由，作了阐述和论证。

4. 关于国际犯罪

一些论文还结合改革开放新形势下国际犯罪的实际情况，对劫持航空器等国际性犯罪进行了较为深入的探讨。这无疑也有助于我国刑法在这方面的补充和完善。

四、关于反革命罪的问题

反革命罪是这次研讨会确定的重点研究课题之一。在提交的这方面的论文中，学者从不同层次、多种角度和各个方面就反革命罪的认定和实践中对动乱、反革命暴乱案件处理上的问题进行了探讨和研究，还提出了一些立法建议。概括起来有以下几个方面：

（一）关于反革命目的的认定

1. 在反革命暴乱期间，如何认定反革命目的问题

有文章归纳为三种不同意见：（1）行为决定论。只要在暴乱期间进行打、砸、抢、烧、杀等犯罪活动的，就应认定为反革命罪。（2）明显目的论。需要有明显的反革命目的，就是要有被告人的反革命纲领、文章、口号、言论，包括口供，否则就不能认定为反革命罪。（3）主、客观统一论。既要看被告人的言论、纲领、口号，又要看其行为，把两者综合起来考虑，从而认定其目的是否具有反革命性质。

2. 关于被告人没有反革命目的的供述的认定问题

有的论文主张，没有被告人关于反革命目的的供述，以下行为也可以认定为反革命罪：（1）策划、组织、指挥反革命暴乱的；（2）"非法组织"中进行策划、组织、指挥反革命暴乱的，及其他有严重犯罪活动的；（3）与国外、境外敌对势力相勾结，在反革命暴乱和政治动乱中进行阴谋活动的；（4）向国外、境外反对势力及制造动乱、反革命暴乱的人（包括"非法组织"）泄露国家核心机密的；（5）反革命暴乱期间，杀害、残害执行戒严任务的军警和维持秩序的干部、群众的；（6）出于对社会主义、人民政府的仇视而进行打、砸、抢、烧的严重犯罪活动的；（7）在反革命暴乱中，打、砸、抢、烧行为特别疯狂，情节特别恶劣，危害特别严重的；（8）在反革命暴乱期间，直接制造重大反革命暴乱事件；（9）直接制造骇人听闻的谣言，煽动蛊惑群众、反对戒严令的实施，情节严重的；（10）曾因违法犯罪被处理而敌视人民政府，在反革命暴乱中对执行戒严任务的军警人员，维护秩序的干部、群众进行报复打击或者进行其他破坏活动的，等等。

（二）关于一些具体反革命犯罪的认定和处理

主要涉及两个罪名：

1. 反革命宣传煽动罪

许多同志指出，当前认定反革命宣传煽动罪应从以下几方面把握：首先，看行为是否以暴乱和动乱为社会历史背景；其次，看行为人一贯的思想基础；再次，看行为人的

动机和煽动的具体内容；最后，看煽动行为所及的覆盖面，以及行为人对这种影响所持的态度。

在行为人拒不供认主观目的的情况下，其制造谣言的行为能否构成反革命宣传煽动罪？对此要细心考察行为发生的背景和全过程，包括事由、实施前的思想酝酿、实行中的行为特点和实施后的心理状态，尤其要考察行为人关键时刻的表现。即使行为人平时没有什么反动表现，按照其行为的性质和情节，也可以认定为反革命宣传煽动罪。有的论文还指出，要将反革命煽动犯与其他反革命罪的教唆犯区别开来。

2. 持械聚众叛乱罪

动乱、暴乱期间，这类犯罪比较多。有的同志指出：在处理时，要掌握法定的规格和标准，其行为表现为持械、聚众、叛乱，这三个方面缺一不可，而且这种犯罪的主体，必须是首要分子和其他罪恶重大或者积极参加的分子。对这类犯罪处理时，必须掌握以下原则：第一，要明确惩罚的重点；第二，区别情况，分别对待；第三，严格依照犯罪情节裁量刑罚；第四，准确地实行数罪并罚。

（三）关于反革命犯罪的立法建议问题

1. 反革命罪名应否更改为危害国家安全罪

对此，有两种截然相反的观点：

一种观点主张反革命罪的罪名不应更改，主要理由是：（1）保留反革命罪有其宪法根据；（2）保留反革命罪名符合党的十一届三中全会的精神；（3）保留反革命罪名符合我国社会主义初级阶段的斗争实际状况；（4）保留反革命罪名符合我国立法的历史习惯；（5）不应以"一国两制"统一祖国为由而取消反革命罪的罪名，因为"一国两制"就意味着"一国两法"，在全国性刑法中保留反革命罪名，执行起来不会发生大的冲突。

另一种观点主张反革命罪名必须更改，主要理由是：（1）反革命是政治概念，不是严格的法律概念；（2）反革命罪要求有反革命目的，而目的是主观上的东西，难以认定，实践中往往争论不休；（3）我国将实现祖国统一大业，那时将实行"一国两制"，敌人的概念也将随之发生变化，这种变化使得反革命的罪名不够妥当；（4）全国人大常委会决定，对我国缔结或者参加的国际条约所规定的罪行，我国在所承担的条约义务的范围内，行使刑事管辖权，而反革命罪的规定会与国际刑法产生不协调问题；（5）现行刑法分则"反革命罪"一章的某些具体犯罪与其他类的某些犯罪发生重复；（6）战争时的反革命罪，平时无用可以删除，发生战争时，可制定特别法；（7）由于我国刑法在反革命罪的规定上有欠缺之处，给实践中办理具体案件带来许多困难。因此，反革命罪名必须更改，可以更改为危害国家安全罪。

2. 关于具体反革命犯罪的立法建议问题

（1）有的论文建议，把特定的动机、目的内容规定为某些罪的法定要件，什么是以反革命为目的，由于立法上没有具体规定，在司法实践中往往难以把握。从国外立法看，对于政治性滋扰、破坏行为的目的，主要规定为三个方面的内容：一是以颠覆政府、分割国土等为目的（一般在有关国事罪的具体罪名中加以规定）；二是以违反某一具体法律为目的，如扰乱宪法秩序、煽动违法犯罪等；三是以直接造成某种社会危害后果为目的，如妨碍或阻止议会、政府机关行使职权等。为了划清此罪与彼罪之间的界限，建议在刑法有关条款中，把某些动机、目的，如破坏宪法和法律，煽动犯罪，妨碍、阻挠国家机关行使职权，滋扰、破坏等，规定为有关罪的法定要件。

（2）有的论文主张，应明确规定有关罪的罪状。一些同志在论文中指出，在国外立法中，对一些政治性的滋扰、破坏行为，一般是分别单列罪名，如危害宪法秩序罪（瑞士）、骚扰罪（美国、日本），妨害安全罪（法国），聚众滋事罪、互殴罪与毁损罪（英国）等。针对现实中反映出来的问题，他们认为，宜将反革命破坏罪、聚众"打、砸、抢"罪和流氓罪的几种行为，分别列出罪状，以便准确地确立罪名。

（3）增加新的罪名。有的论文指出：对动乱、暴乱期间发生的诸如宣传煽动、造谣生事、资助动乱、侮辱国旗、非法组织游行，而又不具有反革命目的的，由于我国刑法没有明确规定单列罪名，在实践中，有的放进了流氓罪的"口袋"，有的就没有作为犯罪论处。国外刑事立法中，对非法集会、结社等政治性滋扰、破坏行为，情节严重的，均明确规定为犯罪。为了惩治那些进行政治性滋扰、破坏行为的犯罪分子，建议增设非法聚众、集会、结社罪，煽动罪，滋扰罪等罪名，对破坏、扰乱宪法秩序，造谣惑众，资助动乱，污损、破坏国旗、国徽等行为情节严重的，也应在立法上明确规定以相近的犯罪论处。

（4）提高某些罪的量刑幅度。有些论文论述说：对一些政治性滋扰、破坏行为，在国外立法中是从重从严惩处的，例如，规定可以用武力（包括军队）镇压；处以重刑，包括死刑、终身监禁；在具体定罪量刑方面，未遂视同既遂（法国），煽动视同教唆（西德），资助视同主犯（西班牙）或从犯（法国）等。相比之下，在我国发生的某些政治性滋扰、破坏行为，例如，扰乱社会秩序和聚众扰乱交通秩序、毁损公私财物等行为，有的社会危害性相当严重，按我国刑法规定，只能判处 5 年以下有期徒刑或拘役，就不能体现罪刑相适应原则，往流氓罪上靠也不一定妥当。因此，建议提高某些政治性滋扰、破坏罪的量刑幅度，使那些严重的犯罪分子能够受到应有的惩处。

此外，有些论文还就如何正确处理动乱、暴乱中的刑事案件，以及从"六四"事件反思刑法教育等问题进行探讨。

五、关于惩治经济犯罪、清除腐败中的刑法问题

惩治经济犯罪、清除腐败，是本次年会论文的重点议题之一。围绕这一议题，许多同志从以下几个方面进行了探讨：

（一）关于刑法在清除腐败中的功能及运用原则

1. 运用刑法手段清除腐败的必要性

不少同志指出：所谓腐败，就是指利用手中掌握的权力，贪赃枉法，以权谋私，其特征是权力换取财富。腐败现象不仅严重地侵蚀了党和国家的肌体，而且给我国的社会主义建设和改革开放事业造成了极大的危害。因此，对少数国家工作人员的严重腐败行为，必须提到阶级斗争的高度来认识，并予以刑事制裁。我国刑法在清除腐败中的作用主要表现为：（1）规范人们行为的作用；（2）惩罚和预防作用；（3）安定社会的作用。

2. 惩治腐败的刑法运用原则

大致包括以下几项：（1）严格执法，不枉不纵的原则。有的同志认为：对触犯刑法的腐败行为，必须坚持法律面前人人平等的原则；切忌以"官"当刑，以罚代刑。对利用职权从事犯罪活动的，要依法从严惩处。（2）罪刑相适应与刑罚目的辩证统一的原则。有的同志指出，上述两者的统一应当建立在罪刑相适应原则的基础上，对犯了腐败罪的分子适用刑罚，不能脱离行为的危害程度来片面强调刑罚特殊预防目的的需要。（3）注意恰当适用类推的原则。有的同志认为，在惩治腐败中，对那些危害程度大，但刑法中无明文规定的腐败行为，要注意恰当地适用类推的原则追究行为人的刑事责任，这样做有利于充分发挥刑法对腐败现象的惩治和预防作用。（4）坚持主刑和附加刑相济的刑罚适用原则。有的同志指出，由国家工作人员实施的经济犯罪，大都具有两个明显的特点，即主观上的牟利动机和客观上的利用职务之便，因此，在刑罚适用上，应当注意并科没收财产和剥夺政治权利这两种附加刑；建议立法机关对渎职贪利性犯罪增设剥夺政治权利刑。

3. 惩办与宽大相结合政策在惩治腐败中的贯彻运用

有的同志认为：当前在惩治腐败的过程中，贯彻惩办与宽大相结合的政策具有特殊的重要意义。惩办与宽大相结合政策的具体内容大致可以分为两个方面：一是对犯罪实施过程中的不同情况，实行区别对待；二是对犯罪实施后的不同情况，实行区别对待。而目前应特别强调的，是后一方面，即坦白从宽，抗拒从严，立功折罪，立大功受奖。但在实际贯彻运用"坦白从宽，抗拒从严"政策的过程中，还需注重处理好坦白自首量刑与形势需要的关系，不能违背以事实为根据，以法律为准绳的量刑原则；并应当正确把握从严与数罪并罚的关系；同时，针对坦白自首的不同情况，要实行区别对待。

（二）关于法人犯罪

1. 法人犯罪的概念

有的同志认为，法人犯罪，是指法人组织的内部成员，根据法人的法定代表人或决策机构的授意、批准或认可，为了法人利益，而以法人名义实施的触犯刑律的危害行为。值得一提的是，也有的同志认为，法人犯罪的提法不确切，当前在经济领域中发生的群体型犯罪，有些也并不以法人的面貌出现，故将这类犯罪称为单位犯罪更为妥当。

2. 法人犯罪的主体

有的同志认为，法人犯罪的犯罪主体只能是法人。有的同志则认为，法人不能成为我国刑法中的犯罪主体，法人的犯罪仅仅是自然人犯罪的一种表现形式，法人本身不可能是犯罪主体。

3. 法人犯罪的其他问题

包括：（1）法人犯罪中的共同犯罪。这种共同犯罪一般表现为法人与其他法人共同犯罪和法人与自然人共同犯罪。（2）法人犯罪中的犯罪形态。法人犯罪存在犯罪预备、未遂和中止形态，但它与自然人犯罪有不同之处。（3）法人犯罪的处罚问题。法人犯罪可以构成累犯，也可以适用缓刑；法人犯罪之后，应有自首的权利和机会。

（三）关于单位投机倒把犯罪问题

1. 单位投机倒把犯罪的概念

有的同志指出，单位投机倒把犯罪，是指企事业单位、机关、团体的主管人员和其他直接责任人员，为了给本单位牟取非法利益，违反国家有关法律及国务院的有关规定和政策，以本单位的名义进行投机倒把活动，情节严重的行为。但也有的同志认为，单位投机倒把罪是指单位利用手中掌握的行政、物资供销分配的权力，或者凭借依附关系，从事倒卖投机的犯罪行为。

2. 单位投机倒把犯罪的主体

对此问题的看法还不统一。有的同志认为，单位投机倒把犯罪不等于法人犯罪，就犯罪主体而言，单位是形式上的主体，即虚拟的犯罪主体，单位直接负责的主管人员和其他直接负责人员才是实质上的、真正的犯罪主体；另有的同志则认为，单位投机倒把犯罪的犯罪主体是具有公有制属性的经济实体，追究单位投机倒把犯罪的刑事责任，首先必须查明该单位是否具有法人的资格。

3. 单位投机倒把犯罪的主客观构成要件

大家一致认为：构成单位投机倒把犯罪，有关人员主观上必须具有为本单位牟取非法利益的目的，客观上是以本单位的名义从事投机倒把活动。而要正确认定单位投机倒把犯罪，关键还在于单位投机倒把是否属于情节严重。在司法实践中，衡量单位投机倒把情节是否严重的标准有两个：一是看其非法经营或者非法获利的数额是否达到了"特别巨大"的起点标准，二是看投机倒把是否有其他特别严重的情节。

针对最高人民法院、最高人民检察院《关于当前处理企业、事业单位、机关、团体投机倒把犯罪案件的规定》中，将数额特别巨大与手段恶劣并列作为单位投机倒把犯罪构成要件的规定，有些同志表述了不同的看法，他们认为，只要单位投机倒把的非法经营数额或非法获利数额达到"特别巨大"起点标准的，原则上都应当追究直接责任人员和其他直接负责的主管人员的刑事责任。

4. 有关单位投机倒把犯罪的其他定罪量刑问题

这些问题主要包括：（1）共同犯罪。有的同志认为，某一单位无论是与投机倒把单位通谋，还是与投机倒把个人通谋，只要为其提供方便，情节严重的，都可以对其直接负责人员，以投机倒把罪的共犯依法追究刑事责任。（2）法条适用。有的同志认为，对单位投机倒把犯罪性质法律另有规定的，应按有关法律规定适用刑法条款；若其他司法解释另有规定的，则应按该规定办理。（3）中饱私囊。许多同志认为，单位投机倒把犯罪的有关人员是否中饱私囊不影响单位投机倒把犯罪的成立；凡单位投机倒把中的有关人员中饱私囊，触犯其他罪名的，应当实行数罪并罚。（4）私营企业或者个人非法成立的经济组织投机倒把构成犯罪的，应按个人投机倒把认定。有的同志认为，诸如联营、承包、合资等单位能否构成投机倒把犯罪，应按国家的有关政策、法律以及有关的司法解释处理。

（四）关于"官倒"犯罪问题

1. "官倒"的概念

在此问题上存在分歧。一种观点认为："官倒"是指企事业单位、国家机关及其工作人员，利用职权进行投机倒把活动。另一种观点认为，所谓"官倒"，就是指企事业单位、机关、团体利用手中掌握的权力从事投机倒把活动。还有一种观点则认为，"官倒"概念应有广义和狭义之分：广义的"官倒"，泛指国家工作人员（含离退休人员）及其家属、子女，在经济领域中的一切违法犯罪活动；狭义的"官倒"，是指党政机关、部队、团体、企事业单位和从事公务的工作人员，利用职权和工作之便，违反行政管理法规进行投机倒把活动，应受刑罚处罚的行为。

2. "官倒"的产生

许多同志在论文中指出，形成"官倒"的具体因素是错综复杂的，一般来说，主要有：（1）社会总需求大于总供给，是"官倒"产生的经济因素。（2）实行价格"双轨制"，是"官倒"产生的重要条件。（3）权力的畸形使用以及缺乏权力制衡机制，是"官倒"产生的政治因素。（4）部分党员、干部私欲膨胀，蜕化变质，是"官倒"产生的思想根源。（5）法制不健全，查处不力，是"官倒"肆虐的避风港。

3. "官倒"的防范

针对"官倒"产生的原因与特征，不少同志在论文中提出了各种防范措施，这些措施主要包括：（1）建立和加强民主监督制度。（2）进行政治体制改革，加强廉政建设，清理整顿公司，切实解决政企不分、官商不分的问题。（3）深化经济体制改革，建立市场规则，堵塞价格"双轨制"的漏洞。（4）加强思想教育，提高党员、干部素质。（5）完善社会主义法制，维护法律尊严。也有的同志认为：对"官倒"的根治和处罚，应着眼于"综合治理"，治本与治标要结合进行。治本，最根本的措施是坚持不懈地大力发展生产力；治标，主要是采取在经济上罚款、在政治上罢官、在法律上追究刑事责任的"三管齐下"的处罚原则。

(五) 关于贪污罪的主体

1. 国家工作人员的概念

有的同志认为：国家工作人员是指受国家人事管理的工作人员，而不是泛指一切在中国工作（包括劳务工作）的人员，甚至也不是泛指一切从事公务活动的人员。换言之，国家工作人员是指在国家机关、国家的企业、事业单位、人民团体等机构中从事公务活动的人员。因此，集体组织的工作人员不宜叫作国家工作人员。

2. 企业承包制中的贪污罪主体问题

有的同志认为：承包制包括经营性承包和劳务性承包，它们各有特点，不能混同。经营性承包，即国营或集体的企业以合同的方式交给个人或若干人承包经营，其特点是经营权与所有权的分离。承包人员取得经营权，而所有权的性质不变。这时，承包人具有双重身份，他既是合同一方平等的民事权利主体，又是实际上受发包单位委托从事管理企业的公务人员。因此，这类人员可以成为贪污罪的主体。

3. 其他经手、管理公共财物的人员的含义

有的同志指出，贪污罪主体中的其他经手、管理公共财物的人员必须是从事公务的人员，换句话说，只有那些在从事公务活动中经手、管理公共财物的人员，才能成为贪污罪的主体，这是因为"利用职务上的便利"是构成贪污罪的必要条件。

(六) 关于贿赂犯罪

1. 我国当前贿赂犯罪的特点和对策

有的同志认为，我国当前贿赂犯罪的特点主要表现为：贿赂物价值越来越高，范围越来越广，受贿者胃口越来越大；贿赂犯罪的行业性突出；贿赂犯罪兼有其他经济犯罪的情况突出；贿赂犯罪的手段越来越狡猾诡秘；反侦查性加强。

针对上述贿赂犯罪的特点，有的同志提出了综合治理的遏制对策：严格依法办案；深化政治、经济体制改革，完善经济、政治体制；党政各级领导干部带头克己奉公；加快制度建设，建立和完善监督体系；强化廉政教育和法制教育。

2. 关于受贿罪的几个问题

(1) 受贿罪的贿赂范围。有的同志认为，将受贿罪的贿赂范围仅限于财物，不完全符合实际情况，不利于惩治受贿犯罪和促进廉政建设，因此，刑法有必要适当扩大受贿罪的贿赂范围，使其既包括财产性利益也包括某些非财产性利益。

(2) "利用职务上的便利"的表现形式。有的同志认为，"利用职务上的便利"主要包括三种情况：第一，行为人有独立决定问题之权，利用自己主管、分管职务范围内的权限，为行贿人谋利。第二，行为人没有独立决定问题之权或没有决定问题之权，而是以自己现任或曾任职务的地位形成的便利条件，要求、指挥有上下级关系的人员，或者要求、影响工作上有联系的其他人员，通过他人的职务便利为行贿人谋利。第三，行为人没有决定问题之权，而是利用自己职务或经营某项业务的权力，能够制约、左右第三人某种利益的方便条件，要求第三人为行贿人谋利。

（3）受贿罪既遂和未遂的界限。有的同志指出，对于索取贿赂的，只要行为人索取贿赂，即构成既遂；而对于一般受贿的，要求同时具备非法收受他人财物和为他人谋取利益，才能构成既遂。

六、其他问题

除以上几个方面的主要议题以外，一些论文还探讨了刑法理论和实践中其他一些重要课题，主要有：

（一）对刑事立法原意的把握问题

有的论文专门研究了这个过去欠缺探讨的问题。指出正确把握刑法条文的原意，对于司法的正确实施、立法的完善乃至刑法学研究，都具有重要的意义；并探讨了刑事立法原意的特征，正确把握立法原意的原则和方法等问题；建议我国加强对刑事立法原意的研究和解释工作。

（二）刑事司法解释问题

有的文章对刑事司法解释的概念和类型、制定司法解释的原则以及司法解释的运用与执行等问题，进行了较为深入的探讨。

此外，还有些论文探讨了现阶段执法不严的原因与对策、司法中的酌定情节及其完善、销赃罪为什么可包括收买赃物、医疗事故中罪与非罪的界限等问题。

[高铭暄、赵秉志、赵国强、刘伟；载《法学研究动态》，1989（12）]

第三十六章
1990 年全国刑法学术年会综述

一、前　言

中国法学会刑法学研究会 1990 年年会于 11 月 1 日至 5 日在辽宁省大连市举行。到会代表一百四十余人，提交学术论文 96 篇。与会者主要就"廉政建设中的刑法问题"进行了热烈的讨论。

二、关于廉政建设和职务犯罪的问题

(一) 关于刑法在廉政建设中的特殊功能问题

一些人认为，刑法在廉政建设中起着举足轻重的作用，这主要表现在：（1）通过刑罚方法，惩处国家机关的犯罪分子，纯洁公务人员队伍；（2）威慑可能利用职务之便实施犯罪的国家公务员，使其不致走上职务犯罪的道路；（3）惩罚、教育和改造腐败分子，减少职务犯罪的再犯率。

(二) 廉政建设的刑事立法对策问题

一些人从刑事立法的角度探讨了加强廉政建设问题，提出了不少好的见解，比如，应根据职务犯罪的实际表现形式，适当扩大职务犯罪的范围，并提出了增设新的职务犯罪的具体设想，例如增设挥霍浪费罪、滥用职权罪、挪用公物罪、放弃职守罪、妨害税收罪等罪名。又比如，应当根据各类职务犯罪的实际危害，适当提高刑罚幅度。我国现行刑法对有些职务犯罪的法定刑规定偏低，如玩忽职守罪等；有些职务犯罪与其他犯罪相比处罚上明显失衡，如贪污罪的立案标准大大高于盗窃罪等。为此，应当根据职务犯罪的实际特点，科学地、明确地规定各类职务犯罪的定罪、处罚标准，以提高刑法的适用性。

(三) 廉政建设的刑事司法对策问题

主要包括：（1）坚持刑法面前人人平等原则，反对以官当刑；（2）坚持以犯罪事实为根据、以刑事法律为准绳的原则，杜绝对刑事司法活动的非法干预；（3）坚持公、检、法三机关互相配合、互相制约的原则，以便更有效地查处和惩治职务犯罪；（4）杜绝以党纪处分、行政处罚代替刑罚的现象；（5）对于利用职务之便进行的贪利性犯罪，应同时抓好量刑和追赃两个环节。

（四）关于涉及廉政建设的具体职务犯罪研究

1. 受贿罪

一是受贿罪的客体问题，主要有以下几种观点：（1）受贿罪所侵害的客体是国家机关的正常活动；（2）受贿罪不仅侵害了国家机关的正常活动，而且也侵害了公私财产所有权；（3）受贿罪在侵害国家机关正常活动的同时，也侵害了国家经济管理活动；（4）受贿罪所侵害的客体是职务行为的廉洁性。

二是如何认识"利用职务之便"，主要有以下几种观点：（1）"利用职务之便"仅限于利用行为人本人所正在掌握和行使的职务上的便利；（2）"利用职务之便"不仅包括直接或间接地利用自己职务上的便利，也包括利用过去职务上的影响和将要到任的条件。

三是关于贿赂的内容，主要有以下几种观点：（1）应仅限于财物；（2）既可以是财物，也可以是其他任何形式的不正当利益。

2. 贪污罪

一是当前贪污罪的定罪和量刑的问题。有观点认为当前贪污罪构成的起点数额较高，既不能体现对国家工作人员利用职务之便进行的犯罪从严惩处的立法精神，也不能反映宪法所规定的公共财产神圣不可侵犯的原则，同时与盗窃罪的定罪量刑显失平衡，应当予以改进。

二是预防贪污罪的对策问题。一些学者提出了如下措施：（1）强化监督体系，加强对国家工作人员权力的监督和制约；（2）要明确产权责任，建立国家、集体和个人利益机制；（3）强化管理，健全规章制度，堵塞漏洞；（4）抓好大案要案侦破和处理工作，做到有罪必罚；（5）做好追赃工作，不让犯罪分子在经济上占便宜。

此外，对贪污罪要不要增加罚金刑，5万元作为贪污罪判死刑的起刑点是否数额偏低，以及对贪污罪、受贿罪要不要附加剥夺政治权利等问题也作了研讨。

3. 挪用公款罪

关于挪用公款行为的表现方式，一些人概括为以下几种：（1）直接保管公款的人员未经合法批准，私自动用公款归个人使用；（2）领导人员越权批准或指使他人将公款借给他人使用；（3）企业单位的推销人员挪用经手的货款；（4）主管人员私自用本单位名义为个人贷款担保，致使单位公款被银行划拨抵偿了到期未还的个人贷款。

关于挪用公款罪的定罪量刑问题，有的论文对《关于惩治贪污罪贿赂罪的补充规定》提出了一些不同的看法：一是认为"挪用公款数额较大不退还的，以贪污论处"的规定欠妥，因为贪污罪的本质特征在于行为人利用职务之便将公共财物非法据为己有，而有些挪用公款的行为人因为某种客观原因一时不能退还，但其主观上并没有非法占有的目的，因而与贪污罪的主观要件不符，不应以贪污罪论处。二是认为"挪用公款进行非法活动构成其他罪的，按数罪并罚的原则处理"的规定尚值得推敲。因为从补充规定来看，"非法活动"正是构成挪用公款罪不可缺少的条件，如果再按数罪并罚的原则处理，势必造成刑罚的重复裁量。

4. 巨额财产来源不明罪

一是关于罪名问题，提法不尽相同。有的学者称之为非法所得罪，还有的学者称之为拥有无法解释之财产罪等。

二是关于该罪的存废问题。有肯定和否定两种观点。持否定意见者认为，巨额财产来源不明罪的存在无论是在刑法理论上，还是在刑法实践上都有无法解决的矛盾，不仅有悖于我国刑事诉讼法关于"重证据、重调查研究、不轻信口供"的原则，而且这种规定在实践中也难以执行，经不起时间的检验，因此应当废除，而以增设拒不申报财产罪取而代之。持肯定意见者认为，近年来，有一些国家工作人员的财产和支出明显地超过其合法收入，差额巨大，本人又不能说明其来源是合法的，这本身就是一种犯罪事实，应当规定为犯罪，但在诉讼程序和定罪量刑等方面还须进一步完善。

三、关于刑法的修改和完善问题

（一）关于刑法修改的原则和技术

有的学者认为，刑事立法应当遵循如下原则：一是法制化原则，使罪刑关系明确化、规格化和法定化；二是科学化原则，使刑法的内容结构相互协调，并与宪法和其他部门法的精神融为一体，准确、及时地反映刑事司法实践的需要；三是预见性原则，即刑事立法应当运用犯罪学的研究成果，根据犯罪现象的发展趋向和规律，及时地将这些犯罪现象纳入刑法的制裁范围，避免刑事立法落后于刑事司法实践的情况；四是多元化原则，建立层次分明、主从有序的完整体系，对一些重要的刑法制度，应当根据刑事司法实践的需要，作出更具体和明确的规定，对于一些常见多发罪，有必要对罪状和法定刑作出详细的规定，以便于司法操作；五是国际化原则，顺应世界性的刑法趋势，借鉴当今世界各国刑事立法和刑事司法的有益经验，完善我国的刑事立法。

关于立法技术问题，一些人认为，立法技术的缺陷影响了立法内容的科学性和可行性，是一个不容忽视的问题；主张对刑法的修改应主要采用单行刑事法律的形式，并注意与刑法条文相协调，避免前后矛盾和互相重复，讲究用词的规范性，以及将重罪、轻罪具体化等。

（二）关于犯罪与刑事责任的立法建议

有的学者认为，我国刑法的总体框架基本上是合适的，但对"犯罪与刑事责任"的规定仍提出若干意见。有的学者主张在刑法总则中将"刑事责任"单列为一章，与犯罪、刑罚并列。有的学者认为刑法关于犯罪故意、犯罪过失、排除社会危害性行为等规定还有可商榷之处，为此提出了如下建议：（1）增设"丧失责任能力"的规定，主张"故意或过失地使自己丧失责任能力，因而引起危害社会的结果的，依法应当负刑事责任"。（2）增设认识错误的条款，规定"不知法律的，不免除刑事责任"。对事实错误，应根据故意或过失的心理状态来决定行为人的刑事责任。（3）对排除社会危害性行为，应增设执行命令、正当业务、执行职务、受被害人承诺的行为和自损行为，使这方面的规定趋于完备。

（三）关于刑罚问题的立法建议

1. 在刑法中明确规定刑罚目的，以便强化司法人员的刑罚功能意识。

2. 改革刑罚的种类。第一，严格限制死刑的适用范围。主张罪刑等价主义，建议对经济犯罪减少或废除死刑的适用。第二，在自由刑中，主张取消拘役，将有期徒刑的下限降至3个月，扩大管制刑的适用对象，并适当修改管制刑的内容。第三，提高罚金刑在刑罚体系中的地位，变附加刑为主刑，并扩大罚金刑的适用范围。此外，我国刑法关于罚金刑的适用上限和下限的数额等还缺乏较为完善的规定，需要予以完善。第四，修改剥夺政治权利的内容，与宪法的有关规定相一致。主张在刑法总则中增加"国家工作人员利用职务之便犯罪的，应剥夺政治权利"的规定。

3. 完善各种量刑情节。（1）增设加重处罚制度；（2）明确规定从重处罚的情节；（3）增设迟缓处罚及不予处罚的制度；（4）明确规定从轻处罚的情节。

4. 完善各种行刑制度。缓刑应该设置考验方法及延长考验期的规定；减刑应该包括一般减刑和特别减刑，特别减刑是指死缓减为无期徒刑或者有期徒刑。有的同志对完善假释制度提出了如下设想：（1）调整假释的适用对象。认为我国刑法关于适用假释的对象只能是被判处有期徒刑和无期徒刑的罪犯之规定欠妥，因为根据这一规定，无论是犯什么性质的罪，也无论是否累犯或曾经被撤销过假释的罪犯，均属适用假释的对象，显然与假释的立法精神相悖，应当区别对待。对累犯、惯犯、曾被撤销过假释的罪犯和犯数个严重罪行的罪犯，不应当适用假释；对罪行严重的反革命罪犯、共同犯罪中的主犯和犯罪集团中的首犯，适用假释应当从严掌握；对未成年犯、老年犯、初犯、病残犯和过失犯可以从宽掌握。（2）完善假释的监督措施。主张建立专门的监督机构，明确规定被假释的罪犯应当遵守的事项，建立保证人、保证金制度等。（3）完善撤销假释的条件。主张将假释的撤销条件分为"应当"和"可以"两个档次。应当撤销假释的条件包括：其一，在假释期内，罪犯又犯故意之罪和假释期满后发现罪犯在假释期间犯有故意罪，不论是否超过追诉时效的；其二，在假释期内或期满后，发现罪犯在判决宣告前犯有故意罪而未处理，不论是否超过追诉时效的。可以撤销假释的条件包括：其一，过失犯罪，后果特别严重的；其二，严重违法，情节恶劣的；其三，不服监管，屡次违反在假释期间应遵守的事项，经教育不改的。

此外，为了预防犯罪，有的同志主张有限制地适用保安处分，实行刑罚与保安处分一体化；建议保安处分包括：劳动教养，强制留场就业，剥夺担任特定职务、从事特定职业的权利等；未成年人危害社会不处罚的，由政府收容教养；精神病人危害社会的，可以收容于精神病院监护治疗等。

（四）关于某些具体犯罪规定的完善

1. 交通肇事罪

1979 年刑法关于交通肇事罪的规定存在着某些缺陷，应当重新划定主体范围，缩小"非交通运输人员"的外延，操纵非机动交通工具肇事者不宜成为交通肇事罪的主体。应增设对"非交通运输人员"犯交通肇事罪的应当重于"交通运输人员"的规定。对酒后驾车肇事犯罪的，应有加重处罚的规定。对交通肇事后畏罪潜逃的，立法上也应规定加重处罚。对于交通肇事后见死不救致人死亡的，可按以下两种情况处理：（1）如果肇事者的先前行为不构成交通肇事罪，应按（间接）故意杀人定罪；（2）如果肇事者在构成交通肇事罪后逃跑，应以两罪并罚。

2. 关于侵犯财产的犯罪

有的同志指出我国关于侵犯财产犯罪的刑事立法存在以下不足之处：

（1）将盗窃、诈骗、抢夺三种独立的犯罪列为同一法条，不能充分显示出同这三种犯罪作斗争的鲜明性，也容易出现法定刑的不协调问题。主张采取一个法条一个罪名的模式；

（2）现行刑法对这几种犯罪的罪状、情节的表述比较原则、笼统，有的法定刑幅度太大，不适应不同犯罪情节量刑上的需要。主张将同一种犯罪，分别作出普通犯、结果加重犯、情节加重犯的规定；

（3）有些法条的用语和表达不太科学，在司法实践中容易产生争议，影响执法的统一，应使表述法条的用语科学化。此外，有的同志还主张把侵犯财产的各种犯罪的罪状具体化，如把盗窃罪分为盗窃罪、惯窃罪、扒窃罪等；并增设不同类型的诈骗罪，如合同诈骗、贷款诈骗、保险诈骗、破产诈骗、广告诈骗、电脑诈骗、信用卡诈骗等，分别表述罪状，规定法定刑。

3. 贩卖假药罪

有的同志认为药品与医疗器械有着密切的相关性，但二者又有所不同，所以，主张在贩卖假药罪的条款中增加制造、贩卖假医疗器械的内容，以避免放纵罪犯。

4. 拐卖人口罪

有的同志主张将刑法第 141 条规定的拐卖人口罪修改为贩卖人口罪。鉴于实践中收买人口的非法活动十分严重，建议增设收买人口罪，以有效地遏制和预防贩卖人口的犯罪活动。

（五）关于罪名的增删

1. 反革命罪名的更改问题

有的同志认为：反革命的罪名应当更改，而代之以危害国家安全罪。因为"反革命"是一个政治概念，同时，反革命的犯罪目的在司法实践中也难以认定。另有同志认为，反革命罪的罪名必须保留，这是人民民主专政的体现，是我国国情的实际需要。

2. 建议取消的罪名

主要涉及两种犯罪：一是挪用救灾、抢险、防汛、优抚、救济款物罪，主张并入挪用公款罪，作为从重处罚的情节。二是"打砸抢"罪，它是一定历史条件下的产物，而且规定该罪的刑法第137条第1款与第2款之间存在着矛盾，不便适用，建议予以废除。

3. 关于增设新罪名的建议

与会论者建议增设的罪名较多，除了众所周知的建议增设卖淫罪、侵占罪、绑架勒财罪、重大医疗事故罪外，还建议增设以下新罪名：（1）关于毒品犯罪，主张增设种植毒品原植物罪，非法持有毒品罪和引诱、唆使未成年人吸毒罪。（2）关于破坏社会经济秩序的犯罪，主张增设非法垄断罪、破坏耕地罪。（3）关于危害国家利益的犯罪，主张增设妨害国交罪，主要包括三种形式：一是危害在华的外国元首、外国使节及其他应受国际保护的人员的人身安全和名誉权的行为；二是危害应受国际保护的人员的公用馆舍、私人寓所和交通工具安全的行为；三是公然损害外国国旗、国徽及其他具有特定外交意义标志的行为。此外，有的同志还建议在刑法分则中增设"危害国家军事利益罪"，单列一章，排列在"危害国家安全罪"之前，集中规定危害国家军事利益的犯罪，并提出了十余种具体的罪名。

四、关于刑法总则有关问题的研究

有一部分论文从不同角度和侧面研讨了刑法总则的宏观理论和刑罚制度问题，提出了不少有益的见解。例如，关于刑事责任，有的论文就刑事责任的概念、范围、条件、特征、依据等问题作了探讨，指出：刑事责任是一种法律责任，是行为人在实施刑法规定的犯罪行为而形成的刑法关系中，应依法向国家担负刑事法律后果的惩罚义务。行为人承担刑事责任须具备刑事违法性、社会危害性、危害行为与危害结果之间具有因果关系以及行为人主观上须具有犯罪的故意和过失等条件。刑事责任的产生应以犯罪行为的实施为标准，刑事责任的结束表现为几种不同情况，如犯罪人死亡、刑罚执行完毕等。

关于假释制度的运用和完善作了探讨，有论文认为：假释制度具有维护原判刑罚的稳定性和严肃性的特点，对于被判长期徒刑或无期徒刑的犯人尤其有改恶从善、重新做人的作用，而且符合刑罚的经济原则，减少不必要的监禁，应当适当地扩大其适用范围。为保证假释制度的正确执行，应对被假释的分子建立专门的监督机构，明确规定假释期间应当遵守的事项，并建立保证人、保证金制度。关于假释的撤销条件，建立分为"应当"和"可以"的两个档次。在假释期内实施故意犯罪的作为应当撤销假释的条件；在假释期内实施后果特别严重的过失犯罪以及有严重违法行为可以撤销假释的条件。

此外，最高人民检察院在会上还提出了关于"反贪污法"的构想，征求与会代表的意见。

［高铭暄、姜伟、佘欣喜；载杨敦光、周其华、姜伟编：《廉政建设与刑法功能》，北京，法律出版社，1991］

第三十七章
为繁荣我国刑法学研究而努力奋斗（1987—1990）
——中国法学会刑法学研究会第二届干事会工作报告

一、前　言

　　我受中国法学会刑法学研究会第二届干事会的委托，把本届干事会的工作情况，向中国法学会刑法学研究会第三次代表会议作一个报告。请同志们审议并指正。

　　在开始报告工作情况之前，我们有必要首先通报，第二届干事会中的三位干事——严俊超同志、王志道同志和孙念伦同志，因为长期辛勤工作，积劳成疾，已不幸与世长辞了。这三位干事同志对刑法学研究会的工作兢兢业业，认真负责，尤其是严俊超同志这些年对于刑法学研究会的工作极其热情，作出了有目共睹的重要贡献。对这三位干事的逝世，我们表示深切的怀念。

　　下面打算讲三个方面的问题：一是关于过去四年来的工作和学术活动情况的回顾，这是报告的重点；二是对过去四年来学术活动的特点进行一些分析和归纳；三是简要地谈一下对刑法学研究会今后工作的展望和建议。

二、过去四年来的工作和学术活动情况

　　中国法学会刑法学研究会第二次代表会议，于 1987 年 10 月 13 日至 17 日在山东省烟台市举行。这次会议上选举产生由 54 人组成的中国法学会刑法学研究会第二届干事会。第二届干事会聘请王怀安、贾潜、甘雨沛、曾昭琼、伍柳村 5 位老前辈为顾问，推选高铭暄同志为总干事，推选丁慕英、马克昌、苏惠渔、杨春洗、杨敦先、单长宗、曹子丹 7 位同志为副总干事，推选杨敦先同志兼任秘书长，由正、副总干事和秘书长组成常务干事会。4 年来，中国法学会刑法学研究会在中国法学会的直接领导下，在中央和地方有关方面的支持，尤其是山东、河南、上海、辽宁各有关方面的大力支持下，在全体干事的共同努力以及全国刑法学界广大同志的积极参与和热情关心下，为我国刑法学研究的繁荣与发展，为我国的社会主义经济建设和法制建设，作出了积极的贡献。归纳起来看，主要表现在以下几个方面：

（一）学术会议

　　中国法学会刑法学研究会第二届干事会成立 4 年来，我们组织与召开了 4 次全国性

的刑法学学术研讨会。这就是 1987 年的烟台会议、1988 年的郑州会议、1989 年的上海会议和 1990 年的大连会议。这是刑法学研究会学术活动的一个重要方面。下面分别对这 4 次学术会议的情况作一个概要回顾。

1. 1987 年学术研讨会

1987 年 10 月 13 日至 17 日，中国法学会刑法学研究会在山东省烟台市召开的第二次代表会议上，在选举产生第二届干事会之后，接着举行了 1987 年学术研讨会。这次学术研讨会到会的正式代表 89 人，列席代表 16 人，会议共收到学术论文 73 篇，重点讨论了犯罪原因和体制改革与刑法两方面的问题。

（1）关于犯罪原因问题。与会代表对于犯罪原因的研究，既有宏观探讨，也有微观分析。在宏观方面，一些代表从总体上研究了犯罪的根源和犯罪的一般原因诸问题，这方面的主要观点与分歧意见表现在以下几个问题上：其一，关于研究犯罪原因的背景。不少代表主张应以社会主义初级阶段的犯罪现象为背景，少数代表仍主张应以整个社会主义历史时期的犯罪现象为背景。其二，关于犯罪的根源问题。代表们较为一致地认为应当将犯罪根源与犯罪原因区别开来：犯罪根源是根本的、占主导地位和起决定性作用的犯罪原因，犯罪原因则是次于犯罪根源、受制于犯罪根源的引起犯罪的因素。并对我国的犯罪根源提出了三种主张：一为社会主义初级阶段的阶级斗争是我国产生犯罪的总根源，二为社会非平衡因素是产生犯罪的根源，三为犯罪根源包括社会主义制度本身的不完善、旧社会的遗留和国际剥削制度的侵袭等多方面的因素。此外，一些代表还探讨了犯罪原因与犯罪条件的区别问题，以及影响犯罪产生的诸方面的因素问题。

就微观而言，关于犯罪原因的探讨主要涉及以下四个问题：其一，我国现阶段经济犯罪上升的原因。提出的主张主要是：商品经济消极因素的影响，对经济犯罪危害性缺乏认识，管理制度不严，用人不当等。其二，偶犯的原因。主要是：受资产阶级思想的腐蚀，受淫秽书刊的毒害和他人的引诱，泄愤报复和讲哥们儿义气，不学法、不知法，等等。其三，青少年犯罪的原因。主要是：阶级斗争在一定范围内存在，"十年动乱"的影响，剥削阶级思想的侵蚀和资产阶级腐朽生活方式的诱惑，家庭、学校教育的缺陷。其四，劳改犯脱逃或者重新犯罪的原因。其直接原因包括不认罪伏法、畸形需要得不到满足、罪犯群体的不良因素等，其相关因素则包括社会上不良因素的影响等。

（2）关于体制改革与刑法问题。关于体制改革与刑法，代表们主要探讨了在体制改革形势下刑法观的变革和刑事法制的协调这两个方面的问题。

关于刑法观念的变革问题，一些代表提出，要树立社会主义商品经济的刑法观。具体涉及犯罪观与刑罚观的变革：其一，关于犯罪观的变革。为适应经济体制改革的需要，对行为社会危害性的评价标准要有相应的变化。应以是否有利于社会主义商品经济和社会生产力的发展，作为行为有无社会危害性的评价标准。其二，关于刑罚观的变革。主要讨论的是法人应否作为犯罪主体的问题，有的代表主张要确立起"法人刑罚观"，有的代表则不同意"法人刑罚观"的主张；同时还有些代表提出，应当强调与重视财产刑在我国刑罚体系中的地位与作用，以适应体制改革的需要。

关于刑事法制的协调问题，包括刑事立法和刑事司法的协调、完善两个方面。

首先，关于刑事立法的协调完善。提出的建议主要有：一是改进立法技术，主要论及了如何通过空白罪状促进刑事立法的协调统一；二是加强刑法的立法解释，以便利司法实践；三是补充、修改刑法，适应体制改革新形势新情况的需要，增设侵占、破坏个体和私营经济、破坏经济合同、放高利贷、严重污染和破坏环境、严重破坏国家财经制度、医疗责任事故、卖淫嫖娼、非法出版、劫持交通工具、抢劫枪支弹药等犯罪。

其次，关于刑事司法的协调统一。论及的问题主要是：其一，应当进一步加强和完善刑事司法解释；其二，应当制定判例并利用判例及时地指导和协调刑事审判实践；其三，刑事司法中应当树立社会主义商品经济意识。

此外，这次会议的一些论文还探讨了其他方面的问题，主要是：贪污罪、偷税抗税罪、诈骗罪、"回扣"等在司法实践中遇到的一些问题；刑法学的体系和刑法学研究的方法论问题；关于运用定量分析方法量刑的问题；关于建立电脑辅助定罪量刑系统的问题；以及我国建立保安处分制度的问题等。

这次会议进行了分组讨论和大会交流发言。会议还安排了四个专题报告：一是研究会总干事高铭暄所作的《关于参加国际死刑问题学术讨论会的情况报告》，二是研究会副总干事杨春洗所作的《关于中美学者举行青少年犯罪问题学术会议的情况简介》，三是研究会副总干事单长宗所作的《关于当前刑事犯罪适用法律的几个问题》的报告，四是研究会副总干事丁慕英所作的《关于经济犯罪中几个要探讨的法律问题》的报告。会议最后由研究会总干事高铭暄代表干事会对会议的学术研讨情况进行了归纳总结，并把干事会关于会后工作的安排与设想向与会代表作了介绍与说明。

2. 1988 年学术研讨会

中国法学会刑法学研究会 1988 年学术研讨会，于 1988 年 10 月 6 日至 10 日在河南省郑州市举行。到会正式代表 76 人，特邀代表和列席代表四十余人。会议收到学术论文 68 篇。这次会议以改革开放新形势下如何完善我国刑事立法为中心议题，同时还研讨了刑事司法、刑法理论和刑法学教学的改革等问题。

（1）关于我国刑事立法的完善问题。对这个中心议题的研讨，内容广泛而丰富深入，主要包括以下五个方面：

其一，完善我国现行刑事立法的必要性与可行性。代表们较为一致地认为，由于我国近年来经济、政治和社会生活各方面情况的巨大变化，由于我国犯罪情况的发展变化，由于刑法规范之间及其与司法之间的不协调现象，我国现行刑法亟须完善，国家立法机关开始准备修改刑法是适时的；同时，修改和完善我国现行刑法也已具备了实践根据、理论研究、立法经验、资料积累等方面的条件，因而具备了现实的可行性。

其二，完善我国现行刑法的指导思想。有些代表提出，应树立与社会主义商品经济相适应的刑法观，应将刑法的主要任务由注重政治功能转变为注重经济功能，应建立严密、科学的刑法体系。另有些代表提出，要以适应我国现阶段社会主义商品经济和社会主义民主政治的发展需要为宗旨，增强刑法对社会的调整和促进力量，为此应注重贯彻4点：一是刑法锋芒应从反革命罪转向严重经济犯罪和严重危害社会治安的犯罪，二是定罪量刑的依据应以行为社会危害性为主并兼顾行为人的人身危险性，三是刑罚应由严厉和封闭状况适当向缓和与开放转变，四是应由只注重国内犯罪向同时注重国际犯罪和跨国、跨地区犯罪转变。

其三，刑法总则规范的完善，涉及的问题主要是：一是补充修改刑法总则的结构。有的提出增设刑法的原则和刑事责任两章，并将刑法的适用范围独立成章。二是协调刑法与宪法的规定。三是补充对国际犯罪行使普遍管辖权的条款。四是在立法中解决台港澳人犯罪的刑事责任问题。五是关于"法人犯罪"在立法中应否补充以及如何规定，见解不一。六是在刑罚体系和刑罚制度如何完善方面主要论及刑罚应否朝轻刑化方向发展，死刑的严格限制与逐步减少，罚金刑的扩大适用，资格刑、保安处分的增设，管制刑的存留与完善问题等。

其四，刑法分则的完善。涉及的主要问题是：首先，在体系结构方面，一是建议将反革命罪的章罪名修改为危害国家安全罪，二是建议将侵犯公民民主权利独立成章，三是增设妨害司法活动罪、青少年犯罪和危害国防罪专章。其次，一些条文的修改。再次，一些罪名的删除。最后，新罪名的增设，主要有：劫持交通工具罪，抢劫枪支、弹药罪，生产、经营毒害产品责任事故罪，绑架勒财罪，侵占罪，挥霍浪费罪，滥用职权罪，危害环境罪，重大医疗责任事故罪，破坏生产、经营罪，破坏土地罪，破坏矿产资源罪，侵犯著作权罪，哄抢罪，买赃罪，拒不作证罪，藐视法庭罪，制作、销售非法出版物罪，假冒专利罪，高利贷罪，乱伦罪，卖淫罪等。

其五，刑事立法的方式、技术和程序的完善。在立法方式上应重视运用刑法修正案的方式来及时修改刑法，注意进行刑法典的编纂，加强立法解释，增订刑法实施细则。在立法技术上，应摒弃"宜粗不宜细"、"宁疏勿密"的创制原则，规定明确、具体、详备、适当和符合实际需要的条文；分则条文应采取一条文一罪的方式，并且明定罪名。在立法程序上，应当坚持专门机构与群众相结合、理论与实践相结合的原则，专家/学者参加立法应当予以制度化和法律化。

（2）关于刑法适用问题。关于刑法适用的研讨，主要涉及了四个方面的问题：

其一，1988年1月全国人大常委会《关于惩治贪污罪贿赂罪的补充规定》的理解和适用问题。其中，一是关于贪污罪主体方面的问题，二是挪用公款罪问题，三是关于非法得利罪（也称巨额财产来源不明罪）的立法得失评价及理解与适用问题。

其二，经济犯罪的认定与处罚问题。探讨了区分非法经营与合法经营的标准、认定经济犯罪社会危害性的标准、科技活动中的罪与非罪以及回扣、佣金的性质等问题。

其三，量刑的综合平衡问题。有的代表提出，为在全国范围内保证量刑的综合平衡，应建立一个以成文法为主、以判例为补充的量刑模式。有的代表认为判例应有法律约束力，有的代表认为判例对定罪量刑没有约束力而只有参考作用。

其四，司法解释问题。有的代表认为，我国现有的刑事司法解释中，有个别在内容上有悖于立法原意，应引起重视，有的代表提出，全国人大及其常委会应当加强对刑事司法解释工作的监督，对违法的司法解释应予以撤销或者宣告无效。

（3）关于刑法理论和刑法教学改革问题。在刑法理论方面，主要涉及了社会主义初级阶段刑法观如何转变、社会主义初级阶段产生犯罪的根源以及犯罪构成理论的一些问题。

在刑法学的教学改革方面，一些代表探讨了以案释法、案例提问、案例研讨、案例测试、旁听审判、模拟法庭等方式在刑法学教学中的运用，以及专业实践与课堂研讨形式教学相结合方法的运用问题。

这次会议安排了3次大会报告：一是全国人大法律委员会顾问、中国法学会副会长高西江作了题为"进一步完善我国刑法的初步设想"的报告，介绍了全国人大常委会法工委当时正在着手进行的修改刑法的准备工作情况和有关修改内容的初步打算；二是研究会干事王作富作的《从刑事司法中的问题谈刑事立法的完善》的学术报告；三是研究会副总干事曹子丹所作的《国际刑法学协会中国分会的成立和欧洲大陆刑法的改革》的报告。会议经过分组讨论和大会交流发言，最后由研究会副总干事曹子丹代表干事会对会议的学术研讨情况进行了归纳总结，并向与会代表介绍了干事会关于会后工作安排的意见。

3. 1989 年学术研讨会

中国法学会刑法学研究会 1989 年学术研讨会，于 1989 年 10 月 24 日至 28 日在上海举行。到会正式代表 87 人，特邀代表和列席代表 45 人。会议收到学术论文 85 篇，此外还收到余叔通等翻译的《国际刑法学协会第十四届大会决议汇编》等资料。这次会议研讨的问题主要涉及刑法学研究的宏观理论问题、我国刑事立法的完善问题、反革命罪问题以及惩治经济犯罪、清除腐败中的刑法问题等方面。

（1）关于我国刑法学研究的宏观理论问题。其一，我国刑法学研究的指导思想。一些代表指出，我国刑法学研究必须坚持辩证唯物主义和历史唯物主义的原理，坚持阶级斗争和人民民主专政的理论，坚持上层建筑必须为经济基础服务的思想，坚持惩办与宽大相结合的刑事政策。

其二，我国刑法的人民民主专政职能。一方面，我国刑法具有对敌专政的职能，为充分发挥这一职能的作用，有必要使之进一步法律化和制度化；另一方面，应适当重视我国刑法保护人民民主的职能。

其三，我国刑法的经济保障作用。一些代表认为：随着社会主义商品经济的发展，我国刑法的经济保障作用日趋重要。为充分发挥刑法的经济保障作用，需要在立法和司法方面树立一些新的观念，并对刑法作必要的修改、补充。

（2）关于我国刑事立法的完善问题。在刑法宏观内容的完善方面，主要研讨了我国刑法应明确规定基本原则问题、"一国两制"的刑事立法协调等问题。

在刑种和刑罚制度的完善方面，研究的问题主要有：罚金刑立法的完善问题，管制刑的存废以及存留基础上如何完善的问题，缓刑考察制度的完善问题等。

在经济犯罪的刑事立法方面，探讨了应否制定独立的经济刑法典的问题。对此见解不一，持肯定说者还对经济刑法典的内容进行了探讨。

在其他具体犯罪的完善方面，主要探讨了职务犯罪的立法完善、投机倒把的立法分解，以及贿赂罪、赌博罪、偷税罪、假冒商标罪等的修改或补充问题。

此外，一些论文还探讨了过失犯罪的立法完善、军事刑法的创制等问题。

（3）关于反革命罪的认定处理与立法建议。一些论文结合1989年司法实践中的问题，对反革命罪进行了研讨，涉及的主要问题是：

其一，关于反革命目的的认定。有文章将之归纳为行为决定论、明显目的论和主、客观统一论三种观点。

其二，关于一些具体犯罪的认定和处理。主要探讨了反革命宣传煽动罪和持械聚众叛乱罪中的问题。

其三，关于反革命罪立法完善的建议。一是关于反革命罪名应否更改为危害国家安全罪的问题，存在着主张不应更改和主张更改两种截然相反的观点；二是关于一些具体反革命罪条文的罪刑的修改问题。

（4）关于惩治经济犯罪和清除腐败中的刑法问题。这是本次会议的重点议题之一，这方面主要研讨的问题是：

其一，刑法在惩治腐败中的地位和作用问题。探讨了运用刑法惩治腐败的必要性、惩治腐败中惩办与宽大相结合刑事政策的运用，以及适用刑法惩治腐败的原则和应注意的问题等。

其二，法人犯罪问题。探讨了法人犯罪的概念、主体、共同犯罪、犯罪未完成形态及其处罚诸问题。

其三，单位投机倒把犯罪问题。探讨了单位投机倒把犯罪的概念、构成要件、共同犯罪、法律与司法解释的适用等问题。

其四，关于"官倒"犯罪问题。研讨了"官倒"的概念、产生及防范等问题。

其五，贪污罪问题。集中研讨了贪污罪的主体问题，主要涉及国家工作人员的概念、企业承包经营中的贪污罪主体以及其他经手、管理公共财物人员的含义等问题。

其六，贿赂罪问题。涉及的问题主要是，我国当前贿赂犯罪的特点和对策，"贿赂"的范围，受贿罪"利用职务上的便利"的表现形式，以及受贿罪既遂与未遂的界限等。

除上述主要方面以外，还有些论文探讨了其他方面的问题，诸如：对刑事立法原意的把握问题、刑事司法解释问题、现阶段刑事执法不严的原因与对策、刑事司法中的酌定情节及其完善问题，等等。

这次会议上安排了3个报告：一是全国人大法律委员会顾问、中国法学会副会长高西江所作的《关于刑法学研究的方向及我国刑事立法的修改完善问题》的报告，二是研究会干事胡石友所作的《处理反革命暴乱案件如何运用刑法》的报告，三是研究会副总干事曹子丹所作的《关于国际刑法学协会第十四届大会有关情况介绍》的报告。会议经过分组讨论和大会交流发言，最后由研究会总干事高铭暄代表干事会对会议的学术研讨情况作了归纳总结，并向与会代表介绍了干事会关于会后工作的打算。

4. 1990 年学术研讨会

中国法学会刑法学研究会 1990 年学术研讨会，于 1990 年 11 月 1 日至 5 日在辽宁省大连市举行。到会正式代表 87 人，特邀代表和列席代表 54 人。会议收到学术论文 96 篇。这次会议主要研讨了关于廉政建设和职务犯罪问题，以及刑法修改问题。

（1）关于廉政建设和职务犯罪方面的问题。这是本次会议的中心议题之一，相当数量的论文就廉政建设与职务犯罪的宏观理论问题以及若干具体的职务犯罪问题作了较为深入的研讨。

在廉政建设与职务犯罪的宏观问题方面，着重探讨了三个问题：其一，刑法在廉政建设中的特殊功能。刑法通过惩办职务犯罪分子，能够纯洁国家公务员队伍，预防国家公务员职务犯罪，从而有助于达到为政清廉的目的。其二，廉政建设的刑事立法对策。一方面是主张增设挥霍浪费罪、滥用职权罪、挪用公款罪、放弃职守罪、妨害税收罪等职务犯罪的新罪名；另一方面是提出应根据各类职务犯罪的实际危害，适当提高其刑罚幅度，以强化刑罚在遏制职务犯罪方面的功能。其三，一些论文还结合司法实际情况，探讨了廉政建设的刑事司法对策方面的一些问题。

在廉政建设与职务犯罪的微观方面，一些论文探讨了几种经济型的职务犯罪：其一，受贿罪。主要探讨了客体、"利用职务之便"、贿赂的内容、主体以及索贿是否要以为他人谋取利益为构成犯罪的要件等问题。其二，贪污罪。主要探讨了当前贪污罪的特点、贪污罪定罪量刑中的偏差以及贪污罪的对策诸问题。其三，挪用公款罪。主要探讨了挪用公款罪的行为表现形式以及该罪的立法缺陷等问题。其四，非法得利罪。主要探讨了该罪的罪名问题和立法存废问题，在存废问题上有废除和在存留基础上完善两种不同的主张。

（2）关于刑法修改方面的问题。刑法修改仍是这次会议的主要议题之一，这方面研讨的主要问题有以下 5 个：

其一，刑法修改的原则和技术问题。一些论文认为，我国刑法的修改应遵循五条原则：一是法制化原则，以使罪刑关系明确化、规格化和法定化；二是科学化原则，以使刑法的内部结构相互协调；三是预见性原则，即刑事立法应当有预见地将一些犯罪现象纳入制裁范围；四是多元化原则，以建立层次分明、主从有序的完整体系；五是国际化原则，以顺应世界性的刑法发展趋势和潮流。还有论文探讨了刑法修改的技术问题，主张讲究立法技术以保证立法内容的科学性和可行性。

其二，关于犯罪与刑事责任方面。有的论文主张在刑法总则中增列刑事责任专章，并对该章内容提出了构想；还有些论文建议增设认识错误和其他排除社会危害性行为的条款。

其三，关于刑罚方面。研讨的问题主要有：在刑法中载明刑罚目的，改革刑罚种类，涉及死刑、自由刑、罚金刑、剥夺政治权利；完善量刑情节、量刑制度和刑罚制度；创建保安处分制度。

其四，具体犯罪方面。一是探讨了交通肇事罪、贩卖假药罪、拐卖人口罪、盗窃罪、诈骗罪等的修改补充问题，二是讨论了"打砸抢"罪的取消以及挪用特定款物罪并入挪用公款罪的问题，三是建议增设许多新的罪名。

其五，关于类罪的更改与增设问题。一是对于反革命罪应否改为危害国家安全罪，仍然存在肯定与否定两种主张，二是有的论文建议在刑法分则中增设危害国家军事利益罪的专章。

此外，还有的论文研讨了刑事责任问题以及假释制度的运用与完善问题等。

这次会议安排了 5 个大会报告：一是研究会副总干事杨敦先所作的《关于出席国际刑法学协会 1990 年理事会议的情况汇报》，二是研究会干事张泗汉所作的《关于当前盗窃有关问题的调查研究情况》的报告，三是研究会副总干事丁慕英所作的《在惩治贪污、贿赂犯罪中执行刑法的若干问题》的报告，四是研究会干事刘春和所作的《我国当前刑事犯罪的基本形势》的报告，五是最高人民检察院研究室叶锋同志所作的《起草〈反贪污法〉的基本构想》的介绍。会议在分组讨论的基础上进行了大会交流发言，最后由研究会总干事高铭暄代表干事会对会议的学术研讨情况作了归纳、总结，并向与会代表介绍了干事会关于会后工作的几点意见，明确了在下一年的年会上研究会干事会要进行换届选举。

以上讲的是第二届干事会期间先后 4 次举行的学术年会的学术活动情况。除此之外，各省、自治区、直辖市法学会的刑法学研究会，也多次召开或联合召开学术讨论会，研讨了许多刑法问题，取得了显著的成绩。

（二）国际性学术活动和对台学术交流

过去 4 年里，我们刑法学研究会以及干事和代表同志们，在刑法学领域里还进行了内容广泛、形式多样的国际性学术活动和对台学术交流。这主要可以归纳为以下三个方面：

1. 国际刑法学协会中国分会的成立及其国际性学术活动

国际刑法学协会是国际上刑事科学领域最有影响的非政府性学术组织，其前身是 1889 年由德国刑法学家李斯特、荷兰刑法学家哈默尔、比利时刑法学家普林斯创建的国际刑法学会。第一次世界大战时该学会停止活动，1924 年重建并更名为国际刑法学协会，现会址设在法国波城。该协会现有国家分会 77 个，会员六千余人，包括许多国家的著名教授、法官、检察官、律师、监狱官等；协会的学科包括刑法学、刑事诉讼法学、监狱法学、犯罪学、国际刑法学、法医学、司法精神病学、社会学等。该协会在联合国经济与社会理事会享有咨询地位，并为联合国每年召开的世界人权大会和每5年举行一次的世界预防犯罪与罪犯处遇大会起草和审定大量文件草案。我国过去未参加国际刑法学协会。显而易见，我国刑事法学界加入国际刑法学协会，对我国刑事法学走向世界具有重要的意义。

1987年5月，国际刑法学协会理事会在意大利锡拉库扎召开了一个关于死刑问题的国际学术讨论会，我们中国法学会刑法学研究会的总干事高铭暄和干事余叔通两位教授应邀参加，从此我国刑法学者与国际刑法学协会有了较多的接触，会后经过我们与国际刑法学协会主席耶塞克、秘书长巴西奥尼等领导人的联系商谈，该协会表示欢迎中国建立分会并加入该协会。在中国法学会的领导下，经过一段时间的筹备，国际刑法学协会中国分会于1988年4月7日正式成立，全国政法院校的刑事法学教授和政法机关的刑事法学专家共17人成为中国分会的首批会员，其中我们刑法学研究会第二届干事会的正、副总干事8人以及干事余叔通教授和干事王作富教授共10人成为中国分会的首批会员。中国分会选举中国法学会刑法学研究会的余叔通、高铭暄、曹子丹、杨敦先4位同志为分会领导人，余叔通、高铭暄分别任中国分会的正、副主席。1988年5月28日，国际刑法学协会理事会一致通过接纳中国分会为会员国，中国分会的17名会员也同时被该协会接纳为个人会员。国际刑法学协会中国分会的建立以及该分会会员加入国际刑法学协会，标志着我国刑事法学开始走向世界，在国际刑事法学讲坛上开始占有一定的地位。

国际刑法学协会中国分会成立以来，参与了一些国际学术会议，并逐步开始了组织发展。

首先是中国分会组团参加了国际刑法学协会第14届代表大会。该协会第14届代表大会于1989年10月1日至7日在奥地利维也纳召开，这次大会同时也是该协会成立100周年的纪念日，因而格外受到该协会及各会员的重视。中国分会在1988年7月接到邀请参加大会的通知后，即根据会议的要求，积极组织会员围绕会议议题撰写学术论文。后经中国法学会和司法部反复研究并与外交部磋商，确定派出以分会主席余叔通教授为团长，有高铭暄教授、曹子丹教授、丁慕英同志、陈米承律师、薛焕辉同志参加的6人代表团。我国代表团按时出席了这次有61个国家的近七百人参加的大会，带去了9篇译成英文的包括行政刑法、刑罚制度、公诉制度、刑事证据、刑事审判和青少年犯罪等问题的论文，介绍与宣传了我国的刑事法律制度和学术观点，了解了国际刑法学界学术研究和司法实践方面的最新动向与科研成果，同与会的各国刑法学界专家/学者进行了较为广泛的接触与联系，并且顺利地当选为该协会理事国。中国分会主席、代表团团长余叔通教授当选为协会理事，成为该协会成立100年来的第一位中国理事。

其次是中国分会代表参加了1990年5月25日至26日在法国巴黎召开的国际刑法学协会理事会会议。该协会这次理事会会议预定的主要内容有3项：一是研究将于

1994 年在巴西召开的该协会第 15 届代表大会的准备工作及有关学术讨论题目，二是探讨协会的学术研究方向，三是听取各国家分会的活动情况汇报。国际刑法学协会的中国理事余叔通教授因工作安排不开不能出席会议，中国法学会及该协会中国分会派遣杨敦先同志和中国法学会国际联络部交流处处长梁毅同志前往巴黎参加了这次有 22 个国家近五十位代表参加的理事会会议。会议由该协会现任主席巴西奥尼主持。会议围绕预定内容进行了研讨。中国代表带去了中国分会对该协会第 15 届大会应设立的总题目和四个分题目的建议，中国分会建议的主题为"当代刑法与预防犯罪"，4 个分题目分别是"公众参与与刑法"、"科学技术发展与新的犯罪形式"、"诉讼程序与控制犯罪"和"国际刑法与国家主权"。中国代表就此建议在会上发言，并将此建议的法文本和英文本在会上散发，受到普遍欢迎，使协会领导成员和与会的各国分会代表对中国分会的活动情况与中国刑法学的发展动向增进了了解，从而扩大了中国分会的影响。同时，中国代表通过参加这次会议也对国际刑法学界的某些新情况、新动向增进了了解，并加强了同与会的各国刑法专家/学者的联系与友谊。

中国分会发展会员的工作也有所进展。经过个人申请以及各有关方面的协商，中国分会又于 1990 年接纳了 8 名刑事法专家/学者为分会的第二批会员。当然，由于中国分会是国际学术组织的分支机构，其会员的吸收涉及方方面面，受到多方面情况和条件的制约，一下子还不可能太广泛。但是可以肯定，随着实际需要与可能，中国分会今后仍将适当地发展和接纳新会员。

此外，中国分会还于 1988 年 9 月下旬接待了来中国访问的国际刑法学协会当时的主席耶塞克教授，安排中国分会在北京的会员与其见面座谈，并邀请他在中国政法大学作了题为"欧洲大陆的刑法改革"的学术报告。

总之，国际刑法学协会中国分会也是中国法学会领导下的与刑法学研究会有分有合的学术组织。在刑法学研究会第二届干事会任职期间，国际刑法学协会中国分会的建立及学术活动，也是中国法学会刑法学研究会国际学术活动的一个重要方面。

2. 其他国际学术交流与学术活动

过去 4 年里，刑法学研究会的干事和代表同志们，还在刑法学领域进行了其他一些国际性的学术交流与学术活动，主要包括：在国内接待一些国家来访的刑法专家、学者并与之进行学术交流；到国外出席刑法或者涉及刑法的一些国际学术会议，如刑法学研究会干事余叔通教授作为国际社会防护协会副主席，就于 1991 年 10 月去国外出席了该协会的会议，到国外考察刑事法制情况，如刑法学研究会副总干事杨敦先副教授和杨春洗教授，就曾分别于 1991 年 5 月和 9 月与全国人大常委会法工委刑法室的同志一起，前往美国和德国考察其刑事法制；此外，有些同志还到国外法学院进修和研究刑法，等等。

3. 与我国台湾地区刑法学界的接触和学术交流

随着近年来海峡两岸关系的缓和，两岸民间和学术界逐步展开了交往。在刑法学研究会第二届干事会任职期间，我们的干事和代表们开始与台湾地区刑法学界进行接触和学术交流。

1988年11月在香港地区举行了"海峡两岸法律适用之理论与实务学术讨论会"，刑法学研究会副秘书长赵秉志副教授作为大陆代表团的代表应邀出席会议，同与会的台湾地区法律学者有了接触交流并建立了联系。

1990年4月24日至5月1日，中华全国台湾同胞联谊会（以下简称全国台联会）和中国人民大学台湾法律问题研究所联合在京举行了"海峡两岸法律学者学术研讨会"，台湾地区方面有十余位法律专家、学者应邀参加会议。几乎与此同时，"通过法律维护世界和平中心"主办的第14届世界法律大会也于1990年4月22日至27日在京举行，台湾地区方面有近七十位法律学者、法官和律师前来参加这个会议。前来参加这两个会议的台湾地区法律专家、学者中，有一些是刑法专家、学者，包括知名刑法学者林山田教授等。中国法学会刑法学研究会的不少干事和代表应邀参加了这两个会议。我们的与会代表在会议期间，与台湾地区刑法学界的专家、学者们进行了广泛的接触和学术交流，互相赠送了学术著作，并建立了一些个人之间的联系与友谊。

1991年10月21日至24日，中国法学会和全国台联会在北京联合召开了"海峡两岸法学学术交流与合作座谈会"，台湾地区方面共有13位知名法学教授和律师应邀出席，其中有台湾地区刑法学界知名学者蔡墩铭教授、林山田教授和甘添贵教授等。刑法学研究会总干事高铭暄教授、干事余叔通教授和副秘书长赵秉志副教授应邀参加了这次会议，在会上同台湾地区与会的专家、学者尤其是刑法学者就两岸交往中的法律问题以及两岸法学界的交往与合作问题进行了学术交流，并增进了相互的了解与友谊。

此外，刑法学研究会的干事和代表同志们还通过其他渠道，以多种形式与台湾地区刑法学者进行了一定的接触和学术交流。

两岸刑法学界的接触和学术交流，对于两岸刑法学研究的相互借鉴和促进，对于合理地解决现阶段两岸交往中的刑事法律问题，以及促进两岸关系的良性发展，都具有重要的意义。

总之，这些国际性和对台的学术交流与学术活动的开展进行，增强了刑法学研究会以及我国刑法学界对外开放的气息，也必将对我国刑法学研究的繁荣起到积极的促进作用。

（三）学术研究成果

过去4年里，中国法学会刑法学研究会及其干事、代表同志们，通过进行学术活动和开展学术研究，取得了显著的学术研究成果。对此大致可以归纳为三个方面：

1. 刑法学研究会组织编写出版了4本论著

一是《刑法发展与司法完善》一书。这是刑法学研究会1988年学术研讨会的论文选集。1988年学术讨论会以后，刑法学研究会组织编审人员对会议收到的68篇论文进行了认真的审读、编改，选用 35 篇，并将高西江同志在会议上所作的关于完善我国刑事立法的学术报告和研究会副总干事曹子丹等同志关于这次讨论会的研讨综述收入，编成书本。全书三十余万字，由中国人民公安大学出版社于 1989 年 9 月出版，印刷8 000 册。

二是《刑法发展与司法完善（续编）》一书。这是刑法学研究会 1989 年学术研讨会的论文选集。该书从这次会议的 86 篇论文中选用 59 篇，并将研究会总干事高铭暄等同志关于这次会议的研讨综述和国际刑法学协会中国分会余叔通教授等翻译并提交给会议的《国际刑法学协会第 14 届大会决议汇编》收入，编成书本。全书近四十六万字，由吉林大学出版社于 1990 年 5 月正式出版，印行 4 000 册。

三是《廉政建设与刑法功能》一书。这是刑法学研究会 1990 年学术研讨会的论文选集。该书从这次会议提交的 96 篇论文中选用 68 篇，并将刑法学研究会总干事高铭暄等同志关于会议研讨的综述以及刑法学研究会副总干事杨敦先同志《关于出席国际刑法学协会 1990 年理事会议的情况汇报》收入，编成本书。全书 52 万余字，由法律出版社于 1991 年 5 月正式出版，印行 4 000 册。

四是《全国刑法硕士论文荟萃》一书。这本书是在刑法学研究会的组织下，委托研究会副秘书长赵秉志同志负责主持，并由研究会的几位青年学者参加编写的。刑法学研究会的 8 位正、副总干事以及有关政法院校的 9 位知名教授（大多是研究会的干事）担任了编写顾问。该书以浓缩的方式收录了我国建立学位制度以来 1981 届至 1988 届 8 届已通过答辩的 187 篇硕士学位论文的新观点、新见解和研究有所深入的问题。全书 65万余字，由中国人民公安大学出版社于 1989 年 3 月正式出版，印行 10 000 册。

这 4 本书籍中，前 3 本集中地反映了刑法学研究会 1988 年至 1990 年 3 次学术研讨会的研讨成果，内容丰富，具有一定的理论深度和实践参考价值；第四本书收录全面，内容精炼，信息丰富，是一本很有理论和实践价值的大型科研情报书、工具书和资料书。

2. 刑法学研究会撰写并发表了一些研讨综述性文章

过去 4 年里，刑法学研究会每年召开学术讨论会之后，都将会议的有关情况、大会学术报告以及干事会对于学术研讨情况的总结撰编成文，在上海《法讯》（后改为《法的信息》）的支持下以专刊的形式印行交流；每年学术研讨会的研讨情况综述也由研究会委托有关同志执笔撰写并在中国法学会主办的《法学研究动态》这份内部刊物上发表交流。刑法学研究会还承担了中国法学会编辑出版的每年一本的《中国法律年鉴》的有关撰稿任务，过去 4 年里每年都向该年鉴提交两篇稿件：一篇是关于每年刑法学学科发展概况的文章，另一篇是关于刑法学研究会每年学术研讨会情况的文章。这些研讨综述性文章的发表，有助于全国刑法学界、司法机关和立法部门乃至整个法学界概要地了解我国刑法学研究的动向和进展情况，也有助于协调各促进各国刑法学的研究。

3. 刑法学研究会成员、顾问和代表们出版发表了许多论著

例如，该 4 年中仅由刑法学研究会正、副总干事，正、副秘书长以及干事和顾问撰

著出版的刑法书籍，据不完全统计就有以下几十种：

（1）专题著作类有：《新中国刑法的理论与实践》（高铭暄、王作富主编，石家庄，河北人民出版社，1988），《中国刑法研究》（王作富著，北京，中国人民大学出版社，1988），《犯罪构成论》（曾宪信等著，武汉，武汉大学出版社，1988），《侵犯财产罪新论》（赵秉志等著，北京，知识出版社，1988），《诈骗罪的剖析与对策》（欧阳涛等著，北京，中国人民公安大学出版社，1988），《经济犯罪的定罪与量刑》（欧阳涛等主编，南宁，广西人民出版社，1988），《中美学者论青少年犯罪》（杨春洗主编，北京，群众出版社，1989），《量刑与电脑》（苏惠渔等著，北京，百家出版社，1989），《刑法学专论》（甘雨沛主编，北京，北京大学出版社，1989），《犯罪主体论》（赵秉志著，北京，中国人民大学出版社，1989），《中国刑法的运用与完善》（赵秉志等著，北京，法律出版社，1989），《性犯罪》（欧阳涛主编，郑州，河南人民出版社，1989），《刑法修改研究综述》（赵秉志主编，北京，中国人民公安大学出版社，1990），《杀人罪伤害罪个案研究》（伍柳村主编，成都，四川大学出版社，1990），《贿赂罪个案研究》（伍柳村主编，成都，四川大学出版社，1990），《犯罪与刑罚新论》（甘雨沛、杨春洗、张文主编，北京，北京大学出版社，1991），《严重经济犯罪与严重刑事犯罪的认定和处理》（周其华著，北京，中国政法大学出版社，1991），《量刑方法研究专论》（苏惠渔等编，上海，复旦大学出版社，1991），等等。

（2）教科书类有：《刑法总则要义》（高铭暄著，天津，天津人民出版社，1988），《刑法教程》（曹子丹主编，北京，中国政法大学出版社，1988），《刑法分论》（梁华仁主编，北京，中国政法大学出版社，1988），《中国刑法学教程》（周柏森主编，兰州，兰州大学出版社，1988），《中国刑法学》（高铭暄主编，马克昌副主编，北京，中国人民大学出版社，1989），《刑法学》（高铭暄主编，高格副主编，北京，北京大学出版社，1989），《中国刑法教程》（林准主编，高铭暄、单长宗副主编，北京，人民法院出版社，1989），《刑法分则要义》（王作富著，北京，中央广播电视大学出版社，1989），《中国刑法简明教程》（周其华主编，上海，上海出版社，1989），《刑法教程》（梁华仁编写，北京，中国矿业大学出版社，1989），《刑法总论》（高铭暄、王作富主编，北京，中国人民大学出版社，1990），《中国刑法总论》（邓又天主编，成都，四川人民出版社，1990），《中国刑法》（周道鸾主编，北京，中国政法大学出版社，1991），等等。

（3）工具书类有：《中国刑法词典》（高铭暄、王作富等编，上海，学林出版社，1989），《刑事法学大辞书》（杨春洗、高铭暄、马克昌、余叔通主编，南京，南京大学出版社，1990）等。

同时，刑法学研究会成员、顾问和代表们还发表了许多刑法学术论文和文章。

由上可见，4年里刑法学研究确实取得了颇为丰硕的成果。

三、过去四年来学术活动的特点

过去 4 年里，中国法学会刑法学研究会的学术活动取得了显著的成绩，其中，学术研讨会是研究会学术活动中最重要的部分，也可以说是其核心和主体所在。下面我们就侧重从学术研讨会分析归纳研究会这 4 年里学术活动的特点，以有助于对这 4 年里学术活动的宏观认识与把握，并为研究会今后学术活动的开展提供一些参考。概而言之，刑法学研究会这 4 年里的学术研讨活动主要具有以下特点：

（一）精心组织，认真准备

组织和准备工作是这种全国性民间学术活动成功与否的基础和关键。刑法学研究会第二届干事会对此有明确的认识，因而非常重视学术活动的组织和准备工作。这主要表现在：

其一，精心确定议题。从时间上看，研究会干事会在每年的学术讨论会即将结束之际，就经过讨论初步拟定下年学术讨论会的议题；在每年学术研讨会举行的三四个月以前，再由研究会的常务干事会最后研究确定会议议题。从议题数量上看，每年学术研讨会确定的议题都在三个以下，以保证研讨的重点突出和内容深入，并促进学术争鸣。从议题内容的选择确定上看，研究会坚持理论联系实际，立足现实并面向发展的正确导向原则，注意根据我国社会主义建设和刑事法制建设的现实和发展的迫切需要来选择和确定会议议题。例如，4 年里刑法学研究会学术研讨会所选择的我国刑事立法的修改与完善问题、惩治腐败中的刑法运用问题、制止动乱和平息暴乱中的刑法问题、廉政建设中的刑法问题等，都是刑事法制领域迫切需要研究和解决的重大而现实的课题。会议中心议题正确而及时的确定，就为会议研讨的深入和成功奠定了基础。

其二，围绕中心议题提供参考题目。多年以前，刑法学研究会举行研讨会，往往是事先只明确中心议题而没有较为具体的参考题目，许多代表反映这样不便于撰写论文，从实际效果上看这样也影响研讨的突出重点和深入。针对这种情况并考虑到代表们的合理要求，第二届干事会改变了过去那种仅明确中心议题的做法，而是在会前的几个月，经过研究，围绕中心议题拟出一批具体的参考选题寄发给各位代表，以方便代表们选择具体题目撰写论文。

其三，研究会的其他组织和准备工作，包括同会议召开地点的有关方面反复联系协商有关问题，及时给会议代表寄发参考选题和开会通知等，这些工作都得到了相当的重视和具体的落实。

其四，会议东道主方面以及与会代表们的准备工作。过去 4 年里每年一次的学术研讨会均在地方省市召开，作为会议东道主的山东烟台、河南郑州、上海、辽宁大连的有关方面给予了大力的支持，为会议的顺利举行做了大量的组织与准备工作。这是我们的会议获得成功的一个极为重要的条件。研究会第二届干事会在此再次向上述省市的有关方面及有关同志表示衷心的感谢。这次会议在广东省广州市举行，我们以同样的心情向广东省、广州市的领导同志和有关部门表示诚挚的感谢。此外，我们的广大与会代表同志们对参加会议、进行研讨也表现出极大的热情和充分的重视。代表们在接到会议通知和会议主题、参考选题的通知后，都认真地进行调查研究和写作，一般都带来学术论文参加会议。代表们这种严肃、认真的精神和积极扎实的科研工作准备，也是我们的学术研讨会获得成功的重要的条件。研究会第二届干事会在此也向过去 4 年里广大的与会代表同志们表示由衷的感谢和崇高的敬意。

(二) 代表层面广泛，中青年比重过半

其一，与会代表的层面比较广泛。过去 4 年的学术研讨会，除个别省区，如海南、西藏以外，其他各省、自治区、直辖市都有代表参加。与会代表中既有政法院校和法学研究机构的同志，也有公、检、法、司等政法机关和立法部门的同志；既有地方的同志，也有军队政法机构的同志；既有尚在院校就读的研究生，也有机关、团体的领导同志；既有白发苍苍、老当益壮的老专家、老教授，也有生龙活虎、朝气蓬勃的二十多岁的年轻人。

其二，与会代表中的中青年占相当的比重。从过去 4 年里研讨会与会代表的年龄构成上看，中青年代表已占有相当的比重，基本上占有一半或者过半。中青年代表中 35 岁以下的青年代表也有一定的数量。中青年代表的增加，既有各地各方面重视的因素，也有研究会予以倡导以及增设列席代表等措施的因素。

与会代表的层面广泛，使得我们的研讨会成为全国刑法学界各方面的老中青专家、学者云集的盛会，使得我们的研讨会成为全国刑法学界团结和联系的重要纽带，使得我们的研讨会成为全国刑法学界广大同仁为国家刑事法制建设的发展和进步同心合力地献计献策的重要场所；而与会代表中的中青年代表占据相当的比重，则表明我国刑法学界的后继力量正在迅速茁壮地成长，这是繁荣我国刑法科学的一支生力军，是我国刑法科学蓬勃发展的希望所在。

(三) 论文重点突出，内容丰富，讲究研究方法，富于探索精神

纵观过去 4 年代表们向学术研讨会提交的论文，由于会议中心议题明确并附有参考选题，由于代表同志们的重视和认真研究写作等原因，会议论文呈现出以下特点：一是重点突出。大多数论文都围绕着中心议题即会议所预定的我国刑事法制建设中的重大理论与实践课题。二是内容丰富。论文内容包含司法、立法和理论，涉及议题的方方面面。三是注意研究方法的科学与创新。在注重坚持理论联系实际、立足本国政治经济和司法实践这些正确的研究方法的同时，开始比较注意采用中外比较研究方法、定性与定量研究相结合的方法以及立足现实与面向发展相结合的方法等。四是勇于探索与创新。

一些论文在提出问题、归纳问题的基础上努力从理论与实践的结合上分析和解决问题，研究比较深入；还有些论文开拓了新课题的研究，或者在研究中提出了新的见解。总之，会议论文不但数量多，而且质量总的来说也比较高，从而保证了会议的学术研讨水平。

（四）会议形式多样，气氛民主，研讨热烈

过去4年的学术研讨会，都注意作了阅读论文、分组讨论、大会交流发言、大会学术报告以及会议研讨总结等形式多样化的安排，以求达到活跃研讨和促进多层次充分交流的目的。在小组讨论、大会交流乃至休息时间聚谈时，与会代表都很踊跃地发表意见，有些观点也有所交锋，但都能平等地讨论，理智地争鸣，从而形成了学术讨论的良好气氛。会议研讨形式多样化的适当安排和学术研讨的良好气氛，也是我们的学术研讨会获得成功的必要条件。

（五）研讨成果丰硕，收获较大

这主要表现为在会议研讨的基础上，编写出版了3本论文选集，发表了一些文章，还组织编写了《全国刑法硕士论文荟萃》一书；此外，刑法学研究会的成员、顾问和与会代表个人还撰写发表了大量的论著。这些丰硕的研究成果有目共睹，得到了社会的承认和各有关方面的关注。与会代表普遍感到收获较大。

以上是对刑法学研究会这4年里学术活动尤其是学术研讨会特点的一个简要归纳。这些特点说明了我们的成绩和取得成绩的主要原因；说明刑法学研究会第二届干事会在组织、协调和推动全国刑法学研究方面做了大量的工作并作出了一定的贡献；同时也说明，如果没有中国法学会的正确领导和中央与地方各有关方面尤其是4年里研讨会召开地的几个省市各有关方面的大力支持，如果没有干事同志们和与会代表同志们的共同努力和热情参与，刑法学研究会这4年要取得这样的成绩也是不可能的。

当然，刑法学研究会第二届干事会的工作中也还存在一些缺点和问题。例如，1987年山东烟台学术讨论会后，研究会干事会计划将会议论文经过挑选编改出版一本论文集，但后来主要由于经费上的困难和我们抓得不甚及时与得力，这本论文选集未能问世，使这一年研讨会的研究成果未能集中地反映出来。再如，我们刑法学研究会长期以来打算创办的刑法学研究专刊，第二届干事会期间我们虽然作了一些努力，甚至已经同有关方面经过商谈而有了初步的进展和希望，但后来由于国家整顿刊物等情况的变化，以及各方面的困难一时难以克服，这件事情在第二届干事会期间仍然没有成功。又如，刑法学研究会除召开每年一次的全国性学术讨论会以外，小型专题讨论会的组织和进行比较欠缺。还有，我们全国刑法学研究会与各省、自治区、直辖市刑法学研究会的联系不够，协作较少，等等。这些缺点和问题都与我们常务干事会尤其是我个人的主观努力不够有关。第二届干事会诚恳地希望和欢迎与会的各位代表和同志们对我们工作中的缺

点及问题提出批评和意见。

四、对刑法学研究会今后工作的展望和建议

中国法学会刑法学研究会第二届干事会经过 4 年的任期和工作，即将届满卸任；新的一届干事会即刑法学研究会第三届干事会，即将通过选举产生。在中国法学会的领导下，经过多次的酝酿和征求各省、自治区、直辖市法学会对干事候选人提名的意见，刑法学研究会第三届干事会在成员上将由第二届干事会的 54 人扩大到 71 人，第三届干事会聘请的顾问人数也将比第二届干事会期间有所增加，就是说，第三届干事会的机构和成员力量将会有进一步的加强。这种调整和加强是为了适应刑法学研究会开展工作的需要，同时也是使之与我们刑法学界的现实状况相适应。我们第二届干事会相信，在即将产生的第三届干事会的领导下，中国法学会刑法学研究会的学术活动和学术研究工作必将获得新的更大的进展，必将为我国刑法学研究的繁荣和刑事法制的发展进步，作出更大的贡献。

我们第二届干事会对即将产生的第三届干事会今后的工作提出以下几点建议：

（1）学术研讨会要坚持年年开，并且精心组织，精心准备，还可以根据情况召开一些小型的专题研讨会。

（2）每次全国性学术讨论年会的论文都要精心选编成书，并且努力争取公开出版。

（3）对筹备创办刑法学研究专刊的事情，仍要积极争取资助和创造各方面必要的条件，一旦时机和条件成熟，就马上开办。

（4）要注意对中青年同志的培养、支持和使用，注意干事会乃至常务干事会年龄构成的适当年轻化和防止老化，注意通过各种措施吸收更多的中青年同志参加我们的学术活动和学术会议。

（5）要提倡和采取措施促进研究会干事们之间的横向联系，要注意努力与各省、自治区、直辖市法学会刑法学研究会之间加强联系与协作。

以上报告请各位代表和同志们审议，不当之处请批评指正。谢谢大家。

[高铭暄，赵秉志协助整理；载《安徽法学信息》，1992（1）]

第三十八章
1991 年全国刑法学术年会综述

一、前　言

中国法学会刑法学研究会第三届代表大会于 1991 年 11 月 11 日至 15 日在广州举行，到会正式代表 114 人，特邀代表、列席代表和工作人员 49 人，此外还有十余位刑法专业研究生到会旁听。广东省、广州市政法机关和有关方面的领导同志到会祝贺，中国法学会副会长王叔文教授到会指导。

这次大会的第一项议程是对刑法学研究会第二届干事会进行换届选举。刑法学研究会第二届干事会总干事高铭暄代表第二届干事会，向大会作了题为"为繁荣我国刑法学研究而努力奋斗"的工作报告，这个报告得到了与会代表们的一致肯定与好评。到会代表经过无记名投票，选出了由 70 人组成的中国法学会刑法学研究会第三届干事会。

这次大会的第二项议程是进行学术研讨。会议以刑法的执行问题为中心议题，共收到学术论文 104 篇。论文的数量之多，超过了刑法学研究会的历次年会。这些论文按其研讨的内容主要可以归纳为下述五个方面：

二、关于刑法的宏观理论问题

这方面涉及的主要问题有：

（一）刑事政策问题

有关文章研讨的主要问题有两个：

1. 刑事政策与刑法的关系

有的文章提出：刑事政策有党的刑事政策与国家的刑事政策之分，只有先处理好这两种刑事政策的关系，才能进而处理好刑事政策与刑法的关系。刑事政策与刑法的关系，在本质上反映的是党和国家与刑法的关系。刑事政策与刑法的关系是：一方面，刑事政策对刑事立法和刑事司法等有导向性、指导性的作用；另一方面，刑事政策不能代替刑法，刑事政策的制定也必须正确地反映司法实践的需要。

2. 唯刑主义观念与我国刑事政策的关系

有的文章认为：我国近年来同犯罪作斗争的理论与实践中，存在着崇尚刑罚"万能"的唯刑主义观念，这种观念必然导致刑事政策上的重刑主义倾向，必然导致在刑事政策上忽视刑罚个别预防的一般预防主义倾向，必然导致在刑事政策上排斥刑罚外的综合预防即社会预防措施。鉴于唯刑主义的种种弊端，我国的刑事政策应当摒弃这种错误的观念，而代之以刑罚预防与社会预防相结合的综合预防主义观念，并且以社会预防为主，辅之以刑罚预防。

（二）刑事法律关系问题

刑事法律关系是我国刑法学中还非常缺乏研究的一个基本刑法理论问题，这次会议上有两篇论文对这一专题进行了研讨。

有的论文认为：刑事法律关系就是国家和犯罪人之间依据刑法规范结成的特殊的权利义务关系；刑事法律关系的主体包括权利主体和义务主体，国家是唯一的刑事权利主体，犯罪的自然人和单位均可以成为刑事义务主体；刑事法律关系的客体是犯罪，包括犯罪的客观方面和主观方面；刑事法律关系的内容包括刑事处置权利和刑事责任；刑事法律关系体现了国家和犯罪人之间的不平等关系，并由国家强制力推动实现；刑事法律关系产生的条件是有犯罪的存在，其消灭条件是犯罪事实及其法律后果的消失，具体表现为刑事处置的结束。

另有的论文认为：刑事法律关系是刑事法律调整的国家与公民及某些法人之间的一种社会关系，其组成部分包括刑事法律关系的主体及权利、义务的客体。刑事法律关系可分为刑事实体法律关系、刑事程序法律关系和罪犯改造法律关系。刑事法律关系具有广延性和有限性、现实性和统一性、不平等性和严厉强制性以及正义性和科学性等特点。

（三）刑事责任问题

关于刑事责任的研讨主要集中在下述两个问题上：

1. 关于刑事责任的地位及其与犯罪和刑罚的关系

对这个问题的研讨提出了三种不同的见解：

（1）"罪责刑"的观点。有的论文认为，犯罪、刑事责任、刑罚三者的关系是先有犯罪，犯罪产生刑事责任，刑事责任再导致刑罚的适用，即刑事责任是连接犯罪与刑罚的中心环节。这也是我国刑法学界近年来关于此问题较为通行的主张。

（2）"责罪刑"的观点。有的文章认为，上述通行的"罪责刑"的主张是不妥的，从整个立法特别是刑事立法的角度看，总是刑事责任在先，犯罪在后，实践中刑事责任也总是与犯罪同时产生的，因此应将"罪责刑"的逻辑结构改为"责罪刑"的逻辑结构。该文章还认为，"责罪刑"的结构应贯彻于我国刑事立法中，依"刑事责任"、"犯罪"、"刑罚"的顺序规划我国刑法总则的结构。

（3）"罪责"的观点。有的文章认为，我国现行刑法属于"罪—刑"的体系结构，这在刑法理论根源上是深受了资产阶级刑事古典学派刑罚报应观的影响；也不符合我国刑事立法、司法正确的指导思想和经验，因为立法和司法都允许对一些犯罪分子不处刑罚而用其他措施来体现否定评价与谴责；同时，也使得刑事责任无独立地位并且含义混乱不堪；在司法实践中也容易造成枉纵失误。因此，主张否定"罪—刑"的观念与刑法结构。至于近年来提出的"罪责刑"的观念与刑法结构，与"罪刑"的观念与刑法结构在实质上没有区别，因为据此，犯罪意味着追究刑事责任，追究刑事责任又意味着处以刑罚。因而认为"罪责刑"的观念与刑法结构也应予以否定。这种观点主张"罪责"的观念与刑法结构，认为在立法上和实践中，刑事责任均应具有独立的实质性地位，能独立体现国家对犯罪的否定评价和谴责；而在立法上有资格与刑事责任一章并列的刑事制裁措施一章，应包含刑罚和非刑罚制裁措施两类内容。

2. 关于刑事责任的根据问题

关于这个问题的研讨大致有三种观点和表述：

（1）对刑事责任的根据应区分其哲学根据、法律根据和事实根据。其哲学根据是犯罪人的相对的意志自由，即犯罪人的主观能动性与社会性；其法律根据（就应否负刑事责任而言）是刑法规定的犯罪构成；其事实根据（就应否负刑事责任而言）是具备犯罪构成的行为。行为具备犯罪构成，是应当追究刑事责任的唯一根据和决定刑事责任程度的主要根据；能够影响刑事责任程度的，还有犯罪构成事实之外的能够说明行为社会危害性和行为人人身危险性的事实。

（2）刑事责任的根据可分为事实依据与法律依据。其事实依据是犯罪构成，其法律依据是具体的刑事法律规范。

（3）刑事责任的根据并不是犯罪构成，而只能是统治阶级的犯罪观和刑罚观。

（四）刑法的司法解释问题

有关论文的研讨，主要集中在现有的刑法司法解释的缺陷以及如何纠正与完善这两个问题上，但在论述的深度和所提出的完善建议上，均较以前的研究有所进展。

1. 我国现有的刑法司法解释的缺陷

有的文章认为有以下6点缺陷：一是司法解释的公开性尚未全面实现，二是司法解释的主体时常出现混乱和不一，三是司法解释的对象有无限扩大的倾向，四是司法解释还不完全符合立法的宗旨，五是司法解释内部还存在矛盾与空缺，六是司法解释的内容还有不够明了之处。

另有的文章认为主要存在三方面的缺陷：一是越权解释问题，二是司法解释权的归属混乱问题，三是司法解释中也有迁就立法失误而作牵强解释的现象。

2. 如何完善我国刑法的司法解释

有的文章提出，完善我国刑法的司法解释，应当在制定、颁行和实际适用司法解释时严格遵循下述 6 条原则：一是恪守解释权限，二是公开解释内容，三是符合立法宗旨，四是力求具体明辨，五是内容和谐一致，六是程序合理规范。

有的文章提出了如下 4 点建议：一是在宪法里对司法解释制度予以进一步的明确和强调，二是分别在人民法院组织法和人民检察院组织法里对司法解释制度予以具体的规定，三是尽快对现有的刑事司法解释予以整理和汇编，四是争取逐步在法院判决和裁定中予以公开体现。

还有的文章侧重从保证刑事司法解释的合法性方面提出了 4 点完善性措施：一是应制定司法解释的单行条例，二是国家权力机关要加强对司法解释制定的监督，三是应建立一支制定司法解释的专家咨询队伍，四是对司法解释实行社会监督和舆论监督。

三、犯罪总论问题

关于这方面的文章主要探讨了如下几个问题：

（一）未成年人犯罪及其处罚问题

1. 已满 14 周岁不满 16 周岁的未成年人犯罪负刑事责任的范围问题

有的同志认为，根据 1979 年刑法第 14 条第 2 款的规定，这个年龄段的未成年人只对下列三类犯罪负刑事责任：一是故意杀人、故意重伤等罪，二是妨害社会管理秩序犯罪中的严重刑事犯罪，三是其他类罪中与前类犯罪的社会危害性相当的犯罪。

2. 未成年人犯罪如何减轻处罚的问题

有的同志对不同年龄段的未成年人犯罪的减轻处罚分别作了论述，主张对已满 16 周岁不满 18 周岁的未成年犯罪人，只要另具有从轻处罚情节，就可以适用减轻处罚；已满 14 周岁不满 16 周岁的未成年人犯罪，不论是否另具有从轻处罚的情节，都应当减轻处罚。该同志还提出了对未成年人减轻处罚的量刑公式和减轻处罚后的法定最高刑，主张：凡未成年人犯罪具备减轻处罚条件的，如果是已满 16 周岁不满 18 周岁的未成年人，需判处无期徒刑以上刑罚的，其上限为无期徒刑，需判处有期徒刑的，其上限为 7 年零 6 个月有期徒刑；如果是已满 14 周岁不满 16 周岁的未成年人犯罪，由于不适用无期徒刑以上重刑，所以，其有期徒刑的上限为 5 年有期徒刑。

3. 未成年人犯罪的法律制度完善问题

有的同志提出了一些完善未成年人犯罪法律制度的建议，如建立未成年罪犯的缓刑制度，明确规定对未成年罪犯限制适用刑罚，建立独立的未成年人犯罪的诉讼制度，以及对未成年罪犯的监管实行半开放式等。

（二）法人共同犯罪问题

有的文章指出，法人共同犯罪是指两个以上法人或者一个法人与一个以上自然人共同故意犯罪，具体表现为法人与法人共同犯罪、法人与法人以外的自然人共同犯罪和法人与法人内部自然人共同犯罪三种情况。该文章认为我国刑法关于自然人共同犯罪人的分类也同样适用于法人共同犯罪人的分类，因而法人共同犯罪人也可以分法人主犯、法人从犯、法人教唆犯等。

（三）类推制度的存废问题

类推制度的存废一直是个有争议的问题，个别同志又提出了废除类推制度的主张，理由是，类推有导致司法侵越立法权、违背法不溯及既往、破坏刑法的确定性和稳定性等弊端；并论证了废除类推制度的现实可能性。

此外，还有论文探讨了犯罪未遂的类型、法条竞合以及吸收犯等问题。

四、刑罚适用问题

（一）建立具有中国特色的刑罚体系和驱除出境的存废问题

有的同志指出，鉴于自由刑为中心的刑罚体系存在着不足和人们的价值观向功利方面转移，我国应废除以自由刑为中心的刑罚体系，确立以财产刑和资格刑为中心的刑罚体系。有的同志对驱除出境这一刑种提出了异议，认为不应把驱除出境作为一个刑种规定在我国刑法中，而应当把它作为行政措施规定在其他法规中。

（二）死缓制度的理解与适用问题

在死缓制度的理解与适用上，有些同志提出了一些方法和建议，如认为死缓犯在 2 年考验期间又实施犯罪的，不一定属于抗拒改造情节恶劣，而没有重新犯罪但严重违反监管法规的，则可能构成抗拒改造情节恶劣，因此，认定死缓犯是否属于抗拒改造情节恶劣，不能仅以行为人是否重新犯罪或又犯何罪为标准；并且建议，应当在刑法第 54 条中增加"延长二年考验期"的规定，以适用于在死缓改造期间不认罪伏法、表现差但还不属于抗拒改造情节恶劣的死缓犯，2 年延长期满后，根据其在延长期间的表现，决定是执行死刑还是减为其他刑罚。另外，对于在 2 年改造期间有特殊立功表现的死缓犯，应当规定立功之后即可获得减刑，不应像现在 2 年改造期满后才获得减刑。

（三）关于缓刑制度的理解、适用与立法完善问题

这是本次大会的论文探讨的一个热点问题，涉及的主要问题有：

1. 对缓刑制度的理解

有的同志认为，某些著述把缓刑的适用条件分为前提条件和重要条件是不正确的，1979 年刑法第 67 条和第 69 条规定的缓刑适用条件是同等重要的有机整体，不存在前

提条件与实质或重要条件之分；并认为刑法第 67 条中的"可以宣告缓刑"，实为"应当宣告缓刑"，即只要犯罪分子符合缓刑适用条件，就应当对其判处缓刑，而不是可以或不可以判处缓刑的问题。关于缓刑的性质，有的同志强调了缓刑是一项刑罚制度或刑罚执行的一种方式，而不是刑罚消灭的一种事由，因而认为，犯罪分子在缓刑考验期满以后又故意犯罪的，可以构成累犯。

2. 对"依法多判处一些缓刑"的看法

探讨缓刑制度的同志一致认为，我国的缓刑适用率一直偏低，没有充分发挥缓刑制度的应有作用。因而主张大力贯彻中央政法工作会议提出的"依法多判处一些缓刑"的精神，纠正过去一些地方因片面强调"严打"，对该判处缓刑的也不判处缓刑等错误做法。但也有个别同志认为，"依法多判处一些缓刑"的提法不科学，科学的提法应当是"依法宣告缓刑"，有多少符合缓刑条件的，就宣告多少，否则，今天提多判一些，明天提少判一些，都是不妥当的。

3. 关于缓刑制度的立法与司法完善

多数论述缓刑的文章都提出了完善缓刑立法的建议，具体有：

（1）关于缓刑适用条件的完善。有的同志主张把缓刑的适用条件重新规定为 4 个，即犯罪分子被判处拘役、3 年以下有期徒刑，有悔罪表现，特定的犯罪原因已经消失，无反革命犯或者累犯身份。有的同志则提出对现行刑法规定的"确实不致再危害社会"这一缓刑适用条件作出明确的司法解释或通过判例加以明确。

（2）关于缓刑考察制度的完善。有的同志提出，应当建立缓刑考察的专门机构，明确规定缓刑考察人和缓刑犯的权利与义务，并建立缓刑保证金制度。即责令被判处缓刑的犯罪分子提供担保人，担保人保证犯罪分子在缓刑考验期间遵纪守法并交纳保证金。如果犯罪分子违反缓刑考验的条件，法院撤销缓刑并没收保证金；如果犯罪分子遵纪守法，考验期满后保证金退还担保人。

（3）关于缓刑考验期的完善。有的文章指出，应规定灵活的缓刑考验期制度，即缓刑的考验期可以延长和缩短，对于有立功表现的犯罪分子，可以缩短其缓刑考验期；对于有违法行为的犯罪分子，可以适当延长缓刑考验期；延长期内仍有违法行为的，就应当撤销缓刑。

此外，有些论文还论述了"悔罪"、"悔改"与"立功"的理解问题，量刑因素的量化分析问题以及非刑罚强制方法的问题等。

五、具体犯罪的认定和处罚问题

（一）关于破坏社会主义经济秩序罪

1. 投机倒把罪的问题

（1）对于倒卖计划供应票证，倒卖伪造的有价证券，倒卖伪造的车、船、飞机票等行为，不应按投机倒把罪定罪处罚，而应分别按刑法第 120 条规定的伪造或倒卖计划供应票证罪，第 123 条规定的伪造有价证券罪，第 124 条"伪造车、船、邮、税、货票罪"定罪处罚。

（2）对利用经济合同骗买骗卖的行为不应按投机倒把罪定罪处罚，应按诈骗罪定罪处罚。

2. 妨害国家货币罪的问题

（1）买卖假人民币的定罪问题。对于买卖伪造的货币的定罪，应作具体分析：出于牟利的目的，将假币运往外地出售，或者在外地购买假币运回本地出售等，其行为符合贩运伪造的国家货币罪的本质特征，可直接定贩运伪造的国家货币罪。如果是在本地出售、本地购买后倒卖，这种行为不符合贩运的特征，不能直接定贩运伪造的国家货币罪，构成犯罪的，应比照刑法第 122 条的规定类推定罪。

（2）走私假人民币行为的定罪问题。走私假人民币的行为，既侵犯国家的货币管理制度，又同时侵犯国家的对外贸易管理制度，一行为触犯两罪名，属想象竞合犯，按从一重处断的原则，应以走私罪定罪处罚。

（3）非法使用假人民币的定罪问题。区分不同情况作不同的处理：伪造或者贩运后使用的，定伪造国家货币罪或贩运伪造的国家货币罪；自当地获得假人民币后，携带运输到外地使用，或者在外地获得后携带回本地使用，定贩卖伪造的国家货币罪；行为人自当地获得在当地使用的，按照贩运伪造的国家货币罪类推定罪。

（4）妨害国家货币犯罪的立法完善。第一，明确规定伪造、贩运伪造国家货币行为定罪的起点数额。第二，将伪造、贩运伪造国家货币犯罪的法定最高刑提高到死刑。

3. 偷税、抗税罪的问题

（1）偷税、抗税罪的主体问题。在当前的经济形势下，偷税、抗税罪的主体不仅包括全民所有制企业和集体所有制企业的直接责任人员，而且应该包括私营企业、中外合资企业、中外合作企业和外资企业的直接责任人员，还应该包括单位直接责任人员以外的负有纳税义务的公民个人。另外，负有代征代扣、代缴税款义务的单位和个人即代征人，也可以成为偷税、抗税罪的主体。

（2）如何认定偷税、抗税的"情节严重"问题。认定偷税、抗税的"情节严重"，一般应以偷税、抗税的数额、手段及其后果三个方面综合分析判断，其中，数额是基本的、主要的。

（3）偷税、抗税罪的立法完善问题。第一，将偷税、抗税罪分为两个罪名，由两条分别加以规定。第二，扩大偷税、抗税罪的主体。将法人、个体工商业者或者其他负有纳税义务的公民纳入刑事立法规定的偷税、抗税罪的主体范围。第三，提高偷税、抗税罪的法定刑，增加财产刑和资格刑。

除上述问题外，有的文章还对假冒商标罪的客观行为的认定以及假冒商标罪的客观行为的立法完善进行了探讨。也有的论文就我国刑法对知识产权保护的欠缺及其完善进行了论述，提出应将采取欺骗的手段进行专利登记的行为，以营利为目的将没有申请专利的产品假冒为已申请专利产品的行为，以营利为目的将非专利产品假冒为专利产品的行为，以营利为目的复印、盗印他人作品的行为，假冒他人作品的行为，抄袭他人作品情节严重的行为等，由刑事立法规定为犯罪，以加强对知识产权的保护。

（二）关于侵犯财产罪

1. 盗窃罪的问题

（1）盗窃罪的对象问题。有的文章认为，盗窃罪的对象除了传统观点所讲的动产和有形物以外，还包括下列的无形物、有形物：其一，不动产；其二，电力、煤气、天然气等无形物；其三，秘密技术；其四，私人墓葬中的陪葬财物，无主墓葬中的财物，墓内的尸骨。

（2）家庭成员盗窃自己家庭财产的认定问题。对于盗窃自己家庭财产的行为，应分别情况作不同的处理：第一，行为人用秘密手段占有属于家庭其他成员的财产，数额较大的，构成盗窃罪。第二，行为人采用秘密手段，非法占有属于家庭成员共有的财产，如果超过其应分份额后仍数额较大的，亦应构成盗窃罪。对于家庭内盗的犯罪案件应当采取自诉原则。

（3）盗开汽车案件的定性问题。其一，以非法占有为目的，盗开汽车的，定盗窃罪。其二，出于流氓动机，藐视国家法律，盗用汽车寻衅滋事，严重破坏公共秩序，情节恶劣的，以流氓罪论处。其三，以报复破坏为目的，将盗开的汽车加以破坏的，按破坏交通工具罪论处。其四，盗开汽车作为犯罪工具，进行特定的犯罪活动的，按照处理牵连犯的原则，从一重罪处罚。其五，盗开汽车是为了过车瘾、兜风、取乐、意图用完后返回原处，但在驾驶过程中，发生交通事故，造成重大损失的，应以交通肇事罪定罪。其六，行为人基于抢救伤员，送病员去医院等，未经车主允许开车使用后送还，又没有造成其他后果的，不追究刑事责任。

（4）窃取国外旅行支票的性质问题。有的文章认为，对窃取国外旅行支票的行为，应分清两种情况确定不同的性质：第一，如果行为人窃取的是出售前的旅行支票，不能按支票的面额认定为盗窃罪，只能按印制票样所耗费的实际成本计算，其成本数额较大的，定盗窃罪。第二，如果行为人窃取的是出售后的旅行支票，可按支票的面额认定为盗窃罪。

2. 挪用公款罪的问题

关于挪用公款罪的问题的讨论仅涉及挪用公款罪共犯的认定和刑事责任的问题。

（1）挪用公款罪共犯的认定。有的文章指出，挪用公款罪共犯的成立必须具备以下条件：第一，共犯的主体，其挪用人必须是国家工作人员、集体经济组织工作人员或者其他经手、管理财物的人员，而使用人和其他人可以不要求这个要件。第二，共犯的主观方面必须有共同犯罪的故意。第三，共犯的客观方面表现为各个共同犯罪人有挪用公款的共同犯罪行为。

（2）挪用公款罪共犯的刑事责任问题。有的文章认为，挪用公款集团的首要分子应当依集团挪用公款的总额处罚，而对于其他挪用公款罪的共同犯罪分子，则按照其参与共同挪用公款的数额以及在共同犯罪中的地位、作用和个人使用额等情节进行处罚。

3. 巨额财产来源不明犯罪的问题

（1）罪名的选择问题。有的文章认为，将《关于惩治贪污罪贿赂罪的补充规定》第 11 条第 1 款规定的犯罪，称为非法所得罪、非法得利罪、拥有不明财产罪、拒不说明财产来源罪、隐瞒财产来源罪等罪名，都是不妥的，其罪名应为巨额财产来源不明罪。

（2）巨额财产来源不明罪的事实推定问题。上述文章还指出，以事实推定来认定犯罪与有罪推定是根本不同的，主要是不违背我国刑事诉讼法规定的以事实为根据的原则。

（3）被告人的举证责任问题。上述文章还认为，在巨额财产来源不明案件中让被告人有一定的举证责任，并不违背刑事诉讼法规定的司法机关负举证责任的原则。

对侵犯财产罪的讨论，除主要涉及上述几个方面的问题外，还有的文章对用侵吞公款为个人购买房屋居住权的行为应否适用贪污罪的问题进行了探讨，认为无论从理论上讲，还是从实践来看，对用侵吞的公款为个人购买房屋居住权的行为，都应按贪污罪予以处罚。

（三）关于渎职罪

1. 惩处渎职罪的原则

有的文章指出，在惩处渎职犯罪时，除了必须遵循罪刑法定原则、主客观相统一原则、罪刑相适应原则、罪责自负不株连无辜原则和惩罚与教育结合原则这些对惩处一切犯罪都适用的原则外，还应当特别注意贯彻在定罪上与普通公民相平等的原则、在处罚上较普通公民从严的原则、区分犯罪缘起的原则和全面追究法律责任的原则。

2. 贿赂罪的问题

（1）受贿罪的问题。对受贿罪的讨论，集中在受贿罪的客观要件上。

第一，如何理解受贿罪的"利用职务之便"。有的同志指出："利用职务之便"包括利用职权的便利和利用与职务有关的便利。利用职权的便利，是指利用本人担任某种职务所享有的主管、分管、决定或处理以至于经办一定事项的权力。利用与职务有关的便利，则是指利用本人的职权或地位形成的便利条件，通过第三者的职务行为谋取私利。有的文章还进一步列举了利用职权便利和利用与职务有关的便利的表现形式。利用本人职权便利的表现形式有：利用领导权和指挥权；利用经办权和管理权。利用与职务有关的便利条件的表现形式是：利用职务上的纵向制约、影响关系，利用上级对下级的职务制约、影响关系，利用下级对上级的职务上的影响关系，利用职务上的横向制约、协作关系，等等。

第二，关于"为他人谋取利益"是否是受贿罪客观方面的必备内容问题。一种观点认为，为他人谋取利益是索贿和收受贿赂都必须具备的客观要件内容；另一种观点认为，为他人谋取利益只是收受贿赂构成犯罪的客观必备要件，而索贿则不要求行为人为他人谋取利益。

第三，关于贿赂。有的论文指出：贿赂既包括金钱、物品等动产和房屋等不动产，也包括财产性的利益，如免除债务、免费旅游、代为偿还债务等。非财产性的利益则不能包括在贿赂的范围之内。

（2）行贿罪的问题。有文章对乡镇集体企业构成行贿罪的条件进行了阐述，认为乡镇集体企业构成行贿罪必须具备以下条件：第一，行贿企业必须以谋取不正当利益为目的；第二，行贿的必须是财物；第三，行贿的对象必须是国家工作人员和其他依法从事公务的人员，有为行贿人谋取利益的职务条件。

3. 渎职罪的立法完善问题

（1）贿赂罪的完善。第一，有的同志认为，应增设斡旋受贿罪、间接受贿罪、事前受贿罪、事后受贿罪。第二，有的文章指出，应将财产性的利益列入受贿罪的对象。第三，根据受贿主体的不同情况规定不同的处罚标准。

（2）增设新的渎职犯罪。有的文章认为，为了严惩渎职犯罪，应增设滥用职权罪、挥霍浪费罪、以职经商罪等新的渎职犯罪。

除上述问题外，有的文章对体罚、虐待被监管人罪的有关问题进行了探讨，还有的文章论述了玩忽职守罪的主体问题。

六、几个单行刑事法律的理解和适用问题

1990年12月28日全国人大常委会颁布了《关于禁毒的决定》（以下简称《禁毒决定》）和《关于惩治走私、制作、贩卖、传播淫秽物品的犯罪分子的决定》（以下简称《惩治淫秽物品决定》）两个单行刑事法律，1991年9月4日全国人大常委会又颁布了《关于严禁卖淫嫖娼的决定》（以下简称《严禁卖淫嫖娼决定》）和《关于严惩拐卖、绑架妇女、儿童的犯罪分子的决定》（以下简称《严惩拐卖绑架决定》）两个单行刑事法律。对这几个单行刑法的理解与适用，是本次年会讨论的一个热点。

（一）关于《禁毒决定》的理解和适用

1. 罪名问题

《禁毒决定》究竟包含多少罪名？这是理解和适用《禁毒决定》首先要解决的问题。关于这一问题，意见分歧较大。有的同志主张8个罪名，有的同志则认为《禁毒决定》的规定包括10个罪名，也有的同志认为包括11个罪名，还有的同志认为包括12个罪名，甚至有同志认为《禁毒决定》包括14个罪名。综观各种主张，对以下几种罪名已

经取得或基本取得共识，它们是：《禁毒决定》第 3 条规定的非法持有毒品罪，第 5 条规定的非法运输、携带制毒物品进出境罪，第 6 条规定的非法种植毒品原植物罪。意见分歧主要表现在以下几点：

（1）《禁毒决定》第 2 条规定的罪名问题。有三种不同观点：一是认为该条只规定了 1 个选择性的罪名，即走私、贩卖、运输、制造毒品罪。二是认为该条的规定包括走私毒品罪，贩卖毒品罪，运输毒品罪以及制造毒品罪 4 个罪名。三是认为该条的规定既不是只有 1 个罪名，也不是包含 4 个罪名，而是包含走私毒品罪和贩卖、运输、制造毒品罪两个罪名。

（2）《禁毒决定》第 4 条的规定包含几个罪名问题。有以下几种不同的主张：一种主张认为，该条的规定仅包含有一个新的罪名，即窝藏毒品或者毒品犯罪所得财物罪；第二种主张认为，该条的规定包含包庇毒品犯罪分子罪、窝藏毒品罪和窝藏毒品犯罪所得的财物罪三个罪名；第三种主张认为，该条规定的罪名是包庇毒品犯罪分子罪、窝藏毒品或者犯罪所得的财物罪和掩饰出售毒品获得财物的来源罪三个罪名；最后一种主张认为：该条的规定包含 4 个罪名，它们是，包庇毒品犯罪分子罪，窝藏毒品罪，窝藏毒品犯罪所得的财物罪和掩饰以及隐瞒出售毒品获得财物的非法性质和来源罪。

（3）《禁毒决定》第 7 条规定的罪名问题。有两种意见：多数人认为该条规定了两个罪名，即该条第 1 款规定的引诱、教唆、欺骗他人吸食、注射毒品罪，该条第 2 款规定的强迫他人吸食、注射毒品罪；个别同志则认为，该条只规定了引诱、教唆、欺骗、强迫他人吸食、注射毒品罪一个罪名。

（4）《禁毒决定》第 9 条的规定是否为一个独立的罪名问题。有两种不同的观点：一种观点认为该条的规定是一个独立的罪名即容留他人吸食、注射毒品并出售毒品罪；另一种观点则认为，该条规定的"容留他人吸食、注射毒品并出售毒品"的行为不能成为独立的一种犯罪，对这种行为应按照《禁毒决定》第 2 条规定的贩卖毒品罪定罪处罚。

2. 毒品犯罪的处罚问题

（1）几个法定情节的适用问题。《禁毒决定》第 11 条规定了对处罚毒品犯罪普遍适用的两个从重情节，第 14 条则规定了一个从宽处罚的情节。与会的有关论文对这三个法定情节的适用进行了探讨：

第一，《禁毒决定》第 11 条第 1 款的适用。该款规定："国家工作人员犯本决定规定之罪的，从重处罚。"有的论文指出，在适用这一法定情节时，必须严格把握国家工作人员的范围，国家工作人员仅限于在国家的各级权力机关、各级行政机关、各级司法机关、部队、国营企业、国家事业单位、各党派和人民团体中从事组织、监督、管理公共事务活动的人员。

第二，《禁毒决定》第 11 条第 2 款的适用。该款规定："因走私、贩卖、运输、制造、非法持有毒品罪被判过刑，又犯本决定规定之罪的，从重处罚。"对这一规定适用的条件，理论上并无分歧。但是对于这一规定与刑法第 61 条一般累犯的关系，则有两种不同意见：一种意见认为，《禁毒决定》的上述规定与刑法第 61 条关于一般累犯的规定，存在着部分重合的关系即法条竞合的关系。当犯罪人的情节既符合《禁毒决定》的上述规定，又符合刑法第 61 条关于一般累犯的规定时，按特别法优于普通法的原则，对犯罪人应按《禁毒决定》的上述规定从重处罚。另一种意见则认为，《禁毒决定》第 11 条第 2 款规定的从重处罚，只是对于刑法第 61 条关于累犯规定之外，需要从重处罚的犯罪情况作出的强制性规定。因此，对既符合累犯规定，又符合《禁毒决定》第 11 条第 2 款的规定时，应适用刑法第 61 条的规定从重处罚，而不应适用《禁毒决定》的规定从重处罚。

（2）附加刑的适用问题。对毒品犯罪，凡《禁毒决定》规定并处罚金或者没收财产的，处罚时必须依法附加适用罚金或者没收财产的刑罚。对《禁毒决定》规定可以并处罚金的毒品犯罪，处罚时，原则上也应附加适用罚金。

（3）毒品犯罪共犯的处罚。有的文章认为，对那些犯罪对象的数量决定处刑轻重的毒品犯罪的共犯的处罚，如走私、贩卖、运输、制造毒品犯罪的共犯，非法持有毒品罪的共犯等，可以借鉴《关于惩治走私罪的补充规定》和《关于惩治贪污罪贿赂罪的补充规定》有关走私罪、贪污罪共犯的处罚规定，即对犯罪集团的首要分子和其他情节严重的主犯，按共同犯罪的总数额处罚，对其他共同犯罪分子，则按其参与的数额以及在共同犯罪中的作用处罚。

3. 毒品的定性、定量分析问题

有两种不同的观点：一种观点认为，认定毒品犯罪时，首先要对被查获的物品进行定性分析，即究竟是否毒品，是哪一种毒品的检验鉴定，并且只能由有关鉴定机关检验、鉴定，而不能仅凭侦查人员的肉眼、感觉加以判断；其次，在毒品的性质得到确定后，还应进行定量分析，即对毒品的纯度进行分析鉴定。另一种观点认为，鉴于当前对所有的毒品犯罪进行定性定量鉴定的条件还不成熟，对于那些毒品的真伪比较明显、各方面没有分歧的一般案件，可暂不作定性定量鉴定，而对于拟判处死刑的案件必须进行定性定量分析鉴定，对于查获的毒品形状、颜色明显不同于这类毒品的一般特征或者有争议的，也应当进行定性鉴定。

4. 走私、贩卖、运输、制造毒品犯罪的问题

（1）走私、贩卖、运输、制造毒品犯罪构成起点数量问题。有两种不同的观点：一种观点认为，《禁毒决定》没有明确规定构成走私、贩卖、运输、制造毒品犯罪的最低数量标准，这就意味着只要行为人实施了走私、贩卖、运输、制造毒品的行为，不管数量多少，都构成犯罪。另一种观点认为，《禁毒决定》没有规定走私、贩卖、运输、制造毒品犯罪的定罪最低数量标准，并不意味着对于任何走私、贩卖、运输、制造毒品的行为，一律要判刑。根据刑法第 10 条关于"情节显著轻微危害不大的，不认为是犯罪"的规定，走私、贩卖、运输、制造毒品的行为构成犯罪仍然有个起点数量问题，其起点

数量究竟应是多少,应由有关机关作出司法解释。

(2) 贩卖假毒品案件的定性问题。对于贩卖假毒品的案件,应分别情况,确定不同的罪名:明知是假毒品而贩卖获利的,按诈骗罪定罪;不知是假毒品,将假毒品误认为真毒品贩卖获利的,应按贩卖毒品罪定罪,属于贩卖毒品罪的犯罪未遂。

(3) 对走私、贩卖、运输、制造毒品的犯罪判处死刑的标准问题。《禁毒决定》对走私、贩卖、运输、制造毒品的犯罪,没有确定适用死刑的具体标准。有人认为,为了便于司法实践在适用死刑时有具体统一的标准可以遵循,最高人民法院应就走私、贩卖、运输、制造毒品的犯罪适用死刑的标准作出具体的司法解释;并建议将个人走私、贩卖、运输、制造鸦片 3 000 克以上、海洛因 150 克以上作为应判处死刑的单纯数量标准,至于对达到上述数量的犯罪分子是否判处死刑,还要综合考虑其他情节加以确定。

对《禁毒决定》的理解和适用的讨论除主要涉及上述几个问题外,有的文章论述了毒品犯罪的一般构成特征;有的论文阐述了具体的毒品犯罪的构成特征;还有的论文论述了对毒品依赖等的强制医疗问题,并从全面禁毒的需要、法案内部协调一致的需要以及反毒品国际合作的需要等方面立论,阐述了刑事立法增设吸用毒品罪的必要性,同时对吸用毒品罪的犯罪构成及刑事责任进行了论述。

(二) 关于《严禁卖淫嫖娼决定》的理解与适用

1. 新罪名问题

有的同志认为《严禁卖淫嫖娼决定》共增设了 4 个新罪名,它们是:组织卖淫罪、协助组织他人卖淫罪、介绍他人卖淫罪,以及患有严重性病卖淫、嫖娼罪。持不同看法的同志则认为,协助他人卖淫不是《严禁卖淫嫖娼决定》增设的新罪名,而属于组织卖淫罪的共同犯罪;介绍他人卖淫也只是引诱、容留他人卖淫罪的一种表现形式或犯罪方法,不是一个新罪名。

2. 对患有性病的人卖淫嫖娼如何认定的问题

《严禁卖淫嫖娼决定》第 5 条规定:"明知自己患有梅毒、淋病等严重性病卖淫、嫖娼的,处五年以下有期徒刑。"对这条规定的不同理解有如下几点:一是这条规定的罪名问题,一共有 6 种表述:传播性病罪,故意传播性病罪,恶意传播性病罪,患有严重性病卖淫嫖娼罪,明知有性病而卖淫嫖娼罪,卖淫罪和嫖娼罪(即直接定卖淫罪和嫖娼罪)。二是关于本罪的犯罪形态问题,有的同志认为是危险犯,只要患有性病的行为人实施的卖淫嫖娼行为有引起性病传播的危险的,就构成犯罪并为既遂,不需要造成性病实际传播的后果;另有同志认为,本罪是行为犯,只要患有严重性病的行为人实施了卖淫、嫖娼行为,不论是否具有引起性病传播的危险或者造成了实际传播的结果,即构成犯罪。而持不同意见的同志则认为,从其他国家的一些相关规定和本罪的社会危害性看,以行为人的卖淫嫖娼行为造成了性病实际传播的后果为本罪的构成要件,似乎更为妥当。三是性病的范围问题,有的文章主张行为人所患的必须是严重性病,有的文章认为只要患有国际上公认的性病而卖淫嫖娼的，就可以构成本罪。

另外，关于本罪的罪过形式，都主张得以行为人明知自己患有严重性病为成立条件，如果行为人不知自己患有性病而卖淫嫖娼，即使引起了性病传播，也不构成本罪。

3. 关于一罪与数罪的问题

主要观点有：第一，犯罪分子先行强奸妇女而后迫使其卖淫的，有的文章认为构成数罪，应实行数罪并罚；有的文章认为强奸行为应作为强迫妇女卖淫罪的情节特别严重，从一罪处断。第二，明知自己患有性病而嫖宿不满14周岁的幼女的，应按奸淫幼女罪从重处罚。第三，组织他人卖淫且强迫、引诱、容留他人卖淫的，按组织他人卖淫罪从重处罚。

（三）关于《严惩拐卖绑架决定》的理解与适用

一些同志对《严惩拐卖绑架决定》作了比较全面的探讨，涉及的主要问题有：

1. 《严惩拐卖绑架决定》与刑法第 141 条的关系问题

有的同志认为，《严惩拐卖绑架决定》是对刑法第 141 条的补充规定，二者是法条竞合关系，不是前者取代后者的关系，因此，拐卖人口罪和拐卖妇女、儿童罪也是并存的关系。

2. 拐卖妇女、儿童罪和拐卖人口罪是否以违背被害人意志为构成要件问题

有些同志认为，鉴于拐卖手段的多样性和复杂性，有些学者以前主张的拐、卖手段必须齐备和拐卖人口罪必须以违背被害人意志为构成要件的论点已经过时；指出，只要行为人把他人当作商品出卖，即使被害人自愿，也构成犯罪。该同志并指出，由于拐卖行为分离及"拐"字在这两罪中已失去其原有含义，故建议将拐卖人口罪和拐卖妇女、儿童罪修改为贩卖人口罪和贩卖妇女、儿童罪。

3. 关于拐卖绑架犯罪的一罪与数罪和既遂、未遂问题

关于一罪与数罪的观点有：第一，行为人既拐卖妇女、儿童，又绑架妇女、儿童的，可以构成数罪。第二，行为人在拐卖妇女的过程中，又实施了奸淫和强迫妇女卖淫行为的，有人认为构成数罪，应实行数罪并罚；有人认为后一行为是前一犯罪的特别严重情节，只构成一罪。第三，行为人收买妇女、儿童后又予以出卖的，只构成拐卖妇女、儿童罪。

关于拐卖、绑架犯罪的既遂、未遂问题，有的同志认为，划分拐卖、绑架犯罪的既遂与未遂，都应当以犯罪分子是否把被害人拐骗或绑架到手为标准，而不应当以行为人是否把被害人卖出或是否勒索到财物为标准。

4. 关于偷盗婴幼儿的行为如何定罪的问题

有三种主张：第一种主张根据犯罪分子盗窃目的的不同，分别定绑架妇女、儿童罪或绑架勒赎罪，即对以出卖为目的偷盗婴幼儿的，定绑架妇女、儿童罪；以勒索财物为目的，偷盗婴幼儿的，定绑架勒赎罪。第二种主张定独立的偷盗婴幼儿罪。第三种主张定绑架妇女、儿童罪。

5. 关于收买被拐卖、绑架的妇女、儿童罪

研讨的主要问题有：第一，收买的妇女、儿童必须是被他人拐骗、绑架后出卖的妇女、儿童。第二，收买人必须明知自己收买的是被拐卖、绑架的妇女、儿童。第三，收买人收买妇女、儿童以后，不阻碍妇女返回原居住地或不阻碍对儿童进行解救的，对收买人可以不按犯罪论处，也可以认定有罪但不追究刑事责任，对于虽不阻碍解救但情节恶劣的收买人，也可以追究刑事责任。

另外，有的同志还对与《严惩拐卖绑架决定》有直接联系的拐卖人口犯罪进行了深入的研究，列举了当前拐卖人口犯罪 12 种类型，即欺骗型、利诱型、传带型、偷窃型、抢劫型、绑架型、胁迫型、麻醉型、卖亲型、卖婴型、自愿型和转手型等；并对拐卖人口罪的主体特征和出卖形式作了分析。

此外，还有个别文章探讨了《惩治淫秽物品决定》中的出版淫秽物品行为。

［高铭暄、赵秉志、胡云腾、李希慧；载《法学研究动态》，1991（12）］

第三十九章
1992 年全国刑法学术年会综述

一、前　言

中国法学会刑法学研究会 1992 年学术研讨会于 1992 年 10 月 17 日至 21 日在历史文化名城西安举行，与会代表及旁听人员等共一百五十余人，陕西省、西安市政法机关和有关方面的领导同志到会祝贺。

本次学术研讨会以刑罚的运用与完善为中心议题，共收到论文 107 篇。论文围绕改革开放和市场经济建设的新形势，就刑法观念转变、刑罚运用与完善、经济犯罪的认定与惩治等问题展开广泛、深入的研讨。现就其主要内容综述如下：

二、刑法总论问题

（一）刑法观念的更新

传统计划经济体制向市场经济体制的转换，带动了社会价值观念变化，同时也推动了刑法观念的更新和转变。有论者明确提出，要树立社会主义市场经济的刑法观，即刑法为发展市场经济保驾护航的服务观、以保障社会生产力发展为标准的犯罪观、与市场经济相适应的刑罚效益观和法律面前人人平等的执法观。

有的论者还提出，各种刑法观的实质差异主要集中在对犯罪本质属性、刑法功能以及罪刑关系的总体认识上，应当从犯罪观和刑罚观的一些基本问题入手，逐步实现刑法观念的转变和更新。该论者认为：应将生产力标准作为评价行为社会危害性的有无及其程度的价值尺度，进而以此为核心与基石确立新的犯罪观。此外，要对生产力标准的丰富内涵进行全面、科学的理解和把握，要避免将生产力发展标准曲解为纯粹的经济标准、单一的局部标准、绝对化的唯一标准和人为自立的标准。

（二）刑法的民主化

在改革开放和建立市场经济体制的新形势下，刑法的民主性是一个备受关注的问题。有论者从刑事立法过程、现行刑法的内容和刑事司法过程三个方面探讨我国刑事法制建设的民主性问题。在刑事立法方面，该论者提出，要注重刑事立法工作的透明度，要体现最广大人民群众的意志和利益，要借鉴国外立法的有益经验。在现行刑法的内容方面，该论者认为，有些单行刑事立法在溯及力上采用从新原则，在生效时间上采用公布当天生效的做法不可取，并提出要废除"形同虚设"的类推制度，加强刑法对公民民主权利的保护。最后，该论者强调在刑法解释和刑法执行两方面要注重发挥刑事司法的民主性。

有论者对我国刑事立法的民主化提出建议：首先，在立法上应全面贯彻法律面前人人平等的指导思想，改变现有立法内容中对国家公职人员犯罪处罚偏轻的倾向。其次，我国刑法应改变只注重公民人身权利而忽视其民主自由权利的倾向，突出强调对公民民主自由权利的法律保障并逐步扩大保护的范围，使公民能够充分行使各项民主自由权利。再次，我国刑法应迅速改变建立在传统报应思想基础上的侧重客观危害的观念，在犯罪的认定和量刑情节的设置上，坚持客观危害与行为人主观危险性的统一，使二者在定罪量刑过程中相互作用，发挥不同的制约效应。

（三）刑法的保障功能

为保证改革开放和经济发展的顺利进行，党和国家运用了政治、经济、法律等各种手段，其中刑事法律起到了举足轻重的作用。邓小平同志提出"要坚持两手抓，一手抓改革开放，一手抓打击各种犯罪活动"。打击各种刑事犯罪是对改革开放的有力保障。有的论者强调了"两手抓"思想的重要性：第一，打击各种刑事犯罪是解放和发展社会主义生产力的重要保证；第二，坚持人民民主专政是深刻认识和正确对待各种刑事犯罪的应有的科学态度；第三，"两手抓"是惩治腐败和搞好廉政建设的根本途径；第四，要把打击各种犯罪寓于改革开放之中，贯穿于经济建设的全过程。

有论者则从刑法在政治体制改革中的保证功能、在经济体制改革中的保驾护航作用、对社会治安综合治理的功能和对国家安全的保卫功能等四个方面，对刑法在改革开放中的保障功能进行了全面的阐述。

（四）刑罚的运用和完善

1. 刑罚功能和刑罚机制

在刑罚功能问题上，有论者提出，必须实现刑罚由注重政治功能向注重经济功能的转变；认为在商品经济条件下，刑罚将显现出刑罚目的性、刑罚等价性、刑罚经济性和刑罚人道性的新特点。有的论者则提出，从研究刑罚目的到研究刑罚功能是刑法（刑罚）理论研究的一大进步，但对刑罚功能的研究基本停留在静态分析上，有必要对刑罚功能实现的过程和规律，即刑罚机制进行研究。该论者认为，协调的刑罚结构、行刑机构与犯人和社会之间的密切合作、雄厚的物质基础是完善刑法机制的根本保障，任何一项出问题都会影响刑罚功能的充分实现。

2. 法定刑的调整

关于法定刑的调整问题，有论者提出：在调整法定刑时要避免"重型化"和"轻刑化"的倾向，应当坚持建立在罪刑等价关系基础上的适度与协调原则。适度原则，即指刑罚的轻重应与犯罪的社会危害性相当。首先，刑罚的幅度应与犯罪的轻重相当；其次，刑罚的种类应与犯罪的性质对应。协调原则，即指各类犯罪的法定刑之间应保持平衡关系。具体的设想是：第一，故意犯罪重于过失犯罪；第二，业务过失犯罪重于一般过失犯罪；第三，职务犯罪重于非职务犯罪；第四，治安犯罪重于婚姻家庭犯罪。由此，保证罪与刑之间的等价关系。

3. 死刑的适用与完善

在死刑问题上，有论者从文化、历史和现实的角度，对中国的死刑问题进行了深层次的反思和探讨。该论者分析了中国民众死刑意识强烈的深层原因：首先，涉及对人类生命价值的认识，死刑是对罪犯生命价值的漠视；其次，涉及对法律功能的认识，"工具主义法律观"使得法律永远是为某一目的服务的工具，容易衍生出"重型主义"思想。

有论者指出：我国的死刑现状表现为数量多、范围广、增长快三个特征，应及时遏制死刑的"膨胀"，否则会产生一系列不良后果。必须在立法上减少死刑条款，在司法上严格控制死刑适用，并客观宣传死刑的作用，破除社会对死刑的迷信。有的论者结合司法实践提出，要从诉讼程序上限制死刑的适用，尤其要把好侦查和死刑复核两个重要的环节。

有论者认为，死缓制度作为我国刑法独创性的制度，是坚定贯彻"少杀"政策的制度保证和实行惩办与宽大相结合的刑事政策的需要；提出应当全面总结适用死刑立即执行与死缓的界限，以扩大死缓的适用。该论者认为，符合以下条件，即属于虽然罪该处死，但"不是必须立即执行，可以判处死缓的"：其一，罪行尚未达到最严重的程度；其二，在共同犯罪中不是起最主要作用的犯罪分子；其三，被害方有过错；其四，犯罪分子主动投案自首或者有悔改和立功表现，或者属于在别人唆使下犯罪，归案后悔罪态度好的；其五，为留有余地而判处死缓；其六，考虑到国际影响或为保存活证据的需要；其七，在特定的专项斗争条件下，符合特定条件的，可从轻判处死缓。

4. 罚金刑的适用与完善

有论者认为，随着我国社会主义市场经济的发展，罚金刑在惩罚犯罪、改造犯罪分子方面将发挥更大的作用。该论者分析了我国罚金刑适用的现状，指出司法实践中审判人员不适用或很少适用罚金刑的主要原因在于：其一，现阶段公民收入普遍不高，罚金刑难以判处和执行；其二，罚金刑立法不科学、不合理直接影响罚金刑的适用，如数额规定过于笼统，没有设立罚金易科制度等；其三，罚金刑本身所存在的缺陷，即对不同经济条件的犯罪人的"不平等"，使得司法人员轻视罚金刑；其四，行政处罚的罚款、刑事侦查中的追缴赃款、赃物同罚金刑衔接不良影响罚金刑的实际执行。针对现状，该论者指出了我国罚金刑发展的方向：第一，罚金刑的适用范围应在原有基础上进一步扩大，特别是财产和贪利性犯罪；第二，法人犯罪的罚金刑应不同于自然人；第三，罚金刑的数额应逐步具体化并趋向稳定；第四，罚金刑的科处方法应趋向多元化。

也有论者针对管制刑和罚金刑存在的缺陷，提出：首先，将管制刑和罚金刑配置在一起，充分发挥二者的刑罚效益。具体的设想是：第一，立法上扩大管制刑和罚金刑的适用范围，进而规定在某些情况下，应并处罚金刑和管制刑。第二，执行上首先要改善管制刑和罚金刑的执行方法。罚金刑可规定受刑人按月交付罚金，管制刑可要求受刑人按月向执行机关提交操行情况汇报。其次，要把管制刑和罚金刑有机结合起来加以运用，协调二者的执行方法和量刑幅度。最后，要设置专门的执行机构。

5. 资格刑的适用与完善

有论者在分析了世界各国资格刑立法例的基础上，认为当今世界资格刑立法呈现出从一元制、多元制逐步向非刑制转换的趋势。该论者指出："一元制"难以适应犯罪复杂多变的需要，分则条文也无法具体穷尽在何种情况下剥夺某种特定资格，显得过于僵化、繁复。"非刑化"虽然符合现代刑法的发展潮流，却不适应我国现阶段职务犯罪、经济犯罪严重的具体情况。因此建议在我国刑法中构建"多元制"的资格刑体系，具体设想是：先在刑法总则中明确规定出资格刑的种类、适用对象和范围以及一般适用原则与具体方法；然后在分则条文中，一般情况下均按总则规定适用，仅在某些情形特殊的分则条文中作出特殊规定。

在完善资格刑的问题上，很多论者提出了建议，包括如下要点：

（1）充实资格刑的内容。有论者提出我国刑法应形成一个由 6 种具体刑种组成的系统的资格刑体系，包括剥夺选举权和被选举权，剥夺担任特定职务的资格，剥夺从事特定职业的资格，剥夺一定的荣誉，剥夺军衔，驱逐出境。

（2）淡化资格刑的政治色彩。有论者进而从公民权利和执行实践出发，提出删除剥夺"言论、出版、集会、结社、游行、示威"6 项政治自由的内容。

（3）扩大资格刑的适用范围。有论者设想，对于渎职犯罪、凭借特定职业权利实施的经济犯罪和妨害社会管理秩序犯罪、职业过失犯罪等应当适用相应的资格刑。

（4）完善资格刑的适用方式。有论者提出，要建立资格刑的缓刑、减刑和免除制度、资格回复（复权）制度、资格刑执行监督考察制度等。

（5）实行资格刑分立制度。有论者提出，要针对不同犯罪的特点和犯罪人的具体情况适用不同的资格刑，实现刑罚的效益，避免"刑罚过剩"的弊端。

（五）外向型刑法研究

1. 涉港、澳、台地区的刑法问题

有论者分析了我国全国性刑法与香港特别行政区刑法的差异，提出从立法协调和司法协调两个方面解决两者的冲突。在立法协调方面，在我国尚未建立解决具体刑事法律冲突的冲突规范的情况下，《香港特别行政区基本法》中有关法律协调的规定是处理两者冲突时应遵循的原则。在司法协调方面，两地通过进行刑事审判与检控协助、警务协作等刑事司法协助，可以协调两地共同打击犯罪的力量，缩小两地刑事法律上的差异。也有的论文谈到了海峡两岸的刑法冲突问题，分析了两岸刑法冲突的特征和表现形式，提出了解决两岸刑法冲突的原则和途径。

有论者提到了内地与港、澳、台地区在移交案犯上的合作，在分析了移交案犯合作的必要性和可能性的基础上，提出了通过国际刑警组织、司法协助和其他灵活方式进行移交案犯合作的可能，并且指出内地与港、澳、台地区间的移交案犯制度需要解决如下问题：（1）坚持双重犯罪原则；（2）不适用"政治犯不引渡"原则；（3）不适用"死刑犯不引渡"原则和"本国公民不引渡"原则；（4）建立移交前的临时逮捕制度。

2. 刑法的国际化

一个国家刑法的形成与发展，绝不是孤立地只从本国的情况出发，而是要受到世界各国刑法发展共同趋势的影响，并且本国刑法制度、刑法理论的建立也具有相应的国际意义。有论者提出我国刑法国际化的要求：（1）在刑事立法、司法和刑法理论等方面借鉴外国的先进经验，反映各国刑法发展的共同趋势；（2）为适应改革开放形势下同国内犯罪作斗争的需要，以经济犯罪为重点，借鉴外国有关的成功经验，完善我国刑法关于经济犯罪的规定；（3）为了适应同国际犯罪作斗争的需要，必须确立我国刑法的普遍管辖原则；（4）要加强对外宣传我国刑事法制建设的成功经验和优越性以及刑法学理论取得的进步和成就。

也有论者提出，国际刑法规范应当体现在国内刑法中，并认为在我国刑法修改过程中，要重视如下几点：（1）明确规定对国际犯罪的普遍管辖原则；（2）增设引渡条款；（3）明确规定战争罪；（4）增设侵犯应受国际保护人员罪；（5）完善关于危害公共安全罪的立法，修改破坏交通工具、交通设备罪，增设海盗罪和劫持交通工具罪；（6）增设劫持人质罪。

此外，在外国刑法研究方面，有论者详细介绍了德国和法国的行政刑法理论和实践，有论者介绍了英美刑法上的严格责任理论。

三、刑法各论问题

（一）经济犯罪的认定与惩治

1. 惩治经济犯罪与改革开放的关系

对于惩治经济犯罪与改革开放的关系问题，大家的观点比较一致，有论者对这一问题进行了专门的分析。该论者强调：面临经济开放和加速经济发展的有利时机，应当加大对不安定因素的控制，其中经济犯罪应是坚决打击的重点。惩治经济犯罪与改革开放在本质追求上是完全一致的，其目的都是促进我国的经济建设，二者相互贯通、相互依存、互为前提、相辅相成，统一于建设具有中国特色社会主义的实践。

该论者还提出，在深化改革、扩大开放的关键时期，在打击经济犯罪过程中，应当严格依法办案，坚决清除各种各样的保护主义倾向，集中力量查处大案、要案，准确把握打击经济犯罪与保障改革、促进开放的平衡。

2. 生产、销售假冒、伪劣商品犯罪问题

目前，生产、销售假冒、伪劣商品的违法犯罪现象已经成为干扰改革开放和经济建设的重点问题。有论者提出，加强对这一类型犯罪活动的控制的首要任务是完善该领域的立法。有论者建议，在现行刑法条文的基础上补充修改有关条款，例如，增设销售假冒商标的商品罪，制造、销售劣质医疗器械罪、制造、销售伪劣有害食品罪、制造有毒有害的食品包装罪，制造、销售假劣农药罪。也有论者提议，鉴于我国过去的立法习惯，可以由全国人大常委会采取"决定"的立法形式，集中规定生产销售假冒、伪劣商品的犯罪罪状及法定刑，并划分为故意或者过失生产、销售伪劣食品犯罪，故意或者过失生产、销售伪劣药品、医疗卫生保健器械犯罪，故意或者过失生产、销售其他足以危害公共安全的伪劣商品犯罪，故意或者过失生产、销售其他伪劣商品犯罪，故意生产、销售假冒他人注册商标、标识或者假冒产地、企业名称的商品犯罪共 5 个罪名，其中前三种置于"危害公共安全罪"中，后两种犯罪置于"破坏经济秩序罪"中。

3. 走私犯罪问题

伴随着改革开放，我国的走私问题日益凸显。有论者提出，自 1989 年以来走私活动呈现出企业、事业单位、群众及集团走私同时猖獗的猛烈势头，其原因错综复杂，既有复杂的历史背景和社会背景，也反映了我国国内控制的某些漏洞。该论者建议，应加强社会治安综合治理是治理走私犯罪的根本性措施，其中，严格意义上来讲，刑事制裁手段也是综合治理系统工程的一部分，强化刑事制裁职权需要受到特别的重视。

4. 回扣问题

回扣问题已然成为我国当下经济生活中的一个热门话题，也是本次研讨会中的一个热点问题。

对回扣的界定，有论者认为，通俗意义上的回扣、手续费按其表现形式可以详分为佣金、回扣、手续费、技术劳务费、承包或购销提成报酬、折扣等七种表现形式，对这些不同的经济现象应当区分处理。也有论者认为，回扣现象有的属于国际惯例的回扣，有的是变相回扣，有的是把回扣与佣金、折扣、让利、信息费、咨询费、手续费混为一谈，有的是行贿、受贿的手段；而刑法意义上需要查处的应当是其中为谋取不正当利益而给予回扣和私自收受回扣的案件，重点则是国家工作人员、集体经济组织或其他从事公务的人员的相关行为；至于企业在业务往来中的种种彼此利益分配，不宜在刑事领域过多讨论。还有论者就狭义的回扣予以界定，认为回扣是在商品经济交往中卖方支付的、从买方支付的货款中扣除又返还给买方的钱款。有论者从比较法的角度强调，回扣不同于佣金，一般是在商品成交、劳务合同成立并付清合同约定的全部款项后予以返回。

对于回扣的法律调整，存在着以下几种主张：（1）有论者认为，从社会商品生产流通的整体性、全面性看，回扣有很大的腐蚀和危害性，应当严格加以禁止。（2）有论者认为，回扣是在商品经济的发展基础上产生的商品流通领域中的一种经济现象，就其本身而言是中性的，而针对使用人的动机和具体情况的不同呈现出不同性质。在我国社会主义初级阶段商品经济条件下，市场交易机制不完善，价格结构扭曲，因此，在不侵犯国家、集体、个人利益的情况下，回扣作为被动接受价值规律调节的结果应当允许。（3）有论者认为，当前回扣现象中需要刑法调节的重点部分应当是，为谋取不正利益而给予国家工作人员、集体经济组织或其他从事公务人员回扣的行贿现象，以及国家工作人员、集体经济组织工作人员或其他从事公务人员收受回扣的受贿现象。（4）有论者认为，应当区分违法的回扣现象与应作为犯罪处理的回扣现象，后者应当仅仅限定为国家工作人员、集体经济组织工作人员或其他从事公务人员利用职务之便收受回扣的受贿现象。由上可见，对回扣的处理范围的不同观点差异较大。

5. 税收犯罪问题

对税收犯罪的讨论，集中在对《关于惩治偷税、抗税犯罪的补充规定》的法律适用问题上。首先，《关于惩治偷税、抗税犯罪的补充规定》对原有刑法内容进行了补充和修改。有论者分析，其重点集中在以下几个方面：（1）明确区分了抗税罪和偷税罪，缩小了抗税罪的刑事责任范围，并提高了抗税罪的法定刑，增加了罚金刑；（2）针对偷税罪，强调偷税行为与漏税、欠缴税款罪的区别，并加强了刑罚惩处；（3）增加了转移隐匿财产逃税罪、骗取国家进出口退税罪；（4）扩大了主体范围，明确法人入罪问题。其次，有论者建议，增设税收舞弊罪以惩治严重妨碍国家税收制度的税务人员的舞弊行为。再次，有论者对《关于惩治偷税、抗税犯罪的补充规定》第5条第1、2款的不同罪名规定提出质疑。

6. 计算机犯罪问题

有论者对我国计算机犯罪进行了刑事立法探讨，建议针对我国的刑法理论特点和计算机犯罪的特殊性，宜制定单行法规以调整计算机领域犯罪。

7. 科技人员犯罪问题

一直以来，科技人员业余兼职活动的规范问题界限比较模糊，其中罪与非罪的界定存在较大争议：（1）有论者提出，对科技人员的业余兼职活动应当从"三个有利于"的总标准出发进行总体评价，这实质上就是分析判断"行为是否具有一定的社会危害性"这一犯罪本质特征。（2）有论者提出，应当对其中罪与非罪的若干具体界限进行详细分析：首先，应当严格区分职务技术成果与非职务技术成果，正确认定科技人员在兼职活动中是否利用职务上的便利；其次，对兼职人员在协议报酬之外收受额外报酬的行为以及强行索要额外报酬的行为，应当区别分析；再次，现实情况中大量出现兼职人员改进利用本单位非保密性技术成果而后擅自转让获得技术转让费，这一行为应当与利用职务上的便利骗取、窃取本单位职务技术成果（包括技术秘密）的出卖行为区别开来。

8. 经济犯罪的处罚

（1）经济犯罪废除死刑问题。有论者提出：对经济犯罪应当废除死刑。首先，经济犯罪的原因非常复杂，是社会诸多矛盾冲突的极端表现，而在很长的一段时间内，这些社会原因都不可能完全消除，因此经济犯罪在长期内仍将十分突出，解决经济犯罪问题应当从缓解社会主要矛盾的角度入手，从根本上预防与减少；而死刑的适用只能是"治标"之策。其次，从刑罚功利性的角度，死刑对预防经济犯罪并无明显的作用。最后，从比较研究的角度，对经济犯罪废除死刑在世界各国都具有共性。

（2）经济犯罪的经济保安处分。有论者提出，我国刑法有必要建立保安处分制度，并在经济犯罪领域充分发挥其作用。该论者还建议在我国经济保安处分制度设置中引入善行保证、禁止从事某种职业或营业、公共判决和解散公司等措施。

（二）社会管理秩序犯罪问题

1. 危害环境犯罪问题

对于完善环境刑事立法的讨论已持续了相当一段时间，此次年会上又有论者对在刑法中增设危害环境犯罪提出了建议。该论者对危害环境罪的犯罪构成、刑事责任以及建立相应的诉讼制度提出了构想，并主张设置如下罪名：污染大气罪，污染水体罪，污染海洋罪，排放环境噪声罪，污染土壤罪，盗伐、滥伐林木罪，非法捕杀野生动物罪，非法砍伐野生植物罪，破坏草原罪，破坏矿产资源罪，破坏水产资源罪，破坏名胜古迹、特定景观罪。

2. 毒品犯罪问题

针对全国人大常委会《关于禁毒的决定》中的司法适用问题，有论者提出，有关毒品犯罪的法律规制包括 1979 年刑法典第 171 条以及全国人大常委会《关于严惩严重破坏经济的罪犯的决定》、《关于惩治走私罪的补充规定》和《关于禁毒的规定》等刑事法律，这些法律都具有效力，应当同时适用。而有论者则提出相反观点，认为《关于禁毒的决定》已经吸收包括了原有罪名并增加了新的罪名，是新法，也是特别法，因此应当只适用《关于禁毒的决定》。

3. 风化类犯罪问题

有论者结合《关于严禁卖淫嫖娼的决定》，对明知有性病而卖淫嫖娼罪的设罪理由、犯罪特征及刑事责任进行了详细的分析。还有论者对组织卖淫罪的罪名问题提出了修改建议，认为应当确定为"组织他人卖淫罪"，并强调组织他人卖淫行为与强迫他人卖淫罪及引诱、容留、介绍他人卖淫罪在客体和行为手段方面的区分。

（三）其他

除上述问题外，还有论者讨论了《关于严惩拐卖、绑架妇女、儿童的犯罪分子的决定》、《关于惩治贪污罪贿赂罪补充规定》、《关于惩治走私、制作、贩卖、传播淫秽物品的犯罪分子的决定》的法律适用问题，以及对危害公共安全犯罪的公共危险状态的认识。

[林少波、仇芳芳；本文为首次刊载]

第四十章
1993 年全国刑法学术年会综述

一、前　　言

中国法学会刑法学研究会 1993 年学术讨论会，于 1993 年 11 月 21 日至 25 日在福建省福州市举行。与会的代表共 102 人，到会的本届研究会干事及顾问共 37 人。另外，还有一些高等政法院校的刑法学专业硕士研究生旁听了会议。讨论会共收到学术论文 59 篇。本次讨论会以社会主义市场经济与刑法的适用和发展为中心议题，代表们的论文都围绕着市场经济与刑法观念的转变、刑法适用和刑法完善展开。

二、市场经济与刑法观念的转变

涉及刑法观念变革的专题论文有 19 篇，着重围绕着发展社会主义市场经济条件下新型刑法观的确立，刑法调控的原则、基础及模式，经济行为的刑法评判，以及刑事政策的合理调整等，进行了比较广泛、深入的研究。

（一）关于新型刑法观的确立问题

1. 刑法观变革的意义

一些论文指出，所谓刑法观，是人们对刑法性质、功能、犯罪、刑罚、罪刑关系、刑法制定及实施等一系列问题的认识、看法、心态及价值取向的总称。它具有主观性、深层性、时代性、可变性 4 个重要特征。虽然，根据主体的差别，刑法观有刑事立法观、刑事司法观、刑事社会观之分，而且也是因人而异、千差万别的，但在一个国家的一定历史时期内，总有一种居于主导地位的刑法观为立法者、司法者和大多数社会成员所认同，从而对这个国家的刑事立法、司法和民众的刑事法律意识产生重大影响，并推动刑法理论的发展和刑法的改革。一些学者认为，在诸种社会观念中，法制观的转变，对于促进国家法制的现代化进程有着不可低估的作用，而刑法观的变革，则是刑法直接为体制转换中的经济基础服务的重要前提。如果没有这个前提，就谈不上刑法的进一步发展，更没有整个国家法制的现代化问题可言。所以，实现体制改革条件下刑法观的变革，确立新型的刑法观，对我国刑事立法和司法的进一步发展与完善，对保障以经济体制转换为核心的整个社会经济、政治和文化事业的发展，都有十分重要的意义。一些学者甚至建议把刑法观变革的研究，列为我国刑法学近期研究的重点，以使人们对犯罪的本质属性、刑法的功能和罪刑关系等，有一个较为深入、统一和科学的认识。

2. 刑法观变革的内容

一些学者认为，刑法观的根本性转变就是完成由计划经济刑法观向市场经济刑法观的最终过渡。他们认为：计划经济刑法观是以计划为价值取向、以保护计划为中心的刑法观念。而市场经济刑法观则建立在市场取向的基础之上，它必然体现并反映着市场经济的文化价值观念。这些观念分别包括变革的观念、开放的观念、平等的观念和民主的观念，它们在刑法中的具体表现，就是要科学地确立犯罪的认定标准，追求刑罚的社会效果，注重刑法社会保护机能与人权保障机能的统一。还有一些学者认为：刑法观更新的涉及面甚广，其内容也十分丰富。就目前而言，迫切需要确立以下五种观念：（1）经济刑法观。其含义有二，一是刑法要突出对各种所有制和市场经济秩序的保护，把保障、促进经济发展作为刑法的首要功能；二是司法机关要增强刑事司法的经济意识，把为市场经济保驾护航作为刑事司法工作的中心任务。（2）效益刑法观。即在惩治和预防犯罪活动中，要用最少的投入取得最大、最佳的政治效益、经济效益和社会效益。（3）民主刑法观。其含义有三：一是刑法创制的民主化，二是刑法内容的民主化，三是刑事司法的民主化。（4）平等刑法观。其含义有二，包括刑事立法平等和刑事司法平等两个方面。（5）开放刑法观。刑事立法、刑事司法和刑法理论研究要适应我国社会全方位开放的格局，打破长期形成的封闭和半封闭状态，既向社会开放，也向世界开放。

还有一些学者从市场经济对公平竞争的客观要求出发，在全面剖析我国现行刑法存在着的与"公平"要求不相符合的种种表现之后，对确立刑法的公平观念问题，进行了较为深入、细致的探讨。他们认为，在市场经济条件下，公平观在刑法领域中的表现主要有：（1）保护公平竞争，把严重破坏市场经济的某些不正当竞争行为规定为犯罪，给予必要的刑事制裁；（2）平等地保护不同所有制性质的商品生产者和经营者的合法权益，切实保障市场经济中所有合法主体的合法权利；（3）公正、合理地解决各类犯罪主体的刑事责任问题，对相同的犯罪规定相同的定罪量刑标准，从而使刑法具有全社会一体遵行的效力，任何犯罪之人都不能逃脱刑事追究，保障无罪之人不受刑事追诉。一些学者还就市场经济条件下刑事执法观的更新问题进行了探讨。

（二）关于市场经济下的刑法调控问题

一些论文就市场经济条件下刑法的调控问题进行了集中探讨，涉及的主要问题有：

1. 刑法调控的原则

一些学者认为：在市场经济条件下，刑法的调控功能不仅不能削弱，反而应相应地转变和加强。但这种调控必须遵循一定的原则，这些原则是：（1）适度原则。它包括合适的广度和力度两个方面。前者是指准确界定行为罪与非罪的性质，后者则是对不同种类和不同程度的犯罪给予相应的刑罚处罚。（2）预防原则。强调刑法不能局限于事后制裁，而应寻求发挥其事前预防和减少犯罪的作用。而要贯彻这一原则，就应注重经济刑法规范的法典化、前瞻性和明确性。（3）协调原则。刑法调控应当高度重视刑法与法律调控机制整体运作的内在协调，包括与宪法、经济法、民商法的协调，以及新的经济刑法规范与既有刑法规定间的协调。（4）统一原则。包括统一的立法者、统一的经济刑法体系及统一的刑事司法机制。统一的刑法调控，是建立全国统一的市场体系的必然要求。

2. 刑法调控的基础

一些学者认为，刑法是一把双刃剑：正确运用刑法参与市场经济的法律调控，能够通过惩治危害市场经济的犯罪活动，有力地保障良好公正的竞争秩序，促进市场经济的繁荣与发展；反之，滥用刑罚利器，将造成对正常经济活动的不当干预，压抑竞争自由和市场活力。一些学者进一步指出：刑法可以以其特有的强制力作用去调整社会关系，但其调整应建立在其他具体的部门法基础之上，而不应直接介入到具体的社会关系之中，在缺乏具体部门法依托条件下的刑法直接介入，会在一定程度上抑制某种社会关系的产生与发展。所以，对经济行为（包括对不法经济行为）的调控，理应优先采用非刑法的方法。在这一问题上，不能搞所谓刑事优先原则。一些学者甚至主张排除在经济犯罪问题上的类推适用，代之以严格的罪刑法定。当然，也有一些学者主张在有部门法依托的前提下，对法无明文规定的经济犯罪行为，可依法适用类推去追究其刑事责任。

3. 刑法调控的模式

一些论文指出：在计划经济体制下，基于对犯罪总根源的片面认识，人们希望生产资料公有制的建立能够彻底铲除犯罪之源。表现在刑法上，就是以消灭犯罪为刑法调控的目标模式。并且，为实现这一目标而不惜成本，导致刑罚的超量投入。事实证明，这种理想模式并不成功。这些学者从分析犯罪的社会功能、刑罚的社会成本入手，提出必须树立犯罪的相对性观念和刑罚的经济性观念，并由此引出刑法的不完整性和最后手段性的结论。他们认为：刑法作为一种社会控制手段，其功能是有限的，我们不能将维持社会秩序的任务完全交给刑法去完成。刑法调控模式应以犯罪相对性和刑罚经济性为基本理念，不求彻底消灭犯罪，但求以最小的社会成本开支将犯罪最大限度地控制在社会能够容忍的限度之内。因此，必须破除重刑主义和泛刑罚化的观念，建立一个实现刑罚资源最佳配置，并能取得遏制犯罪最佳效果的刑法调控模式。一些学者还就当前体制转换时期如何增强刑法调控的问题，提出了一些建议。

（三）关于经济行为的刑法评判问题

1. 经济行为的诸种表现

一些论文从法律规定的角度，把我国当前的经济行为划分为三种形式，即法律有明文规定的行为、法律规定有冲突的行为、法律无明文规定的行为。他们认为，对法律有明文规定的行为，应坚持有法必依的原则，依法认定其法律性质；对法律规定有冲突的行为，应按新法优于旧法和用政策指导执法的原则，准确认定其法律性质；对法律无明文规定的行为，应根据"三个有利于"的标准，慎重认定其所属性质。也有一些学者认为：首先，有利于社会生产力发展的经济活动，在法律还规定为犯罪时，应及时修订刑法或者制定新的刑事法律，以适应社会现实的需要；在刑法未修订前，应从行为不具有社会危害性的实际情况出发，不作犯罪处理。其次，危害社会生产力发展的经济活动，法律尚未规定为犯罪时，应及时制定新的刑事法律，在新的刑事法律制定之前，则应分别情况处理，即现行刑法中的规定可以容纳的，依现行刑法论处；现行刑法不能容纳的，适用类推定罪判刑。再次，有些新型经济行为，我国刑法中没有作为犯罪规定，而有些国家或地区的刑法规定为犯罪的，可参考有关国家或地区的刑法，结合案件具体情况处理。

2. 罪与非罪的认定标准

一些论文认为：随着从计划经济体制向市场经济体制的转轨，认定犯罪的标准也发生了重大变化。在市场经济条件下，认定行为的社会危害性，主要应当以"三个有利于"为标准，但"三个有利于"标准的实质是生产力标准。在当前情况下，对经济行为合法与非法（包括对犯罪）的评判，应当以市场经济运作的内在要求为标准，因为它们才是生产力标准的具体表现。这些学者认为，市场经济运作的内在要求，可以概括为经济自由、公平竞争、诚实信用三大原则，其中，"经济自由原则"，旨在保证最大限度地发挥经济活力，提高经济效益；"公平竞争原则"，旨在为经济主体提供参与经济活动的平等地位与均等机会；"诚实信用原则"，旨在保障契约遵守，防止对合同经济权益的侵犯。据此，凡是违背这三大原则的经济行为，应在法律上评判为非法；危害严重的，认定为经济犯罪；否则，就应在法律上评判为合法。还有一些学者认为：生产力标准是社会评价体系中的一个根本标准，不应被简单化和绝对化。在生产力标准的科学把握上，要特别注意四个"不能"，即不能把生产力标准曲解为纯粹的经济标准、金钱标准，不能把它等同为某个部门、地区的发展标准，不能把它误解为评判行为曲直的排他性标准、唯一标准，不能把它看作是人为自立的个人标准。他们认为，生产力标准不能脱离经济、政治、法律、伦理和社会文化的评价标准，在犯罪认定上，则不能脱离犯罪构成这一刑法标准，只有坚持生产力标准与法律（刑法）标准的统一，才能科学认定经济行为的真正性质。

还有一些论文就我国现阶段经济犯罪形成的原因、经济体制转型时期的刑事乏范状态，以及经济犯罪与国家刑罚权的关系问题等进行了研究。

（四）关于刑事政策的合理调整问题

1. 刑罚手段的抗制作用

一些论文指出，我国当前犯罪的大量增加，就某种意义上讲，是体制转轨、社会转型的必要代价。犯罪的发展变化有其自身的规律，并且是不以人们的意志为转移的。刑罚虽然能够在一定程度上影响和制约犯罪的发展态势，但不能指望通过"严打"从根本上消灭犯罪对社会的消极影响。从犯罪演变规律来看，从重从快"严打"的作用是有限的，只能作为一个时期内处理犯罪的具体方针，但不能奉为解决社会治安和犯罪问题的永久性的万全良策。一些学者认为：刑罚轻重与犯罪率的高低，并非绝对地达成反比。事实上，由于犯罪（尤其是经济犯罪）形成的原因日趋复杂，从而也在一定程度上削弱了刑罚固有的威慑效应。特别是对不法经济行为的法律调整，一般更应侧重采用经济、行政、民事手段去抗制，刑罚只能作为对付这些危害性行为的最终手段。一些学者甚至认为，对于犯罪问题，我们在心理承受能力上应更强一些，容忍度也应放大一点，把社会治安正常的标准定得宽一些。只要犯罪活动没有达到不可控制的程度，只要还没有严重影响到经济的发展和社会的前进，那就是正常的情况。

2. 刑罚轻重的选择

一些论文对刑罚的轻重问题进行了专题研究，认为：片面的重刑论或轻刑论，都可能削弱公众对刑法的尊重，都会导致刑罚整体功能的缺损。重刑化易于使人产生普遍的对抗情绪，而轻刑化则会使人萌生轻视刑罚的观念。所以，法定刑的设置应当以公正、合理和最佳适度为原则。刑罚适度，首先要以罪刑相当为基础，其次还得考虑努力以最小的刑罚量去获得最大的刑罚效益。一些学者设想以罪刑相当为基础去确定一个中线，上限刑罚量要求达到刑罚个别效益的量，下限刑罚量要求达刑罚社会效益的量。这样确定的相对法定刑幅度，从理论上讲，既不失公正，又能使刑罚的社会效益和个别效益达到相对的统一。

还有一些学者对慎用死刑问题进行了研究，认为：一部好的刑法，应当在犯罪者实施犯罪的每一个环节上都为他架起一座后退的桥梁，也就是说，犯罪者在犯罪道路的每一点上回头，都应比他更向前迈进一步会获得对他更为有利的法律后果。刑罚的不断严厉、死刑的不断增加，只会使人的价值被进一步贬低。当这种价值被贬低到某种低微程度时，就人的权利本能而言，刑罚非但起不到抑制犯罪的作用，相反会推动犯罪者实施更多、更为严重的犯罪。

3. 刑事政策的适当调整

一些学者主张：对现有刑事政策加以适当调整，以确立科学的刑事政策。应当从犯罪演变的客观规律出发，在对犯罪实行综合治理的前提下，坚持惩办与宽大相结合的政策。所谓实行综合治理，就是预防与惩治并举，尤其注重对犯罪的预防。当前我国从根本上抑制犯罪率激增的根本出路在于进一步推进经济体制改革，加速社会现代化进程，增加社会整合力，渡过社会失衡期，从而为减少和控制犯罪创造社会环境。同时，在对犯罪的惩治上，一方面要严格坚持法律面前人人平等，切实把握好刑事惩罚的范围；另一方面要具体分析、区别对待、量刑适当、全面贯彻惩办与宽大相结合的政策，尽量减少死刑的适用，注意克服重刑化的趋势。通过切实有效的刑事活动，力求将犯罪控制在社会所能容忍的范围之内。

三、市场经济与刑事法律的适用

本次学术讨论会共收到有关刑事法律适用方面的专题论文 20 篇,主要涉及以下一些问题:

(一) 关于受贿罪的主体问题

会议收到的论文中有 2 篇探讨了受贿罪的主体问题。这两篇论文都认为,在刑法实施后的十余年间,立法部门根据国家政治、经济情况的变化和惩治腐败的需要,对受贿罪的主体范围作了相应扩大,这是符合实际情况的。这两篇论文都建议进一步扩大受贿罪的主体范围,其中一篇论文提出将私人经济组织中的管理人员也纳入受贿罪的主体范围。该论文认为:市场经济是公平竞争经济,作为市场主体的公司、企业,不论其性质和大小如何,在市场竞争中的地位是平等的,利益是均等的。这就要求法律确立其平等主体地位,平等地保护其合法利益,而不能把私营经济置于刑法保护之外。该论文进一步建议将我国刑法中受贿罪的自然人主体概括为"公职人员"和"企业管理人员"。另一篇论文提出将受贿罪的主体由特殊主体改为一般主体。该论文认为,推行股份制导致各种不同性质的经济成分互相渗透,国有、集体企业的内部改革使经营主体发生了变化,如国有民营、公有私营等,三资企业迅速发展,私人企业规模越来越大,这些情况使得原来以企业性质作为划分受贿罪主体的依据失去意义。该论文建议将受贿罪的主体表述为"公务员"、"公职人员"、"受雇人或代理人"。但在讨论中,有不少学者主张缩小受贿罪的主体范围,以便立法和司法上更集中、更有效地从重处罚公职人员的受贿犯罪活动。

(二) 关于商业贿赂问题

在商品流通领域,回扣现象随着我国市场经济体制的确立和发展而日益普遍,并呈迅速蔓延之势。刑法学界对此也已讨论了多年。这次讨论会上,有 2 篇论文结合新的立法对此进行了较为详尽的阐述。

其中一篇论文认为,1993 年 9 月 2 日第八届全国人大常委会通过的《反不正当竞争法》,从立法上对回扣问题作了较为完善的规定。该论文认为:作为市场交易中不正当竞争手段的回扣行为,《反不正当竞争法》是将其作为商业贿赂予以禁止的。回扣特指在商品购销活动中,买卖双方按价成交后,卖(买)方不仅交付货物(货币),而且账外暗中给予买(卖)方钱物或其他利益的行为。这种商业贿赂犯罪与 1979 年刑法、《关于惩治贪污罪贿赂罪的补充规定》中的普通贿赂犯罪,在构成要件上有很大的差别:(1)客体不同。商业贿赂犯罪侵犯的同类客体是社会主义经济秩序,侵犯的直接客体是市场管理秩序；普通贿赂罪侵犯的客体是国家机关的正常管理活动。（2）在客观方面，商业贿赂犯罪并不要求行为人利用职务上的便利条件，而只要双方当事人（或单位）完成了送或收回扣的交换行为，就具备了商业贿赂的客观要件。而且商业贿赂的目的物并非仅指有形的钱物，也可以包括一些虽然无形但又可量化的物质利益，如实物招待、免费游览、设立债权、经济担保等。（3）主体不同。在商业贿赂中，所有的法人组织都可以成为行贿罪和受贿罪的主体，并无全民、集体或私营的区别和限制。

另一篇论文则比较详尽地阐释了回扣与折扣、佣金以及手续费、好处费等的联系与区别，并对几种相似现象进行了定性分析。

（三）关于生产、销售伪劣商品犯罪问题

在 1992 年的全国刑法学术年会上，许多代表就完善关于惩治生产、销售伪劣商品行为的刑事立法问题提出了许多很好的建议。1993 年 7 月，全国人大常委会通过了《关于惩治生产、销售伪劣商品犯罪的决定》，并已于 9 月 1 日开始施行。在这次学术讨论会上，有 4 篇论文对这一重要的刑事立法作了学理上的阐述。有代表认为，上述决定是一部通过刑法手段反不正当竞争的法律，是消费者权益的刑法保障。有论文认为，该决定有如下四个特点：（1）将惩治生产、销售伪劣商品犯罪的刑法规范系统化；（2）将罪名具体化；（3）实行两罚制；（4）合理调整了法定刑幅度，理顺了特别法与普通法的关系。也有论文对该决定规定的生产、销售伪劣商品犯罪的犯罪构成及与其他一些相关罪名，如投机倒把罪、假冒注册商标犯罪等的关系问题作了论述。

对于如何概括上述决定所规定的具体罪名，提交的论文中有不同的认识。第一种意见认为，该决定共规定了 9 种独立的罪：生产、销售伪劣产品罪，生产、销售假药罪，生产、销售劣药罪，生产、销售不符合卫生标准的食品罪，生产、销售有毒、有害食品罪，生产、销售伪劣医疗器械、医用卫生材料罪，生产、销售不符合安全标准的产品罪，生产、销售伪劣农药、兽药、化肥、种子罪，生产、销售不符合卫生标准的化妆品罪。第二种意见认为，该决定共规定了 7 种独立的罪，与上述认识不同的是将生产、销售假药和劣药归并为生产、销售假药、劣药罪，将生产、销售不符合卫生标准的食品罪和生产、销售有毒、有害食品罪归并为生产、销售伪劣食品罪。第三种意见认为，该决定规定了 5 种独立的罪：生产、销售伪劣商品罪，生产、销售假药、劣药罪，生产、销售不合格食品罪，生产、销售不合格电器、压力容器、易燃易爆及其他危害产品罪，生产、销售不合格化妆品罪。

（四）关于假冒注册商标犯罪问题

1993 年 2 月第七届全国人大常委会通过了《关于惩治假冒注册商标犯罪的补充规定》，有 2 篇论文对该补充决定中规定的 3 种假冒注册商标犯罪，即假冒他人注册商标罪，销售假冒商标的商品罪，制造、销售他人注册商标标识罪分别进行了理论阐述。对

该补充规定颁布后刑法规定的假冒商标罪这一罪名的存废问题，两篇论文观点不一。一种观点认为，该补充规定将假冒商标罪拆解为上述3种新的罪名；另一种观点认为，该补充规定仅规定了假冒商标的各种具体行为特征，同时作了一些修改、补充，原来刑法规定的假冒商标罪依然存在。其中一篇论文还对进一步完善假冒商标罪的立法提出了建议：(1) 增加假冒他人注册商标罪的行为表现方式。从商标法的规定看，假冒他人注册商标的行为还有3种：A. 在同一种商品上使用与他人的注册商标近似的商标；B. 在类似的商品上使用与他人的注册商标相同的商标；C. 在类似的商品上使用与他人的注册商标近似的商标。(2) 将服务商标纳入保护范围。(3) 增加对驰名商标的特殊保护条款。(4) 量刑要具体化。(5) 增加"仿造"商标的内容。有论文还提出了应补充、增加新的犯罪行为：以欺骗的手段在商标登记机关取得商标注册的；故意为侵犯他人注册商标专用权行为提供仓储、运输、邮寄、隐匿等便利条件的；使用未注册的商标冒充注册商标的。

(五) 关于海峡两岸互涉刑事案件的解决

近年来，海峡两岸互涉刑事案件逐渐增多，在管辖问题上存在一些障碍。会议收到的论文中有2篇探讨了这一问题。一篇论文提出了解决两岸互涉刑事案件管辖问题的5项原则：(1) 以国家民族利益为重，诚恳、务实、消除敌意，积极开展两岸合作的原则；(2) 尊重现实，适当承认和执行对方的刑事法律及判决效力的原则；(3) 相互信任，平等相待，重点解决实质问题的原则；(4) 有利于打击与防止犯罪，促进双向交流与两岸统一的原则；(5) 借鉴区际冲突法的原则。另一篇论文重点探讨了海峡两岸遣返劫机案犯的必要性和遣返方式。该论文提出直接移交案犯为双方的最佳合作方式。所谓直接移交案犯有两层含义：(1) 是指移交在我国大陆和台湾地区警方之间直接进行，不经过其他国家、地区及民间组织的中介协助；(2) 是指一方航空器被劫持到另一方以后，另一方将劫机犯直接移交对方处理，而不经过本方司法机关审理。该论文同时提出，对先前大陆劫机去台者，台湾地区司法机关已经作出判决或案件正在诉讼中的，采取移交被判刑案犯、相互承认刑事裁判及转移诉讼等方式解决均有积极意义。

除以上5个专题涉及的问题外，还有一些论文对税务犯罪、"非法所得罪"、挪用公款罪，以及利用合同诈骗犯罪和偷渡案件的法律适用问题进行了讨论。

四、市场经济与我国刑法的完善

在本次学术讨论会收到的论文中，涉及刑法发展完善的专题论文有20篇，内容包括刑法完善的若干宏观问题，关于死刑、法人犯罪、股票发行与交易中的犯罪、工商秘密的刑法保护，以及贪污罪等具体问题。

（一）关于刑法完善的若干宏观问题

这方面的论文共有 5 篇，其主要内容有：

1. 刑法修改、补充中存在的问题

一些论文在对我国刑法完善的主要方面进行了全面回顾之后，指出了刑法修改、补充中存在的一些问题，主要表现是：（1）板块性立法形式本身的局限性，导致了刑法体系在定罪、量刑上出现了许多不协调现象；（2）修改、补充的有些规定与刑法总则发生冲突；（3）某些内容与刑法理论不相协调；（4）在语词方面还存在着不够规范、不够清晰的现象；（5）有些内容表述模糊，令人困惑不解；（6）经过补充、修改后，原有法律条文是否继续有效，有些仍不甚明确。一些学者认为，与市场经济体制建设的需要相比，刑事立法还有不少差距，存在着许多不适应和不适合的方面：首先，在指导思想上，刑事立法的走势还不十分明确，思路还不够清晰；其次，在工作重点刑事立法没有放到应有的位置上，有忽视和被弱化的现象；再次，在实施步骤上，刑事立法的步子还不快，有的徘徊不前，滞后现象比较突出。

2. 超前立法问题

一些学者着重就市场经济条件下经济刑事立法的超前性原则进行了探讨，并就经济刑事立法的超前问题提出了建议，包括：（1）摈弃"宜粗不宜细"和"缺什么补什么"的立法思想。因为前者使法律规定过于概括、笼统和含糊，不利于法制的统一和司法的适用；后者则会导致立法滞后。其对策就是加强对经济危害行为的超前立法。（2）把立法与司法和法学理论研究紧密地结合起来。建议立法机关组建一支少而精、高水平、高质量的刑法学专家咨询队伍，并创建经济犯罪的专门研究机构，使经济刑法在刑法理论上经得起推敲。（3）加强经济刑事立法的预测工作。超前立法应注意 5 个方面的问题：一是适度把握超前量，二是用动态的观念看待立法，三是注意经济立法的发展与经济刑事立法的协调配套，四是注意运用现代科学技术手段为超前立法服务，五是注意分析立法预测的误差。（4）借鉴古今中外的经济刑事立法经验。在借鉴立法经验方面，应当从实际出发：一是要把符合我国国情、保护市场经济作为根本标准；二是要论证借鉴的必要与可能，吸收那些科学、可行的立法经验；三是要采取先研究后借鉴的原则。（5）尽快全面修改现行刑法典。（6）把经济刑事立法的超前性与现实性有机地统一起来。

3. 刑事判例制度的完善问题

一些论文对我国的刑事判例制度进行了系统研究，认为：我国刑事判例有多种类型，其作用形态也各有不同。除作用不一可能导致参照上的诸种弊病外，刑事判例在其制作、发布和适用效力等方面，还存在着以下一些值得注意的问题：判例形式不够统一，制作技术尚欠成熟；发布主体层次较乱，效力性质显示不明；编发程序缺乏规范，选案内容尚欠典型。从实际出发，考虑到我国立法体制和司法制度的特殊性，在完善现行刑事判例制度方面，应侧重研究解决以下 4 个方面的问题：（1）刑事判例的效力层次问题。一些学者主张最高人民法院制发的刑事判例，应尽可能多地具有司法解释的功能；在特殊情况下，还应具有创制法律的性质。而后者的范围应限于适用1979年刑法典第79条、经最高人民法院核准的刑事类推判例。（2）刑事判例的制发主体问题。凡属于立法性质的类推判例或具有司法解释功能的判例，必须由最高人民法院制发，并可以在刑事裁判文书中公开援引；各级法院都有权发布具有参照指导性作用或者法制宣传作用的判例；发布刑事判例的具体工作机构应是各级法院的审判委员会。（3）刑事判例的制作技术问题。首先要统一刑事判例的名称，其次应采用统一的文体和结构形式。发布的判例一般应包括案情事实概述，诉辩要点罗列，合议庭（审委会）评析意见，裁判法律依据，一、二审处理结果，以及判例发布机关的附注意见六大部分。尤其是最高人民法院发布的判例，应统一公开公布。（4）刑事判例的汇编整理问题。建议建立一套判例整编规程，定期按问题的类别对已发布的判例进行整理，使判例更为简洁明了，便于实际适用或参考。

（二）关于刑法完善的若干具体问题

涉及刑法若干具体完善问题的论文有15篇，主要内容是：

1. 死刑问题

一些论文对我国的死刑问题进行了专题研究，提出了对经济犯罪应当慎用死刑的观点，认为除了贪污罪、受贿罪、贩毒罪外，对其他经济犯罪，应当排除死刑适用。还有一些学者认为：我国现在不能废除死刑，只能尽量少用，市场经济与死刑的存废没有直接必然的联系；在对待经济犯罪是否适用死刑的问题上，主张考虑两个"相称"，即与侵害人身的犯罪相称、与严重的犯罪相称。他们认为，在经济犯罪中，有两种情况：一是直接涉及人身侵害的犯罪，二是未直接涉及人身侵害的犯罪。对于前者，适用死刑理所当然；对于后者，因为死刑与严重犯罪相称才是决定适用死刑的主要根据，所以，在当前的形势下，即使是对未直接涉及人身侵害的严重经济犯罪，也应适用死刑，不能弃死刑而不用。一些学者认为："慎用死刑、少杀长判"是我国死刑政策的一项重要内容，死刑少用到什么程度，应当以我国的国情为根据，死刑与严重犯罪相称是死刑存废及多少的主要根据。对下列犯罪应当适用死刑：某些严重的危害国家安全罪，某些严重的危害公共安全罪，某些严重的破坏社会经济罪，某些严重的侵犯人身权利罪，少数严重的侵犯财产罪，个别严重的妨害社会管理秩序罪，个别严重的渎职罪。至于降低挂死刑法条在刑法中比重的方法问题，一些学者提出了"分解法"、"合并法"和"死刑限制加重法"。慎用和少用死刑不但体现在死罪减少和比重降低上，而且还应体现在适用死刑的制度上，通过完善死刑适用制度，保证杀得准、杀得少。为此，一些学者提出了采用降低"死缓"减刑条件和借助数罪并罚制度来减少死刑适用的建议。

2. 法人犯罪问题

一些论文对法人犯罪的立法完善提出了具体建议：（1）在刑法总则中将法人纳入犯

罪主体的条款，明确规定法人犯罪的定义和构成要件。（2）完善法人犯罪的惩罚体系。这一体系包括 3 个方面：一是刑罚方法，二是非刑罚处罚方法，三是行政处罚方法。一些学者还提出了适用于犯罪法人的 5 种具体的刑罚方式：一是罚金，二是没收财产，三是剥夺荣誉称号并予以公告，四是停业整顿或限制业务活动范围，五是强制解散。（3）在刑法分则中规定法人犯罪的具体罪名及其刑事责任。

关于法人犯罪的范围，一些论文认为，除现行刑事法律已有的规定以外，至少还有下列犯罪应予规定：（1）属于危害公共安全罪的法人严重污染环境罪，法人重大水污染罪，法人非法制造、买卖、运输枪支弹药罪，法人厂矿企业重大责任事故罪，法人违反危险物品管理规定肇事罪；（2）属于破坏经济秩序罪的法人投机倒把罪，法人挪用特定款物罪，法人假冒专利罪，法人不正当竞争罪，法人破坏经济合同罪，法人破产欺诈罪，法人生产、销售、使用不合格计量衡器罪等；（3）属于侵犯财产罪的法人盗窃罪、法人贪污罪、法人诈骗罪、法人挪用公款罪；（4）属于妨害社会管理秩序罪的法人伪造公文、证件、印章罪，法人包庇罪犯罪等；（5）属于渎职罪的法人玩忽职守罪等等。

3. 投机倒把罪问题

一些论文指出：投机倒把的设立，既不符合罪名确定原则，又违背了市场经济运行规律。由于投机活动合法与非法并存，保留该罪名，势必造成认识上的混乱与处理上的偏差，所以，除立法机关已补充分设的犯罪外，应抓住其他非法的投机活动对市场管理、生产经营秩序的侵害这一本质，通过分解现行投机倒把罪而废除此罪。也有个别学者主张在目前状况下保留投机倒把罪的罪名，认为保留这一罪名更有利于惩治这类犯罪分子，保障市场经济的健康发展：首先，将投机倒把的种种行为方式归结为一种投机倒把罪极有利于司法实际部门的操作，这是因为，现实中的犯罪行为是复杂多变的，如果把罪名分得过细，列举不详就可能将明显具有危害性的行为排除在犯罪之外；而且某些危害行为之间的界限确难辨清（甚至也无分辨的必要），在此情形下，直接适用一个范围较广的罪名，就显得简便自如。其次，保留投机倒把罪名，采用概括式的立法技术，可以充分发挥刑事司法解释简便、及时的作用。最高人民法院、最高人民检察院根据形势发展变化的需要，一方面可迅速地将某些显然具有社会危害性的投机倒把行为解释为犯罪；另一方面可将已变化为无社会危害性的行为适时地排除在犯罪之外，视为合法，予以保护。

4. 工商秘密的刑法保护问题

一些论文在对工商秘密的概念、特征及法律保护现状进行了剖析之后，认为：工商秘密作为一种无形财产，与有形财产不同，对其侵害所造成的后果及补救方法均与处理有形财产大相径庭。机械地适用刑法的有关规定去定性、处理，缺乏科学根据，难免给人以牵强附会之感。因此，在破坏经济秩序罪中，专条增设"妨害工商秘密罪"实属必要。这些论文进而就妨害工商秘密罪的犯罪构成要件、罚则规定、基本概念等进行探讨，还试拟了具体条文，即："违反国家有关经济管理法规，故意妨害他人工商秘密保密权，情节严重的，处三年以下有期徒刑、拘役或者剥夺政治权利，可以单处或者并处罚金。犯前款罪，情节特别严重的，处三年以上七年以下有期徒刑或者剥夺政治权利，可以单处或者并处罚金。"

5. 贪污罪问题

一些论文对贪污罪的立法完善问题进行了专题研究，主要涉及以下 3 个问题：(1) 贪污罪罪名的存废。针对一部分学者提出的取消贪污罪，代之以侵占罪的建议，有论文进行了剖析，认为无论从观念上还是从立法技术上讲，我国刑法都应保留贪污罪罪名。(2) 贪污罪的主体。贪污罪主体构成中的国家工作人员、集体经济组织工作人员，都是指特定的经手、管理公共财物的人员，其外延要小于受贿罪的主体。一些学者认为：其本质特征在于具有一定身份的行为人与公共财物的经手、管理关系。因此，在将来修改刑法时，有必要改变 1979 年刑法的规定，将贪污罪主体限定为经手、管理公共财物的人员。同时，从发展的眼光来看，随着市场经济体制的建立，贪污罪主体应进一步扩大，不以经手、管理公共财物为限，而应规定为经手、管理公共财物或他人财物的人员。(3) 贪污罪的客体。一些学者主张贪污罪的同类客体应限定为财产所有权，直接客体则应当包括私有财产所有权在内的公私财产所有权。

6. 证券欺诈罪问题

一些学者认为：证券欺诈罪是指内幕人员以获取非法利益为目的，违反证券管理法规，在证券发行、交易及相关活动中从事内幕交易、操纵市场、欺诈客户、虚假陈述等情节严重的行为。它与刑事诈骗罪和民事欺诈行为有明显的差别。在对这类行为的严重危害性及犯罪构成要件的特点进行分析之后，这些学者提出了在我国刑法中增设这一罪名的必要性，其具体建议是：(1) 在即将出台的证券法中明确设立证券欺诈罪，具体规定该罪的罪状和法定刑；(2) 对通过实施证券欺诈行为获取巨大、特别巨大的非法利益的，立法上应作具体界定，可以 5 万元以上和 50 万元以上的标准来确定证券欺诈罪的数额标准；(3) 对证券欺诈罪的处罚，既应坚持民事赔偿和行政处罚的方法，又应根据罪行大小追究刑事责任，防止以罚代刑。

此外，还有一些论文就著作权的刑法保护、环境犯罪完善等问题进行了分析、探讨。

[苏惠渔、游伟、倪寿明；载苏惠渔、单长宗主编：《市场经济与刑法——1993 年刑法学术讨论会论文集》，北京，人民法院出版社，1994]

第四十一章

中国法学会刑法学研究会
十年研讨的回顾（1984—1993）

一、前　言

中国法学会刑法学研究会自 1984 年成立以来，已历时 10 年。在这 10 年中共开了 9 次年会，即 1984 年的成都研讨会、1986 年的北京研讨会、1987 年的烟台研讨会、1988 年的郑州研讨会、1989 年的上海研讨会、1990 年的大连研讨会、1991 年的广州研讨会、1992 年的西安研讨会、1993 年的福州研讨会。1994 年的研讨会即将在南宁举行。在该 9 次研讨会中，由于中国法学会的正确领导，广大干事和会员的共同努力，当地法学会和党政部门特别是政法机关的大力支持，会议都开得比较成功。刑法学研究会各次年会召开的共同特点是：紧跟形势需要，主题思想明确；贯彻"双百"方针，发扬学术民主；团结互助，取长补短，虚心研讨，气氛热烈。每次会议在提供论文和开展讨论的基础上都作了学术综述，使与会人员感到有纲有目，讲实效，有收获，因此研讨会开得越来越好，问题研究一次比一次深入，吸引力越来越大，愿意争取刑法学研讨会在本地举办的单位也日渐踊跃。这表明中国法学会刑法学研究会已经在我国刑法学界赢得了一定的威望，它的一年一度的学术研讨会已经成为全国刑法理论工作者和实际工作者聚首的盛会，是大家交换信息、交流成果、吸取经验、切磋问题的难得的机会。

10 年 9 次的研讨会中，发表了很多研究成果，讨论了很多刑法理论和实际问题，现选取主要的一些方面作一简要汇报。

二、关于刑法宏观理论和刑法总则问题的探讨

（一）关于刑法观的问题

刑法观是人们对刑事立法、刑事司法以及刑法规范、刑法功能等一系列问题的态度和价值取向的总称。面对我国当前推行的社会主义市场经济体制，刑法学界提出"十大刑法观"，即：

（1）经济刑法观。认为刑法应该积极参与调整市场经济体制下出现的新型社会关系，为社会主义市场经济建设保驾护航。

（2）法制刑法观。认为市场经济就是法制经济，作为参与市场经济关系和市场经济秩序调整的刑法，必须实现其自身的法制化。

（3）民主刑法观。认为社会主义市场经济建设需要宽松和民主的社会环境和法律环境，刑法必须充分发挥其保障民主的功能。

（4）平等刑法观。认为等价交换、公平竞争是市场经济的灵魂和基石，这一内容引入刑法领域，便是刑事立法和刑事司法中的平等观。

（5）人权刑法观。认为我国现行刑法对人权的保护在我国历史上是最巨大的进步，但由于社会的进步，文明的发展，国民素质的提高，权利意识的增强，刑法对人权的保护应更加有力。

（6）适度刑法观。认为刑法对社会经济生活的干预范围必须适度，对犯罪行为的惩处的严厉性也必须保持适度。

（7）轻缓刑法观。认为必须摒弃重刑主义，采取轻重兼顾，以轻缓为主的原则，严格限制、逐步减少死刑的适用。

（8）效益刑法观。认为必须以最少、最小的刑罚和最合理的人力、物力、财力的配置，取得打击、预防犯罪的最佳政治效益、经济效益和社会效益。

（9）开放刑法观。认为开放的市场经济要求必须有开放的刑法观，要求刑事立法、刑事司法和刑法理论研究必须有国际视野。

（10）超前刑法观。认为在社会转型期，刑事司法工作不能拘泥于现有的法律制度，要有"闯关"精神和超前意识，对各种"两可"、"踩线"的模糊的经济行为，宜按照"生产力标准"作出罪与非罪的判断。

（二）关于刑法作用的问题

冲破以往对刑法作用表层上的阐述，改变对刑法的政治作用的过分重视而对于其他作用认识不足的局面，着重从下列三个方面进一步深入地探讨了刑法的作用。

1. 刑法在社会治安综合治理中的地位和作用

认为：刑法是社会治安综合治理的庞大系统工程中的重要组成部分，但也只是其中的一个重要手段，而不能把它的作用不科学地夸大化和片面化，认为刑法是根本的或唯一的方法。刑法在社会治安综合治理中的作用主要表现在保障社会稳定和促进社会生产力的发展，保证改革开放和社会主义现代化建设的顺利进行和对犯罪的打击与预防。

2. 刑法在惩治经济犯罪、清除腐败方面的作用

认为：必须高度重视运用刑法来与经济犯罪作斗争，必须严惩严重的腐败行为。刑法在这方面的作用主要表现为规范人们的行为，惩罚和防范犯罪以及安定社会。在刑法具体运用原则方面，主张应严格执法，不枉不纵，主刑和附加刑双管齐下。

刑法学界还对法人犯罪和科技人员犯罪等新问题的刑法适用问题进行了开拓性的探讨和研究。

3. 刑法在惩治职务犯罪、促进廉政建设方面的作用

认为刑法在惩治职务犯罪、促进廉政建设中起着举足轻重的作用。在刑事立法方面，主张适当扩大职务犯罪的范围，调整刑法结构，适当提高法定刑，严惩职务犯罪；在刑事司法方面，主张必须坚持刑法面前人人平等，反对以官当罪，杜绝以党纪或政纪处分代替刑罚制裁的现象。

（三）关于犯罪观的问题

在推行社会主义市场经济体制的今天，对犯罪行为如何正确认定，是一个重要的理论和实践问题。多数人认为应树立公正与效益兼容的刑法价值观，主张行为是否具有一定的社会危害性是区分罪与非罪的关键。在宏观上，必须以"三个有利于"的总标准为指导；在微观上，以刑法所规定的犯罪构成要件为依据，其中，行为是否具有一定的社会危害性是关键。"三个有利于"的总标准和犯罪构成分别是认定行为是否具有一定的社会危害性的宏观标准和微观标准，应将两者有机地统一、结合起来予以把握。

（四）关于刑罚机制和刑罚特征问题

有的同志从动态上对刑罚加以研究，提出"刑罚机制"理论，认为：所谓"刑罚机制"是指刑罚功能实现的过程和规律。刑罚功能在客观上要想取得最佳实现，必须遵循下列"刑罚机制"：（1）结构协调。刑罚结构是指刑罚排列的顺序和比例份额。刑罚功能的最佳实现应当有一个良好的刑罚机制内部环境，即刑罚结构要协调，刑罚方法之间比例要适度。（2）双边合作。国家行刑当局与犯人之间、与社会之间要通力合作。（3）物质支撑。认为一切矫正场所的存在和运行都需要有物质作后盾，包括人、财、物三个方面，没有雄厚的物质作基础，很难取得良好的教育、改造罪犯（指被判处监禁刑的罪犯）的刑罚效果。

有的同志认为，在现代商品经济时代，刑罚应具有下列特征：（1）刑罚目的性。注意刑罚目的变革，强化特殊预防，讲究个别化原则，保证刑罚适用的有效性和合理性。（2）刑罚等价性。讲究罪刑相当的等价效果。（3）刑罚经济性。尽量把刑罚的适用量控制在最低限度，避免刑罚滥用，注意刑罚效益。（4）刑罚人道性。注意刑罚适用时对人格尊严的保障。

（五）关于刑法民主性问题

在改革开放的形势下，刑法的民主性是一个重要问题。刑法学界有的同志从刑法规范本身以及刑事立法、刑事司法三个方面，对刑法民主性问题作了有益的探讨，认为：第一，我国刑法指导思想上应全面贯彻法律面前人人平等的思想，改变对国家公职人员犯罪处罚偏轻的倾向；第二，我国刑法应重视对公民民主自由权利的保障，逐步扩大保护范围；第三，在犯罪确定及量刑情节设置上，应充分体现行为的客观危害性与行为人

的人身危险性的统一；第四，应明确刑法在整个社会防治系统中的地位和作用，消除刑罚轻重与犯罪率高低有必然联系的片面思想，逐步改变目前刑法中以剥夺人身自由为核心，广泛设置生命刑的刑罚体系；第五，应当不断增加刑事立法本身的透明度和对刑事司法的合法有效的监督。

（六）关于对外开放中的刑法问题

由于社会主义市场经济体制的建立和发展，改革开放的力度加强，涉外刑事法律已引起刑法学界的重视，且取得相当的成果，主要表现为三个方面：

1. "一国两制"时期香港特别行政区与内地互涉刑事法律问题

有的同志设想：其一，对于犯罪地仅在一地的，应由犯罪地法院管辖，适用犯罪地法律；其二，对于跨越两地的刑事案件，由犯罪结果地法院管辖并适用犯罪结果地法律，如果实行行为持续在两地的，可按实际控制和先理为优的原则解决管辖权问题；其三，对于数罪涉及两地的刑事案件，按重罪优先原则来确定管辖和法律适用；其四，对于涉及两地的共同犯罪，应分别不同情况，由犯罪地司法机关或以主要犯罪地为准确定管辖。

2. 现行阶段海峡两岸互涉刑事法律问题

有的同志指出：（1）有必要加强两岸刑事司法协助。（2）台湾当局应遣返逃亡台湾地区的大陆劫机犯。（3）两岸居民偷渡问题。主张对刑法某些条文进行修改和补充，加强同这类违法犯罪行为作斗争。这一建议已被国家立法机关接受，并通过单行立法形式对刑法作了相应的修改和补充。

3. 国际刑法问题

刑法学界对国际刑法的性质和作用、国际犯罪的概念和构成特征、国际刑事责任、引渡等一系列问题进行了探讨，虽有诸多争论，但普遍认为应加强对国际刑法理论进行研究，我国刑法应对有关国际刑法规范加以确认，建议：规定有关引渡方面的内容，增设一系列国际条约所规定的国际罪行的罪名。

（七）关于市场经济下的刑法调控问题

刑法调控问题在过去没有被刑法学界当作一个理论问题加以研究。随着市场经济体制在我国推行，刑法如何参与市场经济调整，即市场经济下的刑法调控问题才被提了出来，而且对这一理论问题的研究尤显得重要和迫切。有些学者对刑法调控问题作了大胆和有益的具有开拓性的研究。

1. 刑法调控的原则方面

认为在市场经济条件下，刑法的调控功能不能被削弱，而应相应地转变和加强，而且应遵守下列几个基本原则：（1）适度原则。包括广度和力度两个方面，前者是指准确界定行为罪与非罪的性质，后者则是对不同种类和不同危害的犯罪给予相应的刑罚处罚。（2）预防原则。强调刑法不能局限于事后制裁，而应寻求发挥其事前预防和减少犯罪的作用。为此，应注重经济刑法规范的法典化、前瞻性和明确化。（3）协调原则。刑法调控应当高度重视刑法与其他法律调控机制整体运作的内在协调。（4）统一原则。包括统一的立法者、统一的经济刑法体系和统一的刑事司法机制。

2. 刑法调控的力度方面

认为：刑法既有正面效应，也有负面效应。应正确运用刑法参与市场经济的法律调整，通过惩治危害市场经济的犯罪活动，有力地保障良好、公正的竞争秩序，促进市场经济的繁荣和发展。反之，滥用刑罚武器，将造成对正常的经济活动的不当干预，压抑竞争自由和市场活动。基于此种认识，认为刑法不应不适当地介入具体的社会关系之中，对经济行为（包括不法经济行为）的调整，理应优先采用非刑法的方法。只有对确实构成犯罪的，才能动用刑法手段。主张排除经济犯罪问题上的类推适用，代之以严格的罪刑法定。

3. 刑法调控的模式方面

认为：在计划经济体制下，基于对犯罪总根源的片面认识，人们希望生产资料公有制的建立能够彻底铲除犯罪之源，表现在刑法上，就是以消除犯罪为刑法调控的终极目标，并且为实现这一目标而不惜成本，导致刑罚的超量投入。事实证明，这种理想模式并没有成功。由此，一些学者从分析犯罪的社会功能和刑罚的社会成本入手，指出必须树立犯罪相对性和刑罚经济性观念，并由此引出刑法的不完整性和最后手段的结论。认为：刑法作为一种社会调控手段，其功能是有限的，不能将维持社会秩序的任务完全交给刑法去完成。刑法调控模式应以犯罪相对性和刑罚经济性为基本理念，不求彻底消灭犯罪，但求以最小的社会成本开支将犯罪最大限度地控制在社会容忍度之内，因此，必须破除重刑主义和泛刑化的观念，建立一个实现刑罚资源最佳配置，并能取得遏制犯罪最佳效果的刑法调控模式。为此，就当前体制转型时期如何增强刑法调控力的问题，提出具体建议，认为需处理好刑事立法与刑事司法、定罪与量刑、判刑与行刑这三对关系，通过刑法机制的科学改革，建立从立法到司法到行刑的合理机制，从而使整个社会秩序和治安环境向更好更健康的方向、目标前进，为社会主义伟大事业服务。

此外，关于完善刑事立法的指导思想问题，关于罪刑法定原则与类推问题，关于法人犯罪问题，关于刑事责任的概念和根据问题，关于现行刑法轻重的评价问题，关于死刑的适用范围问题，关于短期自由刑的存废问题，关于罚金刑的适用问题，关于累犯的从严处罚问题等等，也都作了不同程度的研讨。

三、关于若干具体犯罪问题的探讨

从具体犯罪的研讨来看，年会注意全面研究和重点突出相结合。10 年里年会的研讨范围基本上覆盖了我国刑法典和特别刑法规定的所有类型的犯罪，并提出许多设立新罪名的建议。其中探讨较为热烈的有十余种（类），它们是：反革命罪、投机倒把罪、妨害税收犯罪、强奸妇女罪、奸淫幼女罪、贪污罪、挪用公款罪、诈骗罪、流氓罪、毒品犯罪、受贿罪、巨额财产来源不明罪、玩忽职守罪等。对上述犯罪的研讨中，有的意见分歧不大，如妨害税收犯罪、强奸妇女罪、奸淫幼女罪等；而对某些犯罪，争论较为激烈。下面作一简要的介绍。

（一）关于反革命罪

反革命罪是我国刑法中规定的危害最为严重的一类犯罪。但是1979年刑法颁行以来，司法实践中反革命犯罪案件的数量非常少，在全部刑事案件中所占的比例微乎其微，所以我国刑法学界一般未将其作为研究的重点。刑法学研究会成立以后5年中的4次年会上，没有文章论及反革命罪。针对1989年的司法实践，1989年的刑法学研究会年会适时地将反革命罪作为研讨的一个热点问题，研讨主要集中在反革命罪名是否应作修改。

关于反革命罪名的修改问题，在年会以外已有许多文章论及，存在针锋相对的两种观点，即主张将反革命罪名修改为危害国家安全罪的"修改说"及主张继续保留反革命罪名的"保留说"。在1989年的刑法学研究会年会上，仍然存在上述两种观点。

1. 修改说

修改说的主要理由是：

（1）反革命是一个含义不确定的政治概念，不宜作为严格的法律概念使用。在不同阶级的政权或者同一阶级政权的不同历史时期，反革命一词的内涵和外延是不同的。把这样一个含义不确定的政治概念作为某类犯罪的名称，不但很难反映这类犯罪的本质特征，而且使刑法规范失去应有的稳定、严谨和科学性。

（2）把反革命作为罪名，规定构成反革命罪必须具备反革命目的，给司法实践认定反革命罪带来了不必要的困难。有些犯罪行为人是否具有反革命目的很难认定，因而就很难确定犯罪的性质。将反革命罪名改为危害国家安全罪，废除反革命目的的规定，并将一些原规定于"反革命罪"章的罪名调整到其他罪章，就可以避免犯罪分类上的混乱以及司法适用上的困难。

（3）适应政治形势和阶级关系变化的需要。反革命罪应是在特定历史条件下产生的，当这种特定历史条件发生变化以后，也应作相应的改变。目前在我国，作为反革命罪名存在的阶级基础的剥削阶级已被消灭，在这种情况下，不修改反革命罪名，就不能反映已经变化了的新的政治形势和阶级关系的需要。

（4）适应改革开放政策的需要。改革开放要求我国加强国际交流，而反革命罪在国际上被认为是政治犯罪，根据国际惯例，政治犯不引渡，因此，继续沿用反革命罪名不利于对实施这类犯罪而逃到国外或者在国外实施这类犯罪的犯罪分子的打击，国外会以政治犯不引渡为由拒绝将犯罪分子引渡我国。

（5）适应"一国两制"的需要。按照刑法典的规定，反革命罪是以推翻人民民主专政的政权和社会主义制度为目的的危害国家的行为。而按照"一国两制"，如果在我国的某些地区允许实行资本主义制度，现行刑法典的规定就不符合"一国两制"政策的要求，需要从内容和名称上予以修改。

（6）适应国际大趋势的需要。国外刑事立法中很少有规定反革命罪名的，将反革命罪名改为危害国家安全罪，不仅与国际上的通常做法相适应，而且有利于国际刑事司法的交流与协作。

（7）不使用反革命罪名而改用危害国家安全罪，并不影响对相应行为的打击，而且更能使罪名符合行为的实质内容。

2. 保留说

认为反革命罪名应该保留。针对"修改说"提出的一些理由，"保留说"认为：

（1）反革命不仅是个政治概念，而且是个法律概念。我国的反革命罪不仅规定于我国刑法之中，而且在宪法中都有规定。

（2）不能以反革命目的难以认定为由而废除反革命罪名。犯罪目的是主观上的东西，难以认定，这不仅对于反革命罪存在，对其他故意犯罪同样存在。

（3）在我国目前，虽然剥削阶级已经不存在，但阶级斗争还将在一定范围内长期存在，在某种条件下还可能激化，反革命破坏活动仍然是我国人民民主专政社会主义国家的主要威胁。

（4）"一国两制"实际是"一国两法"、两法并存，相互抵触的并非仅仅是反革命概念，也并非仅仅刑法一个部门法领域。

（5）一国的刑事立法，无论从内容上还是体例形式上都应当有自己的特色，无须强求与别国刑法协调一致，保留反革命罪名正是保留了我国刑法的特色。

（6）反革命罪的概念从第二次国内革命战争使用起一直至今，已为广大人民群众所熟悉、承认和接受，符合人民民主政权的司法传统和习惯，具有广泛的认识和实践基础。

（7）1989 年的司法实践证明了反革命概念不仅适用于过去革命战争年代，同样适用于社会主义建设时期。

（二）关于投机倒把罪

投机倒把罪规定于我国刑法分则第三章"破坏社会主义经济秩序罪"中。随着我国经济体制由计划经济到市场经济的转变，关于直接破坏经济秩序的投机倒把罪的问题引起了刑法学界的相当重视。刑法学研究会 1986 年年会中即有文章探讨，以后还有多篇论文对此进行研究。关于投机倒把罪的讨论，焦点之一是投机倒把罪名的存废问题，有主废说和主存说之争。

1. 主废说

认为现行刑法中投机倒把罪名应予以废除，而代之以数个新的罪名。其理由是：

（1）从投机倒把罪产生的历史看，它是产生于计划经济体制下，已经与我国现在实行的市场经济体制不相适应。在计划经济体制下被认为是投机倒把的行为，在市场经济体制下则可能是有利于经济发展，应受刑法保护的。投机倒把的内容是由国家一定时期的经济政策所决定的，而经济政策又必然随着经济形势的发展进行调整和修改。这样，投机倒把罪的内容也将处在不断变化中。作为一个罪名来说，内涵与外延一直变化不定，有悖刑法的稳定性和严肃性。

（2）投机倒把罪内容庞杂，其侵害的客体涉及市场管理秩序的各个方面，作为一个罪名，负载着如此众多而复杂的客体，必然导致罪名概念含混，犯罪构成模糊。

（3）在市场经济体制下，投机已成为商战智慧和必要手段，投机与市场经济是相容的，市场经济下出现的一些市场，如期货市场、证券市场，离开投机活动无法形成或运转。因此，再使用投机倒把的罪名已与发展市场经济的要求不相适应。

（4）废除投机倒把罪名，并不意味着否定对扰乱市场秩序行为的惩处，更不意味着一切投机活动都受法律保护。法律可以通过将一些在相当长时期内危害经济秩序的行为规定为犯罪的方式，保护正常的经济秩序。可以设立如下一些犯罪，如生产、销售伪劣商品罪，非法经营罪（或非法倒卖罪），扰乱市场秩序罪（或非法垄断罪、哄抬物价罪）等。

2. 主存说

认为市场经济条件下投机倒把罪名仍有保留的必要。其理由是：

（1）虽然投机倒把的内容随着客观形势的发展而时常予以调整，但是投机倒把作为包含多种违法性行为的综合体，其所具有的破坏国家金融和市场管理秩序的本质特征并未发生变化。投机倒把内容的动态性特点与投机倒把综合体的稳定性特点并不矛盾，不能以投机倒把综合体中某些行为的变化来否定投机倒把罪名整体的存在价值。

（2）经济体制的转换会使某些行为的性质发生彻底变革，但无论是在什么体制下，有些行为都是具有严重社会危害性的，且具有一定的稳定性，如倒卖国家禁止或限制自由买卖的物品，哄抬物价、牟取暴利的行为，生产、销售伪劣商品的行为等。

（3）如果把投机倒把罪名取消，将原来属于投机倒把的行为划分为许多罪，列举罪名的范围过于狭窄，就可能将一些具有明显社会危害性的行为遗漏掉；此外，这样也使得本来很简单的一个罪演变为异常烦乱的多种犯罪。

（4）保留投机倒把罪，采用概括式立法技术，可以充分发挥司法解释的灵活性，根据形势变化发展的需要，一方面，可以迅速地将某些显然具有社会危害性的行为解释为犯罪，另一方面，又可以将那些原有社会危害性而后无社会危害性的行为适时地排除于犯罪之外。

（三）关于挪用公款罪

我国刑法典中没有挪用公款罪的规定，仅在刑法典第 126 条规定了挪用特定款物罪，对于挪用特定款物以外财物的行为没有规定为犯罪。但司法实践中，挪用其他款物的行为经常发生，具有相当严重的社会危害性，于是最高人民法院、最高人民检察院在1985年7月8日《关于当前办理经济犯罪案件中具体应用法律的若干问题的解答》中规定，对挪用公款行为以贪污论处。该解答颁行后，在1986年的刑法学研究会年会上，有的同志即对此提出尖锐批评，认为挪用公款以贪污论处是不妥当的，应将挪用公款行为单独规定为犯罪。1988年1月21日全国人大常委会《关于惩治贪污罪贿赂罪的补充规定》（以下简称《补充规定》）增设了挪用公款罪。此后，刑法学研究会年会上有十多篇文章对该罪进行了探讨，主要问题有：挪用公款罪的客体，挪用公款罪的立法完善。

1. 关于挪用公款罪的客体

在1988年年会讨论中有两种不同观点：

（1）认为挪用公款罪既侵犯了公共财产的所有权，又破坏了社会主义经济秩序，是复杂客体，但主要是侵犯了前者，因而应归入侵犯财产罪。具体理由是：挪用公款归个人使用，虽然没有侵犯所有权中的处分权，但侵犯了所有权中的占有权、使用权，也可能侵犯收益权，所以它明显侵害了公共财产所有权；而挪用公款行为尽管也侵犯了国家的财经管理制度，但由于其不具备破坏社会主义经济秩序的特征，故不应当归入破坏社会主义经济秩序罪中。

（2）认为挪用公款罪的直接客体是公款的使用权，即国家财经管理制度中的公款使用制度，这是单一客体而不是复杂客体，应归入破坏社会主义经济秩序罪中。具体理由是：

其一，侵犯公款的使用权不能等同于侵犯公款的所有权。处分权是所有权的根本，而挪用公款行为只侵犯公款的占有、使用、收益权，并不侵犯处分权，所以不能讲它是侵犯了公款的所有权。另外，我国刑事立法之所以把挪用公款罪单独定罪而不再以贪污罪论处，正是考虑到挪用公款与贪污侵犯客体的不同，以及由此带来的危害程度的不同。

其二，我国刑法已经把挪用特定款物罪归入破坏社会主义经济秩序罪中，挪用公款的行为与挪用特定款物的行为在性质上并无根本区别，因此，从二者的协调上看，挪用公款罪也应划归破坏社会主义经济秩序罪。

其三，按照《补充规定》，挪用特定款物归个人使用的，要依照挪用公款罪从重处罚，如果认为挪用公款罪应归入侵犯财产罪，那么这种挪用特定款物归个人使用而按挪用公款罪从重处罚的行为自然也是侵犯财产罪。这样，同样是挪用特定款物的行为，仅仅由于挪用后归公使用或归个人使用，而分别归入不同类型的犯罪，很难说通。

2. 关于挪用公款罪的立法完善

挪用公款罪的规定颁行不久，理论上和实践中就发现这一规定尚有许多缺陷，需要改进完善。如用语不严谨，只规定挪用公款没有规定挪用公物，对挪用公款没有数额、情节的规定等。刑法学研究会年会上许多论文对此进行了研究，有的论文提出了一些具体的完善意见。

（1）关于用语问题。有的同志认为，挪用公款罪中的有些表述和用语缺乏科学性和逻辑性，如"挪用公款归个人使用"的表述及其安排的位置，易使人误解为"归个人使用"只是"进行非法活动"这一情况的要件；"超过三个月未还"是指只要挪用超过3个月就构成犯罪，还是挪用超过3个月至案发时尚未归还才构成犯罪，不太明确，因此，应予修改，使之含义明确。

（2）关于数额情节问题。有的同志认为，对挪用公款构成犯罪应有一定的数额限制，因为比挪用公款罪危害更严重的贪污罪都规定了具体的数额，而较轻的挪用公款罪却没有具体数额的规定，在法理上说不通。

（3）对于挪用公款不退还以贪污论处的规定在理解上有分歧。有的同志认为，所谓挪用公款不退还是指行为人本来实施的是挪用公款的行为，但在挪用公款后主观上产生了非法占有公款的故意，客观上实施了非法占有公款的行为，这时行为性质已由挪用公款变为贪污公款。有的同志认为，所谓挪用公款不退还包括主观上不想退还和客观上不能退还两种情况。主观上不想退还的，只要没有采取弄虚作假手段把所挪用公款从账面上消除，就依然是挪用公款而不是贪污；对于主观上想还而客观上已不能退还的，也不应以贪污论，而应作为挪用公款的一种严重情节。

（4）关于挪用公款进行非法活动构成其他罪的实行数罪并罚的问题。一些同志认为，挪用公款与非法活动之间具有牵连关系的，应依重罪处罚，不应数罪并罚。

（5）有的同志提出，应改挪用公款罪为挪用公款公物罪。理由是：其一，无论公款公物，都是公共财产，都应受法律保护。挪用公物与挪用公款没有本质区别，只处罚后者不处罚前者，有失公正。其二，过去司法实践中对挪用公物的行为和挪用公款的行为一样，都按贪污罪论处；《补充规定》以后的司法解释也规定对挪用公物情节严重需要追究刑事责任的，可折价按挪用公款罪处罚。这就说明，对挪用公物情节严重的行为定罪处罚是符合实际需要的。既然如此，与其按其他罪论处，不如直接设立一个挪用公款公物罪。其三，国外有关挪用的刑事立法对款、物一般都是同等看待的，值得借鉴。

（四）关于贪污罪

关于贪污罪的讨论，焦点是贪污罪的主体问题。关于贪污罪的主体，我国刑事立法上有一个变化的过程。我国刑法典第155条的贪污罪的主体限定为国家工作人员，1988年《补充规定》将贪污罪的主体规定为国家工作人员、集体经济组织工作人员和其他经手、管理公共财物的人员。

1. 关于国家工作人员的理解

有的学者认为：国家工作人员只能是指在国家机关、国家的企业事业单位、人民团体等机构中从事公务的人员，既不是指一切从事公务活动的人员，也不是指在上述机构中工作的一切人员，因此，刑法典第83条及1982年全国人大常委会《关于严惩严重破坏经济的罪犯的决定》中对国家工作人员所规定的"依照法律从事公务的人员"，容易引起争议，使人产生一切从事公务的人员及上述机构中的一切人员都是国家工作人员的误解。

2. 关于其他经手、管理公共财物的人员的理解

关于其他经手、管理公共财物的人员，一般认为，也必须是公务性质的经手、管理公共财物的人员，而不包括劳务性质的经手、管理公共财物的人员。但对于有些经手、管理公共财物的人员，如国营或集体企业的售货员、售票员、汽车司机等，究竟是否能成为贪污罪主体则有分歧。一种意见认为，上述人员是属于受委托而经手、管理公共财物的人员，是依法从事公务的人员，因而可以成为贪污罪主体；另一种意见认为，上述人员从事的是劳务而不是公务，不是受委托从事公务的人员，因此不应成为贪污罪主体。对于公有制企业的承包人，一般认为他们属于受委托从事公务的人员，可以成为贪污罪主体；中外合资、合作经营企业中的中方管理人员也可以成为贪污罪主体。

3. 在贪污罪主体问题上的突破

我国实行社会主义市场经济后，多种所有制形式并存，国家保护私有制经济的发展。这种新形势对刑法观念产生了很大的冲击。1993年的刑法学研究会年会上，有的同志对贪污罪主体进行了全新的思考，认为：随着市场经济体制的逐步建立，应转变过去那种单纯保护公有制经济的观念，健全刑法对私有制经济的保护，对于私有制企业中的工作人员利用职务之便侵吞企业财产的，也应论以贪污罪，即把贪污罪的主体进一步扩大为经手、管理公私财物的人员，而不限于经手、管理公共财物的人员。当然，按此思路，贪污罪的客体也就扩大到公私财物所有权，而不仅仅是公共财产所有权。

（五）关于受贿罪

受贿罪是刑法学研究会成立以来讨论最为热烈的一个问题，在1986年年会后的历次年会上，受贿罪问题都受到重视。对受贿罪研讨的问题主要有贿赂的性质（受贿罪的对象）、受贿罪的主体、受贿罪中"利用职务上的便利"的问题、"为他人谋利益"的问题等。

1. 关于受贿罪的对象

1988年《补充规定》规定受贿罪的对象是财物。对此，大家一致的看法是，把受贿罪的对象只限于财物过于狭窄，不利于打击犯罪。因此主张应扩大受贿罪对象的范围，将财产性利益也作为受贿罪的对象，如设立债权、免除债务、提供劳务、免费旅游等等。但是对于非财产性利益，如迁移户口、调动工作、招工招干、提升职务、提供性服务等，能否成为受贿罪的对象则有分歧，分为肯定说和否定说。

肯定说认为，非财产性利益也可以成为受贿罪的对象。其主要理由是：

（1）非财产性利益虽不像财产性利益那样可以计价，但却可以使接受这种利益的人获得以钱财买不到或难以买到的实际利益，其诱惑力往往甚于财物。特别是在改革开放

的新形势下，贿赂犯罪往往以非财产性利益出现，如果对此不作为受贿进行打击，则会放纵这类犯罪。

（2）受贿罪是渎职罪，侵害国家机关的声誉和正常活动，只要行为人利用职务上的便利索取或收受了利益，不论这种利益是什么，都同样破坏国家机关的声誉。

（3）随着社会上商品倾向日趋严重，职位、性交等无不打上商品的烙印。性在我国虽然不是商品，但在特定的情况下，性作为一种报酬或利益，是一种畸形的等价交换。性是一种无形的非物质性利益，但又与有形的物质性利益有着密切的关系，因为性交的背后隐藏着某种利益的交换，把性视为贿赂是为了有效地惩治以性为交换的贿赂犯罪。

"否定说"认为，非财产性利益不能成为受贿罪的对象。其主要理由是：

（1）一种犯罪的打击面多宽取决于犯罪的客观性、惩治的必要性和可行性。国家工作人员利用职务之便为他人谋利益，接受他人给予的非财产性利益，具有客观存在性和现实危害性。但将这种行为规定为受贿罪，在司法上不具有可行性，原因在于：一是难以确定犯罪性质，即如果双方都是从事公务的人员相互利用职务之便接受对方的非财产性利益，很难划清谁是行贿，谁是受贿；二是难以适用刑罚，因受贿罪需要有受贿的数额，但接受非财产性利益很难确定数额，故无法适用刑罚。

（2）受贿罪的本质是"权钱交易"，而相互利用权力给予对方非财产性利益则是"权权交换"，不符合受贿罪的本质。

（3）"性贿赂"在我国更不宜作为受贿罪定罪量刑，因这不符合我国国情，很难令人接受，而且也很难确定罪与非罪的界限。

（4）对索取或收受非财产性利益的行为并非只有按受贿罪才能予以打击。"权权交换"的行为，有的可用党纪政纪处理；情节严重、危害很大的，应根据实际情况确定犯罪的性质，如滥用职权罪、以权谋私罪等。

2. 关于受贿罪的主体

关于受贿罪主体的规定有一个变化的过程。我国刑法典只规定国家工作人员可以成为受贿罪主体，1988年《补充规定》将其扩大到集体经济组织工作人员及其他从事公务的人员。关于受贿罪主体问题，年会讨论中主要对离、退休人员可否成为受贿罪主体有争议，有三种意见：

第一种意见认为，离、退休人员不能成为受贿罪主体，除非其具有法律规定的条件，如离、退休以后又成为集体经济组织中从事公务的人员，或者成为受国家机关、企事业单位委托从事公务的人员。

第二种意见认为，离、退休人员可以成为受贿罪主体，理由是离、退休的国家工作人员虽然已不在职工作，但是利用过去职务上的便利或影响，间接利用现职人员职务上的便利，为他人谋利益，从中收受财物，客观上与现职国家工作人员犯这种罪行的社会危害性基本一致，同样妨害国家机关的正常活动。

第三种意见认为：根据现行法律规定，离、退休人员不是受贿罪主体。但是鉴于离、退休人员利用过去职务上的便利和影响实施为他人谋利益而收取财物的行为同样败坏国家机关的廉洁性，有必要借鉴国外立法例，特别规定离、退休人员利用过去职务上的便利为他人谋利益而收受财物的，以受贿论处。

关于受贿罪主体问题，1993年刑法学研究会年会上有同志提出了具有突破性的观点，认为受贿罪主体不应仅限于国家工作人员、集体经济组织工作人员及其他从事公务的人员，而应将各种经济实体中的管理人员也包括进来，即私有制企业中的管理人员也应成为受贿罪主体。其理由是：我国实行市场经济以来，经济结构发生了重大变化，私有制企业迅速增加，这些私有制经济组织中的管理人员，完全可能利用自己掌握的经营管理的职权收受他人财物，损害本单位利益，而对这种行为，在现行法律中找不到处罚依据，这必然不利于保护私有制经济的发展。因此，有必要将这些经济组织中的管理人员从法律上规定为受贿罪主体，以有效地打击这种行为，保护私有制经济的发展。

3. 关于"利用职务上的便利"问题

根据《补充规定》，"利用职务上的便利"是构成受贿罪的一个客观要件。最高人民法院、最高人民检察院的解释认为：受贿罪中"利用职务上的便利"，是指利用职权或者与职务有关的便利条件。"职权"是指本人职务范围内的权力；"与职务有关"是指虽然不是直接利用职权，但利用了本人的职权或地位形成的便利条件。对最高人民法院、最高人民检察院关于"利用职务上的便利"的解释，年会上展开了研讨，有的同志对该解释本身进行了解释，有的同志则对该解释提出了异议。

（1）对"解释"的理解。关于利用职权或地位形成的便利条件，即间接利用第三者的职务为他人谋利益，本人从中收受财物的，本人的职务与第三者职务之间究竟有什么关系，有两种意见：

一种意见认为：利用第三人的职务为他人谋利益，而本人从中收受财物的，本人职务与第三人职务之间必须有制约关系，既包括纵向的制约关系，也包括横向的制约关系。纵向的制约关系是指存在职务上的上下级领导与被领导关系，即职务上的隶属关系，包括行政隶属和业务隶属、内部隶属和外部隶属；横向的制约关系是指虽不存在上下级领导与被领导的关系，而是平行的业务关系，但是在特定的业务方面存在管理的制约关系，如税务部门对管辖区域内纳税单位的管理监督关系。

另一种意见认为，利用第三人职务为他人谋利益而本人从中收受财物的，本人职务与第三人职务之间既包括纵向、横向的制约关系，也包括非制约关系，即单纯利用第三者职务上的便利。此外，有的同志认为，利用自己的领导权指使下属为他人谋利益而本人从中收受财物的，是属于利用本人职权，而不是利用本人职权形成的便利条件。虽然领导人的行为中加入了被领导者的职务行为，但这只是处理事务过程中的不同分工，各自都是行使职权，上级国家工作人员直接行使的是领导权，下级直接行使的是经办实施权，不能以后者的直接性否定前者的直接性。

（2）对"解释"的异议。有的同志对最高人民法院、最高人民检察院关于"利用职务上的便利"的解释提出异议，认为：利用职务上的便利，应仅指利用自己所担任的职务上的便利，而不应包括利用他人职务上的便利。解决这个问题不能靠对"利用职务上的便利"的扩大解释，而应通过完善立法将这种利用他人职务上的便利而收受财物的行为另行规定，作为一种特殊形式的受贿罪予以制裁。对于已不在职的国家工作人员利用过去职务上的影响通过现职人员职务为他人谋利益而本人从中收受财物的，作为一种特殊形式的受贿。并建议将"事前受贿"与"事后受贿"都作为特殊形式的受贿作出特别规定。

4. 关于为他人谋利益问题

年会讨论中一般认为，为他人谋利益只是受贿罪的主观要件而不是客观要件；并认为索贿行为同样要以索贿人主观上意图为他人谋利益为要件，如果行为人主观上没有意图为他人谋利益，就不构成受贿罪，而可能构成敲诈勒索罪。

(六) 关于玩忽职守罪

玩忽职守罪规定在我国刑法典渎职罪一章中，年会上有关玩忽职守罪的讨论主要集中在两个问题上：一是玩忽职守罪的主体，二是玩忽职守罪的主观要件。

1. 关于玩忽职守罪的主体

我国刑法典第187条只规定了国家工作人员是玩忽职守罪的主体。对此，有的同志提出，玩忽职守罪的主体应扩大到集体经济组织工作人员及其他从事公务的人员。其理由是：

（1）从实践中看，集体经济组织工作人员及其他从事公务的人员例如承包经营企业的负责人，因玩忽职守而造成重大损失的情况经常发生，行为与玩忽职守罪相符，如果仅因主体不是国家工作人员而不作犯罪认定，势必放纵这种危害行为。实际上，在每年司法实践中，对此也普遍地按玩忽职守罪追究刑事责任，效果不错。

（2）从理论上看，从事公务是玩忽职守罪主体的本质特征。因此，凡从事公务的人员都可以成为玩忽职守罪的主体。

（3）从立法上看，对于贪污罪、受贿罪的主体，都已经从原来规定的国家工作人员扩大到集体经济组织工作人员及其他从事公务的人员。玩忽职守罪的主体也应扩大。

年会中对于私有企业中的管理人员能否成为玩忽职守罪主体缺乏探讨。

2. 关于玩忽职守罪的主观要件

传统观点一般认为，玩忽职守罪在主观上只能是过失。对此，年会上有的同志提出，玩忽职守罪在主观上既包括过失也包括故意。其主要理由是：

（1）我国刑法典中并未明确规定玩忽职守罪主观方面是故意还是过失，所以，认定玩忽职守罪必然是过失犯罪缺乏法律依据。

（2）司法实践表明，玩忽职守罪不但可以由过失构成，而且可以由故意构成。有些从事公务的人员对于不履行或不正确履行职责会发生危害社会的结果是明知的，对其行为所造成的损害后果则是放任其发生。

（3）在国家颁布的一些单行法律中按玩忽职守罪追究刑事责任的一些犯罪，在主观上是出于故意的。如《关于严惩严重破坏经济的罪犯的决定》规定：凡对于走私、投机倒把、盗窃、贩毒、盗运珍贵文物出口、受贿等犯罪人员，有追究责任的国家工作人员不依法处理，或因受阻挠而不履行法律所规定的追究职责的，比照刑法第187条玩忽职守罪的规定处罚。《森林法》（1984年）第35条规定："违反本法规定，超过批准的采伐限额发放林木采伐许可证……情节严重，致使森林遭受严重破坏的，对直接责任人员依照《刑法》第一百八十七条的规定追究刑事责任。"这些行为都不能说仅仅出于过失。

［高铭暄；载《法学研究动态》，1994（12）］

第四十二章
1994 年全国刑法学术年会综述

一、前 言

市场经济与刑法修改和完善研讨会暨中国法学会刑法学研究会 1994 年学术研讨会于 1994 年 10 月 17 日至 21 日在南宁举行，与会代表和列席者共计 146 人。会议共收到论文 93 篇，主要研究和探讨了"市场经济与刑法的修改和完善"以及"市场经济条件下经济犯罪的认定与处罚"两大方面的问题。现分就这两方面问题的有关学术观点予以综述。

二、市场经济与刑法的修改和完善

（一）刑法总则问题

1. 刑法完善的基本思想

关于刑法完善应遵循什么样的基本思想，有多篇论文进行了研讨。概括起来，有以下论点：

（1）法调整的重点对象应该转移。有的论文指出，在传统的计划经济体制下，统治阶级制定刑法的主要目的在于强有力地维护高度集中的国家意志，刑法的锋芒主要指向危害政权稳定和统治秩序的犯罪，在经济犯罪和治安犯罪方面，刑法往往更关注后者。在社会主义市场经济体制下，刑法调整的重点应向经济犯罪转移。

（2）刑法的完善应该犯罪化与非犯罪化双管齐下，刑罚化与非刑罚化齐头并进。具体来讲，需要犯罪化的行为有两类：一类是本应由现行刑法规定为犯罪，但由于立法者立法经验不足或指导思想过分强调缩小刑法打击面而未能规定为犯罪的行为，如重大医疗事故、侵占公私财物、滥用职权造成重大损失等行为。另一类是在新的经济、政治形势下出现的对社会具有一定程度的社会危害性的行为，如危害市场公平竞争、破产诈欺、保险诈欺、制作、宣传虚假广告等行为。需要非犯罪化的行为也有两类：一是由于我国社会政治、经济形势的变化而使有关现行犯罪失去其存在基础的行为，具体有 1979 年刑法典第 137 条规定的聚众"打砸抢"罪，第 120 条规定的伪造、倒卖计划供应票证罪；二是现行刑法不恰当地规定为犯罪的行为，具体有《关于严惩严重破坏经济的罪犯的决定》规定的对有关经济犯罪和犯罪人员知情不举的行为，《关于严禁卖淫嫖娼的决定》第 8 条规定中所包含的为卖淫嫖娼违法分子通风报信、隐瞒情况的行为。

（3）刑法的完善应传统化与现代化兼顾。一方面，刑法功能的重点应由政治保障功能转向经济促进功能；另一方面，也不能否定刑法的政治保障功能。

（4）刑法的修改完善必须将中国化与国际化结合。所谓中国化，就是要从中国的实际情况出发，要立足于本国的实践经验。所谓国际化，是指刑法的修改与完善要注意世界各国刑法发展的总趋势，顺应与迎合当今世界刑法向着民主、人道、开放、科学发展的进步潮流。

（5）刑法的立法技术上既要防止简单化，又要防止烦琐化，要做到繁简适当、疏密适中。

（6）刑法在规定刑罚时应坚持宽严相济、轻重适当的指导思想，既防止重刑化，又防止轻刑化。

2. 刑法总则和分则的体系结构问题

有的论文对新的刑法典的总则和分则的体系结构进行了详细而全面的设计，建议新的刑法典的总则分设以下七章：第一章，刑法的根据、任务和原则；第二章，刑法的适用，其内容包括刑事管辖权、刑法的溯及力以及刑法与其他有刑罚规定的法律的关系；第三章，犯罪与刑事责任；第四章，正当行为；第五章，刑罚；第六章，刑罚的具体运用；第七章，刑法用语，即对某些用语进行界定。分则的体系结构应在现行刑法典分则体系结构的基础上，从以下几个方面进行调整：第一，将反革命罪一章易名为"危害国家安全罪"；第二，增设侵犯公民民主权利罪专章；第三，增设妨害司法罪专章；第四，增设有关违反劳动保护和危害公共卫生犯罪专章；第五，破坏社会主义经济秩序罪一章分为数章；第六，将贪污贿赂犯罪单列一章；第七，专章规定毒品犯罪；第八，将军人违反职责罪纳入刑法典，作为分则的一章。

3. 类推制度的存废问题

本次研讨会共收到专门论述类推制度存废问题的论文 4 篇，也有文章在论述其他刑法问题的同时，对类推制度的存废问题进行了阐述。论及此问题的绝大多数文章认为，现行刑法规定的类推制度应当废除。其理由概括起来有以下几点：（1）时代所需的刑法机能要求废止类推。在我国实行社会主义市场经济体制和加强民主政治的建设的新时期，刑法应具有保障社会稳定和保护个人自由的功能。我国现行类推制度，具有以社会本位审视个体、以群体的意志决定个体的意志的倾向，从而抹杀了刑法对社会的保障和对个人自由的保护功能，因而应当予以废除。（2）法制的价值观决定了应当废止类推。安全价值是刑法的价值之一，这一价值决定了刑法应对行为作出肯定或否定的具体标示，而类推的规定使得行为的肯定或否定的评价标示不明，因而与刑法的安全价值背道而驰。（3）1979 年刑法典颁布实施以来，类推案件数量之少决定了类推制度已经丧失其继续存在的价值。（4）类推制度的存在违背了罪刑法定原则。不废除类推制度，真正的罪刑法定原则就不能实现。（5）加强刑法立法可以替代类推所起的弥补刑法漏洞的作用。

也有个别文章主张继续保留类推制度，并以我国刑事立法经验不足、罪刑法定在实践中行不通、我国市场经济的建立刚刚起步、政治体制的改革尚未开始等，作为立论的理由加以阐述。

4. 法人犯罪的立法完善问题

有的论文指出，我国现行刑法关于法人犯罪的规定存在着以下不足：（1）分则规定与总则规定不协调。目前关于法人犯罪的规定都是分则性规定，而缺乏总则性规定。（2）不同法律规定之间的不协调。如法人走私毒品，按照《关于惩治走私罪的补充规定》应以法人犯罪处理，而按照《关于禁毒的决定》不能以法人犯罪处理。（3）对法人犯罪规定的处理原则上的不协调。如有的法人犯罪由法人实施时，其构成标准与自然人犯罪的构成标准相同，有的则两者相差悬殊。（4）法律规定与社会现实之间的不协调。如承认国家机关也能构成法人犯罪，而对它们判处罚金后就难以执行。

针对以上不足，有关论文建议法人犯罪的立法应该从以下几个方面加以完善：首先，在刑法总则中明确规定法人犯罪；其次，统一法人犯罪的可罚性标准，即法人犯罪的可罚性标准应高于自然人犯罪；最后，对法人犯罪判处罚金要规定明确的标准。此外，对法人犯罪适用的刑种可以多样化，如罚金、没收财产、剥夺荣誉称号、停业整顿等都可作为适用于法人犯罪的刑罚方法。

5. 死刑的完善问题

近几年来，死刑是刑法理论讨论的热点问题之一，死刑的立法完善已有论及。本次研讨会，又收到了5篇研讨死刑的论文，其中有专门研究死刑完善的，也有将死刑的立法完善作为其内容之一的。归纳起来，这些文章提出的完善死刑立法的意见有：（1）废除不必要的死罪，如投机倒把罪、拐卖人口罪等罪名存在的价值已不大，可以废除，即使保留备用，也应废除其死刑规定。（2）在死刑适用方式上，应摒弃现行刑法立法有关加重适用死刑和将死刑作为绝对确定法定刑的做法。（3）限制和逐步取消非暴力犯罪的死刑。如对于贪污、贿赂、盗窃等经济犯罪，首先可在数额和情节上作出严格的限制，使其适用范围控制在尽可能小的范围内。10年以后，即可取消它们的死刑。（4）限制和取消部分暴力犯罪的死刑。如对抢劫罪，可把其适用死刑的条件由"情节严重"提高到"情节特别严重"；对故意伤害罪则可在适当的时候取消死刑。（5）改进立法技术，减少死刑罪名。对于那些可以规定在同一条文中的性质相同的犯罪行为，最好不采取分立为数罪的立法方法，以免死罪罪数在形式上的增加。（6）最终彻底废除死刑。有的论文指出，经过一个较长时期的努力，随着我国物质文明程度的较大提高，社会治安状况的明显好转或相对稳定，即可从立法上废止死刑。有的论文认为，在百年之后彻底废除死刑，具体可分三个阶段：第一阶段从现在到公元2010年左右，将我国现行刑法中的死刑罪名限制在 15 个左右。第二阶段从 2010 年到 2050 年左右，死刑罪名只保留故意杀人、叛国、恐怖活动等两三种。第三个阶段从 2050 年至 2100 年，全面废除死刑。

6. 罚金刑的立法完善问题

有的论文提出了以下完善罚金刑立法建议：扩大罚金刑的适用范围，明确规定罚金刑的数额，完善罚金刑的执行制度，即增设罚金执行制度、有偿劳动折抵罚金制、罚金刑分期交纳制、罚金延期交纳制、罚金刑易科有期徒刑制等。有的论文认为：罚金刑不宜上升为主刑，罚金刑的适用范围应适当扩大，而不能大幅度扩大。法律上最好规定罚金刑的数额。有的论文对罚金刑适用于哪些犯罪以及如何解决执行难的问题分别提出了有益的意见。

7. 没收财产刑的立法完善

有的论文认为，应该减少没收财产刑的适用对象。其具体建议是：（1）取消反革命罪一章中"犯本章之罪的，可以并处没收财产"的规定。对本章中处刑较轻的 3 条（第 98 条、第 99 条和第 102 条）不设没收财产刑，对其他各条中情节较轻的，如果主刑为 10 年以上有期徒刑，也不规定没收财产刑（第 94 条、第 95 条、第 96 条、第 97 条、第 100 条、第 101 条）。对背叛祖国罪，阴谋颠覆政府、分裂祖国罪，策动叛变、叛乱罪规定并处罚金。（2）取消刑法第 117 条和第 120 条中可以单处没收财产的规定，使我国刑法中的没收财产变为纯附加刑。（3）对于其他贪利性犯罪中主刑为 10 年以下有期徒刑的，也一律取消可适用没收财产的规定。（4）对主刑为 10 年以上有期徒刑的，如果适用没收财产刑，可以采并处制。

8. 少数民族地区的地方刑事立法

有的论文对少数民族地区刑事立法的思想提出了有益的意见，认为少数民族地区地方刑事立法必须有如下特殊的立法指导思想："两少一宽"的政策思想；有利于生产的发展和经济的繁荣，有利于社会进步和社会主义精神文明建设，有利于全国各族人民的大团结。有的论文对民族刑事法规制定的依据和基本原则等问题进行了详细的论述。

（二）刑法分则问题

涉及刑法分则立法完善问题的论文的主要内容有：

1. 罪名的立法完善问题

有论文指出：1979 年刑法典设立的罪名有一百五十多个。刑法颁布后至 1994 年 7 月，全国人大常委会又陆续通过了 22 个单行刑事法律，其中增设罪名近七十个。在一些非刑事法规中也创制了一些新罪名。迄今，我国刑事法律设立的罪名约二百三十个，为司法机关准确定罪和量刑提供了法律依据。但是由于刑法典制定时的历史局限性和单行刑事法律出台的应时性等原因，我国罪名立法还存在一些局限与不足，有待于进一步完善。

有的论文对我国罪名的规定形式、排列方式、表述技术、统一体系、设立依据中存在的问题进行评述后，提出了完善罪名立法的主张：（1）更新罪名立法观念。必须率先实现传统的罪名立法观念的转变，破除罪名规定可有可无的旧观念，确立罪名规定不可或缺的新观念。（2）要遵循罪名立法原则。就具体操作的原则而言，要遵循合法性原则、科学性原则、简括性原则。（3）要规范罪名立法实践。包括：罪名的规定形式一律采用明示式；对单行刑事法律和非刑事法律中刑法条款所增设的罪名进行分类整理，选利除弊；重新审视刑法典规定的罪名，及时做好增、改、废工作。（4）对分散在几个法律中的同一罪名的内容，要进行分析、归纳，消除其冲突，删除其重复，择其必要的内容集中于刑法分则规定该罪名的条文中，使罪名的内涵和外延明确化。

2. 渎职罪立法完善的问题

有学者撰文指出，要想有效地清除腐败、预防和减少职务犯罪，除了继续贯彻依法"从严惩治"的刑事政策以及完善必要的规章制度外，更应当进一步完善有关惩治职务犯罪的刑事立法。有的学者对渎职罪立法问题进行了系统研究，提出了如下见解：（1）将渎职罪修改为"公务员违背职务罪"；（2）渎职罪在刑法分则中的位置应当提前；（3）对渎职罪立法内容进行必要的修补与删除；（4）建立惩治职务犯罪的罪名体系，主要内容是：对我国现行刑事立法中规定的职务犯罪作相对的集中，使之系统化；根据我国司法实践的需要，增设一些新罪名，使惩治职务犯罪的罪名体系更加完备；（5）完善现行渎职罪立法的处罚机制，包括：扩大非纯粹职务犯罪从重处罚的范围，提高刑法分则中某些渎职罪的法定刑，注意加强对职务犯罪财产刑、资格刑的适用。有的学者就如何提高职务犯罪在刑法分则中的地位，提出了完善的建言，如：明确树立严惩职务犯罪的立法思想；严格控制职务犯罪的主体范围，即应把职务犯罪的主体范围严格控制在国家工作人员，或其他从事公务的人员范围之内；协调职务犯罪与非职务犯罪的刑罚比重。该论者主张，设立职务犯罪的刑罚时，不仅应当规定各种主刑，同时应明确规定，对故意构成的职务犯罪应当一律附加剥夺政治权利；对一些贪利性的职务犯罪，应当适当附加没收财产或罚金刑。

3. 贪污罪的立法完善问题

一些论文对贪污罪的立法完善问题进行了专题或连带研究，主要涉及以下几个问题：（1）贪污罪罪名的存废。针对学术界对贪污罪罪名的取消说、强化说、保留说，学者之间较为一致的观点是主张保留贪污罪罪名，在保留该罪名的同时，还有必要增设侵占罪。（2）贪污罪的主体。与会论者均主张缩小贪污罪主体的范围，但对其范围的缩小程度见解不一。有的主张将贪污罪主体限定在"国家工作人员、集体经济组织工作人员"的范围之内；有的主张以"国家公职人员"取代"国家工作人员"，并且将"国家公职人员"的外延限定在国家各级党政机关、审判机关、检察机关中依法从事国家公务的人员的范围之内。除此之外的非国家公职人员利用职务之便盗窃、骗取公共财物的行为，分别纳入盗窃罪和诈骗罪之中；对侵吞公共财物的行为通过增设"侵占罪"加以论处。

此外，有的学者建议适当提高盗窃、诈骗等罪的定罪处刑数额标准，并且相应降低贪污罪的定罪量刑数额标准。

一些论文论述了设立侵占罪的理由，对侵占罪的概念、特征、种类及刑事责任进行了研讨。一些学者认为，侵占罪是指以非法占有为目的，将自己所持有的公私财物转为自己或第三者所有或者擅自处分，数额较大的行为。本罪的主体是一般主体，即年满16 岁的具有刑事责任能力的自然人。本罪的主观方面只能是直接故意。本罪的客观方面是行为人通过侵吞和侵用两种手段非法侵占他人公私财物。本罪的客体是公私财物所有权。对于侵占罪的分类，学者之间的认识不尽相同。有的主张将侵占罪分成普通侵占罪和业务侵占罪，有的主张将侵占罪分成单纯的侵占罪、业务上的侵占罪和侵占遗失物、地下埋藏物、水上漂流物罪。对于侵占罪的定罪数额标准，也有不同的建议，有的主张使侵占罪在犯罪数额上大致与盗窃罪、诈骗罪持平；有的主张侵占罪数额较大的起点应稍高于盗窃罪，更高于贪污罪；有的则明确主张以 3 000 元作为构成侵占罪数额较大的起点。此外，有些论文对侵占罪与贪污罪、侵占罪与诈骗罪、侵占罪与盗窃罪、侵占罪与非罪之间的界限进行了不同程度的研讨。

4. **挪用公款罪的立法完善问题**

一些论文对挪用公款罪的立法完善问题进行了专题研究，主要涉及以下几个问题：(1) 挪用公款的罪名。相关论文较为一致的看法是将公物也纳入挪用公款罪中，易名为挪用公款公物罪。有的学者主张将刑法第 126 条"挪用特定款物罪"与挪用公款公物罪合并，将前者作为后者的严重情节，从重处罚。(2) 挪用公款罪的罪状及法定刑。相关论文提出的完善建议有：首先，在挪用公款罪的犯罪构成中，应有"数额较大"的限定，但不宜明确具体数额，其具体数额通过司法解释来完成。其次，挪用公款后的用途不宜作为构成犯罪的要件，而宜作为量刑从重或从轻的情节。最后，有的学者主张将挪用公款罪的最高法定刑提至无期徒刑。(3) 挪用公款转化为贪污的问题。有学者认为，把能还而拒不退还与想还而无力归还相提并论，违反了主、客观相一致的认定犯罪的原则；主张对后者只能以挪用公款罪认定，但可以将其作为严重情节处罚。有的学者认为：挪用公款不退还以贪污论处的规定是错误的，退还和不退还没有质的区别。只要把"不退还"作为挪用公款罪的从重或加重的处罚情节就可以了。(4) 挪用公款归单位使用的问题。有的论文针对最高人民法院、最高人民检察院对此问题的有关解释中规定了"为私利，以个人名义"将挪用的公款给单位使用，才视为归自己使用，提出了不同见解，认为在实际操作中很难认定是"以个人名义"还是"以集体名义"，只要具有该罪主体身份而为私利挪用公款给外单位使用，就属于挪用公款的行为。有的论文建议，应将擅自挪用公款归其他单位使用的行为也规定为犯罪，而且不应设置"为私利"的限制条件。此外，有的学者对挪用公款罪中的词语、标点符号也提出了完善的建议。有的学者还主张增加"对使用人使用挪用的公款、公物进行非法活动、营利活动或在'不归还'挪用的公款，以贪污罪论处的案件中，以共犯论处"的款项。

5. 诈骗罪的立法完善问题

一些论文对诈骗罪立法完善的理由进行阐述后，对如何完善诈骗罪的立法提出建议。主要涉及以下几个问题：

（1）诈骗罪的分类。有的论文认为，从宏观而言，可以考虑将诈骗罪单独成一罪章；从微观而言，一是保留现行刑法的具体分类规定，二是增列有关经济诈骗犯罪的具体分类，如合同诈骗、贷款诈骗、广告诈骗、保险诈骗等。

（2）提高诈骗罪的最高法定刑。有的学者主张对诈骗罪的刑罚适用作从严调整，增加对诈骗罪的死刑适用。其主要论点有：其一，体现了我国罪刑相适应的刑法原则；其二，平衡了立法结构上的协调统一；其三，有利于打击当前猖獗的诈骗犯罪，维护市场经济秩序。

（3）法人单位犯诈骗罪的问题。有论者主张首先在立法上要明确规定应负刑事责任的犯罪法人单位的范围，其中应该包括私营经济法人单位；其次要确立两罚制度。此外，有的学者建议立法上规定追究严重被骗单位主管人员或直接责任人员相关的刑事责任。对于诈骗罪定罪数额则有不同主张。一种观点认为应随着实际生活中诈骗犯罪数额的上升而提高；另一种观点则不同意那种所谓"水涨船高"的主张，不能迁就犯罪的越发猖獗而有所降低。

6. 贿赂罪的立法完善问题

一些论文对受贿罪、商业贿赂罪进行了专题研究，主要涉及以下几个问题：

（1）受贿罪的主体。有的论文认为，我国法律对受贿罪主体的规定已不能适应当前市场经济发展的需要，集中表现在：一是严厉打击的面过宽，二是打击重点不突出，三是法律规定的不健全；建议将受贿罪的主体范围修改为"国家机关工作人员"，即"国家权力机关、行政机关、司法机关、军事机关中从事公务的人员"，除此之外的其他人收受贿赂，另设行业贿赂罪或商业贿赂罪加以制裁。

（2）受贿罪的客观方面。有的学者主张在"利用职务上的便利"后面加上"或影响"；对于贿赂的内涵与外延，学者虽都主张扩展，但仍有"物质利益说"与"利益说"之别；对于"为他人谋利益"的问题，有的学者主张将此作为受贿罪的主观要件。

（3）受贿罪的处罚。有的学者主张对受贿罪增加罚金刑和资格刑，有的学者主张在立法上明确规定非法索取贿赂、违背职务为他人谋取利益而收受贿赂的从重处罚或规定较重档次的法定刑。

7.《关于严惩组织、运送他人偷越国（边）境犯罪的补充规定》的完善问题

有的论文在分析了这一补充规定之后，对完善补充规定提出了一些修改建议：（1）第2条应修改为："以劳务输出、经贸往来或者其他名义，弄虚作假，骗取护照、签证等出境证件的，处二年以下有期徒刑或者拘役，并处罚金。"并于第二款增设单位犯前款罪的规定。（2）认为"单位"可以构成组织他人偷越国（边）境犯罪的主体，因

而建议在第 1 条中增加第 2 款，规定单位组织他人偷越国（边）境犯罪及其法定刑。（3）考虑到"单位"也可以构成倒卖护照、签证等出入境证件罪的犯罪主体，建议在第 3 条中也增加第 2 款，规定单位倒卖护照、签证等出入境证件犯罪及法定刑。

8. 分则中其他罪名的立法完善和新罪名的增设问题

除了上述罪名和几种犯罪的立法完善之外，还有论文探讨了分则中其他罪名的立法完善，主要涉及的罪名有：妨害国家货币罪，刑讯逼供罪，盗窃罪，组织、运送他人偷越国（边）境罪，泄露国家重要机密罪，玩忽职守罪等。有论者对上述罪名的法条修改及完善进行了分析、探讨。有些论文就刑法典增设新罪名作了研讨。除上述罪名的法条修改及完善建议外，还提出了一些有益的建言。

有些论文就刑法典增设新罪名作了研究，除上面已经综述的以外，还有黑社会组织活动罪、抢劫杀人罪、滥用职权罪、放弃职守罪、非法经商罪、挥霍浪费罪、集体私分公共财产罪、违法增加人民负担罪、非法干预司法权罪、暴力非法执行职务罪、非法行刑罪、非法执行强制措施罪等。有论文对新增设罪名的必要性作了探讨，对罪名、罪状、法定刑作了不同程度的设计，为我国刑法分则的进一步修改完善，提供了颇有参考价值的意见。

三、市场经济条件下经济犯罪的认定与处罚

研讨会收到的关于经济犯罪的论文共 28 篇，主要内容涉及如下几个方面：

（一）不法经济行为的罪与非罪的认定标准

对此，有的论文认为，应以是否危害社会主义生产力的发展及程度为标准。有的论文认为，由于上述生产力标准十分抽象、难以把握，因而，在总体上应以是否符合犯罪构成作为经济犯罪与非罪的认定标准，在法与理冲突的情况下，以生产力标准作为适当补充。有的论文认为：行为的社会危害性及其程度，是界定不法经济行为罪与非罪的实质标准；是否有利于发展社会生产力，是评判不法经济行为是否具有社会危害性的事实标准；行为是否符合犯罪构成，是划分不法经济行为罪与非罪界限的法律标准。将三种标准相统一，才能正确评判不法经济行为的罪与非罪。

（二）股份制企业中经济犯罪的认定

1. 股份制企业中准挪用、贪污行为的认定

有的论文指出，股份制企业中的准挪用、贪污行为，是指发生在股份制企业中的类似于挪用公款罪、贪污罪的侵犯股份制企业财产的行为。对这类行为是否以贪污罪、挪用公款罪定罪量刑，存在不同意见：肯定说认为，应当以挪用公款罪、贪污罪追究行为人的刑事责任。其主要理由是，股份制企业中的财产是通过发行股票而由各股东所共同

投资，因而可以把该财产视为股东财产的集合体，这种集合体已经摒弃了各股东的私有性质而具有独立性，正是这种超越了各私有股东而形成的独立财产又使其带有集体性质。因此，对这种集体性质的财产挪用、贪污时应该以挪用公款罪、贪污罪论处。否定说认为：股份制企业根本上就不可能存在挪用公款罪和贪污罪。因为股份制企业是一种典型的按份共有的组织形式，而共有又不同于公有，所以发生在这种企业内部的准挪用、贪污等侵犯股份制企业财产的行为，都不能以挪用公款罪、贪污罪论处。折中说认为：对上述准挪用、贪污行为能否以挪用公款罪、贪污罪论处，要具体问题具体分析，依股份制企业的性质而定。股份制企业的性质又由各股东的投资比例来定。如果国家、集体股占到了控股地位，就可以将上述行为以挪用公款、贪污罪认定；反之，私人股占据控股地位时，就不能以挪用公款、贪污罪论处，而应以盗窃、诈骗等罪论处。其主要理由是，我国 1979 年刑法典第 81 条第 2 款规定："在国家、人民公社、合作社、合营企业和人民团体管理、使用或者运输中的私人财产，以公共财产论。"国家控股中的股份制企业的管理者，或者管理者的主要决定者是国家股的代表人，对代表公有财产性质的管理人所经营的财产应"以公共财产论"。

2. 股份制企业中股票贿赂的贿赂金额的认定

有的论文指出，由于股票是一种可增值但又有风险的特殊商品，在认定股票贿赂中的贿赂金额时应遵循如下原则：（1）行贿数额以行贿时的股市价格计算，而不应以股票面值即股金计算。如果行贿人员通过购买高价股票而又以上市价送给收受人的，认定行贿罪的数额时就应按照行贿人行贿时股票交易所的股票价格计算，而不应以原始股价或行贿人购买股票的价格计算。（2）受贿罪的数额，应以其受贿行为被发现时的股市价格计算，如果在这之前受贿人已抛售的，以抛售时的股市价格计算；如果在其犯罪行为被发现时股票价格低于收受股票时的股市价时，应以受贿人收受股票时的股市价格计算。

（三）妨害税收的犯罪

提交的论文中论及妨害税收犯罪的计有 4 篇，主要涉及如下几个问题：

1. 偷税罪的客体

有的论文认为，偷税罪侵犯的客体是税收管理制度；有的论文不同意这种看法，认为偷税罪侵犯的是双重客体，既包括国家税收管理制度，又包括国家财税所有权。

2. 偷税罪的主体

一些论文认为，偷税罪的主体包括三个方面：（1）依照税收法规及其实施细则规定承担直接纳税义务的单位和个人；（2）依照个别税收法规规定，承担间接纳税义务的单位和个人；（3）依照税法规定具有代征、代扣、扣缴税款义务的单位和个人，即扣缴义务人。

3. 偷税罪的行为方式

有的论文认为只能是作为，其理由是：偷税犯罪由于使用了欺骗、隐瞒等逃避纳税的手段，明显地积极地进行了某些动作，而不存在消极地不进行某些动作的情况。有的论文认为，偷税行为的方式不仅有作为形式，而且还有不作为形式，即认为故意不进行纳税申报的行为也是偷税犯罪的行为方式之一。

4. 税收争议中暴力抗税行为的定性

税收争议，是指纳税人、扣缴义务人等与征税人员因对纳税数额、税率、税目等问题存在不同认识而发生的争议。争议中的暴力抗税行为分两种情况：（1）由于征税人的过错而引起时，有的论文主张对暴力行为认定为抗税罪，理由是根据《税收征收管理法》（1992 年）第 56 条规定的"先缴后议"原则，即使税款错征，纳税人也应先缴税款；有的论文认为上述行为不应定为抗税罪，因为抗税是针对应纳税款而言的，而错征的税款不是应纳税款，同时，该行为人主观上是为了维护自己的合法利益，不存在抗税故意。（2）由于纳税人的过错而引起时，有的论文认为，应分两种情况处理：如果纳税人无意谋取非法利益，而是出于对税法的无知或对政策的误解等原因与征税人员发生争执并使用暴力打伤税务人员时，由于不具备抗税的故意，所以不构成抗税罪；如果纳税人无理取闹，企图以此拒缴税款，则应以抗税罪论处。有的论文认为，此时应一律以抗税罪论处。

(四) 侵犯知识产权的犯罪

有关论文大多论述了运用刑法保护著作权的必要或意义，对《关于惩治侵犯著作权的犯罪的决定》进行了深入的分析，提出了一些颇有见地的观点，如认为该决定第 1 条与第 2 条规定的犯罪的区别在于：前罪主要是侵权复制，后罪主要是销售侵权复制品；认为该决定第 1 条所规定的犯罪的处刑和处理分为五层：（1）普通犯罪的处罚；（2）严重犯罪的处罚；（3）单位犯罪的处罚；（4）没收犯罪物品；（5）赔偿损失。但在如下两个问题上还存在分歧：

1. 罪名问题

关于该决定第 1 条的罪名，有的论文认为是"侵犯著作权罪"，有的论文认为是"非法复印发行他人作品或者制作、出售假冒他人著名的美术作品罪"，有的论文认为是"盗版罪"。后者的理由是：第一，将该决定中的一条称为"侵犯著作权罪"，很容易被误认为是该决定所规定的全部犯罪行为。第二，另一罪名即"非法复印发行他人作品或者……罪"，表述过于累赘，不符合罪名精练的原则。第三，"盗版"一词，可以反映国际国内知识产权领域对侵犯著作权的行为的通用称谓，也反映了该决定第 1 条所规定的犯罪的基本内容和特点，并符合罪名应当准确精练的原则。对该决定第 2 条的罪名，有的论文认为是"销售侵权复制品罪"，有的论文认为是"销售盗版商品罪"。

2. 该决定第 1 条所述犯罪的客体

对此，有的论文认为是他人合法享有的著作权及与著作权有关的权益；有的论文则认为是在法律规定的范围内，对各类作品支配权的总和。

此外，有的论文还探讨了剽窃《著作权法》保护之作品的刑事责任问题，要求强化严重剽窃他人著作就是犯罪行为的观念，认为"情节严重"是构成剽窃他人著作权犯罪的必备条件。有的论文提出了侵犯知识产权罪的立法完善的意见，建议在刑法分则中设立侵犯知识产权罪专章，具体犯罪包括：假冒专利罪、妨害注册商标罪、妨害著作权罪、妨害商业秘密罪、非法进出口侵权产品罪。这些都可供修改和完善我国刑法时参考。

（五）生产、销售伪劣商品犯罪

《关于惩治生产、销售伪劣商品犯罪的决定》颁布以来，刑法学界对该决定规定的犯罪作了深入的研究。提交本次会议的论文主要探讨了本罪的客体、关于起刑点的认定、本罪处罚的特点和完善该决定的立法建议等问题。

1. 客体问题

有的论文认为，生产、销售伪劣商品犯罪所侵犯的同类客体是社会主义经济秩序或者商品经济秩序。有的论文认为，上述犯罪没有同类客体，在刑法分则中分属几类客体，具体地说：（1）生产、销售伪劣产品罪和生产、销售伪劣农药、兽药、化肥、种子罪应属于破坏社会主义经济秩序罪；（2）其他生产、销售伪劣商品的七种罪（前述决定第2条、第5条及第7条）属于危害公共安全罪。

2. 起刑点的认定

生产、销售伪劣产品罪是用犯罪数额加犯罪情节的办法来认定犯罪，这就要求正确理解"违法所得数额"和"情节较轻"。关于"违法所得数额"，有的论文认为该数额是违法经营数额；有的论文认为是违法取得的纯利润；有的论文认为是全部非法所得，包括行为人已经与他人约定取得但尚未到手的数额。关于"情节较轻"，有的论文认为主要有以下几种情况：（1）生产、销售伪劣产品被揭发后，负责维修、更换、退货，未给用户、消费者造成损失的；（2）偶尔生产、销售伪劣产品，愿意接受处理，悔改态度好的；（3）犯本罪有检举他人生产、销售伪劣产品立功表现的；等等。

3. 处罚的特点

有的论文认为前述决定对本罪的处罚有如下三个特点：（1）处罚档次的多层次性；（2）注重经济处罚的刑罚效益；（3）对法人犯罪实行两罚制和单罚制相结合的处罚体制。

4. 完善前述决定的立法建议

有的论文认为前述决定的唯一不足是没有增设停止职业权利的刑罚，因而建议增设限期停止或者永久停止犯罪人生产、销售商品的职业权利的处罚。

（六）商业贿赂罪问题

一些论文专门研究了商业贿赂罪的问题，认为商业贿赂罪，是指以营利为目的，在从事商品经营和营利性服务等经济活动中，违反国家规定，非法支付、收受回扣、手续费等财物或其他不法利益，危害正当竞争，扰乱市场经济秩序，情节严重的行为。有的论文对商业贿赂罪的立法提出了如下设想：（1）集中与分散地进行立法。（2）罪状应规定叙明罪状，并明确规定罪名。可以将商业贿赂罪分解为商业行贿罪、商业受贿罪、介绍商业贿赂罪。（3）法定刑的设置：其一，处刑应低于普通贿赂罪；其二，强化经济制裁；其三，增设资格刑。此外，有的论文对商业贿赂罪独立存在的依据、普通贿赂罪和商业贿赂罪的联系与区别进行了论述。

（七）内幕交易罪问题

一些论文对内幕交易罪进行了探讨，对内幕交易罪的构成和处罚、增设内幕交易罪的必要性提出了自己的见解，认为：内幕交易罪，是指知悉内幕信息的自然人或法人，以获取利益或减少损失为目的，利用内幕信息进行证券的发行或交易，扰乱证券市场的正常秩序，情节严重的行为。本罪侵犯的客体，是国家对证券市场的管理秩序和投资者的合法权益；本罪客观上表现为利用内幕信息进行证券的发行或交易，情节严重的行为；本罪的主体是指特殊主体，以知道内幕信息为前提，自然人和法人均可；本罪主观上只能由故意构成。

对于内幕交易罪的刑事责任，有的论文作了如下建议：（1）以罚金刑为主。对个人采用具体数额制，对法人采用倍数罚金制。（2）对犯罪的自然人可以判处有期徒刑。（3）不设置死刑。（4）规定必要的资格刑。有的论文认为，为了有力打击情节严重、社会危害性大、必须运用刑罚才能制止的内幕交易行为，建议通过"关于惩治证券犯罪的补充规定"，在该规定中将内幕交易行为犯罪化。有的论文还对如何划分内幕交易罪的罪与非罪进行了论述。

此外，有的论文还研究了法人走私犯罪的认定和处罚，探讨了非法集资犯罪、妨害货币犯罪、违反《公司法》的犯罪、证券犯罪、边贸中的犯罪问题以及其他经济犯罪问题，内容甚为丰富，限于篇幅，此处难以一一综述。

[马克昌、李希慧、单民、鲜铁可；载马克昌、丁慕英主编：《刑法的修改与完善》，北京，人民法院出版社，1995]

第四十三章
1995 年全国刑法学术年会综述

一、前　　言

中国法学会刑法学研究会 1995 年学术讨论会，于 1995 年 9 月 21 日至 25 日在江西省南昌市举行。与会代表 150 余人，提交论文 93 篇。会议主要研讨的问题是：

二、经济犯罪的宏观问题

会议着重围绕三个方面进行了研讨：

一是经济活动中罪与非罪的界限。有人提出，是否具有严重的社会危害性是区分经济活动中罪与非罪的关键，而分析行为是否具有严重的社会危害性应在宏观上以"三个有利于"为标准，微观上以犯罪构成为标准。

二是刑法介入社会经济生活的适度性。有人指出：近年来我国经济犯罪现象并没有因经济刑法规范的增加而消减，这种状况表明，对于刑法在市场经济运行中发挥的良性功能，不能寄予过高的期望。刑法过分介入与过度干预市场经济活动不仅会影响经济主体的活动自由和市场活力、降低刑罚的威慑功能，而且会给刑法与其他部门法的关系、刑事司法和刑法理论的研究带来一系列问题。因此，刑法介入经济生活应坚持以下原则：以经济手段为主，以刑罚手段为辅的原则；轻刑化、非刑化原则；超前性与稳定性相结合的原则。

三是我国经济刑法的立法完善。有人认为，在立法体例上，经济刑法的完善主要通过两个途径：其一，同民商、经济、行政法律相配套，制定相应的单行刑事法规。其二，完善附属经济刑法，增强其可操作性。即应当针对现行附属经济刑法普遍不具有刑事立法规范性的状况，予以具体化。有论文在专门论述如何完善我国刑法典分则体系结构的同时，对未来刑法典分则中经济犯罪的立法结构还作了较为细致的研究，主张将经济犯罪分为 9 章：危害资源、环境罪，非法生产、经营罪，妨害企业管理罪，妨害海关管理罪，破坏金融秩序罪，妨害证券、票证罪，侵犯知识产权罪，妨害公平竞争罪，妨害税收罪。对于经济刑法的犯罪、刑罚规范内容之完善，有人指出：经济犯罪的犯罪化与非犯罪化应齐头并进；刑罚的调整力度应讲求经济原则、清除重刑主义思想；在刑种结构方面应扩大财产刑的适用范围，完善资格刑。

三、贪污贿赂犯罪的立法完善问题

会议着重从两个方面进行了研讨：

一是惩治贪污贿赂犯罪立法的总体完善。有人主张，应当在宪法中设置反贪污贿赂的条款，并制定反贪污贿赂专门法。也有人提出，应当在未来刑法典的分则中增设贪污贿赂犯罪专章，将原来归属于侵犯财产罪章的贪污罪、挪用公款罪以及渎职罪中的受贿罪、行贿罪、介绍贿赂罪等一并归入，突出侵犯国家机关的廉洁制度同类客体。

二是贪污罪、贿赂罪构成要件的立法完善。关于贪污罪的构成要件，有人认为，贪污罪之严重危害性并不只在于侵犯的对象是公共财产，更在于犯罪行为手段的渎职性，或者说是对职权的滥用，因而它应纳入渎职罪而不是侵犯财产罪。有的论者认为，全国人大常委会《关于惩治贪污罪贿赂罪的补充规定》第 1 条第 1 款规定"其他经手、管理公共财物的人员"可以构成贪污罪主体，其内涵缺乏明确界定，修改后的刑法应将贪污罪的主体仅限于国家工作人员，对于集体经济组织工作人员或其他经手、管理公共财物的劳务人员利用职务或工作之便侵吞本单位财物构成犯罪的，应按业务侵占罪论处，以体现从严治吏的精神。此外，针对现行立法对贪污罪起刑数额之规定与盗窃罪等贪利性犯罪之数额标准严重失调的状况，有人建议，应当降低贪赃犯罪的起刑点，使贪污罪和挪用公款罪的起刑数额降至 500 元或 1 000 元，以与盗窃罪的起刑数额持平或基本持平。关于贿赂罪的构成要件，有人认为，现行刑法对受贿罪主体的规定既烦琐、含混，又未能突出主次和重点；建议将国家工作人员和其他人员的受贿犯罪分立罪名，在公职受贿罪中，以"公职人员"取代"国家工作人员"的主体称谓。有人还指出，完善公职受贿罪的立法，应当删除"为他人谋利益"的要件，并把"利用职务上的便利"改为"因职务关系"。有的论者认为，贿赂罪中的"贿赂"仅限于财物，失之过窄，可以将其范围扩大到能够直接计量的各种物质利益。

四、新型经济犯罪的惩治与立法完善问题

会议着重研讨的内容包括：

其一，金融犯罪。与会论者主要围绕新近出台的全国人大常委会《关于惩治破坏金融秩序犯罪的决定》展开讨论。有人认为，金融犯罪的概念应从金融的特定含义出发，不可与发生在金融活动中的犯罪混为一谈，因而金融犯罪应当界定为银行管理犯罪、货币犯罪、票据犯罪、信贷犯罪、保险犯罪等几个方面。对于金融犯罪，关于该决定规定的罪名，有人归纳为 15 个，有人认为是 17 个，还有的人细分为 25 个。有的论者指出，该决定对金融犯罪的规定尚有不足之处，有必要予以完善，如该决定第 9 条第 1、2 款

规定的两罪法定刑相同，但情节要求不同，立法技术欠妥；该决定未将故意毁损货币、非法买卖、运输、使用变造货币等行为规定为犯罪，实为缺憾。此外，该决定对非法集资诈骗罪、金融票据诈骗罪等犯罪设置死刑，宜予取消。

其二，公司犯罪。多数论者认为，《关于惩治违反公司法的犯罪的决定》中增设了10个新罪名。有人着重对公司、企业人员受贿罪，公司、企业人员侵占罪，公司、企业人员挪用资金罪与刑法及全国人大常委会《关于惩治贪污罪贿赂罪的补充规定》规定的受贿罪、贪污罪、挪用公款罪之间的界限作了探讨。

其三，侵犯著作权的犯罪。有论者指出，虽然全国人大常委会《关于惩治侵犯著作权的犯罪的决定》规定了侵犯著作权罪和销售侵权复制品罪两个罪名，但出于科学、合理、全面性的考虑，侵犯著作权犯罪的立法，应当规定为4个罪名，即非法复制发行罪、假冒他人作品罪、剽窃作品罪、销售侵权复制品罪。针对该决定在侵犯著作权犯罪主观方面所作的"以营利为目的"的限制，有人建议予以取消。

此外，1995年度学术研讨会中，还有人就证券犯罪、环境犯罪、侵犯商业秘密罪、不正当竞争犯罪、计算机犯罪、破产犯罪等问题进行了研讨。

[高铭暄、赵秉志、肖中华；载1996年《中国法律年鉴》]

第四十四章

为我国刑法的改革和完善而努力

——中国法学会刑法学研究会第三届干事会工作报告（1991—1995）

各位领导，各位代表，同志们：

中国法学会刑法学研究会第四届代表会议今天在这里隆重举行。我谨代表第三届干事会向大会做工作报告。

一、五年来的工作回顾

这次大会是在党的十四届六中全会精神的指引下召开的。1996 年 10 月 10 日，党的十四届六中全会通过了《中共中央关于加强社会主义精神文明建设若干重要问题的决议》。这个决议，以马列主义、毛泽东思想和邓小平建设有中国特色社会主义理论为指导，坚持党的基本路线，根据全面实现"九五"计划和 2010 年远景目标的要求，认真分析形势、总结经验，明确提出了精神文明建设的指导思想、目标任务、工作方针和重大措施，是今后一个时期指导我国社会主义精神文明建设的纲领性文件。

决议明确指出，要"加强党风廉政建设和民主法制教育，加大反腐败、扫除社会丑恶现象和打击刑事犯罪活动的斗争力度"，要"实现以思想道德修养、科学教育水平、民主法制观念为主要内容的公民素质的显著提高"，特别是，要认真解决当前精神文明建设中干部和群众普遍关心的五个重要问题：一是坚决制止党政机关和干部队伍中存在的消极腐败现象；二是坚决纠正损害群众利益的行业不正之风；三是坚决扫除黄赌毒等社会丑恶现象，反对封建迷信活动；四是坚决禁止制造和传播文化垃圾的行为；五是坚决治理一些地方社会治安不好和环境脏、乱、差的状况。决议强调指出：社会主义道德风尚的形成、巩固和发展，要靠教育，也要靠法制。社会主义法制体现人民的意志。要在全体人民中进行法制教育，提高公民的权利和义务意识，善于运用法律武器同违法犯罪行为作斗争。要建立健全有关的法律、法规和制度，依法加强对社会生活各个方面的管理，制裁和打击危害社会的不法行为，执法必严，违法必究。

决议的上述精神，对于我们全体刑法工作者具有重大的直接的指导意义。认真学习贯彻决议精神，在把物质文明建设搞得更好的同时切实把精神文明建设提到更加突出的地位，促进两个文明协调发展，是摆在全党、全国人民面前的一项重大而紧迫的任务，也是我们全体刑法工作者义不容辞的责任。

正在这个时候，我国最高立法机关又作出了全面修订《中华人民共和国刑法》的部署。这是我国刑法理论工作者和实际工作者的一件大事。在这次会上，我们要本着认真负责、献计献策、群策群力的精神，对全国人大法律委员会和全国人大常委会法制工作委员会联合下发的《中华人民共和国刑法（修订草案）》（征求意见稿）有重点地进行研讨，贡献我们的聪明才智，提出宝贵的建设性意见，以期使修订后的刑法，能成为保障和促进两个文明建设的强大法律武器。

中国法学会刑法学研究会，早从 1988 年郑州会议开始，即对我国刑法的修改和完善问题有所研讨。特别是从本届干事会于 1991 年 10 月在广州成立以来，每年一次的学术研讨会，虽然主题和侧重点有所不同，但始终没有放松对刑法修改和完善问题的关注。1991 年 10 月广州会议，中心议题是刑罚的执行问题，会后出版了论文集《刑法运用问题探讨》（北京，法律出版社，1992）。1992 年 10 月西安会议，主要研讨了刑法与改革开放、刑罚的运用与完善、经济犯罪和几个新的单行刑法等方面的问题，会后出版了论文集《改革开放与刑法发展》（北京，中国检察出版社，1993）。1993 年 11 月福州会议，中心议题是社会主义市场经济与刑法的适用与发展，会后出版了论文集《市场经济与刑法》（北京，人民法院出版社，1994）。1994 年 10 月南宁会议，主要研讨了市场经济与刑法的修改与完善，以及市场经济条件下经济犯罪的认定与处罚两个方面的问题，会后出版了论文集《刑法的修改与完善》（北京，人民法院出版社，1995）。1995年 9 月南昌会议，主要研讨了我国当前的经济犯罪问题，会后出版了论文集《我国当前经济犯罪研究》（北京，北京大学出版社，1996）。以上 5 次研讨会和出版的 5 本论文集，涉及刑法理论、刑法制度、刑事政策、刑事立法、刑事司法、国际刑法、区际刑法等方方面面的问题，研讨的内容是比较深入的，学术气氛是热烈的，学术作风是民主的。大家团结互助，取长补短，讲实效，有收获。在这 5 次学术年会中，大家对我国刑法的修改与完善提出了一系列建设性的意见和合理化建议。这些意见和建议，有的已被立法工作机关所采纳，反映在《中华人民共和国刑法（修订草案）》（征求意见稿）之中；有的还有待进一步研讨，分析其利弊得失，然后斟酌取舍。下面我将这些意见和建议，用简约的文字，分总则和分则两部分，加以概括列举。

二、关于刑法总则问题的研究

（一）关于刑法总则的体系结构问题

有学者提出，现行刑法总则是比较成熟的，实践中并未遇到很大的问题，稍加修改补充即可。具体建议是总则分下列 7 章：

第一章，刑法的根据、任务和原则。将罪刑法定作为刑法的基本原则加以规定。

第二章，刑法的适用。包括刑事管辖权，刑法的溯及力，以及刑法与其他有刑罚规定的法律的关系。

第三章，犯罪与刑事责任。包括犯罪行为，刑事责任年龄，刑事责任能力，故意犯罪与过失犯罪，犯罪的预备、未遂和中止，共同犯罪，法人犯罪等。

第四章，正当行为。主要是正当防卫和紧急避险。

第五章，刑罚。基本上维持现行的各个刑种，但"剥夺政治权利"一节可改为剥夺权利，其中有政治权利，也有其他权利。

第六章，刑罚的具体运用。包括量刑的原则，自首、坦白与立功，累犯与再犯，数罪并罚，缓刑，减刑，假释，时效。

第七章，刑法用语。

（二）关于罪刑法定与类推问题

罪刑法定是资产阶级同封建社会罪刑擅断作斗争过程中产生的一项最重要的刑法原则。该原则经过了几百年的历史考验，已成为现代各国刑法的基石，也为国际社会广泛认同，成为世界法律文化的一份宝贵遗产。对此，我国刑法应当予以确认。我国现行刑法没有明文规定罪刑法定原则，而规定有不利于被告人的类推制度，个别单行刑法甚至确立了重法有溯及既往的效力。不少学者对此提出批评，并建议在修订刑法时将罪刑法定原则立法化，同时废除类推制度，禁止重法有溯及既往的效力。看来这个建议已被立法工作机关采纳。

（三）关于未成年人犯罪的处罚原则问题

对于未成年人犯罪，我国历来坚持教育为主、惩罚为辅的刑事政策。根据我国刑法第 14 条第 3 款的规定，已满 14 岁不满 18 岁的人犯罪，应当从轻或者减轻处罚。有学者认为，我国刑法中对未成年人犯罪从宽处罚的规定是基本合理的，但应进一步具体化。其具体建议是：已满 16 周岁不满 18 周岁的人犯罪，只要其具有从轻处罚情节的，就应适用减轻处罚；已满 14 周岁不满 16 周岁的人犯罪，应一律减轻处罚。对已满 16 周岁不满 18 周岁的人，不能适用死缓；对已满 14 周岁不满 16 周岁的人，不能适用无期徒刑。对未成年人适用有期徒刑，其最高限也应低于成年人。

（四）关于国际刑法规范转化为国内法问题

我国现行刑法中对国际刑法规范有一定体现。随着我国对外交往以及缔结或参加的国际条约、公约的增多，在刑法中将有关的国际刑法条款予以明确规定，将是我国刑法走向世界的一个重要标志。具体建议为：

1. 明确规定普遍管辖原则

我国现行的一个单行刑法规定：对于中华人民共和国缔结或者参加的国际条约所规

定的罪行，中华人民共和国在所承担条约义务的范围内，行使管辖权。这一规定过于概括，应当稍加具体化，即在刑法中增设一条："凡在中华人民共和国领域外实施中华人民共和国缔结或者参加的国际条约所规定的犯罪而在中华人民共和国领域内出现或被逮捕时，适用本法。"

2. 增设引渡条款

引渡条款应在实体法和程序法中分别规定。在实体法中，引渡条款应该规定在"刑法的适用范围"一章之中，具体内容可以这样表述：

犯本法规定的最低刑为三年以上有期徒刑之罪的，可以引渡。但是，按照有关当事国的法律不构成犯罪的除外。

有足够理由认为请求国可能基于民族、种族、宗教信仰或者其他政治原因对被请求引渡者予以不公正的审判或者待遇的，不予引渡，但是中华人民共和国缔结或者参加的国际条约中明示或在逻辑上含有不得视为政治犯的犯罪，不得拒绝引渡。

除国际条约的明示承诺外，本国公民不得引渡。

3. 增设有关国际罪行

主要有：战争罪，侵犯应受国际保护人员罪，海盗罪，组织、领导、积极参加恐怖主义组织罪，劫持人质罪，非法获取和使用核材料罪等。

(五) 关于法人犯罪问题

主要有如下建议：

1. 法人犯罪的立法方式

有学者认为，刑法典中规定法人犯罪，要在总则和分则中分别规定；在总则中，关于法人犯罪的规范也应在犯罪和刑罚部分分别有所规定。

2. 法人犯罪的范围

有人认为：我国刑法中应明确使用"法人犯罪"一词，摒弃"单位犯罪"用语。在刑法分则条款中，可以根据不同的犯罪确定不同的法人作为犯罪主体。关于国家机关能否作为犯罪的主体，有肯定和否定两种不同意见。从我国社会发展的现状看，法人犯罪应主要限于环境保护、自然资源、市场管理、财政金融、股票证券、交通运输、邮电通讯、产品质量、劳动保护、危险品管理、文物管理、土地管理、投资管理、对外贸易、市政建设等方面。但也有的同志认为，仍可使用"单位犯罪"用语。

3. 法人犯罪的可罚性标准

对法人犯罪的处罚起点标准，应高于犯同样之罪的自然人。

4. 法人犯罪的处罚对象

对法人犯罪，应当坚持"两罚制"，既要处罚犯罪的法人，又要处罚法人犯罪中的直接责任人员。对直接责任人员的处罚，应按自然人犯罪的处罚标准处断。

5. 适用于法人犯罪的刑罚

适用于法人犯罪的刑罚不应限于罚金，还可根据不同情况适用没收财产、剥夺荣誉称号（并予以公告）、停业整顿、限制业务范围、吊销营业执照等。

(六) 关于死刑问题

死刑是最为严厉的刑罚方法。我国历来坚持不废除死刑，但限制死刑适用的政策。近些年来，特别刑法中规定死刑的罪种大幅度增加，引起了刑法学界的密切关注，对死刑的适用提出诸多完善的建议。其总体思路是减少和限制死刑的适用，具体建议是：(1) 对未成年人不得适用死刑，包括不适用死缓。(2) 禁止在适用加重处罚时，将无期徒刑加重为死刑。(3) 废除特别刑法中绝对确定死刑的法定刑模式，而将死刑作为可选择适用的刑种。(4) 扩大"死缓"的适用条件，以减少死刑立即执行的适用。(5) 从刑法分则条文、罪种上大力限制死刑的适用范围。不少学者提出，死刑只能适用于某些严重的危害国家安全犯罪、严重的危害公共安全犯罪、严重的侵犯人身权利犯罪，个别的严重侵犯财产犯罪，个别的严重妨害社会管理秩序犯罪以及受贿罪。也有学者明确提出，对于经济犯罪，应当全面废除死刑，至多保留个别渎职型经济犯罪如贪污罪、受贿罪的死刑。

(七) 关于资格刑问题

我国现行刑法中的资格刑主要是剥夺政治权利，其次在个别单行刑法中有剥夺勋章、奖章和荣誉称号以及剥夺军衔。完善资格刑的具体建议是：(1) 增设禁止从事一定职业的内容，例如禁止从事驾驶工作，吊销特种行业的营业执照等。(2) 建立资格刑分立制度，剥夺哪些权利，由法官选择判处。(3) 扩大资格刑的适用范围。凡是利用职务犯罪，利用特种身份犯罪，以及情节特别严重的犯罪，都可适用相应的资格刑。(4) 建立资格刑的减免制度。根据犯罪人的悔罪表现，可对资格刑予以减免，以鼓励犯罪人自新，做到行刑个别化。(5) 建立资格刑的复权制度。在资格刑执行完毕或者免除之后，应当明确宣布恢复其原被剥夺的权利。

(八) 关于罚金刑问题

主要建议有以下几个方面：

1. 罚金刑应否上升为主刑

有人认为应将罚金刑从附加刑提升为主刑，也有人认为仍应保持其附加刑地位。

2. 扩大罚金刑的适用范围

认为我国现行刑法规定的罚金刑适用范围过于狭窄，有必要予以扩展，以充分发挥该刑种的功能。具体建议是：对贪利性犯罪一律要适用罚金刑，对较轻的过失犯罪，某些危害较轻的故意犯罪以及所有的法人犯罪，都要适用罚金刑。

3. 规定罚金刑的数额标准

具体建议是：在刑法总则中规定罚金刑的上限或者下限，比如自然人的罚金为 200 元以上 3 万元以下，法人犯罪的罚金为 1 000 元以上 30 万元以下。也可以在刑法分则中根据犯罪性质不同规定不同的罚金刑数额标准：比如对贪利性犯罪可采用倍比罚金制，对其他犯罪，规定一个上限标准。根据社会形势的发展变化，立法机关可以修改上下限标准，以使罚金刑能够不断适应社会。

4. 完善罚金刑的执行制度

为保证罚金刑的执行，应建立财产先行扣押制度，以公益劳动折抵罚金制度以及罚金易科制度等。

（九）关于缓刑制度问题

具体建议有：

1. 设立考察缓刑的专门机构，负责对缓刑犯的监督考察

2. 明确规定缓刑犯的义务

比如向被害人赔礼道歉，并切实履行附带民事诉讼部分的赔偿责任；不得对检举人、揭发人、证人等进行打击报复；遵守考察机关有关居住、外出、迁徙、从业、探亲、休假以及出入场所等方面的限制性规定，服从帮教人员的监督和指导；定期或不定期地向监督机关、单位领导报告生活、工作情况；在工作岗位上忠于职守，遵守法纪；认真履行一切法定义务；从事一定时间的社会公益劳动。

3. 建立缓刑减刑制度

对缓刑犯的刑期可以减刑，缓刑考验期也可相应缩短，但应有一个最低限度。

（十）关于保安处分的立法问题

有的学者提出，我国刑法中应规定保安处分，保安处分的内容分别为：监护管教、收容教养、监护医疗、强制禁戒、强制治疗、没收财物、劳动教养、强制留场、少年管教、善行保证等。

还有的学者建议，建立和完善经济保安处分制度抗制经济犯罪，具体而言，应对经济犯罪规定善行保证、剥夺非法所得及没收犯罪之物品、禁止从事某种职业或营业、逐出公共市场以及解散公司等保安措施。

三、关于刑法分则问题的研究

（一）关于刑法分则的体系结构问题

刑法分则采取大章制还是小章制，学者中有不同意见。有的主张仍采用大章制，在

现有 8 类犯罪的基础上,第一章改名为危害国家安全罪,另外,增设危害国防罪、妨害司法罪,并把军人违反职责罪吸纳进来,对侵犯公民人身权利与侵犯公民民主权利则分设两章。这样总共是 12 章;如果有的章内容过多,可考虑分节。但也有学者主张小章制,按照全面充实、科学分类和合理安排三原则,建议分设 26 章:第一章为危害国家安全罪,第二章为危害国防罪,第三章为军人违反职责罪,第四章为危害公共安全罪。这 4 章关系到国家和社会的安全利益。第五章为贪利性渎职罪(贪污罪与贿赂罪),第六章为普通渎职罪。这两章关系到公职的廉洁性。第七章为侵犯公民人身权利罪,第八章为侵犯公民民主权利罪,第九章为侵犯公民劳动权利罪,第十章为侵犯财产罪,第十一章为妨害婚姻、家庭罪。这 5 章主要关系到公民的基本权利。第十二章为危害资源、环境罪,第十三章为非法生产、经营罪,第十四章为妨害企业管理罪,第十五章为妨害海关管理罪,第十六章为破坏金融秩序罪,第十七章为妨害证券、票证管理罪,第十八章为侵犯知识产权罪,第十九章为妨害公平竞争罪,第二十章为妨害税收罪。这 9 章是将现行刑法第三章"破坏社会主义经济秩序罪"加以充实内容之后分解而成的。第二十一章为妨害司法活动罪,第二十二章为妨害社会管理秩序罪,第二十三章为违反禁毒法规罪,第二十四章为妨害风化罪,第二十五章为妨害文物管理罪,第二十六章为妨害国(边)境管理罪。这 6 章基本上是将现行刑法第六章"妨害社会管理秩序罪"加以充实内容之后分解而成的。

(二) 关于罪名问题

学者们提出如下建议:

1. 罪名的规定形式

应一律采用明示式,摒弃推理式,亦即,在刑法分则条文规定的罪状之前标明罪名或者在罪状之后标明罪名即给该罪下定义,而不要在叙述罪状时不讲罪名,让司法机关和学者揣摩推理,以致形成罪名不统一的状况。

2. 罪名的排列

罪名的排列应采取一个条文或一款规定一个罪名的形式,少设选择式罪名,取消排列式罪名。对性质相同、情节不同的犯罪,可以分款规定,但不必分立为不同的罪,如盗窃与惯窃、诈骗与惯骗等。如刑法典中第 151 条规定了盗窃罪、诈骗罪,第 152 条规定了惯窃罪和惯骗罪,后一罪名完全可以取消,其所指行为可分别在盗窃罪、诈骗罪的条文中作为一款加以规定。

3. 单行刑法中对一些与罪名有关的法律概念的解释

如"淫秽物品"、"毒品"、"假药"、"劣药"的概念,应当移植入刑法典之中。这点在"刑法修订草案(征求意见稿)"中已得到反映。

4. 重新审视现行刑法规定的罪名

当废则废,当改则改,当设则设。与会论者建议废除的罪名主要包括两类:一是原定罪名在现今已失去合理性的，如聚众"打砸抢"罪，伪造、倒卖计划供应票证罪等；二是原定罪名由于法律、法规的修改变化已无存在价值的，如盗运珍贵文物出口罪。对于应当修改的罪名，有的学者归纳为四种情况：一是由于类罪名的修改而使其所属的具体罪名需加修改，如反革命罪更名为危害国家安全罪后，该章内一些具体罪名应作相应修改；二是采用空白罪状形式的条文所设立的罪名，因其参照的法律、法规有了新的规定，而使原罪名需要修改；三是因犯罪活动出现了新情况，而使原罪名需要修改；四是基于立法技术完善的考虑要修改某些罪名。关于应当增设的罪名，学者们提出了不少具体建议，对此拟在下面有关内容中汇报。

（三）关于法定刑问题

许多学者呼吁在市场经济条件下应当更新刑罚观念，注重刑罚的适度性、协调性。对于刑法分则中具体犯罪的法定刑，有人提出了 4 项原则：一是故意犯罪应重于过失犯罪，二是业务过失犯罪应重于一般过失犯罪，三是职务犯罪应重于非职务犯罪，四是危害社会治安犯罪应重于婚姻家庭犯罪。应以上述 4 项原则为依据，来调整和确定法定刑之间的平衡关系。

（四）关于贪污罪的起刑数额问题

许多学者认为，应当将它同盗窃罪、诈骗罪的起刑数额协调起来，以实现刑罚的公平和体现从严惩治职务犯罪的精神。其中，有的人建议贪污 300 元至 500 元就应以犯罪论处，有的人建议把现行规定中的 2 000 元降至 500 元或 1 000 元。但是也有不同意见。有的人认为，从现实状况出发，可以继续维持 2 000 元的起刑点不变，有的人提出起刑数额还可再提高一些，如提至 3 000 元或者 5 000 元等。

（五）关于受贿罪的罪名体系问题

有的学者主张按照受贿行为主体的身份及犯罪所危害利益的性质，建立受贿罪的罪名体系，这一体系包括 3 个具体罪名：其一，公务受贿罪，其主体应严格地限于国家公职人员。其二，单独设立经济受贿罪，其犯罪主体包括进行经济活动的自然人和法人。其三，设立行业受贿罪，以便将上述罪名无法包容的主体（诸如公证员、执业律师、评估师等）所实施的情节较为严重的收受贿赂行为，也纳入刑法调整的范围。有的学者主张将单一的受贿罪（公务受贿罪）进行分解，以建立更为科学的罪名体系，这一罪名体系包括普通受贿罪、事前受贿罪、事后受贿罪、斡旋受贿罪和准斡旋受贿罪（以离退休的公职人员为主体）等具体罪名。与此相关，有的学者认为刑法还可以考虑增设"违职受贿罪"，对之设定比不违职的受贿罪更重的刑罚。

此外，在探讨《反不正当竞争法》第 8 条规定的商业贿赂罪时，有人建议在刑法中专门设立商业受贿罪、商业行贿罪和介绍商业贿赂罪。

（六）关于挪用公款罪的立法完善问题

所提的建议不够集中，主要有以下几点：（1）有的学者主张将挪用公款罪更名为挪用公款公物罪，或者在挪用公款罪之外另立挪用公物罪。（2）有的学者主张在构成挪用公款罪的三种情形中都应明确规定数额起点。（3）对"挪用公款数额较大不退还的，以贪污论处"的规定，有的学者主张删去，认为退还不退还是后来的事，并不能改变原先挪用公款的性质；有的学者主张"不退还"是故意的，应当排除想还而不能还的情形。（4）有的学者主张对挪用公款罪应增加财产刑。（5）有的学者主张本罪条文应增列一款，规定对被挪用而不退还的公款的使用人，应以贪污罪共犯论处。

（七）关于骗税犯罪问题

有人指出，《关于惩治偷税、抗税犯罪的补充规定》第5条第1款和第2款的规定存在两个缺陷：一是罪与罪之间的不协调。同是单位骗取国家出口退税款，犯罪行为特征也基本相同，前款规定以骗取国家出口退税款定罪，后款则规定为诈骗罪。二是刑与刑之间的不协调。骗取国家出口退税款罪法定最高刑为3年有期徒刑，诈骗罪法定最高刑则为无期徒刑，这样，不同单位骗取同一数额的国家出口退税款，其主管人员和其他直接责任人员所受到的刑罚，存在巨大差别，显然与罪刑相适应原则不符。鉴于此，建议立法机关予以修改、完善。

（八）关于侵犯商标权犯罪问题

有人主张，应将服务商标纳入刑法保护范围，应增加对驰名商标的特殊保护条款，此外，还应补充增加新的犯罪行为，包括：以欺骗手段取得商标注册的，故意为侵犯他人注册商标专用权行为提供仓储、运输、邮寄、隐匿等便利条件的，以及使用未注册商标冒充注册商标的。

（九）关于投机倒把罪罪名的废止问题

大多数意见认为，应当将投机倒把罪的罪名予以废止，在此前提下，对于原为此罪所包容，而现今仍有碍于市场竞争秩序的行为，应分别独立规定为罪，比如，相应地增设非法经营罪、扰乱市场秩序罪、虚假广告罪等。看来这个意见也已经为"刑法修订草案（征求意见稿）"所采纳。

（十）关于诈骗罪问题

有人主张：诈骗罪名当分解为普通诈骗和经济诈骗两类。经济诈骗犯罪除有关单行刑法已增设的骗取国家出口退税款罪、集资诈骗罪、贷款诈骗罪、金融票据诈骗罪、信用证诈骗罪、信用卡诈骗罪、保险诈骗罪外，还应增列合同诈骗、国际贸易诈骗、期货诈骗、押汇诈骗、证券诈骗、广告诈骗、破产诈骗等犯罪。在体例上，应将诈骗罪单独作为一章或一节加以规定。

（十一）关于侵占罪问题

有人主张：侵占罪应分设为普通侵占罪与业务侵占罪两个具体罪名。前者是指以非法占有为目的，将自己所持有的他人财物转为己有或者擅自使用、处分，数额较大的行为；后者是指具有从事业务身份的人利用职务便利侵占公私财物的行为，其主体包括各种经济成分性质企业的工作人员，但国家工作人员侵占公共财物的除外。还有人主张应增设侵占不动产罪。

（十二）关于渎职罪增设罪名问题

有人建议在渎职罪一章中增设一些罪名，如以权谋私罪、滥用职权罪、放弃职守罪、非法经商罪、严重挥霍浪费罪、违法增加人民负担罪、拒不申报财产罪、非法干预司法权罪等。

（十三）关于"军人违反职责罪"是否并入刑法典问题

不少同志主张，军人违反职责罪应列为刑法分则的一章，以利于刑法的统一适用。但也有同志主张，鉴于军队的特殊性，仍可以单行法形式规定。看来"刑法修订草案（征求意见稿）"采纳了前一主张。

以上我们对本届干事会期间举行的5次研讨会有关刑法的改革和完善问题所提的意见和建议作了简要的回顾。当然，我们讨论的内容是很丰富的，涉及的面也比较广泛，也不限于立法问题，还讨论了不少刑法理论和刑法执行等问题。但为了配合这次年会的主题，我们着重就刑法的改革和完善方面的问题作一小结和归纳，以期抛砖引玉，使1996年对"刑法修订草案（征求意见稿）"提意见和建议时能更加深入。

同志们，在这5年中，由于中国法学会的正确领导，由于广大干事和会员的共同努力，由于当地法学会和党政部门特别是政法机关的大力支持，我们刑法学研究会各次的研讨会都开得比较成功。大家感到，工作是有成绩的，收获也是比较大的。我在1994年南宁会议上曾经讲过一段话："中国法学会刑法学研究会已经在我国刑法学界赢得了一定的威望，它的一年一度的学术研讨会已经成为我国刑法理论工作者和实际工作者聚首的盛会，是大家交换信息、交流成果、吸取经验、切磋问题的难得的机会。"我现在仍然作这样的评价。但是，我们的工作也是有缺点的。比如，除了一年一次研讨会、出版一本书外，我们没有有意识地组织一些小型的、灵活多样的、地区性的或分片式的其他科研活动；正、副总干事与广大干事之间，干事与干事之间，平常也缺乏固定联系的渠道；我们平时的信息交流工作没有适当开展，等等。这些都有待在新一届的干事会产生之后，注意加以改进。

四、关于今后研究工作的建议

《中共中央关于加强社会主义精神文明建设若干重要问题的决议》指出：从 1996 年到 2010 年，是建设有中国特色社会主义事业承前启后、继往开来的重要时期。在这个时期，不仅要求物质文明有一个大的发展，而且要求精神文明有一个大的发展。毋庸置疑，社会主义民主法制建设、整个法学包括刑法学在内，也必然会有一个大的发展。刑法学，作为哲学社会科学中的一个学科，必须坚持以马克思列宁主义毛泽东思想和邓小平建设有中国特色社会主义理论为指导，坚持理论联系实际，为党和政府决策服务，为两个文明建设服务。

就整体而言，面向 21 世纪的中国刑法学的发展，应坚持马克思主义的法学基本原理，紧密结合中国社会主义市场经济和民主法制建设的实际情况，认真总结实践经验，借鉴国外先进的刑法理论和刑事立法、刑事司法经验，促进中国刑事法治的民主化、科学化进程，为社会主义市场经济保驾护航。具体来讲，下列领域与课题似应作为今后一个时期刑法学研究的重点。

（一）刑法基础理论方面

刑法基础理论是指刑法思想、刑法原则、刑法价值、刑法观念、刑法学体系等刑法学根本性的问题。这些理论是否得以研究以及研究水平的高低，决定着刑法学的理论层次。我国刑法学虽对此类问题已有研究，但尚未取得突破性的进展。在今后一个时期内着力开展这方面的深入研究，是培养中国刑法学的独立学术品格、保持刑法理论对我国刑事法治的发展和完善的指导作用所必需的。

（二）刑法改革问题

刑法改革运动是当今世界刑法发展的趋势。社会主义市场经济体制的确立，为我国的刑法改革提供了良好的契机。目前，刑法改革已成为我国法学界研讨的热点之一，也是今年这次研讨会的主题。我们期望，新的刑法典草案能在明年人代会上获得通过，届时我们将有一部具有中国特色的社会主义新刑法典。当然，刑法改革不可能一次完成。在新的刑法典颁布实施之后，我们还要对刑法改革的理论和实践进行跟踪研究，从中总结经验，发现问题，有针对性地提出继续完善的建议。同时也要开展刑事判例制度的研究，使新的刑法更好地得到贯彻实施。

（三）传统型犯罪的惩治与防范问题

惩治与防范犯罪乃刑法的宗旨所在，也是刑法在社会主义市场经济、民主与法制建设中的重要使命。从今后一个时期的发展趋势看，下列传统型犯罪的惩治和防范仍应作为刑法研究的重点：破坏经济秩序的犯罪，侵犯公民人身权利和民主权利的犯罪，侵犯财产的犯罪，渎职犯罪，以及其他各种危害社会治安的犯罪。对这些犯罪的有效惩治和防范，有利于社会主义市场经济的建立和发展，有利于推动社会主义民主政治的进程，有利于廉政建设，亦有利于社会秩序的安定。

（四）对新型犯罪的开拓研究问题

当前国外出现的一些新的犯罪类型，如计算机犯罪、环境犯罪、与生物遗传工程有关的犯罪、恐怖主义犯罪等，在我国尚不十分严重，但是刑法学对它们的研究不能因此而忽视，而应当进行超前性的探讨。当然，这种研究应结合我国的科技、经济发展水平，不可盲目追随国外。

（五）适应对外开放的需要研究刑法问题

社会主义市场经济体制的确立，使中国的对外开放得以全方位地展开，刑法学也被推到对外开放的前沿。在这一大背景之下，国际刑法学、比较刑法学、外国刑法学应当成为今后刑法学研究的重要领域。1997年、1999年中国将分别对香港地区和澳门地区恢复行使主权，届时"一国两制"将变成现实。我国大陆与台湾地区的交流与和平统一的步伐也正在不可逆转地前进。因而关于港、澳、台地区刑法与全国性刑法的效力范围及冲突与解决等问题，亦势必成为刑法学研究的重点领域之一。与此同时，还应加强与国外、境外的学术交流活动和学术研究合作，扩大我国刑法学的对外影响。

最后，我还想就换届的筹备工作做一简要的汇报。

1995年南昌会议之后，我们就开始考虑1996年的换届准备工作。8月26日我们召开正副总干事会，确定干事名额的分配方案，大体上是每个省、自治区、直辖市都至少有一个名额（西藏自治区保留）；另外，中央机关如全国人大常委会法工委、最高人民法院、最高人民检察院、公安部，军内如军委法制局、军事法院、军事检察院、武警，均有名额。高等院校、科研机构基本上按照第三届干事会的名额分配，并照顾到全国凡有刑法学硕士点的院系所，均有名额。这样，作出的方案是87名干事，比第三届71名干事增加了16名，8月28日我们向各省、自治区、直辖市法学会以及有关机关、院校、科研单位发出征求干事候选人提名的函，到10月26日为止，全部名单均到齐，提名的单位都盖了公章。从报来的87名干事候选人看，原来是第三届干事的46名，占52.8%，新的41名，占47.2%。从年龄结构看，55岁以下的49名，占56.3%，56岁以上的38名，占43.7%，最大的70岁，最小的32岁。从性别结构看，男同志82名，女同志5名（第三届为2名）。从部门结构看，来自普通高等学校和科研机构的46名，占52.8%，来自实际部门及其所属干部学校、管理学院的41名，占47.2%。从职务情况看，正教授 47 名，副教授 20 名，司局级干部 11 名，处级干部 7 名，其他 2 名。从学历结构看，至少是大专以上，其中法学博士 11 名。上述 87 名干事候选人的名单以及所保留的名额，我们都已报请中国法学会审核批准，同意提交大会正式选举产生新一届的干事。

我的工作报告完了，谢谢大家。

[高铭暄；载高铭暄主编：《刑法修改建议文集》，北京，中国人民大学出版社，1997]

第四十五章
全国刑法学研究会"中国刑法改革研讨会"综述(1996)

一、前　　言

"中国刑法改革研讨会"（中国法学会刑法学研究会1996年学术讨论会）于1996年11月5日至10日在四川省乐山市举行。与会的全国近二百名刑法学界的学者和法律实务部门的专家们主要围绕全国人大法律委员会和全国人大常委会法制工作委员会于1996年10月10日联合下发的《中华人民共和国刑法（修订草案）》（征求意见稿），进行了热烈的探讨，对我国刑法的修改和完善提出了不少富有建设性、合理性的意见。现将这次研讨会上所提出的主要观点和建议简要综述如下：

二、关于刑法修改的指导思想问题

由于我国当前修改刑法并非是仅对个别条文加以调整，而是要对现行刑法规范进行全面、系统而又科学的修改与完善，故与会者一致认为首先必须明确修改刑法的指导思想。

至于哪些是刑法修改的指导思想，多数同志认为应包括以下内容：（1）要适应体制改革和建设社会主义市场经济新秩序的需要，应当旗帜鲜明地贯彻维护经济体制改革和政治体制改革的原则；（2）要适应对外开放的需要，不能局限于国内犯罪，而应对国际犯罪、跨国跨地区犯罪和国际刑事合作问题进行系统研究，适当增加这方面的规定；（3）要坚持立足现实与预见未来相结合，刑法修改不但要强调实践性，而且要有超前性；（4）坚持立足本国实践经验与借鉴国外立法经验相结合；（5）要建立一个较为缓和与开放的刑罚体系，克服重刑化思想，注重惩罚罪犯与教育改造罪犯相结合；（6）重视立法技术的完善；（7）要切实贯彻民主化原则，注意倾听各方面特别是专家、学者对刑法修改提出的合理化建议。

有些同志还着重指出："从重从快"不宜作为刑法修改的指导思想。完善刑事立法既要考虑惩罚犯罪，也要考虑到教育、改造罪犯，不能一味地只讲严惩。如果修改后的刑法是一部重刑法典，不如不作修改。

三、关于刑法典体系结构的立法完善问题

刑法典的体系结构应如何修改与完善，与会者争论激烈，争论的焦点主要集中在以下几个方面：

（一）关于刑法的基本原则问题

大家一致认为，修改后的刑法典应当明确规定刑法的基本原则，并集中设在刑法典第一章中。

关于修改后的刑法典应规定哪些基本原则，许多同志认为，应当包括罪刑法定、罪刑相适应、罪责自负、主客观相统一、惩罚与教育相结合、刑罚人道主义6项原则。还有一些同志认为，除了上述6项原则外，还应当包括刑事法制的统一原则、刑法面前人人平等原则和刑事责任的不可避免性原则。

绝大多数同志还认为，既然确定了罪刑法定原则，就应当坚决果断地取消现行刑法中的类推制度，并坚决禁止重法有溯及既往的效力。

（二）关于刑法的适用范围

多数同志认为，应在修改后的刑法典中专章规定刑法的适用范围，把现行刑法典第80条和第89条的内容移入本章，并增设引渡条款和对国际犯罪行使普遍管辖权的规定。另外，也可以考虑在本章中增设港、澳、台人涉内地犯罪刑法适用的内容。

（三）关于正当行为应否设立专章问题

许多同志认为，在刑法总则中设立正当行为专章，能够明确和强调正当行为的非犯罪性，有利于鼓励和支持公民积极与各种违法犯罪行为作斗争，亦有利于保障公民充分行使法定权利，履行法定义务，促进社会的进步发展，故对此持以肯定的态度。

关于正当行为的种类问题，多数同志认为，除现行刑法中规定的正当防卫、紧急避险外，还应规定依照法令的行为、正当业务行为、自救行为、权利人承诺的行为等。

（四）关于未成年人犯罪是否要增设专章问题

许多同志认为，现行刑法典中对未成年人犯罪及处罚规定得过于概括和原则，且对未成年人犯罪有适用死刑缓期两年执行的规定，因而难免导致司法实践中对未成年犯罪人适用刑罚不适当、不合理，甚至过于严厉，影响了刑法适用的社会效果，也不利于对未成年人包括未成年犯罪人合法权益的保护；建议在修改后的刑法典中设置未成年人犯罪的特殊处遇一章，并充实这方面的内容。

（五）关于刑法典分则体系结构采用大章制还是小章制的问题

一些同志认为，现行刑法典分则采取大章制是较为合理的，对之稍加修改即可。

而多数同志则认为，采用大章制虽然简单明了，但缺乏科学性，利多弊少，宜采用小章制。当然，采用小章制应规定多少章仍值得进一步研究。

（六）关于反革命罪一章章名的修改问题

与会论者较为一致地主张将反革命罪一章章名修改为危害国家安全罪，认为反革命类罪名虽然在民主革命时期和社会主义改造时期适应阶级斗争形势，在镇压反革命犯罪中起到了积极作用，但随着社会主义改造任务的完成，国内主要矛盾的转变，尤其是近些年来我国实行改革开放的基本政策，政治、经济、社会情况发生了很大变化，反革命罪作为带有浓厚政治色彩的罪名，已不能适应新的情况和法制建设的要求，因而应更名为危害国家安全罪。大家还认为，将反革命罪名改为危害国家安全罪，并不是取消危害国家安全的行为，而是一般存其行为、易其罪名，归并调整，使我国刑法典更具科学性和严谨性，并有助于同危害国家安全的犯罪行为作斗争。

（七）关于是否增设贪污贿赂罪专章问题

大家一致认为，增设贪污贿赂罪一章很有必要，因为这样既符合我国刑法要求的对犯罪进行科学分类的原理，又突出了现阶段我国运用刑法武器惩治与防范腐败犯罪的迫切需要，另外，也顺应了当代世界各国均强调惩治与防范贪污贿赂犯罪的潮流与趋势。

（八）关于军人违反职责罪应否纳入刑法典的问题

对此有两种不同意见：

一种意见认为，将军人违反职责罪纳入刑法典较妥。其主要理由是：（1）这是保证刑法典体系的完整性和作用的需要；（2）这样有利于军人违反职责罪立法的协调和成熟；（3）这样有助于军内外对这类犯罪的了解与防范。

另一种意见认为，军人违反职责罪不宜纳入刑法典，还是制定单行条例为好。主要理由是：（1）制定单行军人违反职责罪条例有利于从军队的实际和需要出发，加强对国家军事利益的特殊保护；（2）有利于提高单行条例在军队的适用效果和教育效果，增强全体军人履行职责的意识；（3）有利于保持刑法典体系、结构和内容的科学与严谨，提高刑法典的立法质量。

四、关于刑法典总则内容的立法完善问题

刑法典总则立法完善方面研讨的问题较多，主要问题有以下几个：

（一）关于正当防卫行为的强化问题

一些同志建议，应强化正当防卫行为，增设无限防卫权，即对以暴力方法实施杀人、抢劫、强奸、绑架及严重危害国家、公共利益的犯罪行为，以及对以破门撬锁或者使用暴力方法非法侵入他人住宅的，采取防卫行为，不负刑事责任。

而另一些同志指出：扩大防卫权虽然很有必要，但规定无限防卫权则是从一个极端走向了另一个极端。如"暴力方法"可以作任意解释，内容过于宽泛，如成为法律，后果是严重的，因而不宜规定无限防卫权。

（二）关于共同犯罪人的分类标准问题

一些同志认为，我国现行刑法典在共同犯罪人的分类问题上，采取以作用为主，以分工为辅的分类原则，从而把共同犯罪人分为主犯、从犯、胁从犯和教唆犯，这种采用两种标准进行一次分类的做法是不科学的。

有些同志进一步指出，刑法修改中，对共同犯罪人的分类，应以分工为标准，即将共同犯罪人分为组织犯、实行犯、帮助犯和教唆犯，以利于对共同犯罪人正确定罪量刑。

有的同志还认为，对共同犯罪人的定罪，按分工分类法，即将共同犯罪人分为实行犯、组织犯、教唆犯和帮助犯；对共同犯罪人的量刑，则按作用分类法，即将共同犯罪人分为主犯、从犯和胁从犯。

（三）关于单位犯罪问题

对单位犯罪问题的研讨、争论主要集中在以下几点：

1. 关于称"单位犯罪"还是"法人犯罪"问题

多数同志认为：我国当前非自然人犯罪并非限于民法意义上有法人资格的单位，还有大量非法人团体、法人的分支机构甚至国家机关。若以是否具有法人资格来确定此类犯罪主体的范围，必然造成缺陷，不利于对此类犯罪的惩治与防范。建议立法上仍使用"单位犯罪"一词。而另有一些同志认为，我国刑法典中应明确使用"法人犯罪"一词，摒弃"单位犯罪"的表达方法，以更加规范，并与其他国家刑法的有关规定相一致。

2. 关于单位犯罪的范围问题

大家较为一致地认为，单位犯罪应只限于经济犯罪、妨害社会管理秩序罪中的某些犯罪、渎职性犯罪的范围之内，在危害国家安全、侵犯公民人身权利、侵犯公民民主权利等犯罪类型中不宜确立单位犯罪。

3. 关于单位犯罪的处罚问题

大家一致认为，目前我国刑法对单位犯罪原则上采用双罚制，这种立法例应予维持。另外，对单位还应增设一些新刑种，如剥夺荣誉称号、停业整顿、限制业务范围、刑事破产等等。

4. 关于单位犯罪的立法模式问题

多数同志认为，可以采用总则与分则相结合的立法模式，即在总则中明确规定单位犯罪的一般处罚原则，适用刑罚的种类；在分则中具体规定单位可以构成犯罪的罪种及具体的刑种刑度。少数同志认为，对单位犯罪只需在总则中作些原则规定。个别同志认为，对单位犯罪可在特别刑法中规定。

（四）关于死刑的立法限制问题

这是此次研讨会中争议最为激烈的问题之一。绝大多数同志认为，应减少和限制死刑的适用。具体建议有：（1）明确死刑适用条件中"罪大恶极"的含义，将"罪大恶极"具体表述为"犯罪性质和危害后果特别严重，而且犯罪人的主观恶性特别巨大"；（2）完善死缓制度，对有死刑之罪扩大死缓的适用范围；（3）对未成年人犯罪一概不适用死刑（包括死缓）；（4）将死刑复核权收回最高人民法院统一行使；（5）摒弃绝对死刑法定刑立法；（6）删除不必要的死刑条文和罪名。

（五）关于其他刑种的问题

对其他刑种的争论主要集中在以下几个方面：

1. 管制刑的存废问题

绝大多数同志认为，管制刑作为我国独创的开放性刑罚种类，宜存不宜废，并应加以必要的完善；少数同志则认为，管制刑在改革开放、流动人口增加等市场经济新形势下难以执行，应予以废除。

2. 关于有期徒刑的上限应否提高问题

一些同志认为，有期徒刑的最高期限可以提高至 20 年，数罪并罚及加重处罚的情况下不得超过 30 年，以使其与无期徒刑合理衔接，并有效地减少死刑、无期徒刑的立法与适用。

3. 关于罚金刑问题

多数同志认为，应将罚金刑上升为主刑，规定罚金刑的数额，并增设罚金刑易科制度；少数同志主张，应保持罚金刑的附加刑地位。

4. 关于资格刑问题

大家较为一致地认为，除应保留剥夺政治权利外，还应增设新的资格刑种，如禁止从事律师职业、限期整顿、刑事破产等。

（六）关于劳动教养应否纳入刑法典的问题

对此问题争议较大：有的同志主张将劳动教养纳入刑法典，作为保安处分的一种；有的同志主张把劳动教养作为一种刑罚方法规定在刑法典中；而有的同志则主张劳动教养不宜纳入刑法典。

（七）关于现行刑法典第 59 条第 2 款的存废问题

对此不少同志认为，该款的规定赋予法官过于宽泛的裁量权，应予废止；也有一些同志认为该款的规定应予以保留，但程序上应严格限制。

（八）减刑、假释是否要从严规定的问题

一些同志认为，对减刑、假释应从严管握，以体现人民法院裁判的严肃性，并从减刑、假释适用的对象，所判处的刑种、刑期上提出了如何从严规定的建议；也有不少同志认为，实践中虽然出现一些乱减刑、假释的现象，但我国现行刑法典关于减刑、假释的规定基本上是合理的，有利于教育改造罪犯，是劳改机关改造罪犯的有力武器之一，不宜作大的修改。

（九）关于追诉时效的完善问题

有的同志认为，对于追诉时效的规定应予从严，赞成对应当判处 10 年以上有期徒刑、无期徒刑、死刑的，可规定不受追诉时效的限制。但多数同志认为，如果现行刑法典作这样的修改，就失去了规定追诉时效制度的意义；主张保留现行刑法典关于追诉时效的规定。

五、关于刑法典分则内容的立法完善问题

这次研讨会中，关于刑法典分则的立法完善，讨论主要集中在以下一些问题：

（一）关于罪名与罪状问题

在罪名问题上，绝大多数同志认为，新刑法典中的罪名应一律采用明示式，摒弃推理式，即在具体犯罪的条文前确定罪名。有的同志还指出，作为国家立法机关的全国人大及其常委会，有责任解决罪名的立法化问题。

在罪状问题上，不少同志主张，对于具体犯罪的构成要件或罪状，应尽可能地明确规定于条文中，尽量少用简单罪状，多用叙明罪状。

（二）关于投机倒把罪、流氓罪、玩忽职守罪三大"口袋罪"的分解问题

对于投机倒把罪，大家一致主张应予以取消。现行刑法中的投机倒把行为，除了单行刑法已分出的生产、销售伪劣产品的犯罪，侵犯著作权的犯罪，虚开、伪造、买卖增值税发票的犯罪应吸收到修改后的刑法典中外，其他部分可分为扰乱市场罪、非法为他人提供经营条件罪、非法出版罪等。

对于流氓罪，大家也一致认为应予以取消，并主张将 1979 年刑法典第 160 条规定的罪状分解为聚众斗殴罪、寻衅滋事罪、强制猥亵罪、聚众淫乱罪等。

对于玩忽职守罪，大部分同志主张保留其罪名，但对其内涵应作严格限制，将其主体限于国家工作人员，主观过错为过失，同时，增设非国家工作人员违反职责罪、滥用职权罪等。

（三）关于应否增设律师伪证罪的问题

这是本次研讨会中争议最为激烈的问题之一。绝大多数同志认为，增设专条的律师伪证罪利少弊多，因为我国律师制度本来就不很健全，律师合法权益受到侵犯的情况到处可见。如果律师都自身难保，怎能去保护当事人的合法权益？故建议不宜增设律师伪证罪。如果律师作伪证的，完全可以按伪证罪处理。

（四）关于增设新型经济犯罪问题

大家一致认为，近几年来，随着经济的迅猛发展，改革开放的深入，证券、期货市场的建立，计算机的大量应用，出现在这些经济领域的新型经济违法行为极为严重，对于这类行为，有必要在刑法典中予以规定。建议增设的具体罪名主要有：内幕交易罪，操纵市场罪，证券欺诈罪，编造并传播虚假证券信息罪，非法侵入计算机系统罪，破坏计算机信息系统罪等等。

[赵秉志、杨正根；载《中国法学》，1997（1）]

第四十六章
1996 年全国刑法学术年会综述

一、前　　言

随着 21 世纪的临近，我国第一部刑法典即 1979 年刑法将要作重大的修订后重新颁布施行。围绕着刑法典的修改与完善，中国法学会刑法学研究会于 1996 年 11 月 5 日至 10 日在四川省乐山市召开了主题为"我国刑法的改革"的学术讨论会。与会代表近二百人，提交论文 112 篇，对我国刑法的修改和完善问题进行了集中、广泛和深入的探讨，提出了许多宝贵的意见和建议。现将这次年会所提交论文中涉及刑法修改与完善的内容综述如下：

二、刑法总则的修改与完善问题

收到这方面论文六十多篇，对以下问题提出了修改、完善建议：

（一）关于罪刑法定原则与类推制度

在新的刑法典中是否废除类推并明确规定罪刑法定原则，仍然是大家关注的一个焦点问题。有十多篇文章专门研讨了这一问题。绝大多数同志认为应在新刑法典中明文规定罪刑法定原则，废止类推制度，并从不同的角度进行了充分的论证。主要理由有：（1）罪刑法定原则本质上否定类推，二者水火不容，那种认为类推定罪仍由刑法总则明文规定，因而不存在"法无明文规定"定罪处罚，甚至认为我国刑法中的类推本身就是罪刑法定原则的一种表现的见解，实际上是对罪刑法定原则本意的误解或曲解。（2）罪刑法定原则是保障人权的需要。对法无明文规定的行为类推定罪潜藏着司法擅断、侵犯人权的危险性，与现代法制的民主精神背道而驰。（3）罪刑法定原则是依法治国的需要。（4）类推制度违背立法和司法分权原则。司法机关通过适用类推，将刑法上未规定的行为定罪处罚，侵越了立法机关的立法权。（5）符合世界刑法发展趋向。世界上绝大多数国家都明文规定了罪刑法定原则，只有极个别国家实行类推制度，因而我国刑法中废除类推，明文规定罪刑法定原则，符合世界刑法发展趋向。（6）废除类推实际可行。至于将来遇有个别不严重的"罪"即使因始料不及而暂时漏网，那比起实行罪刑法定原则所具有的巨大价值而言，实在是一个微不足道的代价，况且还可以总结经验，通过立法上的修改、补充予以救济。

关于罪刑法定原则的立法化建议主要有以下几点：（1）删除1979年刑法典第79条类推制度，明文规定罪刑法定原则，并将其规定在刑法典的显著位置上。如有文章认为应当在未来刑法典第1条开宗明义地规定罪刑法定原则。还有的文章认为应当将其规定在总则的第3条，即置于刑法的制定依据和任务的条文之后。（2）在刑法溯及力问题上明确规定从旧兼从轻原则，禁止重法溯及既往。（3）明文规定犯罪名称，实现罪名的法定化。（4）具体描述每一种犯罪的构成要件，尽量使用叙明罪状。（5）对幅度过宽且刑种、刑度交错的法定刑结构进行合理调整，尽可能缩小刑罚中自由裁量度，设立较具操作性的刑罚条款。（6）取消1979年刑法典第59条第2款酌定减轻处罚的规定。（7）禁止在扩大解释的名义下进行司法类推解释。

（二）关于刑法的适用范围

有4篇文章主要集中探讨了我国刑法空间效力的发展和完善问题，对以下几个方面的内容提出了修改、完善的建议：

1. 属人管辖权方面

论者普遍认为1979年刑法典第4条、第5条对我国公民域外犯罪适用范围的规定已嫌过窄，理由是：（1）自刑法典颁布以后又相继颁布了24个单行刑事法律，并在众多的非刑事法律中设置了上百个附属刑法规范，对刑法进行了补充修改，增设了一系列罪名，因而目前刑法采取列举罪名的方式确定其管辖范围，显得过于狭窄。（2）从立法背景看，现行刑法域外属人管辖主要是针对20世纪70年代当时世界各地的华侨和华人而言的，但自改革开放以来，除了上述人员外已有不计其数的公民出国学习、工作、生活，对于这些人在国外犯我国刑法规定的较严重之罪的，应适用我国刑法。（3）对于具有某种身份的公民如国家工作人员和现役军人域外实施的犯罪行为，不能仅按法定刑标准适用刑法。

鉴于上述理由，提出如下修改意见：（1）将1979年刑法第4条和第5条合并为一条，规定如下："中华人民共和国公民在中华人民共和国领域外犯本法规定之罪的，适用本法，但是按本法规定的最高刑为三年以下有期徒刑的，可以不予追究。"（第1款）"中华人民共和国国家工作人员和现役军人在中华人民共和国领域外犯本法规定之罪的，适用本法。"（第2款）同时应在总则的其他规定中对国家工作人员和现役军人作出立法解释。（2）另有文章建议将刑法第4条修改如下："中华人民共和国公民在中华人民共和国领域外犯下列各罪的，适用本法：（一）危害国家安全罪；（二）妨害国家金融秩序罪；（三）国家工作人员、军人的职务犯罪；（四）妨害国家机关职能的犯罪。"对刑法第5条中"本法规定的最低刑为三年以上有期徒刑"作出立法解释，是指与具体罪相对应的法定刑幅度的最低刑是3年。此外，还有文章建议取消1979年刑法典第5条"按照犯罪地的法律不受处罚的除外"的规定。

2. 保护管辖权方面

有文章认为 1979 年刑法典第 6 条对我国保护管辖权的规定存在以下不足:(1) 将保护原则与被害人国籍原则混合规定违背国际法基本理论;(2) 对保护原则的适用范围只概括规定未加列举,不符合罪刑法定的要求;(3) 对保护原则的适用设有双重犯罪限制,不符合设立此原则的本意,不利于彻底保护国家利益。建议将刑法第 6 条、第 7 条分别修改如下:"外国人在中华人民共和国领域外对中华人民共和国国家犯下列之罪,而按本法应处三年以上有期徒刑的,可以适用中国刑法:(一) 危害国家安全罪;(二) 妨害国家金融秩序罪;(三) 妨害国家机关正常职能罪。""外国人在中华人民共和国领域外对中华人民共和国公民犯罪,按本法应处三年以上有期徒刑的,可以适用本法;但是按照犯罪地的法律不受处罚的除外。"

3. 普遍管辖权方面

多数文章论及因 1978 年 9 月至今,我国已先后加入东京公约、海牙公约、蒙特利尔公约等近十个有关惩罚国际犯罪的公约,加之 1987 年 6 月全国人大常委会关于我国行使普遍管辖权的特别立法规定,故应将普遍管辖权原则在修订刑法典时作出明确规定。

还有文章认为,应在修订刑法典时对引渡制度作出规定,以保障普遍管辖权的行使。有的文章认为还应在刑法典中增设司法协助的规定:"我国司法机关与外国司法机关的刑事司法协助,根据中华人民共和国缔结或者参加的国际条约,或者按照互惠原则办理。"

(三) 关于未成年人犯罪及其刑事责任

我国对未成年人犯罪采取的是"教育、感化、挽救"的方针和"教育为主,惩罚为辅"的刑事政策。现行刑法典中适用于未成年人犯罪的规定有第 14 条和第 44 条。有文章认为:除刑法第 14 条第 1 款和第 4 款可以保留外,其余内容都应当修改完善。对于刑法第 14 条第 2 款应以罪名列举与最低法定刑相结合的形式进行修改,把犯罪限于故意犯罪,且为特别重大而且经常出现的犯罪,以法定最低刑为 3 年有期徒刑以上的为严重犯罪的法律标准。具体修改为:"已满 14 岁未满 16 岁的人,犯杀人、重伤、抢劫、重大盗窃以及其他法定最低刑为 3 年有期徒刑以上的故意犯罪,应当负刑事责任。"认为刑法第 14 条第 3 款应修改为:"少年犯罪,已满 16 岁的予以从轻处罚,未满 16 岁的应当减轻处罚。"此外还有:放宽缓刑条件,规定对少年犯符合缓刑条件的"应当适用缓刑"而非刑法规定的"可以宣告缓刑";在减刑、假释条件上放宽"确有悔改表现"的标准,只要未成年人认罪伏法,遵守改造规范,积极学习,就可视为确有悔改表现。加大减刑幅度,被判处无期徒刑的第一次可减至 15 年有期徒刑,确有悔改并有立功表现的,最低可减为 10 年有期徒刑;被判处有期徒刑的一次一般可减 1 年 6 个月有期徒刑；确有悔改并有立功表现的一次可减 2 年 6 个月有期徒刑；废止刑法第 44 条对未成年人犯罪的死缓制度；规定累犯制度不适用于未成年人等。

（四）关于正当防卫

有文章认为，应在修订刑法典时对正当防卫的基础性条件——不法侵害作出明确的界定，如："本法所称的不法侵害，是指自然人积极实施的社会危害性较大、客观上为现行法律所禁止的紧迫违法行为。"有的文章认为应对正当防卫、防卫过当、假想防卫在立法上作出明确规定。还有的文章认为，在立法上应对职务防卫、正当协助防卫作出规定，并表述为："职务人员，为了使公共利益或者他人人身和财产免受正在进行的犯罪侵害，而依职责采取的必要防卫行为，是职务防卫。职务防卫不负刑事责任。""公民为了使公共利益和他人的人身权利免受正在进行的犯罪侵害，而采取的必要的协助防卫，是正当协助防卫。正当协助防卫不负刑事责任。"此外，还应专条列举不能实行正当防卫的情形，如对明知是无刑事责任能力人的侵害行为，对过失的侵害行为，对第三者，对处于预备、中止和终了的侵害行为，对职务行为，均不能实行正当防卫。

（五）关于法人犯罪

相关文章集中在以下几个方面进行了研讨：

1. 立法方式

认为对于法人犯罪应采取法国式立法模式，即对于法人犯罪及其刑事责任、适用于法人犯罪中自然人的刑罚与适用于法人的刑罚分别在刑法总则和分则中加以明文规定。

2. 立法用语

有的文章主张仍沿用"单位犯罪"的立法用语，因为从当前犯罪的实际情况看，许多犯罪主体既不是自然人，也不是法人，如立法上使用"法人犯罪"术语，势必将上述犯罪主体排除在外，不利于对这类犯罪的惩治。另有的文章主张应摒弃"单位犯罪"用语，使用"法人犯罪"概念。其理由是：（1）单位本身不是法律概念，其内涵、外延不清楚，实践中难以掌握，不如法人内在规定性明确；（2）社会上具有独立社会关系主体资格的单位在我国民法上一般都是法人，在刑法中使用"法人"代替"单位"并不会导致法人犯罪范围的大幅度缩小；（3）现实中发生的单位犯罪主要存在于企业法人中，非企业性法人犯罪只占小部分，使用"法人"概念，更符合法人犯罪实际。

3. 法人犯罪范围

有文章认为应在以下领域增加法人犯罪：交通运输、劳动保护、危险品管理、环境保护、文物管理、自然资源、土地管理、市场管理、财政金融、对外贸易、股票证券、邮电通讯、产品质量、市政建筑、知识产权等方面。

4. 法人犯罪的刑罚

有文章认为：应当采用"双罚制"；责任人员的法定刑应当低于自然人犯罪；法人

犯罪的可罚性标准应高于自然人犯罪；规定罚金刑具体量刑标准，增设资格刑如解散、停业整顿、限制业务范围等。

（六）关于刑罚的完善

1. 死刑

十多篇文章普遍认为应减少和限制死刑，并主要提出了如下具体建议：（1）界定"罪大恶极"的概念。（2）明确规定犯罪时不满 18 周岁的未成年人一律不适用死刑（包括死缓）。（3）规定"刑事诉讼中怀孕的妇女和有不满 3 周岁（或 6 周岁）婴幼儿的妇女不适用死刑"。（4）增加规定犯罪时已满 70 周岁的老年人原则上不适用死刑。（5）规定犯罪时处于精神耗弱状态者一般不适用死刑。（6）取消法律上绝对死刑的法定刑。（7）完善死缓制度。立法上应将适用死缓的条件以及死缓犯执行死刑的条件具体化，对于"不是必须立即执行"、"抗拒改造情节恶劣"的主要条件加以规定。（8）限制死刑核准权的下放。（9）从刑法分则条文、罪名上限制、减少死刑。一是对挂有死刑的条文进行技术处理，采用归并法把性质基本相同的犯罪行为合并在一个条文中加以规定或采用排列式罪名或选择式罪名的方法加以规定，以缩减死刑条文。如将阴谋颠覆政府、阴谋分裂国家、持械聚众叛乱等罪合并为内乱罪，将背叛祖国、投敌叛变、间谍、资敌等罪合并为外患罪等。再如将刑法中的反革命杀人罪、放火罪、决水罪、爆炸罪、投毒罪、以其他危险方法危害公共安全罪以及抢劫罪等包含故意杀人的内容剥离出来，与故意杀人罪实行数罪并罚，适用故意杀人罪的死刑，而将其他犯罪的法定最高刑由死刑减为无期徒刑。有文章统计，采用如此方法虽然对于反革命罪中实际适用死刑的行为并没有减少多少，但在法律条文上的死刑罪名则可减少 15 种。二是从立法上实际减少死刑。多数文章认为死刑应主要适用于危害特别严重的危害国家安全罪、危害公共安全罪以及情节特别严重的侵犯人身权利罪、侵犯财产罪、妨害社会管理秩序罪、贪污罪、受贿罪。也有文章认为应当取消所有经济犯罪的死刑。

2. 罚金刑

完善建议主要有：（1）罚金刑仍保持其附加刑地位，既可独立适用，也可附加适用。少数文章认为应将罚金刑上升为主刑。（2）把罚金刑扩大适用于所有贪利性犯罪以及部分危害不大的故意犯罪，增设罚金刑的"单处"条款，凡是挂拘役的法定刑中一般都可考虑增设单处罚金，作为供选择的刑种，使拘役分流，克服短期自由刑之弊。（3）明确规定罚金刑的数额。可以采用具体数额罚金制和比例罚金制，对罚金的数额应采取总则和分则相结合的方式，在总则中规定下限或者上下限。对于经济犯罪和非经济犯罪、单位犯罪和自然人犯罪，罚金的数额应有所不同。（4）完善罚金刑的执行制度，有的主张增设罚金易科劳役、罚金易科自由刑制度。对于罚金刑的完善还有文章认为应增设自由刑易科罚金制度，规定对于被判处管制、拘役、3 年以下有期徒刑的犯罪分子，根据其犯罪情节和悔罪表现，可以易科罚金。

3. 资格刑

完善建议主要有：（1）取消剥夺政治权利，将其内容分解为剥夺选举权、被选举权和禁止担任公职两个刑种，取消原剥夺政治权利中关于剥夺言论、出版、集会、结社、游行、示威自由权利的规定，取消1979年刑法第52条的规定，对被判处死刑立即执行的罪犯不再适用资格刑。（2）增设禁止从事特定职业或活动、解散犯罪法人、禁止犯罪法人从事特定业务三种资格刑。（3）将仅适用于犯罪军人的剥夺勋章、奖章和荣誉称号的资格刑扩大适用于一般犯罪主体。（4）把资格刑扩大适用于利用职务、特定身份所实施的一切犯罪。（5）健全资格刑执行制度。一是建立资格刑减免制度和缓刑制度，二是建立资格刑执行的监督考察制度，三是建立资格刑的复权制度。

4. 管制刑

有文章认为仍应保持其主刑地位并进行以下完善：（1）明确管制刑的适用条件。（2）修改管制内容，如规定抗拒、逃避管制的延长管制期限；在管制期间又犯新罪的，对所犯新罪从重处罚，并将原判管制折抵为徒刑，按数罪并罚的原则合并执行。（3）调整管制刑的执行机关为：公安机关，机关、企业、事业单位保卫部门，农村治保委员会。

（七）关于保安处分

主要集中在保安处分刑事立法化、司法化问题上。有文章认为，应在修订刑法典时对保安处分制度作出完整、系统、明确的规定，如规定劳动教养、收容教育、收容教养、强制治疗、留场就业等，使之与刑罚并列，发挥防卫社会的作用。其中论及较多的是劳动教养，多数文章认为：应在修订刑法典中作出规定，将劳动教养的决定权赋予法院。同时应对劳动教养的内容加以改造，使之在执行方法上有别于自由刑，以教养为主，辅之以劳动。有的文章认为应在刑法典总则中设置一条有关劳动教养的原则性规定，同时以刑事特别法的形式，制定一部劳动教养法。

（八）关于累犯

完善建议主要有：（1）仍按犯罪的性质将累犯分为一般累犯和危害国家安全的累犯。（2）将现行刑法一般累犯构成条件中前后罪的间隔期从3年改为5年。（3）明确规定对累犯从重或加重处罚的原则。（4）增加未成年人不适用累犯规定的条款。

（九）关于自首、坦白、立功

1. 自首

有文章从自首的时间性、投案的自动性、投案对象的特定性、供述罪行的真实性、悔罪的真诚性等因素考虑，认为应把自首重新界定为："犯罪以后，在司法机关采取强制措施前，主动向司法机关或者其他机关、企业事业单位、社会团体投案，如实供述自己的罪行，并接受审查和裁判的，是自首。"

2. 坦白

一些文章认为刑法应规定坦白制度，并可考虑对坦白及对坦白的犯罪分子的处罚作如下表述：坦白是指犯罪分子被动归案后，自己如实交代被指控的犯罪事实，并接受国家审查、裁判的行为。对于坦白的犯罪分子，可以从轻处罚。其中犯罪较轻的，可以减轻处罚；犯罪较轻且有立功表现的，可以免除处罚；犯罪较重且有立功表现的，可以减轻处罚。

3. 立功

有论者认为刑法中应规定立功制度，对立功及其从宽处罚原则可作如下表述：犯罪分子揭发、检举他人的犯罪行为，查证属实的，或者提供重要线索，从而得以侦破其他刑事案件的，或者协助司法机关缉捕其他罪犯的，或者为社会作出其他重大贡献的，是立功。犯罪分子有立功表现的，可以从轻处罚。其中犯罪较轻的，可以减轻或者免除处罚；犯罪较重的，如果有重大立功表现，也可以减轻或者免除处罚。

关于刑法总则的完善，除上述有关问题外，还有文章对于缓刑、减刑、假释、时效等问题专门作了研讨。

三、刑法分则的修改与完善问题

收到这方面论文四十多篇，主要涉及以下问题：

(一) 关于刑法分则体系结构

仍然存在着大章制与小章制的争论。有文章认为刑法分则体系应采用大章制，除个别调整外，基本上保留目前的刑法分则体例，对内容庞杂、条文过多的犯罪类型，可以在章下设节，每节分为不同的犯罪类型。另有文章力主小章制，主张章下不设节，将原来内容庞杂、条文过多的犯罪类型划分为若干章。还有的文章认为应全部实行章节制，即将每一章都分节，以使体系或者体例保持统一。

(二) 关于罪名立法化

完善的建议主要有：（1）取消推理式罪名，采用明示式罪名的立法模式。（2）取消并列式罪名，采用一条一罪或一款一罪的立法模式。（3）限制选择性罪名，分解"口袋式"罪名。对于危害不同的行为如"伪造与擅自制造"、"引诱与介绍"宜分别定罪名，不宜规定为选择式罪名而适用相同的法定刑。对"口袋罪"如投机倒把罪、玩忽职守罪、流氓罪的罪名改革的方式有：取消投机倒把罪、流氓罪罪名，各分解为若干具体罪名；玩忽职守罪可以设立若干款项，将本罪内容特定化、具体化。

（三）证券犯罪

随着我国证券市场的建立和迅速发展，证券违法犯罪现象也有所增多，多篇文章论及应在新刑法典中加强证券犯罪的立法，并对下述问题进行探讨：

1. 证券犯罪的概念

证券犯罪是指证券发行人、证券经营机构、证券中介机构、证券监督管理机构、证券服务机构以及其他机构，证券从业、管理及其他人员，在证券的发行、交易、管理及其他有关活动中，违反证券法律规定，严重破坏证券市场的管理秩序，侵害证券投资者的合法权益，应受刑罚处罚的行为。

2. 我国应设置的具体证券犯罪及其分类

（1）违反证券发行管理制度的犯罪，即指非法发行证券罪。（2）违反证券交易管理制度的犯罪，包括操纵证券市场罪，欺诈客户罪，非法上市、上柜罪，非法信用交易罪，非法公开收购证券罪。（3）违反证券信息保密制度的犯罪，包括内幕交易罪，非法买卖证券罪。（4）违反证券信息公开制度的犯罪，即指虚假陈述罪。（5）违反证券市场主体管理制度的犯罪，包括非法从事证券业、证券服务业罪，非法设置证券交易市场罪。

（四）期货犯罪

有文章认为，有必要对我国期货市场中的犯罪行为予以刑事制裁，保护期货市场秩序；并探讨了期货犯罪的概念、分类以及应设置的罪名。（1）期货犯罪的概念。是指违反期货法律、法规，非法从事期货交易活动，侵犯期货投资者的合法权益，破坏期货市场秩序，应受刑罚处罚的行为。（2）期货犯罪分类及相应罪名。1）违反期货操作规则制度的犯罪，包括欺诈期货客户罪，操纵期货市场罪，误导交易罪，私下对冲、对赌、吃点罪。2）违反期货信息保密制度的犯罪，即指内幕交易罪。3）违反期货财产制度的犯罪，即指挪用保证金罪。4）其他违反期货法律制度的犯罪，包括非法经营期货罪，越权经营期货罪。

（五）诈骗罪

完善的建议主要有：（1）把诈骗罪名分解为普通诈骗罪和经济诈骗罪两类。经济诈骗罪包括单行刑法中规定的骗取国家出口退税款罪、集资诈骗罪、贷款诈骗罪、金融票据诈骗罪、信用证诈骗罪、信用卡诈骗罪、保险诈骗罪以及应增设的合同诈骗、期货诈骗、广告诈骗、破产诈骗、证券诈骗、押汇诈骗等犯罪。（2）把诈骗罪单独作为一章或一节加以规定。（3）取消单行刑事法律中关于诈骗罪的死刑规定，将法定最高刑规定为无期徒刑。（4）增设罚金刑，并规定具体数额。

（六）侵犯知识产权犯罪

有关立法完善的建议分以下几个方面：

1. 侵犯商标权犯罪

有的主张对于在同一种商品上使用与他人注册商标近似的注册商标，或者在类似商品上使用与他人注册商标相同的商标，情节严重的行为，在立法上规定构成假冒注册商标罪。

2. 侵犯专利权犯罪

有的文章认为在刑法典中除明确规定假冒专利罪以外，还应将仿造他人专利，侵吞他人专利，擅自实施他人专利，故意贩运伪造或者变造他人专利的产品，伪造或者擅自制造他人专利标记，故意销售伪造、擅自制造的他人专利标记，进口假冒他人专利的产品等情节严重，违法数额较大的行为，规定为犯罪。

3. 侵犯著作权犯罪

有的文章认为应将《关于惩治侵犯著作权的犯罪的决定》第 1 条第 4 项"制作、出售假冒他人署名的美术作品"的内容予以扩充，不应仅限于"美术作品"，而应当扩展到美术作品以外的文字作品、音乐、电影、电视、计算机软件及其他作品，并取消"以营利为目的"的规定。

（七）侵犯商业秘密罪

有文章认为：刑法中应增设侵犯商业秘密罪。侵犯商业秘密罪是指以盗窃、利诱、胁迫或者其他不正当手段获取权利人的商业秘密的行为；披露、使用或者允许他人使用以前项手段获取的权利人的商业秘密，情节严重的行为；违反约定或者违反权利人有关保守商业秘密的要求，披露、使用或者允许他人使用其所掌握的商业秘密，情节严重的行为。对于第三人明知前述违法行为，获取、使用或者披露他人的商业秘密，情节严重的，也构成侵犯商业秘密罪。另有文章认为应分设泄露商业秘密罪、非法获取商业秘密罪、非法使用商业秘密罪等罪名。

（八）侵占罪

有关的立法完善建议有：（1）罪名分类。有人认为应将侵占罪划分为普通侵占罪和业务侵占罪，另有人认为应设置单一的侵占罪名，把不同情形的侵占只作为情节，在量刑上加以区别。（2）客观要件。有人认为应取消把骗取行为作为侵占罪的行为方式。（3）刑罚设置。有文章认为侵占罪最高刑应规定为无期徒刑。

（九）贿赂犯罪

1. 受贿罪

有文章认为：（1）受贿罪的"为他人谋取利益"的要件应当取消，理由是：第一，受贿的实质是以权谋私，并不在于是否因受贿而为他人谋取利益，为他人谋取利益与否不能改变受贿的本质。第二，规定这一要件严重影响对一些以权谋私者的刑事追究，不利于体现"从严治吏"的精神和反腐败斗争的深入进行。（2）把受贿罪中贿赂的范围从财物扩大到其他不正当利益。（3）受贿罪的"利用职务上的便利"要件缺乏明确性，应修改为"利用职权"。

2. 行贿罪

有文章认为行贿罪社会危害的本质是严重腐蚀国家工作人员，诱发大量受贿犯罪，损害国家工作人员职务权力的廉洁性，行贿人主观上谋取什么样的利益并不能决定行贿罪社会危害的本质。因而主张取消行贿罪"为谋取不正当利益"这一主观要件。

3. 介绍贿赂罪

有的文章认为此罪应当取消，理由是：介绍贿赂人在介绍贿赂的过程中，总是要代表行贿人或受贿人一方，对行贿人或受贿人起帮助或既教唆又帮助的作用。对此，完全可以根据刑法总则关于共同犯罪的规定对介绍贿赂人以行贿罪或受贿罪的共犯（教唆犯或帮助犯）处罚，没有必要单独设定一个介绍贿赂罪。

（十）3个"口袋罪"的立法完善

有文章认为，对于现行刑法中的3个"口袋罪"即投机倒把罪、流氓罪、玩忽职守罪，在修订刑法典时应采取分解罪名、充实罪状的方法予以解决。具体建议为：

1. 关于投机倒把罪

鉴于近年颁行的一些单行刑法已将这种罪中的某些内容剥离出来，另立为犯罪，如生产、销售伪劣商品的犯罪，侵犯著作权犯罪，虚开、伪造和非法出售增值税专用发票的犯罪等，剩下的内容也不多了，故不必再以投机倒把罪称谓，而经过梳理，可分别规定为非法经营罪、扰乱市场罪、非法出版罪等。

2. 关于流氓罪

现行刑法第160条规定的流氓罪罪状中列举了"聚众斗殴"、"寻衅滋事"、"侮辱妇女"三种行为方式，此外还有"或者进行其他流氓活动"的模糊用词，使本罪成了一大"口袋"。在修订刑法典时应考虑对之分解，分别规定为聚众斗殴罪、寻衅滋事罪、强制猥亵罪、聚众淫乱罪等。"侮辱妇女"与侵犯人身权利罪中的侮辱罪很难区别，可不再列入。

3. 玩忽职守罪

本来此罪主体只限于国家工作人员，主观方面属于犯罪过失，但由于立法对"玩忽职守"客观行为未加描述，使玩忽职守罪也成了一个"口袋罪"。修订刑法典时除玩忽职守罪以外，增设滥用职权罪、逾越职权罪、故意放弃职责罪等罪名，以免使玩忽职守罪臃肿膨胀。另有文章认为，应取消玩忽职守罪，代之以四个罪名：滥用职权罪、故意不履行职责罪、过失不履行职责罪、过失逾越职权罪。

关于刑法分则的完善，除上述问题外，还有学者撰文认为应增设的新罪名有：黑社会组织罪，广告诈骗罪，非法占用土地罪，买卖、变相买卖土地罪，非法转让土地罪，滥用土地、破坏土地生态环境罪，妨害社会风尚罪（类罪名），逃避债务罪，背信罪，破产欺诈罪，危害国防安全罪（类罪名）等。

［高铭暄、聂洪勇；载高铭暄主编：《刑法修改建议文集》，北京，中国人民大学出版社，1997］

第四十七章
1997 年全国刑法学术年会综述

一、前 言

　　1997 年 8 月 16 日至 20 日，中国法学会刑法学研究会以"刑法的贯彻与实施"为主题的 1997 年年会在宁夏银川市召开。全国刑法理论界及刑事立法、司法实务部门的专家、学者一百七十余人参加了会议。会议共收到论文 103 篇，这些论文对我国 1997 年 3 月修订后的刑法典贯彻实施中的一系列理论与实践问题进行了广泛而认真的研讨。现将其主要内容综述如下：

二、关于新刑法典理解与适用的宏观问题

（一）新刑法典的内容、特点和意义

　　有的学者对刑法修订的内容作了高度概括和归纳，认为修订后的刑法，是我国继刑事诉讼法修改后的又一完善刑事法律和司法制度的重大举措，刑法修订的内容主要体现在这样七个方面：（1）确立了罪刑法定、适用刑法上的平等、罪责刑相适应三项基本原则；（2）扩大了刑法对中国公民的域外犯罪的管辖范围，并规定了刑法的普遍管辖权；（3）完善了有关责任能力问题的规定；（4）总则中专节规定了单位犯罪；（5）通过对正当防卫条文的修改，特别是增加"无限度防卫权"条款，强化了公民正当防卫权利；（6）在刑罚制度上，完善了自首、累犯、缓刑、减刑、假释等制度，增加了立功制度；（7）强化了刑法调控作用。有的学者把新刑法的特点归纳为四个方面：（1）统一性与连续性；（2）民主性；（3）科学性与全面性；（4）严密性与合理性。

　　有的学者在分析比较刑法理论犯罪论的客观主义与主观主义的基础上，认为新刑法的立法反映出向客观主义倾斜的趋势，主要表现在这几个方面：（1）对构成要件和法定刑升格的条件、一些刑罚制度的适用条件作了具体规定；（2）对客观行为相同、罪过内容相同的犯罪，一般规定为一种犯罪，而不规定为不同的犯罪；（3）许多条文通过对客观行为的描述来限定主观要素；（4）对常见、严重犯罪规定的影响其法定刑升格的因素只限于客观因素。有论者认为，新刑法向客观主义倾斜的趋势值得称道，向客观主义倾

斜有利于发挥刑法的行为规制、法益保护和自由保障三个机能；有利于合理对待犯罪化与非犯罪化；有利于合理区分刑法与道德；有利于合理处理刑事立法（权）与刑事司法（权）的关系。

有的学者对新刑法的人权保障内容、精神及意义作了比较详细的论述，认为新刑法中的人权保障规定，对于树立正确的人权保障观念，确立社会主义市场经济体制，促进人权保障的现代化和与国际规范的接轨，都具有重要的意义。

（二）刑法的解释问题

数篇论文对刑法解释（主要是司法解释）作了研究。有的学者认为，刑法司法解释的原则包括：（1）不超越立法的原则。任何司法解释都不能违背立法原意。（2）最高司法机关独有的原则。除了最高人民法院和最高人民检察院外，任何机关均不具有刑法司法解释权。（3）普遍约束力的原则。各级公安机关、司法机关、其他国家机关、企事业单位、社会团体，只要涉及审判、检察工作中具体适用刑法规范的问题，都应按照最高司法机关的刑法司法解释办理。（4）公开的原则。刑法司法解释应公开发布，在刑事法律文书中应公开援引。（5）明确、具体的原则。（6）立即生效的原则。有论者强调，刑法司法解释与刑法适用解释有所区别。后者是各级司法机关和司法人员对刑法应用问题所作的一种阐明，是一种司法业务活动，它只对个案有效，且不得与刑法司法解释相抵触。

（三）刑法基本原则问题

与会学者在提交的论文及在大会讨论过程中，均从不同的角度对刑法规定的 3 项基本原则予以高度民主评价。但是，对于刑法典第 4 条、第 5 条规定的两项基本原则的称谓，学者间存在不同的意见。对刑法典第 4 条规定的基本原则，有法律面前人人平等原则、刑法面前人人平等原则、适用刑法人人平等原则、罪刑平等原则等不同说法。对刑法典第 5 条规定的基本原则，有罪刑相适应原则、罪责刑相适应原则、罪刑均衡原则等称谓。在各项基本原则的内容理解上，学者也表达了自己的看法：（1）对于罪刑法定原则，有学者指出其应有 6 个方面的内容，即排斥习惯法、禁止类推、刑法无溯及力、禁止绝对的不定期刑、明确性原则和实体的相当原则。（2）对于刑法面前人人平等原则，有学者认为其应包括三个方面的内容，即定罪上的平等、量刑上的平等和行刑上的平等。（3）对于罪责刑相适应原则，有学者认为其中的"责"即刑事责任只是联结"罪行"和"刑罚"的中介，"罪行"的内涵包括犯罪的社会危害性和犯罪人的人身危险性两方面。

三、罪刑总论问题

（一）正当防卫问题

正当防卫的立法规定之理解与适用，是学者研讨的重点的问题之一。学者普遍一致地认为，1997年刑法对正当防卫的立法修订，强化了公民正当防卫权利，有利于提高公民运用正当防卫权利保护国家、社会和公民个人的合法利益。但是，对于正当防卫与防卫过当的关系、刑法典第20条第3款所规定的正当防卫权之称谓，学者之间有不同的见解。关于正当防卫与防卫过当的关系，有的学者认为，正当防卫与防卫过当是矛盾关系，即非此即彼的关系，防卫行为如不是正当防卫便是防卫过当；有的学者则认为，这两者是一般与特殊的关系，正当防卫不应负刑事责任乃是一般原则，防卫过当应负刑事责任则是一般原则的例外。关于刑法典第20条第3款所规定的正当防卫权之称谓，有学者称为"无限防卫权"；有学者认为，这一款的正当防卫并非没有条件限制，因而称为"无限防卫权"并不准确，莫如称为"特殊防卫权"。

（二）单位犯罪问题

有学者主要就单位犯罪的概念、构成要件，单位犯罪的范围等问题作了探讨。有的学者认为，单位犯罪是指公司、企业、事业单位、机关、团体为本单位谋取非法利益，经单位集体决定或负责人员决定，故意实施的危害社会的行为，以及不履行其法律义务，过失实施的危害社会的行为。有的学者认为，从新刑法的规定看，单位犯罪不应仅限于"为单位谋取非法利益"的危害社会行为。有的学者分析了单位犯罪单罚制和双罚制的优劣，认为双罚制的理论根据在于单位犯罪的连带责任。

（三）死刑和管制刑问题

有学者在回顾我国刑法对死刑立法历史的基础上，认为新刑法对于死刑立法实际上采取了谨慎的限制举措；有学者认为1997年刑法较大幅度地扩大了管制刑的适用，但仍有完善的必要。

四、刑法分则问题

（一）绑架犯罪的罪名问题

对于1997年刑法第239条规定的罪名个数，学者们有不同的看法：有的学者认为该条只有"绑架罪"一个罪名；有的学者则认为，以勒索财物为目的绑架他人或偷盗婴幼儿的行为与绑架他人作人质的行为在犯罪目的上显著不同，因而该条包括"绑架勒索罪"和"绑架罪"，前罪指以勒索财物为目的绑架他人或偷盗婴幼儿的行为，后罪指绑架他人作人质的行为。还有的学者认为该条包括绑架勒索罪、偷盗婴幼儿罪和绑架罪。

（二）侵占罪的对象问题

有学者指出，侵占罪的对象仅限于行为人已合法持有的他人财物，对于合法持有的认定，又因刑法第 270 条第 1 款和第 2 款规定的犯罪对象不同而有所不同：第 1 款规定的侵占行为，持有他人财物的合法原因或根据，主要有委托关系、租赁关系、借用关系、担保关系和"无因管理"；第 2 款规定的侵占行为都是出于偶然原因，既未受他人委托，又未取得他人同意，而合法控制该财物。但有的学者认为非法财产也可以成为侵占罪的对象。多数学者认为，公、私财产都可以成为侵占罪的对象；但也有学者主张只有公民个人财产才能成为其对象。

(三) 贪污罪与职务侵占罪主体的界定问题

有的学者认为：新刑法关于贪污罪主体的规定，体现了尽量缩小贪污罪主体范围的精神，表现在：(1) 贪污罪主体所属单位的性质必须是国家的或国有的，行为人必须是国家机关或国有公司、企业、事业单位、人民团体的工作人员，或者是由上述单位委派的人员；(2) 贪污罪主体必须是从事公务的人员，而不包括从事劳务的工作人员。只有具备上述两个条件的人，利用职务上的便利非法占有公有或国有财产的，才构成贪污罪。其他人员利用职务之便非法占有本单位财物的，即使是公有财产，也只能成立职务侵占罪。

(四) 新刑法典第 388 条受贿行为的罪名问题

对于新刑法第 388 条规定的受贿行为应适用什么罪名，学者之间存在分歧：有的学者认为，应定受贿罪，因为该款的受贿行为本质上与第 385 条的典型受贿行为并无二致，无须另立罪名；有的学者则认为，应定斡旋受贿罪；还有的学者主张定间接受贿罪，认为这种叫法更能反映此种行为的实质。

[赵秉志、肖中华；载高铭暄、赵秉志编著：《新中国刑法学研究历程》，北京，中国方正出版社，1999]

第四十八章
1998 年全国刑法学术年会综述

一、前　言

值我国 1997 年修订后的新刑法典施行年余之际，中国法学会刑法学研究会 1998 年学术讨论会于 11 月 12 日至 16 日在江苏省无锡市召开。这次会议，以探讨新刑法施行一年多来在司法实践中所遇到的疑难、争议问题为主要内容。来自全国刑法理论界、刑事司法部门以及法律服务机构的两百余位专家、学者和刑事法律工作者参加了会议。大会收到论文一百四十余篇，内容涉及刑法基础理论和新刑法的方方面面。

二、关于刑法典的总体评价和刑法基础理论问题

（一）对新刑法典的评价

有学者在评析国外刑法理论法益侵害说与权利侵害说、义务违反说等学说的争论的基础上，肯定了我国新刑法对法益侵害说认同的科学性与进步性。该论者指出，以法益侵害说为根据确定刑法的处罚范围与界限，可以使处罚范围适当、使处罚界限明确，有利于同时发挥刑法的法益保护机能与自由保障机能，有利于区别刑法与道德，有利于正确评价行为的社会危害性，亦有利于正确理解和适用刑法规范。新刑法在诸多方面认同了法益侵害说，如未采纳一些学者提出的增设通奸罪、卖淫罪、乱伦罪等罪名的建议，对具体犯罪所属类别的调整突出了以保护法益为核心。该论者最后指出，刑法理论与司法实践中还存在许多与法益侵害说不相适应的观点与做法，需要我们努力克服和纠正。

（二）刑法价值

有学者对刑法价值体系作了深入探讨，认为刑法价值体系的研究与刑法结构体系的研究同样重要，并指出，我国刑法价值的实现程度还不尽如人意，存在刑法价值虚化的问题。该论者强调：一部刑法典的价值首先决定于它是否在当时的社会条件下被公认为是公正的法律，此外还决定于立法设计对于执法社会成本的预测是否符合实际、社会系统的各个要素是否可以有效地发挥提高犯罪成本并减少犯罪收益的作用。为避免刑法价

值的虚化，应当深入开展法制经济学的研究，以指导立法；立法的具体举措包括将部分
道德规范法律化、深化资格刑的内涵等。

（三）刑法的调控范围

对于刑法的调控范围问题，近年来学者一直有所关注。在这次研讨会中，部分论文
对此问题又作了探讨。有学者认为，犯罪化在新刑法中占有相当大的比重，但非犯罪化
也受到立法者的注意；并指出，新刑法在犯罪化与非犯罪化问题上仍有完善的余地；建
议将某些严重违法而带有很大社会危害性的期货垄断等行为予以犯罪化。有的学者认
为，如果以我国的基本刑事政策及我国的历史传统和人们的价值观念来衡量，可以说，
新刑法的调控模式是比较合理的，但如果与外国刑法的犯罪圈相比，从追求严而不厉的
刑事政策思想出发，则新刑法仍不够完备，似可在有所限制的情况下对某些行为予以犯
罪化。另外，有学者对危险犯立法的价值倾向、成立的依据和危险犯的基本形态进行了
研究，提出在我国刑法中增设过失危险犯的建议。

在刑法基础理论方面，还有的学者就刑法判例制度建立的理论和现实根据进行了研
究，并提出了建立刑法判例制度的具体构想。

（四）刑法基本原则及其理解和适用

有的学者对刑法确立基本原则的根据、标准、意义和三项刑法基本原则的含义作了
探讨，认为刑法确立基本原则是我国人民民主专政的政权性质和马克思主义刑法观决定
的，是依法治国方略的体现，是建设市场经济和保障人权的客观需要，是对我国实践经
验的总结。该论者认为，罪刑法定原则并不否定扩张解释；法律面前人人平等原则只指
司法上的平等，而不包括立法上的平等；罪刑相适应原则的实质是保证刑罚的公正。该
论者指出，刑法未明文规定的基本原则有罪及个人、主观与客观相一致、惩罚与教育改
造相结合三项，这三项基本原则未被明文规定，并不影响其发挥应有的作用。另外，有
的学者对罪刑法定原则的司法运作问题作了有益的探索，认为在司法实践中应当摒弃视
刑法为"刀把子"的传统观念，从罪刑法定原则的要求出发，限制司法权的滥用，保障
公民的人权；对于法无明文规定的行为绝不能定罪处罚，司法解释不应越权。

三、罪刑总论问题

（一）单位犯罪问题

单位犯罪的概念、构成特征以及处罚，是本次讨论会的研讨热点之一。有的学者给
单位犯罪下的定义是：单位犯罪，是指公司、企业、机关、团体，在单位意志的支配
下，由其直接责任人员或其他代理人故意或过失地实施的危害社会的，依法应当受到刑

罚处罚的行为。有学者认为，单位犯罪的主体必须具有三个特征：（1）合法性，即必须是合法的组织；（2）有组织性，即具有一定的组织结构形式；（3）完全性，即能够完全承担刑事责任。对于单位犯罪主体的范围或种类，学者们就实践中存在的一些问题展开了讨论：（1）私有性质的公司、企业能否成为单位犯罪的主体？对此，多数人予以肯定回答。（2）单位的分支机构或部门能否成为单位犯罪的主体？有论者认为，单位的分支机构或部门经依法成立或设立，就被赋予了权利能力和行为能力，因而也具有刑事责任能力，可以成为犯罪的主体。（3）国家机关能否成为单位犯罪的主体？肯定的观点认为，国家制定的法律是以维护国家的整体利益为己任的，当作为具体单位的国家机关违反法律危害国家整体利益时，也必须予以惩处。否定的观点则认为，国家机关除了国家划拨的办公经费外，没有其他经济来源，因而没有承担刑事责任的能力。

（二）正当防卫问题

新刑法中正当防卫的立法内容经过一年多的司法实践检验，暴露出一些问题。较多的学者对刑法第 20 条第 3 款规定的特殊防卫权或无限防卫权内容进行了批判，认为这种规定在某种程度上鼓励了"以暴制暴"，不利于防止防卫权的滥用，不利于法治。一些学者认为该款在适用中还存在可操作性差的弊病，如何为"行凶"，其义模糊、难以认定，什么是"其他严重危及人身安全的暴力犯罪"也不明确。此外，还有的学者对正当防卫的必要限度、防卫过当的认定与处理等问题进行了研究。

（三）死刑缓期执行制度的司法适用问题

有学者对新刑法中的死缓制度的司法适用问题作了深入的探索，并就相关立法之得失作了评判。该论者指出，新刑法在第 48 条第 1 款使用"罪行极其严重"一词，克服了 1979 年刑法典中"罪大恶极"一词含义不明、用语不够严谨的弊病，但从"罪行极其严重"一词的字面意思而言，它仅限于犯罪行为及其客观危害后果，此与立法者通过用语修改而限制死刑适用的本旨相去甚远。关于判处死缓后的处理，该论者从司法适用和立法评析两个角度提出了以下看法：（1）将死缓犯执行死刑的条件由原来的"抗拒改造情节恶劣"改为"故意犯罪"，其结果在一定程度上扩大了死刑的适用。因为这里的故意犯罪并不分情节轻重，而有的故意犯罪危害很小。（2）死缓依法变更为死刑立即执行的期限大多数情况下必须是 2 年期满以后，但如果死缓期间犯的故意犯罪本身就是应处死刑立即执行的，则不应等到 2 年期满以后。（3）对于死缓期间既有故意犯罪又有重大立功表现的，应综合考察重大立功表现给国家和社会带来的利益大小以及故意犯罪的社会危害大小，衡量它们之间的"罪"与"赎罪"因素之比例程度，对具体情况具体分析。该论者还提出了可供司法实践参考的具体构想。

（四）自首和立功制度问题

有学者认为，刑法第 67 条第 2 款"以自首论"之适用对象，不应仅限于犯罪嫌疑人、被告人和正在服刑的罪犯，应通过司法解释将其对象扩大到包括那些被采取行政、司法措施或行政处罚的人员。有学者认为，该款中的"被采取强制措施"和"正在服刑"，不能作狭义的理解，还应包括被假释、监外执行等尚有人身自由的情况。对于立功成立的条件，有学者认为包括：（1）主体是犯罪分子，也包括犯罪嫌疑人、被告人。单位也可成为立功的主体。（2）立功的期限始于犯罪预备，终于刑罚执行完毕。（3）立功的范围应根据刑法第 78 条的规定加以认定。

四、刑法分则问题

（一）侵占罪的对象问题

关于刑法所规定作为侵占罪对象的"他人财物"，有的学者认为仅指公民个人财物，有的则认为还包括单位财产。有的学者认为不论是动产或不动产、有形财产或无形财产、合法财产或违禁财产，均可成为侵占罪的对象。关于"遗忘物"，有的认为是指本应携带因遗忘而没有带走的财物，与遗失物有区别，对侵占遗失物的行为不应定罪；有的则认为是指非基于他人本意而失去控制、偶然由行为人占有或占有人不明的财物。

（二）洗钱罪的认定及立法完善问题

有的学者认为，应严格区分洗钱罪与窝藏、转移、收购、销售赃物罪的界限，两罪存在法条竞合的关系。有学者认为，刑法规定的作为洗钱罪的对象的财产范围太窄，应把其他经济犯罪、财产犯罪、贪污贿赂犯罪的违法所得及其产生的收益均包括在内。

（三）"国家工作人员"的界定问题

有的学者认为，虽然中国共产党各级机关、中国人民政治协商会议各级机关不是国家机关，但根据实际情况，其中从事公务的人员应视为国家机关工作人员。有的学者则主张，这些人员属于国家工作人员中的"准国家机关工作人员"，而不是严格意义上的国家机关工作人员。对于村民委员会、居民委员会组成人员能否作为国家工作人员，有的学者持否定意见，理由是村民委员会、居民委员会不是国家机关，其财产不具有国有财产的性质，其成员也不享受国家工作人员的待遇。有的学者则认为，这些人如受委托代表国家行使管理职权如审批土地时，可以国家工作人员论处，如系单纯行使集体事务时，不应视为国家工作人员。

[赵秉志、肖中华；载高铭暄、赵秉志编著：《新中国刑法学研究历程》，北京，中国方正出版社，1999]

第四十九章
1999 年全国刑法学术年会综述

一、前　　言

1999 年 10 月 12 日至 16 日，中国法学会刑法学研究会 1999 年年会在云南省昆明市举行。有来自全国各地的 194 位代表参加，另有云南省数十位代表列席。代表中既有来自大专院校、科研单位的，也有来自司法实践部门和从事律师实务的。代表们共提交了 157 篇学术论文，大多数论文的题目均围绕中国法学会刑法学研究会在 1999 年 3 月份拟定的 1999 年年会推荐议题，因此主题相对集中，主要集中在刑法学研究 50 年回顾与 21 世纪展望、刑法总则的新问题、刑罚的适用、新类型犯罪特别是经济犯罪、区际刑法与国际刑法研究共五个方面。现将本届年会论文及研讨中的观点摘要综述如下：

二、新中国刑法学研究 50 年的回顾与 21 世纪展望

关于这一问题，有论者从观念的层面上进行了探讨，提出：我国以前的刑法文化基本上是人治国的刑法文化，在我国由人治国向法治国转型时期，我们应该建构一种奠基于刑事法治之上的法治国的刑法文化。这种刑法文化具有如下特点：一是人文关怀，即以人为本，注意人权保障；二是形式合理性，即通过形式合理性追求与实现实质合理性，由此保障公民的自由与权利，限制法官恣行擅断；三是实体正义，即犯罪与刑罚设置的正当性和犯罪认定与刑罚适用的正当性。并指出在世纪之交，科学建构法治国的刑法文化是刑法学家的重大历史使命。

多数论者从历史经验的层面上进行了探讨，指出，新中国 50 年间刑法学研究，可以分为三个时期：第一时期，是 1949 年至 1956 年，为创立和发展时期。研究成果不多，研究课题粗浅、零散，以介绍、学习苏联刑法为主。第二时期，从 1957 年至 1976 年，是萧条、停滞时期。研究成果不多，主要课题是犯罪与两类矛盾、死缓制度的存废及反革命罪等问题。刑法学研究的政治气氛过于浓厚，是这一时期的一大特点。第三时期，为 1977 年至 1999 年的复苏、繁荣时期。在该阶段早期，刑法学主要围绕 1979 年刑法典及随后颁布的单行刑法的有关问题进行；在后期则围绕 1979 年刑法典的修改而全面深入地展开。学术成果极为丰硕，学术活动相当频繁，学科建设也取得了显著成

就。这是我国刑法学获得长足进步的时期。

有论者指出，今后我国刑法研究应适当调整方向，将注释刑法学与理论刑法学研究并重，改革研究方法，摆正理论与实践的关系；并指出今后的研究主要面临着新刑法典的实施、刑法基础理论、刑法判例、比较刑法、区际刑法与国际刑法等课题。另有论者总结了 1997 年刑法修订以来刑法学研究的特点，主要表现为应用研究空前活跃，思辨研究色彩增加，拓展了区际刑法和外国刑法研究，刑事判例研究兴盛等，但研究深度、学术风气等问题尚待改进；并提出 21 世纪我国刑法学应当强化基本理论、比较刑法、刑事立法、国际刑法及刑罚改革等问题的研究。还有论者认为，未来我国刑法学的研究应特别注意刑事司法部门的公正化、刑事立法的合理化、刑罚制度的文明化、刑事合作的国际化和研究方法的科学化等问题。

三、刑罚适用问题研讨

有关论文的观点集中地反映了以下三个具体问题：

（一）死刑适用问题

关于死刑适用问题的研讨主要涉及：

1. 我国加入国际人权公约对死刑适用的影响

论者们分析了人权公约对生命权的保护的基本主张，即生命权是人人平等享有的、固有的第一位的人权，它是不可剥夺的人的尊严权，反对死刑的适用；同时分析了我国死刑立法现状，认为我国法律对待死刑的基本态度是限制而不是扩张，其总体趋势与人权公约的要求是一致的，但是差距也是明显存在的，主要表现为：死刑适用范围太广，无论死刑适用的类罪名还是个罪名数量都过多；类罪中经济犯罪与个罪中传授犯罪方法罪的死刑尤受诘难。死刑适用标准过于宽松灵活，模糊性情节过多；死缓适用的条件缺乏明确性和可操作性；短期的刑事政策对死刑适用影响过大。死刑适用程序保障尚待改进，死刑的辩护权、上诉权和审判程序均存在局限；死刑核准程序存在冲突。死刑执行方面，实践中尚存在非人道和侮辱性的死刑执行方式。根据国际人权公约的精神和有关规定，论者们主张可以从以下方面完善我国死刑制度：第一，削减死刑罪名，缩小死刑适用范围；第二，制定统一而明确的死刑案件量刑指导原则；第三，对死刑案件设立特殊的审判程序，实行三审终审；第四，解决死刑核准权的冲突问题，将授权给高级人民法院的那部分死刑复核权，收归最高人民法院统一行使；第五，设立死刑犯的减刑、赦免制度；第六，改革死刑执行方式等。

2. 故意伤害罪死刑的适用标准

与会论者认为刑法规定的该罪适用死刑标准不够明确、具体，提出"致人死亡"的条件应该是行为人在主观上具有重伤故意，客观上伤害行为已经造成重伤结果，并最终导致被害人死亡。关于"以特别残忍手段致人重伤造成严重残疾的"，与会论者认为其中的"特别残忍手段"主要是指伤害行为持续时间长，以锐器或钝器乱砍乱砸、以强酸毁容造成被害人极度精神创伤，伤害多人致重伤等。与会论者建议，为了便于量刑，对于一处重伤与多处重伤应严格区分。总之，论者认为，应进一步限制故意伤害罪的死刑适用。

3. 毒品犯罪的死刑问题

与会论者认为：我国对毒品犯罪的惩治，基本上贯彻了严格限制死刑的原则，但是，目前在司法实践中，还存在着过分依赖死刑来打击毒品犯罪的趋势，对此必须加以遏制。实践中，要严格把握毒品犯罪判处死刑的毒品数量，主张只有当涉案毒品数量已远远超出刑法规定的适用死刑的最低标准，并且具有其他严重情节时，方可考虑适用死刑。并提出，毒品犯罪死刑的核准权不应授权给部分高级人民法院行使，应严格根据刑法的规定，由最高人民法院统一行使。

（二）罚金刑的适用问题

较多论者对此发表了看法，他们认为，虽然新刑法扩大了罚金刑的适用，但是罚金刑的立法和司法仍然存在许多问题，集中表现为罚金刑的适用范围仍嫌过窄，确定罚金刑的数额依据不明，以罚代刑、以刑代罚现象时有发生及执行难。为此，与会论者建议，应该从如下方面进行改善：第一，扩大罚金刑适用范围。将其推广适用于非贪利性和非财产性犯罪，以顺应刑罚轻缓的国际趋势，并符合市场经济的内在要求。第二，完善罚金刑立法。建议加强对过失犯罪判处罚金刑的处理力度，增设罚金刑缓刑制度，增设劳役刑及人民法院对判处罚金刑的犯罪分子查封、扣押财产的规定。第三，解决罚金刑执行难的问题。为此应该明确执行主体，落实执行管辖，及时移送罚金刑案件，落实罚金刑的减免制度，建立罚金刑监督机制。有的论者还建议，应增加罚金刑中止执行条款，完善罚金刑适用配套制度，如财产先行扣押制、执行协助制等。还有论者对如何正确适用"选科制罚金"，对未成年人能否判处罚金及单位犯罪罚金刑的适用等问题进行了探讨。

（三）自首制度问题

关于自首制度，有关论文主要涉及如下问题：一是准自首的主体范围。认为缓刑犯、假释犯和被单处附加刑的犯罪分子都属于准自首的主体。二是反对1998年4月最高人民法院有关司法解释中将准自首中的"其他罪行"界定为不同种罪行，认为该解释既违反了法条语义，也不利于实现自首制度的目的；主张同种罪行也应包括在内。三是对于自首犯的处罚，论者主张，应进一步放宽。四是提出了特别自首概念。有论者认为，我国刑法分则中存在着一种特别自首制度，刑法第164条、第390条和第392条等即为适例，并指出：这种特别自首制度，是独立于刑法总则规定的自首制度之外的独立自首类型，具有独立的成立条件，即实施犯罪的特定性与时空的限定性。当特别自首与总则的自首规定相竞合时，据特别法优于普通法的原则，按分则确立的特别自首来处理。

此外，与会论者还就刑法解释和正当防卫等有关问题进行了探讨。

四、新类型犯罪问题研讨

（一）金融、证券、票据类犯罪

在提交的论文中，关于金融、证券、票据犯罪的论文占了很大的比例，达 17 篇，不仅如此，在理论深度层面及司法应用层面均具有创新。主要表现在以下几个方面：

1. 伪造、变造及非法出具金融票证罪

首先，围绕着伪造、变造金融票证罪的主观方面及侵害客体问题，与会代表提出了两种不同意见：

一种意见认为，伪造、变造金融票据罪的主观方面只能由直接故意构成，并以牟取非法利益为目的。伪造、变造金融票据罪侵犯的是单一客体，即国家金融票证的管理制度。

另一种意见，对前述认为本罪只能由直接故意构成的观点表示赞成，但认为本罪主观目的为"行使"。该意见指出：将牟取非法利益作为伪造、变造金融票证罪的犯罪目的是将金融票证的伪造、变造行为与诈骗行为混为一谈的结果，这在无形之中提高了伪造、变造金融票证犯罪的构成要件，使得一部分具有严重社会危害性的行为得不到应有的惩罚。与会论者还提出，本罪的客体属于复杂客体，包括国家关于金融管理的制度、金融票证的公共信用及银行等金融机构的信誉等方面内容。该论者还通过对金融票证的伪造、变造、非法出具三种不同行为的比较分析，驳斥了非法出具金融票证罪主观方面存在间接故意的观点，提出应将间接故意"出具"金融票证行为视为伪造、变造金融票证。

2. 关于操纵证券交易价格罪

关于本罪的客体，多数意见认为，本罪侵犯的是复杂客体，包括证券市场的正常秩序和投资者的合法利益。对此，有的代表提出了不同意见，认为上述观点过于宽泛，未能准确地解释本罪的客体特征；建议将本罪的客体细化为证券市场的公平竞争机制。

关于本罪的主观方面，与会人员一致倾向于认为，本罪的主观方面由直接故意构成。至于本罪是否要求有犯罪目的，存在两种不同意见：其一，认为以减少损失或获取利益为目的，是本罪不可或缺的内容。其二，认为本罪故意内容中，即包含有行为人损害他人利益的认识和意志要素，损害的目的当然是自己获取利益，无须要求行为人具备其他的"目的"。

此外，有的文章还对本罪客观方面必须具备的"情节严重"的具体认定问题，分别从操纵者、受害者及操纵行为对证券市场所造成的影响三个方面进行了有益的探讨。

3. 洗钱罪

关于洗钱罪的"上游犯罪",有的代表认为,目前我国刑法对洗钱罪的"上游犯罪"规定仍显狭窄,并从理论和司法实践两个方面作出了论证。有的代表则指出,我国刑法将洗钱罪的"上游犯罪"限定为三种犯罪,是符合我国目前实际情况的:一方面,对来源于其他犯罪的违法所得及收益从事的洗钱行为,并非不处罚,可以以我国刑法中的赃物犯罪进行处罚。另一方面,黑社会性质的有组织犯罪具有很大的可延伸性,对黑社会性质组织犯他罪的违法财务的"清洗"也将构成洗钱罪。

关于洗钱罪的主体,争论的焦点集中在洗钱罪的主体与上游犯罪的主体能否同一。否定论者的论述角度,主要是立法原意、立法技术等。肯定论者则从罪数理论出发,认为上、下游犯罪是两个相互独立的行为,并有两个犯罪故意,在刑法上理应单独予以评价。

有的论者还将本罪与刑法第 312 条"窝藏、转移、收购、销售赃物罪"及第 349 条"窝藏、转移、隐瞒毒品、毒赃罪"进行了比较分析,认为三者存在法条竞合关系。

4. 骗购外汇罪

有论文对骗购外汇罪的概念、构成要件及具体认定等问题作出了专门论述,认为骗购外汇罪是使用伪造、变造、重复使用海关签发的报关单、进口证明、外汇管理部门核准件等凭证和单据,或者以其他方式骗购外汇的行为。本罪侵犯的客体,是国家的外汇管理制度,客观方面表现为使用欺骗的方法购买外汇,主观方面为直接故意。并指出,本罪与逃汇罪、非法买卖外汇罪在客体、客观方面、主观方面均存在区别。

5. 票据诈骗罪

对本罪的不同见解,主要集中在主观方面是否要求"非法占有"之目的。肯定论者认为本罪具有非法占有之目的是显而易见的,刑法没有必要作出规定,但不能据此就认为本罪不要求具有非法占有的目的。对此,否定论者从以下几个方面进行了反驳:其一,刑法第 194 条规定的前三种行为,无须有非法占有之目的;其二,票据制度是本罪主要客体,只要有非法使用行为,就构成对票据制度的破坏;其三,强调"非法占有"之目的,不利于对票据诈骗行为的打击。

此外,有的代表还对票据诈骗罪与合同诈骗罪进行了比较,指出了两者的异同。

6. 信用证诈骗罪

对于本罪客体属于复杂客体,与会代表们没有异议,但在具体内容的表述上存在分歧。有的代表指出,信用证制度并不仅仅是国家运用行政手段对金融活动所进行的直接管理及其构成的管理制度,更是依靠雄厚的银行信用建立起来的国际贸易规则。据此,认为信用证诈骗罪侵犯的是公司财产所有权及由信用证融资功能而表现出来的其他财产利益。

7. 信用卡诈骗罪

有代表提出,刑法第 196 条第 3 款关于"盗窃信用卡并使用的,依照本法第二百六十四条的规定定罪处罚"（即依照盗窃罪定罪处罚）的规定不妥，盗窃信用卡并使用的行为，应作信用卡诈骗罪处理。该论者还对信用卡诈骗罪提出了两点立法建议：其一，增设单位犯罪；其二，将恶意透支行为规定为一个独立的罪名。

8. 保险诈骗罪

有代表对本罪的主体、共犯、相近犯罪的区分、罪数的认定等问题进行了较为深入的探讨。有的代表还指出：我国刑法第 183 条将非国有保险公司的工作人员进行虚假理赔的情况，以职务侵占罪定罪处罚，是一个立法疏漏，应当予以调整、修改。

（二）侵犯知识产权犯罪

随着市场经济的深入发展，知识经济的巨大作用进一步凸显，知识产权成为促进经济增长的基本手段之一，因而侵犯知识产权罪也成为本次年会研讨的焦点。与会人员主要讨论了以下问题：

1. 知识产权犯罪概念及特征

有的论者提出了知识产权犯罪范畴，认为它是指我国刑法所规定的违反知识产权法，故意侵犯他人知识产权、破坏知识产权管理制度，损害社会主义市场经济秩序和国家经济增长，情节严重的行为。基于这一范畴，该论者认为其客体分为知识产权权利人的利益和知识产权法律制度和管理制度、市场经济秩序和国家经济增长，并认为该罪并不仅限于直接故意犯罪，少数情况下也可以由间接故意构成；同时对于其犯罪目的作了探讨，认为现行刑法对于侵犯著作权罪、销售侵权复制品罪"以营利为目的"的规定并不合理，应予以取消。该论者还对于该罪犯罪构成的描述性规定的五种类型进行了剖析，认为"情节严重"这一要件比较全面地概括了导致行为达到应受刑事责任追究程度的各种情形，也符合犯罪构成定量限制的统一原则，因而建议将"情节严重"作为构成该罪的共同描述要件，以代替"造成重大损失"、"销售数额较大"等要件。

2. 侵犯著作权罪

有论者在深入研究刑法第 217 条之后，认为侵犯著作权罪只应包括该条第 1、2、4 项的行为，而其第 3 项行为应另定"非法复制发行他人音像罪"，其理由则在于后者所侵犯的是著作邻接权，对象是录音录像，行为构成也与前者有着巨大差别。同时，该论者对该罪的行为及其对象也进行了详尽探讨。

3. 侵犯商业秘密罪

鉴于商业秘密犯罪在实践中的多发性，这一犯罪颇受关注。

有论者比较了国外商业秘密刑事立法，分析其特点并进而指出了我国相关刑事立法存在的问题，认为将不同主体、不同性质、不同社会危害性的行为归结为"侵犯商业秘密罪"一个罪名，有违罪刑均衡原则；建议将其作为类罪名分化为窃取商业秘密罪、泄露商业秘密罪、侵占商业秘密罪、以其他不正当手段获取商业秘密罪 4 罪，同时，明确其主体并相应规定各自不同的法定刑；同时认为应对"造成重大损失"等要件以及"国家秘密"和"商业秘密"的界限作出明确规定；并主张在程序上将该罪按"告诉乃论"处理，更有利于直接保护权利人利益。但是有论者认为，国家秘密与商业秘密重合时，直接按法条竞合处理即可。

对商业秘密的理解，有的论者认为，它包括技术信息和重大的经营信息，它具有新颖性、价值性、实用性、保密性；另有论者则认为，商业秘密是具有新颖性、价值性、保密性、信息性的，包括除由著作权保护外的专有技术和覆盖在专利说明书下的专有技术，即技术信息和重大经营信息。但也有的论者认为，商业秘密的特点是秘密性、经济性、实用性、独占性、转让性和相对性。对于该罪构成要件中的客观行为方式，一般并无争论，但对其主观方面，大致有以下两种观点：其一，认为只能由直接故意和间接故意构成。其二，认为刑法第 219 条第 1 款规定的 3 种行为方式只能由故意构成，而第 2 款规定的行为方式，除故意之外，过失亦可构成。其理由在于，对"应知前款所列行为"的规定应理解为应当知道而不知道，即是一种重大的过失。但也有的论者对于对故意行为和过失行为适用同一法定刑提出了批评。

另外，对于该罪的"重大损失"要件，也有三种观点：其一，认为应考察商业秘密的研制开发成本、商业秘密的利用周期、使用转让的情况、成熟程度、市场容量和供求关系、受害人营业额实际减少量。其二，认为应以商业秘密是否为侵权人公开为标准，如已公开，其损失＝商业秘密本身蕴涵价值＋其预期所得－利用该秘密所获之利益；如未公开，则其损失＝侵权人侵权所得。其三，认为损失计算区分为以下几种：以权利人因侵权行为遭受损失为依据，以侵权人因侵权行为获得利益为依据，以不低于商业秘密使用许可的合理使用费为依据，但也包括丧失竞争优势、竞争能力、资格等损失。

(三) 危害公共卫生犯罪

1. 医疗事故罪

有论者认为，该罪罪名应确定为"医疗责任事故罪"。存在争论的主要是其主体问题。直接从事诊疗护理工作的医务人员为该罪主体是一公认结论，但对于在医疗单位中从事行政管理及后勤服务的人员能否构成该罪主体，存在 4 种观点：其一，认为应对医务人员作广义解释而将此类人员包容在内；其二，认为上述人员不属于医务人员，但由于主体规定的不完善，可比照医疗事故罪主体处理；其三，认为对一般党政人员或后勤管理人员，因过失行为给病人造成严重后果，可以按医疗事故罪处理，但对党政负责人或后勤主管人的上述行为，应以玩忽职守罪论处；其四，认为从立法和实践来看，本罪主体应限定在有职业资格的医务人员，不应将上述人员作为医务人员论处而构成本罪，对他们只能按其他过失犯罪论处。

对于其客观方面，存在争论的主要是对所谓"严重损害就诊人身体健康"范围的理解。有的论者认为，应当包括《医疗事故处理办法》规定的二级医疗事故和三级医疗事故，如此有利于强化医务人员的责任感和工作注意力。另有论者认为，应将其外延限于二级医疗责任事故或其一部分，而不将三级医疗事故包括在内。其理由是：作为过失犯罪，如果将损害后果的起点定得太低，将挫伤医务人员的积极性，有碍于医疗卫生事业的发展。另外，也有论者对医疗事故鉴定、处理程序及职能管辖进行了研究。

2. 非法行医罪

存在争论的首先是主体问题，是一般主体，还是特殊主体，即未取得医生职业资格的人是否是本罪主体。但对于具有医师资格而没有取得医疗执业许可证的人是否成为本罪的主体，存在肯定与否定两种观点。同时，有的论者认为，在具有集体执业资格的医疗机构中行医的人员，擅自从事个体行医者，未取得医生执业资格的人，即使医治了疑难杂症，以及超出执业地点、类别或范围行医的人，均应构成本罪主体。同时，该论者认为，此处的医疗业务仅指狭义的医疗行为，即在医疗、预防、保健业务中，只能由医师根据医学知识和技能实施，否则会对人体产生危险的医疗行为，并且是出于反复、继续实施的意思。偶然为特定人员医治疾病的不成立本罪；同时行为人非法行医时所得到的患者承诺，并不阻却本罪成立。

对于本罪的主观方面，因标准不同而有故意说、过失说、过失和间接故意说三种。前者针对其非法行医行为而言，后两者则针对其无证行医所致就诊人死伤的严重后果而言。

3. 非法进行节育手术罪

有的论者认为，本罪名缺乏理论依据，应定为破坏计划生育罪。关于本罪的主体，有的论者认为，不应限于未取得医生执业资格的人，应规定为一般主体。而所谓"未取得医生执业资格的人"，有的论者认为，应是指未取得医师执业资格或者执业助理医师资格的人。

（四）环境犯罪

关于破坏环境资源保护犯罪问题，本届年会收到了两篇论文，这两篇论文在对近几年来的争议问题进行总结、梳理的基础上，提出了不少有益的建议，要点如下：

1. 破坏环境资源保护罪的客体

论者赞成本罪侵害的客体是国家对环境资源保护的管理制度，并分析了其他观点的不足之处。

2. 客观方面

首先，论者主张增设危险犯。其次，在因果关系的认定上，论者同意一定程度的因果关系推定方法（"流行病学"证明方法）。最后，论者反对在本类犯罪中引进无过失责任原则。

3. 其他

有的论者还借鉴刑法理论界对刑法第 338 条"重大环境污染事故罪"规定的批评意见，建议在本条另设一款，将故意污染环境罪作为一个独立的罪名予以专门规定，并将行为方式设计为危险犯。

（五）人身权利犯罪

有论者在市场经济的大背景下，对我国刑法关于侵犯公民人身权利犯罪的规定进行了一番新的审视，并提出了如下几点批评意见：其一，未将侵犯人身权利罪单独作类罪名规定，侵犯人身权利罪在刑法中的地位不够突出；其二，罪名规定不全，未设酷刑罪及侵犯隐私罪等；其三，对故意杀人罪的规定过于笼统。

另有论者对强制猥亵、侮辱妇女罪作了深入探讨，认为强制猥亵、侮辱妇女罪侵犯的客体是妇女的人格尊严，同时廓清了猥亵妇女与侮辱妇女、侮辱妇女罪与侮辱罪之间的界限。有的论者则认为，强制猥亵妇女罪侵犯的是双重客体，即他人的性权利和社会性风俗；同时借鉴外国刑法中公然猥亵罪的立法例，建议将刑法第 237 条第 2 款规定予以单设，以完善猥亵罪体系。

（六）渎职犯罪

1. 滥用职权罪

对于本罪主观方面，主要存在过失说、故意过失并存说、故意说三种。有的论者研究了本罪与玩忽职守罪的区别，认为二者主观方面不同，本罪主观上表现为故意，后者是过失；客观方面，本罪表现为违背职务规定，不行使或不正确行使职权的行为，而后者是严重不负责任，未履行或未正确履行职责的行为。同时该论者认为，应将本罪主体确定为国家工作人员，从而有利于打击犯罪，保护国有资产。

2. 徇私枉法罪

对于监管人员、书记员、内勤人员乃至单位能否构成本罪主体，有论者认为，监管人员仅在罪犯在监狱内执行刑罚期间有新罪的情况下才能成为本罪主体，而书记员、内勤人员并不具有侦查、检察、审判、监管职责，不属于司法工作人员范围，不能构成本罪。在其客观方面，有的论者认为，枉法追诉情形，应以立案作为追诉标志，而不能以采取强制措施为标志；而枉法不追诉的标志，包括不立案、不侦查（包括不采取强制措施）、不如实提起公诉、不如实进行审判等等。有的论者则分析了徇私枉法罪中的"私"，认为应包括为个人的利益以及局部利益损害国家整体利益。有的论者认为"徇情"并无独立于"徇私"之外的特殊含义，并认为徇私是犯罪动机而非犯罪目的，更非本罪的客观要件。

3. 徇私舞弊不移交刑事案件罪

关于公安人员能否成为本罪主体问题，存在以下几种观点：其一，认为公安人员属于司法工作人员，如有相关行为，应按徇私枉法罪论处。其二，主张应具体分析：对于在案件中具有侦查、监督职责的人的相应行为，应按徇私枉法罪论处；对于其他行政执法的公安人员的相应行为，应按本罪论处。与会论者均指出，本罪在主观上要求，对他人构成犯罪而应当移交具有明知。对于本罪的完善，主要建议有：将本罪罪名确定为刑事不移交罪；在罪状中删除徇私舞弊要件，因为本罪设立目的同是否徇私并无关系，而且也难以查证，况且是否舞弊同不移交案件并无必然关系，但可以将该要件作为加重情节加以规定；修改其法定刑，以改正其法定刑同具有徇私舞弊情节的滥用职权罪法定刑相比过轻的局面。

此外，本届年会中还有不少论者对诸如计算机犯罪、侵占罪、贪污贿赂罪等犯罪进行了讨论。

五、区际刑法与国际刑法问题研究

本届年会对于该专题的研讨，主要集中在如下两个方面：

（一）澳门地区刑法与全国性刑法的比较研究

随着澳门地区回归的日益临近，澳门地区刑法及其与全国性刑法的比较研究，正逐渐成为学者研究的新热点。本次年会，学者们对于两者中的许多问题都进行了深入而细致的探讨和比较讨论，内容既涉及刑法总论中的犯罪未完成形态、数罪并罚制度、缓刑制度、保安处分制度等问题，又涉及刑法分论中的侵犯知识产权犯罪与受贿罪等具体犯罪。现简述如下：

1. 犯罪未完成形态

学者们反映出，两者中关于犯罪未完成形态的概念、种类及处罚的规定，既有相似之处，又有不同点。

首先，关于犯罪预备。全国性刑法明确界定了犯罪预备概念，而澳门地区刑法中则没有明确规定。论者认为，全国性刑法的做法有利于体现立法的统一性与完整性。对于犯罪预备，全国性刑法规定"可以比照既遂犯从轻、减轻或免除处罚"；而澳门地区刑法则规定，预备行为在原则上不作为犯罪处罚。

其次，关于犯罪未遂。关于犯罪未遂的规定，全国性刑法采用的是法国模式，即犯罪未遂不包含犯罪中止；而澳门地区刑法采用的是德国模式，即犯罪中止是犯罪未遂的一种表现形式。关于犯罪未遂的处罚，全国性刑法规定，对于未遂犯原则上都可以处罚；而澳门地区刑法规定，对于障碍未遂有条件予以处罚，对于不能犯未遂一律不处罚。

最后，关于犯罪中止。关于犯罪中止的认定条件，两者都强调行为人放弃犯罪的自动性、彻底性和有效性；但对于犯罪中止的处罚，两者的规定大相径庭，全国性刑法规定应当免除或减轻处罚，而澳门地区刑法规定"不予处罚"。

2. 关于澳门地区刑法中的保安处分制度

保安处分作为一种补充或替代刑罚的刑事法律制度，在澳门地区刑法中占有重要的地位。有人对该制度进行了细致入微的研究。

关于保安处分的种类，澳门地区刑法规定了两种，即不可归责者的收容（剥夺自由的保安处分）与业务禁止（非剥夺自由的保安处分）。

关于保安处分的适用原则，有人归纳为三项，即处分法定性原则、处分目的性原则与处分适当性原则。关于保安处分与刑法的关系，在刑事立法与形式理论上，存在"一元论"与"二元论"的鲜明分野。澳门地区刑法既抛弃了一元论的观点，又修正了二元论的不足，从而将这两种观点巧妙地结合起来。

为了给内地将来的保安处分立法提供借鉴与参考，有人还对澳门地区刑法中保安处分立法的特点进行了探讨，指出其特点有三：以客观的犯罪行为作为处分的前提，以主观的人身危险性作为处分的基础，强调主观与客观的统一；以保护法益为终极目的，以保障人权为价值目标，强调秩序与正义的统一；以"二元论"为立法基础，以"一元论"为补充，强调报应与预防的统一。

3. 关于侵犯知识产权罪

有学者对于两者中的侵犯知识产权罪进行了专题探讨，指出：在犯罪构成要件方面，犯罪主体都包括自然人与法人，犯罪主观方面都是直接故意，且具有非法牟利的目的。犯罪客观方面均表现为，未经许可而非法使用、利用他人著作权、商标权和专利权。

二者的区别表现在：犯罪后果对定罪的意义不同，全国性刑法中犯罪后果是决定是否构成犯罪的关键因素，而澳门地区刑法中犯罪后果仅是量刑情节。

（二）国际犯罪的相关问题研究

本次年会上，学者们既对诸如实现国际犯罪刑事责任的途径与方式以及犯罪引渡等一般性问题进行了研讨，又对诸如战争犯罪、洗钱犯罪等具体问题发表了观点。

1. 关于实现国际犯罪刑事责任的途径和方式

有人提出，实现国际犯罪刑事责任的途径有两个，即国际法庭管辖模式和国内法院管辖模式。实现国际犯罪刑事责任的方式包括程序和实体两个方面，其中程序方面主要是指通过如下6种方式实现国际合作：引渡、双向司法协助、对已被判刑人的转送、刑事司法程序的转移、追寻并扣押有关财产及承认国外的刑事判决。

2. 关于战争犯罪及其惩治

有的学者指出，所谓战争犯罪是指参与策划、准备、发动或进行侵略战争，违反战争法规或战争习惯规则，以及战前或战时违反人道原则的严重犯罪行为。关于战争罪的刑事责任主体，有的学者认为，除了个人，还应包括团体、组织和国家。

关于惩治战争犯罪的刑罚适用问题，有人从国内与国际两方面进行了探讨，指出，国内惩治战争犯罪应遵照国际社会所普遍公认的国际刑法基本原则及战争法关于确认战争犯罪行为的基本原则；而国际惩治战争犯罪除了遵循上述两个原则外，还应遵循诸如一罪不二审、政府或上级命令不能作为免责理由等 6 项原则。

此外，有人建议，我国刑法分则中应增加"战争犯罪"专章。

同志们，我们这次年会开得比较圆满成功，这要归功于与会同志们的积极参与和共同努力，归功于中国法学会与云南省党政领导、法学会、政法各机关以及有关领导的关怀和支持，尤其要归功于云南大学法学院领导与有关同志的辛勤工作和全力支持。让我们以热烈的掌声对他们表示衷心的感谢！

这次年会即将闭幕，此刻，对大家最关心的两件事根据总干事会研究决定：一是明年的年会在海南省海口市召开，由赵秉志、陈明华两位副会长组织；二是这次年会论文集争取在明年第一季度出版。谢谢大家！

[梁华仁、刘为波、刘艳红、杨书文、林维；载单长宗、梁华仁主编：《新刑法研究与适用》，北京，人民法院出版社，2000]

第五十章
2000 年全国刑法学术年会综述

一、前　　言

由中国法学会刑法学研究会主办，并得到海口市中级人民法院、海南大学法学院、海南省法学会暨司法厅鼎力协办的刑法学研究会 2000 年年会暨"新千年中国刑法问题研讨会"，于 2000 年 11 月 10 日至 14 日在海南省海口市隆重召开，并获得圆满成功。这是一次具有继往开来深远意义的学术盛会。

"新千年中国刑法问题研讨会"于 2000 年 11 月 10 日上午开幕，本次会议由中国法学会刑法学研究会副会长赵秉志教授主持。赵秉志副会长首先宣读了最高人民法院副院长、刑法学研究会顾问刘家琛同志的贺信，刘家琛副院长对刑法学研究会多年来对我国刑事法治的贡献予以充分肯定，并祝愿本次年会圆满成功。中共海南省委政法委秘书长杜斌国同志和海南省司法厅厅长、海南省法学会常务副会长钟玉瑜同志先后发表热情洋溢的讲话，欢迎代表们来到我国南海明珠海口市参加会议，并对海南省经济开放的成就和刑事法治建设方面的情况作了介绍。中国法学会副会长兼秘书长宋树涛同志在其代表中国法学会的讲话中，特别赞扬了这次年会的时代特色和新颖选题。中国法学会副会长、刑法学研究会会长高铭暄教授的致辞，高度概括了这次会议的新颖性，并衷心感谢海南三家协办单位和有关方面对本次会议的大力支持。海南省人民检察院检察长秦醒民同志，海南省高级人民法院院长曾浩荣同志，最高人民法院咨询委员会委员暨督导员、原海南省高级人民法院院长田忠木同志，海南省公安厅副厅长宋泽江同志，中共海口市市委常委、副市长、市委政法委书记郑绍儒同志，海口市中级人民法院院长许前飞同志，海南省公安厅副厅长兼海口市公安局局长王英杰同志，海南大学副校长谭世贵教授，海南大学法学院院长谭兵教授，三亚市中级人民法院院长田湘利同志等，也出席了会议开幕式或参加了会议的有关活动。会议在阅读论文的基础上，基本上按照原定议题，分 4 组进行了专题研讨；会议邀请国家立法、司法领导机关的专家和有关学者作了大会专题报告；会议还在分组讨论的基础上，分 4 个单元进行了大会发言和学术研讨，共有 16 名代表在大会上发言。会议还进行了以中国法学会名义表彰、由中国法学会刑法学研究会组织评定的"海南杯世纪优秀论文"的颁奖活动。

概括起来看，这次年会具有以下三个主要特点：

（一）时代特色鲜明

新颖而富有时代特色是这次会议的首要特点。这次会议的召开，正如刑法学研究会会长高铭暄教授在开幕式致辞中所言，突出的特点就是欣逢万象更新的新时代、新形势：新的千年和新的世纪即将开始；我国新的五年计划即"十五"规划即将制定；国家西部大开发的新号角已经吹响；我国加入世界贸易组织、批准加入"国际人权两公约"的新的历史时期也即将来临。与此相应，刑法学界无疑也会面临许多新的研究课题，这既是中国刑法学研究进一步发展、前进的动力，又使中国刑法学界肩负了前所未有的历史使命。基于此，此次研讨会紧紧围绕我国在新世纪的经济、社会、文化发展战略目标，选择一些富有新意、具有前瞻性和新鲜感、具有时代特色的课题，诸如中国加入世界贸易组织后的刑法协调问题，我国批准加入"国际人权两公约"中的刑法问题，祖国统一方面的刑法问题，西部大开发中的刑法保障问题，金融犯罪问题，计算机、网络、电子商务活动中的犯罪与刑法对策问题等进行了颇有新意和深度的研究，瞻望新世纪中国刑法学研究的前景与契机，从而为刑法学研究开创新的世纪辉煌迈出了开拓性的坚实步伐。

（二）会议盛况空前

"新千年中国刑法问题研讨会"时逢重要的历史时刻，而且选题新颖，又在我国第二大宝岛、最大的经济特区海南召开，加之海南方面会议协办单位的热情好客，因而代表参加踊跃、盛况空前。据统计，有来自全国高等院校、法学研究机构、中央和地方政法机关的二百五十余位专家、学者与会，代表中既有来自中央政法机关的专家，也有来自地方法律实务部门的同志；既有年长、资深的教授、专家，也有年轻而富有蓬勃朝气的青年教师、博士生、硕士生和实务工作者；既有刑法学研究和司法实务领域的专家、学者，也有法律新闻出版单位的代表。如此广泛而颇高的学术层次，无疑为此次会议的研讨成功和卓有成效提供了基本的保障。尤其引人注目的是，这次会议一共收到论文192篇，内容涉及研讨会拟定议题的方方面面，论文不仅研究视角新颖，而且研究的内容广泛、深入而系统，其中不乏具有较高学术价值和重大现实意义的精品佳作。可以说，这次会议的与会代表人数以及会议论文数量，在中国法学会刑法学研究会建会16年以来，是前所未有的。同时，根据代表们的反映，这次研讨会论文的总体学术水平可以说也达到了新的高度。

（三）会议内容丰富

这次会议研讨内容丰富多彩，研讨形式多种多样，给人以耳目一新之感。研讨会采取分组研讨与大会交流相结合的形式进行。无论是分组研讨还是大会交流，会场气氛都十分活跃，学术争鸣气氛相当浓厚。尤其是对一些重大、复杂的课题，代表们开诚布公地相互交流，见仁见智，观点鲜明，既增进了学术友谊，又深化了学术研究。

为有助于与会代表了解我国刑事法治的新情况、新动态和重大问题，这次研讨会专门安排了国家立法、司法部门领导以及有关学者作专题报告。最高人民法院刑一庭副庭长高憬宏同志作了关于我国当前刑事审判工作情况的报告；最高人民法院刑二庭副庭长任卫华同志的报告，在考察刑事立法缺陷和反思刑事司法偏差的基础上，着重探讨了刑法观念的调整问题；最高人民检察院研究室副主任孙力同志的报告，着重从最高人民检察院研究室工作的角度，阐述了刑事检察工作中的刑法问题；全国人大常委会法工委刑法室处长滕炜同志作了关于我国刑事立法新进展、新动态的报告；受中国法学会的委托，国际刑法学协会副主席、国际刑法学协会中国分会主席高铭暄教授介绍了 2004 年将在北京举行的国际刑法学协会第 17 届大会的有关情况，并动员我国刑法学界积极参与研究，踊跃参加这次国际刑法学协会的盛会。这些专题报告受到与会代表的欢迎与好评。

这次会议还有一个极其重要的内容，即检阅中国法学会刑法学研究会从 1984 年成立至 1999 年 16 年间的学术研究成果，对在中国法学会大力支持、海南航空公司慷慨资助、法律出版社鼎力相助下，由中国法学会刑法学研究会组织评定的"海南杯世纪优秀论文"作者予以表彰和奖励。"海南杯世纪优秀论文"评审委员会由中国法学会刑法学研究会正、副会长及顾问和副秘书长等共计 26 人组成，刑法学研究会会长高铭暄教授担任主任，副会长赵秉志教授担任秘书长。评审委员会秉承公开、公平、公正的评选原则，站在历史的高度对刑法学研究会建会 16 年间结集出版的 14 本论文集中的近千篇论文进行了认真、负责的审阅和评议。经过初评和终评两个环节，共评出一等奖论文 10 篇、二等奖论文 30 篇、三等奖论文 60 篇，以及纪念、荣誉性质的特别奖论文 22 篇。目前，这一百多篇优秀论文已编辑成书，成为珍贵的刑法学文献。这次评奖活动首开中国法学会刑法学研究会评奖活动之先河，既是对中国刑法学界专家、学者们在刑法学科研领域所作出的杰出贡献的褒扬，又是对中国刑法学研究的一次全面、系统的总结和回顾，更是对新世纪刑法学研究再攀高峰、再创辉煌的良好祝愿和期待，在这承上启下的世纪交汇之际，无疑在我国刑法学研究进程中具有里程碑式的意义。

下面将这次研讨会提交论文中所涉预定议题的内容予以简要综述。

二、中国加入世界贸易组织后的刑法对策研究

有近十篇论文集中在以下几个方面对此议题进行了研讨：

（一）我国加入 WTO 的刑事对策

有论者对我国加入 WTO 后，我国刑法领域面临的新问题、刑事犯罪的新特点以及我国现行刑事政策的不足作了详细的分析，在此基础上提出我国"入世"后的刑事

对策。

该论者认为，"入世"后，我国刑法领域将首先面临以下问题：（1）我国所保护的社会主义社会关系，将不可避免地变得更加复杂，刑法维护经济发展的任务将更加突出；（2）调整社会关系的形式会更加多样化，包括经济的、行政的、司法的、国内的、国际的等等；（3）刑事法律保护经济的方法将更加多样化；（4）"罪刑相适应"的要求将愈发强烈。

与此同时，刑事犯罪将呈现出以下新特点：（1）犯罪客体的内涵不断扩大；（2）犯罪主体日益多样化、国际化、法人化；（3）犯罪手段花样翻新，社会危害不断加剧；（4）从犯罪构成特征上看，自然犯减少，法定犯占绝大多数，要求刑法与其他部门法的衔接程度更为紧密；（5）惩罚犯罪的成本会更高。

对于上述新情况、新问题，我国现行刑事政策显然难以有效应对，究其根源，关键在于我国现行刑事政策在以下几个方面存在严重不足：（1）缺乏坚实的理论体系；（2）缺乏稳定性与连续性；（3）缺乏科学性与法制性；（4）过多使用了刑罚手段；（5）刑法用语明确性不足。

为此，需要调整革新我国现行刑事政策。对于这一问题，学者们研讨热烈，观点同中有异。有学者提出，刑法对策的调整主要反映在犯罪规范与行刑主体上，更新犯罪观，扩大刑法保护的主体范围，弥补因加入世界贸易组织而出现的法律缺陷或真空；纯化监狱的行刑主体职能，让监狱摆脱生产经营的压力与困扰而轻装上阵，把全部精力投入执行刑罚的工作中。另有论者则认为，要调整革新我国刑事政策，应当注意抓好以下几个方面的工作：（1）深化基本理论研究，建立我国刑事政策理论新体系；（2）确立有利于被告人原则，强化对犯罪公民的人权保护；（3）微调定罪政策，科学划定犯罪圈；（4）大调刑事处罚政策，革新刑事处罚理念；（5）增设恩赦制度，发挥其刑事政策功能；（6）改革行刑政策，重构我国行刑模式。

（二）WTO 与发展我国产业的刑法对策

有论者从以下几个方面对此问题进行了较为深入的研讨：（1）关于 WTO 规则的法律性与我国诸法的协同应对。对此，该论者认为应建立以民商法为主、以刑法为辅，坚持行政调处程序与司法诉讼程序相结合，着眼于效率与公正的法制调整体系。（2）关于 WTO 规则与我国刑法基本原则的增修。该论者提出，面对快速发展的国际社会和我国加入 WTO 之后可能出现的错综复杂局面，除我国刑法现有的三项基本原则以外，还需尽快增修其他基本原则，即保护原则、国际原则、尊重人权原则。（3）关于 WTO 与我国反垄断、反倾销和维护知识产权的刑法措施。为应对加入 WTO 后出现的复杂局势，在刑法措施方面，该论者主张：一方面，立法上应当增设以下新罪：垄断罪、非法干预企业经营罪、破坏竞争价格倾销罪；另一方面，修订刑法有关条款，维护我国知识产权利益。

（三）关于贿赂外国公职人员罪

在经济全球化的进程中，国际商业交易中的贿赂犯罪特别是贿赂外国公职人员的犯罪，将是包括中国在内的世界各国共同面临并且是国内刑法难以解决的问题之一。为此，有论者在介绍了国际社会在禁止贿赂外国公职人员犯罪中所作的努力以及贿赂外国公职人员犯罪的构成要素之后，详细研究了中国刑法对这种犯罪的对策，并建议：（1）我国刑法设置贿赂外国公职人员罪的立法模式，以通过制定单行刑事法律补充修改刑法，即在刑法分则第八章中增设贿赂外国公职人员罪为宜。（2）在制定单行刑事法律增设贿赂外国公职人员罪时，同时规定对外国公职人员行贿罪和外国公职人员受贿罪。（3）对于"外国公职人员"的范围，按照《禁止在国际商业交易中贿赂外国公职人员公约》的规定来确定，既符合国际公约的规定，也符合中国刑法对公职人员的规定。（4）在规定自然人的国际贿赂犯罪的同时，把法人作为国际贿赂犯罪的主体，既符合中国刑法的原则，也符合有关国际公约的精神。（5）对于贿赂外国公职人员罪包括外国公职人员受贿罪和对外国公职人员行贿罪设定的法定刑，应以有期徒刑为限，而不应包括无期徒刑和死刑。

（四）关于我国"入世"后商标权的刑法保护

有论者认为，我国目前对商标权刑法保护力度不够，有着立法上和执法上多方面的原因，归纳起来有以下几个方面：（1）立法不严密，对商标侵权犯罪对象规定的范围窄，不适应需要；对假冒商标犯罪的客观方面的规定过窄。（2）执法不严。（3）地方和部门保护主义。基于此，该论者提出了加强商标权刑法保护的对策：（1）进一步完善商标犯罪的刑事立法：其一，补充对驰名商标的特殊刑法保护；其二，明确对注册服务商标的刑法保护；其三，对国际公约中规定的所有商标构成要素进行刑法保护；其四，扩大商标侵权犯罪客观方面的范围。（2）严格执法，严厉打击商标侵权犯罪。（3）强化法律监督。具体包括：其一，加强行政执法监督；其二，加强检察机关的法律监督。

此外，还有论者对"WTO与外汇刑法控制"、"'入世'引发的若干问题及其刑法对策"作了研讨，并提出了相应的刑事对策。

三、关于我国批准"国际人权两公约"中的刑法问题研究

我国政府于1998年10月5日签署了《经济、社会、文化权利国际公约》和《公民权利和政治权利国际公约》，该两公约的批准也将逐步提上我国政府的议程。这两个公约的签署和批准，会对我国刑事法治产生深远的影响。此次会议，有十余篇论文从下述几个方面对这一重要课题进行了探讨：

(一) 关于 "两公约" 对刑法功能的影响

有论者指出, "两公约" 的精髓在于, 就形式意义而言, "两公约" 是要求国家对公民权利予以珍视和保障的作为型规定; 就实质意义而言, "两公约" 是限制国家权力的不作为性质的约定, 因而 "两公约" 与其说是保障公民权利的公约, 毋宁说是制约国家权力的公约。而作为国际条约, "两公约" 对包括我国在内的各缔约国无疑具有普遍的指导性和适应性, 因而刑法规范对于 "两公约" 中文化规范的认可, 实际上就是对 "两公约" 中的保障人权, 进而制约国家刑罚权的信守和承诺。由此决定, 刑法的意义不在于通过制裁和预防犯罪, 体现国家的意志, 而在于通过设定国家与犯罪人的关系以及其他公民的权利关系, 实现国家刑罚权内容的法定化、确定化、规格化, 避免国家刑罚权的任意行使。

(二) 关于外国刑事判决的效力问题

外国刑事判决的效力问题肇始于刑事管辖权的国际冲突, 其实质在于刑事管辖权发生冲突时, 一国刑事判决的既判力能否得到他国的承认。就目前世界各国刑法典的规定来看, 该问题的解决有两种立法例: 法国模式和日本模式。相比较而言, 由于承认外国刑事判决的效力与国家主权原则并无冲突, 所以法国模式较日本模式更公正、人道和经济, 因而代表了解决该问题的国际标准。鉴于我国政府已签署了《公民权利和政治权利国际公约》, 有论者建议, 应及时参照有关国际刑事司法标准, 对刑法典第 10 条之规定予以修改, 在相互尊重国家主权原则之基础上彼此承认刑事判决的效力, 促进国际刑事司法合作的顺利进行。

(三) 我国死刑立法与《公民权利和政治权利国际公约》的协调

有论者指出, 从内容来看, 该公约从两个方面对公民生命权作了规定: (1) 确认生命权是公民的基本人权。(2) 限制和废除死刑的适用, 具体包括: 其一, 对死刑适用罪名的限制; 其二, 对死刑适用程序的限制; 其三, 对死刑犯规定了赦免和减刑权; 其四, 对死刑适用对象的限制。作为该公约的缔约国之一, 我国现行刑法对生命权的保护, 应当说与该公约对待生命权的态度基本上是一致的。

但同时也应当看到, 我国现行刑法对生命权的保护相对于该公约的规定而言, 还有一定的距离, 这种距离不仅体现在对生命的价值评价上, 更重要的体现在刑事法律对生命权设置的保护准则上。就我国刑法对生命权的保护而言, 其不足之处主要在于死刑立法存在瑕疵, 具体而言主要表现在以下几个方面: (1) 死刑适用的范围过于广泛。与该公约相比, 我国刑法典中多达 70 个的死刑罪名, 显然偏多。(2) 对孕妇不适用死刑的规定模糊。(3) 死刑核准权存在冲突, 具体包括两个方面: 一是死刑核准权存在矛盾, 二是死缓执行规定有待完善。(4) 死刑制度存在缺陷。该公约规定的死刑犯之无条件赦免权、减刑权在我国并没有得到有效的遵行。（5）死刑的适用标准过于灵活。（6）死刑执行存在问题：一是死刑执行中侮辱人犯人格、践踏人犯尊严的现象普遍存在，二是死刑的适用受到一些临时性的或短期的刑事政策的影响。（7）未明确规定灭绝种族罪。

针对上述问题，有论者主张，应当从以下几个方面来完善我国的死刑立法：其一，大力削减或废除非暴力犯罪（如经济犯罪或财产犯罪）的死刑；其二，规定从应当立案时起至刑罚执行完毕前怀孕的妇女，均不得执行死刑；其三，将死刑的核准权收归最高人民法院；其四，设立死刑犯的减刑或赦免制度；其五，制定统一、明确的死刑案件量刑指南；其六，设定灭绝种族罪。除此之外，还可以完善死刑执行方式（如对死刑犯执行死刑，应当采用文明的、人道的方式，不得有侮辱人格、践踏尊严的行为），改进死刑适用程序，减少刑事政策对死刑适用的影响等等，以保护公民生命权。

（四）我国刑法的人权保障与"两公约"的接轨

有论者提出：从总体上看，我国刑法有关人权保障的很多规定，例如，我国现行刑法规定的罪刑法定原则、未成年人犯罪从宽处罚原则等，都与"两公约"的规定相符合。但也应当看到，我国刑法对于人权的保障并非尽善尽美，离"两公约"的要求还有差距，这突出表现在：（1）我国现行刑法将侵犯公民人身权利罪置于分则第四章，位于危害国家安全罪、危害公共安全罪、破坏社会主义市场经济秩序罪之后，与"两公约"的精神不协调，与国际趋势相左。（2）在法律解释方面，有些司法解释不恰当地使用扩张解释权，将法律没有明文规定的内容解释到刑法之中，从而使对这些行为的处理有违《公民权利和政治权利国际公约》第16条第1款规定的罪刑法定原则。（3）我国劳动教养制度明显违背"两公约"准则，属于联合国所禁止的强迫劳动之列。（4）侵犯人身权利的国际犯罪在我国现行刑法中尚付阙如。

针对上述差距，该论者建议，在以后的刑法修订中，应当从以下几个方面完善我国人权保障的刑事立法：（1）将侵犯公民人身权利罪置于分则首章，以彰显我国刑法在新时代的价值取向。（2）适应"两公约"准则，或者取消劳动教养制度，或者在未来修改刑事立法时将劳动教养作为保安措施规定于刑法之中，明确规定适用对象和条件，以使这种措施的适用规范化、制度化、合理化、公开化。（3）严格限制司法解释范围，禁止司法解释侵入立法领域。（4）增设我国刑法尚未确认的国际犯罪，例如，"两公约"所规定的灭绝种族罪、种族隔离罪、强迫役使罪、贩奴罪以及其他公约所确认的海盗罪等，从而一方面，向国际社会表明我国同严重国际罪行作斗争、维护世界和平与安全的原则立场，另一方面，切实保证普遍管辖原则的贯彻施行。

此外，还有论者对国际人权公约中的劳动权在我国刑法中的保护以及沉默权等问题作了研讨。

四、关于祖国统一方面的刑法问题研究

提交会议的论文中，有十余篇对祖国统一中的刑法理论问题进行了较为全面、系统的研讨，主要涉及以下几个方面：

（一）关于我国区际刑事管辖权冲突问题

1. 关于我国区际刑事管辖权冲突的一般问题

关于我国内地与特别行政区刑事司法管辖的冲突原因，有论者认为，不同法律制度的并存是冲突产生的根本原因，独立的法律地位是冲突产生的现实原因，不同法律文化的影响是冲突产生的深层原因。

关于内地与港、澳、台地区管辖冲突的互涉案件，有学者认为：按是否产生冲突为标准，可以分为形式的互涉案件和实质的互涉案件；按互涉的因素不同，可以分为人际互涉案件、地际互涉案件、人地交叉互涉案件。

关于国际刑法与我国澳门地区刑法在管辖范围上的冲突，有学者认为，存在国际刑法与我国澳门地区刑法的效力冲突、对地域适用冲突、对人适用冲突、外国人在国外犯罪适用冲突以及时间效力冲突共 5 种情况。而我国全国性刑法与澳门地区刑法对犯罪规定的冲突，则主要包括危害国家安全方面犯罪的冲突和危害国防利益方面犯罪的冲突两种情况。

关于我国全国性刑法与澳门地区刑法冲突的协调方法，有的学者认为存在三种选择：一是加快立法，明确两者的关系、国际刑法的适用范围、危害国家安全罪与危害国防利益罪的管辖方式和案件受理条件与程序，并应制定独立的澳门特别行政区保护国家安全法；二是加速司法解释，解决刑法适用上的现实冲突；三是加紧进行协商，解决司法程序上的现实冲突。

2. 关于解决我国区际刑事管辖权冲突的原则

关于我国四个不同法域间的管辖冲突的解决原则，存在以下几种观点：（1）有学者认为，现存所有的理论观点均有参考价值，在尚未达成各法域解决冲突的共识之前，各法域的司法机关实际上只能按照各特别行政区基本法规定的"依法平等协商"的基本原则办事，无论协商是否达成共识，适用何种原则处理，均不存在不尊重或者侵犯他法域司法管辖权的问题。（2）有学者认为，应当遵循三项原则：全面理解"一国两制"，以维护国家主权为基本出发点；互相尊重，平等协商；在解决冲突时，对香港和澳门地区要根据具体情况区别对待。（3）有学者认为，应遵循的原则包括一般原则与具体原则两类：前者包括"一国两制"原则，平等、自愿、协商、尊重原则，以及合法、合理原则；后者包括最初受理原则，一部受理全部受理原则。（4）有学者认为，用于解决冲突的指导原则包括如下三项：维护国家主权统一原则，平等协商原则，以及便利诉讼、有利惩治和预防犯罪的原则。

（二）关于我国区际刑事司法协助问题

关于我国不同法域间的刑事司法协助问题，有学者认为：必须坚持"依法平等协商"的原则，所谓"依法"中的法，不仅包括全国性的刑法或者刑事诉讼法，而且包括各特别行政区基本法、四个法域共同参加的国际条约、各法域依法承认或者授权的国际条约、各法域基本法允许的适用于本法域的法律。同时，应当坚持"只服从法律，不受任何干涉"的原则，因此，即使在一国内不同法域间犯罪人的移交，甚至开展其他刑事司法方面的合作，也必须尊重（如果被请求法域坚持的话）"双重犯罪原则"。

关于我国区际刑事司法协助的具体实践，有学者认为，在区际移交罪犯实践中，国际引渡原则的某些惯例具有选择性借鉴意义：不应将"政治犯不引渡"作为拒绝移交的理由；对于普通犯罪应当坚持"双重犯罪原则"；不应借鉴"本国国民不引渡原则"和"死刑犯不引渡原则"。

（三）关于海峡两岸刑法问题的比较研究

关于海峡两岸刑法中的正当防卫制度，有学者认为，两地在防卫起因、防卫时限、防卫意图、防卫对象以及防卫限度五个方面存在相通之处，而在防卫目的的侧重点、"防卫过当"的表现形式及防卫过当的刑事责任的具体规定三个方面存在差异。该论者认为，对于两岸关于正当防卫的规定，应当在三个方面达成共识：强调以保护个人利益为本位；应当允许"特殊防卫权"的存在；对防卫过当的量刑，应当采用"必减"原则。

关于海峡两岸刑法中的自首制度，有学者在对两地立法沿革进行比较后，对于两地自首的概念和成立条件、司法操作中数罪自首的认定及坦白与自首的区别、两地自首的处罚根据、处罚原则以及处罚标准，从立法设置和理论通说两个方面进行了系统的比较研究，认为差异较大、各有利弊而存在诸多值得交流和借鉴之处。

关于海峡两岸刑法中的缓刑制度，有学者就缓刑制度的形式、缓刑制度的要件、缓刑的考验期、缓刑的撤销条件以及缓刑的法律后果等五个方面进行比较性分析，认为两者各有所长，两地应当加强相互交流与借鉴。

（四）其他相关问题

有的学者对于祖国统一中的其他问题进行了研讨：（1）关于祖国统一中的刑事立法及其修改问题，有学者认为，目前我国现行的刑事立法模式基本上是体现了"一国两制"的精神，但是立法中的某些表述以及理论上的某些理解，却有待完善，包括刑法典的称谓、属人管辖权的表述等方面。（2）关于分裂国家罪，有学者在探讨其含义、范围、司法认定等方面加以研讨，并结合我国台湾地区问题探讨了分裂国家罪的时代内涵。（3）关于全国性刑法与香港地区刑法中的受贿罪，有学者分别研讨和介绍了两者中受贿罪的主体、客观方面、贿赂的范围以及受贿罪的处罚标准等问题，认为值得相互借鉴之处较多。（4）有的学者对区域刑法中的腐败犯罪及其惩处问题加以研究，认为其对于中国区际刑法的发展存在借鉴意义。

五、西部大开发中的刑法协调问题研究

实施西部大开发战略是我国面向 21 世纪作出的全局性的重大战略决策，是我国社会经济发展的又一个重大战役。加快西部地区的开发，对于全面推进建设具有中国特色的社会主义的宏伟事业，实现中华民族的伟大复兴，具有重要而深远的意义。西部开发需要法治保障，刑法保障是其重要方面。此次会议，共有十多篇论文紧紧围绕这一议题进行了广泛而深入的研讨。

（一）西部大开发中的刑法保障

对此，学者们主要对下述几个问题进行了探讨：

1. 关于西部地区目前的法治状况

有学者认为，西部地区目前的法治状况在以下几个方面需进行深刻的解剖和反思：（1）民众法意识的淡漠，以权压法、以情压法，重实体、轻程序，法律制度的僵化，审判和执行的"暗箱操作"等等传统法制的遗毒，在西部地区特别是广大农村和少数民族地区还依然存在。（2）西部地区目前法治进步迟缓。首先是西部人的主体法律意识不强；其次是条块法文化的阻隔，少数民族法文化落后。

2. 关于西部开发中的刑法保障

学者们一致认为：西部开发的法治保障是一项全方位、多学科的系统工程，需要全社会的共同努力，法学界、司法界更是责无旁贷。其中，刑法保障更是西部开发法律保障的重要内容。这是因为：（1）刑法保障在整个法律保障中居于重要地位，不可或缺。（2）刑法调整面广，涉及人身、财产、社会经济秩序等各方面，可以为经济发展和社会稳定提供全方位的保障；（3）刑法可以为西部开发提供最强有力的保障。

由此决定，在西部开发的过程中，需要处理好以下几对关系：（1）处理好西部开发与刑法体系完善的关系。西部开发必须充分发挥上层建筑，特别是刑法的防卫功能，才能使其作为经济基础很好地发展。（2）处理好惩治治安犯罪与惩治经济犯罪的关系。治安犯罪与经济犯罪这对矛盾始终共寓于一定的社会经济形态之下，彼此既矛盾又统一，并在一定条件下相互转化。西部开发的起点较高，一切经济问题都须用市场经济的标准来衡量与要求。在地域、人文、经济具有较大差距的情况下，为了西部地区的社会稳定，在相当长的历史时期内，绝不能忽视对降为非主要矛盾的治安犯罪的预防与打击的力度。（3）处理好打击破坏环境资源犯罪与打击其他主要刑事犯罪的关系。预防与打击

破坏环境资源保护罪，是西部地区诸多刑事矛盾当中的主要矛盾，也是"严打"的主要对象。在大西北特定地区严厉打击破坏环境资源保护罪，必然在一定程度上影响对其他犯罪行为的打击，这也为我国刑法学界提出了新的研究课题。（4）应当处理好遵循刑事立法与"严打"的关系。营造法治环境是落实法律的前提，其做法仍然是：第一，进行全社会性的法制教育，但在不同地区应各有侧重；第二，进行"严打"造成打击犯罪的震慑力，而作为"严打"重要内容的"从重"、"从快"两个方面应统一在"以事实为根据，以法律为准绳"之上，只有这样才能确保"严打"，而不是"滥打"。

而要保障有效发挥刑法保障在西部大开发中的应有作用，除了要充分认识刑法保障的意义外，还必须树立正确的刑法保障观：既不能片面扩大刑法的保障功能，一味地强调刑罚手段而忽视其他法律保障手段；也不能搞一手硬、一手软，为了一时的发展而容忍、祖护那些贻害整个改革和发展大局的违法犯罪行为。具体讲，要在实践中牢固树立以下刑法保障观：（1）保障有序开发的服务观；（2）严格执法的法治观；（3）高标准的时代观。

另有学者认为，为配合西部开发的重点工作，当前着重需要解决的主要有以下几个急迫问题：（1）保护和改善生态环境；（2）维护良好的投资环境；（3）坚决保护科技成果向生产力的转化；（4）依法惩治腐败犯罪。

3. 关于西部大开发中的刑事司法政策

有学者提出：在西部大开发的战略实施中，刑事司法机关担负着打击和预防犯罪，建设和维护西部地区法制环境重要的历史使命，因而西部地区的刑事司法机关应以改革开放，因地制宜，打击与预防犯罪并举，依法行使自己的职权。具体而言，西部大开发中刑事司法的工作重点是：严厉打击破坏市场经济秩序犯罪，营造良好的投资环境；维护民族团结、国家安全和社会秩序；惩治腐败，注重打击基础建设方面的贪污贿赂犯罪；严格保护西部地区生态环境和国有资源；加强法律监督；积极开展犯罪预防工作。为保障西部大开发的历史任务，西部地区的刑事司法机关应加强队伍建设和基础设施建设，积极开展法制宣传教育，正确处理各种刑事司法关系，正确处理刑事司法与少数民族风俗习惯的关系。

（二）关于西部大开发中的环境刑法对策及完善我国环境刑法的思考

1. 关于西部大开发中的环境问题及其刑法对策

对于西部生态环境犯罪产生的原因，有学者经过研究后指出，主要有以下几点：（1）自然环境恶劣；（2）经济结构不合理；（3）地区倾斜政策的推动。因而西部大开发中环境刑法的立法思想应当是，人本主义和自然本位主义相结合、环境保护与经济发展相协调，以确保人类社会的可持续发展。另有论者从野生动物保护之刑法立法的角度出发，认为环境刑法立法应在"生态利益中心主义"伦理价值观的基础上，重新确定环境和自然所固有的价值，并且应树立"生态利益优先"的思想，把人类自身利益和国家利益置于符合全球环境和生态利益的要求来考虑。

基于此，有学者提出，环境刑法应坚持罪与非罪的界定原则，具体地，这一原则又包括：（1）节制性原则。这是环境法中经济、社会发展与环境保护协调原则在环境犯罪立法、司法中的体现。（2）差异性原则，即国家立法机关或司法机关在对西部开发中的环境犯罪的罪与非罪界限的一些不太明确的问题作出解释时，比东部或其他生态环境条件良好的地区应采取更加严厉的标准。为此，学者指出，必须注意以下几个问题：其一，必须把握一定的限度范围；其二，起诉方仍然负有不可推卸的举证责任。

2. 关于完善我国现行环境刑法的思考

在研讨西部大开发中的环境问题及其刑法对策的基础上，有学者进一步从以下几个方面提出了关于完善我国现行环境刑法的建议和构想：

（1）关于环境刑法的立法模式。有学者对我国环境刑法传统理念进行了反思，指出：环境刑法与环境行政法之间存有一种从属关系，行为人构成环境犯罪以违反行政法为前提，行政违法性的程度往往是界定罪与非罪的标志。我国环境刑法的行政从属性多为一种相对的行政依赖性，主要表现为概念上的行政从属性和违法性要件的行政从属性。而在当代世界大多数国家，环境刑法多采附属刑法罚则模式，即在环境行政法中设置独立性的刑法规范，包括独立的罪名和法定刑。这种方式不仅可以确保国家环境秩序计划的执行，而且在犯罪构成要件上保证以刑法作为核心限制，亦可缓解环境刑法行政从属性的聚讼问题。

（2）关于我国环境犯罪的构成要件设置。相当一部分学者认为：我国环境犯罪的刑事立法规定虽然相较于过去取得了长足的进步，但仍存在着严重的缺陷，远远不能满足西部开发对环境保护的需要。归纳起来，我国环境犯罪刑事立法的缺陷主要集中在以下两个方面：

第一，关于重大环境污染事故罪的构成要件设置。有关研讨主要集中在以下两个问题：首先，关于该罪的主观罪过形式。有关论者一致认为，我国现行刑法规定的重大环境污染事故罪的主观罪过形式仅限于过失，致使司法实践中大量的故意污染环境的犯罪行为，因法无明文规定而难以被纳入刑法规制的轨道。对此，有学者提出，可采取下列两种方式予以完善：一是可以考虑将刑法典第 338 条修改补充为两款，对于故意与过失两种不同罪过形式的行为在罪名和量刑上加以区分，以符合罪责刑相适应原则的要求。二是增设新罪名。在刑法典第 338 条的基础上将重大环境污染事故罪拆解为三种具体犯罪，设立水污染罪、大气污染罪和污染土地罪，并分别制定相应的刑罚。其次，关于该罪的犯罪形态。我国现行刑法所规定的重大环境污染事故罪是结果犯，即该罪的成立，须以严重危害结果的发生为必要。这一规定显然难以充分发挥刑法在环境保护中的应有作用，因而有论者提出，应将该条的规定修改为行为犯，但多数学者认为，在我国刑法对于污染环境的犯罪尚未使用危险犯的情况下，探讨使用行为犯，尚为时过早，因而主张仅将该条规定为危险犯即为已足，既能有效地保护生态环境和防卫社会，又有利于刑罚目的的实现。

第二，关于刑法典第341条非法狩猎罪的立法完善。有学者认为：现行刑法对非法狩猎罪的客观行为要件采取的是选择性的规定，对犯罪行为人非法狩猎的行为方式作了四项具有选择性的限制，并且将非法狩猎的对象限制为野生动物资源。这是不必要的，因为：首先，"资源"一词，具有量的色彩，既容易给犯罪嫌疑人、被告人留下不当抗辩的余地，又与"情节严重"具有语义上的重复关系。其次，禁猎范围、禁猎期间的限制，既容易误导公民认为在此期间、区域外进行狩猎为法律、法规所允许，又与生态规律相冲突，与野生动物保护的立法目的相违背。再次，这一罪状的设计，给认定行为人主观罪过设置了障碍。最后，非法狩猎罪与非法猎捕、杀害珍贵、濒危野生动物罪存在法条竞合关系。因而有关论者建议：改变非法狩猎罪的罪状模式，采用简单罪状；将非法猎捕、杀害珍贵、濒危野生动物的行为作为非法狩猎罪的结果加重犯。

（3）关于我国环境犯罪立法完善的宏观对策。有论者分别从以下四个方面提出了修订、完善我国环境犯罪刑事立法的宏观对策：其一，在立法体例方面。鉴于环境刑事立法不仅要调整人与人之间的社会关系，更主要的是解决人与自然之间的生态平衡关系，建议增设环境犯罪专章，除现行刑法典现有的环境犯罪以外，增设一些新罪，例如，破坏环境资源保护罪、破坏生态环境建设罪等，以充分发挥环境刑事立法在司法适用中的作用。其二，在客观要件方面。鉴于我国环境刑事立法中结果犯居多，有论者建议，一方面，在环境犯罪中增设危险犯的有关规定；另一方面，应尽可能实现危害后果衡量标准的多样化。对环境犯罪危害后果的衡量，既要从人身、财产的损害程度方面考虑，也要从生态、文化、历史角度出发，将对环境要素的损害也视为环境犯罪的危害后果之一。其三，在刑事处罚方面。这是学者们研讨的重点，主要包括：A. 关于单位环境犯罪的刑事处罚原则。有学者指出：我国现行刑法对于单位环境犯罪的处罚，采取的是双罚制原则，处罚顺序是从单位到个人，而日本法的双罚制所规定的惩罚次序是从个人到单位。由于现代刑事责任制度是以个人责任为基础建构，因而日本法的双罚制顺序比较先进、合理，值得我国刑事立法借鉴。B. 关于环境犯罪无期徒刑的恢复。有学者指出：即使是在一些主张轻刑化的国家，对环境犯罪规定的刑事罚则也是比较严厉的。所以，我国刑事立法对环境犯罪废除死刑的做法虽然值得称道，但同时废除环境犯罪的无期徒刑致使重罪轻刑化，即是不合时宜、有违罪责刑相适应的原则。故而应当恢复环境犯罪的无期徒刑的规定。C. 关于环境犯罪之财产刑的完善。有学者提出：对环境犯罪适用财产刑可以在一定程度上补偿环境犯罪所造成的损失，恢复被破坏的环境甚至为环保基础设施的建设落实一部分资金，直接关系到国家可持续发展战略的落实、环境保护基本国策的推行、国家环境补偿政策的实施，其意义非同寻常。为此，可以采取总则概括规定与分则具体规定相结合的立法方式，大幅度提高罚金刑的数额，以充分发挥财产刑在惩治环境犯罪中的惩罚与补偿作用。D. 关于环境犯罪资格刑的增设。有学者提出，应当对环境犯罪增设资格刑，具体包括：剥夺、限制担任公职的权利；剥夺、限制从事一定职业或经营活动的权利；剥夺、限制从事业务活动的权利（单位）。其四，关于环境犯罪非刑罚处置措施的完善。多数学者指出：单纯的依赖刑罚手段制裁环境犯罪是远远不够的，这就为运用非刑罚措施对付破坏环境的严重行为提供了理论上的可行性及实践中的必要性。为了避免以罚代刑，以罚代治，并收标本兼治之效，借鉴外国立法、司法中的成功做法，结合我国惩治破坏环境犯罪的实际情况，我国应建立针对破坏环境犯罪适用的非刑罚措施，大致可分为三类五种：一是教育性非刑罚措施，即公开悔过；二是民事性非刑罚措施，即责令补救和限制活动；三是行政性非刑罚措施，即限期治理和勒令解散。

此外，还有论者对西部地区金融诈骗犯罪的惩治与防范进行了研讨，并提出相关构想：大力提高西部地区公众预防和打击金融诈骗犯罪的意识观念及自我保护能力；在国家加大金融立法的同时，应加强对金融诈骗犯罪打击和防范的力度；夯实金融系统的基础，重点加强地市级金融机构建设和队伍建设；加强省与省、地区与地区间，以及国家间查处金融诈骗犯罪的相互合作。

（三）关于刑法与少数民族地区风俗习惯的协调研究

在西部大开发的过程中，不可避免地必然会涉及这样一个问题：如何处理少数民族风俗与我国现行刑法典之间的关系？此次会议共有近十篇论文，分别从下述不同角度对此问题进行了探讨：

1. 关于民俗与刑法的关系

有论者认为，民俗与刑法两者的关系实际上是差异之中有一致，尽管这里的差异并不必然等同于"冲突"，但不能否认这种"差异"在特定的条件下和特定的制度中将表现为或导致两者之间的"冲突"，因此，应当通过理论和制度上的创新或改进，以避免或化解冲突。具体构想如下：（1）基于少数民族地区的乡土社会性，扩大亲告罪的适用范围。（2）从理论的角度来看，应当对刑法典的特点以及刑法的性质有更深、更新的认识：一是我国刑法典的"中国特色"必然包含有刑法典的民族性。二是刑法具有一种谦抑性。少数民族风俗习惯可以说是渗透在少数民族生产生活中的一些琐碎之事，尊重少数民族的风俗习惯，在法律上就表现为"刑法不理会琐碎之事"。在能使用其他手段充分抑制违法行为，充分保护法益时，就不要将其作为犯罪处理。三是无论是法官的适用解释还是学者的学理解释，都应当将少数民族的风俗习惯作为特殊因素纳入其中，例如，关于刑法第 13 条中的"……但是情节显著轻微危害不大的，不认为是犯罪"，以及分则中的法定情节的解释。

2. 关于民俗与刑法冲突的解决途径

针对我国目前司法实践中刑法与少数民族习俗的冲突问题，多数少数民族自治地区采用的主要方法是变通司法和直接以政策为依据办案。有论者指出：这种做法实际上背离了社会主义法制的精神实质。在协调民族风俗与刑法的冲突问题上，应当利用宪法和法律赋予民族自治地方立法机关的变通刑事立法的权力，将民族刑事政策和司法实践中总结出来的经验予以法律化、制度化，即由自治地区的人民代表大会根据某个民族的特殊情况，对刑法在立法上作出变通规定，将依据民族习俗或者生产、生活方式不应作为犯罪或者应给予较轻处罚的行为，以地方法规的形式作出明确、具体的规定。这样处理，既合乎我国法律的规定，也符合社会主义的法治精神。

3. 关于民族自治地方刑法变通或补充立法

有论者分别从以下层面探讨了这一问题：

（1）关于民族自治地方刑法变通、补充规定的性质。该论者指出：民族自治地方的人民代表大会有一定的刑事立法权，这个立法权具有中央和民族自治地方在刑事立法上适当分权的性质，自治条例、单行条例是民族自治地方在对刑法进行变通、补充规定时可采用的两个规范性法律文件形式，刑法变通、补充规定属于自治条例或单行条例的内容，因而民族自治地方对刑法的变通、补充规定在实质上相当于"民族自治地方特别刑法"。

（2）关于民族自治地方特别刑法的根据。该论者认为，首先，从法律根据来看，民族自治地方特别刑法的立法根据主要来自宪法、民族区域自治法、立法法、刑法第90条的相关规定，因而民族自治地方的特别刑法的制定，必须符合以下法律条件：一是立法主体是民族自治地方的自治区或者省的人民代表大会，并且必须报请全国人民代表大会常委会批准才能施行；二是民族自治地方的特别刑法必须采用自治条例或单行条例的规范性法律文件形式，采用其他形式的无法律效力；三是制定民族自治地方的特别刑法，必须符合立法法规定的立法程序；四是制定民族自治地方的特别刑法，必须根据当地民族的政治、经济、文化特点和刑法典规定的罪刑法定、刑法面前人人平等、罪责刑相适应三项刑法基本原则；五是民族自治地方的特别刑法，其效力仅及于该民族自治地方。其次，就经济根据而言，大多数少数民族地区由于自然条件恶劣、地理位置偏僻、经济文化落后、信息闭塞，人们形成因循守旧、封闭保守的心态。这就直接影响了国家刑法在这些地区的适用。在进行民族自治地方特别刑法的立法，即对刑法作出变通规定时，应对那些与少数民族生产力发展水平相适应的风俗习惯和刑法文化给予必要的、适当的照顾和尊重。这样才会更好地使刑法在少数民族地区有效适用。再次，从文化根据来说，少数民族的刑法文化不可避免地存在刑法文化的二元性问题，即少数民族的原刑法文化中既有外植刑法文化，又有原生刑法文化。前者是社会主义刑法文化因素，后者囿于少数民族地区生产力水平低下的因素，主要表现为"以罚代刑"。最后，就理论根据而言，在进行民族自治地方特别刑法的立法过程中，要从实际出发，实事求是地对某些少数民族的比较重要的习惯给予尊重、理解。唯其如此，在对刑法作变通时制定的民族自治地方特别刑法才会被少数民族居民认为是"良法"，也只有这样的法才会被遵守、实施。如果在变通刑法时不顾少数民族某些重要的习惯，则对法制统一的危害将远甚于没有变通规定，既不能有效地惩罚犯罪，也不利于很好地保护人民。

（3）关于民族自治地方特别刑法制定的原则。对此，学者们的观点同中有异，归纳起来，较具代表性的主要有以下两种主张：第一种观点主张，民族自治地方特别刑法的制定，应当遵循：A. 宪法、刑法等法律的基本原则以及其他法制原则；B. 根据当地民族的政治、经济、文化特点的求实原则；C. 以刑法理论为指导的理性原则；D. 贯彻"两少一宽"政策的从宽原则。第二种观点则主张以下原则：刑事法制统一原则；充分尊重少数民族的风俗习惯以及生产、生活方式的原则；将多年的刑事司法经验及"两少一宽"的民族刑事政策纳入变通立法的原则；确实必要原则。

（4）关于民族自治地方变通刑法规定的立法形式。学者们对此有两种不同的看法：其一，以族籍为单位，一个少数民族原则上制定一部本民族统一的刑事法规；其二，采用主体立法的形式，即适用民族自治地方特别刑法的主体必须是长期聚居在民族自治地方辖区内的实行民族自治的居民。民族自治地方特别刑法的管辖原则可采用"户籍地＋犯罪地＋自治民族身份"的管辖原则，也即是说，犯罪嫌疑人、被告人必须是民族自治地方的居民，具有自治民族的身份，以及犯罪的行为地或结果地在民族自治地方的辖区内，才适用该民族自治特别刑法的规定。

（5）关于民族自治地方特别刑法的时间效力。民族自治地方特别刑法必须报请全国人大常委会批准施行后才能实施。其失效时间，基本上有两种情况：一种是由立法机关明确宣布废止，另一种是自然失效。至于民族自治地方特别刑法的溯及力，有学者认为，应分为相对于刑法的溯及力和民族自治地方特别刑法新法和旧法之间的溯及力两部分来考虑。前者是特别法和普通法之间的关系，即民族自治地方特别刑法是刑法典的特别法，根据"特别法优先适用"的原则，民族自治地方特别刑法的溯及力应采用"从新原则"，即民族自治地方特别刑法对它生效前未经审判或者判决尚未确定的行为具有管辖权；后者则应适用刑法典规定的"从旧兼从轻原则"，即新法原则上没有溯及力，但新法不认为行为构成犯罪或者处刑较轻时，要按照新法处理。

4. 关于"两少一宽"政策的适用

有论者提出，适用刑法和"两少一宽"政策处理少数民族公民犯罪案件，应当坚持以下原则：（1）坚持适用法律与适用政策的统一性。（2）明确适用"两少一宽"刑事政策依法处理少数民族公民犯罪案件的空间范围。（3）明确适用"两少一宽"刑事政策依法从宽处理少数民族公民犯罪行为的重点，主要是少数民族公民实施的与该民族风俗习惯、宗教信仰和特有的生产生活方式有直接联系的危害社会的犯罪行为。对那些与少数民族的风俗习惯、宗教信仰、生产生活方式无直接联系的危害社会的犯罪行为，则应根据具体案件的具体情况来处理，当宽则宽，当严则严。（4）适用"两少一宽"刑事政策从宽处理少数民族公民犯罪案件的标准和前提，必须是以法律为准绳。

另有论者提出，适用"两少一宽"政策处理少数民族公民犯罪案件，需要妥善处理好以下关系：（1）妥善处理适用"两少一宽"刑事政策对少数民族公民中的犯罪人员依法从宽处理与其他刑事政策的关系。（2）妥善处理适用"两少一宽"刑事政策依法对少数民族公民中犯罪人员从宽处理与"依法从重从快惩治严重刑事犯罪"的方针的关系。

（3）妥善处理适用刑法及"两少一宽"政策正确处理少数民族公民中犯罪案件与维护祖国统一和民族自治地方的稳定关系。（4）妥善处理适用刑法及"两少一宽"刑事政策正确处理少数民族公民中的犯罪案件与民族自治地方制定刑法变通或补充规定的关系问题。

六、金融犯罪研究

金融犯罪是本次研讨会最为热门的议题。在提交大会的所有论文中，计九十余篇文章是围绕这一主题展开的。其中，大多数文章以个罪为视角，对某些具体的金融犯罪的认定处理以及立法完善问题进行了探讨；也有一些文章就整个金融犯罪或者某一类金融犯罪的一般性问题进行了研析。

（一）金融犯罪的宏观问题

有论者对金融犯罪的概念与分类问题进行了研究，认为在界定金融犯罪的概念时，应当把握相关性（即金融犯罪必须是与金融业务有关的犯罪）、抽象性（即在金融犯罪概念中必须对这类犯罪的同类客体作高度抽象的概括和揭示）以及可罚性（即金融犯罪必须是应受刑罚处罚的行为）三原则，根据以上原则，金融犯罪应是指自然人或者单位在金融专业领域中侵犯金融管理，破坏金融秩序，依照刑法的规定应当受刑罚处罚的行为，其外延包括刑法典分则第三章第四节规定的破坏金融管理秩序罪、第五节规定的金融诈骗罪，以及《关于惩治骗购外汇、逃汇和非法买卖外汇犯罪的决定》规定的骗购外汇罪；指出对金融犯罪可以从侵犯客体、犯罪手段、犯罪目的以及违反法律等多角度进行分类。

（二）破坏金融管理秩序罪

在破坏金融管理秩序罪方面，会议论文以探讨证券、期货犯罪的居多；对该节的其他一些犯罪，也有学者予以了关注。

1. 证券、期货犯罪

（1）内幕交易、泄露内幕信息罪。有关论文对本罪进行了较为全面、深入的探讨，重点研究了以下几个问题：其一，本罪的主体范围和特征。有论者详细探讨了作为本罪主体的内幕人员的范围。另有论者通过考察其他国家立法对本罪主体规定的演变过程，阐述了我国刑法中本罪主体的特征和范围，并提出了完善建议。还有论者认为，期货经纪公司不能成为期货内幕交易犯罪的主体。其二，本罪的成立是否必须要求有利用内幕信息进行交易的行为。对此，存在肯定说和否定说两种对立观点，以持肯定说者居多。其三，内幕信息应当具备哪些特征。大家一致认为重大性（或价格敏感性）和未公开性是内幕信息的两大基本特征，但对信息公开的认定标准，还有不同认识，有所谓形式公开和实质公开之争；一些学者认为，从我国证券法的规定看，我国采用的是形式公开的标准，即已通过法定的信息披露方式公布信息的，即为信息已公开；另有些学者则主张，我国应借鉴其他国家的做法，以实质公开，即市场已经消化了信息，作为认定信息公开的标准。此外，部分论者对如何认定本罪的"情节严重"、建议他人买卖证券是否构成本罪等问题也进行了探讨。

（2）操纵证券、期货交易价格罪。论者们的视角多集中在本罪之行为方式的理解和认定上。其中，有些学者对刑法第182条第4项规定的"以其他方法操纵证券、期货交易价格"行为的具体表现进行了较为深入的分析。还有一些学者对本罪的危害性、本罪的四方面构成特征，本罪与内幕交易罪、泄露内幕信息罪，编造并传播证券、期货交易虚假信息罪等类似犯罪的区分，以及本罪的罪数形态、共同犯罪形态问题进行了较为全面的探讨。

此外，有学者专门就证券犯罪中的虚假陈述问题进行了研究，主要阐明了虚假陈述的概念、分类和认定标准；还有学者探讨了期货透支交易罪的立法化问题，认为我国刑法有必要规定期货透支交易罪，并在分析这种犯罪的概念及特征的基础上，对该罪的法条设计作了设想。

2. 破坏金融管理秩序方面的其他相关犯罪

少数论文分别对持有、使用假币罪与擅自设立金融机构罪、非法吸收公众存款罪或洗钱罪中的疑难问题或立法完善问题进行了研究。

（1）关于持有、使用假币罪。论者们对持有假币行为是作为还是不作为，抑或是第三性行为依然给予了较多关注，并且仍未能达成共识。有论者对该罪的现有概念提出了质疑，并认为假币的来源，持有、使用假币的意图均会影响到本罪能否成立。还有论者认为本罪的对象不应包括变造的货币。

（2）关于擅自设立金融机构罪。论者们主要围绕以下三个方面的问题展开了研讨：其一，合法金融机构未经批准擅自设立分支机构的行为，以及取得经营许可证后未进行登记而开展金融业务的行为是否属于"擅自设立"行为；其二，本罪的主体是否包括中国人民银行和政策性银行；其三，本罪是行为犯还是结果犯。

（3）关于非法吸收公众存款罪。论者们重点探讨了两个问题：一是有吸收公众存款资格的金融单位是否能成为本罪主体。对此，论者间存在肯定说和否定说两种不同观点。二是某些特殊的揽储行为，如"高息揽储"、"以存代借"等，能否构成本罪。此外，有论者就本罪的概念、客体、本罪与类似犯罪的区分以及罪数问题进行了研究。

（4）关于洗钱罪。论者多数结合国际刑法和外国刑法中有关反洗钱的规定，对我国刑法中洗钱罪的规定进行了评析，并提出了完善建议。有的论者还从比较研究的角度，分析了各国对洗钱罪罪名的表述、标示以及在刑法中的归属的异同，并对其优劣予以了评判。

此外，还有文章对金融过失犯罪，高利转贷罪，非法发放贷款罪，用账外客户资金非法拆借、发放贷款罪，非法出具金融票证罪以及骗购外汇罪的构成和认定问题进行了论述；并对高利转贷罪的罪名概括提出了完善建议。

（三）金融诈骗罪

金融诈骗罪是金融犯罪研讨中的重中之重。有关论者主要就下列问题展开了广泛、深入的探讨：

1. 金融诈骗罪的共性问题

（1）关于非法占有目的问题。首先，关于票据诈骗罪、金融凭证诈骗罪、信用证诈骗罪、信用卡诈骗罪、有价证券诈骗罪以及保险诈骗罪等法条未写有"以非法占有为目的"的金融诈骗罪，其构成是否也应当以行为人具有上述目的为条件的问题。这一问题受到了大家的普遍关注。在相关论文中，几乎所有的论者都对这一问题发表了自己的见解。在大会的分组讨论中，大多数发言也是围绕这一问题展开的。经过研讨，多数论者认为：对上述金融诈骗罪的构成，也应当强调非法占有目的要件。因为，这既是遵循立法原意的要求，也是对刑法进行科学的、合理的文义、语法、体系解释所应得出的当然结论。其次，关于非法占有的理解问题。大家较为一致地认为，不能将刑法意义上非法占有中的"占有"与民法上作为所有权四项权能之一的占有等同起来，前者实质是指所有；非法占有不仅包括自己非法占有，也包括使第三者非法占有。但也有一些论者持相反立场，认为这些犯罪的构成，无须，也不应以行为人具有非法占有目的为条件。此外，还有学者指出，传统的强调目的要件的诈骗犯罪的立法模式不利于充分发挥刑法维护金融秩序的功能，在将来，我国应借鉴德国、法国等其他国家和地区的立法例，将某些危害严重的、不具有非法占有目的的金融欺诈行为亦纳入刑法的调整范围。

（2）关于金融诈骗罪的死刑设置问题。有论者从报应、功利、民愤三角度，对金融诈骗罪的死刑挂设进行了思辨，认为刑法对票据诈骗罪、金融凭证诈骗罪、信用证诈骗罪规定死刑有失合理，但保留对集资诈骗罪的死刑规定仍有必要。有学者则主张上述 4 罪都取消死刑。

（3）关于伪造、变造金融票证以及股票、债券等有价证券后，又用之进行诈骗活动的定性处理问题。大多数学者认为，这种情形属于有关破坏金融管理秩序罪与有关金融诈骗罪的牵连犯，应在比较行为人所触犯的数罪名的法定刑的基础上，结合其犯罪的实际情况，按"从一重处断"原则解决其定罪量刑问题。但也有少数学者持不同意见，他们或认为上述情形属于吸收犯，或认为上述情形属于想象竞合犯，或认为上述情形应成立实质数罪。

此外，一些论者还对金融诈骗罪的犯罪数额认定，以及罪名体系的构造等问题进行了探讨。

2. 具体的金融诈骗罪的个性问题

在研究具体金融诈骗罪的过程中，大多数论者均较为系统地阐释了这些犯罪的构成特征以及司法认定中应注意的问题，也有一些学者专门就这些犯罪构成和认定中的某一方面或某几方面问题发表了自己的见解。除前述共性问题外，学者们主要就以下问题进行了研讨：

（1）集资诈骗罪。其一，犯罪方法问题。有学者对本罪之"诈骗方法"的常见表现进行了梳理，指出，在实践中，本罪主要通过以下几种方法实施：一是编造公司、企业发展计划，虚构投资项目；二是使用虚假的证明文件；三是组织"抬会"，开设地下钱庄；四是以高利诱惑；五是转移财产或宣告破产等其他方法。其二，集资之非法性的认定问题。有论者认为，在判断集资行为是属于非法集资还是属于合法集资时，主要应从集资主体是否合法和集资行为的发生是否合法两方面进行考察。有论者还对本罪之非法占有目的的认定，本罪与集资纠纷的界限，以及本罪与非法吸收公众存款罪的区分等问题进行了研讨。

（2）贷款诈骗罪。其一，犯罪主体问题。大家都对单位诈骗贷款的定性处理问题给予了关注。有些学者认为，既然刑法典没有规定单位可以成为本罪主体，对上述情形就不能以本罪论处，而应当以合同诈骗罪论处；有些学者则主张，对上述情形应按自然人共同犯贷款诈骗罪对待；还有一些学者指出，对假设单位、盗名单位、承担无限责任的单位、挂靠单位或者承包经营单位进行贷款诈骗的，当然可以依本罪追究单位有关责任人员个人的刑事责任。学者们一致认为，刑法典没有规定单位可以成为本罪主体，是有疏漏的；建议在将来修法时，增设单位为本罪主体。其二，非法占有目的问题。学者们就本罪之非法占有目的的产生时间以及认定问题发表了见仁见智的看法。有学者认为，对在合法贷款后方产生非法占有目的的，应以贷款诈骗罪论处。一些学者主张，如查明行为人有假冒他人名义贷款、贷款后携款潜逃、改变贷款用途，大肆挥霍贷款导致无法归还、使用贷款进行违法犯罪活动、隐匿贷款去向，到期后拒不偿还、以欺诈手段获得贷款，致使贷款无力偿还等情形之一的，即可推定行为人具有非法占有目的。

（3）票据诈骗罪和金融凭证诈骗罪。其一，犯罪对象问题。有些论者对支票卡、借记卡、贷记卡、商业消费券卡、消费卡、贷记凭证、借记凭证等金融工具、金融票证的性质进行了研究，对它们是否属票据诈骗罪或金融凭证诈骗罪的犯罪对象发表了不同看法。其二，关于"伪造"的理解问题。有些论者指出，本着罪刑法定原则，对在真实的空白金融凭证上偷盖真实印鉴章的行为，以及自己"独创"或者"首创"与客观存在的票证完全不同的"票证"的行为，不能以伪造论。其三，罪数问题。有学者对使用伪造、变造的票据或其他金融凭证作担保，诈骗银行贷款行为的定性问题进行了探讨。其中，一些学者认为上述情形属于票据诈骗罪或金融凭证诈骗罪与贷款诈骗罪的牵连犯，还有一些学者则认为，上述情形属于票据诈骗罪或金融凭证诈骗罪与合同诈骗罪、贷款诈骗罪的想象竞合犯。此外，一些学者还对连续实施数个诈骗行为分别触犯不同诈骗罪名的行为能否成立连续犯，是否可以进行数罪并罚发表了自己的看法。

（4）信用证诈骗罪。其一，犯罪主体问题。有论者指出，信用证诈骗罪的主体不只限于有进出口经营权的公司、企业和事业单位，其他实际参与国际贸易的单位，如委托具有进出口经营权的单位代理进出口业务的单位以及个人，也可以成为本罪的主体。还有些学者从实际案例入手，分析了单位犯本罪时，追究单位中责任人员的刑事责任的根据问题。其二，本罪的犯罪形态以及既、未遂的判定标准问题。对此，有两种不同意见：一种意见认为，本罪属行为犯，应以行为人是否已实施了刑法典第 195 条所规定的四种行为之一作为判断犯罪既、未遂的标准；另一种意见认为，本罪属结果犯，应以行为人是否实际骗得公私财物作为判断犯罪既、未遂的标准。其三，本罪与贷款诈骗罪的关系问题。大多数同志认为刑法典第 195 条与第 193 条之间存在竞合情形，因此主张，对利用信用证诈骗银行贷款的行为，应按法条竞合之"重法优于轻法"的原则，按照刑法典第 195 条的规定以本罪定罪处罚。也有一些学者认为，上述情形属于本罪与贷款诈骗罪的想象竞合犯，应依"从一重处断"原则处理。

（5）信用卡诈骗罪。其一，犯罪对象问题。首先，有学者提出，虽然中国人民银行于 1999 年发布的《银行卡业务管理办法》已将信用卡和借记卡分开规定，但后者实质仍属信用卡。其次，对"冒用他人的信用卡"中的信用卡是仅限于合法有效的信用卡，还是也包括伪造的或作废的信用卡，学者们有不同的认识。其二，关于使用伪造或作废的信用卡的问题。有论者指出，刑法典没有将使用变造的信用卡的行为规定为犯罪，因此，不能将伪造解释为包括变造。"使用"是否包括出售、赠送，论者见解不一。其三，恶意透支问题。首先是"经发卡银行催收后拒不退还的"的理解、认定及完善问题。有学者提出，发卡银行在催收时，可借鉴民事送达的诸种方式。有学者认为，只要经一次催收，拒不退还的，即可认定上述要件成立。还有学者建议取消上述要件。其次是恶意透支的数额标准问题。有些学者指出，在《银行卡业务管理规定》颁行后，最高人民法院于 1996 年作出的《关于审理诈骗案件具体应用法律若干问题的解释》对恶意透支数额认定标准的规定已经明显有失合理，应当予以调整。对于透支数额是只按本金计算，还是也应将利息计入，尚有不同意见。其四，犯罪主体问题。有些学者指出，没有规定单位可以成为本罪主体，是立法的疏漏。其五，关于盗窃信用卡并使用的行为的定性问题。不少学者认为，对盗窃信用卡并使用的行为的定性，应具体情况具体分析，不宜一概以盗窃罪论处。此外，还有一些论者对拾得信用卡拒不退还、使用拾得的信用卡、盗划信用卡、特约商户从业人员或银行工作人员单独或勾结他人利用信用卡实施犯罪等行为的定性问题作了深入研析。

（6）保险诈骗罪。其一，本罪的客观方面要件问题。有学者在对"虚构保险标的"的含义和保险诈骗罪的构造进行研析后认为，恶意重复保险，或者隐瞒保险危险骗取保险金的，属于"虚构保险标的，骗取保险金"的保险诈骗行为。其二，本罪"着手"的认定问题。大多数学者认为，只要行为人以骗取保险金为目的，开始实施刑法典第 198 条规定的 5 种行为之一的，即为着手。但也有学者认为，从法益侵害的危险程度考量，本罪的着手标志应是行为人已开始实施索赔或者提出支付保险金请求的行为。其三，关于保险诈骗的行为人与保险公司的工作人员相互勾结骗取保险金的定性问题。有些学者主张，对这种情形，应按主犯的行为性质定罪；有些学者认为，对这种情形，应视保方人员在共同犯罪中有无利用其职务上的便利分别确定其性质；还有一些同志认为，对内外勾结骗取保险金的案件，除了要考虑实行犯的犯罪性质以外，还要考虑各行为人的行为所触犯的罪名，考察共同犯罪中的核心角色，从而确定共同犯罪的性质，再比较法定刑的轻重，进而决定是否分别定罪。此外，还有一些学者对本罪的罪数形态问题进行了探讨。

此外，有论者专门就海南省金融犯罪的特点、原因及防范对策进行了研究，还有一些论者论述了金融领域中的职务犯罪、渎职犯罪等问题。

七、关于计算机、网络、电子商务活动中的犯罪与刑法对策

本次会议中，近三十篇论文以计算机犯罪、网络犯罪和电子商务活动中的犯罪及其刑法对策为研究对象，研究视点较宽，主要涉及以下问题：

（一）关于计算机犯罪的原因、表现形式和发展趋势

关于计算机犯罪的发展趋势，与会有关代表认为主要包括以下特点：一是高发态势仍将持续，并且涉及领域更为广泛，犯罪手法更多样化，犯罪类型更丰富；二是社会危害性更为严重，经济损失巨大；三是网络犯罪、电子商务犯罪增多，计算机犯罪国际化；四是犯罪主体低龄化；五是单位计算机犯罪增多。

（二）关于计算机犯罪的概念

关于计算机犯罪的概念，论文中存在以下几种观点：其一，有学者认为广义说和狭义说存在长期争议，但是结合考虑，应采广义说：凡是在犯罪实施过程中，计算机专业知识为必不可少的手段的，即为计算机犯罪。其二，有的学者认为计算机犯罪应当更名为"危害计算机及其网络犯罪"，而其概念应当界定为：违反刑法规定，利用计算机信息技术和专业知识，非法操作正在使用中的计算机及其网络系统、盗窃计算机信息资源或对计算机及其网络系统施加影响等危害计算机及其网络安全的行为。其三，有的学者认为计算机犯罪是行为人利用计算机技术知识实施的危害社会并依法应受刑罚处罚的各种行为的总称。

（三）关于电子商务犯罪问题

关于电子商务犯罪，与会代表在以下几个方面进行了较为系统的研讨：

1. 关于电子商务犯罪的概念的两种观点

（1）有论者认为，所谓电子商务犯罪，是指在电子商务活动的各个环节中涉及的犯

罪，而电子商务就最基本层次而言则是指"公司与其供应商和用户通过电子网络进行沟通的基础设施"。

（2）有学者认为，电子商务领域犯罪不是一个静止的概念，它随着电子商务的发展，不断扩展其内涵和外延。

2. 关于电子商务犯罪的类型

学者们认为，在电子商务活动中的网络犯罪手段多样，综合起来可以分为三种：借助网络进行的传统犯罪，传统犯罪和网络结合而产生的新型犯罪，以及纯粹由网络产生的新型犯罪。

3. 关于电子商务犯罪的司法解释对策

有学者在介述国外电子商务犯罪的处罚对策后认为，在现行刑法框架内处罚电子犯罪，唯一的有效途径，是通过刑事司法解释将虚拟世界现实化，将电子合同、电子签名、电子货币等的法律地位加以固定，采用"功能等同"的解释方法，扩大有关法律术语与概念范围，解决现实法律中存在的问题，并可以直接利用现行刑法条文处罚电子商务犯罪。

4. 关于电子商务犯罪的刑法对策

有学者建议通过完善现行刑事立法来打击电子商务犯罪：一是修改完善现行刑法相关法条，以增强司法可适用性，并以此遵循罪责刑相适应原则；二是制定电子商务领域犯罪专项立法，打击危害严重的非法获取并使用计算机数据类商品等犯罪行为。

（四）关于网络犯罪的特征

关于网络犯罪的概念存在争议：其一，有的学者认为，所谓网络犯罪，是指计算机技术发展到高级阶段的产物，它从本质上讲就是计算机犯罪，网络犯罪与计算机犯罪是同一现象在不同发展阶段的称谓。其二，有的学者认为，所谓网络犯罪，是指行为人运用计算机技术借助网络对其系统或信息攻击与破坏或者利用网络进行其他犯罪的总称。

值得注意，有的学者对于网络对象犯、网络用益犯和网络侵害犯的概念加以界定：网络对象犯是指将网络作为犯罪对象的危害行为，网络用益犯是指网络使用人以非法占有为目的，对网络进行利用、占用等的犯罪行为，网络侵害犯是指以网络为侵害对象的犯罪活动。

（五）关于计算机犯罪的比较研究

有学者对于中美欧惩治计算机犯罪的刑事立法加以比较研究，在相关刑事实体法方面，对于罪名设置和保护范围、针对计算机系统实施犯罪的行为方式、行为犯和结果犯的立法设置、针对计算机系统实施犯罪的主观方面，以及利用计算机实施的犯罪中的牵连犯问题加以系统化比较；在相关刑事程序法方面，对于电子证据的确立与适用、司法管辖问题等方面加以比较性分析。关于惩治计算机犯罪的立法模式，有论者认为，有关计算机犯罪的条款应当规定于刑法体系中，以保证刑法体系的完整性和稳定性；而关于计算机犯罪的程序规范，则应当重新单独立法。

（六）关于计算机犯罪所导致的理论更新

关于计算机犯罪对传统刑法理论的冲击，诸多学者表示关注：（1）有学者认为，从理论上讲，无国界犯罪所引起的管辖问题、传统型犯罪的计算机问题、网络空间的共同犯罪等新问题，与传统刑法理论存在诸多冲突。对于理论的滞后，有论者认为，拓展刑事管辖时空范围和刑法典基本制度等问题，理论界应予优先考虑。（2）有的学者以财产罪认定与处罚为视角，对于网络化趋势下的刑法理论更新加以探讨，例如携带、持有（方式）观念发生变化，财物"控制"方式的多元化以及犯罪对象的信息化等问题，并探讨了由此导致财产犯罪的界限区分、既遂与未遂标准等尖锐问题。（3）有学者认为，网络时代的知识产权犯罪给刑事立法与理论形成了实体冲击，尤其是在犯罪对象的无形性、犯罪目的的非营利性、司法管辖的不确定性及证据取得的无能性等四个方面。另有学者认为，网络中侵犯著作权的数额认定标准以及不以营利为目的而实施的严重侵犯著作权行为是否构成犯罪，是司法中的主要困惑。另外，有学者认为，在当前我国著作权法尚未对网上侵犯著作权作出相应的处罚规定时，刑法不宜率先对与网络有关的著作权作出保护，因而刑法中打击网络中侵犯著作权行为的规定应当晚于著作权法的修订。

（七）关于反计算机违法犯罪立法的完善问题

中国现行反计算机犯罪的立法规范相对薄弱且问题较多，因而与会有关代表对此表示关注：（1）有学者认为，计算机犯罪对于传统刑事法提出的挑战包括：计算机网络的"虚拟空间"属于第五空间，对于传统刑事法管辖权存在冲击；计算机犯罪的渗透性对传统刑法罪名及类型划分存在冲击；计算机犯罪的作为方式对传统侦查业务和证据制度存在冲击。在此基础上，该论者认为，在立法上应及时在以下几个方面跟进：一是确立对"虚拟空间"的刑事管辖权，二是完善计算机犯罪的审判制度，三是完善计算机犯罪的实体法、程序法等有关立法，四是健全关于计算机犯罪的侦查与证据专项制度。（2）有学者认为，目前刑法典惩治计算机犯罪条款存在的主要问题，包括四个方面：一是犯罪化的范围偏窄，需要予以适当扩大；二是犯罪构成的设计不尽合理，需要增加法人犯罪和过失犯罪；三是刑罚设置不科学，应当增设罚金刑和资格刑；四是刑事诉讼法等相关规范不健全，亟须跟上。另有学者认为，在此基础上尚应增加未成年人计算机犯罪的规定并应加重计算机犯罪的刑罚。（3）有学者认为，计算机犯罪尤其是传统犯罪的网络化，对于现行立法形成了巨大冲击：刑法典规范、刑事诉讼法典规范、刑事司法协助规范等日益滞后。该论者认为，从立法上讲，应当从两个方面进行回应：一是国内立法的回应，存在四种选择：制定专门的反计算机犯罪法、完善现行刑法典中的计算机犯罪惩治条款、完善现行行政法规以配套刑法典的贯彻实施，以及在《治安管理处罚条例》（现已失效）中增加对计算机违法行为的惩治规范。二是国际刑法与刑事司法协助的回应，应当加快制定国际刑法的规范，建立健全惩治计算机犯罪的国际合作体系。同时，司法上也应予以及时回应，成立专门的反计算机犯罪机构和建立专门的反计算机犯罪领导机构，是当务之急。（4）有的学者认为，计算机犯罪在罪名上有缺陷，应当增加规定窃用计算机服务罪以及网上传播计算机犯罪方法罪；法定刑的设置存在不足，应在三个方面予以完善：提高非法侵入计算机信息系统罪的法定刑标准，增加对利用计算机实施相关犯罪应从重处罚，增加罚金刑或者没收财产刑。（5）有学者认为，对于现行刑法典可以在三个方面加以完善，即：增加擅自使用网络服务型犯罪，增加持有型网络犯罪，提高网络犯罪的法定刑。（6）有的学者认为，中国刑法中的计算机犯罪惩治条款存在缺陷：犯罪主体过窄、犯罪客体范围不宽、罪过形式单一、处罚过轻。该论者认为应当从以下方面加以完善：增加以暴力形式实施的对计算机信息系统进行物理性破坏的犯罪、将以计算机作为犯罪工具的部分犯罪独立为新罪名、刑法中有关计算机犯罪的技术术语应当加以明确等。（7）有的学者认为，应当增加电子商务诈骗罪，并为此设计了相关刑法条文。（8）有的学者提出，除完善现行刑事立法外，应当特别注意对故意制作、传播网络信息垃圾的定罪问题。

（八）有关计算机、网络、电子商务活动犯罪中的其他问题

有学者对于以下问题进行了较为深入的研讨：（1）关于网络时代的知识产权犯罪，有学者首先从媒体误导、道德约束降低、高额利润驱动、法律滞后、忽略私权保护等几个方面探讨了犯罪原因；关于此类犯罪的遏制对策，存在于立法、司法和综合治理三个方面。（2）有的学者对于使用计算机诈骗罪从中外刑事立法和理论两个层面上加以比较性研究，并深入探讨了此种犯罪的既遂与未遂标准。（3）有的学者认为，中国现行刑法应当增加对于数据电文的保护措施，即：在司法解释中增加数据电文及其定义，并通过刑法典第287条将数据电文扩大解释到刑法各章的相关罪刑规定。（4）有的学者探讨了黑客行为，认为应负刑事责任的包括两种类型：利用信息科学技术并且以计算机信息系统为侵害对象的黑客行为，以及利用信息科学技术非法侵入计算机信息系统，实施金融诈骗、盗窃、贪污、挪用公款、窃取国家秘密或者其他犯罪的黑客行为；不负刑事责任的黑客行为包括三种：侵入非国家事务、国防建设、尖端科学技术领域的计算机信息系统的行为，尚未达到刑事责任年龄的黑客行为，以及尚未造成严重后果或者不具备相关犯罪构成要件的黑客行为。（5）有的学者对于在线传播淫秽物品犯罪进行了研究，认为此类犯罪的犯罪地确定，应当以用户所在地、用户终端地和因特网提供商ISP所在地来界定犯罪行为地，并认为此类犯罪的刑事责任承担者是（网主）用户。

［赵秉志、田宏杰、于志刚、周加海；载高铭暄、赵秉志主编：《刑法论丛》，第5卷，北京，法律出版社，2002］

第五十一章
2001 年全国刑法学术年会综述[①]

一、前　言

2001 年 10 月 15 日至 19 日，中国法学会刑法学研究会 2001 年学术研讨会暨换届选举会议在山东省济南市隆重召开。这次年会是刑法学研究会在 21 世纪召开的第一次会议，而且又是新老交替的换届会议，因而具有十分重要的意义。本次年会由中国法学会刑法学研究会主办，由山东大学法学院承办，由山东省高级人民法院、山东省法官学院、山东省政法管理干部学院协办；会长高铭暄教授、副会长马克昌教授负责会议组织、筹备事宜。来自全国各地法律院校、研究机构和各级政法机关的正式代表、列席代表和工作人员共计近 280 人参加了会议，会议收到研讨论文 306 篇，会议规模、参加人数、提交论文数量为历届刑法学年会之最。

本届年会还有一个重要的成果，就是刑法学研究会顺利进行了换届选举，选举产生了中国法学会刑法学研究会第五届理事会，并在此基础上选举产生了完全由中青年学者组成的常务理事会，时年 45 岁的赵秉志教授当选为会长，各位副会长也均为知名中青年刑法专家、学者，从而圆满实现了刑法学研究会的新老交替。据悉，这也是中国法学会所属学科研究会中第一个顺利实现领导班子新老交替而由中青年走上领导岗位的研究会。因而刑法学研究会的本届年会格外引人注目并受到广泛赞扬。

现将本届年会集中研讨的两个方面的议题简要综述如下：

二、当前社会治安整顿治理中的刑法问题

（一）"严打"中的刑事法律问题

1. "严打"方针的总体评价

（1）"严打"的根据及合理性问题。有的学者认为：从我国当前的实际情况出发，

---

① 本次年会主要讨论了"中国共产党与中国刑事法治建设"、"当前社会治安整顿治理中的刑法问题"、"职务犯罪疑难问题研究"等三个方面的问题，此处仅对后两个问题进行综述。

在一个时期内开展"严打"不仅是必需的，而且是有根据的。因为决定对犯罪惩罚轻重的主要依据是犯罪行为的社会危害性，同一种犯罪发生的时间和地点或者其他因素不同，其社会危害性也会发生变化。对同一类犯罪在不同时期，根据其社会危害性变化，根据当时的总体社会形势情况，而决定对其处罚是宽是严，是符合犯罪特征的；刑罚的"世轻世重"是古今中外一贯的做法；在当前我国体制转型时期，犯罪率必然上升，需要采用"严打"的方式进行控制。"严打"方针的执行偏差，并不是"严打"本身的过错。但也有学者对"严打"方针提出质疑，认为："严打"最大的问题是：其政治意义超过法律意义，是一种政治主导性的犯罪应对措施。"严打"增加了法律资源的投入，成本的增加未必就能取得理想的效果；"一阵风"式的"严打"使得犯罪分子取得了躲避打击的经验，"严打"风头一过，犯罪变本加厉。"严打"的阶段性、运动化、战役性的特点不利于我国的司法改革，并且容易导致刑事司法中的重刑倾向和法律的工具主义。

（2）"严打"的定位。有的学者认为：严打只是对付犯罪的权宜之计，并非维护社会治安的长久之策，不能对"严打"寄予过高的期望，乃至视为控制犯罪的基本策略。随着我国法治化进程的不断加速，"严打"作为非常时期的非常之举应逐步退出中国的历史舞台。也有学者认为，由于我国的改革任务不可能短期实现，社会转型更需要比较长的时间，社会治安的严峻形势不可能一下子根本好转，因而"严打"不应该成为某个时段内的工作要求，在整个社会转型时期需要持续不断地对犯罪行为特别是严重危害社会的犯罪行为保持严厉打击的态势。

2. "严打"方针的具体适用

关于此问题，学者们的意见较为一致。（1）在"严打"的对象上，认为是有针对性的，只能局限于严重的刑事犯罪。如 2004 年的"严打"对象确定为三类犯罪：一是有组织犯罪、带黑社会性质的团伙犯罪和流氓恶势力犯罪，二是爆炸、杀人、抢劫、绑架等严重暴力犯罪，三是盗窃等严重影响群众的多发性犯罪。（2）在"从重"的理解上，认为："从重"并不是指"顶格判"，而是在法定刑的幅度内选择从重的刑种或刑度。该宽大时仍必须宽大，该给出路的仍应给出路。"依法从重"与"重刑主义"有本质的区别。（3）在必须依法的要求上，认为"严打"应该是在法律范畴内的"严打"，不是随心所欲地滥打或无原则地狠打，而是在严格执行实体法和程序法的前提下适当从重从快；不是突击抓人、捕人，不是突击审判，而是要强化刑法的作用，充分发挥刑法的效能。（4）在"严打"与人权保障关系上，认为"严打"要以人权保障观念为依托，"严打"本身深层次上昭示着保障无罪者免受刑罚处罚的精神，不能将"严打"理解为是以牺牲人权保障为代价的，不应片面强调打击，忽视人权保障。（5）在与社会治安综合治理的关系上，认为"严打"只是社会治安综合治理的一个重要环节，在开展"严打"时，要全面落实社会治安综合治理的各项措施，只有从消除犯罪产生的根本原因和条件上着手，才能使"严打"产生良好的效果。

（二）黑社会性质组织犯罪问题

1. 组织、领导、参加黑社会性质组织罪

（1）黑社会性质组织四个特征是否必须同时具备？根据最高人民法院《关于审理黑社会性质组织犯罪的案件具体应用法律若干问题的解释》第 1 条的规定：黑社会性质组织犯罪一般应当具备以下四个基本特征：其一，组织结构紧密，人数较多，有比较明显的组织者、领导者，骨干成员有较为严格的组织纪律；其二，通过违法犯罪活动或者其他手段获取经济利益，具有一定的经济实力；其三，通过贿赂、威胁等手段，引诱、逼迫国家工作人员参加黑社会性质组织活动，或者为其提供非法保护；其四，在一定区域或者行业范围内，以暴力、威胁、滋扰等手段，大肆进行敲诈勒索、欺行霸市、聚众斗殴、寻衅滋事、故意伤害等违法犯罪活动，严重破坏经济、社会生活秩序。因为该解释中认定黑社会性质组织类犯罪只要求"一般"应当具备四个特征，所以，有的学者认为：既然是"一般"，也就表明有"例外"。在特殊情况下，不同时具备四个特征，只有两个或三个特征也可以作为黑社会性质组织来惩处。有的学者认为，前三个特征必须同时具备，第四个特征在一般情况下也应同时具备，但在实践中，也可以视具体案情有适当的灵活性。有的学者认为，认定本罪的关键在于某犯罪组织的组织性和行为方式特征。但相反意见者认为：该解释中规定的黑社会性质组织的四个特征必须同时具备，缺一不可。虽然该解释使用了"一般"一词，但这里的"一般"并不是指认定黑社会性质组织犯罪时在某种情况下可以缺少其中的某一特征，而是指四个特征中的某一特征可能并不典型，或者可能以别的行为方式体现出来。如有的有组织犯罪，可能没有规定非常严格的组织纪律，但仍具备一定的组织纪律，对其成员的活动进行约束；有的尚未具备足够的经济实力以及稳定的经济来源，但其正积极地不择手段攫取钱财，扩充经济实力；有的没有通过贿赂、威胁等手段，引诱、逼迫国家工作人员参加黑社会性质组织活动，而是国家工作人员自愿加入组织并为其提供非法保护，或者是黑社会性质组织成员直接渗透到国家和社会管理部门，为其组织的存在和发展提供保护和支持。在这些情况下，即使不具备该解释所规定的典型特征，也可以根据其具备的一定特征认定其为黑社会性质的组织。但是，无论怎么说，只有同时具备上述四个特征，才能算作是黑社会性质的组织。

（2）何谓黑社会性质组织中的"人数较多"？对于有多少人数，才算"人数较多"，会上分歧较大。有认为是 3 人以上者，有认为是 10 人以上者，也有认为是 10 人左右者，最后并未形成一致的意见。

（3）加入黑社会性质组织后又实施犯罪行为的是否数罪并罚？有的学者认为，加入后实施的犯罪行为虽然是参加后的伴随行为，但从行为的个数上应看作是两个行为，应该实行数罪并罚。

（4）关于黑社会性质组织与黑社会组织、一般犯罪集团、流氓"恶势力"区别问题，会议意见较为一致。

2. 入境发展黑社会组织罪

有的学者认为："发展"就是指通过引诱、拉拢、腐蚀、强迫、威胁、暴力、贿赂等手段，在我国境内吸收组织成员。从犯罪主体上看，境外的黑社会组织人员，既可以是外国公民，也可以是中国公民；从吸收对象上看，被吸收人员的国籍、地区身份不受限制；从行为方式上看，可以是行为人亲自入境发展，也可以是委托其他人发展。

3. 包庇、纵容黑社会性质组织罪

（1）本罪的犯罪主体是否必须为非黑社会性质组织的成员？多数学者认为，本罪的主体可以包括已属于黑社会性质组织成员的国家工作人员，但有学者认为：应具体分析。国家工作人员包庇其所属的黑社会性质组织，由于是事后的不可罚行为，不能认定为本罪。国家工作人员纵容其所属的黑社会性质组织进行违法犯罪，如果与本组织无共谋的，应当构成纵容黑社会性质组织罪；如果与本组织有共谋的，则构成纵容黑社会性质组织罪和其他成员所实施犯罪的共犯，作为想象竞合犯，按从一重罪的原则处理。

（2）构成本罪是否必须利用职务之便？有的学者认为，此处的包庇、纵容应该发生在国家机关工作人员行使国家职权过程中，如果不是利用职务之便，不构成本罪。但也有学者认为：构成本罪无须利用职务之便。如果利用了职务之便，国家工作人员既构成本罪，又构成渎职性犯罪，属于法规竞合，原则上按特殊法优于一般法的原则处理，但如果按特殊法处罚过轻的，则应按一般法处罚。

（3）主观上是否必须明知为黑社会性质组织罪？因为某一犯罪组织是否属于黑社会性质组织应该由司法机关根据一定的标准来认定的，所以，有的学者认为：只要行为人在实施包庇、纵容行为时，明知其所包庇、纵容的是一个犯罪组织或犯罪组织所实施的违法犯罪活动，一旦日后被认定为黑社会性质组织，即可认定本罪。不要求行为人在当时一定要认识到其所包庇、纵容的是黑社会性质组织。

4. 立法完善问题

不少学者对完善我国黑社会犯罪的刑事立法提出了建议。首先，既然刑法规定了"黑社会性质组织罪"，说明立法者的视野是包含黑社会组织犯罪的，既然对有某种性质的现象进行界定，也得对现象本身作出界定；其次，刑法没有规定我国人员参加境外黑社会组织罪，外国人入境从事黑社会活动罪，包庇、纵容境外黑社会成员入境发展成员或从事其他违法犯罪活动罪，应增补上述这些犯罪；再次，黑社会性质犯罪特点中的"称霸一方，为非作恶，欺压、残害群众"等内容，不属于法律用语，对黑社会性质犯罪状况的描述比较感性和模糊；最后，建议制定专门的反"黑"立法，在程序方面作出有针对性的特别规定，设立专门机构，加强国际合作等。

三、职务犯罪中的疑难问题研究

(一) 贪污罪主体问题

1. 国有控股公司性质的认定

有的学者认为，国有控股公司应认定为国有企业。其理由是：其一，有法律、法规的依据。如《审计法》(1994 年) 第 22 条规定：对国有资产占控股地位和主导地位的企业的审计监督纳入与其他国有公司、企业、事业单位相同的审计监督体制。其二，有政策依据。江泽民同志在中共十五大上所作的报告扩张了"公有制"的概念。报告指出："公有制经济不仅包括国有经济和集体经济，还包括混合所有制经济中的国有成分和集体成分。"其三，根据辩证唯物主义原理，矛盾的主要方面决定事物的性质。国有股占控制地位就决定该公司属于国有公司。但有的学者持不同意见，理由是：其一，审计法的规定只说明国有控股公司、企业按国有企业管理，是国家对这类公司、企业的重视，但并不能给其定性。其二，公有制经济包括混合制经济中的国有成分和集体成分，只是说明混合经济中有国有成分，而不能说明混合制经济本身就是国有经济或集体经济。其三，国有控股公司就是控股公司，"控股"一词的限定表明了它区别于国有独资公司。如果认为谁控股就属于谁，那么如果由私人控股能否说该公司属于私人。

2. 贪污罪的主体是否必须为"国家工作人员"

有的学者认为，我国刑法中贪污罪的主体包括了三种类型：国家工作人员；受国有单位委托经营、管理国有资产的人员；国有保险公司中的非国家工作人员。对"国有保险公司工作人员"的认定无须从是否从事公务判断，只需认定单位的性质为国有保险公司即可。有的学者认为：以国家工作人员论的人员不应该作为贪污罪的主体，受委派、委托从事公务的人员犯侵占罪的，不作为渎职罪而以职务侵占处理并不会放纵犯罪。应取消刑法第 382 条第 2 款受委托从事公务的人员可以成为贪污罪主体的规定。刑法第 271 第 2 款规定"国有公司、企业或者其他国有单位委派到非国有公司、企业以及其他单位从事公务的人员有前款行为 (职务侵占行为) 的，依照本法第三百八十二条、第三百八十三条的规定定罪处罚"。由于这类贪污罪侵犯的对象并非是公共财物，也有人主张取消刑法该款规定。

3. 城镇居民委员会等基层组织人员可否构成贪污罪的主体

2000 年 4 月 19 日，全国人大常委会作出关于刑法第 93 条第 2 款的解释，村民委员会等基层组织人员协助人民政府从事有关行政管理工作，属于刑法第 93 条第 2 款规定的其他依照法律从事公务的人员；而对于城镇居民委员会等基层组织人员则没有作出解释。有的学者认为，应严格依照罪刑法定原则，不能以国家工作人员论；相反意见者认为：城镇居民委员会等基层组织人员协助政府从事有关的行政管理工作本身就是受政府委托依法从事公务的人员，应以国家工作人员论，不需要比照全国人大常委会的立法解释。而村民委员会问题由于在司法实践和刑法理论研究中人们意见分歧较大，所以立法机关才需要作出解释，这不是新的立法，是刑法条文本身的应有之意。

（二）受贿罪的共犯问题

1. 非国家工作人员是否可以与国家工作人员构成受贿罪的共犯

除少数学者持否定的看法外，多数学者赞同肯定说。1997年刑法典第382条第3款"与前两款所列人员勾结，伙同贪污的，以共犯论处"的规定，只起提示作用，受贿罪中虽未有类似的规定，却仍然受刑法总则共犯原理的指导，非国家工作人员可以与国家工作人员构成受贿罪的共犯。

2. 非国家工作人员是否可以与国家工作人员构成受贿罪的共同实行犯

此问题在本次会议上争论较为激烈，有的学者认为：受贿罪是法定身份犯，非国家工作人员不能实行受贿罪，其收受财物行为只是代收行为，并非实行行为。在共同犯罪中，国家工作人员属于受贿罪的间接实行犯，而非国家工作人员则构成间接实行犯的帮助犯。但反对者则认为，受贿罪是复行为犯，非国家工作人员可以实施受贿罪中的部分实行行为；并认为否定说者的观点混淆了正犯与共同正犯的概念。

3. 国家工作人员与其家属共同受贿如何认定

有的学者作了具体的分析：国家工作人员收受贿赂后，家属明知而与其共享的，如果没有参与共同受贿，至多属于知情不举，不能作为共犯论处；国家工作人员的家属收受财物后仅仅将收受财物和行贿人的请托事项转告国家工作人员而未有其他行为的，这种帮助非常容易发生，不宜作为犯罪处理；家属诱导、劝说、帮助国家工作人员收受财物的，可以构成教唆犯与帮助犯。

4. 国家工作人员与公司、企业人员的共同受贿如何定性

2000年6月30日最高人民法院《关于审理贪污、职务侵占案件如何认定共同犯罪几个问题的解释》第3条规定："公司、企业或者其他单位中，不具有国家工作人员身份的人与国家工作人员勾结，分别利用各自的职务便利，共同将本单位财物非法占为己有的，按照主犯的犯罪性质定罪。"对于此解释，有不少学者认为不妥，因为：行为人在共同犯罪中所起的作用大小是确定共同犯罪人种类的依据，而不是定罪的依据。共同犯罪的基本特征是由实行犯决定的，应以实行犯的性质来定性。宜以"分别定罪说"和"从一重处断说"来解决。

（三）巨额财产来源不明罪

1. 立法价值评价

有的学者认为：该罪是一个补漏性条款。它能严密法网，堵塞漏洞，使犯罪分子受到应得的处罚；同时也可以减轻司法机关的证明责任。因为贪污贿赂犯罪隐蔽性极强，犯罪分子对抗侦查能力也强，司法机关在有限的期限内收集贪污贿赂的确凿证据非常困难。对此类情形，司法机关若用贪污贿赂罪定性可能违背"罪刑法定"和"疑罪从无"原则，若不以犯罪处理又会放纵犯罪分子，立法另辟蹊径，设立本罪解决了这个难题。由于本罪的着眼点主要在犯罪嫌疑人对其说明义务的违反，而不在于非法财产的状况或非法取得行为，对本罪设定 5 年以下有期徒刑是罚当其罪的。但也有学者认为，本罪的设立有消极作用，它使得司法机关怠于取证，一遇到取证有困难，为图省事，就笼统地以巨额财产来源不明罪定罪了事；也可能在更大的层面上放纵腐败犯罪，如有的犯罪分子贪污贿赂数额特别巨大，但采用"死不承认"办法，造成原本有可能被处以极刑的犯罪只能被处以 5 年以下有期徒刑。

2. 构成要件理解

（1）客体。有的学者认为，本罪的客体是国家机关的正常活动。但也有学者认为，本罪的客体是国家工作人员的财产申报制度。另有学者则将该罪的客体理解为双重客体，即国家工作人员职务行为的廉洁性和公私财产所有权。

（2）客观方面。首先，关于本罪的行为方式是持有还是不作为有截然不同的看法。有的学者认为，本罪的行为方式是持有，其危害性在于国家工作人员拥有了来源不明的巨额财产。但另有学者认为：本罪的行为方式是不作为，因为国家工作人员在受到司法机关的责令时，有义务说明巨额财产的来源而不予说明，是一种不作为。法律所处罚的是国家工作人员的不说明行为，而主要不是拥有不明财产行为。在后一种意见中，对不作为义务的来源内部也有分歧。有认为来源于司法机关的责令的，也有认为来源于国家工作人员先行获取非法财物的。

其次，对于"不能说明其来源是合法的"条文的理解。其一，从构成要件意义上讲，有的学者认为它不是犯罪构成要件。因为刑法第 395 条第 1 款中使用"可以责令说明来源"一语，在司法机关没有责令说明来源的场合，就不存在"不能说明"的问题；"不能说明"行为只是扰乱了司法机关正常工作的顺利开展而已，它并没有真正侵犯国家工作人员职务行为的廉洁性；从本罪所涉及举证责任问题可看出，"不能说明"只是一种程序性的规定。其二，从"不能说明"的含义上讲，有的学者认为，包括四种情况：一是行为人对财产来源完全不作说明；二是行为人表示本人不知道财产的来源，无法说明；三是行为人不能作出具体、明确的说明，从而使司法机关无从核实；四是行为人说明的财产来源经查证为不属实的。其三，从立法本意上讲，有的学者认为：法条使用"不能说明其来源是合法的"是有缺陷的。因为实际上并不是只要行为人找不到取得财产的合法根据就构成本罪，遵照立法本意，行为人能够说明其财产的违法来源同样不构成本罪。因此确切地说，法条应使用"不能说明其来源是真实的"，或"不能说明其来源的"的表述。

3. 既判后发现新事实的处理

有的学者认为：对于本罪的判决生效后发现新的事实，如果查明财产来源合法的，不影响判决的既判力；若查明财产系其他犯罪所得，且未过追诉时效，原判尚未执行完毕，应当根据刑法第 70 条的规定，对原罪和新查出的罪实行并罚，原判刑罚已执行完毕，只对新查出的罪定罪量刑。但也有学者则认为，在本罪判决后，如果又查明了行为人贪污、受贿的犯罪事实，可以撤销原判罪，重新定罪量刑。

4. 立法建议

有许多学者认为，本罪的法定最高刑过低，建议本罪设立两个量刑幅度："数额巨大的，处……""数额特别巨大的，处……"由于法条中的"可以说明来源"语义模糊，认为此语宜改为"应当说明来源"，并希望立法机关尽快颁布"公职人员财产申报法"。

(四) 挪用公款罪

1. 公款的具体用途与犯罪的客观构成要件

我国刑法第 384 条就挪用公款归个人使用规定了三种具体的用途，即营利活动、非法活动及其他用途。针对这三种用途，分别规定不同的数额和期限要求。有的学者认为：这样的规定不妥。首先，公款的用途只是挪用公款的动机行为，不是目的行为，动机行为对犯罪的成立不发生影响；其次，对挪用公款行为的社会危害性起着根本性作用的是挪用公款的数额和时间，具体用途只有量的影响，无质的决定作用；再次，行为人贪污公款后也可能进行营利和非法活动，但刑法并没有对用途作出特别规定；最后，在司法实务中，有时对何谓"营利活动"，何谓"非法活动"难以区分。因此建议：取消挪用公款后归个人使用的三种具体用途的规定，只要挪用公款数额较大，时间较长，无论用于何处均应成立挪用公款罪。有持同样观点者，对"挪而未用"的性质作了分析，认为，行为人只要将公款挪出，就直接侵害了公款的使用权，即使"挪而未用"，同样造成了挪用公款罪客体的实际损害，发生了法定的危害结果，不影响犯罪既遂的成立。但有学者认为，公款的具体用途反映了行为的社会危害性程度，根据用途的不同配以数额和时间的差异是合理的。

2. "归个人使用"的理解

1998 年 5 月 9 日最高人民法院《关于审理挪用公款案件具体应用法律若干问题的解释》第 1 条规定："刑法第三百八十四条规定的'挪用公款归个人使用'，包括挪用者本人使用或者给他人使用。挪用公款给私有公司、私有企业使用的，属于挪用公款归个人使用。"对于此解释的合理性问题，会上引起广泛的争论。有的学者认为：它与 1999 年 6 月 25 日最高人民法院《关于审理单位犯罪案件具体应用法律若干问题的解释》将具有法人资格的私营公司、企业、事业单位包括在单位中的规定相矛盾，因为根据后一解释，最高人民法院明显地将私营公司、企业、事业单位看成单位，而不是个人。如果将挪用公款归私有单位使用作为犯罪，实质上使得私有公司、企业和国有单位享受不同的待遇，有违市场经济主体地位平等的原则。为体现私有单位和国有单位的平等性，有的学者建议：取消挪用公款给私有单位和国有单位区别对待的做法，明确规定挪用公款给单位使用的均构成犯罪。但也有学者认为：挪用公款给私有公司、企业使用能否构成挪用公款罪，不能一概而论。将公款给法人型的私有公司、企业，均不构成挪用公款罪。将公款给非法人型的私营企业使用，应该构成挪用公款罪。因为非法人型私营企业，其单位利益和个人利益、个人行为与单位行为融为一体，自然人人格就是企业的人格，从民事责任的归责看，也是由开办者个人承担无限责任的，符合"归个人使用"的实质。

3. 挪用公款与非法借贷的区别

有的学者认为：区别挪用与借贷的关键是单位行为还是个人行为。首先，看公款的所有权单位的意思表示。于前者，违背单位的意思表示；于后者，出借单位是自愿的。其次，前者，行为人擅自做主，未经合法的批准；后者，往往经单位领导的批准，办理了正常的借款手续。但也有学者认为，有些单位的领导人，尤其是有权支配、使用公款的领导人，可以合法批准挪用公款的行为，以程序合法的形式掩盖挪用的非法目的，因此，"未经合法批准"，并不是构成挪用公款罪的必备要件，认定的关键是看是否违反了财经管理制度，是否非法地改变了公款的用途。

4. 以公款为他人提供担保的定性

行为人将公款为他人贷款等提供担保是否构成挪用公款罪，也是本次会议讨论较多的问题。有的学者认为，担保的特点是公款只处于一种可能抵偿的风险之中，事实上公款仍掌握在担保人手中，不能以挪用公款罪论；因为仅仅是担保不能认为行为人已实施了挪用公款的行为；从主观上讲，行为人没有挪用公款的直接故意。也有的学者认为，应具体分析：到期能按时归还贷款的，因公款没有被划拨，不能作为挪用公款罪；到期不能按时归还贷款的，公款的所有权受到实际侵害，应以挪用公款罪论。也有的学者区分公款担保的具体情形，认为：以公款为他人提供保证的，不构成挪用公款罪；以公款为他人作抵押或质押的，因公款的所有权受到限制，故可以构成挪用公款罪。

5. 挪用非特定公物的定性

刑法对挪用特定款物作了明确规定，但对挪用非特定公物未作规定，事实上有的挪用公物的行为所造成的危害未必就轻于挪用公款，故有不少学者建议刑法增设挪用公物罪，可将刑法第 384 条第 2 款挪用特定款物，作为挪用公物罪的加重情节。也有学者认为：就现行刑法而言，挪用非特定公物是否构成犯罪，应根据对象而定。凡挪用公物用于自己日常消费，不宜按挪用公款罪定罪处罚，可由主管部门按政纪进行处理。凡挪用公物进行商业活动，则可将公物折价，以公款论，可按挪用公款罪定罪处罚。因为此时行为人追求的不是公物的使用价值，是规避法律的变相挪用公款行为。

[刘宪权、励进；载《法学》，2001 (11)]

第五十二章
2002 年全国刑法学术年会综述

一、前　　言

中国法学会刑法学研究会 2002 年学术研讨会，于 2002 年 10 月 17 日至 19 日在古城西安隆重举行。本次年会由中国法学会刑法学研究会主办，西北政法学院承办。来自全国各地的刑法学者三百余人出席了会议，盛况空前。本次年会共收到论文 241 篇，主要围绕本次会议既定的三大议题进行了探讨。现将会议论文的主要观点综述如下：

二、犯罪构成与犯罪成立基本理论问题研究

犯罪构成与犯罪成立的基本理论，是刑法学中非常重要的课题，也是我国刑法学者十分关注的热点问题。

（一）犯罪构成与犯罪成立的关系

1. 对传统犯罪构成理论的评价

多数论者认为传统犯罪构成理论存在缺陷，归纳起来，主要有以下几种观点：（1）传统犯罪构成理论结构上有同义反复的错误，犯罪构成与社会危害性到底谁是决定性的，谁是被决定的，无法明确。（2）正当行为游离于犯罪构成体系之外，两者的关系难以科学解释。究其原因，有论者认为，传统犯罪构成理论坚持犯罪构成是实质与形式的统一，因而无法解释正当行为的地位；有论者认为，传统的犯罪构成四要件只是成立犯罪的积极要件，成立犯罪还应具备消极要件。（3）司法实践中存在行为符合犯罪构成但不成立犯罪的情况，通说无法解释这种现象，这也正说明通说存在缺陷。

2. 对传统犯罪构成理论的改造

对于传统犯罪构成理论存在的上述缺陷，多数论者认为应对其进行改造，并提出了一些改造方案。有论者认为：犯罪构成只具有形式的意义，只是犯罪成立的积极条件。成立犯罪，除了应具备积极条件外，还应具备消极条件，即行为不是正当行为。这就是对称式的犯罪成立条件理论。该论者并论述了该理论的理论根据、法律根据和实践根据。有论者通过理清犯罪特征，指出应当对犯罪构成要素重新分配，重构犯罪构成体

系。这种观点认为，犯罪构成包括刑事违法性要件，即主观方面和客观方面；社会危害性要件，即客体、情节及其他正当化事由；应受刑罚惩罚性要件，即对主体责任状况的审查。有论者认为可仿效大陆法系犯罪成立理论的评判方法，在评判犯罪是否成立时，除了以犯罪构成为其首要的依据外，还应再进行现实的社会危害性评价。

也有论者论述了传统犯罪构成理论的合理性。该论者认为：近几年来提出的对犯罪构成进行改造的方案并不合理。传统犯罪构成理论将一个完整的犯罪构成模型分割成四大要件，适合我国国情，并无重建的必要。

3. 其他有关问题

有论者提出，在研究犯罪构成时，切忌将视角选错或将不同视角混淆，这些不同的视角有立法与司法、定罪与量刑、法律与事实、可能与现实、客观与主观、事前与事后、静态与动态等。有论者从犯罪构成的意义上论述了身份与共同犯罪的关系。有论者通过分析论证，认为修正的犯罪构成理论是科学的。还有论者论述了我国犯罪构成要件之间的关系。

（二）犯罪成立条件理论比较研究

1. 三大法系犯罪成立条件理论的比较

有论者认为，三大法系的犯罪成立条件理论存在若干具体差异，包括价值观上的差异、方法论和认识论上的差异、犯罪成立要件的内容及地位上的差异。有论者对不同法系的犯罪构成概念及要件等基本理论进行了比较。有论者将大陆法系与英美法系犯罪成立体系中的核心概念的差异进行了比较。还有论者对中俄犯罪构成理论进行了比较。

2. 通过比较对我国犯罪构成体系的评价

通过对三大法系犯罪构成理论的比较，有论者对我国的犯罪构成理论进行了反思，认为我国的犯罪构成理论存在以下不足之处：（1）犯罪成立体系中的价值判断过于前置；（2）价值评价无层次性；（3）犯罪构成只有入罪功能而没有出罪功能，只反映定罪结论，而不反映定罪过程；（4）正当行为被排斥于犯罪构成体系之外，使其结构不够完整；（5）犯罪概念与犯罪成立体系完全脱节，只是空洞的宣言式概念。

3. 通过比较对我国犯罪论体系的重构与改造

有论者认为：应当在结构上将犯罪构成与犯罪概念相融合，将积极要件与消极要件相结合；阻却违法性事由应独立加以规定，并同样移植于犯罪概念之中；取消犯罪客体要件，并按主体、主观方面、客观方面的顺序进行排列。有论者认为，应该以刑法谦抑精神为载体，犯罪构成要件应采取"客观要件——客体要件——主体要件——主观要件"的排列顺序，客体要件不含实质意义和价值因素，对客体要件的评价应成为犯罪构成评价的先决环节，使具备客观要件的正当行为在客体要件中得到评价，意外事件、不可抗力等则在主观要件中加以研究。有论者对中俄犯罪构成理论的发展走向提出了设想：第一层次为阻却刑法责任事由的预先审查，第二层次为犯罪构成要件的充足，第三层次为可量化的刑事责任及其实现。有论者从事实与价值的关系的角度，寻找改革我国犯罪构成体系的思路。

（三）社会危害性与刑事违法性的关系

部分论者认为，从犯罪成立的角度看，社会危害性与刑事违法性是统一的，这种统一是实然状态的统一，两者是对应而非对立的关系，与罪刑法定原则并无冲突。部分论者认为，社会危害性与刑事违法性之间存在着冲突与矛盾；并提出了相应的解决方法。如有论者认为，在刑法理论层面、刑事立法层面、刑事司法层面上两者都存在冲突；并提出了解决冲突的方案。有论者认为，社会危害性与刑事违法性存在着双面冲突，即行为具有社会危害性但不具有刑事违法性，行为形式上触犯刑法法规但不具有社会危害性；并提出该冲突的救济机制，即先形式审查后实质审查的双层次审查机制。但也有论者认为，在上述第二种冲突的情况下，行为其实并不具有刑事违法性。

（四）犯罪客体与法益

1. 对犯罪客体理论的评价

传统刑法理论认为犯罪客体是一种社会关系。有论者认为，这种观点存在以下缺陷：（1）理论上不能自圆其说，概念上不贴切、不准确；（2）苏联犯罪客体理论以经典作家的片断论述为根据来论证这种观点，其结论是不恰当的；（3）社会关系是一个政治概念、理论概念，而非法律概念，且其内涵抽象，难于理解；（4）传统理论中的犯罪客体身兼数职，事实评价与价值评价相混淆，立法功能与司法功能相混同。

2. 应当将犯罪客体的内容界定为法益

有论者认为，将法益作为犯罪客体的内容有许多优势：（1）法益论符合经典作家对法律与利益关系的阐述；（2）法益一词具有高度的抽象性和涵盖性，适应我国国情，符合我国刑法规定；（3）有助于消除目前犯罪客体理论上存在的混乱，从而完善我国犯罪构成理论；（4）深刻揭示了犯罪的实质，在理论逻辑上避免了"社会关系论"外延过宽的错误；（5）适应了现代民主政治和人权观念的新发展；（6）利益具有客观性，避免了因价值观的差异而对社会关系有不同理解的缺陷。

3. 犯罪客体的地位

有论者认为，犯罪客体是犯罪成立模型的模块之一，对于成立犯罪不可缺少，并具有重要的实践意义。有论者认为，以犯罪客体要件为核心的犯罪构成理论是立法意义上的"犯罪构成"，而不包含犯罪客体的三要件说是司法意义上的犯罪构成。

（五）违法性认识在犯罪成立中的地位

1. 关于违法性认识的界定

对于违法性认识，有论者认为，是指对自己的行为为法规或法秩序所不容许的认识；也有论者认为，是指行为人已认识到行为具有违法性，是对罪过形式的故意之认识因素的规范评价的表现。

2. 关于违法性认识的内容、范围

有论者主张采取刑事违法性认识说，也有论者主张法律不允许说。

3. 关于违法性认识与犯罪故意的关系

有论者从危害性认识、社会危害性认识与违法性认识的关系、罪刑法定原则和刑事归责原则三个方面进行了阐述，认为违法性认识是犯罪故意的认识内容，是犯罪成立不可缺少的条件，社会危害性认识不是犯罪故意的要素。也有论者从犯罪成立角度论证了违法性认识并非故意成立的要素，认为社会危害性认识才是故意的内容。

4. 关于违法性认识地位的界定

有论者认为，在一般意义上，缺乏违法性认识不影响犯罪故意，但在违法性认识是社会危害性认识的前提情况下，则可以阻却故意的成立。有论者认为："不知法律不为罪"的格言不能绝对化。在行为人不知法律的情况下，应依主、客观相统一的归责原则，实事求是地认定"不知法律"对刑事责任的影响。

（六）期待可能性理论研究

关于期待可能性理论，有关论文除对其含义、渊源给予界说或探讨外，主要围绕期待可能性的性质、地位、判定标准、理论基础及对我国刑法理论的借鉴意义等方面进行研究。

1. 关于期待可能性的性质

对于期待可能性属于责任构成要素的问题，论者已达成共识，但对期待可能性之缺乏，有论者认为是法定的责任阻却事由，有论者认为是超法规的责任阻却事由。还有论者认为在确认责任有无阶段，以期待不可能而阻却责任时，应以刑法规定为依据；在确认责任程度阶段，则应主要考虑是否存在超法规的责任阻却事由。

2. 关于期待可能性在犯罪论中的地位

论文中的主要观点有阻却责任说、第三责任要素说、构成要素说、综合评判与综合状态说等。如有论者认为，期待可能性是作为实体理性对形式理性的矫正而出现的，不能完全形式理性化，"阻却责任说"较好地处理了实体理性与形式理性的关系，较公平地分配了控辩双方的证明责任。也有论者认为，"构成要素说"更为符合我国刑法的理论特点，并使无期待可能性时不负刑事责任的观点有了法律依据。还有论者认为，大陆法系刑法理论中的责任与我国刑法理论中的"责任"的内涵存在区别，所以，"构成要素说"具有合理性。另有论者认为，上述两种观点分别存在用责任能力和故意、过失取代期待可能性、将是否存在期待可能性与有没有罪过混为一谈的缺陷，故而支持"第三责任要素说"。

有论者不同意上述三种观点，认为期待可能性是在责任能力、罪过之后进行的第三层次的评价，是对行为人行为时所有主客观条件的整体性评价。

3. 关于期待可能性的判定标准

论者主要是在对德日刑法理论中既有的"行为人标准说"、"平均人标准说"、"国家或法规范标准说"三种学说进行评析的基础上，阐述了自己的观点。有论者认为，从期待可能性理论本来的追求看，行为人标准说是妥当的。有论者认为，判断期待可能性的有无时，应完全排除国家或法律标准说，期待可能性之有无，应以"主、客观标准"，辅之以与行为人个人状况相当的社会平均人标准。有论者主张应当把行为人标准和平均人标准结合起来，但在个别情况下应参照国家标准。

4. 关于期待可能性的理论基础

有论者从哲理、伦理和法理等方面多角度论述了期待可能性，认为该理论是"决定的同时也是被决定"的相对自由意志论的要求和体现，是对人性脆弱面的深刻体察和对人性的深切关怀，是刑法谦抑精神的表现，期待可能性理论符合刑罚的威慑、教育和改造功能。

5. 关于期待可能性理论对我国刑法理论的借鉴意义

有论者认为，实行严格责任的英美法系也并不承认期待可能性，我国刑法关于紧急避险、不可抗力、无责任能力人、限制责任能力人的规定，已经包含或体现了期待可能性的思想，因而不主张移植。有论者认为，应将该理论置于故意和过失之中，并有必要扩大该理论在刑事立法和司法中的运用。有论者认为，该理论具有丰富的解释论资源，能更合理地为中国的刑事立法及刑事司法之现存难题提供理论诠释和理论支持，并进而会引起我国犯罪论体系的深层触动。

6. 其他方面

有论者从刑法社会学的视角论述了期待可能性，指出该理论在思维进路上的特点是将犯罪构成与社会现状予以联网，从而限制了犯罪成立的范围，使犯罪构成要件受到敛缩。有论者认为：期待可能性减弱或丢失的条件应从事实要件与价值要件两方面认定。其中，事实要件包括客观情况的非正常性、主观选择的受影响性；价值要件指刑法上是否值得宽宥。这两个要件之间是渐进排除的关系，价值要件处于核心地位。有论者对研究期待可能性理论过程中的一些误解进行了评析；有论者建议将期待可能性更名为"迫不得已"，并指出了该问题与紧急避险中的"不得已"的差异。

（七）刑法中的正当行为

这方面的论文主要涉及正当行为的含义、种类以及与其相关问题的研究。

1. 关于正当行为的含义

论者多在对刑法理论中现存的几种主要观点进行评析的基础上提出自己的观点，也有论者从犯罪构成理论角度来阐释其概念。

2. 关于具体正当行为的研究

涉及被害人承诺、"警察圈套"、自助行为、依法令或命令的行为等问题。对于被害人承诺的行为，有论者探讨了其成立要件、被害人承诺中发生的认识错误的种类、性质及法律后果。对于"警察圈套"，一些论者对其条件、价值、种类、法律后果、正当化的根据及立法完善等问题进行了阐述。对于自助行为，一些论者对其概念、性质、成立条件、非法自助时的责任等问题进行了探讨。对于依法令的行为、执行命令的行为的正当性或正当化的标准的问题，也有论者进行了理性思考和深入探讨。

3. 与正当行为相关问题的研究

主要涉及正当行为与犯罪构成的关系、过当犯的概念、特征、构成条件、正当防卫的价值思考、正当防卫与刑罚的区别、防卫过当以及假想防卫等。也有论者专门对丹麦刑法中正当行为的种类、内容进行了评介。

三、保障社会稳定方面的刑法热点问题研究

（一）整顿市场经济秩序与我国刑法新课题

有论者指出，在市场经济条件下，信用既是基本道德规范，也应成为法律规范。所以，应增设和修订诸如危害信用、违背信任、对国家不实报告、欺诈消费者等 6 个具体的信用犯罪。对操纵证券交易价格罪，有论者分析了该罪的价值取向，认为在立法中无须将"获得不正当利益或转嫁风险"作为其成立条件之一，在本罪的法定刑中规定倍比罚金制时，应以操纵价格所投入的资金为基础，而不应以违法所得为基础。有论者指出，刑法未对金融工作人员仿造、变造货币及走私、出售、运输、持有、使用假币的行为作出特别规定，致使对于这些行为的打击不力；建议立法上将相关犯罪改为特殊主体。有论者建议设立网络信用卡诈骗罪，认为电子资金也属于财物，也可以成为信用卡诈骗罪的犯罪对象。有论者指出，单位实施贷款诈骗犯罪的情况普遍存在，贷款诈骗罪的主体除自然人之外，还应增设单位主体。有论者认为，在我国加入 WTO 后应将反向假冒商标行为、擅自在同种商品上使用与他人注册商标相似的商标或者在类似的商品上使用与他人注册商标相同乃至相似的商标的行为，列入刑法保护的范围，并将商标种类扩大至服务商标。有论者指出，严重的低价倾销行为，具有严重的社会危害性；建议我国刑法中增设实施掠夺性价格罪。有论者指出，我国刑法对税收犯罪的规定太简略，在加入 WTO 之后，应重新构建和完善相关税收犯罪的规范体系，将跨国公司、三资企业滥用转移定价、恶意逃避税收的行为，以及技术含量高且危害严重的非实害危险行为予以犯罪化。有论者指出，垄断行为具有严重危害，应将滥用支配地位限制竞争、滥用行政权限制竞争、滥用协议限制竞争的行为予以犯罪化。有论者建议应在保护商业秘密的基础上增设经济间谍罪。

（二）经济管理机关、执法部门中的职务犯罪研究

有论者指出：提高犯罪成本的关键在于刑罚的确定性，应当使预期的刑罚成本大于预期的犯罪效益。目前经济管理机关的职务经济犯罪呈上升态势的重要原因之一，就在于这类犯罪的预期刑罚成本过低。因此，应当通过增强刑罚确定性、提高犯罪成本，来有效预防经济管理机关中的职务经济犯罪。此外，有不少论者对边境管理人员、海关工作人员、司法工作人员、审判人员等渎职犯罪进行了研究，提出了一些有益于实践的见解。

（三）中介组织犯罪问题研究

不少论者指出，中介组织在我国市场经济中的作用越来越大，但一些中介组织为追求经济利益而不顾职业道德，我国中介市场规范也存在某些缺失，致使中介组织实施的各种违法犯罪行为时有发生。有论者认为，中介组织及其人员的违法犯罪行为有以下几个类型：（1）合法型的违法犯罪；（2）主角型的违法犯罪；（3）贿赂型的违法犯罪；（4）先进手段型的违法犯罪。

对于中介组织犯罪的主体，有论者认为应包括自然人和单位。有论者认为仅限于有市场准入资格并担当相应法定职责的中介组织。有论者认为应包括具有"提供服务、确保运作"的特点的各类中介组织，诸如行业协会、咨询机构、律师事务所等。有论者认为只应包括公证型中介组织。关于中介组织犯罪的罪名问题，有论者认为只包括提供虚假证明文件罪和出具重大失实文件罪，也有论者认为还应包括内幕交易、泄露内幕信息罪、隐匿、销毁会计资料的犯罪等。关于中介组织及其人员犯罪的立法缺陷及完善问题，有论者建议应增设专属性的类罪名，即破坏中介市场罪，并设立若干具体罪名，如中介牟取不法利益罪、中介过失造成他人重大利益损失罪等。还有论者建议增加公证型中介组织及其工作人员隐匿或故意销毁证明文件罪。

（四）国际经济交往中的腐败犯罪

有论者指出，在国际经济交往中腐败犯罪集中表现为贿赂犯罪，主要包括通过行贿手段，获取对外贸易配额或有关审批文件、获取货物贸易、服务贸易的优先权和代理权等七个方面的内容。

至于如何预防国际经济交往中的腐败犯罪，有论者提出如下建议：（1）我国刑法将公司、企业人员的受贿行为根据其身份的不同而区别对待，违反了国际交往中的平等原则，应予取消；（2）成立受贿罪无须具备"为他人谋取利益"的要件；（3）增设与外国公职人员和国际公务员相关的贿赂犯罪，即外国公职人员和国际公务员受贿罪、向外国公职人员和国际公务员行贿罪和介绍国际贿赂罪。有论者从国际合作机制方面对反腐败问题进行了研究。有论者对信用证、信用卡诈骗罪这种跨国性犯罪作了进一步研究，并

提出了救济与防范的措施。有论者对我国四大法域间的洗钱犯罪和国际洗钱犯罪进行了研究，并提出了反洗钱合作的策略和完善立法的建议。

（五）邪教组织犯罪

1. 邪教的定义

有论者认为，邪教特指一类邪恶的宗教，并以此组织发展起来的邪恶势力；有论者认为，是指冒用宗教、气功或其他名义，神化首要分子，利用制造、散布迷信邪说等手段蛊惑他人，发展、控制成员，危害社会的非法组织；有论者认为，邪教是指具有严重危害性的，打着宗教幌子的非法组织，它并不是真正的宗教；还有论者认为，邪教是假借宗教名义，神化教主，并以荒诞不经的教义和严厉的组织手段对教徒进行精神控制和物质控制，毒化心灵、聚敛钱财、残害生命、危害社会的反人性、反社会的邪恶宗教组织。

2. 邪教组织的特征

论者们较为一致的看法是：邪教组织具有冒用宗教、气功名义，搞教主崇拜，内部组织严密，并具有强烈的政治性和反政府性。有论者认为，邪教组织还有非法敛财、欺骗群众、反人类、反社会、反理性的特征。有论者认为邪教组织具有宣传末日论、神秘主义和神灵疗法的特征。

3. 邪教组织涉及的罪名和学理分类

有论者认为，邪教犯罪共涉及 21 个罪名，这些法定罪名基本涵盖了现阶段的邪教犯罪行为；有论者对此 21 个法定罪名作了进一步的分类。

4. 邪教现象产生的心理文化原因

有论者剖析了邪教现象产生的心理文化原因，认为：从价值取向上看，邪教具有功利主义的倾向；从思维方式上看，具有绝对主义的倾向；从情感方式上看，邪教所反映的是一种弱势群体的心理。

5. 预防、处理、根治邪教犯罪的策略

与会论者均认为，对于邪教组织成员应实行区别对待，坚持惩办和宽大相结合、打击少数、教育感化挽救多数的刑事政策；在司法实践中应区分首要分子、主犯和积极参加者；正确认定、处理对待邪教犯罪中的牵连犯、竞合犯的情况；对于自首、立功者要给予宽大或奖励。在具体操作上，有论者针对邪教组织成员有精神异常的现象，提出应以司法精神病鉴定结论为标准，区分精神病性精神障碍和非精神病性精神障碍，从而为认定刑事责任能力提供依据；有论者提出应着重加强马克思主义犯罪理论的教育，并将反邪教斗争纳入综合治理的轨道；有论者针对国外邪教组织和人员向我国渗透的情况，建议建立并完善预防邪教犯罪的专门机构。

6. 邪教犯罪的构成要件

与会论者均认为该罪在客观方面表现为利用邪教组织严重危害社会的行为，主体是组织和利用邪教组织罪的组织者、策划者、指挥者和骨干分子；主观方面是故意，但利用、组织邪教组织致人死亡罪的主观方面是过失。还有论者对组织、利用邪教破坏法律实施罪的犯罪构成作了探讨。对于邪教犯罪中存在的自杀和杀人现象，与会论者均认为，对蒙骗、帮助、教唆他人实施自杀和杀人的行为应认定为故意杀人罪。

（六）黑社会性质组织的犯罪

1. 黑社会性质组织的定义

多数论者认同刑法规定的定义，但也有论者认为，该定义过于通俗化，法律专业色彩太少，黑社会性质组织应为在一定地域内从事违法犯罪活动的，控制一定区域的，形成与主流社会相对抗的，具有自己独立的文化制度的地域组织。有论者从犯罪学的角度对黑社会性质组织作了定义。有论者认为，黑社会性质组织是对社会进行非法控制的组织。另有论者认为，黑社会性质组织有独特的文化观念与意识形态，有特定的内部结构、生产、生活方式和防护体系，是利用政府管理上的失误，在一定领域内确立了自己垄断势力的地下组织。

2. 黑社会性质组织犯罪的本质

与会论者均认为黑社会性质组织犯罪就是通过非法手段控制社会，在一定的地域或行业形成非法的垄断或控制，从而事实上取代合法政府，成为某种非法秩序的控制者和维护者。

3. 黑社会性质组织犯罪的特征

与会论者均认为其外在特征表现为：组织严密，人数众多，以黑护商，以商养黑，寻求各种形式保护伞，与官府勾结，危害一方平安，犯罪手段残忍等。但也有论者认为，黑社会性质组织犯罪初期表现为犯罪手段残忍，后期势力大后则想成为绅士名流。有论者认为，中国现阶段黑社会组织犯罪的特点表现为组织化明显，但层次不强，经济目的明显，但政治目的不突出，具有较强的本土性，暴力性和脆弱性并存。有论者指出这类犯罪还具有政治化、经济化、国际化并存的特征。

4. 黑社会性质组织犯罪的成因

与会论者在以下五个方面达成共识：（1）经济发展的非均衡化与财富分配的非合理化是产生黑社会性质组织犯罪的根本原因；（2）不良需求导致犯罪市场的存在，犯罪成本的加大促使犯罪向规模化发展，这是诱发黑社会性质组织犯罪的决定性原因；（3）社会控制弱化和非法控制力量的兴起是黑社会性质组织犯罪产生的外部原因；（4）畸变的价值观是产生黑社会性质组织犯罪的内驱力；（5）腐败特别是司法腐败现象的存在是黑社会性质组织能够生存的催化剂。此外，还有论者认为立法滞后、司法空白是黑社会性质犯罪存在的法制因素；有论者认为境外黑社会势力的渗透，中国数千年的封建行帮意识和宗族、宗派意识根深蒂固也是产生黑社会性质组织的犯罪的重要因素。

5. 惩治、预防黑社会性质组织犯罪的刑事政策

对于惩治、预防黑社会性质组织犯罪的刑事政策方面，与会论者均建议：（1）建立打击黑社会性质组织犯罪的专门机构；（2）加强惩治腐败犯罪力度，打破各种黑势力的保护伞；（3）加强打黑领域的多边和双边的国际刑事司法合作；（4）最重要的是实现经济的有序化，缓解贫富过分悬殊的现象，同时倡导正确的价值观、人生观，将反黑纳入综合治理的轨道。

还有论者从不同角度提出了建议，如有论者建议应完善惩治黑社会性质组织犯罪的刑事立法和诉讼规则，如建立污点证人和卧底证人制度，允许使用特殊的技术手段对黑社会组织成员进行侦查，某些诉讼行为不公开等；有论者主张在具体确定刑事责任时，应将组织者、领导者与一般成员加以区分，同时应加大对这类犯罪的打击力度；有论者主张应加强对重点人群的监控和对特种行业、特种物品的管理，努力消除以暴力、色情为内容的不良文化的影响等。

四、西部地区犯罪问题研究

（一）恐怖主义犯罪与西部地区恐怖犯罪

1. 恐怖主义犯罪的概念、特征

有论者对国际社会界定恐怖主义犯罪的概念时存在的争议进行了探讨，指出争议主要在于该罪的目的、动机和主体。关于目的、动机的争论主要涉及两个方面：（1）认定恐怖主义犯罪是否要求具有政治目的。对此有三种代表性观点：一是强调政治目的；二是淡化政治目的，这种观点是国际社会认同的主流观点；三是不限于政治目的；（2）出于"正当目的、合理动机"而实施的暴力行为是否构成恐怖主义犯罪。发展中国家和多数发达国家对该问题的观点截然相反。也有折中的观点认为，动机正当并不说明行为方式正当，但动机目的合理且方式得当的，不构成恐怖主义犯罪。关于恐怖主义犯罪的主体问题，国际社会对于个人和组织可以成为恐怖主义犯罪主体已基本达成共识，但其主体是否包括国家，则仍在争论之中。

有论者认为，恐怖主义犯罪是指个人或团体有计划地使用暴力或非法使用高科技手段，或威胁使用上述手段，扰乱公共秩序，恐吓、要挟社会的行为。关于恐怖主义犯罪的特征，论者多认为，恐怖主义犯罪具有犯罪目的、动机的政治性，侵害对象的广泛性、不确定性犯罪行为的暴力性且暴力行为具有企图对政府、国际组织等施加影响等特征。也有论者对"暴力性"提出质疑，认为随着网络恐怖主义犯罪、电磁恐怖主义犯罪的出现，恐怖主义犯罪的手段和方式已经发生了重大变化，对"暴力性"的理解也应当随之改变，所以，应当以"暴力或非法利用高科技手段"的提法代替"暴力性"的提法。

2. 恐怖活动犯罪与我国刑法

有论者研究了如何认定我国刑法中"恐怖活动犯罪"的问题，提出首先要将社会政治意义上的"恐怖主义"转变为刑法意义上的"恐怖活动犯罪"，认为"制造社会恐怖"是恐怖活动犯罪特有的犯罪目的，也是认定恐怖活动犯罪的基础。关于恐怖活动犯罪特定的犯罪目的的认定，有论者从支配行为人实施恐怖活动犯罪的罪过结构、恐怖活动犯罪对象的典型特征、恐怖活动犯罪客观方面的典型特征三个方面作了深入的分析和说明。一些论者试图对刑法中的"恐怖组织"的概念作出界定。有论者以天津的"扎针事件"为例对"投放虚假危险物质罪"作了探讨。

大多数论者认为，我国刑事立法和反恐怖的司法实践、国际反恐怖主义公约的要求差距太远，应当加强和完善我国反恐怖主义犯罪的刑事立法。有论者主张修订、完善刑法，设立系统的、全面的反恐怖主义犯罪的条款。也有论者提出应专门制定一部反恐怖主义犯罪的特别刑事法。

3. 新疆地区的恐怖犯罪

新疆地区的"三股势力"即民族分裂势力、暴力恐怖势力、宗教极端势力在境内外实施了一系列恐怖破坏活动，严重威胁着国家安全和各族人民的生命财产安全，打击"三股势力"是我国当前反恐斗争的重要任务。有论者指出"三股势力"的本质就是恐怖主义，并提出了打击"三股势力"活动的对策。也有论者从分析"东突"恐怖组织产生的原因入手，提出了相应的打击对策。有论者指出了新疆地区"东突"势力的特征：（1）以东土耳其斯坦的独立论迷惑群众；（2）以宗教为手段实施恐怖行为；（3）境外指挥，境内活动，内外勾结；（4）文武兼施，以文为主；（5）策略灵活多变；（6）分裂主义、极端主义、恐怖主义紧密结合，其本质是恐怖主义。

有论者从国际合作的角度，探讨了运用普遍管辖权惩治恐怖主义犯罪的问题，如恐怖主义犯罪责任最大化、豁免最小化的普遍管辖，普遍管辖中的豁免排除，政治犯不引渡原则的排除，以及无时效限制、管辖权竞合等。有论者着重研究了打击恐怖活动犯罪的国际合作中我国法律制度的应对措施，认为这种措施包括对外通过外交途径为打击恐怖犯罪的国际合作创造条件，对内完善国内立法两个方面。也有论者论述了网络领域打击恐怖犯罪的国际合作问题。

（二）关于危害国家安全犯罪方面

关于叛逃罪，与会论者主要探讨了对该罪客观要件的理解。有论者探讨了"在履行公务期间"、"危害中华人民共和国国家安全"的含义，认为立法中应删除"在履行公务期间"这一要件，相应增加"在保密期间"这一限制条件。关于"危害中华人民共和国国家安全行为"的性质，有论者认为是一种抽象的危险，并进而指出叛逃罪主观方面并非仅限于直接故意。

另有论者认为，从宪法和刑法根据上看，存在着单位危害国家安全罪累犯；并对单位危害国家安全罪累犯的刑法适用作了说明。

（三）民族自治地方的刑法适用

有论者以藏区部落习惯对我国西部地区的刑事执法的影响为例，阐述了我国民族自治地方执法的理论和实践。该论者认为：我国藏区部落习惯法发生的时间和空间范围和藏民族形成的目前所聚居的范围并不一致，它是一种不分民刑、不分实体程序的混沌之法，表现形式零散、简单，其内容整整落后了两个社会发展阶段；在并不规范的"立法"过程中传统的经验重于理性的思考；从历史事实看，民主改革前藏区部落习惯法无论在内部还是在势力范围上，均未受近代法的影响，作为处理案件的方式，此时的习惯法大多数是成文形式的，多少具有"公权"的性质；民主改革后习惯法有所回潮，这种回潮对于现代法律并无多少意义。该论者并提出了解决部落习惯法回潮的六项法则。

有论者对我国民族自治地方对刑法的变通补充权进行了论述，认为在立法过程中必须既强调全国法制的统一性，又不能忽视少数民族地区的特殊情况；民族自治地方的刑法变通补充权既有事实基础又有法律根据，应全方位多角度地把握对民族自治地方刑法的变通补充权的理解和适用，应充分认识赋予民族自治地方刑法变通补充权的意义。

（四）西部大开发中保护生态环境的刑法对策

1. 环境犯罪的定义

有论者从国内外学者对环境犯罪概念的比较当中得出"环境犯罪"的定义，认为环境犯罪是指自然人或单位违反环境保护法律，破坏或污染环境，故意或过失造成或可能造成公私财产重大损失或人身伤亡的严重后果，触犯刑法，构成犯罪的行为。

2. 环境犯罪的立法思想

有论者认为，环境刑法仅具有相对的而非绝对的行政从属性；作为维护人类生态系统平衡的环境刑法，它的机能应是三元的，即保障人权、保护社会、维护生态平衡，且三者应相互支持；在环境刑事立法中应以生态利益中心主义的刑法理念作为指导思想。有论者提倡兼顾人本主义与自然本位主义的环境理念，认为应充分考虑危险犯、行为犯在环境刑事立法中的地位；应完善环境刑法的犯罪圈，堵塞其中的疏漏之处；应引入"环境容量"的概念，并以此为基础科学地衡量污染行为的社会危害性大小，准确地界定罪与非罪等。

3. 环境犯罪构成要件和立法对策

关于环境犯罪的客体，有论者认为应是环境权而非其他各种社会关系；有论者认为重大环境污染事故罪的客体是复杂客体，即生活环境、生态环境的安全利益和国家环境保护管理秩序。有论者从保护环境并实现社会防卫的目的出发，认为刑法应将破坏环境的犯罪规定为危险犯，其主观方面除过失外还应包括故意，适当时应作出采用因果关系的推定原则的司法解释，等等。对于重大环境污染事故罪，有论者建议应取消关于本罪是结果犯的规定,将其变更为危险犯;并指出"危险"是指对生活环境和生态环境安全的严重威胁。

还有论者建议增设噪声污染罪,并对噪声污染罪的相关问题作了探讨。有论者认为应增设"非法占用、毁坏草原罪"。有论者根据西部生态环境的现状,认为刑法典对环境犯罪的规定存在许多疏漏,并对刑法的改革完善提出了建议。

[陈明华、宣炳昭、王正勋、龙洋、王昌学、舒洪水等;载赵秉志主编:《刑法评论》,第2卷,北京,法律出版社,2003]

第五十三章
2003 年全国刑法学术年会综述

一、前　言

　　2003 年 10 月 9 日至 13 日，中国法学会刑法学研究会 2003 年学术研讨会在长沙隆重举行。来自全国各地的刑法理论与实务界二百多位专家、学者出席了此次学术盛会。

　　按照 2002 年西安年会的安排，中国法学会刑法学研究会 2003 年学术研讨会主持人有两位——刑法学研究会会长、中国人民大学刑事法律科学研究中心主任赵秉志教授，刑法学研究会副会长、时任最高人民法院副院长后改任司法部副部长的张军同志。会议承办单位为湖南省法学会，负责人为湖南省法学会副会长暨刑法学专业委员会会长、中国法学会刑法学研究会理事马长生教授，会议协办单位为湘潭大学法学院、中南大学法学院、中南林学院法学院、湖南大学法学院、湖南师范大学法学院等五所大学法学院，以及湖南省高级人民法院、湖南省人民检察院、湖南省公安厅、湖南省司法厅共 4 家政法机关。

　　会议的开幕式由刑法学研究会副会长、司法部副部长张军教授主持。出席会议的领导有：中共湖南省委常委、政法委书记周本顺同志，湖南省高级人民法院院长吴振汉同志，湖南省人民检察院前任检察长李志辉同志，湖南省司法厅厅长周敦扣同志，副厅长杨翔同志，湖南省公安厅副厅长杨红光同志，湘潭大学副校长黄云清教授，中南大学副校长黄健柏教授，中南林学院党委书记李红教授，湖南大学党委副书记杨春如教授，湖南师范大学党委书记徐晨光教授，湖南太子奶生物科技有限公司首席法律顾问、副总经理谭孝鳌同志等。中国法学会副会长、刑法学研究会名誉会长高铭暄教授、名誉会长马克昌教授参加了会议。中国法学会刑法学研究会会长赵秉志教授出席会议并作了重要讲话。周本顺书记、吴振汉院长、杨翔副厅长在开幕式上分别致辞。在主席台就座的还有最高人民检察院研究室副主任戴玉忠同志，最高人民法院研究室副主任胡云腾同志，中国法学会刑法学研究会顾问欧阳涛、樊凤林、苏惠渔、丁慕英同志，副会长陈兴良、李希慧、阮齐林、吴振兴教授。湖南省法学会副会长兼刑法学专业委员会会长马长生教授也在主席台就座。

　　此次会议的理论类议题"刑法解释问题研究"是一个极具研究价值的基础性重大理论课题，而侵犯知识产权犯罪、金融诈骗犯罪与合同诈骗犯罪、公共卫生犯罪、公有非公有制经济刑法平等保护、刑事政策问题这 5 个实务类议题均为当前刑法界广泛关注且颇具重大现实意义的热点问题。与会专家、学者们济济一堂，就预定议题分单元进行了热烈而深入的研讨。

与往届不同的是，本次年会论文集《中国刑法学年会文集（2003 年度）》在研讨会召开之前即已由中国人民公安大学出版社出版。刑法学研究会这项论文集出版制度的改革设想，得到了中国法学会领导的赞同和大力支持。会前出版论文集，不仅便于与会代表研讨和交流，节省经费与节约资源，同时也可以更为及时地将研讨会的学术成果推向社会，便于理论界与实务界及时参考借鉴。文集共分为两卷，其中第 1 卷为《刑法解释问题研究》，第 2 卷为《刑法实务问题研究》（上、下册），共收入文章 200 篇，总计 230 万字。在会议召开期间，还收到与会议议题相关的论文二十余篇。为了使大家对于此次会议的学术研讨有总体上的把握，现将提交会议的论文所涉及的观点综述如下：

二、刑法解释问题研究

刑法解释问题是刑法学基础理论的重要组成部分，在近年来的刑法学术研究中，对该领域的研究有逐渐升温的趋势。尤其是刑法立法解释和司法解释的不断出台，已经引起刑法学界的广泛反思。有鉴于此，本次年会学术研讨会将该问题作为研讨论题，以期深化刑法解释问题研究，推动对刑法学基础理论的整体反思。研讨会共收到研究该论题的论文共 74 篇，涉及的问题及主要观点概述如下：

（一）刑法解释的基础理论

关于刑法解释基础理论的研究，主要集中于对刑法解释观的阐述及选择、刑法解释的原则、方法、刑法有权解释等具体问题展开。对刑法解释的基本问题，诸多论者已经超越了刑法学的视野，从法哲学、宪法学的视角进行分析；对刑法解释权的分析，一些论者试图以权力分析的角度提出了对现行刑法解释体制的改革方向。

1. 刑法解释观及选择

法律解释理论历来有主观说、客观说和折中说三种。在研讨文章中，这三种观点都有所反映。

有论者指出：总的来看，我国目前的司法解释实践还是确立了主观解释论的绝对优势地位，而且 1997 年刑法施行后的立法解释也显现出这一点，对刑法的"超越"主要是通过刑法的补充规定——修正案的形式来实现的。刑法解释实践中的这种事实上的选择绝非偶然，而是建设法治国家内在需要的当然反映，这种需要既来源于国家法律制度安排的取向，也来源于民众对于法律价值的取向。有论者提出：主观解释论其实是不能说明什么问题的——它谈的实际上并非刑法的"解释"问题而是刑法的直接适用问题，归根到底——刑法是不能被解释的，而只能是被动地接受它所传递的"本来的意义"。

主观解释论几乎不能解决司法寄望于"刑法解释"所需要解决的任何问题，而客观解释论才客观、有效、较全面地揭示了刑法解释之真义。有论者认为，分析中国司法解释的情况，客观说符合罪刑法定刑法这一基本原则的要求和体现，代表着刑法的价值取向；从利益衡量的角度看，客观说实现了刑法安全价值与公平价值的协调统一。有论者提出：中国刑事司法解释现代化的目标选择应当是客观解释而不是主观解释，与之相适应，刑法之解释也应是广义解释为主，辅之以狭义解释，实现广义解释与狭义解释的有机统一。有论者则认为，主观说与客观说都是一种极端的片面，主观说可以说是一种遥不可及的美好幻想，而客观说则是一种完全抛弃立法精神的学说。因而赞同折中说。在法律解释（刑法解释）的目的性学说上选择折中说，就意味着需要从两个不同的角度去看待法律解释与罪刑法定的问题——冲突与契合，两者在价值层面、法律范式、司法层面、刑法机能、思维维度上存在冲突；两者的契合要求法律解释要规范化、灵活地坚持罪刑法定原则以及提高司法人员素质。有论者提出，单一地采用某种解释论并不合适，不能无视立法原意和客观含义的存在，根本的问题在于二者的调和。这一观点应归属于折中论的立场。有论者从社会文化分析的视角出发，指出：与"主观解释论"原理相关的是刑事古典学派，而"客观解释论"却为刑事实证学派所主张；社会文化立场的易位导致了刑法解释原理的深刻嬗变，社会文化对刑法解释具有深刻的影响。

有论者还简要回顾了严格规则主义时期的刑法解释观和刑法自由解释观的形成，认为两种刑法解释观的对立是旧派与新派两个刑法学派之间对立的体现，并认为两种刑法解释观的对立在现在也明显地存在着。

2. 刑法解释的必要性和基本特征

关于刑法解释的必要性，有学者将各种理由进行了必要的归纳：（1）刑法是普遍性的法律规范，刑法规范的这一特性决定了其必然只能以抽象标准的形式出现；（2）刑法的表述形式是语言，当人们以语言作为刑法的表述形式时，就无法避免字面含义与实质含义的冲突；（3）填补立法漏洞；（4）符合时代的变化要求。有论者提出：只有对刑法进行解释，才能更好地规范指导刑事司法，弥补刑法之立法缺陷，促进立法完善，繁荣刑法理论，促进刑法的发展。从这一角度分析，刑法解释的必要性乃在于其功能。有论者将刑法解释的基本特征归纳为解释主体的广泛性、对象的特定性和解释性质的从属性。

3. 刑法解释的原则

有论者指出，刑法的解释就是正义理念、刑法规范与生活事实的相互对应；作为解释者，心中当永远充满正义，目光得不断往返于规范与事实之间，唯此才能实现刑法的正义性、安定性与合目的性；解释者心中必须始终怀有一部自然法，以追求正义、追求法律真理的良心解释法律文本。有学者认为，刑法解释应遵循合法性原则、准确性原则和合理性原则；针对有权解释主体，还应遵循正当性原则和及时性原则。有论者指出，刑法解释必须坚持罪刑法定原则，在对刑法作全面理解的基础之上，透过刑法条文词句术语的表面差异，抓住词句术语的表面差异，抓住词句术语承载的刑法规范的实质内容和精神要义，综合运用科学的方法对刑法加以解释与适用。无视罪刑法定的要求，任意的刑法解释只能导致司法的滥用；而无视社会发展的需要，否定刑法解释的价值只会导致司法的僵化与刻板。有论者具体探讨了刑法解释的谦抑性原则，并认为现有刑法解释（主要是刑法司法解释）在一定程度上背离了谦抑的宗旨，具体呈现出侵越立法权、违反立法目的、结论不合理等情形。有论者区分了刑法解释的目标上的原则和方法上的原则，前者主要包括合法性原则、立法意愿与社会现实相统一的原则、刑法解释与刑法理论相结合的原则，后者则包括明确、具体原则、方法上的合法性原则、整体性原则以及各解释方法的顺序性原则。有论者则提出，刑法解释应坚持三项原则：（1）罪刑法定原则；（2）人权保障原则；（3）体系解释原则。有论者试图借助辩证法来归纳刑法解释的基本原则，认为基于形式逻辑思维与辩证逻辑思维的统一，结合刑法文本的特性及解释目标，刑法解释应当遵循下列形式逻辑与辩证逻辑规则：（1）同一律规则；（2）排他律规则；（3）只含同类规则；（4）严格解释规则；（5）正确解释规则；（6）生活逻辑规则。关于法律解释中是否应坚持有利于被告原则的问题，有论者认为，法律解释时应坚持有利于被告原则的立场，这是罪刑法定原则的要求，而且应当结合刑事诉讼法的具体规定来理解实体法上的"有利于被告"。有论者认为，罪刑法定原则包含了存疑有利于被告的思想，在运用论理解释这种解释方法时要进行严格的限制，有利于被告人的应当扩张解释，不利于被告人的应当限制解释，有疑问时应朝好的方向解释。

4. 刑法解释的方法

有论者首先区分了方法和方法论，指出方法论属于意识和意志的范畴，具体研究方法属于技术范畴；刑法解释方法是多样的，任何解释方法的应用，要受到文本、目的、原则和立场等方面的制约。有论者提出，解释者为了追求正义理念、实现刑法目的，必须敢于尝试罪刑法定原则所允许的各种解释方法。

关于刑法解释的具体方法的争论主要集中于对扩张解释的态度。有论者坚决反对扩张解释，并认为其明显与罪刑法定原则不一致，也与法律的指引功能相悖反。而有论者则认为，扩张解释不仅对弥补刑法的缺陷、实现刑法的功能具有重要意义，而且也是正确适用刑法、维护刑法稳定的需要；至于如何适用扩张解释应符合特定条件，则：第一，对刑法条文作扩张解释必须符合立法精神意图；第二，对于刑法条文的解释不能超出条文所"可能具有的含义"。有论者认为：刑法解释只能在确切的刑法含义范围内进行解释，而不能超出刑法含义容量的最大界限。刑法解释的功能在于使刑法原有的、应当有的或可能有的含义明确化、具体化，而不是增加刑法未能包括的内容；限制解释也应有所限制，必须不违背法制原则和罪刑法定原则。有论者也指出：如何把握扩张解释的限度是刑法解释中尤其值得关注的问题，而对于扩张解释，一般主张以预测可能性原则作为限度，并认为扩张解释虽然已经超越了刑法文本的立法原意，但这种超越是法律文本生命的延续，它不仅没有破坏刑法的安定性从而违反罪刑法定原则，相反，它保证了刑法的稳定性，使得刑法不会随着社会生活的变化而朝令夕改。扩张解释和限缩解释涉及刑法解释的限度问题，扩张或限缩解释应以不违背立法基本精神（合法限度）和字义所能扩张或限缩的合理程度作为限度，凡超出刑法立法基本精神和字义所能扩张的合理程度的扩张或限缩解释就属于违背了罪刑法定；而不违背刑法基本精神和不超出字义所能扩张或限缩的限度扩张或者限缩解释则符合罪刑法定。因此，确定扩张或限缩解释限度，应该具备合法限度标准和合理限度标准。有论者提出：判断刑法解释是否科学、合理，刑法解释的限度就应是符合刑法的三个基本原则。

刑法的文义解释也是研讨的重点，有论者提出：寻求刑法解释客观性的方法是刑法解释方法论的核心课题。就刑法解释方法而言，文义解释方法是最主要的解释方法，是诸种解释方法的基石；但文义解释方法却不是唯一的方法，当文义解释方法不能得出合理的结论来，解释的结果明显背离社会公平正义的价值观念时，就必须以目的论解释为最高准则。

有论者认为，我国刑法解释方法的运用应遵循以下原则：（1）刑法解释方法的运用应该兼顾合目的和合立法原意两个方面。解释的终极目标是结论的合目的性，但解释方法的选择应该遵循从严格解释到自由解释的顺序。（2）应该首先运用探求立法原意的解释方法进行解释，如果结论合理或者基本合理，就可采用该结论；如果该结论极端违背现在的社会生活的常理和目的，则应该采用目的解释的方法进行解释。（3）运用探求立法原意的解释方法时，应该遵循先文义解释方法、后法意解释方法的顺序。（4）在运用目的解释方法时，解释的自由度以不超过语词所可能包含的最宽的意义范围为限度。有论者也提出，罪刑法定原则要求，司法解释在解释方法上首先进行文理解释，只有当文理解释不能得出合理结论时，才能进行论理解释。

有论者区分了刑法立法解释与刑法司法解释应采用不同的方法：刑事立法解释首先应使用论理解释的方法，应当根据有关刑事政策、刑法的制定理由和任务、刑法的目的和功能、刑法的基本原则、基本原理等，从逻辑上而不仅仅是从文理上阐明刑法规定的含义；而司法解释的方法应该受到严格限制，司法解释首先应采用文理解释的方法，而立法解释的方法则不应受到过多限制，立法解释经常采用的方法是论理解释。针对刑法司法解释，有论者指出，由于刑法的内容涉及直接保护或剥夺公民的生命、人身自由、财产等最基本的权利，相对其他法律的解释而言，刑法的解释不能不具有一定的特殊性，这主要表现在三个方面：（1）对刑法规范只能作字面解释，不能超越法律条文的语言原意；（2）对刑法规范只能作有利于被告的限制解释，不能作不利于被告的扩张解释；（3）只能作扩张解释，不能作类推解释。

还有论者对法国刑法中的严格解释及其价值取向进行了介绍。

5. 关于立法原意

刑法理论上对于刑法解释中立法原意的探求存在主观说和客观说两种，前者承认立法原意的存在，而后者采取否认的态度。对此，有论者提出：立法原意是客观存在的，否认一部法律存在立法原意，是过于夸大人的认识能力的局限性，使法律成为一种玄学，变得无从知晓。从罪刑法定原则出发，立法者在制定刑法时对于将哪些行为规定为犯罪，对哪些行为不作为犯罪处理，是有一定的倾向的。探寻立法原意是司法人员适用法律的首要考虑。但刑法解释的对象毕竟是刑法规范，因而有学者对刑事立法的语言选择问题进行了研究，认为针对我国目前刑事立法中专业化不够的问题，有学者主张大量地使用专家话语，有一定的合理性，但对使用大量的专家话语的弊端要有清醒的认识，刑事立法的语言既应是精英的，更应是大众的。

6. 刑法有权解释的主体

关于刑法法定解释权的主体，学界存在立法机关主体说、审判机关及法官主体说、二元说（全国人大常委会和最高人民法院）、三元说（全国人大常委会、审判机关和检察机关）和多元说。有论者认为法定解释主体为全国人大常委会，而最高人民法院和最高人民检察院是授权解释主体，称此为"一主两翼"的刑法解释格局，并提出坚持、改善和加强"一主两翼"的刑法解释格局，主要有四点理由：（1）"一主两翼"的解释格局符合宪法和法律的规定；（2）"一主两翼"的解释格局具有实践基础；（3）"一主两翼"的解释格局是我国宪政体制的要求；（4）"一主两翼"的解释格局为我国国情所需。

关于法官是否为刑法有权解释主体的问题，是研讨中的一个热点。有论者将审判领域内的刑法解释分为法院规范解释和法官适用解释：前者指依据法律授权的最高人民法院在审判工作中就适用法律普遍存在的问题作出的抽象性、规范性解释；后者指普通审判人员（法官）将一般法律规定和法院规范解释适用于具体案件时所作的解释，因而又可称为刑法适用解释。该论者认为，刑法适用解释主体应当是法官，其根据有三：（1）我国的政治体制和刑法适用的特点决定了刑法解释的主体是法官；（2）刑法解释基本思想的客观说呼唤法官解释刑法；（3）社会发展变化和成文法相对稳定之间的矛盾也呼唤法官解释刑法。有论者提出，司法解释就是法官或审判组织在具体适用法律时所做的对法律的解释，而不是其他任何机关或个人对法律的解释，因而司法解释的主体是人民法院和法官；根据解释的主体和效力，司法解释可以分为规范性解释和个案解释。有论者认为，刑法中存在"瑕疵"刑法规范；适用"瑕疵"刑法规范，就必须对其进行解释，使之明确化，以便法官对个案适用。关于如何确立适用"瑕疵"刑法规范的刑法解释体制，该论者提出设想，即：直接受理案件的法官解释，是正确适用"瑕疵"刑法规范的根本途径；应当慎用立法解释；应当避免司法解释（特指最高人民法院、最高人民检察院的解释），而应该公布司法判例（最高人民法院颁布）来指导"瑕疵"刑法规范。法官在解释刑法规范时，应分为两个步骤：一是探询立法原意；二是在无法认知立法原意的情况下，必须作出目的解释。同时，该论者也指出，对法官解释权也应从立法、司法、观念以及监督等四方面予以规制。有论者提出，刑法规范的抽象、单一特征，在法官的解释下才能变得充满人性化和富有价值意义。有学者提出，应把个案解释权"还给"法官，认为个案解释与司法解释并不能等同，法官进行个案解释应坚持遵守具体案件就案解释的原则、严格解释的原则、个案解释权必须接受监督原则。有论者则认为，法官解释刑法的现象是存在的，而且是大量的，但不能由此导致法官具有刑法司法解释权的结论。

刑法司法解释主体问题是多年来理论界讨论的焦点问题，主要是关于检察机关应否成为刑法司法解释的主体以及地方法院是否有权解释刑法。关于检察机关的刑法司法解释权历来存在肯定说和否定说。有论者提出取消最高人民检察院刑法司法解释权的理由有三：（1）检察院行使的检察权的性质不是司法权；（2）检察机关行使刑法司法解释权，有破坏司法公正之嫌；（3）检察机关与审判机关共享刑法司法解释权有破坏法制统一的危险。有论者则认为，刑法司法解释的主体是法院，但仅为最高人民法院和高级人民法院，人民检察院和中级人民法院、基层人民法院不能为司法解释的主体，学界所说的"法官的适用解释"也不属于刑法司法解释的一部分，而是连接立法、立法解释、司法解释和具体案件的司法操作活动。

有论者认为，目前刑法有效解释主体方面存在诸多问题：（1）解释主体混乱；（2）立法解释权长期虚置或实际旁落；（3）立法解释主体与司法解释主体权限不明；（4）法检解释冲突；（5）缺少必要的监督。关于如何设置刑法有效解释主体，该论者认为应考虑四个方面：（1）取消刑法立法解释；（2）取消刑法检察解释；（3）赋予地方各级人民法院和法官以刑法解释权；（4）建立刑法有效解释监督机制。有论者提出，对规范性刑法解释的体制应当予以重构，即：首先，刑法立法解释由"裁断解释"到逐步消除；其次，刑法司法解释由二元主体到一元主体。

7. 刑法解释权配置的现状与重构

关于刑法立法解释权的配置状况，有论者认为，目前存在两个方面问题：一是刑法立法解释权对立法权的侵入，二是刑法立法解释权实际旁落于全国人大常委会的法制工作委员会。对于刑法司法解释权配置状况，该论者则提出目前存在四个方面的问题：一是刑法司法解释权对刑法立法权的侵入，二是刑法司法解释权与刑法立法解释权的界限不明确，三是最高人民检察院拥有刑法司法解释权有损司法公正和法制统一，四是最高司法机关垄断刑法司法解释权，否认地方各级司法机关和法官的刑法司法解释权。有论者也认为目前存在着最高司法机关垄断刑法司法解释权的现象。有论者对现行刑法解释体制提出三点质疑：（1）有权制定法律，就有权解释法律？（2）检察机关是司法机关，当然享有司法解释权？（3）为维护刑法的统一实施，只能由最高司法机关统一行使刑法解释权？通过对这三点质疑的追问，该论者提出，在新的刑法解释体制下，立法解释不复存在，刑法解释均是司法解释，而其主体仅限于最高人民法院和法官。

有论者对我国刑法解释权的配置提出设想：建立一种以罪刑法定原则为指导的，以全国人大常委会的刑法立法解释为核心和灵魂的，以各级人民法院和法官的刑法司法解释权为基础和主体的刑法解释权制度。

有论者将我国有权刑法司法解释模式归纳为二元一级抽象式刑法司法解释，并认为这一模式的基础表现在两个方面：（1）法律基础：立法对刑法司法解释的规定；（2）制度基础：中国的司法体制。该论者指出，研究我国刑法司法解释改变的前提，是重构我国刑法司法解释体制的前提，而这一前提包括：（1）制度调整：确定只有法院是具有司法解释权的司法机关；（2）审判模式：确立法官独立审判的模式；（3）消解限制：取消错案追究制。关于刑法司法解释权的重构问题，该论者提出应该设立"一元个体判例式"刑法司法解释的模式，司法解释就是法官就个案作出的解释而只对当案有效，对个案解释的借鉴形成的司法常例可以达成全国范围内的司法平衡。

有论者提出，应取消最高人民检察院的刑法司法解释权，调整最高人民法院刑法司法解释权，并确立各级法院法官的刑法司法解释权。该论者认为，否定最高人民检察院的刑法司法解释权的根据主要有三点：（1）从刑法解释的效力看，检察机关单独对刑法规范所作的解释对法院的裁判无约束力。（2）从刑法解释的主体看，检察机关属于公诉机关，与被告人处于对立地位，其对刑法解释权的行使不利于对被告人合法权益的保护。（3）从刑法解释的后果看，检察机关行使刑法解释权有损司法公正，不利于法制统一。有论者认为，现有二元一级司法解释体制应当改变，而确立由最高人民法院独家行使刑事司法解释权的一元一级司法解释体制，如此有利于法制规范统一，有利于司法平衡公正，有益于落实"罪刑法定"。

有论者则提出建立一元二级司法解释体制，即由最高人民法院、高级人民法院行使刑法司法解释权，其理由有四：（1）一元二级刑法司法解释体制符合我国国情；（2）一元二级刑法司法解释体制有利于维护我国法制的统一，实现刑法的机能；（3）我国的司法体制也对构建一元二级刑法司法解释体制有一定影响；（4）实行一元二级刑法司法解释体制具有法律上的依据。

有论者对于完善我国刑法司法解释机制提出两点建议：（1）逐步建立以法官适用解释为主体的刑法解释机制；（2）提升判例在刑法解释中的地位和作用。

有论者提出，刑法适用解释机制的建立和完善寻求刑事司法中的创新要素时，应当着重在以下三个方面进行具有突破意义的改革：（1）真正建立法官责任机制，使法官成为刑法适用解释的主体；（2）突出程序活动的重要地位，强化程序的对抗性；（3）建立刑事判例制度，发展刑法适用解释技术。

有论者认为，现行刑法司法解释权应重新调整与配置，具体方案为：（1）加强立法解释，完善立法解释制度；（2）修订立法法，进一步制定"司法解释法"，规范刑法司法解释，重新配置我国的刑法司法解释权。

有论者提出：刑法解释中应加入公民诉求的成分。所谓公民诉求，指应当给予公民在司法解释过程中说话的权利，使他们在选择规范的过程中有参与的权利。关于如何实现公民诉求的有效介入，该论者提出四点：（1）建立以法官为主体的"刑法适用解释"；（2）改变现有的法律解释思路；（3）完善人民陪审员制度；（4）正视律师的意见。

8. 刑事政策与刑法有权解释

有论者认为：刑法有权解释是刑事政策在刑事立法（广义的）和刑事司法中发挥功能的一种具体表现形式；就刑法立法解释而言，其所起到的扩张或者缩小犯罪圈的作用，明确甚至调整了国家刑罚权调控的广度和力度，而其背后恰恰是国家刑事政策促进了这一变动；就规范性司法解释而言，其制定是依据一定的价值判断标准对刑法规范的含义和范围所进行的阐述；其所依据的价值判断标准主要的就是一定时期内制定的刑事政策；就法官解释而言，法官解释法律应遵循基本的刑事政策则是必须的，其作出的解释结论也应以一定时期的刑事政策内容作为价值选择标准；法官可以有自己的价值判断标准，但是如果与已经明确的刑事政策相违背，则应当放弃自己的价值选择，而遵从贯彻一定的刑事政策所得出的解释结论。

9. 越权刑法解释

有论者认为：越权刑法解释应有广义和狭义之分，前者指"越其实有职权"，后者指"越解释权"。而如何判断刑法解释是否越权，主要看四个方面：（1）解释主体是否有解释权；（2）是否超出了其职能活动范围；（3）是否违反了刑法基本原则；（4）是否突破了原有的刑法规范。该论者将越权刑法解释分为越权刑法立法解释和越权刑法司法解释。关于越权刑法解释的原因，该论者指出，越权刑法解释存在的主要原因表现在：（1）立法的抽象性和司法的具体性之间的矛盾无法彻底解决；（2）立法的稳定性和社会的易变性之间的矛盾无法彻底解决；（3）对刑法解释权缺乏应有的制约。针对越权刑法解释，该论者提出六个方面的对策：（1）坚持细密刑法立法观和超前立法观；（2）及时行使刑法修改权；（3）最高司法机关及时行使司法解释权；（4）保证司法机关独立行使司法解释权；（5）以法律的形式对刑法解释的制定程序进行规定；（6）建立完善的刑法解释撤销机制。

有论者就司法解释越权问题进行了探讨，认为司法解释越权的表现形式主要包括三种情形：（1）司法解释侵犯立法权；（2）检察解释侵犯审判权；（3）审判解释侵犯下级法院审判权。就司法解释越权问题的解决途径，该论者提出三点：（1）强化罪刑法定的价值观；（2）建立一元司法解释体制；（3）遵循科学的司法解释方法。

10. 刑法解释的时间效力问题

有论者认为，刑法解释的生效时间一般都应该"自解释确定之日起施行"。关于刑法解释对其施行以前司法机关已经办结的案件是否有效，该论者认为，原则上讲，刑法解释对其施行以前司法机关已经办结的案件也仍然具有效力，当然在处理时，还应当结合有利于被告人的原则来解决问题；对于前后内容不一致的刑法解释的效力问题，应坚持"从旧兼从轻原则"的精神。针对刑法立法解释的时间效力问题，有论者认为刑法立法解释的生效时间应为公布之日或解释中规定的生效时间，就现有 6 个刑法立法解释，其生效时间都应为其公布之日；刑法立法解释的溯及力从属于刑法溯及力的一般原则，即刑法立法解释的溯及力适用"从旧兼从轻"原则；刑法立法解释的失效只能与其所解释的具体对象保持一致而不等同于刑法典的失效。

11. 刑法学理解释

有论者对刑法学理解释的基本问题进行了阐述。关于刑法学理解释的对象，该论者认为，应是刑法条文，而非刑法规范、刑事法律或刑法规定；关于刑法学理解释的地位，该论者认为，其是高于国家有权解释、当事人无权解释的学术性阐释活动，为后两者提供基本的认识资源，并不具备参与具体社会生活的主导性作用。该论者认为，刑法学理解释应坚持四个原则：（1）罪刑法定原则；（2）社会相当性原则；（3）客观性原则；（4）规范主义原则。

（二）刑法立法解释

关于刑法立法解释的探讨，主要集中在刑法立法解释的法理基础、原则以及如何完善现行刑法立法解释机制等问题。个别论者提出应取消刑法立法解释这种解释模式，这在关于完善刑法解释机制的探讨中有所涉及。

1. 刑法立法解释的法理基础及必要性

关于刑法立法解释的法理基础问题，有论者认为主要有三点：（1）成文法不能自足；（2）立法语言的模糊性和成文法结构的空缺性；（3）有比较明确的法律根据。有论者指出，刑法立法解释作为刑法改进与刑法司法解释的中间物，具有其独特的价值：明确概念、澄清争议、统一司法。有论者将现有立法解释归纳为三种情形：（1）进一步明确刑法条文本身含义；（2）解决对刑法条文理解和解释的原则分歧；（3）修改补充刑法条文的原有规定。有论者将刑法立法解释的特征归纳为四点：（1）解释主体的专属性；（2）解释对象的特定性；（3）解释行为的创造性；（4）解释效力的权威性。

针对立法解释存废问题，有论者认为，在我国目前的体制下，立法解释有其存在的相对合理性，即基于我国的历史传统、现实国情、政治制度等"本土资源性"因素的影响，在现阶段，刑法立法解释的存在是必要的、合理的。同时，该论者也强调，考虑我国正在进行的政治、经济体制改革，结合法治建设的进步，我国刑法解释体制的构建应分为两个阶段来进行：第一个阶段，保留立法解释，构建立法解释、司法解释并存的二元机制，但以立法解释为主导，司法解释（包括法官解释）为主体，立法解释监督、指导、协调司法解释的刑法解释体制；第二个阶段，废弃立法解释，提升司法解释的地位，将司法解释权归于法院和法官，而将检察院排除在外，构建以法院和法官的解释为主体，司法解释与行政解释并存，司法、行政互相监督、制约（即赋予司法机关司法审查权）的法律解释体制。

就刑法立法解释的形式，有论者认为全国人大常委会对刑法的专门性解释是唯一形式，而刑法条文中的解释性规定和全国人大常委会在"刑法草案说明"中所作的与通过后的刑法规定相一致的具有解释性的内容则不属于刑法立法解释。

2. 刑法立法解释的原则

有论者认为，刑法立法解释的原则包括：（1）合法性原则；（2）合理性原则；（3）体现政策原则；（4）规范性原则。有论者认为，主要包括尊重立法原则、合理与必要原则、法制统一原则和具体明确、全面系统原则。有论者提出，刑法立法解释应坚持合目的性原则，就是根据刑法立法目的，即根据保护法益，阐明刑法规范真实含义时应当遵循的基本准则；并认为我国到目前为止所出台的 4 项刑法的立法解释，基本上是在合目的性原则指导下所进行的符合法条文义射程的解释。有论者还提出，刑法立法解释之于刑法而言，只具有"附属性"，这是理解刑法立法解释的关键。

3. 刑法立法解释的完善

对于如何完善刑法立法解释工作，有论者提出应在三个方面加以改进：（1）提高对刑法立法解释重要性的认识，加强刑法立法解释机构建设；（2）加强立法解释技术；（3）积极进行刑法立法解释，树立立法权威，努力改变司法解释越权的现状。该论者还提出，应由刑法立法解释来确定罪名。

（三）刑法司法解释

关于刑法司法解释的探讨，在刑法解释问题的研讨中显得尤为瞩目，尤其是对现行刑法解释现状及完善问题的分析已经十分深入。有论者提出应开创刑法司法解释学，认为其内容应包括：（1）制定和发布司法解释的主体；（2）司法解释的基本原则；（3）司法解释批准的程序；（4）司法解释的法律效力；（5）司法解释的立项、起草以及协调和管理方式；（6）司法解释发布的载体；（7）司法解释的体例；（8）司法解释的生效时间；（9）司法解释的清理与编纂工作；（10）对司法解释实施情况的监督。

1. 刑法司法解释的必要性及特点

有论者认为，司法解释的必要性体现于五个方面：（1）法律规范本身的抽象性、概括性的规定，而现实生活中的事和人则是具体的；（2）法律一经制定就具有稳定性，而现实生活和人们的认识却不断发展变化；（3）司法解释是对法官自由裁量的合理限制，也是保障公正裁判的重要内容；（4）加强司法解释是法律不断完善的途径；（5）弥补了立法的不足。

有论者认为，刑法司法解释的意义主要表现在三个方面：（1）司法解释可以弥补刑法典的某些缺陷；（2）司法解释可以保障法律的统一实施；（3）司法解释可以促进刑法的发展与完善。

有论者认为，我国的司法解释之所以发达，与以下三个因素相关：（1）法律规定之粗疏；（2）法官能力之不足；（3）判例制度之缺位。

有论者认为，在我国，刑法司法解释具有四个特点：（1）统一性；（2）指导性；（3）公开性；（4）具体性。

2. 刑法司法解释的原则

有论者提出，刑法司法解释应遵循4项原则：（1）依照法律规定原则；（2）司法需要原则；（3）法定程序原则；（4）解释文本规范化原则。

有论者还提出，应确立不与宪法或国际公约相抵触的原则。有论者则认为刑法司法解释应坚持4项基本准则：（1）忠实法典原则；（2）合乎理论原则；（3）具体明辨原则；（4）和谐一致原则。

有论者则提出，刑法解释应坚持8项原则：（1）必要性原则；（2）合法性原则；（3）合理性原则；（4）解释权专属原则；（5）公开性原则；（6）程序性原则；（7）形式规范化原则；（8）以政策为指导原则。

有论者则提出，刑法司法解释应坚持6项原则：（1）不超越立法的原则；（2）最高人民法院、最高人民检察院独有的原则；（3）普遍约束力的原则；（4）公开的原则；（5）明确、具体的原则；（6）立即生效的原则。

3. 刑法司法解释的现状

有论者将现有刑法司法解释归纳为三种情形：（1）阐明刑法条文含义，将类型化事实与刑法规范耦合，统一执法尺度。这类占刑法司法解释总数的大部分。（2）对刑法进行"价值补充"，弥补法律的不确定性，解释概括性条款。大量刑法司法解释中均有此项内容。（3）对刑法进行"漏洞补充"，急立法之所急，将立法原意进行适当扩大。

有论者认为，从总体上讲，已有刑法司法解释较好地适应了我国经济、政治和社会治安形势发展变化的需要，在社会主义法制建设中发挥了重要作用，但少数司法解释也存在许多缺陷和不足：（1）少数司法解释无论是在内容上还是在形式上，尚存在许多缺陷和不足；（2）个别司法解释超越了刑法的立法意图或违背立法原意；（3）越权解释；（4）违背宪法、法律或国际公约。

有论者提出，目前刑法司法解释存在解释权力的异化（即具备法律规范的全部特征）、解释主体的泛化（即行政部门和其他社会团体参与司法解释的制定）、解释内容的分散化、解释效力的分散化等问题。该论者还分析了这一现状的成因，认为目前刑法司法解释的存在和特质植根于我国悠久的司法解释的传统，而刑法自身的不完备性是刑法司法解释存在的现实原因。

有论者提出，目前司法解释有随意性的倾向，主要表现在：（1）司法解释违背立法原意；（2）检察解释、司法解释存在冲突；（3）司法解释立法化问题严重。

有论者提出现行刑法司法解释体制存在的问题主要表现在：（1）侵入了刑法立法领域；（2）部分刑法司法解释违反罪刑法定原则；（3）解释主体混乱；（4）最高人民法院、最高人民检察院各自所作的刑法司法解释相冲突；（5）法律适用中各行其是；（6）名称不统一；（7）违背法律规范应公之于众的法制要求。

有论者认为，刑法司法解释存在的不足与我国刑法解释理论在主流上采取主观解释论应该说具有相当的关系。但是该论者对客观解释论也采取否定态度。

有论者提出，判断刑法司法解释存在瑕疵的标准有：（1）罪刑法定原则；（2）合理性、明确性原则。结合这两个标准，该论者对现有刑法司法解释存在的问题进行了批判性分析。

4. 完善刑法司法解释的设想

关于如何完善刑法司法解释，有论者提出四点设想：（1）明确司法解释的权限；（2）确定司法解释应遵循的原则；（3）最高司法机关应采用多种方法，提高司法解释的质量；（4）建立与完善司法解释的监督机制。

关于司法解释的改进，有论者提出五点改善意见：（1）改善主动解释：增强司法解释的概括性，运用开放解释；（2）改善被动解释：注重司法解释的示范性，创造个案解释；（3）改善解释内容：减少不必要的司法解释，提高法官能力；（4）改善解释主体：实行解释主体单一化或现有主体联席化；（5）改善司法观念：强调刑法法条的效力优于司法解释效力。

有论者提出了完善我国刑法司法解释地位的三个方面的建议：（1）明确司法解释主体的范围；（2）明确法律解释主体的解释权限范围；（3）强化法官裁量解释在司法解释中的地位与作用。

有论者提出应从七个方面着手完善我国的司法解释工作：（1）尽快出台一部有关司法解释的法律；（2）正确界定司法解释的权限；（3）加强全国人大常委会对司法解释的监督、协调力度；（4）司法解释的内容应当明确、具体，富有操作性；（5）司法解释的形式应当规范、一致；（6）完善司法解释的公开制度；（7）加强立法、立法解释工作；（8）做好司法解释的汇编工作。

5. 刑法司法解释的实证分析

针对个别学者和舆论对最高人民法院《关于行为人不明知是不满十四周岁的幼女，双方自愿发生性关系是否构成强奸罪问题的批复》的批评，有论者进行批驳，认为：根据现行刑法理论与有关司法解释，该批复的结论有其必然性，不是法学家或者法官们刻意上下其手的结果；在我国刑法中，严格责任没有存身的余地，对奸淫幼女实行严格责任的主张难以成立；该批复不会造成"不可欲的社会后果"，权势者明知是幼女而与其发生性关系的，难逃法网。

有论者指出，在无罪过的情况下追究行为人的刑事责任，对于被追究的人是一种不公正，因而在奸淫幼女构成犯罪的问题上同样应当坚持罪过原则。有论者针对该批复提出建言：（1）保留该批复的前半句；（2）对该批复的后半句加以修改；（3）增加由于年龄关系等情况不认为是犯罪的内容；（4）增加对"从重处罚"的解释。

有论者也反对奸淫幼女型强奸属于严格责任的观点，同时指出我国刑法在保护幼女的问题上还存在不少缺陷，并提出了 4 点完善意见：（1）奸淫幼女型强奸实行过错推定，即将主观方面的全部或部分举证责任由控方转移给被告方；（2）设立过失奸淫幼女罪；（3）完善现有的奸淫幼女罪条款；（4）健全相关刑事立法。

有论者结合刑法第 267 条第 2 款"携带凶器抢夺"探讨了刑法与学理解释的协调问题。

还有论者对环境犯罪司法解释基本问题进行了专题探讨。

(四) 刑法立法解释与刑法司法解释的协调问题

有论者认为,目前刑法司法解释与刑法立法解释存在冲突,在理论、内容、溯及力、适用等方面都有所表现。关于如何解决这一问题,该论者提出:(1) 加强立法和立法解释工作;(2) 厘定刑法司法解释与刑法立法解释的界限;(3) 规制刑法立法解释的立法权与刑法司法解释的司法权的竞合;(4) 加强对刑法立法解释和刑法司法解释的监督;(5) 严格刑法司法解释权主体,保障刑法司法解释权的独立行使。有论者将刑法适用过程中立法解释与司法解释并存的现象称为刑法解释的二元体制,并认为在这一体制内部存在刑法立法解释、刑法司法解释对刑事立法的突破、刑法立法解释与刑法司法解释的冲突等问题。对于刑法解释二元体制中冲突的协调,该论者认为应当重新定位法律解释,重构刑法解释体制,即站在司法中心主义立场上,主张司法者本人对法律的创造性理解,强调要重视和发挥司法者的主观能动性;同时刑事立法、刑事司法在法律活动中要明确权力分工,建立起权力间的制约机制,从而更有效地发挥各权力的效能。

有论者提出:要彻底解决刑法立法解释与司法解释不协调、解释之间互相矛盾冲突的问题,就必须实现刑法解释主体的法定化、司法解释的规范化以及立法解释的经常化。而要实现"三化",最根本的措施则是要完善制度、加强协调、强化监督,即从完善刑法解释的立法规范、健全刑法解释的形成机制、加强刑法解释的监督制约等方面入手,逐步实现刑法解释的制度化、法律化。

三、侵犯知识产权犯罪研究

随着知识经济时代的来临,侵犯知识产权违法犯罪也愈加突出。作为各种社会关系法律保护的最后屏障,刑法在知识产权法律保护体系中无疑起着举足轻重的作用。深入研究侵犯知识产权犯罪,不断完善侵犯知识产权犯罪之刑事立法,已日益成为刑法学界在新时代所面临的重要课题。此次会议共收到关于侵犯知识产权罪的论文 19 篇,其中,从总体上研究此类犯罪的论文有 2 篇,研究商标犯罪的论文有 6 篇,研究假冒专利犯罪的论文有 2 篇,研究侵犯著作权犯罪的论文有 5 篇,另有 4 篇专门研究了侵犯商业秘密罪。

(一) 侵犯知识产权犯罪宏观问题探究

有学者从总体上论述了侵犯知识产权罪的概念与特征,认为:侵犯知识产权罪所包括的七个具体罪名或者以"情节严重"为要件,或者以"违法所得数额较大"为要件,或者以"造成重大损失"的为要件；如果情节不严重，或者违法所得数额不大，或者没有造成重大损失的，就不构成犯罪。

有论者则从不同角度分析了知识产权刑法保护的价值取向：从经济学角度分析，刑法对知识产权的保护为知识资产的生产和利用提供了有效保护屏障，从而也间接促进了经济的增长。从知识产权制度利益平衡原则角度分析，知识产权刑法保护的价值取向无外乎为了保护个人利益和社会公益（包括国家利益）。从刑事立法角度分析，我国刑法将知识产权罪置于破坏市场经济秩序罪中，表明立法者更加强调从市场经济管理制度的层面认识知识产权的刑法保护。从犯罪构成理论角度分析，侵犯知识产权罪作为一个类罪名，都侵犯了一个共同客体即他人的知识产权。

（二）关于商标犯罪

1. 商标犯罪的立法完善

关于驰名商标的保护问题，有文章认为，针对驰名商标的"淡化行为"尽管属于商标侵权行为，但显然不符合刑法所规定的假冒注册商标犯罪的客观方面的特征，根据刑法罪刑法定原则的要求，该行为不得以犯罪论处，只能以民事侵权行为论处。有学者则进一步建议，刑法第 213 条应增加一款，明确将驰名商标纳入刑法保护的范围。

关于服务商标的问题，有学者认为，由于我国现行刑法并未将假冒他人注册服务商标规定为犯罪，所以这种行为还不宜认定为犯罪。但该论者建议我国刑法应明文规定假冒注册服务商标行为为犯罪。另有学者则建议，在以后的刑法修正案明确规定，对于假冒他人注册服务商标或者非法制造、销售非法制造的服务商标标识，情节严重构成犯罪的，应按假冒注册商标罪定罪量刑。

2. TRIPs 与商标犯罪问题

有文章专门研究了 WTO 框架下的 TRIPs 对商标犯罪的影响。其论者指出，在我国，已基本达到了 TRIPs 的最低要求，初步建立了商标权保护的刑事法律体系。但为了有效控制、预防商标犯罪，仍需对商标犯罪的现行刑法规定进一步加以完善。

3. 假冒注册商标罪

有论者简要述及假冒注册商标罪的构成特征，认为假冒注册商标罪一般都以营利或获取非法利益为目的，但营利目的不是其主观方面的必要要件。有学者则以比较研究为视角，专门论述了假冒注册商标罪客观行为特征。该论者认为，由于没有为我国刑法第 213 条所明确规定，因而将与他人注册商标相同的文字作为同类产品的商品名称的行为，以及影射商标的行为，在我国不能以假冒注册商标罪追究行为人的刑事责任。鉴于我国刑法关于假冒注册商标罪客观行为样态规定的狭窄，有论者建议将我国商标法所规定，但尚未在刑法中予以反映的其他形式的情节严重的商标侵权行为，规定为假冒注册商标罪的行为形式。

4. 销售假冒注册商标的商品罪

有学者认为：商品促销中搭送假冒注册商标的商品的行为以及用假冒注册商标的商品支付债务的行为，都应属于销售行为。销售者与购买者达成商品购销的合意之时，才能认定其销售行为已经着手。销售行为的完成是行为人已经将假冒注册商标的商品销售出去，而且实际所获的销售金额达到法律规定的数额较大的程度。关于本罪的未遂形态，有论者认为，应当承认销售未遂的行为可以构成犯罪，但应正视销售假冒注册商标的商品罪属于轻罪、销售未遂的危害程度多属轻微的客观事实，在司法实务中，宜紧缩销售未遂成立犯罪的范围。

5. 非法制造、销售非法制造的注册商标标识罪

有论者认为：所谓非法制造、销售非法制造的注册商标标识罪，是指以行使为目的，伪造、擅自制造他人注册商标标识或者销售伪造、擅自制造的注册商标标识，情节严重的行为。本罪中的"伪造"应为有形伪造，即指无注册商标制造权的人，以他人名义制造注册商标；"擅自制造"是有注册商标制作权的人，以自己名义，制成虚假"注册商标"，即"无形伪造"；"销售"是指明知是伪造、擅自制造的注册商标标识而仍然将其作价有偿转让给他人的行为。

（三）关于假冒专利罪

有学者指出：假冒专利罪的犯罪对象是取得专利的发明创造，且在我国还进一步被限定为有效的专利，这与英、美、法等国有所区别。假冒他人外国专利的行为，应当予以相应的经济或者行政制裁，但不能构成假冒专利罪。至于假冒授权的植物新品种的行为，虽然在法国、美国、德国等国家均可论以假冒专利罪，但由于我国专利法并未明确将植物新品种权规定为专利的一种类型，因而在我国还不能以假冒专利罪予以刑事制裁。

有论者主张增设侵犯专利权罪，对于故意侵犯他人专利权，情节特别严重的，依法追究刑事责任；同时，建议将刑法第216条所规定的"假冒他人专利"修改为"假冒专利"，使"假冒专利罪"适用于"假冒他人专利"和"冒充专利"两种行为。

（四）关于侵犯著作权犯罪

1. 关于侵犯著作权罪

有文章专门论述了侵犯著作权罪的概念和特征，认为侵犯著作权罪是指以营利为目的，违反著作权管理法规，侵犯他人著作权，违法所得数额较大或者有其他严重情节的行为。

有学者认为，侵犯著作权罪四种法定的行为方式本质上都是"盗版"行为。对侵犯著作权罪中的"复制发行"，应当理解为"既复制又发行"。有论者认为，虽然著作权法第47条第1、3、4、6、7项都有侵犯他人著作权要承担法律责任的规定，但根据罪刑

法定原则,由于侵犯著作权罪只包括法定的四种行为,而不包括其他行为,故对于那些未经著作权人许可,表演、放映、广播、摄制、改编、汇编、通过信息网络传播其作品,情节严重的行为,无法追究其刑事责任。当然,从应然的角度讲,完全可以采取增加概括式规定,通过开放式的罪状设计,在已有的 4 种情形以外,增加第五种行为方式,即"以其他方法侵犯他人著作权的"。

有学者主张:应当将著作权法新增加规定的"杂技艺术作品"列入侵犯著作权罪所指"其他作品"的范畴,这符合刑法立法的本意。但由于现行著作权法已明确将"建筑作品"排除在"美术作品"之外,因而刑法中所指"美术作品"不应再包括"建筑作品"。

有论者认为,在侵犯著作权罪危害的具体计算方法上,不应当以侵权行为人"违法所得"来衡量,而应以其"非法销售金额"来衡量。

2. 关于销售侵权复制品罪

有论者揭示了司法实践中对销售大量侵权复制品的行为人很难适用销售侵权复制品罪追究刑事责任的原因:(1)司法解释规定的销售侵权复制品罪的追刑起点较高;(2)违法所得数额和侵权复制品的性质难以取证和认定;(3)对销售侵权复制品行为适用非法经营罪而不是销售侵权复制品罪,这也是由非法经营罪的构成要件不明确所决定的。有论者认为,尽管对销售侵权复制品行为以非法经营罪量刑,能够使犯罪人受到更为严厉的刑事处罚,但也存在不符合版权保护的要求乃至不符合国际惯例的法律瑕疵。以此为基础,该论者提出如下建议:(1)修改销售侵权复制品罪的追刑标准;(2)由销售侵权复制品人承担证明复制品合法来源的责任;(3)司法实践中,在判处刑罚时应当注意适用罚金刑。

3. 关于网络环境下著作权的刑法保护

有论者专门论述了网络环境下著作权的刑法保护问题,认为运用网络侵犯著作权犯罪的社会危害性更大,而刑法对于网络环境下著作权的保护则呈现出诸多缺陷:(1)刑法对著作权的保护范围规定得过窄,使许多严重侵犯著作权的行为得不到刑法的保护;(2)我国刑法对侵犯著作权的刑罚手段规定得不够全面,也不便操作;(3)著作权人和普通公民对著作权的刑法保护意识淡薄,公共知识产权观念落后。该论者借鉴外国立法例,提出了网络环境下著作权保护的具体措施:(1)扩展新刑法对著作权的保护范围;(2)丰富刑事救济手段,加强刑罚惩治力度;(3)健全法规法制,加强法律意识。

4. 关于侵犯著作权犯罪之立法完善

有学者在分析现行侵犯著作权犯罪立法缺陷的基础上,提出了诸多立法建言:(1)在立法模式应采用分散型方式,而不应采用法典型。(2)应当将侵犯著作权犯罪预备行为法定化为一种独立的犯罪行为加以刑罚处罚。(3)在主观要件上,不应强调以营利为目的,只要行为人以故意的具有商业规模的行为实施侵权,即可作为犯罪处理;在量刑方面应考虑采用以被侵权人实际受损标准替代原来的侵权人非法所得标准。(4)刑罚适用上应强调罚金刑的适用，弱化自由刑的运用。（5）加强对于著作权犯罪被害人权益的保护立法。

有论者认为：刑法第217条对侵犯著作权罪要求"以营利为目的"是没有根据的。对基于其他复杂动机或目的而侵犯著作权，情节严重的行为，也应当规定为犯罪。因此，建议取消"以营利为目的"，而改为"违反著作权法的规定"。也有学者认为："以营利为目的"只能说明侵权行为人的特定目的，并不直接反映出所侵害的客体，也不能集中反映该行为的社会危害性，因而并不能对侵犯著作权罪与非罪的界定起决定作用，也就不能作为侵犯著作权犯罪的主观归责条件。刑法这一规定不仅偏离了设立该罪的立法目的，而且在司法实践中还具有难以操作和不利于打击犯罪的弊端。该论者建议参照德国著作权法的规定，不将"以营利为目的"作为侵犯著作权犯罪的主观构成要件，只是作为加重处罚的条件。

有学者则认为：我国刑法对侵犯著作权罪的法定刑设计当以5年有期徒刑并处罚金作为法定最高刑。同时，还可以在侵犯著作权罪的刑事责任中，直接列入对犯罪人并处一定时期禁止从事相关职业的内容，即规定"资格刑"，以剥夺其再犯可能性。

（五）关于侵犯商业秘密罪

1. 侵犯商业秘密罪的构成

有学者认为：侵犯商业秘密罪的客体应为复杂客体，即既侵犯了公平竞争的市场秩序，也侵犯了商业秘密权利人的所有权、使用权。从本质上来看，其主体仍然是一般主体。针对本罪在罪过形式上存在的诸多争议，有学者认为，对于直接侵犯商业秘密的行为，其主观方面只能是出于故意；对于间接侵犯商业秘密的行为，其主观方面则可以是故意，也可以是过失。有论者建议对过失侵犯商业秘密的行为，应当单独设立过失侵犯商业秘密罪，以准确对该种行为进行惩处。但也有论者认为，对于"应知"行为，应当通过经济的、行政的手段予以补救，而无须动用刑罚这一最后的手段。

有学者认为，侵犯商业秘密犯罪的实行行为，可以概括为四种行为类型：一是采用非法手段获取商业秘密，既可能是采用不正当手段直接从权利人手中获取，也可能是从侵权行为人那里获取；二是非法披露商业秘密，既可能是采用不正当手段或从非法途径获取者披露，也可能是合法知悉者违反保密义务而披露；三是非法使用商业秘密，既可能是采用不正当手段获取者直接使用，也可能是合法知悉者不经权利人许可而使用；四是非法允许他人使用商业秘密。

2. 关于犯罪结果

大部分学者认为侵犯商业秘密罪是结果犯，无论是故意形式的还是过失形式的侵犯商业秘密行为，"给商业秘密的权利人造成重大损失"都应当是犯罪成立的条件。而且，此处给权利人造成经济损失仅限于直接损失，而不包括间接损失；而直接损失只能是指实际损失，不包括可能的损失。但也有论者认为，此处造成的损失不仅限于量的减损即直接的利益减损，同时还应包括一种"无形减损"，即权利人因商业秘密被侵犯而遭受的竞争优势和竞争能力的丧失。关于损失的计算方法，不少论者指出，将商业秘密自身价值作为侵犯商业秘密给权利人造成的损失是不准确的。有学者认为，对于给权利人造成损失数额的认定，在能够计算权利人损失数额的场合，应当计算权利人的损失数额；在权利人的损失数额难以计算时，以侵权人在侵权期间因侵犯商业秘密所获得的实际利润计算权利人的损失数额。

3. 关于犯罪对象

有学者认为：本罪侵害的对象是商业秘密，即不为公众所知悉，能为权利人带来经济利益，具有实用性并经权利人采取保密措施的技术信息和经营信息。它必须具备以下特征：(1) 新颖性，即不为公众所知悉。这里的"公众"，一般是指有可能从该商业秘密的利用中取得经济利益的同业竞争者，而不是泛指所有的自然人。(2) 实用性，即其必须能够用于生产、贸易或管理活动中，并能产生积极的效益。(3) 价值性，即技术信息或经营信息具有可确定的应用性，能够为权利人带来经济利益和竞争优势。(4) 保密性，即权利人对商业秘密采取保密措施。有论者认为，商业秘密除了具有上述四个法定特征以外，还派生出可转让性与非排他性特征以及合法性特征。

四、金融诈骗罪暨合同诈骗罪研究

金融诈骗、合同诈骗犯罪是近年来刑法理论持续研究的热点问题。此次会议共收到关于金融诈骗罪的论文 23 篇，关于合同诈骗罪的论文有 20 篇，另有 2 篇则同时涉及金融诈骗罪与合同诈骗罪这两种新型诈骗犯罪。在金融诈骗罪部分，从总体上研究金融诈骗罪的论文有 4 篇，关于贷款诈骗罪的有 6 篇，关于票据诈骗罪的有 2 篇，关于信用卡诈骗罪的有 3 篇，关于保险诈骗罪的有 5 篇，关于集资诈骗罪、金融凭证诈骗罪以及期货诈骗犯罪的各有 1 篇。

(一) 关于金融诈骗罪

1. 关于金融诈骗罪的宏观研究

有论者从立法逻辑角度阐述金融诈骗罪设立的必要性，认为金融诈骗罪的设立突出了同类客体，体现了各罪的特征，有助于与外国立法例接轨。

有论者认为，刑法分则专节规定"金融诈骗罪"，从体例上来说与其他章节不够协调；而且，其在刑法理论与刑事司法实践的适应性方面、在刑事立法的价值取向与刑法历史发展趋势的趋同性方面、在刑事立法形式与刑法基本原则的一致性方面等均存商榷的余地。有论者认为，金融诈骗就是普通诈骗罪的具体化，没有单独的立法价值。对于金融诈骗罪适用死刑，缺乏正当根据，应当对其广泛适用包括没收财产、罚金以及剥夺资格刑在内的各种经济制裁手段。为此，该论者建议在立法上作出如下修改：(1) 取消刑法第三章第五节的规定，对其所属 8 种犯罪形式仍然归并入诈骗罪的范畴，但在立法技术上可考虑采用较为灵活的方式。(2)完善诈骗罪的犯罪构成与刑罚设计，将各种金融诈骗犯罪及合同诈骗罪予以包容规定，摒弃重刑思想，废除金融诈骗犯罪中的死刑刑种，仍依刑法第 266 条的规定确定诈骗罪的刑罚幅度，同时，增设单位诈骗罪的规定。

有论者认为，我国现行金融诈骗犯罪的立法模式采用的仍然是传统诈骗犯罪的目的犯模式，不利于防范和制裁金融领域的各种虚假陈述的欺诈犯罪，因此，有必要架构起目的犯加行为犯的双重模式，实现对金融资金与金融秩序和信用的一体保护，更好地维护金融安全。

有论者建议：应尽快出台规制基金、信托领域的刑事立法。而且，金融新工具的涌现，已超出了金融凭证、有价证券所能涵盖的范围，因此，在立法上或司法解释中对其性质归类作出明确的界定十分必要。有论者则基于我国金融诈骗罪的立法未能涉及以金融衍生工具为工具或对象的诈骗犯罪，主张在金融诈骗罪中增设计算机金融资产诈骗罪，并将信用卡诈骗罪修改成为电磁卡诈骗罪。

有论者专门就金融诈骗罪设置死刑条款存在的诸多问题，进行了分析探讨。该论者认为，金融诈骗罪设置死刑条款不符合国际刑事立法潮流，违背罪刑相适应刑法原则，而且在司法实践中也没有存在的必要。因此，建议取消刑法第 199 条规定的四种金融诈骗罪中适用死刑的条件，使之与其他诈骗罪一样，最高刑为无期徒刑。

2. 关于集资诈骗罪

有论者认为，在具体认定集资诈骗罪时，要在对行为人的行为符合客观方面"非法集资"、"使用诈骗方法"和主观方面存在"非法占有"目的作出正确判断的基础上，结合犯罪数额、犯罪情节、犯罪主体和犯罪客体等进行全面、客观的综合考量。有论者研究了集资诈骗罪停止形态，认为本罪属于结果犯，区别既遂与未遂的主要标志是看行为人是否在实际上非法占有了集资款。

3. 关于贷款诈骗罪

有论者对房地产开发商"假按揭"贷款欺诈行为的刑法规制问题作了探讨，认为该行为既构不成贷款诈骗罪，亦构不成合同诈骗罪，而只能以普通诈骗罪追究刑事责任。鉴于此，该论者建议增设"虚假陈述骗取贷款罪"，并将"贷款诈骗罪"的犯罪主体扩大至单位。但另有论者则认为，对于单位十分明显地以非法占有为目的，利用签订、履行借款合同诈骗银行或其他金融机构贷款，符合合同诈骗罪构成要件的，应当以合同诈骗罪定罪处罚。但对于了实施诈骗犯罪而成立房地产开发公司，利用虚假楼宇按揭来骗取银行的贷款，则应该作为个人犯罪以贷款诈骗罪追究行为人的刑事责任。

有论者认为：尽管贷款诈骗罪与合同诈骗罪分属不同类型的犯罪，但两者不仅在行为方式上，而且在犯罪的目的上存在竞合之处。在司法实践中，对贷款诈骗犯罪中的单位贷款诈骗和取得贷款之后产生非法占有目的的行为，如果运用合同诈骗罪处理，就能解决其中的棘手问题。

对于银行工作人员与外部人员联手从事贷款诈骗的案件，有学者认为，以共同犯罪所体现出来的基本特征来认定共同犯罪的罪名，既符合罪刑相适应的原则，防止特殊主体介入反而造成罪名变轻的不合理现象，又不至于机械套用，以某种共同犯罪人的分类作为整体认定标准。有论者则认为，金融机构工作人员与金融机构以外的人员相互串通，共同勾结，采取冒名贷款手段骗取贷款的，应共同构成贷款诈骗罪，以共犯论处。

有论者则就如何惩治金融领域债务人从立法、政策、措施上提出一些设想，主张建立债务人惩治制度，完善贷款诈骗罪立法。有论者建议全国人大尽快作出修改现行刑法，严厉打击债务人逃避债务犯罪的决定，甚至主张有选择地适用死刑。

4. 关于金融凭证诈骗罪

有学者指出：由于伪造、变造汇票、本票、支票进行诈骗的行为构成票据诈骗罪，故金融凭证诈骗罪中的金融凭证排除了汇票、本票、支票。至于拨款凭证、银行进账单等则都属于金融凭证。金融凭证诈骗罪在主观上必须具有非法占有的目的。对于使用作废的银行结算凭证或冒用他人的结算凭证进行诈骗的行为，目前只能依照普通诈骗罪进行处罚，而不能构成金融凭证诈骗罪。

5. 关于票据诈骗罪

有论者认为：票据诈骗罪是目的犯，非法占有目的是必备构成要件。其所谓明知只能是行为人"已经知道"；就"明知"的程度而言，不仅包括确切知道还包括明知可能性。冒用他人票据之所谓票据是否真实有效，不影响行为人主观恶性本质的评价。对于"连续诈骗行为同时涉及票据诈骗与其他诈骗罪名"的情况，有论者认为，应严格依照数个行为符合的数个不同犯罪构成，进行数罪并罚。有论者认为，票据诈骗罪是结果犯，其既遂与未遂的标准应当是行为人是否实际取得财物。

6. 关于信用卡诈骗罪

有学者认为：所谓信用卡诈骗罪，是指以非法占有为目的，捏造或者隐瞒与信用卡相关的事实或者真相，数额较大的行为。本罪的客体是信用卡管理制度和公私财产所有权。行为人所使用的伪造的信用卡，既可以是他人伪造的，也可以是自己伪造的；所使用的作废的信用卡，既可以是自己持有的作废信用卡，也可以是他人持有的作废信用卡。冒用他人的信用卡的成立，通常不受信用卡来源的限制。但是，抢劫信用卡而使用的，应按抢劫罪与信用卡诈骗罪的牵连犯，适用"从一重处"的原则定罪处罚。

有学者对"盗窃信用卡并使用的"以盗窃罪定罪处罚的规定提出质疑，认为该条款的规定不具有科学性。有论者认为：盗窃信用卡后不是用于取现、购物和享受服务，而是用它作为一种资信证明、抵押物来骗取他人的信任从事经济活动，则不应按盗窃罪定罪处罚。此处的使用应包括出售，即盗窃信用卡后出售给他人的行为也应按盗窃罪定罪处罚。此外，盗窃并使用信用卡并不包括盗窃伪造的信用卡、作废的信用卡而使用的情况。有学者指出，盗窃信用卡并使用的，只有使用信用卡取得了他人财物（或用来支付了费用），才能构成犯罪既遂。

7. 关于保险诈骗罪

有论者认为，保险诈骗罪是指以非法占有为目的，以各种不法手段，使与其保险交易的相对方限于认识错误或持续限于认识错误，诈骗较大数额保险金或保险费，从而主要侵犯了国家保险制度和保险公司财产所有权的行为。保险诈骗罪应以非法占有为目的，这为大多数学者所赞同。

有论者详细分析了我国刑法中保险诈骗罪的客观表现形式，并在此基础上建议在现行刑法第198条第1款中增加以下几项：（1）恶意重复保险，骗取保险金；（2）被保险人自伤、自残、自杀，骗取保险金；（3）行为人以不作为的方式，放任保险事故发生，骗取保险金；（4）保险方诈骗投保方保险费。有学者认为，对于"虚构保险标的"应该有正确的理解。超额投保、事后投保可以视为"虚构保险标的"，但隐瞒保险危险、恶意重复投保等情形，则不属于"虚构保险标的"。因此，建议在刑法第198条第1款增加这两种情形。至于以非保险标的冒充保险标的的行为，应按照第198条第1款第3项处理。

有论者认为：我国刑法中的保险诈骗罪为结果犯，即行为人实施了保险诈骗行为骗到了保险金的构成既遂，没有骗到保险金的为未遂。保险诈骗罪中的着手应以行为人向保险人申请给付保险金为开始。对于已经着手向保险人申请给付保险金，由于意志以外的原因，使犯罪未能得逞的，是保险诈骗罪的未遂。保险诈骗未遂，情节严重的，才应依法追究刑事责任。

有学者认为，将投保人视为保险诈骗罪主体之一，不甚妥当，不符合保险诈骗罪的特点；而且，单位其实只能构成第198条第1款规定的前三种情形的保险诈骗罪。

对于内外勾结骗取保险金行为，有论者认为，若投保人、被保险人或受益人勾结保方人员共同编造未曾发生的保险事故，再由保方人员利用职务便利，进行虚假理赔，骗取保险金，共同分赃的，应定贪污罪或职务侵占罪。但若双方共同虚构保险标的、对发生的保险事故编造虚假原因或夸大损失，骗取保险金，即使保方人员利用了职务便利，其行为也不能定贪污罪或职务侵占罪，而应按保险诈骗罪的共犯处理。也有论者主张：保险合同当事人与保险公司工作人员内外勾结共同骗取保险金的行为符合刑法理论中想象竞合犯的原理，当有身份者利用职务之便的行为构成贪污罪时，实际上其行为也同时触犯了保险诈骗罪，属于保险诈骗罪的共同犯罪人，而贪污罪的量刑明显重于保险诈骗罪，所以对整个共同犯罪应定为贪污罪。但当有身份者利用职务之便的行为构成职务侵占罪时，由于其行为也同时触犯了保险诈骗罪，依照想象竞合犯从一重处断的原则，对整个共同犯罪应以保险诈骗罪定罪处罚。

8. 关于期货诈骗犯罪

有论者指出，因期货诈骗犯罪在现行刑法中缺乏明文规定，故只能根据诈骗的犯罪属性而以一般诈骗罪来处理。但基于期货诈骗犯罪所具有的特性，该论者建议立法机关创设期货诈骗罪，并将之置于金融诈骗罪中。有论者认为，所谓期货诈骗罪，是指行为人以非法占有为目的，在期货活动中采用吃点、利用代理之机，赚取差价、人为延缓成交时间，乘机从中牟利和伪造、篡改、买卖各种交易凭证和文件等欺骗客户手法，使客户遭受数额较大损失并严重影响期货市场正常秩序的行为。

（二）关于合同诈骗罪

1. 关于本罪的客体

关于合同诈骗罪侵犯的客体，理论界众说纷纭。大多数论者认为，本罪既侵犯了对方当事人的财产权，又侵犯了合同的管理秩序，其中，合同管理制度是主要客体，而对方当事人的财产权是次要客体。但也有论者认为，本罪侵犯的客体是正常的社会主义市场经济秩序以及国家、集体、个人合法的财产权益。有论者专门研究了合同诈骗罪的对象，认为作为合同诈骗罪对象的财物可以包括不动产、违禁品、非法活动所得的财物，但不包括专有技术。

2. 关于本罪的客观特征

有论者认为，行为人利用合同从事诈骗犯罪，收受对方财物后即使不逃匿亦有可能成立合同诈骗罪。

有学者认为，本罪之所谓"其他方法"应以"利用合同"进行诈骗为前提。有学者则认为，这里"其他方法"必须符合刑法所限定的构成合同诈骗罪的基本特征，司法实践中合同诈骗的"其他方法"有：（1）伪造虚假的合同标的；（2）蒙蔽对方错误签署文件；（3）利用合同制裁条款骗取定金、违约金；（4）在货物运输或仓储保管合同中，诈骗者利用运输方式或保管方管理制度不严的漏洞，通过偷盗或者涂改提单，冒充收货人或仓储人骗取货物。

也有学者主张从以下方面界定"其他方法"：（1）收受对方当事人给付的货物、货款、预付款或担保财产后，无正当理由拒不履行合同义务又拒绝退还，或者没有用作履行合同而无法返还；（2）利用合同骗取财物用于抵偿债务，而没有实际履约；（3）利用合同骗取财物进行挥霍，致使无法返还；（4）虚构不存在的标的，签订空头合同，骗取对方当事人财物；（5）利用虚假的广告和信息，骗取对方当事人中介费、培训费等相关费用；（6）利用伪造、变造的合同骗取对方当事人及其代理人或权利、义务继受人的财物；（7）假冒联合经商、投资、合作协作名义，签订、履行合同骗取对方当事人财物。

有论者则认为"其他方法"还应包括：（1）设置合同陷阱条款；（2）使用对方当事人交付的货物、货款、预付款或者定金、保证金等担保合同履行的财产，进行违法犯罪活动，致使上述款物无法返还的；（3）隐匿合同货物、货款、预付款或者定金、保证金等担保合同履行的财产，拒不返还的。但也有学者认为，对依据"合同陷阱"条款追究对方当事人违约责任而骗取对方当事人财物的行为，因其是以合法形式实现了非法目的，其占有对方财物的行为因对方的承诺而正当化，因此，对此类行为不宜按犯罪追究刑事责任，可通过民事诉讼的途径解决。

3. 关于本罪的主体

多数学者认为，所有制形式不能作为单位犯罪主体的标准，无论是何种类型所有制的单位，都能成为合同诈骗罪的主体。有论者则进一步指出，个人独资企业已被个人独资企业法明确规定为新的企业类型，既然刑法并未对成立单位犯罪主体的企业作任何限制，那么就没有任何理由将个人独资企业排除在单位犯罪的主体之外，个人独资企业也可以构成合同诈骗罪。

4. 关于本罪的主观方面

绝大多数学者都认为，合同诈骗罪主观方面表现为直接故意，以"非法占有"为目的，而不可能对诈骗的结果持放任的态度。

但关于如何理解"非法占有"的含义，理论上却存在诸多争议：有的学者认为，非法占有目的是指明知是公共的或他人的财物，而意图将其非法转归自己或者第三者占有。有的学者则认为，非法占有目的是指非法掌握控制财物的目的。有的学者认为，非法占有目的不仅包括行为人意图"非法所有"他人财产，还包括行为人无非法所有意图，而仅是打算在占用较长时间后予以归还的情形。概言之，合同诈骗罪的非法占有包括"非法所有"和"非法占用"，"非法占用"也属于非法占有。有学者指出，我国刑法把"非法占有"作为合同诈骗罪中的主观目的，并不是简单地理解为该罪只对财产占有权进行了侵犯，而是应当理解为对财产所有权的侵犯。刑法理论中的"非法占有"与"非法占用"是有区别的。合同诈骗罪所谓"以非法占有为目的"就是指犯罪行为人具有将骗取的对方财物攫为己有不予返还的目的。

关于非法占有的产生时间，有学者提出在以下三种形式下，均可构成非法占有：（1）在签订合同之前行为人就打算通过合同骗取他人财产；（2）在签订合同之时行为人是打算履行合同还是骗取他人财物处于不确定的朦胧状态，结果取得他人财产后没有履行合同义务，应认定行为人有非法占有他人财产的目的；（3）行为人一开始希望通过正常履行合同实现合同利益，在履行合同过程中主、客观条件发生了变化，行为人由没有非法占有他人财产的目的转变为有非法占有他人财产的目的。也有学者将之概括为两种情况，即签订合同时就有非法占有目的，以及签订合同后由于情况变化行为人产生了非法占有目的。有学者认为，合同诈骗是目的型犯罪，其非法占用形式只能是在签订合同之前行为人就打算通过合同骗取他人财物。

5. 关于合同的范围与形式

有论者主张，应将"合同"限定为经济合同。有些论者认为，合同诈骗罪并不只限于经济合同范畴，利用劳动合同、行政合同以及保管合同、运输合同等进行诈骗犯罪的，也应构成合同诈骗罪。大部分与会论者则认为：合同诈骗罪中的"合同"，应当包括所有经济合同、民事合同，其中民事合同既包括债权合同，也包括抵押合同、质押合同、土地使用权转让等物权合同、合伙合同、联营合同、承包合同。但是，其他有关身份关系的协议，赠与、委托等单务的、无偿的合同以及行政法上的行政合同、劳务合同等不属于合同诈骗罪中的"合同"。

司法实践中，对于利用口头合同形式或者其他合同形式进行诈骗犯罪的是否按合同诈骗罪论处，有不同的观点。有部分论者认为，合同诈骗罪的认定不是以合同形式为标准的，不应当受到合同形式的限制。但也有不少论者主张，合同诈骗罪中"合同"的形式应限定为书面合同。有学者则认为，从证据的客观可见性要求来说，口头形式的合同举证困难，不应成为合同诈骗罪中的"合同"。

6. 本罪与民事欺诈、合同纠纷行为的界限

与会论者普遍认为：区分合同诈骗罪与民事欺诈关键是看行为人主观上是否有非法占有的目的。至于非法占有目的的判断，往往涉及司法推定的问题。正如有论者指出的，非法占有目的是一种主观心理态度，除其本人外，外人不能确知，故在行为人否认具有非法占有目的时，只能依据行为人外在的客观行为，结合审判实践经验，由法官进行分析、推断后，最终形成内心确信。

关于合同诈骗罪与合同纠纷的界限，与会学者一致认为：应从客观上看行为人有无履行合同的实际能力或担保，从主观上看行为人是否具有非法占有他人财物的目的。在考察一种行为是合同诈骗还是合同纠纷时，应从下述几个方面综合分析，判断行为人主观上是否具有非法占有的目的：（1）行为人有无实际履行合同的能力；（2）行为人是否采取了欺骗手段；（3）行为人是否有履行合同的实际行为；（4）标的物的处置情况；（5）行为人在违约后有无承担责任的实际行动；（6）行为人未履行合同的原因。只要坚持主、客观相统一原则，牢牢把握合同诈骗罪的基本特征，综合分析案件中的各种事实，就可以划清两者的界限。

7. 关于本罪的数额与犯罪停止形态

有部分论者认为，认定本罪数额应当区别情况，具体分析：在既遂的情况下，应以受骗者因被骗而实际交付诈骗分子的合同预付款数额为"诈骗数额"；在犯罪未遂的情况下，则应以诈骗分子行骗的合同标的数额作为诈骗数额。也有部分论者主张：应以受骗损失数额作为合同诈骗罪的定罪数额。受骗损失有直接损失与间接损失之分，作为合同诈骗定罪数额的只能是受害方的直接损失数额，而间接损失数额只能作为重要的量刑情节予以考虑。

有论者主张，合同诈骗罪的犯罪预备通常不予定罪处罚；合同诈骗犯罪未遂，情节严重的，应当定罪处罚；利用合同形式实施诈骗犯罪，只有在实际控制或者取得了数额较大的财物时，才构成合同诈骗罪的既遂。

此外，在共同合同诈骗中，如何确定各共同犯罪人的诈骗数额和刑事责任，也是一个争议较大的问题。有论者主张，在确定各共同合同诈骗犯罪人诈骗数额和刑事责任时，应适用犯罪总额说。也有论者进一步认为，对共同犯罪的定罪应坚持"犯罪总额说"，而量刑则应根据各个共同犯罪人在共同犯罪中的不同地位和作用，兼顾"分赃数额说"和"参与数额说"。

8. 一罪与数罪的认定

有论者认为：连续诈骗行为同时涉及数种诈骗罪名，属于犯罪方法各异、触犯罪名不同、相互独立的连续诈骗犯罪，应实行数罪并罚。在连续诈骗行为中，当各种特殊诈骗行为及普通诈骗行为，各自涉案数额达不到定罪标准、不构成犯罪，而其诈骗总数额按照任何一种诈骗犯罪的定罪标准都可达到定罪标准的，这种情况不能分别处理，而应当把这些诈骗行为作为有机整体看待，以刑法第 266 条为基准，进行罪与非罪的评判；构成犯罪的，依照普通诈骗犯罪定罪处罚。

9. 合同诈骗罪的立法完善

有学者提出了完善合同诈骗罪的立法建议：（1）适当扩大合同诈骗罪的犯罪对象的范围，把"财产性利益"也纳入规范体系；（2）完善"以非法占有为目的"的规定，把"非法占有为目的"，改为"以非法取得他人财物或其他财产性的利益为目的"；（3）使合同诈骗罪中的"其他方法"相对具体。

五、妨害公共卫生犯罪相关问题研究

2003 年 4 月至 6 月，"非典"疫情肆虐华夏大地，疫情提醒我们，对于公共卫生不容忽视，刑法亦应担负起相应之责任，对妨害公共卫生犯罪相关问题的研究应予以相当关注。本次年会有 25 篇论文对此一论题进行了较深入的探讨，以全面检讨我国现行的妨害公共卫生犯罪的立法规定与司法实践，为完善刑法正确应对突发公共卫生事件提出理论建议。具体而言，主要集中在以下几个方面：

（一）妨害公共卫生犯罪宏观问题

1. 妨害公共卫生犯罪涉及的刑法基本理论问题

（1）疫学的因果关系理论。有论者认为：由于传染病犯罪是以传染病的传播作为其因果环节，其因果关系具有复杂性，传统的因果关系理论已难以胜任该类因果关系的认定，因而必须借鉴德日刑法中的疫学因果关系理论。对被害人为不特定多数的案件，应根据"疫学五要素"来认定因果关系；对被害人为特定的案件，应根据"密室犯罪原理"来认定因果关系。也有论者认为，可以将疫学方法论应用于某些医疗事故犯罪因果关系的认定。同时，有论者对该理论的运用持谨慎的态度，认为疫学方法论应当是医疗事故犯罪因果关系认定中的最后手段，应主要用于因果关系的消极排除，而不能一概地应用于积极证明因果关系的存在。

（2）刑罚理念问题。有学者认为：犯罪是刑罚的前提和基础，罪刑法定和罪刑均衡的观念应贯穿刑法始终，无论是平日还是特殊时期。突发传染病疫情所造成的特殊情势尚不足以撼动罪刑法定主义和罪刑均衡原则。但基于规范违反说的立场，对非常时期的犯罪行为适用较重的法定刑是顺理成章的事。非常时期的刑事政策理应注重它的灵活实用，但罪刑法定主义和罪刑均衡原则丝毫不可动摇。对"非典"犯罪依法从重处罚，是在上述大前提之下、符合社会伦理情感和近代刑法学派的刑法观的。

2. 关于完善我国现行妨害公共卫生犯罪的思考

(1) 对现行有关妨害公共卫生犯罪立法的评价。有学者认为，现行刑法不但与传染病防治法不对接，而且缺少紧急状态下传染病防治危机时期治罪"应急"条款（在平常为备用），加之上述传染病罪刑条款规制本身的缺陷、漏洞和局限性，使其缺乏"应急"之活力。有论者进一步指出，我国刑法在妨害公共卫生犯罪立法方面存在着以下几个偏差：一方面，在宏观上，立法重点发生偏差，没有将直接关乎公民与公众生命健康的公共卫生犯罪置于类罪、章罪地位，强调人权与公益，而其立法重点仍然是社会管理秩序和政治秩序，这与我国建立市场经济制度之后由"政治立法"向"市民立法"过渡或转变的历史趋势不吻合，落后于时代精神之发展。尤其把传播性病罪置于有伤社会风化的"卖淫罪"一节，对该罪的社会政治评价与立法价值取向更加不当。另一方面，在微观上，刑法第 330 条规制的是违反传染病防治法引起甲类传染病传播或有传播危险的犯罪，未及引起其他传染病传播或有传播之危险而构成犯罪的情形，形成了立法空当或漏洞；刑法第 331 条规制的是传染病菌种、毒种扩散罪，虽然未限于甲类传染病菌种、毒种的扩散，但却将犯罪主体锁定为特殊主体，而未及一般主体，等等。

为了适应抗击"非典"这一突发事件，弥补现行立法的不足，最高人民法院和最高人民检察院联合颁布了《关于办理妨害预防、控制突发传染病疫情等灾害的刑事案件具体应用法律若干问题的解释》。有学者认为，由于该解释没有考虑与行政法与其他刑法条文的衔接和协调，出现了顾此失彼的现象。有鉴于此，另有论者一针见血地指出：一个规模巨大的法治社会，如果仅仅靠一两个部门的急功近利的"司法解释"来维护社会的长治久安，来应对一切可能发生的事件，显然是不理性的，其后果不堪设想，因此，有必要对现行有关妨害公共卫生犯罪立法进行完善，以应对可能突发的公共卫生危机。

(2) 关于立法体例。在有关妨害公共卫生犯罪刑事立法理念上，有学者认为，突发性公共卫生事件是一种公共紧急状态，公共紧急状态时期的社会特征及犯罪特征明显地不同于平常时期，许多国家都备有"紧急状态下的反应"或"应急"法律规范，以防止灾害的扩大或绵延，因此，我国也有必要设立单独的刑事法律制度，专门应付包括突发性公共卫生事件的公共紧急状态。该论者根据突发性公共卫生事件下的犯罪所具有的特征，提出了突发性公共卫生事件下刑事法律制度的特征。

对于妨害公共卫生犯罪在刑法规范中的地位，有论者认为，应当将现在规定于刑法分则第三章中的生产、销售假药罪，生产、销售劣药罪，生产、销售不符合卫生标准的食品罪，生产、销售有毒有害食品罪，生产、销售不符合标准的医用器材罪，生产、销售不符合卫生标准的化妆品罪，以及现在规定于刑法分则第六章第八节中的传播性病罪，改为规定于"危害公共卫生罪"一节之中。其理由是对于上面所列几种生产、销售特殊伪劣商品的犯罪，不应将其主要侵害客体视为产品质量管理秩序问题或市场经济秩序问题，而应看到它们首先是个公共卫生问题，而传播性病罪的实质无非是一个危害公共卫生的问题。另有学者则更进一步指出，宜将妨害公共卫生的犯罪和破坏环境保护的犯罪，从刑法分则第六章"妨害社会管理秩序罪"中分离出来，使其独立成罪，立足于类罪之"林"，去其原节罪地位，以示立法对人文的关怀与珍重。

（3）具体罪名的完善和增减。关于妨害传染病防治罪的完善，多数学者都认为，我国刑法中的妨害传染病防治罪涵盖面过窄，该罪的追究范围锁定为法定甲类传染病的传播或有传播危险的行为，突出了惩治的重点，这无疑是正确的，但在重点追究之下，也应顾及其他法定（乙类和丙类）传染病的传播或有传播危险的行为。因此，有学者认为：可以在刑法第330条规定的妨害传染病防治罪后面增加一款，对此进行规制，并同时规定，单位犯本罪，实行两罚制。传染病防治失职罪，罪状可考虑改变原情节犯的设置模式，而设置成基本构成＋加重构成模式，相应地把法定刑也设定成两个档次。另有学者认为，针对妨害传染病防治罪在立法上的缺陷与不足，一是在立法上对刑法第330条进行修改，适当增加传染病的类型和范围。二是出现传染病突发事件，由国务院及时作出规定，将甲类传染病范围扩大。这种做法灵活、机动，且不用修改法律，在现阶段较为可行。

关于妨害公共卫生犯罪新罪名的设立，有学者认为，应增设歧视罪，确保传染病病人、传染病疑似病人及其亲属子女的平等权利；增设隐瞒、缓报、谎报信息罪，抵御疫情灾情侵害和危机，确保公民权益；增设猎野、养野、售野、食野传播病菌、病毒罪，保护生态环境，确保公民卫生生活和生命质量。亦有学者认为，应当在"危害公共卫生罪"一节中增设"非法隐瞒重大公共卫生信息罪"，相关犯罪行为不再按照刑法第409条规定的传染病防治失职罪论处，但仍保留该罪名。又有学者认为，由于2003年4月~6月"非典"肆虐，并可能卷土重来，我国现行刑法不能有效应对和惩处故意传播SARS病毒的行为，因此，可考虑增设故意传播SARS病毒罪，增加规定"故意传播突发性传染病与严重传染病罪"与"过失传播突发性传染病与严重传染病罪"。

（二）妨害公共卫生犯罪具体罪名的研究

1. 妨害传染病防治罪

（1）本罪的客体问题。对本罪的客体，学者之间存在着争议。有论者认为，本罪的客体是简单客体，即国家对传染病防治的有关管理制度。多数学者认为本罪的客体是复杂客体，但对于何者为主要客体存有不同看法：一种观点认为本罪的复杂客体包括公共卫生和对国家关于传染病防治的管理制度，主要客体是公共卫生，其次要客体是国家关于传染病防治的管理制度；另一种观点认为后者是本罪的主要客体，前者是次要客体。

（2）妨害传染病防治罪的客观要件问题。对于刑法第330条第4项的规定——"拒绝执行卫生防疫机构依照传染病防治法提出的预防、控制措施的"，有学者认为，这一概括性的规定，应当理解为前3项规定之外的所有违反卫生防疫机构依法提出的对甲类传染病预防和控制措施的各种情况。

对于"甲类传染病传播的实害结果"，有论者所持的观点是，"应当是指不特定多数人的健康人群实际受到感染的实事，如果只是小范围的人群受到感染，采取措施就能够有效控制传播的，不宜视为已经发生实害结果"。

关于如何认定"引起甲类传染病传播严重危险"，有学者指出，应当是以本罪犯罪构成的要求来考虑，对危险性的判断应当在行为结束之后。另有学者进一步提出，认定妨害传染病防治罪中要求的危险状态是否存在是一个专业性很强的问题，在司法实践中通过传染病技术鉴定组织进行技术鉴定，将使危险状态的判断更为客观科学。

学者一致认为，妨害传染病防治罪在客观方面表现为具有引起甲类传染病传播或者有传播严重危险的四种行为，在国务院没有增加甲类传染病病种、把"非典"确定为甲类传染病的情况下，对妨害传染病防治罪客观行为特征不能作扩大解释，因此，对于"非典"病人传播"非典"病情的行为，不能适用妨害传染病防治罪来追究刑事责任。

（3）本罪的主体方面的问题。对于本罪的主体，学者们普遍认为是一般主体，但由于其具体行为不同，相应的主体也不同。

对于本罪中的"供水单位"，有学者认为，应从形式和实质相结合的角度来理解，即具有合法的供水资质，取得供水许可，实际上提供了饮用水。

还有论者探讨了本罪中如何区分自然人犯罪与单位犯罪的问题，主张借鉴目前理论上主张的"行为是否体现单位意志"来衡量。

（4）本罪的主观方面的问题。在这一问题上，学者们一致的看法是，只有"行为人对其行为所造成的引起甲类传染病传播或者有传播严重危险的危害结果"所持的心理态度，才是判断的依据，因此，本罪的主观罪过只能是过失，即本罪主体对其违法行为所造成的引起甲类传染病传播或有传播严重危险这一危害结果所持的心理态度为过失。而对违反传染病防治法规定的行为本身，少数学者认为行为人对于违反传染病防治法规定的行为是故意，多数学者的观点是通常表现为故意，但也可能为过失。

（5）妨害传染病防治罪与过失以危险方法危害公共安全罪的界限。有学者认为，两罪除主观特征都是过失外，主体特征、客体特征和客观特征均有不同之处；此外，过失以危险方法危害公共安全罪为结果犯，其行为必须造成人身伤亡或者公私财产重大损失的严重后果的，才构成犯罪。

另有论者指出，如果对于违反传染病防治法的规定，引起甲类传染病以外的（如乙类传染病等）传染病传播严重危险的，均不符合妨害传染病防治罪和过失以危险方法危害公共安全罪的构成要件，不能定妨害传染病防治罪和过失以危险方法危害公共安全罪。

2. 非法行医罪

对于该罪的探讨主要集中在以下两个问题：

（1）本罪的客观方面问题。对于非法进行医疗美容的行为，有些学者认为，未取得"医疗机构执业许可证"的机构擅自开展医疗美容活动的，亦属非法行医，情节严重的，应以非法行医罪追究行为人刑事责任。

对于非法进行胎儿性别鉴定的行为，有论者建议，由最高司法机关对非法行医罪作扩大解释，将擅自作胎儿性别鉴定列为非法行医的表现；另有学者则认为，从长远计，有必要设置专门的非法进行胎儿性别罪，不管行为人是否具有合法医务人员资格，不管其主观上出于牟利还是其他动机，只要实施了非法进行胎儿性别鉴定行为且情节严重的，均应当治罪。

（2）非法行医罪的主体问题。其一，本罪是否是一般主体。有论者认为，本罪的主体应归入特殊主体，因为，如果不考虑主体条件本身内容的肯定或否定，将其作为一个整体看待，无疑，"未取得医生执业资格"是刑法所要求的法定身份，具备这一身份才成立本罪，与常见的特殊主体并无二致。

其二，未取得医生执业资格如何理解。有学者认为：医生执业资格是"医师资格"和"执业资格"的统一，既包括取得执业医师资格证书又包括取得执业注册证书。执业医师资格证书的取得，只表明行为人具备了从事医疗业务的最基本的知识，并不代表行为人因此可以从事诊疗业务。取得执业医师资格只是取得医生执业资格的前提条件之一，不能将执业医师法中的"执业医师资格"与刑法中的"医生执业资格"画等号。

其三，对"医生执业资格"应进行实质审查还是形式审查。大多学者认为，采取非法手段获取的行医资格及行医执照在法律上是无效的，不能改变其行医活动的非法性质。还有学者指出，应分别不同情形进行处理：一是对自认为符合行医条件，纯粹因卫生行政部门的工作失误或偏差领取到了执业证，而本人在此之后又基于取得证书后能够合法从事医疗活动的确信行医的，该行为人不能成为非法行医罪的主体。二是对明知自己不符合行医条件，但采取非法手段取得执业证的人，可以按以下情形分别认定：如果卫生行政部门确认该行政行为无效，则行为人自始不具有医生执业资格，能够成为非法行医罪的主体；如果卫生行政部门认为行为人过错程度较轻，而对该行政行为作出撤销决定，则人民法院可以视该行政行为的效力自撤销之日起失效，故其不能成为非法行医罪的主体。

其四，单位能否构成非法行医罪。学者一致认为，刑法没有规定该罪的单位犯罪，因此现行刑法否定了单位成立非法行医罪的可能。但多数学者建议：出于对公共卫生保护的进一步需要，有必要将医疗机构的非法行医行为予以犯罪化处理。可以考虑今后通过立法增设单位犯罪，采取双罚制，以加大对此类非法行医行为的惩处力度。

3. 其他妨害公共卫生犯罪及相关犯罪研究

少数论文分别对逃避动植物检疫罪、妨害国境卫生检疫罪、传染病防治失职罪的概念、构成特征、司法认定进行分析进行了探讨。

六、非公有制经济刑法平等保护研究

党的"十六大"报告提出，要"依法加强监督和管理，促进非公有制经济健康发展。完善保护私人财产的法律制度"。我国目前仍处在社会主义市场经济建设的初期，关于非公有制经济的刑法保护问题在立法、司法上虽有所进步但仍有较大差距。本次年会有 11 篇论文围绕"公有、非公有经济刑法平等保护研究"这一议题展开论述，为解决非公有制刑法保护的问题出谋划策。

（一）非公有制经济刑法保护的现状及原因

对于我国当前非公有制经济刑法保护的现状，有学者认为，与 1979 年刑法相比，1997 年刑法在吸纳了有关对非公有制经济进行保护的司法解释和特别刑法的基础上，进一步强化了对非公有制经济的保护，主要表现在以下几点：首先，1997 年刑法在第 2 条把公民的私有财产纳入了保护范围；其次，刑法第三章从多个角度对非公有制经济进行了保护，除直接规定了公司、企业人员受贿罪外，还对私有经济的商标权、商业秘密等知识产权进行了全面保护；最后，刑法第四章用了一个整章的篇幅规定了侵犯财产的犯罪，形成了一个较为严密的保护私有经济的法网，进一步缩小了同公有制经济的刑法保护力度上的差距。不过该学者指出，由于计划经济的立法观念仍居主导地位，同时1997 年刑法仍旧采用了"身份立法"这一具有明显计划经济时代的立法方式，对非公有制经济的刑法保护难言平等。

这些不平等主要表现在如下几个方面：

1. 在刑事政策方面，有学者认为当前还存在如下三种阻碍贯彻落实公有、非公有经济刑法平等保护刑事政策的偏向：（1）轻"私"；（2）袒"私"；（3）误"公"。

2. 在刑事立法方面，在宏观上，有学者认为，刑法将许多侵犯非公有制经济犯罪行为放在分则第四章，表明对这些犯罪的社会危害性之立法评价还仅仅局限于财产权范围之内，从而与"非公有制经济是社会主义市场经济的重要组成部分"的宪法规定不符。实际上，危害非公有制经济的犯罪也应属于"破坏社会主义市场经济秩序犯罪"范畴。

3. 在微观上，多数学者指出，在我国刑法中，在罪名的设立上，在罪刑关系的设置上，也侧重于保护公有制经济，现行刑法"厚公薄私"的立法状况突出：因侵犯客体所有制不同，同质的行为定罪量刑标准不同；因侵犯客体所有制不同，同质的行为有罪与非罪之分。

对于造成此种状况的原因，多数学者认为，非公有制经济在我国并未得到刑法的平等保护，与以下两点有着密切的关系：制度上，非公有制经济在我国经济体制中的地位在新中国成立后经历了几个不同的阶段，而今计划经济体制的残余在一定程度上仍旧存在；思想上，人们对社会主义本质的正确认识和对马克思关于经济基础的论断的准确理解需要一个过程，观念的转变更是一个长期的过程。

（二）非公有制经济刑法平等保护的必要性

有学者认为，给予非公经济平等刑法保护是一次势在必行的法律变革，刑法对市场经济主体平等保护的意义体现在如下几个方面：其一，市场经济要求对市场经济主体予以平等对待；其二，对不同市场经济主体的平等保护是刑法价值的重要体现；其三，刑法是保障市场经济主体平等地位的重要保障。

也有论者指出，对非公有制经济刑法平等保护有如下几点意义：（1）是社会主义法治统一性的必然要求。因为宪法修正案已确立了非公有制经济"是社会主义市场经济的重要组成部分"地位，刑法需要进行回应。（2）是社会主义市场经济健康发展的内在、客观需要。公平正当的自由竞争是市场经济的本质特征，只有对市场主体进行包括刑法在内的平等保护才能进行公平正当的自由竞争。（3）是实现我国全面建设小康社会奋斗目标的必要条件。（4）是法律本质的、内在要求。（5）是刑法基本原则——适用法律一律平等原则的要求。（6）是我国兑现加入世界贸易组织承诺，积极应对国际竞争，以最终跻身于强国之林的起码条件。

另有学者则从非公有制经济本身的特点来论述对非公有制经济进行刑法平等保护的必要性："非公有制经济是社会主义市场经济的重要补充部分"，但由于其先天不足的特点和它在市场竞争中的弱势地位，相对公有制经济是更高风险的经营活动，因而需要对其平等保护。

（三）关于实现非公有制经济刑法平等保护的思考

有关学者在研讨刑法对非公有制经济保护的现状、原因以及必要性的基础上，进一步从以下几个方面提出了实现非公有制经济刑法平等保护的建议和构想：

1. 观念转变

有学者认为：必须树立社会主义法治观念，崇尚宪法的权威。同时，树立市场经济观念，实现刑法观念的更新：由产品经济刑法观向市场经济刑法观的转变、由执行政治功能的刑法观向执行经济功能的刑法观转变；注重层次、级别的刑法观向平等、自愿、互惠的刑法观转变；由"个人刑罚观"向"个人与法人相并重的刑罚观"转变，尤其是要树立刑法的平等观念，以求得刑法经济功能、刑法保护功能和保障功能的充分发挥，最终完成由"政治刑法"到"市民刑法"、由"身份刑法"到"契约刑法"的递进。

有论者则指出：我们需要树立这样一个观念，即在任何社会和任何历史时期，财产归属，即所有权都是核心权利类型，是一个决定社会秩序形成与确立的关键因素。加大对私有财产所有权的刑事立法保护力度，使之与公有财产处于同等地位，使财产关系特定化、稳定化，已显得刻不容缓。

2. 完善相关私有经济立法

刑法是保障法，具有补充性，要实现对非公有制经济刑法平等保护在制度层面上并不是仅靠刑事立法的改变就能达到，因此有学者认为，我国可参考日本相关法律，制定"私营企业保护法"，对其设立、经营、对外投资、税收和政策优惠等各方面作出详细规定，这样既规范了私营企业本身的行为，又明确了法律保护的范围，加大了保护力度。对严重违反"私营企业保护法"的行为依法追究刑事责任。

3. 刑事立法完善

(1) 刑事立法的原则。加强对非公有制经济刑法平等保护刑事立法，有学者认为要注意以下几个原则：第一，刑事立法尤其要遵循协调原则。首先，是与宪法的协调；其次，是与经济法和民商法的协调；最后，是新的经济刑法规范与既有刑法规范的协调。第二，由于社会主义市场经济是一个不可分割的整体，非公有制经济是其中的"重要组成部分"，因而对公有经济和非公有经济的刑法保护不应当再有明显区别。

(2) 现有罪名的修正完善。大多数学者认为，为彻底体现刑法对市场经济主体的平等保护，需修正刑法相关罪名的犯罪构成。具体而言包括：第一，将贪污罪、受贿罪、挪用公款罪中的国有公司、企业人员以及受国有公司、企业委派到非国有公司、企业人员从贪污罪、受贿罪、挪用公款罪剥离出来，相应地并入职务侵占罪，公司、企业人员受贿罪与挪用资金罪，考虑适当提高这三个罪的法定最高刑；同时取消刑法对职务侵占罪，公司、企业人员受贿罪与挪用资金罪第 2 款的规定。第二，取消刑法第 165 条"非法经营同类营业罪"、第 166 条"为亲友非法牟利罪"、第 167 条"签订履行合同失职被骗罪"、第 168 条"国有公司、企业、事业单位人员失职罪"和"国有公司、企业、事业单位人员滥用职权罪"以及第 169 条"徇私舞弊低价折股、出售国有资产罪"对犯罪主体的限定，将刑法第 165 条规定的国有公司、企业的董事、经理修订为公司、企业的董事、经理，将刑法第 166 条、第 167 条、第 168 条、第 169 条的犯罪主体由国有公司、企业人员修订为公司、企业人员，同时将刑法第 166 条、第 167 条、第 168 条、第 169 条的犯罪客观方面中的国家利益修订为企业利益，将刑法第 168 条和第 169 条的罪名分别变更为公司、企业、事业单位人员失职罪，滥用职权罪和徇私舞弊低价折股、出售公司、企业资产罪。

(3) 市场经济中新型危害行为的规制。除了对现有罪名的完善外，为严密刑事法网，扩大刑法对侵犯非公有制经济的危害社会行为的调控范围，有学者提出应对以下几种行为在刑法上进行规制：第一，对情节严重的背信行为应犯罪化。第二，对情节严重的逃债行为应犯罪化。第三，对情节严重的暴利行为应犯罪化。第四，对情节严重的垄断行为应犯罪化。

七、1983 年以来我国刑事法治与刑事政策的回顾与研究

本次年会共有 24 篇论文有关此论题，既有从宏观上高屋建瓴地回顾和研究 1983 年以来的刑事法治和刑事政策者，也有从具体的某一刑事法治和刑事政策出发，进行细微

入理的分析，为刑事法治的完善和制订更为科学的刑事政策提供建言者。

（一）20 年里我国刑事法治与刑事政策的发展及存在的问题

1. 20 年里我国刑事法治与刑事政策的发展

1983 年以来，我国刑事政策的发展经历了一个变革的过程。这种变革以理顺刑事政策与刑事实定法的关系为基本线索。刑事法律应当作为刑事政策得以贯彻的具体标准——刑事政策的目的实现必须依据刑法的有效实施——在 20 年的立法过程中得以切实体现。

有学者指出，在社会转型时期，社会体制和社会政策的变迁引发了刑事政策的变迁，而刑事政策的变革以下三个特征为脉络：第一，刑事政策由政治主导向经济主导变革。第二，刑事政策更为注重权力的监督和制约。刑事政策作为国家刑权力的现实化途径，将刑权力分立行使，以杜绝权力的个性化和绝对化。第三，刑事政策的人道主义内涵日益丰富。

有学者认为，20 年里我国刑事政策的变迁主要表现在如下几个方面：其一，从单纯的"严打"政策向多元化的综合治理政策转变；其二，从具有浓厚政治色彩的政府行为向司法机关的正常司法活动转变；其三，从突破法律规定的"从重从快"惩治犯罪逐步向严格依法惩治犯罪转变。

2. 我国刑事法治与刑事政策存在的问题

20 年里，我国刑事法治得到长足的进步，刑事政策的制定更为科学，但学者们一致认为，我国当前的刑事法治和刑事政策上存在着诸多问题。

有学者认为，我国刑事政策存在的问题主要体现在：其一，缺乏坚实的理论体系；其二，缺乏稳定性与连续性；其三，缺乏科学性与法制性；其四，过多使用了刑罚手段；其五，刑事政策关系没有理顺；其六，"严打"出现诸多弊端。

另有学者通过对 20 年里我国刑事政策的制定、执行的全过程进行反思，认为有几个方面必须进一步地检讨：第一，内涵界定不清——刑事政策宏观层面的检讨；第二，启动依据单薄——刑事政策中观层面的检讨；第三，执行存在误区——刑事政策微观层面的检讨。

（二）当前我国刑事法治与刑事政策宏观问题研究

1. 现代刑事法治理念的确立

有学者认为，现代刑事法治理念应包含以下几个：第一，规范宪政主义的理念；第二，实质理性与形式理性并重的理念；第三，实体正义与程序正义并重的理念。

有学者认为：法治原则是刑事法治的一个最重要的原则。在我国，法治原则必须予以坚持。首先，它要求在制定、实施和解释刑事政策时必须遵守宪法和宪法性法律规定的有关原则；其次，它要求刑事政策的制定与执行必须遵守刑事法律规定的有关原则。

2. 刑事政策观念的转变

有学者认为，体现现代犯罪防控理念，兼顾社会防卫与人权保障的多元化刑事政策是我们应有的选择。

有论者对此加以具体论述：首先，我们应努力实现刑事政策从狭义到广义的转变。其次，我们应努力实现刑事政策从传统到现代的转变。刑事政策作为指导犯罪防控的总体指导思想，应与时俱进，即要随着客观情势的变化而适时调整价值观。作为现代国家的刑事政策，不能无视人权保护的需要。因此，刑事政策必须摆脱传统的以社会为本位的桎梏，体现时代的要求，同时将人权保护作为其价值目标。

3. 刑事法治与刑事政策的关系

对于两者的关系，有学者认为：第一，刑事政策的实现必须以刑事法律的适用作为途径。第二，刑事政策是宏观标准指南，带有全局性、根本性特征，是法律实践活动最深层次的理论渊源，更多地表现为对实质性的确定，而不能过多地成为具体适用的依据。其形式必须是通过法律的途径达到最终目的。第三，在社会发展阶段性的成熟时期，刑事政策的稳定性与刑事法律的稳定性具有较为统一的基础，因而二者之间的关系相对较为协调。刑事政策的推行使得刑事法律较多地带有应世性色彩。而刑事法律的适用既为设定刑事政策提供了依据，又为刑事政策的贯彻奠定了法律前提。

4. 现代刑事政策内容的构建

有学者认为，刑事政策的目标应当明确，但是目标明确并不等于就有可操作性，它还必须满足政策在内容设计上的要求，即合理的目标需要合理的内容设计来保障。

对于我国现代刑事政策内容的构建，有论者认为应包括以下几个方面：第一，刑事政策的启动上，应提倡决策的科学化、民主化；第二，刑事政策的观念上，应着眼于及时揭露和制止犯罪与重视基本人权保障的统一；第三，刑事政策的内容上，应注重犯罪原因的研究，有针对性地采取不同的应对措施；第四，刑事政策的执行上，应充分关注执法队伍的情感因素。

有论者认为，我们对传统的犯罪抗制机制进行反思，确立一种更加科学的与犯罪作斗争的政策思想，在这一点上我们可以借鉴"新社会防卫论"的理论，即"合理地组织对犯罪的反应"。另有论者认为，我国应实行两极化刑事政策，以应对犯罪。

（三）当前我国刑事法治与刑事政策具体问题研究

1. "严打"政策研究

回顾过去 20 年的司法实践，"严打"刑事政策始终占主流地位。多位论者认为，历次"严打"斗争，总体上体现了法治的精神，切实贯彻了依法从重从快打击的"严打"方针，基本保证了"严打"在法治的轨道上进行。三次"严打"，是一次比一次更理性、一次比一次更趋向于法治化。另有论者认为，"严打"就是在贯彻惩办与宽大相结合的刑事政策，"严打"与罪刑法定原则是相一致的，"严打"与罪责刑相适应原则并不矛盾，而且从快与程序公正也并不矛盾。

但也有学者从宏观上指出，"严打"政策由于对改革开放后刑事犯罪的复杂性和长期性缺乏科学的认识，在政策目标的制定上过于理想化，导致刑事政策注定不可能着眼于预防和长期斗争。正因为上述原因，有学者认为"严打"政策存在着诸多问题：其一，不符合经济原则；其二，不利于人权保障；其三，有失司法公正；其四，不利于犯罪的预防。

虽然"严打"政策存在不足，但有学者认为，目前须坚持以依法"严打"为重要内容的刑事政策，原因是：第一，稳定的社会政治需要；第二，传统的价值观念影响；第三，现实的民众接受程度；第四，长期的打击成效激励。

对于将来"严打"政策的走向，有学者认为，随着我国刑事政策更加理性化、人性化、国际一体化，"严打"这一刑事政策将不再为人们所适用。另有论者具体认为，这一时期的到来须将下列问题尽快解决：其一，理论研究的成熟，包括刑事政策的研究、刑罚功能的研究、犯罪现象的研究；其二，司法实践的成熟；其三，社会稳定、平和的心态的存在。

2. 死刑政策研究

(1) 死刑与刑事政策的关系。有学者认为，死刑的设定与适用，要受一定理念的支撑与引领，即为一定的刑事政策所指导。事实上，死刑观念的形成、死刑在不同国家的存废以及死刑适用情况的变化，无一不是刑事政策影响的结果。另有论者则认为，两者是相互作用的关系：刑事政策对死刑的作用体现在刑事政策对死刑设定与否以及死刑的实际适用的影响，死刑对刑事政策的作用体现在死刑的具体效用促使决策机关对刑事政策的内容进行反思。

(2) 我国的死刑政策及其变化。有学者认为，通过对我国死刑立法变迁的考察，保留死刑、不废除死刑是我国迄今为止死刑政策的基点，或者说是我国在死刑问题上的基本立场。对于我国死刑政策的演进，有论者认为，我国的死刑政策正处于调整期，面临着重大抉择：一方面，我国认同、接受现有的死刑状况；另一方面又表现出力图回归严格限制死刑政策的倾向。对于如何限制乃至废除死刑，有学者认为，刑事政策更新是限制和废除死刑的前提。另有学者则具体指出，我国死刑政策的变化是一系列因素制约的结果：第一，国内因素与我国的死刑政策，包括经济发展与死刑政策、政治文明与死刑政策、人权意识与死刑政策、法律文化的发展与死刑政策、报应、民愤、民意与死刑政策；第二，国际因素与我国的死刑政策，包括废除死刑的国际潮流与死刑政策、《公民权利和政治权利国际公约》与死刑政策。对于我国走向最终废除死刑的路径，有学者提出了几条建议：第一，大幅度削减死刑罪名；第二，用死缓替代死刑执行；第三，最高人民法院收回已经下放的死刑核准权；第四，"由点到面"地废除死刑。

3. 社会治安综合治理政策研究

对于社会治安综合治理政策，有学者认为，该政策的提出，反映出我们对刑事犯罪的原因、刑法的作用以及防止犯罪的手段有了较为深刻的认识，体现出了从单一的突出打击到打防并重、综合为治、标本兼治的治安治理思想的转变。

但对于目前该政策研究现状，有学者认为，从当前的关于"综合治理"的理论研究成果来看，从整体而言仍然属于政治学、政策学和决策学的范畴，尚未达到犯罪学理念的高度。其理由是：首先，"综合治理"是作为一种政治方针与策略而提出的；其次，"综合治理"理论只是一种经验式的自然反应，而缺乏犯罪学理念的支撑。

对于加强社会治安综合治理，有学者从犯罪学的角度提出几点建议：第一，加强犯罪学基础理论的研究以及加强跨学科的应用犯罪学研究；第二，加强犯罪学者参与"综合治理"的活动。

另有学者对于当前社会治安综合治理提出具体建议，认为面对当前的犯罪潮，在重视司法预防和社会预防的同时，更应加强情景预防。

［赵秉志、时延安、阴建峰、廖万里；载赵秉志主编：《刑法评论》，第 4 卷，北京，法律出版社，2004］

第五十四章
2004 年全国刑法学术年会综述

一、前　　言

中国法学会刑法学研究会 2004 年学术研讨会，于 2004 年 9 月 10 日至 11 日在北京召开，本年度也是中国法学会刑法学研究会成立 20 周年。本次年会坚持一贯的理论与实践相结合原则，拟定了理论界和实务界共同关注的热点议题，包括 1 个理论专题——死刑制度的改革与完善，5 个实务专题——腐败犯罪、侵犯知识产权犯罪、网络犯罪、未成年人犯罪和贩卖妇女儿童犯罪。特别值得一提的是，为了与本次年会之后在北京召开的国际刑法学协会第 17 届大会相衔接，本年度年会这些议题中都涉及了国际刑法方面的内容，如国际反腐败问题、国际反网络犯罪、国际反贩卖妇女/儿童犯罪等。本次年会盛况空前，三百余名全国各地的专家、学者出席了大会，共提交论文近三百篇，与会代表结合刑事法理论和立法、司法实践对各个议题进行了颇具深度和创意的理论分析，反映了我国刑法理论界和实务界在这些领域的最新学术研究成果，这些研讨成果必将为立法与司法实践提供重要的理论指导和参考价值。

现将本次年会论文和会议讨论中的主要观点综述如下：

二、死刑问题研究

在本次年会论题中死刑问题尤其受到关注，提交的论文中一半专门论述了死刑问题，其他文章也不同程度地涉及死刑问题。死刑问题是刑法理论中极为重要的基本问题，是刑法实务中亟待解决的实践问题，也是社会大众广为关注的热点问题。这是因为在尊重和保障人权的理论日益深入人心的今天，没有比生命权更需要尊重和保障的人权；在所有的司法裁量权中，没有比死刑的裁量权更重要的司法权。在这一时代背景下，从学理上对死刑问题进行深入研究，进一步促进死刑制度的改革与完善，既是刑法学者义不容辞的历史使命，也是刑事领域实现法治文明的重要任务。今年刑法学年会将死刑制度的改革与完善作为理论议题，充分体现了我国刑事法学界对死刑问题的高度关注。论者们从不同角度对死刑制度作了深刻的分析和探讨，体现了我国在死刑问题上取得的前沿性研究成果，对我国死刑制度的改革与完善将起到重要的指导、借鉴作用。

本次年会关于死刑问题的讨论主要可以分为死刑的基本理论问题研究、死刑的立法与司法限制、死刑的程序完善、具体犯罪类型与死刑存废和国际人权公约与死刑的存废共 5 个研究领域。

(一) 死刑的基本理论问题研究

作为一个社会问题,死刑与每个公民休戚相关。虽然限制死刑、减少死刑适用的观点在学术界已达成基本共识,但在当前中国社会,死刑的限制和最终废止,仍然需要一个过程。本次会议上,有众多学者对限制、废除死刑的基本理论和理由进行了更进一步的探讨,展现出多维的论证思路。

1. 马克思的死刑观

社会主义中国一贯坚持马克思主义,在死刑问题上也应如此。有论者以马克思的著作为研究文本,认为:马克思是一个彻底的死刑废除论者,马克思的死刑思想是一个完整的体系。在该体系中社会是基础;死刑是不公正、不适宜的刑罚,是延续古代报复刑的残酷刑罚则是其死刑思想的具体表述。论者的观点尽管针对的是资本主义,但同样应该适用于包括社会主义社会在内的文明社会。

2. 毛泽东的死刑观

有论者通过对毛泽东经典文本的研究,阐释了毛泽东"不废除,但要少杀、慎杀"、"主张死刑适用必须遵循一定的程序规定"、"创立死缓制度"等死刑思想,认为我国当前和今后相当一段时期,不能,也不应废除死刑,但要逐步限制和减少死刑适用的罪名,进一步完善限制死刑适用的规定。还有论者从死刑的利弊来分析毛泽东的死刑观,认为死刑在客观上的确存在利弊两方面,毛泽东从死刑是一种有效的革命方法和满足人民群众报应犯罪的正义要求这一"利"出发,主张不应废除死刑;同时他也清楚认识到死刑的弊端,始终主张应当坚持"少杀、慎杀"。

3. 死刑制度的历史演变与文化考察

有论者对中国古代死刑制度的历史演变进行了系统的梳理,结合法制史论述了中国死刑种类的历史演变、古代的死刑复核复奏和秋冬奏决死刑制度及古代死刑制度的特点。有论者论述了死刑由兴到衰的演进过程,认为其经历了报复、威慑、等价、矫正、折中时代,并阐释了其演进的根本动因在于经济的渐进性发展。有论者则对我国古代的死刑规范进行文化层面的考察,指出古代的死刑历史中存在着否定性的因素。还有论者通过比较不同时期古典学派、新派、准人格刑法学等各刑法学学派出于各自的价值取向对于死刑的不同基本立场,提出教育刑下的死刑否定论。

4. 从功利主义的视野评价死刑

有论者认为当今中国死刑存废的关键在于决策者的政治抉择,中国的决策者就不能简单地顺从"杀人偿命"的民意,而应从尊重人权和社会利益最大化的功利主义观念出发,认真审视中国的死刑政策,反映与引导民意。有论者认为死刑不仅不能有效地威慑犯罪，而且还可能成为邪恶与非正义产生的土壤。死刑最大的现实功能是满足大众的毫无理性的疯狂的报复欲望，同时还能助长人的残忍心理。我们不能坐等死刑慢慢消亡，有必要让死刑在文明的国度里非自然终结。有论者则认为死刑价值的正、负面同时存在，利弊兼有，所以评判其应否存废的标准应该是能否推动生产力发展，即是否能为经济增长创造良好法律环境。

5. 从人道、宽容的视角评价死刑

有论者以通信的形式展现了法学学者与普通公民在死刑问题上的对话和交流，提出死刑的真正废除有赖于政治家的决策，而政治家的决策又常常受民意掣肘，因此需要通过宣扬与培育社会宽容心理和人道主义精神来淡化乃至祛除死刑存在的社会心理基础即一般民众的复仇心理。应该说，这种别出心裁的书信体的写作形式本身就是一种启蒙民众淡化死刑报应观的有益探索。

有论者认为在我国目前情况下，赞成废止和保留死刑都是基于人权保护的需要，反映保护人权的要求；死刑消亡是历史的必然，但不同国家废止死刑的进程会呈现不同的形态，并非在任何条件下主张废止或保留死刑，都会在实际上产生保障人权的客观效果，在一个刑罚还是预防犯罪最主要手段的国家中，要求立即废止死刑的主张反而有可能在实际上产生侵犯全体公民基本人权的客观效果。

有论者提出国外死刑的存废论始终在坚持人道主义的背景下进行，而从人道主义角度立论，又可以得出或废或存两个完全相反的结论。

有论者提出超越功利与公正的人道视角，认为功利和公正都不能完全证明死刑的存废，只有人道是死刑的致命弱点，能将死刑废止，人道能够赋予个人对抗政府的力量，使得政府也许符合功利但并不正当的手段得以被禁止。

6. 从公正的视野评价死刑

基于公正考虑的报应刑论是死刑保留的一个主要论据。但也有论者指出，随着人类从野蛮走向文明，公正的内涵和表现形式也在不断发生变化，社会应该对个人的犯罪行为承担不可推卸之责任，因此，对罪犯判处死刑等于将所有责任完全加之于罪犯，实际上是一种不公正的表现。

7. 从权力的角度评价死刑的实质

有论者指出，死刑的镇压职能能够满足社会对立的需要，而死刑的法律性质又为镇压的铁链绣上了美丽的花朵，因而近现代国家死刑的存在、废除、恢复、再废除历程基本上与战争、革命、权力等政治因素联系在一起。死刑的本质是国家的权柄，死刑的广泛存在就是积极政治观的体现。

8. 大众媒体、公众情感与死刑存废的关系

社会公众舆论与权力评价、专业团体评价是三个相互独立的评价主体。死刑适用权作为国家权力最为强烈和极端的表达方式，作为一种对公民生存权本身的否定，无时无刻不受到来自社会公众和大众媒体等方方面面的社会评价，而这些评价都在一定程度上

影响着一国的死刑存废决策。与会论者从不同的角度阐释了这些评价因素对死刑适用的影响力。

有论者认为：社会公众舆论一方面对适用死刑的国家权力施加了极大的压力，同时又为死刑的适用提供了表面合理化的理由，使死刑依旧存续下去。死刑是专业团体与社会公众舆论之间的分歧以及专业团体与国家刑权力体系之间的分歧的汇合点。

有论者认为：公众对罪犯的愤怒情感是死刑得以存在的道德基础和社会基础。公众情感一般比被害人情感更具理智性，在决定适用死刑时应更多考虑公众情感。不同阶层的公众在死刑问题上会形成不同的公众情感，其中中产阶级对死刑的价值观念应该作为全社会阶层都接受的主流情感观念。而国家的责任则在于寻求死刑方面全社会公众情感的一致性。

有论者认为：在中国废除死刑的问题上，法学家、执政者、普通民众和司法者应该有不同的观念准备：法学家——废除死刑将经历一个长期过程，执政者——废除死刑必须从实际减少死刑开始，民众——废除死刑有赖于重新构建报应论，司法者——废除死刑首先需要正确适用死刑。

有论者则分析了如何从程序上对死刑案件中的民意影响进行合理制约。

9. 死刑研究方法上的新趋向

有别于研究者普遍从理论或立法和司法的实践层面对死刑展开研讨，有些论者对于死刑的研究，已经在方法论上出现了新的趋向，即从抽象的理论思辨向具体的实证分析转变。有论者分析了国内外死刑实证分析的现状，借助官方数字和民意调查对死刑的威慑力和民众的态度作出了分析，并对这种实证分析进行了评价和展望。有论者按照社会学的研究模式，以个案为视角，对可能影响死刑量刑的律师、民意、媒体等各种因素进行了全面的分析。这些另辟蹊径的研究方法是值得肯定的。

（二）死刑的立法与司法限制

从限制与减少死刑的基本理论到如何从立法与司法上对死刑进行限制，是死刑研究的逻辑延伸。与会论者就死缓制度和死刑适用的条件与对象等几个方面对死刑的立法与司法限制进行了深入的探讨。

1. 死刑的立法与司法限制的总体评述

有论者对刑法学者应如何为削减死刑作出贡献进行了论述，认为：在现行刑法之内，刑法学者首要做的是将削减死刑的刑法理念落实于具体的解释结论，从而使削减死刑的理念得以实现；在刑法之外，应向民众宣传死刑的弊害，使民众不再迷信死刑；还应向决策者证实死刑的弊害，使决策者不再继续相信死刑是维护社会治安的有效手段。

有论者对我国改革开放以来的死刑立法变化进行了初步梳理，认为可分为三个阶段，即 1979 年刑法后的死刑从严控制阶段，1979 年刑法后单行刑法的死刑大量控制阶段和 1997 年刑法为标志的死刑扩张遏制阶段；并评析了各自的利弊。

还有论者立足于中国国情和国际潮流对中国死刑控制提出了系统设计的十大论纲：走出"严打"的政策迷信，重新回归基本死刑政策；确立死刑作为"最后适用的非常刑罚方法"的定位，推动刑罚结构趋轻；确立死刑的刚性标准；限制死刑罪名；规定具有操作性的死刑案件量刑指南等。

2. 死刑适用规定的解释与完善

死刑适用规定的解释与完善也是刑法理论和实务界关注的焦点之一。在司法实践中处理死刑案件时，因1997年刑法典第48条和第49条引起了不少争议。与会论者就这一问题进行了探讨，有部分论者建议在现有法律规定的框架内作有利于限制死刑的解释，有部分论者建议从立法上修改完善，论者们从不同角度就死刑适用规定进行了广泛研讨。

(1) 关于1997年刑法典第48条规定的"罪行极其严重"这一死刑适用条件。

论者们在尽可能严格解释该条款方面基本达成共识。

有论者基于解释论的新视角对死刑限制进行了思考，认为：对作为死刑适用一般条件的"罪行极其严重"，应该作最大限度的谦抑解释，也就是通过解释，使其适用范围尽可能地小，只有这样，才能在保留死刑的情况下真正贯彻"少杀"的政策。因此，"罪行极其严重"是指犯罪的性质极其严重和犯罪的情节极其严重的统一。缺少二者中的任何一者，都不能视为罪行极其严重，从而不能适用死刑。

有论者认为应从三个方面界定"罪行极其严重"：一是从刑法所保护的法益的角度，只有侵犯公民生命的暴力犯罪才符合；二是从主观的对立态度，行为人对刑法所保护的利益的对立态度达到了极端的程度；三是从社会危险性上，已经实施了严重危及人身安全的暴力犯罪行为并具有再度实施类似犯罪的现实可能性。

有论者认为"罪行极其严重"应当包括客观行为及其实害，也应当包括行为人的主观恶性；但同时指出这样解释仍然比较笼统，不具有可操作性并导致死刑适用的标准降低；建议通过立法解释或者司法解释的方式，明确"罪行极其严重"的标准及具体罪的界限，明确规定对哪些具体的罪可以适用死刑。

有论者认为对于"罪行极其严重"可以从两方面去认定：一是所谓"罪"极其严重，即刑法中规定可以判处死刑的罪名以及出现了可以判处死刑的危害结果；二是所谓"行"极其严重，是指犯罪危害结果以外的犯罪情节极其严重或者犯罪情节特别恶劣。"罪行极其严重"是"危害特别严重"的结果和"情节特别恶劣"的情形的统一，两者缺一不可，强调或者忽视任何一方都是有失偏颇的。

还有论者认为应该对死刑适用条件作出全面、明确和严格的一般规定，建议将死刑适用条件界定为"死刑只适用于罪行极其严重、主观恶性特别巨大并且故意导致致命性后果或者相当后果的犯罪分子"，对于非暴力的犯罪、没有造成致命性后果或者相当后果的犯罪，一律不得适用死刑。

(2) 关于1997年刑法典第49条规定的死刑适用对象。多数论者均认为，应进一步缩小我国对适用死刑的对象范围，对不适用死刑的规定尽量扩大解释。

有论者认为：对 1997 年刑法典第 49 条关于不适用死刑的规定，应该尽量地作出扩大其适用范围的解释。由于对"犯罪时不满十八周岁的人"没有进行弹性解释的余地，所以，扩大 1997 年刑法典第 49 条的适用范围，实际上就是尽可能地扩大"审判时怀孕的妇女"的适用范围。

有论者提出：首先，应明确规定"对犯罪时不满十八周岁的人和判决时已满七十五周岁的人，不适用死刑"。其次，应对"审判的时候怀孕的妇女"作出明确的扩大解释。

有论者认为，比照限制和废除死刑的国际潮流，我国的死刑适用对象仍有进一步缩减的空间，应对 70 岁以上的老人和正在哺乳的母亲禁止适用死刑。

有论者认为 1997 年刑法中绝对确定的死刑条款与 1997 年刑法第 49 条对于未成年人和怀孕的妇女不适用死刑的规定存在一定的冲突，因此需要死刑的替代和变易措施；建议将第 49 条修改为："犯罪的时候不满十八周岁或者怀孕的妇女不适用死刑，如果法定刑为死刑的，处无期徒刑或者十五年以上有期徒刑。"

3. 死缓制度研究

死缓是我国独创的一项刑罚执行制度，也是我们国家贯彻"少杀"政策的一项重要举措。大多数与会论者呼吁扩大死缓制度的适用范围，充分发挥死缓在死刑废除过程中的过渡作用。同时，论者们也都指出这一制度在实践中存在的诸多亟待改革的问题。

(1) 死缓制度的意义。有论者总结了死缓制度的意义：扩张了死刑的概念内涵；有利于缓和死刑存废争论的两极性；既体现了报应刑思想，又体现了教育刑思想，具有实现双重刑罚目的的作用等。

(2) 死缓制度存在的问题。有论者从个案出发引出对死缓制度的刑事政策意义的探讨，指出：死缓制度的最大意义在于限制死刑，而目前的实际效果并不理想。原因主要有：我国刑事立法首先是将"死刑只适用于罪行极其严重的犯罪的分子"作为通例，而将死缓作为在"不是必须立即执行"时的特例；判处死刑的实质条件"罪行极其严重"过于宽泛；我国刑事立法中存在扩张死刑适用的客观趋势；刑事司法中存在适用死刑的简单化倾向等。相应的改革建议有：通过明示的列举式即限定式规定死刑"必须立即执行"的情形，尽可能使死刑的执行成为例外，而使死缓成为通例；规定所有判处死刑的均附设缓刑考验期，同时在考验期内设定正向和反向两类激励。

(3) 死缓制度的重新定位。有论者提出：应当重新定位死缓制度，并以此作为我国现阶段限制死刑的合理性选择。死刑立即执行的适用范围应仅仅局限于严重危害国家安全的暴力犯罪、严重危害公共安全的暴力犯罪和严重的侵害人身的暴力犯罪。对于其他应当判处死刑的犯罪将死刑缓期执行作为判处死刑的必经程序。这样不仅可以大大限制死刑的实际适用，而且可以充分发挥刑罚教育和预防的功能。

(4) 死缓的适用条件。有论者认为由于死缓适用标准的模糊性，死缓制度在实践中的具体应用逐渐偏离了最初的设置目的，异化为一种死刑扩张的借口，使得死刑裁量的不平衡更为突出。相应地，多数论者认为：需要对"应当判处死刑"和"不是必须立即执行"作出比较明确的立法规定和司法解释。在现有法律尚不完善的情况下，应按照我国刑法主、客观相统一的原则，既考察犯罪人的主观恶性，也考察犯罪行为的客观危害，同时考虑长期积累的一些司法经验来综合判断。有论者提出应注重从犯罪人的主观恶性来区别死刑立即执行与死缓；也有论者提出，可以在刑法分则中根据不同的犯罪种类——暴力犯罪与非暴力犯罪来划定死刑立即执行与死缓适用的区别。

（5）死缓的法律后果。有论者认为可以根据死缓犯在缓刑期间故意犯罪的情节不同，将缓期执行期限分为 3 年、4 年和 6 年三个档次，这样有利于控制执行死刑的人数。有论者认为：应对作为将死缓变更为死刑的实质条件的故意犯罪从立法上予以限制，具体建议：将故意犯罪限定为实施了刑法规定的最低刑为 3 年以上有期徒刑的犯罪，即判处死缓的罪犯，在死刑缓期执行期间，如果实施了刑法分则某个条文中规定的与罪刑轻重相应的法定刑幅度的最低刑为 3 年以上有期徒刑的犯罪，查证属实的，则由最高人民法院核准，执行死刑。有论者认为：刑法规定的由死缓变更为死刑的条件，不分情节轻重，将所有的故意犯罪都包括于其中，范围非常广泛，因而有可能扩大对死缓犯实际执行死刑的范围。因为它对某些故意犯罪主观恶性并不很大的死缓犯执行死刑是与我国区别对待、坚持少杀的死刑政策相悖的，也不利于实现死缓制度的目的。

4. 死刑立法与司法限制的其他建议

有部分论者提出了在我国建立死刑赦免制度的构想，认为建立赦免制度具有必要性，有利于完善刑诉制度，有利于贯彻少杀、慎杀的死刑政策，有利于最大限度地避免错杀，有利于更好地履行国际义务。有论者认为应明确赋予被判处死刑者赦免申请权，同时可以借鉴其他国家的经验将赦免申请权授予检察机关，将因普通刑事犯罪被判处死刑的人纳入赦免范围。有论者建议制定专门的赦免法，以及时弥补我国赦免制度的立法空白，缓和静态与刚性刑法规则和动态与柔性的生活逻辑的张力。

有论者对死刑的执行方法进行了论述，认为注射是更加人道的执行方法，而在同一国家领域内对不同的死刑被执行人实行注射和枪决两种不同的方法，有违刑法面前人人平等原则，所以应当明确被执行人具有执行方法的选择权和决定权，并确定死刑执行方法的具体程序。

还有论者提出：应当从刑罚结构的调整角度限制死刑的适用。现在的刑罚配置存在结构性缺陷，生、死刑之间的过渡过大，有期徒刑时间过低。因此建议提高有期徒刑的上限，并让无期徒刑名副其实。如此就可以提高整个刑罚的威慑力，而不必过多依赖死刑。

（三）死刑的程序完善

要限制并逐步废除死刑，不仅应当对相关立法和司法等实体性规定进行修改或完善，对于死刑的复核制度、证据审查和二审程序等程序性问题的解决与完善也应给予足够的重视。与会论者特别是实务部门的工作人员对这些问题进行了深入探讨。

1. 死刑复核制度研究

死刑复核制度是我国坚持少杀、防止错杀的重要制度，体现了"慎用死刑"的基本理念，在限制死刑方面发挥了重要作用。然而在我国当前的立法和司法实践中，死刑复核制度还存在相当多的问题，使得这一制度所具有的限制死刑的作用不能充分发挥。死刑复核制度的完善受到了刑事法界的广泛关注，有不少论者从各方面对死刑复核问题进行了研究。

(1) 死刑复核制度之回顾。有论者从古至今系统回顾了我国死刑复核制度的历史。有论者分析了死刑复核权下放的历史、原因与弊端，进而得出死刑核准权由"下放"到"回归"是死刑核准权的必要选择。还有部分论者对死刑复核的概念、属性和死刑复核的价值体系等进行了论述。

(2) 死刑复核权统一收归最高人民法院行使的意义。与会论者普遍赞同将死刑复核权统一收归最高人民法院行使，归纳其意义主要有：有利于保证死刑的正确、公正的适用；有利于对被判决死刑（立即执行）的人的权利进行救济，是一种人道主义的表现；有利于在全国范围内统一死刑的适用标准；有利于最大限度地贯彻"少杀、慎杀"的死刑刑事政策等。有论者建议在死刑复核权尚未收归最高人民法院行使以前，应采取有力措施，切实解决好二审程序与死刑复核权合二为一的问题。

(3) 二元死刑复核体制的改革。论者们认为现行二元死刑复核体制的弊端主要有：死刑核准权的下放缺乏法律依据，合法性不足；在相当程度上破坏了法制统一，适用标准不一；最终决定公民生死的最重要的权力没有掌握在最高司法机关手中，有损法律权威，甚至导致司法权的滥用；程序虚置，死刑核准权的下放导致复核程序与二审程序合二为一，导致复核程序名存实亡；死刑核准权的下放导致公正和效率两大价值相冲突；与国际公约相违背等。论者们普遍认为，死刑复核程序存在的问题，致使死刑适用程序上的救济制度严重缺失，在一定程度上增加了死刑的适用。论者们就如何改革现行二元死刑复核体制，提出的具体方案和建议主要有以下几种：不对应交叉复核模式，即各省（市、区）之间依次交叉复核；对那些特别严重或社会影响特别巨大的案件实行三审终审制；在全国范围内划分若干司法区，由最高人民法院在每个区设立巡回法庭，对所辖区域死刑案件进行复核；在全国设立若干最高人民法院分院，负责死刑复核；在最高人民法院内部设立多个刑事审判庭，专门负责死刑复核案件的审理。

(4) 如何完善死刑复核制度的具体规范。有论者阐释了死刑及其复核价值体系完善的理念问题、原则问题、社会问题和法律问题。关于死刑复核制度具体规范的完善，论者们的建议主要有：改革死刑复核程序，强化人权保障观念；在审判委员会内设立专门的死刑委员会讨论决定死刑，严格审判委员会的运作机制；变书面审为有条件的"面审"；强化被宣告死刑人在死刑复核程序中的辩护权；完善报请复核程序；明确死刑复核程序的审限，死刑复核程序的审理期限应相对长一些，以保证案件的审理质量。

2. 死刑案件的证据审查

有论者认为，死刑案件的证据审查有以下问题：证据的不合法，既有证据采集的手段不合法，也包括证据的形式不合法；司法实践中，侦查、公诉机关对死刑案件，过于强调对有罪和罪重证据的取证与举证，对证明行为人无罪或罪轻的证据重视不够；缺乏严格的证据标准，刑事诉讼法规定的"充分、确实"比较概括和抽象，司法实践中认识不一，容易导致死刑适用上的不确定；庭前证据展示制度的缺失，使被告人的辩护权得不到充分保障。

有些论者总结了几种主要证据审查时应注意的问题：死刑案件应建立彻底的非法证据排除规则，坚持更加严格的证明标准，必须做到合法、确凿、充分和排疑；口供不能作为"证据之王"，应破除对口供的迷信；被害人的陈述只能用以证明其受侵害的事实；充分考虑主、客观因素，判断证人证言的可靠性；采信视听资料要十分谨慎；笔录记载的内容应十分准确；应将物证与其他证据结合使用等。

3. 死刑案件二审程序

有论者认为为了保证死刑案件的质量应解决二审程序的虚置化问题，包括形式虚置化（即二审法院应开庭而不开庭）和实质虚置化（即二审法院提前介入案件一审程序）。有论者指出：某些死刑错案凸显了死刑案件二审公开审判的必要性，二审死刑案件的普遍实现公开审判具有重要意义，不仅有利于实现司法公正，而且在限制死刑的适用和保障人权方面，也具有不可低估的作用，而且开庭审理是公开审判最基本的要求。目前司法实践以刑事诉讼法第187条作为法律依据，对死刑二审案件实行所谓的"书面审理"的做法，是对该法律规定的误解和滥用，也是对该授权的滥用。另有论者认为因为刑事诉讼法第187条"可以不开庭审理"的例外情形属于授权的任意性规定，所以二审死刑案件实行公开审理的举措仅依司法权就可以实现，而无须启动立法程序。

4. 死刑案件的其他程序问题

（1）死刑案件的请示制度。有论者认为死刑案件的请示制度存在问题，实践中上级法院只是以听取下级法院甚至审阅卷宗的方式作出对死刑案件的处理意见，剥夺了被告人的申辩权，也使上级法院的审判监督职能难以真正实现。

（2）审判委员会的运作。有论者认为死刑案件的审判委员会运作存在审判委员会非专业化、审判委员会的召开非制度化等问题。

（四）具体犯罪类型与死刑存废

不少论者将刑法分则中规定的各种具体犯罪划分为暴力犯罪与非暴力犯罪，对具体犯罪的死刑控制进行了立法和司法层面上的探讨。暴力犯罪被认为是死刑保留论的最后底限；非暴力犯罪包括各种经济犯罪、妨害社会管理秩序的犯罪以及行政犯罪等，被认为是死刑限制和废除的主要类罪领域。本次会议有不少论者从各方面论及这个主题，并取得了较为丰硕的研究成果。

1. 暴力犯罪的死刑限制

(1) 宏观层面。对带有伤亡结果的暴力犯罪判处死刑，在传统观念中似乎是天经地义，但有与会论者从理论基础和立法、司法层面对此提出了质疑与挑战。

有论者选择杀害、伤害、抢劫的实行行为对死刑的影响，以及行为与死伤结果间的因果关系等少数问题为切入点，就限制相应犯罪的死刑司法适用问题加以分析，以使司法实务走出"人死必偿命"的习惯性误区，同时展示一种在现行刑法规定趋重的情况下具体降低死刑适用可能性的务实态度。

有论者认为，"杀人偿命"的观念渗透到立法和司法的各个层面，对于立法者制定法律和司法者解释以及适用法律都有着深深的影响；进而提出对于杀死一人的杀人、抢劫、强奸等严重暴力犯罪和过失致一人死亡的罪犯原则上不判处死刑的建议。

有论者从法哲学的角度对"杀人偿命"的古老观念进行了追问，认为"杀人偿命"是一种过时的等害报应，反映了一种虚幻的价值均衡；并提出"人道高于公正"的价值标准。

另有不少论者立足于刑法，建议在司法层面通过解释论达到限制和控制暴力犯罪死刑适用的目的。

(2) 微观层面。在目前的司法实务中，死刑适用率最高的罪名当数故意杀人罪、故意伤害罪与抢劫罪这三种暴力犯罪，只要这些罪名的死刑适用率在一定程度上降低，限制死刑适用的目标就有可能达成。因此有不少论者围绕这三种罪名的死刑限制展开了探讨。

1) 故意杀人罪。故意杀人罪是我国当前适用死刑最多的犯罪，论者们认为其原因在于：一是故意杀人罪侵犯的是人的生命权，而"杀人偿命"的观念在我国群众中根深蒂固，在审判中不得不在某种程度上迎合这种传统观念；二是 1997 年刑法典第 232 条关于故意杀人罪的规定有一定的误导作用，将死刑规定在最前面给人的印象是首先要考虑适用死刑，且未对适用死刑的条件作出明确规定。针对上述特点，有论者提出，从解释论上为了减少故意杀人罪死刑的适用，要做到：第一，要消除误解，即不能因为死刑规定在故意杀人罪法定刑的最前面，就得出对实施了故意杀人罪的犯罪分子首先要考虑适用死刑的解释性结论。只能根据案件的具体情况来确定是否适用死刑，而不能根据刑种的排列顺序来选择死刑，选择死刑在任何情况下都应当是不得已而为之。第二，在1997 年刑法典第 232 条没有规定故意杀人罪适用死刑的具体条件的情况下，应该基于对 1997 年刑法典第 48 条所规定的"罪行极其严重"的理解，在解释论上确定该罪适用死刑的具体条件。有论者认为，因婚姻家庭纠纷、邻里纠纷或者被害人有严重过错等民间矛盾激化引发的故意杀人案件，虽然都造成了被害人死亡的严重后果，但是，由于案件的起因不同，犯罪动机的卑劣程度以及犯罪人的主观恶性的大小不一样，对社会治安的危害程度并不完全相同，与严重危害社会治安的其他故意杀人案件是有所区别的，所以，在适用刑罚时就同样应当有所区别，特别是适用死刑一定要慎重，因为行为人实施故意杀人罪事出有因、情有可原，所以一般不适用死刑，但在手段残忍等特殊情况下可以适用死刑。有论者认为对于故意杀人的犯罪人是否适用死刑，不能单纯从是否造成被害人死亡的结果上考虑，还要综合考虑案件的全部情况。有论者认为直接故意杀人罪与间接故意杀人罪这两类故意杀人罪适用死刑应有所区别。

2）故意伤害罪。故意伤害罪在两种情况下可以适用死刑：一是故意伤害致人死亡，二是以特别残忍手段致人重伤、造成严重残疾。有论者认为"手段特别残忍"是指犯罪人使用的伤害手段特别残酷，具有虐待性，令人难以忍受，且故意伤害罪致人重伤、造成严重残疾的死刑适用条件应比故意伤害致人死亡的死刑适用条件更高。有论者认为应当将手段特别残忍、致人重伤和造成严重残疾三者联系起来，只有在同时具备这三种情形时，才能对故意伤害罪的行为人"处十年以上有期徒刑、无期徒刑或者死刑"，否则将会扩大打击面。

3）抢劫罪。由于有刑法和一系列司法解释的规定，抢劫犯罪适用死刑的标准较为明确。但有论者提出行为人抢劫犯罪情节严重时也不能一律适用死刑，在审判中要具体案件具体分析，只有对罪行极其严重的犯罪人才适用死刑。有论者认为抢劫致人重伤、死亡既包括了抢劫而故意重伤或杀害被害人，也包括过失致人重伤、死亡，对这两种行为我们应该确定不同的死刑适用标准。有论者还对刑法关于故意伤害罪和抢劫罪等暴力性犯罪的规定作出了有利于限制死刑适用的解释。

此外，对于绑架罪，有论者认为应取消致使被绑架人死亡处死刑的规定而保留杀害被绑架人处死刑的规定，这样既能避免过度刑罚，又不影响对罪行极其严重的绑架行为的严惩。

2. 非暴力犯罪的死刑限制

（1）宏观层面。有不少论者从总体上把握我国整个非暴力犯罪死刑控制态势，在大幅度削减非暴力犯罪死刑方面达成基本共识。

有论者系统梳理了我国非暴力犯罪的死刑立法，论证了逐步废止非暴力犯罪死刑的可行性，并提出了具体的步骤设计，认为应分为四种情形逐步进行：对于侵犯个人法益的侵犯财产性非暴力犯罪以及无具体被害人的侵犯社会法益型犯罪，应从立法上及时、全面地废止其死刑规定；对于贪污贿赂型犯罪，可考虑目前先提高其死刑适用的条件，再逐步过渡到废除死刑；对于侵犯社会法益型的危害公共安全型非暴力犯罪，在条件成熟时废除其死刑规定；对于侵犯国家法益的危害国家安全等非暴力犯罪，在社会文明和法治发展到相当发达程度时，废止这类犯罪死刑适用。

有论者认为非暴力犯罪的死刑废止可以分三步走：第一步，废除那些备而无用之罪名，如战时军事犯罪的死刑；第二步，可废除司法实务中极少判处死刑和不属于"罪行极其严重"之列的犯罪的死刑，前者如传授犯罪方法罪，后者如组织卖淫罪；第三步，废除绝大部分贪利性犯罪的死刑。

有不少论者讨论了经济犯罪死刑的限制甚至废除的问题。有论者对我国经济犯罪适用死刑立法进行了回顾与评价，从价值层面对于对经济犯罪适用死刑进行公正性、效益性和人道性的考察；有论者提出鉴于目前的社会物质条件和社会意识因素都还不够成熟，对经济犯罪的死刑设置适当保留是现实的路径选择；有论者比较了国外及我国台湾地区关于经济犯罪死刑废除的立法概况，从社会危害性、经济犯罪原因以及国际公约等方面论述了经济犯罪废除死刑的理论依据；还有论者从刑事政策的角度对经济犯罪的死刑立法进行了深入的探讨。

（2）微观层面。有不少论者则对一些非暴力犯罪具体罪名的死刑控制进行了探究。

关于毒品犯罪的死刑限制，有论者认为，对于毒品犯罪不能过分依赖死刑，调动社会各方面的积极性，采取"综合治理"的方式，提高民众拒绝毒品以及同毒品犯罪作斗争的自觉性，才是彻底根除毒品犯罪之良策；有论者提出，对于间接故意的毒品犯罪，以及推定被告人明知的毒品犯罪，在适用死刑时应该慎之又慎，原则上不适用死刑立即执行；但也有论者认为，毒品犯罪不但破坏社会管理秩序，危害国民身心健康，且可能动摇一国的经济根基，危害甚大，故应保留其死刑予以惩治和防止。

关于贪污、贿赂犯罪的死刑限制，有论者回顾了贪污、贿赂犯罪死刑适用的立法沿革，对贪污、贿赂犯罪适用死刑废止的可行性进行了详尽的分析，并认为贪污、贿赂犯罪适用死刑缺少报应和功利两方面的根据，而且背离刑法的发展趋势；有论者基于数据统计的结果，主张废除贪污、贿赂犯罪中的死刑设置，认为在贪污、贿赂犯罪中设置死刑对"反腐"并无有效的威慑力，难以达到刑罚的目的，并提出了在民法中建立反贪污、贿赂犯罪的赔偿机制的新思路；有论者认为受贿罪与贪污罪适用死刑标准不能等同，应废除普通受贿罪死刑，并从立法上限制受贿罪死刑适用；另有论者认为，贪污、贿赂犯罪属于贪利性犯罪，虽不直接危及国家的存立根本，但是从现阶段我国的实际情况和国民对此类犯罪的痛恨心理而言，适用死刑是暂时不可以废除的。

关于拐卖妇女/儿童罪、传授犯罪方法罪等犯罪，不少论者认为：与故意杀人罪相比，其并非"罪行极其严重"的刑事犯罪。从各国立法情况看，对这些犯罪适用死刑也非常罕见。在一部刑法典中，罪行、情节显然不同，却都以死刑来评价，就很难做到罪刑等价。建议废除这些死刑罪名。

还有些论者分别对侵害国有资产犯罪、妨害社会管理秩序罪和行政犯罪的死刑控制进行了较为系统和全面的表述，从立法和司法角度提出了具体的建议。

（五）死刑研究的国际视野

死刑问题是一个关系到人权保障的跨国命题，也是普遍关注的国际问题，需要从国际的视野加以研究。本次会议的不少论文从国际视角对死刑问题进行了论述，论者们将我国刑法和外国刑法或国际公约中的死刑政策与规定进行了比较研究。

有论者通过考察美国宪法第八修正案对其死刑适用限制的功能，来反思和检讨我国的死刑制度，认为我国死刑罪名过宽泛，并未形成严格的死刑裁量程序，存在强制性的死刑适用情况等，必须借鉴美国树立一种刑法应当有其宪法基础、必须受到宪法限制的理念。

有论者从立法和司法现状、存废之争的背景和理由以及死刑的替代措施等方面，对于日本的死刑制度进行了全面的介绍，为我国死刑制度的改革提供了有益的借鉴。

有论者对过去22年世界各国的死刑废除情况进行了统计和分析，认为：死刑之所以被各国普遍废除，根本的原因在于世界人权运动的蓬勃发展。许多废除死刑的国家都以人权作为其政策根据，我国应走一条严格限制直至最后废除死刑的道路。

有论者认为应依国际公约处理我国死刑立法国际化，当前我国死刑立法必须走国际化与本土化结合的道路，逐步实现废除死刑的国际目标。

有论者通过分析《公民权利和政治权利国际公约》与其他相关国际公约中对于死刑的限制性规定，呼吁结合国际人权公约标准，限制我国死刑的立法。

有论者回顾、展现了与死刑相关的各项国际公约中死刑的规定由无视、放任到密切关注，再到严格控制，继而最终废除的历史进程；认为死刑的发展趋势与人类文明进步同步，死刑最终废止是不可逆转的历史潮流。

三、腐败犯罪问题研究

（一）腐败犯罪的个罪研析

1. 贿赂型犯罪

有论者结合《联合国打击跨国有组织犯罪公约》和《联合国反腐败公约》的相关规定，从管辖权、犯罪构成、刑事责任三方面对我国贿赂犯罪立法完善提出了建议。该论者认为，在管辖权方面，应在我国刑法中确立"普遍管辖权"原则，并认为其同样适用于在我国领域内有惯常居所的无国籍人；在犯罪构成要件方面，应增设"贿赂外国公职人员、国际组织官员罪"，增设贿赂犯罪为洗钱罪的上游犯罪，适当扩大"贿赂"的法定含义，取消"为他人谋取利益"、"为他人谋取不正当利益"作为构成要件的规定，降低贿赂犯罪的定罪量刑的数额标准；在刑事责任方面，应废除对本类犯罪的死刑，增设资格刑、罚金刑，并扩大没收财产的范围。但也有论者认为，"为他人谋取利益"是受贿罪必要的构成要件，这不仅符合法律规定，也反映了该罪本质，还是区分其与贪污罪等其他职务犯罪的重要因素，舍此将导致刑事司法资源无法满足司法需要的恶性循环。

有论者运用案例分析法，对合理报酬、借贷、馈赠、职务行为等受贿犯罪的违法性阻却事由进行了分析，并对上述各受贿犯罪违法性阻却事由的特征进行了归纳、总结。

有论者认为应删除行贿罪中"为谋取不正当利益"的要件,但对一些正当化情形予以非刑事化处理,在理论上则可以采取社会相当性或期待可能性加以解决。

介绍贿赂犯罪也是论者关注的重点:有论者对其犯罪构成、既遂与未遂、具体认定、刑事责任等问题进行了研究。有论者则从共同犯罪角度检视了本罪的法定刑设置问题,认为与同样是帮助犯的行贿罪或受贿罪共犯相比,其量刑显然偏低,这有悖于共同犯罪的处断原则。因此该论者建议将介绍贿赂行为作为行贿罪或受贿罪的共犯对待。但有论者对此表示反对,认为本罪有别于受贿罪、行贿罪共犯。其立论依据是贿赂罪的帮助犯在主观上仅有单纯的帮助贿赂实行犯的意思,而本罪主体不仅有帮助贿赂实行犯的意思,而且是出于介绍贿赂的故意。

有论者对"家庭型"共同受贿案件进行了类型化分析,认为国家工作人员家属代国家工作人员收受贿赂不应以共同受贿论处,因为其缺乏利用国家工作人员职务之便为他人谋利益的共谋及意思联络的故意。除此之外,该论者还具体分析了合作型共同受贿性质与利用型共同受贿性质的认定问题。

另外,有论者对性服务式、有偿新闻式、休闲娱乐式等 12 种贿赂行为的特殊表现形式进行了专门分析。

2. 巨额财产来源不明罪

有论者认为:本罪是持有型犯罪,其持有特征是初始取得非法财产的作为行为与后续的控制非法财产的不作为行为的结合。在其共犯认定问题上,应重视身份的因素,无身份者与有身份者之间在立案侦查前的教唆、帮助行为可成立共犯,而在立案侦查后只能以窝藏罪或包庇罪单独定罪量刑。该论者还认为本罪不存在一般形式的自首,但可以成立特殊形式的自首。此外,对本罪的追诉时效问题也有论及。

有论者在分析本罪的立法完善方式的不同建议后,主张将本罪条文修改为:"国家工作人员的财产收入与支出,应当依照国家有关规定进行财产申报。财产或者支出明显超过合法收入,差额巨大的,应当说明来源。本人拒不说明或作虚假说明的,差额部分以非法所得论,处五年以下有期徒刑或拘役,并处罚金。"

3. 挪用公款罪

有论者认为 1997 年刑法对本罪的客观要件规定存在诸多瑕疵,如"利用职务上的便利"并非构成本罪的必要条件,无法起到区分罪与非罪、此罪与彼罪的限定功能,将"挪用公款归个人使用"作为本罪的动机有软化打击挪用公款给单位使用的打击力度之嫌,等等;主张将本罪的客观要件进行重新设定,改为"国家工作人员挪用公款数额较大、超过三个月的,是挪用公款罪"。

有论者则专门解析了"挪用公款归个人使用"的问题,认为应当取消"使用"作为犯罪的成立条件,呼吁立法机关将本罪的实行行为从"挪用"限缩为"挪",避免"归个人使用"这一客观危害要素过分限制刑法的保护范围。此外,该论者还认为本罪侵犯的是复杂客体,即国家对公有资产的所有权关系和国家工作人员职务的廉洁性,前者是主要客体，后者是次要客体。

4. 私分国有资产罪

有论者认为本罪是个人犯罪而非单位犯罪，其犯罪主体是特殊主体，限于国家机关、国有公司、企业、事业单位、人民团体中直接负责的主管人员和其他直接责任人员；并从刑法基本理论、罪责自负原则、罪名所属章节、犯罪客观表现、刑事诉讼程序等方面加以论证。

有论者认为本罪的犯罪对象——国有资产不同于国家财产，其仅指"国家依法取得和认定的，国家以各种形式对国有公司、企业投资和投资收益，国家向行政机关、事业单位、人民团体拨款等形成的资产，其包括固定资产、流动资产及金融性资产"。也有论者认为行政事业单位创收活动所取得的收益是否属于国有资产，应当根据行政事业所兴办的经济实体是否具有法人资格和自己是否参加经营、提供劳务加以确认：若其所兴办的经济实体具有企业法人资格，其自身在从事创收活动时并不参与经营和提供劳务，其收入应作为国有资产的孳息和衍生物处理，应当视为国有资产；反之，其取得的收益既有国有资产性质，也有非国有资产性质。而对于国有企业的营业收入，不能笼统地视为国有资产，其中既有体现为投资者收益的国有资产成分，也有体现为经营者收益的非国有资产成分。此外，对于私分混合性资产（俗称"小金库"）能否成为构成本罪的问题，应当根据其中国有资产所占的比重来确定。

（二）反腐败犯罪的机制构建

有论者在比较研究的基础上，将国外反腐败的制度设计总结为"四个结合"，即"反腐败主体多元性与专门机构相结合、全面反腐败与重点反腐败相结合、预防腐败与惩治腐败相结合、体制内反腐败与外界监督相结合"；认为这对我国反腐败犯罪的机制构建具有启示作用。

有论者运用权力悖逆的原理对腐败犯罪的本质进行了全新解读，提出：在中国反腐败斗争中应考虑引入权力悖逆制约机制，其主要内容涵盖完善的监督体系、有效的法律平衡机制、广泛的个人自我约束机制、普遍的群众约束机制、通畅的国际合作机制。

有论者提出建立一体化刑事反腐机制的设想，主张建立直接向全国人大常委会负责的、实行垂直领导的独立刑事反腐机构系统，赋予其特殊侦查权力，变单纯的侦查职能为反腐预防控制职能。有论者则以"权力寻租"为分析工具从经济学角度探讨了反腐制度的建构及对其绩效的考察。此外，还有论者提出建立预防性反腐败机制、高薪养廉等配套制度。

（三）腐败犯罪的实务研究

有论者提出在对腐败犯罪的司法把握方面，应当注意以下三大操作原则：一是对直

接性腐败犯罪的惩治要讲究力度,二是以间接性腐败犯罪为处罚直接性腐败犯罪的客观
依据,三是强调刑法对腐败犯罪进行调整的刑事政策的原则。

有论者则重点关注了国有企业改制过程中的职务犯罪认定问题,对将原国有企业的
国有资产变为私人所有等具体现象中涉及的罪与非罪、此罪与彼罪等问题进行了详细分
析。也有论者提出认定企业是否属于国有企业的标准是企业的所有制形式,认为国有独
资企业和国有全资企业是国有企业,而将国有参股企业和国有控股企业排除在外。也有
论者从法条的设置与完善、刑罚的配置、原告及被害人的确定、证据的获取和损失的挽
回等方面提出了国有企业改制中对腐败犯罪的治理对策。

此外,还有论者具体分析了挪用公款罪、私分国有资产罪等个罪的司法实务问题,
对具体的司法疑难情形如何认定进行了探讨。

(四)腐败犯罪的国际视野

与会不少论者就《联合国反腐败公约》与我国刑法关于腐败犯罪规定的衔接、对我
国遏抑腐败犯罪的借鉴作用等问题进行了探讨。有论者认为在惩治腐败犯罪的全球化背
景下,应借鉴《联合国反腐败公约》增设贿赂外国公职人员或国际公共组织官员罪,以
"国家公职人员"取代"国家工作人员",扩大现有刑法中"贿赂"的内涵,加强反洗钱
等配套措施建设,争取与更多国家在引渡腐败犯罪案犯等方面取得进一步合作。

有论者从类罪角度提出了"国际贿赂犯罪"的概念,并对其确立标准、特征、种类
等问题进行了全面介绍。而有论者则从个罪角度出发,专门探讨了《联合国反腐败公
约》与我国洗钱罪的犯罪构成问题。

有论者在分析《联合国反腐败公约》与我国国内法的衔接问题后,主张建立一部融
组织法、刑事实体法、刑事程序法、行政法等于一体的反贪污贿赂法。

还有论者指出应重视国际社会在反腐败斗争中所倡导的一体化战略,并由此提出:
应确定反腐败犯罪的一体化刑事政策思想,建立一套以刑法为核心,综合民事、行政、
经济等各方面措施的,预防和惩治相结合的全面的一体化刑事政策。

也有论者认为《联合国反腐败公约》体现出的刑事政策导向主要包括贯彻"轻轻重
重"的政策、限制假释的适用、注重资格刑的运用、强调非法资产的处置以及否定腐败
派生行为的效力。

四、侵犯知识产权犯罪问题研究

(一)侵犯知识产权犯罪的构成与证明问题

有论者对此问题从宏观与微观两个层面进行了分析。从宏观层面来讲,该论者提
出:本类罪的犯罪主体可由自然人和单位构成;犯罪主观方面为故意;在犯罪客体方面

表现为侵犯了知识产权或涉及侵犯知识产权；犯罪客观方面具有侵犯知识产权的行为，且情节严重，或销售金额较大，或违法所得数额巨大等后果；在案件诉讼方面与证据采信方面对采取公诉的案件有特定标准与规则。从微观层面来讲，该论者对侵犯知识产权犯罪 7 种具体犯罪的构成与证明进行了十分全面、细致的阐述。

（二）侵犯知识产权犯罪的司法解释问题

有论者以 1997 年刑法颁行前后两个阶段为时间维度，系统梳理了我国知识产权司法解释的历史演变，并对现有司法解释进行了简要评述，对其中的定量因素（犯罪数额和情节标准）进行了深入分析。在如何认定犯罪数额的问题上，该论者主张："销售金额"既是指犯罪既遂的包括成本在内的销售全部收入，也指犯罪未完成形态下已经销售出去的收入额和尚未售出的价值额的总和；"违法所得数额"是指获利的数额，即销售金额减去投入的成本之差；"非法经营数额"是指定价数额与商品数量的乘积；对"直接经济损失数额"的认定不能简单参照《中华人民共和国商标法》所规定的"侵权人在侵权期间因侵权所获得的利益，或者被侵权人在被侵权期间因被侵权所受到的损失"这一推定计算方法，而是应该包括积极损失和消极损失。而在定罪量刑情节标准问题上，该论者结合现有相关解释对假冒注册商标罪，销售假冒注册商标罪，非法制造、销售非法制造的注册商标标识罪，侵犯著作权罪，销售侵权复制品罪，假冒专利罪，侵犯商业秘密罪进行了详细阐述。

此外，该论者还对侵犯知识产权犯罪司法解释中涉及的罪数问题、共犯问题、单位犯罪问题进行了研究。在生产、销售伪劣产品犯罪与侵犯注册商标犯罪的罪数关系问题上，该论者认为：对于既生产伪劣商品又假冒注册商标的行为，由于二者之间是目的行为与手段行为的关系，故应按照牵连犯处理；对于销售假冒他人注册商标的伪劣产品的行为，应根据不同情况作不同的处理：对于明知该伪劣产品系假冒他人注册商标仍执意销售的，按照想象竞合犯处理；对于在购进伪劣产品后再假冒他人注册商品予以销售的，按照牵连犯处理。其与假冒专利/著作权犯罪之间的罪数关系都可以参照此办法解决，即按照牵连犯处理。而在侵犯著作权罪与销售侵权复制品罪之间的罪数问题关系上，应视实施两罪主体之间的关系而定：若两罪主体为同一关系，即行为人实施侵犯著作权后将其实施侵犯著作权获得的复制品予以销售的，应按照吸收犯处理，以侵犯著作权罪定罪处罚；若两罪主体为相异关系，即行为人销售的侵权复制品系他人侵犯著作权所生之物，则应按照侵犯著作权罪与销售侵权复制品罪数罪并罚。在共犯问题上，该论者认为"事先与实行犯同谋按照共犯论处"的处理原则同样适用于侵犯知识产权犯罪领域。在单位犯罪问题上，该论者根据我国刑法单位犯罪基本原理对侵犯知识产权犯罪主体进行了界定。

除了上述侵犯知识产权犯罪司法中的实体法问题，该论者还对知识产权的刑事诉讼保护模式、刑事附带民事诉讼等程序法问题进行了简要探讨。

另外，该论者主张在坚持效率优先、强化保护力度、增强可操作性、立足中国国情等原则的指定下，对现有司法解释存在的起刑点过高、单位犯罪与自然人犯罪追诉标准悬殊、相关重要术语（如对"相同的商标"的理解）界定模糊等不足进行完善。

（三）销售侵权复制品罪的问题

有论者主张：在研究销售侵权复制品罪（派生罪）时应注重其和侵犯著作权罪（原生罪）之间的原生罪与派生罪关系。由于本罪所依赖的原生罪之相关法律已经随着时代进步多有修改，由此回溯考量会发现侵犯著作权罪的范围存在过于狭窄之弊端，难以有效满足打击此类犯罪的需要，因此需与现行著作权法律、国际公约规定接轨，扩大行为种类范围，构建配套性立法。

关于非法出租侵权复制品行为的定性问题，有论者认为从实然角度讲，宜将其作为一般的违反著作权行为处理，而从应然角度讲，可对相当于销售侵权复制品的行为增设罪名进行定罪处罚。

关于本罪是否需要以营利为目的的问题，有论者主张维持现行刑法的立场，即保留"以营利为目的"这一主观要件，以此践行刑法的谦抑性要求，强化经济违法行为与犯罪行为的并行打击，杜绝将知识产权违法行为全盘犯罪化的盲目跟风之举，也避免将取证难作为取消该目的要件的开脱之辞。另外，论者认为对销售的物品为侵权复制品的这一事实明知有前后之分，在量刑过程应将"事先明知"视为酌定从重处罚情节。

关于本罪的客观要件问题，有论者对相关修改意见进行评析后，认为应改现有刑法的"违法所得数额"为"销售侵权复制品数额"，这才是真正契合本罪侵权行为方式实质的可取之举。

此外，有论者还对本罪的诉讼模式设置提出了自己的见解，认为应将本罪直接设立为可以自诉的案件，并不排除在必要条件下由国家公权力保障其权利救济，这样更有利于知识产权的保护。

（四）著作权刑法保护的横向比较研究

有论者在将我国著作权刑法保护与 TRIPs 保护进行比较研究后，认为我国著作权刑法保护存在罪名设计不科学、罪名数量偏少、主观要件过严、保护客体不均、追诉标准欠妥等不足，提出分列侵犯邻接权罪、增设其他新罪名、取消以营利为目的、扩大著作权保护范围、在犯罪构成要件中综合考量侵权规模大小与数量多寡、降低起刑点、缩小个人与单位起刑点差距等完善措施，以期更好地与国际要求相协调，更好地推动中国著作权保护事业发展。

五、网络犯罪问题研究

（一）网络犯罪共性问题研究

1. 网络犯罪概念之争

有论者提出在研究网络犯罪概念时应注意其与计算机犯罪概念之间的关系，并对其理论定位（犯罪学概念、刑法学概念、理论概念、法定概念）问题进行了简要介绍。

有论者指出现有网络犯罪概念力图以网络犯罪囊括所有犯罪类型的一劳永逸式做法不可取，正确的做法是抓住其侵害的终极对象以及行为人怀有的终极性目的；并认为网络犯罪是指单位或个人以侵害计算机内部存储数据为目的，故意实施的危害计算机内部数据安全，并造成严重后果的行为。但也有论者持不同意见，认为仅从对象与目的出发不足以科学界定网络犯罪这一概念，主张以工具和对象为标准进行界定。

也有论者认为：当前关于网络犯罪定义的通行观点的缺陷在于受计算机犯罪定义的影响，仅将网络视为一个技术上的概念，而非社会概念。网络犯罪的概念应该是指发生于网络空间的犯罪的总称，包括犯罪行为发生于网络空间的犯罪和犯罪结果发生于网络空间的犯罪。

2. 网络犯罪特征描述

对于网络犯罪具有何种特征这一问题，与会论者就智能性、隐蔽性、广域性、连续性、低风险性、高社会危害性等达成了共识。此外，有论者还着重关注了网络犯罪的技术依赖性，并从犯罪构成四要件方面逐一进行解读，清晰、完整勾勒出网络犯罪的技术特征，以期对正确深入认识网络犯罪有所裨益。也有论者指出网络犯罪低龄化的趋势，并将其视为网络犯罪的特征之一。

3. 网络犯罪犯罪构成

有论者认为网络犯罪侵犯的客体是单一客体，即网络安全和数据安全。但也有论者认为，网络犯罪侵犯的是复杂客体，既包括网络安全和数据安全，还包括基于使用网络借以实现的各种人身权利和民主权利。有论者认为网络犯罪的客观方面既包括以网络安全为破坏对象，也包括利用网络实施其他犯罪所侵犯的其他对象，对此，应以想象竞合犯从一重罪处断。但有论者对此提出质疑，主张对后者直接以其涉及的具体罪名论处。

4. 网络犯罪类型问题

有论者将计算机网络犯罪分为三类：侵害计算机系统的犯罪、侵害和计算机相关的财产的犯罪及以计算机网络为手段的其他犯罪。也有论者认为网络犯罪主要是指以网络为对象的犯罪和以网络为工具的犯罪，并就后者的类别与司法适用进行了深入研究。该论者将工具型网络犯罪又细分为"预备性"工具型网络犯罪与"实行性"工具型网络犯罪，其中"实行性"工具型网络犯罪又包括经济类工具型网络犯罪、传播有害信息类工具型网络犯罪、非法占有信息型工具型网络犯罪、知识产权型工具型网络犯罪、更改信息类型工具型网络犯罪五类。

此外，有论者还对网络犯罪的刑事管辖权、刑事立法完善等其他共性问题进行了研究。

（二）网络犯罪的比较研究

有论者以《网络犯罪公约》为参照平台，对其出台背景、基本内容、不足之处进行了详细介绍，并主张在我国刑事实体法与刑事程序法中借鉴、吸收该公约的有关恰当规定，提出明确界定网络犯罪概念、圈定网络犯罪的适当空间、完善电子证据调查制度、加强打击网络犯罪的国际合作等建议。也有论者以《网络犯罪公约》为视角，分别从立法层面、司法层面、技术层面提出遏制网络犯罪的建议。该论者认为，在立法层面，应重新界定管辖原则、增加电子证据种类、增设法人犯罪主体、增设财产刑与资格刑；在司法层面，应加大网络犯罪的打击力度、注意遏制网络犯罪的低龄化趋势；在技术层面，应该建立严密的网络安全防范机制。

有论者在网络越轨行为犯罪化的必要性这一问题上主张借鉴法国刑事司法与人权委员会提出的"一组两次多重三指标九标准"的判断指标体系，以严重性和效用性等原则作为实践评判的核心标准，在社会危害性方面而非法益方面寻求网络越轨行为犯罪化的正当性依据。

此外，还有论者对计算机诈骗这一问题和德、日两国对此的应对与规制之道进行了比较研究，主张我国可以增设计算机诈骗罪的规定，将其与诈骗罪并列，置于侵犯财产犯罪一章之下，并赋予更具弹性的量刑幅度。

（三）网络犯罪的时代挑战

与会论者主要讨论了网络犯罪对传统刑法理论中的犯罪主体理论、犯罪主观方面理论、犯罪行为理论、刑事管辖理论及其他法学理论的挑战与应对问题。

（1）对犯罪主体理论的挑战。有论者认为网络犯罪主体的低龄化趋势，对现有刑事责任年龄划分标准提出了挑战；此外，我国刑法网络犯罪的单位主体资格缺失，也与单位网络犯罪现实产生冲突，对此，刑法不应坐视不管。

（2）对犯罪主观方面理论的挑战。有论者认为网络犯罪存在着故意与过失混合且主观心理状态不易证明的特点，其行为心素特征难以把握，对此，应引进严格责任加以解决。

（3）对犯罪行为理论的挑战。有论者认为网络犯罪行为的体素特征不明显，给对犯罪行为的认定、侦查、取证、证据采信均带来不少困难。

（4）对刑事管辖理论的挑战。有论者认为网络犯罪所依附的虚拟空间让行为发生地与行为结果地都很难确定，很难适用传统刑法理论的管辖原则。在评析诸种观点之后，该论者主张应该以传统的刑事管辖权理论为基点，以有限保护原则为补充，并依靠国际合作。也有论者分别就立案管辖、级别管辖、地域管辖等具体问题给出了解决方案。

（5）对其他法学理论的挑战。有论者提出网络犯罪的刑法规制过程中，需要处理好其与刑法谦抑性原则、刑法功能有限性、个人隐私权保护、言论自由保护等范畴之间的关系。

此外，一些论者还对网络无卡方式信用卡诈骗、黑客犯罪、侵犯虚拟财产、网络钓鱼等新型犯罪现象进行了深入解读。

六、未成年人犯罪问题研究

（一）未成年人犯罪的刑事责任范围问题

1. 罪名与行为之争

对此，主要集中于对 1997 年刑法典第 17 条第 2 款所指的 8 种特定犯罪究竟是罪名还是行为的讨论。有论者认为虽然现行刑法解释性文件对此持行为说，但从条文语义、国外立法、限制惩治范围等角度来讲，都应将其解读为罪名。但有论者认为将此理解为犯罪行为为宜，并主张以修正案的形式将全国人大常委会法工委的答复纳入第 17 条第 2 款，即将"……罪，应当负刑事责任"改为"……行为，应当负刑事责任"。也有论者认为在对答复的理解上应立足于现行刑法理论，实务界所持的限于在 8 种罪名之内定罪量刑的观点不足取，提出：在具体追究刑事责任之时不应限于 8 种具体罪名，至于具体以何种罪名追究刑事责任应当区分情况分别处理。

2. 具体条文分析

有论者对未成年人相对负刑事责任的范围进行了全景式扫描，对其中所涉及的 8 种具体犯罪逐一进行了研析。如在对"故意杀人、故意伤害致人重伤或死亡"的理解上，论者主张对于在实施其他犯罪过程中又有故意杀人、故意伤害致人重伤或者死亡的行为并依法应当依照故意杀人罪、故意伤害罪定罪处罚（包括从重处罚）的一些犯罪，以及犯其他罪同时兼有故意杀人、故意伤害致人重伤或者死亡的行为，并与这两个罪并罚的一些犯罪，都应当按照故意杀人罪或者故意伤害罪定罪量刑。该论者还认为对此 8 种具体犯罪不应限定为情节特别严重的情形，应严格按照罪刑法定原则的要求，不能另行增加限制性条件。

有论者则着重研究了已满 14 周岁不满 16 周岁的未成年人实施绑架并杀害被绑架人的行为定性、以危险方法杀人的行为定性及强奸罪是否包括奸淫幼女罪等具体问题。

3. 立法完善建议

不少论者认为现行未成年人负相对刑事责任的列举规定存有范围过于狭窄之弊，有些危害性与法定的 8 种具体犯罪相当或甚于后者的严重犯罪被剔除在外，这无疑是对罪责刑相适应原则的背反。于是有论者主张增加绑架罪、决水罪，有论者主张增加抢劫枪支、弹药、爆炸物罪，有论者主张增加走私、运输、制造毒品罪，等等。当然，增加新罪的总体标准应是与 8 种特定故意犯罪性质相同或社会危害性程度相类似。

有论者提出应明确未满 14 周岁的未成年人不构成犯罪，但也有论者认为对年满 12 周岁不满 14 周岁的未成年人犯罪应有限度地规定刑事责任。

此外，还有诸多论者对 1997 年刑法第 17 条第 2 款条文的重新设计各抒己见。

（二）未成年人犯罪的刑事政策问题

有论者在分析未成年人犯罪的特点与原因后指出，未成年人犯罪刑事政策涵盖的对象不仅包括犯罪行为，还应包括违法行为和其他不良行为；进而要求丰富和发展我国现有的未成年人犯罪刑事政策，主要路径选择有家庭、学校、社会多管齐下，设立未成年人法院、扩大不起诉适用范围、坚持贯彻刑法从宽原则等。

有论者就未成年人犯罪的刑事政策进行了比较研究，提倡实现未成年人犯罪的三层次防治，加强家庭、学校、社会、司法各领域的合作，将对未成年人犯罪与违法行为的保护处分作为刑事政策的重中之重。

有论者提出单纯适用刑罚惩治或非刑罚处遇刑事政策都有失片面，主张采取非刑罚化与刑罚严厉化并行不悖的两极化刑事政策，并在此刑事政策的价值导向下对未成年人进行区别对待，即犯罪较轻的未成年人，更多地适用非监禁刑或者不起诉、免除处罚，以体现"教育为主、惩罚为辅"的政策；而对于危害严重的青少年犯罪，则应加大惩处力度，以发挥刑罚的威慑效应。

（三）未成年人犯罪的处遇问题

1. 刑罚制度的完善

有论者指出对未成年人犯罪适用的刑罚应当以预防为主，以轻缓为导向，同时兼顾报应，即在刑罚适用选择、刑罚适用程序和刑罚执行方面实行"双向保护原则"。

有论者提出对未成年犯在刑种选择上应作出相应限定对未成年人不应适用无期徒刑、剥夺政治权利、罚金、没收财产等刑种，放宽未成年人犯的缓刑适用条件，增设暂缓判决、观护帮教等刑罚缓科制度。但也有论者持不同意见，认为可以对未成年犯罪适用罚金刑，因为它并不违背罪刑法定原则，有利于贯彻对未成年犯罪人"惩罚为辅、教育为主"的方针，并有利于保护未成年犯罪人的合法权益。

有论者认为对未成年人犯罪适用减轻处罚不必限于一次减轻一个刑种，而应当根据未成年人犯罪的具体情节加以确定，既不跳过法定刑幅度，也不减至免除处罚。

有论者认为未成年人犯罪人不应构成累犯，因为根据其生理和心理特点，一般没有特别大的人身危险性，构成特殊累犯的概率也比较小，同时有外国立法先例可循。

有论者则专门论述增设社区服务刑的可取之处，认为其是一种能够提高改造效果与创造社会效益的"双效"刑罚措施，并对相关具体内容进行了详尽设计。

此外，还有论者从社会学角度对未成年人刑事前科消灭制度进行了剖析，深入挖掘了前科消灭制度对未成年人再社会化的积极作用，建议在我国实行未成年人刑事前科消灭制度。

2. 非刑罚处罚研究

有论者认为我国现行刑法规定的非刑罚处置措施存在形式单一、效果不佳、执行失范等缺陷，主张在完善现有非刑罚处置措施种类的同时增设其他非刑罚处置措施。

有论者论证了对未成年人犯罪实行非刑罚处罚的合理性与必要性，制定了清晰、明确的未成年人非刑罚处罚适用条件，提出了合理构建我国的非刑罚处置措施的设想。

还有部分论者提出了对未成年人犯罪的社区控制模式构想，并对其理论根基、实证依据、内容与特点等基本要素进行了分析，在非正式控制层面与正式控制层面提出了具体的操作措施。

（四）未成年人犯罪的实证研究

有论者对未成年罪犯的量刑情况进行了实证分析，在总结特点的基础上分析了相关原因，提出了相应的解决对策。

有论者将统计学方法引入未成年人犯罪研究，通过实证分析发现未成年人犯罪具有犯罪总数逐年增加、犯罪率稳中有升、犯重罪比率高及未成年犯占罪犯总人数比重大等特点，提出未成年人犯罪的致罪内因与矫正标的是其临时犯罪人格，主张以犯罪人格矫正为主线，推广人格调查制度、刑事污点消除制度、社区矫正制度；并对完善未成年人法律体系提出构想。

还有论者就特定地域的未成年人犯罪情况、流动人口中未成年人犯罪情况、青少年健康危害行为影响机制等进行了实证分析。

（五）未成年人犯罪的成因探源

有论者在分析调查问卷的基础上，探讨了教育缺失与未成年人犯罪的关系，并认为家庭教育失当、学校教育失衡、社会教育失控三方面因素与未成年人犯罪密不可分，主张从家庭、学校、社会等多种渠道出发，整合各方面的力量与资源，发挥教育在预防与减少未成年人犯罪中的积极效用。

有论者则着重分析了青少年犯罪中的家庭因素，并分别就结构异常家庭、教育异常家庭、环境异常家庭对未成年人犯罪的影响等问题进行了论述，提出预防未成年人犯罪要从家庭做起，呼吁提高家长素质、优化家教内容、家庭社会共同努力。此外，还有论者运用社会控制理论对未成年人犯罪的家庭因素进行了阐述。

有论者从网络不良文化对未成年人犯罪的影响入手，探讨了网络条件下防范与控制未成年人犯罪的有效途径，主张通过构建中国未成年人网络保护法、加强政府对网络的监管力度、重视对未成年网民的网德教育等方式予以应对。

有论者以转型社会为时代背景分析了未成年人犯罪的诸多成因，并提出了相应的防范对策。

此外，还有论者从刑事诉讼法、比较法、区际刑法等角度对此问题进行了探讨。

七、拐卖人口犯罪问题研究

（一）拐卖人口犯罪的立法评析

有论者从横向角度（地域）与纵向角度（时间）对拐卖人口犯罪的立法情况作了详尽梳理，认为我国现行刑法对"儿童"的概念界定模糊，将犯罪对象局限于妇女、儿童，不对旨在卖淫的贩卖人口罪单独立法等做法不尽合理，提出将"儿童"规定为 18 周岁以下的任何人，将本罪对象扩至妇女、儿童以外的人，将旨在卖淫的贩卖人口罪作为风化犯罪单独处理等完善建议。但也有论者认为在目前中国拐卖犯罪的立法模式中，拐卖成年男子不宜按本罪处断，但情节严重者可以非法拘禁罪定罪量刑。

（二）拐卖人口犯罪的司法认定

有论者提出本罪的司法认定总原则是主、客观要件相统一原则，并区分了其与介绍婚姻、收养索取财物行为、绑架罪、拐骗儿童罪、诈骗罪的界限。还有论者进而区分了其与非法拘禁罪的界限，认为拐卖妇女、儿童并剥夺其人身自由的情况不可以事后不可罚行为从一罪处罚，因为其侵犯的法益不同并且两罪之间具有牵连关系，应当按照牵连犯相关原则定罪量刑。而对于行为人为了收买，教唆或者帮助他人拐卖妇女、儿童的行为如何定性这一问题，该论者持以拐卖妇女、儿童罪和收买被拐卖的妇女、儿童罪数罪并罚的观点，主要理由在于教唆、帮助行为与收买行为是两种性质截然不同的行为。

此外，还有论者对拐卖妇女、儿童关联职务犯罪的认定问题进行了剖析，有助于清楚认识阻碍解救被拐卖、绑架妇女、儿童罪与聚众阻碍解救被拐卖、绑架妇女、儿童罪，妨碍公务罪，帮助犯罪分子逃避处罚罪等相关犯罪的区别。

对于被害人的同意是否可以阻却行为人行为的违法性这一问题，有论者持肯定观点，但只将阻却违法性主体限定于妇女，不具有民事行为能力的儿童与精神病被害人的同意不得作为行为人行为的违法阻却事由。但也有论者表示反对，认为人格尊严的不可放弃性决定了被害人的同意不能阻却行为人行为的违法性。

（三）拐卖人口犯罪的犯罪构成

1. 犯罪主体

有论者认为被拐卖人的亲属可以成为本罪的主体，即行为人与被害人之间的亲属关系不能阻却行为人的刑事责任。关于阻碍解救被拐卖、绑架妇女、儿童罪的主体认定，有论者认为1997年刑法典中规定的"对被拐卖、绑架妇女、儿童负有解救职责的国家机关工作人员"利用职务实施的阻碍解救行为与其担负的解救职务相关，因此，只要其担负解救职务，即便不是解救工作的负责人，只要利用其职责阻碍解救工作，即可构成本罪；另外，对已满14周岁不满16周岁的人拐卖妇女、儿童而故意造成被拐卖妇女、儿童重伤或死亡的行为，依据刑法应追究其刑事责任。

2. 犯罪主观方面

对此，主要集中于如何理解"以出卖为目的"。有论者认为以出卖为目的的主观故意直接决定了拐卖妇女、儿童罪的成立，但目的是否实现并不影响本罪的成立与既遂。有论者认为在"收买"行为中"以出卖为目的"既包括收买之前即存在出卖目的的情况，也包括行为人收买被拐卖的妇女、儿童后产生出卖的意图并出卖妇女、儿童的情况。

3. 犯罪客观方面

有论者详细对拐骗、绑架、收买、贩卖、接送等具体行为方式进行了语义分析。有论者着重论述了收买行为非犯罪化的必要性，认为其符合刑法谦抑性的价值要求和主、客观相统一的原则，可以保护被拐卖妇女、儿童的权益免受再次侵害。另外，还有部分论者对拐卖两性人的问题存有不同看法。有论者认为两性人的性别取决于其本人的自我认同，如果自我认同为女性，则按照拐卖妇女、儿童罪，反之则不构成本罪。当然，也有论者主张以行为人的社会性别来判断，即以社会一般人的认识为标准。但有论者认为，对于行为人明知是年满14周岁的两性人而以出卖为目的的行为，根据罪刑法定原则，不能以拐卖妇女罪定罪处罚，但行为人因对犯罪对象的认识错误，属于刑法理论上的对象不能犯未遂。

（四）拐卖人口犯罪的犯罪形态

有论者在分析了拐卖妇女、儿童罪既遂与未遂诸种观点后，提出应将研究视角拉回本罪是行为犯的本质上，并认为此举符合我国刑法立法原意，符合我国刑法基本理论，也符合适用刑罚的目的。该论者主张以行为人是否实施完毕法律规定的实行方式之一为标准，唯可因实施阶段不同而行为既遂、未遂的具体标准不同而已。在单独犯罪与简单共同犯罪中，实施手段行为的，只要将被害人置于行为人控制之下即达到既遂；结果行为应以行为人将被害人贩卖出手、转移给收买人为既遂。在复杂的共同犯罪中，则应以被害人被实际控制，也即手段行为的实际完成为标准，至于接送等中间行为，由于其自身具有非实行性而无所谓既遂、未遂。

此外，还有论者从刑事政策角度对拐卖妇女、儿童罪进行了解读，提出"惩"、"导"结合的综合治理方针，在坚持对本罪的刑法规制之外寻求更多的刑事政策选择。

[林燕、刘炯；本文为首次刊载]

第五十五章
2005 年全国刑法学术年会综述

一、前　言

中国法学会刑法学研究会 2005 年年会，于 2005 年 10 月 28 日至 30 日在湖北省武汉市武汉大学法学楼隆重召开。与会者围绕本届年会事先拟定的三大方面的议题，即刑罚的裁量制度研究、渎职犯罪研究以及《刑法修正案（五）》的有关问题，联系我国现阶段创建和谐社会的现实需要，进行了广泛、深入的探讨。大会共收到论文 324 篇，是迄今为止历届年会提交论文最多的一次。现将与会论文以及研讨的主要观点综述如下：

二、刑罚裁量制度研究

（一）累犯制度研究

累犯是刑罚裁量中从重处罚的刑罚制度。对累犯制度的研讨主要集中在普通累犯成立条件中主体条件的问题、累犯的处罚原则问题以及累犯制度完善问题。

1. 关于普通累犯成立条件中的主体条件问题

关于主体条件的问题，主要探讨的是累犯的主体是否包括未成年人以及单位的问题。

绝大多数论者认为未成年人不适用累犯规定的条款。也有论者认为，累犯的主体应包括未成年人。关于单位累犯的问题，有论者在主体问题中论及，有论者在立法建议中论及，有论者则是作了专题论述。主要问题集中在刑法中应不应该设立单位累犯制度。肯定说的主张者认为：对单位犯罪明确承认和规定累犯制度符合适用刑法平等原则；单位再次犯罪的大量事实是刑法确立单位累犯制度的现实基础，增设单位累犯制度具有现实意义；预防单位再次犯罪，保障市场经济健康发展需要刑法确立单位累犯制度。而否定说论者有的认为，单位犯罪的种种特殊性决定了其不符合累犯制度的立法意图。也有论者认为，从累犯制度设立及从严处罚的理论根据上看，刑法不应规定单位累犯；从单位累犯的立法建构上看，设立单位累犯存在立法困境；从司法实践上看，犯罪单位能够轻易逃避单位累犯制度，从而免受从重处罚；从国外立法例看，我国不宜规定单位累犯。本届年会上单位累犯问题是争议较大的问题之一。

2. 关于累犯的处罚原则

关于累犯的处罚原则之争，主要集中在累犯的从重处罚依据。有论者认为，累犯从重处罚的依据只能是行为人的人身危险性，而不是其他。有论者认为应从累犯的主观恶性和人身危险性来论证累犯从重的刑事责任根据。有论者认为累犯从重处罚的根据，就在于累犯的人身危险性、主观恶性和其他犯罪行为所综合反映的社会危害性，比初犯的更大。也有论者认为累犯从重处罚的根据主要在于其本身所具有的相对于初犯而言更为严重的主观恶性和人身危险性，同时，相对于初犯而言的更为严重的社会危害性，也是从严处罚累犯的辅助性原因。还有论者从责任主义的刑罚观出发，认为人格责任论所主张的累犯对其犯罪人格的形成所承担的人格形成责任，正是对累犯从重处罚的根据所在。

3. 关于累犯制度的完善

有关累犯罪数规定的完善，有论者认为我国 1997 年刑法典中所规定的累犯制度在罪数条件的设置上采取的是：两次以上犯罪就构成累犯。但是，根据我国的法律文化以及累犯制度的设立初衷来看，有必要以三次犯罪作为普通累犯构成条件的罪数条件，并设立再犯的概念，把再犯（两次犯罪）从累犯制度中分离出来，区别对待。

对于主观条件的完善，有论者认为我国现行的累犯制度，不应建立在"行为中心论"的基础之上，建议采用主观的累犯概念，即在刑法规定中增加"人身危险性条件"的规定。

关于主体条件的完善，有论者建议增设未成年人不构成累犯的例外性规定以及增设单位成为普通累犯主体的规定，并应增加提示性规定。

而有论者以法律后果为视角认为，我国刑法对累犯从重处罚的规定过于简单，不利于司法实践中的操作；建议对累犯处罚的原则作进一步具体的规定。

（二）自首与立功制度研究

1. 自首制度研究

关于自首制度的研讨，主要集中在自首从宽处罚原则的根据问题、自首认定中的疑难问题以及自首制度的完善问题。

（1）关于自首从宽处罚原则的根据。关于自首从宽处罚原则的根据问题，有论者提出，应从自首的本质上去认识自首从宽处罚的根据，认为根据在于犯罪人犯罪后自动归案，自己把自己交付国家追诉。有论者认为自首从宽处罚只能从犯罪人人身危险性的减轻中得以说明。也有论者认为自首从宽处罚的根据可归纳为两点：其一，基于人身危险性的减轻，实现刑罚目的的需要。其二，基于司法成本的经济性，实现功利目的的需要。还有论者认为，关于自首从宽处罚的根据应从三个方面来理解，即法律根据、政策根据和法理根据：法律根据即刑法典第 67 条之规定。惩办与宽大相结合的基本刑事政策是自首得以从宽处罚的政策根据。自首犯从宽处罚的法理根据，应当从主、客观相统一的刑事责任原则上来考量，而重点在于自首行为所反映的自首犯人身危险性的降低。

（2）关于自首认定中的疑难问题。关于自首认定中的疑难问题的研讨比较分散，相对集中的问题包括：对一般自首成立条件中的"自动投案"的认定问题、共同犯罪的自首认定问题以及数罪自首的认定问题。关于"自动投案"的认定，有论者认为，因将"犯罪之后"理解为不仅是犯罪既遂之后而投案，犯罪预备、未遂或中止后而投案的，同样可以成立自动投案。"形迹可疑"的问题是目前司法实践中认定自首时较为棘手的问题之一，有论者认为罪行尚未被司法机关发觉，仅因形迹可疑被有关部门查询、教育后，主动交代犯罪事实的，应视为归案之前的情况对待。关于共同犯罪自首的认定，争议的焦点是共同犯罪人在投案后，交代了哪些罪行才算如实供述了自己的罪行。对此，有论者认为在共同犯罪中，共犯自首时要供述的"自己的罪行"，除了自己实施的那一部分外，还包括其确实知道、与自己实施的犯罪密不可分的其他共同犯罪人实施的罪行。至于其揭发同案犯共同犯罪以外的其他犯罪，则超越了自首的范围，应当被认定为立功；并分别就主犯、从犯以及胁从犯的"自己罪行"的认定作了具体的分析。数罪自首的认定，主要争议是，一人犯了数罪，主动投案时仅交代了一罪，或者虽然交代了几罪，但仍有罪行未交代而在追诉或者服刑过程中被查出，对于余罪是否能成立自首的问题。大多数论者认为，犯罪人犯有数罪而自首的，对于自首的罪行，按照自首来处理，其效力不及于没有自首的罪行。有论者认为，对异种数罪的自首，只对如实供述的部分犯罪成立自首，之后再与其他犯罪并罚；对于同种数罪的自首，则区分并罚的同种数罪与按一罪处断的同种数罪分别处理。

（3）关于自首制度的完善。大多数论者对自首制度的完善提出了以下建议：其一，明确规定单位自首。单位自首是客观存在的，如果承认单位具有犯罪能力，那么基于完全相同的道理，也应当认同单位在犯罪后具有自首的能力。其二，修正准自首的成立条件。应将准自首的成立条件规定为："被关押的人员，如实供述司法机关还未掌握的本人罪行，并接受审查和裁判的……"其三，增设首服制度。因为"首服"和"告诉才处理的犯罪"是一对孪生兄弟，只要一部刑法在规定了自首制度的同时，还规定有"告诉才处理的犯罪"，那么无论该刑法是否明确规定"首服"的制度，"首服"制度都是该刑法的必然伴随物。其四，完善特别自首制度。我国既然已经采取混合式的立法模式，就应对一般自首、准自首和特别自首予以明确规定和界定。但是也有论者对上述建议提出了异议。也有论者对最高人民法院所发布的《关于处理自首和立功具体应用法律若干问题的解释》中蕴涵有违"人性"的思想提出了质疑。

2. 立功制度研究

（1）关于立功制度的价值。多数论者认为，我国立功制度的设计，在价值取向上存在着偏重于功利性的倾向，造成了立法的瑕疵和司法的尴尬；认为立功制度既应具有公正的属性，也应具有功利的属性。有论者进一步认为，应在正义的基础上运用功利主义，这样一来，立功制度就不仅关注行为对社会的有益性，而且同时也关注犯罪人的悔罪意识和主观恶性的强弱。

（2）关于立功的成立条件。有论者根据1997年刑法典第68条的规定或（及）《关于处理自首和立功具体应用法律若干问题的解释》的规定，对立功的成立条件进行了重构，认为：作为立功成立前提条件的主体的"犯罪分子"，应为诉讼法意义上的犯罪嫌疑人、被告人，而不能是罪犯。而"实施了犯罪行为"，是指实施了刑法分则规定的犯罪行为。如果在实施刑法分则规定的犯罪行为过程中出现了犯罪的预备形态、未遂形态、中止形态，依法需要追究刑事责任的，也视为"实施了犯罪行为"。对于时间条件应界定为"从犯罪成立之后至判决、裁定生效前"的时间段是合适的。对于行为条件，可以概括为是犯罪分子实施了对国家和社会有益的行为。该论者并认为没有必要将主观方面单列为立功的成立条件。

（3）关于立功制度的立法完善。有论者认为关于立功制度应从以下方面进行完善：应纠正功利主义的偏向；明确立功表现；填补处理空档以及合理排列规范。有论者认为，应当完善关于假检举揭发、提供假线索的处罚规定以及关于查证不力甚至不查证的规定；还认为刑法关于自首并有重大立功表现的应当减轻或者免除处罚的规定过于绝对，解决问题的办法只能是修改第63条第1款和第68条第2款。有的论者对单位立功的问题作了较为全面、深入的探讨。

（三）数罪并罚制度研究

关于数罪并罚制度，既涉及宏观问题，也涉及微观问题。

1. 关于数罪并罚制度的宏观问题

有论者提出，中国刑法学说中的罪数论体系及概念主要源于外国刑法学说，明显不适应中国的数罪并罚体制，因此有必要考虑中国刑法和司法习惯不喜好数罪并罚的特点，建立适合这种特点的罪数论体系。还有论者认为，限制加重原则的正确适用正在引起日益增多的人的反思，而技术层面的问题最终又受观念方面的深度制约，因此从基础观念层面对数罪并罚的限制加重原则予以研究，并从数罪并罚原则与刑罚公正思想、限制加重原则与罪刑相适应原则的关系等方面展开论述。还有论者对数罪并罚成立范围之立法进行检讨，认为关于数罪并罚的成立范围，我国应当摒弃现行的刑期未执行完毕主义而采裁判确定主义。另有学者就数罪并罚的四种原则（并科原则、吸收原则、限制加重原则和折中原则）之特点、利弊加以评析，并就各刑种并罚应适用的原则及在适用中出现的问题进行了分析。

2. 关于数罪并罚制度的微观问题

诸多学者讨论的一个焦点问题是对牵连犯的处罚是否适用数罪并罚论。持肯定论的学者认为：为了解决理论冲突、立法矛盾和实践困惑，应当对牵连犯实行数罪并罚。其理由主要有：（1）就牵连犯的罪质而言，牵连犯是由数个行为构成的；（2）就牵连犯的社会危害性而言，我们很难主观地断定牵连数罪与普通数罪的客观危害性究竟孰大孰小；（3）就刑罚目的而言，能更好地发挥刑法功能；（4）就发展方向而言，对牵连犯实行数罪并罚，既是我国刑事立法的发展趋势，也是世界各国的呼声。持否定论的学者认为，"数罪并罚论"作为具有独立关系的牵连犯的处罚原则是合理的，但如果把它当作所有牵连犯的处断原则，则有违双重评价禁止原则和充分评价原则。另外，还有学者围绕如何界定数罪并罚制度中之"数罪"、"法定的时间界限之内"、同种数罪的并罚问题等展开具体的研讨。

（四）缓刑制度研究

关于缓刑制度的研讨，涉及的主要内容是缓刑制度的完善和缓刑制度的比较研究问题。

1. 关于缓刑的完善问题

有论者认为：量刑与行刑是罪刑关系运动的两个阶段，从时间上来说，缓刑发生在量刑阶段，将其归于量刑制度似乎并无不可，但缓刑是在刑罚量定的基础上，对其执行方法的确认；它不涉及刑罚之量定的问题，而只与刑罚的执行有关，在逻辑上应当将其归于行刑制度。还有的学者认为，我国现行立法所规定的缓刑制度还过于简单、笼统，存在诸多方面的不足，如适用条件、考察制度等，并且，在实际的适用过程中，还存在许多不尽如人意之处；并从缓刑考察制度所存在的一些问题入手，提出一些具体建议。还有的学者从行刑社会化的视角探讨了我国缓刑监督考察制度的完善问题。还有的学者从公正和功利的角度出发，认为要想充分发挥缓刑的功能，同时又防止缓刑的适用过于随意以致丧失公正性，缓刑制度的立法完善与司法改进势在必行；并且在考察了缓刑立法存在的缺陷和司法适用中存在的问题后，提出了具体的建议。还有的学者以对某区人民法院自 2001 年以来的有关缓刑适用情况的调查数据为依据，并以这种典型调查为基础归纳出当前司法实践中缓刑适用的主要特点和主要问题，在此基础上提出完善缓刑问题的若干建议。还有的学者从理解"原判刑罚就不再执行"含义角度出发，进一步探讨了缓刑执行的完善问题。还有的学者认为为了正确适用缓刑，应以我国刑法的规定为基础，结合司法实践，对我国的缓刑制度适用中的疑难问题从刑法完善角度进行探索。

2. 关于缓刑制度的比较研究问题

有学者依据 2005 年 1 月 7 日通过的我国台湾地区"刑法"部分条文修正案，对修正幅度较大的缓刑制度进行了详细介绍，并且发表了自己的评论。还有学者结合世界各国对于缓刑制度的立法规定和理论研究成果，对缓刑的种类、缓刑的适用条件、缓刑的考验期及考察机关、缓刑的撤销等问题进行了详尽的比较研究，以此来进一步推动我国缓刑制度的研究。

三、关于渎职罪的基本问题

（一）渎职罪的主体

1997年刑法颁行之日起，对国家机关工作人员本质与范围的理解争议不断，主要有"身份说"（具有国家干部身份的人）、"公务说"（也称"职能论"，是否从事公务）、"身份与公务兼具说"、三位一体的"新公务论"等不同观点。有论者认为，中国共产党、政协组织不属于国家机关。但多数论者认为将中国共产党、中国人民政治协商会议组织等都排斥在外，显然与我国实际情况不相符合。不少学者认为，国家机关工作人员具体包括：（1）在国家机关中从事公务的人员；（2）经合法授权而从事公务的人员；（3）受国家机关委托从事公务的人员。

（二）渎职罪的客体以及渎职罪的前提或原案问题

有论者认为：渎职罪的犯罪客体应是国家机关工作人员应正确履行自己相应职责的义务；客体要件是国家机关工作人员不正确履行自己职责时所指向的具体的人或物的存在状态，它反映了国家机关工作人员应尽职履行自己职责的义务的客体。此外，有论者认为，渎职罪本案的构成，须以前提罪在实质上确定或者原案在实质上成立为基础，即根据司法机关掌握的证据，行为人实质上涉嫌构成相关的原罪，就可以相应渎职罪立案。

（三）渎职罪的数罪问题

有论者认为，故意罪过的渎职罪特别是有徇私动机的渎职犯罪，往往与受贿行为交织。传统刑法理论认为属于牵连犯形态，应当实行从一重处。但是晚近以来，我国刑事立法和司法解释对于牵连犯的处罚，既有从一重罪的，也有实行数罪并罚的，如果考察的"牵连犯"中的数个犯罪构成之间不符合想象竞合犯或吸收犯的特征，则对行为人应当实行数罪并罚。

（四）渎职罪的立法缺陷与完善

有论者认为：我国渎职罪的立法缺陷主要表现在以下方面：一是列举式立法模式的局限性。二是犯罪主体的立法缺陷。主张借鉴《联合国反腐败公约》将渎职罪的主体由"国家机关工作人员"修改为"国家公职人员"或"公务员"。三是法定刑的缺陷：渎职犯罪涉及的35个罪名无一适用资格刑的规定。四是同类型故意犯罪与过失犯罪法定刑同一的缺陷。认为故意犯罪比过失犯罪的社会危害性大，应当规定相应较高的法定刑。还有论者对于跨越《刑法修正案》的渎职行为如何适用法律，"重大损失"、"特别重大损失"如何把握等难点问题提出了各自的观点。

四、关于滥用职权罪与玩忽职守罪

（一）滥用职权罪

1. 罪过形态

关于滥用职权罪的主观罪过形式有 6 种不同的观点：一是过失说，二是间接故意或过失说，三是间接故意说，四是直接故意说，五是复合罪过说（间接故意加过于自信的过失），六是故意说。有论者着重指出，1997 年刑法新增滥用职权罪的本意是便于区别原玩忽职守罪，而且从我国刑法与《联合国反腐败公约》相协调的角度看，应采取"故意说"。

2. 行为方式

关于滥用职权罪的行为构成的分歧，集中体现在不作为能否成为该罪的行为方式。对此有肯定说与否定说。

肯定说的主要理由是：首先，与不作为之理论通说相符；其次，《联合国反腐败公约》也包括作为与不作为两种滥用职权，为与此协调，滥用职权应当包括不作为。否定说的理由有以下几点：其一，文义上"滥用"是"胡乱地或过度地使用"，有权"不"用谈不上"滥用"。其二，滥用职权罪的行为是复式的结构，各种具体行为只是表象的、下位的行为，滥用职权才是上位的、总括性的行为；具体行为可以是不作为，但总括性行为不可能由不作为构成。其三，对于滥用职权罪的"放弃职责，故意不履行职务"，放弃职"责"并不是放弃职"权"；故意不履行职"务"，恰恰是通过故意滥用职"权"才得以实现。还有的论者认为，如果是纯粹放弃职责应该做而不做，则不再属于滥用职权而属于玩忽职守。另有论者认为，滥用职权的客观行为表现从规范意义上看，是不作为；从事实层面上看，既包括作为，也包括不作为。

3. "重大损失"在本罪中的性质

学界有学者认为"重大损失"只是客观处罚条件，另有论者认为属"客观超过要素"。有论者认为，重大损失应是本罪的必要构成要件，而非客观超过要素或客观处罚条件。

还有论者论及我国 1997 年刑法典第 397 条第 1 款中的"重大损失"与"情节特别严重"的关系，认为："重大损失"为本罪的结果要件，而"情节特别严重"为本罪加重处罚要件。在滥用职权罪中这种不同类型标准被混同使用，相应就出现了规范性断层。所以，滥用职权罪中结果要件的"重大损失"应修改为"情节严重"。

4. 滥用职权罪的立法完善

有论者建议：将滥用职权与玩忽职守罪的条文分立；将行政执法人员滥用职权作为

特定条款统一规定；将该罪分解为故意犯罪和过失犯罪；客观方面的规定采用叙明罪状；刑罚方面增加附加刑。另有人主张，在犯罪模型上将所有故意的一般性渎职行为统一拟制为滥用职权罪，将所有过失的一般性渎职行为统一拟制为玩忽职守罪。

针对目前惩治"瞒报谎报"于法无据的弊端，即对于那些不涉及严重刑事犯罪或者司法工作人员以外的国家机关工作人员的瞒报谎报行为，要追究其刑事责任却于法无据的现状，有论者建议对严重"瞒报谎报"行为予以刑法惩治。

（二）玩忽职守罪

1. 主观方面

传统观点认为，玩忽职守罪在主观方面只能是过失。但有论者认为，玩忽职守罪不仅包括过失，而且包括间接故意。还有极少部分学者主张，玩忽职守罪的罪过形式不仅是过失和间接故意，也应该包括直接故意。

2. 客观方面

对于玩忽职守罪的行为方式，普遍认为是典型的不作为，表现为消极懈怠，不履行或放弃履行自身职责的行为。关于如何认定玩忽职守行为造成重大损失的截止期限，主要有三种观点：第一种观点认为应在人民检察院立案侦查时；第二种观点认为应在案件起诉后法院开庭审理前；第三种观点认为，行为人的行为造成了危害结果，在采取了一切手段仍无法挽回经济损失的情况下即可认定。

3. 玩忽职守罪的立法完善

有论者认为，为有效遏制玩忽职守犯罪，促使公职人员恪尽职守，依法履行自己的职责，应规定玩忽职守犯罪的危险犯。还有论者认为，应根据实际情况，合理加重对特定岗位的公职人员的玩忽职守罪这类重过失犯罪的处罚。

五、徇私枉法罪问题研究

（一）关于徇私舞弊

关于徇私舞弊的研究，主要集中于徇私舞弊的地位、性质、内涵、罪数判断等问题。不少学者立足于现行立法，从字义、论理的规范角度进行了分析；还有学者从应然的视角对其去留进行了考量。

1. 徇私舞弊的地位

关于它在徇私舞弊型犯罪中的地位，多数学者认为它是必须具备的构成要件；有学者肯定其在刑法解释角度上的构成要件地位，但主张应"将多余的解释去掉"；有学者则认为徇私舞弊不是这类犯罪的构成要件，并主张修改现行法条，删除"徇私"、"舞弊"的规定。关于它是主观的构成要件，还是客观的构成要件，多数学者认为应区别对待，即"徇私"属主观的构成要件，"舞弊"属客观的构成要件。

2. 徇私舞弊的性质

关于徇私的性质，刑法学界历来有"犯罪动机说"、"犯罪目的说"两种观点。众多学者对此进行了细致的研究，肯定徇私是动机。同时，有学者还就此指出，刑法理论研究不能习惯于用各种既定的理论命题判断刑事立法合理与否，归纳方法更有利于刑法理论的创新与发展。

3. 徇私舞弊的内涵

学者都肯定徇私包含徇情之义，但对于"私"的理解仍不尽相同。有些学者认为徇私包括徇个人之私和徇单位、集体之私。有学者认为徇私不限于徇自己之利益，也包括徇行为人之外的第三者的利益，第三者可以是小团体、小集体，但不宜包括单位。有学者认为对"徇私"的"私"应作引申理解，如果行为人并非为了单位利益，而是为了所谓"小集体"、"小团体"的特定的单位成员的私情、私利的，可以认定为"徇私"。还有学者则从国家公权力的视角，认为刑法意义上的徇私是基于行为人具有某种公权力但因徇私而渎职的行为，所谓徇私，既指徇私利，也指徇私情；既指徇个人之私，也包含徇单位之私、徇小团体之私。

4. 徇私舞弊的罪数判断

集中于行为人因受贿而徇私舞弊犯罪的，应如何定罪处罚。刑法理论中历来存在牵连犯、想象竞合犯、法条竞合犯等不同的观点，对此，众多学者详细梳理、评析了以往的观点。有学者认为应成立法条竞合关系，不应实行数罪并罚。有学者认为应具体情况具体分析：如果行为人因收受他人财物而实施渎职行为，应构成徇私舞弊型渎职个罪与受贿罪的法条竞合犯形态；如果行为人因索取他人财物而实施渎职行为，则构成徇私舞弊型渎职个罪与受贿罪的牵连犯形态，无论属于上述哪种犯罪形态均应以一罪认定处罚。有学者认为在"牵连犯形态说"和"两罪并实行数罪并罚说"之间进行取舍是比较合理的，且两种说法的共同存在并没有矛盾。有学者则认为应严格遵循罪刑法定原则，在现行刑法规定下，对于司法工作人员收受贿赂，有徇私枉法等渎职行为的，不能再以数罪并罚处理，其罪数形态应属于想象竞合犯。

（二）关于徇私枉法罪的司法及刑法理论

1. 徇私枉法罪的司法

有学者从具体案例出发，对当前徇私枉法案件的特点及原因进行了深入的探讨，并提出了相应的解决对策；有学者则结合典型的案例，阐述了有关该罪的司法认定问题。

2. 徇私枉法罪的刑法理论

对徇私枉法罪的刑法理论研究，主要集中于该罪的犯罪主体（司法工作人员）的范围认定及对有罪的人的判断、对枉法追诉的理解等方面。关于犯罪主体，众多学者对司法工作人员是否包括司法机关内部的专职鉴定人、记录人员、鉴定人员、人民陪审员、内勤人员、受司法机关委托从事司法工作的人员等，以及这些人员在何种情形下可成为徇私枉法的主体进行了细致的界定。有学者还建议刑法应将人民监督员列为本罪主体。有些学者还认为单位可以成为本罪的主体。关于如何判断有罪的人，刑法理论上历来存在"法院宣告有罪说"、"批捕说"、"涉嫌犯罪说"三种观点。有学者指出有罪的人不完全是指法院判决确定有罪的人，同时在各个阶段上所确认的犯罪嫌疑人和被告人也包括在内。有学者认为我国现行刑法中"有罪的人"的规定不够科学，应改为"犯罪嫌疑人、被告人"。有些学者认同"涉嫌犯罪说"的观点，主张前案嫌疑人是否属于"有罪的人"，主要是看"当时"的证据材料，而不是嫌疑人实际上是否犯罪，以及是否为法院最终判决所确认。有些学者则主张从实质上来认定和把握"有罪的人"，客观上实施了犯罪行为，有犯罪事实的人都是"有罪的人"。关于枉法追诉，有学者认为包括在没有立案的情况下，徇情枉法、徇私枉法所采取的强制措施，不受追诉的内容应当包括定罪与量刑两方面的内容。有学者认为本罪中的"追诉"只应包括立案、侦查、采取强制措施、起诉活动。此外，还有学者对"利用职务上的便利"、徇私枉法罪的罪数形态、徇私枉法罪的共同犯罪等问题进行了研究。

（三）关于民事、行政枉法裁判罪及其他犯罪

有学者以类型思维为视角，对民事、行政枉法裁判罪客观方面的几个问题进行了探讨。有学者则研究了该罪的存在范围、共同犯罪及罪数形态。此外，有学者还对法官渎职犯罪、税收渎职犯罪及徇私舞弊低价折股、出售国有资产罪进行了研究。

六、《刑法修正案（五）》有关问题研究

（一）关于信用卡犯罪

有些学者研究了《刑法修正案（五）》对信用卡犯罪的修正问题，认为窃取、收买或者非法提供他人信用卡信息资料的行为应为妨害信用卡管理罪，没有必要单独设定罪名；并详细论述了妨害信用卡管理罪的构成特征、司法认定及刑事责任问题。有学者研究了修正案中的"使用以虚假的身份证明骗领的信用卡的"行为，认为对这种行为应按妨害信用卡管理罪定罪处罚，此外，盗窃并使用以虚假身份骗领的信用卡的行为不能按盗窃罪定罪处罚。有学者认为使用以虚假身份骗领的信用卡的行为构成信用卡诈骗罪，如果行为人又使用了该骗取所得信用卡的，则实际上实施了两个犯罪行为，分别触犯了两个罪名，即妨害信用卡管理罪和信用卡诈骗罪。还有学者认为，不仅盗窃信用卡的先行行为不构成盗窃罪，盗窃信用卡并使用的行为亦不成立盗窃罪；主张"使用"不包括出售行为。有学者详细归纳了《刑法修正案（五）》对信用卡犯罪的修正之处，并对这些修正进行了深入的阐述。有学者则从应然的角度对《刑法修正案（五）》关于信用卡

犯罪的立法进行了一系列的审视，指出其不足，并提出了完善的建议。此外，有学者还对《刑法修正案（五）》的立法背景进行了思考，有学者则将目光延伸至网络信用卡诈骗。这些都表现了我国学者对信用卡犯罪的研究正日益深入。

（二）关于过失损坏军事通信罪

有论者根据《刑法修正案（五）》，对过失损坏军事通信罪的立法与理论进行了研究，详细论述了该罪的构成特征及司法认定问题。

[李希慧、陈家林、郭泽强、蒋羽扬、徐立；载赵秉志主编：《刑法评论》，第 9 卷，北京，法律出版社，2006]

第五十六章
2006 年全国刑法学术年会综述

一、前　　言

中国法学会刑法学研究会结合我国当前刑事法治建设的实际情况，将当前急需解决的如下三个方面的问题确定为 2006 年学术年会的议题：（1）宽严相济的刑事政策与刑罚的完善；（2）商业贿赂犯罪研究；（3）刑法对非公有制经济的平等保护。刑法理论界和实务界的专家、学者给予了极大的支持，围绕上述三个方面的议题向年会提交了 245 篇学术论文，对相关问题进行了比较深入、细致且具有一定新意的探讨。以下对专家/学者提交的年会论文研究的主要内容进行综述。

二、宽严相济刑事政策与刑罚的完善

宽严相济是我国在维护社会治安的长期实践中形成的基本刑事政策，这一政策体现了以人为本、公平正义的理念和罪刑法定原则、罪责刑相适应原则的精神，对于我国有效地打击犯罪和保障人权具有重要的意义。本次年会有 128 篇论文对和谐社会刑事法治的宏观问题与宽严相济的刑事政策的内涵、根基、作用、实现途径以及刑罚改革问题进行了深入、细致研讨。

（一）有关刑事法治的宏观问题

1. 和谐社会刑事法治的基础、价值与刑法的机能

有论者指出：平等、人道、宽容是现代社会制度的立足点，也是刑事法治的基础。刑事法治的运作过程中所展现的刑事法律关系间的人性化、宽容性和妥协性，是刑事法治的和谐精神所在。

关于刑法的价值追求，有论者提出，和谐社会是刑法的价值追求。

关于刑法的机能，有论者指出：和谐社会的刑事法治应该建立在和谐的刑法机能、刑法原则与和谐的国家和个人关系之上。和谐社会需要刑法充分发挥维持社会秩序机能，但当维持社会秩序机能与保障自由机能发生冲突的时候，从和谐社会"以人为本，保障人权"的终极目标出发，应当优先选择保障自由机能。

2. 和谐社会中的刑事法律体系

不少学者指出，我国当前的刑事法体系存在不足。有的学者认为，刑法在构建和谐劳动关系中应有所为，有必要扩大刑法调整劳动关系的范围，将恶意拖欠打工者的工资、虚假招工与拖欠职工养老保险基金、医疗保险基金、职工失业保险基金的缴纳等具有严重社会危害性的行为予以犯罪化。有的学者认为，刑法在分则的具体规定中，应当凸显保护弱势群体利益的原则，应当更加突出地体现保护环境的思想。有的学者认为，鉴于我国当前网络迅猛普及发展、破坏市场经济犯罪手段翻新等情况，我国刑法应当完善打击网络犯罪的规定，严密保护市场经济的刑法网。有的学者认为，为了保证刑事司法效率，刑法应尽量减少犯罪构成中的主观目的要件的规定。

3. 和谐社会的刑事司法

有论者探讨了刑事司法的衡平观念，指出，在刑事司法中引入"衡平理念"，对于实现刑事司法形式正义和实质正义的统一、法律效果与社会效果的统一具有特殊的意义。该论者提出，刑事司法衡平标准是定罪的准确与量刑的适当，定罪与量刑结果能够使犯罪人认罪伏法，能够为社会理解认同。为了贯彻刑事司法衡平标准，该论者认为，需要坚持刑事程序公正与实体公正统一的理念，刑事普遍正义与个案正义并重的理念，服从刑法、兼顾情理的理念以及尊重证据、考虑民愤的理念。

有论者探讨了和谐社会刑事审判的原则，指出：我国当前的刑事审判必须坚持依法惩治各类犯罪，全力维护社会稳定；必须坚守民主法治原则，确保刑事审判公正；必须正确处理政策与法律的关系，努力实现法律效果和社会效果的统一；必须更新刑事司法理念，努力实现法律价值的平衡；必须深化刑事审判方式改革，推动刑事审判机制和制度的创新。

有论者探讨了当前刑事司法中重刑化倾向的控制对策，指出：当前控制刑事司法中重刑化的倾向，要从控制经济犯罪及侵财型犯罪的死刑适用入手，降低死刑适用率；提高对缓刑、管制刑和罚金刑等非监禁刑的适用率；加强量刑指导、加强对自由裁量权的合理规制。

4. 和谐社会刑事法治的构建途径

关于和谐社会刑事法治的构建途径，论者们提出的措施有：第一，培植现代刑事法理念，合理设定刑法圈；第二，科学配置刑罚量，建立理性犯罪防控体系；第三，重新审视现代刑事政策的价值；第四，重视现代刑事政策的谦抑、宽容理念；第五，在司法实践中密切关注犯罪个案；第六，重视规范意识的培养，强调刑法公正；第七，科学认识打击犯罪与保障人权的关系以及惩罚犯罪与预防犯罪的关系。

（二）宽严相济的刑事政策问题

宽严相济是我国现阶段惩治与预防犯罪必须坚持的刑事政策。有 51 篇论文研讨了宽严相济刑事政策的内涵、宽严相济刑事政策确立的根基、宽严相济刑事政策在和谐社会中的作用等问题。

1. 宽严相济刑事政策的内涵

关于宽严相济刑事政策的含义，论者们进行了丰富的探讨。有的论者认为，宽严相济刑事政策的主要内容在于惩办严重犯罪人，宽大轻微犯罪及偶发犯罪人。有的论者认为，宽严相济刑事政策的基本精神应当被理解为在刑事立法和刑事司法过程中根据刑罚的世轻世重的要求，将一些犯罪行为非犯罪化、非刑罚化、非监禁化，而对某些重罪行为或危险犯罪人则要从重处罚。有的论者将宽严相济的刑事政策的含义概括为两个方面：（1）根据犯罪的严重程度和犯罪人的人身危险性大小，实行区别对待、有宽有严，反对搞"一刀切"；（2）宽中有严，严中有宽，宽严适度互济，既反对一味严厉到顶，也反对宽大无边。还有论者将宽严相济刑事政策归纳为四个方面的内容：（1）对严重刑事犯罪，依法从严惩处；（2）严重犯罪，有法定或酌定从轻、减轻处罚情节的，应予以从宽判处；（3）对罪行较轻，犯罪人主观恶性较小的，依法从宽处罚，直至免予处罚；（4）罪行较轻，但有法定从重处罚情节的，应依法从重处罚。

还有论者将宽严相济的刑事政策和我国惩办与宽大相结合的刑事政策及西方国家"轻轻重重"刑事政策进行了比较。

2. 宽严相济刑事政策确立的根基与作用

关于宽严相济刑事政策确立的根基，有论者认为，我国当前人权保障理念的确立是宽严相济刑事政策的理论依据。有论者指出，教育刑的反思和威慑刑论的重新抬头、重大犯罪尤其是有组织犯罪问题突出是我国坚持严格刑事政策的理论依据；而犯罪原因认识的深化、刑法谦抑思想以及刑罚目的中的教育、矫治观念则是宽松刑事政策的理论依据。

对于宽严相济刑事政策的作用，学者们提出：（1）政策定位准确，符合建设和谐社会的要求；（2）有利于营造宽容的社会氛围，符合建设和谐社会的要求；（3）有利于消除社会总体系统中的功能性障碍，符合建设和谐社会的要求；（4）有利于构建和谐的刑事政策体系；（5）有利于构建和谐的刑事裁量和执行体系；（6）有利于刑法作用的全面实现。

3. 宽严相济刑事政策的实现途径

关于宽严相济刑事政策的实现途径，学者们强调需要在观念、立法、司法、刑罚的执行等多方面开展工作：（1）在观念上，需要强调罪刑法定原则对刑事政策的指导作用，发挥刑法的人权保障功能；需要坚持谦抑主义的刑事政策原理，维护刑法内敛性特征；应当科学理解正义观，注重犯罪的预防思想；应当确立公众的规范忠诚意识。（2）在立法方面，要适时通过刑事立法的途径实现"严以济宽"，确立宽严相济刑事政策适用范围和条件；需要加大对严重犯罪的打击力度。（3）在司法上，要通过事实上的非犯罪化，增加出罪途径。如可通过不予刑事追究的方式，对一些轻微犯罪作出处理；对一些法定犯或过失犯罪，可实行非犯罪化或非刑罚化。（4）在刑罚适用与执行上，需要区分重罪轻罪，进行"重重轻轻"的处罚；需要限制死刑的适用；对于轻缓犯罪通过社区服务、公益劳动等方式予以考察、矫正；需要综合运用多种刑罚手段降低犯罪的损害程度、挽回犯罪的损失和影响；需要合理适用赦免、减刑、假释。

4. 宽严相济刑事政策与我国刑法的完善

（1）关于经济犯罪的完善。有论者对我国经济犯罪的类型进行区分，指出：第一，对于以占有财产或营利为目的、违反市场活动基本流转规则的行为，刑法应当坚决地予以犯罪化。第二，对于以占有财产或营利为目的、违反国家有关经济管制和调控法律法规的行为，刑法应当慎重犯罪化。第三，对于只是违反国家有关经济管制和调控法律、法规，不具有占有财产或营利目的的行为，原则上应当尽量排除刑法的适用。针对食品卫生安全方面的犯罪，有学者提出，要改变现行刑法入罪过高的门槛，将其规定行为犯，设立严格责任。针对伪造货币罪与伪造、出售伪造的增值税专用发票罪，有论者提出，应当立即废除死刑。针对税收犯罪，有论者提出了要建立附属刑法式的税收犯罪立法模式，加强税收犯罪立法的超前性；要注重税收犯罪法网的严密性，贯彻税收犯罪刑罚轻缓化原则。

（2）关于家庭暴力犯罪的完善。有论者指出，对于常见多发型家庭暴力犯罪，我国刑法存在明显的"宽"、"严"倒错问题。我国立法应加大对虐待罪、伤害罪的刑法干预力度，而对走投无路、求告无门状态下"以暴抗暴"的杀人行为要充分体现刑法的人文关怀。

（3）关于妨害社会管理秩序罪的完善。针对邪教犯罪，有论者指出，需要清理1997年刑法典第300条的配套解释，还其以"兜底"条款的本来面目；要适当增设以"组织、利用邪教组织破坏法律实施罪"为中心的相关罪名。针对破坏环境资源保护罪，有论者强调，要加重处罚。针对走私、贩卖、运输、制造毒品罪，有论者建议将其法定刑档次由原来的从重到轻改为从轻到重。针对组织、强迫、引诱、容留、介绍卖淫罪，有论者指出，需要进行轻刑化改革，特别是应当废除组织卖淫罪的死刑规定。

（4）关于职务犯罪的完善。有论者结合《联合国反腐败公约》提出，我国刑法应当将贿赂范围扩大至一切不正当利益，应取消受贿罪"为他人谋取利益"的构成要件，有必要增设外国公职人员或者国际公共组织人员受贿罪、对外国公职人员或者国际公共组织人员行贿罪。还有论者专门针对我国职务犯罪的法定性设置问题提出了完善意见，指出：我国职务犯罪，需要设置更为严格的死刑量刑标准，需要调整财产刑、资格刑设置。

5. 和谐社会与"严打"

有论者指出，"严打"政策违背了罪责刑相适应的原则，不利于人权保障。但多数论者认为，"严打"仍然是建立法治国家所必需的手段。关于"严打"的原则，论者们指出：第一，要变"严打"的政治性发动为法律性启动；第二，要变"严打"的全社会参与为专业化行动；第三，变"严打"的戏剧化表现为实用性措施。关于"严打"的内容，有论者认为，在有限的时空集中有限资源打击某些严重犯罪，是未来"严打"的基本内容，从重从快应逐渐淡出。

(三) 刑罚改革问题

如何建立科学、合理的刑罚制度是我国当前刑罚改革中面临的重大现实问题。有五十余篇论文对宽严相济的刑事政策与刑罚轻缓化，宽严相济的刑事政策与我国刑罚结构、种类的调整与完善，宽严相济的刑事政策与我国刑罚裁量等问题展开了深入研讨。

1. 宽严相济的刑事政策与刑罚的轻缓化

有学者论述了刑罚轻缓化的根据，指出：人道主义是刑罚轻缓化的哲学基础；刑法的谦抑性是刑罚轻缓化的价值底蕴；刑法一般预防目的意识的弱化，是刑罚轻缓化的理论导因；刑罚功能有限性是坚持刑罚轻缓化的必然选择。

有学者论述了刑罚轻缓化的价值，认为：刑罚轻缓化有利于实现刑法的人权保障机能，有利于实现刑法保护机能，有利于实现刑法的谦抑价值，有利于节约司法资源。

有学者论述了刑罚轻缓化的措施：第一，在观念上，要重新审视重刑主义的危害，树立科学的刑罚观；第二，在立法上，要建立轻缓化的刑罚结构；第三，在司法上，要转变司法理念和积极推行司法改革。

2. 宽严相济的刑事政策与我国刑罚结构、种类的调整与完善

（1）我国刑罚结构的现状与缺陷。不少论者认为我国当前的刑罚结构存在问题。有的论者指出：立法上，我国死刑罪名偏多，长期自由刑在刑罚结构中地位突出；实践中，死刑适用过滥，长期自由刑适用比例过大。有的学者指出，我国刑种及其内容单调落后，量刑制度僵化，无法体现"宽严相济"的刑事政策。还有学者将我国刑罚制度存在的缺陷归纳为：刑罚的种类不足，刑罚结构的协调性不够，刑罚的规定方式不科学。

（2）死刑的改革与完善。在死刑政策的调整方面，论者们认为，调整死刑政策是我国人权保障、转变犯罪控制对策的需要，是顺应世界废除死刑潮流、树立大国形象的需要。

在立法方面，论者们都强调修订死刑立法，贯彻宽严相济的刑事政策。关于完善措施，有论者提出，第一，减少对具体犯罪规定的死刑，对有关死刑犯罪的规定加以删减；第二，修改绝对死刑的规定。有论者指出，现阶段立法应当将可判死刑的罪种限制在危害国家安全罪、危害公共安全罪、暴力性犯罪、违反军人职责罪。还有的论者指出，我国立法应当对最严重的罪行进行明确规定。

在司法控制方面，有论者认为：要充分认识死刑的司法控制价值，明确司法在死刑控制中的作用；要强化死刑适用的罪种限制标准，冻结非暴力犯罪的死刑；要注重考察犯罪动机和犯罪原因，准确把握死刑适用的实体标准。有论者认为，暴力犯罪被判处死刑的数量占我国死刑总数的比例很大，减少暴力犯罪的死刑适用对于我国控制死刑具有重要意义。有论者强调扩大死缓适用范围以减少死刑的适用。

（3）自由刑的改革与完善。关于有期徒刑和无期徒刑的完善，有论者建议将有期徒刑的最高期限提高到 30 年，数罪并罚时最高不超过 40 年。有论者建议，我国有期徒刑的上限，目前暂时可以提高至 20 年，数罪并罚不超过 25 年。还有论者提出，无期徒刑至少在关押 20 年以后才可假释，减刑后关押期限也不应少于 20 年。有论者提出，减刑前无期徒刑的服刑期限应提升到 10 年，假释前的实际执行期限应增加到 15 年。

关于拘役刑，有论者建议将拘役的刑期从"1 个月以上 6 个月以下"，改为"1 个月以上 1 年以下"，"一人犯数罪判处拘役的，数罪并罚最高不能超过 2 年"。对于拘役的执行方式，有论者建议将现行刑法修改为："被判处拘役的犯罪分子，一般可以在社区、乡村设立的服务、矫正的专门机构执行；具有特殊情节非关押不可的，由公安机关就近执行。"

对于管制刑的改革，有论者建议：增加管制刑的执行主体，具体规定和落实管制期间的义务，规定不遵守管制的不利后果。有的论者认为，需要扩大管制刑的适用范围，适当扩大管制的内涵和外延。也有学者指出，应当废除管制刑，通过缓刑来弥补。

（4）财产刑的改革与完善。论者们主要关注的是罚金刑的完善问题。有论者认为，我国的罚金刑适用范围应进一步扩大，适用方式应进一步改变，数额规定应进一步明确，执行方式应进一步拓展。有论者认为：完善罚金刑，需要将罚金规定为主刑，提高罚金刑的刑罚地位；需要扩大罚金刑的适用范围；需要完善罚金刑的处罚原则和数额的规定；规定罚金易科制度。还有论者分别从罚金刑适用方式和罚金刑数额立法模式两个方面提出了完善建议。

（5）资格刑的改革与完善。有论者认为，我国当前资格刑比较单一，需要将资格刑这一称谓在我国的刑罚体系中予以明确规范，规定既可以作为主刑独立适用，又可以作为附加刑适用。有论者指出，"剥夺政治权利"是一种具有政治色彩的刑罚，应当取消；要充实、完善资格刑的内容。还有论者认为，完善我国资格刑，需要将"剥夺政治权利"改造为"剥夺公权"，需要增设剥夺从事特定职业的资格，需要增设剥夺从事特定活动的资格。

3. 宽严相济的刑事政策与刑罚裁量制度

（1）关于累犯。有论者重新界定了一般与特殊累犯的界限，提出：对于一般累犯，不应该采取加长刑期的方法体现对他们的从严处罚，而应该通过采取与初犯不同的刑罚执行方式来体现对他们的从严处罚。

（2）关于缓刑制度的完善。关于缓刑，有的论者建议：应增设罚金刑缓刑制度；对1997 年刑法典第 72 条关于适用缓刑的实质性要件进行必要修正；建立缓刑前调查报告制度、缓刑量刑建议制度、缓刑听证制度。对于缓刑的执行，有论者建议：将缓刑的执行机关由公安机关改为司法行政机关；建立缓刑保证金制度，完善缓刑犯管理制度；加强对缓刑犯的日常考察工作；健全缓刑生效及撤销宣告制度。还有论者认为，需要将宣告的权力进行重新配置；扩大检察机关与公安机关的发言权；增加社会参与权；对缓刑宣告的程序予以公开化；要对缓刑考察配合权予以改进。

4. 其他问题

除上述问题外，学者们还对宽严相济的刑事政策与量刑、宽严相济的刑事政策与我国的社区矫正制度、自由刑执行等问题进行了探讨。

三、商业贿赂犯罪研究

近年来，商业贿赂在一些行业和领域滋生蔓延，毒害政风、行风和社会风气，已成为我国市场经济发展中的一个毒瘤。2006年1月6日，中央纪委第六次全会指出，认真开展治理商业贿赂专项工作，坚决纠正不正当交易行为，依法查处商业贿赂案件。2月24日，国务院第四次廉政工作会议强调，通过专项治理，坚决遏制商业贿赂蔓延的势头，进一步规范市场秩序、企业行为和行政权力，加快建立防治商业贿赂的有效机制。中国法学会刑法学研究会根据这一重大战略部署，将商业贿赂犯罪研究确定为2006年年会重要议题之一。对商业贿赂犯罪的概念与构成特征，商业贿赂犯罪的原因、危害、特点与防控对策，商业贿赂犯罪的认定与处罚，商业贿赂犯罪的立法现状与完善等问题，年会论文作者进行了全面、细致的分析与探讨。

（一）商业贿赂犯罪的概念与构成特征

1. 商业贿赂犯罪的概念

大多数论者从广义上来界定，认为商业贿赂犯罪是指经营者在市场交易过程中，通过给付财物或采取其他利益手段，收买、利诱对交易有决定权或决定性影响的单位或个人，以获取交易机会或竞争优势，情节恶劣或危害后果严重的行为，以及交易相关方的单位和个人收受财物或其他利益，为经营者谋取利益，情节恶劣、后果严重的行为。有论者则认为，商业贿赂犯罪只是犯罪学意义上的某类犯罪概念，并非是刑法上独立的犯罪概念，从刑法学意义上下定义，既困难，亦无必要。

2. 商业贿赂犯罪的构成特征

（1）有论者从总体上区分了商业贿赂犯罪不同于一般贿赂犯罪的特征：在客体上侵害的是市场的正常竞争秩序；在客观方面，通常表现为违反《反不正当竞争法》等经济法规，在账外暗中给予相关单位和个人各种名义的回扣或手续费，包括非财物的其他利益；主体是"经营者"及对经营有影响力者；在主观方面，是为了排挤竞争对手，销售或购买商品，以赚取商业利润。

（2）部分论者集中研究了商业受贿罪（或公司、企业人员受贿罪）的构成特征：关于本罪的客体，有论者认为是复杂客体，即公平的市场竞争秩序和其他竞争者的利益；有论者则认为应区分收受型受贿罪与索贿型受贿罪：前者侵犯的是单一客体，即公司、企业或者其他单位职务行为的不可收买性；后者侵犯的是复杂客体，除了职务行为的不可收买性外，"公、私财产权"应是其次要客体。关于客观方面，总体表述基本一致，即在商务活动中，行为人利用职务上的便利，索取他人财物或非法收受他人财物，为他人谋取利益，数额较大的行为；或者在经济往来中，违反国家规定，收受各种名义的回扣、手续费归个人所有，数额较大的行为。但对一些具体问题，如"利用职务上的便利"、"为他人谋取利益"等争议较大。关于主体，有论者认为，本罪是特殊主体，即"非国家工作人员"；也有论者认为，把本罪主体界定为特殊主体没有必要。

(二) 商业贿赂犯罪的原因、危害、特点与防控对策

该领域的研究是本次年会论文的一个亮点，共有 17 篇论文对商业贿赂犯罪的原因、危害及对策等问题进行了多视角且深入的探讨。

1. 原因、危害、特点

有论者基于狭义商业贿赂的概念分析其原因：一是市场经济监督者的缺位，二是商业受贿者的贪婪，三是商业行贿者的产业化，四是消费者的无奈，五是立法者的保守。有论者则进行多维解读，认为公权力与私权利的错位是其社会原因，法治文化与乡土文化的纠葛是其文化原因。

有论者认为其危害主要有：一是严重破坏了社会主义市场经济，二是严重毒害了社会主义精神文明，三是与社会主义法制相抵制。

有论者通过实证数据分析了其特点：一是商业贿赂犯罪发案范围广泛，几乎存在于国民经济每个行业之中；二是商业贿赂犯罪案件占刑事案件收案数的比例较低，与现实生活中商业贿赂活动频发形成强烈反差；三是国家工作人员参与商业贿赂犯罪案件占收案数的比例较高，公司、企业人员参与商业贿赂犯罪收案数比例较低；四是商业贿赂行为与一般贿赂行为交织在一起。

2. 防控对策

有论者从文化的视角探讨了遏制商业贿赂现象的对策；有论者以越轨社会学理论为分析视角，研究社会组织之商业贿赂行为的社会控制；有些论者从综合治理的角度进行了探讨。在刑事政策的选择上，有论者指出：首先，要从严惩处。即实体上，降低构罪标准，采取定性不定量的立法模式；程序上，采取特殊侦查手段，或者降低证明要求，实施有限度的举证责任倒置；加大财产刑的处罚力度等。其次，要宽严相济、区别对待。

(三) 商业贿赂犯罪的认定与处罚

1. 侦查管辖与证据效力

我国对商业贿赂犯罪实行的是侦查管辖分立制度，有论者认为：如果侦查中发现不属于自己管辖或者管辖不当的，应当移送主管机关。在证据认定上，检察机关在对公安机关业已获取的证据进行合法性审查后，可作为指控犯罪的依据。

2. 商业贿赂中的财物流向与定罪量刑

有论者认为，商业贿赂案件中的财物流向，原则上不应对行为性质及具体犯罪数额的认定产生影响，只有当行为人有足够的证据证明其确实用于正当业务活动等合理支出时，才能作为酌定量刑情节予以考虑。

3. 专门领域商业贿赂的研究

论者们对专门领域商业贿赂的研究基本集中在医药领域。有论者认为，国有医院的医务人员不是国家工作人员，对其在诊疗活动中收取"红包"、"药扣"的行为，难以按受贿罪论处。有论者则认为，国有医院临床医生应当认定为从事公务的国家工作人员，其在医务活动中利用开处方的便利，索取药品回扣，或者非法收受药品回扣，为他人谋取利益的，属于刑法中"利用职务上的便利"，属于刑法典第385条规定的受贿行为。在医疗领域商业贿赂的防治上，有论者提出，需要实体法与程序法、立法与司法、公权力与公众的协调并进。有论者主张对于"药红包"，应主要采用刑罚手段；对于"医红包"，应主要运用行政处罚措施。

4. 对行贿人刑罚规制研究

有论者认为，在商业贿赂犯罪中，受贿人和行贿人的刑事责任应具有同一性，故应取消有关行贿人有别于受贿人的刑事责任的特殊规定。有论者认为，行贿者在整个商业贿赂行为中居主导地位，其社会危害性大于受贿者，因而刑法对商业受贿罪的处罚在整体上重于商业行贿罪不合理，须适当提高商业行贿罪的法定刑。

（四）商业贿赂犯罪的立法现状与完善

1. 立法现状

学者们普遍认为，商业贿赂犯罪的立法存在不足，主要有：一是商业贿赂犯罪的主体范围过窄，尽管《刑法修正案（六）》对主体进行了扩充，但仍显不够；二是立法上忽视对非公有制经济的保护；三是"贿赂"内容仅限于财物，过于单一；四是附加刑的设置存在缺陷。还有论者从刑事一体化角度，认为立法缺陷有三：一是管辖机关分立，不利于对贿赂犯罪的惩治；二是缺乏污点证人制度，不利于侦查工作的开展；三是国际司法合作不畅。

2. 立法完善

（1）立法模式的选择。对此分歧很大，主要有四种观点：一是制定统一的"反商业贿赂法"。二是在刑法典中集中规定商业贿赂犯罪。三是在刑法典中分别设立商业受贿罪和商业行贿罪，置于分则第三章第八节"扰乱市场秩序罪"中。四是在刑法典中单独设立商业贿赂罪一个罪名即可，置于分则第三章第八节"扰乱市场秩序罪"中。

（2）罪名体系的完善。论者们对此着墨较多，包括对罪名的取消、改造、增加三方面。如论者们建议取消公司、企业人员受贿罪，对公司、企业人员行贿罪，单位受贿罪，单位行贿罪，对单位行贿罪；建议改造、细化受贿罪——将受贿犯罪分为公务受贿罪、行业受贿罪、商业受贿罪；建议增加非营利性组织、中介组织人员受贿罪，对外国公职人员、国际公共组织官员行贿罪，外国公职人员、国际公共组织官员受贿罪，影响力交易罪。

（3）构成要件的完善。在犯罪主体上，建议将公司、企业人员受贿罪的主体扩大到其他未从事公务的人员，增加外国公职人员及单位作为商业受贿罪的主体。在主观方面，有论者建议，收受贿赂型犯罪中的"为他人谋取利益"应规定为主观要件；有论者则建议取消"为他人谋取利益"、"为谋取不正当利益"的要件。在犯罪客观方面，大多数人认为应将贿赂的内容扩大至非物质性利益，扩展商业贿赂的行为类型；建议将行贿行为按照《联合国反腐败公约》表述为"许诺给予、提议给予或者实际给予"，也有论者认为对此值得再研究；将数额犯修改为情节犯。

（4）刑罚制度的完善。1）调整自由刑：有论者认为，对于商业贿赂犯罪的惩罚应体现非罪化、轻刑化的司法理念，对于情节较轻的可以不追究刑事责任，情节严重的也应取消无期徒刑。也有论者建议提高其法定刑，以与公务贿赂犯罪相适应。2）充实资格刑：对商业贿赂犯罪适用资格刑，论者们的认识基本一致，但对应设置哪些资格刑则有不同的理解：有的论者认为，应增设限制犯罪单位和自然人的营利活动，包括禁止其参与政府采购、限制其注册相关行业的企业或者提高资本金等；有的论者认为，应增设针对犯罪单位的资格刑作为主刑，包括刑事破产、停业整顿、限制从事业务活动等。3）对商业贿赂犯罪要扩大没收财产刑和罚金刑的适用范围。

（5）程序上的完善。考虑设置反商业贿赂的专门机构；对商业贿赂犯罪的刑事管辖权重新加以界定，由检察机关管辖；建立污点证人制度；加强反商业贿赂的国际刑事司法合作或协助。

四、刑法对非公有制经济的平等保护问题研究

保护非公有制经济的合法的权利和利益，不仅是我国宪法的明确规定，也已是社会各界的共识。在刑法领域，实现对非公有制经济和公有制经济的平等保护基本上成为刑法理论与实务界的不争之论。但如何实现平等保护，目前理论上的研讨并不深入和充分。因此，一直都非常重视组织对刑事法治中重要现实问题着力进行研究的中国法学会刑法学研究会，将"非公有制经济的刑法保护"确定为 2006 年刑法学年会的主题之一，希望以此推动对此问题的研究走向深入，从而为刑法立法与司法改革乃至市场经济法治环境的营造提供理论的支持和保障。本次年会论文作者对刑法平等保护非公有制经济的根据、基本原则、必要性与对平等保护的理解以及刑法保护的不足与完善等问题进行了细致且富有新意的研究。

（一）刑法平等保护非公有制经济的根据、基本原则、必要性

1. 根据

刑法平等保护非公有制经济的根据包括：（1）宪法与法律根据。1982 年宪法确立了对非公有制经济的保护，后历经 1988 年、1999 年、2004 年宪法修正案的修改，逐步扩大了对非公有制经济保护的范围。其他法律如合伙企业法、外资企业法也相应地作出了规定。（2）实践根据。非公有制经济已是国家建设的主力军和命脉。（3）国际环境根据。加入世界贸易组织后，我国有责任对国内外的非公有制经济给予和公有制经济同等的法律地位，实行同等的刑法保护。

2. 原则

刑法平等保护非公有制经济的原则为：（1）公共利益维护原则；（2）禁止差别对待原则；（3）刑罚适度原则。

3. 必要性

刑法平等保护非公有制经济的必要性在于：（1）是社会主义市场经济的基本要求；（2）是刑法平等观的内在要求；（3）是适应我国加入 WTO 的需要；（4）是保护非公有制经济经营管理者合法权益的需要；（5）是构建和谐社会的必要保障和基础。

（二）对非公有制经济刑法保护现状的评价

论者们认为，立法上，非公有制经济刑法主体地位模糊，不具有独立的刑法客体地位，罪刑设置体现了对公有制经济的重视和对非公有制经济的歧视。主要体现在：

1. 刑法规定的缺失

刑法典第 2 条"刑法的任务"中没有明确对所有非国有企业权益的保护，刑法典第 13 条"犯罪"定义无法规制所有严重侵犯非国有企业权益的行为。

2. "罪"与"刑"的不平等

贪污罪与职务侵占罪，受贿罪与公司、企业人员受贿罪，挪用公款罪和挪用资金罪等，都存在"罪"与"刑"的不平等。

3. 条款相对较少

刑法典先后经过 6 次修正，但对非公有制经济保护的修正内容几乎没有。

4. 刑事司法对非公有制经济缺乏平等保护意识

关于专门保护非公有制经济的司法解释极少，管辖权上的"重权属轻实效"等痼疾尚待解决。

（三）对非公有制经济平等保护的理解

有论者从探讨刑法面前人人平等原则的内涵出发，认为刑法对非公有制经济的差异保护符合平等原则，平等保护并不等于没有任何差别的保护。

1. 对非公有制经济的刑法平等保护只能是相对平等

那种在刑法上要求非公有制经济与公有制经济无差别待遇的观点，实质上是极端的"平等"，是"平均主义"的一种体现。

2. 对非公有制经济的刑法保护是形式平等与实质平等的相对统一

公有制经济对国民经济的发展起着决定性的支配作用，对于重大的法益，刑法给予格外的关注，配置更为严厉的刑罚，以有别于对非公有制经济的刑法保护措施。这是以实质的平等取代形式上的平等。刑法对私有资产的刑法保护轻于对国有资产的刑法保护，符合一体刑的平等观，是一种比例的平等，并不违反刑法平等原则。

(四) 非公有制经济刑法保护之完善

1. 完善刑事立法

(1) 改变立法指导思想。建立市场经济主体平等化思想，树立全方位保护的观念。

(2) 完善刑法的相关规定。其一，取消刑法典第 93 条第 2 款中"国家工作人员论"的规定；取消刑法典第 91 条、第 92 条关于财产的解释性规定；取消"公款"等用词；取消刑法典第 165 条至第 169 条中对犯罪主体的限制，去"国有"一词，同时，将第 166 条至第 169 条规定的"国家利益"修改为"企业利益"或者"社会利益"。其二，完善"刑法的任务"，将非公有制经济的保护明确写入；扩大单位犯罪主体范围，在刑法典第 30 条中增加非公有制经济形式的单位；完善罪名体系，设立单位挪用资金罪、背信罪、垄断罪、倾销罪等；完善刑罚制度，增设剥夺从事特定职业资格的规定等。

2. 完善刑事司法

(1) 树立平等司法的观念。(2) 坚持"实体"与"程序"并重的司法理念和"以人为本"的执法理念。(3) 对非公有制经济的刑法保护作出与时俱进、富有针对性的规范解释。(4) 对侵犯非公有制经济的犯罪行为予以及时的刑法公力救济。

在大多数论者主张刑法对非公有制经济与公有制经济应实行平等保护的同时，也有个别论者认为，在现阶段刑法给予二者差别保护具有合理性。

[赵秉志、李希慧、何荣功、彭凤莲；载赵秉志主编《刑法评论》，第 12 卷，北京，法律出版社，2007]

第五十七章

繁荣创新的刑法学研究事业（2001—2006）*

——中国法学会刑法学研究会第五届理事会工作报告

一、前　言

岁月荏苒，时光如梭，五个春秋悄然而去，中国法学会刑法学研究会第五届理事会（2001—2006）不知不觉已经任期届满。此时此刻，我们盘点既往，欣然可见，中国法学会刑法学研究会过去的五年，是迎接新世纪、创新发展、继往开来的五年，是繁荣刑法学研究、成就斐然、成果丰硕的五年，是贯彻国家重大决策、关注重大刑事法治问题、服务刑事法治建设的五年。下面将第五届理事会的工作概括为以下几个方面予以汇报。

二、健全刑法学研究会组织机构和完善主要规章制度

（一）顺利完成新老领导班子交替

刑法学是现代法学体系中一个极其重要的基本学科，因而理所当然地，刑法学研究会也就成为了中国法学会首批创建的 9 个专业研究会之一。刑法学研究会自 1984 年成立之后的前 4 届 17 年间，在中国法学会的正确领导与支持下，在会长高铭暄教授等老一辈刑法学者的杰出主持与带领下，研究队伍蓬勃发展，学术活动丰富而规范，学术影响日益广泛，在刑法学研究和刑事法治建设中发挥了举足轻重的作用。

星移斗转，17 个寒暑悠然而过，刑法学研究会创会领导者们也由中年步入了老年，他们虽说是"烈士暮年，壮心不已"，但更期盼着学术事业薪火相传、后继有人。于是，2001 年 10 月在泉城济南召开的刑法学研究会第五次代表会议上，刑法学研究会在中国法学会所属各学科研究会中，率先圆满实现了领导班子的新老交替，中青年一代刑法学者被师长们扶上马并寄予殷切的希望。在中国法学会的正确领导和大力支持下，在老一辈刑法学家的指导与扶持下，刑法学研究会新一届中青年领导集体精诚团结、同心同

---

* 本章在体例与内容上有别于其他的全国刑法学术年会的年度综述，但鉴于本章反映了刑法学研究会在 21 世纪初实现新老交替后的 5 年间蓬勃开展的各项学术活动，故收入。

德、群策群力，努力加强刑法学术研究，积极开展和参与各种学术交流活动，繁荣了刑法学研究事业，也为中国刑事法治建设的发展、进步作出了应有的贡献。

（二）健全研究会组织机构

健全组织机构，是全国性学科研究会最重要的基础所在。刑法学研究会新一届中青年领导班子非常重视组织机构的建设和完善。

1. 设立刑法学研究会理事会

为全面促进刑法学研究会各项工作的顺利开展，加强刑法学者的学术联系，第五届刑法学研究会设立了理事会（换届时 95 位理事，后来又根据需要陆续增补了 13 位理事）和常务理事会（由会长、副会长、秘书长、常务理事计 22 人组成）两个基本架构，同时又聘请了第四届理事会会长高铭暄教授、副会长马克昌教授担任名誉会长，聘请了第四届理事会的副会长等 19 位资深专家、学者担任顾问，聘请了 5 位中青年学者担任副秘书长。这样，就形成了一个代表广泛、老中青结合并以中年学者为领导集体的和谐而合理的全国性刑法学术团体。刑法学研究会进而合理划分了理事会、常务理事会、会长办公会的职能，并在一些重大问题上注意征求和听取名誉会长、顾问们的意见，注意及时向中国法学会汇报请示，从而为刑法学研究会的事业发展奠定了组织机构和研究队伍的基础。

2. 设立专业委员会

随着学术研究发展的需要和经验的积累，为了更加深入地开展专门领域的学术研究和学术交流，提高学术活动的灵活性和针对性，更好地调动研究会成员的研究积极性，经会长提议，研究会常务理事会研究通过，并征得中国法学会的同意和支持，刑法学研究会常务理事会拟定了《关于设立若干专业委员会的方案》，在 2004 年 10 月的理事会上获得通过。据此方案，刑法学研究会第五届理事会设立了国际刑法、区际刑法、比较刑法、刑事政策共 4 个专业委员会，每个委员会设立主任 1 人、副主任 2 人，均由相关领域知名专家、学者担任，并聘请 1 位青年学者担任秘书。专业委员会作为研究会专门领域研究工作的协调机构，直接受研究会常务理事会的领导，其职责是根据研究会会长、会长办公会议、常务理事会的要求或建议，定期或不定期地举行本专业方向的学术活动，如举办学术会议、专题论坛，进行国际、国内学术交流活动，参与重大问题的决策咨询等。刑法学研究会今后还将根据发展需要再合理增设新的专业委员会。专业委员会机构的增设，有助于繁荣和深化刑法学研究。刑法学研究会要为专业委员会学术活动的开展积极提供支持、创造条件。

3. 设立刑法学研究会秘书处

刑法学研究会一贯积极开展各种学术活动。本届研究会成员一百几十人，参加每年年会的人数更多。因此，沟通、联系刑法理论与实务界，组织、操办学术会议，拓展对外交流合作，建立并维护研究会网站等种种事务，都是研究会相当繁重而又不可或缺的必要工作。而且，这些工作需要有关人员认真对待、仔细实施，稍有不慎就会影响研究会的声誉和学术活动的顺利开展。在过去，这些工作主要是由研究会会长组织本单位的同事及指导的研究生们来完成的。这些年轻同人们付出了大量的辛苦劳动，为刑法学研究会顺利开展各种学术活动作出了大量卓有成效的贡献，也在一定程度上积累了相当丰富的工作经验，具有较强的组织、应变能力。但研究会缺乏专门的日常工作秘书班子，不利于有效地处理研究会的诸多事务，亦影响到研究会各种学术活动的顺利开展。

有鉴于此，为了及时、快捷、富有成效地处理好刑法学研究会的日常事务，更多地沟通和联系研究会各位同人，顺利开展刑法学研究会的学术活动，积极拓展对外学术交流与合作，加强研究会成员之间的学术友谊，研究会经研究决定设立日常工作机构——秘书处来负责处理刑法学研究会的日常繁杂事务。在总结以往研究会日常秘书工作由会长所在单位中国人民大学刑事法律科学研究中心年轻学者协助承担的经验之基础上，考虑到目前刑法学研究会会长暨多位副会长、常务理事、理事、副秘书长都在北京师范大学刑事法律科学研究院（以下简称北师大刑科院）任职或兼职，北师大刑科院又是迄今我国唯一的实体性的刑事法研究机构，具有较强的人力、财力和较丰富的组织协调学术活动的经验，研究会决定将秘书处设在北师大刑科院并制定相应的工作规程，依托该院的力量承担研究会的日常工作，并获得该院的学术协作和人力、财力、办公场所及设施等方面的大力支持。在研究会秘书处设在北师大刑科院一年多来的实践中，北师大刑科院不断考虑和讨论如何更好地扮演刑法学研究会重要学术合作伙伴角色和担负研究会秘书处的日常工作职责，以有力地支持刑法学研究会事业的问题，双方合作愉快且卓有成效，并初步达成了一些共识和构想：（1）研究会与北师大刑科院合办的研究会会刊《刑法评论》的主要编务工作由北师大刑科院承担，资金投入由北师大刑科院负责，向研究会全体成员所赠会刊的费用和工作均由北师大刑科院负担；（2）北师大刑科院在自己主办的"京师刑事法治网"上为研究会开辟专门网页，以实现资源共享，有关工作和所需经费主要由北师大刑科院承担；（3）北师大刑科院作为合作伙伴帮助研究会筹划每年一次的中韩刑法学术交流会议，并以人力、财力支持研究会持续编辑出版"中韩刑法比较研究系列"丛书；（4）北师大刑科院有重要而广泛学术影响的项目、书籍时可以考虑邀请研究会加入，作为合作伙伴，以提高研究会的学术影响；（5）北师大刑科院与研究会合办一些重要的学术会议；（6）北师大刑科院在其蓬勃开展的国际学术交流活动中要注意争取研究会或研究会成员加入，并努力帮助研究会进一步开拓和建立规范而固定的国际交流关系，等等。实践证明，刑法学研究会与北师大刑科院的学术合作模式非常成功，双方相得益彰：一方面，有利于顺利开展刑法学研究会的各种工作，不断扩大刑法学研究会的学术影响，也加强了刑法学研究会与专门学术研究机构的合作交流，使研究会获得了各方面的有力支持与工作便利；另一方面，促进了研究院作为专门机构的学术事业的发展。因而这一模式和实践成效得到了中国法学会的充分肯定，也获得了刑法学研究会成员们的普遍认同。

（三）完善主要规章制度

完善、合理的规章制度，是全国性学科研究会规范而高效运作的重要制度性保障。刑法学研究会第五届理事会在完善主要规章制度方面成效显著。

1. 创制刑法学研究会章程

刑法学研究会 1984 年建立时没有制定章程，后来历经 4 届、17 年，虽然研究会的学术活动早已比较规范并积累了丰富的经验，但由于种种原因一直没有制定章程。2001 年10月第五届理事会产生后，会长赵秉志教授代表理事会提出了及时研拟制定刑法学研究会章程以进一步规范和促进研究会学术活动的设想，这一设想也得到了研究会第四届理事会老一辈专家/学者们的支持和中国法学会领导的赞同。在此基础上，刑法学研究会专门设立的章程研拟小组，以中国法学会章程为依据，结合刑法学研究会自身的特点，研拟起草了刑法学研究会章程（草案），后经广泛征求意见和交由研究会常务理事会、理事会讨论修改，在 2002 年 10 月刑法学研究会五届二次会员代表大会上获得通过，并及时报经中国法学会核准予以公布实施。这是刑法学研究会建立规范性规章制度的基础性成果，也为刑法学研究会富有成效地开展各项工作提供了制度性的保障。

2. 制定年会规则

一年一度的刑法学研究会全国刑法学年会有力地促进了全国刑法理论界与实务界的广泛学术交流，增强了刑法学者的学术友谊，因而受到广泛重视。但在较长时间里，对于如何召开刑法学研究会年会，不管是中国法学会还是刑法学研究会，都没有明确的规范可供操作，完全由年会的承办单位自由掌握，因而难以适应有序开展全国性大型学术交流与研讨活动的实际需要。对此，刑法学研究会会长提出了研拟起草学术年会规则以指导和规范学术年会，使年会举办更加科学、更有成效的设想。这一设想得到了中国法学会及其研究部有关领导的赞同、支持，他们希望刑法学研究会在此方面搞出一个样板，以供中国法学会研究并可以向其他学科研究会推荐供其借鉴。此后经过一段时间的酝酿，由会长赵秉志教授和副会长兼秘书长阮齐林教授负责并直接执笔，在总结、研究刑法学研究会以往学术年会经验和做法的基础上，三易其稿，草拟了"中国法学会刑法学研究会学术年会规则（征求意见稿）"，对刑法学研究会学术年会的筹备和举办乃至会后工作作了全面、详细、具体和具备可操作性的规定。该年会规则于 2003 年 10 月在刑法学研究会理事会上审查通过后呈报中国法学会备案生效，并在刑法学研究会会刊《刑法评论》第 4 卷上公开登载，以期发挥其规范年会筹备与举办、提高年会质量与办会效率、方便与促进学术交流之功效。该年会规则的拟定，是刑法学研究会在规范性体制建设方面的又一重要成果，对于成功举办刑法学研究会年会，有序开展年会各项研讨活动，加强年会的学术交流与研究效果，都有着非常重要的规范和促进意义。实践已经证明，刑法学研究会的"年会规则"行之有效，作用重大。

3. 制定优秀论文评奖规则

经中国法学会批准和大力支持，刑法学研究会第四届理事会曾于 2000 年的学术年会期间，进行了冠以中国法学会名义的首届优秀刑法论文"海南杯世纪优秀论文 (1984—1999)"的评选和表彰活动。新老交替换届后的刑法学研究会第五届理事会认为评选和表彰优秀论文的活动很有意义，应当使其制度化，遂决定在本届理事会任期届满前，进行第二届优秀刑法论文的评选和表彰活动。基于这一考虑，为使第二届优秀刑法论文评奖活动更为规范和公正，2006 年 5 月，刑法学研究会理事会组成了由刑法学研究会正、副会长与秘书长、常务理事、顾问中的若干知名学者以及中国法学会代表等专家、学者参加的评审委员会。评审委员会经过认真研究后拟订了"中国法学会刑法学研究会优秀论文（2000—2005）评奖规则"，并将此规则作为评选年会优秀论文的唯一根据。"评奖规则"确定评奖的对象为在 2000—2005 年历年的全国刑法年会上提交并已收录研讨会论文集和作为年会论文在会刊《刑法评论》上发表的论文，奖励的等级为一、二、三等奖，同时考虑到担任评委的学者需要回避而不能参评一、二、三等奖优秀论文，为此专门设立了适用于这部分学者的属于纪念性质的特别奖。"评奖规则"同时确定了优秀论文的评定标准。"评奖规则"的制定，为合理、公正地评选和表彰优秀年会论文，大力鼓励和促进刑法学术研究提供了重要的制度保障，因而得到中国法学会的肯定和赞扬。

4. 颁发证书或聘书

刑法学研究会是全国性的刑法学术研究团体，其有限的成员均具有一定的代表性，而且在一定程度上也是成员学术地位和学术影响的反映，因而其研究会成员的身份应有规范的证明，加之在工作、研究中有时也需要证明其研究会成员的身份，故在听取研究会成员意见反映及研究的基础上，刑法学研究会领导班子一致认为有必要为研究会成员制发证书或聘书。这项工作于 2003 年 10 月学术年会期间得以落实，刑法学研究会给全体成员发放了证书（理事）或聘书（名誉会长、顾问、副秘书长、司库）。这既是研究会工作规范化的要求，也有助于增强刑法学研究会成员的荣誉感和责任心。该项举措受到了刑法学研究会理事会各位同人的肯定与欢迎。

三、促进刑法学学术交流和学术研究

（一）认真组织召开学术年会和出版年会文集

学术年会是刑法学研究会最为重视的主要学术活动形式。在以往经验的基础上，刑法学研究会第五届理事会进一步探索，并在"年会规则"中对年会的基本规则、会前筹备、会议举办、会后工作等事宜作了全面、细致的规范。刑法学研究会主办的全国刑法年会每年由两位不同的正、副会长轮流担任主持人，全面负责会议的筹备和举行等有关工作，以充分发挥研究会领导集体每位成员的积极性，同时这也是研究会领导成员应履行的义务；每年的刑法年会要求在全国不同地区轮流举办，以广泛促进各地的学术研究与学术交流；刑法年会每年的议题，都要求关注和结合刑法理论的进展暨司法实践的需要，并提前向中国法学会汇报，听取指导意见。以上这些都是刑法学研究会以往已经形成的有益的惯例，刑法学研究会第五届理事会将其进一步规范并写进了"年会规则"。

刑法学研究会第五届理事会在学术年会工作上的贡献，是在总结以往学术年会经验的基础上，全面、详细地以规章制度规范和完善了学术年会的一系列工作要求，其中的创举或者说新的探索，主要有以下两点：

一是明确要求刑法年会的议题应合理地明确区分并兼顾理论与实务两个方面，以深化理论研究、系统地积累理论成果，并关注与促进刑事法治实践。如 2002 年刑法年会的理论议题是"犯罪构成与犯罪成立基本理论研究"，实务议题是"保障社会稳定方面的刑法热点问题暨西部地区犯罪问题研究"；2003 年刑法年会的理论议题是"刑法解释问题研究"，实务议题是"侵犯知识产权犯罪研究"和"1983 年以来我国刑事法治与刑事政策的回顾与研究"等五个方面的议题；2004 年刑法年会的理论议题是"死刑制度的改革与完善"，实务议题是与第 17 届国际刑法学大会议题相关联的"腐败犯罪"和"网络犯罪"等五个方面的议题；2005 年刑法学年会的理论议题是"刑罚的裁量制度研究"，实务议题是"渎职犯罪研究"和"《刑法修正案（五）》研究"。2006 年即今年刑法学年会的主题是"和谐社会的刑事法治"，其中，理论议题是"宽严相济的刑事政策与刑罚改革"，实务议题是"商业贿赂犯罪研究"和"非公有制经济的刑法保护"。这 5年年会的理论议题关注的都是当时刑法理论研究中基本而重要的学术领域，分别出版了7 本文集，从而显著深化了相关领域的理论研究，已成为相关领域的重要学术成果；这5 年年会的实务议题关注的都是当时刑事司法实践中的热点、难点、重点问题，分别出版了 8 本文集，从而丰富和推进了对有关实务问题的研究，对于促进司法实务和相关的理论研究颇有助益。

二是改进了刑法年会文集的编辑出版工作。以往刑法年会文集的编辑出版，均由主持当年年会工作的两位正、副会长负责，研究会其他领导成员缺乏参与感。而且年会文章由作者自行打印后携带数百份到年会上分发，会后再组织编辑出版；不但造成年会工作量大量增加，资源与费用大量耗费，而且使年会学术成果的问世严重滞后，难以及时发挥其应有的学术作用。刑法学研究会第五届理事会经研究在上述两个方面均改进了年会文集的编辑出版工作：（1）年会文集编辑一方面仍由主持当年年会的两位正、副会长负责并担任主编，以明确主要职责和保证编辑工作的正常进行；另一方面设立由全体常务理事参加的编委会，并聘请两位名誉会长担任学术顾问，以增强研究会领导集体的参与感和对年会文集编辑的关心、支持。（2）在 2002 年年会尝试要求作者提供论文电子版并由会议主办方于会前将论文汇编成册供会议研讨之用的第一步改进成功的基础上，经过酝酿和准备，于 2003 年年会起要求年会文集在会议之前即编辑完毕并交由出版社公开出版发行，同时供年会研讨使用。这项改进措施大大增加了年会筹备的工作量，但由于准备充分和重视，在 2003 年刑法年会时一举成功，并于 2004 年年会时再度圆满实现，从而作为刑法年会的一项制度和工作要求而固定下来。2005 年年会、2006 年年会均按照此做法实施。这一改进使刑法年会的学术成果得以最及时地问世并发挥效应，也更方便刑法年会研讨的开展，同时还节约了不少人力、财力，因而得到刑法学界的一致好评，中国法学会领导也对此做法予以充分肯定，认为刑法学研究会的这一成功经验很有推广价值。

（二）创办出版会刊并促成其改版提高

刊物是一个全国性学术团体的重要学术和信息交流园地。刑法学研究会对创办会刊的必要性早有认识并曾为此做过一些努力，但由于条件限制一直未能如愿。刑法学研究会第五届理事会在中国法学会和法律出版社的支持下，积极创造条件，开始是与会长当时所在单位中国人民大学刑事法律科学研究中心暨国际刑法学协会中国分会共同合作，于 2002 年创办了连续性学术丛刊《刑法评论》作为研究会的会刊，截至 2005 年 7 月，已经出版 7 卷。从 2005 年 8 月起，刑法学研究会改为与会长现在单位北京师大刑科院合作出版会刊。之所以变更合作单位，一是因为国际刑法学协会中国分会已另行创办了会刊《国际刑法评论》，二是因为研究会负责《刑法评论》领导工作和具体事务的几位成员调动了工作单位，作适当的调整可以更方便开展工作，更有利于使会刊出版规范化、定期化。此外，为进一步提高会刊的影响力，经研究并广泛征求意见，从第 8 卷起《刑法评论》的编委和副主编也作了必要的调整，编委会由研究会正、副会长和秘书长组成，主编仍由会长赵秉志教授担任，副主编改由刑法学研究会两位副会长张军大法官和陈兴良教授担任。

而且，在法律出版社的支持下，《刑法评论》主编（研究会会长赵秉志教授）与主编助理（刘志伟教授）在《刑法评论》第 9 卷出版前，考虑了《刑法评论》的改版和提高问题，并就栏目设置、文稿选择、版面设计、装帧等问题与法律出版社方面进行沟通协商，最后达成全面提升的改版一致意见。2006 年 8 月，改版提高后的《刑法评论》第 9 卷以全新的精美面貌问世，受到广泛赞誉。此次年会前夕，《刑法评论》第 10 卷和登载 2006 年刑法学研究会年会部分论文的《刑法评论》第 11 卷延续第 9 卷的版式风格，也已经相继出版。

迄今为止，《刑法评论》已出版 11 卷，大体上为季刊，每卷三十余万字，由法律出版社公开出版发行。《刑法评论》以刑法理论与实务问题为范围，侧重新论与学术信息，设有一系列栏目，并由会刊的两个主办单位刑法学研究会和北师大刑科院免费向刑法学研究会全体成员赠送刊物。该刊物由于其内容翔实、新颖，动态信息丰富，而受到广泛欢迎与好评，已成为刑法学研究会的主要学术园地之一，也是全国刑法界联系、交流的桥梁，从而为繁荣我国刑法学研究和发展刑法学研究会的学术事业作出了积极的贡献。

（三）做好杰出青年法学家的选拔工作

中国法学会于 1995 年、1999 年、2002 年和 2004 年在全国先后开展了 4 届评选"全国十大杰出青年法学家"的活动，在法学界、法律界影响很大，非常有助于培养和选拔杰出中青年法学人才。刑法学研究会第五届理事会曾经参与了 2002 年和 2004 年第三、四届评选"全国十大杰出青年法学家"的候选人推荐工作。刑法学研究会对此项工作非常重视，在广泛征求研究会全体理事意见的基础上，由正、副会长和部分常务理事等组成初评委员会进行充分酝酿和认真评选，两届共推荐了 4 位候选人。由于刑法学研究会推荐的候选人学术成就突出、学术影响较大，因而在第三、四届评选中先后有 3 人（张明楷教授、邱兴隆教授、卢建平教授）当选为"全国十大杰出青年法学家"，由其他方面推荐的另一位刑法学者（吴大华教授）也得以在第三届入选，从而在刑法学界产生了广泛的积极影响。

2006 年 7 月 28 日，中国法学会发出开展第五届"全国十大杰出青年法学家"评选活动的通知。根据中国法学会的工作部署，作为中国法学会确定的推荐单位，刑法学研究会接到通知后及时布置此项工作，随同 2006 年刑法学年会筹备工作一起，召开刑法学研究会会长办公会议，制作"杰出青年法学家"推荐表，向研究会全体理事征求推荐人选意见，此次年会前将收到的反馈意见进行了初步整理，此次年会上又回收了一些推荐意见，年会期间在此基础上研究会初评委员会进行了认真评选，推荐了 2 位候选人，将在年底前召开的中国法学会终评委员会上参加最终的评选。

（四）组织举办"全国杰出青年刑法学家论坛"

为响应中国法学会弘扬全国杰出青年法学家风采的号召，并促进刑法学界的学术交流和对重大现实法治问题的关注，在刑法学研究会会长赵秉志教授的策划和研究会领导班子的支持与积极参与下，刑法学研究会与中国人民大学刑事法律科学研究中心于 2005 年 1 月 15 日在北京隆重举办了"当代刑法与人权保障——全国杰出青年刑法学家论坛"。论坛由研究会名誉会长高铭暄教授主持，中国法学会常务副会长刘飏、副会长孙在雍，时任司法部副部长、现最高人民法院副院长暨研究会副会长张军，以及中央政法机关、法律院校的刑法界专家、学者一百二十余人出席了此次论坛。在高铭暄教授代表老一辈刑法学家发表热情洋溢的开幕词之后，先后 4 届获得"全国十大杰出青年法学家"称号的 6 位刑法学者赵秉志教授（1995 年首届）、陈兴良教授（1999 年第二届）、张明楷教授（2002 年第三届）、吴大华教授（2002 年第三届）、邱兴隆教授（2004 年第四届）和卢建平教授（2004 年第四届），围绕"刑法与人权保障"的主题分别发表了演讲，资深刑法学者周道鸾教授、梁华仁教授对演讲作了评论，刘飏常务副会长、孙在雍副会长、张军副部长等也发表了即席讲话。这次论坛对于弘扬杰出中青年刑法学家风采，促进老中青刑法学者的学术交流，进一步创造我国刑法学研究事业发展所需要的和谐氛围，都起到了积极的作用。

（五）开展优秀刑法论文评奖活动

中国法学会一贯倡导和支持下属各研究会评选与表彰优秀研究成果。如前所述，刑法学研究会第四届理事会曾于 2000 年的学术年会期间，进行了首届刑法优秀论文评选即"海南杯世纪优秀论文（1984—1999）"的评选和表彰活动，并把获奖论文汇编成册，出版了《刑法学研究精品集锦》（法律出版社，2000）一书。这次全国刑法优秀论文评选和表彰活动得到了中国法学会的大力支持，获奖证书是以中国法学会的名义颁发的。

刑法学研究会第五届理事会认为评选和表彰优秀论文的活动很有意义，决定继续进行此方面的工作。鉴于首届刑法学优秀论文评奖活动取得的良好效果，为进一步推进刑法学研究的深入进行，研究会决定于 2006 年在杭州召开全国刑法学年会之际，举行以"西湖杯"命名的中国法学会第二届刑法学优秀论文评奖活动。

2006 年 5 月，刑法学研究会召开会议，成立刑法学优秀论文评选"专家评审委员会"。该委员会由刑法学研究会正、副会长与秘书长、常务理事、顾问中的若干知名学者以及中国法学会的代表组成。委员会下设秘书处，协助委员会处理日常工作及具体事务。评审委员会聘请了中国法学会孙在雍副会长及刑法学研究会两位名誉会长高铭暄教授和马克昌教授担任专家评审委员会的学术指导；会长赵秉志教授担任评审委员会主任，副会长陈兴良教授、张军副院长担任副主任；副会长李希慧教授担任秘书长。中国法学会研究部主任方向作为专家评审委员会的委员，自始至终指导、参加了本次评奖活动。前已提及，专家评审委员会于 2006 年 5 月下旬召开会议，拟定了"中国法学会刑法学研究会优秀论文（2000—2005）评奖规则"。根据该评奖规则，2006 年 7 月下旬评审委员会组织部分参加初评的评审委员会的大部分委员在各小组初评的基础上进行了认真的终评，最终评出获奖论文一等奖 10 篇、二等奖 30 篇、三等奖 40 篇、特别奖 14 篇。2006 年 8 月，刑法学研究会将获奖名单报送中国法学会审查备案。获奖论文已经结集编辑，以《刑法学研究精品集锦 II》为书名由法律出版社正式出版。在此次年会期间，刑法学研究会举行"西湖杯全国优秀刑法论文"颁奖仪式，向各位获奖论文作者颁奖。

实践已经证明，刑法学研究会所进行的全国刑法优秀论文评奖活动，评出了刑法学术研究的精品，有效地促进了刑法学术研究的繁荣和深化，从而得到了中国法学会和全国刑法学界的好评。

（六）积极承担中国法学会研究课题

中国法学会一向重视课题研究工作的组织和实施，近年来更是加大了力度并改善了管理体制。刑法学研究会重视中国法学会研究课题的申报和承担，近年来研究会成员承担了中国法学会的"非公有制经济的刑法保护"、"网络犯罪研究"、"国际人权公约与我国刑法的发展完善"、"刑法解释研究"、"死刑制度的改革与完善"、"《联合国反腐败公约》与中国刑事法治的完善"、"我国刑罚制度改革研究"、"国际恐怖主义犯罪防治对策研究"、"宽严相济刑事政策研究"等课题。这些研究课题的承担，促进了刑法学研究会的学术研究和学术活动。

四、加强学术协作暨对外学术交流活动

（一）与政法机关、学术研究机构开展学术合作

刑法学研究会近年来学术活动的蓬勃繁荣，与研究会同其他学术团体、研究机构、法律院校、政法机关的密切合作有很大的关系。多年来，刑法学研究会一直重视与中央政法领导机关、地方政法机关、法律院校、研究机构的学术联系和学术协作，刑法学研究会的学术活动、学术研究也得到了方方面面的广泛支持与协作。尤其是全国刑法年会更是受到广泛重视，要求承办全国刑法年会的地方和单位争先恐后。全国刑法年会在地方召开时，当地政法机关领导同志都会出席，各有关单位也都会以不同方式予以协助。这也是刑法学研究会具备相当地位与影响的重要标志。

近年来，刑法学研究会第五届理事会先后与国际刑法学协会中国分会、中国人民大学刑事法律科学研究中心、北师大刑科院建立了密切的学术合作关系。尤其值得一提的是，刑法学研究会近年来充分利用会长所在单位作为专门刑事法研究机构的地位与影响，先后与中国人民大学刑事法律科学研究中心和北师大刑科院建立了良好的学术协作机制，并借此争取了较为充足的人力、物力与财力支持。如研究会过去曾与国际刑法学协会中国分会、中国人民大学刑事法律科学研究中心合作，创办了刑法学研究会会刊《刑法评论》，从第8卷开始转而与北师大刑科院合作，并从第9卷开始改版升级，以崭新的面貌、明晰的风格出版发行。北师大刑科院负责研究会会刊的编辑工作，并承担了向刑法学研究会全体成员赠送刊物的费用和工作。又如，针对社会各界对于最高人民法院关于奸淫幼女犯罪司法解释的争论，刑法学研究会与中国人民大学刑事法律科学研究中心于2003年8月31日在京联合举办了专题研讨会，并在此基础上进行了专题研究合作项目，编著出版了专题文集《主客观相统一：刑法现代化的坐标——以奸淫幼女型强奸为视角》（中国人民公安大学出版社，2004）。

2006年8月以来，随着研究会会长赵秉志教授调入北京师范大学创建我国首家刑事法律科学研究院及研究会秘书处主要成员加盟该院，研究会也建立和加强了与北师大刑科院的学术合作关系。首先，双方联合举办了一系列学术研讨会议和学术论坛。如2005年12月23日至24日，研究会参与协办了由北师大刑科院主办的"反恐立法问题学术研讨会"，来自中央政法机关、法律院校、科研机构和国外的一百七十余位专家、学者出席研讨会，就反恐立法问题建言献策，《法制日报》、《人民法院报》、《检察日报》等法律新闻媒体都作了详细报道，社会影响广泛。又如，2006年8月19日，研究会参与协办了由北师大刑科院主办的"侵犯著作权犯罪立法问题学术研讨会"。这次会议对

我国当前法律实务中遇到的侵犯著作权犯罪问题及其立法完善进行了热烈的研讨，产生了良好的效果。其次，研究会在日常工作和人力、财力、物力诸方面得到了北师大刑科院的协助与支持。如从 2006 年 8 月以来，北师大刑科院在其网站上为刑法学研究会创办了专门的网页，提供了必要的链接，并指派专门人员负责刑法学研究会网页的维护和更新工作，充实其资料和内容，借助适当的机会和方式宣传刑法学研究会的网页，从而增强了刑法学研究会的影响。而且，如前所述，北师大刑科院在日常事务方面为刑法学研究会也提供了大力支持。不管是平时筹办刑法学研究会与刑事法律科学研究院联合举办的学术研讨会，还是出版刑法学研究会的会刊，以及筹办全国刑法年会，北师大刑科院都组织专门人员并投入专门的财力、物力予以支持。最后，在对外学术交流方面，刑法学研究会也颇多地借助了北师大刑科院作为独立性、实体性学术研究机构的力量。如刑法学研究会与韩国比较刑事法学会近年来在中韩两国轮流主办的中韩刑法学国际研讨会，均获得了北师大刑科院及其主要成员的支持与协助。

（二）开拓中韩两国刑法学术交流活动

随着近年来中韩两国友好关系的迅速发展，彼此建立稳定、持久的学术交流关系，已成为中韩两国学者的共同心愿。在刑法学研究会第五届理事会期间，经韩国比较刑事法学会与中国法学会刑法学研究会联系磋商，并得到中国法学会的赞同和支持，时任韩国比较刑事法学会会长金永钰教授带领的韩国刑法学者代表团一行 8 人专程访华，并于 2002 年 12 月 18 日在北京举行了"中韩刑法学界合作交流协议签订仪式"，赵秉志会长和金永钰会长分别代表中韩双方在"关于中韩两国刑法学学术交流协议书"上签字，中国法学会孙在雍副会长、研究部方向主任，刑法学研究会名誉会长高铭暄教授出席了签字仪式；之后又举办了"中韩两国刑事法治新发展"座谈会，从而为中韩刑法学界的交流合作奠定了基础。

根据中韩刑法学学术交流协议，应韩国比较刑事法学会的邀请，以中国法学会副会长孙在雍为顾问，刑法学研究会会长赵秉志为团长，成员包括刑法学研究会名誉会长高铭暄教授、马克昌教授，副会长阮齐林教授、陈明华教授、胡云腾教授，常务理事卢建平教授，理事马长生教授、邱兴隆教授一行 10 人的中国法学会刑法学研究会代表团于 2003 年 8 月 19 日至 26 日访问了韩国，参加了韩国比较刑事法学会主办的"2003 年夏季国际学术研讨会"，访问了韩国大法院（最高法院）、韩国刑事政策研究院和汉城大学法学院等机构，举办了两场专题学术报告会，并与韩国刑法学界同行们就长期广泛的合作计划进行了商谈，达成了共识，从而取得了比较丰硕的成果，为中韩刑法学界的交流合作作出了开拓性努力。

按照中韩刑法学界已商定的交流计划，刑法学研究会和有关学术研究机构合作，于 2004 年 1 月 6 日至 8 日在北京举办了"首届中韩刑法学术研讨会"，来自韩国的十余位知名学者和中国的六十余位专家、学者参加了研讨会。研讨会期间，还举行了中韩刑法学界加强学术交流合作座谈会，确立了中韩刑法学界每年一次的学术交流制度。该次会议针对刑法立法问题、刑事政策问题、刑法总论争议问题、特别刑法问题、刑法各论争议问题、死刑问题、外国人犯罪问题、国际刑法问题共八个方面议题，进行了热烈、广泛而深入的研讨。这是一次中韩两国刑法学理论研究的盛会。

在此之后，2004年8月17日至18日，由韩国比较刑事法学会与韩国高丽大学法学院联合主办的"第二届韩中刑法学术研讨会（暨韩国比较刑事法学会2004年度国际学术研讨会）"如期在韩国汉城举行。中国法学会刑法学研究会派出了由顾问苏惠渔教授为团长，刘家琛大法官和单长宗教授为顾问，副会长李希慧教授为副团长，理事陈泽宪教授为秘书长，其他成员有刘宪权教授（副会长）、陈忠林教授（常务理事）、向朝阳教授（理事）和刘健教授共9位专家、学者组成的学术代表团出席了此次会议。韩国知名刑事法专家、学者百余人出席会议。会议主题为"中韩刑事制裁的新动向"，并分为"量刑的合理化方案"、"死刑替代方案探索"等10个议题。这次会议受到韩国法律界、法学界的重视与关注。

第三届"中韩刑法学术研讨会"于2005年8月21日至22日在重庆举行，会议由中国法学会刑法学研究会和西南政法大学共同主办，由北师大刑科院和西南政法大学毒品犯罪与治理对策研究中心共同承办。主要议题包括两个方面：一是国际暨区际刑事司法协助问题，二是有组织犯罪的惩治暨中韩相关刑事司法合作的问题。来自中韩两国的专家、学者共计六十余人出席了这次研讨会。会议由研究会常务理事陈忠林教授主持，研究会会长赵秉志教授在开幕式上致辞并作了专题演讲，刑法学研究会的成员刘宪权教授、张智辉教授、贾宇教授、黄风教授等多位专家、学者参加了这次学术会议。这次会议获得了圆满成功，进一步促进了中韩两国刑法学者的学术交流和友谊。

2006年8月17日至21日，"第四届中韩刑法学国际学术会议"在韩国全州市成功举行。此次会议的主办方为韩国比较刑事法学会，承办方为韩国全北大学校法科大学。中国法学会刑法学研究会派出的以李洁教授为团长、莫洪宪教授为副团长、最高人民法院副院长张军为顾问，其他成员包括林亚刚教授、夏勇教授、张远煌教授、肖中华教授等共计10名专家、学者组成的代表团参加了会议。本次会议的主题是"经济与刑法"，会议按具体议题共分为10个单元进行。在研讨会上，双方学者就侵犯著作权犯罪、金融刑法、洗钱犯罪、制售假冒伪劣商品犯罪、经济刑法的刑罚与处置、社会主义国家经济刑法的比较考察等专题进行了研讨。会议气氛热烈、讨论深入，体现了双方严谨的学术精神和热切的交流愿望。

另外还需要指出的是，刑法学研究会分别与中国人民大学刑事法律科学研究中心、北师大刑科院合作，在中国人民公安大学出版社的鼎力支持下，已编辑出版了2本中韩刑法比较研究方面的文集。《中韩刑法基本问题研讨》是2004年1月在北京举办的"首届中韩刑法学术研讨会"学术文集，于2005年7月出版，全书36.8万字，共收入中韩两国刑法学者的论文17篇；《中韩刑事制裁的新动向》是2004年8月在韩国汉城举办的"第二届中韩刑法学术研讨会"的学术文集，于 2005 年 10 月出版，全书 28.3 万字，共收入中韩两国刑法学者的论文 21 篇。相应地，这两届中韩刑法学术研讨会的论文，也已同时在韩国比较刑事法学会主办的刊物《比较刑事法研究》上译成韩文以特辑的形式公开出版。目前，刑法学研究会与北师大刑科院合作编辑的第三届中韩刑法学术研讨会文集《中韩国际刑事司法协助及相关犯罪研究》，已经交付中国人民公安大学出版社出版；第四届中韩刑法学术研讨会文集《中韩经济刑法比较研究》也正在编辑过程中。这两本中韩刑法学术交流文集也将陆续在韩国《比较刑事法研究》杂志上刊出。由中国法学会刑法学研究会和韩国比较刑事法学会分别负责编辑并在中韩两国出版的多部中韩刑法学术研讨会文集，对促进中韩两国刑法界的交流与比较研究，发挥了积极的作用。

（三）继续加强其他方面的对外学术交流活动

1. 积极参与筹办第 17 届国际刑法学大会

2004 年 9 月 12 日至 19 日，国际刑事法领域的全球性盛会——第 17 届国际刑法学大会，在北京圆满举行。来自世界 68 个国家和地区的近千名中外代表出席了这次盛会。全国人大常委会委员长吴邦国代表中国政府到会致贺词。会议通过了刑事法领域 4 个重要的决议。这次会议是国际刑法学协会百余年历史上极为重要，也是该协会负责人评价为最为成功的一次大会。第 17 届国际刑法学大会由国际刑法学协会和中国法学会共同主办，国际刑法学协会中国分会承办。中国法学会刑法学研究会也对会议作出了重要贡献：（1）为组织中国刑法学界专家学者们积极参与第 17 届国际刑法学大会，刑法学研究会调整了 2004 年年会的时间、地点和研讨主题，将年会时间调整在第 17 届国际刑法学大会前夕，将年会地点改在北京，将第 17 届国际刑法学大会研讨的问题纳入刑法年会的议题之中，并组织了两百余位专家、学者参加第 17 届国际刑法学大会，从而有力地支持了第 17 届国际刑法学大会。（2）刑法学研究会一些成员参与了第 17 届国际刑法学大会的领导与组织、筹备等工作。研究会名誉会长高铭暄教授担任了大会的常务副主席之一，研究会会长赵秉志教授担任了大会的副秘书长暨学术组组长，研究会常务理事卢建平教授、理事张智辉研究员担任了大会的副秘书长暨学术组副组长；高铭暄教授、赵秉志教授、卢建平教授还分别担任了四个专题讨论会中 3 个专题的中方副主席，参与并主持了 3 个专题讨论会暨 3 个专题决议的拟定工作。

2. 积极组织或者参加中日刑事法学术研讨会

"中日刑事法学术研讨会"是中日两国刑法学者于 20 世纪 80 年代中期创办的系列性学术活动，这一活动深化了两国刑法学者的学术交流。本届刑法学研究会为此系列活动做了大量的工作。

2004 年 5 月 7 日至 13 日，以中国法学会刑法学研究会名誉会长高铭暄教授为团长的中国刑法学术代表团一行 12 人，参加了于日本京都同志社大学召开的第九次日中刑事法学术研讨会。代表团成员包括研究会名誉会长马克昌教授，会长赵秉志教授，顾问王作富教授和苏惠渔教授，副会长李希慧教授，常务理事陈忠林教授，理事江礼华教授和李洁教授，法律出版社社长黄闽先生，研究会司库刘志伟副教授和黎宏教授。该次会议的主题为"经济犯罪"，会议围绕"财产犯罪的基本问题"、"公司犯罪"、"证券犯罪"、"消费者权益的刑事保护"和"法人犯罪的处罚"共五个方面的议题进行了广泛而深入的研讨。

由中日刑事法研究中心主办、吉林大学法学院承办的"21世纪第4次（总计第10次）中日刑事法学术研讨会"，于2005年8月28日至30日在长春市吉林大学隆重举行。中日两国刑法学界的近百位专家、学者参加了会议，会议研讨主题为"危险犯与危险概念"。刑法学研究会的多位成员参加了这次会议。研究会名誉会长高铭暄教授作为中方代表团团长并在开幕式上致词，研究会名誉会长马克昌教授在闭幕式上致词；研究会理事李洁教授为会议总主持人；参加会议的还有研究会会长赵秉志教授，顾问何鹏教授、苏惠渔教授，副会长吴振兴教授、李希慧教授、阮齐林教授，常务理事顾肖荣教授、陈忠林教授、卢建平教授、刘明祥教授，理事张文教授、贾宇教授等。这次中日刑法学界的学术盛会圆满成功、收获颇丰。

3. 参与举办"首届当代刑法国际论坛"

为促进中国刑法学界与世界各国同行的学术交流，由刑法学研究会会长赵秉志教授和常务理事卢建平教授共同倡议并得到研究会名誉会长高铭暄教授鼎力支持，进而得到中外刑法学界广泛赞同，可以说是由中国刑法学界发起而创办了拟在中国每两年举办一次的"当代刑法国际论坛"。首届"当代刑法国际论坛"以中国人民大学刑事法律科学研究中心名义主办，由北师大刑科院承办，并得到刑法学研究会的重视与支持，于2005年8月26日至27日在北京隆重举行。来自联合国、国际刑事法院、国际刑法学协会等国际组织和美国、德国等近十个法治发达国家及中国的百余名刑法专家、学者出席会议，会议议题为"全球化时代的刑法变革——国际社会的经验及对中国的启示"。此次国际论坛组委会主席由研究会名誉会长高铭暄教授担任，研究会会长赵秉志教授担任论坛组委会常务副主席，论坛组委会副主席还包括研究会顾问刘家琛大法官、研究会副会长张军大法官等，研究会常务理事卢建平教授担任论坛秘书长，担任论坛组委会委员并出席的刑法学研究会成员还有副会长胡云腾教授、常务理事陈忠林教授，理事张智辉研究员、陈泽宪研究员、黄京平教授等。中央政法机关、中国法学会的有关领导和专家也莅临会议。这一论坛创设了我国刑法学界对外交流的一个崭新而开阔的平台，首届论坛的成功及未来后续论坛的举办对中外刑法学界的交流合作作用巨大。首届论坛结束后，研究会又委托副秘书长王秀梅博士等带领与会的十多位国外、境外著名专家、学者到浙江、江苏和上海进行了为期一周的学术演讲与参观访问，进一步扩大了论坛的影响。

4. 积极参加第22届世界法律大会

由最高人民法院主办的第22届世界法律大会于2005年9月5日至9日在北京、上海两地隆重举行，来自六十多个国家和地区的专家、学者、司法官员一千五百多人与会，会议围绕"法治与国际和谐社会"的主题，分22个议题进行了深入、有效的研讨，最后通过了《上海宣言》和多项决议，圆满落下了帷幕。这是一次努力以法律维护世界和平与提升中国法治国际影响力的成功的全体法律界盛会。刑法学研究会的多位专家、学者应邀参加了这次世界性的法律盛会，有些还担当了重要的角色，如研究会名誉会长高铭暄教授、马克昌教授和理事张智辉研究员等在有关专题论坛上作了主题发言，研究会会长赵秉志教授担任"国际刑法专题论坛"的共同主席主持了该论坛，身为研究会副会长的最高人民法院副院长张军大法官、最高人民法院研究室副主任胡云腾教授更是全面参与了此次大会的领导和组织工作。应当说，第22届世界法律大会的圆满成功，首先和主要地应当归功于最高人民法院，但同时也有全国法律界、法学界包括刑法学研究会同人们的积极参与和贡献。

5. 参与举办"反恐立法问题学术研讨会"

2005年12月23日至24日，由北师大刑科院主办、中国法学会刑法学研究会与国际刑法学协会中国分会共同协办的"反恐立法问题学术研讨会"在京隆重召开。在为期一天半的研讨会上，来自北京师范大学、北京大学、中国人民大学、武汉大学、中国社会科学研究院法学所、中南财经政法大学等全国法律院校、科研机构，全国人大常委会法工委、最高人民法院、最高人民检察院、公安部、司法部、外交部等法律实务机关，以及美国、加拿大等国家的一百七十余位专家、学者会聚一堂，就反恐立法基本问题、恐怖主义犯罪的界定及反恐与人权的关系等诸多问题进行了广泛而深入的探讨与交流。大会由研究会会长赵秉志教授主持。最高人民法院原副院长刘家琛大法官，最高人民检察院戴玉忠大检察官，公安部原副部长、中国法学会副会长罗锋先生，研究院名誉院长高铭暄教授等在开幕式上致辞。与会专家、学者对我国应当如何建构反恐怖主义立法的格局发表了见仁见智的看法。此次会议受到了广泛关注，《法制日报》、《人民法院报》、《检察日报》等全国性法律新闻媒体对会议作了报道。

（四）积极参加中国法学会组织的各种活动

1. 积极做好中国法学会部署的各种工作

作为全国法学工作者、法律工作者的全国性群众团体和学术团体，中国法学会在贯彻国家大政方针，加强法学界和法律界的联系与沟通方面发挥着重大的作用。作为中国法学会下属的专业学科研究会，刑法学研究会历来听从中国法学会的领导，认真完成中国法学会布置的各项工作与任务。如2002年、2004年和2006年，刑法学研究会按照中国法学会的安排，积极推荐第三、四、五届"全国十大杰出青年法学家"候选人；2003年4月至11月，刑法学研究会根据中国法学会的安排，参与筹备北京第17届国际刑法学大会；2004年9月，按照中国法学会的部署，刑法学研究会组织全国刑法界专家、学者全程参加了第17届国际刑法学大会。

2. 参加中国法学会"繁荣法学研究工作会议"并作交流发言

为进一步繁荣法学研究、推进依法治国，中国法学会于2005年8月3日至4日在北戴河召开了"繁荣法学研究工作会议"。会议的主要议程有两项：一是讨论中国法学会起草的《关于进一步繁荣法学研究的意见》，二是部分地方法学会和学科研究会介绍开展法学研究工作的经验。中国法学会及其学术委员会的领导和专家、学者，国家立法、司法、法制领导机关有关部门的负责同志，全国省级法学会和大城市法学会的负责人，各学科研究会的负责人等共计近百人出席了会议。中国法学会学术委员会副主任暨刑法学研究会名誉会长高铭暄教授、中国法学会学术委员会委员暨刑法学研究会会长赵秉志教授应邀出席了会议。8月4日上午，刑法学研究会会长赵秉志教授在大会上作了题为"积极开拓刑法学研究事业"的发言，分三个方面介绍了刑法学研究会本届理事会4年间开展法学研究工作的情况，总结了刑法学研究会取得良好成绩和获得显著发展的基本经验。

3. 参加中国法学会"全国外事工作会议"并作经验交流发言

2005年11月23日至25日，中国法学会刑法学研究会在福建厦门召开了首届"全国外事工作会议"，中国法学会暨各学科研究会、地方法学会等方面的领导和代表共计一百余人出席会议。刑法学研究会由于在对外学术交流活动中积极主动，表现突出，成绩显著，受到中国法学会的表彰并被安排介绍经验。而且，刑法学研究会是中国法学会下属近三十个学科研究会中唯一应邀在大会上介绍外事工作成绩和经验并受到表彰的单位。参加这次外事工作会议和受到中国法学会的表彰，极大地鼓舞和增强了刑法学研究会进一步繁荣对外交流合作的学术事业心。

五、关于刑法学研究会换届筹备工作的情况

上述三个方面大体概括了第五届理事会5年里的主要工作情况和业绩，下面再简要地报告一下刑法学研究会2006年换届事宜的筹备工作情况。

中国法学会刑法学研究会第五届理事会任期为2001年10月至2006年10月，因而换届工作就成为2006年刑法学年会必须完成的任务。研究会换届工作关系到刑法学研究会组织机构的正常延续和研究会今后各项工作的顺利开展，为圆满、稳妥地完成该项任务，刑法学研究会会长办公会和常务理事会从2006年3月以来认真研究、精心组织、立足公正、发扬民主、讲究程序，工作卓有成效。

2006年3月底，刑法学研究会在北师大刑科院举行了会长办公会议，就刑法学研究会第六届理事会理事等人选的推荐单位、名额分配、换届工作领导小组等事宜进行了讨论和确定。会后刑法学研究会将换届方案上报中国法学会并得到批准。在中国法学会的指导和支持下，刑法学研究会换届推荐工作自4月下旬起展开，研究会秘书处向全国各有关单位寄发了换届推荐人选的通知。至7月中旬，除个别单位暂时没有符合条件的人选而没有推荐外，绝大多数单位均推荐了具有较高理论造诣或丰富司法实务经验的专家、学者拟担任刑法学研究会第六届理事会理事、常务理事等职务。刑法学研究会换届工作领导小组又将推荐人选情况向中国法学会研究部和法学会主要领导作了汇报，得到

了充分肯定和大力支持。

7月23日，刑法学研究会在北师大刑科院再次召开会长办公会议，在各单位、各地推荐人选的基础上，就刑法学研究会第六届理事会理事、常务理事的推选及确定问题进行研究。会议研究决定，向刑法学研究会第六届理事会换届会议推荐116位理事人选、32位常务理事人选，并推荐了其中的14位常务理事人选拟担任刑法学研究会第六届理事会会长、副会长、秘书长。出席此次会议的中国法学会研究部主任方向同志代表中国法学会对刑法学研究会换届工作予以充分肯定。会后，刑法学研究会换届工作领导小组向中国法学会党组汇报此次换届事宜，并把此次会议确定推荐的各种人选上报中国法学会审查批准。

8月29日，研究会会长赵秉志教授偕副会长兼秘书长阮齐林教授、副会长李希慧教授、常务理事卢建平教授向中国法学会领导再次汇报了理事会换届工作进展情况。中国法学会党组书记、常务副会长刘飏同志在听取了赵秉志会长的汇报后，对刑法学研究会所进行的换届工作给予了全面肯定和高度评价，认为刑法学研究会换届工作做得细致、考虑全面、人选合格。中国法学会主管副会长孙在雍同志也对刑法学研究会的换届筹备工作给予了充分肯定。经审查，中国法学会批准了刑法学研究会第六届理事会换届方案和推荐人选。至此，刑法学研究会换届筹备工作顺利完成，为2006年年会上举行理事会换届会议奠定了良好的基础。

六、经验与建议

（一）基本经验

回眸过去，我们深深感到，刑法学研究会第五届理事会过去5年走过了一条坚实的稳步发展的道路。刑法学研究会这几年来之所以能够顺利而更加规范、更加卓有成效地开展工作并取得进展，主要得益于如下四个方面的经验：

第一，刑法学研究会本届年轻的领导班子得到了中国法学会领导的重视、关怀和支持，中国法学会研究部等职能部门也对刑法学研究会的工作予以有力的指导和帮助。这是首要的原因。

第二，刑法学研究会是一个老中青和谐结合的团体，人际关系融洽，学风正派，代表层面广泛，资源丰富；而且，刑法学研究会现任领导班子成员都是有干劲、有事业心、勤于动脑、乐于奉献的年富力强的中年刑法专家、学者，彼此关系协调，能够相互支持、携手并肩。这是刑法学研究会事业兴旺发达的关键所在。

第三，刑法学研究会坚持以开放、和谐、协作的心态发展学术事业，与中央和地方政法机关、法律院校、研究机构、有关学术组织等方方面面建立了友好合作的学术关系，得到了有关方面的有力支持，为事业发展营造了良好的氛围和外部条件。尤其是近年来刑法学研究会与有关研究机构建立紧密合作伙伴关系，依托研究机构承担秘书处的日常工作并获得人力、财力、物力等方面的全面支持，使研究会的工作得以高效、有序地运转。这可以说是刑法学研究会学术事业协调发展的重要条件。

第四，刑法学研究会本届理事会对工作的改进注意稳妥地循序渐进，逐步改革，取得经验，巩固成效后再继续前进。这也是刑法学研究会坚定而稳步前进的重要原因。

回顾过去，总结成绩，是为了更好地发展进步。我们也要清醒地看到，第五届理事会的工作也还存在种种的不足之处，而且研究会已有的业绩距离国家法治建设和法学研究事业的发展需求也还有一定的差距。对于工作中的不足和差距，我们应当认真反思、充分正视并努力弥补。

（二）工作建议

中国法学会一贯重视和支持刑法学研究会。尊敬的韩杼滨会长亲临刑法学研究会本次十分重要的年会，并在开幕式的讲话中充分肯定了本届刑法学研究会理事会的工作与业绩，给了我们与会者和全国刑法学界极大的鼓舞。韩杼滨会长在讲话中还对刑法学研究会今后的事业发展提出了殷切期望，作出了全面的重要指示，对此我们要认真学习研究，切实贯彻落实。

结合刑法学研究会第五届理事会的工作情况和韩杼滨会长讲话的指示，我们建议第六届理事会要在总结既往工作的基础上，今后着重抓好以下五个方面的工作：

首先，要进一步创新工作机制，不断提高组织、推动刑法学研究工作的能力，加强和完善研究会成员参与机制，努力增强研究会事业的凝聚力和工作的活力；

其次，要紧密配合建设社会主义法治国家对刑事法治的需求，关注重大现实刑事法治问题，加强与实务部门的学术协作，理论联系实际地开展学术活动与学术研究，积极参与国家刑事立法和司法实践，更好地实现研究成果的理论与应用价值；

再次，要注意通过学术年会、专题研讨、项目研究、学术交流等多种形式，积极推动全国范围内刑法学研究和学术活动的蓬勃开展；

又次，要积极建立、健全学术研究成果的评价机制和奖励机制，促进刑法学研究出精品成果，大力推进刑法学研究的繁荣、深入和创新；

最后，要以开放的心态和全球的眼光进一步拓展对外学术交流合作的渠道与空间。

各位领导、各位代表：

我们充分认识到，在我国建设社会主义法治国家和构建和谐社会的进程中，中国法学会是一支重要的力量，其所属的刑法学研究会也扮演着重要的角色。愿我们刑法学研究会的全体成员在中国法学会的正确领导与大力支持下，与全国刑法理论界、实务界同人们携手并肩，努力奋斗，不辱使命，为国家富强、社会文明、法治进步、人民福祉，作出我们应有的贡献！

谢谢大家。

[赵秉志]

第五十八章
2007 年全国刑法学术年会综述

一、前　言

2007 年 9 月 19 日至 23 日，中国法学会刑法学研究会 2007 年年会在吉林省长春市吉林大学隆重召开。本届年会的主题是"和谐社会的刑法现实问题"，下设三个议题，分别为"单位犯罪基本理论研究"、"死刑的司法限制适用问题研究"与"《刑法修正案（六）》理论与实务问题研究"。会议共收到符合要求的论文 237 篇。与会者围绕本届年会确定的主题，结合自己的研究专长与兴趣，对上述三个议题展开了全面而系统的研讨，气氛热烈，讨论深入。现将会议论文中研讨的主要问题及观点综述如下：

二、单位犯罪基本理论研究[①]

1997 年刑法典是在单位能否构成犯罪尚有争议、单位犯罪基本理论研究不够成熟的情况下，将单位确立为犯罪主体的。之后经过 10 年的实践，单位犯罪立法和司法中存在的问题逐渐暴露，亟须加强有关基本理论的研究。因此，在 1997 年刑法典实施 10 周年之际，本届年会把"单位犯罪基本理论研究"确立为研讨议题之一，希望通过研讨，使单位犯罪理论中存在的问题得到合理阐释，为立法完善与司法适用提供有益的指导和借鉴。会议共收到符合要求的相关论文 77 篇。综合来看，关于单位犯罪基本理论的研究主要集中在以下几个方面：

（一）单位犯罪的主体问题

对于单位犯罪主体的研讨，主要集中在国家机关能否成为单位犯罪的主体以及《公司法》修订之后"一人公司"的刑法地位问题。

1. 单位犯罪主体是否包括国家机关的问题

我国刑法典第 30 条明确规定："公司、企业、事业单位、机关、团体实施的危害社

---

① 本部分引注均来自于李洁等主编：《和谐社会的刑法现实问题》，上卷·单位犯罪基本理论研究，北京，中国人民公安大学出版社，2007。以下注释仅注明在该书中的页码。

会的行为，法律规定为单位犯罪的，应当负刑事责任。"该条对机关作为单位犯罪主体没有作任何的限定，因此，国家机关作为单位犯罪的主体没有任何法律障碍。目前刑法学界关于此问题的争议主要是国家机关作为单位犯罪主体的合理性问题。对此问题，多数论者持否定说，理由主要是：（1）将代表国家行使特定职权的国家机关作为单位犯罪主体于情理、逻辑上均难以自圆其说，且不利于确立国家机关的权威，不利于国家机关开展职能活动。（2）根据刑法的相关规定，对国家机关的惩处只有罚金一种方法。如果对国家机关判处罚金，国家机关只能用国家的财政拨款来缴纳罚金。这实质等于国家的自我惩罚，将国家的金钱从一个口袋掏出来放进另一个口袋。再者，国家机关一旦缴纳过多罚金，又势必影响其正常运作，这对国家职能的实现和社会经济生活的正常进行都是极其不利的。（3）司法实务实际上否定了国家机关作为单位犯罪主体承担刑事责任的规定。[①]

不过，也有论者提出，针对目前我国还存在政企不分、国家机关直接介入经济活动的实际情况，法律将国家机关作为单位犯罪主体加以规定无疑具有现实意义，不能无视法律的规定，片面加以否定。[②]

2. 一人公司的犯罪主体地位问题

2005 年《公司法》认可了"一人公司"的法律地位，随之而来的问题是如何看待一人公司在刑法中的地位。对此问题，参加本届年会的绝大多数论者认为，单位犯罪的本质特征在于其"独立人格"，当单位主体本身具有与自然人一样的"独立人格"时，其可以独立地承担法律责任，理所当然能够成为单位犯罪主体。新《公司法》之所以确立一人公司的法律地位，正是认为一人公司在依法成立的前提下，由于公司承担有限责任，法人人格与自然人人格（单一股东人格）相分离，从而符合单位犯罪主体资格的本质条件。因此，当一人公司具备合法性、财产独立性、独立名义性等符合公司"人格独立"的要素时，可以认定其为单位犯罪主体。

同时，依据"公司人格否认制度"的原理，应否定以下情形的"一人公司"的单位犯罪主体资格：（1）"实质一人公司"；（2）采用虚假出资或者抽逃注册资本的手段成立的"空壳公司"；（3）相关司法解释提到的，个人为进行违法活动而设立的一人公司以及设立一人公司之后，以实施犯罪为主要活动的；（4）自然人盗用一人公司名义实施犯罪，违法所得归自然人所有的。[③] 对于上述情形中的"一人公司"，构成犯罪的，按照相应的自然人犯罪处理。

---

① 参见马克昌：《"机关"不宜规定为单位犯罪的主体》，13～15 页；夏勇：《法院犯罪与单位主体》，24～32 页，载李洁等主编：《和谐社会的刑法现实问题》，上卷·单位犯罪基本理论研究，等等。

② 参见郭泽强：《单位犯罪主体类型研究》，载李洁等主编：《和谐社会的刑法现实问题》，上卷·单位犯罪基本理论研究，43 页。

③ 参见阎二鹏：《单位犯罪主体资格刍议——以新公司法中的"一人公司"为视角》，载李洁等主编：《和谐社会的刑法现实问题》，上卷·单位犯罪基本理论研究，189～195 页。

(二) 单位犯罪的刑事责任问题

1. 单位犯罪的刑事责任根据

对于单位犯罪的刑事责任根据，论者们争议较大。有的论者提出，应采纳"法人实在说"确立法人犯罪的刑事责任，确认法人作为社会组织体承担刑事责任的独立性，确认法人与其内部自然人之间的相融性和独立性。独立性的存在意味着罪责自负而不应转嫁，意味着罪责自负而不应替代，而只应由法人自身来承担。法人只要其行为构成犯罪，不应只处罚法人内部的自然人，更应处罚法人自身，即实行双罚制。单罚制作为一种替代责任，恰恰不符合罪责自负原则。① 有论者提出新"法人拟制说"来解释单位犯罪的刑事责任根据，即法人刑事责任的根据就是法人实施的客观危害和主观责任相统一的犯罪事实。因此，在法人刑事责任的认定中，应当从我国现行刑法的规定及犯罪构成体系出发，坚持主、客观相统一的原则，从客观上法人是否实施了犯罪行为及主观上是否具有罪过两个方面去进行考察。② 还有论者提出一种新的单位犯罪刑事责任理论——"整体多元罪责结构"，即单位犯罪的行为人既包括单位体，又包括单位的责任人员，单位体与单位的责任人员在单位犯罪中是单位体这个整体内的多个元素，单位体与责任人员均是单位犯罪的刑事责任承担者；单位犯罪的主体是单位，这个主体既包括单位体，又包括有关责任人员。③

2. 单位犯罪的处罚

多数论者认为，我国现行刑法对单位犯罪的处罚规定存在罚金刑的数额、限度没有统一的标准、刑罚种类单一等缺陷。针对上述问题，有论者提出，刑法对单位犯罪中的犯罪单位只规定了罚金刑，且大多为无限额罚金制，很容易导致量刑畸轻畸重，同罪不同罚，因此，建议对犯罪单位的罚金数额予以明确化，具体可以采用倍比罚金制、限额罚金制等。④ 有论者提出，应增设对与单位犯罪罪行有关的业务活动进行限制或者剥夺的资格刑以限制单位再犯的能力，对犯有严重罪行或以犯罪为主要活动的单位可以规定予以强制解散，对犯罪情节轻微的单位可以适用训诫、停业整顿等多种刑罚方式；在多样化的刑罚方式的基础上，应当将罚金、剥夺或限制权利刑和强制解散设立为主刑，由此组成轻刑、重刑有序，主刑、附加刑相辅的单位刑罚体系，从而最佳地发挥刑罚对犯

---

① 参见徐岱：《单位犯罪刑事责任实现的困境及出路》，载李洁等主编：《和谐社会的刑法现实问题》，上卷·单位犯罪基本理论研究，225～228 页。

② 参见游伟、尚爱国：《论法人（单位）犯罪的刑事责任问题——新法人拟制说的探讨》，载李洁等主编：《和谐社会的刑法现实问题》，上卷·单位犯罪基本理论研究，239～242 页。

③ 参见陈朝晖：《单位犯罪的"整体多元罪责结构"理论及其应用》，载李洁等主编：《和谐社会的刑法现实问题》，上卷·单位犯罪基本理论研究，243～245 页。

④ 参见卢建平、邢冰：《新公司法背景下单位犯罪刑罚制度的完善》，载李洁等主编：《和谐社会的刑法现实问题》，上卷·单位犯罪基本理论研究，307～310 页。

罪单位的惩罚、威慑和改造作用。①

不过，也有论者提出：目前还是不宜对单位扩大罚金刑以外的刑罚手段；弥补罚金刑过于单一的弊端，应该在刑法领域之外寻求途径。针对当前违法方式与手段增多的现象，可以通过规制单位内部的制度、完善其他行政处罚或是经济处罚措施等防范犯罪。②

3. 单位犯罪的刑罚裁量制度

（1）单位犯罪的自首问题。研讨中，论者们普遍认为，我国刑法典第 67 条关于自首虽然使用了"犯罪分子"、"犯罪嫌疑人"、"被告人"、"罪犯"等表述，但并未明确排除自首适用于单位的可能性。从刑法将单位规定为犯罪主体这一点来分析，应当可以对第 67 条中规定的"人"进行适当的扩张解释，将自然人和单位同时包括在内。③ 在承认单位可以成立自首的前提下，论者们进一步提出了单位成立自首需要具备的条件：其一，单位自首的主体应当是实施了危害行为，依法应当负刑事责任的公司、企业、事业单位、机关、团体；其二，单位自首必须是在单位意志支配下实施的；其三，单位自首在客观方面必须表现为自动投案和如实供述本单位的罪行。④

（2）单位犯罪的立功问题。论者们主要研讨了单位犯罪能否适用立功制度、单位立功的条件以及单位立功的范围等争议问题。

对于单位犯罪能否适用立功制度的问题，论者们基于罪刑相适应原则、惩治单位犯罪的实践需要等理由，均认为确立犯罪单位立功制度具有合理性。

对于犯罪单位成立立功的条件，论者们普遍认为，单位立功与自然人立功有相同及相似之处，但也有明显的不同，如对单位立功起始时间（"到案"）的具体把握上，只能以有关机关对犯罪嫌疑单位采取一些相应的经济性的或行政性的强制措施为标志。⑤

对于单位立功的成立范围，论者们争议较大。多数论者认为，单位立功既包括刑罚

---

① 参见王瑞祥：《单位犯罪刑罚种类之完善》，载李洁等主编：《和谐社会的刑法现实问题》，上卷·单位犯罪基本理论研究，323～326 页。

② 参见王卫星：《行政刑法视域下我国单位犯罪处罚制度之完善》，载李洁等主编：《和谐社会的刑法现实问题》，上卷·单位犯罪基本理论研究，331～335 页。

③ 参见黄明儒、孙珺涛：《论单位犯罪成立自首的依据》，载李洁等主编：《和谐社会的刑法现实问题》，上卷·单位犯罪基本理论研究，410～416 页；王勇、李晓欧：《试论单位犯罪自首的认定与处罚》，载李洁等主编：《和谐社会的刑法现实问题》，上卷·单位犯罪基本理论研究，433～436 页。

④ 参见张雯：《论单位自首制度的立法完善》，载李洁等主编：《和谐社会的刑法现实问题》，上卷·单位犯罪基本理论研究，430～431 页。

⑤ 参见龙洋：《单位立功的若干问题探析》，载李洁等主编：《和谐社会的刑法现实问题》，上卷·单位犯罪基本理论研究，461～466 页。

裁量阶段的立功（刑法典第 68 条第 1 款），也包括刑罚执行阶段的立功（刑法典第 78 条）。① 但也有论者明确提出：单位只可能成立刑罚裁量阶段的立功，而不可能成立其他类型的立功。理由是：一旦单位及其直接责任人员被法院认定构成犯罪并被判处刑罚，则直接责任人员与单位之间的劳动合同关系通常会被解除，双方之间的依附与被依附关系将不再存在，直接责任人员今后实施的任何行为都将不可能再上升为单位的整体行为。基于此，在刑罚执行阶段，直接责任人员实施的行为，无论是犯罪行为，还是立功行为，只能是纯粹的个人行为，而不可能是单位行为。②

（3）单位犯罪的累犯问题。关于我国刑法典中规定的累犯制度是否适用于单位犯罪素有争议。多数论者认为，单位不可能承担有期徒刑以上刑罚，因此，不可能符合成立累犯所要求的刑度的前提条件，依据现行刑法，单位不能构成累犯。但也有论者认为，我国现行刑法中的累犯制度可以适用于单位犯罪，在正确理解罪刑法定原则，合理运用系统解释方法的前提下，可以在实然层面上承认单位累犯。③

主张依据现行刑法单位不能构成累犯的论者们均认为，在应然层面上，刑法应增加单位累犯的规定，并提出了单位累犯的具体成立条件。其中，在单位累犯的成立条件中，如何确认刑度条件在论者中间尚存在争议。有论者认为，单位累犯中，前罪与后罪的刑度条件为单位被判处 50 万元以上罚金，或者单位直接负责人或者责任人员中至少一人被判处有期徒刑以上刑罚。④ 还有论者认为，在双罚制场合，单位直接责任人员前后之罪都应判处有期徒刑以上刑罚，并且犯罪的单位应被判处一定数额的罚金，才构成累犯；而在单罚制场合，或者前后两罪分别为单罚制与双罚制场合，只要前后两罪都被判处某种自由刑以上刑罚，即可构成累犯。⑤

（三）单位犯罪的立法完善问题

1. 单位犯罪总则性规定的立法完善

有的论者指出：单位犯罪的现有规定与单位犯罪的立法宗旨严重脱节。立法者在注意完善刑法分则的单位犯罪罪名体系的同时，却忽视了单位犯罪作为一项刑法制度在整

---

① 参见段启俊、罗希：《犯罪单位立功新论》，载李洁等主编：《和谐社会的刑法现实问题》，上卷·单位犯罪基本理论研究，456～457 页；孙国祥：《单位立功问题研究》，载李洁等主编：《和谐社会的刑法现实问题》，上卷·单位犯罪基本理论研究，472～473 页。

② 参见叶良芳：《试论单位立功》，载李洁等主编：《和谐社会的刑法现实问题》，上卷·单位犯罪基本理论研究，478 页。

③ 参见杨凯：《单位累犯否定论的理性检讨》，载李洁等主编：《和谐社会的刑法现实问题》，上卷·单位犯罪基本理论研究，520～522 页。

④ 参见刘良：《关于单位累犯构成要件的探讨》，载李洁等主编：《和谐社会的刑法现实问题》，上卷·单位犯罪基本理论研究，487～490 页。

⑤ 参见冯殿美、祝圣武：《单位累犯制度的理论探讨及立法构建》，载李洁等主编：《和谐社会的刑法现实问题》，上卷·单位犯罪基本理论研究，500 页。

体上的构建。刑法虽然明文规定了单位犯罪，但整个刑法典仍然是以自然人犯罪为中心构建起来的，最明显的表现是，刑法总则仅用两个条文规定了单位犯罪的一般问题。这与单位犯罪所具有的同自然人犯罪相并列的重要犯罪类型的地位显然是不相称的。因此，从应然角度而言，无论是在立法层面还是在理论层面，均应当改变目前单位犯罪附属于自然人犯罪的现状，建立起自然人犯罪与单位犯罪并行的二元体系，这样方能凸显单位犯罪的独立价值和重要意义。[①]

2. 单位犯罪分则性规定的立法完善

有论者依据我国已批准的《联合国反腐败公约》的规定，在对我国单位腐败犯罪立法缺陷进行分析的基础上，提出了相应的完善建议：（1）取消国家机关作为单位腐败犯罪主体的规定，取消"公司"作为单位犯罪主体与"企业"并存的规定，将"公司"融入"企业"之中，使之一体化。将"企业、事业单位、团体"的分支机构明文规定为单位腐败犯罪主体。（2）合理设置单位腐败犯罪的罪种。（3）统一采取双罚制处罚原则。（4）平衡单位犯罪中直接负责的主管人员和其他直接责任人员的刑罚与自然人犯同种犯罪的刑罚，增设对犯罪单位的处罚方法等。[②]

三、死刑的司法限制适用问题研究[③]

当今世界，已经有相对多数的国家和地区从法律上或在事实上废除了死刑。基于我国的国情，我国现阶段尚不能废除死刑，但是应当限制死刑的适用。这已经成为我国决策层和学术界的共识。当前，我国正处于一个深刻的社会转型与变革时期，如何限制死刑，特别是以 2007 年最高人民法院收回死刑核准权为契机对死刑进行司法限制，已成为现阶段我国构建和谐社会进程中一个重要的理论与实践课题。基于此，本届年会把"死刑的司法限制适用问题研究"确立为议题之一，收到相关论文 86 篇。论者们分别从死刑的司法控制原则、死刑观念与死刑的司法控制、刑法解释与死刑的司法控制、民间纠纷及家庭纠纷所致暴力犯罪之死刑的司法控制等几个方面，对死刑的司法限制适用问题进行了阐述。

（一）死刑的司法控制原则

死刑司法控制的原则是在死刑政策的指导下，在司法实践中对犯罪分子适用死刑应

[①] 参见王志祥、姚兵：《单位犯罪立法与理论的双重偏差——兼论二元模式之提倡》，载李洁等主编：《和谐社会的刑法现实问题》，上卷·单位犯罪基本理论研究，393～400 页。

[②] 参见刘科、梁枫：《中国单位腐败犯罪立法之缺陷与完善——以"联合国反腐败公约"为视角》，载李洁等主编：《和谐社会的刑法现实问题》，上卷·单位犯罪基本理论研究，385～392 页。

[③] 本部分引注均来自于李洁等主编：《和谐社会的刑法现实问题》，中卷·死刑的司法限制适用问题研究，北京，中国人民公安大学出版社，2007。以下注释仅注明在该书中的页码。

当遵循的基本准则，它对于保证依法严格控制死刑的司法适用具有更为直接的意义。

1. 死刑司法控制原则的概念及内涵

关于死刑司法控制原则的概念，有论者提出，死刑的司法控制，是指在司法过程中对适用死刑的控制，在一般意义上主要是指审判机关在死刑的裁量过程中对适用死刑的控制。由于严格限制死刑政策对死刑裁量具有指导意义，死刑的司法控制基本上是通过死刑裁量的途径来实现的，在这种意义上来说，死刑司法控制的原则与死刑裁量的原则可以作等同的解释。① 有论者认为，所谓死刑司法控制的原则，是指指导死刑司法控制的准则、规则。②

关于死刑司法控制原则的内涵，论者的讨论主要集中在两个问题上：其一，死刑政策的作用及与死刑司法控制原则的关系；其二，死刑司法控制原则确立的标准问题。（1）关于死刑政策的作用及与死刑司法控制原则的关系，有论者认为，死刑政策是从宏观上、整体上指导死刑的立法和死刑的司法适用，即与死刑有关的环节都离不开死刑政策的指导。而在死刑政策指导下确立的死刑司法控制的原则，即裁量死刑应当遵循的基本准则，对于死刑的司法适用无疑起着直接的指导作用。死刑政策与死刑司法控制的原则并非相同层次的概念，因此，不能把限制死刑的政策等同于死刑司法控制的原则，限制死刑的政策包括限制死刑的基本政策以及专门的死刑政策。③（2）关于死刑司法控制原则确立的标准问题，有论者认为，应将刑罚裁量的一般原则与死刑司法控制中的具体原则区分开来，不能把刑罚裁量的一般原则当作死刑司法控制中的具体原则；同时，死刑司法控制中的具体原则应具有必要性和合理性。④

2. 死刑司法控制原则的具体内容

对于死刑司法控制原则的具体内容，由于分析问题的角度不同，与会论者也有不同看法。有论者认为，死刑司法控制原则包括法定性原则、谦抑性原则、目的性原则、公正性原则⑤；有论者认为，死刑司法控制原则应包括依法适用死刑原则、适用死刑标准统一原则、慎重适用死刑原则、适用死刑宽严相济原则、司法机关互相制约的原则、准

---

① 参见马松建：《论死刑司法控制的原则》，载李洁等主编：《和谐社会的刑法现实问题》，中卷·死刑的司法限制适用问题研究，677 页。

② 参见王利宾：《略论死刑的司法控制》，载李洁等主编：《和谐社会的刑法现实问题》，中卷·死刑的司法限制适用问题研究，712 页。

③ 参见马松建：《论死刑司法控制的原则》，载李洁等主编：《和谐社会的刑法现实问题》，中卷·死刑的司法限制适用问题研究，678~679 页。

④ 参见马松建：《论死刑司法控制的原则》，载李洁等主编：《和谐社会的刑法现实问题》，中卷·死刑的司法限制适用问题研究，678~679 页。

⑤ 参见周其华：《略论死刑的控制原则》，载李洁等主编：《和谐社会的刑法现实问题》，中卷·死刑的司法限制适用问题研究，708~709 页。

确适用死刑确保案件质量原则①；还有论者认为其应当包括罪刑均衡原则、谦抑性原则、人道主义原则。②

(二) 死刑观念与死刑的司法控制

1. 死刑观念对控制死刑的作用

关于死刑观念对控制死刑的作用，学界探讨的主要是在死刑存废之争以及现阶段立法、司法上控制死刑的过程中，死刑观念对死刑控制是否有相当的作用，是否应对其进行足够的重视。有论者认为，限制死刑是中国死刑废止的必经之路，而大幅度地限制死刑，在我国必须经过必要的观念转变与制度调整，这是中国从限制到废止死刑的必经之路。③ 有论者认为：对法律的探究、理解和贯彻不能脱离社会，不能离开对社会观念的考察。就刑法而言，长期以来各国在死刑立场上的不断变化以及学界相持不下的争论，无数次地印证了死刑观念在死刑控制中的重要作用：一个国家死刑观念的具体情况，往往是决策者确定其在死刑问题上的立场时所要考虑的基本内容。显然，我国死刑立场之贯彻、死刑司法控制之具体实现也离不开对死刑观念的关注与考察。④ 有论者认为，在讨论死刑限制或存废的问题上，首先须正视的就是一国特有的国情与民意，一种刑罚制度要在生活中良好运行，就必须反映公共意志与民众的普遍诉求。⑤

2. 我国传统死刑观的消极作用

我国传统死刑观以报应思想为基础，过分看重死刑的威慑作用，对死刑的司法控制有消极影响。对此与会论者有比较一致的看法。有论者认为：我国传统死刑观主要有三方面的特征；一是极力追求死刑的威慑效果；二是为了追求死刑的威慑效果，可以不顾死刑适用的合理限度，三是放纵死刑带来的报复满足感和精神刺激。这种死刑观非常不利于对死刑的司法控制。⑥ 有论者指出：中国历来就是一个重刑主义传统根深蒂固的国家，对生命的漠视使"杀人者死"的直观报应方式根植人心；历代统治者大多推行严刑

---

① 参见周其华：《死刑的司法控制原则》，载李洁等主编：《和谐社会的刑法现实问题》，中卷·死刑的司法限制适用问题研究，627～632 页。

② 参见王利宾：《略论死刑的司法控制》，载李洁等主编：《和谐社会的刑法现实问题》，中卷·死刑的司法限制适用问题研究，714 页。

③ 参见李洁：《死刑限制：中国必需的观念转变与制度调整论纲》，载李洁等主编：《和谐社会的刑法现实问题》，中卷·死刑的司法限制适用问题研究，746 页。

④ 参见李希慧、王宏伟：《论死刑的司法控制——以死刑观念为视角》，载李洁等主编：《和谐社会的刑法现实问题》，中卷·死刑的司法限制适用问题研究，757～758 页。

⑤ 参见冯亚东、周雪梅：《死刑限制的民意引导》，载李洁等主编：《和谐社会的刑法现实问题》，中卷·死刑的司法限制适用问题研究，766 页。

⑥ 参见左坚卫：《论传统死刑观对我国死刑司法控制的消极影响》，载李洁等主编：《和谐社会的刑法现实问题》，中卷·死刑的司法限制适用问题研究，841 页。

酷罚，更催生和巩固了国民崇尚死刑的心态。即使在经济发展、文明进步的当代中国，期望通过严刑峻法，特别是使用作为"最有效手段"的死刑来打击和控制犯罪的观念，仍然是社会的主流民意。这种死刑观一方面成为一些立法者和司法者重用死刑的正当性依据，另一方面也自然成为限制或废弃死刑的最强大的阻力。①

3. 对民意的理性引导

民众的死刑观不是一成不变的，对其进行合理的引导，使之更为理性，对死刑的司法控制具有积极意义。对此，有论者认为，我国民众中根深蒂固的死刑威慑观念并非完全是国民的理性不足造成的，国家对民众观念的导向也有偏差之处，如立法者和司法者对死刑的过分倚重、国家对死刑宣传的不当导向等，都对民众的传统死刑观有强化作用。今后，国家有关机关和学者应当致力于宣传新型死刑观，破除对死刑的迷信。② 有论者认为，刑事法学者往往是最先进的刑罚理念的发现者和提出者，有责任、有能力在死刑司法控制进程中担当起以科学理念引导民众死刑观念的历史使命。③ 还有论者认为，民众对死刑的理性认识是引导民意的方向，也是我国死刑制度改革的路径和基础，因此，应多角度展示死刑制度，增强民众对死刑制度的反面认识，并充分利用社会中的群体规范作用来引导人们对死刑的认识。④

4. 刑事法官的死刑观念与死刑的司法控制

徒法不足以自行，法律的执行要靠法官的具体工作，在没有绝对确定的死刑情况下，法官的裁量对死刑的司法控制具有重要作用。对此，有论者认为，刑事法官死刑观念是死刑司法控制的基础，体现了刑事司法人员的价值取向，正确、先进的刑事司法观念对于保障刑事司法正义起着至关重要的作用，有什么样的刑事司法观念，就有什么样的刑事司法行为和效果，因此，在一定程度上，我国的死刑控制效果取决于法官的死刑观念。⑤

（三）刑法解释与死刑的司法控制

在从立法上限制或者废除死刑有较大难度的情况下，从实际出发，通过严格法律解释的方法来最大限度地限制死刑的司法适用，对于我国现阶段死刑的控制具有积极意义。在年会研讨中，论者们分别从实质解释、系统解释等角度，对死刑的司法控制问题

---

① 参见冯亚东、周雪梅：《死刑限制的民意引导》，载李洁等主编：《和谐社会的刑法现实问题》，中卷·死刑的司法限制适用问题研究，766 页。

② 参见李洁：《死刑限制：中国必需的观念转变与制度调整论纲》，载李洁等主编：《和谐社会的刑法现实问题》，中卷·死刑的司法限制适用问题研究，747 页。

③ 参见李希慧、王宏伟：《论死刑的司法控制——以死刑观念为视角》，载李洁等主编：《和谐社会的刑法现实问题》，中卷·死刑的司法限制适用问题研究，763 页。

④ 参见袁彬：《论民意与死刑改革的路径选择》，载李洁等主编：《和谐社会的刑法现实问题》，中卷·死刑的司法限制适用问题研究，893 页。

⑤ 参见徐松林、焦守林：《死刑的司法控制——以刑事法官的死刑观念为视角》，载李洁等主编：《和谐社会的刑法现实问题》，中卷·死刑的司法限制适用问题研究，851 页。

进行了研究。

1. 实质的刑法解释与死刑的司法控制

有论者提出：实质的刑法解释对死刑的司法控制具有积极意义：首先，利用实质的刑法解释控制死刑适用，可以避开敏感的政治因素，使死刑得以公正、合理地适用；其次，利用实质的刑法解释控制死刑适用，可以避免受一些不成熟的国民感情干扰。[①] 有论者对罪刑法定原则与实质的刑法解释的关系进行了研究，认为两者并不冲突：罪刑法定原则在刑法解释方面主要是理念上的指导，并不具有很强的操作性。刑法解释立场的确定只能为死刑规定的解释提供一定的理论指导，而真正达到在司法中限制死刑的目的要靠解释方法的运用。只要解释方法运用得当，使解释既符合刑法正义的理念，又不超出刑法用语可能具有的含义范围，就可以彻底贯彻罪刑法定原则，达到刑法保障人权功能和保护法益功能的统一。[②] 还有论者具体运用实质的刑法解释原理，对罪行极其严重、故意杀人或者严重损害他人身体健康之情节、审判的时候怀孕的妇女等的死刑司法适用问题作了具体分析。[③]

2. 体系解释的方法与死刑的司法控制

有论者认为：在死刑的司法控制过程中，解释死刑条款的法律适用时，应兼顾总则性规定与分则性规定。总则与分则的规定大体上是一般与特殊、抽象与具体的关系，总则对分则具有指导性的作用。在适用刑法分则的过程中，总则的指导、制约作用应贯穿始终，这样才能使整个刑法典呈现出内在协调的体系。因此，在对刑法分则中配置死刑的条款进行解释时，不可避免地要将刑法总则中规定的死刑适用条件贯穿其中，以达到死刑的司法控制目的。[④]

（四）死刑的裁量情节与标准

1. 死刑的裁量情节

量刑情节是反映犯罪行为的社会危害性及行为人的人身危险性程度，从而影响刑罚轻重的各种主、客观情况，是选择法定刑与决定宣告刑的依据。当法定最高刑是死刑时，仅仅确定犯罪性质是远远不够的，必须进一步研究各种犯罪情节，才能确定是否应该判处死刑。本年度研讨中，学术界对死刑的裁量情节进行了比较深入的研究和讨论，

---

① 参见莫洪宪：《实质的刑法解释论与死刑的司法控制》，载李洁等主编：《和谐社会的刑法现实问题》，中卷·死刑的司法限制适用问题研究，936～937 页。

② 参见李凡、刘晓莉：《刑法解释论与死刑的司法控制》，载李洁等主编：《和谐社会的刑法现实问题》，中卷·死刑的司法限制适用问题研究，972 页。

③ 参见曾粤兴：《死刑条款的体系解释》，载李洁等主编：《和谐社会的刑法现实问题》，中卷·死刑的司法限制适用问题研究，941～947 页。

④ 参见曾粤兴：《死刑条款的体系解释》，载李洁等主编：《和谐社会的刑法现实问题》，中卷·死刑的司法限制适用问题研究，941 页。

取得了一定的成果，具体有以下几点。

（1）我国死刑裁量情节规定的缺陷及其完善。死刑裁量情节起着限制、减少死刑的作用。我国刑法分则对各死刑罪名规定了数量众多而又差别较大的死刑裁量情节。对此，有论者指出，我国的死刑裁量情节存在不少问题：其一，死刑裁量情节的规定过于笼统，缺乏明确性；其二，刑法分则对部分死刑裁量情节的规定不符合总则规定的死刑适用标准，影响了死刑适用标准的统一性；其三，部分死刑裁量情节的规定与国际条约规定的死刑适用标准不协调。

针对死刑裁量情节设置上的缺陷，该论者提出了相应的对策：首先，进一步加强司法解释，将死刑裁量情节的内容明确化、具体化，以统一死刑适用标准，从司法上充分发挥死刑裁量情节限制死刑的功能。其次，应当以刑法修正案的形式对一些不合时宜的死刑立法进行修改，严格部分犯罪的死刑适用条件，从根本上解决问题。最后，应当将刑法对死刑裁量情节在程度上的要求统一起来，一律规定只有"情节特别恶劣"的，才可以判处死刑。[①]

（2）民愤与死刑裁量。对于如何正确处理民愤在死刑适用中的地位，我国学界素有争议。年会研讨中，论者普遍认为，在死刑裁量中应严格限制甚至完全不考虑民愤的因素。例如，有论者认为，民愤反映的是普通民众对案件事实的心理评价，往往具有非理性因素，因而对社会舆论的压力不能盲从。该论者进一步指出，民愤不但不宜作为量刑情节，而且也不应作为死刑裁量中考虑的因素。这是因为：第一，法律没有将"民愤极大"作为判决死刑的法定理由；第二，"民愤极大"带有感情色彩，不好把握，缺乏可操作性。[②]

（3）被害人过错与死刑适用。在我国，被害人过错是故意杀人罪死刑裁量中的酌定从轻处罚情节。然而，在司法实践中，由于种种原因，司法部门对此情节往往重视不够。对此，有论者在考察世界各国立法例的基础上指出，在被害人具有过错的情况下减轻犯罪人的刑罚是世界各国刑法中的通例。目前，被害人过错在我国仅是酌定的从轻情节，不利于其在司法实践中的运用。因此，我国有必要借鉴国外立法实践，将被害人有过错这一酌定从轻情节法定化。[③]

2. 死刑适用的标准

（1）死刑适用的实体标准。根据我国刑法规定，"罪行极其严重"是适用死刑的总标准，也是死刑裁判的一般条件。但是，我国刑法并没有对什么是"极其严重的罪行"

[①] 参见邹湘高：《论死刑裁量情节》，载李洁等主编：《和谐社会的刑法现实问题》，中卷·死刑的司法限制适用问题研究，1022～1024 页。

[②] 参见赖早兴、洪细根：《民愤与死刑裁量》，载李洁等主编：《和谐社会的刑法现实问题》，中卷·死刑的司法限制适用问题研究，1012～1018 页。

[③] 参见卢建平：《被害人过错与死刑适用之探讨——以故意杀人罪为例》，载李洁等主编：《和谐社会的刑法现实问题》，中卷·死刑的司法限制适用问题研究，1034～1035 页。

作进一步的明确解释，其确切的含义需要理论界和司法实务界进一步加以探讨。年会期间，学界对此进行了深入的研讨。有论者认为，"罪行极其严重"是客观危害极其严重和主观恶性极其严重的统一，二者是一个有机整体，缺一不可，即使犯罪行为的客观社会危害极其严重，但只要主观恶性不是极大的，或者虽然犯罪分子主观恶性极大，但只要所犯罪行的客观社会危害不算极其严重，就不应适用死刑，尤其是不应判处死刑立即执行。[①]

（2）死刑适用的证据标准。在最高人民法院统一行使死刑核准权的背景下，提高死刑案件的证明标准为各界所关注。对此，论者普遍认为，对死刑案件适用更高的证明标准是必要的，死刑案件应达到"事实清楚、证据确实充分，排除一切合理怀疑"的证明标准。有论者进一步指出，死刑案件的证据标准应分为定罪的证据标准和判处死刑的证据标准，具体来说，死刑案件定罪的证明标准应是"排除合理怀疑"，而判处死刑的证明标准应是"排除一切怀疑"[②]。

（五）民间纠纷、家庭纠纷所致暴力犯罪之死刑的司法控制

民间纠纷致人死亡案件是指亲友、邻居、同事等存在某种社会关系的人之间发生冲突时，行为人行凶致人死亡的暴力案件，其中包括素无社会联系的群众之间因某种临时的民间活动或行为发生争执和纠纷时发生的致人死亡的案件。探讨民间纠纷、家庭纠纷所致暴力犯罪之死刑的司法控制，就是探讨能否以及如何在某些暴力犯罪领域限制死刑适用。有论者分析了该类犯罪的特点，认为该类犯罪的产生一般是教育发展不均衡、民间纠纷解决机制不健全等造成的，因此，对此类暴力犯罪之死刑适用应该坚持慎重原则，严格限制死刑的适用。[③] 有论者认为，严格控制民间纠纷、家庭纠纷所致暴力犯罪的死刑适用有相当好处：一是有利于实现"情"与"法"的统一，二是有利于局部实现恢复性司法目的。[④] 还有论者提出：现行刑法典第 48 条所规定的"死刑只适用于罪行极其严重的犯罪分子"，体现了我国一贯倡导的"少杀、慎杀"死刑政策。在保留死刑的现行法制下，只有综合考虑行为人犯罪的性质、动机、形态，特别是杀人手段的性质、犯罪结果，尤其是被伤害、杀害的被害人或遗属的感情，社会的影响，犯罪人的年龄、前科、犯罪后的表现等各种情节，并对这些情节的精神实质进行理性把握，才能对民间

---

① 参见田立文、司建军：《试论我国死刑的裁量情节与标准》，载李洁等主编：《和谐社会的刑法现实问题》，中卷·死刑的司法限制适用问题研究，1022 页。

② 李少平：《死刑案件证明标准新探》，载李洁等主编：《和谐社会的刑法现实问题》，中卷·死刑的司法限制适用问题研究，986～992 页。

③ 参见隋光伟、许文：《民间纠纷致人死亡案件特点及死刑适用情况研究》，载李洁等主编：《和谐社会的刑法现实问题》，中卷·死刑的司法限制适用问题研究，1041～1042 页。

④ 参见李克勤、卢金有：《民间纠纷、家庭纠纷所致暴力犯罪之死刑司法控制》，载李洁等主编：《和谐社会的刑法现实问题》，中卷·死刑的司法限制适用问题研究，1048 页。

纠纷、家庭纠纷所致暴力犯罪死刑的适用形成强有力的制约和控制。[①]

(六) 与死刑 (立即执行) 制度相关的刑罚制度问题

关于与死刑 (立即执行) 制度相关的刑罚制度问题, 论者们主要从死缓制度、无期徒刑的完善等方面进行了探讨。

1. 死缓的适用与死刑 (立即执行) 的控制

死缓是我国独创的一种死刑执行制度。正确适用死缓, 对于减少死刑立即执行的司法适用, 具有积极意义。研讨中, 有论者对死缓的意义及具体应用等问题进行了深入分析。例如, 有论者提出, 扩大死缓的适用是向废除死刑目标迈进的现实切入点, 是履行国际人权公约的务实举措, 是充分发挥死缓功能的需要。有论者指出, 以下案件不判处或者一般不判处死刑立即执行, 视其具体情况可以适用死缓: 一是被害人有重大过错的一律不予判处死刑立即执行, 二是被害人有轻微过错的一般不予判处死刑立即执行, 三是自首加立功表现的一律不予判处死刑立即执行, 四是非暴力犯罪一般不予判处死刑立即执行。[②] 还有论者从实体和程序的角度, 对于将死缓变更为死刑立即执行的实体条件限制和程序条件限制进行了研讨。[③]

2. 无期徒刑的完善与死刑的司法控制

无期徒刑作为死刑的重要替代措施之一, 对于死刑的司法控制具有积极意义。然而, 我国无期徒刑的立法与司法均存在一定的问题, 影响了控制死刑适用的效果。研讨中, 论者们围绕着无期徒刑的缺陷进行了深入研究, 并提出了具体的完善建议。

论者们概括的我国无期徒刑的缺陷主要有: (1) 缺乏应有的严厉性。无期徒刑的罪犯经过减刑, 相当于执行有期徒刑 10 年以上 22 年以下; 或者服刑 10 年后, 如果不再犯罪, 就有假释的机会, 大大降低了无期徒刑应有的威慑力。(2) 缺乏应有的平等性。在现有无期徒刑制度下, 贪污贿赂型犯罪分子相对于杀人、爆炸、放火等普通暴力型犯罪分子更容易取得减刑、假释的机会, 从而产生无期徒刑执行上的 "贫富差距"。

论者们提出的完善我国无期徒刑的建议主要有: (1) 设置先予关押期。犯罪人被判处无期徒刑以后, 先予关押一段时间 (比如先予关押 10 年), 在这个期限内, 罪犯一律不得被减刑或假释。关押期届满后, 可以根据罪犯的悔罪、立功情况和人身危险性强弱等因素, 综合考虑是否给予减刑、假释。(2) 延长无期徒刑罪犯适用减刑、假释实际执

---

① 参见崔胜实、张金叶:《民间纠纷、家庭纠纷导致的暴力犯罪之死刑司法控制》, 载李洁等主编:《和谐社会的刑法现实问题》, 中卷·死刑的司法限制适用问题研究, 1057 页。

② 参见胡云腾、刘晓虎:《"死刑不予立即执行" 的适用案件类型标准》, 载李洁等主编:《和谐社会的刑法现实问题》, 中卷·死刑的司法限制适用问题研究, 1110~1113 页。

③ 参见马长生、黄谷会:《"严格限制死刑" 政策视野下的死缓适用扩大论》, 载李洁等主编:《和谐社会的刑法现实问题》, 中卷·死刑的司法限制适用问题研究, 1116~1117 页。

行的期限，以此增加无期徒刑的严厉性。①

（七）死刑司法限制的域外视角

1. 美国死刑相关制度及借鉴

有论者对美国的死刑限制措施进行了介述。该论者指出，虽然美国至今仍没有废除死刑，但死刑的罪名越来越少，同时美国也在逐步减少强制性死刑条款。在死刑适用对象方面，美国对妇女、未成年人采取的态度是相对限制死刑适用，并非绝对不适用。在死刑替代措施问题上，保证其严厉性程度尽量与死刑匹配，使得普通民众易于接受。②

有论者介绍了美国加利福尼亚州死刑适用中的程序规则。该论者指出，从总体上看，加利福尼亚州对死刑案件规定了严格的起诉、审理程序，设立了完备的定罪后救济程序。③

也有论者介绍了美国的死刑案件刑事和解制度。美国死刑案件刑事和解制度适用范围较广，既可以在案件审判过程中进行和解，也可在死刑裁量后进行和解，这对于构建符合我国国情的刑事和解制度有一定的借鉴意义。④

2. 日本死刑的相关制度

有论者对日本学界关于死刑替代措施的研究进行了介绍。日本是发达国家中为数不多的仍保留死刑的国家之一，上百年来，日本学术界围绕死刑的存废问题展开了激烈的争论，这一争论的结果虽然是日本在第二次世界大战后成长起来的刑法论者和司法工作者彻底抛弃了"杀人偿命"这种报应主义思想，不再有人真诚地赞成死刑，但却并未使死刑立即废止论成为通说。在这种背景下，为了逐步改变民意，日本学术界一部分学者展开了对死刑替代措施的研究，希望通过提出替代死刑的刑罚，来消除民众对于死刑废止的恐惧，最终达到废除死刑的目的。对于死刑替代措施的具体建构，日本学术界提出了多种方案，例如，绝对的无期刑、相对的无期刑、不定期刑、有期刑、死刑执行延期制度，等等。日本学术界关于死刑替代措施的研究，对于我国现阶段既不废除死刑，又要限制死刑适用的政策具有积极的借鉴意义。⑤

3. 国外和有关国际公约中的刑事证明标准

有论者对国外刑事证明标准及其对中国的借鉴意义进行了分析。该论者认为，无论

---

① 参见楼伯坤：《死刑司法控制的制度设计——以完善无期徒刑为视角》，载李洁等主编：《和谐社会的刑法现实问题》，中卷·死刑的司法限制适用问题研究，1181～1184 页。

② 参见赵秉志、郑延谱：《美国刑法中的死刑限制措施探析——兼及其对我国的借鉴意义》，载李洁等主编：《和谐社会的刑法现实问题》，中卷·死刑的司法限制适用问题研究，1156～1159 页。

③ 参见唐世月：《美国死刑适用中的程序规则——以加利福尼亚州为例》，载李洁等主编：《和谐社会的刑法现实问题》，中卷·死刑的司法限制适用问题研究，1283～1287 页。

④ 参见陈京春：《死刑案件的刑事和解——以中美死刑比较为视角》，载李洁等主编：《和谐社会的刑法现实问题》，中卷·死刑的司法限制适用问题研究，1309～1313 页。

⑤ 参见陈家林：《日本对死刑替代刑罚的研究及对我国的启示》，载李洁等主编：《和谐社会的刑法现实问题》，中卷·死刑的司法限制适用问题研究，1264～1271 页。

是英美法系"排除合理怀疑"的证明标准，还是大陆法系"必然的确实心证"的证明标准，抑或是联合国1984年《关于保护面临死刑的人的权利的保障措施》确定的"明确而令人信服的，对事实没有其他解释余地的"证明标准，都比我国刑事案件的证明标准严格。死刑案件作为可以决定被告人生死的刑事案件，理应确定更加严格的证明标准。因此，该论者提出，借鉴国外和有关国际公约的做法，我国应将"排除合理怀疑"作为死刑案件的证明标准。该论者还对死刑案件中"排除合理怀疑"证明标准的运用进行了探讨。①

四、《刑法修正案（六）》的理论与实务问题研究②

2006年6月29日十届全国人大常委会第二十二次会议通过了《刑法修正案（六）》[以下简称《修正案（六）》]，共有21条，对1997年刑法典分则部分中的危害公共安全罪、破坏社会主义市场经济秩序罪与侵犯公民人身权利、民主权利罪，妨害社会管理秩序罪、渎职罪五章的12个条文进行了修改和完善，同时又增设了8个条文，是自1997年刑法颁布以来规模最大的一次立法修改和补充。《修正案（六）》颁布后立即引起了刑法理论界与实务界的高度关注。本届年会研讨中共收到相关论文74篇，对其作了全面、细致的分析与探讨。

（一）《修正案（六）》的立法价值

研讨中，论者们普遍认为，《修正案（六）》的出台对于严密刑事法网、加大对犯罪的打击力度具有一定的积极意义。但是，论者们对《修正案（六）》是否违背刑法的谦抑性存在一些争议。有论者认为，刑法谦抑性具有限制刑法的处罚范围和处罚程度的双重含义，而《修正案（六）》对行为的刑事处罚提前化、扩大犯罪圈和提高法定刑，显然与刑法的谦抑性相违背。③ 也有论者从现代法治角度，提出现代刑法必然要以对个人自由的保障作为优先的选择，尽可能多地保留公民的个人自由领域，《修正案（六）》仅考虑入罪要素、刑罚的加重和犯罪化，而忽视出罪要素、刑罚的减轻和非犯罪化，不符合现代刑法的发展方向。④ 在讨论中，也有论者持折中观点，认为尽管《修正案（六）》扩大了刑法对民事关系的干预范围，在一定程度上违反了刑法立法的谦抑性特征，但可

---

① 参见张远煌：《国外刑事证明标准对我国死刑司法控制的启示》，载李洁等主编：《和谐社会的刑法现实问题》，中卷·死刑的司法限制适用问题研究，1242~1250页。

② 本部分引注均来自于李洁等主编：《和谐社会的刑法现实问题》，下卷·刑法修正案（六）理论与实务问题研究，北京，中国人民公安大学出版社，2007。以下注释仅注明在该书中的页码。

③ 参见王军明：《论刑法修正与刑法谦抑原则——以刑法修正案（六）为视角的展开》，载李洁等主编：《和谐社会的刑法现实问题》，下卷·刑法修正案（六）理论与实务问题研究，1364~1367页。

④ 参见刘学峰：《刑法修正案（六）价值诉求批判》，载李洁等主编：《和谐社会的刑法现实问题》，下卷·刑法修正案（六）理论与实务问题研究，1370~1373页。

以通过强调司法的谦抑性予以平衡。①

（二）不报、谎报安全事故罪

1. 不报、谎报安全事故罪的主观方面

在不报、谎报安全事故罪的主观方面，研讨中主要有"过失说"、"故意说"两种观点。也有论者在"故意说"基础上，借鉴大陆法系刑法上的"客观的超过要素"理论，提出不报、谎报安全事故罪的主观方面只要求行为人对不报、谎报行为有故意，而对危害结果具有认识的可能性即可，不要求持有希望或者放任的心理态度。②

2. 不报、谎报安全事故罪的客观方面

在该罪的客观方面，有论者认为本罪的"安全事故"不包括交通运输安全和教育设施安全③；但也有论者从犯罪主体和对象角度出发，认为在特定条件下的交通运输安全和教育设施安全也应属于"安全事故"的范畴。④

此外，有论者认为该罪在刑事责任上未规定并处罚金或者没收财产，是立法上的疏漏，需进一步完善。⑤

（三）虚假破产罪

1. 虚假破产罪的客体

研讨中一般认为，虚假破产罪侵犯的客体为复杂客体，既包括国家对企业破产的管理秩序，也包括债权人和其他人的合法权益。有论者进一步提出，该罪的主要客体是债权人或其他人的合法权益⑥；还有论者认为，其他人的合法权益应包括虚假破产企业的财产所有权。⑦

2. 虚假破产行为的发生时间

研讨中多数论者认为，虚假破产行为的发生时间是区别虚假破产罪和妨害清算罪的

---

① 参见周玉华、秦秀春：《谦抑原则与经济刑法司法论纲 ——以刑法修正案（六）为视角》，载李洁等主编：《和谐社会的刑法现实问题》，下卷·刑法修正案（六）理论与实务问题研究，1343～1345 页。

② 参见卢勤忠、高强：《论不报、谎报安全事故罪的认定及处罚》，载李洁等主编：《和谐社会的刑法现实问题》，下卷·刑法修正案（六）理论与实务问题研究，1380～1381 页。

③ 参见刘雪梅：《解读不报、谎报安全事故罪》，载李洁等主编：《和谐社会的刑法现实问题》，下卷·刑法修正案（六）理论与实务问题研究，1415 页。

④ 参见刘志伟：《不报、谎报安全事故罪若干问题研讨》，载李洁等主编：《和谐社会的刑法现实问题》，下卷·刑法修正案（六）理论与实务问题研究，1387 页。

⑤ 参见卢勤忠、高强：《论不报、谎报安全事故罪的认定及处罚》，载李洁等主编：《和谐社会的刑法现实问题》，下卷·刑法修正案（六）理论与实务问题研究，1382 页。

⑥ 参见肖本山、刘丁炳：《虚假破产罪若干问题探讨》，载李洁等主编：《和谐社会的刑法现实问题》，下卷·刑法修正案（六）理论与实务问题研究，1451 页。

⑦ 参见张旭：《论破产欺诈罪——以〈刑法修正案（六）〉和〈破产法〉为视角的研究》，载李洁等主编：《和谐社会的刑法现实问题》，下卷·刑法修正案（六）理论与实务问题研究，1422 页。

关键，但在虚假破产行为发生的具体时间点上，论者们有不同认识：有论者认为，虚假破产行为必须发生在破产程序开始前①；有论者认为，虚假破产行为必须发生在破产宣告之日前②；还有部分论者提出，立法上未规定虚假破产行为的实施期间，因此，只要发生在破产程序终结前都可以以本罪论处。③

3. 虚假破产罪的主体

根据《修正案（六）》的规定，虚假破产罪是单位犯罪，采用的是代罚制，只处罚直接负责的主管人员和其他直接责任人员。有部分论者从实用性角度提出，规定本罪由单位构成的现实意义不大，应规定为自然人犯罪。④

4. 虚假破产罪的主观方面

学界一般认为虚假破产犯罪的主观方面为直接故意。研讨中有少数论者提出：虚假破产罪的主观方面除包括直接故意以外，也应包括间接故意。实践中有些行为人明知自己的行为会发生损害债权人和其他人利益的危害结果，而有意放任这种结果发生（如浪费、赌博、投机等行为）。这类以间接故意心态实施的行为同样符合客观方面对企业财产的非法转移、处分的规定，也可按本罪论处。⑤

5. 虚假破产罪的刑罚设置

有论者提出：虚假破产本质上属于广义上的诈骗范畴，而与其他类型的诈骗罪相比，虚假破产罪自由刑的刑期过短和罚金的数额过低，似与整个诈骗罪的刑罚设置不协调。理想的做法是，适当提高虚假破产罪的自由刑的刑期和财产刑的数额，使之与诈骗罪的刑罚设置相差不过于悬殊，也使整个刑罚体系保持协调性。⑥

也有论者提出，由于虚假破产是假破产，公司、企业的财产仍然客观存在，所以应实行双罚制。⑦

---

① 参见肖本山、刘丁炳：《虚假破产罪若干问题探讨》，载李洁等主编：《和谐社会的刑法现实问题》，下卷·刑法修正案（六）理论与实务问题研究，1452 页。

② 参见何荣功：《虚假破产罪的理解与适用》，载李洁等主编：《和谐社会的刑法现实问题》，下卷·刑法修正案（六）理论与实务问题研究，1437 页。

③ 参见向朝阳、吴笛：《破产欺诈罪研究》，载李洁等主编：《和谐社会的刑法现实问题》，下卷·刑法修正案（六）理论与实务问题研究，1432 页。

④ 参见张旭：《论破产欺诈罪——以〈刑法修正案（六）〉和〈破产法〉为视角的研究》，载李洁等主编：《和谐社会的刑法现实问题》，下卷·刑法修正案（六）理论与实务问题研究，1424 页。

⑤ 参见向朝阳、吴笛：《破产欺诈罪研究》，载李洁等主编：《和谐社会的刑法现实问题》，下卷·刑法修正案（六）理论与实务问题研究，1434 页。

⑥ 参见张旭：《论破产欺诈罪——以〈刑法修正案（六）〉和〈破产法〉为视角的研究》，载李洁等主编：《和谐社会的刑法现实问题》，下卷·刑法修正案（六）理论与实务问题研究，1425 页。

⑦ 参见肖本山、刘丁炳：《虚假破产罪若干问题探讨》，载李洁等主编：《和谐社会的刑法现实问题》，下卷·刑法修正案（六）理论与实务问题研究，1455 页。

（四）洗钱罪

1. 洗钱罪的客体

研讨中论者普遍认为该罪客体为复杂客体，即国家的金融管理制度和司法机关的正常活动。有论者提出，应从实然与应然角度区分犯罪客体，国家金融管理制度是实然客体，司法机关的正常活动是应然客体。[①] 在复杂客体的内部关系上，有论者提出，打击洗钱是打击上游犯罪的需要，因而主要客体是司法管理秩序。[②]

2. 洗钱罪的共犯问题

基于事后不可罚理论，学界一般认为上游犯罪的犯罪人不能构成洗钱罪的主体，也不能构成洗钱罪的教唆犯、帮助犯。但是，研讨中有论者提出，不应笼统地根据事后不可罚行为理论而忽略事后行为的构成要件该当性，而应该结合罪数形态理论解决其定罪问题，尤其要考虑到罪刑的均衡和法益侵害的异质性。对上游罪犯教唆他人为其洗钱场合，应当认为构成上游犯罪和洗钱罪的教唆，实行数罪并罚；而上游罪犯（无论是本犯实行犯还是共犯）所实施的洗钱行为，均可独立构成洗钱罪而与上游犯罪并罚。此外，在与上游罪犯事前通谋、事后为其洗钱的场合，对洗钱的实行犯应当以上游犯罪的共犯与洗钱罪的想象竞合犯论处，从一重罪处断。[③]

3. 洗钱犯罪的罪名体系

有论者对掩饰、隐瞒犯罪所得、犯罪所得收益罪和洗钱罪进行了比较研究，认为掩饰、隐瞒犯罪所得、犯罪所得收益罪是现代洗钱犯罪的一种，并与刑法典第 191 条"洗钱罪"形成了紧密的互补和衔接关系，前者属于广义的洗钱犯罪的范畴，后者属于狭义的洗钱罪。[④] 也有论者提出，洗钱犯罪的罪名体系由掩饰、隐瞒犯罪所得及其收益罪，洗钱罪以及转移、隐瞒毒赃罪所构成，前者是由洗钱行为的堵截性犯罪构成，而后面两罪都是特别法条规定的犯罪。[⑤]

4. 洗钱罪的立法完善

有论者就《联合国反腐败公约》、《联合国打击有组织犯罪公约》等国际条约以及《1986 年美国洗钱控制法案》中的洗钱罪与我国刑法中洗钱罪进行比较后认为，目前我

---

① 参见牛忠志：《洗钱罪构成要件理解与立法完善构想》，载李洁等主编：《和谐社会的刑法现实问题》，下卷·刑法修正案（六）理论与实务问题研究，1561 页。

② 参见胡陆生：《洗钱犯罪立法特点的分析——以掩饰、隐瞒犯罪所得及其收益罪为重点》，载李洁等主编：《和谐社会的刑法现实问题》，下卷·刑法修正案（六）理论与实务问题研究，1558 页。

③ 参见林维：《洗钱罪共犯问题研究——兼论事后不可罚行为的处罚》，载李洁等主编：《和谐社会的刑法现实问题》，下卷·刑法修正案（六）理论与实务问题研究，1547～1552 页。

④ 参见黄华生、喻晓玲：《论掩饰、隐瞒犯罪所得、犯罪所得收益罪与洗钱罪的关系》，载李洁等主编：《和谐社会的刑法现实问题》，下卷·刑法修正案（六）理论与实务问题研究，1717～1719 页。

⑤ 参见胡陆生：《洗钱犯罪立法特点的分析——以掩饰、隐瞒犯罪所得及其收益罪为重点》，载李洁等主编：《和谐社会的刑法现实问题》，下卷·刑法修正案（六）理论与实务问题研究，1555～1556 页。

国洗钱罪上游犯罪的范围过于狭窄、洗钱罪的构成要件设计不科学、对洗钱罪的惩处力度不足，需要通过立法进一步进行完善。[①]

（五）掩饰、隐瞒犯罪所得、犯罪所得收益罪

1. 掩饰、隐瞒犯罪所得、犯罪所得收益罪的客体

学界一般认为该罪的客体属于复合客体。有论者在此基础上进一步分析后认为，根据行为方式的不同，该罪部分行为侵犯的客体为司法机关的正常活动，部分行为侵犯的客体为司法机关的正常活动和金融管理秩序。[②]

2. 法条竞合问题

有论者认为，掩饰、隐瞒犯罪所得、犯罪所得收益罪是普通法条，洗钱罪是特别法条，属于包容与被包容的关系，在竞合时按照特别法优于普通法的原则处理。[③] 也有论者认为本罪与隐瞒毒赃罪之间是完全的包容与被包容关系，而本罪与洗钱罪之间是交叉的竞合关系。[④]

3. 立法完善

有论者认为，我国刑法对于掩饰、隐瞒犯罪所得及其收益行为的"二元化"立法模式，造成了相关规定的内容重叠过多，却不能相互补漏，既不便于执法，又有可能放纵部分应当追究的犯罪行为，因此，应当对掩饰、隐瞒犯罪所得及其收益行为作出"一元化"的统一规定，由本罪吸纳刑法典第191条中"以其他方法掩饰、隐瞒"的内容，作统一的一罪处理。[⑤]

（六）赌博罪和开设赌场罪

1. 犯罪客体

学界一般认为赌博罪（包括开设赌场罪）侵害的客体是社会公共利益。研讨中有论者提出，无论是在公开允许赌博的国家，还是在设有赌博罪的国家，绝对的合法化与绝对的禁赌都是不存在的，都是在政府的控制下允许一定范围内的赌博，因此，赌博罪

---

① 参见李佳欣：《洗钱罪立法空间论——以美国法为蓝本的比较》，载李洁等主编：《和谐社会的刑法现实问题》，下卷·刑法修正案（六）理论与实务问题研究，1580～1582页。

② 参见刘斯凡：《掩饰、隐瞒犯罪所得、犯罪所得收益罪新论》，载李洁等主编：《和谐社会的刑法现实问题》，下卷·刑法修正案（六）理论与实务问题研究，1732页。

③ 参见黄华生、喻晓玲：《论掩饰、隐瞒犯罪所得、犯罪所得收益罪与洗钱罪的关系》，载李洁等主编：《和谐社会的刑法现实问题》，下卷·刑法修正案（六）理论与实务问题研究，1719～1721页。

④ 参见高秀东：《掩饰、隐瞒犯罪所得、犯罪所得收益罪修正及疑难问题探析》，载李洁等主编：《和谐社会的刑法现实问题》，下卷·刑法修正案（六）理论与实务问题研究，1730页。

⑤ 参见杨建民、桑涛：《掩饰、隐瞒犯罪所得及其收益行为定罪研究》，载李洁等主编：《和谐社会的刑法现实问题》，下卷·刑法修正案（六）理论与实务问题研究，1745页。

（包括开设赌场罪）的犯罪客体应为国家对博彩业的专营权。[①]

2. 赌博罪中的营利目的

"以营利为目的"是赌博罪的构成条件。有论者提出，在聚众赌博中，如果组织者没有抽头行为，就无法认定组织者的非法营利目的；而对于赌博形成瘾癖者，刑法惩罚的着眼点在于其恶习，而不应关心其营利能力如何，因此，营利目的这一构成要件应当取消。[②]

3. 开设赌场罪的共同犯罪

有论者提出，赌场受雇人员不能单独成为开设赌场罪的主体，但完全符合开设赌场罪共犯的特征，由于他们的人身危险性、所造成后果的严重性较赌场业主而言都较小，故对这些受雇人员的处罚可相对较轻。[③] 也有论者认为，对受雇人员不能一律按开设赌场犯罪的共犯论处，而应该根据其身份和地位的不同区别对待。[④]

4. 赌博犯罪化与非犯罪化问题

普通赌博行为目前属于《治安管理处罚法》调整的范围。有论者提出，考虑到赌博具有一定的社会危害性，可将数额特别巨大或者具有其他严重情节的普通赌博行为纳入刑法调整的范围。[⑤] 对此，有论者持不同观点，认为普通赌博是没有被害人的犯罪，属于一般违法行为，强行将其规定为犯罪，是对刑法资源的浪费。[⑥] 也有论者认为，按照宽严相济的刑事立法政策理念，对严重的赌博行为，刑法的立法选择应当坚持犯罪化，但必须严格控制犯罪圈。[⑦]

5. 立法完善

针对我国赌博犯罪在立法设置上的缺陷，有论者提出，单位开设赌场的行为具有更加严重的社会危害性，应将单位增设为开设赌场罪的犯罪主体，并将以赌博为业和聚众

---

① 参见曹菲：《赌博罪保护法益新探与罪名重构》，载李洁等主编：《和谐社会的刑法现实问题》，下卷·刑法修正案（六）理论与实务问题研究，1699 页。

② 参见陈山：《论赌博罪中的"以营利为目的"》，载李洁等主编：《和谐社会的刑法现实问题》，下卷·刑法修正案（六）理论与实务问题研究，1663 页。

③ 参见彭辅顺、孙钰：《开设赌场罪的若干问题》，载李洁等主编：《和谐社会的刑法现实问题》，下卷·刑法修正案（六）理论与实务问题研究，1644 页。

④ 参见徐逸仁、周咸立：《赌博罪若干问题探析》，载李洁等主编：《和谐社会的刑法现实问题》，下卷·刑法修正案（六）理论与实务问题研究，1622 页。

⑤ 参见徐逸仁、周咸立：《赌博罪若干问题探析》，载李洁等主编：《和谐社会的刑法现实问题》，下卷·刑法修正案（六）理论与实务问题研究，1623 页。

⑥ 参见赵香如：《赌博罪的犯罪化与非犯罪化之三论》，载李洁等主编：《和谐社会的刑法现实问题》，下卷·刑法修正案（六）理论与实务问题研究，1652 页。

⑦ 参见吴大华、王飞：《论赌博罪的立法选择与司法惩治——基于宽严相济刑事政策的审视》，载李洁等主编：《和谐社会的刑法现实问题》，下卷·刑法修正案（六）理论与实务问题研究，1626 页。

赌博分设为两个独立的罪名，并明确罚金刑的比例和标准，加大罚金刑的应用。[①] 也有论者认为，应增设非法发行、销售彩票罪，以完善赌博罪的罪名体系。[②]

（七）枉法仲裁罪

枉法仲裁罪是《修正案（六）》新增设的罪名，关于该罪的犯罪构成存在一定的争议。

1. 侵犯的客体

有论者提出，本罪侵犯的客体是仲裁人员的职务廉洁性和仲裁制度的公信力[③]；有论者认为，本罪侵犯的客体是正常的仲裁秩序和仲裁机构的威信[④]；还有论者提出，本罪侵犯的犯罪客体不仅是仲裁秩序、仲裁人员的不可收买性与仲裁活动的公信力，还包括当事人或者利害关系人的财产权益。[⑤]

2. 犯罪主体

有论者认为，本罪的主体主要是普通商事仲裁中的仲裁人员，除此之外，还包括在其他类型的特殊仲裁中依法承担仲裁职责的人员。[⑥] 但也有论者持不同看法，认为，本罪的主体只能是《仲裁法》规定的依法承担仲裁职责的人员，劳动仲裁、行政仲裁等其他特殊仲裁的主体不能构成本罪。[⑦]

关于主体的确定标准，学界一般认为承担仲裁职责是确定本罪的主体的标准。但也有个别论者提出，依法承担仲裁职责的人员范围仍然过大，对此应进行限缩解释，只有其中能对仲裁结果有直接支配力或影响力的人员才能成为本罪的主体。[⑧]

3. 客观方面

关于本罪中的"枉法"，有论者提出，根据仲裁本身的特性，将"枉法"界定为

---

① 参见周长军、王兴龙：《关于完善赌博犯罪立法的思考 ——以〈刑法修正案（六）〉为基础》，载李洁等主编：《和谐社会的刑法现实问题》，下卷·刑法修正案（六）理论与实务问题研究，1616 页。

② 参见陆珉、张海峰：《赌博罪的刑罚适用研究》，载李洁等主编：《和谐社会的刑法现实问题》，下卷·刑法修正案（六）理论与实务问题研究，1694 页。

③ 参见陈志军：《论枉法仲裁罪》，载李洁等主编：《和谐社会的刑法现实问题》，下卷·刑法修正案（六）理论与实务问题研究，1771 页。

④ 参见樊凤林、刘东根：《试论枉法仲裁罪的构成要件》，载李洁等主编：《和谐社会的刑法现实问题》，下卷·刑法修正案（六）理论与实务问题研究，1763 页。

⑤ 参见陈凤超、黄国华：《枉法裁决罪若干问题研究》，载李洁等主编：《和谐社会的刑法现实问题》，下卷·刑法修正案（六）理论与实务问题研究，1783 页。

⑥ 参见樊凤林、刘东根：《试论枉法仲裁罪的构成要件》，载李洁等主编：《和谐社会的刑法现实问题》，下卷·刑法修正案（六）理论与实务问题研究，1765～1768 页。

⑦ 参见黄伯青、林永鹏：《枉法仲裁罪若干问题的解读》，载李洁等主编：《和谐社会的刑法现实问题》，下卷·刑法修正案（六）理论与实务问题研究，1811 页。

⑧ 参见陈珊珊：《评刑法修正案（六）之枉法仲裁罪》，载李洁等主编：《和谐社会的刑法现实问题》，下卷·刑法修正案（六）理论与实务问题研究，1795 页。

"违反事实或法律"似有不妥，而采用"为有利于一方当事人或不利于一方当事人而枉法"的措词更为妥当。① 有论者认为，单纯程序违法的仲裁裁决不宜认定为枉法仲裁裁决，否则打击面过宽，不符合刑法谦抑的精神。② 也有论者区分不同类型的仲裁而提出了不同的枉法标准。③

关于本罪中的"情节严重"，有论者认为，在没有有效的司法解释以前，可参照《人民检察院直接受理立案侦查的渎职侵权重特大案件标准（试行）》中所列的"情节严重"的情形进行认定。④ 也有论者提出，考虑到仲裁的性质，枉法仲裁罪的立案标准应比民事、行政枉法裁判罪更为宽松。⑤

4. 罪数问题

在实践中，枉法仲裁行为与受贿行为往往同时发生。对此，有论者认为，上述两种行为之间存在目的行为和手段行为的关系，可以成立牵连犯，从一重罪论处。⑥ 也有论者赞成两者成立牵连犯的见解，但主张以枉法仲裁罪和受贿罪进行并罚。⑦

（八）背信侵犯上市公司利益罪

1. 犯罪主体

根据刑法典的规定，"背信侵犯上市公司利益罪"的主体是上市公司的董事、监事、高级管理人员、控股股东和实际控制人。有论者提出，事实上能够实施上述背信侵犯公司利益的行为只有前三种主体，而后两种主体是公司的所有者，只能通过"指使"前三种主体直接实施犯罪行为的方式间接侵害上市公司的利益，立法将后两种主体也规定为犯罪主体，是将狭义的共犯行为"实行行为化"的结果。⑧ 也有论者认为，本罪的实行主体只能由掌握上市公司经营决策权的董事和高级管理人员构成，而公司的监事、独立

---

① 参见陈珊珊：《评刑法修正案（六）之枉法仲裁罪》，载李洁等主编：《和谐社会的刑法现实问题》，下卷·刑法修正案（六）理论与实务问题研究，1798 页。

② 参见陈志军：《论枉法仲裁罪》，载李洁等主编：《和谐社会的刑法现实问题》，下卷·刑法修正案（六）理论与实务问题研究，1772 页。

③ 参见陈凤超、黄国华：《枉法裁决罪若干问题研究》，载李洁等主编：《和谐社会的刑法现实问题》，下卷·刑法修正案（六）理论与实务问题研究，1783～1785 页。

④ 参见宣炳昭、周志彬：《枉法仲裁的入罪正当性分析》，载李洁等主编：《和谐社会的刑法现实问题》，下卷·刑法修正案（六）理论与实务问题研究，1761 页。

⑤ 参见樊凤林、刘东根：《试论枉法仲裁罪的构成要件》，载李洁等主编：《和谐社会的刑法现实问题》，下卷·刑法修正案（六）理论与实务问题研究，1765 页。

⑥ 参见陈璇：《枉法仲裁罪司法适用问题初探》，载李洁等主编：《和谐社会的刑法现实问题》，下卷·刑法修正案（六）理论与实务问题研究，1805 页。

⑦ 参见陈志军：《论枉法仲裁罪》，载李洁等主编：《和谐社会的刑法现实问题》，下卷·刑法修正案（六）理论与实务问题研究，1776 页。

⑧ 参见张淼、黄旭巍：《背信侵犯上市公司利益犯罪罪的比较性分析》，载李洁等主编：《和谐社会的刑法现实问题》，下卷·刑法修正案（六）理论与实务问题研究，1849 页。

董事、控股股东和实际控制人不能构成本罪的实行主体，只能成立共犯，而控股股东和实际控制人往往构成共同犯罪的主犯。①

2. 立法完善

有论者提出，本罪的主体范围过窄，对非上市公司中所存在的内部控制人通过不正当关联交易损害公司利益的行为无法处置。② 也有论者从国外立法经验和国内立法体系的角度提出，我国刑法只设立具体背信犯罪而欠缺普通背信罪的立法方式，难以适应维护市场经济健康、有序运行的客观需要，因而有必要在我国刑法中增设普通背信罪。③

（九）组织残疾人、儿童乞讨罪

1. 行为方式

一般认为，本罪是复合行为犯，手段行为是暴力、胁迫，目的行为是组织，两者缺一不可。有论者进一步提出，本罪是不典型的复合行为犯，在多数情况下，本罪属于复合行为犯，但在以暴力或者威胁的方法非法拘禁或暴力强迫乞讨导致"被害人刑事伤害"的情况下，行为人独立构成故意伤害或者非法拘禁罪，这属于复合行为犯的例外情形。④

2. 立法完善

有论者认为：本罪的对象、手段行为范围过窄且犯罪构成要件设置不科学，因此，有必要借鉴国外立法规定，设置更为具体的乞讨罪体系，具体可以包括以下罪名：（1）常习乞讨罪。该罪是指以乞讨为业，或者多次采用反复纠缠、强行讨要及其他滋扰他人方式乞讨，以及受《治安管理处罚法》3 次处罚后又乞讨的行为。（2）组织、强迫、诱骗乞讨罪。该罪是指组织他人乞讨或者强迫他人乞讨或者诱骗他人乞讨，扰乱社会秩序，情节严重的。犯组织、强迫、诱骗乞讨罪又对乞讨人有故意杀害、故意伤害、非法拘禁、虐待、侮辱、拐卖等犯罪行为，依照数罪并罚的规定处罚。⑤

[赵秉志、刘科、阎二鹏、张道许、钱小平，本文系首次刊载]

---

① 参见郑飞、贾楠：《〈刑法修正案（六）〉第九条若干问题研究》，载李洁等主编：《和谐社会的刑法现实问题》，下卷·刑法修正案（六）理论与实务问题研究，1844 页。

② 参见王立志：《侵犯上市公司利益犯罪之刑法治理》，载李洁等主编：《和谐社会的刑法现实问题》，下卷·刑法修正案（六）理论与实务问题研究，1858 页。

③ 参见阴建峰、张勇：《背信操纵上市公司罪实务问题研究》，载李洁等主编：《和谐社会的刑法现实问题》，下卷·刑法修正案（六）理论与实务问题研究，1823 页。

④ 参见屈学武：《强迫组织残疾人、儿童乞讨罪若干问题研讨》，载李洁等主编：《和谐社会的刑法现实问题》，下卷·刑法修正案（六）理论与实务问题研究，1866~1867 页。

⑤ 参见柳忠卫、秦瑞东：《对我国〈刑法修正案（六）〉第 17 条的法理评析》，载李洁等主编：《和谐社会的刑法现实问题》，下卷·刑法修正案（六）理论与实务问题研究，1884~1888 页。

第五十九章
2008 年全国刑法学术年会综述

一、前　　言

中国法学会刑法学研究会 2008 年学术研讨会于 2008 年 10 月 13 日至 15 日在江苏省南京市隆重召开。本届年会共收到符合要求的论文 232 篇。论者们围绕本届年会事先拟定的三大方面的议题，即"改革开放 30 年刑事法治建设的回顾与展望"、"量刑规范化问题研究"和"责任事故犯罪研究"，联系我国现阶段创建和谐社会的现实需要进行了广泛而深入的研讨。现将年会论文中的主要观点综述如下。

二、改革开放 30 年刑事法治建设的回顾与展望[①]

2008 年是我国改革开放 30 周年。30 年来，伴随着国家的昌盛、民族的振兴，我国的刑事法治事业取得了辉煌的成就，并在建立、塑造现代法治社会的过程中扮演了十分重要的角色。回顾 30 年来我国刑事法治演进之历程，梳理和展示 30 年来刑事法治建设之成就，总结和汲取其经验和教训，展望和探索未来的发展，对于认识、巩固和促进我国的刑事法治事业，进而更好地服务于国家现代法治建设的大业，具有重要意义。因此，年会把"改革开放 30 年刑事法治建设"确定为研讨主题之一，并收到有关会议论文 95 篇。论者们紧紧围绕"改革开放 30 年刑事法治建设"这个主题，对 30 年来我国刑事法治建设事业取得的成就、存在的问题以及未来的发展趋向等作了深入的研讨。

（一）国家政治决策与刑法的变革

刑法既是国家政治决策的重要载体，也是党和政府实现国家政治决策的重要工具，国家政治决策的每次重大变化，都会引起刑法内容作出相应的或多或少的变革。对国家政治决策与刑法变革的关系的研讨，主要集中在改革开放 30 年来我国在处理二者关系上所取得成就、存在的问题以及对二者未来关系的期盼三个方面。

---

① 本部分引注均来自于郎胜等主编：《中国刑法学年会文集》（2008 年度），上卷·改革开放 30 年刑事法治研究，北京，中国人民公安大学出版社，2008。以下注释仅注明在该书中的页码。

1. 取得的成就

论者主要从宏观层面上研讨我国在处理国家政治决策和刑法变革的关系中所取得的成就。其中，有论者认为，我国在处理国家政治决策和刑法变革的关系中，所取得的成就有 3 点：（1）从类推制度到罪刑法定原则的转变；（2）从部分死刑核准权下放到收归最高人民法院统一行使；（3）刑事政策从惩办与宽大相结合到宽严相济。①

另有论者认为，我国刑事法治建设所取得的成就包括 5 点：（1）颁行新中国成立以来第一部刑法典；（2）保障人权的观念逐步确立；（3）刑罚制度改革逐渐与国际化趋势相协调；（4）刑法修正案成为主要的修法模式；（5）刑法立法解释作为刑法的渊源开始受到重视。②

还有论者从刑法立法角度分析，认为我国刑事法治建设取得的成就有以下 6 点：（1）确立了罪刑法定、罪责刑相适应、平等适用刑法三大基本原则，取消了与罪刑法定相冲突的类推适用制度；（2）独创了管制刑和死缓制度，具有超前性；（3）确立了普遍管辖原则，打破了 1979 年刑法典自我封闭的状态，对于我国参与维护国际社会共同利益，促进国际社会共同交往具有积极意义；（4）禁止对犯罪的未成年人以及孕妇适用死刑，体现了《公民权利和政治权利国际公约》的要求，符合"人道主义"这一政治伦理和社会伦理；（5）确立了单位犯罪制度，不仅丰富了犯罪主体制度和理论，而且发挥了一定的刑法功能；（6）取消了反革命罪，淡化了刑法的政治色彩，使追诉犯罪的国家职能进入法治化轨道，等等。③

2. 存在的问题

多数论者从宏观层面上研讨我国在处理国家政治决策与刑法变革的关系中所存在的问题，其中，有论者认为：（1）国家政治决策的科学化、民主化需进一步加强；（2）刑法立法与刑事司法尚需进一步完善和改进；（3）国家政治决策推动刑法变革的主动性需进一步增强。④ 另有论者认为存在的问题主要有：（1）罪刑法定原则贯彻得不够严格；（2）死刑的立法和司法不够科学；（3）宽严相济的刑事政策没有得到全面贯彻。⑤

少数论者从微观层面上研讨我国在处理国家政治决策和刑法变革的关系中所存在的

---

① 参见马克昌：《刑法三十年反思》，载郎胜等主编：《中国刑法学年会文集》（2008 年度），上卷·改革开放 30 年刑事法治研究，11～12 页。

② 参见赵秉志、王俊平：《改革开放三十年的我国刑法立法》，载郎胜等主编：《中国刑法学年会文集》（2008 年度），上卷·改革开放 30 年刑事法治研究，23～28 页。

③ 参见曾粤兴：《刑法典立法得失谈——以立法技术为视角》，载郎胜等主编：《中国刑法学年会文集》（2008 年度），上卷·改革开放 30 年刑事法治研究，55～59 页。

④ 参见高铭暄、孙晓：《国家政治决策与刑法的变革》，载郎胜等主编：《中国刑法学年会文集》（2008 年度），上卷·改革开放 30 年刑事法治研究，4～5 页。

⑤ 参见马克昌：《刑法三十年反思》，载郎胜等主编：《中国刑法学年会文集》（2008 年度），上卷·改革开放 30 年刑事法治研究，13～15 页。

问题。例如，有论者从立法技术角度分析，认为我国刑法中存在的问题主要有：（1）制定法律的超前性不足，导致 1997 年修法工作刚刚结束，立法机关紧接着就在次年制定了《关于惩治骗购外汇、逃汇和非法买卖外汇犯罪的决定》，之后又连续出台 6 个刑法修正案；（2）术语使用不当；（3）法定刑幅度过大，导致不适当地赋予了法官太多的自由裁量权；（4）死刑配置过多，且出现多个绝对死刑条款，等等。[①]

3. 对未来的期盼

对于未来如何科学处理国家政治决策与刑法变革之间的关系问题，有关论者提出了不同观点。有论者认为，应从以下三个方面着手，以实现国家政治决策与刑法变革之间的良性互动：（1）国家政治决策要实现科学化、民主化；（2）要在国家政治决策的推动下，实现刑法变革的科学化、和谐化和人本化；（3）要保证刑法既符合中国国情，又能走向世界。[②] 有论者认为，我国未来刑法立法的发展，尤其需要着重研究和解决好以下三个方面的问题：（1）明确刑法的改革方向，要以有助于构建和谐社会与强化人权保障，有助于贯彻宽严相济的基本刑事政策为未来刑法的发展方向；（2）认清刑法的改革重点，要以死刑制度的改革、加强人权保障方面的改革和实现刑法的与时俱进、与世界接轨为刑法改革的重点；（3）完善刑法的改革方式。[③]

（二）刑法与人权保障

人权的改善和进步需要多层次、全方位的保障，法律保障是其中重要的方面。而在人权的法律保障中，刑法由于其所保护利益的广泛性、重要性及对违法制裁的特殊严厉性，故而对人权的全面保障具有特别重要的意义。可以说，人权保障是当代刑法的鲜明主题之一。关于刑法与人权保障问题的研讨，主要集中在以下几个方面：

1. 刑法立法与人权保障

（1）取得的成就。论者们普遍认为，人权保障理念在我国刑法立法中已经得到了较好的贯彻。有论者指出，1997 年刑法典不仅在刑法的任务、刑法基本原则等总则中的一系列规定里贯彻了刑法保障人权的理念，而且在刑法分则对具体犯罪的罪状设计上也贯彻了人权保护的理念，使得人权理念在刑法中得以贯穿始终。[④]

（2）存在的问题。有论者指出，刑法的人权保障机能在我国现行刑法中体现得还不

[①] 参见曾粤兴：《刑法典立法得失谈——以立法技术为视角》，载郎胜等主编：《中国刑法学年会文集》（2008年度），上卷·改革开放 30 年刑事法治研究，60～62 页。

[②] 参见高铭暄、孙晓：《国家政治决策与刑法的变革》，载郎胜等主编：《中国刑法学年会文集》（2008 年度），上卷·改革开放 30 年刑事法治研究，4～5 页。

[③] 参见赵秉志、王俊平：《改革开放三十年的我国刑法立法》，载郎胜等主编：《中国刑法学年会文集》（2008年度），上卷·改革开放 30 年刑事法治研究，28～30 页。

[④] 参见刘莉芬：《刑法改革与人权保障》，载郎胜等主编：《中国刑法学年会文集》（2008 年度），上卷·改革开放 30 年刑事法治研究，191～195 页。

到位，与国际社会对刑法保障人权的要求还存在一定的差距，具体体现在：A. 人权保障机能在我国现行刑法中的地位不够突出；B. 我国的死刑制度与现代刑法应有的人权保障机能的要求相比尚存差距；C. 我国刑法的若干人权保障法条有虚置现象。[①] 另有论者指出，我国刑法在人权保障方面还有一些不足之处，有待进一步完善，具体而言：A. 刑法用语不够明确、具体，导致罪刑法定原则难以得到切实贯彻；B. 刑法虽然在有关条文中规定了对未成年人犯罪的特殊处遇之内容，但受到个别条文之规范方式的限制，其应有的内容还很不完整；C. 刑法中关于特殊防卫权的规定，忽视了对侵害人权益的保护。[②]

（3）如何完善的建议。概括来说，论者提出的加强刑法人权保障机能的建议主要包括：A. 修改刑法第1、2、4条的规定，使此3条之规定能更全面地贯彻刑法的人权保障机能；B. 应当逐步削减我国刑法的死刑条款，切实限制死刑；C. 在刑法的基本原则中增加刑法人道主义原则；D. 明确规定对70周岁以上老人不适用死刑，对未成年人不适用无期徒刑、剥夺政治权利和财产刑；E. 适当允许亲属相隐和免除作证义务；F. 应当确立符合现代法治精神的保安处分制度；G. 适当调整刑法典分则体系，以突出刑法对公民权益的重点保护。[③]

2. 刑法司法与人权保障

有论者指出，应当从以下几个方面加强刑法司法过程中的人权保障：（1）酌定量刑情节应体现人权保障；（2）大幅度减少死刑的适用；（3）改变把程序处置措施当作处罚手段的做法。[④]

（三）刑事政策的演进与贯彻

1. 我国刑事政策的演进

有论者认为，改革开放30年来，我国刑事政策的基本脉络就是一个从"惩办与宽大相结合"到"宽严相济"的发展过程。[⑤] 另有论者认为，改革开放以来，我国基本刑事政策的发展变迁主要经过三个阶段：惩办与宽大相结合的刑事政策、"严打"刑事政策（该政策应属具体刑事政策，但在现实社会生活中却异变为基本刑事政策）、宽严相

---

① 参见马长生、刘志英：《论我国刑法的人权保障机能》，载郎胜等主编：《中国刑法学年会文集》（2008年度），上卷·改革开放30年刑事法治研究，155～157页。

② 参见刘莉芬：《刑法改革与人权保障》，载郎胜等主编：《中国刑法学年会文集》（2008年度），上卷·改革开放30年刑事法治研究，195～197页。

③ 参见马长生、刘志英：《论我国刑法的人权保障机能》，载郎胜等主编：《中国刑法学年会文集》（2008年度），上卷·改革开放30年刑事法治研究，157～162页。

④ 参见贾凌：《刑法与人权保障》，载郎胜等主编：《中国刑法学年会文集》（2008年度），上卷·改革开放30年刑事法治研究，181～182页。

⑤ 参见刘远：《对我国刑事政策实践的一点反思与前瞻》，载郎胜等主编：《中国刑法学年会文集》（2008年度），上卷·改革开放30年刑事法治研究，302～309页。

济的刑事政策。该论者进一步指出，惩办与宽大相结合的刑事政策主要适用于 1979 年至 1983 年。1983 年作为权宜之计的"严打"刑事政策后来上升为刑事政策的主要载体。2005 年以后，随着宽严相济刑事政策的提出，"严打"刑事政策才逐步回归到应有的位置。①

2. 刑事政策变迁的经验

有论者指出，改革开放以来，刑事政策几经变迁，折射出国家预防和惩治犯罪的思维模式、观念以及方法上的转变，为我国今后刑事政策的制定积累了极具价值的经验。这些经验包括：（1）针对社会现实，与时俱进，适时调整、改革刑事政策，充分发挥其功能与实效；（2）调整落伍的陈旧观念，改变依赖惩治的策略，多管齐下地防治犯罪，真正落实社会治安综合治理；（3）重视民意，坚持将刑事政策制度化、法治化置于核心地位，避免其人治化。②

3. 宽严相济刑事政策的贯彻

有论者认为，如何更有效地贯彻宽严相济的刑事政策，并不是一个孤立的问题，必须从刑事权力的规律性入手，通过研究刑事政策问题才能找到答案。③ 有论者认为，要在立法和司法两个层面上切实贯彻宽严相济的刑事政策：在立法上，通过缩小死刑适用范围、科学规定犯罪和刑罚种类等手段实现宽严相济、"重重轻轻"；在司法上，通过区别对待犯罪、扩大相对不起诉范围等手段实现轻重相宜。④

4. 宽严相济刑事政策在未成年人犯罪中的贯彻

有论者指出：对未成年人犯罪应以宽缓的刑事政策为基调。这既是由未成年人犯罪自身的特点所决定的，也是刑法人道主义的必然要求。但近年来，未成年人的犯罪总量不断攀升，未成年人的犯罪性质日益恶化，使我们不得不思考如何在未成年人犯罪中科学贯彻宽严相济刑事政策的问题。该论者进一步指出，在宽严相济政策的视野下，对以下几类未成年人犯罪应当适用严厉的刑事政策：（1）实施严重暴力犯罪、造成重大人员伤亡，同时手段残忍狡猾，带有明显成人化色彩的未成年犯罪者；（2）未成年人团伙犯罪中的组织者、指挥者；（3）常习性的未成年惯犯、累犯。⑤

---

① 参见莫洪宪：《改革开放以来我国刑事政策的总体评估及其启示》，载郎胜等主编：《中国刑法学年会文集》（2008 年度），上卷·改革开放 30 年刑事法治研究，276～280 页。

② 参见莫洪宪：《改革开放以来我国刑事政策的总体评估及其启示》，载郎胜等主编：《中国刑法学年会文集》（2008 年度），上卷·改革开放 30 年刑事法治研究，285～289 页。

③ 参见刘远：《对我国刑事政策实践的一点反思与前瞻》，载郎胜等主编：《中国刑法学年会文集》（2008 年度），上卷·改革开放 30 年刑事法治研究，304～309 页。

④ 参见王婕：《我国刑事政策的演进及贯彻》，载郎胜等主编：《中国刑法学年会文集》（2008 年度），上卷·改革开放 30 年刑事法治研究，322～325 页。

⑤ 参见张远煌、姚兵：《论宽严相济刑事政策在未成年人犯罪中的全面贯彻》，载郎胜等主编：《中国刑法学年会文集》（2008 年度），上卷·改革开放 30 年刑事法治研究，340～349 页。

(四) 刑法修正案问题研究

1. 刑法修正案的特点

有论者指出，我国 1997 年刑法典实施以来颁行的刑法修正案有两个基本特点：一是范围明确、重点突出；二是主体特定、效力等同、修改必要、技术成熟。该论者进一步指出，修正案的范围明确、重点突出体现在以下四个方面：（1）修正案的全部内容只涉及刑法分则，没有涉及刑法总则；（2）修正案的修改重点是经济犯罪，兼顾其他犯罪；（3）修正案涉及的犯罪坚持犯罪主体的二元性，大部分犯罪同时可以由单位构成；（4）修正案的条文结构主要表现为罪刑规范，技术性规定等内容很少。修正案的主体特定、效力等同、修改必要、技术成熟的特点体现在以下四个方面：（1）全国人大常委会是刑法修正案的唯一修订主体；（2）修正案是刑法典的组成部分，与刑法典具有同等效力；（3）修正案对刑法的修改坚持了必要性原则；（4）修正案的立法技术进一步完善。①

另有论者指出，修正案的基本特点包括以下四个方面：（1）活跃、及时、广泛；（2）趋于严密；（3）趋于严厉；（4）立法质量日益提高。②

2. 刑法修正案的缺陷与完善

有论者指出，现有刑法修正案的缺陷主要体现在：（1）刑法修正案由全国人大常委会作出，立法主体不妥；（2）修正案未能对刑法总则内容进行修改；（3）未能真正区分"部分修改权"与"立法解释权"；（4）刑法典全文没有重新公布。鉴于这些缺陷，该论者从以下几个方面提出了完善建议：（1）由全国人大制定刑法修正案，全国人大常委会主要负责对刑法规范进行立法解释；（2）适时对刑法总则的内容进行修改；（3）进一步明确刑法条文含义的内容应由立法解释来完成。③

有论者认为，现有刑法修正案的缺陷主要体现在：（1）有的修正案修补内容过多，影响了刑法典修补的严肃性；（2）刑法典修补文件出台过于频繁，影响了刑法典的权威性；（3）刑法修正案增多后，在短时间内难以弄清有多少罪种被增加、废除或修改。鉴于这些缺陷，该论者认为应从以下两个方面完善修正案：（1）构建刑法"修补编"，在刑法典总则编和分则编之后增加一编"修补编"，将修正案各刑法条文按其属性纳入"修补编"，并形成自成体系的刑法条文体系。（2）编纂刑法典，立法机关在一定期间之

---

① 参见高铭暄、吕华红：《论刑法修正案对刑法典的修订》，载郎胜等主编：《中国刑法学年会文集》（2008 年度），上卷·改革开放 30 年刑事法治研究，440～443 页。

② 参见潘家永：《论我国刑法修正的模式、特点及问题》，载郎胜等主编：《中国刑法学年会文集》（2008 年度），上卷·改革开放 30 年刑事法治研究，487～491 页。

③ 参见高铭暄、吕华红：《论刑法修正案对刑法典的修订》，载郎胜等主编：《中国刑法学年会文集》（2008 年度），上卷·改革开放 30 年刑事法治研究，443～446 页。

后将刑法典"修补编"的条文内容系统地移入刑法典。①

(五) 刑法立法解释问题研究

1. 刑法立法解释的存废问题

在刑法立法解释的存废问题上，绝大多数论者对刑法立法解释持肯定与限制论，即肯定刑法立法解释的必要性，并在此前提下限制其发展；极少论者持废止论，即认为应当废止刑法立法解释。

持肯定与限制论者的立论依据有：（1）刑法立法解释的存在有其必要性。废止论的观点是对刑法立法解释性质的误解；刑法立法解释虽然在某些方面与刑法立法相同或相似，但这并不表明刑法立法解释就是刑法立法；刑法立法解释仍然属于刑法解释的范畴；（2）虽然说立法解释权具有正当性，但由于这种权力本身带有权威主义倾向，所以立法机关不适宜过多行使此项权力，而应当慎重行使。②

持废止论者的立论依据有：（1）《立法法》赋予全国人大常委会补充与修改刑法的权力，但并不意味着赋予其解释刑法的权力。在将立法解释界定为有权解释的情况下，全国人大常委会的解释主体资格确实值得反思。③（2）刑法本身具有不确定性，这种不确定性的存在是必然的，无法用立法解释加以弥补。④

2. 刑法立法解释的形式

有论者认为，刑法立法解释的形式专指全国人大常委会颁布的特别标明解释刑法条文的规范性文件，易言之，是根据《立法法》规定的解释程序，采用"全国人大常委会关于××××的解释"这种专门形式进行的刑法解释。⑤另有论者认为，目前的刑法立法解释的文本一律采取了"关于〈中华人民共和国刑法〉×××的解释"的形式，这样明示的做法也未尝不可；除此形式之外，还可以采取刑法修正案的技术和体例，即直接将有关的解释条文纳入刑法典，使立法机关对刑法典（包括刑法修正案）中的文字含义的解释成为刑法典的内容，重要的立法解释尤其应该如此。⑥

---

① 参见欧锦雄：《论刑法典的修补技术》，载郎胜等主编：《中国刑法学年会文集》（2008 年度），上卷·改革开放 30 年刑事法治研究，479～485 页。

② 参见刘艳红：《刑法立法解释若干问题新析》，载郎胜等主编：《中国刑法学年会文集》（2008 年度），上卷·改革开放 30 年刑事法治研究，553～555 页。

③ 参见李凤梅：《刑法立法解释质疑》，载郎胜等主编：《中国刑法学年会文集》（2008 年度），上卷·改革开放 30 年刑事法治研究，592～598 页。

④ 参见刘秀：《论刑法立法解释的不必要——以法律的不确定性为视角》，载郎胜等主编：《中国刑法学年会文集》（2008 年度），上卷·改革开放 30 年刑事法治研究，602～606 页。

⑤ 参见刘艳红：《刑法立法解释若干问题新析》，载郎胜等主编：《中国刑法学年会文集》（2008 年度），上卷·改革开放 30 年刑事法治研究，549～551 页。

⑥ 参见张波：《关于刑法立法解释的若干问题》，载郎胜等主编：《中国刑法学年会文集》（2008 年度），上卷·改革开放 30 年刑事法治研究，575～576 页。

3. 刑法立法解释的制定程序

有论者认为，刑法立法解释的过程和其他种类的立法解释一样，大致包括立法解释的准备阶段、从提出立法解释法案到公布规范性立法解释文件的阶段和立法解释的完善阶段。该论者进一步指出，参照《立法法》的相关规定，刑法立法解释的具体程序应当包括以下几个步骤：（1）提出刑法解释议案。由享有立法解释提案权的机关或机构及其人员按照一定的程序，向全国人大常委会提出关于解释某项或某些刑法规范的动议。（2）拟定刑法立法解释草案。全国人大常委会工作机构研究拟订，并由委员长会议决定列入常务委员会会议议程。（3）审议刑法立法解释草案。由立法解释审议权的主体对所提出的刑法解释议案进行审查议论，决定其是否应当列入议事日程，是否需要进入解释的实质性阶段的程序。（4）通过刑法立法解释草案。全国人大常委会全体组成人员过半数赞成，刑法立法解释始得通过。（5）公布刑法立法解释文件。由法定的公布主体，在特定时间内采用特定方式将刑法立法解释的最后文本公布于众。①

（六）中国现代刑事法治视野中的死刑问题

对中国现代刑事法治视野中的死刑问题的研讨，主要集中在死刑的立法限制与司法限制这两个问题上。

1. 死刑的立法限制

对于死刑的立法限制，有论者提出：（1）应大幅度地削减死刑罪名，将"罪行极其严重"限定在致人死亡的故意犯罪的范围内，减少非暴力犯罪的死刑。（2）进一步缩小死刑适用对象的范围，将 1979 年刑法第 49 条修改为："犯罪的时候不满十八周岁的人，不得判处死刑；怀孕的妇女、新生婴儿的母亲、七十周岁以上的老人，不得执行死刑。"②（3）完善刑罚体系，将有期徒刑数罪并罚的最高限制提高为 25 年或 30 年，对无期徒刑规定必须服刑满 25 年或 30 年才能假释，对死刑缓期两年执行只能减为终身不得假释的无期徒刑，死刑立即执行保持不变。这样一来，从死刑立即执行、死刑缓期两年执行、无期徒刑到有期徒刑数罪并罚的最高刑期，刑罚就有了梯次。（4）健全死刑复核制度。③

2. 死刑的司法限制

对于死刑的司法限制，有论者提出：（1）严格区别量刑等级。在死刑罪名的法定刑立法形式上，现行刑法不仅增设了绝对法定刑形式，对相对法定刑的幅度也作了一定调整，主要有"可判处死刑"、"处以死刑"、"处无期徒刑或死刑"、"处十五年有期徒刑、

① 参见刘艳红：《刑法立法解释若干问题新析》，载郎胜等主编：《中国刑法学年会文集》（2008 年度），上卷·改革开放 30 年刑事法治研究，551～553 页。

② 叶良芳：《国际人权宪章对我国死刑立法的制约——以〈公民权利和政治权利国际公约〉为切入点》，载郎胜等主编：《中国刑法学年会文集》（2008 年度），上卷·改革开放 30 年刑事法治研究，629～632 页。

③ 参见刘仁琦：《中国现代刑事法治视野中的死刑问题——以限制死刑适用为视角的研究》，载郎胜等主编：《中国刑法学年会文集》（2008 年度），上卷·改革开放 30 年刑事法治研究，633～636 页。

无期徒刑或死刑"和"处十年以上有期徒刑、无期徒刑或死刑"或"处死刑、无期徒刑或十年以上有期徒刑"等多种形式。据此，司法实践中，应准确认定犯罪性质和情节，认真区分量刑等级，正确适用死刑。（2）科学适用死缓制度。死缓是死刑的一种执行制度，不必立即执行死刑是此制度的实质条件，但法律并未规定出"不需立即执行"的尺度，这就要求我们在具体司法实践中，对犯罪情节、性质、手段、社会危害程度、人身危险性、主观恶性程度等进行全面衡量，从而对可杀可不杀的犯罪分子适用缓刑。（3）二审开庭审理。①

（七）反腐败刑事法治的建构

1. 反腐败的刑事立法完善

对于反腐败的刑事立法，有论者指出应从以下几个方面进行完善：（1）扩大"财物"的范围，将其扩大到财物以外的其他经济利益或实惠型贿赂。其中，财物以外的利益可包括：安排其本人或亲友免费出国旅游；为其提供有限责任公司或者股份有限公司的干股；提供无偿使用有关服务（包括性服务）的免费消费卡，等等。（2）按照《联合国反腐败公约》第 15 条的规定，凡"公职人员为其本人或者其他人员或实体直接或间接索取或者收受不正当好处，以作为其在执行公务时作为或者不作为的条件"，都应当被设定为刑事犯罪行为。（3）适度修改现行刑法，使其在腐败行为及其主体的界定上与国际规则接轨，并适应我国"入世"后的新形势。②

2. 反腐败的刑事司法完善

对于反腐败的刑事司法，有论者指出应从以下几个方面进行完善：（1）健全惩处腐败犯罪机构的协调机制。（2）提高惩处腐败犯罪的办案质量。（3）发挥惩处腐败犯罪的综合效应。（4）强化对惩治腐败犯罪的监督。③

三、量刑规范化问题研究④

量刑规范化问题是学术界和实务界都非常关注的热点问题之一。本届年会共收到相关论文 71 篇。在年会论文和年会研讨中，论者们主要围绕刑罚目的与量刑的关系、量

---

① 参见刘仁琦：《中国现代刑事法治视野中的死刑问题——以限制死刑适用为视角的研究》，载郎胜等主编：《中国刑法学年会文集》（2008 年度），上卷·改革开放 30 年刑事法治研究，636～639 页。

② 参见屈学武：《刑法廉政法治机理探析》，载郎胜等主编：《中国刑法学年会文集》（2008 年度），上卷·改革开放 30 年刑事法治研究，692 页。

③ 参见周其华：《反腐败刑事法治的建构》，载郎胜等主编：《中国刑法学年会文集》（2008 年度），上卷·改革开放 30 年刑事法治研究，724～726 页。

④ 本部分脚注均来自于郎胜等主编：《中国刑法学年会文集》（2008 年度），下卷·刑法实践热点问题探索，北京，中国人民公安大学出版社，2008。以下注释仅注明在该书中的页码。

刑原则、量刑基准、量刑情节、量刑程序等量刑规范化中重要而基本的问题，进行了广泛而深入的研讨。

（一）刑罚目的与量刑问题

刑罚目的的实现与量刑有着密切的联系。在刑罚目的与量刑问题上，论者们主要集中探讨了如何界定刑罚的目的，以及刑罚目的的实现与量刑的关系。

1. 刑罚目的的界定

论者们大多主张界定刑罚目的应贯穿于立法机关制定刑罚、司法机关适用刑罚以及执行机关执行刑罚的全过程中，刑罚目的应是国家制定、适用、执行刑罚所希望取得的效果。但对于刑罚目的的具体内容，论者们的认识则存在着较大分歧：有的论者主张刑罚目的的内容是特殊预防与一般预防的统一[1]；有论者则认为刑罚的目的就是报应，刑罚报应目的是刑罚属性的内在要求，是刑法基本原则的题中之意[2]；还有论者认为刑罚目的的内容应包括惩罚犯罪、预防犯罪、保护社会价值等三方面内容。[3]

在预防犯罪和报应二者是否能够统一问题上，论者也存在不同的看法：有论者认为刑罚目的应该是预防和报应的统一，但在刑事活动的不同阶段，侧重点应该有差异[4]；有论者则主张，报应和预防是不能兼容在刑罚目的之中的，这是由正义的不可分性决定的，特殊预防说和一般预防说相结合的综合理论是确定刑罚目的的恰当理论。[5]

2. 刑罚目的的实现与量刑的关系

论者们普遍认为，刑罚目的对量刑有决定性意义，但量刑对刑罚目的的实现也有着重要的作用，量刑适当与否，决定着刑罚目的能否有效地实现。有论者分析了不同的刑罚目的观对量刑的影响，认为报应主义要求量刑时刑罚的严厉程度要同犯罪的严重程度相适应，在罪刑之间实现对应平衡；而预防主义的一般预防则强调量刑必须快而准确，从而体现法律对破坏社会行为惩罚的必要性和现实性，特殊预防则要求注意犯罪人之间的差异性，针对不同的犯罪人的人身特殊性确定其刑事责任并采用不同的刑罚对策。[6]

---

① 参见李希慧：《论刑罚目的的实现与量刑适当》，载郎胜等主编：《中国刑法学年会文集》（2008 年度），下卷·刑法实践热点问题探索，7 页。

② 参见王志祥、马聪：《刑罚报应目的之正当性及其实现》，载郎胜等主编：《中国刑法学年会文集》（2008 年度），下卷·刑法实践热点问题探索，27 页。

③ 参见李京生、王吉春：《论刑罚目的与量刑》，载郎胜等主编：《中国刑法学年会文集》（2008 年度），下卷·刑法实践热点问题探索，11 页。

④ 参见许青松：《刑罚目的与量刑》，载郎胜等主编：《中国刑法学年会文集》（2008 年度），下卷·刑法实践热点问题探索，20 页。

⑤ 参见林卫星、倪娜：《刑罚目的间的冲突与选择》，载郎胜等主编：《中国刑法学年会文集》（2008 年度），下卷·刑法实践热点问题探索，54 页。

⑥ 参见李川：《简论刑罚目的对量刑的决定性要求》，载郎胜等主编：《中国刑法学年会文集》（2008 年度），下卷·刑法实践热点问题探索，37~41 页。

（二）定罪和量刑的关系问题

重定罪、轻量刑是我国刑法理论和司法实务的传统思维。"许霆案"的发生引起论者对定罪与量刑在审判过程中的定位和意义的重新审视。有论者提出了"科学定罪与艺术量刑"的论断，将定罪视为"科学"，而将量刑视为"艺术"，在具体适用刑罚时应结合案件的特殊性及相关酌定因素综合评判，均衡量刑，这不仅是准确适用自由裁量权的问题，而且也是一种量刑艺术问题。[①] 也有论者认为当前的定罪优于量刑的刑法思维已偏离了民众思维，因此主张：无须虔诚对待定罪，犯罪构成并非不可逾越的禁区；量刑才是刑法的重心，定罪应为量刑公正让路；量刑公正才代表刑法正义，预设的罪名应为准确量刑让路。[②]

（三）量刑原则问题

有论者对量刑原则的概念和特征及我国刑法的量刑原则进行了探讨，认为：量刑原则应该是指决定法官在司法审判过程中是否适用刑罚以及如何适用刑罚的基本原则和准则，量刑原则的选择必须同时符合以下三个条件：具有特定性；具有针对性和指导性；具有发展性。[③]

关于我国刑法量刑原则的具体内容，论者们的理解并不一致：有论者认为我国刑法的量刑原则应为依法量刑原则、罪责相当原则、量刑平衡原则。有论者则认为我国刑法的量刑原则只有罪刑均衡原则、量刑经济原则。[④]

也有论者分析了我国量刑原则贯彻实施中存在的问题，并提出了一些完善建议。有论者以美国的《量刑指南》为视角，主张我国应该制定比较明确的量刑规则，并明确量刑规则的一些例外情形。[⑤]

（四）量刑基准

量刑基准是量刑规范化中的重要内容，引起了不少论者的关注。此次年会不少论者对量刑基准的概念、特征及在我国刑法中确立的重要性进行了论述，并对量刑基准的确

---

① 参见王秀梅、杜澎：《科学定罪与艺术量刑——许霆案折射的刑法问题》，载郎胜等主编：《中国刑法学年会文集》（2008 年度），下卷·刑法实践热点问题探索，56 页。

② 参见高艳东：《量刑优于定罪：从形式公正到实质公正的转变》，载郎胜等主编：《中国刑法学年会文集》（2008 年度），下卷·刑法实践热点问题探索，79～83 页。

③ 参见马秀娟：《量刑原则与量刑规范》，载郎胜等主编：《中国刑法学年会文集》（2008 年度），下卷·刑法实践热点问题探索，66 页。

④ 参见孙立红：《浅议在刑罚目的指导下的量刑基本原则》，载郎胜等主编：《中国刑法学年会文集》（2008 年度），下卷·刑法实践热点问题探索，76 页。

⑤ 参见王文华：《论我国量刑制度的完善——以美国联邦〈量刑指南〉为视角》，载郎胜等主编：《中国刑法学年会文集》（2008 年度），下卷·刑法实践热点问题探索，73～76 页。

定提出了种种构想。

关于量刑基准的概念，论者的认识并不完全一致。有论者对此进行了总结，认为量刑基准概念分歧的焦点在于是在广义还是狭义的程度上理解量刑基准，量刑基准立足的点是什么属性以及量刑基准是一个点还是一个幅度，并由此概括出量刑基准的概念应当是指对已确定适用一定幅度法定刑的抽象个罪，在不考虑任何量刑情节的情况下，仅就其构成事实所应当确立的基本刑罚量。①

关于量刑基准之法律特性，有论者把它归纳为三个方面：量刑基准是对应于抽象个罪事实的基准刑；量刑基准既可以是一个"点"，也可以是一个幅度；一个罪名包含有一个或多个量刑基准；量刑基准是相对的，而不是绝对确定的。②

关于量刑基准是否应该规范化，论者们的认识有较大的分歧。论者们普遍对2004年1月山东省淄博市淄川区法院出台的《量刑规范化细则》，2004年5月江苏省高级人民法院通过的《量刑指导规则（试行）》给予了重点关注，但对之态度却迥然不同。赞成者认为法院以颁布量刑基准的方式削减法官自由裁量权，实现了量刑的合理统一，并进一步主张，我国最高人民法院应参照《美国量刑指南》，制定全国统一的《量刑细则》，各省级人民法院可以根据不同情况作变通性规定，上报审批或备案。③ 反对者则认为量刑基准是身处司法活动的法官"想象性"或观念性的东西，将量刑基准规范化是缘木求鱼，不具有现实可能性，而应该培养法官对量刑基准的认同感。要培养法官对量刑基准的认同感，首先要正确对待法官自由裁量权；其次，可以通过最高人民法院颁布典型案例的方式引导法官量刑基准意识的形成；此外，提高法官的素养也是培养法官量刑基准认同感的有效途径。④

（五）量刑失衡及其解决办法

我国刑事司法实践中量刑失衡的现象比较普遍，严重影响了量刑公正与刑罚目的的实现。为了解决这一问题，研讨中不少论者对量刑失衡的原因进行了剖析。有论者认为，实践中的量刑失衡现象主要是由于我国法官在量刑过程中的随意性较大造成的，而这种随意性大多数情况下是由于我国量刑规范和量刑程序的缺陷造成的：量刑规范缺陷

---

① 参见林亚刚、邹佳铭：《关于量刑基准的几个基本问题》，载郎胜等主编：《中国刑法学年会文集》（2008年度），下卷·刑法实践热点问题探索，93页。

② 参见林亚刚、邹佳铭：《关于量刑基准的几个基本问题》，载郎胜等主编：《中国刑法学年会文集》（2008年度），下卷·刑法实践热点问题探索，94~95页。

③ 参见王文华：《论我国量刑制度的完善——以美国联邦〈量刑指南〉为视角》，载郎胜等主编：《中国刑法学年会文集》（2008年度），下卷·刑法实践热点问题探索，73页。

④ 参见柳忠卫、葛进：《量刑基准的存在根据与形式——兼论法官量刑基准意识的养成》，载郎胜等主编：《中国刑法学年会文集》（2008年度），下卷·刑法实践热点问题探索，103~105页。

扩大了法官量刑的随意性空间，量刑程序缺陷增加了法官量刑的随意度。^① 有论者把我国目前所存在的量刑失衡现象的原因归纳为以下几个方面：传统刑罚目的观是孕育量刑失衡的温床；立法失当埋下了量刑失衡的隐患；法官没有竖起防止量刑失衡的最后屏障；权力的不当干预加剧了量刑失衡现象。^② 有论者从刑事量刑自由裁量权的角度对量刑失衡的原因进行了探讨，认为：刑事量刑自由裁量权既有其存在的价值和积极的意义，也有消极的一面——在刑事司法过程中容易造成同罪不同罚，使刑事判决失之公正。影响刑事量刑自由裁量权合理行使的原因中，既有内在因素，也有外在因素。内在因素主要是指裁判刑事个案法官的人格因素，主要包括喜爱和厌恶、偏好与偏见、本能与情感、习性与信念、职业道德、政治素养、法律业务水平等；外在因素是指内在因素以外的，能够影响法官合理行使自由裁量权的各种外界因素，主要有以下方面：刑事立法本身不完善，立法技术落后；判例制度缺位，司法解释滞后；无统一的量刑评价体系和考评制度等。^③

针对我国量刑制度中存在的问题，论者们纷纷提出自己的完善建议。有论者以美国的《量刑指南》为视角，认为我国在量刑制度方面应该进行以下方面的改革：由最高人民法院牵头制定全国统一的"量刑细则"，各省级人民法院可以根据不同情况作变通性规定，上报审批或备案；在量刑方法上，我国可以并且完全有必要借助于电脑、网络、数据库等技术手段，量化量刑的诸多因素；在量刑程序上，量刑应当公开化，重大疑难案件的量刑应当作为专门的庭审阶段单独进行。^④ 有论者则从规范法官自由裁量权角度，提出以下方面的改革建议：完善我国的刑事立法和刑事司法解释；制定并出台统一的量刑基准或量刑指南；刑事判例的制度化；法官量刑理由展示的制度化；法院应逐步建立量刑评价体系和完善法官考评制度。^⑤ 还有论者认为，在构建中国控辩协商制度的法治视野中，必须对检察官的求刑权予以扩张和规制，设立与现代刑事诉讼相适应的检察官量刑建议权；并对检察机关量刑建议制度的建立模式提出了构想。^⑥

---

① 参见高小勇：《量刑均衡命题辨析》，载郎胜等主编：《中国刑法学年会文集》（2008 年度），下卷·刑法实践热点问题探索，208 页。

② 参见左坚卫、王磊：《我国量刑失衡原因探寻》，载郎胜等主编：《中国刑法学年会文集》（2008 年度），下卷·刑法实践热点问题探索，210～215 页。

③ 参见李晓明：《刑事量刑自由裁量权及其规范方法》，载郎胜等主编：《中国刑法学年会文集》（2008 年度），下卷·刑法实践热点问题探索，174 页。

④ 参见王文华：《论我国量刑制度的完善——以美国联邦〈量刑指南〉为视角》，载郎胜等主编：《中国刑法学年会文集》（2008 年度），下卷·刑法实践热点问题探索，76 页。

⑤ 参见李晓明：《刑事量刑自由裁量权及其规范方法》，载郎胜等主编：《中国刑法学年会文集》（2008 年度），下卷·刑法实践热点问题探索，175～177 页。

⑥ 参见杨辉忠、王铁军：《论检察机关量刑建议制度的建立模式》，载郎胜等主编：《中国刑法学年会文集》（2008 年度），下卷·刑法实践热点问题探索，452～457 页。

（六）量刑情节问题

量刑情节是影响量刑轻重的一个重要因素。受"许霆案"的影响，年会研讨中，论者对量刑情节尤其是对酌定量刑情节给予了较多的关注。涉及的主要问题有：

1. 酌定量刑情节是否有明确的法律依据

肯定者认为，酌定量刑情节虽在现行刑法中难以找到明确的措辞，但并不能由此得出酌定量刑情节没有法律依据的结论。我国刑法第 13 条犯罪概念的界定、第 37 条关于免于刑罚处罚的情形、第 52 条关于罚金数额、第 61 条规定的量刑原则以及第 63 条第 2 款关于减轻量刑等规定中都含有"情节显著轻微"、"犯罪情节"、"情节"或者"特殊情况"等类似措辞，这些措辞中暗含、包括或者就是指酌定量刑情节。①

否定者则认为：酌定情节在我国刑法中没有明确的法律依据，它是根据刑事立法精神和司法实践概括出来的，在量刑时需要予以酌情考虑的情节。非法定性是酌定情节的本质特征。

2. 酌定量刑情节与罪刑法定原则是否有冲突

有论者认为酌定情节具有法定性，与罪刑法定原则不相冲突；但也有论者认为，酌定量刑情节内容的非法定性与罪刑法定原则的要求不相符，因此，部分酌定量刑情节应当法定化，以满足罪刑法定原则的要求。②

3. 酌定量刑情节是否应该法定化

对此问题，多数论者认为，随着立法理念、立法技术的不断更新，对于实践中经常使用的、在影响犯罪人的罪责上具有共性的、能够法定化的酌定量刑情节，应当通过立法程序确立为法定量刑情节。③

4. 酌定减轻处罚情节中减轻幅度是否应有限制

论者们以"许霆案"为例，对酌定减轻处罚是否应有一个幅度上的限制意见不一，多数论者主张对减轻处罚特别是基于酌定情节而减轻处罚的具体幅度应作合理限定。④

5. 酌定减轻处罚的程序问题

有论者认为，现行刑法保留了酌定减轻制度，但将核准权授予最高人民法院，使得酌定减轻制度名存实亡。应通过最高人民法院授权的方式，迅速改变酌定减轻处罚案件

---

① 参见林亚刚、袁雪：《酌定量刑情节若干问题研究——由许霆案引发的思考》，载郎胜等主编：《中国刑法学年会文集》（2008 年度），下卷·刑法实践热点问题探索，253 页。

② 参见李立众：《略论酌定减轻处罚的几个问题》，载郎胜等主编：《中国刑法学年会文集》（2008 年度），下卷·刑法实践热点问题探索，322 页。

③ 参见林亚刚、袁雪：《酌定量刑情节若干问题研究——由许霆案引发的思考》，载郎胜等主编：《中国刑法学年会文集》（2008 年度），下卷·刑法实践热点问题探索，256 页。

④ 参见林亚刚、袁雪：《酌定量刑情节若干问题研究——由许霆案引发的思考》，载郎胜等主编：《中国刑法学年会文集》（2008 年度），下卷·刑法实践热点问题探索，257 页。

的核准程序，使刑法第 63 条第 2 款发挥更大作用。① 有论者则认为，刑法第 63 条第 2 款的适用存在日益增多的趋势，带来或者反映了以下困境：加重最高人民法院负担；影响案件及时审结；不符合立法者的初衷。该规定针对特殊情况且由最高人民法院核准，表明在刑法规定之外适用酌定减轻情节是得到严格控制的，而该规定的大量适用显然有悖于此。为了解决此困境，有论者主张建立一种机制，即需要酌定减轻处罚的同类案件遵循先例直接作出判决，无须核准的机制。②

6. 量刑情节并存问题

量刑情节并存问题，是目前我国刑法学界、刑事立法以及审判实践中未能很好研究和解决的问题。有论者在对量刑情节并存问题进行分析的基础上，总结出量刑情节并存适用应该遵循的原则和操作方法。该论者认为，在多种量刑情节并存时，量刑必须遵循以下原则：注重酌定情节对法定情节的调节作用；在多功能情节确定化的过程中，法官应当运用系统的观点，通观全部量刑情节以及各量刑情节之间的可能联系，作出判断。同时，应当防止出现极端状况，如同时存在从轻、减轻、免除处罚的量刑情节与从重的量刑情节，最终的宣告刑一般不宜作免除刑罚的处理，减轻处罚的适用同样需要谨慎。③

7. 未成年人犯罪的量刑问题

保护儿童的"最大利益原则"，已被确认为保护儿童权利的一项国际性指导原则，得到了国际社会的普遍接受。有论者认为，作为刑事司法的重要环节之一，对于未成年犯罪人的量刑同样应坚持儿童最大利益原则。量刑目的、量刑原则的确立，对具体量刑情节的把握，都应体现儿童最大利益原则。在量刑目的上，不应再将惩罚、剥夺再犯能力视为对未成年犯罪人量刑之目的，对未成年犯罪人量刑的目的应在于教育和矫正；在量刑原则上，基于儿童最大利益原则的要求，我国刑法典应以关涉未成年人刑事责任的现行规范为基础确立如下量刑原则：从宽处罚原则、相称原则、未成年犯罪人利益优先原则；对具体量刑情节的把握上，对于未成年犯罪人究竟是从轻还是减轻处罚以及从轻或者减轻处罚的幅度如何，均应以是否"有利于未成年罪犯的改造自新和健康成长"为标准加以衡量。应该建立刑罚裁量情节的审前调查制度；在量刑制度中也应该贯彻儿童最大利益原则，废除未成年人累犯，进一步完善未成年犯罪人缓刑适用，确立未成年犯

---

① 参见李立众：《略论酌定减轻处罚的几个问题》，载郎胜等主编：《中国刑法学年会文集》（2008 年度），下卷·刑法实践热点问题探索，325～326 页。

② 参见夏勇、江澍：《刑法典第 63 条第 2 款之改进——许霆案引出的话题》，载郎胜等主编：《中国刑法学年会文集》（2008 年度），下卷·刑法实践热点问题探索，476～477 页。

③ 参见阮方民、方勇：《我国刑事判决量刑规则构建浅探》，载郎胜等主编：《中国刑法学年会文集》（2008 年度），下卷·刑法实践热点问题探索，184 页。

罪人暂缓判决制度。①

（七）数罪并罚问题

数罪并罚是我国量刑中的一项重要制度。有论者选取了数罪并罚在司法实践的运用中存在的疑难且争议较大的问题，以刑法规定为基础并结合司法实践，对现行理论界的各种观点进行了利弊分析，并提出了自己的主张：对于同种数罪应否并罚问题，只要是判决宣告以前一人犯数罪的，就应当实行数罪并罚，不对同种数罪实行并罚，没有法律根据；对犯数罪被判处的数个无期徒刑并罚时能否升格为执行死刑的问题，认为只执行一个无期徒刑确实会存在处罚偏轻的问题，只可能通过修改刑法加强对无期徒刑的执行（如推迟无期徒刑的减刑时间、严格无期徒刑的假释条件）来解决，在目前的条件下，不能单纯为了贯彻罪责刑相适应原则而将数个无期徒刑升格为执行死刑；在所犯数罪被分别判处不同的有期自由刑时如何并罚的问题上，应一律采取将较轻的刑种折算为较重的刑种；在并罚时如何酌情决定执行的刑期的问题上，酌情决定执行的刑期时，不应再考虑各罪之法定或酌定的量刑情节，但应考虑犯罪的数量、数罪中罪过的类型及数量比较情况、根据各个犯罪的严重程度所宣告的刑罚的轻重比较情况；在数罪并罚后刑罚执行完毕前发现犯罪分子在判决宣告前有一罪没有判决的如何并罚的问题上，应当将对漏罪所判处的刑罚与原判决对数罪并罚后决定执行的刑罚，依照相应原则决定执行的刑罚；在犯一罪被判处刑罚后刑罚执行完毕前发现犯罪分子在判决宣告前有数罪没有判决的如何并罚问题上，首先应当对数个漏判之罪分别定罪量刑，然后将判决所宣告的数个刑罚即宣告刑与原判之罪的刑罚进行合并处罚，并决定执行的刑罚；在前罪被判刑后在刑罚执行完毕以前既发现有漏罪又犯新罪如何并罚问题上，采取分别判决、顺序并罚的并罚方法；至于再犯之罪被先行发现并已并罚后，才发现漏罪的条件下，只能在承认已有判决及并罚结果的基础上，将漏罪的刑罚与已有判决决定执行的刑罚并罚，决定最后应予执行的刑罚。②

此外，还有论者特别注意到发现于服刑期间、有罪判决形成于刑满释放后的情况，并将它命名为数罪并罚中的"时间差"现象。有论者对现行实践中通行的两种做法从法律角度进行了批判，并提出了解决问题的措施——引入刑事诉讼中的强制措施。③

除上述几个问题以外，论者还探讨了量刑规范化中存在的其他问题。例如，有论者对判处管制附加剥夺政治权利规定的合理性提出了质疑，认为，从刑罚的内容上审视，

---

① 参见阴建峰、王玉涛：《论未成年人犯罪量刑的基本问题——以"儿童最大利益原则"的贯彻为中心》，载郎胜等主编：《中国刑法学年会文集》（2008 年度），下卷·刑法实践热点问题探索，268～275 页。

② 参见刘志伟：《数罪并罚制度司法适用中若干疑难问题探究》，载郎胜等主编：《中国刑法学年会文集》（2008 年度），下卷·刑法实践热点问题探索，478～486 页。

③ 参见于志刚：《论数罪并罚中的"时间差"及其解决模式》，载郎胜等主编：《中国刑法学年会文集》（2008 年度），下卷·刑法实践热点问题探索，501 页。

剥夺政治权利的内容基本上包含于管制之中；从刑罚的对象上审视，管制可附加剥夺政治权利的适用范围十分狭窄；从刑罚的适用上审视，管制附加剥夺政治权利带来操作上的诸多麻烦。[①] 也有论者指出，我国现行刑法中资格刑的配置存在诸多的缺陷和不足，有必要从资格刑的定位、立法模式以及资格刑的具体内容等方面加以完善。

四、责任事故犯罪问题研究[②]

最近几年，我国重大责任事故犯罪频发，给国家和人民的生命、财产造成了巨大的损失，引起了立法机关、司法机关和学术界的高度关注。为进一步加强安全事故犯罪领域的学术研究，促进安全事故犯罪的立法完善和司法适用，本届年会把"责任事故犯罪研究"作为研讨议题之一。围绕该议题，刑法学界提交了 66 篇文章，分别对责任事故犯罪中的基本理论以及立法、司法适用中的重大、疑难问题进行了深入、细致的探讨。

（一）责任事故犯罪中的一般理论问题

1. 业务过失犯罪问题

业务过失犯罪是指行为人在从事业务活动的过程中，因违反业务上必要的注意义务而导致严重危害结果的行为。有论者对国内外刑法中有关业务过失犯罪的立法规定进行了比较：在刑罚轻重上，多数国家采用业务过失犯罪的法定刑重于普通过失犯罪的立法例，而我国刑法整体上对业务过失犯罪的处罚要轻于普通过失犯罪；在法定刑的刑种设置方面，国外刑法中，自由刑和罚金刑是其对付业务过失犯罪的两种重要手段，而我国刑法对众多的业务过失犯罪配置的刑种大多为封闭式的自由刑；在业务过失危险犯的规定方面，多数国家在刑法典中均规定了不少种业务过失危险犯，而我国现行刑法只对妨害国境卫生检疫罪和妨害传染病防治罪作出了业务过失危险犯的规定。与上述中外刑法关于业务过失犯罪规定的差异相对应，我国理论界对业务过失犯罪的争议也主要集中在业务过失犯罪的刑罚强度、刑种的配置和危险犯的设立三个方面。在对上述几种观点的争议进行评说的基础上，该论者提出了以下完善我国业务过失犯罪的立法建议：加重我国刑法对业务过失犯罪的处罚；增设罚金刑和资格刑；适当增加业务过失危险犯。[③]

2. 信赖原则问题

有论者对交通肇事罪认定中的信赖原则的适用问题进行了探讨，认为信赖原则虽然

---

① 参见吴平：《管制附加剥夺政治权利的合理性质疑》，载郎胜等主编：《中国刑法学年会文集》（2008 年度），下卷·刑法实践热点问题探索，527～531 页。

② 本部分引注均来自于郎胜等主编：《中国刑法学年会文集》（2008 年度），下卷·刑法实践热点问题探索，北京，中国人民公安大学出版社，2008。以下注释仅注明在该书中的页码。

③ 参见赵秉志、李慧织：《业务过失犯罪处罚问题新探》，载郎胜等主编：《中国刑法学年会文集》（2008 年度），下卷·刑法实践热点问题探索，559～569 页。

在限制过失犯罪成立和促进社会发展等方面有着重要作用，但其毕竟是对危险和利益进行权衡、比较之后作出的选择，对其适用必须限制在一定的条件之内，以免导致利益失衡，成为某些危险业务从业者逃避法律惩罚的借口。结合我国目前的交通条件，论者认为应该在交通事故处理实践中有限度地、慎重地适用信赖原则。①

有论者对信赖原则在医疗事故中的适用问题进行了研究。对于信赖原则是否能适用于医疗事故领域的过失犯罪以排除其过失责任，在我国理论界存在分歧：否定者认为，交通运输事业中适用信赖原则，是针对交通事故的特性而形成，历经长期理论与判例的发展与演进。而医疗事故与交通事故之间存在本质上的区别，因此，不能将普遍适用于交通运输事业发展所形成的信赖原则简单地适用于医疗事故领域。肯定者则认为，药品、医疗等与交通在性质上同属为改善民众生活、提高生活条件所必需之设施或行为，在交通事故上既已广泛适用信赖原则，那么在发生食品、药品公害或医疗事故时，无排除适用信赖原则之理由。该论者在对上述肯定说和否定说的合理性进行评析之后指出，信赖原则应不限于交通运输之领域，还应包括医疗事业、食品卫生质量监督领域等。该论者进一步概括了医疗事故中信赖原则适用的条件及种类。信赖原则适用的主观条件是行为人遵守了医学的规则、信赖的存在、信赖的相当性；客观条件是医疗设备的合格、完备，医疗人员及患者的医学教育知识之普及，及时而适当医治的必要性。根据医疗共同行为参与者的角色不同，可以将医疗上的信赖原则分为医疗行为中医护人员之间的信赖原则以及医护人员与患者之间的信赖原则两种情形。②

3. 监督过失问题

有论者以安全责任事故犯罪为视角，对监督过失在职务关系中是否有适用空间以及如何适用的问题进行了探讨。该论者认为，无论从法理上看，还是从立法、司法实践来看，监督过失都应当适用于职务关系之中。③

4. 我国全国性刑法与澳门地区刑法中过失犯罪的比较研究

有论者对我国全国性刑法与澳门地区刑法中过失犯罪的立法进行了比较。从过失犯罪罪名的规定来看，两者主要不同之处有：（1）立法表现形式差别较大。我国全国性刑法的罪名基本上都规定在刑法典分则之中，而澳门地区的过失犯罪罪名大多规定在特别刑法中。（2）罪名涉及领域差别较大。在业务过失犯罪上，我国全国性刑法形成了一个系统而庞大的业务过失犯罪立法网，而澳门地区刑法的业务过失犯罪，只涉及建筑、传染病预防、交通运输、环境污染等领域的数个业务过失犯罪；在一般过失犯罪方面，我

---

① 参见樊凤林、刘东根：《简论信赖原则与交通肇事罪的认定》，载郎胜等主编：《中国刑法学年会文集》（2008 年度），下卷·刑法实践热点问题探索，575 页。

② 参见贾宇、舒洪水：《信赖原则在医疗事故中的适用》，载郎胜等主编：《中国刑法学年会文集》（2008 年度），下卷·刑法实践热点问题探索，577 页。

③ 参见冯殿美、曹廷生：《论职务关系中监督过失之适用——以安全责任事故犯罪为视角》，载郎胜等主编：《中国刑法学年会文集》（2008 年度），下卷·刑法实践热点问题探索，777 页。

国全国性刑法显得比较宽松，而澳门地区的一般过失犯罪则涉及毒品领域、公共卫生及经济领域。从两者理论和立法在过失犯罪有没有危险犯的问题上，也存在着较大的差别：在我国全国性刑法，关于过失犯罪有无危险犯的问题，无论是理论还是立法，都显得比较模糊；而澳门地区刑法在理论和立法上，都对过失犯罪存在危险犯持肯定态度。在澳门地区的法律中，不仅存在着由过失构成的"行政犯"，而且由过失构成的"行政犯"同普通的过失犯罪是不同的，因而也不能同我国全国性刑法的过失"行政犯"相提并论。[①]

5. 公共安全视阈下的刑法对策研究

关注公共安全，防范和化解社会风险，已经成为我国社会转型期的重要议题。有论者对公共安全视阈下的刑法对策进行了研究，并提出以下观点：在量刑情节的适用上，应该从法定量刑情节与酌定量刑情节两个层面入手，对一些危害社会公共安全的犯罪适用较重刑罚；在责任范围上，应将其扩张，追究监督过失的刑事责任；在责任构成上，应该实行严格责任；应该扩大共同犯罪的范围，承认过失共同犯罪。[②]

（二）交通肇事罪

交通肇事罪是常见、多发的犯罪，也是一种典型的过失犯罪。对该罪进行理论研究的范围之广、争论之激烈堪称个罪之最，本次年会也不例外。在研讨中，论者对该罪的探讨主要集中在以下几个方面：

1. 交通肇事罪的存在范围

在研讨中，论者主要提出以下几种观点：（1）交通肇事罪的存在范围，只能是水路交通和陆路交通，而不包括铁路交通和航空交通。（2）交通肇事罪中的交通运输，主要是指公路、水路和城市机动车辆的交通运输。（3）包括公路、水路和城市交通领域，也包括铁路和航空交通领域。[③]

2. 交通肇事罪的主体范围

论者的争议主要集中在交通肇事罪的主体是一般主体，还是特殊主体。多数论者认为本罪为一般主体，凡是达到刑事责任年龄、具备刑事责任能力的自然人，均可成为该罪的犯罪主体，包括交通运输人员和非交通运输人员。[④] 但是，论者在非交通运输人员

---

① 参见赵国强：《中国内地与澳门刑法中过失犯罪比较研究》，载郎胜等主编：《中国刑法学年会文集》（2008 年度），下卷·刑法实践热点问题探索，587～592 页。

② 参见游伟、赵运锋：《公共安全视域下的刑法对策思考》，载郎胜等主编：《中国刑法学年会文集》（2008 年度），下卷·刑法实践热点问题探索，600～604 页。

③ 参见宣炳昭、王远伟：《交通肇事罪若干问题研究》，载郎胜等主编：《中国刑法学年会文集》（2008 年度），下卷·刑法实践热点问题探索，621 页。

④ 参见田立文：《交通肇事罪几个疑难问题探讨》，载郎胜等主编：《中国刑法学年会文集》（2008 年度），下卷·刑法实践热点问题探索，636 页。

的界定上存在一定的争议：一种观点认为，非交通运输人员，是指没有合法手续却从事正常交通运输的人员；另一种观点认为，非交通运输人员，是指交通运输人员以外的一切人员。① 少数论者认为本罪的主体是特殊主体，只能是驾驶机动车（船）的自然人，非机动车驾驶人员和行人不是交通肇事罪的犯罪主体，非直接驾驶机动车的单位主管人员、机动车辆所有人或承包人不能成为交通肇事罪的主体。②

3. "交通肇事逃逸"问题

对该问题，论者的研讨主要集中在两个方面：

（1）关于"交通肇事逃逸"的含义。根据最高人民法院《关于审理交通肇事刑事案件具体应用法律若干问题的解释》（以下简称《交通肇事司法解释》）的规定，"交通肇事逃逸"是指在发生交通事故后，为逃避法律追究而逃跑的行为，其主观目的是"逃避法律的追究"。研讨中，不少论者对此解释的合理性提出了质疑，认为"交通肇事逃逸"应该包括"逃离事故现场，不积极履行救助义务"与"为逃避法律追究而逃跑"两种情形，行为人只要具有以上行为之一就可以构成"交通肇事逃逸"③。

（2）关于"逃逸"在交通肇事罪法定情节中的定位问题。有论者提出，《交通肇事司法解释》将 1997 年刑法典所确定的仅具量刑情节身份的"逃逸"，提升为兼具定罪情节与量刑情节两重身份，在交通肇事罪的构成要件上突破了刑法典的规定，实属越权解释，容易引起实践中不必要的争议。④

4. "因逃逸致人死亡"的认定问题

对该问题，尽管《交通肇事司法解释》作了一定的解释，但并没有完全解决理论上的分歧。研讨中，论者对"因逃逸致人死亡"仍存在以下几点争议：

（1）"因逃逸致人死亡"中"人"的含义。对此，论者之间主要有以下两种观点：第一种观点认为，这里的"人"既包括先前肇事中的被撞伤者，也包括肇事者逃逸过程中致死的其他人⑤；第二种观点认为，这里的"人"是指已经发生的交通事故中的被害人，而不包括行为人在交通事故发生之后，逃逸过程中再次发生的交通事故的被

---

① 参见罗猛：《交通肇事罪若干疑难问题研究》，载郎胜等主编：《中国刑法学年会文集》（2008 年度），下卷·刑法实践热点问题探索，629~630 页。

② 参见楼伯坤：《论交通肇事罪司法认定中的几个难点问题》，载郎胜等主编：《中国刑法学年会文集》（2008 年度），下卷·刑法实践热点问题探索，662 页。

③ 罗猛：《交通肇事罪若干疑难问题研究》，载郎胜等主编：《中国刑法学年会文集》（2008 年度），下卷·刑法实践热点问题探索，632 页。

④ 参见朱本欣、梁健：《论交通肇事罪中逃逸的角色定位》，载郎胜等主编：《中国刑法学年会文集》（2008 年度），下卷·刑法实践热点问题探索，708 页。

⑤ 参见郭泽强：《交通肇事逃逸致人死亡问题中基本范畴的界定》，载郎胜等主编：《中国刑法学年会文集》（2008 年度），下卷·刑法实践热点问题探索，724 页。

害人。①

（2）"因逃逸致人死亡"的罪过形式。在该问题上，有观点主张过失说，认为交通肇事罪中"因逃逸致人死亡"只能出于过失的心态②；另有观点认为，"因逃逸致人死亡"作为客观上的处罚条件，只涉及行为人"逃逸"行为的直接后果，只要"因逃逸"而造成"致人死亡"的结果，就符合法律规定的处罚条件，虽然其主观罪过形式和内容对刑罚轻重有影响，但其主观罪过的形式和内容对适用该规定并不发生影响，因此，其主观罪过可能包含故意或过失的各种情形；也有观点认为，"因逃逸致人死亡"仅限于间接故意的情形；还有观点认为"因逃逸致人死亡"包含了过失以及间接故意的罪过形式。③

（3）"因逃逸致人死亡"的定性。有论者认为该情形具有独立的犯罪构成，应该认定为以不纯正的不作为的方式实施的故意杀人行为。④ 也有论者认为，"因逃逸致人死亡"的行为，应脱离交通肇事罪的犯罪构成，实现独立犯罪化，在刑法中增设交通肇事逃逸罪。但是，也有论者主张，交通肇事逃逸致人死亡的行为不能构成（间接）故意杀人罪，也无必要单独设立交通肇事逃逸罪，按照交通肇事罪定罪处罚完全可以实现罪责刑相适应。⑤

5. 交通肇事逃逸的共犯问题

《交通肇事司法解释》第 5 条第 2 款规定："交通肇事后，单位主管人员、机动车辆所有人、承包人或者乘车人指使肇事人逃逸，致使被害人因得不到救助而死亡的，以交通肇事罪的共犯论处。"关于该解释是否已承认过失共同犯罪，如何评价该规定，我国学术界历来分歧较大。本次年会研讨期间，不少论者进行了热烈的讨论，但仍有不同见解。有论者认为，《交通肇事司法解释》关于共犯的解释，不是确立了共同过失犯罪，而是迫于现代社会交通肇事犯罪频发、社会危害性大的现实，通过立法手段强行扩张责任主体的无奈之举而形成的立法瑕疵。⑥ 有论者认为，《交通肇事司法解释》虽然是为了解决实践中大量存在的其他人指使肇事人肇事后逃逸的问题，但与刑法总则和刑法理

---

① 参见楼伯坤：《论交通肇事罪司法认定中的几个难点问题》，载郎胜等主编：《中国刑法学年会文集》（2008年度），下卷·刑法实践热点问题探索，668 页。

② 参见杨凯：《交通肇事罪中因逃逸致人死亡的罪过形式检讨》，载郎胜等主编：《中国刑法学年会文集》（2008年度），下卷·刑法实践热点问题探索，748 页。

③ 参见楼伯坤：《论交通肇事罪司法认定中的几个难点问题》，载郎胜等主编：《中国刑法学年会文集》（2008年度），下卷·刑法实践热点问题探索，668 页。

④ 参见罗猛：《交通肇事罪若干疑难问题研究》，载郎胜等主编：《中国刑法学年会文集》（2008年度），下卷·刑法实践热点问题探索，631 页。

⑤ 参见韩美秀：《交通肇事后逃逸的立法解读和法理分析》，载郎胜等主编：《中国刑法学年会文集》（2008年度），下卷·刑法实践热点问题探索，754 页。

⑥ 参见周海洋：《简评交通肇事罪共犯》，载郎胜等主编：《中国刑法学年会文集》（2008年度），下卷·刑法实践热点问题探索，697 页。

论存在着严重的冲突。① 也有论者认为：《交通肇事司法解释》第 5 条第 2 款明确提出了交通肇事罪共犯的概念，而该解释第 7 条虽然没有明确提出共犯的概念，但它隐含了共犯的实质内涵，因此，有必要承认交通肇事共同犯罪形态，刑法应当全面确立交通肇事共同过失犯罪。但是，对于《交通肇事司法解释》规定的指使逃逸型交通肇事的共同过失犯罪形态应该予以检讨，取消共犯的规定，对肇事者和指使者根据各自行为的性质及相关法律规定分别定罪处罚。②

（三）"重大责任事故罪"和"强令违章冒险作业罪"相关问题研究

《修正案（六）》对 1997 年刑法典中的重大责任事故罪作了修正，将其分解为"重大责任事故罪"和"强令违章冒险作业罪"两个罪名。研讨中，不少论者对修正后的"重大责任事故罪"和"强令违章冒险作业罪"进行了深入的分析，研讨重点主要在以下几个方面：

1. 重大责任事故罪的犯罪主体

论者们大多认为，《修正案（六）》取消了重大责任事故罪的犯罪主体身份限制之后，"在生产、作业中"的任何人，都有可能成为该罪的犯罪主体。但对"生产、作业"的理解，论者的观点产生了分歧：有论者认为，"生产、作业"并不一定要求是具有营利性质的生产、作业活动，也不要求是经过批准的合法的"生产、作业"活动，只要是在社会生活上反复实施的，具有威胁他人生命、身体性质的事务就足够了。③ 有论者则认为，从字面上理解，"生产、作业"应该是指第一产业、第二产业中的制造、加工活动，并不包括第三产业的经营服务活动，因此建议应该把"在生产、作业中"修改为"在生产、经营中"④。

2. "强令"的含义

有论者认为，"强令"不仅仅是命令，而必须含有强迫、威胁的成分，如果只是一般的劝说、命令，没有强迫、威胁的内容，则不构成强令。⑤ 但是，有论者认为，"强

① 参见田立文：《交通肇事罪几个疑难问题探讨》，载郎胜等主编：《中国刑法学年会文集》（2008 年度），下卷·刑法实践热点问题探索，641 页。
② 参见张利兆：《交通肇事共同过失犯罪的两个争议问题研究》，载郎胜等主编：《中国刑法学年会文集》（2008 年度），下卷·刑法实践热点问题探索，644 页。
③ 参见黎宏：《重大责任事故罪相关问题探析》，载郎胜等主编：《中国刑法学年会文集》（2008 年度），下卷·刑法实践热点问题探索，772 页。
④ 谢治东：《〈刑法修正案（六）〉中重大责任事故犯罪立法探析》，载郎胜等主编：《中国刑法学年会文集》（2008 年度），下卷·刑法实践热点问题探索，786 页。
⑤ 参见周铭川：《强令违章冒险作业罪初探》，载郎胜等主编：《中国刑法学年会文集》（2008 年度），下卷·刑法实践热点问题探索，803 页。

令"应包含有身份者的一般性命令,这些命令不以具有强迫、威胁内容为必要。①

3. "重大责任事故罪"和"强令违章冒险作业罪"的关系

此前,该问题尚未引起学术界的关注。研讨中有论者提出,刑法第 134 条第 1 款"重大责任事故罪"是一般规定,而第 2 款"强令违章冒险作业罪"是特殊规定或者说是注意规定。②

4. 重大责任事故罪的立法完善

有论者认为,应该将重大责任事故罪的发生场合——"在生产、作业中"修改为"在生产、经营中",以限制该罪的适用范围。有论者提出,"强令违章冒险作业罪"独立成罪并不具有必要性,相关的犯罪行为完全可以依据重大责任事故罪以及其他犯罪处理。③

(四)不报、谎报安全事故罪研究

不报、谎报安全事故罪是《修正案(六)》第 4 条新增设的犯罪。研讨中,论者主要对该罪的行为方式、罪过形式以及罪数界定等疑难问题进行了探讨。

1. 不报、谎报安全事故罪的行为方式

研讨中,有论者认为该罪是典型的不作为犯罪,因为不论是不报还是谎报,其实质都是不履行其对安全事故的报告职责。④ 有论者则认为,该罪是作为与不作为相结合的犯罪:"不报"是不作为,即行为人负有报告事故情况的义务,但行为人在能够报告的情况下却选择不去报告;"谎报"则是作为,即行为人负有报告义务,行为人也确实向上级领导或主管部门作了报告,但这种报告描述的事故情况并不真实,一般都隐瞒了事故的严重性或者谎报了事故发生的原因等。⑤

2. 不报、谎报安全事故罪的罪过形式

关于不报、谎报安全事故罪的罪过形式问题,主要有以下几种观点:(1)故意说,认为本罪的罪过形式是故意,即责任事故发生后,负有报告责任的人员明知应该向有关单位报告而不报告,或者是编造虚假事实,谎报事故真相,企图隐瞒或推卸责任。行为人不报或者谎报事故的动机可能多种多样,有的是为了防止上级监管机关知悉,有的是

---

① 参见傅跃建、翁跃强、胡晓景:《强令违章冒险作业罪理解与适用之我见》,载郎胜等主编:《中国刑法学年会文集》(2008 年度),下卷·刑法实践热点问题探索,810 页。

② 参见黎宏:《重大责任事故罪相关问题探析》,载郎胜等主编:《中国刑法学年会文集》(2008 年度),下卷·刑法实践热点问题探索,771 页。

③ 参见谢治东:《〈刑法修正案(六)〉中重大责任事故犯罪立法探析》,载郎胜等主编:《中国刑法学年会文集》(2008 年度),下卷·刑法实践热点问题探索,792 页。

④ 参见廖梅、袁剑湘:《不报、谎报安全事故罪若干问题探讨》,载郎胜等主编:《中国刑法学年会文集》(2008 年度),下卷·刑法实践热点问题探索,927 页。

⑤ 参见孟庆华:《不报、谎报安全事故罪若干疑难问题探讨》,载郎胜等主编:《中国刑法学年会文集》(2008 年度),下卷·刑法实践热点问题探索,918 页。

为了减轻自己的法律责任，有的是为了阻碍事故的处理，等等。（2）过失说，认为本罪的罪过形式是过失。本罪过失可以是疏忽大意，也可以是过于自信。这里的过失是指对其行为所造成的贻误事故抢救且情节严重的心理态度，即应当预见自己不报或者谎报事故情况的行为可能造成贻误事故抢救，因为疏忽大意而没有预见或者已经预见而轻信可以避免。不报或者谎报事故情况的行为一般是明知故犯。（3）复合罪过说，认为本罪的罪过形式既可以是过失，也可以是间接故意，甚至直接故意，是一种极其复杂的罪过形式。①

3. 不报、谎报安全事故罪与安全事故类犯罪的罪数问题

刑法典分则第二章"危害公共安全罪"中规定的安全事故类犯罪共有 10 种，即重大飞行事故罪、铁路运营安全事故罪、交通肇事罪、重大责任事故罪、重大劳动安全事故罪、大型活动安全事故罪、危险物品肇事罪、工程重大安全事故罪、教育设施重大安全事故罪、消防责任事故罪。除交通肇事罪外，上述安全事故类犯罪都可以成为不报、谎报安全事故罪的"上游犯罪"。上述安全事故犯罪发生后，本应承担刑事责任的行为人不报或者谎报事故情况的应如何处理，即应定这些安全事故类犯罪中的一罪，还是将这些安全事故类犯罪中的一罪与不报、谎报安全事故罪按数罪并罚原则来处理呢？对此，论者有以下两种意见：（1）一罪处罚说。该说认为，行为人先实施了重大责任事故罪或其他安全事故犯罪行为，造成了严重的安全事故，在该行为实施完毕之后，通常对公共安全法益的侵害仍处于持续状态（即状态犯），行为人在该违法状态中实施了不报、谎报安全事故的行为，并没有造成新的法益侵害，不报、谎报安全事故的行为属于事后的不可罚行为，因而对行为人应该以重大责任事故罪或其他安全事故犯罪论处，事后的不报、谎报安全事故的行为不再另行评价，但可以在量刑时将其考虑为一个从重处罚的情节。（2）数罪并罚说。该说认为，行为人不报或者谎报事故情况的行为贻误事故抢救，情节严重的，对该行为人应以原事故罪与不报、谎报事故罪两罪并罚。因为这种行为不同于盗窃犯盗窃后又销赃的行为，它不是一种事后不可罚的行为。该行为人本身有报告的义务，其不报或者谎报事故情况的行为，使本来就严重的事故继续恶化，所以该行为人的行为应被认定为两种不同的行为，应当并罚。②

（五）其他责任事故犯罪

除上述几种安全事故犯罪以外，论者也对重大劳动安全事故罪、大型活动重大安全事故罪、工程重大安全事故罪、教育设施重大安全事故罪、消防责任事故罪等犯罪中的

---

① 参见孟庆华：《不报、谎报安全事故罪若干疑难问题探讨》，载郎胜等主编：《中国刑法学年会文集》（2008年度），下卷·刑法实践热点问题探索，919 页。

② 参见孟庆华：《不报、谎报安全事故罪若干疑难问题探讨》，载郎胜等主编：《中国刑法学年会文集》（2008年度），下卷·刑法实践热点问题探索，923 页。

相关疑难问题进行了探讨。

1. 犯罪主体问题

关于重大劳动安全事故罪的犯罪主体，多数论者认为修改后的犯罪主体应该是自然人而不是单位，少数论者认为该罪的主体是自然人。关于大型活动重大安全事故罪的犯罪主体，有论者认为，犯罪主体只能是单位或者组织，不包括自然人；有论者则认为犯罪主体不仅可以包括单位，还包括自然人，但只追究直接负责的主管人员和其他直接责任人员的刑事责任。① 关于工程重大安全事故罪的犯罪主体，论者一般都认可该罪的主体仅限于单位，但也有论者认为刑法典在条文中所列举的单位不能包括所有从事工程建设的单位，并且犯罪主体局限于单位也不符合客观实际，因此，建议修改本罪主体，将其扩大为涵盖一切从事工程建设的单位和个人。② 关于消防责任事故罪的犯罪主体问题，一种观点认为，本罪的主体为特殊主体，是指负有防火安全职责的人；另一种观点认为，本罪的主体是一般主体，即凡是达到刑事责任年龄、具备刑事责任能力的自然人均可成为本罪的犯罪主体。③

2. 主观方面的问题

关于重大劳动安全事故罪的主观方面，有论者认为是过失，既包括过于自信的过失，也包括疏忽大意的过失；有论者认为是复合罪过形式，行为人的主观心理态度既可能为间接故意，也可能为过失，但不能是直接故意。关于工程重大安全事故罪的罪过形式，有论者认为主要是过失，在少数情况下也可以由间接故意构成；有论者则认为只能是过失，既可以是疏忽大意的过失，也可以是过于自信的过失。④

[赵秉志、李希慧、刘科、谢治东、林卫星；载赵秉志主编：《刑法评论》，2009 年第 1 卷，北京，法律出版社，2009]

---

① 参见彭新林：《大型群众性活动重大安全事故罪主体疑难问题探讨》，载郎胜等主编：《中国刑法学年会文集》（2008 年度），下卷·刑法实践热点问题探索，839 页。

② 参见张兆松：《工程重大安全事故罪立法重构》，载郎胜等主编：《中国刑法学年会文集》（2008 年度），下卷·刑法实践热点问题探索，846 页。

③ 参见林亚刚、任彦君：《消防责任事故罪的若干问题》，载郎胜等主编：《中国刑法学年会文集》（2008 年度），下卷·刑法实践热点问题探索，874～875 页。

④ 参见邓小刚：《重大劳动安全事故罪疑难问题探析》，载郎胜等主编：《中国刑法学年会文集》（2008 年度），下卷·刑法实践热点问题探索，820 页。

第六十章
2009 年全国刑法学术年会综述

一、前　　言

2009 年全国刑法学术年会于 2009 年 8 月 18 日至 21 日在云南省昆明市举行。今年正值新中国成立 60 周年，回顾新中国刑法学 60 年的发展过程，有利于我们更深入地了解我国刑事法治建设和刑法学的发展道路，从而不断地为我国刑事法治建设和刑法学发展积累经验。为此，中国法学会刑法学研究会将本届刑法学术年会的总议题确定为"新中国刑法建设 60 年"，下设两个子议题，分别为"新中国刑法建设 60 年：回顾与展望"和"新中国刑法建设 60 年：研讨与适用"，其中，"新中国刑法建设 60 年：研讨与适用"子议题中又分设 3 个具体议题，包括"《刑法修正案（七）》的理解与适用"、"刑事和解制度的刑法学研讨"和"死缓制度适用与完善研究"。本届年会共收到符合要求的论文 202 篇，这些论文围绕年会议题，全面而深入地研讨了年会议题所涉及的几乎所有理论和实务问题，反映了我国刑法理论界和实务界在这些领域的最新学术研究成果。这些研讨成果必将为我国刑法立法发展和司法实践完善提供重要的理论指导与参考价值。

二、新中国刑法建设 60 年的回顾与展望

今年是新中国成立 60 周年。为了纪念新中国成立 60 年来我国刑事法治和刑法学研究所取得的辉煌成就，同时也为了促进刑法学的进一步繁荣和发展，在本届刑法年会，学者们对新中国成立 60 年来刑法理论与实践的发展进行了回顾和反思。

（一）关于刑法学的整体发展

有学者回顾了新中国成立 60 年来刑法学研究的发展历程，认为大致可分为三个时期：1949 年 10 月至 1957 年上半年为我国刑法学研究的创立和初步发展时期，1957 年下半年至 1976 年 10 月为我国刑法学研究的萧条与停滞时期，1976 年 10 月至今为我国刑法学研究的复苏与繁荣时期。该学者认为，60 年来，中国刑法学研究取得了长足的进步，主要表现在：学术研究的量与质的巨大飞跃；研究成果百花齐放；突破"左"的束缚不断解放思想。但刑法学的研究也还存在某些不足，为此应当努力构建以人为本的

刑法理论，科学开展刑法学体系的研究，加强对西方刑法理论的分析。

也有学者指出：刑法学研究 60 年里取得了丰硕的成果。从具体的学术研究角度来说，这些学术成果的取得主要是外部影响因素和内部影响因素的综合作用。不过，中国刑法学 60 年的发展在学科、地域和理论与实践层面还存在一些不足之处，需要在三个层面上搭建学术交流的平台；在学科层面上搭建刑法学与其他学科之间交流的平台，在地域层面上搭建交流的平台，在理论和实践的层面上搭建交流的平台。

（二）关于刑事立法的发展

有学者以影响刑法立法发展的客观范畴为视角，剖析了刑法立法与社会的发展、政策的更替、司法的需求、国际的影响等客观范畴之间的内在紧密关联，进而指出：我国刑法立法 60 年的发展历程表明，国家和社会政治与经济的发展状况决定着刑法立法的走向，基本刑事政策的演进影响着刑法立法的发展，而且刑法立法还始终与刑事司法相互影响，并广泛借鉴、移植国际规范。

也有学者对新中国刑法的立法解释进行了历史回顾，指出：21 世纪我国刑法的立法解释的一些明显特征包括：主要是关于刑法分则具体犯罪成立条件的解释；主要是关于新型犯罪和新问题所涉及问题的解释；主要是从论理解释的角度进行扩大解释；都是关于一类或具体危害行为定罪条件的规定，不涉及法定刑问题的解释；立法解释的名称统一，解释的时间比较集中。未来刑法立法解释应当继续保留全国人大常委会的刑法立法解释权，适当限制刑法立法解释权；立法解释的内容不应仅限于定罪，也应当涉及量刑；立法解释的名称应统一，生效时间应明确。

（三）关于刑事政策的发展

有学者研究了新中国成立 60 年里刑事政策精神的演进特征，认为其发展经历了 4 个阶段：一是法治择向——刑事政策逐步扩张阶段，主要解决的是法制继承问题，包括新中国的刑事法制与革命根据地时期的刑事法制承继关系和对苏联刑法的学习、移植。二是法治尽毁——刑事政策对于刑事法制的全面超越阶段，这个阶段的刑事政策缺少法制约束，导致了一些恶果，包括行政权力扩张对公民基本权利的粗暴干涉、认为如实表达思想是一种犯罪行为、针对权力的监督行为被异化为敌我矛盾以及政策不具稳定性和可预见性。三是法制建构——刑事政策与刑事法治的互补协调阶段，包括纠正冤、假、错案以及刑事政策由"变法"过渡为"依法"。四是法制权威树立——宽严相济刑事司法政策的提出与实践阶段。

也有学者研究了新中国成立 60 年里刑事政策的发展，指出随着经济社会的发展，情势的变迁，刑事政策及其精神亦审时而变，大致经历了由"镇压与宽大相结合"至"惩办与宽大相结合"，再至"宽严相济"的演进历程。三种基本刑事政策精神的演进都是由经济社会的发展所决定的。有学者进而指出，新中国成立 60 年里刑事政策精神的演进体现了从打击犯罪到坚持打击犯罪与保障人权的有机统一，从实体公正到坚持程序公正与实体公正的有机统一，从遏制犯罪到坚持遏制犯罪与促进社会发展的有机统一，从惩治犯罪到坚持惩治犯罪与恢复社会秩序的有机统一，从注重效果到坚持依法办案与注重效果的有机统一。

还有学者研究了刑事政策对刑法解释的影响，指出：刑事政策的引领性功能体现在刑法解释对定罪和量刑的直接影响。刑法解释的拘束力、制约力和普适力，使得它同刑法典一样，担任起刑事政策推行与外化的职能。而刑事政策的导向性，则体现在刑法解释的内容上。刑法解释的功能之一是区分罪与非罪、此罪与彼罪、重罪与轻罪，因此，刑法解释在某种意义上，也可作为刑事政策的表象之一。同时，作为一经颁布便具有一体遵行效力的刑法解释，它在司法过程中所起的作用非常大，不可避免会成为刑事政策推行的载体，并体现刑事政策的引领性功能。

（四）关于犯罪构成理论的发展

有学者对新中国犯罪构成理论的发展进行了回顾和展望，指出：自新中国推翻旧中国的法统以来，德日犯罪成立理论逐渐销声匿迹，新中国刑法学转而引进了苏联犯罪构成理论。60年里，中国传统犯罪构成理论已得到了长足的发展，在传统犯罪构成理论的指导下，刑法学的其他相关理论也得到较快发展，从而为中国刑法学科的发展作出了重大贡献。传统犯罪构成理论强调犯罪构成是刑法规定的，行为要完全符合这四个要件才能定罪，其犯罪界限较为明确，符合罪刑法定原则的要求。与此同时，其将行为是否符合犯罪构成四个要件的证明责任交由控诉方，体现了人权保障优先的理念。将来，传统犯罪构成理论应继续成为我国的主流犯罪构成理论，我国法律实务教育应树立主流犯罪构成理论的权威。

也有学者研究了新中国犯罪构成理论的演进，指出：理论的发展离不开学术的争鸣，从微观到宏观，从肯定到否定，从坚持到重构等多角度、多方位对犯罪构成理论进行的任何研究都是有益的，对此我们应该保持一种必要的学术宽容，允许乃至鼓励多种犯罪构成理论体系的存在。在将来对犯罪构成理论研究中，需要着重研究处理好形式与实质、事实与价值、规范与事实、主观与客观、定性与定量等关系问题。

还有学者对新中国成立60年里我国犯罪构成理论的基本经验进行了总结，指出：立足本民族文化思维模式是构建犯罪论体系的前提和基础，辩证地扬弃其他国家、民族的成果是构建犯罪论体系的保证，吸收其他学科的营养成分是构建科学的犯罪论体系的必要补充。全球化时代的我国犯罪构成本土化的重点，应当是如何将违法性纳入犯罪构成要件体系，并对罪量要件加以适当归类，以真正确立犯罪构成作为犯罪认定唯一标准的至尊地位。

（五）关于刑罚的发展

有学者对新中国成立 60 年里死刑制度的发展进行了回顾，认为：该 60 年里我国死刑的发展先后经历了 5 个阶段。其中，第一个阶段（1949—1979 年）的特点是死刑罪名较少，但法治状况混乱；第二个阶段（1980—1982 年）的特点是死刑较为谦抑；第三个阶段（1982—1997 年）的特点是死刑膨胀；第四个阶段（1997—2006 年）的特点是死刑略有限缩；第五个阶段（2007 年至今）的特点是死刑制度改革的飞跃。

也有学者总结了我国量刑原则的变迁，指出我国量刑原则的变迁先后经历了 4 个阶段，即零星的量刑原则（1949—1953 年）、随意的量刑原则（1954—1977 年）、过渡的量刑原则（1978—1997 年）和沿袭的量刑原则（1997 年刑法颁布至今）。该学者进而指出：现代中国量刑理念应定位于法定化、标准化和规范化。其中，法定化是量刑理念与量刑制度的基础，标准化是量刑理念与量刑制度的技术支撑，规范化是现代量刑制度体系的理想目标。未来我国量刑原则发展应当坚持量刑原则与理念的独立、量刑原则与理念的均衡和量刑方法与技术的科学性。

（六）关于具体犯罪

在具体犯罪方面，学者们重点研究了新中国成立 60 年里危害国家安全罪、偷税罪、金融犯罪、贪污贿赂犯罪等犯罪的发展与演变。

有学者从危害国家安全罪的角度，分析和总结了新中国成立 60 年里刑法立法的基本经验，指出：新中国成立伊始，为了维护和巩固新生的革命政权，持续开展了大规模的镇压反革命运动。在刑事立法上，从 1979 年刑法的反革命罪到 1997 年刑法的危害国家安全罪的变迁，折射出我国刑法立法的进步性与更加规范性。应当继续坚守 1997 年刑法危害国家安全罪的立法主旨，贯彻罪刑法定的刑法基本原则，准确地定罪量刑。

有学者以偷税罪为视角初步总结了新中国成立 60 年里经济刑法的立法经验，指出：偷税罪的犯罪化是依据税收法益并随之变化而调整的。逃税行为的非犯罪化也如此。以法益或经济管理秩序作为犯罪化或非犯罪化的依据，虽然对于适时保护我国经济秩序有很大的意义，但是考虑到其不确定性和多变性，仅仅依赖这一标准，很难保障经济刑法立法的稳定和科学。新中国成立 60 年里，我国刑法关于偷税罪的规定修改了 4 次，其不稳定性可见一斑。不过，从偷税罪的修改可以发现，我国经济刑法越来越重视法益保护，规范也更具独立品格，经济刑法网更多地受到了刑事政策的影响。

也有学者对我国金融犯罪刑事立法的演进与完善进行了思考，指出：我国金融犯罪刑事立法经历了萌芽期（1979—1994 年）、成长期（1995—1998 年）和繁荣期（1999 年至今）三个不同时期，并且从 1997 年刑法典颁布实施到现在，我国先后出台了 1 个单行刑法和 5 个刑法修正案对金融刑事立法进行补充和完善。这些金融刑事立法通过弹性构成要件、增补新罪、降低入罪门槛等方法，实现了严密刑事法网的目标，总体上是合理的，但也存在立法缺乏超前性、修改过于频繁和刑罚设置有加重趋势、有违罪刑均衡等方面的不足。

还有学者对我国惩治贪污贿赂犯罪的立法进行了回顾，认为：我国的贪污贿赂犯罪立法总体上经历了一个从特别法到一般法再到特别法再到一般法的过程，立法模式呈现多层次、多体系的特点。在罪名、罪状、法定刑设置等方面都有阶段性。未来惩治贪污贿赂犯罪的立法，在立法模式上，应采取专门的综合性立法模式；在罪状设置上，应注重解决当前存在的主要问题；在法定刑的配置上，应增加罚金刑和资格刑的选用。

三、死缓制度适用与完善研究

死缓是我国独创的一项刑罚执行制度。本届年会围绕死缓制度的基本理论问题、死缓与刑事政策的关系、死缓的适用条件、死缓的法律后果等问题展开了深入论述。

(一) 死缓制度的基本理论问题

1. 死缓制度的理论根基

有学者指出，我国死缓制度的理论根基包括了三个层次：(1) 死缓的哲学根据，即量变质变规律。我国的死刑系统是一个双层结构，其中"死刑立即执行"质的规定性由"社会危害性"决定。而"死缓"处于量变的活跃期，其中"人身危险性"直接决定着"死缓"的最终发展。(2) 死缓的刑法文化根据，即德治刑法文化的历史传统。德治刑法文化的历史传统可以追溯到西周时期提出的"明德慎罚"原则；唐代又在汉代的基础之上提出了德主刑辅；而清代的监候制度，实际上是现代"死缓"制度的肇始。(3) 死缓的刑罚理论根据，即刑罚个别化。死刑的适用与否要和犯罪人的人身危险性相适应。也有学者指出，死缓制度根基于人性论、功利观和罪刑均衡原则。

2. 死缓的地位

死缓是否属于一种独立的刑种？多数学者认为，死缓制度是我国独创的刑罚执行制度，不是独立的刑种。但也有学者持不同观点，认为：现行刑法的规定与死缓制度在司法实践中的应用矛盾。根据现行刑法的规定，死缓只是死刑的一种执行方式；而从司法实践来看，死缓的执行却有着与死刑立即执行明显不同的结果。死缓不是一种缓刑，也不是死刑的一种执行方式，而应该是独立的刑种。其主要理由有：(1) 死缓有自身的适用条件，可以作为主刑独立适用；(2) 死缓与死刑立即执行有着本质上的不同，独立之后有利于对于二者的区分，有利于解决刑事立法与司法实践的矛盾；(3) 死缓独立既有利于发挥死刑之利，又可以限制死刑之弊；(4) 有助于完善刑罚体系，体现罪责刑相适应原则；(5) 有助于刑罚目的的实现。

3. 死缓的悖论

有学者认为死缓本身是一个悖论，死缓是死刑的一种执行方式，不是独立刑种，判处死缓就是判处死刑，但从司法实践来看，判处死缓就是获得新生，所以，死缓与死刑立即执行有着本质上的不同，死缓不是，也不应当是死刑的执行方式。也有学者指出：死缓的扩大适用与死刑的限制适用之间存在矛盾。死缓在性质上并不具有独立的地位，仅是死刑的一种执行方式而已，因此，从表面上看，适用死缓即适用死刑，扩大适用死缓即扩大适用死刑。如此推论，死缓的扩大适用与死刑的严格限制之间是一个悖论。

(二) 死缓与刑事政策的关系

有学者从刑事政策的视角认为：死缓实质上是一项具有浓重刑事政策色彩的法律制度；死缓制度能够满足刑事政策的目的性需要，适应刑事政策的灵活性需要，符合刑事政策的效率性需要，符合刑事政策的折中调和性需要，体现刑事政策的自我修正性需要。所以，基于现实的考虑，死缓的存在在刑事政策上具有相当合理性。但是，死缓只是现阶段重刑主义之下的权宜措施，作为极其严重的刑罚，它与现代文明格格不入。随着刑罚的发展，死缓制度将会最终消亡。

也有学者以宽严相济刑事政策为视角探讨了死缓制度的完善，认为：我国死缓制度的健全和完善应当坚持以宽严相济的刑事政策为主线，以宽为主，严者愈严，扩大死缓的适用范围：(1) 扩大死缓的适用范围。从观念上改变社会和司法人员本身的重刑理念；改否定式立法为肯定式立法，明确死缓的适用对象为非暴力犯罪或存在减轻情节，或者删除"不是必须立即执行"的规定；对"不是必须立即执行"的情形，在原有以人身危险性作为判断标准的同时，增加客观的侵害结果或犯罪性质作为类型标准之一。(2) 完善死缓执行期间关于故意犯罪的规定。行为人"立功"的，应当以宽为主，体现刑罚的宽仁，促进犯罪人积极改造的实现；故意犯罪的范围应当严格限制；故意犯罪对死缓变更的影响应当以"宽和"为基调，辅之以严。(3) 延长死缓变更为自由刑之后的实际执行时间。

(三) 死缓的适用条件

死缓适用的条件包括"应当判处死刑"和"不是必须立即执行"。本年度刑法学术年会文集中，学者们对这两个条件的判断标准提出了不同看法。

1. 关于"应当判处死刑"的理解

有学者指出：我国立法将"应当判处死刑"表述为死缓的前提条件，混淆了死刑刑种选择的前提条件与从属于死刑的死缓制度的前提条件，忽略了死缓制度产生的先死刑再死缓的基本程序。为此，应当在逻辑上将"因为应当处死……所以可以选择死缓"的思维轨迹，转换成"因为应当处死……所以可选择死刑……因为选择死刑……所以可选择死缓"。然后，将现行刑法典第 48 条规定的"对于应当判处死刑的犯罪分子……"中的"应当"修改为"已经"，或者直接将"应当"删除。

关于如何理解"应当判处死刑"中的"罪行极其严重"，多数学者赞同从主、客观两方面进行判断。如有学者在对我国学界以往的"客观说"、"侧重客观说","主客观应然并重说"和"主客观实然并重说"进行评价的基础上指出:"罪行"意指甚至就是社会生活中实际发生的、业经刑事诉讼程序查证属实的作为事实的犯罪,是犯罪构成的主观方面要件与客观方面要件有机组成的统一体。对"罪行极其严重"必须从犯罪构成的主观方面与客观方面进行理解,不能理解为只包括其中一个方面。也有学者提出对"罪行极其严重"的理解和把握还应结合相关国际公约的规定。

但也有学者指出,判断是否"罪行极其严重"的,除了考虑犯罪分子所犯罪行是否极其严重之外,还应考虑其在共同犯罪中的作用、平常的一贯表现、被害人有无过错等。仅以犯罪分子所犯罪行是否极其严重作为死缓的适用条件,不仅在逻辑上具有循环论证的嫌疑,而且也违反了刑法禁止重复评价的原则,容易导致"应当判处死刑"和"不是必须立即执行"的要件在内容上混为一谈,无法区分。

2. 关于"不是必须立即执行"的理解

有学者认为:"不是必须立即执行"应理解为,犯罪分子在具备"应当判处死刑"的前提条件下,在案件中存在着影响死缓适用的消极量刑情节,既有法定从宽处罚的,也有酌定从宽处罚的,还有影响量刑的案外因素。实践中,由于土地、山林、草场、水源等边界纠纷,或民族、宗教、宗派斗争导致犯罪的情况适用死缓,具有一定合理性,但于社会危害不是十分严重、犯罪分子属于限制责任能力以及根据民愤而判处死缓的情形,难以保障死缓适用的正当性。

也有学者结合司法实践提出了适用死缓的主要考量情节:具有自首、立功等法定从轻处罚情节;被害人存在明显过错;被告人人身危险性较小,属于初犯、偶犯或激情犯;犯罪动机单纯,主观恶性不深;被告人真诚悔过且与被害人或其家属达成和解;共同犯罪无法认定主犯的,等等。

(四) 死缓的法律后果

1. 如何理解"故意犯罪"

故意犯罪是对死缓犯执行死刑的条件。关于如何理解"故意犯罪"的范围,有学者赞同以往学界的通说,认为"故意犯罪"是指刑法分则当中所规定的全部故意犯罪,只要犯罪分子在2年内实施了故意犯罪,不论是何种故意犯罪,都不影响死刑的核准执行。

有学者持不同意见,认为应当将"故意犯罪"限定为法定刑为3年以上有期徒刑、无期徒刑或者死刑的故意犯罪。其理由在于:死缓犯在服刑期间又犯罪的情况比较复杂,只犯较轻的故意犯罪不能说明罪犯十恶不赦。而且将"故意犯罪"限定为法定刑为3年以上有期徒刑、无期徒刑或者死刑的故意犯罪,也基本可以避免死缓犯在死缓期间实施告诉才处理的犯罪时所面临的程序困境。

也有学者指出,对于刑法典第50条规定的"故意犯罪",在决定对死缓犯执行死刑时应衡量其犯罪是否达到一定的严重程度，并考虑故意犯罪的停止阶段和受害人的过错等情况：（1）从犯罪的严重程度上看，死缓犯所犯之罪应达到一定的严重程度；（2）犯罪的类型上看，死缓犯所犯之罪应不属于刑法规定的"告诉才处理"的犯罪；（3）从犯罪停止形态看，犯罪预备、犯罪中止或犯罪未遂形态是影响对死缓犯执行死刑的重要因素；（4）考虑被害人的过错程度。

还有学者从刑法解释的视角对"故意犯罪"进行了研究，进而指出：根据体系解释的方法，"故意犯罪"应是指暴力侵犯公民重要人身权利的故意犯罪；根据限制解释的方法，"故意犯罪"应指可能被判处 5 年以上有期徒刑的故意犯罪；根据沿革解释的方法，"故意犯罪"应是指表明犯罪人抗拒改造、情节恶劣的故意犯罪。综合三个视角，"故意犯罪"应是暴力侵犯公民人身权利的，应被判处 5 年以上有期徒刑且抗拒改造、情节恶劣的故意犯罪。

2. 对立功的死缓犯的处理

（1）对既有故意犯罪又有重大立功表现的死缓犯的处理。对于既有故意犯罪又有重大立功表现的死缓犯，有学者认为应综合考虑此逆向情节各自的作用，对故意犯罪的社会危害程度和重大立功表现的不同情况作出定量分析，然后确定对死缓犯是执行死刑还是对其进行减刑。如果故意犯罪的法定刑在 3 年以下，并有重大立功表现的，2 年期满以后，应减为 18 年以上 20 年以下有期徒刑；如果故意犯罪的法定刑在 3 年以上，虽有重大立功表现，仍应在依法判决确认后，由高级人民法院报请最高人民法院核准，执行死刑。

也有学者根据重大立功和故意犯罪的先后顺序区分了三种情况：一是先有重大立功表现，后有较严重故意犯罪；二是重大立功表现与较严重故意犯罪同时出现；三是先有较严重故意犯罪，后有重大立功表现。第一种和第二种情况都属于两种逆向情节并存，都不能核准执行死刑，只能等考验期满后减为无期徒刑。第三种情况是较严重的故意犯罪在先，只要在 2 年考验期内，都可以成为核准执行死刑的理由，而且也没有必要等到 2 年期满之后。

还有学者认为：既有故意犯罪又有重大立功的死缓犯本身就是个假问题。因为，死缓犯在死缓期间，不被执行死刑的唯一条件，就是"没有故意犯罪"。既然其在考验期内又故意犯罪，则不被执行死刑的前提条件不复存在。即便在此期间有其他重大立功表现，也不可能恢复到"没有故意犯罪"的状态。

（2）对无故意犯罪且有一般立功表现的死缓犯的处理。有学者指出：现行刑法将无故意犯罪且有一般立功表现的情形，与无故意犯罪，也无一般立功表现的情形不加区分，都减为无期徒刑，不甚合理，对有一般立功表现者不公平，不利于罪犯改造。基于此，应当对死缓期间没有故意犯罪且有一般立功表现的情形作出补充规定，规定在 2 年考验期满后，减为 18 年以上 20 年以下有期徒刑。而对没有故意犯罪且有重大立功表现的，规定在 2 年考验期满后，减为 15 年以上 18 年以下有期徒刑。也有学者认为，为了鼓励犯罪分子改造，对于在死刑缓期执行期间有悔改表现又有立功行为的死缓犯，可以考虑将其减为20年有期徒刑。

（3）对既有故意犯罪又有一般立功表现的死缓犯的处理。对于既有故意犯罪又有一般立功表现的死缓犯的处理，有学者提出，如果故意犯罪的法定刑在3年以下，不论死缓犯有无一般立功表现，2年期满以后，均减为无期徒刑；如果故意犯罪的法定刑在3年以上，不论死缓犯有无一般立功表现，均应在依法判决确认后，由高级人民法院报请最高人民法院核准，执行死刑。

3. 死缓变更处理的时间

（1）关于减刑的时间。根据刑法的规定，死缓执行期间，如果没有故意犯罪，2年期满以后减为无期徒刑；如果有重大立功表现，2年期满以后减为15年以上20年以下有期徒刑。关于减刑的时间，有学者认为，既然死缓犯的考验期是2年，2年期满的第二天法院就应当对之减刑（如果符合减刑条件），但由于减刑本身也是一个程序问题，需要一个过程，具体期限以考验期满后1个月为佳。

（2）关于执行死刑的时间。死缓执行期间，如果故意犯罪并查证属实，经最高人民法院核准后要执行死刑。但是否要等到死刑缓期2年期满以后再执行死刑，学者们有不同认识。

有学者对我国刑法学界主张故意犯罪2年期满以后再执行死刑的观点进行批判，认为这种观点是对刑法典第50条过于技巧化的解读。刑法第50条中的"没有故意犯罪"是已经宣告的死刑不再执行的必要且充分条件。如果死缓犯在死缓执行期间故意犯罪，则先前的"没有故意犯罪"的状态就告消失，对死缓犯减为无期徒刑或者有期徒刑的条件也不复存在，对死缓犯变更执行死刑就在所难免。这种情况下，一定要等到2年之后再核准执行死刑，并无实际意义。死缓犯只要有故意犯罪行为，随时可以裁定、核准执行死刑，而不必等2年期满以后。

也有学者提出：理论界之所以对死缓执行期间故意犯罪"查证属实的，由最高人民法院核准，执行死刑"是否要等到2年期满以后众说纷纭，原因就在于刑法、刑事诉讼法对"查证属实"的规定容易产生误解，以为只要查证属实而不需要审判就可以报请最高人民法院核准死刑。但实际上，根据最高人民法院《关于执行〈中华人民共和国刑事诉讼法〉若干问题的解释》第339条之规定，"查证属实"也需履行侦查、审查起诉与审判程序，而这一系列程序履行完毕需要多长时间往往因案而异。由此，何时执行死刑实际上与死缓的2年期间已经无太大关系，什么时候核准死刑并签发了死刑执行命令，什么时候就执行死刑。为此，应当将刑法第50条的相关规定修改为"如果故意犯罪，经依法判决确认的，由高级人民法院报请最高人民法院核准，执行死刑"，同时将刑事诉讼法第210条的相关规定修改为"如果故意犯罪，经依法判决确认的，应当执行死刑，由高级人民法院报请最高人民法院核准"。

4. 死缓执行发现漏罪处理

关于在死缓执行期间发现了判决前没有发现的罪行该如何处理,我国刑法没有明确规定。有学者针对在死刑缓期执行期间发现漏罪应当执行死刑的观点进行了批判,指出从刑法的规定本身来看,死缓期间故意犯罪是引起对犯罪人核准执行死刑的唯一条件,不能随意扩大对死刑的适用;从刑法所规定的死缓法律后果来看,立法机关更倾向于对判处死缓的犯罪人不适用死刑,不能对死缓后执行死刑的条件随意扩大解释;在缓刑期间发现漏罪的不同于在缓刑期间又实施了新罪,不能够同等对待,所以,在缓期执行期间发现判决前没有发现的罪行的,无论是故意犯罪还是过失犯罪,都不应当直接核准对犯罪人执行死刑。

(五) 死缓适用中的特殊问题

1. 共同犯罪中死缓的适用

有学者认为:在共同犯罪中扩大死缓适用具有重要意义,它顺应了国际社会限制和废止死刑的趋势,有利于限制我国死刑的执行;符合宽严相济的刑事政策,体现了对共犯人区别对待的原则;有利于缓冲普遍的报应观念,实现刑罚的社会效果。对于共同犯罪案件中"罪行极其严重"的认定,应以团体责任为基础,以个人责任为限制。而对于"不是必须立即执行"的把握,应以基于共同责任和个别责任评价的"罪行极其严重"为前提,以社会危害性为标准,同时注重共同犯罪案件中消极情节在死缓适用中的作用。

2. 具体犯罪中死缓的适用

(1) 故意杀人罪与死缓的适用。作为剥夺生命的犯罪,故意杀人罪的死刑问题尤其引人注目。有学者以故意杀人罪为视角,对死缓制度的适用与执行标准进行了探讨,指出在故意杀人罪中,"罪行极其严重"应当是指犯罪分子所实施的犯罪行为极其严重,而不应过多考虑其犯罪后的认罪、悔罪表现,同时"不是必须立即执行"也应当从严掌握。该学者进而认为,我国死缓适用存在三大误区:对罪该处死的犯罪分子具有法定从轻处罚情节的,一律应判处死缓;对罪该处死的犯罪分子具有酌定从轻处罚情节的,一般应判处死缓;以及对罪该处死的犯罪分子具有法定或者酌定从轻处罚情节,不判处死缓。这些都与我国刑事政策矛盾。死缓的适用应符合法律和政策规定标准,适合国情和民意标准,体现刑罚个别化标准。

(2) 运输毒品罪与死缓的适用。有学者结合具体案件探讨了运输毒品罪中的死缓适用,指出:实践中应当准确把握运输毒品犯罪适用死刑的合法性,同时严格控制运输毒品犯罪的死刑适用。对于存在下列酌定量刑情节的,可以考虑适用死缓而不是死刑立即执行:侦查瑕疵和证据瑕疵;受人指使的"马仔";运输毒品犯罪主体特殊;犯罪原因特殊等。运输毒品犯罪的社会危害性较之于走私、制造、贩卖毒品犯罪要轻,难以相提并论。对运输毒品犯罪大量科处死刑立即执行,从报应角度来看,与罪刑法定原则所要求的刑罚的均衡性和实质的正当性不符；从威慑角度来看，无助于控制和减少毒品犯罪的发生。

（六）死缓与徒刑的冲突与衔接

在我国严格限制死刑的大背景之下，死缓与无期徒刑的适用必将增加。但由于死缓与无期徒刑均可减为有期徒刑，而我国有期徒刑的上限仅为 15 年（数罪并罚时为 20 年），这就导致死缓与徒刑之间的断层与冲突。对此，有学者指出：死缓减刑后的实际执行最低期限可为 14 年，无期徒刑减刑后再获假释的实际执行最低期限可为 12 年，二者实际上已被"有期徒刑化"。而且，死缓与无期徒刑的最低执行期限差别偏小，二者减刑后实际执行的最低期限均低于有期徒刑的上限，三者之间过分接近，反映出我国刑罚阶梯的不合理性。对此，应提高有期徒刑上限，将我国刑法中单罪的有期徒刑上限提高至 20 年，数罪并罚时判处有期徒刑的上限提高至 30 年，并对我国刑法有关条文进行相应修改。

也有学者提出：对于死缓和有期徒刑的衔接，可以借鉴其他国家的经验，在其他刑种保持不变的情况下，将无期徒刑分为绝对无期徒刑（不能减刑或假释的无期徒刑）和相对无期徒刑（执行一定期限后可以被减刑或假释的无期徒刑）。对于死缓考验期内没有较严重故意犯罪的（包括较轻故意犯罪或过失犯罪在内），2 年期满后，可以减为绝对无期徒刑。对于相对无期徒刑，在执行一定期限之后，可考虑减为 25 年～30 年的有期徒刑。有期徒刑数罪并罚合并执行刑期的年限也应相应提高，以 25 年～30 年为宜。

四、刑事和解制度的刑法学研讨

20 世纪 70 年代以后，尤其是晚近十余年，刑事和解制度和理念在西方各国引起了广大学者与实务界人士的关注和研究，并产生了多种实践模式。在此背景之下，我国刑事法学者和立法、司法机关开始广泛关注刑事和解制度。本次刑法学年会，学者们也对刑事和解问题进行了深入探讨。

（一）刑事和解的起源和根据

关于刑事和解制度的起源，多数学者认为这是从西方传入中国的恢复性司法影响下的产物；也有学者认为刑事和解是我国正式刑事司法程序在自我完善过程中遭遇西方恢复性司法思潮时，借以指代我国刑事司法在轻微案件处理方式的改革探索上的实践；还有学者认为刑事和解的案例在我国自古存在并有深厚的文化底蕴，只是在形成制度性司法实践上晚于西方国家。

关于刑事和解的根据，有学者认为，刑事和解实体法上的根据主要包括非犯罪化政策、刑罚个别化原则和宽严相济刑事政策。也有学者认为适用刑事和解的社会文化条件包括以下几方面：第一，"以和为贵"的传统文化是刑事和解制度的文化土壤；第二，"宽严相济"的刑事政策是刑事和解制度的政策依据；第三，社区矫正的行刑方式是刑事和解制度的实践依据。还有学者认为，刑事和解的基础是民事契约，和解协议在本质上是一种民事契约。其理由有三点：第一，和解协议的契约当事人是刑事案件中的加害人与被害人，二者是平等的法律主体。第二，从和解协议的内容来看，其调整的是民事权利义务关系。第三，刑事和解协议虽然涉及了刑事处罚权的重新"分配"，是私法主体对专属于国家的刑罚权的干预，但是该特殊性并不足以在本质上否定刑事和解协议的民事契约属性。

（二）刑事和解的主体和适用范围

1. 刑事和解的主体

关于刑事和解的主体，有学者认为其应当具有广泛性，具体包括被害人、加害人、调解人、辩护人与诉讼代理人、司法工作者。其中的被害人，是指因犯罪行为而直接遭受损失或损害的自然人、法人或其他组织，在直接被害人死亡或者丧失行为能力时，与直接被害人具有血亲或姻亲关系而间接受害的近亲属可以成为刑事和解中的被害人。也有学者认为刑事和解的主体包括被害人、加害人、调解人、司法机关和被害单位。还有学者认为仅仅包括被害人、加害人和检察院。

2. 刑事和解的适用范围

关于刑事和解的适用范围，有学者认为，刑事和解应主要适用于犯罪人是初犯、偶犯、过失犯、中止犯、胁从犯、激情犯罪等主观恶性较小的案件，对于侵害国家和社会权益的案件，原则上不适用刑事和解。也有学者认为，能够适用刑事和解的案件主要有以下几类：轻伤害案件；过失犯罪案件；轻微犯罪刑事案件；未成年犯罪案件；依法判处 3 年以下有期徒刑、拘役、管制或者单处罚金的案件和重罪案件（包括死刑案件）。还有学者提出，对于日益增多的老年人犯罪也应该广泛适用刑事和解。此外，有学者就国际犯罪和少数民族犯罪适用刑事和解的问题进行了分析。

3. 刑事和解的适用条件与阶段

关于适用刑事和解的条件，有学者认为刑事和解的适用条件主要包括：第一，刑事和解应以案件事实清楚，证据确实、充分为客观前提；第二，应以犯罪人的有罪答辩为基本条件；第三，应当得到被害人的真实同意；第四，应以犯罪人人身危险性较小或者没有人身危险性为实质条件。而关于刑事和解的适用阶段，有学者认为应该在审前阶段适用；也有学者认为无论是判决前的刑事案件还是判决后的执行案件，只要是有被害人的案件，均有可能和解。

（三）刑事和解与恢复性司法的关系

关于刑事和解与恢复性司法的关系，有学者认二者是一个问题的不同称谓，其实质都是一样的。有学者认为：刑事和解和恢复性司法并不是在同一层面上的范畴。刑事和解应当是恢复性的。在传统的报应性司法模式之下，犯罪是一种对刑法规则的背离，是对国家的侵害，通过国家刑法规定来定罪，由国家决定谴责和惩罚。相反地，在恢复性司法模式之下，犯罪是对作为个人的被害人的侵害，司法包含了加害人、受害人和社区，以寻求能修复、调解和恢复信心的解决途径为目的，而刑事和解恰恰是恢复性司法模式下的一种解决机制。也有学者认为，刑事和解应以修复社会关系为着眼点，以快速解决矛盾纠纷为切入点，以有效教育、挽救被告人为落脚点，重视维护被害人的合法权益，关注刑事被告人的矫正与回归，更加强调当事人之间的沟通、交流与对话，更加注重处理突发事件的机制和方式的平缓与效率，更加注重社会矛盾的化解和社会关系的和谐；而恢复性司法模式则以公法私法化为触角，以社会的和谐为目标，把着力点转向对犯罪损害的修复，而不是单纯强调对犯罪的惩罚和打击，重视当事人和社区的参与，强调社区关系、人际关系的和谐。还有学者认为，在理念的层面上，刑事和解是恢复性司法理念的具体制度化，即刑事和解是在恢复性司法理念，尤其是在恢复正义理念指导下的一种司法模式；从制度的层面考察，刑事和解和恢复性司法都是一种"私力合作"的司法模式，即刑事和解是恢复性司法的具体内容。

（四）刑事和解与刑法基本原则的关系

1. 刑事和解与罪刑法定原则

有学者认为：根据刑法规定，我国的罪刑法定原则是发动刑罚权与约束刑罚权的统一，有罪必罚、有罪必究是其当然之意。按照三段论的基本模式，如果发生了符合犯罪构成的案件事实，则一定会得出有罪的结论。因此，从逻辑上看，如果加害人与被害人达成和解协议之后，对实施了犯罪行为的加害人不按照法律规定追究刑事责任，而是为了追求社会和谐而对加害人予以法外施恩的，就违反了积极的罪刑法定原则。我国在没有成文刑事和解法律规范的情况下，突破现有法律界限，对加害人作出不起诉决定，或者予以从轻、减轻或者免除处罚判决，对于建设法治国而言，是有一定危险的。

也有学者认为，罪刑法定原则并不排斥刑法规范具有一定的弹性，其确定性也是相对的，这是法律文本的静止性与社会现实的变动不居性之间的矛盾决定的，因此，刑事和解针对具体情形给司法实践预留了一定空间，这并不违反罪刑法定原则。

2. 刑事和解与适用刑法平等原则

有学者认为：刑事和解与适用刑法平等原则之间存在冲突。刑事和解并不决定加害人的行为是否成立犯罪，它最多能作为一个量刑情节出现。对于相同的事实情形，达成刑事和解的，不定罪处刑；没有达成协议的，则定罪处刑。一方面，这种做法本身就侵害了朴素的平等观念；如果将加害人能否履行赔偿协议作为罪与非罪、罪轻与罪重的标准，更是侵害了平等的正义观。另一方面，被害人对刑事和解的主导作用还进一步扩大了刑法适用上的不平等。也有学者认为，刑事和解与平等原则的冲突主要是因为在刑事和解中，被害人意志决定着司法机关是否追究加害人的刑事责任或是否减轻加害人的刑事责任，从而对其适用较轻的刑罚。

但也有学者认为刑事和解与适用刑法平等原则并不冲突。其理由主要有：第一，刑事和解并不等同于经济赔偿，虽然说现实生活中经济赔偿是刑事和解的主要内容，但它还是不能取代其他内容，如对话交流、真诚悔悟、赔礼道歉等。第二，刑事和解作为一种制度的设计，更多的是追求由分配规则所决定的机会上的平等，而非分配规则上的平等。第三，加害人与被害人是否能通过刑事和解解决纠纷，并不是以其财力状况为决定因素。

3. 刑事和解与罪责刑相适应原则

有学者认为，实践中刑事和解的最终处理结果背离了罪责刑相适应原则，这突出表现在人民检察院将犯罪后是否赔偿作为提起公诉的决定性标准，人民法院将犯罪后是否赔偿作为裁量刑罚的重要依据。但也有学者认为：刑事和解作为一个从宽的情节或制度，与刑法的总体精神和原则要求不相冲突。刑事和解由于充分考虑加害人对被害人采取的有效补救、补偿措施及悔罪表现，从而不追究其刑事责任或从轻、减轻处罚，有利于社会的稳定，也有利于鼓励犯罪嫌疑人改过自新。从这个意义上来说，刑事和解恰恰是罪责刑相适应原则的实现而不是违背。即使从实质正义的角度考察，刑事和解也不与罪责刑相适应原则相违背，因为刑事和解的公正性价值是恢复正义，即由加害人、被害人和社会（调停）共同组成的三方互动的结构模式。

（五）对严重暴力犯罪是否适用刑事和解

有学者认为，我国对严重暴力犯罪存在适用刑事和解的可能性。其理由主要有：第一，符合刑事责任承担中合作性的一面，有利于在刑事案件的处理中反映被害人的意见。第二，不违背公平、正义的要求，司法实践中可以最大限度地避免"赔钱减刑"、"花钱买命"等弊端的出现。第三，符合宽严相济刑事政策的要求，是贯彻"少杀、慎杀"死刑政策的重要措施。第四，对严重暴力犯罪适用刑事和解具有法律依据，罪后情节也应当成为对犯罪嫌疑人裁量刑罚的依据之一。第五，有利于维护被害人及其亲属的利益，一定程度上能够避免因犯罪引发的后续社会问题。

也有学者认为，刑事和解作为一项重要的刑事司法制度，在司法实践中的存在有其正当性；并从理论基础、现实因素、法律依据、国内政策、国际经验等角度分别予以阐释：第一，构建社会主义和谐社会理论是重罪案件中适用刑事和解正当性的理论基础。第二，我国宽严相济的刑事政策是重罪案件中适用刑事和解正当性的政策基础。第三，司法实践的客观需要是重罪案件中适用刑事和解正当性的现实基础。该学者进而对重罪案件中适用刑事和解进行了制度设计和程序设计，认为适用刑事和解的前提和条件是被告人的认罪以及双方的自愿，除了犯罪性质、犯罪情节严重的犯罪人以及犯罪集团的首要分子之外，对于其他的重罪案件的犯罪人，只要符合和解的条件，都可以考虑适用刑事和解。

五、《刑法修正案（七）》的理解与适用

2009 年 2 月 28 日通过的《刑法修正案（七）》，是我国的又一项重要刑事立法，也是本届刑法年会预定的议题之一。众多学者围绕《刑法修正案（七）》的宏观问题和具体犯罪，展开了深入研讨。

（一）《刑法修正案（七）》的宏观问题

关于《刑法修正案（七）》的宏观问题，学者们研究的热点主要集中在立法技术，特点以及价值三个方面。

1. 《刑法修正案（七）》的立法技术

有学者指出：罪名理解的不统一和罪名确定、使用上的混乱引发了一个尴尬问题，即"罪名滞后"。《刑法修正案（七）》从立法技术上看也存在"罪名滞后"的问题。而解决刑法修正案"罪名滞后"问题的最佳方案，是在刑法修正案中直接标注罪名，同时应采取立法解释的方式对既有的全部司法罪名加以重新确认、修改和立法转换。

也有学者认为：《刑法修正案（七）》的立法技术存在很多优点，主要表现为：运用了开放性的规定方式，扩大了单位犯罪的种类以及增加了部分犯罪的过失危险犯。不足的地方则表现在：条款项表述欠清晰，遗漏部分犯罪行为，罚金刑没有数额限制。

2. 《刑法修正案（七）》的特点

有学者对《刑法修正案（七）》的特点进行了概括总结，认为《刑法修正案（七）》的特点主要体现在三个方面：修订内容涉及面广，特别重视对破坏市场经济秩序犯罪的修订；刑法修订的内容仍然体现了"犯罪化"、"重罚化"的特点；有部分修订内容体现了"处罚从宽"的精神。

也有学者结合《刑法修正案（七）》的个罪，从整体上进行归纳，指出《刑法修正案（七）》打破了以往刑法修正过于强调扩大犯罪圈和提高法定刑的立法惯例，注意入罪与出罪相结合、从严与从宽相协调，较好地体现了宽严相济的刑事政策。

3. 《刑法修正案（七）》的价值

有学者认为：《刑法修正案（七）》不仅首次出现了法定刑由重而轻的修订，而且对社会反响强烈的非法传销、"老鼠仓"、"关系密切的人"等内容及时作出了立法反应。结合 1997 年刑法典修订以来的其他 6 个修正案，刑事实体法的反应速度之快以及满足公共刑事利益需求的属性相当突出。

也有学者对《刑法修正案（七）》进行价值考察，认为：《刑法修正案（七）》对分则罪刑结构的调整，总体上是符合公正、谦抑、人道三大价值目标的，在多个方面体现了立法理念、立法技术的进步，但也存在些许不足。在今后的刑事立法活动中，应进一步摆脱被动应对的经验主义立法模式，在弥补刑法漏洞的同时，注重对原刑法罪刑结构

不协调的地方进行修正，在符合社会需求的价值观念和刑法理论的指导下，主动追求刑法结构的合理。

还有学者从宽严相济刑事政策对《刑法修正案（七）》的适用及前景进行了分析，并指出：本次修正案既体现尊崇原则性的刑法理念，又蕴涵丰富的人文关怀；既充分体现刑法保障人权的机能，又全面展露刑法保护社会的机能；既平衡公平与效率，又协调秩序与自由；既有科学完整的结构，又有合理完善的内容；既突出手段，又体现自由；既适应本国国情，又符合国际潮流。

（二）《刑法修正案（七）》个罪的理解与适用

1. 侵犯证券、期货交易信息犯罪

（1）罪名的确定。关于《刑法修正案（七）》第 2 条第 2 款的罪名，有学者认为："利用非公开信息交易罪"准确地反映了该犯罪的基本特征。这样确立罪名能做到与刑法典 180 条第 1 款规定的罪名相协调，并能很好地区分两种犯罪行为：第 1 款规定的是内幕交易、泄露内幕信息罪，第 2 款规定的是内幕信息以外的其他非公开信息。第 1 款的内幕交易、泄露内幕信息罪的犯罪主体在该罪名没有反映，但"内幕交易"罪名足以反映该罪状的罪质。作为同一法条下的新增一款规定，犯罪主体没有出现在罪名中，并不影响对该罪罪质的准确把握。

（2）基金"老鼠仓"犯罪。有学者认为，基金"老鼠仓"是指证券交易所、证券公司、基金管理公司、商业银行等金融机构的从业人员以及有关监管部门或者行业协会的工作人员，利用因职务便利获取的内幕信息以外的其他未公开信息，违反规定，从事与该信息相关的证券、期货交易活动，或者明示、暗示他人从事相关交易活动，情节严重的行为。

也有学者认为，"老鼠仓"具有以下特点：行为主体都是基金的管理人员，此管理人员不仅指基金经理，也包括基金公司的其他相关人员，如总经理、研究员、投资总监、交易员等高管人员；行为人买入的股票都是基金将要拉升的股票，并且信息是利用其管理基金职位上的便利获得的；其匿名低价买入股票，因法律规定基金从业人员不得买卖各种证券品种，故行为人只能借用或虚拟他人名义从事买入股票行为；待公有资金将股价拉升后适时抛出，其所获得的高额利润来源于买入和卖出时的价格差；后果是使其他的普通基民买入价位虚高的股票无法顺利脱手，进而被套牢。

（3）侵犯的客体。关于侵犯证券、期货交易信息犯罪的客体，有学者认为，本罪中的基金"老鼠仓"犯罪侵犯的客体是基金管理秩序、基金投资者的合法利益、基金行业信誉以及基金从业人员所在单位的利益；也有学者认为，本罪侵犯的主要客体是证券、期货市场的正常管理秩序，侵犯的次要客体是公众投资者的合法利益，而不是其他投资者的合法利益。

2. 逃税罪

（1）罪名争议。关于《刑法修正案（七）》第 3 条的罪名，有学者认为，根据《刑法修正案（七）》第 3 条的规定，使用"逃避缴纳税款罪"的罪名再恰当不过。其理由有三：第一，符合立法的原有表述和含义；第二，符合立法的基本精神和原意；第三，有利于同抗税罪的客观行为相区别。

也有学者认为，宜将该条涉及的罪名由原来的"偷税罪"修改为"逃税罪"。主要理由有：首先，从词语内涵方面来看，使用"偷税罪"的名称，不符合罪名确定的科学性的要求；其次，从条文罪状用语方面看，该条犯罪的核心内容是"逃避缴纳税款"；再次，从概括性的罪名确定原则方面看，"逃避缴纳税款"是"逃税"的全称，两者的含义完全相同；最后，从世界其他国家和地区的刑事立法看，将纳税人没有依法纳税的行为定性为"偷"的很少，一般都称为"逃税罪"。

还有学者认为，仍应采"偷税罪"的表述。其理由是：首先，"逃避缴纳税款罪"本身表述有欠准确；其次，"偷税罪"已经约定俗成；最后，在确定具体犯罪的构成要件时，应以刑法分则明文规定的罪状、总则的相关规定及其他相关条文的内容为依据，而不能直接以罪名为依据确定具体构成要件。维持"偷税罪"罪名不会给司法实务带来障碍。

（2）立法反思及建议。对《刑法修正案（七）》第 3 条的立法完善，有学者认为，应该将修改后的刑法典第 201 条"逃避缴纳税款罪"的罪名直接确立为"逃税罪"，并将刑法第 203 条"逃避追缴欠税罪"的内容全部纳入"逃税罪"的罪名与条款之中，从而组成更大范围上的统一的"逃税罪"的新罪名。也有学者认为，应从以下方面对《刑法修正案（七）》第 3 条的规定进行完善：第一，在犯罪主体上增加"税务代理人"，去掉"扣缴义务人"；第二，在罪征上选用"采用欺骗、隐瞒等手段逃避缴纳税款"和"转移、隐匿财产等手段致使税务机关无法追缴欠缴税款"；第三，在数额上采用的是"数额较大"，而取消一切"比例"；第四，关于罚金倍数，除继续沿用 1 倍以上 5 倍以下外，对于涉税累犯增加规定 5 倍以上 10 倍以下的罚金倍比。同时将"不履行扣缴义务罪"作为刑法第 203 条新增加的一个罪名。

3. 组织、领导传销活动罪

（1）组织、领导者的身份。有学者认为：传销活动的组织者可以分为不同层次，包括处于传销组织塔尖的核心人物和处于较低层级的组织者。同时，认定较低层级的组织者时，应遵循主、客观相统一原则。有学者认为，"组织、领导"身份的认定标准需要从以下方面进行：层级是否达到中层及以上；在传销组织中的地位和作用。

（2）传销行为。有学者认为，可以在组织领导传销罪的条文中适用空白条款，即援引《禁止传销条例》中关于传销行为的规定。有学者认为，《刑法修正案（七）》所规定的"传销"与《禁止传销条例》规定的"传销"不同，仅包括"收取入门费"和"拉人头"，不包括"团队计酬"。也有学者认为，和原《刑法修正案（七）》（草案）关于"传销行为依照法律、行政法规的规定确定"的规定不同,《刑法修正案(七)》第 4 条详细地对"传销行为"进行了界定,具体要件包括:以经营活动为名;必须有"入门费";有层级制度;"多层人头计酬";引诱、胁迫成员继续"拉人头",骗取财物。

4. 绑架罪

(1)绑架罪的主观目的。有学者认为,虽然立法上没有直接规定人质型绑架的目的,但考虑到绑架罪的起刑点仍然较高,为避免激化社会矛盾,从《刑法修正案(七)》中所体现出的宽缓化立法政策角度出发,对人质型绑架中的犯罪目的应采用"非法目的说";在绑架罪的目的程度上不应有限制,只要具有勒索他人财物或者满足其他不法要求的目的即可。

也有学者认为:行为人主观上是否具有勒索财物以及其他不正当利益的目的,对行为是否属于绑架行为不具有决定性作用,而只是危害程度上的不同。从我国刑法规定来看,虽然在勒索型绑架罪中规定了行为人必须具有勒索财物的目的,但在绑架人质型的绑架罪中对行为人的犯罪目的并未加任何限制。

(2)单一行为与复合行为之争。绑架罪的实行行为是单一行为还是复合行为?对此有两种不同的观点。有学者认为,绑架罪的客观行为为单一行为,其保护的客体为被绑架人的人身自由。其主要理由有:单一行为说并不会导致对行为人主动释放被绑架人的行为不能从宽处罚;持单一行为说同样可以解决复合行为说所提出的共同犯罪问题;刑法第 239 条中的"以勒索财物为目的绑架他人的,或者绑架他人作为人质的"属于主观的构成要件要素,并不需要有客观的行为或结果与之对应;国外的刑事立法与刑法理论基本上也是持单一行为说的立场,认为只要控制了人质,犯罪即告既遂。

也有学者认为:就绑架罪而言,其严重的社会危害性不仅体现在对人质的人身安全侵害,更重要的是行为人往往以加害人质相威胁,向其他个人或者组织提出重大要求,从而造成其他人心理上的恐慌,侵犯了第三人的自治权。因此,根据绑架罪的罪质特征,绑架罪的实行行为无疑应是一种复合行为:其一为绑架行为,使用暴力、胁迫、麻醉等方法将他人控制在自己的实力支配之下;其二为以加害人质相威胁,向第三方提出作为或不作为的胁迫要求的行为。

(3)绑架罪的主体。有学者认为:刑法将绑架罪的犯罪主体限定为已满 16 周岁、完全负刑事责任的人,其立法的正当性值得商榷。首先,从社会危害性角度看,绑架犯罪与刑法典第 17 条第 2 款规定的 8 种犯罪的社会危害性相当,立法将绑架犯罪排除在 8 种犯罪之外,其合理性值得质疑。其次,从刑事责任能力角度看,已满 14 周岁、未满 16 周岁的未成年人的犯罪能力和刑罚适应能力虽然不及成年人,但已具备了一定的辨别大是大非和控制自己重大行为的能力。再次,从罪刑关系上看,尽管《刑法修正案(七)》将绑架罪的法定最低刑降至 5 年有期徒刑,但仍要高于故意杀人罪 3 年有期徒刑的法定最低刑;在已满 14 周岁、不满 16 周岁的人负刑事责任的特定犯罪范围上,忽视各罪之间的罪刑逻辑关系,是立法的一大缺陷。最后,在刑法理论上也会产生难以克服的障碍。也有学者认为，已满14周岁、不满16周岁的人实施的绑架案件时有发生，绝非个别现象，有的地方形势非常严峻。而从绑架罪的行为方式来看，已满14周岁、不满16周岁的人完全可能实施绑架犯罪。因此，应将已满14周岁、不满16周岁的人作为绑架罪的主体。

（4）立法缺陷及其完善。关于绑架罪的立法缺陷，有学者认为，这主要体现在：绑架罪绝对确定死刑有悖科学；两种加重结果未作区分；法定起刑点仍然偏高；罪刑单位的排序关系有待调整。也有学者认为：绑架罪的法定刑应进一步调整。首先，刑法不区分致使被绑架人死亡或者杀害被绑架人的情形，一律规定绝对的死刑，违背了罪刑相适应原则；其次，刑法规定绑架情节较轻时应处5年以上有期徒刑，亦违背了罪刑相适应原则；最后，刑法规定对绑架罪一律判处罚金刑并不合理。还有学者认为，绑架罪起刑点的降低并未明确在规范层面上指向绑架后释放人质的情形，有给犯罪分子释放错误信号、给司法实践带来隐患之虞；而且起刑点降低至5年有期徒刑同样不能适应纷繁复杂的现实生活。因此，降低绑架罪法定刑的效果如何还有待检验。

5. 侵犯公民个人信息罪

（1）罪名问题。对于《刑法修正案（七）》关于侵犯公民个人信息罪的罪名设置，有学者认为，可以将《刑法修正案（七）》第7条中针对个人信息的犯罪概括为这样两个具体罪名：出售、非法提供个人信息罪，非法获取个人信息罪。也有学者直接将该罪称为"侵犯个人信息罪"。还有学者认为，《刑法修正案（七）》第7条（刑法典第253条之一）规定有3个罪名：第1款罪名为"出售、非法提供个人信息罪"（不包括单位犯罪），第2款罪名为"非法获取个人信息罪"（包括单位犯罪），第3款罪名为"单位出售、非法提供个人信息罪"。

（2）个人信息的范围。《刑法修正案（七）》未对"个人信息"范围进行确定，学者们对此众说纷纭。有学者认为：立足于刑法的最后保障法性质，应当按民法的规定来限定本罪中个人信息的范围。根据民法通则等相关规定，在我国与身份信息有关的公民人身权利一般包括姓名权、肖像权、名誉权、荣誉权、隐私权等，因此，围绕这些权利而展开的具有一定物质载体形式的身份信息应成为法律保护的客体，包括个人姓名、指纹、声音、视网膜图像、虹膜图像、DNA档案、职业、职务、年龄、婚姻状况、种族、学历、学位、专业资格、工作经历、住址、电话号码、书面签名、电子签名、数字签名、社会保障卡号、信用卡号、网上登录密码等身份信息，都应当成为身份信息犯罪的对象。

有学者以"个人信息保护法"（专家建议稿）为依据，认为除了个人姓名、住址、出生日期、身份证号码、医疗记录、人事记录、照片外，还包括个人的血型、指纹、声纹、电话号码，以及与商业活动有关的资料如收入状况、银行账户、信用卡号、保险情况等，也应当属于个人信息的范围。

也有学者认为，所有能够为他人所收集、存储、加工、识别及传播、利用的个人信息都可包括在内，从尊重人、保护人的角度出发，除非存在法律的明确限制，无论何种个人信息实际上都存在一个权利主体自主支配的问题，而不会因信息类型的不同有所区别。

还有学者认为，"个人信息"是指以任何形式存在的、与特定个人的存在和身份识别相关联的、个人不愿透露的或者不应该由别人控制的信息或信息组合，它可以分为个人的生理信息和社会信息。

（3）犯罪主体问题。有学者认为，《刑法修正案（七）》第 7 条的犯罪主体，应当理解为一般主体，立法只是采用列举的方法将常见的主体加以明示，以利于对法律条文的理解，便于司法机关实务操作。

有学者认为，就《刑法修正案（七）》第 7 条第 1 款而言，其犯罪主体只限于国家机关或者金融、电信、交通、教育、医疗等单位的工作人员，即虽然规定为个人犯罪，但是必须是这些特定单位的工作人员，非这些特定单位的工作人员则不能构成该罪。

（4）犯罪客体问题。有学者认为，本罪的侵犯的客体是公民的信息隐私权。有学者认为，刑法在这里确立了一种新类型的人身权利——个人信息自主权，即依照法律自主决定个人信息的收集、存储、加工、识别及传播、利用的权利，非经法律许可或信息权利人允许，不得收集、存储、加工、识别及传播、利用个人信息。也有学者认为，本罪侵犯的客体是"个人信息控制权"，这不仅符合现代隐私权的发展方向，而且可以更好地保障公民个人信息。还有学者认为，出售、非法提供个人信息罪侵犯的客体是公民的个人信息所有权和使用权。非法获取个人信息罪侵犯的客体应当是复杂客体，既侵犯了公民的个人信息所有权和使用权，同时也损害了国家机关或者金融、电信、交通、教育、医疗等单位的正常工作秩序。本罪的对象是特定的公民个人信息。还有学者认为，本罪侵犯的客体应当是复杂客体，既侵犯了公民的个人信息所有权和使用权，同时也损害了国家机关或者金融、电信、交通、教育、医疗等单位的正常工作秩序。

（5）情节严重。有学者认为：本罪的"情节严重"具体情形包括：其一，为牟利的目的出售信息，牟利数额巨大的；其二，出售、非法提供和非法获取的具有重大影响身份信息的；其三，多次实施的；其四，因为身份信息被泄露而对权利人产生重大影响的；其五，身份信息被用于其他严重犯罪，造成严重后果的。当然，"情节严重"的具体情形可以根据司法实践，通过法律解释的方式不断完善。

也有学者认为：本罪侵犯的客体是公民信息自主权，其核心是未经授权（包括法律的授权和权利人的授权）而非法获取或不法披露公民个人信息，因此，情节严重与否主要应当看这些行为的具体样态对公民信息自主权的危害程度，而不应当单纯看行为人目的或获利情况。具体来说，可以从以下几个方面进行判断：非法获取或不法披露公民个人信息行为所涉及的规模与程度；非法获取或不法披露行为对权利主体所造成的客观损失；个人信息享有者的具体身份。

还有学者认为，"情节严重"主要可以从以下几个方面认定：一是所侵犯的信息数量；二是行为人实施此种行为的次数，次数的多少直接决定了行为人的人身危险性大小，数次行为中并不要求每一次行为都构成犯罪，可以是其中一次或几次构成了犯罪但未受到追诉，也可以是每次行为都未构成犯罪但累计起来情节严重；三是给被害人人身或财产造成严重损害；四是行为人是否放任他人利用其所侵犯的个人信息实施其他犯罪。

还有学者认为，可以考虑从侵犯个人信息行为的"量"和"质"两个方面来把握情节严重。情节严重的"量"，顾名思义，具体指对泄露公民个人信息行为造成损害的横向考察，即侵害广度、人群范围和获利情况；情节严重"质"的体现，具体指对泄露公民个人信息行为造成损害的纵深考察，即个体在个人信息受非法披露后受到损害的程度。

（6）立法缺陷与建议。有学者认为，在刑法典第253条之一的基础上，有必要将现实中发生的一些严重侵犯隐私权的行为犯罪化。其理由有：首先，第253条之一仅对部分单位中的人员出售或者非法提供公民个人信息的行为作出了规定，但对于个人或个体工商户实施同样行为的却并无规定，而当此类主体并未通过非法手段获取信息时，其出售或者非法提供公民个人信息的行为便无从规制。其次，实践中已出现以公民个人信息为主要诈骗手段的团伙。再次，第253条之一所规制的是出售、非法提供和非法获取"他人"隐私的行为，而对于"传播"他人隐私的行为并无涉及，但传播隐私也是会对公民的隐私权造成危害的行为。

有学者认为，本罪应该在以下几个方面加以完善：通过立法完善有关ISP对在提供服务过程中获取的公民个人信息负有不得滥用和保密的义务；通过立法方式明确规定ISP的有关片面共犯的规定；通过司法解释明确"公民个人信息"的内涵。

也有学者认为，可以借鉴大陆法国家的做法，进一步解释并扩大《刑法修正案（七）》第7条侵犯个人信息犯罪的主体范围，增加客观方面中侵犯公民个人信息的行为方式，使第7条成为惩治侵犯"数据库"中个人信息犯罪的利剑；同时将保护个人信息同保护个人隐私、职业秘密的刑事立法相结合，在刑法中增加"泄露职业秘密罪"，从而对公民个人信息予以全面、有效的刑法保护。

还有学者认为，就修正案第7条的规定情况看，还存在一些可以进一步完善的地方，主要存在于以下两个方面：其一，出售、非法提供公民个人信息罪的主体范围偏窄，不利于对公民个人信息的切实保护。其二，关于侵犯公民个人信息犯罪的行为方式似有遗漏。

6. 组织未成年人进行违反治安管理活动罪

（1）犯罪客体。关于本罪的客体，有学者认为，本罪侵犯的客体有两个：一是未成年人的人身权利，二是社会正常的治安管理秩序。其中，未成年人的人身权利是被犯罪行为侵犯的、刑法重点保护的社会关系，是本罪的主要客体，具体包括人身自由权利和身心健康权利；社会正常的治安管理秩序是本罪的次要客体。有学者认为：从本罪的立法背景及《刑法修正案（七）》第 8 条对本罪构成要件的设置来分析，本罪保护的法益应当是一种社会法益，即社会管理秩序，而非公民人身权利。在立法设计上，将其归属于刑法分则第四章的"侵犯公民人身权利、民主权利罪"，是极不妥当的。因此，无论是从本罪的立法背景还是从本罪的构成要件设置，无论是着重于正常社会秩序的维持还是未成年合法权益的保障，在刑法分则的类罪归属上，本罪均应纳入"妨害社会管理秩序罪"中。

（2）对"盗窃、诈骗、抢夺、敲诈勒索等违反治安管理活动"的理解。有学者认为：对该处的"违反治安管理活动"宜作符合罪刑法定原则和立法意图的限制性解释，即将其限定为组织"盗窃、诈骗、抢夺、敲诈勒索"4 种突出的侵财行为。至于组织未成年人实施其他违反治安管理活动的行为，或者通过刑法其他相关规定去调整，或者必要时通过立法解释的方式将其纳入该罪的调整范围。

也有学者认为，基于刑法的谦抑性原则及立法意图的限制，对此处的"违反治安管理活动"应作限制性解释，即行为人组织未成年人所实施的其他违反治安管理活动，至少与盗窃、诈骗、抢夺、敲诈勒索活动在对社会秩序的破坏程度上大体相当。

还有学者认为，此处的"违反治安管理活动"不应限定为组织"盗窃、诈骗、抢夺、敲诈勒索"4 种突出的侵财行为，而应包括治安管理处罚法规定的全部 238 种违反治安管理行为。其理由是：《刑法修正案（七）》第 8 条所列举的"盗窃、诈骗、抢夺、敲诈勒索"4 种"违反治安管理活动"行为，与除此之外的其他"违反治安管理活动"行为性质相同，均属治安管理处罚法规定的"违反治安管理活动"行为。由于刑法条款的简练与概括性要求，不可能在一个条文中列举详尽的性质相同的诸种行为方式，事实上也是不必要的，而在列举"盗窃、诈骗、抢夺、敲诈勒索"几种行为之后，其余适用"等"字加以概括或省略即足矣。由此可见，"盗窃、诈骗、抢夺、敲诈勒索"之后的"等违反治安管理活动"绝不意味着"列举后收尾"，而是对更多的"违反治安管理活动"的抽象与概括。

（3）立法缺陷及其完善。有学者认为，该罪的行为对象不全面，仅仅只针对未成年人，而没有包括残疾人，未免有失偏颇；该罪的罪状表述不够明确，本罪罪状应当尽量具体、明确地规定行为人组织未成年人进行违反治安管理活动的范围，而不应模糊不清，以免产生歧义，从而导致对行为人定罪的混乱。为此，建议将本罪的罪刑规定修改为：组织残疾人、未成年人进行盗窃、诈骗、哄抢、抢夺、敲诈勒索、故意毁坏公私财物 6 种违反治安管理活动的，处 3 年以下有期徒刑或者拘役，并处罚金；情节严重的，处 3 年以上 7 年以下有期徒刑，并处罚金。

也有学者指出，通过本罪的适用，能够发现刑法在罪名设置存在一定的问题，即片面强调对未成年人的特殊保护，反而忽视了对社会治安管理秩序的维护。治安管理处罚法规定的行政违法类型与刑法规定的犯罪类型并不是完全契合的，从而形成了刑法规制的"盲区"：第一，某些违反治安管理活动并无专门的罪名相对应。第二，某些违反治安管理活动与相关罪名并不完全对应。

还有学者认为：鉴于本罪法定刑偏低有悖罪刑均衡原则，在以后的修法中应予以适当提高，可改为"五年以下有期徒刑或拘役，并处罚金"和"五年以上有期徒刑，并处罚金"。在现行刑法未作修正的情况下，在司法裁量中应重点分析组织行为的方式、被组织者的年龄、被组织者实施的行为内容等，把握好本罪"情节严重的"司法评价，通过裁量权的行使，尽可能地实现本罪的罪刑均衡。

7. 利用影响力受贿罪

（1）罪名。关于《刑法修正案（七）》第13条罪名确定问题，有学者首先批判了"特定关系人受贿罪"和"影响力交易罪"这两种罪名表述方式，而认为应定为"非国家工作人员斡旋受贿罪"，理由是该表述同我国已有的"非国家工作人员受贿罪"相对应，有助于保持我国受贿犯罪罪名体系的整体性，该命名亦与我国职务犯罪整体立法模式相适应。也有学者认为《刑法修正案（七）》第13条规定的罪名沿用"受贿罪"为宜，在当前的刑法体系下，沿用"受贿罪"比用其他罪名更能体现科学性和合理性。其理由是：第一，用"斡旋受贿罪"不能反映该罪客观方面的特征；第二，用"影响力交易罪"不能反映该罪的本质特征；第三，用"利用影响力受贿罪"或"非国家工作人员斡旋受贿罪"不符合当前我国受贿犯罪的罪名体系；第四，用"特定关系人受贿罪"主体范围限定过窄；第五，使我国刑法更加简洁明了；第六，采用"受贿罪"以外的其他罪名容易造成认定上的混乱。还有学者认为应将刑法第388条从普通受贿罪罪名中分离出来，将其和《刑法修正案（七）》第13条统一确定为"影响力交易罪"。

（2）"关系密切的人"的范围界定。有学者认为："关系"是否"密切"，主要应看双方平时的关系如何。认定双方平时关系如何，可以从以下几个方面入手：第一，看行贿人。行贿人是否认为影响力交易罪的主体与国家工作人员的关系密切，如是否是该国家工作人员的"情人"、"亲戚"或者是关系密切的同学、战友、老乡、师生等。第二，看国家工作人员。国家工作人员对与关系密切的人之间的关系是否认可，比如相互往来的时间、交往的次数等。第三，看关系密切人。行为人对于其与国家工作人员的关系应有足够的认识。

也有学者认为，"关系密切"应该体现在两个方面：（1）行为人确实与国家工作人员或者离职国家工作人员存在某种关系，不仅包括国家工作人员或者离职国家工作人员的近亲属、情妇（夫）和与其有共同利益的人，也包括存在其他关系的人，如前述的同学、老乡、同事、战友、朋友等；（2）"关系密切"的实质在于，行为人基于与国家工作人员的这种关系，能够或者足以影响该国家工作人员或者其他国家工作人员，进而通过该国家工作人员或者其他国家工作人员职务上的行为，为请托人谋取利益，实现与请托人之间的权钱交易行为。对"关系密切"的判断，应当结合具体的案情，充分考虑行为人与国家工作人员或离职国家工作人员的平时交往情况，看这种交往是否频繁、持续时间有多久、公开程度、在其他国家工作人员中的影响等。

还有学者指出，在不可能有明确的量化标准的情况下，应从以下几个方面考察：第一，当事人的身份；第二，国家工作人员与当事人之间的关系的表现；第三，为请托人谋取不正当利益的情况。

此外，在对"离职的国家工作人员或者其近亲属"的理解上，有学者认为：此款条文在性质上不是新的犯罪，而是一种提示性规定。根据刑法典第 388 条之一条的规定，处罚离职的国家工作人员应当没有任何障碍，但是为防止司法实践中的错误理解，《刑法修正案（七）》特意专款进行了强调性提示。

（3）立法缺陷与建议。有学者指出，《刑法修正案（七）》第 13 条的规定虽然解决了司法实践中存在的一些问题，有利于惩治和预防腐败，但也存在一些问题，主要表现在：首先，没有对相应的行贿行为进行规范，刑法规制对象不平衡；其次，"关系密切的人"弹性空间过大，容易出入人罪；最后，以"为请托人谋取不正当利益"为构成要件，受贿成立标准不统一。

有学者认为，《刑法修正案（七）》第 13 条的规定存在以下几个方面的缺陷：第一，主体边界不明，本条规定的"与该国家工作人员关系密切的人"将造成实务认定的难题；第二，举证困难，贿赂与职务行为之间关联性的证明难度加大；第三，本条的既、未遂形态认定存在困难。《刑法修正案（七）》的这一立法不仅在技术上存在不足，而且在犯罪原因上也是治标不治本。

也有学者指出，尽管贿赂犯罪法律规则的修改完善工作不断向纵深推进，反腐败的法网日趋严密，但从有效规制贿赂犯罪的现实需要来看，仍有一些不足之处：犯罪构成限制多，有些贿赂行为无法入罪；贿赂犯罪内在体系不协调；有的规定表述不明确、不合理；法定刑设置存在严重缺陷，不利于充分发挥刑罚的功能。为了不断健全、完善贿赂犯罪的法律体系，有效控制和预防贿赂犯罪，应当合理划定犯罪圈和刑罚圈。

还有学者提出，为了严密斡旋受贿的刑事法网，严厉打击贿赂犯罪，顺应国际社会受贿立法的主流趋势，实现我国斡旋受贿立法与国际接轨，建议从斡旋受贿的客观要件方面进行立法完善：第一，应该借鉴《联合国反腐败公约》的规定，将"利用本人职权或地位形成的便利条件"要件改为"利用本人的影响力"。第二，借鉴《联合国反腐败公约》第 18 条"影响力交易罪"的规定，将"为请托人谋取不正当利益"要件改为"为请托人谋取利益"，把"为请托人谋取不正当利益"作为量刑加重情节。

8. 巨额财产来源不明罪

关于巨额财产来源不明罪，学者们重点研讨了其立法的完善问题。有学者认为：应该将罪名修改为"拒不说明巨额财产来源罪"；建立完善的国家工作人员财产申报制度，明确该罪的不作为义务来源；建立和完善金融监管制度，包括实行个人存款实名制，确定现任官员家庭人员、财产申报范围以及惩治措施，仿照意大利的做法，实施个人税号，设置个人税号不仅程序简单，而且便于操作。

也有学者指出，针对当前巨额财产来源不明罪的现状，应当从制度上加大建设的步伐，使之从多方面对贪污腐败现象加以遏止和有效打击。第一，建立完备的财产申报和离任审计制度，并使之成为查处巨额财产来源不明的前置制度；第二，加大金融监管制度建设；第三，在党的领导下，坚持党的监督、群众监督和舆论监督多管齐下的策略；第四，改革现行反腐机制。

还有学者指出：首先，法定刑的上限仍存不足，主张在现有社会情势下，把巨额财产来源不明罪的最高刑提高到无期徒刑；其次，应当对行为人并处罚金刑，即应将罚金加入该罪法条之中，从而更好地发挥罚金刑的作用，较好地惩治这类贪利性犯罪；再次，"财产的差额部分予以追缴"的规定纯属多余。

此外，对于《刑法修正案（七）》，有学者以立法技术为视角，对《刑法修正案（七）》第1条进行了立法评析。也有学者以刑法《刑法修正案（七）》第9条规定为背景展开论述新增计算机信息犯罪的司法认定问题。还有学者从修法背景、内涵解读、司法适用以及立法缺憾与改进建言这4个方面，研究了《刑法修正案（七）》第12条第1款"非法生产、买卖武器部队制式服装罪"的相关问题。

[赵秉志、袁彬、张磊、徐光华、王燕玲]

图书在版编目（CIP）数据

新中国刑法学研究 60 年/高铭暄、赵秉志编著 .
北京：中国人民大学出版社，2009
ISBN 978-7-300-11243-5

Ⅰ . 新…
Ⅱ . ①高…②赵…
Ⅲ . 刑法-法的理论-中国
Ⅳ . D924.01

中国版本图书馆 CIP 数据核字（2009）第 171019 号

新中国刑法学研究 60 年
高铭暄 赵秉志 编著

出版发行	中国人民大学出版社			
社 址	北京中关村大街 31 号		**邮政编码**	100080
电 话	010 - 62511242（总编室）		010 - 62511398（质管部）	
	010 - 82501766（邮购部）		010 - 62514148（门市部）	
	010 - 62515195（发行公司）		010 - 62515275（盗版举报）	
网 址	http://www.crup.com.cn			
	http://www.ttrnet.com(人大教研网)			
经 销	新华书店			
印 刷	涿州市星河印刷有限公司			
规 格	185 mm×240 mm 16 开本		**版 次**	2009 年 9 月第 1 版
印 张	57.5 插页 4		**印 次**	2009 年 9 月第 1 次印刷
字 数	1 217 000		**定 价**	128.00 元